Alba Steiner
(personal)
April 2002.

Diccionario de
Informática y
Telecomunicaciones
(INGLÉS-ESPAÑOL)

Ariel

Ariel Practicum

Arturo Moreno Martín

Diccionario de
Informática y
Telecomunicaciones
(INGLÉS-ESPAÑOL)

Ariel

Diseño cubierta: Vicente Morales

1.ª edición: marzo 2001

© 2001 Arturo Moreno Martín

Derechos exclusivos de edición en español
reservados para todo el mundo:
© 2001: Editorial Ariel, S. A.
Provença, 260 - 08008 Barcelona

ISBN: 84-344-2886-5

Depósito legal: 7.815 - 2001

Impreso en España

PRÓLOGO

Descolgarse con un *Diccionario Inglés-Español de Informática y Teleco-municaciones* cuando han pasado casi cuarenta años desde que comenzó la invasión terminológica en esas materias, puede parecer, como poco, el resultado de un esfuerzo más bien tardío.

Y es que la tarea de hacer un Diccionario como éste era algo que debería haberse abordado y culminado hace años. Al menos en una primera versión a ampliar, corregir y adaptar. El hecho de que, hasta ahora, nadie se haya embarcado con suficiente extensión y profundidad en una tarea así, sólo da idea de la dificultad de la misma. Y espero, ¡ay de mí!, que también sirva para pedir benevolencia con los errores que pudieran haberse deslizado en la obra y con las omisiones imperdonables.

Me hubiera gustado muchísimo haber participado con otros especialistas y generalistas en la creación de una obra parecida, aunque seguro que mejor, a la que tienes en las manos. Pero en nuestro país no acostumbra a ser tarea fácil el poner en marcha un equipo capaz de desarrollar, partiendo de cero, una obra de este tipo. La prueba está en que habiendo la necesidad y la urgencia, nadie ha sido capaz de hacerlo. Al menos en lo que respecta al ámbito de la lengua castellana. Me consta, sin embargo, que se están produciendo algunos esfuerzos en este sentido en el ámbito de otras lenguas peninsulares, esfuerzos en los que se utiliza el impulso o momento positivos actuales de esas lenguas o de las comunidades que las usan.

Por tanto, atendiendo a la necesidad y a la urgencia mencionadas, tomé la decisión de emprender la tarea en solitario. Pero ¿qué necesidad y qué urgencia? De una parte, hay que considerar que la cantidad de palabras nuevas que nos llegan, por unidad de tiempo, ha sido y sigue siendo creciente. De la otra, la producción por unidad de tiempo de textos, en castellano, en los que se usa terminología informática o de telecomunicaciones, también ha sido y sigue siendo creciente. Sin omitir la comunicación oral, que también cuenta lo suyo. Si hay algo que caracteriza a esta producción, escrita y oral, es que está trufada de barbarismos. Y cada vez que se usa un barbarismo se incurre en el riesgo de usar un término del que se tiene una comprensión insuficiente. De ahí la importancia no sólo de encontrar una traducción adecuada o de crear un neologismo para cada término inglés (o americano) sino también, y principalmente, de definir cada término con rigor suficiente.

Es evidente que las lenguas tienen capacidad para absorber barbarismos y neologismos. No hay más que pensar, por ejemplo, en la cantidad de palabras que el castellano le «debe» al árabe. Lo significativo ahora es, sin embargo, que el mecanismo de absorción —la lengua oral— ya no tiene la capacidad que tenía cuando el uso de la lengua escrita era insignificante. La lengua oral tomaba una palabra del árabe, pongamos por caso, y la limaba y pulía hasta adaptarla a las posibilidades fonéticas de la lengua castellana del momento, para llegar a ser, por ejemplo, *almirez* o *alberca*.

Ese mecanismo ya no juega. Podremos decir, hasta el hartazgo, la palabra *softuear*; pero mientras sigamos escribiendo *software*, difícilmente se producirá una síntesis fructífera. Y por supuesto, está fuera de lugar el perder una de las grandes ventajas de nuestra lengua como es el alto nivel de correspondencia entre lengua hablada y escrita: salvo unas pocas excepciones cada símbolo tiene un sonido y viceversa. Por consiguiente, no podremos seguir, por mucho tiempo, escribiendo *software* y diciendo *softuear* o como sea. Por cierto que *software* y *hardware* son casi las dos únicas palabras a las que no me he atrevido a buscar una traducción o a inventarles una propuesta de nuevo término castellano.

Por lo tanto, ha sido y sigue siendo urgente que nos pongamos a la tarea... que es lo que yo vengo haciendo desde hace unos cuatro años. A mi favor cuenta el que llevo más de treinta años trabajando como informático y el que siempre he tenido un cierto interés por las cuestiones lingüísticas. En todos esos años he pasado por decenas de empresas e instalaciones informáticas, he utilizado no menos de diez lenguajes de programación, me he «relacionado» con varios sistemas operativos, he trabajado con varios Sistemas de Gestión de Bases de Datos y monitores de teleprocesamiento, he organizado algún departamento de Explotación, he desarrollado aplicaciones y dirigido equipos de desarrollo, he colaborado en la creación de programas relacionados con la Ingeniería del Software, he enseñado y creado material de enseñanza, he investigado y he escrito y, sobre todo, no he parado de estudiar.

Es decir, que hace unos cuatro años me planteé si sería capaz de hacer una aportación suficientemente válida en esta materia y me constesté afirmativamente. Y me puse manos a la obra. La verdad, es que no ha sido una broma. Tras una primera revisión del material de partida llegué a la conclusión de que el Diccionario tendría entre 2.500 y 3.000 términos. Actualmente tiene unos 6.200 términos y unas 6.700 definiciones. Un típico error informático: «los proyectos duran, como mínimo, el doble de lo previsto y consumen...».

Lo primero que pensé es cómo sería el Diccionario. Tenía muy claro que no había de ser un mero vocabulario que sirviera, echándole fe, para traducir palabras. Ni siquiera un vocabulario levemente ilustrado con definiciones insuficientes. Era necesario crear definiciones originales de cada término, suficientemente amplias como para dar una visión clara y completa del término y de sus relaciones con otros términos. Esas definiciones se han llevado la parte del león de la confección del Diccionario ya que, en general, he buscado el contrastar varias fuentes antes de empezar a redactar y he establecido relaciones cruzadas al finalizar todas las definiciones. Simultáneamente se me planteó la cuestión de la polisemia de muchos de los términos a definir y traducir. También vi claro, en este sentido, que si un término admitía varias definiciones, debía desarrollarlas e intentar asociar a cada definición una traducción diferente si ello era posible y conveniente.

La segunda decisión importante fue la de incluir o no ejemplos de uso de los términos y de sus definiciones y traducciones. Tomé una decisión afirmativa que, por una parte, me ha servido para revisar definiciones y traducciones al ver los términos y sus traducciones «en su salsa» (no sólo en el ejemplo en sí, sino en los textos en los que encontré el ejemplo); y, de otra parte, creo que, de alguna manera, los ejemplos le servirán al lector para «humanizar» la frialdad de las definiciones y para ampliar, hasta cierto punto las definiciones con, al menos, intuiciones desde algo apuntado por los ejemplos. Por último, me han servido para defenderme de incrédulos: hay una definición en un cierto sentido y aquí hay un ejemplo que lo prueba. Los ejemplos los he tomado de todo tipo de orígenes (que no menciono al ser frases incompletas y fuera de contexto): revistas, libros, manuales y, sobre todo, de Internet, donde me he pasado cientos de horas con los buscadores más eficaces. En este aspecto sólo me queda recomendar al lector que intente traducir los ejemplos y adivinar lo que precede o sigue a la frase en cuestión.

En cuanto a lo que aparece como «traducción» de un término, la casuística es muy variada. Hay una significativa cantidad de términos que tienen traducciones de carril, sin ninguna duda; incluso traducciones que se ven correctas y, además, están contrastadas por un uso generalizado; por ejemplo, *data, program, disk* o *tape*. En otras ha sido necesario desempolvar palabras o significados de nuestro viejo castellano: *formación* por *array, lucero* por *pane* (si *gatera* es por donde pasa el gato, *lucero* es por donde pasa la luz; y existe en el Diccionario de la Academia) o *grada* por *tier* (aunque en este caso haya tenido que inventarme el verbo *gradar* para traducir *to tier*). Otras veces no he tenido más remedio que contradecir prácticas ampliamente extendidas (a *file* o *data set* les he asignado la traducción original de *fichero* porque si les asigno la moderna (IBM) de *archivo*, me quedo sin traducción para *archive*; análogamente, *requirement* será *requisito* y no *requerimiento* que, en todo caso, lo sería judicial; y *loop* será *ciclo* y no *bucle* que suena a peluquería antigua). Los neologismos en inglés (es una peste la liberalidad o libertinaje con que han parido palabras nuestros compañeros del otro lado del Atlántico del Norte) he intentando mantenerlos próximos a su escritura en «americano informático»; por ejemplo, *abend* y *to abend* se han quedado como *abendo* y *abendar,* aunque durante más de dos años estuvieron como *malacabo* y *malacabar*, pero al final me arrepentí; o la broma genial del *copyleft* (como opuesto al *copyright*) que también se ha quedado como *copyleft*, aunque se vea extraña en castellano; una de las que más chocarán, en este grupo, es la palabra *byte* para la que propongo *bait*; si se acepta, nos acostumbraremos enseguida. Otro grupo significativo es el de las palabras que tienen traducción en castellano que no acaba de cuadrar con el sentido en inglés (que no tiene por qué estar bien); tal es el caso de *frame* para la que, tras muchas dudas, he asignado *freim*; también el de *bypass* y *to bypass* que se han quedado como *baipaso* y *baipasar*. Por último, y con relación a la segunda peste, la de los acrónimos y siglas, la idea ha sido la de mantener la versión inglesa (incluso escondiendo un poco el nombre completo) de los muy arraigados, poco traducibles o que no expresan un principio o procedimiento de carácter general (por ejemplo, físico) y traducir y asignar acrónimo castellano al resto; en el último grupo mencionado, *CPU* (por *Central Process Unit*) pasará a ser *UCP*; en el primer grupo, *EISA* (por *Extended Industry Standard Architecture*) se quedará como *EISA*.

Una cuestión importante que me ha traído más de un quebradero de cabeza ha sido la del género de muchas de las palabras traducidas, empezando por la principal, es decir, *computer*. Después de muchas vueltas, he llegado a la conclusión de que lo verdaderamente sustantivo de muchos de estos artilugios es que son máquinas y que por lo tanto, les corresponde género femenino. Con ello, además, me sacudía de encima el rechazo instintivo que me producía la palabra *ordenador*. Cuando tomé esta decisión el Diccionario estaba casi terminado en su primera redacción, lo que me supuso un esfuerzo considerable de revisión. De todas formas, estoy contento del resultado de la elección.

En cuanto a cuestiones operativas, la más importante es la que se refiere a la ordenación del contenido del Diccionario. Hay dos grandes bloques: el diccionario directo, que es el que contiene las definiciones y los ejemplos, que está ordenado ascendentemente por los términos en inglés; y el diccionario inverso, que no contiene definiciones ni ejemplos, y que está clasificado por los términos en español correspondientes a los términos en inglés. Tanto en un caso como en otro he utilizado el mismo criterio de clasificación que es el siguiente:

— Los caracteres van perdiendo preeminencia de izquierda a derecha. Es como si cada uno de los dos diccionarios parciales se clasificara por la primera posición de la izquierda del término, después por la segunda, y así sucesivamente.

— La clasificación se hace por orden creciente del valor de los caracteres.

— El carácter más pequeño de todos (el de menos valor) es el espacio en blanco.

— Tras el espacio en blanco van los demás caracteres especiales (orden, creciente, de los usuales: '+', '–', '.' y '/'.

— A continuación, figuran las letras, creciendo de valor desde la **a** hasta la **Z**. Dentro de cada letra aparecerá primero la minúscula, acentuada o no, y, después, la mayúscula.

— A continuación de las letras aparecen los dígitos, cuyos valores se ordenan en su orden natural (del 0 al 9).

Un par de referencias finales a problemas con los términos originales:

— Frecuentemente, se encuentran hasta tres versiones del mismo término en función del separador utilizado entre las palabras que lo forman (por ejemplo, *dial up, dial-up, dialup*). A veces se han incluido todas las versiones y a veces no. Por consiguiente, si no se encuentra un término y se sospecha que puede tener versiones según separador, se ruega buscarlas directamente.

— Algo similar ocurre con la ortografía inglesa o americana de ciertas palabras (por ejemplo, *organization* y *organisation*). En estas situaciones, en general, sólo se ha incluido una de las dos versiones. Como en el caso anterior, si no se encuentra una palabra que puede tener ortografía doble, buscar directamente la otra.

El presente Diccionario sólo pretende ser un paso —significativo pero no único— en el esfuerzo de consolidación de las terminologías usadas en áreas tan importantes y de tanto futuro como la informática y las telecomunicaciones. Puede tener un interés evidente como inventario de términos de uso más o menos frecuente y como fuente de definiciones y ejemplos de esos mismos términos. También, posiblemente, en lo que se refiere a la propuesta de traducción para cada definición de un término. En esta última cuestión la decisión final corresponde a las Academias de la Lengua (la de aquí y las de allá) a las que sólo me resta ofrecer una modesta y humilde colaboración.

A. M.

Barcelona y Dosrius, verano de 2000

.ac.uk: *1. .ac.uk*
1. Componentes de nivel superior en los nombres de dominio Internet destinados a instituciones educativas del Reino Unido.

● http://wombat.doc.ic.*ac.uk*

.arc: *1. .arc*
1. Extensión de ficheros comprimidos usando programa ARC.

.arj: *1. .arj*
1. Extensión de ficheros comprimidos usando programa ARJ.

.asc: *1. .asc*
1. Extensión usada para indicar que un fichero contiene datos *ASCII* o, más frecuentemente, datos procesables por los *editores de texto* (ver *Text editor*) más conocidos.

.asm: *1. .asm*
1. Extensión de ficheros fuente en lenguaje ensamblador (ver *Assembler*) (sistemas no-UNIX).

.au: *1. .au*
1. Extensión ficheros Audio (ver *Audio*) (UNIX).

.avi: *1. .avi*
1. Extensión de ficheros que contienen datos en formato RIFF (ver *Resource Interchange File Format*) de Microsoft. Ver también *Audio Video Interleaved*.

.bak: *1. .bak*
1. Extensión de ficheros que contienen copias de salvaguardia (ver *Backup copy*) de otros ficheros.

.bat: *1. .bat*
1. Extensión de fichero que contiene instrucciones ejecutables por lotes (ver *Batch file*).

.bin: *1. .bin*
1. En ciertos entornos, extensión de ficheros que contienen datos no presentables en pantalla (binarios; ver *Binary*).

.bmp: *1. .bmp*
1. Extensión de ficheros que contienen imágenes en formato *mapa de bits* (ver *Bit map*).

.c: *1. .c*
1. Extensión de ficheros fuente en lenguaje C (ver *C*).

.cat: *1. .cat*
1. Extensión de catálogos propios del *dBase*
(ver).

.com: *1. .com*
1. Extensión de ficheros que contienen *mandatos* (ver *Command*) de *sistema operativo*
(ver *Operating system*).

.com: *1. .com*
1. Componente de nivel superior en los nombres de dominio Internet destinados a empresas de los EUA y de muchos otros países.

● http://www.byte.*com*

.dat: *1. .dat*
1. Extensión de ficheros que contienen datos, en general. Equivalente, más o menos a
.txt.

.dbf: *1. .dbf*
1. Extensión de ficheros de *bases de datos*
(ver *Database*) propios del *dBase* (ver).

.dl_: *1. .dl_*
1. Extensión de ficheros que contienen DLLs
(ver *Dynamic Link Library*) comprimidas.

.dll: *1. .dll*
1. Extensión de ficheros que contienen DLLs
(ver *Dynamic Link Library*).

.doc: *1. .doc*
1. Extensión de ficheros creados por Word
(procesador de textos de Microsoft) (ver
Word Def. 2).

.drv: *1. .drv*
1. Extensión de ficheros que contienen manejadores de dispositivos (ver *Device driver*).

.dwg: *1. .dwg*
1. Extensión de ficheros *drawing*.

.edu: *1. .edu*
1. Componente de nivel superior en los nombres de dominio Internet destinados a instituciones educativas de los EUA y de algunos
otros países.

● ftp://ftp.cs.colorado.*edu*

.eps: *1. .eps*
1. Extensión de ficheros que contienen Postscript encapsulado (ver *Encapsulated Postscript*).

.es: *1. .es*
1. Componente de nivel superior en los nombres
de dominio Internet destinados a todo tipo de organizaciones y entidades con sede en España.

● http://www.elpais.*es*

.exe: *1. .exe*
Extensión de ficheros ejecutables en *MS-DOS*
(ver).

.gid: *.gid*
1. Extensión de los ficheros *Global index*
(ver) propios de sistemas Windows.

.gif: *1. .gif*
1. Extensión de ficheros gráficos en formato
Graphics Interchange Format (ver).

.gov: *1. .gov*
1. Componente de nivel superior en los nombres de dominio Internet destinados a instituciones administrativas de los EUA y de algunos otros países.

● http://gams.nist.*gov*

.gz: *1. .gz*
1. Extensión de ficheros *gzip* (ver).

.hlp: *1. .hlp*
1. Extensión de ficheros WinHelp (formato

propio de Microsoft y de sus sistemas Windows).

.hqx: *1. .hqx*
1. Extensión de ficheros *BinHex* (ver).

.html: *1. .html*
1. Extensión de ficheros que contienen código *HTML* (ver *Hypertext Markup Language*).

.ini: *1. .ini*
1. Extensión de ficheros que contienen datos de inicialización del sistema.

.jpg: *1. .jpg*
1. Extensión de ficheros en formato *Joint Photographic Experts Group* (ver).

.jpeg: *1. .jpeg*
1. Extensión de ficheros en formato *Joint Photographic Experts Group* (ver).

.lha: *1. .lha*
1. Extensión de fichero comprimido con *lharc* (programa de compresión desarrollado por Rahul Dhesi).

.lhz: *1. .lhz*

1. Extensión de fichero comprimido con *lha* (otro nombre del programa *lharc*).

.mdx: *1. .mdx*
1. Extensión de índices de ficheros de *bases de datos* (ver *Database*) propios del *dBase* (ver).

.mil: *1. .mil*
1. Componente de nivel superior en los nombres de dominio Internet destinados a estamentos militares de los EUA y de algunos otros países.

● http://www.arpa.*mil*

.mod: *1. .mod*
1. Extensión de fichero en formato *Sampled music file* (*Commodore*).

.mp3: *1. .mp3*
1. Extensión de fichero en la variante musical del *MPEG* (ver *MP3* y *Moving Picture Experts Group*).

.mpg: *1. .mpg*
1. Extensión de fichero en formato *MPEG* (ver *Moving Picture Experts Group*).

.net: *1. .net*
1. Componente de nivel superior en los nombres de dominio Internet destinados a redes y sus componentes, en los EUA y en otros países. Hay mucho uso indebido de este componente.

● http://info.nordu.*net*

.org: *1. .org*
1. Componente de nivel superior en los nombres de dominio Internet usados cuando ninguno de los otros es de aplicación (generalmente se aplica a organizaciones no lucrativas ni gubernamentales).

● Home http://www.ansi.*org*

.pcx: *1. .pcx.*
1. Extensión de fichero *Paintbrush* (IBM CP).

.pdf: *1. .pdf*
1. Extensión de ficheros Acrobat (ver *Portable document format*).

.pif: *1. .pif*
1. Extensión de fichero en formato *Program Information File* (ver).

.png: *1. .png*
1. Extensión de fichero en formato *Portable Network Graphics* (ver).

.ps: *1. .ps*
1. Extensión de ficheros con texto en *Post-Script* (ver).

.s: *1. .s*
1. Extensión de ficheros fuente en lenguaje Ensamblador (UNIX).

.sgml: *1. .sgml*
1. Extensión de ficheros con código SGML (ver *Standard Generalized Markup Language*).

.sig: *1. .sig*
1. Extensión de ficheros que contienen «firmas» (*signature*) de *correo-e* (ver *E-mail*) o Internet.

.snd: *1. .snd*
1. Extensión de ficheros de sonido Sun y Silicon Graphics.

.sys: *1. .sys*
1. Extensión de ficheros que contiene datos usados en la configuración del sistema.

.tar: *1. .tar*
1. Extensión de ficheros en formato *Tape archive* (ver).

.tgz: *1. .tgz*
1. Extensión de ficheros en formato *Tape archive* (ver) comprimido con *gzip*.

.tif: *1. .tif*
1. Extensión de ficheros de imágenes en formato TIFF (ver *Tagged Image File Format*).

.txt: *1. .txt*
1. Extensión de ficheros con texto arbitrario.

.uu: *1. .uu*
1. Extensión de ficheros que contienen texto traducido a *ASCII* usando *uuencode* (ver).

.uud: *1. .uud*
1. Extensión de ficheros que contienen texto procesado usando *uuencode* (ver).

.uue: *1. .uue*
1. Extensión de ficheros que contienen el texto original tras haber pasado por un proceso *uuencode* y *uudecode* (ver).

.vbs: *1. .vbs*
1. Extensión de ficheros en formato *Virtual Basic Script* (ver *VBScript*). (¿Suena LOVE-LETTER-FOR-YOU.TXT.*vbs?*)

.vbx: *1. .vbx*
1. Extensión de ficheros en formato *Virtual Basic Extension*.

.vdx: *1. .vdx*
1. Extensión de ficheros para *Virtual Device Driver*.

.wav: *1. .wav*
1. Extensión de ficheros *WAV* (ver) de Microsoft.

.wmf: *1. .wmf*
1. Extensión de ficheros *Windows Metafile Format* (ver).

.wp: *1. .wp*
1. Extensión de ficheros preparados con el procesador de textos Word Perfect.

.xbm: *1. .xbm*
1. Extensión de ficheros que contienen *bitmap* en X Window.

.xls: *1. .xls*
1. Extensión de ficheros que contienen hojas de cálculo *Excel*.

A

alt.: *1. alt.*

1. Prefijo aplicado a *Grupos de noticias* (ver *News groups*) dedicados a temas más o menos «alternativos». Hay decenas de miles alrededor de los temas más variados (sexo, esoterismo, música e intérpretes, etc.).

- Usenet newsgroups: *alt*.binaries.sounds.*.

arc: *1. arc.*
Ver *ARC.*

arj: *1. arj.*
Ver *ARJ.*

awk: *1. awk.*

1. Lenguaje de programación que se creó para dotar al UNIX de una herramienta suficiente para tratar textos, efectuar búsquedas, realizar acciones repetitivas sobre ficheros y otras tareas similares. Es lenguaje interpretado (ver *Interpretive*); adecuado para crear prototipos.

- When *awk (awk)* scans an input line, it breaks it down into a number of ...

A:: *1. A::.*

1. En varios sistemas operativos de máquinas pequeñas, dirección del dispositivo más común para disquete. Desde él se intenta, en primer lugar, la carga de las instrucciones de autoarranque.

A:\SETUP.EXE

A-D converter: *1. Convertidor de analógica a digital. 2. CAD.*
1. Ver *Analog to Digital Converter.*

A/D: *1. A/D. 2. Conversión de analógica a digital.*
1. Ver *Analog to Digital Conversion.*

AA: *1. AA.*
1. *Auto Answer.* Luz en *módem* (ver *Modem*) externo que indica que el *módem* está preparado para contestar a una llamada entrante. No es muy útil.

AARP: *1. AARP.*
1. Ver *AppleTalk Address Resolution Protocol.*

Abend (noun): *1. Abendo.*
1. Terminación anormal de una tarea (y de sus subtareas subordinadas, si existen), *paso de trabajo* (ver *Job step*), trabajo o subsistema, producida bien por el *sistema operativo* (ver *Operating system*) o alguno de sus componentes, bien por un programa de usuario. La causa habitual de una terminación anormal es

la presencia de una condición de error *irrecuperable* (ver *Unrecoverable*). La terminación anormal puede ir acompañada de un código identificativo y de un vaciado de memoria que ayude en el diagnóstico.

• An *abend (abendo)* can leave data in an inconsistent state for any of the following reasons: ...

Abend (verb): *1. Abendar.*
1. Producir o producirse una terminación anormal (ver *Abend (noun)*).

• ... does not *abend (abenda)*, and can be reconnected.

Abilene: *1. Abilene.*
1. Nombre del proyecto de red de banda ancha a utilizar por *Internet2* (ver). Enlaza a más de 70 Universidades.

• As a backbone network, *Abilene* spans over 10,000 miles and operates at 2.4 gigabits per second, ...

Abort (noun): *1. Aborto.*
1. Acción y efecto de *abortar* (ver *Abort (verb)*), especialmente cuando esta acción no es provocada sino espontánea (error, fallo de máquina, etc.).

• We've had three *aborts (abortos)* over the last ten minutes.

Abort (verb): *1. Abortar.*
1. Provocar o producirse la terminación de un proceso o tarea (y, por tanto, de un programa), antes de su fin lógico. En el primer sentido, es sinónima de *stop (finalizar)* y en el segundo, de *abend (abendar)*.

• This program let you *abort (abortar)* the print task.

Abscissa: *1. Abscisa.*
1. Primera coordenada (se asume que es la «horizontal») de un sistema de referencia cartesiano.

• ... the equation of a line in which the *abscissa (abscisa)* is always −4.

Absolute address: *1. Dirección absoluta.*
1. Cada posición de la memoria principal (ver *Byte*) de una computadora tiene una dirección absoluta que es el resultado de contar las posiciones desde el inicio de la memoria hasta la posición de que se trate. No hay que transformar la dirección absoluta para acceder a su correspondiente posición de memoria, cosa que no ocurre con otros tipos de direcciones (por ejemplo, la dirección virtual).

• ... provides an additional storage-protection facility to prevent data access to storage locations above or below a specified *absolute address (dirección absoluta)*.

Absolute expression: *1. Expresión absoluta.*
1. Cada ejecución de un programa puede realizarse con el programa cargado a partir de una posición diferente de la memoria principal (*reubicación*; ver *Relocation*). En programación en Ensamblador un término usado en una instrucción tiene valor absoluto si este valor no cambia en función de la ubicación del programa. El término también se llama absoluto. Análogamente, una expresión será absoluta si el valor al que, en última instancia, queda reducida, es un valor absoluto.

• The value of an *absolute expression (expresión absoluta)* is called an absolute value.

Absolute path name: *1. Nombre de camino absoluto.*
1. En sistemas UNIX son *absolutos* los *nom-*

bres de camino que empiezan con una barra (que representa al directorio raíz; ver *Root directory*). En otros sistemas puede establecerse una definición equivalente aunque, en ciertos casos, es necesario incluir el dispositivo (por ejemplo, C:) en el que se encuentra todo el camino.

● ... you can use (...) anywhere you would use an *absolute pathname (nombre de camino absoluto).*

Absolute pathname: *1. Nombre de camino absoluto.*
Ver *Absolute path name.*

Absolute term: *1. Término absoluto.*
1. Cada ejecución de un programa puede realizarse con el programa cargado a partir de una posición diferente de la memoria principal (*reubicación*; ver *Relocation*). En programación en Ensamblador un término usado en una instrucción tiene valor absoluto si este valor no cambia en función de la ubicación del programa. El *término* también se llama *absoluto.*

● These terms have absolute values and can be used as *absolute terms (términos absolutos)* in expressions to represent ...

Absolute value: *1. Valor absoluto.*
1. Cada ejecución de un programa puede realizarse con el programa cargado a partir de una posición diferente de la memoria principal (*reubicación*; ver *Relocation*). En programación en Ensamblador un término usado en una instrucción tiene *valor absoluto* si este valor no cambia en función de la ubicación del programa.

● The expressions used to specify registers must have *absolute values (valores absolutos)* ...

Abstract: *1. Resumen.*
1. Exposición resumida de un texto (artículo, conferencia, capítulo de libro, etc.) de mayor tamaño.

● Abstract (Resumen)
This book describes the purposes and functions of ...

Abstract class: *1. Clase abstracta.*
1. *Clase* (ver *Class*) especial que actúa como origen (base), frecuentemente incompleto, de otras clases (subclases). No pueden derivarse *objetos* (ver *Object*) de una *clase abstracta.* Es un concepto propio de la programación orientada a objetos (ver *Object oriented programming*).

● The member cannot be a reference to an *abstract class (clase abstracta)* because ...

Abstract data type: *1. Tipo abstracto de datos.*
1. Concepto de *programación orientada a objetos* (ver *Object oriented programming*), aunque presente en otros enfoques, que suministra la base teórica que permite «materializar» (programar) objetos y características de objetos considerando tanto datos como comportamientos o reacciones. Frecuentemente hay un modelo matemático subyacente.

● A classic example of an *abstract data type (tipo abstracto de datos)* is a stack data type ...

Abstract syntax: *1. Sintaxis abstracta.*
1. Definición y representación de datos que es independiente de cómo se codificarán físicamente dichos datos en las estructuras admitidas por cada máquina posible. Una sintaxis abstracta tiene elementos estructurales propios adaptados a los textos sujetos a representación (por ejemplo, programas).

• A parse tree is similar to an *abstract syntax tree (árbol en sintaxis abstracta)* but it will ...

Abstract Syntax Notation 1: *1. ASN.*

1. Método formal de definir la sintaxis de los datos usados en comunicaciones sin entrar en el detalle de la codificación de los mismos ni en cualquier otra cuestión que dependa de la arquitectura de cada computadora concreta. Este método ha sido estandarizado por la *ISO 8824.*

• Users of the open systems interconnection (OSI) presentation layer use *ASN.1* to define the data to be exchanged ...

Abuttal: *1. Abutal.*

1. Operador de concatenación propio del lenguaje REXX. La sintaxis del operador consiste, simplemente, en escribir los términos a concatenar uno a continuación del otro sin ninguna separación o con sólo un comentario REXX entre ellos. Produce concatenación de contenidos sin caracteres de separación.

• The expression

(Initial)/* Concatenates */(Name)

results in an *abuttal (abutal)*, and evaluates to 'J.Smith' if Initial has the value 'J.' and Name has the value 'Smith'.

ABC: *1. CAL. 2. Control Automático de la Luminosidad*

Ver *Automatic Brightness Control.*

ABM: *1. ABM.*

Ver *Asynchronous Balanced Mode.*

Accelerated Graphics Port: *1. AGP.*

1. Nueva especificación de *interfaz* (ver *Interface (noun)*) para gráficos que posibilita que el controlador de éstos acceda directamente a la memoria principal. Ha sido desarrollado

por Intel. Permite alcanzar una anchura de banda de 266 Mbps, lo que dobla la de PCI (ver *Peripheral Component Interconnect*).

• The motherboard must be equipped with an *Accelerated Graphics Port (AGP)* bus slot or ...

Accelerator board: *1. Placa aceleradora.*

1. Modelo de *placa de expansión* (ver *Expansion board*) que, implantándola en una *CP* (ver *Personal Computer*), mejora sus prestaciones. Es un dispositivo relativamente anticuado ya que, modernamente, es fácil, en general, ampliar memoria y cambiar procesador.

• For example, a graphics *accelerator board (placa aceleradora)* reduces the time it takes the computer to display images ...

Accelerator keys: *1. Teclas rápidas.*

1. *Tecla* o combinación corta de teclas que sustituye ventajosamente a una acción con ratón o a una combinación larga de teclas.

• By pressing these *accelerator keys (teclas rápidas)*, users can initiate the associated actions immediately.

Acceptable Use Policy: *1. Política de Uso Aceptable. 2. PUA.*

1. Norma que se establece para un cierto componente de red (servidor, red local, etc.) en la que se determina para qué y para qué no puede usarse el estamento en cuestión.

• The *Acceptable Use Policy (Política de Uso Aceptable)* is contained in the following documents ...

Access (noun): *1. Acceso.*

1. Acción y efecto de acceder (ver *Access (verb)*) en cualquiera de las dos acepciones.

• ... it must first identify the person who is

trying to gain *access (acceso)* to the system, and then verify that the user is really that ...

Access (verb): *1. Acceder.*

1. Obtener el uso de un recurso cualquiera por parte de un proceso o tarea. Lo más frecuente es que ese uso se traduzca en lectura y/o grabación de datos en el recurso accedido.

● With this option, each user is responsible for maintaining both read and write integrity for the data the program *accesses (accede)*.

2. Obtener el uso de un recurso protegido para efectuar en el mismo una acción autorizada por el permiso de acceso (leer, grabar, ejecutar, ...).

● Global access checking should be used for public resources that *are accessed (son accedidos)* frequently.

Access code: *1. Código de acceso.*

1. En ciertos entornos, código de acceso es equivalente a *contraseña* (ver *Password*).

● Up to 8 characters (A-Z) are permitted in the *access code (código de acceso)*, but only the first ...

Access Control List: *1. ACL.*

1. Herramienta utilizada por varios *sistemas operativos* (ver *Operating system*) para manejar el sistema de autorizaciones (derechos de acceso) de los usuarios a los recursos del sistema. Los derechos controlados son, habitualmente, leer, grabar y ejecutar y se mantienen en tablas.

● *Access Control Lists (ACLs)* are an enhancement of the UNIX operating system for ...

Access level: *1. Nivel de acceso.*

1. En un sistema de control de la seguridad informática la expresión *nivel de acceso* se refiere a la posibilidad de establecer tipos de acceso a los recursos (por ejemplo, leer, actualizar, ejecutar, ...) y, con ese mayor detalle, fijar los derechos de acceso de usuarios y grupos y realizar auditorías que informen de quién ha accedido a determinados recursos para efectuar accesos de un tipo determinado.

● ... be sure that users and groups have a sufficient *access level (nivel de acceso)* authority to each protected entity along the ...

Access method: *1. Método de acceso.*

1. Los *métodos de acceso* son componentes de los *sistemas operativos* (ver *Operating system*) en los que se incluye toda la tecnología necesaria para definir, almacenar y procesar datos. El principal criterio clasificatorio de los métodos de acceso es la organización física (ver *File organization*) de los datos a los que pueden acceder: secuencial, con índices, con directorio, etc.

● With certain *access methods (métodos de acceso)* you can access data non-sequentially.

Access Method Services: *1. AMS.* *2. IDCAMS.*

1. Macroprograma de IBM que proporciona gran cantidad de opciones de utilidad para el manejo de ficheros *VSAM* (finalidad inicial) y no-VSAM (ver *Virtual Storage Access Method*). Permite definir y modificar diferentes tipos de ficheros, transportarlos, listar su contenido, producir información básica sobre los mismos, etc. De uso en grandes sistemas.

● ... its structure is defined to the system by the *Access Method Services (AMS)* DEFINE CLUSTER command.

Access mode: *1. Modo de acceso.* *2. ACCESS MODE.*

1. El modo de acceso establece la manera (secuencial, aleatoria, ...) con la que se opera so-

bre los registros de un fichero. Las maneras posibles dependen de la organización de cada fichero (ver *File organization*). Cada *modo de acceso* concreto se codifica con sentencias de los lenguajes de programación.

• Por ejemplo, en COBOL:

FILE-CONTROL.
  SELECT filename
  ASSIGN TO assignement-name
  ORGANIZATION IS org
  ACCESS MODE (¡No traducir!) IS acceso
  FILE STATUS IS status

Access path: *1. Camino de acceso.*

1. Es el camino que sigue *DB2* (ver *DATABASE 2*) para obtener los datos que se solicitan en una *consulta* (ver *Query*) o actualización. Depende de la tabla o tablas a acceder, del diseño de las *interrelaciones* entre tablas, de la presencia o no de índices en dichas tablas y del volumen de datos en las mismas (según está registrado en las últimas estadísticas obtenidas). El camino de acceso se puede obtener para cada ejecución de la sentencia SQL (SQL dinámico; ver *Structured Query Language*) o para muchas ejecuciones de la sentencia (SQL estático).

• *The access path (camino de acceso)* used can affect the mode, size, and even the object of a lock.

Access privileges: *1. Permisos de acceso.*

1. Atributos (ver *Attribute*) que se asignan a un usuario de un sistema, bien por sí mismo, bien a través de su pertenencia a un grupo y que determinan la posibilidad de acceder al sistema y a sus subsistemas y recursos y la cualidad, grado o importancia que puede tener dicho acceso.

• When an unforeseen circumstance requires

a change in *access privileges (permisos de acceso)*, the change can be made by a ...

Access time: *1. Tiempo de acceso.*
2. Horario de acceso. 3. Hora de acceso.

1. Tiempo que se tarda en establecer un *acceso* (ver *Access*).

• This provides for reduced *access time (tiempo de acceso)* to the modules the programmer may be working on ...

2. Ventana horaria en la que se permite a un usuario el acceso a un recurso.

• You can allow a user to *access* a protected resource for a limited *time* by taking the following steps: ... *(se refiere a horario de acceso)*

3. Momento en el que se realiza un acceso (puede ser registrado en algún tipo de fichero (ver *Log*).

Accessibility: *1. Accesibilidad.*

1. Capacidad de un sistema informático que permite o facilita su uso por parte de personas con alguna discapacidad (ceguera, sordera, déficit de movilidad, etc.).

• *Accesibility (de accesibilidad)* options have been built into software and operating ...

Accessor: *1. Accedente.*

1. Usuario que ha accedido a un sistema habiendo recibido determinados derechos o permisos de acceso. Puede aplicarse también a un usuario (legal o no) durante la fase de tentativa de acceso al sistema.

• ... represents the authorities of a *single accessor (accedente)* in the ...

Account: *1. Cuenta.*

1. Concepto operativo con el que se establecen las posibilidades, limitaciones y condicio-

namientos del acceso a una computadora o a una computadora en red. Una *cuenta* se define por un identificador de usuario («Login ID» o «Username») y una *contraseña* (ver *Password*). La cuenta tiene implícito, si procede, el procedimiento de facturación de los recursos utilizados durante el acceso.

• The system administrator establishes information about each authorized user and stores this information in individual user *accounts (cuentas)*.

Accuracy: *1. Precisión. 2. Calidad. 3. Consistencia.*
1. Precisión.

• Because of the limited *accuracy (precisión)* of manually setting the clock value ...

2. Calidad. Grado de adaptación a requisitos (en diseño y desarrollo).

• The catalog can also be used to verify the *accuracy (calidad)* of your database definition process.

3. Consistencia (de datos).

• ... run it periodically to verify the *accuracy (consistencia)* of important indexes.

Acknowledge timeout: *1. Tiempo límite de acuse.*
1. Tiempo que una estación espera a recibir acuse de recepción (positivo o negativo) de un mensaje enviado a otra estación. Cuando se supera este tiempo se toma una acción preestablecida (por ejemplo, reenviar).

• If X does not receive an ACK-frame within the predefined *acknowledge timeout (tiempo límite de acuse)* ...

Acknowledgment: *1. Acuse.*
1. En los protocolos de transmisión de datos se contempla la necesidad de que el receptor confirme al emisor la recepción correcta (*ACK*; ver) o errónea (NAK) de un mensaje. El código *ASCII*, por ejemplo, tiene valores para ambos tipos de acuse.

• With bit-oriented protocols, high efficiency can be achieved even with short frames because multiple frames can be sent with a single *acknowledgment (acuse)*.

Acoustic coupler: *1. Acoplador acústico.*
1. Dispositivo que permite acoplar el aurimicro o montera de un teléfono a un *módem* (ver *Modem*) o directamente a una computadora. En este caso el dispositivo tiene el *módem* incorporado. Estos dispositivos se usan poco, actualmente, pero pueden ser imprescindibles en situaciones de movilidad extrema por países de niveles de desarrollo diferentes.

• ... battery, this *acoustic coupler (acoplador acústico)* gives you more than 30 hours ...

Acrobat: *1. Acrobat.*
1. Producto informático (software de ayuda) desarrollado por Adobe Systems para crear, manipular y distribuir documentos creados en un formato especial llamado PDF (ver *Portable Document Format*). Los documentos se pueden *presentar* (ver *Display (verb)*) e imprimir tal como los creó su autor.

• The Adobe *Acrobat* Reader is a separate program and not part of most ...

Acronym: *1. Acrónimo.*
1. Palabra «artificial» formada por la letra o letras iniciales de las palabras de un grupo de palabras que definen un concepto, organización, etc. Los acrónimos son, en la informática actual, una verdadera plaga.

- This list may include *acronyms (acrónimos)* and abbreviations from: ...

Action bar: *1. Barra de menús.*
Sinónimo (menos usado) de *Menu bar* (ver).

- ... to become familiar with the *action bar (barra de menús)* and pull-downs ...

Activate (verb): *1. Activar.*
1. Poner operativo un componente (hardware o software), un servicio, una opción, etc., de un sistema informático o de una red. Habitualmente, este proceso va acompañado o precedido de un proceso de *inicialización* (ver *Initialization*).

- ... Specifies the trace parameters and *activates (activa)* tracing.

Activation: *1. Activación.*
1. Acción y efecto de activar (ver *Activate (verb)*).

- At partition *activation (activación)* those definitions are ignored that are invalid for the actual usage.

Active: *1. Activo.*
1. Adjetivo que se aplica al elemento, entre varios, que está operativo en un momento dado (es decir, al elemento con el que hay interacción, recibe órdenes y mandatos, etc.). En sistemas con interfaz gráfica, los elementos activos se destacan de alguna manera.

- ... which had simultaneously *active (activas)* windows for the spreadsheet, ...

Active Desktop: *1. Active Desktop.*
1. Parte cliente de una tecnología, propia de Microsoft, orientada al procesamiento distribuido. Permite el acceso a datos locales o remotos cuyos formatos posibles abarcan un abanico relativamente amplio. Admite inter-

acción con tecnologías y lenguajes de otros orígenes (por ejemplo, Java).

- Once the *Active Desktop* feature is turned on, Web content is displayed or can be added to your ...

Active filter: *1. Filtro activo.*
1. *Filtro* (ver *Filter Def. 4*) para seleccionar características (por ejemplo, una banda de frecuencias) de la entrada al mismo y que se caracteriza por estar dotado de dispositivos activos como, por ejemplo, amplificadores operacionales.

- *Active filters (Los filtros activos)* have the advantage of being able to compensate for harmonics ...

Active gateway: *1. Pasarela activa.*
1. Se considera que una *pasarela* (ver *Gateway*) o *encaminadora* (ver *Router*) necesitan, para ser consideradas activas, que intercambien información con una cierta asiduidad. Si pasa un tiempo (según protocolo usado) sin intercambiar información se considera que están inactivas y se borran los caminos que pasan por ellas.

- It is convenient for the *active gateway (pasarela activa)* to send Hello commands at a rate of one every ...

Active matrix: *1. Matriz activa. 2. TFT.*
1. Tecnología moderna usada en las pantallas planas de cristal líquido propias de las *computadoras portátiles* (ver *Portable computer*). Dan mejor visibilidad, para los diferentes ángulos, que las pantallas de matriz pasiva. Ver explicación suplementaria en *Thin Film Transistor*.

- XXX develops and markets reflective *active matrix (de matriz activa)* liquid crystal displays on silicon.

Active set: *1. Conjunto activo.*
1. Concepto propio de la teoría de la memoria virtual y con el que se hace referencia a las transacciones (procesos, etc.) que se están procesando por el sistema en un momento dado.

• The CPU processes transactions in the *active set (conjunto activo)* until a transaction receives a ...

Active Server Pages: *1. ASP.*
1. Entorno de desarrollo de páginas *Ueb* (ver *World Wide Web*) para Microsoft *Internet Information Server* (ver). Permite combinar *HTML* (ver *Hypertext Markup Language*) y componentes reusables *ActiveX* (ver *Reusable*) y emplear en dicho desarrollo tanto el muy extendido *Visual Basic* como *Jscript* y otras herramientas.

• The component, called AdRotator, is installed when you install *ASP (ASP)* ...

Active wait: *1. Espera activa.*
1. Espera que tiene implícito el sondeo periódico de la aparición de un evento que elimine la situación de espera.

• ... and those conditions that evaluate to TRUE are allowed to enter into the *active wait (espera activa)* state for an entry, while ...

ActiveX: *1. ActiveX.*
1. Conjunto abierto (en el sentido de aún no completo) de tecnologías propias de Microsoft, orientadas –aunque no exclusivamente– al mundo Internet y desarrolladas a partir de y usando otras tecnologías previas de Microsoft: OLE (ver *Object Linking and Embedding*) y, sobre todo, COM (ver *Component Object Model*).

• ... the *ActiveX (ActiveX)* technologies have become an essential part of Microsoft applications and tools; ...

ActiveX Control: *1. Control ActiveX.*
1. Componente ejecutable basado en el conjunto de tecnologías *ActiveX* de Microsoft. Es un objeto COM (ver *Component Object Model*) que, *vinculado* (ver *Link (verb) Def. 3*) con otros objetos COM (como las viejas rutinas), puede contribuir decisivamente a facilitar y potenciar el desarrollo de aplicaciones. Los *controles ActiveX* se crean como *DLLs* y, como tales, no pueden ejecutarse por sí mismos, sino que requieren una base. Dicha base puede ser tanto *Visual Basic*, como un *navegador* (ver *Browser*), lo que plantea problemas serios con relación al tamaño de los *controles*.

• When an *ActiveX control (control ActiveX)* is UI activated, clicking it in Edit mode enables its text to be edited directly ...

Actual: *1. Real. 2. Efectivo.*
1. Real y verdadero, si se refiere a un dato. Cumplida, realizada, si se refiere a una acción. Más raramente puede significar un dato o acción presente, actual.

• ... uses the LENGTH field to return the *actual (real)* length of the record retrieved.

• *Actual (efectiva)* delivery occurs later in time, much later in some cases, ...

Actual decimal point: *1. Punto decimal real.*
1. Los lenguajes de programación permiten, por lo general, la inclusión, en ciertos tipos de datos, de la posición real del punto/coma decimal. Algunos lenguajes permiten elegir el punto (.) o la coma (,) para representar dicha posición real.

• Either an *actual* or an assumed *decimal point (punto decimal real/asumido)* must be present in the mantissa ...

Actuator: *1. Actuador.*
1. Dispositivo que recibe *señales* (ver *Signal Def. 1*) de un componente de control (puede que informatizado) y las transforma en movimientos de utilidad predeterminada.

● ... is the ideal choice for networking sensors and *actuators (actuadores)* in automation systems ...

AC: *1. CA. 2. Corriente alterna.*
Ver *Alternating Current.*

AC-powered: *1. Energizado por CA. 2. Energizado por corriente alterna.*
1. Dícese de una computadora o periférico energizados con *corriente alterna* (ver *Alternating Current*).

● ... can be supplied in DC or *AC powered (energizado por CA)* configurations.

ACAP: *1. ACAP.*
Ver *Application Configuration Access Protocol.*

ACCESS.bus: *1. ACCESS.bus.*
1. Bus de dos vías, desarrollado por DEC y otras compañías para la conexión a la computadora (tipo CP) de hasta 125 periféricos lentos. Es competencia de USB (ver *Universal Serial Bus*).

● Because the *ACCESS.bus* enables automatic system configuration, devices only have ...

ACF/NCP: *1. ACF/NCP. 2. NCP.*
1. Acrónimo de *Advanced Communications Function/Network Control Program.* Sinónimo de NCP. Ver *Network Control Program.*

ACF/VTAM: *1. ACF/VTAM.*
Ver *Virtual Telecommunications Access Method.* ACF significa *Advanced Communications Function.*

ACIA: *1. ACIA.*
Ver *Asynchronous Communications Interface Adapter.*

ACK: *1. ACK. 2. Acuse afirmativo.*
1. Representación legible de los códigos *ASCII* x'06' o *EBCDIC* x'2E', que significan «Recibido» o «De acuerdo». Ver *Affirmative acknowledgment.*

2. El uso de las letras ACK puede indicar, en una respuesta a «ping» o ENQ, que se está en el otro extremo.

ACL: *1. ACL.*
Ver *Access Control List.*

ACM: *1. ACM.*
Ver *Association for Computer Machinery.*

ACPI: *1. ACPI.*
Ver *Advanced Configuration and Power Interface.*

ACS: *1. SAC. 2. Selección Automática de Clases.*
Ver *Automatic Class Selection.*

Ad: *1. Anuncio.*
1. Abreviación de *Advertisement.* Aquello de lo que está plagado Internet (*ad* nauseam) siendo la causa del altísimo precio de las acciones de ciertas compañías.

● It's an indication of the *ad's (del anuncio)* effectiveness ...

Ad hoc enquiry: *1. Consulta preestablecida.*
1. *Consulta* (ver *Query* o *Enquiry*), con un objetivo claro, a una *base de datos* (ver *Database*). Puede ser una consulta predefinida (y, por tanto, total o parcialmente preprogramada) o una consulta a desarrollar por el propio usuario al que hay que dotar de herramientas adecuadas.

• ... and to ensure that the impact of *ad hoc enquiries (consultas preestablecidas)* is at least considered ...

Ada: *1. Ada.*
1. Complejo y potente lenguaje de programación, descendiente del Pascal, y muy orientado al *tiempo real* (ver *Real-time*) y a los programas incluidos (ver *Embed*). Hay estándares sobre el mismo y es obligatorio en contratos con el Departamento de Defensa de los EUA. Tiene medios para facilitar el *reúso* (*abstracción en datos; ver Data abstraction*), *encapsulación* (ver *Encapsulation*), compactación de la interacción con el hardware, etc.

• An *Ada (Ada)* program consists of a set of packages encapsulating data objects and ...

Adapter: *1. Placa. 2. Adaptadora.*
1. Dispositivo físico (no inerte) que posibilita el acoplamiento entre dos componentes que pueden ser, cada uno de ellos, hardware o *interfaz* (ver *Interface (noun)*) electrónica. En las *CPs* (ver *Personal Computer*) se llaman placas de expansión y, frecuentemente, se insertan en ranuras de la placa base.

• Video *adapters (placas)* enable the computer to support ...

2. Componente electrónico que conecta uno o más dispositivos de *E/S* (ver *Input/Output*) al procesador. Habitualmente toma la forma de una placa con circuitos impresos y capacidad de procesamiento.

• ... new family of ATM workstations *adapters (adaptadoras)* is competitively priced in comparison to currents LAN *adapters (adaptadoras)*.

Adaptive answering: *1. Respuesta adaptable.*
1. Capacidad de los *módems* de distinguir el tipo de llamada recibida y proceder en consecuencia (por ejemplo, llamada de voz y de fax).

• For fax modems, XXX can employ the *«adaptive answering» (respuesta adaptable)* feature supported with many modern ...

Adaptive thresholding: *1. Umbralización adaptable.*
1. Mecanismo hard/soft de que están dotados algunos aparatos de *escanear* (ver *Scan (verb) Def. 2*), cuya función es la de mejorar el contraste entre fondo e imagen de cara a aumentar la interpretabilidad del documento base.

• Filtering in conjunction with screening or *adaptive thresholding (umbralización adaptable)* can be used ...

Adaptive maintenance: *1. Mantenimiento adaptador.*
1. *Mantenimiento* del software tendente a su adaptación a los cambios en el entorno (organizativos y de enfoque de gestión, de hardware, legales, etc.).

• *Adaptive maintenance (El mantenimiento adaptador)* forces an analyst to analyze the new requirement and return to ...

Add-in: *1. Ampliación. 2. Aditamento.*
1. Subcomponente hardware que se incorpora a un componente hardware para ampliar su capacidad, potencia, etc.

• The term *add-in (ampliación de)* memory is often used instead of ...

2. Subcomponente software (rutina, control, ...) que se incorpora a un componente software (programa o aplicación) para ampliar sus posibilidades de procesamiento.

• There are many Excel *add-ins (aditamentos)* designed to complement the basic ...

Add-on: *1. Ampliación. 2. Aditamento.* Sinónimo de *Add-in* (ver).

• There are numerous *add-on (de ampliación)* boards available that you can plug ...

Address (noun): *1. Dirección.* 1. La misma palabra con la misma traducción se usa para referirse a una forma de identificar, utilizar y relacionarse con diferentes tipos de elementos: posiciones de la memoria de una computadora, dispositivos físicos (almacenamiento, salida, etc.), ficheros, componentes de redes, usuarios de redes (por ejemplo, *correo-e*; ver *E-mail*), etc.

• ... and the symbol in the second operand is the symbolic *address (dirección)* of the target ...

Address (verb): *1. Direccionar.* 1. Establecer, calcular direcciones (ver *Address (noun)*).

• Analogous to the way named anchors *are addressed (se direccionan)* in HTML, ...

Address book: *1. Listín de direcciones.* 1. En programas de *correo-e* y en la *Ueb*, datos, presentaciones y software que se refieren a direcciones de *correo-e* y otras.

• ... all stored under one nickname, or as one entry in the *address book (listín de direcciones)*. Some e-mail programs ...

Address bus: *1. Bus de direcciones.* 1. Bus especializado en la transmisión de direcciones en las entrañas de una computadora.

• The CPU uses an *address bus (bus de di-*

recciones) to encode the address of a desired memory ...

Address mask: *1. Máscara de dirección.* 1. En *direccionamiento* (ver *Addressing*) IP (Internet «clásico»; ver *Internet Protocol*) una *máscara de dirección* es un conjunto de 32 bits en el que los 1s binarios representan dirección de red/subred y los 0s binarios dirección de *huéspeda* (ver *Host Def. 1*) en la subred. Se mantiene en la *pasarela* (ver *Gateway*) de Internet y en las *encaminadoras* (ver *(Router)*) locales. Es sinónimo de *máscara de subred*. Puede usarse la notación decimal con puntos (ver *Dot address*) para representar estas máscaras.

• Instead, an *address mask (máscara de dirección)* is used to define the subaddress boundaries for a particular network ...

Address resolution: *1. Resolución de direcciones. 2. AR.* 1. En el control y gestión del *direccionamiento* (ver *Addressing*) en interredes interesa direccionar *huéspedas* (ver *Host Def. 1*) situadas tanto en el exterior como en el interior de cada red componente. El método de *resolución de direcciones* facilita el direccionamiento de huéspedas en la red interna sin sobrecargar las *pasarelas* (ver *Gateway*) de comunicación con el exterior. Se basa en conseguir el emparejamiento de direcciones de red (*IP*; ver *Internet Protocol*) con direcciones físicas (NPA. Ver *Network Point of Attachment*) mediante el uso de un protocolo específico de comunicación entre huéspedas.

• *Address resolution (resolución de direcciones)* is a method for mapping network-layer addresses to media-specific addresses.

Address Resolution Protocol: *1. ARP. 2. Protocolo de Resolución de Direcciones.* 1. Protocolo que permite a una *pasarela* (ver

Gateway) que conecta una *RAL* (ver *Local Area Network)* con una interred, obtener la dirección física de una computadora en la *RAL* (dirección *MAC:* ver *Medium Access Control*) a partir de una dirección *IP* (ver *Internet Protocol*) recibida en un mensaje. Implica el empleo de un programa *ARP*, de un área para almacenar parejas MAC-IP y de un mecanismo de consulta para cuando no se encuentre una dirección determinada.

• Address Resolution Protocol (ARP) updates the ARP cache for future reference ...

Address space: *1. Espacio de direcciones.*
1. En un sentido físico, un *espacio de direcciones* es la totalidad de la memoria que puede ser accedida por un procesador. Puede organizarse de una manera lineal o segmentada. Desde el punto de vista del uso de la memoria, un *espacio de direcciones* es la memoria (tanto real como virtual) que se asocia a un proceso.

• Depending on the configuration some of the address space (espacio de direcciones) may be unused in which case ...

Addressing: *1. Direccionamiento.*
1. El *direccionamiento* (ver *Address (verb))* del almacenamiento principal (instrucciones y datos) es uno de los principales problemas a resolver por los responsables de la arquitectura de las computadoras y por los diseñadores de los *sistemas operativos* (ver *Operating system*). Hace referencia al establecimiento de tipos de direcciones y sus límites, transformación de direcciones de diferentes tipos, protección de la memoria, etc.

• For purposes of addressing (direccionamiento) three basic types of addresses are recognized: absolute, real, and virtual.

2. El direccionamiento de las redes de computadoras se ha convertido, también, en un problema de primera magnitud a causa, sobre todo, del avance imparable del concepto de *red global*. Se tienen que resolver problemas tales como: codificación interna de direcciones; codificación externa de direcciones, algoritmos de *encaminamiento* (ver *Routing*), ubicación en la Red de los dispositivos de encaminamiento, etc., etc.

• ... must be designed to conserve addressing (de direccionamiento) space while minimizing route processing so as not to sacrifice performance.

Addressing exception: *1. Excepción de direccionamiento.*
1. Situación de error que se produce cuando la *UCP* (ver *Central Processing Unit*) intenta referenciar una posición *indisponible* (ver *Unavailable*) de la memoria principal, cualquiera que sea la causa de esa no disponibilidad (ver *Addressing*).

• When the storage address designates a location which is not available in the configuration, an addressing exception (excepción de direccionamiento) is recognized, and ...

Addressing mode: *1. Modo de direccionamiento.*
1. Engorro necesario como consecuencia, de una parte, del avance tecnológico y el abaratamiento consiguiente y, de la otra, de la necesidad de tener en cuenta los desarrollos del pasado y, en especial, los cientos de miles de programas creados en situaciones tecnológicas superadas. En concreto y para *máquinas principales* (ver *Mainframe computer*) de IBM, el paso a *direccionar* (ver *Address (verb))* hasta 2 GB de memoria virtual (direcciones de 31 bits) conviviendo con el direccionamiento de hasta 16 MB (direcciones de 24 bits). Para solucionar esta difícil conviven-

cia se ha creado el concepto de *modo de direccionamiento* cuya aplicación afecta al ensamblador y al *montador de enlaces* (ver *Linkage editor* y *Linker*), al funcionamiento interno de la máquina, a la concepción de programas de bajo nivel, etc.

• When address computation is performed in the 24-bit *addressing mode (modo de direccionamiento)*, seven zeros are appended on the left to form a 31-bit address. Therefore, ...

Adjust: *1. Ajustar.*

1. Modificar, manual o automáticamente, los parámetros de un proceso para acercar el resultado a nuestras expectativas.

• ... actual voltages sent to the monitor must be *adjusted (ajustarse)* in order to make the colour component ...

2. En procesamiento de textos, manipular un texto para que se adapte a los márgenes según la presentación (ver *Display (verb)*) deseada. Puede aplicarse, con más generalidad, a la colocación de un elemento con relación a otro (por ejemplo, un dato en el espacio que ha de contenerlo, etc.).

• ... the length of the lines *is adjusted (se ajusta)* into a width defined by ...

Administrative facility: *1. Función administrativa.*

1. Componente, suministrado con un sistema, que se utiliza en la configuración del mismo para adaptarlo a las necesidades concretas de una instalación. Consta, en general, de uno o más lenguajes y de los correspondientes programas procesadores. Su salida son tablas, macroinstrucciones, ficheros, etc., que contienen la configuración.

• ... can change their configuration without having to go through a central *administrative facility (función administrativa)*.

Advanced Configuration and Power Interface: *1. ACPI.*

1. Acuerdo entre Intel, Microsoft y Toshiba para crear un conjunto de normas (se pretende que sean un estándar) que permitan desarrollar máquinas en las que el *sistema operativo* (ver *Operating system*) tenga un papel muy importante en el control de la energización de los diferentes componentes físicos (pantalla, CD-ROM, etc.).

• For *Advanced Configuration and Power Interface (ACPI)* to work, the operating system, the motherboard chipset, etc., have to ...

Advanced Digital Network: *1. Red Digital Avanzada. 2. ADN.*

1. Red privada o pública con capacidad para transmitir todo tipo de señales digitales o digitalizadas (datos, voz, imagen, ...) con una alta efectividad.

• ... as a technology-rich business and industry environment that is supported by the most *Advanced Digital Network (de Red Digital Avanzada)* infrastructures in the world.

Advanced Interactive Executive: *1. AIX.*

Nombre completo de la versión de IBM del *sistema operativo* (ver *Operating system*) UNIX. Hay versiones para diferentes tipos de máquinas, incluyendo los grandes sistemas.

• If you come from a UNIX or *AIX (AIX)* background, you will encounter some differences ...

Advanced Peer-to-Peer Networking: *1. APPN. 2. Red avanzada interpares.*

1. Ampliación de SNA (inicialmente una red de arquitectura jerárquica; ver *Systems Net-*

work Architecture) que permite considerar a dos nodos de la red (es decir, dos computadoras conectadas) como iguales (ver *Peer-to-peer*). La introducción de esta ampliación hace a la red más resistente a fallos, ya que permite el establecimiento de caminos alternativos, lo que se potencia mediante el intercambio dinámico de información topológica.

• ... and how an entire *APPN (APPN)* network fits into the larger internetworking context in which it can be configured.

Advanced Program-to-Program Communications: *1. APPC.*
2. Comunicaciones avanzadas programa a programa.
1. Es una *API* (ver *Application Program Interface*) que permite la comunicación entre dos programas que se ejecutan en un entorno SNA de IBM (ver *Systems Network Architecture*). Los *mandatos* (ver *Command*) APPC (en programas *CICS* (ver *Customer Information Control System*) o en otros lenguajes que los acepten) son traducidos a un protocolo común que permite la comunicación entre ambos programas (por ejemplo, uno en una computadora principal (ver *Mainframe Computer*) y otro en una *CP*; ver *Personal Computer*). Cada programa se ejecuta en una unidad lógica (LU) entre las que se establece una sesión. Hay mandatos en APPC para iniciar una conversación dentro de una sesión, para enviar y recibir mensajes dentro de la conversación, etc.

• *APPC (APPC)* is called a protocol because it provides the rules that govern how conversations between transaction programs start and stop, ...

Advanced Research Projects Agency: *1. ARPA.*
1. Nombre, original y actual de un organismo estadounidense que en buena parte de su historia se llamó *DARPA* (ver *Defense Advanced Research Projects Agency*).

Advanced SCSI Programming Interface: *1. ASPI.*
1. Especificación de *interfaz* (ver *Interface (noun)*) con placas *SCSI* (ver *Small Computer System Interface*) desarrollada por Adaptec. Facilita la programación relacionada con ese tipo de placas (por ejemplo, *manejadores*; ver *Device driver*).

• ... you must have a SCSI adapter installed which supports Adaptec's *Advanced SCSI Programming Interface (ASPI)* ...

Advanced Streaming Format: *1. ASF.*
1. Formato de ficheros progresivos multimedia (ver *Streaming*) desarrollado por Microsoft.

• ... agreed to support Microsoft's *Advanced Streaming Format (ASF)* standard and to build client software ...

Advanced Technology Attachment: *1. ATA.*
1. Norma de *ANSI* (ver *American National Standards Institute*) para *interfaz* (ver *Interface (noun)*) entre placa base y unidades de disco con controlador incorporado. Ver *Integrated Drive Electronics* para más información.

Advisory locking: *1. Bloqueo de aviso.*
1. Bloqueo (ver *Lock (noun)* o *Locking*) que impide que se establezca otro bloqueo sobre el mismo elemento o sobre un elemento que lo contenga. No impide lectura/grabación.

• In relation to *advisory locking (de bloqueo de aviso)* mechanisms, there is no difference ...

ADC: *1. CAD. 2. A/D. 3. Conversión de analógica a digital.*
Ver *Analog to Digital Conversion*.

ADC: *1. CAD. 2. Convertidor de Analógica a Digital.*
Ver *Analog to Digital Converter.*

ADN: *1. ADN.*
Ver *Advanced Digital Network.*

ADSL: *1. ADSL. 2. Línea digital asimétrica de abonado.*
Ver *Asymmetric Digital Subscriber Line.*

● These advantages revolve around *ADSL's (ADSL's)* cost effectiveness relative to fiber alternatives.

ADSR: *1. ADSR.*
Ver *Attack, decay, sustain, release.*

AE: *1. EA. 2. Entidad Aplicación.*
Ver *Application Entity.*

AES: *1. AES.*
Ver *Application Environment Specification.*

Affirmative acknowledgment:
1. ACK. 2. Acuse afirmativo.

1. Acuse afirmativo de la recepción de un mensaje (bien recibido; sin error). Ver *ACK.*

After image: *1. Imagen después.*
1. Cuando se registran las actualizaciones (modificaciones) sufridas por ficheros y/o *bases de datos* (ver *Database*) para facilitar una *recuperación* (ver *Recovery*) posterior, puede guardarse copia de los datos antes de ser modificados (*before image*), después de ser modificados (*after image*) o ambas. Las copias con *imagen después* se usan en recuperaciones hacia delante (ver *Forward recovery*).

● ... and *after-image (imagen después)* of the data row is logged.

AFAIK: *1. HDS (Hasta Donde Se).*
1. Acrónimo de *As Far As I Know.*

● *AFAIK (HDS)*, when Netscape released the code to their browser they did release all of the code that they were ...

AFIPS: *1. AFIPS.*
Ver *American Federation of Information Processing Societies.*

AFK: *1. LDT (por lejos del teclado).*
Acrónimo, en jerga de *charlas*, para *Away From Keyboard.*

Age (verb): *1. Envejecer.*
1. Pasar el tiempo, especialmente para un elemento que está en espera (mensaje, tarea, etcétera).

● If a frame is not received from a station while the timer is running, then the entry is said to be *aged (envejecida)* and is removed.

Agent: *1. Agente.*
1. Programa que se *lanza* (ver *Dispatch*) para su ejecución en fondo (ver *Background execution*) mientras la computadora y su usuario hacen otras tareas o, simplemente, descansan. Las tareas de los agentes son, en general, sencillas y bien definidas aunque, posiblemente, extremadamente repetitivas (por ejemplo, búsquedas en Internet).

● Although the theory behind *agents (agentes)* has been around for some time, ...

Aggregate (noun): *1. Agregado.*
1. En su sentido más sencillo, un *agregado* es un conjunto de datos que puede ser procesado como una unidad (y hay operaciones para ello). Por ejemplo, una *formación* (ver *Array*) o una *estructura*. En un sentido más complejo, un agregado es un conjunto estructurado de elementos de datos que se define como un

verdadero *tipo*. En este caso la denominación más correcta es *tipo agregado*.

• An array is an *aggregate (agregado)* consisting of data ...

Aggregate (verb): *1. Agregar.*

En programación, agregar es crear un nuevo objeto a partir de dos o más objetos preexistentes. La palabra *objeto* no indica necesariamente *programación orientada a objetos* (ver *Object oriented programming*). Una agregación parte de unos objetos y llega a un nuevo objeto cuyos atributos (ver *Attribute*) son los resultados de las acumulaciones posibles.

• OLAP primarily involves *aggregating (agregar)* large amounts of diverse ...

Aging: *1. Datación.*

1. Importante componente de los procesos planificadores en el que se determina la «edad» o «antigüedad» de los trabajos, tareas, procesos, etc., que han de ser planificados. El resultado es una de las bases de la asignación de prioridades (ver *Priority aging*). Puede usarse también para determinar la oportunidad de eliminar o borrar elementos de cualquier tipo (incluso ficheros).

• Periodic adjustment of process priorities, depending on process *aging (datación)*, could apply either to input queue or to ready ...

AGP: *1. AGP.*
Ver *Accelerated Graphics Port*.

AH: *1. CA. 2. Cabecera de Autenticación.*
Ver *Authentication Header*.

AI: *1. IA. 2. Inteligencia Artificial.*
Ver *Artificial Intelligence*.

AIFF: *1. AIFF.*
Ver *Audio Interchange File Format*.

AIX: *1. IXA. 2. Índice alternativo.*
Ver *Alternate Index*.

AIX: *1. AIX.*
Ver *Advanced Interactive Executive*.

Alert: *1. Alarma.*
1. Mensaje o señal de algún tipo que se envía a quien puede estar interesado en la presencia de errores o problemas inminentes y/o a quien ha sido designado para abordar y resolver esos errores o problemas.

• Responding to *alerts (alarmas)* or other error conditions that are not ...

Alert condition: *1. Situación de alarma.*
1. Situación que se produce cuando se ha detectado un problema (o hay síntomas objetivos de que puede producirse de forma más o menos inmediata) que requiere intervención del órgano responsable del análisis y determinación de dicho problema y de su resolución.

• ... to communicate the existence of an *alert condition (situación de alarma)*.

Alert threshold: *1. Umbral de alarma.*
1. Se alcanza un *umbral de alarma* cuando una o más de las variables controladas (síntomas) para evaluar la presencia o el riesgo de problemas, alcanza (en un sentido u otro) un determinado valor. Los sistemas de Operación automática generan *alarmas* y señales para desencadenar la función de análisis, determinación y solución del problema.

• ... and if it performs below its *alert threshold (umbral de alarma)* it is displayed as red.

Algorithm: *1. Algoritmo.*
1. Conjunto de operaciones, parte de las cuales son, frecuentemente, repetitivas o *recursivas* (ver *Recursion*), capaces de resolver un problema en un número finito de pasos. Cual-

quier programa puede ser considerado un algoritmo que puede contener a otros algoritmos.

• Backtracking is one *algorithm (algoritmo)* which can be used to implement ...

ALGOL: *1. ALGOL.*
1. *ALGOrithmic Language.* Lenguaje especializado en cálculo científico (ALGOL 60 y otras versiones). Ligero de instrucciones y elegante. Por el momento en que apareció no permitía la definición de tipos de usuario.

• The design of *ALGOL* 60 is compared to that of a language ...

Alias: *1. Alias.*
1. Nombre alternativo que puede usarse para identificar un objeto significativo en un sistema, subsistema o aplicación (por ejemplo, una tabla de una *base de datos* (ver *Database*), un usuario en un subsistema de acceso, etcétera).

• You can use an *alias (alias)* wherever you can use a table or a view, with the following exceptions: ...

Aliasing: *1. Apodamiento.*
1. Situación en la que dos identificadores o punteros (ver *Pointer*) se refieren al mismo objeto. En este sentido puede usarse en diferentes entornos.

• To prevent *aliasing (apodamiento)*, this language forbids any overlap in the list of actual parameters ...

2. Se produce *apodamiento* en sonido e imagen procesados por computadora cuando, a causa de déficit de muestreo o de insuficiencia de *definición* (ver *Resolution*), hay frecuencias o puntos (*píxeles*; ver *Pixel*) que acumulan los datos de frecuencias o puntos adyacentes, creándose imágenes deformadas (por ejemplo, en «diente de sierra») y sonidos distorsionados.

• This is the maximum frequency of the sinusoid before distortions are introduced due to *aliasing (apodamiento)*.

Alignment: *1. Ajuste.*
1. Exigencia de que determinados tipos de *campos de datos* (ver *Data field*) se sitúen en memoria en direcciones que cumplan determinadas características (por ejemplo, que sean múltiplos de 2, de 4 o de 8; estos tres casos se llaman *ajuste* a media palabra (*Half word*), a palabra (*Word*) y a doble palabra (*Double word*), respectivamente).

• In some applications, fullword or double-word *alignment (ajuste)* of a block within a buffer is significant.

Allocate: *1. Asignar.*
1. Asociar un recurso (p. ej., espacio de almacenamiento, un fichero, etc.) a un proceso y, posiblemente, asignar atributos al recurso y a la asociación, y crear dicho recurso si no existe.

• Storage is then *allocated (asignada)* from these volumes as your tables are loaded with data.

• Archive log data sets are dynamically *allocated (asignados)*. When one *is allocated (se asigna)*, the data set name is registered in ...

Allocation: *1. Asignación.*
1. Acción y efecto de *asignar* (ver *Allocate*).

• Using fewer table spaces means less time spent in data set *allocation (asignación)* and deallocation.

Aloha: *1. Aloha.*
1. Método de transmisión con acceso al me-

dio al azar (cada estación es libre de transmitir cuando lo necesite o desee) y sin detección de colisiones. En Aloha puro el rendimiento (porcentaje de mensajes correctos recibidos) es bajo. Puede mejorarse forzando que las transmisiones comiencen en momentos sincronizados para todas las estaciones, que se repiten periódicamente.

• Basic *Aloha (Aloha)* is appropriate to long propagation time nets (e.g. satellite) ...

Alpha test: *1. Prueba alfa.*
1. Pruebas a que se somete el software comercial, por parte de clientes potenciales del mismo y en la sede del desarrollador.

• When the results of *alpha test (prueba alfa)* have been analyzed and changes ...

Alphanumeric: *1. Alfanumérico.*
1. En su sentido de uso más extendido, los datos *alfanuméricos* están formados por letras (mayúsculas y minúsculas, incluyéndose letras no pertenecientes al alfabeto inglés) y dígitos. No hay acuerdo sobre la inclusión o no de signos de puntuación ni sobre cuáles de estos signos incluir.

• Text can consist of *alphanumeric (alfanuméricos)* characters and symbols arranged ...

Alt Key: *1. Tecla Alt.*
1. Otra de las *teclas* que se usan (como la *Tecla Control*) para asignar otras funciones a las demás teclas. Se utiliza manteniéndola pulsada mientras se pulsa otra tecla. El significado de esas pulsaciones depende de las aplicaciones y, a veces, puede ser asignado por el usuario.

• *Alt key (La tecla Alt)* is often found on IBM-PC type keyboard ...

Alternate Index: *1. Índice alternativo. 2. IXA.*
1. Nombre que recibe la opción de crear uno o más índices (alternativos o no; si el fichero ya tiene índice –*KSDS* (ver)– será alternativo y si no lo tiene –*ESDS* (ver)–, no lo será) en un fichero *VSAM* (ver *Virtual Storage Access Method*) de IBM. Esta opción es casi histórica ya que su función se realiza con más flexibilidad utilizando *SGBDs* (ver *Database Management System*).

• You should not build an *alternate index (índice alternativo)* over a VSAM entry-sequenced data set that ...

Alternate key: *1. Clave alternativa.*
1. Conjunto de *campos de datos* (ver *Data field*) de un registro de fichero sobre el que se construye un *índice alternativo* (ver *Alternate index*). Estos campos deben ser total o parcialmente distintos de los campos sobre los que se construye el índice primario (*clave primaria* (ver *Primary key*) de registro).

• An *alternate key (clave alternativa)* value that points to more than one record is non-unique. If the *alternate key (clave alternativa)* points to only one record, it is unique.

Alternate record key: *1. Clave alternativa de registro.*
Sinónimo de *Alternate key* (ver).

Alternate track: *1. Pista alternativa.*
1. En ciertos dispositivos de acceso directo (ver *Direct Access Storage Device*) y ciertos sistemas de control de almacenamiento, las *pistas alternativas* (ver *Track (noun)*) pueden contener datos en sustitución de otras pistas primarias defectuosas.

• ... or assign an *alternate track (pista alternativa)* when skip displacement ...

Alternating current: *1. Corriente alterna. 2. CA.*
1. Corriente eléctrica cuya intensidad varía sinusoidalmente y cuyo sentido cambia al pasar la intensidad por el valor 0.

• Why does standard electricity come only in the form of *alternating current (corriente alterna)*?

Always on top: *1. Siempre visible.*
1. En un sistema con ventanas, se aplica al elemento que se ve en todas las situaciones.

• Keep a IE browser's window *always on top (siempre visible)*.

ALU: *1. UAL. 2. Unidad Aritmética y Lógica.*
Ver *Arithmetic Logic Unit*.

American Federation of Information Processing Societies: *1. AFIPS.*
Organización, en los Estados Unidos, que federa a otras importantes organizaciones relacionadas con la Informática. Sus objetivos son el avance y la diseminación de los conocimientos informáticos y la representación internacional de sus asociadas. Entre sus miembros se cuenta la *ACM* (ver *Association for Computer Machinery*) y la *IEEE*. *AFIPS* se creó en 1961.

• One of the main contributions of *AFIPS* was its sponsorship of the National Computer Conference ...

American National Standards Institute: *1. ANSI.*
1. Organización de carácter voluntario, con unos 1.300 miembros entre productores, consumidores y grupos de interés general (se incluyen todas las compañías informáticas importantes) y cuyas aportaciones principales

están en el campo de la estandarización informática (lenguajes, protocolos de comunicaciones, *FDDI* (ver *Fiber Distributed Data Interface*), etc.).

• *ANSI (ANSI)* C is a version of the C language that has been approved by ...

American Standard Code for Information Interchange: *1. ASCII.*
1. Código para la representación interna de los datos en las computadoras y para la transmisión de datos entre computadoras o entre computadoras y terminales. Está estandarizado, como recomendación, por *ANSI* (ver *American National Standards Institute*). Cada carácter o posición se representa por una combinación de 7 bits (hay uno suplementario para *verificación de paridad;* ver *Parity checking*), lo que permite representar un total de 128 caracteres de los que unos son gráficos y otros de control (por ejemplo, ACK, NAK, etcétera; verlos). Los caracteres gráficos definidos son casi suficientes para la lengua inglesa pero absolutamente insuficientes para el resto de lenguas. Hay un *ASCII* ampliado con código de 8 bits.

• UNIX systems use *ASCII (ASCII)* character representation.

American Standards Association: *1. ASA.*
1. Asociación norteamericana de estandarización que ha producido normas en el campo de la fotografía y del control de impresoras.

Ampersand: *1. Ampersán.*
1. Es uno de los nombres que se dan al carácter & que, frecuentemente, se usa para indicar *unión.* Tanto en *ASCII* como en *EBCDIC* su valor es x'26'.

• ... by typing an *ampersand (ampersán)* (&) at the end of the command line.

Amplitude: *1. Amplitud.*

1. En *señalización* (ver *Signaling*) medida de la energía de una señal. En la representación habitual, distancia entre la línea base o media y los picos de la señal. Su modificación intencionada puede usarse como modo de transmisión (ver *Amplitude modulation*).

• The signal *amplitude (amplitud)* is out-side tolerance limits, either in amplitude or modulation depth ...

Amplitude Modulation:
1. Modulación de amplitud. 2. MA.

1. Es una de las tres formas de poder enviar una *señal* (ver *Signal Def. 1*) digital de manera viable a través de la red telefónica pública: la señal digital modifica (modula) la amplitud de la señal *portadora* (ver *Carrier*).

• Although *Amplitude Modulation (Modulación de Amplitud)* is relatively simple to implement, it was not used in the earlier-generation ...

Amplitude-Shift Keying: *1. ASK.*
2. Modulación por Desplazamiento de Amplitud.

1. Método de transmisión en el que la amplitud de la onda portadora se cambia entre niveles discretos (en número limitado) según los valores de los datos digitales.

• Hence the power spectral density (or the frequency spectrum) of the *ASK* signal is the same as that ...

AM: *1. MA. 2. Modulación de Amplitud.*
Ver *Amplitude Modulation*.

AMS: *1. AMS. 2. IDCAMS.*
Ver *Access Method Services*.

Analog: *1. Analógico.*
1. Forma americana de la palabra *analogue*. Se refiere a la representación de cantidades que varían de forma continua, en contraposición a aquellas que lo hacen de forma discreta o por saltos. También se aplica a los circuitos que trabajan adecuadamente con ese tipo de variables, en contraposición con los que lo hacen con variables discretas (digital).

• ... whereas such variations will corrupt the outputs of an *analog (or analogue) (analógico)* circuit.

Analog computing: *1. Computación analógica.*

1. Visión ultramoderna de la aplicación de la informática en la que los procesadores recibirían *señales* analógicas de *microsensores* (ver *Sensor*) situados en un sistema físico (de la realidad) y desencadenarían acciones, también analógicas, por medio de *actuadores* (ver *Actuator*) situados en el mismo sistema físico.

• *Analog computing (La computación analógica)* may offer us surprises that pale beside what we can imagine that lies ahead ...

Analog data: *1. Datos analógicos.*
1. Datos referentes a una magnitud (o a más de una combinadas) cuyos valores posibles son continuos (no hay huecos) entre límites determinados (ver *Analog*).

• ... conceptual mismatch between the *analog data (de datos analógicos)* models used by environmental ...

Analog to Digital Conversion:
1. Conversión de analógica a digital.
2. CAD.

1. Proceso electrónico capaz de convertir una *señal* analógica (continua) en digital (valores discretos tomados de un conjunto determinado). Este proceso mejora la calidad de la transmisión, acerca los mensajes a la forma de trabajar las computadoras y facilita el almacenamiento de mensajes.

● ... unexpensive integrated circuits to perform the necessary *analog to digital conversion (conversión de analógica a digital)* and ...

Analog to Digital Converter:
1. Convertidor de analógica a digital.
2. CAD.
1. Dispositivo diseñado para realizar la *conversión de analógica a digital* (ver *Analog to Digital Conversion*).

● The output of the *analog to digital converter (convertidor de analógica a digital)*, in contrast, has defined ...

Analogue: *1. Analógico.*
Ver *Analog*.

Analyser: *1. Analizador.*
Ver *Analyzer*.

Analyst: *1. Analista. 2. Analista de Sistemas.*
Ver *Systems analyst*.

● ... where software developers are often classed as either *analysts (analistas)* or programmers ...

Analyzer: *1. Analizador.*
1. Equipo (hardware y software) capaz de diagnosticar anomalías en líneas, redes, etc., a partir del análisis de protocolos.

● ... is a portable WAN/LAN/ATM protocol *analyzer (analizador)* which provides testing of networks ...

Anchor (noun): *1. Anclaje.*
1. Elemento inicial de una cadena de objetos de cualquier tipo (*punteros* (ver *Pointer*), *hipervínculos* (ver *Hyperlink*), etc.).

● ... with jump from *hotspot (punto caliente)* name to *anchor (anclaje)* named Jump in document URL.

Anchor (verb): *1. Anclar.*
1. En *composición* (ver *Publish (verb) Def. 1*) con computadora de sobremesa, fijar un objeto gráfico de manera que su posición relativa respecto a otro no cambie al repaginar.

● You may want to *anchor (anclar)* a picture next to a piece of text ...

Ancillary: *1. Auxiliar.*
1. Auxiliar, pero no menos importante que lo principal. Este adjetivo se aplica, usualmente, a dispositivos periféricos.

● *Ancillary (auxiliar)* equipment or peripheral devices are non-essential components that can be installed ...

Angle brackets: *1. Paréntesis angulares.*
1. Se llaman *paréntesis angulares* a las parejas de signos < (menor que) y > (mayor que) usados en este orden. Se usan con cierta frecuencia en la descripción formal de componentes de lenguajes.

● ... enclosed between *angle brackets (paréntesis angulares)*.

Animated GIF: *1. GIF animado.*
1. Conjunto de imágenes GIF (ver *Graphics Interchange Format*) en un fichero GIF que, cuando se presentan (ver *Display (verb)*) en pantalla, dan la sensación de animación (movimiento).

● «Convert *animated GIF (GIF animado)* files to AVI for use with PowerPoint».

Annotate: *1. Acotar.*
1. Introducir comentarios, notas o acotaciones en documentos elaborados con las modernas herramientas ofimáticas (hojas de cálculo, procesadores de texto, ...). Es posible introducir acotaciones orales. Las acotaciones facilitan las aportaciones de grupo a los documentos.

• The creator of a document sends it to the reviewers who then *annotate (lo acotan)* it ...

Annotation: *1. Acotación.*
1. Comentario, nota o acotación en un documento (ver *Annotate (verb))*.

• This report offers an overview of document *annotation (acotación)* tools supporting collaborative working in a Web ...

Anonymous fingerprinting:
1. Marcaje anónimo.
1. Protocolo de seguridad usado en comercio electrónico que permite preservar el anonimato del comprador e impide seguir la pista al producto vendido (si éste tiene una identificación *irrepetible*; ver *Unique*).

• ... a new *anonymous fingerprinting (marcaje anónimo)* scheme based on the principles of digital coins ...

Anonymous FTP: *1. FTP anónimo.*
1. Nombre especial de usuario (*anonymous*) que permite, en Internet, a un usuario sin autorización específica, acceder y *bajar* (ver *Download*) información (ficheros, programas, ...), desde sitios preparados para ello, sin tener que proporcionar un nombre de usuario autorizado y una *contraseña* (ver *Password*).

• All of these machines can be reached via *anonymous ftp (FTP anónimo)*.

Anonymous post: *1. Postacorre anónimo.*
1. *Postacorre* (ver *Post (noun)*) cuyo origen no puede establecerse (procede de servidor anónimo o similar). Puede proceder de alguien tímido o, más comúnmente, de alguien malicioso.

• Click here to have your *Anonymous Post (postacorre anónimo)* listed in the ...

Anti-aliasing: *1. Antiapodamiento.*
Ver *Antialiasing*.

Anti-glare: *1. Antideslumbramiento.*
1. Pantalla que reduce la reflexión de la luz externa que incida en ella. Esta capacidad puede conseguirse por tratamiento químico específico, por adición de un filtro polarizante, etc.

• ... by using a XXX *anti-glare (antideslumbramiento)* filter which reduces glass glare by up to ...

Anti-virus software: *1. Software antivirus.*
Ver *Antivirus software*.

Antialiasing: *1. Antiapodamiento.*
1. Método utilizado en informática gráfica para aminorar los efectos del *apodamiento* (ver *Aliasing*). El algoritmo más común introduce sombras que matizan los dientes de sierra típicos del *apodamiento*.

• Without *anti-aliasing (antiapodamiento)*, diagonal edges appear jagged, like ...

Antivirus software: *1. Software antivirus.*
1. Aplicación utilizada para detectar la presencia de virus (en memoria y/o en dispositivos) y, opcionalmente, para su eliminación.

• In this sense, *antivirus software (software antivirus)* is reactive.

Anytime algorithm: *1. Algoritmo siemprefiel.*
1. Algoritmo que siempre devuelve la mejor solución posible, aunque se le interrumpa antes de su finalización prevista. La solución mejora con el tiempo de ejecución.

• We present an *anytime algorithm (algoritmo*

siemprefiel) which computes policies for decision problems represented as ...

AND: *1. Y. 2. AND.*
1. Operación (y operador) lógica o *booleana* (ver *Boolean operator*) de amplio uso. Puede aplicarse en el diseño de circuitos (puertas AND), para enlazar condiciones, para manipular patrones de bits, etc. Es común en casi todos los lenguajes de programación. Se traduce o no según contexto. Traducir como *Y* si es un uso genérico.

● The double ampersand operator means *AND (Y).*

● ... the result of connecting two or more conditions with the *AND (AND)* or ...

AND gate: *1. Puerta Y.*
1. En diseño de circuitos, una *puerta Y* es una puerta cuya salida será CIERTO si todas las entradas son CIERTO, y FALSO en caso contrario.

● ... For example, consider a two input *AND gate (puerta Y)* fed with a logic ...

ANI: *1. IAN. 2. Identificación Automática de Número.*
Ver *Automatic Number Identification.*

ANSI: *1. ANSI.*
Ver *American National Standards Institute.*

Apache: *1. Apache.*
1. Software para servidores *HTTP* (ver *Hypertext Transfer Protocol*) en la *Ueb* (ver *World Wide Web*). Desarrollado inicial y principalmente para UNIX (incluyendo Linux) no está cerrado a otros entornos. Es de dominio público y ampliamente utilizado.

● *Apache (Apache)* offers improved performance, and fixes many bugs in the NCSA 1.3 code.

Aperiodic task: *1. Tarea aperiódica.*
1. *En sistemas de tiempo real* (ver *Real-time system*), tipo de tarea que no se produce de forma cíclica sino que depende de la producción de un cierto *evento* en el sistema controlado. Estas tareas tienen un *momento límite* (ver *Deadline*) de inicio y un *momento límite* de terminación.

● Hard deadline *aperiodic tasks (tareas aperiódicas)* are of special importance.

Apostrophe: *1. Apóstrofo.*
1. Signo ortográfico. Su uso informático no coincide con el gramatical (elisión de letras), sino que se define en convenciones de lenguajes y sublenguajes de interacción con las computadoras. Valor: x'27' en *ASCII* y x'7D' en *EBCDIC*.

● A string of any of the characters that can be represented, usually enclosed in *apostrophes (apóstrofos).*

2. Figura retórica (apóstrofe). No se usa en informática.

App: *1. Aplicación.*
1. Abreviatura relativamente frecuente de *Application* (ver).

● ... how to launch another application from inside your *app (aplicación)* and then open a document ...

Append: *1. Adosar.*
1. Añadir, sin *solapamiento* (ver *Overlapping*) ni discontinuidad, un elemento a otro. Normalmente se añade por el final, de forma que el inicio del segundo elemento queda unido al final del primero. En algún caso raro se ha visto la expresión «append to the beginning». Puede aplicarse a *ristras* (ver *String*) de caracteres, partes de un listado, etc.

● ... combine two strings to form one string by *appending (adosando)* the second string to the right-hand end of the first string.

Applescript: *1. Applescript.*

1. *Lenguaje de directivas* (ver *Script language*) desarrollado por Apple Computer para formar parte del *sistema operativo* (ver *Operating system*) de sus Macintosh. Está formado por un lenguaje básico y una serie de adiciones llamadas OSAX.

● Here you will find examples of *AppleScript (Applescript)* scripts that I have developed to help make computers more accessible ...

Applet: *1. Programet.*

1. Programa, generalmente pequeño, que no puede ejecutarse de forma directa desde el *sistema operativo* (ver *Operating system*) sino solamente desde dentro de aplicaciones preparadas para ello. Frecuentemente transportable en red.

● Contains demonstrations of some eye-catching *applets (programets).*

AppleTalk: *1. AppleTalk.*

1. Arquitectura de red local propia de computadoras Macintosh de Apple. Acepta cableados *Ethernet* (ver) y *Token Ring* (ver *Token Ring network*) y, por supuesto, el cableado LocalTalk de Apple.

● The original implementation of *AppleTalk (AppleTalk)*, which was designed for local workgroups ...

AppleTalk Address Resolution Protocol: *1. AARP.*

1. Protocolo que permite establecer asociaciones entre direcciones físicas de computadoras en red local y direcciones de red *AppleTalk* (ver).

● ... supports (...) as well as the dynamic addressing provided by *AppleTalk Address Resolution Protocol (AARP).*

Application: *1. Aplicación.*

1. Sistema informático (programas y datos) que resuelve las necesidades de tratamiento de información de un conjunto de usuarios homogéneos o heterogéneos. Tanto puede ser un software de ayuda (correo electrónico, FTP (ver *File transfer protocol*), procesador de textos), como un software básico con respecto a otro (*CICS* (ver *Customer Information Control System*) respecto a *VTAM* (ver *Virtual Telecommunications Access Method*), en IBM), como un software de desarrollo propio (por ejemplo, Contabilidad). En *sistemas abiertos* (ver *Open system*), los componentes de una aplicación pueden estar distribuidos en dos o más nodos.

● The C language is a general purpose, function-oriented programming language that allows a programmer to create *applications (aplicaciones)* quickly and easily.

● SSADM is a systematic approach to the analysis and design of IT *applications (aplicaciones)* ...

Application Configuration Access Protocol: *1. ACAP.*

1. Protocolo de *correo-e* (ver *E-mail*) que mejora y complementa las prestaciones del protocolo IMAP (versión 4; ver *Internet Message Access Protocol*). Permite, por ejemplo, manejar libretas de direcciones, buscar en buzones, etc. Desarrollado con soporte explícito de la superestructura de Internet.

● *Application Configuration Access Protocol (ACAP)* is not a directory service, but rather an independent protocol with a different design goal and ...

Application entity: *1. Entidad aplicación. 2. EA.*
1. En *OSI* (ver *Open Systems Interconnection*), parte (puede haber más de una) de un proceso de aplicación que contiene las funciones de comunicación propias de los sistemas abiertos *(ver Open system).*

● Each element provides one part necessary for the *application entity (entidad aplicación)* like management of associations ...

Application Environment Specification: *1. AES.*
1. Conjunto de especificaciones originadas en *Open Software Foundation* (ver) orientadas a sentar las bases para disponer de un entorno de desarrollo de software válido o común para diferentes entornos físicos.

● ... GUI a method to communicate their compliance with the *Application Environment Specification (AES)* ...

Application layer: *1. Estrato de Aplicación.*
1. Es el *estrato* (ver *Layer (noun)*) superior –el más próximo a los procesos/programas de aplicación– del modelo *OSI* (ver *Open Systems Interconnection*). Proporciona medios para que los procesos de aplicación (en dos o más nodos) intercambien información. Contiene protocolos que sustentan dichos intercambios. Puede referirse a transferencia de ficheros, intercambio de mensajes, transferencia de trabajos, etc.

● The *application layer (estrato de Aplicación)* provides services related to the identification of the intended communication partners ...

Application package: *1. Paquete de aplicación.*
1. Conjunto de programas y documentación creados de tal forma que son capaces de re-

solver necesidades aplicacionales de usuarios de diferentes empresas y organizaciones. Las diferencias entre las necesidades de esos diferentes grupos de usuarios se resuelven mediante adaptación y parametrización.

● ... that integrates all of a company's sales, expenses, inventory, and financial accounting systems into one *application package (paquete de aplicación).*

Application plan: *1. Plan de aplicación. 2. Plan.*
1. *DB2* (ver *DATABASE 2*) intenta optimar (ver *Optimize*) la forma de ejecutar las instrucciones *SQL* (ver *Structured Query Language*) (buscando, por ejemplo, los mejores caminos de acceso a los datos). Dado que este proceso de optimación es costoso, es conveniente no efectuarlo de forma dinámica (en el momento de la ejecución) más que en casos excepcionales. Se llama *plan de aplicación* al resultado de la optimación estática (previa al momento de ejecución) de las instrucciones SQL a ejecutar en un conjunto de programas de aplicación.

● ... you create a load module, possibly one or more packages, and an *application plan (plan de aplicación).*

Application process: *1. Proceso aplicacional. 2. PA.*
1. Nombre que se da en terminología *OSI* (ver *Open Systems Interconnection*) a las aplicaciones de usuario. Cada *proceso aplicacional* tiene un nombre único en un ambiente OSI determinado. En una computadora en la red puede haber diferentes *procesos aplicacionales.*

● In principle, the actual physical location of an *Aplication Process (proceso aplicacional)* may vary simply ...

Application Program Interface:
1. Interfaz del programa de aplicación.
2. API.

1. Si un programa de aplicación ha de ser capaz de obtener funciones o servicios del *sistema operativo* (ver *Operating system*) –o de cualquier otro componente de software– más allá de lo que permiten las normas del lenguaje en que está escrito dicho programa, es necesario que éste utilice una *API.* La API está formada por instrucciones especiales que se *incluyen* (ver *Embed*) en el texto del programa y de un componente software capaz de procesar dichas instrucciones de forma consistente con las funciones del *ensamblador* o *compilador.*

● It is *generic* in that implementing products can adapt the functional (semantic) definition of the *Application Program Interface (API)* to their own programming language ...

Application server: *1. Servidor de aplicación.*

1. Las entidades que más tienen que poner en la red (a disposición de sus empleados, de sus clientes y del público en general) acabarán organizando sus aplicaciones de forma que entre el usuario final –con sus páginas *Ueb* (ver *World Wide Web*) y su *interfaz* (ver *Interface (noun)*) gráfica de acceso– y la «cocina» de sus *bases de datos* (ver *Database*) y procesos centrales, haya un puente capaz de hacer de interlocutor entre los lenguajes y necesidades de ambos extremos. Ese espacio intermedio está siendo ocupado por los servidores de aplicación cuyo software puede desarrollarse «en casa» pero con la colaboración de importantes baterías de software de ayuda en cuya creación están comprometidas las más importantes empresas del sector.

● In its basic form, an *application server (servidor de aplicación)* serves up applications for thin or Web clients, ...

Application Specific Integrated Circuit: *1. Circuito integrado específico de aplicación. 2. CIEA.*

1. Circuito integrado (*chip*) que se ha diseñado y creado para resolver las necesidades de procesamiento de datos de una aplicación específica.

● Machine-to-machine communications *ASIC (CIEA)* for space shuttle ...

Apply: *1. Aplicar.*
1. Además de su archisabida utilización cuando se solicita un empleo (informático o no), *aplicar* también se usa para indicar que una modificación, parche (ver *Fix* o *Patch*), mejora, etc., se ponen operativas, se introducen en un sistema más amplio.

● Should you experience problems after *applying (aplicar)* a fix, ...

2. ... o para indicar que es adecuado utilizar algo con algo, y otras ideas similares.

● The listen (...) call *applies (se aplica)* only to stream sockets ...

AP: *1. PA. 2. Proceso Aplicacional.*
Ver *Application Process.*

APAR: *1. APAR.*
Ver *Authorized program analysis report.*

APAR fix: *1. Arreglo provisional de APAR.*
1. Modificación provisional a introducir en un componente software para solucionar el problema comunicado en un APAR (ver *Authorized program analysis report*).

● ... you have to get the version of the *APAR fix (arreglo provisional de APAR)* applicable to the new product.

API: *1. API. 2. Interfaz del Programa de Aplicación.*
Ver *Application Program Interface.*

APL: *1. APL.*
1. Acrónimo de *A Programming Language.* Este lenguaje se creó en los primeros 60 y está especialmente pensado para la codificación rápida y concisa de programas que procesan matrices.

• As a consequence, *APL (APL)* programs are much shorter, and are easier to write, debug, and modify than ...

APPC: *1. APPC. 2. Comunicaciones Avanzadas Programa a Programa.*
Ver *Advanced Program-to-Program Communication.*

APPN: *1. APPN. 2. Red Avanzada Interpares.*
Ver *Advanced Peer-to-Peer Networking.*

Arbitration: *1. Arbitraje.*
1. Reglas, datos y programas que materializan las reglas y usan los datos, y cuyo objetivo es resolver los problemas de concurrencia en el acceso a recursos escasos.

• The applied *arbitration (arbitraje)* principle guarantees, that at any time, always the highest priority message ...

Archie: *1. Archie.*
1. Servicio de Internet que puede usarse para la localización de ficheros, del tipo FTP (ver *File transfer protocol*) anónimo, en la red. Para que funcione este servicio es necesario que existan servidores Archie que contengan una *base de datos* (ver *Database*) de ficheros en Internet (actualizada periódicamente) y, posiblemente, direcciones de otros servidores Archie. También puede ser necesario (pero no obligatorio) que la computadora que intenta

hacer la consulta tenga un programa capaz de dialogar con el servidor Archie e información sobre servidores Archie; ese programa se llama un cliente Archie.

• ... A short introduction to using *Archie* to search for information available via FTP. It includes the Telnet addresses ...

Archival: *1. Archivado (función de). 2. De archivo.*
1. Función de archivar.

• ... disaster recovery, application transfer, and application *archival (archivado de).*

2. Adjetivo que se aplica a ficheros archivados definitivamente (o casi), especialmente si pueden volver a tener valor significativo en nuevas circunstancias.

• Infrequently accessed history or *archival (de archivo)* files ...

Archive (noun): *1. Archivo.*
1. Colección de datos relacionados de alguna manera entre sí, situados en un determinado soporte material (cinta, CD-ROM y, en menor medida, discos, son los soportes interesantes desde el punto de vista de esta definición), que han dejado de tener utilidad y vigencia de actualidad y que se conservan por imperativo legal, por razones históricas o para reconstruir la situación de datos de un momento dado. Frecuentemente estarán en formato comprimido. Ver también *Data set* y *File.*

• Create a monthly *archive (archivo)* from weekly audit reports ...

Archive (verb): *1. Archivar.*
1. Cuando un fichero o conjunto de datos ha perdido actualidad pero ha de ser conservado bien por imperativo legal, bien para poder contar con una copia de salvaguardia (ver

Backup copy) o, simplemente, por razones de conservación histórica, dicho fichero o conjunto de datos *es archivado*.

• This section describes ways you can *archive (archivar)* data and store vital records ...

Archive file: *1. Fichero en archivo.*
1. Fichero cuyo contenido ya no es necesario mantener fácilmente accesible pero que se conserva por razones históricas (de futuro) o por necesidad legal. Sinónimo de *Archive*.

• To open and replay an *archive file (fichero en archivo)* that was recorded by a ...

Archive log: *1. Registro Archivado.*
1. El *fichero de Registro* (ver *Log*) es un fichero en el que se anota la actividad de un sistema o subsistema informáticos con la idea de que esta información pueda ser usada para fines de auditoría, de *recuperación* (ver *Recovery*) de datos, etc. Normalmente hay un *fichero de registro* activo (o dos si es un sistema *dual;* ver *Dual*) y copias del mismo que se obtienen periódicamente. Estas copias forman el *registro Archivado*.

• An *archive log (Registro Archivado)* file is created during the log off-load process ...

Archive site: *1. Sede de archivo.*
1. *Huéspeda* (ver *Host Def. 1*) en la *Internet* donde se almacenan documentos de todo tipo accesibles por *FTP anónimo* (ver *File transfer protocol*), *Gopher* y, en menor medida, por la *Ueb* (ver *World Wide Web*).

Archived data set: *1. Fichero archivado.*
Ver *Archived file*.

Archived file: *1. Fichero archivado.*
1. Los ficheros cuya información tiene ya poca o muy poca probabilidad de ser consul-

tada o utilizada pasan a la situación de «archivados», que puede ser muy diferente de la situación de «activos» (puede cambiar: soporte, uso de compresión, ubicación física, etc.).

• Which *files (ficheros)* can be *archived (archivados)*, when they can be archived, and ...

Areal density: *1. Densidad superficial.*
1. *Densidad superficial* de grabación que admite un cierto tipo de dispositivo. Se aplica, generalmente, a discos y se mide en bits por centímetro cuadrado o por pulgada cuadrada.

• As *areal density (densidad superficial)* is increased, the number of tracks per inch and the number ...

Argument: *1. Argumento.*
1. Valor o valores (pueden estar en variables) que se usan para efectuar búsquedas.

• Search *argument (argumento)* for retrieving record ...

2. Valores que se pasan, como punto de partida, a la ejecución de una macroinstrucción, rutina, programa, función, servicio, operador, etcétera. La forma de pasar los argumentos puede ser diferente según los lenguajes implicados. En algunos lenguajes a los argumentos se les llama parámetros.

• If you do not specify this *argument (argumento)*, all record types are returned.

Argument list: *1. Lista de argumentos.*
1. El conjunto de argumentos (ver *Argument*) que se pasan a una macroinstrucción, rutina, etcétera, forman una *lista de argumentos*. El orden de la lista es fundamental. La forma de la lista depende de los lenguajes implicados (por ejemplo, en Ensamblador se pasa la dirección de la lista que, a su vez es una lista de

direcciones). En algunos lenguajes se llama lista de parámetros a la lista de argumentos.

• A function call is a primary expression containing a simple type name and a parenthesized *argument list (lista de argumentos).*

Arithmetic expression: *1. Expresión aritmética.*

1. Fórmula matemática escrita con las posibilidades expresivas de un lenguaje de programación. Son componentes habituales de muchos programas.

• ... found a term in an *arithmetic expression (expresión aritmética)* that was not a valid number ...

Arithmetic Logic Unit: *1. Unidad aritmética y lógica. 2. UAL.*

1. Parte de la Unidad Central de Procesamiento (*UCP.* Ver *Central Process Unit*) responsable de efectuar cálculos y comparaciones.

• ... extracts instructions from memory and decodes and executes them, calling on the *Arithmetic Logic Unit (UAL)* when necessary.

Arithmetic operators: *1. Operadores aritméticos.*

1. Componentes de los lenguajes de programación que se usan para crear expresiones aritméticas. Aplican operaciones aritméticas elementales a valores numéricos (constantes, variables, resultados de funciones, etc.).

• *Arithmetic operators (operadores aritméticos)* priority is as follows, with ...

Arithmetic shift: *1. Desplazamiento aritmético.*

1. Un *desplazamiento aritmético* es un tipo de *instrucción de máquina* (ver *Machine instruction*) en la que los bits de un *campo de datos* (ver *Data field*) binario se desplazan un cier-

to número de posiciones de bit (a la derecha o a la izquierda) teniéndose en cuenta, en el desplazamiento, que hay un bit de signo cuyo valor debe respetarse. Se contrapone a desplazamiento lógico.

• However, in *arithmetic left-shifting (desplazamiento aritmético [a la izquierda])*, the sign bit does not change even if significant numeric bits are shifted out.

Arrange (verb): *1. Disponer.*

1. Colocar diferentes componentes de forma que resulte conveniente para un cierto fin.

• ... they can be logically *arranged (dispuestos)* into a group of I/O interfaces ...

Array: *1. Formación.*

1. Una *formación* es un agregado de datos constituido por uno o más componentes básicos (pueden ser elementos de datos, estructuras de datos u *objetos* (ver *Object*), según lenguajes de programación) que se repiten, con los mismos atributos, en una, dos o más dimensiones. El acceso a los componentes se realiza mediante subindización (*subindexing*).

• The structure descriptor has the same format for both an *array (formación)* of structures and a structure of *arrays (formaciones).*

Array processor: *1. Procesador de formaciones.*

1. Procesador (o ampliación de unidad aritmética) que se ha diseñado para procesar eficientemente *formaciones* (ver *Array*) de hasta un cierto número de dimensiones.

• ... along with the method of parallel programming required by the *array processor (procesador de formaciones)* ...

Arrival rate: *1. Frecuencia de llegada.*

1. En sistemas interactivos (que procesan

transacciones; ver *Transaction*), número de transacciones (no pasos de diálogo) que llegan al sistema por unidad de tiempo. Es un requisito de diseño.

• ... is started by the maximum *arrival rate (frecuencia de llegada)* of transactions in the ...

Arrow keys: *1. Teclas de cursor.*

1. Son 4 *teclas*, en las que figuran flechas apuntando a diferentes direcciones, que se usan para mover el cursor del teclado en dichas direcciones (columna a derecha o izquierda, línea arriba o abajo).

• Not all communications programs have assigned a function to the *arrows keys (teclas de cursor)*, pressing one of the arrows ...

Artificial Intelligence: *1. Inteligencia artificial. 2. IA.*

1. Rama especializada de la informática que intenta acercar las computadoras a formas de actividad específicamente humanas tales como el razonamiento, la resolución de problemas, la generalización, el aprendizaje de la experiencia, etc. Se está aplicando con relativo éxito –menor, tal vez, de lo esperado– a campos como la ayuda al diagnóstico, el reconocimiento del lenguaje natural, los juegos, el diseño de robots, la toma de decisiones, etc.

• An application of *artificial intelligence (inteligencia artificial)* of growing commercial importance is industrial automation ...

Artwork: *1. Género artístico.*

1. En *composición* (ver *Publish (verb) Def. 1*), material no textual, como imágenes, gráficos, etc. Los textos incluidos en imágenes, gráficos, etc., son también *Género artístico*.

• If you choose to use any of the *artwork (género artístico)*, on these pages, you must include the credit below, ...

AR: *1. AR. 2. Resolución de direcciones.*

Ver *Address resolution*.

ARC: *1. arc.*

1. Formato específico de ficheros comprimidos y programa que lo crea. No goza de muy buena prensa y sólo es aceptado por algunos programas «todo terreno» de la compresión/descompresión. Los ficheros resultantes acostumbran a utilizar la extensión *.arc*.

• ... is able to expand a number of compressed or encoded formats such as (...) ARC (arc), ...

ARCnet: *1. ARCnet.*

1. Nombre comercial de una *RAL* (ver *Local Area Network*) desarrollada por Datapoint Corp. y cuyo nombre completo es *Attached Resource Computer network*. Tiene fama de económica (al menos en pequeñas instalaciones) y de ser suficientemente rápida.

• In *ARCnet (ARCnet)*, a hub is used to connect several computers ...

ARJ: *1. arj.*

1. Formato específico de ficheros comprimidos y programa que los crea. Es un «clásico» que aún es aceptado por programas genéricos «todo terreno» de compresión/descompresión. Los ficheros resultantes acostumbran a utilizar la extensión *.arj*.

• ... is able to expand a number of compressed or encoded formats such as (...) ARJ (arj), ...

ARM: *1. ARM. 2. Modo de respuesta asíncrono.*

Ver *Asynchronous Response Mode*.

ARP: *1. ARP. 2. Protocolo de Resolución de Direcciones.*

Ver *Address Resolution Protocol*.

ARPA: *1. ARPA.*
Ver *Advanced Research Projects Agency.*

ARPANET: *1. ARPANET.*
1. Red de área amplia, financiada por ARPA/ DARPA, que enlazaba universidades y centros de investigación y de defensa en los EUA. Las investigaciones en ARPANET fueron la base de los desarrollos posteriores en Internet.

ARQ: *1. ARQ. 2. Solicitud de Repetición Automática.*
Ver *Automatic Repeat Request.*

Ascender: *1. Ascendente.*
1. Trazo entre la parte superior de la letra *x* y la parte superior de las letras que superan a la *x* en altura (por ejemplo, la *b*, la *h*, etc.).

• Letters with *ascenders (ascendentes)* are b, d, f, h, k, l, and t.

2. Se usa la misma palabra para designar a las letras que son más altas que la *x*.

Ascending key: *1. Clave ascendente.*
1. *Clave* (conjunto de *ordenantes*: ver *Key Def. 3*) por la que se ordenan datos de forma ascendente, teniendo en cuenta la *secuencia de comparación* (ver *Collating sequence*) en uso. Puede aplicarse a tablas en memoria, ficheros, etc.

• The data records are rearranged physically in *ascending key (de clave ascendente)* sequence ...

Ascending order: *1. Orden ascendente.*
1. Una de las ordenaciones posibles de una estructura repetitiva de datos: éstos se colocan de menor a mayor de acuerdo con una cierta *secuencia de comparación* (ver *Collating sequence*) bien establecida que se aplica a todo el elemento repetitivo o a parte de él (ver *Ascending key*).

• Sorts the specified array of objects into *ascending order (orden ascendente),* according to the natural ...

Aspect ratio: *1. Razón de aspecto.*
1. Relación entre el ancho y el alto de un medio de *presentación* (pantalla, por ejemplo) o de una imagen (por ejemplo, foto, *píxel*; ver *Pixel*). En pantallas la razón vale alrededor de 5:4. Los píxeles se prefieren cuadrados (1:1).

• ... the ratio of pixels to lines is not the same as the *aspect ratio (razón de aspecto).*

Assemble (verb): *1. Ensamblar.*
1. Traducir a *lenguaje de máquina* (ver *Machine language*) un programa escrito en lenguaje Ensamblador.

• ... you must *assemble (ensamblar)* the code and then link edit ...

Assembler (noun): *1. Ensamblador.*
1. Programa usado para ensamblar (ver *Assemble*) programas escritos en lenguaje Ensamblador. Usualmente se suministra con una *biblioteca* (ver *Library*) de definiciones de macroinstrucciones necesarias para la generación de macroinstrucciones usadas en los programas.

• This exit provides you with an interface to the *assembler (ensamblador)* that lets you ...

2. Lenguaje para codificar programas que se procesarán posteriormente con un programa ensamblador. Está formado por tres tipos de instrucciones: instrucciones con códigos mnemotécnicos traducibles directamente a *código de máquina* (ver *Machine code*), instrucciones dirigidas al programa ensamblador para reservar memoria, definir constantes, controlar el listado de ensamblaje, etc., y macroinstrucciones, desde las que se generan instrucciones de los dos tipos anteriores.

• The *assembler (ensamblador)* language supported by ...

Assembly: *1. Ensamblaje.*
1. Proceso de ensamblar un programa.

• ... during *assembly (ensamblaje)* of the source program ...

Assessment: *1. Evaluación.*
1. Estimar, apreciar o calcular el valor de algo real o de su pérdida. Ídem de algo irreal, como un riesgo.

• ... and DB2 begins damage *assessment (evaluación)*: ...

Assign (verb): *1. Asignar.*
1. Palabra de uso frecuentísimo. Indica, en general, una relación entre dos elementos en la que, por lo común, uno de ellos usa o modifica al otro o queda formando parte de él. Pueden asignarse recursos, permisos, valores, funciones, etc.

• ... a null password is *assigned (se asigna)* to the user.

• *Assigns (asigna)* a NetWare print server to a NetWare print queue.

• Users *assigned (asignados)* to a group inherit the rights *assigned (asignados)* to the group.

Assignment operator: *1. Operador de asignación.*
1. Operador que se usa en un lenguaje de programación para representar una operación de asignación (ver *Assign (verb)*).

• C contains two types of *assignment operators (operadores de asignación)*: simple and compound. For example, = sign in:

                    index = 0

Assignment-name: *1. Nombre de asignación.*
1. Nombre externo (con datos conocidos por el *lenguaje de control de trabajos*; ver *Job Control Language*) de un fichero en un programa COBOL. Se usa en la cláusula SELECT ... ASSIGN TO ...

• ... file-name is associated with a external name through the *assignment-name (nombre de asignación)*.

Assistant: *1. Asistente.*
1. Sinónimo de *Wizard* (ver).

• A table *assistant (asistente)* might help to create tables ...

Association: *1. Asociación.*
1. En Modelado de *Objetos* (ver *Object*) una *asociación* entre *clases* (ver *Class*) es una relación (similar a *interrelación* (ver *Relationship*) en *bases de datos*; ver *Database*) entre la clase de un objeto y la clase de otro objeto que es un atributo o característica del primero.

• ... including the possibility of a reflexive *association (asociación)* from a class to itself.

Association for Computer Machinery: *1. ACM.*
1. Organización internacional, originaria de y más extendida en los EUA, de carácter científico y educativo y cuyo objetivo central es promover el avance en todo lo relacionado con las tecnologías de la información. Tiene importantes publicaciones, organiza seminarios, congresos y grupos de trabajo, promueve normas, etc. Cuenta, actualmente, con unos 80.000 socios.

• People join *Association for Computer Machinery (ACM)* for many diferent reasons, yet they all share a passion for ...

Associative memory: *1. Memoria asociativa.*

1. Tipo de memoria que admite un *direccionamiento* (ver *Addressing*) inmediato de todas las palabras ubicadas en la misma que cumplan una determinada condición, establecida previamente.

• ... and other approaches, the semantics of the variable can be more appropriately considered in defining an *associative memory (memoria asociativa)*.

Associative Storage: *1. Memoria asociativa.*
Ver *Associative memory.*

Assumed decimal point: *1. Coma decimal supuesta.*

1. El programador determina que un dato numérico tiene una coma decimal en una cierta posición (coma que no existe físicamente en el dato) y se lo comunica así al *compilador* por medio del lenguaje de programación. Las operaciones que se realicen en el programa con dicho dato tendrán en cuenta la presencia de esa *coma decimal supuesta* a la hora de operar con la parte decimal de los datos.

• If an *assumed decimal point (coma decimal supuesta)* is not explicitly specified, the receiving item is treated as though ...

Asterisk: *1. Asterisco.*

1. Carácter especial (*) ampliamente usado en identificadores de comentarios de muchos lenguajes de programación y formando parte de máscaras y expresiones regulares. En *ASCII* tiene valor x'2A' y en *EBCDIC* el valor x'5C'.

• The *asterisk (*) (asterisco)* symbol indicates 0 or more of any preceding ...

Asymmetric Digital Subscriber Line: *1. Línea digital asimétrica de abonado. 2. ADSL.*

1. Nueva tecnología de transmisión de datos que, usando cable telefónico de cobre (par torcido), consigue velocidades de hasta 9 Mbps en recepción de datos y hasta 640 Kbps en envío. En esta disparidad de velocidades radica su novedad y su eficiencia. Requiere, evidentemente, un *módem* (ver *Modem*) especial.

• *Asymmetric Digital Subscriber Line (ADSL)* uses existing twisted copper pair, only needs to be installed in premises ...

Asymmetric fingerprinping: *1. Marcaje asimétrico.*

1. Componente del comercio electrónico seguro (para comprador y vendedor) en el que el producto queda marcado de forma que el comprador puede ser identificado (protección contra copias fraudulentas), pero sin que el vendedor pueda reproducir la marca para acusar falsamente al comprador.

• A subresult of independent interest is an *asymmetric fingerprinting (de marcaje asimétrico)* protocol with reasonable collusion-tolerance ...

Async: *1. Asíncrono.*
Ver *Asynchronous.*

Asynchronous: *1. Asíncrono.*

1. Dícese de un fenómeno que se repite dos o más veces sin que haya posibilidad de predeterminar la producción de cada repetición.

• In relation to ATM, *asynchronous (asíncrono)* means that sources are not limited to sending data during a set time slot ...

2. Dícese de dos fenómenos relacionados entre sí pero de forma que ninguno de ellos es-

pera al otro en ningún momento de la vida de ambos.

● Provides precise modeling of multi-rate and *asynchronous (asíncronos)* system phenomena.

Asynchronous Balanced Mode:
2. ABM.

1. Modo operacional del *HDLC* (ver *High-Level Data Link Control*) que se caracteriza porque las estaciones que se comunican tienen idéntico estatuto y pueden realizar tanto funciones de primaria (*maestra*; ver *Master (adj)*) como de secundaria (esclava). Es el modo utilizado por el protocolo X.25.

● ... a data link control command used to establish a data link connection with the destination in *asynchronous balanced mode (ABM)*.

Asynchronous Communications Interface Adapter: *1. ACIA.*

1. Tipo de placa (ver *Adapter)* que proporciona *formateo* (ver *Formatting*) de datos y mecanismos de control a *interfaces* RS-232.

● This system will mimic the function of an *Asynchronous Communication Interface Adapter (ACIA)* and will be designed using ...

Asynchronous device: *1. Dispositivo asíncrono.*

1. Dispositivo cuyas operaciones son asíncronas (ver *Asynchronous Def. 2*) con relación a las de otros dispositivos o elementos de un sistema.

● ... or an *asynchronous device (dispositivo asíncrono)* (such as another communication server) sending data.

Asynchronous mode: *1. Modo asíncrono.*

1. Dícese de dos procesos relacionados (por ejemplo, uno «arranca» al otro) pero que no

dependen el uno del otro a lo largo de todas sus vidas o que no dependen de la *ocurrencia* de eventos (ver *Occurrence*) comunes.

● When this function is used in *asynchronous mode (modo asíncrono)*, it does not stop the audio summation upon completion ...

Asynchronous processing:
1. Procesamiento asíncrono.

1. Dícese de dos procesamientos tales que el momento de la *ocurrencia* (ver *Occurrence*) del primero no está relacionado con el momento de la ocurrencia del segundo. Si uno de los procesos emite peticiones al otro y éste las contesta, no puede establecerse correlación alguna entre peticiones y respuestas, ni el orden de las primeras condiciona el orden de las segundas.

● However, some of the API commands also support *asynchronous processing (procesamiento asíncrono)*. This allows you to request data or perform actions without waiting ...

Asynchronous Response Mode:
1. Modo de respuesta asíncrono. 2. ARM.

1. Éste es uno de los tres modos operativos del protocolo *HDLC* (ver *High-Level Data Link Control*) propio de una situación en la que hay una única estación primaria (iniciadora de *mandatos*; ver *Command*) y una o más secundarias (emisoras de respuestas). En este modo las estaciones secundarias pueden iniciar sus transmisiones sin esperar permiso de la estación primaria (*maestra*; ver *Master (adj)*).

● If the *Asynchronous Response Mode (ARM)* link is operating at full-duplex, the secondary station can transmit ...

Asynchronous Transfer Mode:
1. ATM. 2. Modo de transferencia asíncrono.

1. Método moderno de transferencia adecuado para todo tipo de datos (servicios multime-

dia: datos puros, voz, imagen, vídeo). Se basa en la transmisión de *células* (ver *Cell Def. 5*) muy cortas (53 *baits*; ver *Byte*) y en la *conmutación* (ver *Switching* y *Cell switching*). Permite velocidades de transmisión entre 25 y 622 Mbps.

• The installed wiring infrastructure can be used equally well to attach current LANs or ATM (ATM) desktop devices.

Asynchronous transmission:
1. Transmisión asíncrona.
1. Método de transmisión de datos basado en que no se obliga a emisor y receptor a estar permanentemente sincronizados. La sincronía temporal se consigue añadiendo bits de inicio y final por cada *bait* (ver *Byte*) que se transmite. También puede haber sincronía de baits contando los bits esperados entre bit de inicio y de final. Y, por último, puede haber sincronía temporal de *freims* (si se transmiten bloques de datos o *freims* –ver *Frame*–) usando caracteres especiales de inicio y final.

• We normally use *asynchronous transmission (transmisión asíncrona)* when the rate at which characters are generated is indeterminate or ...

Asynchronously: *1. Asíncronamente.*
1. Evento, modo de operar de un proceso, etcétera, que se produce de modo asíncrono (ver *Asynchronous*) con relación a otro evento, proceso, etc.

• The X Window System operates *asynchronously (asíncronamente)*.

ASA: *1. ASA.*
Ver *American Standards Association*.

ASAP: *1. TPCP (Tan pronto como se pueda).*
1. Acrónimo de amplio uso de *As Soon As Possible*.

ASCII: *1. ASCII.*
Ver *American Standard Code for Information Interchange*.

ASF: *1. ASF.*
Ver *Advanced Streaming Format*.

ASIC: *1. CIEA. 2. Circuito integrado específico de aplicación.*
Ver *Application Specific Integrated Circuit*.

• These *ASIC-based (basados en CIEA)* switches are the first in the industry to let users ...

ASK: *1. ASK. 2. Modulación por Desplazamiento de Amplitud.*
Ver *Amplitude-Shift Keying*.

ASN.1: *1. ASN.1.*
Ver *Abstract Syntax Notation 1*.

ASP: *1. ASP.*
Ver *Active Server Pages*.

ASPI: *1. ASPI.*
Ver *Advanced SCSI Programming Interface*.

At: *1. Arroba. 2. En (leyendo direcciones de correo-e).*
1. Nombre (el más usual; también *commercial at*; nombres divertidos en casi todas las lenguas) que se da en inglés al signo @ (x'40' en *ASCII* y x'7C' en *EBCDIC*).

• The @ (*At: en*) sign is used in electronic mail addresses to separate the local part ...

At random: *1. Al azar.*
1. Situación que se produce de forma totalmente fortuita, no dependiente de ningún objetivo, propósito o razón.

• In the event two or more XXXs are equally weighted, one is chosen *at random (al azar)*.

Atomic operation: *1. Operación atómica.*

1. Operación de computadora que no puede ser interrumpida (y que, por tanto, es indivisible). La mayoría de las instrucciones del *conjunto de instrucciones* (ver *Instruction set*) de las computadoras, lo son, aunque hay operaciones elementales muy potentes que sí pueden tener momentos de interrupción. Puede aplicarse también a operaciones complejas, cuando un elemento externo asegura la no interrumpibilidad por señales relacionadas con el propio proceso.

● ... and performs *atomic operations (operaciones atómicas)* ...

Attach (verb): *1. Anexar. 2. Generar.*

1. Unir un elemento complementario, acompañante o explicativo a otro principal (un fichero a un mensaje, un mensaje de error a un nombre de programa, etc.).

● The editing error messages will then be *attached (se anexarán)* to the statements in error.

2. Crear un nuevo proceso o tarea otro que ya está en ejecución.

● ... the task library of the *attaching (generante)* task is propagated to the *attached (generada)* task.

Attachment: *1. Anexo.*

1. Fichero que se adjunta a un *mensacorre* (ver *E-mail (noun) Def. 2*). Puede haber sido creado por una aplicación externa al correo. Puede ser portador de virus informáticos.

● I got an email from Texas Children's Hospital with an *attachment (anexo)* ...

Attachment Unit Interface: *1. AUI.*

1. Nombre que recibe, en la norma IEEE 802.3 (referente a *Ethernet*; ver), el punto en que se conecta al coaxial principal de la red el transceptor y el cable que llevan a la estación final, es decir, a la placa Ethernet.

● The *Attachment Unit Interface (AUI)* may be connected to the Ethernet interface in the computer with a 15-pin ...

Attack, decay, sustain, release: *1. ADSR.*

1. Fases de un sonido (de sumo interés para su sintetización). En su conjunto forman un perfil como de montaña, con una subida inicial muy rápida, una pequeña bajada, una meseta y una bajada final.

● Understanding the *ADSR* of a wave will also become important as we ...

Attendant: *1. Operador/a.*

1. Persona al cargo de la consola de una centralita telefónica privada.

● ... that allows the *attendant (operador)* to set up conference calls with a specified ...

Attention interruption: *1. Interrupción por llamada de atención.*

1. Interrupción del proceso actual producida por la pulsación de una *tecla* (ver *Key (noun) Def. 1*) determinada. Es una interrupción del tipo *E/S* (ver *Input/Output*). El software ha de estar preparado para captar la señal y procesar la interrupción.

● ... ended because of an *attention interruption (interrupción por llamada de atención).*

Attention key: *1. Tecla de atención.*

1. *Tecla* de función, en determinados terminales (o en su emulación) que ha sido dotada de la capacidad de producir una interrupción (ver *Attention interruption*) de *E/S* (ver *Input/Output*) que afectará a la tarea asociada con el terminal.

• In transparent mode, the only function key available is the PA1 *attention key (tecla de atención)*.

Attenuation: *1. Atenuación.*

1. Disminución de la amplitud (ver *Amplitude*) de una señal a medida que se va alejando de su fuente. Su efecto puede reducirse usando amplificadores o repetidores.

• Cable losses manifest themselves as an amplitude slope and an overall *attenuation (atenuación)* of the signal.

Attribute: *1. Atributo.*

1. En diseño de *bases de datos* (ver *Database*), un atributo es una característica de una *entidad* (ver *Entity*) que es interesante para una aplicación y que, además, es susceptible de ser codificada o cuantificada de alguna manera. Los atributos se convierten en campos de ficheros o en columnas de tablas de *bases de datos* (ver *Database*).

• In a normalised relation all compound *attributes (atributos)* are reduced to their basic component attributes.

2. En *orientación a objetos* (ver *Object orientation*), un atributo de una *clase* (ver *Class*) de objetos es una característica común a todos los objetos de la clase y que, de alguna manera, identifica y/o describe a la clase de objetos. Los valores de los atributos (campos) identifican y/o describen a cada objeto concreto y pueden establecerse y cambiarse mediante operaciones sobre los mismos, que también se establecen a nivel de clase de objetos.

• A field in an object corresponds to an *attribute (atributo)* in the class of which the object is an instance.

Attribute type: *1. Atributo-tipo.*

1. Manera rigurosa de hablar de las características (ver *Attribute*) de las entidades-tipo (ver *Entity type*). Un *atributo-tipo* es, evidentemente, un concepto o abstracción. Por comodidad se usa, simplemente, *atributo*.

• Some *attribute types (atributos-tipo)* will not apply to all occurrences of ...

AT: *1. AT.*

1. Terminación –ya historia– de un célebre modelo de *CP*: la IBM PC/AT (por *Advanced Technology*).

• The original IBM PC *AT (AT)* used an Intel 80286 processor ...

AT Attachment Packet Interface: *1. ATAPI.*

1. Definición de la *interfaz* (ver *Interface (noun)*) entre una *CP* (desde el modelo AT) y un periférico del tipo CD-ROM o cinta rápida para copias. Define *mandatos* (ver *Command*) específicos para esos tipos de periféricos.

• This is an ISA IDE/*ATAPI (ATAPI)* adapter card for the ...

AT bus: *1. Bus AT.*

1. Uno de los primeros pasos en la carrera para la creación de *buses* (ver *Bus*) cada vez más rápidos. El *AT bus*, propio de la IBM PC/AT, se convirtió en un estándar de hecho y ayudó a la aparición de infinidad de compatibles y de placas de expansión casi universales.

• ... architecture it is sometimes referred to as «*AT bus (bus AT)* architecture».

ATA: *1. ATA.*

Ver *Advanced Technology Attachment*.

ATAPI: *1. ATAPI.*

Ver *AT Attachment Packet Interface*.

ATI: *1. IAT. 2. Inicio Automático de Transacciones.*
Ver *Automatic transaction initiation.*

ATM: *1. ATM. 2. Modo de Transferencia Asíncrono.*
Ver *Asynchronous Transfer Mode.*

ATM: *1. CJA. 2. Cajero Automático.*
Ver *Automatic Teller Machine.*

ATX: *1. ATX.*
1. Especificaciones de Intel (abiertas a otras aportaciones) relativas a un nuevo diseño de las placas base con relación al diseño AT previo. Facilita la colocación de la placa en la caja y la de otras placas y dispositivos, al tiempo que mejora la colocación de los elementos centrales con relación a la fuente de energía y al ventilador.

• The full size *ATX (ATX)* board measures 305 mm wide ...

Audible cue: *1. Aviso audible.*
1. Componente habitual en las *interfaces* (ver *Interface (noun)*) de usuario que se usa para llamar la atención de éste, por medios auditivos, con relación a un estado o evento o a la evolución de un proceso.

• ... to increase the volume of audible *cues (avisos audibles)* on a system to compensate for ...

Audio: *1. Audio.*
1. Señal (onda) que puede ser percibida por el oído humano.

• An *audio (audio)* signal in the natural world is analog, which is continuos both in ...

2. Campo de gran interés de futuro en el que se intenta aplicar la informática y las telecomunicaciones a diferentes tecnologías ya

existentes, relacionadas con el sonido: telefonía, radio, teleconferencia (con o sin vídeo), etcétera.

• Terms used widely in the *audio (audio)* field today, like «Multi-band Processing», ...

Audio Interchange File Format: *1. AIFF.*
1. Formato de datos diseñado para almacenar y transmitir sonidos –de alta calidad– obtenidos por muestreo. Desarrollado por Apple y usado por paquetes de informática musical.

• ... audio is either *Audio Interchange File Format (AIFF)* or 8SVX, animations are ANIM etc.

Audio Video Interleaved: *1. AVI.*
1. Formato originario de Microsoft adecuado para guardar/transmitir sonido e imágenes animadas. Utiliza la especificación RIFF (también de Microsoft; ver *Resource Interchange File Format*) y la extensión de los ficheros correspondientes es *.avi.*

• *Audio Video Interleaved (AVI)* is highly dependent on the type of hardware used to playback ...

Audit (verb): *1. Auditar.*
1. Realizar actividades periódicas que permitan establecer la bondad de los procedimientos de trabajo, la calidad de los programas en uso, la adecuación de los métodos de control de acceso, etc., con la idea de detectar y solucionar anomalías en cuestiones tan importantes como la integridad de los datos (ver *Data integrity*) y la seguridad de datos e instalación.

• To enforce your policy, periodically *audit (audite)* selected users or ...

2. Control, en general por una autoridad externa, de los accesos a páginas *Ueb* (ver

World Wide Web) (similar al estudio general de medios en que se basan las decisiones publicitarias).

Audit trail: *1. Estela auditora.*

1. Registros enlazados de las acciones que han afectado a un elemento sometido a control (ficheros y otros agregados de datos, programas, etc.). Puede usarse para auditoría (ver *Audit (verb)*) y control, seguridad, *recuperación* (ver *Recovery*), etc.

• ... it does not automatically leave an *audit trail (estela auditora)* of actions and ...

Authentication: *1. Autenticación.*

1. Verificación de la identidad de un usuario (normalmente por medio de un nombre o código y una *contraseña*; ver *Password*) para permitirle o no el acceso a un sistema y/o, en ciertos casos, a un recurso. A veces se aplica también a un elemento no usuario (por ejemplo, un mensaje o un fichero recibido) para determinar si ha sido o no alterado o manipulado de alguna manera.

• There are two levels at which *authentication (autenticación)* can be passed to the server: ...

Authentication Header: *1. Cabecera de Autenticación. 2. CA.*

1. Zona situada en el campo de carga útil de los paquetes *IP* (ver *Internet Protocol*) con información para *autenticación* (proyecto IPv6).

• *Authentication header (La cabecera de autenticación)* is used to create an encrypted header placed in an IP datagram ...

Authoring Language: *1. Lenguaje de composición.*

1. Lenguaje para componer (tipográficamente) documentos.

• *Authoring languages (Los lenguajes de composición)*, although designed for a narrow application, were still ...

Authoring system: *1. Sistema de composición.*

1. Sistema informático (al menos, lenguaje y programa) para componer (tipográficamente) documentos.

• A content expert using an *authoring system (sistema de composición)* would simply answer a series of questions presented ...

Authoring tools: *1. Herramientas de composición.*

1. Herramientas usadas en la composición (tipográfica) de documentos.

• ... to produce multimedia presentations under current multimedia *authoring tools (herramientas de composición)* by analyzing ...

Authority: *1. Autoridad. 2. Permiso.*

1. Una vez que un usuario ha sido autenticado y autorizado y, por consiguiente, ya ha accedido a un sistema, subsistema, recurso, etc., la autoridad que se le haya concedido determinará lo que dicho usuario puede hacer en o con el sistema, subsistema, recurso, etc.

• ... has *authority (autoridad)* to perform certain «housekeeping» operations on ...

2. Cada una de las autorizaciones concretas que recibe un usuario o grupo.

• ... before console operators can be given *authority (permiso)* to issue the XXXX command.

Authorization: *1. Autoridad. 2. Permiso. 3. Autorización.*

1. Derechos que se *otorgan* (ver *Grant*) a un usuario para que, previa autenticación, se co-

munique con una computadora o haga uso de la misma. Sinónima, con matices, de *Authority* y de *Privilege*.

2. Proceso por el que se otorgan los derechos mencionados en 1.

● The second stage is authorization (autorización), which allows the user access to ...

Authorized program analysis report: *1. APAR.*

1. En terminología IBM, un *APAR* es un informe recibido de un cliente o de un servicio interno en el que se comunica un problema en la *entrega* (ver *Release*) actual de un componente software causado, probablemente, por un mal funcionamiento del mismo. También se llama APAR al código asignado por IBM al informe. A un APAR puede corresponderle, en general, un *APAR fix* (ver) o arreglo provisional del APAR.

● Obtain a fix for the Authorized program analysis report (APAR) ...

Auto dial: *1. Autollamada.*

1. Capacidad de un *módem para establecer* una llamada telefónica a un número almacenado en el propio módem. También, ejercicio de esta capacidad.

● Operation modes: Auto dial (autollamada)/ Auto answer, auto feature negotiation ...

Auto-answer (noun): *1. Autorrespuesta.*

1. Capacidad de autorresponder. Ejercicio de esta capacidad (ver *Auto-answer (verb)*).

● ... in non-volatile RAM so the modem is in auto-answer (autorrespuesta) mode when it is powered up.

Auto-answer (verb): *1. Autorresponder.*

1. Capacidad de muchos *módems* (ver *Mo-*

dem) modernos de establecer comunicación a partir de llamadas entrantes (*módem* conectado y activo pero desatendido).

● If the target modem does not auto-answer (autorresponde), follow the procedure below.

Auto-call: *1. Llamada automática.*

1. Capacidad de un dispositivo o estación de establecer de forma autónoma (sin operador) una llamada en una línea conmutada.

● Other optional features of modems are auto-call (llamada automática) and ...

Auto-key: *1. Autotecleo.*

Ver *Typematic*.

Auto-repeat: *1. Autotecleo.*

Ver *Typematic*.

Autoclear: *1. Autolimpiado.*

1. Borrado automático de un *campo de datos* (ver *Data field*) en un panel de *introducción* (ver *Entry*) cuando se empieza a *teclear* (ver *Key (verb)* o *Type (verb)*) otro valor en el mismo campo.

● With autoclear (autolimpiado) the first keypress in a cell will delete whatever text was previously there.

Automated operations: *1. Operación automática.*

1. Conjunto de procedimientos y ayudas de todo tipo tendentes a simplificar y, si es posible, reemplazar, la actividad humana en la operación y control de los complejos sistemas informáticos actuales. Puede incluir aspectos como detección de problemas, *interceptación* (ver *Interception*) de mensajes, acciones automáticas, registro y seguimiento de problemas, localización de responsables, etc.

● Automating operations (operación automáti-

ca) can reduce the risk of problems arising from human ...

Automatic Brightness Control:
1. Control Automático de la Luminosidad.
2. CAL.
1. Dispositivo hardware que permite la regulación automática de la luminosidad de la pantalla dependiendo de las condiciones externas de iluminación.

• It has an *automatic brightness control (control automático de luminosidad)* along with multi-mode stroke/raster.

Automatic Class Selection:
1. Selección Automática de Clases. 2. SAC.
1. Mecanismo software que permite asignar clases de tratamiento a los ficheros (expiración, copias de seguridad, y muchas más) y a sus datos en función del nombre de los mismos, de su tamaño, de quién los crea, etc. Este mecanismo es propio del *sistema operativo* (ver *Operating system*) *MVS* (y posterior; ver *MVS*) de IBM y resulta muy útil en grandes instalaciones.

• ... create the appropriate classes and groups, and *Automatic Class Selection (de Selección Automática de Clases)* routines to assign them to data according to ...

Automatic language translation:
1. Traducción computarizada.
Ver *Machine translation.*

Automatic library call: *1. Búsqueda automática en bibliotecas.*
1. Proceso que se realiza durante el *montaje* de las «piezas» de un programa, en cuyo proceso el programa *montador* (ver *Linkage editor* y *Linker*) localiza dichas piezas en una o más *bibliotecas* (ver *Library*) y las incorpora al programa.

• ... the linker should not use *automatic library call (búsqueda automática en bibliotecas)* to resolve ...

Automatic loader: *1. Cargador automático.*
1. Este dispositivo resuelve automáticamente referencias externas en un programa mediante búsqueda en *bibliotecas* (ver *Library*) suministradas y carga en memoria principal los módulos o programas encontrados.

• The dynamic *(or automatic) loader (cargador (automático))* comprises one of XSB's differences from other Prolog systems ...

Automatic Number Identification:
1. Identificación Automática de Número.
2. IAN.
1. Servicio de las compañías telefónicas que pone a disposición del abonado llamado el número del abonado llamante. Permitido por *RDSI* (ver *Integrated Services Digital Network*) y, en general, cuando ambos extremos están *digitalizados* (ver *Digitize*).

• *Automatic Number Identification (Identificación Automática de Número)* is also called CLI, which stands for Calling Line Identification.

Automatic Repeat Request:
1. Solicitud de repetición automática.
2. ARQ.
1. Sistema de control de errores en la transmisión de datos que se caracteriza porque la computadora receptora de un mensaje verifica su contenido y comunica al remitente la recepción correcta (*ACK*; ver) o, en caso de error, le solicita que repita el envío del mensaje (y de otros relacionados, si los hubiera).

• There are two basic types of *Automatic Repeat Request (ARQ)*: idle RQ, which is used ...

Automatic scroller: *1. Desplazador automático.*

1. Mecanismo software que produce desplazamiento automático de la pantalla (sobre el documento en *presentación*) sin necesidad de utilizar las barras de desplazamiento. Util para personas con discapacidades motrices.

● It is impossible to kill the other person, because it is an *automatic scroller (desplazador automático).*

Automatic shutdown: *1. Cierre automático.*

1. Cierre automático de un sistema, subsistema o aplicación, bien porque se ha producido alguna circunstancia externa que obliga a ello (problemas con suministro eléctrico, por ejemplo), bien porque ha transcurrido un tiempo determinado o se ha llegado a un momento preestablecido.

● Safe *automatic shutdown (cierre automático)* with operating system integrity intact ...

Automatic storage allocation: *1. Asignación automática de memoria.*

1. Mecanismo básico de la memoria virtual por el que se proporciona a los procesos memoria física a medida que la van necesitando, cuando la memoria necesaria (vista desde el proceso: memoria lógica) es menor que la memoria física disponible, en cada momento.

● ... to execute by means of *automatic storage allocation (asignación automática de memoria)* upon request ...

Automatic teller machine: *1. Cajero automático. 2. CJA.*

1. Terminal especializado que añade a las posibilidades normales de un terminal (comunicación, *presentación*, impresión) las derivadas de manipular billetes, gestionar tarjetas, etcétera.

● To increase your level of safety at *automatic teller machines (Cajeros automáticos),* follow these basic ...

Automatic transaction initiation: *1. Inicio automático de transacciones. 2. IAT.*

1. Nombre común a varios mecanismos de que está dotado el *CICS* (ver *Customer Information Control System*) y otros monitores de gestión de transacciones, que permiten la iniciación de una transacción cuando se recibe una *señal* de un terminal, cuando ha transcurrido un cierto tiempo, cuando se ha alcanzado un cierto volumen en una *cola* (ver *Queue (noun)*) de mensajes, etc.

● ... must be defined as allowing *automatic transaction initiation (inicio automático de transacciones)* for ...

Automatic variable: *1. Variable automática.*

1. Es una variable que se asigna cuando se entra en la rutina o subprograma en que se define y que se desasigna cuando se vuelve del mismo. La memoria necesaria se toma de un área especial.

● Because *automatic variables (variables automáticas)* require storage only while they are actually being ...

Automation: *1. Automatización.*

1. Tecnología que permite, total o parcialmente, la operación y el control de maquinaria, equipos e instalaciones (incluidas las informáticas) sin intervención humana. Cada vez es más frecuente el uso de la informática (procesadores, *sensores* (ver *Sensor*), convertidores, actuadores (ver *Actuator*), programas, etcétera) en el diseño y desarrollo de sistemas de *automatización.*

● ... is the ideal choice for networking sensors

and actuators in *automation (automatización)* systems ...

Autoresponder: *1. Autocontestador.*

1. Programa que, asociado a un servidor de *correo-e* (ver *E-mail*), es capaz de contestar automáticamente al correo entrante a partir de cierta información contenida en el mismo (remitente, destinatario, tema, ciertas palabras en el texto, ...).

● When you start publishing your *auto-responder (autocontestador)* address, it won't be long before you start getting spam ...

Autosave: *1. Autosalvaguardia.*

1. Mecanismo, de que están dotadas algunas aplicaciones (por ejemplo, los procesadores de texto), para producir, periódicamente o según uso, copias de salvaguardia del documento en proceso de creación o modificación.

● *AutoSave (Autosalvaguardia)* makes a backup copy of your document in the event of an application or system crash.

Autosizing: *1. Autodefinición.*

1. Capacidad de una pantalla para presentar imágenes en un grado de definición (ver *Resolution*) diferente del grado de definición recibido. En el proceso puede cambiar el tamaño del objeto presentado.

● Advanced video image *autosizing (autodefinición)* for lower resolutions ...

Autoskip: *1. Autosaltable.*

1. Característica de un *campo* (ver *Entry field*) en un panel que lo convierte en no elegible para *introducir* (ver *Entry*) datos desde el mismo. El efecto de estos campos se llama *autotabulación* (ver *Autotab*).

● ... provided it is not protected or *autoskip (autosaltable)* ...

Autotab: *1. Autotabulación.*

1. En aplicaciones interactivas, opciones en paneles de *introducción* (ver *Entry*) que hacen que el cursor se desplace automáticamente al próximo *campo de entrada* (ver *Entry field*) cuando se rellene completamente el campo actual.

● Similarly, with *autotab (autotabulación)* specified, if the user moves back past the first character of a field ...

Auxiliary Storage: *1. Almacenamiento auxiliar.*

1. En sistemas con memoria virtual, se llama *almacenamiento auxiliar* al área de almacenamiento «barato» (habitualmente disco) en que residen, total o parcialmente, los programas –con sus datos– cuando son desplazados de la memoria principal por cualquiera de los mecanismos previstos en el manejo de la memoria virtual.

● ... record it and its data in *auxiliary storage (almacenamiento auxiliar)*, such as a direct-access storage device, and at a later ...

AUI: *1. AUI.*

Ver *Attachment Unit Interface.*

AUP: *1. PUA. 2. Política de Uso Aceptable.*

Ver *Acceptable Use Policy.*

Availability: *1. Disponibilidad.*

1. Relación entre el tiempo en que un sistema, subsistema, equipo, componente, etc., está *disponible* o en uso, con relación al tiempo planificado para dichos estados.

● ... is designed to maximize your system *availability (disponibilidad)* while minimizing ...

Available: *1. Disponible.*

1. Dícese de un sistema o de cualquiera de sus componentes que puede usarse normalmente para aquello por lo que existe.

- ... allows you to specify the amount of space *available (disponible)* for processing load modules.

Avatar: *1. Avatar.*

1. Representación, en una de las áreas del ciberespacio (por ejemplo, en *Charla* –ver *Chat*–), de una persona real por medio de un icono que proporciona a aquélla una personalidad virtual. Estas personalidades virtuales están basadas en los orígenes más diversos (históricos, cómics, etc.) e inclusive pueden obtenerse por tratamiento desfigurador de una fotografía de la persona real. Hay modestos negocios montados al respecto.

- This site hosts an *avatar (avatar)* database and ...

AVI: *1. AVI.*

Ver *Audio Video Interleaved.*

Awk: *1. awk.*

Ver *awk.*

Awk script: *1. Directiva awk.*

1. *Directiva* (ver *Script*) desarrollada usando el lenguaje *awk* (ver *awk*).

- An *awk script (directiva awk)* contains patterns and actions ...

B

bps: *1. bps.*
Ver *Bits per second*.

B-Channel: *1. Canal-B.*
1. En una de las opciones de *interfaz* (ver *Interface (noun)*) con una red *RDSI* (ver *Integrated Services Digital Network*) –la más simple, llamada BRI, ver *Basic Rate Interface*–, se permite al usuario disponer de dos canales a 64 kbps y uno de 16 kbps. Los dos primeros se llaman *canales-B*.

● ... to time-share the use of the two *B-Channels (Canales-B)* and one D-Channel in a fair way.

B-ISDN: *1. B-RDSI. 2. RDSI de banda ancha.*
1. Se da el nombre de *RDSI* (ver *Integrated Services Digital Network*) *de banda ancha* a la combinación de redes *RAM* (ver *Metropolitan Area Network*) dotadas de tecnología ATM (ver *Asynchronous Transfer Mode*) conectadas entre sí en una red RAA (ver *Wide Area Network*) dotada de la misma tecnología.

● The resulting network is known as *B-ISDN (RDSI de banda ancha)*.

Back button: *1. Botón atrás.*
1. En sistemas que paginan, botón que cuando se *cliquea* (ver *Click (verb)*) sobre él, hace que se vuelva a la página anterior.

● ... is possible to simulate the *back button (botón atrás)* of browsers by adding some ...

Back door: *1. Puerta falsa.*
1. «Agujero» en la seguridad de un sistema producido, por error o intencionadamente, por el autor o autores de dicho sistema.

● ... revealed the existence of a *back door (puerta falsa)* in early UNIX versions that may have qualified as the most ...

Back end: *1. En segundo plano.*
Ver *Back-end*.

Back panel: *1. Panel posterior.*
1. *Panel* (ver *Panel Def. 2*) situado en la parte posterior de una computadora personal.

● The *back panel (del panel posterior)* interface includes a game port, microphone-in, line-in and line-out jacks.

Back up (verb): *1. Salvaguardar.*
1. Obtener copias o ficheros de salvaguardia (ver *Backup (noun)*).

- The renamed file is *backed up (se salvaguarda)* the next time that *backup (la salvaguardia)* runs ...

Back-end: *1. En segundo plano.*
1. Dícese de un proceso, transacción, etc., ejecutado en un elemento activo (computadora, procesador, partición, etc.) diferente del que arrancó dicho proceso, transacción, etc., que se llama *en primer plano* (ver *Front-end*).

- Alternatively, the *front-end (en primer plano)* transaction and *back-end (en segundo plano)* transaction may switch ...

2. En algunos sistemas UNIX se llama programa *en segundo plano* al que envía registros a un dispositivo de salida.

Back-up copy: *1. Copia de salvaguardia.*
Ver *Backup copy.*

Back-up file: *1. Fichero de salvaguardia.*
Ver *Backup file.*

Backbone: *1. Eje central de red.*
1. Conjunto de nodos y enlaces (ver *Link (noun) Def.* 5) de alta capacidad relativa (respecto a los componentes conectados) mediante el que se interconectan redes o interredes a través de dispositivos adecuados. La palabra «eje» no prejuzga una configuración en bus (ver *Bus topology*) ya que también puede tener configuración en anillo o ser una sola *encaminadora* (ver *Router*) centralizada (*collapsed backbone* vs. *distributed backbone* para los dos casos anteriores).

- ... more traffic from several LAN segments converges in the *backbone (eje central de red)* as distributed computing becomes less ...

2. Uso retórico

- ... Local Area Networks have evolved into enterprise internetworks, the communications *backbones (columnas vertebrales)* of most modern organizations.

Backcloth: *1. Telón de fondo.*
Ver *Backdrop.*

Backdrop: *1. Telón de fondo.*
1. Se llama así, por similitud con el telón de fondo de un escenario, al motivo que se utiliza para cubrir el *escritorio* (ver *Desktop*) y sobre el que se *presenta* (ver *Display (verb)*) todo lo demás.

- How can I get back to the desktop when this *backdrop (telón de fondo)* is covering the desktop?

Backend: *1. En segundo plano.*
Ver *Back-end.*

Background: *1. Fondo.*
1. Forma simplificada de referirse a las tareas que se ejecutan en el «fondo» (ver *Background execution*). Por ejemplo, en *sistemas de tiempo real* (ver *Real-time system*) pueden ejecutarse como *tareas de fondo* las tareas aperiódicas no críticas. También se llama *Background* al «sitio» en el que se ejecutan esas tareas.

- ... whose execution can proceed independently, «in the *background (fondo)*».

2. Forma simplificada de referirse a la parte del escritorio, de una ventana, de una página, etcétera, sobre la que se presenta todo lo demás.

- The most common example is black characters on a white *background (fondo)* ...

Background execution: *1. Ejecución en fondo.*
1. En una máquina multitarea, dícese de una

manera de ejecutar procesos (programas, trabajos, ...) que se caracteriza porque deja al terminal libre para *lanzar* (ver *Dispatch*) otros trabajos similares o, simplemente, para seguir trabajando de forma interactiva. Habitualmente, las tareas, trabajos, etc., que se ejecutan en fondo tienen una prioridad más baja que los que se ejecutan en *primer plano* (ver *Foreground*). Hay *sistemas operativos* (ver *Operating system*) en los que el fondo es una partición específica de la máquina.

• In the shell, you start a *background* job *execution (ejecución en fondo de ...)* by typing an ...

Background color: *1. Color de fondo.*

1. Color que cubre una superficie (por ejemplo, una pantalla de computadora o una ventana en ella) sobre el que destacan otros elementos gráficos de colores diferentes. Por extensión, la palabra *fondo* puede aplicarse también a un dibujo o motivo gráfico que cubra toda la superficie de que se trate.

• You can, for example, view white letters on blue *background ([color de] fondo)* ...

Background noise: *1. Ruido de fondo.*

1. Perturbaciones en una línea que se manifiestan, tanto si en la línea circula una *señal* (ver *Signal Def. 1*) intencionada, como si no. En el primer caso, el ruido se añade a la señal modificándola, de alguna manera.

• In the limit, as a transmitted signal becomes attenuated, its amplitude is reduced to that of the *background noise (ruido de fondo)*.

Backing Store: *1. Almacén de respaldo.*

1. Almacenamiento de los datos tal y como se introdujeron. Teniendo en cuenta los problemas de codificación, dicho almacenamiento puede ser muy diferente del que tendrían los datos *presentados* (ver *Display (verb)*) en pantalla o impresos. La distinción es particularmente importante si tenemos en cuenta que los códigos hacia los que se va (Unicode, DBCS, etc.) son de 16 bits.

• ... is advised that maintaining *backing store (almacén de respaldo)* is not useful.

Backout: *1. Deshacimiento.*

1. Procedimiento por el que se deshacen o cancelan (hacia atrás) los efectos de un proceso cuando este proceso falla por cualquier razón. Se sobreentiende que todos los efectos –cambios– que debería haber efectuado el proceso constituyen una *unidad lógica de trabajo* (ver *Logical Unit of Work*) que sólo es consistente si dichos efectos se realizan en su totalidad.

• In general, *backout (deshacimiento)* is applicable to processing failures that prevent one or more transactions from completing.

Backplane: *1. Baseplana.*

1. Base aislante plana y rígida, con circuitos impresos y, posiblemente, otros elementos electrónicos, que se caracteriza por estar dotada de ranuras en las que pueden insertarse otras placas. El arquetipo de *Baseplana* es la placa *base* aunque hay una tendencia a convertir las *Baseplanas* en pasivas, lo que ayuda a que el *mantenimiento* (ver *Maintenance*) sea más fácil.

• ... might all plug into a motherboard or *backplane (baseplana)* or be connected by a ...

Backquote: *1. Grave.*

1. Nombre inglés del acento grave. En *ASCII* es x'60' y en *EBCDIC* es x'79' (no en todas las páginas de código; ver *Code page*).

• Double quotes still allow certain characters ` *(backquote (grave))*, and \ *(backslash)* to be expanded ...

Backslash: *1. Barra invertida.*
1. Carácter especial, muy usado en algunos *sistemas operativos* (ver *Operating system*), y cuyo valor es x'5C' en *ASCII* y x'E0' en *EBCDIC*.

● ... the default value is a *backslash (barra invertida)* ('\'), but your installation may have defined some other value.

Backspace (noun): *1. Tecla de retroceso.*
1. *Tecla* (ver *Key (noun) Def. 1*) que, cuando se pulsa, hace retroceder el cursor del *teclado* (ver *Keyboard*) una posición a la izquierda borrando un carácter.

● No current consoles support *backspace (retroceso –tecla de–)* ...

Backspace (verb): *1. Retroceder.*
1. Desplazar hacia atrás, desde el punto actualmente apuntado hacia el inicio del fichero o carrete de cinta magnética. Las sentencias a emplear permiten especificar la «cantidad de fichero o carrete de cinta» a retroceder. Se trata de un desplazamiento más bien físico: bloques, ficheros, marcas de cinta, etc.

● Any attempt to *backspace (retroceder)* across a file mark results in a return ...

Backtab: *1. Tabuladora inversa.*
1. En algunas *interfaces* (ver *Interface (noun)*) de usuario, combinación de *teclado* (ver *Keyboard*) (usualmente *May + Tab*) que mueve el cursor al *campo de introducción* (ver *Entry field*) anterior o, según los casos, a la marca previa de tabulación.

● When a user presses the *Backtab (Tabuladora inversa)* key (Shift+Tab), move ...

Backtracking: *1. Prueba y vuelta atrás.*
1. Método de resolución de problemas consistente en descomponer un problema en subproblemas y encontrar una solución al primer subproblema. A continuación se intenta resolver el resto de subproblemas teniendo en cuenta la solución del primero. Si en algún punto se ve que no es posible, se vuelve al primer subproblema y se prueba otra solución. Y así sucesivamente hasta solucionar el problema completo. Este método se usa, típicamente, en lenguajes lógicos como Prolog.

● The *backtracking (prueba y vuelta atrás)* method is correct from this because is will compare every possible ordering ...

Backtracking algorithm: *1. Algoritmo de prueba y vuelta atrás.*
1. Algoritmo que implementa, para cada caso concreto, la técnica de *prueba y vuelta atrás* (ver *Backtracking*).

● *Backtracking algorithms (los algoritmos de prueba y vuelta atrás)* are used by languages such as Prolog to find all possible ...

Backup (noun): *1. Salvaguardia.*
1. Proceso, en general periódico, con el que se obtienen copias de datos y/o programas que se utilizarán para *recuperación* (ver *Recovery*) en caso de destrucción accidental o intencionada de los mismos. Las copias y sus procesos de obtención pueden variar según se trate de copias «ordinarias» y copias para situación de desastre total.

● The renamed file is *backed up (se salvaguarda)* the next time that *backup (la salvaguardia)* runs ...

2. Copia obtenida en un proceso de salvaguardia.

● How to manage *backup (de salvaguardia)* copies kept for disaster recovery ...

Backup (verb): *1. Salvaguardar.*
Ver *Back up.*

Backup copy: *1. Copia de salvaguardia.*
1. Copia de datos y/o programas obtenida en un proceso de salvaguardia (ver *Backup (noun)*).

● Specifies whether *backup copies (copias de salvaguardia)* are to be made of applications that are replaced.

Backup Domain Controller: *1. BDC.*
1. En Windows NT, servidor que actúa como subsidiario de otro controlador «primario» de dominio. Recibe de éste una copia de la política de seguridad y de la base de datos principal del dominio (directorio).

● ... you might consider removing a *backup domain controller (BDC)* temporarily from the network.

Backup Equipment: *1. Equipo de salvaguardia. 2. Equipo para copias de salvaguardia.*
1. Equipo que sustituye al actual por *indisponibilidad* (ver *Unavailable*) de éste. Puede referirse a un solo dispositivo o a una instalación completa. La no disponibilidad puede ser limitada en alcance (por ejemplo, avería de dispositivo) o total (desastre natural, fuego, atentado, ...).

● ... We do not have complete redundancy, but most systems have *backup equipment (equipo de salvaguardia)* and/or ...

2. Equipo usado para obtener copias de salvaguardia (ver *Backup copy*) de datos cuando se trata de un equipo especializado en esta función.

● Hard Drive Backup and/or Restore using our Tape *Backup Equipment (equipo para copias de salvaguardia)*. Minimum Charge ...

Backup file: *1. Fichero de salvaguardia.*
1. Fichero en el que se contiene material salvaguardado (ver *Backup (noun)*).

● ... the *backup files (ficheros de salvaguardia)* will be installation files corresponding to ...

Backup session: *1. Sesión de salvaguardia.*
1. En sistemas que establecen sesiones de conversaciones entre subsistemas y terminales asociados, una *sesión de salvaguardia* es una sesión prevista para que los terminales reanuden su tarea con un nuevo subsistema cuando el anteriormente asociado no está *disponible* (ver *Available*) por fallo o error o por decisión del gestor correspondiente.

● Terminals with *backup sessions (sesiones de salvaguardia)* can be switched while the active system is running, ...

Backup Storage: *1. Almacenamiento de salvaguardia.*
1. En *sistemas operativos* (ver *Operating system*) con salvaguardia (ver *Backup (noun)*) automática o semiautomática de los contenidos de ficheros y conjuntos de datos se llama almacenamiento de salvaguardia a los diferentes tipos de almacenamiento (desde discos hasta dispositivos ópticos y carretes de cinta, con distintos niveles de accesibilidad) que se usan en la producción de las copias de salvaguardia.

● This option is intended for workstation customers who wish to minimize *backup storage (de almacenamiento de salvaguardia)* costs and ...

Backus Normal Form: *1. Formato Backus-Naur. 2. BNF.*
Sinónimo (en desuso) de *Backus-Naur form* (ver).

Backus-Naur Form: *1. Formato Backus-Naur. 2. BNF.*
1. Metasintaxis usada para describir formalmente la sintaxis de los lenguajes (de programación, de *mandatos* (ver *Command*), etc.) usados para interacción con las computadoras.

● Knuth suggested the name «*Backus-Naur Form (Formato Backus-Naur)*» and was also ...

Backward compatible: *1. Compatible descendente.*
1. Sinónimo de *Downward compatible* (ver).

Backward recovery: *1. Recuperación hacia atrás.*
1. Durante el proceso de modificación (actualización) de *bases de datos* (ver *Database*) puede pedirse que se hagan copias de los datos inmediatamente antes de ser modificados. Si se produce un fallo antes de terminar todas las modificaciones de una *unidad lógica de trabajo* (por ejemplo, todas las actualizaciones de un asiento contable con múltiples anotaciones), es necesario deshacer los cambios ya producidos. Ello se hace *recuperando* (ver *Recover (verb))* hacia atrás los datos en la *base de datos* (ver *Database*), es decir, sustituyendo los datos en la base por las sucesivas/previas «imágenes antes». Según las circunstancias, puede aplicarse a una sola unidad de trabajo (ver *Backout*), a todas las que se estaban ejecutando en un momento dado o inclusive, hacer una aplicación más masiva, en casos especiales.

● With *backward recovery (recuperación hacia atrás)* or backout, you remove incorrect or unwanted changes from information.

Backward sequential processing:
1. Procesamiento secuencial hacia atrás.
1. Procesamiento secuencial de un fichero en el orden inverso al de la colocación de sus registros (desde la posición apuntada hacia el inicio).

● The file can be pointed for either forward or backward processing (procesamiento [secuencial] hacia atrás) ...

Bad parity: *1. Error de paridad.*
1. En sistemas con *baits* (ver *Byte*) de ocho bits, hay un noveno bit cuyo valor se establece en función de los valores de los otros ocho. Si uno de éstos resulta modificado accidentalmente (por ejemplo, por fallo de circuitos) el bit de paridad (noveno) detecta un error de paridad.

● A command with *bad parity (error de paridad)* is not recognized and therefore not executed.

Bad track: *1. Pista defectuosa.*
1. Pista (ver *Track*) en un dispositivo de almacenamiento de acceso directo que ha sido detectada y marcada como errónea y, por consiguiente, ha dejado de ser usada.

● This information includes *bad track (de pistas defectuosas)* information, head skew factors and zone sector ...

Badging: *1. Etiquetado.*
1. Tecnología relativa al diseño, *prototipado* (ver *Prototyping*) y producción de etiquetas identificativas y relacionadas con cuestiones de seguridad.

● ... to meet the data, imaging and *badging (etiquetado)* needs of an organization without having to resort to writing ...

Balance (noun): *1. Equilibrio.*
1. Objetivo perseguido con actividades de *equilibramiento* (ver *Balance (verb))*.

● ... must be set in order to attain a *balance*

(equilibrio) between better DASD or processor utilization and central storage considerations.

Balance (verb): *1. Equilibrar.*

1. En un sistema con más de un servidor o tipo de recurso, se llama *equilibrar* a distribuir la *carga de trabajo* (ver *Workload*), de mensajes entrantes, peticiones, etc., entre los diferentes servidores o tipos de recursos de forma equitativa y teniendo en cuenta prioridades y capacidades.

• ... so you can *balance (equilibrar)* the workload without having to repartition data.

2. Usar determinados signos ortográficos (comillas, paréntesis, ...) por parejas.

• ... if it includes parentheses, they must be *balanced (equilibrados).*

Balancing: *1. Equilibramiento.*

Acción y efecto de equilibrar (ver *balance*).

• Workload *balancing (equilibramiento).*

Ballot box: *1. No productivo.*

1. Adjetivo que se aplica a un depósito de datos (fichero, tabla, etc.) diseñado de forma que la mayoría de usuarios del mismo solamente tienen la opción de introducir datos en él y no la de consultarlo ni, mucho menos, la de actualizarlo.

Band: *1. Banda.*

1. Rango de frecuencias entre dos límites bien definidos.

• The portions of two adjacent frequency *bands (bandas)* that remain unused, ...

Bandpass filter: *1. Filtro pasa-banda.*

1. *Filtro* (ver *Filter Def. 4*) que deja pasar todas las frecuencias cuyos valores están situados entre dos límites que son, ambos, diferentes de cero.

• The *bandpass filter (filtro pasa-banda)* has a narrow response which prevents the preamp being ...

Bandwidth: *1. Anchura de banda.*

1. La anchura de banda es el rango de componentes sinusoidales de frecuencia que puede transmitirse, sin atenuación, por una línea o canal de comunicación. Depende del diseño de la línea o canal. Se mide en ciclos por segundo (*Hercios*) o sus múltiplos.

• ... actually receiving the *bandwidth (anchura de banda)* that you pay for?

Bandwith: *1. Anchura de banda.*

Forma incorrecta, pero de uso frecuente, de escribir *Bandwidth* (ver).

Banner: *1. Insignia.*

1. Imagen o letrero que anuncia la identidad de lo que hay tras una selección posible en una página *Ueb* (ver *World Wide Web*). Esa selección puede referirse tanto a un contenido técnico o profesional como a un mero anuncio comercial.

• Advertiser sometimes count the number of times a *banner (insignia)* graphic image was downloaded ...

2. Páginas que separan las salidas impresas de dos trabajos que se imprimen consecutivamente (ver *Burster*).

Bar code: *1. Código de barras.*

1. Codificación creada para permitir una lectura fácil y fiable de datos codificados. Se basa en asignar a cada dígito una combinación de rayas verticales de anchos variables. Actualmente se ha alcanzado un acuerdo internacional para la asignación de rangos de valores de códigos a empresas y por éstas, a productos.

• *Bar code (código de barras)* readers usually use visible red light with ...

Base: *1. Base.*
1. Número sobre el que se construye un sistema de numeración. Su valor coincide con el número de dígitos (símbolos) del sistema.

• In any system of numeration a *base (base)* number is specified, and groupings are then made by powers ...

Base address: *1. Dirección base.*
1. Los programas utilizan, habitualmente, *direccionamiento* (ver *Addressing*) indirecto. En este tipo de direccionamiento, las direcciones se establecen sumando *desplazamientos* (ver *Offset* o *Displacement*) a una dirección que se toma como punto de partida o *dirección base.* La dirección base se guarda, habitualmente, en un área especial llamada *registro.* (Ver *Base Register.*) Para dar más potencia y flexibilidad al direccionamiento puede utilizarse, a veces, una segunda dirección base (o desplazamiento móvil) que se llama *índice.*

• ... or is calculated from a *base address (dirección base),* index, and displacement, ...

Base class: *1. Superclase.*
Sinónimo de *Superclass* (ver).

Base Register: *1. Registro base.*
1. En *lenguaje máquina* (ver *Machine language*) y en Lenguaje Ensamblador pueden usarse registros generales (áreas cortas –p. ej., 4 *baits*– de memoria muy rápida; ver *Byte* y *General register*) para *direccionar* (ver *Address (verb))* instrucciones o datos cargando en dichos registros direcciones de partida o de «base» y utilizando *desplazamientos* (ver *Offset* o *Displacement*) con relación a dichas bases. Un registro general usado para direccionar se llama un registro base de dirección o, simplemente, un registro base.

• The *base register (registro base)* participating in the generation of the second-operand address permits ...

Base table: *1. Tabla base.*
1. En términos de *bases de datos* (ver *Database*) relacionales una *tabla base* es una tabla que tiene persistencia en el tiempo hasta que no se borra con una instrucción adecuada. Se contrapone a *tabla de resultados* cuya vida dura lo que dura la instrucción que la crea.

• However, an index on a *base table (tabla base)* can improve the performance ...

Base-2: *1. Base 2.*
Ver *Binary Def. 1.*

Base-8: *1. Base 8.*
Ver *Octal.*

Base-16: *1. Base 16.*
Ver *Hexadecimal (adj)* y *(noun).*

Baseband: *1. Banda de base.*
1. *Señal* (ver *Signal Def. 1*) original antes de ser modulada como paso previo a una transmisión más eficiente de la misma.

• In *baseband (banda de base)* mode, normally, the cable is driven from a single-ended voltage ...

Baseband mode: *1. Transmisión en banda de base.*
Sinónimo de *Baseband transmission* (ver).

Baseband transmission:
1. Transmisión en banda de base.
1. Forma de transmisión en la que el cable sólo lleva, en un momento dado, una *señal* (ver *Signal Def. 1*). Es la forma más frecuente de transmisión.

• Communications from the computer to the

printer use *baseband transmission (transmisión en banda de base)*.

Baseline: *1. Línea base.*

1. Línea imaginaria sobre la que parecen apoyarse todos los caracteres de una *fuente* (ver *Font*) tipográfica (aunque algunos sobresalen por debajo).

• ... the distance between *baselines (líneas base)* is 1.1 times ...

Basic Encoding Rules: *1. BER.*

1. Reglas de codificación para estructuras de datos en notación *ASN. 1* (ver *Abstract Syntax Notation 1*).

• The eighth and the seventh bits combine to denote the class of the *Basic Encoding Rules (BER)* identifier ...

Basic Input/Output System: *1. BIOS.*
2. Sistema Básico de Entrada/Salida.

1. Programa, que puede considerarse componente fundamental del *sistema operativo* (ver *Operating system*), y que se encarga, de una parte, de todas las tareas propias del arranque de la computadora (*CP*; ver *Personal Computer*) y, de otra, de manejar el *flujo de datos* (ver *Data flow*) entre la memoria y los dispositivos externos (discos, *teclado* (ver *Keyboard*), pantalla, etc.). Para que pueda actuar en el arranque, en el que aún no puede *direccionarse* (ver *Address (verb)*) el disco que contiene el sistema operativo, es necesario que el *BIOS* esté grabado en una memoria especial accesible directamente (dirección fija). Dicha memoria es del tipo *Read-Only Memory (ROM, PROM, EPROM, flash ROM, ...)*.

• To perform its tasks the *BIOS (BIOS)* need to know various parameters ...

Basic Multilingual Plane: *1. BMP.*
1. Norma de 1993 en la que se sientan las ba-

ses para la creación de un *juego de caracteres* (ver *Character set*) que resuelva las necesidades de procesamiento y presentación de todas la lenguas de la Tierra. Hay dos hipótesis de trabajo: 2 octetos y 4 octetos. No se ha avanzado mucho en la materialización práctica ni en la aceptación de las normas. Ver *Universal Character Set*.

• Generally, the *Basic Multilingual Plane (BMP)* should be devoted to high-utility characters that are widely implemented ...

Basic regular expression:
1. Expresión regular básica.
1. *Expresión regular* (ver *Regular expression*) que cumple con las reglas establecidas al efecto en *POSIX* (ver *Portable Operating System Interface*).

• ... accept *basic regular expressions (expresiones regulares básicas)*, but will accept ...

Basic Rate Interface: *1. BRI.*
1. Forma más elemental de conectarse a una *RDSI* (ver *Integrated Services Digital Network*). Con ella se suministran al usuario 2 canales de 64 Kbps (canales B) para datos y/o voz y un canal de 16 Kbps (canal D) para *señas* de control (ver *Signal Def. 2*).

• The total available bit rate to the suscriber at the *Basic Rate Interface (BRI)* is thus 144 Kbps (2B+D).

Bastion: *1. Bastión.*
1. En la topología *huéspeda de apantallamiento* (ver *Screened host*) de *cortafuego* (ver *Firewall*), *huéspeda* (ver *Host Def. 1*) en la que se implementan todas las funciones del cortafuego. Todo el tráfico hacia/desde la red interna es examinado en el *bastión*. Es el punto fuerte (y también el débil) de esta topología.

● Frequently the *bastion (bastión) is* the only host directly accessible from the Internet ...

Batch: *1. Por lotes. 2. Lote.*

1. Forma de trabajar la computadora que se caracteriza por una interacción nula con el usuario final aunque sí puede haber una interacción –pequeña– con el operador. Se *lanzan* (ver *Dispatch*) a ejecución sucesivos *lotes* formados por trabajos y pasos de programa que se ejecutan de forma serial.

● In addition to the interactive interface, XXX also offers a number of *batch utilities (utilitarios por lotes).*

2. Conjunto de instrucciones de control y de datos que constituyen una unidad de entrada al tipo de trabajo por *lotes* (ver *Def. 1*).

● ... so called because jobs are submitted in a group or *batch (lote).*

3. Conjunto de datos que se transmite como una unidad por una línea.

● *Batch (por lotes)* data transmission.

Batch File: *1. Fichero de procesamiento por lotes.*

1. Un *fichero de procesamiento por lotes* (ver *Batch*) es un fichero que contiene *mandatos* (ver *Command*) del *sistema operativo* (ver *Operating system*) *DOS* que pueden ejecutarse de forma parecida a como se ejecutan los procesamientos por lotes en *computadoras principales* (ver *Mainframe computer*). Puede incluirse la ejecución de programas de usuario. Pueden usarse instrucciones que permiten cambiar el orden serial de ejecución. Utilizan la extensión *.bat*.

● The autoexec.bat file is a *batch file (fichero de procesamiento por lotes)* that includes commands that process after ...

Battery: *1. Batería.*

1. Acumulador de energía eléctrica o conjunto de ellos.

● When a coupling facility without power or *battery (batería)* backup fails ...

Battery-powered: *1. Energizado por batería.*

1. Equipo que recibe su energía eléctrica de una batería.

Baud: *1. Baudio.*

1. Con baudios se mide el número de veces por segundo que cambia la situación o estado de una línea. Mide, por tanto, la velocidad potencial de la línea, que no hay que confundir con la velocidad de transmisión en, por ejemplo, bits/seg, que puede ser diferente en función del código utilizado.

● Thus, if each transmitted signal can be in one of two states, the term *«baud» (baudio)* and «bit per second» are equivalent.

Baud rate: *1. Velocidad en baudios.*

1. Relación entre el número de impulsos introducidos en una línea y el número de bits transmitidos con dichos impulsos. Depende del esquema de codificación utilizado.

● The *baud rate (velocidad en baudios)* is thus 3/4 giving a baud rate reduction of 1/4.

Bay: *1. Compartimento.*

1. Espacio vacío en el interior de una *CP* (ver *Personal Computer*) que se corresponde con una zona de la cubierta frontal en la que puede practicarse un orificio rectangular con mucha más base que altura. Ese espacio puede utilizarse para incorporar a la computadora un nuevo periférico (el más habitual es un CD-ROM). Por supuesto, en el interior de la computadora existen los elementos necesarios para anclar el nuevo periférico y conexiones

para darle corriente y comunicarlo electrónicamente.

● Tipically, *bays (compartimentos)* are in the
front part of the computer.

BAL: *1. BAL.*
1. Acrónimo de *Basic Assembly Language.*
Nombre que se dio al *Ensamblador* de las primeras máquinas 360 de IBM.

BASIC: *1. BASIC.*
1. *Beginners All purpose Symbolic Instruction
Code.* Lenguaje de programación de alto nivel
(*high level*), fácil de aprender y utilizar que
hoy ha perdido impulso ante el empuje de
nuevos enfoques en el campo de la programación.

● To convert your *BASIC (BASIC)* program
into an EXE file, ...

BBIAB: *1. BBIAB. 2. VEUM (Vuelvo en
un momento).*
1. Acrónimo en jerga de *Be Back In A Bit.*

● *Dotanuki*: I'll mail him then. *bbiab*

BBL: *1. BBL. 2. VMT (Vuelvo más tarde).*
1. Acrónimo en jerga de *Be Back Later.*

BBS: *1. STA. 2. Sistema de Tablón de
Anuncios.*
Ver *Bulletin Board System.*

BCC: *1. BCC.*
Ver *Blind Carbon Copy.*

BCD: *1. BCD. 2. Decimal Codificado en
Binario.*
Ver *Binary Coded Decimal.*

BDC: *1. BDC.*
Ver *Backup Domain Controller.*

Be down: *1. Caer.*
1. Expresión que se usa para indicar que un
sistema de computadora no está disponible
para su uso ordinario (avería, falta de corriente, problema software, etc.). Existen varios sinónimos para expresar lo mismo.

● The sort of thing that happens when an in-
ter-network mail gateway *is down (está caído)*
or ...

Be off: *1. Ser cero.*
1. Se considera que están en *off* un *bait* (ver
Byte) o bits usados como *indicadores*
(ver *Flag* o *Switch*), cuando contienen un 0.

● If the bit is *off (es cero)*, the command line
is hidden, except in ...

Be on: *1. Ser uno.*
1. Se considera que están en *on* un *bait* (ver
Byte) o bits usados como *indicadores*
(ver *Flag* o *Switch*) cuando contienen un 1.

● If the bit is *on (uno)*, the command line is
hidden, except in ...

Beam search: *1. Búsqueda en haz.*
1. Algoritmo, usado en *reconocimiento de
configuraciones* (voz, imagen, etc.; ver *Pattern recognition*), que se basa en retener y
procesar un número predeterminado (según
parámetro) de hipótesis parciales con más
probabilidades de ser ciertas. Puede no conducir a la solución óptima, pero es más
económico que otros métodos que la alcanzan.

● ... investigated the influence of the *beam search (búsqueda en haz)* on the behaviour of
the algorithm ...

Beans: *1. Java Beans.*
Sinónimo de *JavaBeans* (ver).

Beep: *1. Bip.*
Sinónimo de *BEL* (ver).

Beeper: *1. Buscapersonas.*
1. Dispositivo electrónico capaz de recibir mensajes codificados (cortos) acompañados de señal de aviso (acústica o vibración). Los mensajes pueden *presentarse* (ver *Display (verb)*) en una pantalla pequeña de cristal líquido.

● ... review the following types, features, and low prices of each *beeper (buscapersonas)* displayed below ...

Before image: *1. Imagen antes.*
1. Cuando se registran las actualizaciones (modificaciones) sufridas por ficheros y/o *bases de datos* (ver *Database*) para facilitar una *recuperación* (ver *Recovery*) posterior, puede guardarse copia de los datos antes de ser modificados (*before image*), después de ser modificados (*after image*; ver) o ambas.

● ... the entire *before image (imagen antes)* and after image of the data row is logged.

Bells and Whistles: *1. Perendengues.*
1. Elementos accesorios que se añaden a un producto hardware o software, que no aumentan significativamente sus capacidades pero lo hacen más atractivo.

● Another factor to consider when contemplating the use of *bells and whistles (perendengues)* in a web page is browser compatibility.

Benchmark: *1. Benchmark.*
1. Prueba más o menos normalizada y aceptada que puede ser aplicada a componentes (hardware o software) del mismo tipo, aunque de diferentes modelos y/o fabricantes, con la intención de obtener resultados que puedan compararse entre sí. Los factores medidos pueden variar en función del tipo de prueba

aunque, en general, se refieren a *rendimiento* (ver *Performance*), velocidad de proceso, tiempo de respuesta, porcentaje de errores, etcétera.

● ... ran a variety of standard *benchmark* tests on Windows 98 SE ...

Benchtest: *1. Prueba Benchmark.*
Contracción de *Benchmark* (ver) y *test*.

BeOS: *1. BeOS.*
1. *Sistema operativo* (ver *Operating system*) desarrollado por Be, Inc para funcionar, inicialmente, en una máquina específica (BeBox), aunque actualmente hay versiones para *CP* (ver *Personal Computer*) y, más concretamente, para los procesadores Pentium de Intel. Puede compartir máquina con otros sistemas operativos. Es moderno y ha partido casi de cero (pocas rémoras del pasado), pero lo tendrá difícil en un terreno especialmente competitivo.

● ... is full of many different programming languages and ports of languages for the *BeOS (BeOS)* such as Perl, ...

Berkeley Software Design, Inc:
1. BSDI.
1. Compañía americana de desarrollo de software, con raíces universitarias, que se ha especializado en una versión de UNIX (*BSD/OS* o, simplemente, *BSD*; ver *Berkeley Software Distribution*) y en productos de redes basados en la misma.

● *Berkeley Software Design, Inc. (BSDI)* supplies the BSD/OS operating system and networking products originally developed at ...

Berkeley Software Distribution:
1. BSD.
1. Se utilizan las siglas *BSD* para identificar especificaciones o implementaciones de

UNIX desarrolladas y distribuidas por la Universidad de California, en Berkeley, que se han convertido en normalizaciones «de facto» de este *sistema operativo* (ver *Operating system*), que son aceptadas e implantadas por empresas comerciales. BSD 4.3 (o 4.3 BSD) era la versión BSD operativa en los primeros años 90.

• AT&T UNIX and *BSD (BSD)* have not been entirely compatible with each other during ...

Bespoke project: *1. Proyecto apalabrado.*

1. Proyecto de desarrollo informático para terceros en el que el equipo inicial del proyecto está fuertemente condicionado, bien por la existencia de un sistema actual y de una instalación informática que han de tenerse en cuenta, bien por el compromiso de participación de personal de la entidad destinataria en las etapas finales del proyecto.

• Within a *bespoke project (proyecto apalabrado)* the emphasis will be on ...

Beta release: *1. Entrega beta.*

1. *Entrega* (ver *Release*) de un programa o aplicación que aún no se considera totalmente depurada –y, por tanto, comercializable– por su creador y que se suministra a usuarios interesados en la misma para que la utilicen y prueben *(Beta test)*. Puede ser sinónimo de *Beta version*.

Beta test: *1. Prueba beta.*

1. Pruebas que se realizan sobre un producto terminado inmediatamente antes de su lanzamiento al mercado. Frecuentemente las realizan clientes potenciales del producto en cuestión.

• If you are looking to participate in an upcoming *Beta Test (Prueba Beta)*, you will need to meet the following requirements: ...

Beta version: *1. Versión beta.*

1. *Versión* de un programa o aplicación que aún no se considera totalmente depurada –y, por tanto, comercializable– por su creador y que se suministra a usuarios interesados en la misma para que la utilicen y prueben. En determinados casos puede haber un compromiso de información a la empresa o entidad desarrolladora del producto con relación a los fallos detectados.

• *Beta versions (versiones beta)* are usually close to the finally ...

BEDO DRAM: *1. BEDO DRAM.*

Ver *Burst Extended Data Output Dynamic RAM.*

BEL: *1. Bip.*

1. O *Bell*. O *Beep*. Carácter de control que se usa para generar señal sonora cuando sea necesaria atención humana. Valor x'07' en *ASCII* y x'2F' en *EBCDIC*.

• In the teletype days the *BEL (bip)* really was a bell, ...

BER: *1. BER.*

Ver *Basic Encoding Rules.*

BER: *1. IEB. 2. Índice de Errores de Bit.*

Ver *Bit Error Rate.*

BFT: *1. BFT. 2. Transferencia de Ficheros Binarios.*

Ver *Binary File Transfer.*

BGP: *1. BGP.*

Ver *Border Gateway Protocol.*

Bi-level: *1. Binivel.*

1. Adjetivo que describe componentes de imágenes (desde un *píxel* en adelante; ver *Pixel*) cuyos píxeles sólo tienen dos posibilidades: blanco y negro (ni grises ni colores).

● ... and thus is able to compress *bi-level pixels (píxeles binivel)* without ...

Bid (noun): *1. Solicitud.*

1. En un *protocolo de abrazadera* (ver *Bracket* y *Bracket protocol*) uno de los partícipes de la sesión queda definido como primer interlocutor de la sesión y se le reconoce el derecho a iniciar una abrazadera a voluntad. El otro partícipe debe *solicitar* dicho inicio.

● If the first speaker receives a *bid (solicitud)* from the bidder after having just sent a request to the bidder, ...

Bid (verb): *1. Solicitar.*

1. Emitir una *solicitud* de inicio de sesión (ver *Bid (noun)*) en *protocolo de abrazadera* (ver *Bracket* y *Bracket protocol*).

Bidder: *1. Solicitante.*

1. Se llama solicitante al partícipe de una sesión en *protocolo de abrazadera* (ver *Bracket* y *Bracket protocol*) que *no* es el primer interlocutor.

● ... the first speaker rejects the request and the *bidder (solicitante)* must remain in receive state.

Bidder session: *1. Sesión de solicitante.*

1. Media sesión correspondiente al *solicitante* (ver *Bidder*) en una sesión definida con el *protocolo de abrazadera* (ver *Bracket* y *Bracket protocol*).

● If a first-speaker session is not free but a *bidder* (contention-loser) *session (sesión de solicitante)* is free ...

Bidding: *1. Solicitud.*

Ver *Bid (noun), Bid (verb)* y *Bidder*.

Bidirectional: *1. Bidireccional.*

1. Que actúa o se produce, o puede actuar o producirse en dos direcciones (mejor, en dos sentidos). Por ejemplo, la impresión de datos.

● Issues include *bidirectional (bidireccional)* text, placement of diacriticals, infinitely ...

Big-endian: *1. Mayor-al-principio.*

1. Forma de almacenar datos binarios en la computadora consistente en poner los dígitos más significativos *(big end)* primero (en las direcciones más bajas). Pueden producirse incompatibilidades de comunicación entre máquinas que usan *mayor-al-principio* y las que usan *menor-al-principio* (*little-endian*; ver).

● In data transmission it is possible to have *big-endian (mayor-al-principio)* and ...

Binary: *1. Binario.*

1. Relativo o expresado en el sistema de numeración de base 2 («dígitos» utilizados: 0 y 1).

● The *binary (binario)* system is more natural for the computer because ...

2. De forma un tanto incorrecta, adjetivo que se aplica a ficheros que, por su naturaleza y origen, puede que contengan información que, en su mayoría, no es *presentable* (ver *Display (verb)*) en forma de caracteres. Por ejemplo, *código objeto* (ver *Object code*) o ejecutable.

● A text file is simply a *binary (binario)* file that happens to contain only printable ...

Binary chop: *1. Búsqueda dicotómica.*

1. Jerga para *Binary search* (ver).

● I used a very simple search technique called '*the binary chop*' *(búsqueda dicotómica)* to find items in a ...

Binary expression: *1. Expresión binaria.*
1. Expresión que contiene dos operandos y un operador que los liga.

- x * y is a very simple example of *binary expression (expresión binaria).*

Binary file: *1. Fichero binario.*
1. Fichero que contiene configuraciones de *baits* (ver *Byte*) que no pueden ser impresas o representadas directamente en la pantalla. Tal es el caso de los ficheros ejecutables (procedentes de *compilación* y/o *montaje; ver Linkedit (verb)*) y de los ficheros que contienen números enteros o flotantes, entre otros.

- This utility does not directly support *binary file (de ficheros binarios)* transfer.

Binary File Transfer: *1. BFT.*
2. Transferencia de Ficheros Binarios.
1. Método de transmisión de ficheros binarios usando *módems* (ver *Modem*) y otros productos de comunicaciones para fax Grupo 3 (ver *Facsimile*). Regulado por recomendación *ITU-T* 434. Los datos van acompañados de una serie de *conformadores* (ver *Tag*) que los delimitan y complementan.

- Fax *Binary File Transfer (BFT)* may be supported using a computer, fax software and fax modem or ...

Binary item: *1. Campo binario.*
1. Campo numérico de datos (ver *Data field*) cuyo contenido está expresado en base 2 de numeración y, por lo tanto, formado, exclusivamente, por 0s y 1s. Si el campo en cuestión debe tener signo, se establece que un bit específico lo contendrá (por ejemplo, el bit situado en el extremo izquierdo del campo).

- The fullword fixed *binary item (campo binario)* has a fullword alignment requirement; ...

Binary Large Objects: *1. BLOB.*
1. Conjunto de datos binarios que, por su volumen, deben ser manejados por *SGBDs* (ver *Database Management System*) dotados de capacidad para ello (no todos la tienen). Se utilizan, por lo general, para manejar, almacenar, etc., objetos multimedia, vídeo y sonido sobre todo.

- You can use *Binary Large Objects (BLOB)* fields to store any kind of data, up to 2 GB.

Binary operator: *1. Operador binario.*
1. Operador que forma parte de una *expresión binaria* (ver *Binary expression*). Estos operadores pueden ser aritméticos, lógicos, orientados a caracteres, etc., según el tipo de operación realizada y el tipo de operandos.

- They perform the operation of the *binary operator (operador binario)* on both ...

Binary search: *1. Búsqueda dicotómica.*
1. Búsqueda en un conjunto de datos ordenado (tabla o *formación* (ver *Array*), fichero accesible directamente, etc.), de forma que en cada paso de búsqueda el subconjunto de datos en el que se hace la búsqueda se divide por la mitad.

- ... you should consider using a more efficient search technique than sequential (for example, a *binary search (búsqueda dicotómica)*).

Binary tree: *1. Árbol binario.*
1. Tipo especial de árbol en el que de cada nodo puede salir un máximo de dos ramas.

- ... it can be used to build *binary trees (árboles binarios)* of any shape ...

Binary Synchronous Communication: *1. BSC.*
1. Protocolo de comunicación del tipo semi-dúplex y orientado a caracteres, que ha sido

desarrollado por IBM y que ha servido de base al protocolo *ISO* conocido como *modo básico*. Usa transmisión binaria sincrónica y utiliza un conjunto de caracteres de control de transmisión basados en código *ASCII/IA5* o *EBCDIC* (por ejemplo, *ACK, NAK, STX*, etc.; verlos).

● As the name implies, *BSC (BSC)* is normally used with a synchronous transmission ...

Binary Synchronous Control:
1. BSC.
Ver *Binary Synchronous Communication.*

Binary synchronous transmission:
1. Transmisión binaria sincrónica.
1. Método de transmisión de datos basado en la sincronización de los relojes del emisor y del receptor de la *señal* (ver *Signal Def. 1*). No utiliza bits de inicio y parada y consigue la sincronización de bits, bien enviando de vez en cuando *señas de sincronización* (ver *Timing signals*), bien sincronizando ambos relojes por medio de un dispositivo especial llamado *DPLL* (ver *Digital phase-lock-loop*).

● In practice there are two *binary synchronous transmission (transmisión binaria sincrónica)* control schemes ...

Binary-Coded Decimal: *1. BCD.*
2. Decimal codificado en binario.
1. Forma de codificar números decimales en el *lenguaje de máquina* (ver *Machine language*) de computadoras IBM. Los números están formados por dígitos decimales y signo. Los dígitos se representan por los valores binarios 0000-1001 (de 0 a 9) y los signos por las combinaciones (las preferidas; hay otras) 1100 (signo +) y 1101 (signo –). Con esta base pueden codificarse números *empaquetados* (ver *Packed decimal*) en los que cada dígito es medio *bait* (ver *Byte*) excepto el últi-

mo medio bait de la derecha que se reserva para el signo y números desempaquetados (formato *zona* (ver *Zoned decimal number*) en lenguaje tradicional de IBM) en los que los dígitos ocupan cada medio bait de la derecha teniendo los medios baits de la izquierda el valor 1111 excepto el último de la derecha que contiene el signo (se interpreta la combinación 1111 como signo +).

● ... the records may be in *BCD (BCD)* or *EBCDIC.*

Bind (verb): *1. Ligar. 2. Activar sesión. 3. Componer. 4. Asociar.*
1. Definir, agrupar y guardar la información referente a cómo los programas de un grupo más o menos amplio (un *paquete* o un *plan*) accederán a objetos *DB2* (ver *DATABASE 2*). Incluye selección de los mejores caminos de acceso, según datos disponibles. También puede incluir un cierto control sobre derechos de acceso.

● However, you can *bind (ligar)* a different version of a plan or package that is running.

2. En productos *SNA* (ver *Systems Network Architecture*), pedir que se active una sesión entre dos unidades lógicas. Se definen *mandatos* (ver *Command*) para efectuar o solicitar esta función. Traducir por *activar sesión.*

● ... as determined from the *Bind (de activar sesión)* request sent by the independent LU.

3. Combinar varios tipos de módulos y programas bien para que el resultado se ejecute inmediatamente, bien para ser guardado en *bibliotecas* (ver *Library*) de una clase determinada. Es una función algo más completa que la de *montar* programas ejecutables (ver *Link (verb) Def. 2*).

● Many modules can be *bound (compuestos)*

or *link-edited (montados)* into a single executable program unit.

4. Asociar un usuario de directorio con un sistema de directorio (interredes). Traducir por *asociar.*

Binder: *1. Compositor.*
1. Programa de IBM que puede sustituir al tradicional *montador de enlaces* (ver *Linkage editor* y *Linker*) aportando sobre el mismo algunas ventajas.

• Support in the *binder (compositor)* for C and C++ reentrancy ...

BinHex: *1. BinHex.*
1. Sistema de codificación para convertir datos binarios en texto (*ASCII*), con el coste de incrementar la longitud del documento original. Muy útil para traspaso de información entre entornos y para generar mensajes que pueden circular sin problemas por todos los sistemas de *correo-e* (ver *E-mail*). De uso muy común en entornos Macintosh. También se llaman *BinHex* a los utilitarios que efectúan la transcodificación. La extensión de los ficheros *BinHex* es *.hqx.*

• Because *BinHex (BinHex)* files are simply text they can be sent through ...

Birth event: *1. Evento creador.*
1. Hecho, circunstancia, etc., que provoca la necesidad de incorporar una nueva entidad (ver *Entity*) a un depósito de datos. El análisis entidades-eventos debe asegurar que todos los *eventos creadores* son tenidos en cuenta.

• The framework of *Birth event (evento creador)*, Main life and Death event is a good ...

Bisynch: *1. BSC.*
Ver *Binary Synchronous Communication.*

Bit: *1. Bit.*
1. Es una contracción de las palabras inglesas *BInary digiT.* Es el dato mínimo que puede almacenarse o transportarse. Por supuesto, sólo admite los valores 0 y 1.

• Higher *bit (bit)* rates ...

Bit density: *1. Densidad de bits.*
1. Cantidad de bits de datos por unidad de superficie o tiempo (transmisión). Cuando una de las dimensiones de la superficie se considera normalizada (por ejemplo, el ancho de una cinta magnética) la *densidad de bits* puede expresarse por unidad lineal.

• ... by encoding the data to improve the linear *bit density (densidad de bits)* in a track, thereby increasing system ...

Bit depth: *1. Intensidad de bits.*
1. Número de bits por *pixel* (ver).

• ... entries are saved at a higher *bit depth (intensidad de bits)* than is necessary and that palette-based ...

Bit Error Rate: *1. Índice de errores de bit. 2. IEB.*
1. Probabilidad de que un bit sea malinterpretado a causa de problemas en la línea de transmisión (ruido, ...).

• ... a *Bit Error Rate (IEB)* probability of 10^{-3} means that, on average, 1 bit on every 1000 will be malinterpreted.

Bit map: *1. Mapa de bits.*
1. Representación de una imagen por medio de una matriz de bits. Primero hay que establecer la densidad de puntos (puntos por unidad de superficie) que determina el grado de definición (ver *Resolution*). El segundo elemento a considerar es el número de bits por punto. Para blanco y negro puro, basta un bit

por punto; para colores y matices de grises harán falta más bits por punto. La expresión *bit map p*uede aplicarse también a otras representaciones como, por ejemplo, ocupación o no de los sectores de un disco.

- ... the computer translates the *bit map (mapa de bits)* into pixels or ink dots ...

Bit stream: *1. Corriente de bits.*
1. Flujo de bits por un medio de transmisión. A veces, se opone, como concepto, a la transmisión asíncrona (ver *start-stop*).

- If a *bit stream (corriente de bits)* is to be encoded via one of these mechanisms, it must first be ...

Bit-mapped graphics: *1. Gráficos por mapas de bits.*
1. Técnica de crear, manipular y almacenar imágenes usando mapas de bits (ver *Bit map*).

- *Bit-mapped graphics (gráficos por mapas de bits)* do not need any run-time calculation but a huge memory size.

Bit-oriented protocol circuits: *1. BOP.*
1. Circuito integrado, habitualmente programable, con capacidades para realizar las tareas más significativas del control de la transmisión de datos mediante protocolos orientados al bit (inserción y borrado de *indicadores* –ver *Flag (noun)*– de apertura y cierre, inserción y borrado de bits a cero, generación y verificación CRC –ver *Cyclic Redundancy Check*–, etc.).

- Universal communications control circuits can be programmed to operate either as a *BOP*, as a UART, or as a USRT.

Bit-serial transmission:
1. Transmisión serial de bits.
1. Forma más frecuente de transmitir datos

cuando la distancia no es corta. Se envían los bits de cada *bait* (ver *Byte*), uno detrás de otro, a intervalos regulares. En general, se envían más bits de los que en rigor corresponderían, ya que hay que resolver cuestiones de sincronización y control de errores.

- ... with *bit-serial transmission (transmisión serial de bits)* the high- and low-level signals are ...

Bit-stuffing: *1. Inserción de bit cero.*
1. Procedimiento usado para evitar que en el texto transmitido de forma sincrónica aparezca la formación 01111110, que tiene un uso especial (como *indicador*; ver *Flag (noun)*). Para ello añade un 0 suplementario cuando encuentran cinco unos seguidos en el texto.

- A *bit-stuffing* technique guarantees that the only place where 6 consecutive one bits will occur is in a flag field.

Bitbit: *1. Bitbit. 2. Bitblt.*
1. Contracción de *bit* y del acrónimo *binary-image transfer*. Sinónimo de *Bitblt* (ver).

Bitblt: *1. Bitblt. 2. Bitbit.*
1. Uno de varios algoritmos especializados en fraccionar y mover *mapas de bits* (por ejemplo, entre memoria y dispositivo de *presentación* (ver *Display (verb)*), entre memoria y disco, etc.)

- ... this tuned assembler implementation of *bitblt (bitblt)* is really good ...

Bitmap: *1. Mapa de bits.*
Ver *Bit map*.

Bits per second: *1. Bits por segundo. 2. bps.*
1. Velocidad a que circula la información por un dispositivo hardware (línea, *módem* (ver *Modem*), canal, etc.). Se usa esta unidad o sus

múltiplos. Puede ser un valor teórico –o máximo– o un valor real o de un momento dado.

• To look at it another way, *bits per second (bits por segundo)* can also be obtained by dividing the modem's baud rate by ...

Bitwise: *1. Relativo a bits.*
1. Operaciones y operadores orientados al bit (mejor dicho, a vectores o *ristras* (ver *String*) de bits).

• ... which is combined with some value using *bitwise (relativo a bits)* AND ...

BIND: *1. BIND.*
1. *Berkeley Internet Name Domain* (o *Daemon*, según interpretaciones). Programa que se ejecuta en *servidores de nombres de dominio* (ver *Domain Name Server*) para traducir direcciones *IP* (ver *Internet Protocol*) a nombres de dominio. Puede ejecutarse en la mayoría de sistemas UNIX y en Windows NT.

• *BIND (BIND)* is now maintained by ...

BIOS: *1. BIOS. 2. Sistema Básico de Entrada/Salida.*
Ver *Basic Input/Output System.*

BITNET: *1. BITNET.*
1. Red de computadoras en universidades, centros de investigación y entidades no-lucrativas de los EUA (Acrónimo de *Because It's Time Network*).

Black Box: *1. Caja negra.*
1. Forma de describir un componente hardware o software, elemental o relativamente complejo, en la que sólo se tiene en cuenta el comportamiento externo (estímulo → respuesta) y no la implementación interna.

• The resulting model of a *black box (caja ne-*

gra) is considered «grey» inasmuch as its structure is known.

Blackboard: *1. Pizarra.*
1. Dispositivo central de comunicación entre procesos relacionados. Se compone de una memoria (compartida), de un compromiso de disciplina y control de acceso y de un software ejecutivo al que acuden los módulos relacionados cuando necesitan un servicio de memoria compartida (básicamente, grabar en ella y leer desde ella).

• All possible matches of pattern would be posted on the *blackboard (pizarra)* thus from the very start of the process ...

Blackout: *1. Oscurecimiento.*
1. Período de tiempo y/o área (de pantalla, etcétera) en los que se filtra o elimina la luz. Por ejemplo, ennegreciendo los *píxeles* (ver *Pixel*). La palabra procede del oscurecimiento en época de bombardeos.

• ... continuous zooming without image *blackout (oscurecimiento)* and the area-selective ...

Blank: *1. Blanco.*
1. Carácter cuyo valor es x'20' en *ASCII* y x'40' en *EBCDIC*. Se introduce con la barra espaciadora y no tiene representación ni en pantalla ni en impresora.

• ... xxx indicates that a *blank (blanco)* must be present before the next parameter.

Bleeper: *1. Buscapersonas.*
Sinónimo de *Beeper* (al menos en UK).

Blind carbon copy: *1. Copia oculta.*
1. En *correo-e*, copia de un *mensacorre* (ver *E-mail (noun) Def. 2*) que se envía a uno o más destinatarios sin que ni el destinatario principal ni los demás destinatarios tengan noticia de ello.

- The fact that a *blind carbon copy (copia oculta)* was sent ...

Blind surfing: *1. Navegación a ciegas.*
1. Navegar por Internet sin tener una finalidad específica, tal vez para pasar el rato.

- Introduces the concept of *blind surfing (navegación a ciegas)* to help users develop a sense of the scope of the Internet ...

Blink (verb): *1. Parpadear.*
1. Se aplica, en general, a campos en la pantalla o a la marca del cursor (flecha, rectángulo, etc.) a los que se ha asignado un atributo de *parpadeante* que hace que se presenten de forma oscilante o alternante (se ven, no se ven).

- ... and the error message to *blink (parpadear)*.

Bloatware: *1. Software inflado.*
1. Programa o aplicación que ocupa mucho espacio de almacenamiento (a veces, artificialmente).

- «Computer users fight *bloatware (software hinchado)*».

Block (noun): *1. Bloque.*
1. Agrupación de registros lógicos (de usuario) que se mueve como una unidad entre memoria principal y almacenamiento externo. Su uso mejora el rendimiento de las operaciones *E/S* (ver *Input/Output*) y reduce el espacio ocupado en los dispositivos de almacenamiento externo.

- ... lets you process *blocks (bloques)* in a nonsequential order by repositioning with ...

2. Sinónimo de *Block statement* (ver).

Block (verb): *1. Blocar. 2. Bloquear.*
1. Proceso por el que se agrupan en un bloque

(ver *Block (noun)*) los sucesivos registros lógicos (de usuario) que se van escribiendo. Se incluye en dicho proceso la grabación física cuando el bloque está completo.

- The problem program must *block (blocar)* and unblock its own input and output records.

2. Impedir que un proceso continúe adelante. Traducir como *Bloquear.*

Block cipher: *1. Cifrado por bloques.*
Ver *Block encryption.*

Block cursor: *1. Cursor relleno.*
1. Cursor de forma rectangular y dimensiones las de un carácter representado en la pantalla.

- ... and the *block cursor (cursor relleno)* shows then the paste overwrites the ...

Block encryption: *1. Cifrado por bloques.*
1. Algoritmo simétrico de *cifrado* (ver *Encrypt*) que descompone el texto a cifrar en bloques de una longitud preestablecida.

- ... operating on 4096-bit blocks, designed specifically around the needs of disk *block encryption (cifrado por bloques)*.

Block statement: *1. Instrucción bloque.*
1. En lenguaje C, una *instrucción bloque* es una instrucción –ya que es considerada como tal– compuesta de definiciones, declaraciones e instrucciones elementales, que se encierra entre dos signos *llave* (de abrir y cerrar). En otros lenguajes existen construcciones similares aunque con alcance diferente.

- If the definition occurs within a *block (instrucción bloque)*, the variable has ...

Blocked: *1. Bloqueado.*
1. Estado de un proceso/programa que no

puede continuar su ejecución a causa de que necesita un recurso (dispositivo, fichero, …) que está en uso por otro proceso/programa. La terminología puede variar de unos *sistemas operativos* (ver *Operating system*) a otros.

- … in that the process is not blocked (*bloqueado*) or waiting …

Blocking: *1. Blocado. 2. Bloqueo.*
Ver *Block (verb)*.

Blocking factor: *1. Factor de blocado.*
1. Número de registros lógicos (desde el punto de vista del programa) que forman parte de un registro físico (*bloque*: unidad de transferencia, desde el punto de vista de la máquina). El *blocado* es típico de *sistemas operativos* (ver *Operating system*) en los que se ejecutan aplicaciones que han de manejar volúmenes importantes de datos.

- … you can select the *blocking factor (factor de blocado)* that best fits your program …

Blueprint: *1. Anteproyecto. 2. Plan detallado.*
1. Planes o previsiones detalladas sobre una faceta del negocio (por ejemplo, situación financiera). Traducir como *plan detallado*.

2. Anteproyecto, diseño, esbozo, … de un producto hardware o software. Supone un cierto compromiso público.

- «Networking *Blueprint (anteproyecto)* Executive Overview».

BLP: *1. BLP.*
1. Forma paramétrica de la instrucción de utilitarios para cintas *bypass label processing* (ver).

- The system does not allow *BLP (BLP)* and the …

BLOB: *1. BLOB.*
1. Ver *Binary Large Objects*.

BMP: *1. BMP.*
Ver *Basic Multilingual Plane*.

BMP: *1. BMP.*
1. Palabra obtenida desde *Bit MaP*. Da nombre al método de Windows para manejar y almacenar imágenes en mapas de bits. También se usa, como extensión, para identificar ficheros que contienen ese tipo de imágenes. Los ficheros en sí se llaman DIB (*Device-Independent Bitmap*).

- OS/2 *BMP (BMP)* files have a different header and color table …

BNC connector: *1. Conectador BNC.*
1. Conectador tipo bayoneta extensamente usado para conectar cable coaxial *10Base2* (*Ethernet* fino). Para conectar dos segmentos de cable, el *conectador BNC* tiene dos extremos de tipo macho. Para conectar una computadora a la red se usan conectadores con forma de T (dos partes macho para los cables y una parte hembra para la placa de red). *BNC* puede significar, según fuentes, *Bayonet Neil-Concelman*, o *British Naval Connector* o …

- What is the best way to troubleshoot a camera with no *BNC connector (conectador BNC)*?

BNF: *1. BNF. 2. Formato Backus-Naur.*
Ver *Backus-Naur form*.

Board: *1. Placa.*
1. Elemento que puede añadirse a una computadora para ampliar sus capacidades. En general, adopta la forma de *placa* con circuito impreso y elementos activos y de memoria incorporados.

- In Chapter X we discuss add-on *circuit boards (placas circuitadas de ampliación)* that allow personal computers to emulate 3270 terminals. One such *board (placa)* is a communication adapter that ...

Board level: *1. Detalle placa.*
1. Método de diagnóstico y reparación de averías cuya unidad de trabajo es la *placa* (ver *Board*): se determina la placa que falla y se sustituye por otra.

- ... maintenance procedures and to troubleshoot subsystems down *to the board level (hasta detalle placa)*.

Body: *1. Cuerpo.*
1. Parte impresa de una página comprendida entre los bordes superior e inferior. Con más generalidad, parte principal de una estructura de información (mensaje, programa compilable).

- ... headings precede the *body (cuerpo)* of text on each page.

Boilerplate: *1. Plancha multiuso.*
1. Término tomado del periodismo. Se refiere a un trozo de texto, con o sin imágenes o logotipos, que puede insertarse en muchos documentos.

- For example, you could create a *boilerplate (plancha multiuso)* for a fax message that contains ...

Bold: *1. Negrita.*
1. Uno de los *grosores* (ver *Type weight*) que pueden aplicarse a los caracteres que aparecen en la pantalla o que saldrán por la impresora. Otros atributos son: Diseño (ver explicación en *Typeface*), Color, Subrayado, *Cursiva* (ver *Type style*), etc.

- Command names always appear in *bold (negrita)* Courier (typewriter) font.

Boldface: *1. Negrita.*
Sinónimo de *Bold* (ver).

Bomb: *1. Bomba.*
1. Programa, que se instala y ejecuta inadvertidamente, diseñado para provocar daños, a veces irreparables, en el sistema destino. La mayoría de virus informáticos contienen *bombas*.

- ... the logic *bomb (bomba)* part of this 'virus,' will become active, wreaking ...

Bookmark (noun): *1. Remisión.*
1. Dispositivo (y el objeto del mismo) de los *navegadores* (ver *Browser*) que posibilita crear anotaciones que *remiten* a páginas concretas, facilitando, de esta manera, un acceso posterior rápido a dichos objetos. Existen herramientas para organizar, convertir, etc., estas *remisiones*. Cada navegador asigna un nombre distinto a esta posibilidad. Ver, por ejemplo, *Hotlist* y *Quicklist*.

- Open your *bookmarks (remisiones)* in a whole new way.

Boolean: *1. Booleano.*
1. Relacionado con las representaciones y procesos utilizados en el sistema lógico deductivo (álgebra) creado por el matemático inglés George Boole.

- The *Boolean (booleano)* operators are || (or), && (and), and ! (not).

Boolean logic: *1. Lógica booleana.*
1. Lógica basada en el álgebra *booleana*, que es un álgebra montada sobre elementos que sólo admiten dos valores (Cierto y Falso, por ejemplo).

- *Boolean logic (La lógica booleana)* is important in computing because the truth values can be represented as binary digits ...

Boolean operator: *1. Operador booleano.*

1. Operadores que pueden aplicarse sobre *valores cierto/falso* para producir un valor del mismo tipo cierto/falso. Preferible, tal vez, la designación *operador lógico.*

• ... due to unintended grouping of arithmetic or boolean operators (operadores booleanos).

Booster: *1. Amplificador de señal.*

Sinónimo de *Signal amplifier* (ver).

• This booster (amplificador de señal) provides 15 dB gain to the incoming signal ...

Boot (verb): *1. Autoarrancar.*

Sinónimo de *Bootstrap* (ver).

Boot PROM: *1. PROM de autoarranque.*

1. Memoria especial (ver *Programmable Read-Only Memory*) en la que reside la parte del *BIOS* (ver *Basic Input/Output System*) necesaria para arrancar la computadora (entre otras cosas para cargar el *sistema operativo* (ver *Operating system*) desde disco).

• The BIOS stored in boot PROM (PROM de autoarranque) is usually a part ...

Bootable diskette: *1. Disquete de autoarranque.*

1. Disquete que puede actuar como disco de sistema y que contiene la información necesaria para arrancar la computadora personal. A veces puede contener parte de un antivirus. En Windows se llama *Startup disk.*

• There is no simple way of creating a bootable diskette (disquete de autoarranque) under Windows NT, ...

Bootable floppy: *1. Disquete de autoarranque.*

Sinónimo de *Bootable diskette* (ver).

Bootstrap: *1. Autoarranque.*

1. Proceso por el que se pone operativa una *CP* (ver *Personal Computer*). Normalmente, este proceso incluye tareas de bajo nivel, tareas del *sistema operativo* (p. ej., *MS-DOS* y *Windows*; ver) y tareas solicitadas por el propio usuario. El proceso equivalente en una *computadora principal* se llama *IPL* (ver *Initial Program Load*).

• The loader is the final stage of the three-stage bootstrap (autoarranque), and is located on the filesystem ...

Bootstrap data set: *1. Fichero base de recuperación.*

1. Fichero que contiene información de control y estado necesaria para *recuperar* (ver *Recover (verb)*) el contenido y uso de una *base de datos DB2* (ver *DATABASE 2*).

Border: *1. Marco. 2. Frontera.*

1. Trazo fino pero claramente visible que sigue el contorno de un objeto (por ejemplo, una ventana) en una pantalla y que lo separa del resto de elementos visibles de la misma, incluyendo el *fondo* (ver *Background*).

• Within the border (marco) are mechanisms that allow a user to.

2. Elementos que separan y comunican a componentes identificables de un conjunto más amplio (por ejemplo, una red y sus dominios y subredes).

• Border (de frontera) nodes prevent routing loops during search request ...

Border Gateway Protocol: *1. BGP.*

1. Protocolo de Internet que se usa para intercambiar información de *encaminamiento* (ver *Routing*) entre computadoras vecinas que actúan de pasarela (ver *Gateway*) (con funciones de encaminamiento) entre dominios y siste-

mas autónomos. Es parecido a *EGP (Exterior G.P.)*, aunque más moderno y con mejores prestaciones. La información de encaminamiento se intercambia en forma de partes modificadas de *tablas de encaminamiento*. La comunicación con *encaminadoras* (ver *Router*) que forman parte de sistemas autónomos (locales) se hace utilizando el protocolo *Internal BGP*.

• The hosts executing the *Border Gateway Protocol (BGP)* need not be routers ...

Border router: *1. Encaminadora fronteriza.*

1. *Encaminadora* (ver *Router*) situada en la periferia de un sistema autónomo (en el marco de Internet), que se comunica con otra encaminadora similar en la periferia de otro sistema autónomo.

• By definition, a *border router (encaminadora fronteriza)* has an interface to the backbone and interfaces to one or more ...

Bot: *1. Bot.*

1. Programa que, una vez arrancado, es capaz de efectuar tareas *recursivas* (ver *Recursion*) en la *Ueb* (ver *World Wide Web*), irrealizables para los humanos. Los usos pueden ser múltiples: crear *bases de datos* (ver *Database*) para buscadores, eliminación automática de *vínculos* (ver *Link (noun) Def. 3*) «muertos», obtención de estadísticas varias, etc. Para designarlos se usan tanto la palabra *bot* como la palabra *robot*, aunque tal vez sería conveniente reservar *robot* para los parientes con componentes mecánicos.

• The first *(ro)bot (bot)* was deployed to discover and count the number of Web servers ...

Bottleneck: *1. Cuello de botella.*

1. Es un componente de un sistema que condiciona la velocidad o el *rendimiento* (ver *Performance*) de todos los demás. A veces puede ser un componente software (programa o módulo), pero más frecuentemente es un componente hardware (un canal, una unidad de disco, la memoria principal, etc.).

• ... eliminating a potential *bottleneck (cuello de botella)* due to capacity problems during peak I/O update times ...

Bottom: *1. Base. 2. Abajo.*

1. Parte más externa del tratamiento realizado por una aplicación o programa (procesamiento de: salidas impresas, pantallas *presentadas* (ver *Display (verb)*), mensajes y transacciones recibidos/enviados, ...). El diseño *«bottom/up» (base/vértice)* se inicia en el análisis de dicha parte externa para establecer la estructura de datos y tratamientos.

• Whether you do your programming top down or *bottom (base)* up, it is absolutely essential to be clear about the ...

2. En algunos lenguajes, *editores* (ver *Editor Def. 1*) y similares, *mandato* (ver *Command*) que permite ir al final de un fichero que se está explorando, editando, etc.

• Use the *BOTTOM (no traducir)* subcommand to change the current line pointer to the ...

3. Parte inferior de una página, pantalla, etc.

• The command line on your screen might appear at either the top left or *bottom (abajo)* left.

Bottom half: *1. Mitad inferior.*

1. En el software que controla un dispositivo de E/S (ver *Input/Output*), parte con la que se interacciona de forma asíncrona para manejar interrupciones de E/S. Tiene, por supuesto, su(s) punto(s) de entrada. Lo de *bottom* puede ser una broma.

• Some of the kernel's *bottom half (de la mitad interior)* handlers are device specific, but others are more generic.

Bottom-level process: *1. Proceso de base.*

1. En la técnica de Diagramas de Flujos (análisis de sistemas; ver *Data Dlow Diagram*), proceso que no se descompone en otros.

• ... referenced by all *bottom-level processes (procesos de base)* that use it.

Bottom-up programming:
1. Programación desde la base.

1. Método de desarrollo de programas complejos consistente en diseñar y construir rutinas y funciones de nivel inferior que, posteriormente, se integran entre sí y con algún tipo de «cemento» para ir construyendo el programa. Es un método poco prestigiado actualmente y que requiere mayores capacidades por parte del programador. Las pruebas son también más difíciles.

• ... is often difficult to ensure that an efficient system is developed by *bottom-up programming (desde la base)*.

Bounce (noun): *1. Rebotador.*

1. Pequeña aplicación desarrollada para efectuar pruebas de rebote (ver *Bounce (verb)*).

• A *BOUNCE (rebotador)* receiver acts like a mirror, and will return any message it receives, no matter what the source ...

Bounce (verb): *1. Rebotar.*

1. Dialogar artificialmente dos computadoras en red, de forma que se intercambian mensajes alternativamente (como rebotes). El uso principal de este proceso es probar el funcionamiento de la conexión. También se aplica cuando los rebotes son indeseados.

• Normally a message *bounces (rebota)* because of human error.

Bound: *1. Orientado.*
1. P. p. de *Bind* (ver).

2. Orientación principal de un proceso en lo referente, sobre todo, a consumo de recursos, paso del tiempo, etc.

• In *compute-bound (orientadas a cálculo)* transactions elapsed time for its execution is governed by its computational content rather than ...

Boundary: *1. Frontera.*
1. Frontera, límite anterior o posterior de un elemento (no necesariamente elemental) o de separación de dos elementos. Ver, por ejemplo, *Boundary alignment*.

Boundary alignment: *1. Ajuste de frontera.*
1. Exigencia de que ciertos tipos de datos tengan una dirección (*frontera* anterior), en memoria, que sea múltiple de la longitud del dato (en *baits*; ver *Byte*). Sinónimo de *Integral boundary*.

• The option list must begin on a half-word *boundary alignment (ajuste de frontera)*.

Boundary clash: *1. Contraposición de agrupamiento.*
1. En diseño de procesos (e incluso de programas de cierta complejidad) se produce esta *contraposición* cuando los conjuntos de datos (entrada y salida) que intervienen en el proceso (o programa) están agrupados de formas diferentes.

• There are two main ways to resolve a *boundary clash (contraposición de agrupamiento)*: ...

Box 76

Box: *1. Caja.*
1. Concepto *IGU* (ver *Graphical User Interface*) que describe un área de pantalla convenientemente delimitada que, por lo general, no puede moverse ni ser modificada en su tamaño.

• *Boxes (cajas)* can also be small rectangular icons that ...

BOF: *1. BOF.*
1. Acrónimo de *Beginning Of File.*

BOOTP: *1. BOOTP.*
1. Acrónimo de *BOOTstrap Protocol.* Protocolo, relativamente elemental, diseñado para que un servidor BOOTP produzca el arranque automático de otras computadoras en la red.

• DHCP, which is based on the older *BOOTP (BOOTP)*, uses a more ...

BOP: *1. BOP.*
Ver *Bit-oriented protocol circuits.*

BOS: *1. BOS.*
1. Acrónimo de *Basic Operating System. Sistema operativo* (ver *Operating system*) de IBM en la prehistoria de la informática. Murió allá por los años 60's.

Bpi: *1. Bpi. 2. Baits por pulgada.*
Ver *Bytes per inch.*

Braces: *1. Llaves.*
1. Caracteres «{« y «}» cuyos valores respectivos son x'7B' y x'7D', en *ASCII* y x'C0' y x'D0' en *EBCDIC*. Importantes en lenguaje C.

• ... the value used to represent the *right brace (llave derecha)* character ...

Bracket: *1. Abrazadera.*
1. En determinados protocolos de comunicación una abrazadera es un conjunto de pares petición-respuesta (o sólo peticiones si se trata de un monólogo) entre dos partícipes de una sesión; su contenido es equivalente a una transacción. No puede iniciarse una abrazadera hasta que no termina la anterior (en la misma sesión).

• A session is serially reused by multiple conversations, and each conversation is delimited by a *bracket (abrazadera)* ...

Bracket protocol: *1. Protocolo de abrazadera.*
1. Un protocolo de abrazadera es un protocolo que se basa en el empleo de abrazaderas para delimitar transacciones entre partícipes de una sesión de comunicación, de forma que ambos partícipes sean conscientes del inicio, desarrollo y final de la abrazadera.

• The *bracket protocol (protocolo de abrazadera)* involves bracket initiation and termination rules.

Brackets: *1. Corchetes.*
1. Caracteres «[» y «]» cuyos valores respectivos son x'5B' y x'5D', en *ASCII* y x'4A' y x'5A' (u otros) en *EBCDIC*.

• The *brackets (corchetes)* indicate that the two registers may be coupled ...

Branch (noun): *1. Rama. 2. Bifurcación.*
1. En una estructura tipo árbol se llama *rama* a la unión (relación) entre dos nodos.

• ... terminal nodes are nodes in a tree without any *branches (ramas)* further down ...

2. Acción y efecto de modificar el orden secuencial de ejecución de las instrucciones (en máquina o en programa). Ver *Branch (verb).*

• ... and replaced by successful *branches (bifurcaciones).*

Branch (verb): *1. Bifurcarse.*
1. Modificar el orden secuencial de ejecución de las instrucciones en la computadora. Las máquinas tienen instrucciones elementales de bifurcación que deben materializarse en los lenguajes de programación.

• This part then *branches (se bifurca)* back to ...

Breakdown: *1. Desglose.*
1. Descomposición o agrupación de datos de acuerdo con determinados criterios.

• Per disk, a *breakdown (desglose)* by system number and region.

Breakpoint: *1. Punto de interrupción.*
1. Punto en que puede interrumpirse la ejecución de un programa para cambiar datos, verificar situaciones, etc.

• ... to set *breakpoints (puntos de interrupción)* while testing, for example.

Bridge: *1. Puente.*
1. Un *puente* es un dispositivo funcional (hardware + software) que se emplea para conectar dos *RALs* (ver *Local Area Network*) o dos segmentos de *RAL* que usan el mismo protocolo lógico de control del enlace (ver *Link (noun) Def. 5*) pero que pueden usar o no el mismo protocolo de control de acceso al medio. Almacenan en *báferes* (ver *Buffer (noun)*) los mensajes recibidos antes de ser reenviados. No hacen tareas de *encaminamiento* (ver *Routing*). Los puentes son ampliamente utilizados.

• Protocol transparency makes *bridges (puentes)* flexible and simple to deploy, but can lead to problems as the network ...

Bridging: *1. Puenteado.*
1. Método elemental de *encaminamiento* (ver

Routing) que permite la conexión tanto de segmentos de *RAL* (ver *Local Area Network*) como de *RALs* diferentes (homogéneas o heterogéneas). Empezó a usarse en los primeros 80's y es un método independiente de protocolo que admite un modesto nivel de autoaprendizaje.

• *Bridging (puenteado)* is most commonly used to separate high-traffic areas on a LAN.

Brightness: *1. Brillo.*
1. Expresión relativa de la intensidad de la energía de salida de una fuente de luz visible.

• In the RGB (Red-Green-Blue) color model, the amplitudes of red, green and blue for a particular color can each range from 0 to 100 % of full *brightness (brillo)*.

Bring forward: *1. Traer adelante.*
1. En Windows y similares, traer una ventana o ficha a *primer plano* (ver *Foreground*) y hacerla operativa. Hablando de *pilas* (ver *Stack*) mover un elemento hacia el inicio de la pila («subir»).

• *Bring forward (traer adelante)* the navigation tab and change the *Home Page* location to: ...

Broadband mode: *1. Modo banda ancha.*
Sinónimo de *Broadband transmission* (ver).

• Using the *broadband mode (modo banda-ancha)* multiple (independent and concurrent) transmission channels are derived ...

Broadband transmission:
1. Transmisión en banda ancha.
1. Transmisión de datos en la que un único cable (o medio, en general) puede transportar, simultáneamente, varios canales con *señales* (ver *Signal Def. 1*), que se reparten la anchura de banda disponible.

• Cable TV uses *broadband transmission (transmisión en banda ancha).*

Broadcast (noun): *1. Difusión.*
1. Envío del mismo mensaje a todos los receptores potenciales (según criterios del entorno de que se trate).

• A network packet that in theory is a *broadcast (difusión)* to every machine in ...

Broadcast (verb): *1. Difundir.*
1. Realizar una difusión de mensaje(s) (ver *Broadcast (noun)).*

• The sender *broadcasts (difunde)* an ARP packet containing the Internet address of ...

Broadcast address: *1. Dirección de difusión.*
1. Dirección especial *TCP/IP* (Ver *Transmission Control Protocol/Internet Protocol*) que permite enviar el mismo mensaje a todas las *huéspedas* (ver *Host Def. 1*) de una red. Tiene un 1 en todos los bits de la parte huéspeda de la dirección.

• The *broadcast address (dirección de difusión)* will be different if your network is a subnetted class C ...

Broadcast storm: *1. Difusión en torbellino.*
1. Sobresaturación de mensajes en una red a causa, posiblemente, de la presencia de disparidades entre protocolos instalados en nodos de la misma.

• ... and looked for the first packet in each *broadcast storm (difusión en torbellino)* and found that it was always ...

Broken: *1. Verde.*
1. Adjetivo que se aplica a programas que no funcionan de acuerdo con lo previsto (con sus requisitos).

• Copy the *broken (verde)* program from / direct1/direct2/... to your directory.

Brokering: *1. Intermediación.*
1. Manera de referirse globalmente a un amplio movimiento tendente a la estandarización en el campo de la distribución de *objetos* (ver *Object*), cada vez más necesaria a causa de las interacciones en la red. En este terreno hay que mencionar al consorcio *Object Management Group* (ver), a la arquitectura *CORBA* (ver *Common Object Request Broker Architecture*) y a diferentes productos comerciales: Object Broker (DEC), Web Request Broker (Oracle), etc.

• Programmable (active) networks and object *brokering (intermediación)* technologies ...

Brouter: *1. P-encaminadora.*
1. Dispositivo capaz de actuar simultáneamente como *puente* (ver *Bridge*) y como *encaminadora* (ver *Router*), de acuerdo con el contenido del mensaje recibido y con cierta información de configuración.

• ... is a high performance remote *brouter (p-encaminadora)* equipped with 8 Basic Rate Interface (BRI) ports.

Browse (noun): *1. Examen.*
1. Acción y efecto de *examinar* (ver *Browse (verb) Def. 1*) el contenido de un conjunto de datos.

• It is possible that transactions with concurrent *browse (examen)* and update operations ...

Browse (verb): *1. Examinar. 2. Navegar.*
1. Acceder a un conjunto de datos sin que, en ningún caso, se permita la actualización de los mismos. Según entornos, el acceso puede

ser secuencial, admitir algunas formas de búsqueda, tener o no interactividad, etc.

• When *browsing (se examinan)*, records are retrieved in the order in which they were added to the file.

2. Acceder, potencialmente, a toda la *Ueb* (ver *World Wide Web*), a partir de un punto de entrada escogido por nosotros, buscando una información o unos datos que nos interesen. Durante el proceso puede saltarse de página en página con detenciones esporádicas para leer, ver u oír, con más detalle, el contenido de algunas de ellas.

• This is in contrast to normal web *browsing (navegación)* which is controlled from ...

Browser: *1. Navegador.*
1. Macroprograma que permite *navegar* en la *Ueb* (ver 2 de *Browse (verb)*). Estos macroprogramas utilizan el protocolo *HTTP* (ver *Hypertext Transfer Protocol*) para efectuar peticiones a servidores *Ueb* (ver *World Wide Web*). Una vez descargada la información en la computadora del usuario, el *navegador* tiene herramientas de *presentación* (ver *Display (verb)*) textual y gráfica, e incluso tiene capacidad para presentar, en colaboración con otros productos, información multimedia más compleja (sonido y vídeo).

• Currently, the two most popular *browsers (navegadores)* are Netscape Navigator y MS Internet Explorer.

BRI: *1. BRI.*
Ver *Basic Rate Interface.*

BS: *1. BS.*
1. Acrónimo del carácter especial *Backspace*. Su valor es x'08' en *ASCII* y x'16' en *EBCDIC*.

BSC: *1. BSC.*
Ver *Binary Synchronous Communication.*

BSD: *1. BSD.*
Ver *Berkeley Software Distribution.*

BSD/OS: *1. BSD/OS*
Sinónimo de *BSD*. Ver *Berkeley Software Distribution.*

BSDI: *1. BSDI.*
Ver *Berkeley Software Design, Inc.*

Bubble memory: *1. Memoria de burbujas.*
1. Tipo de memoria no volátil basada en las peculiaridades de magnetización de un compuesto de galio.

• It was once widely believed that *bubble memory (memoria de burbujas)* would become one of the leading memory technologies.

Bubble sort: *1. Clasificación por burbuja.*
1. Técnica de clasificación basada en el intercambio de posiciones de cada pareja de elementos consecutivos, si están desordenados, hasta agotarlos todos y en repetir *n* veces el proceso, sólo hasta el último elemento cambiado, finalizando cuando el último elemento cambiado sea el primero o no se haya hecho ningún cambio. No está muy valorada por los expertos.

• ... beloved of elementary computer science texts called *bubble sort (clasificación por burbuja).*

Bucket: *1. Página. 2. Cubo (de bits, etc.). 3. Acumulador.*
1. Unidad de almacenamiento en memoria principal. En general, coincide con la unidad de transferencia (de ahí la palabra *Bucket* = cangilón de noria).

• A *bucket (página)* will contain a (variable) number of memory blocks ...

2. Como jerga y acompañada de otras palabras (p. ej., *Bit bucket*) indica papelera, sitio donde se pierden mensajes, datos, etc.

• ... you can just redirect it to /dev/null, also known as the «bit *bucket (cubo)*».

3. Memoria intermedia de ciertas operaciones.

• ... represents the hourly *buckets (acumuladores)* that the usage reporting program records ...

Buffer (noun): *1. Báfer.*

1. Dispositivo de memoria –o simplemente memoria– que se usa para compensar, almacenando temporalmente los datos, las diferencias de velocidad entre *flujos de datos* (ver *Data flow*) o la disparidad entre momentos de *ocurrencia* (ver *Occurrence*) de eventos para dos dispositivos que se transmiten datos entre sí.

• These terminals do not ordinarily use *buffers (báferes)* and transmit characters one at a time between the host computer and ...

Buffer (verb): *1. Baferizar.*

1. Poner datos en un *báfer* (ver *Buffer (noun)*).

• ... the *buffering (baferización)* techniques used, and data security.

Buffer flush (verb): *1. Vaciar báfer(es).*

1. Cuando un *báfer* (ver *Buffer (noun)*) contiene información de salida al alcanzarse el final del proceso, hay que enviar esos últimos datos en el báfer al destino asociado al mismo (disco, cinta, impresora, etc.) Ese proceso se llama *vaciado*.

• If a record management error occurs while CLOSE *is flushing buffers (está vaciando báferes)*, ...

Buffer pool: *1. Reserva de báferes.*

1. Algunos subsistemas resuelven de forma flexible sus necesidades de *báferes* (ver *Buffer (noun)*) a base de definir un conjunto de ellos que se van asignando dinámicamente según necesidades.

• ... the size of this *buffer pool (reserva de báferes)* is specified in the OSI LAN Device configuration commands.

Buffering: *1. Baferización.*

Ver *Buffer (verb)*.

Bug: *1. Gazapo.*

1. Error en un programa.

• ... to provide a debugger for programmers to isolate and fix their program *bugs (gazapos)* and test their applications ...

Buggy: *1. Biscúter. 2. Pifiado.*

1. Pequeño robot usado con fines educativos (mecanismos de control, robótica, etc.).

• Many *buggies (biscúteres)* are controlled by a big computer that ...

2. Que contiene errores (en general, en un número inaceptable).

• Badly written, possibly *buggy (pifiado)* code.

Build: *1. Montar.*

1. En ciertos entornos, convertir una aplicación o producto desde código fuente a código ejecutable.

• The stages cover requirements, (...), production of the application, *building (montaje)* and testing ...

Building block: *1. Pieza de montaje.*
1. En cualquier terreno informático (*circuite-ría* (ver *Circuitry*), programación, teorías, etcétera), elemento que se usa en la construc-ción de un compuesto o composición.

• ... so program *building blocks (piezas de montaje)* can have the same status.

Built-in: *1. Integrante. 2. Integrado.*
1. Dícese de un componente que forma parte propia de la versión comprada de un produc-to software o hardware. Se contrapone a las partes adquiridas de forma independiente o desarrolladas «en casa». Se aplica, por ejem-plo, a *fuentes* (ver *Font*) de pantalla e impre-sora, a funciones, etc.

• The exceptions are certain *built-in (inte-grantes)* functions that convert ...

• ... with *built-in (integrados)* power supplies.

Bulk eraser: *1. Borrador masivo.*
1. Dispositivo adecuado para borrar rápida-mente los datos contenidos en determinados soportes magnéticos.

• The key is to start with either a new disk or one wiped clean magnetically by a *bulk eraser (borrador masivo)* ...

Bulk loading: *1. Carga masiva.*
1. *Bulk* asociada con otra palabra (*loading*, *storage*, *erasure*, *test*, etc.), siempre tiene el sentido de masivo, muy voluminoso.

• ... is sometimes used to speed up *bulk load-ing (la carga masiva)* and to remove the threat of reaching the log file ...

Bulk Storage: *1. Almacenamiento masivo.*
Ver *Bulk loading.*

• ... and several testbeams and *bulk storage (almacenamiento masivo)* of temporary (scratch) data for various experiment ...

Bullet: *1. Cuño.*
1. Pequeño elemento gráfico (círculo, mano con dedo que señala, etc.) que se usa para di-ferenciar los elementos de una lista.

• ... and the type of *bullet (cuño)* for each point in the style of the background template.

Bulletin Board System: *1. Sistema de Tablón de Anuncios. 2. STA.*
1. Servicio al que pueden conectarse diferen-tes computadoras periféricas para dar/recibir información y programas, establecer conver-saciones, etc. Los *STAs* fueron –aún se man-tienen– un precedente de los *grupos de noti-cias* (ver *News groups*), las sedes interactivas de Internet y elementos similares.

• ... you write the gossip in an interactive *Bulletin Board System (STA)*. Also take part in public opinion polls.

Bump: *1. Salto. 2. Incremento.*
1. En general, saltar, incrementar la posición actual. Se aplica, como jerga, al operador ++ en lenguaje C.

• *Bump (incremento)* is used with relation to counter variables, pointers, and index dum-mies in for, ...

Bundle: *1. Lote.*
1. Conjunto de elementos informáticos homo-géneos (por ejemplo, todo hardware) o hete-rogéneos (por ejemplo, hardware y software) que se vende como una unidad.

• The copies of HyperStudio that you have added via the computer *bundles (lotes)* add to your overall license ...

Bundled system: *1. Sistema no disociable.*
1. Conjunto de elementos informáticos heterogéneos (en general, hardware y software) que se vende como una unidad.

• A *bundled system (sistema no disociable)* consists of a predefined computer hardware platform, an operating system ...

Burst (noun): *1. Ráfaga.*
1. Forma de transmisión a través de un canal, caracterizada porque se producen series continuas y rápidas de elementos transmisibles (mensajes, páginas, etc.) separadas por espacios sin transmisión.

• ... users of data communications transmit and receive *bursts (ráfagas)* of data ...

Burst (verb): *1. Separar.*
1. Separar el papel plegado continuo en las hojas que lo componen. También, separar los componentes que forman el grueso del papel continuo o no continuo (por ejemplo, original, copia y papel carbón).

• ... because it indicates where *to burst (separar)* fanfold paper ...

Burst Extended Data Output Dynamic RAM:
1. BEDO DRAM.
1. Variante de *EDO DRAM* (ver *Extended Data Output Dynamic RAM*) con capacidad de procesar operaciones de lectura/escritura de memoria en *ráfagas* (ver *Burst*) de cuatro, que ocurren casi simultáneamente. Mejora la velocidad de transmisión con respecto a EDO DRAM.

• ... in comparison to *Burst Extended Data Output Dynamic RAM (BEDO DRAM)*, EDO DRAM is sometimes referred to as ...

Burst speed: *1. Velocidad de ráfaga.*
1. Siendo la transmisión en ráfagas (ver *Burst (noun)*) esencialmente discontinua, la *velocidad de ráfaga* es la máxima velocidad alcanzada mientras se transmite una ráfaga.

• ... to determine CPU usage and interface *burst speed (velocidad de ráfaga)* under ideal conditions ...

Burster: *1. Separadora.*
1. Páginas con formato específico que se usan para separar, en la salida de impresora, la parte correspondiente a cada trabajo. También se llama *Banner* y *Burst page*.

• ... controls the print separators, also called *burster pages (páginas separadoras)* and banner pages ...

Bursty: *1. A ráfagas.*
1. Proceso que se realiza a ráfagas (ver *Burst*).

Bus: *1. Bus.*
1. Conductor de alta velocidad que une los diferentes componentes de una *CP* (ver *Personal Computer*) o, en general, de cualquier máquina de uso genérico o específico que tenga *UCPs* (ver *Central Processing Unit*), elementos de memoria, procesadores específicos, etc. Un bus está formado por uno o más carriles por los que circulan las señales eléctricas.

• This architecture is based on a *bus (bus)* design which supports up to four CPUs ...

Bus interface: *1. Interfaz de bus.*
1. *Interfaz* (hardware + software; ver *Interface (noun)*) que proporciona un bus externo a la computadora, que permite la conexión a la misma de varios dispositivos.

• The *bus interface (interfaz de bus)* comprises more than four bi-directional data channels which are multiplexed so as to ...

Bus master: *1. Gestor de bus.*
1. Dispositivo que controla el tráfico del *bus* en una computadora. En computadoras sencillas esta tarea es realizada por la propia *UCP* (ver *Central Processing Unit*), que pierde en esta tarea una importante parte de su capacidad de procesamiento. En las arquitecturas modernas se da una especie de distribución del trabajo entre varios procesadores (incluida la *UCP*) en cuanto a control de tráfico del bus, lo que libera a la *UCP* y permite comunicaciones a través del bus sin intervención de la misma.

• ... *bus master (gestor de bus)* control logic to reduce processor load ...

Bus mouse: *1. Ratón de bus.*
1. *Ratón* que se conecta a la computadora por medio de un conectador de 6 *patillas* (ver *Pin*) en lugar de hacerlo por medio del *puerto serial* (ver *Serial port*). Sinónimo de ratón PS/2.

• FreeBSD supports the XXX and YYY *bus mice (ratones de bus)*.

Bus network: *1. Red en bus.*
1. Red de computadoras basada en una topología en bus (ver *Bus topology*).

• An example of *bus network (red en bus)* is a back-of-store computer controlling a distributed set of point-of-sale computers ...

Bus topology: *1. Topología en bus.*
1. Topología de redes muy usada en la interconexión de computadoras situadas en una zona relativamente reducida. Se caracteriza porque todas las computadoras están conectadas a un medio de transmisión común (por ejemplo, un cable coaxial) de forma que cada transmisión se propaga a lo largo de todo el medio y es recibida, por tanto, por todos los dispositivos conectados al medio. Físicamen-

te, una red basada en esta topología puede ser lineal, en estrella o en árbol (en estos dos últimos casos siempre tiene que haber una estación al final de cada rama y no hay estaciones en los nodos intermedios).

• Typically, with a *bus topology (topología en bus)* the single network cable is routed through those locations ...

Button: *1. Botón.*
1. En *IGU* (ver *Graphical User Interface*), área pequeña, normalmente rectangular, convenientemente delimitada y con una palabra en su interior que indica un *mandato* u opción. Cliqueando sobre el botón se selecciona la opción o ejecuta el mandato.

• ... whereas another *button (botón)* may be used for scrolling ...

Buzzword: *1. Cliché.*
1. Palabra popularizada, aunque relativamente técnica, propia de un área temática determinada. Combinando estas palabras al azar se consiguen buenas frases que no dicen nada.

• ... uses this three-column list of 30 cleverly chosen *buzzwords (clichés)* ...

Bypass (noun): *1. Baipaso.*
1. Acción y efecto de *baipasar* (ver *Bypass (verb)*) una situación o condición no deseadas.

• A temporary solution or *bypass (baipaso)* for a problem diagnosed ...

Bypass (verb): *1. Baipasar.*
1. Evitar, puede que provisionalmente, bien la realización de determinadas acciones, bien las consecuencias de una situación indeseada (problema o error, ejecución de un proceso o acción, etc.).

• Depending on the results of a job step, you might need to *bypass (baipasar)* or execute later steps.

Bypass label processing: *1. Baipasar el procesamiento de etiquetas.*

1. Opción de determinados *utilitarios* que manejan cintas, que permite evitar el procesamiento de las etiquetas (útil, por ejemplo, si se desconoce su contenido; ver *Label Def. 2*).

• Users can be permitted to use *bypass label processing (baipasar el procesamiento de etiquetas)* ...

Byte: *1. Bait.*

1. Agrupación de datos inmediatamente superior al bit. Según las máquinas y códigos de caracteres, un *bait* está formado por 8 bits (más uno para *verificación de paridad*; ver *Parity checking*), como es el caso del *EBCDIC*, o por 7 bits, como es el caso del *ASCII*. Para atender la extensión y complejidad de los caracteres de todas las lenguas –en especial de las orientales– se han implantado sistemas de codificación que usan 2 baits por cada carácter.

• Each field on the terminal screen begins with a single *byte (bait)* called an atribute *byte (bait).*

Byte-code: *1. Codi-bait.*

1. Lenguaje cercano a uno o más *lenguajes de máquina* (ver *Machine language*) y en el que se expresan *programas objeto* (ver *Object program*) interpretables procedentes de *compilaciones*. Por ejemplo, un programa Java puede compilarse y producir un objeto en *codi-bait* susceptible de ser ejecutado, por intérprete adecuado, en diferentes máquinas. Estos programas pueden volverse a *compilar* para producir ejecutables más rápidos.

• A *byte-code (codi-bait)* program is normally interpreted by a ...

Bytes per inch: *1. Bpi. 2. Baits por pulgada.*

1. Unidad que se usa para establecer la densidad con que se graban los datos en las cintas magnéticas.

• ... supporting both 1600 and 6250 *bpi (Bpi)* formats ...

C

cpi: *1. cpp (por caracteres por pulgada).*
Abreviatura de *Characters per inch.*

cps: *1. cps (por caracteres por segundo).*
Abreviatura de *Characters per second.*

C: *1. C.*

1. Lenguaje de programación desarrollado en los años 70, primero para programación de sistemas en PDP-11 y, enseguida, para UNIX, lo que le dio la enorme popularidad y extensión de uso actuales, y su amplia implantación en el mundo académico. Es un lenguaje de alto nivel (acepta bien la programación estructurada) pero tiene características que lo acercan a los ensambladores; esta dualidad ha hecho que se use tanto en programación de sistemas como de aplicaciones; tanto en gestión como en aplicaciones científico-técnicas. Está estandarizado.

• The *C* language's «&» (address of) and «*» (dereference) operators allow the ...

C++: *1. C++.*

1. Ampliación del lenguaje C (ver) para *programación orientada a objetos* (ver *Object oriented programming*). Muy utilizado, existen varias versiones y *compiladores* del mismo.

• A function provided by a class in *C++* and some other object-oriented languages to ...

Cabinet: *1. Caja.*

1. Contenedor de los principales componentes de una computadora personal (UCP, disco duro, disquetera, etc.) y de las aberturas para la conexión de otros. Si su base tiene menor superficie que otra de las caras, recibe el nombre de *torre.*

• A self-contained, lockable *cabinet (caja)* will house the various components, ...

Cable (noun): *1. Cable.*

1. Medio físico usado para transmitir datos (se contrapone a transmisión «sin cable»). Puede aplicarse tanto a cable metálico como a fibra óptica.

• What types of *cables (cables)* and connecting hardware will be required to support ...?

Cable (verb): *1. Cablear.*

1. Aplícase a todas las actividades relacionadas con la instalación física de cables para aparatos y redes de computadoras.

• ... is close to completion on a new *cabling (de cableado)* standard for gigabit networking ...

Cable harness: *1. Mazo de cables.*

1. Grupo de cables que se han preparado como un solo elemento. Cada cable puede tener sus propias características eléctricas y físicas (cubierta, color) y el conjunto puede ser dotado de conectadores, cobertura externa de unas ciertas características, etc. Es posible, también, que el *mazo de cables* se fabrique con una cierta torsión del conjunto de cables componentes.

● ... include custom and unusual *cable harness (mazo de cables)* assemblies with any connector configuration ...

Cable modem: *1. Módem para cable.*

1. *Módem* (ver *Modem*) que se conecta a un cable típico de televisión por cable lo que, potencialmente, puede permitir velocidades de transferencia que no tienen nada que ver con las actuales de los módems conectados a líneas telefónicas. Una ventaja adicional es la conexión permanente que proporciona este sistema. Aunque no está todo resuelto desde el punto de vista técnico, parece que el futuro de Internet pasa por los módems para cable.

● ... the actual transfer rates with *cable modems (módems para cable)* will depend on the number of other simultaneous users ...

Cabling: *1. Cableado.*

1. Disposición de los cables que conectan los componentes de un sistema o los de una red local.

● Do you want your network *cabling (cableado)* to be installed to the highest standards?

Cache (noun): *1. Caché.*

1. Porción de memoria de alta velocidad (mayor que la de la memoria principal) que se usa para contener datos y/o instrucciones (según que la use la *UCP* (ver *Central Processing Unit*) o un procesador de *E/S*; ver *Input/Out-*

put) que se prevé se utilizarán a muy corto plazo. Reduce el tiempo de acceso y mejora el rendimiento. De la misma manera que la memoria *caché* es más rápida que la memoria ordinaria, ésta es más rápida que la secundaria (disco, ...). Por lo tanto, el mismo principio se aplica a la memoria secundaria cuyos dispositivos pueden dotarse de memoria ordinaria que actúa de caché en las operaciones de E/S.

● Each CPU may have an associated *cache (caché)* ...

Cache (verb): *1. Cachetizar.*

1. Acción y efecto de usar una memoria caché (ver *Cache (noun)*).

● ... that can be dynamically partitioned for *caching (cachetizar)* data in shared buffers ...

Cache card: *1. Placa de caché.*

1. Placa (ver *Card Def. 3*) de expansión cuya función es incrementar la oferta de memoria *caché* en un sistema.

● When the CPU needs to read data, it looks first in the *cache card (placa de caché)*.

Cache coherency: *1. Coherencia de cachés.*

1. Mecanismo propio de los sistemas multiprocesador que tienen caché en más de uno de los procesadores. Sirve para mantener la coherencia de los valores contenidos en los diferentes cachés mediante la propagación de los cambios que se produzcan en cada uno de ellos.

● ... to gather detailed information about the *cache coherency (coherencia de cachés)* state of accessed memory locations.

Cache controller: *1. Controlador de caché.*

1. Dispositivo que controla el uso de la memoria caché.

• You probably will get better read performance with a non-replicated index with a *cache controller (controlador de caché)* than ...

Cache memory: *1. Memoria caché. 2. Caché.*

Sinónimo de *Cache* (ver).

Caddy: *1. Cajetín.*

1. Caja extraíble en la que se pone el CD-ROM para que, al reintroducirla, pueda ser procesado por el lector/reproductor. Las unidades más modernas han sustituido el *cajetín* por una bandejita que entra y sale (el «*reposavasos*») o, más simple aún, admiten la introducción directa del CD-ROM.

• ... that required a «*caddy*» *(cajetín)* to put the CD-ROM diskette into and ...

Calculus of events: *1. Cálculo de eventos.*

1. Parte de la *Inteligencia Artificial* (ver *Artificial Intelligence*) que permite el análisis y la extracción de conclusiones a partir de hechos ligados temporalmente que puede ser que no estén completos ni ordenados cronológicamente.

• ... and his team intend to adopt the *calculus of events (cálculo de eventos)* of Kowalski and Sergot ...

Calendar: *1. Agenda.*

1. Programa con el que puede mantenerse la agenda personal o de negocio. Es una forma abreviada de decir *calendar software.*

• This *calendar (agenda)* will let you know that an event is approaching ...

Calendar Access Protocol:
1. Protocolo de Acceso a Calendario.
2. CAP.
1. Trabajos actualmente en desarrollo para de-

finir estándares que permitan, a los usuarios de Internet, compartir calendarios (para facilitar la planificación conjunta de tareas y reuniones y facilitar el trabajo en grupo). La declaración oficial reza así:

«*A standard access protocol to allow for the management of calendars, events and to-dos over the Internet. This protocol will be specified in the document called "Calendar Access Protocol" in the milestone list*» *(Novbre. 1998).*

Calendar Interoperability Protocol: *1. CIP.*
1. Intento de normalizar todo lo referente al uso de calendarios y eventos relacionados con los mismos, más allá de las fronteras de un solo sistema.

• By using a standards-based *Calendar Interoperability Protocol (CIP)* and a data interchange format, different vendors can enable ...

Calendar program: *1. Aplicación de calendario.*
1. Aplicación que ayuda a resolver y registrar cuestiones relacionadas con calendario y, posiblemente, cuestiones de agenda.

• ... people find that the output for the Unix *calendar program (aplicación de calendario),* 'cal' produces output that they do not ...

Call (noun): *1. Búsqueda. 2. Llamada.*
1. Acción de realizar una búsqueda en una *biblioteca* (ver *Library*) (normalmente, de programas). Las bibliotecas en las que se realizan estas búsquedas se llaman «*call libraries*» *(bibliotecas de búsqueda).*

• An external reference that is not resolved by automatic library *calls (búsquedas)* unless ...

• Most compilers have their own automatic *call libraries (bibliotecas de búsqueda)* ...

2. Acción y efecto de ejecutar un subprograma, función, etc., utilizando un *mandato* o instrucción de llamada del lenguaje en el que se programa (por ejemplo, CALL).

● During one *call (llamada)* to XXXX, the following is a typical sequence: ...

Call (verb): *1. Llamar.*
1. Pasar el control de la ejecución a un elemento ejecutable diferente del actual (a un programa, un subprograma, una función, etc.) de forma que cuando termine la ejecución del segundo elemento (y de sus posibles «llamados») el control de ejecución retorne a la instrucción siguiente a la llamada (el mandato CALL en sí no se traduce ya que es propio de la gramática del lenguaje de programación y no de la lengua inglesa).

● Rather than correct the *calling (llamantes)* modules, an alternate ...

● ... to determine how the XXXX function *was called (se llamó a)*.

Call center: *1. Central de llamadas.*
1. Centro formado por una serie de puestos de trabajo dotados, cada uno, de servicio telefónico y de una computadora o terminal que accede a *bases de datos* (ver *Database*) con información relacionada con el tema de las llamadas recibidas o hechas. La especialización del personal permite conseguir un gran rendimiento en la atención de llamadas de clientes (por ejemplo, ayuda o atención), la realización de campañas de mercadotecnia, etc.

● *Call centers (las centrales de llamadas)* are used by computer product help desks, ...

Call chain: *1. Cadena de llamadas.*
1. Cadena enlazada de las distintas *llamadas* a (sub)programa (ver *Call (noun)*) realizadas sucesivamente por un proceso. Hay lenguajes

(y sistemas) que permiten su consulta durante la ejecución. En otras situaciones sólo es posible la consulta, en caso de error, interpretando vaciados de memoria.

● To display the *call chain (cadena de llamadas)* from within a program and then let ...

Call-back: *1. Retrollamada.*
1. Sistema de efectuar llamadas internacionales desde un país diferente de los EUA de forma que las llamadas se hacen realmente desde los EUA (donde las tarifas son más baratas).

● ... works only with your registered *call-back (de retrollamada)* number ...

Callable services: *1. Servicios llamables.*
1. Servicios del *sistema operativo* (ver *Operating system*) que pueden solicitarse para su ejecución usando instrucciones de llamada (ver *Call (verb)*).

● For more specific and detailed information about coding a particular macro or *callable service (servicio llamable)* ...

Callback: *1. Retrollamada.*
1. Mecanismo de seguridad en el que a una llamada de conexión (con identificación de usuario y contraseña) a un sistema le corresponde una llamada de vuelta desde dicho sistema a un número predeterminado. De esta manera sólo son posibles las suplantaciones totales (usuario, contraseña y máquina).

● Security with the fixed *callback (retrollamada)* method is maximized.

Called: *1. Llamado.*
1. En ciertos sistemas de comunicaciones (por ejemplo, X.25) se denomina *llamado* al destino de la comunicación, al elemento al que se hace la llamada.

• You can omit the *called (llamado)* X.121 address in outgoing calls ...

Caller: *1. Llamante.*
1. Se llama así al elemento ejecutable (programa, módulo, rutina) que llama a otro elemento ejecutable (ver *Call (verb)*).

• ... when control is returned to the *caller (llamante)* unless ...

Calling: *1. Llamante.*
1. En ciertos sistemas de comunicaciones (por ejemplo, X.25) se denomina *llamante* al origen de la comunicación, al elemento que hace la llamada.

• *Calling (llamante)* NSAP (Network Service Access Point).

Calling Feature: *1. Función de llamada.*
1. Mejoras relativas al uso del teléfono ofrecidas por la propia compañía suministradora del servicio o por tercera parte. Incluye cuestiones como «llamada en espera», «llamada rápida», etc.

• XYZ offers these *Calling Features (Funciones de Llamada)*: 8 Number Speed Calling, 3-Way Calling, ...

Camera ready: *1. Listo para cámara.*
1. Versión final de un elemento destinado a ser impreso previo fotografado o técnica similar o, simplemente, listo para ser impreso.

• *Camera ready (lista para cámara)* art specifically means that your copy to print on ...

Cancel: *1. Cancelar.*
1. Provocar la terminación de un programa, proceso en ejecución o en espera, etc. Habitualmente, la cancelación se produce desde el exterior.

• You can then stop or *cancel (cancelar)* the conflicting task or job.

Cancelbot: *1. Bot matador.*
1. Programa de tipo *bot* (ver *Bot*) que se usa para eliminar de forma automática mensajes indeseados en sistemas multiusuario (de correo-e, grupos de noticias, etc.).

• How do I add a *cancelbot (bot matador)* to my mailing list?

Cancelability point: *1. Punto de cancelabilidad.*
1. En ciertas materializaciones de *POSIX* (ver *Portable Operating System Interface)*, punto en el que puede solicitarse la cancelación de una *hebra* (ver *Thread*) usando la función prevista para ello.

• How to establish a *cancelability point (punto de cancelabilidad)*: ...

Candidate key: *1. Clave candidata.*
1. Cualquier conjunto mínimo de *atributos* (ver *Attribute*) que pueda usarse en cualquier momento como identificador sin repeticiones de las relaciones de una tabla (o de los registros de un fichero que se está diseñando) es una *clave* (ver *Key (noun) Def. 2) candidata* para la *relación* (o fichero). Una de las claves candidatas se seleccionará como *clave primaria* (ver *Primary key*).

• In practice, many relations have a single *candidate key (clave candidata)*, and so ...

Canned Software: *1. Software enlatado.*
1. Software que se compra como el que compra cualquier otro producto de un supermercado: caja cerrada con el CD-ROM o disquetes, las normas de instalación, el manual de usuario y puede que un teléfono para hacer consultas.

• ... is much more expensive than purchasing «canned» software (software «enlatado»), but we also agree ...

Canonical: *1. Ortodoxo.*

1. Se aplica este adjetivo a las formas de hacer y proceder que están de acuerdo con la normas establecidas y, en su defecto, con la manera más habitual de hacer y proceder. En algunos campos una de las alternativas posibles ha sido reconocida como *ortodoxa* (no en un sentido dogmático; hay algo de chanza y autocomplacencia de por medio) y las demás son no-ortodoxas (heterodoxas). Esta palabra es bastante jerga.

• «Hello, world» is the *canonical (ortodoxo)* minimal test message in the ...

Capability: *1. Aptitud, aptitudes.*
2. Autorización.
1. Características de un elemento informático que hacen que sea apropiado para un determinado fin.

• Monitors with this *capability (aptitud)* (to turn off power) are usually refered to as «green monitors» ...

2. Modelo *(de permisos)* de control de acceso que se basa en *otorgar* (ver *Grant*), a determinadas estructuras de datos, ciertos derechos de acceso. Las estructuras mencionadas se asocian a los procesos con asignación de permisos en función de otros datos (código de usuario, etc.).

• The result of a successful open is usually some kind of *capability (autorización)* ...

Capacitor: *1. Condensador.*
1. Dispositivo eléctrico/electrónico que puede almacenar energía electrostática. Su capacidad se mide en faradios.

• ... of charge from the *capacitors (condensadores)* which store the data.

Capacity planning: *1. Planificación de capacidad.*
1. Proceso esporádico o continuo de valoración, por una parte, de la carga de trabajo de una instalación informática y de su proyección hacia el futuro y, de otra parte, de la capacidad actual de procesamiento de la instalación (uso de UCP (ver *Central Processing Unit*) y de canales, uso de memoria virtual y *paginación* (ver *Paging*), ocupación de almacenamiento de acceso directo (ver *Direct Access Storage Device*), saturación de líneas, etcétera). Se consideran parámetros globales tales como tiempo de respuesta, ocupación de ventanas de tiempo para trabajos por *lotes* (ver *Batch*), etc. La idea es llegar a establecer una estimación ajustada de las necesidades futuras de equipamiento informático.

• *Capacity planning (La planificación de capacidad)* becomes more critical in this environment.

Capacity record: *1. Registro de capacidad.*
1. En algunas configuraciones de disco, el registro de capacidad es un registro especial que contiene información de control sobre el contenido de una *pista* (ver *Track*) del disco.

• The system supplies the data, writes the *capacity record (registro de capacidad)*, and advances to the next track.

Capital Letters: *1. Letras mayúsculas.*
2. Letras versales.
1. Letras mayúsculas o versales (mayores de tamaño, forma distinta, se usan en los inicios, etcétera).

• If the selected parameter is a combination of *capital letters (letras mayúsculas)* and italics ...

Capitalization: *1. Uso de letras mayúsculas. 2. Versalización.*
1. Acción de escribir o imprimir desde la computadora usando letras mayúsculas (todas o solamente las iniciales).

• ... the direction of the search, or sensitivity to text *capitalization (al uso de mayúsculas en el)* ...

2. Conjunto de reglas que determinan el uso de las mayúsculas combinado con el de las minúsculas.

• These rules for *capitalization (versalización)* apply only to English language ...

Caps: *1. Versal. 2. Mayúsculas.*
1. Abreviación de las palabras inglesas *CApital letterS*. Se aplica para identificar las letras mayúsculas (*uppercase*).

• ... The editor sets *caps (versal)* mode on if it detects that a member to be edited contains no lowercase characters ...

Caps Lock Key: *1. Tecla Bloq. Mayús.*
1. *Tecla* que permite *teclear* (ver *Key (verb)* o *Type (verb)*) mayúsculas sin necesidad de mantener pulsada la tecla de conmutación.

• I would like to be able to completely disable the *Caps Lock key (tecla Bloq. Mayús.).*

Caption: *1. Leyenda.*
Texto acompañante –que explica– de una ilustración (en libros y revistas). Acostumbra a ser el mismo texto que se reproduce en la lista de figuras.

• You can extend the figure *caption (leyenda)* with a description ...

Capture (verb): *1. Captar.*
1. Acción de localizar datos, mensajes, etc., almacenándolos o poniéndolos a disposición de un servidor de algún tipo.

• You can use the following commands to *capture (captar)* internal trace data ...

Capture ratio: *1. Velocidad de captación.*
1. Los instrumentos (habitualmente, programas) de control del consumo de recursos y del *rendimiento* (ver *Performance*) de las computadoras, raramente consiguen *captar* (ver *Capture*) el 100 % de la magnitud medida (por ejemplo, tiempo de UCP; ver *Central Processing Unit*). La *velocidad de captación* es la relación entre el valor captado en el tiempo de control y el realmente utilizado.

• ... to calculate the *capture ratio (velocidad de captación)*, and also the ...

Carbon Copy: *1. CC. 2. Copia.*
1. En *correo-e*, copia de un *mensacorre* (ver *E-mail (noun) Def. 2*) que se envía a uno o más destinatarios, además del principal.

• You might want to send them a *carbon copy (copia)* or courtesy copy of the same ...

Card: *1. Ficha. 2. Tarjeta. 3. Placa.*
1. Soporte primitivo de datos constituido por fichas rectangulares de cartulina, cada una con 80 o más columnas, en las que se codificaba la información por combinación de perforaciones en cada columna. Actualmente los ficheros de fichas se simulan como ficheros secuenciales en soporte magnético.

• Each punched *card (ficha)* corresponds to one physical record ...

2. *Tarjeta* de cartulina o plástico, dotada de una banda magnética (ver *Magnetic stripe*) o microprocesador, que puede procesarse informáticamente.

3. *Placa* dotada de circuitos impresos y componentes electrónicos que puede conectarse en una computadora para cumplir una función predeterminada.

● ... come with a XGA *card (placa)* capable of displaying a 1024 × 768 pixel display.

Card encoder: *1. Grabadora de tarjetas.*
1. Máquina diseñada para grabar tarjetas con banda magnética (de crédito, de transporte público, etc.).

● The card issuance system consists of a personal computer and a motor driven *card encoder (grabadora de tarjetas)* or a manual ...

Card punch: *1. Perforadora de fichas.*
1. Máquinas creadas para perforar fichas (ver *Card Def. 1*)). Actualmente son piezas de museo.

● The IBM 3525 *Card Punch (Perforadora de Fichas)* accepts only format-F records ...

Card reader: *1. Lectora de fichas.*
2. Lectora de tarjetas.
1. Máquina preparada para leer fichas perforadas (ver *Card (Def. 1)*). Actualmente son piezas de museo.

● An example of this would be the last card read on a *card reader (lectora de fichas)*.

2. Pero como la técnica avanza, las modernas *lectoras de tarjetas* son máquinas preparadas para leer tarjetas con banda magnética.

Cardbus: *1. Cardbus.*
1. Versión de 32 bits (la placa *PC* original era de 16 bits) de la normalizada placa PC (*PCMCIA*; ver *Personal Computer Memory Card International Association*) y de las ranuras de expansión correspondientes.

● ... has built-in support for a wide variety of *CardBus (CardBus)* controllers, and recognizes these controllers ...

Cardinality: *1. Cardinalidad.*
1. Número de elementos de un conjunto (no se tiene en cuenta el orden). Se aplica frecuentemente para referirse al número (promedio, máximo, mínimo, etc.) de repeticiones de las relaciones (modelo relacional).

● ... to change the column *cardinality (cardinalidad)* for a column that will have the ...

Caret: *1. Circunflejo.*
1. Carácter especial (^) cuyo valor es x'5E' en *ASCII* y x'5F' en *EBCDIC*.

● ... set used left-arrow and up-arrow instead of underscore and *caret (circunflejo)*, placed the ...

Careware: *1. Software solidario.*
1. Software gratuito por cuyo uso el autor pide un donativo para una entidad benéfica determinada.

● Makers of Arachnophillia, a good *careware (software solidario)* HTML editing package ...

Carpal tunnel Syndrome:
1. Síndrome del túnel carpiano.
1. Enfermedad que se desarrolla en manos y muñecas a causa una mala posición cuando se utiliza mucho el teclado y puede que el ratón.

● *Carpal tunnel Syndrome (El síndrome del túnel carpiano)* is also preventable by taking appropriate measures ...

Carriage: *1. Carro.*
1. Mecanismo, en una impresora, responsable del avance del papel. También se llama carro al soporte del cabezal de impresión.

• ... and *carriage (carro)* returns to achieve the same effects as ...

Carriage control character:
1. Carácter de control de carro.
1. En impresión por líneas, carácter que se coloca al inicio de cada línea para indicar a la impresora el movimiento vertical (espaciado y salto) deseado para el papel. Hay varios sistemas de codificación de estos caracteres.

• ... might have printer *carriage control characters (caracteres de control de carro)* in the first ...

Carriage return: *1. Retorno de carro.*
2. CR.
1. Carácter de control relacionado con la descomposición de un fichero en registros y con la impresión de éstos. En realidad, *Carriage* se refiere al carro de la impresora. En *ASCII* el valor hexadecimal de este código es x'0D'.

• ... a *Carriage-Return (retorno de carro)*, Line-Feed combination is considered the end of a line.

Carrier: *1. Portadora. 2. Teleservicio.*
1. *Señal* (ver *Signal Def. 1*) de base cuya modulación en frecuencia, amplitud o fase sirve para transmitir otra señal más débil, en general.

• The device, instead of using a single *carrier (portadora)*, as with ordinary modems, uses several ...

2. En ciertos ambientes y forzando un poco la lengua, se usa como nombre genérico de las compañías que dan servicio de telecomunicaciones.

• ... common *carrier (de teleservicio)* to refer to a company that offers telecommunications services.

Carrier frequency: *1. Frecuencia de portadora.*
1. Frecuencia propia de la señal *portadora* (ver *Carrier*).

• ... is modulated onto a *carrier frequency (frecuencia de portadora)* by some conventional technique, such as ...

Carrier sense (noun): *1. Escucha de portadora. 2. Percepción de portadora.*
1. Acción y efecto de escuchar si hay *señal* (ver *Signal Def. 1*) portadora (ver *Carrier*) en la línea y de percibir que realmente la hay (ver *Carrier sense (verb)*).

Carrier sense (verb): *1. Percibir portadora. 2. Escuchar portadora.*
1. En ciertas arquitecturas físicas de red, percibir una estación de datos que hay otra estación transmitiendo en ese mismo momento.

• If a *carrier signal is sensed (se percibe una señal de portadora)*, the DTE defers its transmission ...

2. Sondear un circuito para determinar si hay alguna estación transmitiendo en un momento dado.

Carrier Sense Multiple Access with Collision Detection: *1. Acceso múltiple con escucha de portadora y detección de colisión. 2. CSMA/CD.*
1. Método de control de acceso al medio (de comunicación) basado en la escucha de portadora (ver *Carrier sense (verb)*) y la detección de colisión de *señales* (ver *Signal Def. 1*) simultáneas.

• We can conclude that access to a *CSMA/CD (CSMA/CD)* bus is probabilistic and ...

Carry (noun): *1. Acarreo.*
1. En la suma y multiplicación, acción de se-

parar las decenas de un resultado parcial para agregarlas a la suma o producto de orden inmediato superior. Pueden ser problemáticos los acarreos fuera de la longitud definida para un operando.

- If the addition produces no *carry (acarreo)* ...

Carry (verb): *1. Transportar.*

1. Transportar algo. En especial, datos o *señales.*

- ... to the specifications for thick coaxial cable *carrying (transportando)* Ethernet signals.

Carry flag: *1. Indicador de acarreo.*

1. *Indicador* (ver *Flag (noun)*) que se activa, en operaciones binarias, para señalar que se ha producido *acarreo* o *préstamo* a/de posición fuera del *campo* (ver *Field*).

- *Carry Flag (indicador de acarreo)* — Set on high-order bit carry or borrow; cleared otherwise.

Carry out (verb): *1. Efectuar.*

1. Palabra de amplio uso informático (y no informático). Puede aplicarse a tareas realizadas por los programas, las máquinas y los profesionales del ramo.

- ... and you are unable *to carry out (efectuar)* forward recovery ...

Cartridge: *1. Cartucho.*

1. Unidad extraíble de almacenamiento de datos, compacta y de fácil manipulación. Aunque la mayoría de veces se aplica a cinta magnética, también pueden haber cartuchos de disco óptico.

- Tape *cartridges (cartuchos)* or small diskette devices can be added.

Cascade Windows: *1. Ventanas en cascada.*

1. Ordenación de todas las ventanas en pantalla de forma que puede verse la información identificativa de cada una de ellas. Permite volver «a situarse» cuando se ha perdido el norte.

- ... or from the *cascade windows (ventanas en cascada)* button in the main window tool bar ...

Cascading delete: *1. Eliminación en cascada.*

1. Opción de la definición de tablas en SQL (ver *Structured Query Language*) según la cual al eliminar una *fila progenitora* (ver *Parent row*), se borran todas las *filas descendientes* (ver *Descendent row*) de la misma. Es una manera de proteger la *integridad referencial* (ver *Referential constraint*).

- But if the *cascading delete (eliminación en cascada)* ever encounters a row that is dependent through a relationship ...

Cascading Style Sheets: *1. Hojas de estilo en cascada. 2. HEC.*

1. Ampliación al lenguaje *HTML* (ver *Hypertext Markup Language*) que ayuda en la definición de Hojas de estilo, en las que se consideran cuestiones como *fuente* (ver *Font*), tamaño, color, etc., y en su aplicación durante el diseño de páginas *Ueb* (ver *World Wide Web*). Las hojas pueden aplicarse sucesivamente sobre la misma página y consecutivamente a páginas diferentes. Se establecen reglas de *precedencia* (ver *Precedence*) para caso de conflicto al asignar un aspecto concreto del estilo de desarrollo.

- There are recommendations from de *W3C* relating *Cascading Style Sheets (Hojas de Estilo en Cascada).*

Case: *1. Caso.*
1. Componente estructural, incorporado en algunos lenguajes de programación, consistente en una condición o pregunta a la que corresponden varias respuestas («casos»), pudiendo establecerse una acción específica por cada una de las respuestas (ver *Case statement*).

• Remove the default *case (caso)* label, or place it inside a switch statement ... (Nota: Mantener el original *case* cuando se refiera a dicho componente del lenguaje).

Case Based Reasoning:
1. Razonamiento basado en casos. 2. RBC.
1. Fundamento de sistemas informáticos que ayudan a resolver problemas partiendo de la información almacenada (Base de Casos) referente a la solución de casos parecidos. Es evidente que tiene que haber una importante actividad de selección de casos parecidos y de adaptación de los seleccionados a las características del actual.

• *Case Based Reasoning (El Razonamiento Basado en Casos)* is a cyclic and integrated process of solving a problem and learning from this experience.

Case clause: *1. Instrucción Caso.*
Ver *Case statement.*

Case sensitive: *1. Sensible a caja.*
1. Capacidad de un proceso –aunque sea muy elemental– de distinguir entre letras mayúsculas (caja alta) y minúsculas (caja baja).

• The availability of *case sensitive (sensible a caja)* processing depends on the environment.

Case statement: *1. Instrucción Caso.*
1. Instrucción de programación que engloba una condición o pregunta que admite dos o más respuestas, con indicación de la acción o acciones a ejecutar cuando se cumpla cada

una de ellas. La selección de una respuesta excluye la selección de cualquier otra, para cada ejecución de la instrucción.

• Innovations included enumeration types, *case statement (instrucción caso)*, etc.

Case structure: *1. Instrucción Caso.*
Ver *Case statement.*

Case-sensitive: *1. Sensible a caja.*
Ver *Case sensitive.*

Cast (noun): *1. Muda.*
1. Acción y efecto de *mudar* (ver *Cast (verb)*) por medio de un mecanismo explícito.

• There are no *casts (mudas)* to disable the type-checking when ...

Cast (verb): *1. Mudar.*
1. Usar un mecanismo de un lenguaje de programación para cambiar explícitamente el tipo de un dato.

• The expression «(char)ix» *casts (muda) ix* to char type.

Cast operator: *1. Operador de muda.*
1. Operador que se usa en lenguaje C para efectuar *mudas.*

• ... explicit type conversions using the *cast operator (operador de muda)* or the ...

Cat 3: *1. Cat 3.*
1. Norma americana (*ANSI/EIA* 568) referente al cable torcido usado en *Ethernet* (ver) 10BaseT. Permite transmisión de voz y datos hasta 10 Mbps.

• One connector shall be supported by a 4-pair 100 ohms UTP cable, *Cat 3 (Cat 3)* or higher.

Cat 4: *1. Cat 4.*
1. Norma americana (*ANSI/EIA* 568) referente al cable torcido usado en *Token Ring* (ver *Token Ring network*) de hasta 16 Mbps.

● The amount of untwisting of individual pairs to terminate shall be less than or equal to 1.0 in. for *Cat 4 (Cat 4)*.

Cat 5: *1. Cat 5.*
1. Norma americana (*ANSI/EIA* 568) referente al cable torcido de mejores prestaciones (hasta 155 Mbps).

● Fully compliant with EIA/TIA *Cat 5 (Cat 5)* performance Specifications.

Catalog (noun): *1. Catálogo.*
1. Conjunto de ficheros o tablas de *bases de datos* (ver *Database*) que contienen información sobre otros ficheros u otros tipos de objetos a fin de facilitar o simplificar su localización y utilización.

● ... and thus verify *catalog (catálogo)* integrity ...

Catalog (verb): *1. Catalogar.*
1. Registrar un fichero u otro objeto en un catálogo (ver *Catalog (noun)*). La operación de registro puede ser explícita o implícita.

● By *cataloging (si catalogan, catalogando)* data sets, your users will need to know less about your storage setup.

Cataloged data set: *1. Fichero catalogado.*
Ver *Cataloged file.*

Cataloged file: *1. Fichero catalogado.*
1. Fichero que ha sido registrado en un catálogo (ver *Catalog (noun)*) (se han anotado en éste ubicación, características, etc., del fichero).

● To successfully perform all possible operations on a *cataloged file (fichero catalogado)* using the catalog ...

Cataloged procedure:
1. Procedimiento catalogado.
1. Mecanismo que permite crear y guardar un conjunto de instrucciones de control de trabajos para llamarlas posteriormente por su nombre y enviarlas a ejecución, solas o acompañadas de otras instrucciones, y con posibilidad de adaptar determinados valores simbólicos a las condiciones de cada ejecución concreta.

● The specifications in a *cataloged procedure (procedimiento catalogado)* can be temporarily overridden ...

Cathode Ray Tube: *1. Tubo de rayos catódicos. 2. TRC.*
1. Componente principal de la pantalla. Es un tubo vacío terminado en una pared fosforescente en la que los elementos electrónicos del tubo pueden crear imágenes de uno o más colores.

● *Cathode Ray Tubes (Los tubos de rayos catódicos)* also differ in their dot pitch, which determines their ...

CA: *1. AC. 2. Autoridad de Certificación.*
Ver *Certification Authority.*

CAD: *1. CAD. 2. Diseño asistido por computadora.*
Ver *Computer-Aided Design.*

CAD/CAM: *1. CAD/CAM.*
Ver *Computer-Aided Design/Computer-Aided Manufacturing.*

CADD: *1. CADD.*
Ver *Computer-Aided Design and Drafting.*

CAE: *1. CAE.*
Ver *Computer-Aided Engineering.*

CAI: *1. CAI.*
Ver *Computer-Aided Instruction.*

CAI authoring systems: *1. Sistemas para generación de material CAI.*
1. Sistemas de ayuda para la generación de productos CAI (ver *Computer-Aided Instruction*). Contienen lenguajes y otros medios de ayuda para crear material didáctico o de soporte a la enseñanza.

• Design guidelines for *CAI authoring systems (sistemas para generación de material CAI).*

CAL: *1. CAL.*
Sinónimo de *Computer-Aided Instruction* (ver).

CAL authoring systems: *1. Sistemas para generación de material. CAL.*
Sinónimo de *CAI authoring system.*

CAM: *1. CAM. 2. Fabricación Integrada por Computadora.*
Ver *Computer-Aided Manufacturing.*

CAM: *1. CAM. 2. Memoria direccionable por contenido.*
1. Acrónimo de *Content Addressable Memory.* Ver *Associative memory.*

CAN: *1. CAN.*
Ver *Controller Area Network.*

CAP: *1. CAP. 2. Protocolo de Acceso a Calendario.*
Ver *Calendar Access Protocol.*

CAPI: *1. CAPI.*
Ver *Common Application Programming Interface.*

CAS: *1. CAS. 2. Señación asociada a canal.*
Ver *Channel Associated Signaling.*

CAS: *1. CAS. 2. Dirección estroboscópica de columna.*
Ver *Column Address Strobe.*

CASE: *1. CASE. 2. Ingeniería de Software Asistida por Computadora.*
Ver *Computer-Aided Software Engineering.*

CAT: *1. CAT. 2. Pruebas Asistidas por Computadora.*
Acrónimo de *Computer Aided Test* (ver).

CAV: *1. VAC. 2. Velocidad angular constante.*
Ver *Constant Angular Velocity.*

CBA: *1. ACB. 2. Análisis Coste/Beneficio.*
Ver *Cost/Benefit Analysis.*

CBR: *1. RBC. 2. Razonamiento basado en casos.*
Ver *Case Based Reasoning.*

CBT: *1. CBT.*
Acrónimo de *Computer-Based Training* que, a su vez, es sinónimo de *Computer-Aided Instruction* (ver).

CC: *1. CC. 2. Copia.*
1. Acrónimo de *Carbon Copy* o de *Courtesy Copy.* Con una u otra denominación, copia que se envía de un *mensacorre* (ver *E-mail (noun) Def. 2*).

CCD: *1. CCD. 2. Dispositivo Acoplado por Carga.*
Acrónimo de *Charge-Coupled Device* (ver).

CCITT: *1. CCITT.*
Ver *Consultative Committee on International Telegraph and Telephone.*

CCS: *1. CCS. 2. Canal de señación común.*
Ver *Common Channel Signaling.*

CCW: *1. CCW. 2. Palabra de mandato de canal.*
Ver *Channel Command Word.*

CD: *1. CD.*
1. *Carrier Detect.* Luz en *módem* (ver *Modem*) que indica que éste y la computadora asociada se han reconocido mutuamente y que se ha establecido una conexión a ese nivel (no circulan datos).

CD-R disk: *1. Disco CD grabable.*
Ver *CD-Recordable disk.*

CD-Recordable disk: *1. Disco CD grabable.*
1. Disco tipo CD (*compacto*) que puede ser grabado una sola vez (y extendido más allá de la grabación previa).

• The easiest way to make a *CD-Recordable disk (disco CD grabable)* unusable is to scratch the top surface ...

CD-Rewriteable disk: *1. Disco CD regrabable.*
1. Disco tipo CD (*compacto*) que puede ser regrabado un número indefinido de veces. Estos discos están alcanzando una gran popularidad: copias de salvaguardia (ver *Backup copy*), «pirateo», ...

• This is particularly important for *CD-RW discs (discos CD regrabables)*, which won't be written ...

CD-ROM: *1. CD-ROM.*
1. *Compact Disc-Read Only Memory.* Disco óptico capaz de almacenar una importante cantidad de datos (sobre unos 650 MB por unidad). Tienen la misma tecnología que los populares «compactos» de audio, de los que son una continuación lógica. Existen en dos tecnologías: de Velocidad Lineal Constante y de Velocidad Angular Constante. Inicialmen-te, los CD-ROMs sólo se grababan una vez (en origen). A finales de los 90's aparecieron los CDs grabables una vez por usuario (CD-R) y los regrabables (CD-RW).

• *CD-ROM* speeds are calculated using a standard audio CD as a starting point.

CD-ROM jukebox: *1. Sinfonola.*
Ver *Jukebox.*

CD-ROM server: *1. Servidor de CD-ROM.*
1. Servidor de red local cuya misión es permitir que los clientes de la red accedan a uno o más CD-ROMs situados en y manejados por el servidor. Por ejemplo, para consultar una biblioteca de manuales.

• This *CD-ROM Server (Servidor de CD-ROM)* enables several users to access CD-ROMs at the same time.

CD-RW disk: *1. Disco CD regrabable.*
Ver *CD-Rewriteable disk.*

CDDI: *1. CDDI.*
Ver *Copper Distributed Data Interface.*

CDF: *1. CDF.*
Ver *Channel Definition Format.*

CDF: *1. CDF.*
Ver *Common Data Format.*

CDMA: *1. CDMA.*
Ver *Code Division Multiple Access.*

CDPD: *1. CDPD.*
Ver *Cellular Digital Packet Data.*

Ceiling: *1. Techo. 2. Tope.*
1. En algunos ámbitos, designación de una función (por ejemplo *ceil()*) que redondea por exceso al entero más próximo.

● *Ceiling (techo)* takes a single numeric argument x and returns a numeric vector containing ...

2. Referente al valor máximo que puede tomar una variable o magnitud (ver, por ejemplo, *Priority ceiling*).

Cell: *1. Celda. 2. Célula.*

1. En redes que usan como medio de transmisión ondas de radio, se llama *célula* a la estación que actúa como base y a todas las que comunican con ella. Las células se agrupan en conjuntos, diferenciándose cada célula de todas sus adyacentes en la frecuencia de radio utilizada. A veces se usa la misma palabra cuando el medio de transmisión es diferente a la radio.

● ... the size of each *cell (célula)* varies and is determined by the terminal density and local terrain.

2. Uno o más *campos* (ver *Field*), con uso específico, situados en un conjunto más amplio. No se aplica, en general, a datos de usuario.

● Records and components are a logically related group of *cells (celdas)*.

3. Unidad de memoria adquirida por un subsistema o proceso desde una *reserva* (ver *Pool*) de ellas.

● You then can request *cells (celdas)* of storage from this cell pool as you need them.

4. Hueco donde se guarda temporal o definitivamente un *cartucho* (ver *Cartridge*) o carrete de cinta magnética (traducción: *celda*).

5. Paquete muy corto de datos (por ejemplo, 53 *baits*; ver *Byte*) usado en redes muy rápidas (ver *Asynchronous Transfer Mode*).

● Small *cells (células)* have advantages for constant bit rate traffic ...

Cell switching: *1. Conmutación de células.*

1. Método de transmisión propio de redes avanzadas (muy rápidas) en el que unidades pequeñas de datos (*Células*, ver *Cell Def. 5*) circulan de origen a destino a través de conexiones virtuales conmutadas.

● ... ressembles its frame-based cousin, but relies on *cell switching (conmutación de células)* for increased scalability ...

Cell-loss ratio: *1. Ratio de pérdida de células.*

1. En ATM (ver *Asynchronous Transfer Mode*), relación entre *células* (ver *Cell Def. 5*) descartadas (ver *Discard (verb)*) y células transmitidas con éxito.

● Emerging multimedia applications require ...bounded *cell-loss ratio (razón de pérdida de células)* ...

Cellular: *1. Celular.*

1. Sistema de telefonía móvil consistente en dividir el territorio en partes llamadas *células* (ver *Cell Def. 1*), instalar antenas en estas células y dotar de teléfonos portátiles al mayor número posible de ciudadanos.

● A few competing *cellular (celulares)* systems coexist ...

Cellular Digital Packet Data: *1. CDPD.*

1. Especificación abierta (ver *Open (adj) Def. 2*), adaptada al *modelo de referencia OSI* (ver *Open Systems Interconnection*), en la que se define el acceso a Internet (y otras redes de *conmutación de paquetes*; ver *Packet switching*) usando la misma tecnología de los sistemas de telefonía *celular* (ver *Cellular*), es

decir, conexión sin cable. Actualmente es menos rápida que la conexión con cable, pero tiene algunas ventajas respecto a la misma.

• With *Cellular Digital Packet Data (CDPD)* a persistent link is not needed.

Censorship: *1. Censura.*

1. Limitación que alguien establece a la libre circulación de información y datos en los sistemas de computadoras y redes. Medios esencialmente libres como la Internet, pueden tener zonas censuradas.

• ... of the significant controversy surrounding the issue of Internet *censorship (censura).*

Center (verb): *1. Centrar.*

1. Situar un texto, imagen, etc., en un espacio de forma que los extremos de aquéllos queden equidistantes, aproximadamente, de los bordes del espacio.

• There are times when you might want *to center (centrar)* a heading or some text.

Central Office Exchange: *1. Central telefónica.*

1. Centro local (puede haber más de uno por localidad) de conmutación de una compañía telefónica.

Central Processing Unit: *1. Unidad central de procesamiento. 2. UCP.*

1. Es la parte de una computadora con capacidad para ejecutar instrucciones (el *conjunto de instrucciones* (ver *Instruction set*) para el que se diseñó la UCP en cuestión) y para regular y controlar el orden en que se ejecutan esas instrucciones. En esta función de control tienen papel fundamental los dispositivos para procesar interrupciones de diferentes tipos, las funciones relacionadas con el paso del tiempo, etc.

• The physical implementation of the *Central Processing Unit (Unidad Central de Procesamiento)* may differ among models, but ...

Central storage: *1. Memoria principal.*

1. Acompañante necesario de la *unidad central de procesamiento* y de donde ésta obtiene las instrucciones a ejecutar y los datos que intervienen en las mismas. También puede interactuar con otros procesadores especializados. Esta expresión es sinónima con *main storage.* Ver también *Main memory.*

• ... converts a *central storage (memoria principal)* address to a virtual storage address ...

Centrex: *1. Centrex.*

1. *Central Office Exchange Service.* Nuevo servicio ofrecido por las compañías telefónicas en el que se suministran funciones centralizadas de centralita de usuario o se simula la centralita de usuario con los medios de la compañía telefónica (centralitas virtuales). Este sistema puede permitir tanto o más control que las centralitas tradicionales.

• Typical *Centrex (Centrex)* service includes sharing of the same system ...

Centronics: *1. Centronics.*

1. Nombre original (aunque persistente) de una *interfaz* (ver *Interface (noun)*) para la conexión de impresoras que ha ido generalizándose como puerto paralelo que permite comunicación bidireccional (por ejemplo, para conectar dos computadoras).

• This may be a general-purpose parallel input/output or may be a special *Centronics (Centronics)* interface.

Certificate: *1. Certificado. 2. Certificado digital.*

Sinónimo de *Digital Certificate* (ver).

Certificate Authority: *1. Autoridad de Certificación. 2. AC.*
Sinónimo de *Certification Authority* (ver).

Certificate Revocation List: *1. Lista de Revocación de Certificados. 2. LRC.*
1. En sistemas de autenticación, lista emitida periódicamente (o cuando sea necesario) por una *autoridad de certificación* (ver *Certification Authority*) conteniendo una enumeración de certificados revocados (que ya no pueden usarse).

• This section provides an informal description of *Certificate Revocation List (Lista de Revocación de Certificados)* components analogous to that provided ...

Certification Authority: *1. Autoridad de Certificación. 2. AC.*
1. Entidad fundamental en los sistemas criptográficos de *clave* (ver *Key (noun) Def. 4*) pública, con funciones sujetas a regulación legal bastante estricta. Sus tareas incluyen la certificación de autenticidad de firmas electrónicas, para lo cual deben contar con listas de usuarios y claves y listas de revocaciones.

• A *Certification Authority (Autoridad de Certificación)* might be an external company that offers digital certificate services ...

CERT: *1. CERT.*
Ver *Computer Emergency Response Team.*

CGA: *1. CGA.*
Ver *Color Graphics Adapter.*

CGI: *1. CGI.*
Ver *Common Gateway Interface.*

CGI script: *1. Directiva CGI.*
1. Programa de *mandatos* (*directiva.* Ver *Script*) para *CGI* (ver *Common Gateway*

Interface). Estas directivas se desarrollan, frecuentemente, usando el lenguaje *Perl.*

• ... to demonstrate techniques for a *CGI script (directiva CGI)* to make efficient use of cacheing.

CGM: *1. CGM.*
Ver *Computer Graphics Metafile.*

Chain printer: *1. Impresora de cadena.*
1. Variedad de impresora de impacto (ver *Impact printer*) que se caracteriza por el hecho de que los caracteres (con repetición de los más usados) están situados en una cadena giratoria que pasa frente a los martillos que golpean los tipos para imprimir.

• A variant of the *chain printer (impresora de cadena)* is the «Belt Printer».

Chained: *1. Encadenado/a.*
1. Estructura de información que se caracteriza por estar formada por un número determinado –frecuentemente variable– de elementos de forma que cada uno contiene la dirección del siguiente. Es de uso muy frecuente en *sistemas operativos* (ver *Operating system*) y sus subsistemas, pudiendo ser los tipos de los elementos contenidos muy variados: *mandatos* (ver *Command*), mensajes, programas, áreas de datos, direcciones, etc.

• Each waiting program is identified by an element in a *chained (encadenada)* list ...

Chalkware: *1. Vaporware.*
Sinónimo de *Vaporware* (ver).

Challenge-Handshake Authentication Protocol: *1. CHAP.*
1. Procedimiento de autenticación utilizado en servidores *PPP* (ver *Point-to-Point Protocol*). Sus características más significativas son:

– Se aplica al iniciarse la conexión y, posteriormente, en momentos aleatorios.

– El cliente tiene que devolver al servidor, *cifrado* (ver *Encrypt*) con una *función de refundición* (ver *Hash function*), un mensaje recibido del servidor.

– El servidor valida la respuesta.

• As a result, *CHAP (CHAP)* provides greater security then PAP.

Change management: *1. Gestión de cambios.*

1. Coordinación de los cambios a efectuar en un sistema informático. Esta función es central en los grandes sistemas (especialmente los distribuidos) si no quiere caerse en el caos más absoluto. Los cambios afectan tanto a hardware como a software y pueden ser consecuencia de la solución de errores y problemas, de la adaptación a una realidad cambiante, etc. Existen en el mercado muchos productos que ayudan total o parcialmente en las complejas tareas de esta gestión (seguimiento de problemas, seguimiento de cambios software, configuración, distribución de software, etc.).

• ... will offer integrated end-to-end software *change management (gestión de cambios)* across mainframe and desktop platforms ...

Channel: *1. Canal.*

1. Un canal es una unidad funcional con lógica propia que se usa para transmitir datos entre el almacenamiento principal y las unidades de control de los dispositivos periféricos. En las máquinas de una cierta envergadura los canales son manejados por un subsistema especializado, lo que libera a las *UCPs* (ver *Central Processing Unit*) de una importante carga de trabajo, al tiempo que aumenta el paralelismo entre procesamiento de datos y procesamiento de *E/S* (ver *Input/Output*). Programando a nivel muy bajo es posible manejar directamente las operaciones de canal. En si-

tuaciones normales es mucho más cómodo usar los servicios de un *método de acceso* (ver *Access method*).

• A serial *channel (canal)* path may connect to a control unit through a dynamic switch that is capable of providing ...

2. Parte de un sistema de comunicaciones que conecta una fuente y un sumidero de datos. En ciertos usos, *enlace* (ver *Link*), *línea* (ver *Line*) y *canal* tienen el mismo significado aunque, por lo general, *canal* tiene un sentido menos físico.

• ... division of a transmission facility into two or more *channels (canales)* either by ...

Channel Address Word: *1. Palabra de dirección de canal.*

1. Palabra en la que se contiene la dirección de un programa de canal, es decir, de su primer *mandato.*

• If the *channel*-program *address word (palabra de dirección de* [l programa] *de canal)* designates a location ...

Channel attached: *1. Conectado(a) a canal.*

Ver *Channel-attached.*

Channel Associated Signaling: *1. Señación asociada a canal. 2. CAS.*

1. Método de transmisión y control de transmisión en el que las *señas* de control (ver *Signal Def. 2*) comparten canal con las *señales* de voz y datos.

• ... that supports switching for PBXs which use *Channel Associated Signaling (señación asociada a canal).*

Channel Command: *1. Mandato de canal.*

1. Un *mandato* de canal es una operación ele-

mental que se dirige a un canal para que se ejecute una cierta acción en un dispositivo de *E/S* (escribir, leer, leer hacia atrás, etc.; ver *Input/Output*).

● ... or to fetch a *channel command (mandato de canal)* ...

Channel Command Word: *1. Palabra de mandato de canal. 2. CCW.*

1. Cada *mandato* de canal (ver *Channel command*) ocupa, en *lenguaje de máquina* (ver *Machine language*), una palabra de mandato de canal en la que, además del código del mandato, pueden aparecer modificadores (acciones) sobre el dispositivo, área de memoria asociada con la operación (si es de *E/S*; ver *Input/Output*) y otras opciones. Las palabras de mandato de canal se encadenan formando programas de canal.

● Each *channel command word (palabra de mandato de canal)* specifies a command to be executed ...

Channel Definition Format: *1. CDF.*

1. Formato de fichero, definido por Microsoft, que permite establecer, a priori, preselecciones de páginas en determinadas *sedes Ueb* (ver *Web Site*). Estas preselecciones pueden proceder de propuestas de los responsables de la sede en cuestión, o pueden ser creadas por el usuario. Agiliza los accesos para usuarios con intereses estables.

● The *Channel Definition Format (CDF)* is an open specification that permits a web publisher to offer frequently updated collections ...

Channel program: *1. Programa de canal.*

1. Un programa de canal es una lista de *palabras de mandato de canal* (ver *Channel Command Word*) a procesar como una unidad.

● Create a *channel program (programa de canal)* containing channel commands for I/O operations on ...

Channel Service Unit: *1. CSU.*

1. Dispositivo o parte de dispositivo que actúa de *interfaz* (ver *Interface (noun)*) entre un terminal o una computadora y un medio de transmisión digital. Proporciona protección contra interferencias, capacidad para enviar *retroseñales* (ver *Loopback*) y para temporizar señales.

● A *Channel Service Unit (CSU)* is provided by the communication carrier to customers who wish ...

Channel Service Unit/Data Service Unit: *1. CSU/DSU.*

1. Dispositivo que suministra el conjunto de funciones (ver *Functionality*) de una *CSU* (ver *Channel Service Unit*) y de una *DSU* (ver *Data Service Unit*). Puede equipararse a un potente *módem* (ver *Modem*) que interacciona con líneas digitales.

● Supplies power to the *Channel Service Unit/Data Service Unit (CSU/DSU)* by providing an attachment to the *ac* ...

Channel-attached: *1. Conectado(a) a canal.*

1. Se aplica, en *computadoras principales* (ver *Mainframe computer*), a los dispositivos que se conectan directamente a los canales (subsistemas de *E/S*; ver *Input/Output*) de la computadora. Dado que los canales permiten una longitud limitada de cable (manguera), este término es equivalente a *local* (contrastar impresora local e impresora remota).

● ... definition of switched resources and *channel-attached (conectadas a canal)* devices ...

Character: *1. Carácter.*

1. Cualquier combinación de bits que forma

un *bait* (ver *Byte*). Incluye, por tanto, combinaciones no imprimibles/representables. Los aceptables por una máquina, norma o lenguaje forman un *juego de caracteres* (ver *Character set*) como, por ejemplo, *ASCII*, *EBCDIC* o *Unicode*.

• The *ASCII* set consists of control *characters (caracteres)* and graphic ....

2. Tipo de datos en lenguajes de programación (en contraposición, por ejemplo, a *numérico*).

• The *character (carácter)* data types provide enough storage to hold any member of ...

3. En una visión más restringida que las anteriores un *carácter* es una combinación de bits que sea *presentable*/imprimible.

• The *character (carácter)* term is often reserved for letters, numbers and ...

Character fill: *1. Carácter de relleno.*
Sinónimo de *Fill character* (ver).

Character printer: *1. Impresora de caracteres.*
1. Impresora que imprime carácter a carácter. Su paradigma son las impresoras de agujas.

• ... and backspace is handled for a *character printer (impresora de caracteres)*.

Character rate: *1. Velocidad de transferencia de caracteres.*
1. Velocidad de transmisión medida, en este caso, en caracteres por segundo.

• Async transmission, used when *character rate (velocidad de transferencia de caracteres)* is indeterminate ...

Character Recognition:
1. Identificación de caracteres.
1. Ver *Optical Character Recognition*. El concepto *identificación de caracteres* hace referencia al software usado para localizar caracteres en el conjunto de datos resultante de la *digitalización* (ver *Digitization*) de una imagen (habitualmente un mapa de bits).

2. Identificación de caracteres, en general (gráficos, fónicos, ...).

• ... as the recognition rates of the older, more developed *character recognition (identificación de caracteres)* algorithms, but it is.

Character Set: *1. Juego de caracteres.*
1. Conjunto de caracteres que pueden ser procesados por una computadora. Es un concepto de la máxima importancia ya que está en la base de la posibilidad de que las diferentes lenguas interaccionen con las computadoras. Hay tablas en las que se almacenan estos juegos de caracteres. En un sentido más restringido puede hacer referencia al *juego de caracteres* que pueden usarse en un cierto lenguaje, una impresora concreta, etc.

• Message text can be all single-byte *character set (juego de caracteres)* ...

• To code job control statements, use characters from the *character sets (juegos de caracteres)* in ...

Characters per inch: *1. Caracteres por pulgada.*
1. Número de caracteres de unas ciertas características (fuente, tamaño, estilo, ...) que caben en una pulgada. En las llamadas fuentes proporcionales, este valor depende también de la combinación específica de caracteres que se imprime, por lo que hay que utilizar valores medios en los cálculos.

• ... there should be no more than 15 *characters per inch (caracteres por pulgada)* regardless of the font used.

Characters per second: *1. Caracteres por segundo.*
1. Unidad de medida de la velocidad de las *impresoras de caracteres* (ver *Character printer*) o de la velocidad de transmisión por línea de comunicaciones.

• A 300-baud modem transmits about 30 *characters per second (caracteres por segundo).*

Charge-Coupled Device: *1. CCD.* *2. Dispositivo acoplado por carga.*
1. Dispositivo electrónico, basado en el principio MOS (Metal-Oxide Semiconductor), capaz de captar y procesar la luz con gran precisión. Ocupa poco espacio. De uso común en las modernas cámaras de vídeo y fotográficas así como en *escaneadoras* (ver *Scanner Def. 1*) ópticas.

• Each array is made up of thousands of *Charge-Coupled Device (CCD)* elements.

Chart: *1. Gráfico. 2. Cuadro. 3. Tabla.* *4. Diagrama. 5. Organigrama.*
1. Palabra de muchos significados y traducciones: representación de datos en forma metódica, representación gráfica de datos, representación de un proceso o *flujo de eventos* (ver *Event flow*), etc.

• The following *chart (tabla;* son datos en forma tabular*)* assumes that ...

• Examples include *organization charts (organigramas),* ...

Chart (verb): *1. Tabular. 2. Dibujar.* *3. Diagramar. 4. Representar.*
1. Dibujar un gráfico o diagrama, disponer unos datos en forma tabular, generar un gráfico, etc.

• *Charting (representando, tabulando)* the actual space used versus planned space by user account ...

Chassis: *1. Chasis.*
1. Armadura o bastidor, casi siempre metálicos, en el que se insertan y fijan los componentes de las computadoras.

• ... thus, the need for an external expansion *chassis (chasis)* was diminished because 6 slots were ...

Chat (noun): *1. Charla.*
1. Acción de *charlar* (ver *Chat (verb)*).

Chat (verb): *1. Charlar.*
1. *Charlar,* en Informática, es tomar parte activa en uno de los grupos dinámicos de conversación que pueden formarse en Internet.

• ... you can create up to five secondary users and use any of them *to chat (charlar)* on the Internet.

Chat room: *1. Rebotica.*
1. Nombre metafórico para designar a las personas que «charlan» (ver *Chat (verb)*), unas con otras, en un *grupo de noticias* (ver *News groups*).

• Once one joins a *chat room (rebotica),* everything one types is read by others ...

Cheapernet: *1. Baranet.*
1. Palabra de jerga con la que se denomina al cable coaxial fino (0,2 " de diámetro) usado en redes.

• Thinnet, also known as *Cheapernet (Baranet)* has the same ...

Check (noun): *1. Error. 2. Verificación.*
1. Parada súbita de un proceso por error o avería.

- Indicates a program *check (error)* occurred ...

2. Verificación de que se ha producido un evento, un dato está contenido en una lista, etcétera. En general, cualquier tipo de comprobación o verificación.

- ... no *check (verificación)* is made to determine if the requested address ...

Check (verb): *1. Verificar.*
1. Verificar que se ha producido un evento, que un dato está contenido en una lista, etc.

- ... and *checking (verificar)* the status of a particular lock on a processor ...

- All data used by a routine ... should be *checked (verificados)* for validity ...

Check bit: *1. Bit de verificación.*
1. Uno o más bits, en exceso sobre los estrictamente necesarios para representar los datos, que tienen como función verificar situaciones de error. A veces se los llama «bits de paridad».

- The inclusion of a single *check bit (bit de verificación)* in the checking block allows the detection ...

Check box: *1. Casilla de verificación.*
1. Concepto *IGU* (ver *Graphical User Interface*) con el que se identifica a un cuadro en pantalla que contiene una o más opciones. Haciendo clic en una opción puede cambiarse su estado de seleccionada a no-seleccionada y viceversa.

- Radio buttons and *check boxes (casillas de verificación)* replace the choice entry field in selection fields ...

Check constraint: *1. Restricción de valor(es).*
1. Limitación que el usuario (el «definidor»)

impone con relación a los valores que pueden introducirse en una columna de una tabla (base de datos relacional; ver *Relational database*).

- A *check constraint (restricción de valores)* that contradicts the column definition ...

Check Digit: *1. Dígito de control.*
1. Carácter que se añade a un dato codificado y cuyo valor puede obtenerse a partir de los caracteres del dato codificado. Se usa para detectar errores en la *introducción* de datos.

- The procedure for calculating the *check digit (dígito de control)*, which may be carried out automatically in a computer, is ...

Check in (verb): *1. Conectar(se).*
1. Una de las muchas formas de designar el procedimiento de entrada a un sistema, subsistema o aplicación. Incluye, normalmente, autenticación.

- ... but *check in (conéctese)* later and you will find a English version as well.

Check sum: *1. Suma de control.*
1. Suma de un grupo de elementos de información (bits, *campos*, etc.) que se realiza en dos puntos diferentes de un proceso (transmisión, cálculos + E/S, etc.) para, por comparación, determinar si ha habido alguna fuga o pérdida.

- ... for example it may have a *check sum (de suma de control)* or message length error ...

Checkbox: *1. Casilla de verificación.*
Ver *Check box.*

Checkpoint: *1. Punto de control.*
1. Momento en el tiempo de ejecución de un programa, subsistema o proceso en general, en el que se toman las medidas necesarias para que, posteriormente y en caso de necesi-

dad, pueda rearrancarse la ejecución del programa, subsistema o proceso, a partir de la situación de dicho momento y completarse como si no hubiera habido ninguna interrupción. Ello implica escoger bien el momento, registrar la información necesaria para rearrancar y, en ciertos casos, ejecutar un determinado *mandato* o instrucción.

● The *checkpoint (de punto de control)* records are written on the ...

Checkpoint/restart facility:
1. Función de punto de control/rearranque.
1. Componente auxiliar de determinados *sistemas operativos* (ver *Operating system*) que interviene en la toma de puntos de control (ver *Checkpoint*) y en el rearranque a partir de un punto de control determinado.

● Because the *Checkpoint/Restart facility (función de punto de control/rearranque)* causes a lot of extra processing, ...

Checkpoint/restart feature:
1. Función de punto de control/rearranque.
Ver *Checkpoint/restart facility.*

Checkpointing: *1. Registro de información de control.*
1. Toma de un punto de control (ver *Checkpoint (noun)*). En un sentido más genérico, registro, en un fichero específico, de información de control para facilitar un rearranque.

● ... checkpointing *(el registro de la información de control)* allows all members to be aware of current ...

Checksum: *1. Suma de control.*
Ver *Check sum.*

Child device: *1. Dispositivo descendiente.*
1. Dispositivo conectado a otro, del que depende (en una jerarquía de dispositivos).

● ... an SCSI disk can be a *child device (dispositivo descendiente)* of an SCSI ...

Child directory: *1. Subdirectorio.*
Sinónimo de *Subdirectory* (ver).

Child process: *1. Proceso de primera generación.*
1. Proceso creado desde un proceso progenitor (ver *Parent process*). El mecanismo de creación depende del *sistema operativo* (ver *Operating system*) y puede recibir diferentes nombres (ver, por ejemplo, *Fork: enramar*). Ver *Grandchild process*.

● ... and places the *child process (proceso de primera generación)* in a new address space ...

Chip: *1. Chip.*
1. Componente electrónico de tamaño muy reducido (algunos centímetros cuadrados) en el que se pueden llegar a contener millones de elementos activos (transistores) que forman circuitos altamente compactos. Los chips se diseñan para funciones genéricas (microprocesadores y memoria) o específicas (ilimitada variedad).

● A *chip (chip)* is manufactured from a silicon wafer, which is first ...

Chipset: *1. Multichip.*
1. Conjunto de dos o más *chips* (ver) diseñados para trabajar conjuntamente. Cada *multichip* se vende como una unidad.

● This *chipset (multichip)* includes support for the ...

Choice: *1. Alternativa.*
1. Objeto de una selección. Las *alternativas* pueden *presentarse* (ver *Display (verb)*) en forma de menú clásico o por medio de las variadas posibilidades que ofrecen las modernas *interfaces gráficas* (ver *Graphical Interface*).

● ... an «X» appears in the check box to indicate that the *choice (alternativa)* is selected.

Chunker: *1. Fraccionador.*
1. Palabra de argot con la que se designa a un programa (o *mandato*) capaz de fraccionar datos (ver *Split*).

Churn rate: *1. Velocidad de renovación.*
1. En negocio electrónico, velocidad con la que los clientes se dan de baja de sus suscripciones. Estas bajas suponen, evidentemente, un esfuerzo y un coste de renovación.

● The mobile industry experiences a high *churn rate (velocidad de renovación)*.

CHAP: *1. CHAP.*
Ver *Challenge-Handshake Authentication Protocol*.

Cicero: *1. Cícero.*
1. Unidad tipográfica equivalente a 12 puntos Didot (es decir, 4,512 mm o 0,178 pulgadas) (ver *Didot point system*).

● Pica is similar to a *cicero (cícero)* in the Didot point system.

Cipher: *1. Cifrar.*
Ver *Encrypt (verb)*.

Ciphertext: *1. Texto cifrado.*
1. Texto *cifrado* (ver *Encrypt*). Por tanto, ilegible hasta que no sea *descifrado* (ver *Decrypt*).

● A strong cryptosystem will produce *ciphertext (texto cifrado)* which appears ...

Circuit: *1. Circuito.*
1. Conjunto de conductores por los que circula una corriente eléctrica, con independencia de la finalidad de dicha circulación.

● It shows that not every *circuit (circuito)* that contains a feedback ...

Circuit board: *1. Placa circuitada.*
1. Placa, simple o compuesta de capas, en las que se han fijado, grabado, etc., circuitos y otros componentes electrónicos.

● XXX will assemble and test your *circuit boards (placas circuitadas)*.

Circuit switching: *1. Conmutación de circuitos.*
1. Método de conectar dos estaciones en una red mediante el establecimiento de un canal físico de comunicación entre ellas (por ejemplo, en la red telefónica ordinaria).

● Conventional *circuit switching (conmutación de circuitos)* is wasteful of both ...

Circuitry: *1. Circuitería.*
1. Componentes físicos de una computadora o red. A veces, en un sentido más específico, se refiere a los circuitos –impresos– que enlazan otros componentes.

● Logic *circuitry (circuitería)* and memory can be added ...

Circular queue: *1. Cola circular.*
1. *Cola* (ver *Queue (noun)*) con un número fijo de elementos diseñada de tal forma que el último y el primero de ellos son lógicamente consecutivos.

● We assume that a *circular queue (cola circular)* of pending message entries is maintained.

Circumflex: *1. Circunflejo.*
Sinónimo de *Caret* (ver).

CICS: *1. CICS.*
Ver *Customer Information Control System*.

CICSplex: *1. CICSplex.*
1. Herramienta de software de IBM que permite gestionar varios sistemas *CICS* (ver *Customer Information Control System*) como si fueran uno solo. Proporciona ventajas en cuanto a *disponibilidad* (ver *Availability*), especialización y reparto de carga de trabajo. También se llama *CICSplex* al conjunto de sistemas CICS que trabajan coordinadamente.

• A terminal user, wishing to start a session with a *CICSplex (CICSplex)* that has several ...

CIDR: *1. CIDR.*
Ver *Classless Inter-Domain Routing.*

CIM: *1. CIM.*
Ver *Computer Integrated Manufacturing.*

CIP: *1. CIP.*
Ver *Calendar Interoperability Protocol.*

CIR: *1. CIR.*
Ver *Committed Information Rate.*

CISC: *1. CISC.*
Ver *Complex Instruction Set Computer.*

CKD: *1. CKD. 2. Cuenta-Clave-Datos.*
Ver *Count-Key-Data.*

Claim (noun): *1. Adscripción.*
1. Asociación que se establece entre un recurso u objeto y un proceso. La asociación queda registrada, condicionando el futuro del objeto o recurso, hasta que es liberado.

• ... the drainer waits until all *claims (adscripciones)* are released before ...

Claim (verb): *1. Adscribir. 2. Pretender.*
1. Determinar que un determinado recurso ha sido atribuido a un proceso. La determinación suele ir acompañada de un registro de un cierto tipo.

• ... the length of time between the *claiming (adscripción)* of the resource and its release ...

2. Afirmar (un mensaje de entrada, un proceso o subproceso, etc.) que se poseen determinados derechos o que se es algo en un sistema o red.

• ... attempting to log on is the region it *claims (pretende)* to be, and not an imposter ...

Class: *1. Clase.*
1. Nombre que se asigna a un tipo abstracto de datos, es decir, a la definición de características y comportamiento de cero, uno o más *objetos* (ver *Object*) definidos en la *clase.*

• A field in an object corresponds to an attribute in the *class (clase)* of which the object is an instance.

Class diagram: *1. Diagrama de clases.*
1. En análisis de sistemas orientados a objetos (el análisis y los sistemas; ver *Object orientation*), diagrama que presenta las *clases* (ver *Class*) encontradas y las relaciones entre ellas. Este diagrama es fundamentalmente estático.

• ... editor(s) for the selected part of the project, in this case a *class diagram (diagrama de clases).*

Classless Inter-Domain Routing: *1. CIDR.*
1. Solución provisional a la escasez de espacio de direcciones en Internet (hasta que se implante *IPv6*). Se prescinde de las clases (A, B, etc.) y se destinan los últimos 4 bits a contener la longitud del *prefijo de red*, que es el elemento usado por las *encaminadoras* (ver *Router*) para *direccionamiento* (ver *Addressing*).

• Not all interdomain gateway protocols support *CIDR (CIDR)*.

Clause: *1. Cláusula.*
1. Componente de una sentencia en algunos lenguajes informáticos (de programación o más especializado). Puede que no coincida, en alcance, con el de una *cláusula gramatical* en la que tiene que existir un sentido cabal. Si no hay restricciones debidas a la estructura del lenguaje, es preferible traducir por *instrucción.*

• ... the SELECT *clause (cláusula)* must appear first. The other *clauses (cláusulas)* can appear in any order.

Clean boot: *1. Autoarranque limpio.*
1. *Autoarranque* de una computadora (ver *Bootstrap*) en el que se intenta que se ejecute el menor número posible de programas, principales y auxiliares, del sistema. Este método de autoarranque se usa para aislar y solucionar problemas.

• A *clean boot (autoarranque limpio)* under Windows 95 can become quite complicated.

Clean installation: *1. Instalación limpia.*
1. Reinstalación de un producto software que no pone operativos ficheros del producto procedentes de instalaciones previas del mismo. La situación ideal se da cuando el programa instalador toma a su cargo esta responsabilidad. Si tal no es caso, el usuario debe hacer limpieza *exhaustiva* antes de empezar la reinstalación, lo que puede exigir bastantes conocimientos.

• ... into MS-DOS to rename files and directories before performing a *clean installation (instalación limpia).*

Cleanup: *1. Limpieza general.*
2. Desescombro.
1. El contenido de los sistemas de ficheros y archivos tiende a degradarse con el tiempo. Para evitar el colapso de las instalaciones por falta de espacio de almacenamiento es necesario tener rigor en el establecimiento de las fechas de expiración y pasar, periódicamente, procesos de *limpieza general.* Los sistemas de gestión de catálogos, de obtención de copias de salvaguardia (ver *Backup copy*) y similares tienen opciones y/o parámetros para desencadenar estas operaciones de limpieza.

• It is not necessary to do any volume *cleanup (limpieza general)* before reestablishing the data ...

2. Cuando terminan los procesos y tareas y, muy especialmente, cuando terminan de forma anormal, pueden dejar en el sistema «restos» de todo tipo (ficheros provisionales, opciones activadas en un cierto sentido, etc.) que han de limpiarse. Hay componentes de los *sistemas operativos* (rutinas) preparados para estas tareas de limpieza.

• ... concerned with data recovery or *cleanup (desescombro)* in the event of problems or failures.

Clear (verb): *1. Limpiar.*
1. Acción de limpiar el contenido de un cierto almacenamiento de datos. Inicialmente se aplicó a la pantalla (quedaba limpio su *báfer* (ver *Buffer (noun)*) y no se veía nada en la pantalla). Posteriormente se ha aplicado a otras estructuras de datos.

• Preformatting *clears (limpia)* all previous information from ...

Clear Key: *1. Tecla Limpiar.*
1. En el conjunto de terminales *3270* (ver) de IBM, la *tecla Limpiar* tiene una función sobre el propio terminal (borrar la pantalla y el área *E/S* (ver *Input/Output*), mover cursor a posición «de descanso», etc.) y, además, actúa

como tecla de atención (ver *Attention key*), es decir, envía a la *computadora principal* (ver *Mainframe computer*) una señal indicando que se ha pulsado dicha tecla.

● The *CLEAR key (tecla Limpiar)* has the additional effect of setting the entire buffer to nulls ...

Clear To Send: *1. Preparado para transmitir. 2. PPT.*

1. Circuito secundario de comunicación entre *módem* (*DCE;* ver *Data Circuit-Terminating Equipment*) y computadora (*DTE;* ver *Data Terminal Equipment*) que se usa para *controlar el flujo* (ver *Flow control*) de la comunicación. En el conectador RS232 de 9 *patillas* (ver *Pin*) usa la patilla 8. En el de 25 patillas, usa la patilla 5. El estado de la comunicación se presenta por medio de la luz CS del *módem* (si es externo, evidentemente). Normalmente el circuito estará activado y se desactiva cuando la *CP* (ver *Personal Computer*) no puede recibir datos desde el *módem* (ver *Modem*).

● *Clear to send (Preparado para transmitir)* is a hardware signal that indicates that a transmission can proceed.

Clerical document: *1. Documento.*

1. Cualquier tipo de información entre humanos, con valor de prueba, etc., que circula y se archiva en la parte no informatizada de un sistema de información. Su soporte más frecuente es el papel. El análisis de estos documentos y de su circulación es importante para conocer el *sistema actual.*

● For each *clerical document (documento)* or information flow, ...

Click (noun): *1. Clic.*

1. Acción de pulsar y liberar enseguida un botón del ratón u otro *dispositivo apuntador* (ver

Pointing device), sin mover el apuntador del objeto de la pantalla que nos interesa.

● Do not allow the function assigned to a single *click (clic)* of that mouse ...

2. Selección de una *insignia* (ver *Banner*) en una página *Ueb* (ver *World Wide Web*). Importante, para los publicitarios, la estadística de clics.

● The click rate is the ratio of *clicks (clics)* on an ad to the total ...

Click (verb): *1. Cliquear.*

1. Hacer un clic, en cualquiera de los dos sentidos descritos en *click (noun).*

● ... by moving the pointer and *clicking (cliqueando)* the mouse button.

Click speed: *1. Intervalo de recliqueo.*

Ver *Double-click speed.*

Click-through: *1. Clicútil.*

Ver *Clickthrough.*

Clickable Image map: *1. Mapa de imagen cliqueable.*

1. Imagen *presentable* (ver *Display (verb)*) en pantalla creada de tal forma que al cliquear (ver *Click*) en determinados puntos de la misma salta a *hipervínculos* (ver *Hyperlink*) que pueden ser extensiones de la imagen, ampliaciones, información textual sobre el punto seleccionado, etc.

● ... *clickable image map (mapa de imagen cliqueable)* of the city that links users to information about various businesses ...

Clickstream: *1. Secuencia de clics.*

1. Serie ordenada en el tiempo de los *clics* realizados por un usuario desde la portada de una página *Ueb* hasta alcanzar el objeto de-

seado. El análisis (informático) de estas *secuencias* puede usarse para mejorar el diseño de las sedes Ueb (ver *User friendly*).

● Dot.com companies are collecting more and more *clickstream (de secuencias de clics)* data ...

Clickthrough: *1. Clicútil.*
1. En publicidad a través de Internet un *clicútil* es un *clic* en la insignia de un anuncio que, como mínimo, ha hecho que la página correspondiente haya sido recibida por la computadora de quien hizo el clic. Pueden establecerse medios más sofisticados de determinar qué es y qué no es un clicútil.

● Does anyone have any information regarding average *clickthrough (clicútiles)* rates by industry?

Client: *1. Cliente.*
1. Unidad funcional (normalmente una computadora) que recibe un servicio de un servidor. La posibilidad de ser servido es compartida con otros *clientes* y el tipo de servicio puede variar con la dotación del servidor (servicio de ficheros, de *base de datos* (ver *Database*), de impresión, etc.).

● ... by the system receiving the file, whether *client (cliente)* or server.

Client To Client Protocol: *1. CTCP. 2. Protocolo Cliente a Cliente.*
1. En IRC (ver *Internet Relay Chat*), protocolo usado para conseguir comunicación directa entre dos clientes sin intervención del servidor. Puede usarse para intercambiar información más o menos estructurada, efectuar preguntas, etc.

● Some *Client To Client Protocol (CTCP)* commands are not available on some IRC client software.

Client-Server Model: *1. Modelo Cliente-Servidor.*
1. En su sentido más general este modelo es una forma de *procesamiento distribuido* (ver *Distributed processing*) en la que un programa (el cliente) en una computadora, envía una petición a otro programa (el servidor) en otra computadora y espera la respuesta de éste (un servicio). En este sentido cliente y servidor pueden actuar de forma intercambiable. En la mayoría de situaciones reales los clientes –y sus computadoras– y los servidores –y las suyas– se especializan en sus respectivas funciones.

● The majority of open distributed applications are based on the *Cliente-Server model (modelo Cliente-Servidor)*.

Clip (verb): *1. Recortar.*
1. Recortar una parte de una imagen representada por medio de un mapa de bits. Para usar esta opción, hay que dibujar una ventana alrededor de la parte de imagen que nos interesa y cortar a continuación.

● ... or objects cannot be displayed, *clip (recorta)* the combination box.

Clip art: *1. Galería de imágenes.*
1. Se engloban bajo este concepto tanto las nutridísimas *bibliotecas* (ver *Library*) con miles de imágenes más o menos artísticas *bajables* (ver *Download*) a nuestra *CP* (ver *Personal Computer*), como las técnicas e instrumentos para crear estas imágenes.

● ... a collection of vector *clip art images (galería de imágenes)*, photographs, ...

Clipboard: *1. Portapapeles.*
1. Área de almacenamiento temporal en la que pueden guardarse datos utilizando uno entre varios procedimientos (los más frecuentes, cortar y copiar).

• ... you can use the *clipboard (portapapeles)* to copy and paste anything ...

Clipping: *1. Reseñado.*

1. Función realizada en Internet y consistente en hacer búsquedas masivas (ver *Search engine*) a partir de unos criterios bien establecidos. El resultado de estas búsquedas puede *presentarse* (ver *Display (verb)*) en forma de *recortes* (similares a los de prensa). Hay empresas especializadas en este servicio.

• XYZ: Internet *clipping (reseñado)* and monitoring

Clipping path: *1. Línea de recorte.*

1. Línea cerrada que se traza en un documento de forma que cuando se imprima éste, sólo se imprimirá la parte contenida dentro del perímetro de la línea.

• ... the program would create it's own *clipping path (línea de recorte)* and set the background to white.

Clobber (verb): *1. Machacar.*

1. Destruir datos útiles de un programa, de forma no intencionada, escribiendo sobre ellos. Usualmente, a causa de un error de programa.

• The condition code can be set unpredictably (*clobbered (machacado)*), not be changed ...

Clock: *1. Reloj.*

1. Reloj del que van dotadas las computadoras, tanto para permitir la ejecución de acciones en función del tiempo, como para registrar el momento de la *ocurrencia* (ver *Occurrence*) de eventos, como para facilitar el trabajo coordinado con otras computadoras, etc. A veces se incluye en el concepto *reloj* tanto el reloj físico como el registro en el que se pone el contenido (la «hora») del reloj.

• ... and keeping the *clocks (relojes)* on different machines in the system synchronized.

Clock drift: *1. Deriva de reloj.*

Ver *Drift (noun)*.

Clock rate: *1. Velocidad de reloj.*

Ver *Clock speed*.

Clock speed: *1. Velocidad de reloj.*

1. Número de impulsos por segundo del oscilador que dirige el ritmo de trabajo de la UCP (ver *Central Processing Unit*). Se mide en Mhz. Su valor ha crecido espectacularmente en los últimos diez años (para todo tipo de máquinas). El *rendimiento* (ver *Performance*) global de un equipo depende, entre otros factores, de la *velocidad del reloj*.

• The initial *clock speed (velocidad de reloj)* of the 80186 and 80188 was 6 MHz ...

Clocking: *1. Cronometría.*

1. Método para controlar el número de bits enviados a través de una línea de comunicaciones en un tiempo dado.

• Synchronous communications uses *clocking (cronometría)* to synchronize the communication and inserts sync bytes at the start and ...

Clockwise: *1. Según agujas del reloj.*

1. Característica de un movimiento o acción que se realiza en el sentido de las agujas del reloj.

• ... read the messages in *clockwise (según agujas del reloj)* order ...

Clone: *1. Clon.*

1. Computadora con poco o ningún nombre comercial que funciona exactamente igual que otra de marca consagrada.

● ... carry *PC-clone (CP clon)* systems and components at competitive prices.

Close (verb): *1. Cerrar.*
1. Operación compleja consistente en finalizar el uso de un fichero por parte de un programa. El detalle de tareas incluidas puede cambiar mucho de un *sistema operativo* (ver *Operating system*) a otro. Puede incluir, por ejemplo, borrar bloque de control, modificar la situación de compartimiento del fichero por otros procesos, tratamiento de *etiquetas* (ver *Label Def. 2*), rebobinado y descarga, etc.

● If a system failure occurs before the file *is closed (se cierra)* ...

Close button: *1. Botón Cerrar.*
1. Botón, situado en un sitio fijo de cada ventana, que provoca el cierre de la ventana si se cliquea sobre él.

● When you click the *Close button (botón Cerrar)* in the upper-right corner of the ...

Closed system: *1. Sistema cerrado.*
1. Sistema desarrollado sin tener en cuenta normas (estándares) de uso general y que, por lo tanto, tiene difícil encaje con otros sistemas de nivel superior, de nivel inferior, o complementarios.

● Such networks are known as *closed systems (sistemas cerrados).*

Cluster: *1. Cláster.*
1. Agrupación estructural de componentes referentes a datos (los propios datos, los índices, etc.) que están íntimamente relacionados entre sí (por ejemplo, se refieren a un mismo fichero).

● This parameter can be specified only for a catalog, or the data component of a *cluster (cláster)* or alternate index.

2. Conjunto de elementos físicos (hardware) con una función similar en el sistema.

● ... can contain an indication of which storage paths are configured for the storage *cluster (cláster)* ...

● For example, defining a console *cluster (cláster)* for a system can help your installation divide its console functions more efficiently.

3. Cada uno de los espacios de igual longitud (para cada disco) en que se considera descompuesta la capacidad total de almacenamiento de un disco duro de *CP* (ver *Personal Computer*).

● Thus, a 1,2 GB disk has *clusters (clásteres)* that are 32K in size.

Cluster (verb): *1. Clasterizar.*
1. Acción de ordenar datos de acuerdo con un índice de clasterización (ver *Clustering index*).

● ... but also to *cluster (clasterizar)* data ...

Cluster controller: *1. Controladora de cláster.*
1. Computadora especializada que realiza tareas de control con relación a un grupo o *cláster* (ver *Cluster*) de terminales: *sondeo* (ver *Poll (noun)*), determinación de qué terminal tiene derecho a transmitir, etc.

● Each *cluster controller (controladora de cláster)* acts as an agent for the central computer ...

Cluster ratio: *1. Porcentaje de clasterización.*
1. Porcentaje de las filas de una tabla que están ordenadas de acuerdo con el índice de clasterización (ver *Clustering index*).

• Improved reorganization time for a table with a low *cluster ratio (porcentaje de clasterización)* by specifying ...

Clustering index: *1. Índice de clasterización.*
1. Es un índice de tabla, en *DB2* (ver *DATA-BASE 2)*, cuya ordenación coincide, al menos inicialmente, con la ordenación de las filas de la propia tabla. Con este tipo de índices se consiguen accesos más rápidos.

• Each table can have only one *clustering index (índice de clasterización).*

CLIST: *1. CLIST.*
Ver *Command LIST.*

CLNP: *1. CLNP.*
Ver *Connectionless-mode network protocol.*

CLNS: *1. CLNS.*
Ver *Connectionless-oriented Network Service.*

CLV: *1. VLC. 2. Velocidad lineal constante.*
Ver *Constant Linear Velocity.*

CMD: *1. BAM. 2. Baja, Alta, Modificación.*
Ver *Creation, Modification, Deletion.*

CMIP: *1. CMIP.*
Ver *Common Management Information Protocol.*

CMIS: *1. CMIS.*
Ver *Common Management Information Services.*

CMOS: *1. CMOS.*
Ver *Complementary Metal Oxide Semiconductor.*

CMOS setup: *1. Configuración CMOS.*
1. Programa para modificar, durante el arranque de una CP, determinados parámetros básicos para el funcionamiento de la misma (hora y calendario, número y modelos de los discos, etc.). También se usa esta expresión para referirse al uso del mencionado programa.

• ... running the *CMOS setup (de configuración CMOS)* program, which asks you questions and then stores ...

CMS: *1. SGC.*
Ver *Color Management System.*

CMS: *1. CMS.*
1. *Conversational Monitor System.* Componente principal del *sistema operativo* VM *(Virtual Machine)* de IBM. Permite que cada usuario interactivo de un sistema *CMS* considere que tiene toda una *computadora principal* (ver *Mainframe computer*) a su disposición.

• ... and tools that have been developed over VM and *CMS's (de CMS)* evolution.

CMYK: *1. Cian-Magenta-Amarillo-Negro. 2. CMAN.*
Ver *Cyan-Magenta-Yellow-Black.*

• The *CMYK (CMAN)* system is mainly used for printing ...

CNS: *1. CONS. 2. Servicio de red orientado a conexión.*
Ver *Connection-oriented Network Service.*

Co-routine: *1. Corrutina.*
1. Un programa actúa como *corrutina* de otro cuando puede *ser llamado* (ver *Call (verb)*) por el otro (como una subrutina) y, además, puede llamar al otro. La relación es, por tanto, simétrica (hay *paralelismo*). No todos los lenguajes ni todos los sistemas admiten corrutinas.

• The language provides *co-routines (corrutinas)* and explicit transfer ...

Coaxial cable: *1. Cable coaxial.*

1. Cable para transmisión de datos (o *señales* de TV) formado por un conductor central rodeado de aislante, de otro conductor cilíndrico alrededor del aislante (habitualmente, filamentos entretejidos) y otra capa exterior de aislante.

• *Coaxial cable (cable coaxial)* is applicable in both point-to-point and ...

Cobweb site: *1. Sede con telarañas.*

1. Sede *Ueb* necesitada de mantenimiento y/o actualización.

• You don't want people to call your site a *cobweb site (sede con telarañas)*.

Code (noun): *1. Código. 1. Codificación.*

1. Sinónimo de *Language*.

• Object modules are relocatable modules of machine *code (código)* that ...

2. Acción y efecto de codificar (ver *Code (verb))*.

• Each of these logical units of *code (codificación)* is a module.

3. Conjunto de combinaciones relativamente elementales de valores o señales que se hacen corresponder con los de otro u otros conjuntos similares de forma que sea posible la transformación de textos expresados en uno de dichos conjuntos a textos expresados en el otro. Por ejemplo, el alfabeto español y el código Morse.

Code (verb): *1. Codificar.*

1. Escribir las especificaciones de un programa en un lenguaje procesable por un progra-

ma especial *(compilador, ensamblador, interpretador)*.

• ... to more experienced REXX users who may wish to *code (codificar)* portable programs.

2. Escribir una sentencia de un lenguaje procesable por la computadora o un mensaje en el código usado para la transmisión.

• These options can *be coded (codificarse)* in any order in the PARM field ...

Code dictionary: *1. Diccionario de compresión.*

Sinónimo de *Compression dictionary* (ver).

• If it is increasing, compress continues to use the existing *code dictionary (diccionario de compresión)*.

Code Division Multiple Access: *1. CDMA.*

1. Una de las tecnologías de transmisión en telefonía móvil (ver *Cellular*). Se *digitaliza* (ver *Digitize*) el sonido y se envía, con secuencias de diferenciación, por toda la anchura de banda disponible.

• ... algorithm to compresses voice data in *Code Division Multiple Access (CDMA)* ...

Code page: *1. Página de códigos.*

1. Tabla en la que se asignan a valores en el código básico (*ASCII*, *EBCDIC*, doble *bait*; ver *Byte*) caracteres gráficos para su representación en pantalla e impresión. Se ha definido un número considerable de *páginas de código* para hacer frente a las diferentes necesidades gráficas de las lenguas más usadas. Este proceso de definición no puede darse aún por concluido.

• The handling of *code page (páginas de código)* translation between ...

Code 3 of 9: *1. Código 3/9.*
1. Codificación de barras en la que cada carácter se representa por cinco barras y cuatro espacios. *Tres de los nueve* elementos son anchos y los demás estrechos. Permite representar letras, dígitos y algún carácter especial. Es bastante usado.

• Unlike Code 3 of 9 (Código 3/9), the start and stop codes do not have ...

Code 39: *1. Código 3/9.*
Ver *Code 3 of 9.*

Codec: *1. Códec. 2. Codec.*
1. Dispositivo electrónico capaz de codificar/decodificar una *señal* (ver *Signal Def. 1*). Es típico su uso por las compañías telefónicas para convertir voz analógica en digital y viceversa.

• In this context, codec (códec) is an acronym for «coder/decoder.»

2. Dispositivo software que, basado en un algoritmo propio, es capaz de comprimir una *señal* (por ejemplo, de audio o vídeo, que requieren una gran anchura de banda) en salida y descomprimirla en entrada.

• The XXX Codec (Codec) produces excellent Web video suitable for playback on any Pentium or PowerMac.

Coder: *1. Codificador.*
1. Profesional informático que codifica programas. Esta vieja especialización está en franco desuso ya que la tendencia actual es a fusionar tareas de análisis y programación.

• The Web coder (codificador) or programmer would then conduct a Quality Assurance review by using ...

Cold boot: *1. Autoarranque en frío.*
1. *Autoarranque* (ver *Bootstrap*) de una *CP*

(ver *Personal Computer*) tras una desconexión eléctrica (intencionada o no). En *computadoras principales* (ver *Mainframe computer*) hay también un *arranque en frío* pero su efecto es diferente y el proceso mucho más complejo.

• Believe it or not, some unknown problems such as lockups, crashes, etc., can be resolved by a cold boot (autoarranque en frío).

Cold start: *1. Arranque en frío.*
1. Arranque de un subsistema (por ejemplo, el *DB2* (ver *DATABASE 2*)) de forma muy parecida a como se arrancó la primera vez en la instalación, es decir, con nulo o poco uso de información procedente de ejecuciones previas del subsistema.

• If you use a cold start (arranque en frío) after a failure, you might lose data integrity.

Collapse (noun): *1. Colapso.*
1. Acción y efecto de colapsar o colapsarse (ver *Collapse (verb Def. 2)*) un sistema.

• ... the network could route all its traffic through that link causing a network collapse (colapso) ...

Collapse (verb): *1. Concentrar. 2. Colapsar.*
1. Hacer que varios componentes confluyan en uno solo (líneas de comunicaciones, subdirectorios de un directorio, etc.).

• ... and select another Parent node the previous node collapses (se concentra) automatically.

2. Producir o producirse una disminución brusca de la capacidad operativa de un sistema informático hasta llegar al fallo total.

• People who go and delete entire files so that

they completely *collapse (colapsan)* the system are not respected ...

Collapsed backbone: *1. Eje central de red concentrado.*

1. *Eje central de red* (ver *Backbone*) que se caracteriza porque las redes o interredes componentes se concentran, vía *jabs* (ver *Hub*), en una sola *encaminadora* (ver *Router*) centralizada.

• While earlier infrastructures have shown that *collapsed backbone* routers *(los ejes centrales de red concentrados* en encaminadoras*)* have been successful, the growing bandwith demand ...

Collating Sequence: *1. Secuencia de comparación.*

1. Secuencia que establece cómo se ordenan los caracteres de un cierto *juego de caracteres* (ver *Character set*). Afecta a las tareas de comparación, ordenación, *interordenación* (ver *Merge (verb) Def. 2*), etc. Por ejemplo, en *ASCII* los caracteres numéricos son menores que las letras. En *EBCDIC* pasa lo contrario.

• Contains records in ascending *collating sequence (secuencia de comparación)*, and ...

Collation sequence: *1. Secuencia de comparación.*

Sinónimo de *Collating sequence* (ver).

Collect call: *1. Llamada de cobro revertido.*

1. Llamada telefónica a ser pagada, previa aceptación, por el abonado del teléfono llamado.

• Do not accept *collect calls (llamadas de cobro revertido)* when the caller cannot be identified as having business with ...

Collision: *1. Colisión.*

1. Situación que se produce cuando dos dispositivos envían datos simultáneamente a través de un bus o conectador común (por ejemplo, en *Ethernet;* ver). Hay que detectar la situación y solucionarla.

• A computer which has experienced a *collision (colisión)* on a network waits for a ...

Collision detection: *1. Detección de colisión.*

1. Dispositivo hardware/software (situado, por ejemplo, en una placa de red) que capta la colisión, con otro u otros, de un mensaje que se acaba de enviar. Inmediatamente se desencadena un mecanismo de reenvío (ver *Carrier Sense Multiple Access with Collision Detection*).

• After *collision detection (detección de colisión)* the first DTE reinforces the collision by ...

Colon: *1. Dos puntos.*

1. Carácter «dos puntos» (:). Su valor es x'3A' en *ASCII* y x'7A' en *EBCDIC*.

• ... we use a *colon (dos puntos)* in the position of the placeholder ...

Color bits: *1. Bits del color.*

1. Bits componentes de un *píxel* (ver *Pixel*) en los que se almacena el color del mismo. Mientras más bits se asignen a esta función, mayor será la gama de colores utilizable.

• Normally this will be the same as the number of *color bits (bits del color)*.

Color Graphics Adapter: *1. CGA.*

1. Sistema de *presentación* (ver *Display (verb)*) en pantalla introducido por IBM en 1981 y obsoleto actualmente. Permitía sólo 4 colores y una *definición* (ver *Resolution*) de

320 píxeles (horizontal) por 200 píxeles (vertical) (ver *Pixel*).

● While *Color Graphics Adapter (CGA)* was all right for simple computer games, ...

Color map: *1. Tabla de colores.*
1. Cualquier color puede obtenerse combinando los colores rojo, verde y azul y variando las intensidades de éstos. Una tabla de colores es una tabla cuyo índice se asocia con una combinación de los tres colores básicos mencionados. Una tabla de colores puede ser de aplicación general en una computadora o ser definida específicamente para determinadas pantallas, ventanas o imágenes. Ver *Palette*.

● ... is to determine which *color map (tabla de colores)* controls the display you want to change ...

Color Management System:
1. Sistema de gestión de colores. 2. SGC.
1. Sistema software destinado a controlar los colores que se *presentan* (ver *Display (verb)*) en cualquier tipo de dispositivo pero, especialmente, en pantallas de computadoras.

● The ideal *color management system (SGC)* should enable color control throughout the desktop environment, independent of ...

Color palette: *1. Paleta de colores.*
Ver *Palette*.

Colour: *1. Color.*
1. Forma inglesa de decir *Color*.

Column: *1. Columna.*
1. Antiguamente, una columna era una posición de carácter en una ficha perforada (por ejemplo, había fichas de 80 *columnas*). Actualmente se mantiene el concepto para las posiciones de carácter de las líneas de impre-

sión, en las pantallas y, a veces, para indicar posiciones de registro o de campo.

● ... the total and average for the last *column (columna)* of each input line ...

2. En una tabla (de *base de datos* o no), una *columna* es el componente vertical de la tabla, es decir, el conjunto de todos los *campos* (ver *Field*) que ocupan la misma posición en todas las filas.

● The *column (columna)* headings and the meaning of the columns in an ...

Column Address Strobe: *1. Dirección estroboscópica de columna. 2. CAS.*
1. Dirección que la UCP (ver *Central Processing Unit*) o un controlador de memoria envían a la memoria *DRAM* (ver *Dynamic RAM*) indicando que la dirección asociada es una dirección correcta de columna.

● Upon receiving the *column address strobe (dirección estroboscópica de columna)* the selected memory device starts the ...

Combined condition: *1. Condición combinada.*
1. En *COBOL*, condición formada por condiciones enlazadas por los operadores AND y/o OR y, opcionalmente, operadores de negación. Las condiciones que intervienen pueden ser también *combinadas*.

● The resulting *combined condition (condición combinada)* must comply with the rules for ...

Combo box: *1. Cuadro combinado.*
1. Componente de *interfaces gráficas de usuario* (ver *Graphical User Interface*) que permite *introducir* (ver *Entry*) valores (texto) directamente o seleccionar una alternativa de una lista *desplegable* (ver *Pulldown menu*).

• A regular *combo box (cuadro combinado)* with the added feature of allowing the selection to be ...

Comma: *1. Coma.*
1. Carácter *coma* (,) cuyo valor es x'2C' en *ASCII* y x'6B' en *EBCDIC*.

• ... Moreover, punctuation marks, such as *commas (comas)* and decimal points ...

Comma expression: *1. Expresión tipo Coma.*
1. En lenguajes C/C++ y en normas *OSF* (ver *Open Software Foundation*), expresión formada por dos operandos de los que sólo el segundo da valor a la expresión (el primero puede producir efectos colaterales).

• The first two expressions within this *comma expression (expresión tipo Coma)* are evaluated.

Comma-delimited file: *1. Fichero con valores separados por comas. 2. FVSC.*
Ver *Comma-separated values file.*

Comma-separated values file:
1. Fichero con valores separados por comas. 2. FVSC.
1. Fichero usado para transferir datos entre diferentes sistemas de gestión (por ejemplo, de *bases de datos*; ver *Database*). Se caracteriza porque los datos de un registro en origen se graban en el *FVSC* separando los *campos* (ver *Field*) elementales o columnas, unos de otros, por medio de comas.

• *Comma-separated values files (Los ficheros con valores separados por comas)* are sometimes called, somewhat misleadingly, «flat files», ...

Command: *1. Mandato.*
1. Un *mandato* es una expresión formalizada (es decir, escrita siguiendo una cierta gramática) que se envía a un componente de un sis-

tema informático (hardware y/o software) para que éste realice una o más operaciones en las que estamos interesados. Pueden recibir mandatos los *sistemas operativos* (ver *Operating system*), los componentes de sistemas operativos, los sistemas de gestión de bases de datos (ver *Database management systems*), los sistemas de ficheros, las impresoras, etc.

• A modem manufacturer can employ any desired *command (mandato)* set that the data processing equipment ...

• You can use the following *commands (mandatos)* with all files: ...

Command button: *1. Botón de mandato.*
1. En una interfaz gráfica, botón que, cuando se cliquea sobre él, hace que la computadora ejecute una acción o mandato preestablecidos.

• You can use the Browse *command button (botón de mandato)* to locate the program file ...

Command file: *1. Fichero de mandatos.*
1. Fichero que contiene *mandatos* (ver *Command*). El concepto es común para diferentes *sistemas operativos* (ver *Operating system*), pero puede cambiar el nombre con que se lo conoce (ver, por ejemplo, *Command LIST*. Ver también *Batch file*).

• At IBM shops, the equivalent of a shell *command file (fichero de mandatos)* ...

Command interpreter: *1. Intérprete de mandatos.*
1. Programa del, o cercano al, sistema operativo, capaz de interaccionar con un usuario para recibir mandatos proporcionados por éste, validarlos y ejecutarlos, si procede.

• ... then log you off instead of letting you use

the *command interpreter (intérprete de mandatos)*.

Command language: *1. Lenguaje de mandatos.*

1. Lenguaje formalizado en el que se escriben mandatos (ver *Command* y *Command interpreter*).

● ... input and output redirection, and a *command language (lenguaje de mandatos)* for writing shell scripts.

Command line: *1. Línea de mandatos.*

1. Línea en una pantalla o ventana en la que puede escribirse un *mandato* (ver *Command*).

● The order of items on the *command line (línea de mandatos)* is important ...

Command LIST: *1. CLIST.*

1. Lenguaje *interpretado* (ver *Interpretive*) con el que es posible escribir programas que se ejecutan bajo el sistema interactivo TSO (ver *Time Sharing Option*) de los grandes sistemas de IBM. Tiene varias instrucciones de estructuración con las que puede condicionarse la ejecución de *mandatos* (ver *Command*), de programas ordinarios y de otros programas CLIST (o REXX). Los programas se guardan en ficheros y *bibliotecas* (ver *Library*) dedicados a ellos.

● The CLIST language enables you to work more efficiently with ...

2. Programa producido utilizando el lenguaje *CLIST*.

● ... so that users can simply invoke a *CLIST (CLIST)* to perform a given task ...

Command prompt: *1. Invitación a mandato.*

1. Carácter o combinación de caracteres que *invitan* (ver *Prompt (verb)*) al usuario a introducir un *mandato* (ver *Command*) para su procesamiento.

● Change the dbx *command prompt (invitación a mandato)*.

Command structure: *1. Estructura de mandatos.*

1. Complemento de la estructura de menús formado por los caminos que puede seguir la ejecución cuando finaliza un diálogo particular. Es frecuente que las aplicaciones interactivas se diseñen de forma que a una estructura (jerárquica) de menús se le agreguen opciones de *control de flujo* (ver *Flow control*) que se toman cuando finalizan las opciones arrancadas desde los menús.

● *Command structures (Las estructuras de mandatos)* allow navigation without menus ...

Comment (noun): *1. Comentario.*

1. Dada la importancia de la documentación de programas, procesos, etc., la mayoría de los lenguajes –de programación y especializados– admiten que se *incluyan* (ver *Embed*) entre sus líneas normales, otras –comentarios– que no se ejecutan pero ilustran al lector humano sobre aspectos interesantes de instrucciones normales cercanas. Las líneas de comentarios tienen una sintaxis propia (característica de cada lenguaje) que las diferencia de las líneas normales.

● # This is a *comment (comentario)*.

Comment (verb): *1. Comentar.*
2. Comentarizar. 3. Asteriscar.

1. Escribir comentarios (ver *Comment (noun)*) intercalados en una pieza operativa (programa, trabajo en LCT (ver *Job Control Language*), etcétera).

● There is another method of *commenting*

(comentar) where the comment begins with an asterisk ...

2. Convertir una o más líneas operativas (escritas en un cierto lenguaje) en comentarios, a fin de que dejen de ser operativas sin que se pierda la pista de que un día lo fueron y la opción de que puedan volver a serlo. Se usa la traducción *asteriscar* cuando el lenguaje prevé el uso de un asterisco en cierta posición para convertir una línea de texto en línea de comentario.

● ... which JCL statements were originally submitted as *commented (comentarizadas)* statements by ...

Commercial Off-The-Shelf: *1. COTS.*
1. Productos (incluyendo los informáticos) que pueden obtenerse e instalarse fácilmente (literalmente, desde la estantería de una tienda).

● ... develops *Commercial-Off-The-Shelf (COTS)* satellite tracking and mission analysis software ...

Commit (noun): *1. Aceptación.*
1. Acción y efecto de aceptar (ver *Commit (verb) Def. 2*) el resultado de una o más actualizaciones.

● ... a cursor should not close at a *commit (de aceptación)* point.

Commit (verb): *1. Realizar. 2. Aceptar. 3. Comprometer(se).*
1. Efectuar o llevar a cabo una acción (instrucción, *mandato*, etc.).

● ... though often a program *will commit (realizará)* an action only because it knows that ...

2. Cuando se finalizan las modificaciones que forman un grupo lógico de actualización (por ejemplo, un asiento contable múltiple) y el proceso de actualización ha ido bien, procede *aceptar*, dar por bueno lo realizado y, posiblemente, liberar los recursos retenidos por el proceso dejando que otros procesos accedan a los mencionados recursos ya modificados.

● Once the modifying transaction *commits (acepta)* or rolls back, the locks are released ...

3. Comprometer o comprometerse a algo (por ejemplo, en el marco de un *protocolo*).

● ... and *is committed (se ha comprometido)* to the carrying out of a regular software audit, ...

Committed Information Rate: *1. CIR.*
1. Uno de los parámetros que dan flexibilidad a la tecnología *Frame relay* (ver). Es un compromiso de anchura de banda durante una conexión lógica en un *circuito permanente virtual.* El *CIR* se adapta por software, es decir, de forma relativamente rápida, a las necesidades cambiantes de anchura de banda (en bits/seg).

● Each user can negotiate a *committed information rate (CIR)* (in bits per second) at connection setup time ...

Common Application Programming Interface: *1. CAPI.*
1. *Interfaz de Programas de Aplicación,* aprobada como estándar internacional, que permite la comunicación de programas de aplicación vía *RDSI* (ver *Integrated Services Digital Network),* sin tener que hacer frente a las complejidades (y disparidades) de los protocolos de comunicación de más bajo nivel.

● And the broad range of applications available for *Common Application Programming Interface (CAPI)* is a key factor for every ...

Communications port: *1. Puerto de comunicaciones.*

1. Conectador en un terminal o computadora que, con la ayuda de un software determinado y en el marco de un conjunto de normas, es capaz de comunicar el terminal o computadora con otros elementos externos (otra computadora, un *módem* (ver *Modem*), etc.).

• The *communication ports (puertos de comunicaciones)* in terminals and computers are common examples of DTEs.

Communications Server:
1. Communications Server. 2. Servidor de comunicaciones.
1. Producto IBM para redes que permite la comunicación entre distintos tipos de dispositivos usando más de un protocolo. Hay versiones para diferentes plataformas.

• ... explains how to install IBM *Communications Server (ídem)* ...

2. Dispositivo con varios *puertos seriales* (ver *Serial port*) y una única salida *Ethernet* (ver). Por tanto, puede conectar varios *módems* (ver *Modem*) a una red Ethernet.

• One major advantage of a *communications server (servidor de comunicaciones)* is that you can program it ...

3. Producto de Netscape.

Community: *1. Comunidad.*
1. En el protocolo *SNMP* (ver *Simple Network Management Protocol*), agrupación de entidades con fines administrativos y de gestión de red.

• ... which defines a list of *community (de comunidad)* names and IP addresses ...

Compact (verb): *1. Compactar.*
1. Acción de convertir unos datos en otros

que ocupan menos espacio sin pérdida de significación, es decir, con la posibilidad de reconstruir de nuevo los datos originales. Hay algoritmos especializados en esta función.

• If you do not want a specific file to be *compacted (ser compactado)* during volume migration ...

Compact disc: *1. Disco compacto.*
1. Discos de algo más de 11,5 cm de diámetro con base de policarbonato y una superficie adecuada para la grabación, a muy alta densidad, de datos convencionales (binarios y no binarios), de audio y de vídeo. Las primeras versiones de discos y aparatos sólo permitían la lectura. Actualmente es posible la grabación y regrabación en dispositivos realmente económicos.

• ... digital music was popularized by *compact discs (discos compactos)*, the need for ...

Compaction: *1. Compactación.*
1. Acción de compactar.

• ... to prevent *compaction (compactación)* of that file ...

Companding: *1. Compansión.*
1. En *digitalización* (ver *Digitization*) de voz, función que consiste en comprimir la *señal* (ver *Signal Def. 1*) antes de pasarla a digital y, tras su transmisión por la red y reconversión a analógica, volver a expandirla (contracción de *compressing* y *expanding*).

• The combined operation is thus known as *companding (compansión)*.

Compandor: *1. Compansor.*
1. Dispositivo capaz de hacer compansión (ver *Companding*). La *señal* (ver *Signal Def. 1*) que circula en un sentido es comprimida y la que circula en el contrario expandida.

Companion: *1. Guía. 2. Pareja.*
1. Libro conciso, claro y, posiblemente, ameno.

- «The Internet *Companion (Guía)*: A Beginner's ...»

2. Puede decirse también de un componente con relación a otro con el que forma una pareja más o menos lógica.

- ... an optional *companion (pareja)* to an interface definition file ...

Comparative: *1. Comparativo.*
1. Característica del resultado de un estudio (análisis, evaluación, etc.) en el que se comparan diferentes productos de uso similar.

- The *comparative (comparativo)* study of the internal workings of organic and machine ...

(*Nota*. A veces, sobre todo en revistas del ramo, se encuentran usos de la palabra *Comparative* como nombre: *Comparative of laser printers*. La traducción correcta podría ser *comparación* o *estudio comparativo*.)

Comparison operator: *1. Operador de comparación.*
1. Componente de los lenguajes de programación que se usa para expresar comparaciones y expresiones condicionales.

- The precedence of the operators is: unary operators, *comparison operators (operadores de comparación)* ...

Compatibility: *1. Compatibilidad.*
1. Características de un sistema informático global, de un *sistema operativo* (ver *Operating system*), de un subsistema, etc., que les permiten procesar o utilizar elementos (programas, piezas de código), desarrollados para otros sistemas, subsistemas, etc. (anteriores o posteriores, de otros fabricantes, etc.).

- For *compatibility (compatibilidad)* with older yacc processors ...

Compilation: *1. Compilación.*
1. Acción y efecto de *compilar* (ver *Compile (verb)*).

- ... perform the *compilation (de compilación)* phase (including preprocessing) by compiling all operands of the file.c ...

Compile (verb): *1. Compilar.*
1. Ejecución de un programa, llamado *compilador*, que lee un programa («fuente») escrito en un lenguaje de alto nivel (COBOL, C, etc.) y produce otra versión del mismo programa en *lenguaje de máquina* (ver *Machine language*). Esta nueva versión recibe, a veces, el nombre de *programa «objeto»* (ver *Object program*). También acostumbra a producir uno o más listados, útiles para la tarea de depuración del programa. El equivalente a *compilar* para lenguajes de bajo nivel se llama *ensamblar*.

- ... you can *compile (compilar)* this source code to get a program that works the way that you originally described.

Compiled language: *1. Lenguaje a compilar.*
1. Lenguaje de programación que requiere que los programas desarrollados en el mismo se compilen (ver *Compile (verb)*) para poder ser ejecutados.

- Unlike a normal *compiled language (lenguaje a compilar)* (like C or Pascal, for example), you don't have to ...

Compiler: *1. Compilador.*
1. Programa creado para *compilar* (ver *Compile (verb)*) programas desarrollados en un cierto lenguaje.

• The DLL option instructs the *compiler (compilador)* to produce *DLL* code ...

Complementary Metal Oxide Semiconductor: *1. CMOS.*
1. Tecnología de semiconductores de amplio uso a causa, sobre todo, de su bajo consumo energético.

• In this *complementary metal-oxide semiconductor (CMOS)* switch, if a low voltage is applied to the metal gate ...

Completeness: *1. Compleción.*
1. Cualidad de completo. Condición de un análisis, estudio, etc., en el que no se ha omitido ninguno de los componentes interesantes de la realidad sometida a estudio. Se usa mucho en Análisis de Sistemas (por ejemplo, en *Diagramas de Flujo de Datos*).

• ... check the diagram for consistency and *completeness (compleción)* and then ...

Completion: *1. Finalización.*
1. Terminación de algo que estaba en marcha: una conexión, la ejecución de un *mandato* (ver *Command*), un programa, etc., cualquiera que sea la causa de dicha terminación y el resultado (exitoso o fallido) de la misma. A veces se suministra a la función o proceso principales un código que ilustra sobre cómo se ha producido la finalización.

• The caller can test the *completion (finalización)* of the connection setup ...

Complex Instruction Set Computer: *1. CISC. 2. Computadora con un conjunto complejo de instrucciones.*
1. Concepto creado para designar a las computadoras «tradicionales» cuando empezaron a diseñarse y usarse computadoras con número reducido de instrucciones (*RISC;* ver *Reduced Instruction-Set Computer*). Las características más significativas de las computadoras CISC son: uso de *microcódigo* (ver *Microcode*), que facilita la implantación de instrucciones complejas sin hacer el diseño de circuitos excesivamente complicado; e implementación de instrucciones realmente complejas que, en cierta medida, acercan el *lenguaje de máquina* (ver *Machine language*) a las necesidades de los lenguajes de alto nivel.

• Most *Complex Instruction Set Computer (CISC)* hardware architectures have several characteristics in common: ...

Component: *1. Componente.*
1. En general, parte de un conjunto (subdirectorio en un camino de acceso, programa que forma parte de un paquete, etc.).

• ... not have search permission on some *component (componente)* of the pathname prefix.

2. Parte de un programa «clásico» en la que se codifica una función o subfunción específicas.

• ... build applications from *component (componentes)* routines written in a variety of languages ...

3. En algunos enfoques de *programación orientada a objetos* (ver *Object oriented programming*), un *componente* es una pieza de software que puede interaccionar con otras similares presentes en la memoria de la misma computadora o de otra. Estos componentes son esencialmente *reusables* (ver *Reusable*).

• This allows a *component (componente)* to make its characteristics publicly visible ...

Component diagram: *1. Diagrama de componentes.*
1. Técnica de representación propia de los

métodos de análisis y diseño orientados a objetos (ver *Object oriented design*). Con esta técnica se materializa la *relación* entre *clases* (ver *Class*) y ficheros que las contienen, al tiempo que se prefigura el orden de *compilación*.

- A *component diagram (diagrama de componentes)* is a graph of components connected by dependency relationships ...

Component Object Model: *1. COM.*

1. Tecnología de desarrollo de software propuesta por Microsoft y construida sobre la idea de utilizar *objetos componentes*, creados y mantenidos con esa tecnología, como elementos básicos o «ladrillos» del desarrollo de aplicaciones. Los objetos componentes existen como objetos binarios.

- The *Component Object Model (COM)* defines several fundamental concepts that provide the model's structural ...

Component Object Model Plus: *1. COM+.*

1. Ampliación de COM (ver *Component Object Model*) creada por Microsoft para proporcionar una nueva tecnología de desarrollo de aplicaciones basada en la *programación orientada a objetos* (ver *Object oriented programming*) y en el *procesamiento distribuido* (ver *Distributed processing*) de aplicaciones, mientras se mantiene el hecho de que los objetos componentes son objetos binarios que se combinan y recombinan en tiempo de ejecución.

- *Component Object Model Plus (COM+)* is in effect a low-level integration of COM and MTS ...

Compose (verb): *1. Redactar.*

1. Poner por escrito una o más ideas de forma que tengan significado para quien lo lea. (Hay otros significados más «profanos» de la palabra.)

- ... and then went into input mode to *compose (redactar)* a message.

Composite (noun): *1. Composición.*

1. Acción y resultado de la tarea de dar formato a un documento.

- ... if you specify a *composite (de la composición)* rotation of ...

Compound: *1. Compuesto.*

1. En lenguaje REXX un símbolo es *compuesto* si está formado por al menos un punto (ver *Dot*) y al menos otros dos caracteres aceptables; no puede comenzar por un dígito o punto y si tiene un solo punto, éste no puede ser el último carácter. A partir del uso de símbolos compuestos pueden generarse variables compuestas por sustitución de valores en las partes simbólicas posteriores a la primera, es decir, posteriores al primer punto.

- These are *compound (compuestos)* symbols:

     Registro.45

     Matriz.I.J.K

2. Se llama *compuesta* a una operación cuyo operando produce, en realidad, dos operaciones elementales.

- The following are the *compound (compuestas)* assignment operations.

Compound document: *1. Documento compuesto.*

1. Documento definido en un «contenedor» (Word, Internet Explorer, ...) que contiene, en el marco de una estructura, datos de diferentes tipos, algunos de los cuales pueden ser completamente ajenos al contenedor. Algunos de estos objetos pueden ser «animables», es

decir, que si se seleccionan, arrancan otro programa o aplicación que puede procesar el objeto en cuestión. Ver *Object Linking and Embedding* como ejemplo de esta tecnología.

• A specification for representing *compound documents (documentos compuestos)* in revisable format ...

Compress (verb): *1. Comprimir.*

1. *Comprimir* datos es aplicar a los mismos una nueva codificación de forma que el espacio ocupado sea menor y sin pérdida de significación. La compresión de datos puede efectuarse tanto en su almacenamiento como en su transporte. Se ha convertido en una cuestión crucial tanto por el volumen de datos almacenados y transmitidos como por la ocupación individual de algunos tipos de datos (por ejemplo, imagen y sonido).

• ... your data remains physically on disk in a *compressed* form but ...

Compressed Serial Line Internet Protocol: *1. CSLIP.*

1. Protocolo SLIP (ver *Serial Line Internet Protocol*) con la compresión Van Jacobson activada. Reduce significativamente el tiempo de transmisión bajo TCP.

• Recently the department installed a dedicated *CSLIP* server that provides TCP/IP connectivity from ...

Compression: *1. Compresión.*

1. Acción de *comprimir* datos (ver *Compress*).

• Up to 8:1 data *compression (compresión)* for high speed file transfer.

Compression dictionary: *1. Diccionario de compresión.*

1. Tabla de transcodificación que se usa para comprimir datos. Por lo general, estas tablas se crean dinámicamente en función de una parte del texto a comprimir. Están formadas por *subristras* (ver *Substring*) de uso frecuente (por ejemplo, «con», en castellano) a las que se asocian códigos cortos (por ejemplo, 9 o 19 bits).

• ... without access to the *compression dictionary (diccionario de compresión)* that was in effect ...

Computation time: *1. Tiempo de procesador.*

1. En aplicaciones técnicas (por ejemplo, algoritmos para *tiempo real*; ver *Real-time*), es el tiempo de procesador.

• ... communicating subtasks and the *computation time (tiempo de procesador)* of the subtasks ...

Computational learning: *1. Aprendizaje automático.*

1. Rama teórica y práctica de la informática que se ocupa de la creación de herramientas para descubrir y almacenar conocimientos nuevos a partir de hechos conocidos (por inducción, deducción, etc.).

• ... summarizes results on some *computational learning (aprendizaje automático)* problems within the probabilistic framework proposed by ...

Computational lexicography: *1. Lexicografía computacional.*

1. Aplicación de la informática al proceso lexicográfico, es decir, a la creación de diccionarios.

• Research and application of *computational lexicography (lexicografía computacional)* for dictionary making; ...

Compute: *1. Calcular.*
1. Determinar un valor usando números y operaciones aritméticas.

● *Compute (calcular)* the address of the self-defining section.

Computer: *1. Computadora.*
1. Dispositivo electrónico complejo que puede ser programado para recibir, almacenar, procesar, transmitir y *presentar* (ver *Display (verb)*) datos.

● ... to be a client that requests data from a small *computer (computadora)* such as a workstation.

Computer abuse: *1. Abuso informático.*
1. Uso de la computadora para hacer daño. Cuando el daño producido está recogido en la ley penal, el *abuso* se convierte en *delito informático* (ver *Computer crime*).

● *Computer abuse (abuso informático)* covers a wide area, from misuse of personal data to viruses and hacking.

Computer animation: *1. Animación por computadora.*
1. Uso de medios informáticos para producir «animación», es decir, percepción de movimiento en imágenes.

● However, it was the entertainment industry which brought *computer animation (animación por computadora)* to the popular culture.

Computer art: *1. Arte por computadora.*
1. Técnica y productos que permiten usar la computadora como ayuda para crear arte (música, pintura y animación, principalmente). También, programas y medios que permiten la «creación autónoma» (más o menos aleatoria) de objetos artísticos por parte de las computadoras.

● ... descriptions of interactive *computer art (de arte por computadora)* installations that explore technologies such as ...

Computer bureau: *1. Empresa de servicios informáticos.*
1. Nombre genérico asignado a las empresas que se dedican a la prestación de servicios informáticos (consultoría, cesión de personal, externalización, cesión de máquina, etc.).

● The *computer bureau (La empresa de servicios informáticos)* was established in mid 1989 when the society recognised ...

Computer crime: *1. Delito informático.*
1. Cualquier tipo de delito relacionado con la informática: contra la propiedad intelectual, robo por medio de computadoras y redes, pornografía infantil, etc. Esta cuestión está mereciendo una atención creciente por parte de los gobiernos y organismos internacionales.

● ... a comprehensive program designed to address the growing global *computer crime (delito informático)* problem.

Computer Emergency Response Team: *1. CERT.*
1. Organismo que ofrece servicio permanente con relación a cuestiones de seguridad relacionadas con la Internet (por ejemplo, en caso de ataques masivos o de difusión de virus).

● The *CERT* is receiving multiple daily reports of Linux systems being root compromised ...

Computer game: *1. Juego de computadora.*
1. Programa que permite jugar, entretener. Casi siempre, estos programas encierran uno o más retos a las capacidades, manuales y/o mentales, de los jugadores.

- So you want to be a *Computer Game (juegos de computadora)* Developer?

Computer graphics: *1. Informática gráfica.*
1. Tecnología informática dedicada a la creación, almacenamiento, *presentación* (ver *Display (verb)*) y transmisión de imágenes, estáticas o animadas.

- A technique used in *computer graphics (informática gráfica)* to create additional colors ...

Computer Graphics Metafile: *1. CGM.*
1. Formato estandarizado de ficheros que contienen información de tipo gráfico (almacenamiento vectorial). El mismo formato puede ser usado para transmisión de ese tipo de información.

- *Computer Graphics Metafile (CGM)* is an ISO Standard for storing 2D graphics information.

Computer Integrated Manufacturing: *1. CIM. 2. Fabricación Integrada por Computadora.*
1. Ampliación de *CAD/CAM* (ver) para integrar las cuestiones más ligadas al negocio: mercadotecnia, facturación, gestión de almacenes, fabricación, etc. El número de técnicas (y sus acrónimos) que forman parte de la *CIM* es realmente abrumador.

- ... high & advanced technology of using *computer integrated manufacturing (de fabricación integrada por computadora)* systems to manage and manufacture production ...

Computer literacy: *1. Aptitud informática.*
1. Aptitud de una persona para utilizar computadoras y, cada vez más, los medios de intercomunicación basados en ellas.

- It examines the debate about what *computer literacy (aptitud informática)* involves by showing the links between ...

Computer network: *1. Red de computadoras.*
1. Dos o más computadoras conectadas electrónicamente entre sí, transmitiéndose *señas* (ver *Signal Def. 2*) y datos y realizando procesamientos coordinados, forman una red de computadoras.

- ... that utilizes a *computer network (red de computadoras)* for the purpose of data processing and information exchange ...

Computer operator: *1. Operador de computadora.*
Ver *Operator Def. 1.*

- The console is used for communication between the *computer operator (operador de computadora)* and ...

Computer program: *1. Programa.*
Ver *Program.*

Computer Reservation System: *1. SIR. 2. Sistema Informatizado de Reservas.*
1. Sistema de reservas de todo tipo (viajes, hoteles, espectáculos, etc.) basado en informática y telecomunicaciones.

- ... *computer reservation system (sistema informatizado de reservas)* for bed and breakfast locations in the United Kingdom, ...

Computer security: *1. Seguridad informática.*
1. La *seguridad informática* se refiere al conjunto de doctrina, métodos, técnicas, programas y aparatos cuya finalidad es impedir el acceso y posible manipulación no autorizados, de datos y programas tanto mientras es-

tán almacenados como cuando se transmiten por medios electrónicos.

• *Computer security (seguridad informática)* requires a comprehensive and integrated approach.

Computer support personnel:
1. Personal de Explotación.
1. Personal responsable de la operación, día a día, de una instalación informática. Incluye planificación de trabajos y de ventanas operativas (por ejemplo, para *trabajos por lotes*; ver *Batch*), operación de máquinas y redes, control de calidad y acabados, escalón inicial en la resolución de problemas, etc.

• How effective is the communication between *computer support personnel (personal de explotación)* and faculty & staff?

Computer Science:
1. Informática.
1. Rama del saber humano que se ocupa de todo lo relacionado con las computadoras: diseño y arquitectura de computadoras y sus componentes, diseño y desarrollo de todo tipo de programas de computadora (desde los *sistemas operativos* hasta los más modestos programas de aplicación), operación y uso de las computadoras, *interfaz* (ver *Interface (noun)*) persona-computadora, etc., etc. Es más una técnica que una ciencia.

• ... in the sense in which the word «capability» is used in *computer science (Informática)* ...

Computer vision: *1. Visión por computadora.*
1. Rama de la *Inteligencia Artificial* cuyo objeto es la creación, almacenamiento y uso de representaciones simbólicas de imágenes captadas por cámaras y sensores.

• The problem inherent in *computer vision (la visión por computadora)*, in fact, the very purpose of the field, is to recover ...

Computer word: *1. Palabra.*
1. Unidad de datos, a efectos de transporte, almacenamiento y procesamiento, de dimensión superior a 1 *bait* (frecuentemente, 4 *baits*; ver *Byte*). De uso importante, con sus múltiplos y divisores, en la aritmética binaria y, especialmente, en la de direcciones.

• The function code further specifies either *word (de palabra)* or doubleword operands.

Computer-Aided Design: *1. Diseño asistido por computadora. 2. CAD.*
1. Uso de la computadora en tareas de diseño y cálculo de tipo muy diverso (textil, mecanismos, máquinas, edificios, etc.). Los programas correspondientes pueden realizar complejos cálculos y *presentaciones* (ver *Display (verb)*) gráficas, lo que exige emplear potentes estaciones de trabajo. A veces la salida de los programas *CAD* puede ser utilizada directamente en programas *CAM* (ver *Computer-Aided Manufacturing*).

• They use *Computer-Aided Design (Diseño asistido por computadora)* to conceptualize skyscrapers, boats, bridges ...

Computer-Aided Design and Drafting: *1. CADD.*
1. Sistema informático de ayuda al diseño (industrial, arquitectónico, ...) dotado, además, de componentes para tareas de dibujo, rotulación y tratamiento de textos acompañantes.

• Our Center has two *Computer-Aided Design and Drafting (CADD)* labs and a general purpose lab for word processing and drawing.

Computer-Aided Design/ Computer-Aided Manufacturing:
1. CAD/CAM.

1. Tecnología y productos informáticos que consideran el diseño (básicamente industrial) y la fabricación posterior de lo diseñado como una unidad, de forma que las máquinas y/o procesos de fabricación se controlen por datos e instrucciones generados durante el diseño.

• A graduate of the *Computer-Aided Design/ Computer-Aided Manfacturing (CAD/CAM)* program will be capable of applying engineering principles to the solution of ...

Computer-Aided Engineering:
1. CAE.

1. Tecnología y productos informáticos que ayudan en las diferentes fases del diseño industrial y en la simulación del comportamiento de lo diseñado en diferentes circunstancias.

• Research in *Computer-Aided Engineering (CAE)* focuses on improving the efficiency, effectiveness, and product quality in ...

Computer-Aided Instruction: *1. CAI.*

1. Tecnología y productos informáticos que ayudan en los procesos educativos, o los suplen casi totalmente. Pueden ser de carácter general o muy específicos (aspectos muy concretos, superación de minusvalías y problemas diversos, etc.). Es un campo de un futuro extraordinario por las necesidades crecientes de formación permanente y la posibilidad de hacerla a través de la Internet.

• *Computer-Aided Instruction (CAI)* combines a variety of media such as computer generated still diagrams, compound diagrams, ...

Computer-Aided Manufacturing:
1. Fabricación asistida por computadora. 2. CAM.

1. Uso de la computadora en la preparación y control de máquinas e instalaciones utilizadas en la fabricación de diversos tipos de productos.

• Following the design process, the CAD data can be transferred to *Computer-Aided Manufacturing (CAM)* process.

Computer-Aided Software Engineering: *1. Ingeniería de Software asistida por computadora. 2. CASE.*

1. Uso de la computadora como soporte en las tareas de análisis, diseño, programación y pruebas de sistemas informáticos y aplicaciones. Las herramientas *CASE* se apoyan, en mayor o menor medida, en métodos de análisis y diseño y de representación gráfica.

• This successful implementation of *Computer-Aided Software Engineering (CASE)* technology requires a long-term and comprehensive commitment ...

Computer-Aided Test: *1. Pruebas Asistidas por Computadora. 2. CAT.*

1. Aplicación de la tecnología informática y de las comunicaciones a las pruebas a efectuar sobre productos y procesos. Incluye diseño de las pruebas, adquisición de datos, transmisión, proceso e interpretación.

• Data acquisition (DAQ) is a major component of *Computer-Aided Test (CAT),* and it was the primary ...

Computer-Supported Cooperative Work: *1. CSCW.*

1. Métodos y herramientas informáticos orientados a facilitar el trabajo cooperativo (en grupo) de personas que comparten un número significativo de documentos (de todo tipo).

• Key issues of *Computer-Supported Cooperative Work (CSCW)* are group awareness, multi-user interfaces, concurrency control, communication and coordination ...

Computer-Telephony-Integration:
1. Integración de Computadoras y Telefonía.
2. ICT.
1. Rama de la informática que se dedica a estudios y realizaciones con respecto a la integración de las computadoras en la telefonía (centralitas informatizadas, telefonía por Internet, control de tráfico, etc.).

• The main *Computer-Telephony-Integration (ICT)* functions are integrating messaging with databases, controlling voice, etc.

Computerize (verb): *1. Informatizar.*
2. Computarizar.
1. Realizar con ayuda de computadoras una parte significativa de las tareas de procesamiento y almacenamiento de datos propios de un sistema de información, entendido éste en sentido amplio (no sólo administrativo, sino también técnico).

• ... and what impact those trends will have on his business if he decides *to computerize (informatizar).*

2. Realizar con ayuda de una computadora una tarea de alcance limitado (por ejemplo, traducir).

• Software has been purchased *to computerize (computarizar)* this translation and ...

Computing: *1. Procesamiento (informático). 2. Informática.*
1. Procesamiento informático.

• As more and more *computing (procesamiento)* is off-loaded from mainframe systems ...

2. Técnicas y métodos que permiten el trata-

miento automatizado de la información. Su herramienta principal es la computadora.

• Dictionary of *Computing (Informática).*

Computing center: *1. Centro informático.*
1. Máquinas, instalaciones y personal cuya función es el procesamiento informático de datos.

• Your *computing center (centro informático)* can tell you what these values are.

Computing power: *1. Potencia de procesamiento (informático).*
1. Procesamiento de datos realizado por unidad de tiempo. Dada la extrema variedad de tipos de procesamientos de datos, este concepto es de difícil medición y evaluación.

• ... which provides lower-cost, scalable *computing power (potencia de procesamiento)* ...

Computing system: *1. Computadora.*
Ver *Computer.*

• ... is limited by the addressing scheme of the *computing system (computadora).*

Concatenate (verb): *1. Concatenar.*
1. Unir, sin solución de continuidad, los contenidos de dos o más ficheros.

• You can also use the cat command to *concatenate (concatenar)* or chain files together ...

2. Operación permitida por varios lenguajes de programación y consistente en unir, sin solución de continuidad (o, en otros casos, dejando un espacio de separación), dos *ristras* (ver *String*) o *subristras* de caracteres.

• This built-in function *concatenates (concatena)* string2 with string1 and ends the resulting ...

Concentrator: *1. Concentrador.*
1. Cualquier dispositivo que permite que dos o más *señales* (ver *Signal Def. 1*) de entrada compartan un solo medio de salida. La anchura de banda de la salida debe ser igual a la suma de las anchuras de banda de las señales que puedan estar simultáneamente activas. Es un dispositivo muy usado por la economía de cableado que supone (se usa en redes locales, en redes *FDDI* (ver *Fiber Distributed Data Interface*), en conexiones a Internet vía *ISPs* (ver *Internet Services Provider*, etc.).

• In this case the multiplexor is also known as a *concentrator (concentrador).*

Conceptual: *1. Conceptual.*
1. Establecido de acuerdo con una idea o concepto que, a su vez, es una simplificación de una realidad.

• The universal function model is a *conceptual (conceptual)* representation of a function ...

Concurrency: *1. Concurrencia.*
1. Simultaneidad –o casi– de fenómenos o actividades de tipos similares o relacionados entre sí. La relación se refiere, frecuentemente, a que los fenómenos o actividades usan los mismos recursos o servidores, de ahí que, a veces, la palabra desprenda un cierto aroma de «competencia».

• Higher *concurrency (concurrencia)* can be achieved by a hierarchy of locks ...

Concurrrent copy: *1. Copia concurrente.*
1. *Copia de salvaguardia* (ver *Backup copy*) que se realiza de forma concurrente (coincidente en el tiempo) con la ejecución de aplicaciones que afectan a los datos que se copian. Los mecanismos de copia y la naturaleza de los ficheros deben poder asegurar la integridad de los datos (ver *Data integrity*).

• ... so files can use the *concurrent copy (copia concurrente)* technique during backup processing.

Concurrent server: *1. Servidor concurrente.*
1. Servidor que está preparado para trabajar en régimen de concurrencia (ver *Concurrency*). Puede aplicarse a cualquier tipo de servidor pero si se aplica a un servidor de red, es sinónima de «servidor multiconexión» (en realidad, lo concurrente no es el servidor sino los que usan sus servicios).

• The *concurrent server (servidor concurrente)* starts the subtask and passes it the socket descriptor ...

Concurrent systems: *1. Sistemas concurrentes.*
1. Sistemas entre los que hay interacción y dependencias, lo que obliga a utilizar métodos de diseño y herramientas de desarrollo (por ejemplo, lenguajes) muy diferentes de los habituales en sistemas no concurrentes.

• Certain aspects of the behavior of *concurrent systems (sistemas concurrentes)* are intrinsically probabilistic in nature ...

Condensed: *1. Condensado/a.*
1. Salida de un proceso informático (por ejemplo, una *compilación*) que ha sido tratada para que ocupe menos espacio. También se aplica a un fichero en el que se ha eliminado el espacio en *blanco* (ver *Blank* o *Space*) que había al final del mismo.

• ... Whether the generated output is to be *condensed (condensada)* to take up less space.

Condition: *1. Condición.*
1. En programación una condición es un elemento de programa sobre el que se establece

una selección (de alternativas). Todos los lenguajes de programación (incluso los más especializados) permiten codificar condiciones.

• ... you test for an equal, unequal, high, low, not-high, or not-low *condition (condición)*.

2. Situación que puede afectar a un proceso y que es detectada por un elemento exterior al mismo («superior», para entendernos; por ejemplo, el *sistema operativo*). El elemento exterior comunica al proceso que se ha producido la *condición* y si dicha condición puede afectar al proceso, éste debería haber sido creado para reaccionar ante dicha condición.

• If a logical error or an end-of-data *condition (condición)* occurs during ...

Condition code: *1. Código de condición.*
1. Valor que se devuelve a un proceso para que éste conozca qué condición (ver *Condition*) se ha producido tras efectuar determinada operación.

• Instead, such a situation is indicated by the *condition code (código de condición)*.

Condition-controlled loop: *1. Ciclo controlado por condición.*
1. *Ciclo* (ver *Loop*) de instrucciones que se ejecutaría indefinidamente si no fuera porque su ejecución está controlada por una condición que forma parte del ciclo. Cuando se cumple la condición (o no-condición) el ciclo termina. Palabras habituales en los lenguajes para identificar estos ciclos son *repeat, until* y *while*.

• *Condition-controlled loops (Los ciclos controlados por condición)* become infinite loops when ...

Conditional Assembly Language: *1. Lenguaje de ensamblaje condicional.*
1. Subconjunto de instrucciones especiales en el marco de los lenguajes ensambladores de máquinas principales (ver *Mainframe computer*) de IBM, que son procesadas por los programas ensambladores antes de procesar las instrucciones ordinarias. La utilidad principal de tales instrucciones especiales es la generación parametrizada de instrucciones ordinarias a partir de modelos. El uso principal del *lenguaje de ensamblaje condicional* es la creación de definiciones de macroinstrucciones.

• You can use the functions of the *conditional assembly language (lenguaje de ensamblaje condicional)* to select statements for ...

Conditional JCL: *1. LCT condicional.*
1. Las primeras versiones del *lenguaje de control de trabajos* (ver *Job Control Language*) sólo permitían la secuencia de pasos de trabajo. Un paso adelante en la potenciación de estos lenguajes fue la incorporación de instrucciones condicionales (del tipo IF ... THEN ...). Los lenguajes que aceptan esta estructura se llaman *LCT condicional*.

• By using *conditional JCL (LCT condicional)*, you can cause internal readers to start only ...

Configuration: *1. Configuración.*
1. Definición de los componentes de un conjunto, y/o de sus características operativas y/o de cómo se relacionan entre sí. Puede referirse tanto a hardware (configuración de una computadora o de uno de sus dispositivos), como a software (configuración de un *sistema operativo* (ver *Operating system*), de un subsistema, de una aplicación, etc.).

• This section discusses initialization and *configuration (configuración)* features of ...

• ... that allows you to define the hardware *configuration (configuración)* for both the ...

Configuration file: *1. Fichero de configuración.*
1. Fichero que contiene la información propia de una configuración (ver *Configuration*).

● Correct the affected *configuration file (fichero de configuración)* record ...

Configuration Management: *1. Gestión de la configuración.*
1. Parte de la gestión moderna de las instalaciones informáticas que se encarga del conocimiento y control rigurosos de todos los componentes hardware y software de la instalación (ubicación, configuración, nivel, versión, etc.). Especialmente importante en entornos distribuidos. Es base imprescindible para una correcta gestión de los cambios (ver *Change management*) y para la resolución de problemas. Existen métodos, técnicas y herramientas específicos para esta gestión.

● *Configuration Management (La gestión de la configuración)* is used to control any changes to characteristics of configuration items ...

Configure (verb): *1. Configurar.*
1. Dar configuración a un conjunto de componentes o a uno de ellos (ver *Configuration*).

● Specifies the print queue server that *is configured (se ha configurado)* to manage the jobs ...

Conflict set: *1. Conjunto conflicto. 2. CC.*
1. Componente del mecanismo de *inferencia* en *sistemas basados en reglas*. Cuando se ejecuta una base de reglas, el *conjunto conflicto* se inicializa con todas las reglas del conjunto de reglas activas y se modifica posteriormente en función de los cambios introducidos en la memoria de trabajo, de manera que sólo contenga reglas coherentes con el contenido de la memoria de trabajo.

● *Conflict set (del conjunto conflicto)* updates take place whenever changes are made to working memory, whether during rule firing ...

Congestion: *1. Congestión.*
1. Situación de un servidor (o de más de uno, relacionados entre sí) que se caracteriza por recibir más peticiones, por unidad de tiempo, de las que puede atender, lo que lleva a la formación de *colas* (ver *Queue (noun)*) y/o a la eliminación de peticiones. Esta situación es propia de las redes de computadoras (aunque no exclusiva de ellas).

● ... in attempts to clear the *congestion (congestión)* and remove the lockout situation ...

Connect charge: *1. Cargo por conexión.*
1. Cantidad a pagar por conectarse a un sistema de telecomunicaciones o a un servicio ofrecido a través del mismo. Es un término ambiguo que debe analizarse en cada caso concreto (qué se recibe, durante cuánto tiempo, etc.).

● ... the *hourly connect charge (cargo horario por conexión)* for both databases has been reduced by 30 percent ...

Connection: *1. Conexión.*
1. Asociación que se establece entre dos puntos de una red que han de comunicarse entre sí. Esta definición admite refinamientos en función del entorno tecnológico (Internet, SNA (ver *Systems Network Architecture*), CICS (ver *Customer Information Control System*, ...) y del grado de detalle del análisis.

● To achieve this, prior to sending any data, a logical *connection (conexión)* between the two ...

● A condition or state of the *connection (conexión)* that slows down the rate of flow ...

Connection-mode Network Service: *1. CONS.*

Ver *Connection-oriented Network Service.*

Connection-oriented Network Service: *1. CONS. 2. Servicio de red orientado a conexión.*

1. Tipo de servicio en el *estrato de enlace de Datos* (ver *Layer* y *Data link layer*), de alta *fiabilidad* (ver *Reliability*), basado en el establecimiento de una conexión lógica entre entidades al nivel del protocolo de enlace de datos, antes de que comience la transmisión de datos. Cuando termina la transmisión se desconectan las entidades. Este tipo de servicio es característico de las RAAs (ver *Wide Area Network*).

• This means that most WANs have a *connection-oriented network service (CONS)* associated with them.

Connectionist Model: *1. Modelo conexionista.*

1. Modelo de computación basado en la interacción de un número suficiente de procesadores (reales o simulados) simples que intercambian información siguiendo el modelo neuronal.

• The *connectionist model (modelo conexionista)* employs internal feedback for context modelling and provides phone state ...

Connectionless: *1. Sin conexión.*

1. Relativo a protocolos que permiten la transmisión de datos sin que sea necesario establecer, previamente, una conexión extremo-a-extremo. Las decisiones de encaminamiento se toman, para cada paquete de datos (ver *Packet*), en cada nodo atravesado.

• The question of how the *connectionless (sin conexión)* data transmission should be reflected in the OSI architecture ...

Connectionless-mode network protocol: *1. CLNP.*

1. Protocolo usado para proporcionar Servicio de Red no orientado a la Conexión (CNLS).

• In-coming packets received by the user contain the full *connectionless-mode network protocol (CLNP)* header.

Connectionless-mode network service: *1. CLNS.*

Ver *Connectionless-oriented Network Service.*

Connectionless-oriented Network Service: *1. CLNS.*

1. Tipo de servicio en el escalón datos, de no muy alta *fiabilidad* (ver *Reliability*), en el que no se establece una conexión lógica entre entidades al nivel del protocolo de *enlace* (ver *Link (noun) Def. 5*) de datos, antes de que comience la transmisión de datos. Las *freims* (ver *Frame*) erróneas, simplemente se desprecian. Este tipo de servicio es característico de las *RAL* (ver *Local Area Network*) en las que las características de la red dan un bajo porcentaje de errores.

• Use this command to remove *Connectionless-oriented Network Service (CLNS)* neighbor information from the adjacency database ...

Connectivity: *1. Conectividad.*

1. Capacidad para conectarse entre sí, con pocas o ninguna modificación, de dispositivos, sistemas, protocolos, redes, etc. Son posibles dispositivos especiales que mejoren la conectividad en cada caso o situación.

• Reliable, high speed *connectivity (conectividad)* across all technologies, all protocols.

Connector: *1. Conectador.*

1. Elemento físico que se usa para conectar cables entre sí o con otros dispositivos hardware.

• The 100Base-TX modules use standard RJ-45 *connectors (conectadores)*.

Consistency: *1. Consistencia.*

1. Coherencia o acuerdo entre las partes de un conjunto (normalmente, de datos). Puede ser consistencia de valores (por ejemplo, si se almacenan los sumandos y la suma total, estos datos serán consistentes si la suma de los sumandos es igual a la suma total); consistencia de orden (dos conjuntos ordenados tienen consistencia entre sí si mantienen la misma ordenación, como sería el caso de paquetes de datos enviados a la red por una estación y paquetes de datos recibidos por otra estación); consistencia de índice (el contenido de un índice, catálogo, o similar, está de acuerdo con la realidad *indizada* (ver *Index (verb)*), catalogada, …); etc.

• … necessary synchronization facility to ensure *consistency (consistencia)* between the catalog and its volumes.

• … no such *consistency (consistencia)* check is performed when …

Console: *1. Consola.*

1. Dispositivo de entrada/salida utilizado para la comunicación entre una computadora (normalmente, una *principal; ver Mainframe computer*) y un operador (profesional informático, no usuario) de la misma o de uno de sus subsistemas. El nombre procede de que inicialmente tenía la forma de un tablero horizontal y un panel vertical con clavijas, botones, indicadores, etc., es decir, una *console*. En la actualidad la mayoría de consolas son terminales de pantalla y *teclado* (ver *Keyboard*) o *CPs* (ver *Personal Computer*) que las emulan.

• You can also specify the operator *console (consola)* to be used for …

Constant: *1. Constante.*

1. Elemento de datos en un programa (admitido, por supuesto, en el lenguaje correspondiente) cuyo valor no varía después de la *compilación*.

• A term is either a *constant (constante)*, a variable or …

Constant Angular Velocity:
1. Velocidad angular constante. 2. VAC.

1. Diseño físico de los discos en el que la velocidad angular (de rotación) del disco se mantiene constante, lo que hace que la velocidad lineal sea mayor mientras más lejos está la *cabeza de lectura/grabación* (ver *Head*) del eje de rotación. Da mejor resultado que el otro sistema (ver *Constant Linear Velocity*).

• Uses *Constant Angular Velocity (velocidad angular constante)* to achieve a maximum 24X transfer rate while keeping access times at a low 91 ms …

Constant Linear Velocity:
1. Velocidad lineal constante. 2. VLC.

1. Diseño físico de los discos en el que la velocidad lineal del disco en la *cabeza de lectura/grabación* (ver *Head*), se mantiene constante, lo que obliga a que la velocidad de rotación sea mayor mientras más cerca está la cabeza del eje de rotación.

• Well, the older drives spin with *constant linear velocity (velocidad lineal constante)* to keep the data on the disc moving …

Constraint: *1. Constricción.*
2. Restricción.

1. Regla o norma que debe cumplirse para satisfacer criterios de consistencia (ver *Consistency*), para garantizar la seguridad, etc.

• When you determine the recovery site *constraints (constricciones)*, find out …

• ... referential integrity is the enforcement of all referential *constraints (constricciones)*.

2. Insuficiencia de algún recurso que puede constituirse en cuello de botella de un proceso o conjunto de procesos.

• ... or when you have capacity *constraints (restricciones)*.

Construction: *1. Construcción.*

1. Disposición (sintáctica) de componentes de un lenguaje de programación (en sentido amplio), para producir un determinado efecto en el programa. Algunas construcciones son de creación libre del programador mientras que otras son elementos estructurales del lenguaje (por ejemplo, *DO construction*).

• Because the detected error might be similar to a valid, but different, *construction (construcción)*, the SQL parsing ...

2. Creación de un componente a partir de otros (en este sentido es sinónimo de *Building*).

• An error occurred during the *construction (construcción)* of an index entry.

Constructive Cost Model:
1. COCOMO.

1. Modelo de estimación del coste de proyectos software. Se están creando versiones adaptadas a los nuevos enfoques en el desarrollo de aplicaciones.

• Unlike others *COCOMO (COCOMO)* is an open model, so all of the details are ...

Constructor: *1. Constructor.*

1. En C++, función cuyo nombre coincide con el de una *clase* (ver *Class*) y que se usa para crear *objetos* (ver *Object*) de dicha clase. Esta función (o *método*; ver *Method Def. 1*) tiene nombres distintos en otros lenguajes.

• In Eiffel, a *constructor (constructor)* corresponds to the Create procedure of ...

Consultative Committee on International Telegraph and Telephone: *1. CCITT.*

1. Organización internacional de estandarización en el campo de las telecomunicaciones (*interfaz* con redes públicas, fax (ver *Facsimile*), *módems* (ver *Modem*), etc.). Formada por representantes gubernamentales de países miembros y empresas especializadas en materia de telecomunicaciones. Aunque las siglas aún se usan para referirse a normas aprobadas antes de la reorganización, las funciones del CCITT fueron traspasadas, desde 1993, a un nuevo organismo cuyas siglas son *ITU-TS* (*International Telecommunications Union-Telecommunications Standardization*).

• The generator polynomial used with HDLC is normally CRC-*CCITT (CCITT)*.

Content addressable memory:
1. Memoria direccionable por contenido.
2. CAM.

Ver *Associative memory*.

Contention: *1. Competencia.*

1. Forma de controlar la transmisión en la que todas las estaciones en un *enlace* (ver *Link (noun) Def. 5*) de datos son libres de solicitar envío de datos, que se efectúa si el enlace de datos está disponible (no ocupado). Lo que no quiere decir que todas las estaciones tienen los mismos derechos: las hay que pueden tomar la iniciativa de transmitir en cualquier momento (ganadoras de la competencia: *Contention winner*) mientras que otras deben solicitar permiso previamente (perdedoras de la competencia: *Contention loser*).

• Any change made to the number of *contention (competencia)* winner sessions ...

2. Hay *competencia* cuando varios procesos quieren adquirir, más o menos simultáneamente, el control de un recurso.

• When there is high *contention (competencia)* for a resource ...

Contention loser: *1. Perdedor(a) de la competencia.*
Ver *Contention.*

Contention winner: *1. Ganador(a) de la competencia.*
Ver *Contention.*

Context: *1. Contexto.*
1. Todo lo que rodea y es exterior a aquello que es el objeto de nuestra atención.

• ... and the amount of information in a *context (contexto)*, depends on the operating ...

2. Hablando de *compiladores*, el *contexto* de un elemento léxico está formado por los elementos léxicos anterior y posterior a aquél.

• If the syntax of a symbol is independent of its *context (contexto)* ...

Context Diagram: *1. Diagrama de Contexto.*
1. *Diagrama de Flujo de Datos* (ver *Data Flow Diagram*) de nivel mínimo en el que todo el sistema de información se contempla como un solo proceso con la idea de destacar la interacción (flujos de datos) del mismo con el entorno (contexto).

• If there is no current system, the drawing of a *Context Diagram (Diagrama de Contexto)* and ...

Context-sensitive help: *1. Ayuda contextualizada.*
Sinónimo de *Contextual help* (ver).

• ... self-documenting - there is extensive on-line, *context-sensitive help (ayuda contextualizada).*

Context-sensitive menu: *1. Menú contextualizado.*
1. Menú cuyas opciones son o no seleccionables en función del *contexto* (opciones o selecciones previas, datos del usuario, etc.).

• The *context-sensitive menu (Menú contextualizado)* offers you several functions for ...

Contextual help: *1. Ayuda contextualizada.*
1. Ayuda que un programa ofrece a su usuario teniendo en cuenta el *contexto* en que se pide dicha ayuda (posición del cursor, parámetros introducidos para un *mandato* (ver *Command*), otros valores en ventana, etc.).

• ... push button to display *contextual help (ayuda contextualizada)* for the control or choice that the cursor is on.

Contextual search: *1. Búsqueda en contexto.*
1. Según *OSF* (ver *Open Software Foundation*) se llama *búsqueda en contexto* a la búsqueda de una *ristra* (ver *String*) de caracteres en el contenido de uno o más ficheros (que forman el *contexto*).

• This is a *contextual search (de búsqueda en contexto)* and replace tool.

Contiguous space: *1. Espacio contiguo.*
1. Posiciones contiguas, sin solución de continuidad, en cualquier tipo de almacenamiento (memoria central, disco, etc.).

• However, noncontiguous space can be used if *contiguous space (espacio contiguo)* is not available.

Continuous stationery: *1. Papel continuo.*
1. Nombre genérico asignado a todo tipo de papel continuo usado por las impresoras de las instalaciones informáticas. En creciente desuso a causa de las ventajas de la impresión por páginas.

• The term used for folding *continuous stationery (papel continuo)* in a «Zig-Zag» fashion.

Control (noun): *1. Control.*
1. Posiblemente, *control* es una de las palabras más usadas en informática. Todo se controla: trabajos, transmisiones, tareas, recursos, mensajes, etc.

• This gives the program more precise *control (control)* of the output.

2. Objeto que puede ser *bajado* (ver *Download*) a una computadora en red y ejecutado por un *navegador* (ver *Browser*). Ver, como ejemplo, *ActiveX control*.

Control (verb): *1. Controlar.*
1. Ejercer control (ver *Control (noun)*) sobre cualquier elemento, conjunto, fenómeno, evento o cadena de ellos, etc., susceptibles de ser controlados.

• ... use the first character of each line *to control (para controlar)* the spacing between that line and the previous one.

Control break: *1. Ruptura de control.*
1. En el procesamiento secuencial de ficheros se produce *ruptura de control* cuando hay cambio en uno de los *campos* (ver *Field*) controlados (o sea, en uno de los campos de clasificación).

• Last record must generate a *control break (ruptura de control)* ...

Control character: *1. Carácter de control.*
1. Caracteres que se colocan al inicio de una línea o en medio de un texto con el fin de que posteriormente sean leídos por un dispositivo adecuado (por ejemplo, una impresora) para producir un efecto deseado (por ejemplo, saltar a página nueva).

• ... causes a carriage *control character (carácter de control)* to be generated in the record that is written.

Control flow: *1. Flujo de control.*
1. En *sistemas de tiempo real* (ver *Real-time system*) y en comunicaciones, mecanismo para analizar y determinar qué elemento está activo (tiene el control) en cada momento.

• The interaction of processes introduced in the data flow modeling are described by means of *control flow (de flujo de control)* diagrams.

2. En ciertos métodos de análisis y diseño el flujo de control es el camino seguido por los productos o salidas del método cuando sólo se tienen en cuenta actividades de aprobación y control.

3. Orden de ejecución de las instrucciones de un programa, e instrucciones con que puede cambiarse dicho orden.

• ... the usual *control flow (flujo de control)* statements known from other languages, with some twists.

Control key: *1. Tecla Ctrl.*
1. Tecla que cuando se pulsa simultáneamente con otra, cambia el efecto de esta última de acuerdo con lo previsto en el programa con el que se interacciona.

• The *Control Key (tecla Ctrl)* may be labeled with an abbreviated Ctrl instead of the ...

Control panel: *1. Panel de control.*
1. En varios sistemas operativos, programa de utilidad y su interfaz gráfica, usados para presentar y modificar determinadas características de la configuración.

• The primary responsibility of any *Control Panel (del panel de control)* application is to display a window ...

Control program: *1. Programa de control.*
1. Expresión sinónima de «sistema operativo» (ver *Operating system*). Se refiere a un macroprograma, normalmente suministrado por el fabricante del equipo o por fabricante especializado en software de alto nivel, que se encarga de supervisar, planificar y controlar la ejecución de los procesos que usan la computadora, al tiempo que suministra servicios a los mismos (especialmente en la gestión de entradas y salidas).

• For input, the *control program (programa de control)* reads a user label into this area before passing control to the label routine ...

Controlled system: *1. Sistema controlado.*
1. En un *Sistema de tiempo real* (ver *Real-time system*), sistema físico con el que interacciona el sistema informático de tiempo real (residente en una o más computadoras).

• The *controlled system (sistema controlado)* can be viewed as the environment ...

Controller: *1. Controlador.*
1. Dispositivo formado por hardware y software muy especializado, que controla el funcionamiento de uno o más dispositivos físicos (cintas, discos, etc.).

• A magnetic tape subsystem consisting of a *controller (controlador)* and devices ...

Controller Area Network: *1. CAN.*
1. Red en *bus* (ver *Bus topology*) a la que pueden conectarse varios procesadores con la característica de que, en la transmisión por el bus, se tiene en cuenta la prioridad de los mensajes, lo que permite hacer *planificación de tiempo real* (ver *Real-time scheduling*) basada en dichas prioridades.

• The *Controller Area Network (CAN)* standard includes a physical layer and a data-link layer which defines a few different message types ...

Controlling system: *1. Sistema de control.*
1. Parte informática de un *sistema de tiempo real* (ver *Real-time system*). Se ejecuta en una o más computadoras e interacciona con el *sistema controlado* (ver *Controlled system*) por medio de dispositivos especializados como *sensores* (ver *Sensor*), actuadores (ver *Actuator*), etc.

• Human interfaces are included in the *controlling system (sistema de control)* ...

Convention: *1. Convención.*
1. Acuerdo o pacto, frecuentemente implícito, sobre cómo hacer algo. Las *convenciones* se convierten, en general, en normas y estándares.

• An argument passing *convention (convención)* (first provided by ALGOL 60) ...

Conventional memory: *1. Memoria convencional.*
1. Primeros 640 KB de la memoria de una *CP* (ver *Personal Computer*). En este espacio se ejecutaba una parte del *sistema operativo* (*DOS*) y las aplicaciones de usuario en las *CPs* primitivas (*CPs* IBM y compatibles con procesador Intel 8088). Aún quedan aplicaciones que tienen que ejecutarse en *memoria convencional*.

• ... or drivers thereby freeing parts of the precious *conventional memory (memoria convencional)*.

Conversation: *1. Conversación.*

1. Conjunto de intercambios de datos entre dos dispositivos que se comunican en una red, establecido de tal manera que dichos intercambios están comprendidos entre un inicio y un final (de la conversación) siendo el inicio y el final elementos del protocolo en uso.

• Here is an example of how to begin a *conversation (conversación)* with ...

Conversational: *1. Conversante.*

1. En un sentido puro, *conversante* es un diálogo entre dos programas en dos computadoras (o un programa en una computadora y un *terminal tonto* (ver *Dumb terminal*) en el otro extremo) llevado de forma que el o los programas están permanentemente en servicio (o preparando un mensaje o esperando una respuesta). Cada programa recibe el mejor tiempo de respuesta posible del otro (ver *Pseudoconversational*).

• Pertaining to systems that operate in *conversational (conversante)* mode ...

Conversion: *1. Conversión.*

1. Traducción de datos de un sistema de codificación a otro (por ejemplo, de *ASCII* a *EBCDIC*) o de un tipo a otro dentro de una misma clase (por ejemplo, de binario a decimal).

• ... such as the client code page to be used for data *conversion (conversión)* between ASCII and EBCDIC ...

2. Adaptación de elementos de un sistema (principalmente programas y datos) para que puedan ser utilizados en un entorno tecnológico diferente.

• Any specific *conversion (conversión)* information (involving migration actions) is ...

Cooked data: *1. Datos elaborados.*

1. Datos que han sufrido una elaboración, aunque sea mínima, por parte del *sistema operativo* (ver *Operating system*) antes de su envío a un dispositivo de salida. En ciertos entornos, simplemente datos agrupados en líneas. Opuesto a *datos primigenios* (ver *Raw data*).

• .. if the connection is closed and no *cooked data (datos elaborados)* is available.

Cookie: *1. Cuco.*

1. Fichero de texto, de reducido tamaño, que un servidor *Ueb* (ver *World Wide Web*) puede colocar, con la colaboración del *navegador* (ver *Browser*), en el disco duro de un usuario de la Internet. Posteriormente, y de nuevo con la colaboración del navegador, el servidor Ueb puede obtener la información registrada en ocasiones previas. El usuario no tiene ningún tipo de control sobre el contenido registrado. Aunque el fichero es de texto, su contenido es ininteligible si no se conoce el programa que lo crea. Inclusive puede estar *cifrado* (ver *Encrypt*). Hay quien interpreta el uso de *cucos* como una intromisión inadmisible en la intimidad de los usuarios de la Internet.

• When you hit such a site, it request the *cookie (cuco)* and take a look to see who ...

Cool: *1. Culmen.*

1. Jerga en la *Ueb* (ver *World Wide Web*) para designar páginas o *sedes* (ver *Site*) de alto nivel técnico y/o de muy buen diseño. Como pasa frecuentemente con la jerga, otros significados complementan al principal pero, casi siempre, en la misma dirección positiva.

• What's *Cool (culmen)*?

Coordinate: *1. Coordenada.*
1. Uno de los valores que se usan para fijar o determinar la posición de un «punto» (píxel, vértice de una figura geométrica, etc.) en una superficie o espacio.

● This function converts a pixel *coordinate (coordenada)* into the corresponding user ...

Coordinated Universal Time:
1. Tiempo Universal Coordinado. 2. TUC.
1. Forma de establecer el tiempo a partir de un origen común ampliamente aceptado (el 1.1.1900 a las 0 horas).

● ... the timestamp reported is given in *universal time, coordinated (Tiempo Universal Coordinado)* format ...

Copper Distributed Data Interface:
1. CDDI.
1. Tecnología de red parecida a *FDDI* (ver *Fiber Distributed Data Interface*). Permite hasta 100 Mbps con distancias de hasta unos 100 m con cable *UTP* (torcido no-blindado; ver *Unshielded Twisted Pair*).

● ... allows you to connect a device with an FDDI interface to a *Copper Distributed Data Interface (CDDI)* twisted-pair network.

Coprocessor: *1. Coprocesador.*
1. Unidad de procesamiento auxiliar, es decir, que colabora con la UCP (ver *Central Process Unit*), para realizar tareas especializadas (gráficos, manejo de protocolos, cálculos, etc.).

● The most common example is a floating point *coprocessor (coprocesador)* ...

Copy and paste: *1. Copiar y pegar.*
1. Capacidad de algunos productos y sistemas para *copiar* zonas de texto, imágenes, etc., desde un elemento original (documento, página, etc.) sobre un área intermedia, con la idea

de insertar *(pegar)* posteriormente lo copiado en otro elemento destino.

● The first way *copies (copia)* the text placing the copy in a store called the clipboard. The contents of the clipboard are then *pasted (pegado)* into the new position.

Copy constructor: *1. Constructor de copias.*
1. En lenguaje *C/C++*, *constructor* que copia un objeto *clase* (ver *Class*) a partir de otro objeto *clase* del mismo tipo.

● If a class has a destructor or a *copy constructor (constructor de copias)* that does more than a ...

Copybook: *1. Copiable.*
1. Con éste u otros nombres (*Include file, Header file* y similares), la función es la misma: incorporar a un programa instrucciones que, probablemente, son comunes a varios programas (se ahorra codificación). La incorporación se hace, bien antes de la *compilación*, bien durante la misma.

● The *copybook (copiable)* can be created by the user, supplied by COBOL, or ...

Copyleft: *1. Copyleft.*
1. Juego de palabras (*Copyright* vs. *Copyleft*) que ha servido para denominar una forma muy libre de ceder los derechos sobre el software (copia libre, modificación de fuentes libre, redistribución libre) que se contrapone a la forma comercial, más en boga (ver también *GNU* y *GPL: General Public License*).

● The *copyleft (copyleft)* used by the GNU Project combines a regular copyright notice and the GPL ...

Cordless link: *1. Enlace inalámbrico.*
1. Conexión entre computadoras que usa on-

das de radio en lugar de cables. Puede ser muy útil en zonas de difícil acceso o cuando la densidad de estaciones es alta sin haber concentraciones de las mismas. Es sinónimo de *Wireless*.

• Radio is often used to provide a *cordless link (enlace inalámbrico)* between ...

Core: *1. Memoria.*

1. La memoria central de una computadora recibió este nombre, posiblemente, por extensión de uno de sus componentes más elementales: el núcleo *(core)* de ferrita. Actualmente se usa en expresiones como *Core dump (vaciado de memoria)* o *Core image* (un módulo muy determinado en formato ejecutable).

• The *core image (imagen de memoria)* is the executable module that is loaded into ...

Core dump: *1. Vaciado de memoria.*

1. Forma completa de decir *Dump* (ver *Dump Def. 1*), pero usando el «arcaísmo» *core* (ver).

• ... can find bugs buried in a 6 megabyte *core dump (vaciado de memoria)* without using a ...

Core gateway: *1. Pasarela nuclear.*

1. Nombre asignado en ARPANET a las *pasarelas* (ver *Gateway*) situadas en el *eje central de red* (ver *Backbone*). Estas pasarelas debían estar dotadas de una gran capacidad de *encaminamiento* (ver *Routing*) ya que el principio a aplicar era que la comunicación entre dos *huéspedas* (ver *Host Def. 1*) situadas en dos redes locales diferentes y que se comunicaban a través del eje central de red, *sólo* podrían pasar por dos pasarelas de este tipo.

• The *core gateways (pasarelas nucleares)* had to know about all possible destinations in order to optimize ...

Core memory: *1. Memoria principal.*

1. En ambientes IBM, pero no únicamente ellos, es el nombre que se da a la memoria principal como consecuencia de que, en tiempos remotos, cada bit era un pequeño núcleo (ver *Core*) de ferrita.

• ... dumps are generated in which damage to low *core memory (memoria principal)* or ...

Corequisite: *1. Correquisito.*
2. Correquerido.

1. Requisito que se exige, mutuamente, con otro requisito: uno de ellos no se satisface si no se satisface el otro.

• Any fix not already accepted and specified as a *corequisite (correquisito)* of one of the candidate ...

2. A veces se usa, como adjetivo, para calificar a elementos (productos, libros, cursos, etcétera) que no quedan completos sin otros elementos, y viceversa.

• ... or more information on *corequisite (correqueridos)* products and service levels.

Coresident: *1. Corresidente.*

1. Característica de un programa con relación a otro cuando ambos se cargan (o han de cargarse) simultáneamente en memoria.

• When the same program was made *coresident (corresidente)* on the latter, the linker time ...

Coroutine: *1. Corrutina.*
Ver *Co-routine*.

Corrective maintenance:
1. Mantenimiento correctivo.

1. *Mantenimiento* que se realiza para corregir errores encontrados durante el uso ordinario de un componente (especialmente, software).

- Our professional *corrective maintenance (mantenimiento correctivo)* includes the quick and reliable elimination of ...

Corruption: *1. Alteración.*

1. Modificación indeseada de datos o programas durante su almacenamiento, copiado o transporte. Puede hacer que el elemento modificado quede inutilizable.

- ... in order to detect *corruption (alteración)* of the data ...

Cost/Benefit Analysis: *1. Análisis Coste/Beneficio. 2. ACB.*

1. Procedimiento cuantificado (en términos económicos) de evaluar los méritos de una opción de diseño. Es la base para poder comparar opciones. A veces hay dificultades en la evaluación de aspectos difícilmente cuantificables.

- The systems analyst has the raw data necessary for *Cost/Benefit Analysis (Análisis Coste/Beneficio)* to be done.

Count-controlled loop: *1. Ciclo controlado por contador.*

1. *Ciclo* (ver *Loop*) de instrucciones que se ejecutaría indefinidamente si no fuera porque su ejecución está controlada por una pregunta sobre el valor de un contador del número de repeticiones. Cuando el contador alcanza un cierto valor el ciclo termina. Palabras habituales en los lenguajes para identificar estos ciclos son *for* y *do*.

- In a *count-controlled loop (ciclo controlado por contador)*, the desired number of iterations must be known before the loop starts.

Count-Key-Data: *1. Cuenta-Clave-Datos. 2. CKD.*

1. La principal arquitectura de discos para *computadoras principales* (ver *Mainframe*

computer) de IBM. Las direcciones se establecen en *cilindros* (ver *Cylinder*) y *pistas* (ver *Track*).

- ... when it is on a *count-key-data (cuenta-clave-datos)* device or a ...

Counter: *1. Contador.*

1. Variable usada para contener un valor numérico que puede ser incrementado o disminuido en puntos específicos de un programa usando como incremento o decremento un valor constante o el contenido de otra variable. Se usa, básicamente, para contar repeticiones (por ejemplo, de *ciclos*; ver *Loop*).

- ... and use a *counter (contador)* to keep track of the number of times control passes to that procedure.

Coupling: *1. Acoplamiento.*

1. Conexión entre computadoras, *sistemas operativos* (ver *Operating system*) o subsistemas que permite compartir datos, repartir carga de trabajo, aumentar la continuidad del servicio en caso de fallo, etc.

- ... connectivity among systems and storage groups matches connectivity among systems and *coupling (acoplamiento)* facilities ...

Courseware: *1. Programa CAI.*

1. Nombre genérico (la penúltima gracia con «*ware*») de los programas que se usan en *CAI* (ver *Computer-Aided Instruction*).

- Interactive *coursewares (Los programas CAI)* rely on trainee input to determine the order and pace of ...

Courtesy Copy: *1. CC. 2. Copia.*

1. En *correo-e*, copia de un *mensacorre* (ver *E-mail (noun) Def. 2*) que se envía a uno o más destinatarios, además del principal. Ver también *Carbon copy*.

• When sending an e-mail a *courtesy copy (CC)* can also be sent to another recipient ...

Coverage: *1. Cobertura. 2. Alcance.*
1. Superficie a la que llega una señal de cualquier tipo.

• ... a predetermined pattern of lines that provides uniform *coverage (cobertura)* of a display space.

2. Objetivos alcanzados por un producto o aplicación.

• The architecture objectives, challenges, *coverage (alcance)* and concepts are ...

COBOL: *1. COBOL.*
1. Acrónimo de *Common business-oriented language.* Lenguaje de programación basado en la lengua inglesa y diseñado para la programación de aplicaciones de gestión empresarial. Es, probablemente, el lenguaje de programación más usado.

• A large module named PAYROLL, originally written in *COBOL*, contains many sections.

COCOMO: *1. COCOMO.*
Ver *Constructive Cost Model.*

CODASYL: *1. CODASYL.*
1. «Viejísima» organización (*Conference On Data Systems Languages*), creada en 1957, que fue fundamental en la definición y estandarización del COBOL y que dio a la luz un primer modelo de *bases de datos* (ver *Database*) y de lenguaje de acceso.

• ... featured a good *CODASYL (CODASYL)* database called IDS ...

COFF: *1. COFF.*
Ver *Common Object File Format.*

COLD: *1. COLD.*
1. *Computer Output to Laser Disk.* Término poco necesario que hace referencia a la posibilidad de utilizar discos ópticos como salida de impresiones masivas, salvaguardia (ver *Backup (noun)*) de datos, etc., lo que permitiría un almacenamiento económico y un acceso eficaz a los datos (superior, por ejemplo, al de las tradicionales microfichas).

COM: *1. COM.*
Ver *Component Object Model.*

COM: *1. COM. 2. Microfilmado de salida de computadora.*

1. *Computer Output Microfilming.* Programas y dispositivos que cooperan a que se microfilme la salida destinada a impresora.

COM port: *1. Puerto COM.*
1. En una *CP* (ver *Personal Computer*), *Puerto serial* (ver *Serial port*) usado para comunicaciones. En arquitectura ordinaria, hay 4 puertos de este tipo llamados COM1 a COM4.

COM+: *1. COM+.*
Ver *Component Object Model Plus.*

CONS: *1. CONS. 1. Servicio de red orientado a conexión.*
Ver *Connection-oriented network service.*

COP: *1. COP.*
1. Protocolo usado en los *enlaces* (ver *Link (noun) Def. 5*) de datos basados en el establecimiento de conexiones antes de empezar la transmisión de datos reales, consiguiendo, de esta manera, una mayor *fiabilidad* (ver *Reliability*) de la transmisión.

CORBA: *1. CORBA.*
Ver *Common Object Request Broker Architecture.*

COSE: *1. COSE.*
Ver *Common Open Software Environment.*

COTS: *1. COTS.*
Ver *Commercial Off-The-Shelf.*

Cps: *1. Cps.*
1. Unidad para medir la velocidad de transferencia de datos (caracteres por segundo).

CP/M: *1. CP/M.*
1. Acrónimo de *Control Program for Microcomputers.* Sistema operativo (ver *Operating system*) para computadoras de 8 bits. Precedente inmediato del *MS-DOS* (ver) y del DR-DOS.

• The advantage of *CP/M* machines is that one person can actually do something with ...

CPI: *1. CPI.*
Ver *Common Programming Interface.*

CPI-C: *1. CPI-C.*
1. *CPI* (ver *Common Programming Interface*) especializada en comunicaciones. Facilita la programación de comunicaciones *interpares* (ver *Peer-to-peer*) en el marco de *SNA* de IBM (ver *Systems Network Architecture*).

• The invoked program notifies *CPI-C (CPI-C)* that it is ready to communicate ...

CPS: *1. CPS.*
Ver *Cps* (Caracteres por segundo).

CPU: *1. UCP. 2. Unidad central de procesamiento.*
Ver *Central Processing Unit.*

CPU cache: *1. Caché de UCP.*
1. Caché (ver *Cache*) asociada con la UCP.

• This meant that this *CPU cache (caché de CPU)* runs at the same speed as the instructions and ...

CPU fan: *1. Ventilador de la UCP.*
1. Ventilador eléctrico usado para enfriar la UCP.

• Temp problems: *CPU fan (el ventilador de la UCP)* failed.

CPU time: *1. Tiempo de UCP.*
1. Tiempo de uso de la UCP (ver *Central Processing Unit*). Puede hablarse de tiempo global, de tiempo por trabajo, por programa, por proceso, etc. Los *sistemas operativos* (ver *Operating system*) llevan un cierto control del *tiempo de UCP* utilizado. Para controles más amplios y rigurosos hay que utilizar programas especializados *(monitores).*

• ... by monitoring the amount of *CPU time (tiempo de UCP)* spent by each user and ...

Crack a code (verb): *1. Reventar un código.*
1. Encontrar las *claves* de un código (de *acceso* y/o *cifrado;* ver *Encrypt*) y, por tanto, tener la capacidad de acceder a un sistema o a parte del mismo y/o de leer mensajes cifrados.

• RSA wants you *to crack this code (reventar este código)* ...

Cracker: *1. Intruso.*
1. Persona, en general con buena capacitación técnica, que considera un reto introducirse, sin autorización, en sistemas informáticos distintos del propio y husmear, con malicia, su contenido. Frecuentemente, intentará sacar partido de la información a la que consiga acceder (robo, chantaje, espionaje político o industrial, etc.).

• A Rhode Island *cracker (intruso)* has been sentenced to one year in federal prison for ...

Crash (verb): *1. Caer(se).*
1. Situación a la que llegan las computadoras, con más frecuencia de lo deseado, consistente en que desaparece la posibilidad de interaccionar con ellas. En general, obliga a rearrancar la computadora colgada. La causa más frecuente es un error de programa (incluyendo aquí el *sistema operativo*). O la incapacidad para hacer frente a la escasez de un recurso (que también es un error de programa).

* ... due to our main computer *crashing (caída)* (the hard drive failed).

Crawler: *1. Rastreador.*
1. Programa especializado (tipo *Bot* –ver–) en visitar *sedes Ueb* (ver *Web site*), leer páginas existentes en las mismas y, de forma *recursiva* (ver *Recursion*), entrar en todas o en parte de las páginas mencionadas. El objetivo es crear los índices necesarios para que los buscadores puedan efectuar su función.

* ... adheres to the rules of politeness for Web *crawlers (rastreadores)* that are specified ...

Create, amend and delete: *1. Crear, modificar y borrar.*
1. Forma verbal de *Creation, Modification, Deletion* (ver). Puede referirse tanto a efectos de eventos como a formas de acceder a los datos.

* ... may be created using *create, amend and delete (crear, modificar y borrar)* access types.

Creation: *1. Alta.*
Nombre que se da a los efectos de eventos que pueblan las *bases de datos* (ver *Database*) con nuevos *ejemplares* (ver *Instance* o *Occurrence*) de *entidades* (ver *Entity*).

* ... an occurrence of entity XYZ has two *creation (de alta)* events.

Creation, Modification, Deletion: *1. Baja, Alta, Modificación. 2. BAM.*
1. Forma sintética de referirse a los tres principales eventos que se producen en la vida de las *entidades* (ver *Entity*). De uso común durante las etapas de análisis y diseño.

* The *creation, modification, and deletion (baja, alta y modificación)* of messages ...

Crimp (noun): *1. Estría.*
1. *Estrías* producidas por un *crimpador* (ver *Crimp tool*).

* *Crimps (estrías)* will meet or exceed UL Standards, where applicable.

Crimp (verb): *1. Crimpar.*
1. Usar un *crimpador* (ver *Crimp tool*) para fijar conectador y cable.

* Some not only *crimp (crimpar)*, but cut and strip cable conductors ...

Crimp tool: *1. Crimpador.*
1. Herramienta usada para *crimpar* (ver *Crimp (verb)*). Son alicates de mordaza especiales para trabajar conectadores y cables. Producen *estrías* en los conectadores que sirven para fijar los cables.

* Choose a *crimp tool (crimpador)* based on the recommendation of the ...

Crippled version: *1. Versión mutilada.*
1. Versión de un producto hardware o software, que se distribuye para prueba y que no tiene todas las funciones y capacidades del producto completo.

* This is a *crippled version (versión mutilada)*. All the features are available except ...

Crop: *1. Recortar.*
1. En informática gráfica, separar una parte de

una imagen, bien para retocarla, bien para constituir una nueva imagen con la parte separada.

• ... and it *will* automatically *crop out (recortará)* what is the same as the reference image.

Cross development: *1. Desarrollo cruzado.*

1. Desarrollo en un sistema de productos software que se ejecutarán en otro sistema distinto.

• I'm writing a *cross development (de desarrollo cruzado)* system to speed up my work with the next version ...

Cross-border: *1. Transfronterizo.*

1. Dícese de lo que atraviesa las fronteras de los Estados y, especialmente, en nuestro caso, de los flujos de datos.

• ... the concept of the country of origin always applies in *cross-border (transfronterizas)* commercial communications ...

Cross-boundary: *1. Translimitante.*

1. Que cruza los límites de algo (en nuestro caso, lo más usual, de un sistema de información).

• As part of producing these DFDs, each *cross-boundary (translimitante)* input and output data flow ...

Cross-compiler: *1. Compilador cruzado.*

1. *Compilador* que se ejecuta en una plataforma y genera código ejecutable para otra plataforma diferente.

• ... so it is inaccurate if a *cross-compiler (compilador cruzado)* is being used ...

Cross-hair pointer: *1. Apuntador en cruz.*

1. Apuntador (ver *Pointing device*) cuyo ele-

mento visible adopta la forma de una cruz (como en los visores de ciertas armas).

• ... over a non-clickable area of the application, a *«cross-hair» pointer (apuntador en cruz)* will appear.

Cross-memory: *1. Transmemoria.*

1. Adjetivo que se aplica a operaciones que realizan transferencia de datos entre zonas de memoria que deberían estar incomunicadas para usuarios ordinarios (por ejemplo, espacios de direcciones). También se aplica al modo operativo que permite estas transferencias excepcionales.

• ... attempt to *copy* either data or control information *cross-memory (copiar transmemoria)* between ...

Cross-platform: *1. Transplataforma.*

1. Adjetivo aplicable a un programa, aplicación o sistema que puede ejecutarse o usarse en más de una plataforma informática (ver *Platform*).

• My goal in writing *Cross-Platform (transplataforma)* Perl is to free you from experiencing the same problems ...

Cross-reference (noun): *1. Referencia cruzada.*

1. Referencia (uso) que se hace desde una parte de un texto (programa, libro, etc.) a un elemento (palabra, etc.) situado o definido en otra parte del texto. Frecuentemente se abusa de la expresión para referirse a lo que son meras referencias.

• If you want a *cross-reference (de referencias cruzadas)* listing, specify XREF, else ...

Cross-reference (verb):
1. Entrecruzar.
1. Obtener las *referencias cruzadas* presentes

en un texto o documento. Se dice también que el propio documento o texto ha sido *entrecruzado*.

● ... documentation tool for automatically producing fully *cross-referenced (entrecruzados)* and indexed documents ...

Cross-referencer: *1. Entrecruzador.*

1. Función o programa independiente capaz de generar *referencias cruzadas* a partir de un texto. Como función, forma parte (de uso opcional) de la mayoría de *ensambladores* y *compiladores*.

● ... so do *cross-referencers (entrecruzador)* and some database front-ends.

Crossover cable: *1. Cable entrecruzado.*

1. Cable con *conectadores RJ-45* en los que se ha cambiado el orden de algunas de las *patillas* (ver *Pin*). Estos cables permiten la conexión directa de placas de red *Ethernet* (ver) homogéneas.

● This *crossover cable (cable entrecruzado)* can be used to cascade hubs, or for connecting two Ethernet stations back-to-back ...

Crosspost (verb): *1. Transenviar.*

1. Enviar el mismo mensaje a más de un *grupo de noticias* (ver *News groups*) en Internet. No está bien visto ya que, frecuentemente, se persiguen fines heterodoxos (publicidad, intoxicación, ...).

● Massive *crossposting (transenvíos)* is to be avoided at all costs, ...

Crosstalk: *1. Diafonía. 2. Cháchara.*

1. Interferencia, en general y, más específicamente, la que se produce en radio, telefonía, etcétera.

● *Crosstalk (La diafonía)* can be reduced by

using shielded cables and increasing the distance between conductors.

2. En *grupos de noticias* (ver *News groups*), se produce cháchara cuando decae el nivel de un tema pero se siguen cruzando mensajes más o menos intrascendentes y/o personales.

● When you subscribe, you get only the news. No noise. No *crosstalk (cháchara)*, no chatter.

Crunch: *1. Triturar (datos).*

Ver *Number crunch*.

Cryptanalysis: *1. Criptoanálisis.*

Ver *Cryptoanalysis*.

Cryptoanalysis: *1. Criptoanálisis.*

1. Parte de la *Criptología* (ver *Cryptology*) que estudia bases teóricas, métodos, algoritmos y herramientas para *descifrar* (ver *Decrypt*) textos cuando no se dispone de la(s) *clave(s)* (ver *Key (noun) Def. 4*) para hacerlo.

● ... workbench of tools for *cryptoanalysis (criptoanálisis)* of files encrypted with ...

Cryptographic key: *1. Clave criptográfica.*

1. En sistemas criptográficos tradicionales, la *clave* (ver también *Key (noun) Def. 4*) es un parámetro, conocido por los comunicantes, que interviene decisivamente en la traducción entre texto ordinario y *cifrado* (ver *Encrypt*).

● ... we introduce a collection of *cryptographic key (de clave criptográfica)* constructions built from environmental data that ...

Cryptography: *1. Criptografía.*

1. Área del conocimiento, de carácter multidisciplinar, que se cuida de establecer métodos, herramientas y dispositivos pensados para transformar textos ordinarios en textos ininteligibles para quien no posea medios

adecuados para su *descifrado* (ver *Decrypt*). Es parte de la *criptología*.

• *Cryptography (La criptografía)* today involves more than encryption and decryption of messages.

Cryptology: *1. Criptología.*
1. Estudio de la *Criptografía* (ver *Cryptography*) y del *Criptoanálisis* (ver *Cryptoanalysis*).

• ... people who export *cryptology (criptología)* can be charged as though they were exporting bombs ...

CR: *1. CR. 2. Retorno de carro.*
Ver *Carriage return.*

CRC: *1. CRC.*
Ver *Cyclic Redundancy Check.*

CRL: *1. LRC. 1. Lista de Revocación de Certificados.*
Ver *Certificate Revocation List.*

CRS: *1. SIR. 2. Sistema Informatizado de Reservas.*
Ver *Computer Reservation System.*

CRT: *1. TRC. 2. Tubo de rayos catódicos.*
Ver *Cathode Ray Tube.*

CS: *1. CS.*
1. Luz en *módem.* Ver *Clear To send.*

CS: *1. CC. 2. Conjunto conflicto.*
Ver *Conflict set.*

CSCW: *1. CSCW.*
Ver *Computer-Supported Cooperative Work.*

CSLIP: *1. CSLIP.*
Ver *Compressed Serial Line Internet Protocol.*

CSMA/CD: *1. CSMA/CD. 2. Acceso múltiple con escucha de portadora y detección de colisión.*
Ver *Carrier Sense Multiple Access with Collision Detection.*

CSS: *1. HEC. 2. Hojas de estilo en cascada.*
Ver *Cascading Style Sheets.*

CSU: *1. CSU.*
Ver *Channel Service Unit.*

CSU/DSU: *1. CSU/DSU.*
Ver *Channel Service Unit / Data Service Unit.*

CSV: *1. FVSC. 2. Fichero con valores separados por comas.*
Ver *Comma-separated values file.*

Ctrl: *1. Ctrl (tecla).*
1. *Tecla* (ver *Key (noun) Def. 1*) cuya función principal es la de extender o ampliar el uso de otras teclas sobre la base de mantenerla pulsada mientras se pulsan estas otras teclas.

• ... press *Ctrl (Ctrl)*+Tab to exit the entry field and to move the cursor ...

CTCP: *1. CTCP.*
Ver *Client To Client Protocol.*

CTI: *1. ICT. 2. Integración de Computadoras y Telefonía.*
Ver *Computer Telephony Integration.*

CTS: *1. PPT. 2. Preparado para transmitir.*
Ver *Clear To Send.*

Curly braces: *1. Llaves.*
Sinónimo de *Braces* (ver).

Curly brackets: *1. Llaves.*
Sinónimo de *Braces* (ver).

• *... curly brackets (llaves)* enclosing a list of alternatives, and super/subscripts indicating *...*

Currency: *1. Actualidad. 2. Moneda.*

1. Característica de un dato que refleja, en todo momento, la realidad, es decir, que mantiene permanentemente su valor actualizado.

• If your application requires data *currency (actualidad)* for *...*

2. Moneda.

• The character defined by the *CURRENCY (moneda; no traducir, en este caso, ya que es un símbolo de un lenguaje)* compiler option *...*

Current: *1. Actual. 2. Reciente.*

1. Que ocurre, se produce o está vigente en el momento presente (real o supuesto).

• *...* relative to *current (actual)* positioning in the data set.

2. Cuando en un determinado entorno operativo (la UCP (ver *Central Processing Unit)* de una máquina, un programa con sus datos, etcétera) coexisten varios elementos del mismo tipo en situaciones distintas, se llama *actual* al elemento que está en uso en ese momento en el entorno operativo en cuestión.

• The active or controlling PSW is called the *current (actual)* PSW.

3. Cuando existen diferentes versiones de un elemento (fichero, programa, etc.) la vigente en el momento es la *actual* y las demás pueden ser más o menos *recientes*.

• Import the most *current (reciente)* backup copy of *...*

Nota. Cuando se piensa en la validez de uso de un elemento o en su integridad el adjetivo *Current* se aplica a la última versión válida del elemento, aunque exista una más reciente en proceso. En este sentido son *actuales* los datos en ficheros y filas *(bases de datos)* y **aún** no lo son los que se están modificando en memoria.

Curses: *1. Curses.*

1. Nombre (curioso) que se asigna a conjuntos de subrutinas UNIX, contenidas en bibliotecas (ver *Library*) apropiadas, y especializadas en la interacción del sistema con la pantalla (entrada y salida, uso del cursor, etcétera).

• Curseperl is a *curses (de curses)* library for Perl by the author of *...*

Cursor: *1. Cursor. 2. Puntero.*

1. Marca visible en la superficie de una pantalla que señala un punto interesante en la misma (casi siempre un punto con el que establecer una interacción). La posición del cursor puede establecerse desde un programa y ser modificada como consecuencia de movimientos del ratón o de la pulsación de *teclas* (ver *Key (noun) Def. 1)*.

• This attribute provides automatic *cursor (cursor)* movement between data fields.

2. Mecanismo software (alguna forma de dirección) que puede utilizarse para *direccionar* (ver *Address (verb))* sucesivos elementos o subestructuras de datos dentro de una estructura más compleja (registros dentro de un *báfer* (ver *Buffer (noun))*, filas dentro de una tabla temporal de resultados en *bases de datos*, etc.).

• The *cursor (puntero)* value is modified before returning to the caller.

Cursor blink speed: *1. Velocidad de parpadeo del cursor.*
1. Velocidad con que un cursor aparece/desaparece o cambia de forma.

● ... keyboard repeat rates, *cursor blink speed (velocidad de parpadeo del cursor)*, the background pattern, ...

Custom options: *1. Opciones de adaptación.*
1. En lugar de la palabra «options» pueden aparecer muchas otras (*report, character, parameters*, etc.), indicando, todas ellas, adaptaciones de un sistema, subsistema, aplicación o producto a necesidades, costumbres, etc., específicas de cada cliente.

● Power Supply *Custom Options (Opciones de Adaptación)*: − Additional current on any DC output ...

Custom software: *1. Software a medida.*
1. Software desarrollado para cubrir necesidades específicas de un sistema de información concreto o de parte de él (personal u organizativo).

● We will develop system specifications, define the system hardware and write *custom software (software a medida)* tailored for your ...

Customer Support: *1. Asistencia técnica.*
1. Se incluyen bajo este nombre todos los servicios que los fabricantes de hardware y/o software ponen a disposición de sus clientes para resolverles dudas, problemas, etc.

● ... our strong commitment to *customer support (asistencia técnica)*.

Customer Information Control System: *1. CICS.*
1. *Monitor de teleprocesamiento* (ver *Tele-*

processing monitor) de IBM que se cede como programa bajo licencia. Gestiona memoria, tareas, terminales, transacciones, programas de aplicación, ficheros, etc., y admite interacción con *Sistemas de Gestión de Bases de Datos* (ver *Database management system*) y con otros sistemas *CICS*. Hay versiones para diferentes tipos de máquinas y *sistemas operativos* (ver *Operating system*).

● If the COBOL source has *CICS (CICS)* statements, perform *CICS (CICS)* preprocessing on the source ...

Customization: *1. Adaptación.*
1. Acción y efecto de *adaptar* (ver *Customize (verb)*) un componente informático.

● This *customization (adaptación)* comes in the form of not only customizing feature ...

Customize (verb): *1. Adaptar.*
1. Proceso por el que un componente (principalmente, de tipo software) es *adaptado* a los intereses y necesidades de una instalación concreta. Los componentes susceptibles de ser adaptados, se suministran con herramientas (programas especiales, paneles, ficheros de parámetros, etc.) que facilitan la preparación del proceso.

● ... provides various routines and services that allow you to *customize (adaptar)* the environment in which ...

Cut and paste: *1. Cortar y pegar.*
1. Capacidad de algunos productos y sistemas para *(re)cortar* zonas de texto, imágenes, etc., desde un elemento original (documento, página, etc.) y dejarlas en un área intermedia, con la idea de insertar *(pegar)* posteriormente lo cortado en otro elemento destino.

● ... ready to be *cut and pasted (cortado y pegado)* into your web pages.

Cutover: *1. Traspaso.*
1. Proceso de traspaso de un componente software (de producción propia o adquirido) desde un entorno operativo al de nivel superior (por ejemplo, de entorno de desarrollo a entorno de *integración* (ver *Integration*), o de integración a producción)

• During the *cutover (traspaso)* of the new programs into production, terminal ...

CUA: *1. CUA.*
Ver *Common User Access.*

CUT: *1. TUC. 1. Tiempo Universal Coordinado.*
Ver *Coordinated Universal Time.*

Cyan: *1. Cian.*
1. Color de una imagen que absorbe el rojo y refleja todos lo demás colores. Es, por tanto, verde azulado.

• The secondary colours of light are *cyan (cian)*, magenta and yellow, which ...

Cyan-Magenta-Yellow-Black:
1. Cian-Magenta-Amarillo-Negro. 2. CMAN.
1. Esquema de colores básicos alternativo al esquema *RVA* (ver *Red, green, blue*), que es el más usado para pantallas de color. Mezclando cian, magenta y amarillo pueden obtenerse todos los colores, incluido el negro. En el esquema se incluye el negro a causa de que muchas impresoras tienen *cartucho* (ver *Cartridge*) de negro para no dilapidar los otros colores produciendo negros dudosos. El esquema CMAN se usa más en fotografía e impresión.

• Printers may use the *Cyan-Magenta-Yellow-Black (CMAN)* representation of colours as well as RGB.

Cybernetics: *1. Cibernética.*
1. Área del conocimiento científico que se ocupa del estudio de los mecanismos de comunicación y control tanto en los seres vivos como en las máquinas (especialmente, computadoras adecuadamente dotadas) que los imitan.

• *Cybernetics (La cibernética)* and computer technology require rigorous languages ...

Cyberspace: *1. Ciberespacio.*
1. Conjunto total de conexiones posibles desde la computadora propia. Especialmente cuando se usan los más avanzados procedimientos de *presentación* (ver *Display (verb)*).

• The biggest personal web site in *Cyberspace (el ciberespacio)* with 400+ web pages of just a click ...

Cycle: *1. Ciclo. 2. Circuito.*
1. En fenómenos repetitivos (funcionamiento de un procesador, transmisión por línea, etc.) un ciclo es aquello que se repite (por ejemplo, inicio de envío de una señal elemental). Más interesante es la velocidad de repetición, que se mide en ciclos por segundos *(hercios)* o sus múltiplos.

• ... which often represents one *cycle (ciclo)* of some waveform or shape.

2. En *bases de datos* (ver *Database*) relacionales, conjunto de una o más tablas creadas de tal forma que cada una de ellas es *descendiente* (ver *Descendent table*) de otra del conjunto incluyendo el hecho de que la primera es descendiente de la última. La situación no es privativa de las bases de datos relacionales: también puede darse en otros modelos no jerárquicos de bases de datos.

• In a *cycle (circuito)* of more than two tables, two or more delete rules must no ...

Cyclic executive model: *1. Modelo ejecutivo cíclico.*

1. El *modelo ejecutivo cíclico* es uno de los modelos de arquitectura de *sistemas de tiempo real* (ver *Real-time system*). Consiste en un *ciclo* (ver *Loop*) de ejecución indefinida y repeticiones periódicas en el que se insertan los pasos operativos que se activan mediante temporizador. La planificación de tareas se hace a priori y el sistema es totalmente predecible. Pero también es inflexible.

• Rate-Monotonic Scheduling Versus *Cyclic Executive model (modelo ejecutivo cíclico)* in the Design of Real-Time Systems ...

Cyclic Redundancy Check: *1. CRC. 2. Comprobación de redundancia cíclica.*

1. Apelativo que se da a los dígitos de control que se añaden a una *freim* (ver *Frame*) a transmitir para la detección de errores de transmisión (ráfagas de errores). Son frecuentes CRC-16 y CRC-32 (16 y 32 bits, respectivamente).

• In some instances, however, a *Cyclic Redundancy Check (CRC)* is used in ...

Cylinder: *1. Cilindro.*

1. Unidad de *direccionamiento* (ver *Addressing*) en disco –y de medida del almacenamiento–, formada por todas las *pistas* (ver *Track*) que se acceden sin reponer las *cabezas de lectura/grabación* (ver *Head*).

• ... allowing data movement between devices with different track and *cylinder (cilindro)* configurations ...

Cypher: *1. Cifrar.*

Ver *Encrypt (verb).*

Cyrix: *1. Cyrix.*

1. Diseñador y fabricante de microprocesadores para *CPs* (ver *Personal Computer*), en competencia con Intel y AMD.

• This chip was designed by *Cyrix (Cyrix)* and is manufactured by IBM ...

D

dB: *1. dB. 2. Decibelio.*
Abreviatura de *Decibel* (ver).

• The first introduces an attenuation of *16 dB (dB)* ...

dBase: *1. dBase.*
1. Nombre genérico de las diferentes versiones de un popular *SGBD* (ver *Database Management System*) para *CPs* (ver *Personal Computer*) que, dotado de un sencillo pero potente lenguaje de *mandatos* (ver *Command*), ha permitido el desarrollo de aplicaciones relativamente complejas.

• Experienced *dBase* users who take the time to learn *dBase IV's* new features will find ...

dpi: *1. Puntos por pulgada. 2. ppp.*
Ver *Dots per inch.*

• Commercial typesetters are usually around 1200 *dpi (dpi)* ...

D/A: *1. D/A. 2. CDA. 3. Conversión de digital a analógica.*
Ver *Digital to Analog Conversion.*

D-Channel: *1. Canal-D.*
1. Se llama *canal-D* o canal de *señación* (ver

Signaling Def. 2) al canal de baja velocidad (16 Kbps) que se usa en *RDSI* (ver *Integrated Services Digital Network*) para transmitir información de control (*señas* acordadas; ver *Signal Def.* 2) o paquetes de baja velocidad.

• For example, it is proposed that the *D-channel (Canal-D)* should be used for packet switching ...

Daemon: *1. Duende.*
1. Concepto UNIX, extendido a otros entornos, que hace referencia a un programa que se ejecuta sin vigilancia de usuario para realizar un servicio preestablecido bien definido. Puede arrancarse periódicamente o por eventos.

• ... this *daemon (duende)* waits for socket connection requests from ...

Daisy chain (noun):
1. Encadenamiento activo.
1. Enlace que se establece entre varios procesos cuando, por ejemplo, por necesidad de ciertos datos, el primer proceso conecta con el segundo solicitándolos y éste con el tercero, ... hasta acceder al que los posee.

• ... between intermediate systems too, if a

«*daisy chain*» *(encadenamiento activo)* is involved.

2. Conexión electrónica entre dispositivos que se intercambian datos de forma activa, es decir, de forma que un dispositivo puede modificar los datos recibidos antes de reenviarlos. Como caso especial, se aplica al cabalgamiento de las *mochilas* (ver *Dongle*) usadas para proteger la propiedad del software.

● ... that lets you to connect a *daisy chain (encadenamiento activo)* of as many as 127 devices to a single port.

Daisy chain (verb): *1. Encadenar activamente.*
1. Solicitar o producirse un *encadenamiento activo* (ver *Daisy chain (noun)*).

● ... must *daisy chain (encadenar activamente)* their requests for services from the ...

Daisy-Wheel printer: *1. Impresora de margarita.*
1. Impresora de impacto (ver *Impact printer*) en la que los tipos de las letras están situados, en relieve, al final de los radios de un disco giratorio. Para imprimir un carácter, la impresora coloca el extremo del radio ocupado por el carácter frente a un pequeño martillo cuyo accionamiento provoca el impacto del carácter sobre la cinta entintada.

● *Daisy-wheel printers (impresoras de margarita)* were very popular because they were able to produce much better ...

Dash: *1. Guión.*
1. Una de las formas de nombrar al *guión* (-). Su valor es x'2D' en *ASCII* y x'60' en *EBCDIC*.

● Syllables are separated by *dash (guión)* or followed ...

Data: *1. Datos.*
1. La información se transmite, almacena y procesa en forma de *datos*. El sentido que dan los humanos a los datos los convierte en información.

● ... also provides increased availability of *data (datos)*, ...

Data abstraction: *1. Abstracción en datos.*
1. Abstracción realizada sobre los datos de forma que su estructura y representación se mantienen privadas mientras tienen carácter público los servicios (operaciones) disponibles sobre dichos datos.

● ... language of the Pascal family designed to support *data abstraction (abstracción en datos)* ...

Data aggregate: *1. Agregado de datos.*
Ver *Aggregate (noun)*.

Data attributes: *1. Atributos de datos.*
1. Concepto de uso ampliamente extendido que hace referencia a las características operativas de los datos (por ejemplo, longitud) y de los conjuntos de datos (por ejemplo, factor de *blocado* (ver *Block (verb)*)) de un fichero) tal y como se usan en las computadoras. El terreno propio de los atributos de datos son los lenguajes de programación y los de control de trabajos, aunque el concepto tiene importancia general.

● ... all of the *data attributes (atributos de datos)* of data-name-2 become the ...

Data Access Object: *1. DAO.*
1. *API* (ver *Application Program Interface*) utilizable en lenguaje *Visual Basic* (de Microsoft) para acceder a funciones contra *bases de datos* (ver *Database*) Access Jet. Puede que *DAO* sea una etapa de paso hacia *ActiveX* y

sus *interfaces* (ver *Interface (noun)*) con bases de datos.

• The new Visual Basic *Data Access Object (DAO)* now supports the creation of user- defined properties that are tracked ...

Data base: *1. Base de datos.*
1. Sinónimo de *Database* (ver).

2. La expresión *Data base* (con la misma traducción) puede usarse para referirse a los datos permanentes de una aplicación, se gestionen o no utilizando un SGBD (ver *Database managenent system*).

Data bit: *1. Bit de datos.*
1. En ciertos modos de transmisión, *bit* que se usa para transmitir datos (de usuario y de control protocolario) y no para el control físico de la transmisión.

• Every *data bit (bit de datos)* sent by the UART is preceded by a start bit and ...

Data Bus: *1. Bus de datos.*
1. El *bus de datos* entrega a la UCP (ver *Central Processing Unit*) datos (instrucciones y datos propiamente dichos) *direccionados* (ver *Address (verb)*) en la memoria.

• The RAM hardware places the current contents of the addressed location on the *data bus (bus de datos)*.

Data capture: *1. Captación de datos.*
1. Obtención de datos para su inmediato procesamiento (*tiempo real*; ver *Real-time*) o para su registro inmediato y procesamiento posterior. Puede hacerse de forma manual o automática (*sensores* (ver *Sensor*), ...).

• ...and technical assistance to ensure that *data capture (captación de datos)* is complete.

Data carrier: *1. Enlace de datos.*
Sinónimo de *Data link* (ver); (ver también *Carrier*).

• The *data carriers (enlaces de datos)* may be identical or different in protocols and transport mediums.

Data channel: *1. Enlace de datos.*
Sinónimo de *Data link* (ver).

• Two *data channels (enlaces de datos)* modulate the carrier.

Data check: *1. Error físico de datos.*
1. Error físico detectado tras una lectura de datos desde un dispositivo de almacenamiento (configuración errónea de bits). Puede ser debido a fallo físico en el medio de almacenamiento o en el dispositivo de lectura, o bien al efecto momentáneo de un elemento exterior (algún tipo de interferencia o inducción, etcétera).

• However, if a *data check (error físico de datos)* occurs on a magnetic tape device ...

Data circuit-terminating equipment: *1. DCE.*
1. Equipo que proporciona una conexión adecuada (conversión de *señales* (ver *Signal Def. 1*), codificación) entre la salida de una computadora (DTE; ver *Data Terminal Equipment*) y la línea de comunicaciones. El arquetipo de DCEs es el *módem* (ver *Modem*).

• ... and the local modem reponds by setting de *DCE (DCE)* ready ...

Data cleaning: *1. Poda de datos.*
1. Etapa preparatoria de la *prospección en datos* (ver *Data mining*) en la que se eliminan los datos irrelevantes o que pudieran distorsionar los resultados de la prospección.

• A basic introduction to data collection, data entry and *data cleaning (poda de datos)*, using the ...

Data compression: *1. Compresión de datos.*

1. Proceso a que se somete a los datos para que ocupen menos espacio de cara a su almacenamiento y/o transporte por *enlaces de datos* (ver *Data link*).

• Some tape drives now include some kind of *data compression (compresión de datos)* ...

Data consistency: *1. Consistencia de los datos.*

1. *Consistencia* (ver *Consistency*) aplicada a los datos. En un sentido amplio hay que considerar no solamente la consistencia de los datos almacenados (unos con respecto a otros), sino la consistencia cruzada de los datos de entrada con respecto a los almacenados y la de ambos con respecto a los datos de salida.

• One way to provide *data consistency (consistencia de los datos)* is to build a data warehouse.

Data cube: *1. Hipercubo de datos.*

1. Almacén especial de datos preparado para efectuar análisis multidimensional de los mismos. Existen *SGBDs* (ver *Database Management System*) especializados en este tipo de almacenamiento.

• ...and distributes *data cubes (hipercubos de datos)* to end users, employing good compression algorithms and on-demand connection.

2. Métodos, técnicas y herramientas relacionados con la creación y explotación de *Hipercubos de datos*.

• *Data cube (hipercubo de datos)* approximation and histograms via wavelets.

Data cupboard: *1. Armario de datos.*

1. Hermano menor de la saga de los *almacenes de datos* (ver *Data warehouse*) y *mercado de datos* (ver *Data mart*). Hace referencia a herramientas de preparación de datos y búsqueda posterior, de bajo coste de desarrollo y cuya responsabilidad puede ser inclusive de los usuarios. Puede que se trate de una (otra) moda pasajera.

• ... but because *data cupboards (armarios de datos)* are smaller and less ambitious, you can use them in ways you can't use a datamart.

Data Carrier Detect: *1. DCD.*

1. En un conectador de 9 *patillas* (ver *Pin*), esta *seña* (ver *Signal Def. 2*) se recibe en la patilla 1. En uno de 25 patillas se recibe en la patilla 8. En ambos casos la seña procede del *módem* (ver *Modem*).

• The *Data Carrier Detect (DCD)* is only available in connecting ...

Data dictionary: *1. Diccionario de datos. 2. DD.*

1. Almacén de *metadatos* (datos sobre los datos: descripción, tipo, formato, longitud, valores admisibles, relaciones, etc.; ver *Metadata*) bajo la forma, habitualmente, de una *base de datos* (ver *Database*). Fundamental como ayuda al desarrollo y al *mantenimiento* (ver *Maintenance*) de aplicaciones y como base para el uso de herramientas *CASE* (ver *Computer-Aided Software Engineering*).

• But, unlike a *data dictionary (diccionario de datos)*, which refers only to data, the repository stores information about applications, ...

Data Definition Language: *1. Lenguaje de Definición de Datos. 2. LDD.*

1. El *Lenguaje de Definición de Datos* (en oposición a *Lenguaje de Manipulación de Datos;* ver *Data Manipulation Language*) es

uno de los componentes de un *Sistema de Gestión de Bases de Datos* (ver *Database Management System*) en el que se contemplan las instrucciones especializadas en la creación y eliminación de bases de datos y de sus agregados y componentes.

• Suppose you want all *Data Definition Language (LDD)* in your system to be issued only through certain applications.

Data element: *1. Dato elemental.*
Sinónimo de *Data item* (ver).

Data Encryption Standard: *1. DES.*
1. Norma de *cifrado* (ver *Encrypt*) de datos definida por la National Bureau of Standards de los EUA. Su algoritmo es del tipo *cifrado por bloques* (ver *Block encryption*). Es bastante usada.

• The use of a 56-bit key in the *Data Encryption Standard (DES)* means that there are in the order of ...

Data Exchange File: *1. DXF.*
1. Formato de fichero para intercambio de productos gráficos. Desarrollado por Auto-Desk para el sistema Autocad.

• ... if a file ending in .dex is not a *data exchange file (DXF)* ...

Data field: *1. Campo de datos.*
1. Representación en un programa de un área de memoria que contiene o que está destinada a contener datos. Ver *Field*.

• ... should be used to initialize *data fields (campos de datos)*, rather than using group moves.

Data flow: *1. Flujo de datos.*
1. Herramienta analítica que describe transferencias de datos. Cada *flujo de datos* tiene un origen y un destino (uno y otro pueden ser entidades externas, procesos y almacenes de datos), una denominación (inteligible) y un contenido (a detallar en algún momento).

• ... all the *data flows (flujos de datos)* into a single process should be clearly related ...

Data Flow Diagram: *1. Diagrama de Flujo de Datos. 2. DFD.*
1. Grafo en el que se representa la circulación de la información en una parte de un sistema de información. Circulan *flujos de datos* (ver *Data flow*) entre *entidades externas* (ver *External entity*), procesos y almacenes de datos. Se acostumbra a complementar con una descripción de los procesos, de las entradas y salidas desde/hacia el exterior del sistema y de las entidades externas con las que se relaciona el sistema. Es una técnica central en la mayoría de métodos de análisis y diseño.

• ... and used to further check the completenes of the *Data Flow Diagram (Diagrama de Flujo de Datos)*.

Data Flow Model: *1. Modelo de Flujo de Datos. 2. MFD.*
1. Conjunto de *Diagramas de Flujo de Datos* (ver *Data Flow Diagram*) referentes a un mismo sistema informático en proceso de análisis y diseño. Puede estar formado por un diagrama de contexto (todo el sistema es representado como un solo proceso), el número necesario de diagramas de primer nivel y diagramas de segundo y hasta tercer nivel que describen, con más detalle, procesos incluidos en un nivel inferior.

• The *Data Flow Model (Modelo de Flujo de Datos)* is a good tool for communication between ...

Data glove: *1. Guante sensor.*
1. En sistemas de realidad virtual, guante do-

tado de *sensores* (ver *Sensor*) capaces de detectar las posiciones y movimientos de manos y dedos y comunicarlos al sistema, que reacciona según lo percibido. En sistemas hiperrealistas, la mano o dedos perciben algún tipo de respuesta.

● ... It is the state-of-the-art *data glove (guante sensor)* for completely reactive ...

Data highway: *1. Infopista.*
1. Término retórico para designar a los ejes centrales de red que, admitiendo enormes anchuras de banda, permitirán el uso masivo de multimedia en la Internet.

● In fact, much of the *data highway (infopista)* already exists in the vast web of fiber-optic strands, ...

Data integrity: *1. Integridad de datos.*
1. Los datos tienen *integridad* (ver *Integrity*) cuando son totalmente coherentes con la realidad que deben representar y para cuya representación se almacenaron. Son enemigos de la integridad la pérdida o alteración de los datos, su destrucción, las operaciones ilógicas contra ellos, etc.

● If you continue processing after serious errors occur, you might impair the *integrity (integridad)* of your data.

Data item: *1. Dato elemental.*
1. Cantidad más pequeña de datos con sentido propio (desde un *bit* –un significado y dos valores– en adelante). A veces se restringe el concepto a ciertos tipos de representación de datos.

● ... determines the size in bits of the largest *data item (dato elemental)* which it can ...

Data Interfile Transfer, Testing, and Operations: *1. DITTO.*
1. Viejo, aunque remozado, utilitario de IBM

para tratamientos relativamente «heterodoxos» de ficheros y volúmenes.

● *DITTO (DITTO)* provides functions that let you create a new tape file ...

Data leakage: *1. Hurto de datos.*
1. Fuga (fraudulenta) de datos. Puede tomar formas diversas. Desde el robo puro y duro de un *cartucho* (ver *Cartridge*) de datos, al hurto de datos que se disimulan entre otros datos.

● ... logic bomb, *data leakage (hurto de datos)* and wire tapping.

Data link: *1. Enlace de datos.*
1. Canal de comunicaciones usado en la transmisión de datos (especializado o no). Ver *Link (noun) Def. 5.*

● ... the *data link (enlace de datos)* is a point-to-point circuit which can be a direct ...

Data link layer: *1. Estrato Enlace de Datos.*
1. En el modelo de referencia *ISO* (ver *International Organization for Standardization*) para Interconexión de Sistemas Abiertos (OSI; ver *Open Systems Interconnection*) el *estrato Enlace de Datos* (ver *Data link*) facilita al *Estrato de Red* (ver *Network layer*) todos los servicios necesarios para transferir datos sobre un enlace de comunicaciones (*estrato Físico;* ver *Physical layer*). Los servicios pueden ser orientados a conexión o no, e incluyen cuestiones tales como partición de mensajes y detección de errores y retransmisión.

● The *data link layer (estrato Enlace de Datos)* is thus fundamental to the operations of all data communications ...

Data Link Control: *1. Control del enlace de Datos. 2. CED.*
1. Servicios suministrados al *estrato de Red*

(ver *Network layer*) por el *estrato Enlace de Datos* (ver *Data Link Layer*) del *modelo OSI* (ver *Open Systems Interconnection*). Incluye *control de flujo* (ver *Flow control*) (para acompasar velocidades), definición de *freims* (ver *Frame*), detección y corrección de errores, etc. Ejemplos de protocolos en este estrato son *SDLC* (ver *Synchronous Data Link Control*), *HDLC* (ver *High-Level Data Link Control*) y sus derivados, etc.

• ... as Win95 doesn't now include a 32-bit *Data Link Control (CED)* stack.

Data mart: *1. Mercado de datos.*

1. Colección de datos, referentes a una organización o parte de una organización, que ha sido elaborada pensando en la conveniencia de un grupo especializado de usuarios expertos en sacar conclusiones a partir del análisis de información. En este sentido es interesante que los datos sean fáciles de analizar y *presentar*. Interesa más la agregación inteligente que el detalle, la estadística de relaciones que cada relación concreta. O, dicho de otra manera, un *mercado de datos* requiere un cierto análisis detallado de requisitos antes de cargar los datos.

• A *data mart (mercado de datos)* tends to be tactical ...

Data mining: *1. Prospección en datos.*

1. Métodos y productos que ayudan a encontrar relaciones (patrones, correlaciones, asociaciones, etc.) entre datos de conjuntos más bien voluminosos en los que, de entrada, no son aparentes dichas relaciones. La importancia de esta tecnología radica en la deseable potencia predictiva de las relaciones encontradas.

• *Data mining (prospección en datos)* is an exciting, diverse and complicate field in its infancy ...

Data model: *1. Modelo de datos.*

1. Representación modelada de los datos permanentes que hay que asociar a un sistema de información. El modelo más usado (*modelo entidad-interrelación;* ver *Entity-Relationship Model*) está formado por *entidades* (ver *Entity*) significativas para el sistema de información, *interrelaciones* entre dichas entidades y *atributos* (ver *Attribute*) y características de unas y otras.

• The *data model (modelo de datos)* is intended to be a precise and unambiguous ...

Data Manipulation Language: *1. Lenguaje de Manipulación de Datos. 2. LMD.*

1. El *Lenguaje de Manipulación de Datos* (en oposición a *Lenguaje de Definición de Datos*) es el componente de los *Sistemas de Gestión de Bases de Datos* (ver *Database Management System*) en el que se contemplan las instrucciones que permiten acceder a los datos contenidos en las bases de datos, especialmente desde programas y herramientas interactivas.

• The limit that exists when a job makes its first dynamic *Data Manipulation Language (Lenguaje de Manipulación de Datos)* request applies throughout the life of the ...

Data packet: *1. Paquete de datos.*

1. En ciertos tipos de redes de comunicaciones, los mensajes originales se descomponen en *paquetes de datos* o simplemente *paquetes* (ver *Packet*) a los que se incorporan otros datos de control (a destacar, las direcciones del remitente y del destinatario). Estas redes se llaman de *conmutación de paquetes* (ver *Packet switching*).

• Similarly, as each *data packet (paquete de datos)* is received at each intermediate ...

Data packing: *1. Compresión de datos.*
Sinónimo de *Data compression* (ver); no confundir con *packing* de *To pack: empaquetar.*

Data privacy: *1. Privacidad de los datos.*
Sinónimo de *Privacy* (ver).

● ... allows people to exchange files or messages with *data privacy (privacidad de los datos)* and ...

Data processing: *1. Procesamiento de datos.*
1. En un sentido amplio, cualquier tarea que se realiza con intervención de una o más computadoras.

● The CPU consisted of a *data processing (procesamiento de datos)* unit and a program control ...

2. A veces se ha llamado *procesamiento de datos* al tratamiento masivo (*por lotes;* ver *Batch Def. 1*) de datos propio de las grandes organizaciones. Puede incluir una parte de tratamiento interactivo.

● A lot of business applications (such as payroll) are usually the object of *data processing (procesamiento de datos)* ...

3. También se llama, con cierta frecuencia, *Procesamiento de Datos* al Departamento organizativo responsable de todo lo relacionado con las tareas descritas en 2.

● The main activities in a *data processing (de procesamiento de datos)* department involve automated data capture ...

Data security: *1. Seguridad de los datos.*
1. Parte de la *seguridad informática* (ver *Computer security*) que se refiere específicamente a los datos, tanto almacenados como en transmisión.

● To provide *data security (seguridad de los datos)*, the security administrator and security auditor need to ...

Data set: *1. Fichero. 2. Conjunto de datos.*
1. Colección de datos relacionados de alguna manera entre sí y situados en un determinado soporte procesable (básicamente, disco, cinta, CD-ROM y similares). Permite ejecutar funciones que afectan a todo el conjunto de datos (abrir, cerrar, borrar, etc.) o a parte de su contenido (leer, grabar, etc.). Sinónimo, por tanto, de *File* (ver).

● ... on which volume to place your *data set (fichero)*, and how many tracks to allocate for it.

2. Colección de datos relacionados de alguna manera entre sí y situados en un determinado soporte no procesable (por ejemplo, pantalla de datos o papel de una impresora) e inclusive un soporte lógico o conceptual (antes de que los datos pasen a un soporte físico).

● You can print a *data set (conjunto de datos)* or display it on a terminal ...

Data sharing: *1. Compartimiento de datos.*
1. En un sentido general, posibilidad de que dos o más procesos accedan, con cierta simultaneidad, a los mismos ficheros; se arbitran procedimientos para permitir, prohibir o simplemente limitar esta posibilidad. En un sentido más restringido, *compartimiento de datos* se refiere a la posibilidad de que dos *sistemas operativos* (ver *Operating system*) en máquinas conectadas (o dos subsistemas de gestión de datos) compartan los mismos conjuntos de datos sin pérdida de integridad (ver *Data integrity*), lo que obliga a poner en juego unos rigurosísimos sistemas de seguimiento y control.

• This distributed access form of *data sharing (compartimiento de datos)* has existed in ...

Data sink: *1. Sumidero de datos.*

1. Destino de los datos que circulan, en un momento dado, por un *enlace de datos* (ver *Data link*). Esos datos proceden de una *fuente de datos* (ver *Data source*). Los papeles de *fuente* y *sumidero* pueden desempeñarse de forma alternativa.

• Data transfer between data source and *data sink (sumidero de datos)* via one or more data links ...

Data source: *1. Fuente de datos.*

1. Origen de los datos que circulan, en un momento dado, por un *enlace de datos* (ver *Data link*). Esos datos van destinados a un *sumidero de datos (ver Data sink)*. Los papeles de *fuente* y *sumidero* pueden desempeñarse de forma alternativa.

• The data link does not include the *data source (fuente de datos)* and ...

Data stack: *1. Pila de datos.*

1. Estructura para almacenamiento intermedio de datos, propia del procesador REXX, que combina la disciplina *LIFO* (ver *Last-In-First-Out*) de las pilas con la *FIFO* (ver *First-in-First-out*) de las *colas* (ver *Queue (noun)*): en una *pila de datos* los elementos pueden colocarse por la cabeza o por la cola pero sólo pueden eliminarse por la cabeza. Hay instrucciones REXX para estas manipulaciones de las pilas de datos. (Ver también *Stack*.)

• PUSH - puts one item of data on the top of the *data stack (pila de datos)*.

• QUEUE - puts one item of data on the bottom of the *data stack (pila de datos)*.

Data store: *1. Depósito de datos.*

1. Abstracción usada en los *diagramas de flujo de datos* (ver *Data Flow Diagram*) para representar un «sitio» donde se almacenan los datos a la espera de su utilización posterior.

• What the transient *data store (depósito de datos)* is representing must be considered carefully ...

Data Service Unit: *1. DSU.*

1. Dispositivo o parte de dispositivo que conecta una *CSU* (ver *Channel Service Unit*) con un terminal o computadora. Realiza tareas de control de línea y de conversión de *señales* (ver *Signal Def. 1* y *Def. 2*) de entrada y salida. Ver también *CSU/DSU*.

• The transmitting portion of the *Data Service Unit (DSU)* processeses the customers' signal into bipolar ...

Data Stream: *1. Corriente de datos.*

1. Datos, en general no estructurados (por ejemplo, contrastar con *registro;* ver *Record (noun)*), que se envían o reciben en una sola operación. Puede usarse esta expresión tanto para comunicación de un programa con su entorno como para transmisión de datos a través de un *enlace de datos* (ver *Data link*).

• This example reads a *data stream (corriente de datos)* and then checks that ...

Data token: *1. Testigo para datos.*

1. *Seña* (ver *Signal Def. 2*) utilizada para imponer una disciplina semidúplex entre dos usuarios. Con la seña se controla cuál de ellos tiene permiso para enviar. Ver también *Token Def. 1*.

• If the association is duplex, the *data token (testigo para datos)* is not present ...

Data traffic: *1. Tráfico de datos.*
1. Expresión genérica que se refiere a la circulación de datos por una línea o red. Puede calificarse de muchas maneras (bajo, interactivo, por lotes (ver *Batch*), etc.).

● The amount of *data traffic (tráfico de datos)* on that line ...

Data Terminal Equipment: *1. Equipo Terminal de Datos. 2. DTE.*
1. Dispositivo, en una red, con capacidad para enviar y recibir datos (terminal, computadora). A veces se restringe la definición a la parte del dispositivo donde se concentra dicha capacidad (la *interfaz*; ver *Interface (noun)*). Otras veces se generaliza la definición (por ejemplo, un nodo físico en una red X.25).

● We assume that the calling *Data Terminal Equipment (DTE)* is a user at a terminal/PC ...

Data Type: *1. Tipo de datos.*
1. Conjunto de características aplicables a todos los datos que se han declarado de una cierta manera (como pertenecientes a un *tipo de datos* concreto). Es un concepto clave en programación y por ello forma parte, en mayor o menor grado, de todos los lenguajes de programación. Tiene relación con la forma de almacenar los datos, con las operaciones permisibles con ellos, con sus validaciones, etc.

● ... explicit pointers are a very common *data type (tipo de datos)*.

Data validation: *1. Verificación de datos.*
1. Comprobación o verificación de que los datos son correctos. Se aplica, por lo general, a los datos de entrada (absoluta) aunque, a veces, se crean procesos de re-validación de datos permanentes. La *validación de datos* puede referirse a su clase o *tipo*, al valor contenido (rango, etc.), a la relación de unos datos de entrada con otros también de entrada, a su relación con datos permanentes, etc. Cada vez más frecuentemente, parte de la validación de datos se efectúa, de forma genérica, como consecuencia de la asignación de un *tipo de datos* o de introducir los datos en una *base de datos* (ver *Database*) cuyo *SGBD* (ver *Database Management System*) incluye la *validación* entre sus características.

● All DBMSs provide some *data validation (validación de datos)*; for example, they will reject invalid dates ...

Data vetting: *1. Verificación de datos.*
Sinónimo de *Data validation* (ver).

Data warehouse: *1. Almacén de datos.*
1. Colección de datos referentes a una organización o parte importante de la misma que ha sido elaborada pensando en la conveniencia de los gestores, en general, de la entidad. O, dicho de otra manera, un *almacén de datos* requiere un análisis general de requisitos (los de una sana y correcta administración) antes de decidir qué datos cargar y cómo hacerlo. El concepto *Almacén de datos* incluye el origen de los datos (p. ej., *bases de datos* operativas, histórico de movimientos, etc.), procedimientos de extracción y carga de datos y procedimientos de *consulta* (ver *Query* o *Enquiry*), extracción y descarga.

● *Data warehouse (almacén de datos)* often supports analysis of trends over time ...

Data-flow encryption: *1. Cifrado en flujo.*
1. Algoritmo simétrico de *cifrado* (ver *Encrypt*), adecuado para velocidades altas de transmisión.

● Filter drivers (or interceptors), usually provide disk mirroring, i/o interception, *data-flow encryption (cifrado en flujo)*, etc.).

Database: *1. Base de datos.*
1. Colección estructurada de datos relacionados entre sí en la que las *interrelaciones* (ver *Relationship*) se manifiestan de forma explícita. Se intenta que la redundancia sea mínima (compatible con *rendimiento*; ver *Performance*) y la flexibilidad de acceso máxima (ídem). Se prefiere el término *data base* cuando se habla del concepto «base de datos».

• Batch programs are often constructed to access files and/or *databases (bases de datos)* and produce reports ...

Database Administrator:
1. Administrador de Bases de Datos.
2. ABD.
1. Profesional informático, del área de sistemas, cuyas tareas se relacionan con el diseño físico y el *mantenimiento* (ver *Maintenance*) de las *bases de datos* (ver *Database*) de una instalación.

• ... describes tools that *Database Administrators (Administradores de Bases de Datos)* can use to monitor and tune performance.

Database descriptor: *1. Descriptor de base de datos.*
1. Representación interna de la estructura y composición de una *base de datos* (ver *Database*) concreta. Necesaria para que el *Sistema de Gestión de Bases de Datos* (*SGBD*; ver *Database Management System*) pueda realizar una parte significativa de sus funciones. Cada SGBD tiene su manera propia de recrear, guardar, etc., los descriptores.

• It is possible for internal *database descriptors (descriptores de bases de datos)* to become inconveniently ...

Database engine: *1. Motor de bases de datos.*
1. Forma más llana de referirse a un *Sistema*

de Gestión de Bases de Datos (ver *Database Management System*).

• ... enabling high-performance heterogeneous joins across disparate *database engines (motores de bases de datos)*.

Database front-end: *1. Frontal para bases de datos.*
1. Software que actúa como intermediario entre un *SGBD* (ver *Database Management System*) y un usuario final. La idea es facilitarle a este último la realización de *consultas* (ver *Query o Enquiry*) a la *base de datos* (ver *Database*).

• ... its new *database front-end (frontal para bases de datos)*, which is aimed specifically at helping ...

Database machine: *1. Máquina de bases de datos.*
1. Computadora especializada (y en ciertos casos creada especialmente para ello) en gestionar bases de datos al servicio de otras computadoras. Ver también *Database server*.

• Thus instead of installing some form of *database machine (máquina de bases de datos)*, most users have preferred to expand their ...

Database Management System:
1. Sistema de gestión de Bases de Datos.
2. SGBD.
1. Producto software que permite crear y eliminar bases de datos (ver *Database*) y sus agrupaciones y componentes y usarlos en programas, *mandatos* (ver *Command*), etc. Puede proporcionar servicios relacionados con la seguridad, la integridad (ver *Data integrity*) y la *disponibilidad* (ver *Availability*) de los datos.

• ... until the data it creates is loaded into a relational *database management system (Sis-*

tema de gestión de Bases de Datos (SGBD)
such as DB2.

Database process: *1. Proceso contra base de datos.*

1. Proceso que tiene interacción directa con una *base de datos* (ver *Database*). Durante las etapas de diseño, es común considerar separadamente estos procesos de todos los demás. Por su diferente importancia, se acostumbra a agruparlos en procesos de actualización y de *consulta* (ver *Query* o *Enquiry*).

● A *database process (proceso contra base de datos)* model consists of the following ...

Database server: *1. Servidor de bases de datos.*

1. Computadora especializada en manejar *bases de datos* (ver *Database*) y atender a las peticiones (lectura, actualización) recibidas de otras computadoras que actúan como clientes. La distribución de tareas entre cliente y servidor puede ser más o menos estricta, como también puede serlo el grado de especialización del servidor.

● ...whereas the *database server (servidor de bases de datos)* is loosely coupled via the network.

DataBase: *1. Base de datos.*
Ver *Database*.

Datafield: *1. Campo de datos.*
Ver *Data field*.

Datagram: *1. Datagrama.*

1. Es uno de los dos tipos de servicios (el otro son las llamadas virtuales) que se ofrecen en *conmutación de paquetes* (ver *Packet switching*). Consiste en la construcción y envío de paquetes autosuficientes, es decir, que contienen toda la información necesaria (por lo menos, direcciones de origen y de destino) para

llegar desde el *DTE* (ver *Data Terminal Equipment*) de origen al de destino.

● The *datagram (datagrama)* service is analogous to sending a message by a letter ...

Datamart: *1. Mercado de datos.*
Ver *Data mart*.

Dataset: *1. Conjunto de datos. 2. Fichero.*
Ver *Data set*.

Date: *1. Fecha.*

1. *Ristra* (ver *String*) de caracteres que representa el tiempo transcurrido entre un origen y un día concreto y que se aplica a todos los momentos de ese día (entre la medianoche anterior y la posterior). Tiene tres componentes (día, mes y año) que, a veces, pueden ser dos (año y día en el año) e incluso uno solo: días desde un origen específico. A causa de los husos horarios y de las distintas formas de contar el tiempo, la *fecha* no tiene valor uniforme, lo que sería altamente conveniente.

● Inputting and outputting *dates (fechas)* on computers is greatly complicated by these ...

2. En determinados lenguajes (de programación y de acceso a *bases de datos*) la *fecha* es un tipo de datos (o una *clase*) dotado de operaciones específicas.

● With these classes, you can create *date (fecha)* and time objects ...

Date duration: *1. Duración tipo fecha.*

1. Duración especial (ver *Duration*) consistente con datos de tipo *fecha* (ver *Date*): procede de operaciones con fechas, puede operar con fechas, etc.

● ... the other operand must be a *date duration (duración tipo fecha)* or ...

Date stamping: *1. Estampillado temporal.*
1. Inserción, automática o no, de datos cronológicos (fecha y hora) cuando se registran determinadas estructuras de datos.

● *Date stamping (estampillado temporal de) your Web pages: ...*

Datum: *1. Dato.*
1. Aunque no lo parezca, se trata del singular de *Data*, y se usa, raramente, para referirse a un solo *dato elemental* (ver *Data item*).

● *In statistics each datum (dato) or a collection must contain the same kind of ...*

DA: *1. AD. 2. Acceso Directo.*
Ver *Direct Access.*

DAC: *1. CDA. 2. Conversión de digital a analógica.*
Ver *Digital to Analog Conversion.*

● *... before sending them to the DACs (CDAs).*

DAC: *1. CAD. 2. Convertidor de digital a analógica.*
Ver *Digital to Analog Converter.*

DAI: *1. IAD. 2. Inteligencia Artificial Distribuida.*
Ver *Distributed Artificial Intelligence.*

DAO: *1. DAO.*
Ver *Data Access Object.*

DARPA: *1. DARPA.*
Ver *Defense Advanced Research Projects Agency.*

DARPANet: *1. DARPANet.*
1. *Defense Advanced Research Project Agency Network.* Primera red de computadoras, establecida en 1969. Enlazaba centros militares y universitarios. Fue la base de la Internet.

DASD: *1. DAAD. 2. Dispositivo de almacenamiento de acceso directo.*
Ver *Direct Access Storage Device.*

DAT: *1. DAT.*
Ver *Digital Audio Tape.*

DATABASE 2: *1. DB2.*
1. *Sistema de Gestión de Bases de Datos* (ver *Database management system*) relacionales desarrollado y comercializado por IBM. Existen versiones para varias máquinas y *sistemas operativos* (ver *Operating system*).

● *... you can run applications on many DATABASE 2 subsystems and access the same shared ...*

DBA: *1. ABD. 2. Administrador de Bases de Datos.*
Ver *Database Administrator.*

DBCS: *1. DBCS.*
Ver *Double Byte Character Set.*

DBD: *1. DBD.*
Ver *DataBase Descriptor.*

DBMS: *1. SGBD. 2. Sistema de gestión de Bases de Datos.*
Ver *Database Management System.*

DBR: *1. DBR. 2. Sector de autoarranque del DOS.*
Ver *DOS Boot Record.*

DB2: *1. DB2.*
Ver *DATABASE 2.*

DC: *1. CC. 2. Corriente continua.*
Ver *Direct Current.*

- If *DC (CC)* signaling is used, the cost of modems can be avoided ...

DCD: *1. DCD.*
Ver *Data Carrier Detect.*

DCE: *1. DCE.*
Ver *Data Circuit-Terminating Equipment.*

DCE: *1. EID. 2. Entorno informático distribuido.*
Ver *Distributed Computing Environment.*

DCOM: *1. DCOM.*
Ver *Distributed Component Object Model.*

DCT: *1. DCT.*
Ver *Discrete Cosine Transform.*

DD: *1. DD.*
1. Acrónimo de *Data Definition*. Se refiere a una instrucción de control de trabajos (ver *Job Control Language*) del *sistema operativo MVS* (ver) de IBM con la que se *asignan* (ver *Allocate*) conjuntos de datos (ficheros) a los pasos de ejecución y se definen algunas características de los mismos.

- The *DD* statement may be used to request a previously-created data set ...

DD: *1. DD. 2. Diccionario de datos.*
Ver *Data Dictionary.*

DDB: *1. BDD. 2. Base de datos distribuida.*
Ver *Distributed database.*

DDE: *1. DDE.*
Ver *Dynamic Data Exchange.*

DDL: *1. LDD. 2. Lenguaje de Definición de Datos.*
Ver *Data Definition Language.*

DDP: *1. PDD. 2. Procesamiento distribuido de datos.*
Ver *Distributed Data Processing.*

De-edit: *1. Desacondicionar.*
1. *Acondicionar* un *campo* (ver *Field*) es hacerlo más fácilmente legible (ver *Edit (verb) Def. 1*). Ello se consigue añadiéndole caracteres en *blanco* (ver *Blank* o *Space*), puntos de millares, etc. *Desacondicionar* es la operación inversa, es decir, convertir un campo acondicionado en el campo que lo originó.

- *De-editing (desacondicionar)* allows moving a numeric-edited data item into a numeric or numeric-edited receiver.

De-Militarised Zone: *1. Zona desmilitarizada.*
Ver *Demilitarized zone.*

Dead: *1. Sin tensión. 2. Muerto.*
1. Que no recibe tensión eléctrica diferente de la de tierra.

- It also uses a *dead (sin tensión)* zone to reduce random switching.

2. Inútil y potencialmente peligroso residuo del pasado.

- ... *dead (muerto)* code represents the craggy remains of past business processes.

Dead key: *1. Tecla para tildes.*
1. Tecla que acumula su efecto al de otra tecla (por ejemplo, para acentuar o, en general, crear un carácter con tilde, en el significado español de esta palabra).

- If the second key is one that can be used in combination with the *dead key (tecla para tildes)*, a single ...

Dead-letter...: *1. Sin-destino.*
1. Lugar (fichero, *cola*, etc.) donde se almacenan mensajes cuyo destino correcto no puede ser encontrado.

● ... the message being processed is put to the *dead-letter (sin-destino)* queue instead of ...

Deadline: *1. Momento límite.*
1. Magnitud temporal muy importante en *sistemas de tiempo real* (ver *Real-time system*). Expresa el *momento límite* hasta el que puede producirse un evento (por ejemplo, fin de una tarea) sin que se produzcan problemas. En realidad es una duración (ver *Duration*) desde un cierto origen o momento rigurosamente establecido en el tiempo.

● ... the *deadline (el momento límite)* for the aperiodic task correcting the problem in the core ...

Deadline monotonic scheduling: *1. Planificación monótona de momentos límites.*
1. Método de planificación de *sistemas de tiempo real* (ver *Real-time system*) en el que se asignan las prioridades en razón inversa a la cercanía de su *momento límite* (ver *Deadline*).

● The schedulability test in *deadline monotonic scheduling (planificación monótona de momentos límites)* is more complicated that ...

Deadline strictness: *1. Tolerancia de momento límite.*
Ver *Strictness of deadline.*

Deadlock: *1. Interbloqueo.*
1. Situación irresoluble (por las buenas) en la que un proceso espera que otro proceso libere un recurso que tiene *bloqueado* (ver *Lock (verb)*), mientras que este segundo proceso

está esperando que el primero libere otro recurso asimismo bloqueado.

● Allowing jobs to wait for file availability can cause *deadlocks (interbloqueos)* with other jobs in the system.

Deadly embrace: *1. Interbloqueo.*
Sinónimo de *Deadlock* (ver).

● ... in which formerly well-behaved applications start generating *deadly embraces (interbloqueos)*.

Dealer: *1. Vendedor.*
1. Vendedor minorista de sistemas y equipos informáticos (hardware, software o ambos).

● XYZ *Dealer (vendedor)*/Broker/Distributor of new, used, and refurbished computer ...

Deallocate (verb): *1. Desasignar.*
1. Terminar la asociación (ver *Allocate*) entre un recurso (área de almacenamiento, fichero, etcétera) y un proceso. El recurso queda liberado de los ligámenes impuestos por la asociación que se termina.

● You can dynamically *deallocate (desasignar)* resources that were allocated either ...

Deallocation: *1. Desasignación.*
1. Acción y efecto de terminar la asociación entre un recurso y un proceso (ver *Deallocate*).

● Using fewer table spaces means less time spent in data set allocation and *deallocation (desasignación)*.

Death event: *1. Baja de entidad.*
1. *Evento* a partir del cual un *ejemplar* (ver *Instance* o *Occurrence*) de una *entidad* (ver *Entity*) ha dejado de tener interés para un sistema de información.

• Interdependencies between entities may be identified when considering *death events (bajas de entidad)*, ...

Deblock (verb): *1. Desblocar.*
1. Operación inversa de *blocar* (ver *Block (verb)*). Consiste en obtener, para ser procesado, un registro lógico que forma parte de un bloque.

• ... the problem program must block and *deblock (desblocar)* logical records.

Debug: *1. Depurar.*
1. Si *Bug* es error o gazapo, *debug* es eliminar los errores o gazapos de un programa, aplicación o sistema. En el plano más elemental y frecuente, la depuración se refiere a programas. La mayoría de «entornos de programación» contienen herramientas que ayudan a depurar los programas. La depuración completa de un programa tendría un coste tal que la hace prohibitiva. Es decir, que habrá que aceptar que hay que convivir con los errores, depurar hasta donde sea razonable y poner los medios para resolver rápidamente los que se detecten durante la vida activa de los sistemas informáticos.

• Call this function while in the *debugger* to dump the state of an object while *debugging (depurando)* ...

Debugger: *1. Depurador.*
1. Programa especializado en la detección y, a veces, en la eliminación de errores (ver *Debug*).

• The XXX *debugger (depurador)* allows you to easily debug and identify problems in ...

Decibel: *1. Decibelio. 2. dB.*
1. Aunque todos asociamos *decibelios* con ruido, en realidad es una unidad para medir la relación entre dos potencias. Por ejemplo, en-

tre potencia emitida en una transmisión y potencia recibida en la misma transmisión (atenuación). Los decibelios se calculan multiplicando por 10 el logaritmo decimal del cociente de las potencias.

• ... *decibels (los decibelios)* are dimensionless: they simply measure the relative ...

Decimal: *1. Decimal.*
1. Es una de las formas de representar, internamente (es decir, en el almacenamiento), números en la computadora. En este caso la representación coincide con la del sistema decimal de numeración, aunque puede haber más de una forma de almacenar estos números decimales (externa (ver *Zoned decimal number*) y *empaquetada* (ver *Packed decimal*), básicamente, en formato de IBM). También se llaman *decimales* a las instrucciones que operan con números en los formatos mencionados.

• The *decimal (decimales)* instructions operate on data in the *decimal (decimal)* format ...

2. También se usa *decimal* para referirse a valores numéricos, de uno o más dígitos, en base de numeración 10, que se introducen en la computadora usando cualquiera de las vías posibles.

• ... position specifies a *decimal (decimal)* number from 2 to 168 indicating the ...

Decimal point character:
1. Separador de decimales.
1. Carácter que se utiliza para separar la parte entera de la parte decimal de un número. En Europa se usa la coma (,) y en países de cultura anglosajona el punto (.).

• The *decimal point character (separador de dicimales)* can appear anywhere within ...

Decipher (verb): *1. Descifrar.*
1. Interpretar (es decir, hacerlo legible), por medio de una *clave* (ver *Key (noun) Def. 4*), un texto *cifrado* (ver *Encrypt*) previamente. Sinónimo de *Decrypt*.

Decision box: *1. Símbolo de decisión.*
1. Figura geométrica usada en los *ordinogramas* (ver *Flowchart*) para representar puntos en los que se toman decisiones que afectan al *flujo* (ver *Flow (noun) Def. 1*) de ejecución. Son comunes el rombo y el hexágono achatado

● Other versions of *decision boxes (símbolos de decisión)* are shown in ...

Decision Support System: *1. Sistema de apoyo a la decisión. 2. SAD.*
1. Sistema informático (aplicación) creado teniendo en cuenta las necesidades de información de los directivos que toman decisiones en las organizaciones. Está formado por programas (incluyendo sistemas expertos) desarrollados específicamente para este fin y por medios de interrogación y *presentación* (ver *Display (verb)*) que trabajan, todos ellos, contra un *Almacén de datos* (ver *Data Warehouse*).

● ...multiple data warehouses in one corporation would be consistent with the notion of a sound *Decision Support System (Sistema de Apoyo a la Decisión)* architecture.

Decision table: *1. Tabla de decisiones.*
1. Instrumento de análisis y especificación de requisitos formado por una matriz de condiciones y otra de acciones que se corresponden columna a columna. Cada columna de la matriz de acciones contiene las acciones a realizar si se cumplen las condiciones de la columna correspondiente.

● It can also be thought of as a form of *decision table (tabla de decisiones)*.

Deck: *1. Módulo.*
1. Conjunto de registros que forman un programa. La palabra se aplica en dos estadios de la vida de un programa: *fuente* y *objeto*. La palabra *deck* es una reminiscencia histórica de cuando los programas eran paquetes de fichas perforadas.

● The *deck (módulo)* ID is the name from the first TITLE statement ...

Declaration: *1. Declaración.*
1. Instrucción no ejecutable en un programa que se usa para informar al *compilador* acerca de las características de los objetos (datos y otros) utilizados por el programa.

● File *declarations (declaraciones)* for an external file must have the same ...

Declarative code: *1. Código declarativo.*
1. Manera genérica de referirse a los *lenguajes declarativos* (ver *Declarative language*) de programación.

● ...consist mainly of *declarative code (código declarativo)*, but provisions exist for calling external/procedural code.

Declarative language: *1. Lenguaje declarativo.*
1. Los *lenguajes declarativos* de programación no permiten codificar la secuencia de pasos que, con las alternativas e iteraciones necesarias, conducen al resultado deseado (lo que es el caso de los *lenguajes procedimentales;* ver *Procedural language*), sino que explotan un algoritmo, más o menos fijo, que toma decisiones de procesamiento en función de una serie de relaciones establecidas para cada programa.

● The most common examples of *declarative languages (lenguajes declarativos)*, are logic programming languages such as Prolog ...

Declarative sentence: *1. Sentencia declarativa.*
1. En COBOL, sentencia que se incluye en una sección especial llamada DECLARATI-VES. Cada sentencia comienza por USE y contiene acciones a ejecutar si se produce una situación excepcional específica. Estas sentencias no se ejecutan en secuencia sino cuando se produce la situación excepcional.

• At the end of execution of any *declarative sentence (sentencia declarativa)* ...

Decode: *1. Descifrar. 2. Descodificar. 3. Interpretar.*
1. Sinónimo de *Decipher, Decypher, Decrypt* (traducir por *descifrar*).

2. Analizar el contenido de un *campo* (puede ser un *bait* (ver *Byte*) y hasta un bit) para determinar caminos a seguir.

• If the second byte *decoded (interpretado)* is X'80', a third byte is *decoded (interpretado)*.

3. Pasar un campo, un *mandato* (ver *Command*), etc., que anteriormente había sido *codificado* por un programa o rutina, a otro programa o rutina (o el mismo) para que lo convierta a su formato original. Puede que las transformaciones del campo no tengan nada que ver con lo que se entiende por cifrado/descifrado (ver *Encrypt*). Por ejemplo, los mandatos pueden codificarse para convertirlos a un formato más manejable, menos «literario».

• ... the routine is invoked for each encoded value and must *decode (descodificar)* it back to the original string value.

Decollate (verb): *1. Destalonar.*
1. Separar los diferentes componentes del papel continuo de copias múltiples.

• Our desktop machine neatly *decollates (destalona)* 5-part carbonless ...

Decompiler: *1. Descompilador.*
1. Software especializado en reconstruir programas en un lenguaje de alto nivel a partir de versiones de los mismos en código de máquina, seudoensamblador o similar (se supone que generadas a partir de programas fuente –perdidos– codificados en aquel lenguaje). El éxito de la operación deja, frecuentemente, mucho que desear.

• A Java *decompiler (descompilador)* that retrieves Java source code from Java class ...

Decompress: *1. Descomprimir.*
1. Operación inversa de *comprimir* (ver *Compress*).

• ... is unable to *decompress (descomprimir)* the data record.

Decrypt (verb): *1. Descifrar.*
1. Operación inversa de *cifrar* (ver *Encrypt (verb)*).

• ... a cryptographic product to encrypt and *decrypt (descifrar)* the data and security information that passes between ...

Decypher (verb): *1. Descifrar.*
Sinónimo de *Decipher* y de *Decrypt* (ver).

Dedicated line: *1. Línea exclusiva.*
1. Línea de comunicaciones que enlaza dos estaciones de forma permanente, es decir, sin necesidad de tener que marcar un número para conseguir la comunicación. Es, más o menos sinónima de línea punto-a-punto, línea privada o circuito no-conmutado (ver *Switch Def. 2*).

• ... another UNIX system over a *dedicated line (línea exclusiva)* or a telephone line ...

Default: *1. Opción por omisión. 2. Valor por omisión.*
Ver *Default value.*

Default option: *1. Opción por omisión.*
Ver *Default value.*

Default value: *1. Valor por omisión.*
1. En infinidad de parejas lenguaje/procesador-del-lenguaje, una opción por omisión es el valor que supone el procesador para variables, *atributos* (ver *Data Attributes*), opciones de procesamiento, etc., para los que no se ha codificado nada en el lenguaje.

• The figures in this chapter show the *default* *(por omisión)* function key settings.

Defense Advanced Research Projects Agency: *1. DARPA.*
1. Organismo en el Departamento de Defensa de los EUA responsable, entre otros temas, de la investigación en tecnologías de la información. Este organismo ha vuelto a llamarse ARPA (en acrónimo) tras haberse llamado ARPA (nombre original) y DARPA).

• *Defense Advanced Research Projects Agency (DARPA)* manages and directs selected basic and applied research and ...

Defer (verb): *1. Diferir.*
1. Opción tomada o permitida frecuentemente por los *sistemas operativos* (ver *Operating system*), los *métodos de acceso* (ver *Access method*), subsistemas, etc., de no efectuar una acción en el primer momento en que es posible hacerla, sino esperar a que se produzca un momento más propicio en el sentido, básicamente, de aumentar el *rendimiento* (ver *Performance*) de la operación (y de otras también diferidas). Esta opción se usa mucho en operaciones de entrada/salida.

• You indicate that writes are to be *deferred* *(diferidas)* by coding ...

Deferrable Server: *1. Servidor Diferible. 2. SD.*
1. Algoritmo de planificación de *sistemas de tiempo real* (ver *Real-time system*) con tareas mixtas (periódicas y aperiódicas) que se basa en crear una tarea periódica ficticia –un «servidor»– para acoger a las tareas aperiódicas, pero de forma que no se pierdan ciclos del servidor si no hay tareas aperiódicas pendientes.

• This is very similar to the *deferrable Server (servidor diferible)* Algorithm, except that the budget is not ...

Defragment (verb): *1. Desfragmentar.*
1. Procesar los discos con un programa especial que pone contiguos los diferentes trozos en que podrían haber quedado descompuestos los ficheros. Simultáneamente, también queda contiguo todo el espacio libre. *Desfragmentar* los discos mejora el tiempo de respuesta.

• A disk should be *defragmented (desfragmentado)* before 20 % of fragmentation ...

Degausser: *1. Desmagnetizador.*
1. Dispositivo usado para desmagnetizar dispositivos y medios magnéticos de almacenamiento.

• ... manufacturer of magnetic tape *degaussers (desmagnetizadores)* for all audio, video, and computer media.

Degradation: *1. Degradación.*
1. Disminución o reducción en las cualidades deseables de un objeto estático o dinámico o en la efectividad de su comportamiento.

• ... and how much *degradation (degradación)* is caused by this added interface induced jitter?

Deinstall (verb): *1. Desinstalar.*
1. Operación, a veces problemática, consistente en eliminar de una computadora *todos* los efectos producidos en la misma por la instalación de un sistema o subsistema, aplicación o producto.

• Early users report that some files/applications cannot easily be *deinstalled (ser desinstalados)* because the Registry ...

Delay (noun): *1. Demora. 2. Retardo.*
1. Tiempo que transcurre entre el momento en que se está a punto para efectuar una acción y el momento en que ésta, por causas inevitables, puede tener efecto.

• Specifies whether to replicate index records to reduce *rotational delay (demora de rotación)* or ...

2. Período de tiempo que se deja una acción en suspenso a la espera de que se produzca un evento o, simplemente, a que un humano tenga la posibilidad de preparar una reacción. La cuantía del período puede estar predeterminada, ser un parámetro de usuario o ser introducida por un *mandato* (ver *Command*) específico.

• The default *delay (retardo)* is five days.

Delay (verb): *1. Demorar.*
1. Introducir voluntariamente un tiempo de espera hasta que se produzca un cierto evento.

• If you want to *delay (demorar)* a command from running until a previous background ...

Delay time: *1. Tiempo de demora.*
2. Tiempo de retardo.
1. Tiempo que se espera a que se produzca un evento (*demora*; ver *Delay Def. 1*) o que fijamos para dar tiempo a una preparación o adaptación (*retardo*; ver *Delay Def. 2*).

• A simple way to obtain the *delay time (tiempo de retardo)* by simulation is to model the active devices ...

Delete: *1. Eliminar.*
1. Los recursos informáticos del tipo «datos» o «datos sobre» tienen existencia en sí y, además están registrados, de alguna manera, para facilitar su localización. La operación de *eliminar* hace que desaparezca el registro de un recurso de ese tipo, libera para otros usos el espacio ocupado por el recurso y, en ciertas situaciones, puede borrar físicamente (por ejemplo, machacando con ceros binarios) el espacio que había ocupado el recurso.

• ... to permit files in a directory or subdirectories to be *deleted (eliminados)* or renamed only by the owner ...

Delete character: *1. Carácter DEL.*
1. Carácter de control que se usa para borrar un carácter erróneo o no deseado. Su valor en *ASCII* es x'7F' y en *EBCDIC* x'07'.

• ... «erase character» was the term for *delete character (carácter DEL)*.

Delete rule: *1. Regla de eliminación.*
1. Es una regla que puede aplicarse en la definición de tablas en *bases de datos* (ver *Database*) relacionales y que determina qué hacer cuando se intenta eliminar una fila que tiene *filas descendientes* (ver *Descendent row*). Por ejemplo, puede impedirse la eliminación, o hacer eliminaciones en cascada.

• In a cycle of two tables, neither *delete rule (regla de eliminación)* can be CASCADE.

Deletion: *1. Baja.*
1. Efecto letal sobre una *entidad* (ver *Entity*) concreta producido por un evento determinado. La entidad desaparece de la *base de datos* (ver *Data base Def. 2*).

• Note that Entity C has two *deletion (de baja)* events. This is quite …

Delimiter: *1. Delimitador.*

1. Carácter o grupo de caracteres que se usa para separar agrupaciones de datos: fin de fichero, inicio y fin de una *ristra* (ver *String*) de caracteres, parte decimal y parte no-decimal de un número, grupos de tres cifras («millares») a la izquierda del *delimitador* de decimales, etc.

• … the group immediately preceding the decimal *delimiter (delimitador)*, and the following integers …

Deliverable: *1. Producto.*
Ver *Product*.

• These standards describe how tasks are performed and how the *deliverables (productos)* are documented.

Delivery agent: *1. Agente de entrega.*
1. Elemento que actúa como intermediario entre emisor y receptor de un mensaje. Puede tener funciones de filtro, de *reenvío* (ver *Forward (verb)*) de mensajes, de fortalecimiento de la seguridad *(agente de entrega seguro)*, etcétera.

• … and calls an appropriate *delivery agent (agente de entrega)* to deliver the mail.

Delphi: *1. Delphi.*
1. Lenguaje de programación, basado en Pascal, con *orientación a objetos* (ver *Object orientation*) y un importante componente visual. Desarrollado por Borland International. Puede englobarse en el grupo *DRA* (ver *Rapid Application Development*).

• *Delphi* provides scalable database access.

Demand paging: *1. Paginación por demanda.*
1. Método de paginación (en *memoria virtual*; ver *Paging*) en el que las páginas se traen a memoria central a medida que se necesitan y no de forma anticipada (que, en general, tiene mejor rendimiento).

• Under *demand paging (paginación por demanda)* a process accesses its working set by page faults …

Demangle (verb): *1. Reconstituir.*
1. Restaurar un nombre de variable o función a su valor original (para facilitar tareas de depuración) tras haber sido *desfigurado* (ver *Mangle*) previamente por necesidades de la *compilación* y tareas anexas.

• … to attempt *to demangle (reconstituir)* the name in the following order: …

Demarc: *1. Marca.*
1. En *RDSI* (ver *Integrated Services Digital Network*), punto que separa nítidamente el cableado de la compañía suministradora del servicio del cableado propio. Sirve, por tanto, para establecer responsabilidades e imputación de costes.

• The *demarc (marca)* is a point established in a building or complex to separate customer equipment from …

Demilitarized zone: *1. Zona desmilitarizada. 2. ZDM.*
1. Pequeña red (a veces una sola computadora) que se intercala entre dos segmentos de una interred para regular y controlar el tráfico entre ambos. Puede hacer funciones de *servidor apoderado* (ver *Proxy server*) y de *cortafuego* (ver *Firewall*).

• …to other regional networks over the external *Demilitarized zone (Zona desmilitarizada)* and the physical backbone network …

Demo: *1. Demo.*
1. Actividad desarrollada para poner en evidencia (demostrar o probar) la bondad de un producto. Se aplica también a versiones simplificadas y preparadas del producto en cuestión, destinadas a dicha actividad.

• ... You may use a *demo (demo)* version of the software during a single trial period ...

Demodulation: *1. Desmodulación.*
1. Operación inversa a *modulation* (ver).

• The output from this simple *demodulation (desmodulación)* circuit is a reasonable approximation to the ...

Demon: *1. Duende.*
Sinónimo de *Daemon* (ver).

• ... and the *demon (duende)* programs must reside in controlled libraries ...

Demount (verb): *1. Desmontar.*
1. Operación físicamente inversa a la de *montar* (ver *Mount Def. 1*): se trata, en este caso, de sacar un volumen, previamente *descargado*, del dispositivo en que se montó.

• ... requests the mounting and *demounting (desmontado)* of volumes depending on the ...

Denary: *1. Decimal.*
1. Manera más coherente (por ejemplo, con *binario*) de referirse al sistema decimal de numeración. Muy poco usada.

• Find out what the *denary (decimal)* values of the following operations are: ...

Denial of service: *1. Bloqueo de servicio.*
1. Forma no muy ortodoxa de referirse a ataques a servidores de red, ataques que sólo (!) persiguen que esos servidores dejen de prestar sus servicios.

• These hostile applets are exercising what is known as a *denial of service (de bloqueo de servicio)* attack.

Denormalize: *1. Desnormalizar.*
1. Cuando se diseñan bases de datos (Ver *Database*), los componentes lógicos resultantes (*entidades* (ver *Entity*), con sus *atributos* (ver *Attribute*) y relaciones) deben haber sido sometidos a unas reglas (*normalización*; ver *Normalize Def. 1*) que, cuando se cumplen, evitan que se produzcan ciertas anomalías bien conocidas. A veces, el resultado de la normalización puede tener, cuando se implementa, un *rendimiento* (ver *Performance*) malo. Para evitarlo, se introducen en el diseño, *desnormalizando*, cantidades controladas de «impurezas».

• If it does not, you are at liberty to *denormalize (desnormalizar)* your design.

Dependent row: *1. Fila dependiente.*
1. Una fila de una tabla es *dependiente* con respecto a una fila de otra tabla si la primera tabla tiene definida una *clave foránea* (ver *Foreign key*), la segunda tabla tiene definida una *clave primaria* (ver *Primary key*) y el valor de la clave foránea en la primera fila coincide con el valor de la clave primaria en la segunda fila (*fila progenitora*; ver *Parent row*).

• ... a row of a dependent table is not always a *dependent row (fila dependiente)* —the foreign key could allow null values ...

Dependent table: *1. Tabla dependiente.*
1. En una relación entre tablas es *tabla dependiente* la que tiene definida la *clave foránea* (ver *Foreign key*).

• In order to let an index on the foreign key

be used on the *dependent table (tabla dependiente)* for a delete operation ...

Deployment Diagram: *1. Diagrama de despliegue.*
1. Diagrama usado en método *UML* (ver *Unified Modeling Language*) para mostrar los elementos de procesamiento en tiempo de ejecución y los componentes (software, procesos, *objetos*; ver *Object*) contenidos en ellos.

• A *deployment diagram (diagrama de despliegue)* maps to a static model whose elements include ...

Deque: *1. Doble cola.*
Ver *double-ended queue.*

• An example of using a *deque (doble cola)* is a program for managing a ...

Dequeue: *1. Desacolar.*
1. Cuando, por la razón que sea, es necesario formar una *cola* (ver *Queue (noun)*) de espera (por ejemplo, de peticiones, mensajes, etcétera), la operación de poner un esperador en la cola se llama *acolar* (ver *Enqueue* o *Queue (verb)*). La operación inversa es *desacolar.*

• The sending system can then *dequeue (desacolar)* a message that was received by ...

Dereference (noun): *1. Desreferencia.*
1. Operación de *desreferenciar* (ver *Dereference (verb)*). También, resultado de la operación. Sinónimo de *Indirection* (ver).

Dereference (verb): *1. Desreferenciar.*
1. Aplicar una operación a un *puntero* (ver *Pointer*) para tener acceso a los datos apuntados por el mismo. Esta operación es típica en C/C++ y en algún otro lenguaje de raíces académicas.

• ... cannot generate code to correctly *dereference (desreferenciar)* the pointer later.

Derivation: *1. Obtención.*
1. En descripciones de datos elementales, fórmula o algoritmo a aplicar para obtener el valor de uno de ellos.

• Some validation/*derivation (obtención)* rules may be described in a common ...

Descendent row: *1. Fila descendiente.*
1. Una fila es *descendiente* de otra si es dependiente de la misma (ver *Dependent row*) o si es dependiente de una descendiente de ella. Se trata, por tanto de una cadena: progenitora → dependiente → dependiente → ... siendo todas las dependientes descendientes de la *progenitora* (ver *Parent*), que es, por tanto, el ancestro común.

• The delete operation must not cascade to *descendent rows (fila descendiente)* that are dependents in a ...

Descendent table: *1. Tabla descendiente.*
1. Término similar a *Descendent row* (ver) pero aplicado a tablas.

Descender: *1. Descendente.*
1. Se llama *descendente* a la distancia entre la línea base en la que parece que descansan las letras y el final de la parte inferior de las que la tienen (como la 'p' y la 'q'). También se llama así a la parte que sobresale por debajo de la línea base.

• ... can result in chopped-off letter *descenders (descendentes)*.

Descending key: *1. Clave descendente.*
1. *Clave* (conjunto de *ordenantes*; ver *Key Def. 3*) por la que realiza la ordenación de un conjunto de datos de forma que aparezcan pri-

mero los que tienen un valor mayor en dicha clave y al final los que tienen un valor menor.

• ... asked us how to set up a B-tree with a *descending key (clave descendente)*.

Descriptor: *1. Designador. 2. Descriptor.*
1. Dato elemental, habitualmente numérico, que se usa en UNIX para referirse a un objeto (fichero, corriente *E/S* (ver *Stream* e *Input/Output*), etc.) asignado por el programa a través del *núcleo* (ver *Kernel*). En realidad, no describe nada.

• Operations on a file would take the file *descriptor (designador)* as an input parameter.

2. Modificador que se usa en UNIX para cambiar el formato habitual de una salida (por ejemplo, la salida producida por el *mandato* (ver *Command*) *date*).

• By selecting an appropiate group of *descriptors (descriptores)*, you can create ...

Deselect: *1. Deseleccionar.*
1. Una vez seleccionada una lista de parámetros, criterios, etc., y, posiblemente, puesta en servicio la lista, se llama *deseleccionar* a eliminar uno o más parámetros, criterios, etc., de la lista en cuestión.

• ... deselect *(deseleccione)* all trace options, then select three options ...

Design (noun): *1. Diseño.*
1. Palabra, de amplísimo uso en informática, que define la concepción y descripción, detalladas o no, de cómo funcionará un componente (hardware, software, interacción persona-máquina, etc.) de un sistema informático (desde una red de computadoras hasta una computadora de propósito específico; desde la más modesta rutina hasta la más compleja aplicación). En dicha concepción se delimitan

las partes del conjunto y sus funciones y las relaciones, de todo tipo, entre ellas.

• Dialog *design (diseño)* consist of the *design (diseño)* tasks associated with ...

Design (verb): *1. Diseñar.*
1. Conjunto de tareas que llevan a crear el diseño (ver *Design (noun)*) de un componente, hardware o software.

• ... you should *design (diseñar)* your application to minimize contention for resources.

Desktop: *1. Computadora de sobremesa. 2. Escritorio.*
1. Sinónimo de *Desktop computer* (ver).

• This high-performance *desktop (computadora de sobremesa)* Model 390 is positioned as a low-cost entry system ...

2. En *sistemas operativos* (ver *Operating system*) del tipo «ventanas» se llama *escritorio* a una *presentación* (ver *Display (verb)*) en pantalla que simula la parte superior de un escritorio no informático.

• ... hardware settings such as mouse configuration or *desktop (escritorio)* background.

Desktop computer: *1. Computadora de sobremesa.*
1. Computadora cuyos componentes tienen una dimensión media que, aunque impiden su *portatilidad* (ver *Portability*), le permiten compartir espacio con otros elementos frecuentes sobre una mesa de trabajo.

• ... is a *desktop network computer (computadora de sobremesa para red)* that ...

Desktop Management Interface: *1. DMI.*
1. Importante paso en el camino de facilitar la

instalación y el *mantenimiento* (ver *Maintenance*) de sistemas basados en computadoras (personales, estaciones de trabajo). Los productos desarrollados de acuerdo con *DMI* deben ser capaces de suministrar ficheros *MIF* (ver *Management Information File*) que describan sus características. El uso de estos ficheros por parte de los *sistemas operativos* (ver *Operating system*) y otros componentes puede simplificar las tareas de instalación y de mantenimiento y control de lo instalado.

● ... the consistent advice from consultants is to demand *Desktop Management Interface (DMI)* from your vendors, and ...

Desktop publishing: *1. Composición con computadora de sobremesa.*
1. Preparar textos y/o imágenes y/o sonidos con ayuda de una computadora de sobremesa, para una publicación posterior de los mismos.

● ... where graphic design and *desktop publishing (composición con computadora de sobremesa)* are a blend of art and illustration ...

Despool (verb): *1. Despulear.*
1. Extraer datos del *espul* (ver *Spool (noun)*) para ser procesados o enviados a impresión.

● ... and subsequent *despooling (despuleado)* of the file to a bi-directional printer.

Destage (verb): *1. Evacuar.*
1. Operación contraria a *hospedar* (ver *Stage (verb)*). Cuando se *evacúa*, se graba, asíncronamente, desde el caché o memoria no volátil, a disco o se mueve a memoria.

● ... written directly to cache and/or nonvolatile storage and is available for later *destaging (evacuación)*.

Destructor: *1. Destructora.*
1. Función C++ cuya tarea es eliminar *objetos*

(ver *Object*) de la *clase* (ver *Class*) a la que se asocian.

● ... the *destructor (destructora)* is called when control passes out of the block in ...

2. Rutina de usuario para finalizar *hebras* (ver *Thread*) y hacer *limpieza general* (ver *Cleanup*).

● ... cleanup routines are not executed. These includes (...) *destructor (destructoras)* routines ...

Detach (verb): *1. Eliminar.*
2. Interrumpir.
1. Eliminar a un subproceso o a una subtarea, el proceso o tarea que los creó.

● ... the originating task must *detach (eliminar)* the subtask before terminating.

2. Interrumpir la ejecución de una *hebra* (ver *Thread*).

● ... regardless of whether the thread *was detached (fue interrumpida)* ...

Detached: *1. Interrumpida.*
1. Estado de una *hebra* (ver *Thread*) en función del valor de un atributo asociado a la misma en el momento de su creación. Si el estado es *interrumpida,* el sistema libera los recursos cuando termina la hebra.

● If the thread terminates before it is *detached (interrumpida)*, then the thread continues to exist and other threads can ...

Detail entity: *1. Entidad de detalle.*
1. En modelado lógico de datos (ver *Logical data model),* una entidad de detalle es una *entidad* (ver *Entity*) situada en la parte '*m*' de una *interrelación* (ver *Relationship*) de grado *1:m.*

● ... and each *detail entity (entidad de detalle)* can be the master of a further set of details ...

Detail file: *1. Fichero de transacciones.*
Sinónimo de *Transaction file* (ver).

● A Sales Order *Detail file (fichero de transacciones)* contains data on unfilled sales orders received from ...

Detection: *1. Detección.*
1. Averiguación de que se ha producido un evento esperado, incierto en el tiempo.

● ... controls the number of *detections (detecciones)* (and false alarms) more strongly than ...

Deterministic: *1. Determinista.*
1. Adjetivo aplicable a un sistema cuya evolución futura es predecible de forma exacta.

● Such systems may still be completely *deterministic (deterministas)* in that any future state ...

Development staff: *1. Personal de desarrollo.*
1. Conjunto de profesionales informáticos que intervienen en el análisis, diseño, implementación, prueba y *mantenimiento* (ver *Maintenance*) de sistemas informáticos de usuario (aplicaciones).

● ... by achieving a common understanding between *development staff (el personal de desarrollo)* early ...

Device: *1. Dispositivo.*
1. Componente externo que interacciona con una computadora recibiendo y/o entregando datos de/a la misma. También puede aplicarse a componentes conectados a una red con la que interaccionan.

● ... can acquire or interpret (read) from a storage *device (dispositivo)*, a data medium, or other source.

● ... between the network and network-attached *devices (dispositivos)*.

Device adapter: *1. Adaptadora de dispositivo.*
1. *Adaptadora* (ver *Adapter*) especializada en la conexión de dispositivos ordinarios de entrada/salida.

● ... both TCP/IP and IPX/SPX can share the same *device adapter (adaptadora de dispositivo)*.

Device dependence: *1. Dependencia de dispositivo.*
1. Variante de la dependencia física del software referida, específicamente, a dispositivos concretos. Un programa es dependiente de un dispositivo (disco, cinta, impresora, ...) concreto cuando ha de ser modificado para que se ejecute correctamente en otro dispositivo de la misma familia pero diferente modelo, tipo, etcétera.

● ... and *device dependence (dependencia de dispositivo)* will cause many problems in the future as the ...

Device driver: *1. Manejador de dispositivo.*
1. Programa o programas necesarios para que se comuniquen un procesador y un dispositivo de *E/S* (ver *Input/Output*) a través de una *adaptadora de dispositivo*.

● ... The *device driver (manejador de dispositivo)* name passed is displayed to identify the device driver being opened.

Device handler: *1. Gestor de dispositivo.*
1. Parte del *manejador de dispositivo* (ver *De-*

vice driver) que interacciona directamente con el dispositivo en cuestión.

● ... are passed from a device head to a *device handler (gestor de dispositivo)* using ...

Device independence:
1. Independencia de dispositivo.
1. Lo contrario de *Device dependence* (ver).

● APIs and hardware abstraction layer standards are a more robust approach to *device independence (independencia de dispositivo)*.

Device Independent: *1. DVI.*
1. Formato de fichero que contiene la descripción de un documento creado por TeX.

● ... as a back-end for producing *Device Independent (DVI)* printable output from ...

DEC: *1. DEC.*
Ver *Digital Equipment Corporation.*

DECT: *1. DECT.*
Ver *Digital Enhanced Cordless Telecommunications.*

DECT: *1. DECT.*
Ver *Digital European Cordless Telecommunications.*

DEL: *1. DEL.*
Ver *Delete character.*

DES: *1. DES.*
Ver *Data Encryption Standard.*

DES: *1. DES.*
Ver *Discrete event system.*

DEVS: *1. DEVS.*
Ver *Discrete event system.*

DFD: *1. DFD. 2. Diagrama de Flujo de Datos.*
Ver *Data Flow Diagram.*

DFM: *1. MFD. 2. Modelo de Flujo de Datos.*
Ver *Data Flow Model.*

DHCP: *1. DHCP.*
Ver *Dynamic Host Configuration Protocol.*

DHTML: *1. DHTML.*
Ver *Dynamic HTML.*

Dial (noun): *1. Marcador.*
1. Dispositivo que transmite, uno a uno, los dígitos de un número telefónico a un equipo de conmutación. Puede ser un disco (envía *impulsos*; ver *Pulse*) o una botonera (envía tonos).

● ... based on rotary *dial (marcador)* phones and electromechanical relay switches ...

Dial (verb): *1. Marcar.*
Sinónimo de *Dial up* (ver).

Dial pulse: *1. Impulso de marcado.*
1. *Impulso* (ver *Pulse*) que se envía por línea cuando se marca un dígito en un teléfono.

● ... are used to handle *dial pulse (impulsos de marcado)* or multi-frequency pulsing and may be ...

Dial tone: *1. Tono de invitación a marcar.*
1. Señal audible (350 a 400 Hz) que se usa para indicar que puede marcarse un número de teléfono.

● ... and you are still getting no *dial tone (tono de invitación a marcar)*, then the wall jack may not ...

Dial up (verb): *1. Marcar.*
1. Marcar un número de teléfono.

• … and full access hosting with nationwide *dial up (marcado)*.

Dial-up: *1. Red telefónica conmutada.*
1. Por extensión, conjunto de teléfonos que pueden alcanzarse (conectarse con ellos) mediante marcado.

• Ordinary *dial-up telephone* circuits (circuitos de la *red telefónica conmutada*) …

Dial-up account: *1. Cuenta con marcado.*
1. Cuenta de Internet de tipo básico en la que se accede al proveedor del servicio mediante el marcado (en general automático vía *módem*; ver *Modem*) de un número telefónico de la red conmutada.

• … with all the features of our standard personal basic *dial-up account (cuenta con marcado)* plus the following: …

Dialback: *1. Retrollamada.*
Sinónimo de *Callback* (ver).

Dialect: *1. Dialecto.*
1. Variante de un lenguaje (de cualquier tipo: mandatos, programación, etc.) o de un protocolo.

• … a high-level language and is a *dialect (dialecto)* of Lisp.

Dialed Number Identification Service: *1. Servicio de Identificación del Número Marcado. 2. SINM.*
1. Nuevo servicio ofrecido por las compañías telefónicas consistente en suministrar al abonado llamado el número marcado por el llamante. Útil para los centros de llamadas (por ejemplo, servicios 900; ver *Call center*).

• The *Dialed Number Identification Service (Servicio de Identificación del Número Marca-*

do), provides you with the number that the caller dialed.

Dialog: *1. Diálogo.*
Sinónimo no muy ortodoxo de *Dialogue* (ver).

Dialog box: *1. Cuadro de diálogo.*
1. Ventanas secundarias utilizadas para presentar al usuario nuevas opciones, solicitarle nuevos datos y ofrecerle la elección de una de las nuevas opciones. Se recomienda que estas ventanas sean movibles y que su tamaño pueda ser modificado.

• Dialog pop-ups are referred to as *dialog boxes (cuadros de diálogo)*.

Dialogue: *1. Diálogo.*
1. En aplicaciones interactivas, un *diálogo* es el conjunto de intercambios de información entre sistema informático y usuario, necesarios para que este último desempeñe una *función* asignada (ver *User role*). Todo diálogo tiene una parte estructural que depende de la función de usuario y de la estructura de los datos accedidos y una parte de *presentación* (ver *Display (verb)*) que depende de la *interfaz* (ver *Interface (noun)*) hombre-máquina en uso.

• During the design of *dialogues (diálogos)* the style guide should be …

Dialup: *1. Conexión por línea conmutada.*
1. Conexión temporal que se establece entre dos computadoras utilizando la línea telefónica conmutada. Implica, en general, la utilización de *módems* (ver *Modem*) y el empleo de un artificio que permita hacer llamadas en un sentido o en ambos.

• Discusses the *dialup (en conexión por línea conmutada)* services you have available to you as a member of the …

Dibit: *1. Dibit.*
1. Conjunto de dos bits que se trata como una unidad. Admite, por tanto, cuatro valores.

● Many modems transmit data in *dibits (dibits)*.

Dichotomizing search: *1. Búsqueda dicotómica.*
Sinónimo de *Binary search* (ver).

Dicing: *1. Cubicación.*
1. Análisis multidimensional de datos en el caso específico de tener en cuenta tres dimensiones.

● ... high-speed slicing and *dicing (cubicación)* of headers ...

Didot point system: *1. Sistema Didot de puntos.*
1. Sistema de medición de las dimensiones de los tipos de las letras. Se basa en el *punto Didot* que mide 0,376 mm. Didot fue el nombre de una importante familia de impresores franceses.

● *Didot point systems (El sistema Didot de puntos)* distinguishes types by their size measured in points.

Digit: *1. Dígito.*
1. A pesar de la etimología, se usa *dígito* para hablar de *una* cifra en cualquier sistema de numeración.

● The number of hexadecimal *digits (dígitos)* stored to represent the significant ...

Digital: *1. Digital.*
1. Forma abreviada de decir *digital data* y, más frecuentemente, *digital signal*. Se refiere a datos (almacenados o transmitidos) resultantes de codificar combinaciones de un número limitado de valores (lo más frecuentemente, 0 y 1).

● ... a continuously variable signal, as opposed to a discrete or *«digital» (digital)* one ...

Digital Audio Tape: *1. DAT.*
1. Formato de grabación digital en *cartuchos* (ver *Cartridge*) pequeños de cinta que debería servir tanto para datos ordinarios como para música. Actualmente ha desaparecido, prácticamente, su uso musical, aunque persiste su uso informático en el terreno de las copias de salvaguardia (ver *Backup copy*).

● *Digital Audio Tape (DAT)* handle sound by storing a sequence of discrete samples ...

Digital Certificate: *1. Certificado digital.*
1. En criptografía de *clave* (ver *Key (noun) Def. 4*) pública un *certificado* es un documento electrónico (y *cifrado*; ver *Encrypt*), emitido por una *Autoridad de Certificación* (ver *Certification Authority*) aceptada por dos partes, por la que se comunica a una de las partes la clave pública (y puede que otra información) de la otra parte. Es una de las bases del comercio electrónico seguro.

● ... is to verify the identity of entities and issue *digital certificates (certificados digitales)* ...

Digital Enhanced Cordless Telecommunications: *1. DECT.*
1. Tecnología de origen europeo para telefonía móvil digital. Utiliza *TDMA* (ver *Time Division Multiple Access*) como técnica de *multiplexación* (ver *Multiplexing*).

● Dual-mode phones are equipped for both GSM and *DECT (DECT)* ...

Digital envelope: *1. Sobre digital cifrado.*
1. Forma mixta de *cifrado* (ver *Encrypt*) en la que se envían texto y *clave* (ver *Key (noun) Def. 4*) de *descifrado* (ver *Decrypt*), el prime-

ro cifrado con clave simétrica y la segunda con clave pública.

• The file is encrypted and delivered in a «*digital envelope*» *(sobre digital cifrado)* and can only be used ...

Digital Equipment Corporation: *1. DEC.*

1. Fabricante de minicomputadoras y software que llegó a ser líder mundial en su nicho industrial. Los míticos PDP estuvieron en la base de la formación de las primeras generaciones de profesionales informáticos apasionados (académicos y no académicos).

• *Digital Equipment Corporation (DEC)* was the technological leader of the minicomputer era ...

Digital European Cordless Telecommunications: *1. DECT.*

Ver *Digital Enhanced Cordless Telecommunications* (nuevo nombre).

Digital filter: *1. Filtro digital.*

1. *Filtro* (ver *Filter Def. 4*) que toma sus entradas en momentos concretos del tiempo y calcula e implementa sus salidas en la parte digital del dispositivo.

• You can use a *digital filter (filtro digital)* to eliminate spikes from ...

Digital fingerprint: *1. Marcado digital.*

1. Técnica usada en la lucha contra las copias «piratas» de productos comprados en el comercio electrónico (básicamente, Internet) y consistente en marcar el producto de forma imperceptible en el uso ordinario del mismo, pero capaz de identificar al comprador si éste hace y distribuye copias ilegales del producto en cuestión.

• Can you tell which photo is embedded with a *digital fingerprint (marcado digital)*?

Digital Imaging and Communications: in Medicine: *1. DICOM.*

1. Protocolo para la comunicación por red de información de tipo médico. Situado en el *estrato de Aplicación* (ver *Application layer*) del modelo *OSI* (ver *Open Systems Interconnection*) descansa en *TCP/IP* (ver *Transmission Control Protocol/Internet Protocol*) como protocolo de transporte.

• *Digital Imaging and Communications in Medicine (DICOM)* technology digitizes image data, enables hospitals and medical ...

Digital Linear Tape: *1. DLT.*

1. Dispositivo de cinta magnética usado en computadoras personales y estaciones de trabajo para, básicamente, copias de salvaguardia (ver *Backup copy*). Utiliza compresión de datos y consigue notables velocidad de grabación y volumen de almacenamiento por *cartucho* (ver *Cartridge*).

• *Digital linear tape (DLT)* drives, which still lead the pack in terms of sheer capacity-will be out in 35GB versions ...

Digital phase-lock-loop: *1. DPLL.*

1. Dispositivo utilizado para conseguir la sincronización de relojes de emisor y receptor en una transmisión binaria sincrónica.

• ... the *Digital phase-lock-loop (DPLL)* simply generates a sampling pulse every 32 clock periods after the previous one.

Digital Service Unit: *1. DSU.*

Sinónimo de *Data Service Unit* (ver).

Digital Signal Processing:
1. Procesamiento de señal digital. 2. PSD.

1. Tratamiento de una *señal* (ver *Signal Def. 1*) digital (procedente, posiblemente, de una analógica convertida (ver *Analog to Digital*

Conversion); frecuentemente, sonido o imagen) con la intención de mejorar su calidad eliminando ruido. La teoría aplicable es realmente compleja.

• «*Digital Signal Processing*: Principles, Algorithms, and Applications» (title of a book).

Digital Signal Processor:
1. Procesador de señal digital.
2. Procesador SD. 3. PSD.
1. Tipo especial de procesador o coprocesador diseñado específicamente para realizar *procesamiento* de *señal digital* (ver *Digital Signal Processing*).

• *DSP processors (procesadores de señal digital)* provide a loop instruction that allows tight loops to be repeated ...

Digital signature: *1. Firma digital.*
1. Procedimiento de autenticación de mensajes consistente en enviar el mensaje en formato legible e incorporar, al final, un texto corto *cifrado* (ver *Encrypt*) extraído del mensaje original.

• The trailer is known as a *digital signature (firma digital)*.

Digital Simultaneous Voice and Data: *1. DSVD.*
1. Técnica implementada en *módems* (ver *Modem*) para la transmisión simultánea y digital de voz y datos. Está operativa desde 1995 aunque sin tener una expansión masiva a causa de la rapidez de innovación en el sector.

• *Digital Simultaneous Voice and Data (DSVD)* means that you can be talking to somebody through Internet and be transmitting ...

Digital Suscriber Line: *1. DSL.*
2. xDSL.
1. Tecnología (protocolos, etc.) diseñada para proporcionar mayor anchura de banda a usua-

rios domésticos y pequeñas empresas sin dejar de utilizar, principalmente, par de cobre torcido como medio de transmisión. Existen varias opciones dentro de esta tecnología general (*ADSL* (ver *Asymmetric Digital Subscriber Line*), *HDSL* (ver *High bit rate Digital Subscriber Line*), etc.) que, por ello, se conoce también como *xDSL*. Se espera un gran avance en el uso de esta tecnología durante los primeros años del siglo XXI.

• XYZ has announced plans for *Digital Subscriber Line (DSL)* lines for 2.5 million locations passed by the end of 1998 ...

Digital to Analog Conversion:
1. Conversión de digital a analógica.
2. CDA. 3. D/A.
1. Proceso electrónico capaz de convertir una *señal* (ver *Signal Def. 1*) digital (valores discretos tomados de un conjunto determinado) en *señal* analógica (continua). Los *módems* (ver *Modem*) realizan esta función para que la señal digital de la computadora se convierta en señal analógica para la que las líneas telefónicas están preparadas.

• ... unexpensive integrated circuits to perform the necesary *digital to analog conversion (conversión de digital a analógica)* and ...

Digital to Analog Converter:
1. Convertidor de digital a analógica.
2. CDA.
1. Dispositivo diseñado para realizar la *conversión de digital a analógica* (ver *Digital to Analog Conversion*).

• ... the reverse operation is performed on the output of the *digital to analog converter (convertidor de digital a analógica)* by a circuit ...

Digital Versatile Disk: *1. DVD.*
Ver *Digital Video Disk*.

Digital Video Disk: *1. DVD.*

1. Nuevo modelo de CD-ROM, fabricado de forma parecida al original, pero con algunas diferencias significativas que suponen un importantísimo salto de capacidad respecto al mismo: entre 4,7 y 17 GB por unidad. Velocidades de transferencia entre 0,6 y 1,3 Mbps. Pueden usarse tanto para datos como para audio y vídeo y previsiblemente, supondrán una revolución en el campo del almacenamiento masivo. Serán también regrabables. Y sus unidades compatibles con las de CD-ROM.

• What makes *Digital Video Disk (DVD)* superior to its CD counterpart is the manufacturing ...

Digital Video Interactive: *1. DVI.*

1. Una de las tecnologías disponibles para almacenar y *presentar* (ver *Display (verb)*) en pantalla imágenes animadas de vídeo. Dada la enorme cantidad de datos necesarios para manejar estas imágenes, la clave de la factibilidad está en el grado de compresión que se alcance.

• ...differs from the *Digital Video Interactive (DVI)* standard supported by Intel and IBM.

Digitalization: *1. Digitalinización.*

1. Tratar con digitalina.

Digitalize: *1. Digitalinizar.*

Ver *Digitalization.*

Digitization: *1. Digitalización.*

1. Conversión, por muestreo, de una *señal* (ver *Signal Def. 1*) analógica (por ejemplo, voz) en otra digital, más acorde con las técnicas modernas de comunicación de mensajes.

• The *digitization (digitalización)* operation is performed in two stages as we can see in ...

Digitize: *1. Digitalizar.*

1. Efectuar una operación de *digitalización* (ver *Digitization*).

• ... allow the user to *digitize (digitalizar)* points and polygons, and to compute ...

Digitizer: *1. Digitalizador.*

1. Dispositivo electrónico capaz de convertir *señales* (ver *Signal Def. 1*) analógicas en digitales. Normalmente cuenta con un componente de muestreo (en función de un reloj de muestreo) y otro de *cuantización* (ver *Quantize*) que transforma los valores muestreados en otros escogidos de un conjunto más reducido. Es sinónimo de *Analog-to-digital converter* o *ADC*.

• ...have a direct effect on how the *digitizer (digitalizador)* analyzes a signal and will be discussed ...

Digitizing tablet: *1. Tablilla digitalizadora.*

1. Artilugio utilizado para *digitalizar* (ver *Digitize*) posiciones en textos y/o imágenes.

• You can fix your paper under the transparent plastic on top of the *digitizing tablet (tablilla digitalizadora).*

Dim (verb): *1. Atenuar.*

1. Convertir en insensible (no seleccionable) una opción de un menú o similar. Simultáneamente, se *atenúa* (por ejemplo, se *agrisa;* ver *Gray (verb)*) la *presentación* (ver *Display (verb)*) de la opción.

• When the control is persistently inactive, remove the control rather than *dim it (atenuarlo).*

Dimension: *1. Dimensión.*

1. Una (o la única) de las magnitudes que definen una *formación* (ver *Array*).

• The subscript declarator describes the number of *dimensions (dimensiones)* in the array and the ...

Direct access: *1. Acceso directo. 2. AD.*

1. Forma de acceder a los datos, tanto en lectura como en creación o actualización, en la que el acceso a un registro es independiente de la ubicación del registro previamente accedido (en acceso secuencial, que se contrapone a *acceso directo*, se accede a un registro que ocupa, físicamente, la posición precedente o la siguiente de la del anteriormente leído).

• ... key-sequenced data sets are best for applications that use only *direct access (acceso directo)* ...

Direct changeover: *1. Implementación directa.*

1. *Implementación directa* de un nuevo sistema informático o aplicación, es decir, sin prueba piloto con datos reales y sin ejecución en paralelo.

• ... recommends that XYZ utilize a *direct changeover (implementación directa)* to the new system.

Direct Access Storage Device:
1. Dispositivo de almacenamiento de acceso directo. 2. DAAD.

1. Esta denominación genérica se aplica a los dispositivos de almacenamiento de datos en los que es posible acceder a datos presentes en una cierta posición física del medio sin necesidad de acceder previamente a todos los datos que están en las posiciones físicamente precedentes (o siguientes, según dirección del movimiento). Estos dispositivos admiten, por tanto, *acceso directo* (ver *Direct access*) a los datos contenidos en ellos.

• The term *Direct Access Storage Device (Dis-*

positivo de almacenamiento de acceso directo) applies to disks or simulated ...

Direct current: *1. Corriente continua. 2. CC.*

1. Corriente eléctrica de dirección constante.

• This Java applet shows a *direct current (corriente continua)* electrical motor which is reduced to ...

Direct Inward Dialing: *1. Marcado Directo a Extensión. 2. MDE.*

1. Servicio de las compañías telefónicas que permite asignar a un cliente númeroˢ cuyas 3 o 4 últimas cifras corresponden a extensiones propias de la sede del cliente sin correspondencia, por tanto con líneas exteriores. Las llamadas exteriores pueden alcanzar, directamente, a las extensiones.

• These *Direct Inward Dialing (MDE)* trunks could be terminated on (for example) a Private Branch Exchange or ...

Direct Memory Access: *1. DMA.*

1. Componente tecnológico de algunas arquitecturas de computadora que permite la transferencia directa (sin intervención de la *UCP* (ver *Central Processing Unit*)) de datos entre memoria y ciertos dispositivos.

• Conflicts on *Direct Memory Access (DMA)* channels can cause very strange problems ...

Directive: *1. Directriz.*

1. Instrucción de programación cuyo objetivo es influir en el desarrollo de los procesos de *precompilación* y *compilación* y/o en sus salidas.

• A C source program is a collection of one or more *directives (directrices)*, declarations, and statements ...

Directory: *1. Directorio.*

1. Tabla que, pudiendo adoptar diferentes materializaciones, está constituida, en su forma más simple, por parejas formadas, cada una de ellas, por un identificador de un elemento de una cierta clase (por ejemplo, miembros de una *biblioteca*; ver *Library*) y una dirección que permite localizar al elemento en cuestión. Determinados tipos de *directorios* contienen, por elemento, más información que la mencionada arriba. A veces los directorios forman una jerarquía que va desde un directorio *raíz* (ver *Root directory*) hasta directorios que no apuntan a otros.

• ... the search for the file starts at the root directory *(directorio)*.

2. *Base de datos* (ver *Database*) en la que se almacenan y ponen a disposición del público (previos los trámites de rigor) los certificados digitales (ver *Digital Certificate*).

• Certification Authority Integrated with Active Directory *(directorio)* ...

Directory Information Base: *1. Base de Información del Directorio. 2. DIB.*

1. *Base de datos* (ver *Database*) en un servidor de nombres de dominio en la que su gestor (humano) introduce parejas de nombre-dirección, así como cualquier otra información necesaria para suministrar *servicio de directorio* (ver *Directory service*) en una interred.

• ... so it is not necessary to maintain port numbers in the *Directory Information Base (DIB)*.

Directory service: *1. Servicio de directorio.*

1. Servicio a través del cual se obtienen direcciones y otras informaciones de interés con relación a usuarios y aplicaciones en una red o en una interred. El sistema global de directorios en *TCP/IP* (ver *Transmission Control Protocol/Internet Protocol*) está basado en nombres de dominios y en direcciones de 32 bits (12 dígitos decimales). Se aleja bastante del sistema definido por *OSI* (ver *Open Systems Interconnection*), basado en la norma *X.500* (ver), con direcciones de 40 dígitos decimales.

• ... and providing directory services *(servicios de directorio)* and other session services for end users of the network ...

DirectX: *1. DirectX.*

1. *API* (ver *Application Program Interface*) de Microsoft para la creación y manejo de imágenes (incluyendo tres dimensiones) en programas para juegos, páginas *Ueb* (ver *World Wide Web*) con animación, etc., y para integración y coordinación de sonido e imagen.

• ... and how to use DirectX *(DirectX)* with the Borland C++ compiler.

Dirty power: *1. Energía inadecuada.*

1. Energía recibida por una computadora u otro dispositivo que, a causa de sus características inadecuadas (sobre todo lo relativo al voltaje), puede causar daños en aquellos aparatos.

• To guard your data from dirty power *(energía inadecuada)*, plug everything (computer, ...) into a ...

Disable: *1. Inhabilitar.*

1. Cuando un parámetro, función, programa, etcétera, está fuera de servicio o no puede utilizarse (temporal o definitivamente) aunque sigue existiendo real o potencialmente, se dice que está *inhabilitado*.

• ... parameters or commands that have been disabled *(inhabilitados)* and are no longer supported.

• To *disable (inhabilitar)* this delay, enter the following command: ...

Disallowed interruptions:
1. Interrupciones descartadas.

1. En programación de muy bajo nivel (cercano al *código de máquina*; ver *Machine language*) es posible establecer que determinadas interrupciones (por ejemplo, de entrada/salida, error de máquina, ...) se admitan y, por tanto, entre en juego el mecanismo que las trata o, por el contrario, se rechacen o *descarten* (ver *Discard (verb)*) y el sistema continúe trabajando como si no se hubieran producido.

• The mask bits may allow or *disallow (descartar)* all interruptions within the class ...

Disambiguation: *1. Desambiguación.*

1. En la construcción automática de diccionarios (ver *Computational lexicography*), proceso consistente en eliminar definiciones candidatas que no se adaptan a la acepción desarrollada taxonómicamente. El proceso pretende limitar la explosión combinatoria astronómica de posibilidades.

• Researchers in automatic *disambiguation (desambiguación)* have developed strategies based on many ...

Disassembler: *1. Desensamblador*

1. Programa de ayuda a la depuración que convierte código de máquina en instrucciones, más inteligibles, en lenguaje Ensamblador.

• ... are *disassemblers (desensambladores)* that can output files based on the Jasmin syntax ...

Disaster: *1. Desastre.*

1. Situación catastrófica en la que no solamente se han perdido los datos sino también los programas y procedimientos, la planifica-
ción de trabajos y hasta la instalación física o parte significativa de ella. Las causas pueden ser variadas: inundación, fuego, terremoto, atentado, etc. Los procedimientos de *recuperación* de una situación de *desastre* suelen ser específicos de este tipo de situaciones e independientes de los procedimientos normales de recuperación.

• For *disaster (desastre)* recovery to be successful, all copies and reports must be updated and sent to the recovery site ...

Disc: *1. Disco.*

1. Forma un poco menos ortodoxa de decir *disk* (ver). Hay quien aplica la forma *disc* a discos ópticos. No es general.

• Find the right *disc (disco)* for your needs ...

Discard (noun): *1. Descarte.*

1. Elementos extraídos de un conjunto que está sufriendo un determinado proceso de forma que los elementos en cuestión quedan al margen de dicho proceso. La causa más frecuente es la presencia de errores en los elementos extraídos y la intención es, probablemente, el reprocesamiento posterior de dichos elementos.

• Encountering such a row produces a message and the row can be written to a *discard (de descartes)* file.

Discard (verb): *1. Descartar.*
2. Desechar.

1. Crear descartes (ver *Discard (noun)*).

2. Eliminar elementos de forma definitiva a causa de su obsolescencia o de la imposibilidad de que sean tenidos en cuenta.

• ... the input transaction is *discarded (desechada)* and new transactions are not queued.

• After a certain period, *discard (deseche)* most of the data you have collected.

Disclaimer: *1. Salvedad.*

1. Nota colocada al inicio o al final de un texto en la que el autor o el *editor* (ver *Publisher*) comunican algo de su interés con relación al texto. Lo más frecuente es hacer pública su no-responsabilidad legal con relación al uso que se haga del texto.

• *«Disclaimer(Salvedad):* This page is NOT intended to be a replacement for the excellent information ...»

Discrete Cosine Transform: *1. DCT.*

1. Técnica matemática para representar datos ondulatorios como suma ponderada de cosenos. Se utiliza en compresión de datos y, en general, en procesamiento de *señales* (ver *Signal Def. 1*).

• Some of the algorithms used in image processing include *Discrete Cosine Transform (DCT)*, edge detection, etc.

Discrete event system: *1. Sistema de eventos discretos. 2. DEVS.*

1. Sistema asíncrono en el que las transiciones de estado se inician por eventos (eventos puntuales).

• ... how array-based logic can be used to design a *discrete event system (sistema de eventos discretos)*, that will satisfy all the ...

Discussion group: *1. Grupo de discusión.*

1. Nombre genérico para un grupo de personas que intercambian, de forma interactiva, ideas y opiniones con relación a un tema de interés común, utilizando como medio de comunicación cualquiera de las tecnologías presentes en las modernas interredes (correo electrónico y grupos de noticias, sobre todo).

• Our *Discussion Group (grupo de discusión)* is dedicated to accommodate the novice as well as the seasoned web designer.

Disintermediation: *1. Desintermediación.*

1. Efecto que está teniendo Internet y la *Ueb* (ver *World Wide Web*) en el sentido de hacer desaparecer intermediarios entre suministradores (de productos, pero también de información) y usuarios.

• In short, *disintermediation (desintermediación)* will allow organizations and individuals to reduce both direct costs ...

Disk: *1. Disco.*

1. Unidad de almacenamiento de datos formada por uno o más discos que giran sobre el mismo eje y en los que se graba la información en *pistas* (ver *Track*) situadas en superficies magnetizables en una o en ambas caras de los discos. Las pistas situadas a la misma distancia del eje constituyen un *cilindro* (ver *Cylinder*).

• Data is written to a *disk (disco)* when a program issues an ...

Disk array: *1. Formación de discos.*

1. Conjunto de discos de computadora que actúan como una unidad. Este enfoque ha supuesto una pequeña revolución que ha abierto la vía a la grabación dual (copia inmediata; ver *Dual copy*), por razones de seguridad e integridad (ver *Integrity*), y a la grabación en paralelo, por razones de *rendimiento* (ver *Performance*). Ver *Redundant Array of Inexpensive Disks* (es decir, *RAID*) como ejemplo real de este enfoque.

• ...no loss of access to data results from the loss of any one disk in the *disk array (formación de discos)*.

Disk drive: *1. Unidad de disco.*
1. Dispositivo físico que incluye el o los discos (ver *Disk*) y todos los demás elementos mecánicos y electrónicos necesarios para grabar datos en aquellos y accederlos posteriormente. Puede referirse tanto a disquetes como a discos duros y ópticos y, menos frecuentemente, a los discos habituales en *computadoras principales* (ver *Mainframe computer*).

• Commonly used devices are *hard disk drives (unidades de disco duro), floppy disk drives (unidades de disquete),* ...

Disk driver: *1. Manejador de disco.*
Ver el concepto más general *Device driver*.

Disk duplexing: *1. Duplicación de discos.*
1. Variedad más completa de *reflejado de discos* (ver *Disk mirroring*) en la que además de haber dispositivos (discos) duplicados, pueden estarlo también las unidades de control.

• The difference is only that with *disk duplexing (duplicación de discos)*, you use two disk controllers ...

Disk mirroring: *1. Reflejado de discos.*
1. Utilizar un disco (lógico; puede que sea una *formación de discos*. Ver *Disk array*) como espejo de otro. Es decir, se graba, casi simultáneamente, la misma información en ambos.

• There already exist several different *disk mirroring (de reflejado de discos)* packages which are local ...

Disk Operating System: *1. DOS.*
1. Nombre comercial de *sistemas operativos* (ver *Operating system*) basados en disco. A finales de los años 60, IBM creó, para *máquina principal* (ver *Mainframe computer*), un *DOS* que sustituía a un TOS (T de *Tape*). Ese

DOS ha ido evolucionando hasta el actual VSE. En el campo de las computadoras personales el *DOS* es todo un clásico que sobrevive bajo capas y capas de «ventanas».

• To return to *DOS (DOS)* to free more space on the hard disk, press Esc.

Disk partition: *1. Partición de disco.*
Ver *Partition Def. 2.*

Disk server: *1. Servidor de discos.*
1. Computadora de red que da servicio de almacenamiento masivo (en disco) a otras computadoras de la red que carecen de discos o los tienen de poca capacidad.

• The *disk server (servidor de discos)* uses an automounter to mount the drives into the directory structure.

Diskette: *1. Disquete.*
1. Disco de tamaño pequeño, no fijo, dotado de protección semirrígida, que se usa en *CPs* (ver *Personal Computer*) para copias de seguridad y para transportar datos entre computadoras.

• Tape cartridges or small *diskette* devices can be added.

Diskless workstation: *1. Estación de trabajo sin disco.*
1. Computadora en red que funciona sin disco. Tiene ventajas en seguridad e integridad y algo (bastante menos) en coste. Tiene el inconveniente de que ha de arrancarse por un procedimiento especial en el que interviene algún servidor.

• ... and used for booting *diskless workstations (estaciones de trabajo sin disco)*.

Dispatch (verb): *1. Lanzar.*
1. Poner en ejecución un proceso o tarea al

que se asocia una cierta prioridad de *lanzamiento*. Los valores relativos de esas prioridades de lanzamiento determinan el uso de los recursos de computación, especialmente del procesador o procesadores.

● That is, the ready work with the highest priority *is dispatched (se lanza)* first.

Dispatchable unit: *1. Unidad lanzable.*
1. Para el usuario de un sistema hay suficiente con saber que sus procesos, transacciones, etcétera son, aproximadamente, *unidades lanzables* (ver *Dispatch*). Desde el punto de vista de un *sistema operativo* (ver *Operating system*) una unidad lanzable es eso y mucho más: bloques de control con datos para asegurar que puede lanzarse y volverse a lanzar cada vez que pierda el control, un sistema de prioridades, unas áreas de almacenamiento asociadas con la unidad, etc.

● A *dispatchable unit (unidad lanzable)*, which is sometimes called a process or a task, is a unit of work that is performed ...

Dispatching: *1. Lanzamiento.*
Ver *Dispatch (verb)*.

● *Dispatching (lanzamiento)* of work is done on a priority basis.

Displacement: *1. Desplazamiento.*
1. En *direccionamiento* (ver *Addressing*) indirecto, las direcciones se establecen sumando *desplazamientos* (ver también *Offset*) a una dirección que se toma como punto de partida o *dirección base* (ver *Base address*). La dirección base se guarda, habitualmente, en un área especial llamada *registro* (ver *Base Register*). Para dar más potencia y flexibilidad al direccionamiento puede utilizarse, a veces, una segunda dirección base (o desplazamiento móvil) que se llama *índice*.

● ... or is calculated from a base address, index, and *displacement (desplazamiento)*, ...

Display (noun): *1. Presentación.*
2. Pantalla.
1. Datos que se presentan en una pantalla. La ubicación de los datos puede ser en una línea que se considera la *actual,* en una o más líneas consecutivas, en una zona determinada de una pantalla (por ejemplo, una ventana), etcétera.

● Delayed *display (presentación)* of output ...

● If a function is not included in the *display (presentación)*, it means that the function is not loaded.

2. A veces se llama *display* a la propia pantalla en la que se hacen las presentaciones (ver también *Monitor* y *Screen*).

● *Displays (pantallas)* for personal computers have steadily improved since ...

Display (verb): *1. Presentar.*
1. Producir una presentación (ver *Display (noun)*).

● ... press the Refresh key to *display (presentar)* the output as it is produced.

● An unsuccessful load *will display (presentará)* an error message.

Display attributes: *1. Atributos de presentación.*
1. Características propias de un objeto presentable en pantalla (campo, texto, imagen) que determinan el aspecto de dicho objeto cuando se presente. Se incluye: color, parpadeo, etc.

● ... methods of generating character *display attributes (atributos de presentación)* such as bold, reverse-video, ...

Display terminal: *1. Terminal de pantalla.*

1. Terminal de procesamiento de datos dotado de una pantalla en la que se presentan (ver *Display (verb)*) los datos (tanto los recibidos como los que se van a enviar). Actualmente, las computadoras personales emulan a este tipo de terminales.

• ... commonly referred to as a *display terminal (terminal de pantalla)*.

Disposition: *1. Disposición.*

1. Declaración que se hace con respecto a un recurso (casi siempre, un fichero o conjunto de datos) que va a ser utilizado por un proceso: si existe o se va a crear, si puede o no compartirse con otros procesos, qué hacer con el recurso cuando se termine su utilización, etcétera.

• Specifies the data set *disposition (disposición)*.

Distinguished name: *1. Nombre diferenciado. 2. ND.*

1. Nombre compuesto de varias partes, cada una con sus valores, que sirve para identificar, global e inequívocamente, objetos en red. El concepto se usa en el protocolo *LDAP* (ver *Lightweight Directory Access Protocol*) y, con más generalidad, en el conjunto *OSI* (ver *Open Systems Interconnection*) de normas.

• ... that is equivalent to its *distinguished name (nombre diferenciado)* in the ...

Distortion: *1. Distorsión.*

1. Deformación de la onda de una señal (sobre todo del tipo analógico) por efecto de ondas externas o de componentes del propio circuito. Si la señal lleva datos, la *distorsión* puede traducirse en errores de transmisión.

• ... to choose a specific signal in order to

study its propagation and *distortion (distorsión)*.

Distributed Artificial Intelligence: *1. Inteligencia Artificial Distribuida. 2. IAD.*

1. Ampliación de la *Inteligencia artificial* (ver *Artificial Intelligence*) al campo de los procesamientos (y datos) distribuidos como consecuencia de su aplicación a la resolución de problemas que, por su propia naturaleza, son distribuidos (por ejemplo, ciertos casos de procesamientos en *tiempo real*; ver *Realtime*).

• Our *Distributed Artificial Intelligence (IAD)* Unit has developed and applied agent and multi-agent techniques to ...

Distributed backbone: *1. Eje central de red distribuido.*

1. *Eje central de red* (ver *Backbone*) que se caracteriza porque las redes o interredes componentes se conectan, vía *jabs* (ver *Hub*), a una *RAL* (ver *Local Area Network*), del mismo o diferente tipo que el de las redes componentes, formada por dos o más *encaminadoras* (ver *Router*).

• A primary benefit of the *distributed backbone (eje central de red distribuido)* approach is the internetwork availability.

Distributed Component Object Model: *1. DCOM.*

1. Bases establecidas por Microsoft para permitir el *procesamiento distribuido* (ver *Distributed processing*) en red desde la óptica de los objetos (objetos-programa que se intercambian mensajes solicitando servicios a ser suministrados por otros objetos-programa, especializados en ese servicio, situados en sede distinta). Algo parecido se está haciendo por parte de otros fabricantes o asociaciones de ellos (por ejemplo, *CORBA;* ver *Common Object Request Broker Architecture*). Hay mu-

cho camino por recorrer hasta que se llegue a un enfoque global o, al menos, a una compatibilidad no demasiado costosa.

• ... will rely on *Distributed Component Object Model (DCOM)*, also known as Network OLE, to pass vertical object information.

Distributed Computing Environment: *1. Entorno informático distribuido. 2. EID.*

1. Arquitectura emergente orientada a facilitar el desarrollo e implementación de aplicaciones informáticas que funcionarán de forma distribuida, ejecutándose en máquinas heterogéneas. Se prevé la estandarización progresiva del material producido.

• The *Distributed Computing Environment (EID)* is used primarily by IBM and Microsoft; ...

Distributed Data Processing:
1. Procesamiento distribuido de datos. 2. PDD.
Sinónimo de *Distributed processing* (ver).

Distributed database: *1. Base de datos distribuida. 2. BDD.*

1. *Base de datos* (ver *Database*) cuyos componentes están distribuidos en dos o más computadoras enlazadas que se coordinan entre sí para tareas suprasistema (*bloqueos* (ver *Lock (noun)* o *Locking*), registro de cambios, *recuperación* (ver *Recovery*) en caso de caída, etcétera). La idea básica es acercar los datos, tanto como se pueda, al sitio en que más se usan. Este concepto es inseparable del concepto *procesamiento distribuido* (ver *Distributed processing*).

• Substantial improvements in *distributed database (base de datos distribuida)* access have been achieved with ...

Distributed Internet Applications Architecture: *1. DNA.*

1. Esfuerzo de integración realizado por Microsoft para presentar en el mismo paquete todas las capacidades de procesamiento de la *CP* (ver *Personal Computer*) dotada de las últimas versiones de software local y todas las posibilidades derivadas de la intercomunicación masiva y el *procesamiento distribuido* (ver *Distributed processing*) a través de Internet y la *Ueb* (ver *World Wide Web*). Debido, tal vez, a la enorme cantidad de productos que se intenta ver de forma integrada, el grado de integración global se ve todavía en un estadio relativamente inicial.

• *Distributed Internet Applications Architecture (DNA)* provides a structured approach to creating applications whose ...

Distributed processing:
1. Procesamiento distribuido.
1. Forma de procesar datos en la que éstos están distribuidos en dos o más computadoras en red y los procesos se ejecutan también en dos o más computadoras, pudiendo compartirse unos y otros. Ver *Distributed database*.

• A fundamental requirement for *distributed processing (procesamiento distribuido)* across multiple ...

Distributed Protocol Interface:
1. DPI.
1. Ampliación de capacidades para *agentes SNMP* (ver *SNMP agent*), iniciada en *RFC 1228* (ver *Request For Comment*), que permite a usuarios locales añadir, borrar y reemplazar variables de gestión sin necesidad de recompilar al *agente SNMP*.

• The SNMP *Distributed Protocol Interface (DPI)* addresses this issue by providing a lightweight mechanism by which a process ...

Distributed real-time system:
1. Sistema de tiempo real distribuido.
2. STRD.
1. *Sistema de tiempo real* (ver *Real-time system*) formado por varios nudos procesadores interconectados en red de comunicaciones a través de la cual los procesos intercambian mensajes.

● Timing analysis is essential to the development of valid *distributed real-time system (sistemas de tiempo real distribuido)* ...

Distribution list: *1. Lista de distribución.*
1. Dos o más usuarios en un servicio de *correo-e (ver E-mail)* que forman un grupo: un mensaje dirigido a la *lista* es enviado a todos los usuarios incluidos en la misma.

● A *distribution list (lista de distribución)* may have one or more owners assigned to it.

Dithering: *1. Mezclado.*
1. Técnica usada en programas de gráficos orientada a producir colores, matices o gamas de grises no disponibles directamente en la *paleta*.

● *Dithering (mezclado)* is used to create backgrounds ...

DIB: *1. DIB. 2. Base de Información del Directorio.*
Ver *Directory Information Base.*

DICOM: *1. DICOM.*
Ver *Digital Imaging and Communications in Medicine.*

DID: *1. MDE. 2. Marcado Directo a Extensión.*
Ver *Direct Inward Dialing.*

DIMM: *1. DIMM.*
Ver *Dual In-line Memory Module.*

DIP: *1. DIP.*
Ver *Dual In-line Package.*

● ... we offer these innovative *DIP (DIP)* sockets with built-in lithium batteries ...

DIP switch: *1. Conmutador DIP.*
1. *Conmutadores* (ver *Switch Def. 1*) hardware que permiten poner operativas o no-operativas determinadas opciones de los dispositivos.

● The setting of the *DIP switch (conmutador DIP)* can be read by the MPU and used by ...

DITTO: *1. DITTO.*
Ver *Data Interfile Transfer, Testing, and Operations.*

DLC: *1. CED. 2. Control del enlace de Datos.*
Ver *Data Link Control.*

DLL: *1. DLL.*
Ver *Dynamic Link Library.*

● The DLL option instructs the compiler to produce *DLL (DLL)* code ...

DLT: *1. DLT.*
Ver *Digital Linear Tape.*

DMA: *1. DMA.*
Ver *Direct Memory Access.*

DMI: *1. DMI.*
Ver *Desktop Management Interface.*

DML: *1. LMD. 2. Lenguaje de Manipulación de Datos.*
Ver *Data Manipulation Language.*

DMZ: *1. ZDM. 2. Zona desmilitarizada.*
Ver *Demilitarized zone.*

• ... over the internal *DMZ (ZDM)*, thereby splitting the load of the replicated packets ...

DN: *1. ND. 2. Nombre diferenciado.*
Ver *Distinguished name.*

DNA: *1. DNA.*
Ver *Distributed Internet Applications Architecture.*

DNIS: *1. SINM. 2. Servicio de Identificación del Número Marcado.*
Ver *Dialed Number Identification Service.*

DNS: *1. SND. 2. Sistema de nombres de dominio.*
Ver *Domain Name System.*

Do-until: *1. Hacer-hasta.*
1. Tipo de *ciclo* (ver *Loop*) controlado por condición (ver *Condition-controlled loop*) en el que la condición se evalúa tras la ejecución de las instrucciones que forman el ciclo: si es falsa se repite el ciclo. Este tipo de ciclos se ejecuta al menos una vez.

• In structured programming, a *do-until (hacer-hasta)* loop will be executed ...

Do-while: *1. Hacer-mientras.*
1. Tipo de *ciclo* (ver *Loop*) controlado por condición (ver *Condition-controlled loop*) en el que la condición se evalúa antes de la ejecución de las instrucciones que forman el ciclo: si es cierta se ejecuta el ciclo. Este tipo de ciclos se ejecuta 0 o más veces.

• In structured programming terminology, this is a *do-while (hacer-mientras)* loop.

Dock (verb): *1. Acoplar.*
1. Conectar una *computadora portátil* a una *base de acoplamiento* (ver *Docking station*).

• ... a *docked (acoplado)* system may be remotely powered on for off-hour maintenance.

Docking station: *1. Base de acoplamiento.*
1. Base en la que puede insertarse y conectarse una *computadora portátil* (ver *Portable computer*). La base permite, a su vez, la conexión de periféricos (impresora, pantalla, *teclado*) y dispositivos de almacenamiento, la inserción de placas de expansión, etc. Una portátil con su *base de acoplamiento* puede convertirse en una *CP* (ver *Personal Computer*) de sobremesa.

• The organizer comes with a *docking station (base de acoplamiento)*, or cradle, that allows you to automatically synchronize ...

Document (noun): *1. Documento.*
1. Elemento tradicional de comunicación en sistemas no informatizados o en la parte no informatizada de sistemas informatizados. Sinónimo de *Clerical document* (ver).

• ... in which information passes in form of other *documents (documentos)*.

2. Pieza de información (textual, sonora, visual, mixta) que puede ser percibida fácilmente (puede que no entendida) por un humano.

• A product from XYZ, for manipulating *documents (documentos)* stored in ...

Document (verb): *1. Documentar.*
1. Actividad muy importante de entre las que forman parte de los métodos de análisis y diseño de sistemas informáticos. *Documentando* cada etapa, fase y actividad se suministra el material de partida de otras etapas, fases y actividades incluyendo aquí, sobre todo, al *mantenimiento* (ver *Maintenance*). También son la base del control de calidad y de la gestión de los proyectos.

- Many methodologies include a diagramming notation for *documenting (documentar)* the results ...

Document Object Model: *1. DOM.*

1. Especificación de *interfaces* (ver *Interface (noun)*) de programación para la creación y *mantenimiento* (ver *Maintenance*) de páginas y documentos *Ueb* (ver *World Wide Web*) como objetos (en el sentido de la *orientación a objetos*; ver *Object orientation*). DOM está en el centro de la gran batalla entre *navegadores* (ver *Browser*) de la Ueb.

- The *Document Object Model (DOM)* makes it possible for programmers to write applications which work properly on all browsers ...

Document reader: *1. Lectora de documentos.*

1. Dispositivo de entrada capaz de «leer» determinadas marcas hechas en documentos (por ejemplo, las populares quinielas).

- ... Considering its price, performance and productivity this *document reader (lectora de documentos)* is a powerful tool for ...

Document source: *1. Fuente del documento.*

Sinónimo de *Document's source* (ver).

Document Style Semantics and Specification Language: *1. DSSSL.*

1. Cuando estén completas, normas *ISO* (ver *International Organization for Standardization*) para potenciar el aspecto semántico de la composición de documentos (ver *Document Def. 2*) de alta calidad.

- To promote and encourage the use of *Document Style Semantics and Specification Language (DSSSL)* by providing to the public cost-free ...

Document-centric: *1. Centrado en documentos.*

1. Adjetivo que se aplica a sistemas que, total o parcialmente, basan una parte significativa de su interacción con el mundo exterior sobre la definición de documentos a los que se asocian aplicaciones que se ejecutan cuando se referencian los documentos.

- A case study in designing a *document-centric (centrada en documentos)* groupware application over the Internet ...

Document's source: *1. Fuente del documento.*

1. Documento con sus *conformadores* (ver *(Tag Def. 2)*) y *anotaciones* (ver *Markup*) intactos. Por tanto, es un documento que será entrada *(fuente)* a un procesador que lo transformará en el documento final (visible).

- Is there a way I can hide my document's source *(fuente del documento)* from users?

Documentation: *1. Documentación.*

1. Acción y efecto de *documentar* (ver *Document (verb)*) durante las diferentes etapas, fases y actividades del desarrollo de software (desde un modesto e importantísimo comentario en un programa, a las salidas más sofisticadas de las modernas herramientas *CASE;* ver *Computer-Aided Software Engineering*).

- It usually has nonexistent, incomplete, or incorrect *documentation (documentación)*, has been tested ...

Dogcow: *1. Vaquiperro.*

1. Dibujo de un extraño animal *presentado* (ver *Display (verb)*) en pantalla por el *sistema operativo* Macintosh para ayudar a seleccionar opciones de impresión.

- The full story of the *dogcow (vaquiperro)* is told in technical note #31 ...

Dollar: *1. Dólar.*
1. Carácter especial ($) cuyo valor en *ASCII* es x'24' y en *EBCDIC* x'5B'.

• ... you refer to it by prefixing its name with a *dollar (dólar)* sign.

Domain: *1. Dominio.*
1. Concepto de uso en interredes (redes conectadas de *conmutación de paquetes* (ver *Packet switching*), Internet y similares). Todos los componentes de las redes que están sometidos a un control común forman parte de un mismo *dominio*. Por lo general, el código del dominio es un componente de la dirección de cada dispositivo conectado.

• The addresses are hierachical and comprised of two parts: the Initial *Domain (dominio)* Part and the ...

2. En Internet se llama *dominio* (u organización) al componente de más alto nivel de un nombre (en este caso es el último componente). Ejemplos de valores de dominios son: *com, edu, uk, es,* etc.

• Each *domain (dominio)* uses an appropiate naming hierarchy.

Domain name server: *1. Servidor de nombres de dominio.*
1. Programa que se ejecuta en un servidor institucional (dentro de una interred) y que, consultando una *base de datos* nombres-direcciones, es capaz de suministrar una dirección a partir de un nombre.

• The resolver then creates a resolution request message in the standard message format of the *domain name server (servidor de nombres de dominio)* protocol.

Domain name system: *1. Sistema de nombres de dominio. 2. SND.*

1. Se llama así a un conjunto de organización, normas, programas y datos necesarios para hacer funcionar un sistema de directorios en una interred basada en una estructura de dominios. Alguien (organización) asigna nombres y direcciones (normas) que se cargan en *bases de datos* (ver *Directory Information Base*) y se procesan en un *servidor de nombres de dominio* (ver *Domain name server*).

• The equivalent to *domain name system (sistema de nombres de dominio)* in an OSI suite is the X.500 directory.

Dongle: *1. Mochila.*
1. Dispositivo electrónico con memoria y capacidad de comunicación que debe conectarse a una computadora (casi siempre en puerto paralelo) para poder utilizar un programa o aplicación determinados (con cuya compra se suministra la *mochila* en cuestión).

• Programs that use a *dongle (mochila)* query the port at startup and at ...

Dot: *1. Punto.*
1. Una de las formas inglesas para la palabra española *punto. Dot* se usa para hablar del carácter tipográfico, y para referirse al separador de direcciones y al *punto* del código Morse. Su valor es x'2E' en *ASCII* y x'4B' en *EBCDIC.*

• The file name consisting of a single *dot (punto)* character (.).

Dot address: *1. Dirección de puntos.*
1. Dirección Internet expresada en *notación de puntos* (ver *Dot notation*).

• ... you want to make addressable via something other than *dot addresses (direcciones de puntos).*

Dot com: *1. Punto.com.*
Ver *Dot.com.*

Dot matrix: *1. Matriz de puntos.*
1. Base del mecanismo de impresión de una familia de impresoras. La cabeza de impresión está dotada de una matriz de micropunzones que pueden estar en posición avanzada o retraída. Se pueden dibujar diferentes tipos de caracteres avanzando unos punzones y dejando otros retraídos mientras se golpea sobre la cinta entintada.

Dot matrix printer: *1. Impresora de agujas.*
1. Impresora dotada de un cabezal con una matriz de puntos (ver *Dot matrix* y *Pin*).

• The only real drawback to *dot matrix printers (impresoras de agujas)* is that it takes several minutes to print ...

Dot notation: *1. Notación de puntos.*
1. Forma genérica de referirse a la identificación de un elemento (fichero en una estructura jerárquica, dirección Internet, etc.) concatenando los elementos que forman la identificación con separación de cada dos elementos por medio de un punto (ver *Dot*).

• Specifies, in *dot notation (notación de puntos)*, the network mask to be ...

Dot pitch: *1. Separación entre puntos.*
1. Medida de la proximidad a que se encuentran entre sí los *píxeles* (ver *Pixel*) que forman las imágenes en una pantalla. En principio, mientras más pequeña es la separación, mayor calidad de imagen, aunque la existencia de diferentes formas de medir la distancia (en diagonal, en horizontal, ...) hacen que el valor no sea muy fiable.

• Here, a 0.28 mm *dot pitch (separación entre puntos)* is a standard, but ...

Dot printer: *1. Impresora de agujas.*
Sinónimo de *Dot matrix printer* (ver).

Dot.com: *1. Punto.com.*
1. Literalmente equivalente a *.com* (ver). En la práctica, forma de referirse a las empresas punteras en cuanto a presencia en y uso de Internet en sus negocios.

• ... you can find information on what's happening in the new *dot.com (punto.com)* economy.

Dot-dot: *1. Punto-punto.*
1. Forma de referenciar textualmente la concatenación de dos puntos (..) usada para referirse al directorio de nivel superior (*progenitor*; ver *Parent directory*). Utilizada como nombre de fichero, se refiere al directorio situado dos niveles hacia arriba o al propio directorio *raíz* (ver *Root directory*), según los casos.

• *Dot-dot (Punto-punto)* is used in commands in the same fashion as dot.

Dots per inch: *1. Puntos por pulgada. 2. ppp.*
1. En impresoras mide (por ejemplo 300 ppp o 600 ppp) la calidad de impresión (y la lentitud; a más calidad, más lentitud). También puede usarse para medir la definición de imágenes en pantalla aunque, en este caso, también influye la superficie de la ventana que contiene la imagen.

• Commercial typesetters are usually around 1200 *dots per inch (ppp)* ...

Dotted decimal address: *1. Dirección decimal de puntos.*
1. Forma más «visible» de presentar una dirección *IP* (ver *Internet Protocol*). Estas direcciones son de 32 bits y se presentan en forma decimal punteada traduciendo a numera-

ción decimal cada 8 bits y separando con puntos (ver *Dot*) los números resultantes.

• ... a character string representing the *dotted decimal address (dirección decimal de puntos)* of an interface ...

Dotted decimal notation: *1. Notación decimal de puntos.*
Sinónimo de *Dotted decimal address* (ver).

• ... representing host addresses expressed in standard *dotted decimal notation (notación decimal de puntos)* and returns ...

Dotted-decimal address: *1. Dirección decimal de puntos.*
Sinónimo de *Dotted decimal address.*

Double Byte Character Set: *1. DBCS.*
1. Sistema básico de codificación (como *ASCII* o *EBCDIC*) en el que cada carácter es representado por dos *baits* (ver *Byte*). Necesario para lenguas complejas como el japonés. Es de propiedad de IBM.

• Columns containing *Double Byte Character Set (DBCS)* characters can be defined as ...

Double click (verb): *1. Recliquear.*
Ver *Double-click (verb).*

Double quote: *1. Doble comilla.*
1. Denominación del carácter ("). Su valor en *ASCII* es x'22' y en *EBCDIC* es x'7F'.

• ... the whole field must be surrounded with *double quotes (dobles comillas).*

Double strike: *1. Doble impacto.*
1. Uno de los *grosores* (ver *Weight*) posibles de los caracteres impresos (al menos en impresoras de impacto (ver *Impact printer*)).

• Weights: regular, *double strike (doble impacto)*, emphasized.

Double word: *1. Doble palabra.*
1. Secuencia de caracteres (o lo que es lo mismo, bits) consecutivos en memoria que se interpreta y procesa como una doble palabra (ver *Computer word*) de la computadora de que se trata. Para *computadoras principales* (ver *Mainframe computer*) de IBM, una doble palabra tiene 8 caracteres o 64 bits). Puede requerir entorno entero (ser, su dirección, múltiplo de 8).

• Ensure end on *double word (doble palabra)* boundary ...

Double-click (noun): *1. Recliqueo.*
1. Acción y efecto de *recliquear* (ver *Double-click (verb)*).

• If you still insist on having *double-click (recliqueo)* for Windows icons, you will notice ...

Double-click (verb): *1. Recliquear.*
1. Hacer, en rápida sucesión, dos clics con el botón izquierdo del ratón. Puede regularse el tiempo de separación detectable entre ambos clics en función de la capacidad manual del operador.

• ... open the Out mailbox and *double-click (recliquea)* on the desired message ...

Double-click speed: *1. Intervalo de recliqueo.*
1. Tiempo máximo que media entre dos clics consecutivos, por encima del cual el sistema interpreta que se trata de dos clics individuales. Este valor es parametrizable para adaptarlo a las características personales del operador del ratón.

• How *do I decrease the double-click speed*

(aumento el intervalo de recliqueo) of the mouse ...

Double-ended queue: *1. Doble cola.*

1. *Cola* (ver *Queue (noun)*) en la que pueden hacerse inserciones y supresiones por ambos extremos.

• ... from alternating ends of the *double-ended queue (doble cola)*, beginning with ...

Double-sided disk: *1. Disco bifronte.*

1. Disco que puede ser grabado en ambas caras.

• The *double-sided disk (disco bifronte)* is certified error-free on both sides but ...

Down arrow: *1. Flecha abajo.*

1. Una de las cuatro flechas que controlan el movimiento del cursor del *teclado* (ver *Keyboard*).

• When a user presses the *down arrow (flecha abajo)*, the value displayed ...

Down-converter: *1. Convertidor descendente.*

1. Dispositivo que traduce señales a frecuencias inferiores a las de entrada.

• In tests, the 17 –20-GHz *down-converter (convertidor descendente)* was found to perform well at RFs from ...

Downflow: *1. Flujo de purga.*

1. Los *flujos de purga* son las transferencias de los datos menos útiles hacia dispositivos más baratos o, simplemente, hacia el exterior del sistema. El problema de qué hacer con estos datos es viejo, pero se ha reverdecido con motivo de la presión que ejerce la enorme cantidad de datos accesibles que han de estar *en línea* en los sistemas de *Almacenes de Datos* (ver *Data Warehouse*).

• ... storage tools (for upflow and *downflow (flujo de purga)*), and access products ...

Download (noun): *1. Bajada.*

1. Acción y efecto de *bajar* o *bajarse* algo de Internet o, en general, de una computadora considerada más «central» que la propia (por ejemplo, un *servidor*).

• Welcome to the *download (de bajadas)* area of our Web site.

Download (verb): *1. Bajar(se).*

1. En Internet hay gran cantidad de material (gratis y no gratis) que puede ser *bajado* a nuestra computadora. Por ejemplo, programas o aplicaciones, libros, piezas musicales, etc. Hay páginas que tienen prevista la posibilidad: en ellas hay que buscar la palabra *download*. En otras no está prevista la copia o *bajada* pero, en general, si puede abrirse un documento, podrá *bajarse* usando opciones generales del *navegador* (ver *Browser*) o de FTP (ver *File transfer protocol*).

• So, you're ready *to download (bajarse)* some of the hundreds of game demos and guides, software patches ...

Downloadable font: *1. Fuente traspasable.*

1. *Fuente* (ver *Font*) de uso menos habitual que se conserva en almacenamiento externo (disquete o CD-ROM) y que puede ser transferida desde el mismo a la impresora para ser utilizada. La expresión se refiere, en realidad, a un conjunto de fuentes.

• ...of enhancing a page's text with *downloadable fonts (fuentes traspasables)* other than the boring standard system fonts ...

Downsizing: *1. Minoración.*

1. Movimiento, en ciertas organizaciones de tamaño medio, que tiende a sustituir, total o

parcialmente, sus computadoras principales (ver *Mainframe computer*) por redes de computadoras más pequeñas.

• ... to install distributed computer systems in a move away from large mainframe systems (referred to as *downsizing (minoración)*).

Downstream: *1. Corrienteabajo.*
1. Dícese de lo que está más abajo según el sentido principal de la circulación (de los datos, si sólo van en un sentido, de la computadora al usuario, etc.).

• And all conversations with *downstream (corrienteabajo)* participants, are terminated.

Downtime: *1. Tiempo de caída.*
1. Tiempo durante el que un sistema o un componente de un sistema (hardware o software) permanecen inactivos por error y/o avería.

• ...as well as cost reductions due to less network *downtime (tiempo de caída)*.

Downward compatible: *1. Compatible descendente.*
1. Se aplica a productos de un entorno que pueden utilizar elementos (por ejemplo, programas) que se crearon para versiones más modernas de tales productos. Esta compatibilidad está muy limitada ya que, hasta cierto punto, va contra el progreso técnico.

• ... is *downward compatible (compatible descendente)* with both the UNIX Version 7 and System V variants ...

2. Atributo que permite usar, en un entorno más atrasado que el presente, un elemento desarrollado en el momento actual.

• Load modules having the *downward compatible (compatible descendente)* linkage editor

atribute will be reblocked to a maximum block size ...

DOM: *1. DOM.*
Ver *Document Object Model.*

DOS: *1. DOS.*
Ver *Disk Operating System.*

DOS Boot Record: *1. DBR. 2. Sector de autoarranque del DOS.*
1. Área de 512 *baits* (primer sector) del disco duro, en la que se contiene la información de *autoarranque* (ver *Bootstrap*). También se llama *master boot record* o, simplemente, *boot record.*

• The *DOS boot record (registro de autoarranque del DOS)* contains a program that ...

DOS protected Mode Interface: *1. DPMI.*
1. Software intermedio propuesto por Microsoft y usado en sus primeros Windows para superar los problemas de muchos programas desarrollados para el *DOS* original, en lo referente a acceso a memoria más allá de las 640 KB de la memoria convencional.

• There are at least two alternative methods for doing the same thing as *DOS Protected Mode Interface (DPMI)*.

DPI: *1. DPI.*
Ver *Distributed Protocol Interface.*

DPLL: *1. DPLL.*
Ver *Digital phase-lock-loop.*

DPMI: *1. DPMI.*
Ver *DOS protected Mode Interface.*

DQ: *1. CB. 2. Calidad borrador.*
Ver *Draft Quality.*

Draft Quality: *1. Calidad Borrador.*
2. CB.
1. Calidad mínima producida por una impresora (en aras de la velocidad de impresión). Este concepto ha perdido significación con la popularización de impresoras económicas y de alta calidad.

● ... the other entry is set up for *Draft Quality (Calidad Borrador)* fonts.

Drag (verb): *1. Arrastrar.*
1. Usar un apuntador (por ejemplo, el ratón) para desplazar un objeto en la pantalla, cualquiera que sea la finalidad del desplazamiento.

● ... a user can *drag (arrastrar)* a window border to make the window larger.

Drag and drop (verbs): *1. Arrastrar y soltar.*
1. Usar un apuntador (por ejemplo, el ratón) para desplazar un objeto con la idea de dejarlo en una ubicación distinta de la original.

● When you point to a location where *drag and drop (arrastrar y soltar)* is not ...

Drain (verb): *1. Drenar.*
1. Situación en la que cae un dispositivo (impresora, sistema de ficheros, *cola*, etc.), como consecuencia de un *mandato* (ver *Command*) o de una situación más o menos anómala, consistente en que no se admiten nuevas peticiones sobre el dispositivo, se terminan o *drenan* las pendientes y, por último, el dispositivo queda en un estado de inactividad especial («drenado»).

● ... the data mover begins to *drain (drenar)* updated records from the storage control cache.

Drained state: *1. Estado drenado.*
1. Estado de inactividad especial de un volu-men, dispositivo, etc., que ha sido sometido a un proceso de *drenado* (ver *Drain (verb)*). Su contenido (o sus *colas* de espera) ha sido vaciado y es necesario un *mandato* (ver *Command*) u operación específicos para que el elemento vuelva a estar operativo.

● This differs from *drained state (estado drenado)* because the system does not free ...

Drawing eXchange Format: *1. DXF.*
Sinónimo de *Data exchange file* (ver).

● All drawings are available in AutoCAD R12 - DXF *drawing exchange format (DXF)*, and as Windows WMF ...

Drawing package: *1. Paquete de dibujo.*
1. Aplicación orientada al dibujo (técnico, arquitectónico, científico, etc.). Estas aplicaciones tienden a ser vectoriales en el sentido de que almacenan fórmulas y variables más que dibujos hechos.

● A simulation, tracking and *drawing package (paquete de dibujo)* for ...

Drift (noun): *1. Deriva.*
1. Desviación previsible de una trayectoria, atributos, valores, etc., debida a la influencia de factores externos.

● Equipment-induced signal *drift (deriva)* ...

Drift (verb): *1. Derivar.*
1. Desviarse de una trayectoria, valores, etc. (ver *Drift (noun)*).

● ... to describe the tendency of a thread *to drift away (derivar)* from ...

Drill across: *1. Explorar.*
1. En análisis multidimensional de datos, desplazarse a derecha o izquierda (convencionalmente hablando; hacia más o menos detalle)

de una de varias dimensiones variables, manteniendo constantes todas las demás.

• Applications that *drill across (exploran)* will simply be linking separate fact tables together ...

Drill down: *1. Sumergirse.*
1. En análisis multidimensional de datos, desplazarse hacia abajo (convencionalmente hablando; en principio, hacia más detalle) de una de varias dimensiones variables, manteniendo constantes todas las demás.

• Applications that *drill down (se sumergen)* will simply be adding more dimension attributes to the SQL answer set ...

Drill up: *1. Trepar.*
1. En análisis multidimensional de datos, desplazarse hacia arriba (convencionalmente hablando; en principio, hacia menos detalle) de una de varias dimensiones variables, manteniendo constantes todas las demás.

• It turns out that *drill-up (trepar)*, drill-down, and histogram is a generalization of the SQL GROUP BY operator.

Drive: *1. Unidad.*
1. Hardware de almacenamiento de datos. Se refiere al todo el conjunto que posibilita las operaciones de leer/grabar datos. Se aplica, casi siempre, a discos (de varios tipos) y a cintas.

• Make sure off-load is not waiting for a tape *drive (unidad)* ...

Drive bay: *1. Cabina de dispositivo.*
1. Espacio reservado en una *CP* (ver *Personal Computer*) para instalar un dispositivo. Puede tener o no tener abertura al exterior. En el primer caso están las cabinas para disquetera y para CD-ROM.

• An optional *drive bay (cabina de dispositivo)* adapter enables you to use the hard drive from ...

Drive letter: *1. Letra de dispositivo.*
1. Letra que se usa para identificar a un dispositivo de almacenamiento en una CP (ver *Personal Computer*).

• To assign, change, or remove a *drive letter (letra de dispositivo)* open Disk Management, ...

Drive lock: *1. Cerradura de unidad.*
1. Cierre físico que impide el acceso a una unidad. Se aplica más frecuentemente a la disquetera.

• ... insert the *drive lock (cerradura de unidad)* all the way into the drive slot with the key in the 12 o'clock position ...

Driver: *1. Manejador.*
Ver *Device driver*.

• For wideband transmission, AT&T provides devices called data stations which contains either modems or digital line *drivers (manejadores)*.

Drop (verb): *1. Excluir. 2. Suprimir.*
1. Acción ejecutable por medio de una instrucción REXX por la cual se restaura una variable a su estado de «no inicializada» o «no asignada».

• ... and the variable is then *dropped (excluida)*, if it exists.

2. En *SQL* (ver *Structured Query Language*), suprimir totalmente un *objeto* (ver *Object Def. 2*) de una *base de datos* (ver *Database*) (tabla, índice, *clave primaria*, etc.). Desde el momento de la supresión son erróneas todas las referencias al objeto en cuestión.

• To add or to *drop (suprimir)* a foreign key requires either the ...

Drop cap: *1. Letra inicial.*
1. Letra, que ocupa, en altura, dos o más líneas y que se usa en los inicios de párrafo.

• What is an easy way to add a *drop cap (letra inicial)*?

Drop-down Menu: *1. Menú desplegable.*
Sinónimo de *Pulldown menu* (ver).

Drum Plotter: *1. Trazadora de tambor.*
1. *Trazadora* (ver *Plotter*) en la que la figura se forma sobre un cilindro (tambor).

• A high speed XYZ *drum plotter (trazadora de tambor)* is available for general use ...

Dry run: *1. Ejecución a pelo.*
1. Seguimiento «manual» de un programa o un trozo de programa. Aunque la tendencia es hacia depurar por un mecanismo de prueba y error (las herramientas modernas, como los lenguajes *interpretados* (ver *Interpretive*), lo facilitan), todavía pueden tener una cierta utilidad las tradicionales *ejecuciones a pelo*.

• ... as a *dry run (ejecución a pelo)* for what we can expect come the millenium.

DRAM: *1. DRAM. 2. RAM dinámica.*
Ver *Dynamic RAM*.

DRTS: *1. STRD. 2. Sistema de tiempo real distribuido.*
Ver *Distributed real-time system*.

DS: *1. SD. 2. Servidor Diferible.*
Ver *Deferrable Server*.

DSL: *1. DSL.*
Ver *Digital Suscriber Line*.

DSP: *1. PSD. 2. Procesamiento de señal digital.*
Ver *Digital Signal Processing*.

DSP: *1. PSD. 2. Procesador de señal digital.*
Ver *Digital Signal Processor*.

DSP processor: *1. Procesador SD.*
Ver *Digital Signal Processor*.

DSS: *1. SAD. 2. Sistema de apoyo a la decisión.*
Ver *Decision Support System*.

DSSSL: *1. DSSSL.*
Ver *Document Style Semantics and Specification Language*.

DSVD: *1. DSVD.*
Ver *Digital Simultaneous Voice and Data*.

DTE: *1. DTE. 2. Equipo Terminal de Datos.*
Ver *Data Terminal Equipment*.

DTMF: *1. TDMF. 2. Tono Dual por Multifrecuencia.*
Ver *Dual Tone Multi Frequency*.

Dual: *1. Dual.*
1. Adjetivo que se usa para describir una situación en la que coexisten en funcionamiento dos ejemplares de un mismo dispositivo o mecanismo.

• ... estimated storage requirements for active log files assuming *dual (dual)* logging.

Dual boot (noun): *1. Autoarranque dual.*
1. Mecanismo que permite que la misma máquina (*CP* o similar; ver *Personal Computer*) pueda *autoarrancar* (ver *Bootstrap*), alternativamente, más de un *sistema operativo* (ver

Operating system). Inicialmente el mecanismo era bastante engorroso y, por ello, aparecieron programas que lo facilitaban. Cada vez más, el *autoarranque dual* es una opción más de los sistemas operativos avanzados. Puede usarse también como adjetivo.

• Installing programs on a *dual boot (con autoarranque dual)* system with Windows 95 ...

Dual boot (verb): *1. Autoarrancar en forma dual.*

1. Realizar un *autoarranque dual* (ver *Dual boot (noun)*) de una computadora.

• Is it possible to *dual boot (autoarrancar en forma dual)* a machine and create a startup menu to allow you to easily ...

Dual copy: *1. Copia dual.*

1. Posibilidad que ofrecen las actuales arquitecturas de discos de mantener dos copias idénticas de las grabaciones en volúmenes que tengan esta opción activada. Junto con las *formaciones de discos* (ver *Disk array*) constituyen un avance importante en cuanto a *disponibilidad* (ver *Availability*) de los datos.

• Currently available fault-tolerant devices include *dual copy (de copia dual)* devices and RAID ...

Dual density: *1. Densidad dual.*

1. Capacidad de algunas unidades de disquete de leer y/o grabar en más de una densidad de grabación.

• *Dual-density (densidad dual)* Exabyte (2.3 GB or 5.0 GB) tape drives are available ...

Dual In line Package: *1. DIP.*

Ver *Dual In-line Package.*

Dual In-line Memory Module: *1. DIMM.*

1. Pequeña placa de memoria conectable por medio de 72 o 168 *patillas* (según modelo), a la placa base. Lo más significativo es que *DIMM* permite un camino de 64 bits a/desde procesador, contra 32 bits de los módulos *SIMM* (ver *Single In-line Memory Module*) a los que acabará desplazando.

• ... on a *DIMM (DIMM)*, the connections on each side of the module connect to different ...

Dual In-line Package: *1. DIP.*

1. Tipo de *chip* que se caracteriza por su estuche rectangular y por las dos hileras de *patillas* (ver *Pin*) de conexión en ambos lados mayores del rectángulo.

• Plastic *dual in-line package (DIP)*; 18 leads ...

Dual porting: *1. Doble atraque.*

1. Aplícase a dispositivos que admiten un doble procesamiento simultáneo (por ejemplo, de llenado y de vaciado).

• The Video RAM may be *dual ported (de doble atraque)* in order to allow the ...

Dual Tone Multi Frequency: *1. Tono Dual por Multifrecuencia. 2. TDMF.*

1. Método usado para generar, en un aparato telefónico, un tono inconfundible (e inconfundible con la voz humana), por cada *tecla* que se pulsa. El que sea dual (cada tono es combinación de dos frecuencias, una bastante alta y otra bastante baja) ayuda, obviamente, a que sea inconfundible. El uso de esta técnica se conoce como *touch-tone dialing* (ver).

• *Dual Tone Multi Frequency (DTMF)* is used on many telephones.

Dual-homed: *1. Birresidente.*

1. Concepto propio de redes que se aplica habitualmente a las computadoras de red que se conectan doblemente dentro del mismo anillo

(en especial en *FDDI;* ver *Fiber Distributed Data Interface).* Una de las conexiones está activa y la otra bloqueada. Evidentemente, este montaje persigue una mayor *disponibilidad* (ver *Availability*), pero no ante caídas de la red. El mismo concepto puede aplicarse también a *pasarelas* (ver *Gateway*) a las que se elimina la función de *encaminamiento* (ver *Routing*). Este dispositivo se usa por razones de seguridad.

- ... If the first connection of a *dual-homed (birresidente)* fails, the backup link takes over ...

Dual-scan display: *1. Pantalla de doble barrido.*
1. Tipo de pantalla de cristal líquido, en el grupo de las de matriz pasiva, que proporciona una *frecuencia de refrescamiento* (ver *Refresh rate* y *Scan (noun) Def. 2*) más alta que la de las convencionales.

- Six of the color portables in this report use *Dual-scan display (pantallas de doble barrido).*

Dumb quotes: *1. Comillas tontas.*
1. Pareja de comillas (simples o dobles) cuya apariencia gráfica es idéntica para la comilla que abre y para la que cierra un entrecomillado.

- You need the «straight» quotes found at ASCII 034, not the *dumb quotes (comillas tontas)* at ASCII 0147 and 0148.

Dumb terminal: *1. Terminal tonto.*
1. Terminal con mínimas capacidades de procesamiento (sin *sistema operativo* ni almacenamiento auxiliar). Hoy en día son casi piezas de museo al generalizarse el uso de las *CPs* (que los emulan) y de las computadoras de red.

- Once upon a time, what is now called a *dumb terminal (terminal tonto)* could pass for a smart terminal.

Dummy: *1. Ficticio.*
1. Se aplica a elementos requeridos (ficheros, puntos de entrada a programas, etc.) que, en determinadas circunstancias, no han de ser tenidos en cuenta.

- When the program asks to read a *dummy (ficticio)* data set, an end-of-data-set ...

Dump (noun): *1. Vaciado.*
1. Contenido de áreas seleccionadas del almacenamiento principal que se pone a disposición del profesional informático (en listado o pantalla) para ayudarle en la solución de problemas.

- ... and the resulting *dump (vaciado)* is called an abend dump.

2. Listado o *presentación* (ver *Display (verb)*) de la información contenida en un fichero, en variables propias de un proceso y similares. A veces se reserva la palabra *Dump* para listados y presentaciones que no tienen formato determinado.

- This gathers adequate data without an excessive *dump (vaciado)* size.

Dump (verb): *1. Vaciar.*
1. Producir o producirse un *vaciado* (ver *Dump (noun)*).

- ... when it specifies the areas of storage to *dump (vaciar).*

Duplex: *1. Dúplex.*
1. Tipo de comunicación entre dos dispositivos conectados cuando es posible que los datos circulen simultáneamente en ambos sentidos. Sinónimo de *Full duplex.* A veces se las llama conexiones de cuatro hilos.

- A few character-oriented protocols operate in a (full) *duplex (dúplex)* mode.

Duplex printer: *1. Impresora dúplex.*
1. Impresora que puede imprimir, con una sola introducción del papel, por ambas caras del mismo.

• This will come out 2-sided if you are using a *duplex printer (impresora dúplex).*

Duration: *1. Duración.*
1. Valor numérico que representa el transcurso de una cierta cantidad de tiempo que se mide en unidades apropiadas. Una *duración* puede ser, por ejemplo, el resultado de restar de una fecha otra anterior. También la diferencia entre dos mediciones de reloj.

• ... and adds to them a *duration (duración)* specified in a host variable ...

Dvorak: *1. Dvorak.*
1. Nuevo diseño de *teclado* (distribución de las teclas; ver *Keyboard*) que, al parecer, permite mayores velocidades de escritura... en inglés. No está aún claro si llegará a desbancar al actual Qwerty (también mejor para el inglés).

• ... The *Dvorak (Dvorak)* keyboard layout is a vastly more comfortable and efficient ...

DVD: *1. DVD.*
Ver *Digital Video Disk.*

DVD-RAM: *1. DVD-RAM.*
1. DVD (ver *Digital Video Disk*) regrabable. Hay competencia entre DVD-RAM y DVD+RW.

• ... to assure that our *DVD-RAM* Drives and accessories will interface smoothly and efficiently ...

DVD-ROM: *1. DVD-ROM.*
1. DVD (ver *Digital Video Disk*) no regrabable. Parece ser que en un futuro inmediato serán la elección alternativa a los CD-ROMs actuales.

• ... manufacturers will find the transition from CD-ROM to *DVD-ROM (dvd-rom)* difficult ...

DVI: *1. DVI.*
Ver *Device Independent.*

DVI: *1. DVI.*
Ver *Digital Video Interactive.*

DWDM: *1. MDLO.*
1. Acrónimo de *Dense Wavelength Division Multiplexing.* Sinónimo de *Wavelength Division Multiplexing* (ver).

DXF: *1. DXF.*
Ver *Data Exchange File* o *Drawing eX change Format* (vienen a ser lo mismo).

Dynalink: *1. DLL.*
1. Forma abreviada de referirse a la *DLL* (ver *Dynamic Link Library*).

Dynamic: *1. Dinámico/a.*
1. Adjetivo que se usa, inadecuada y frecuentemente, para referirse a una acción que ocurre en el momento en que se necesita su efecto, en oposición a otras acciones que se desencadenan o fuerzan con una antelación menor o mayor.

• The basic mechanism for the *dynamic (dinámica)* allocation of network addresses is simple: ...

Dynamic allocation: *1. Asignación dinámica.*
1. Mecanismo software que *asigna* (ver *Allocation*) recursos a los programas (ficheros, espacio de memoria, etc.) cuando dichos recursos se necesitan durante la ejecución y no en el momento de cargarse los programas en memoria.

- Use *dynamic allocation (asignación dinámica)*, rather than enqueue, to serialize the use of ...

Dynamic call: *1. Llamada dinámica.*

1. Mecanismo, parecido a la *asignación dinámica* (ver *Dynamic allocation*), que consiste en que las rutinas se resuelven (se buscan, cargan y enlazan) en el momento de la ejecución y no en algún paso previo como el *montaje* (ver *Link-edit (verb)*).

- ... resulting from reducing the overhead of the *dynamic calls (llamadas dinámicas)*.

Dynamic Data Exchange: *1. DDE.*

1. Protocolo de comunicación entre dos o más aplicaciones que permite que se extiendan a las demás, las modificaciones que una de ellas introduce en datos que se han definido como compartidos. *DDE* funciona en varios *sistemas operativos* (Windows, OS/2, etc.) y puede usarse en múltiples aplicaciones (Excel, Word, Lotus 1-2-3, etc.). Una de las aplicaciones actúa como editora o servidora y las demás como clientes.

- Either application involved in a *Dynamic Data Exchange (DDE)* conversation can terminate ...

Dynamic Host Configuration Protocol: *1. DHCP.*

1. Método usado para asignar dinámicamente direcciones temporales *IP* (ver *Internet Protocol*) a clientes, en red local, que no la tienen de forma permanente. Se establece un diálogo entre cliente y servidor *DHCP* en el que el primero solicita una dirección IP y el segundo la suministra de entre las que le queden libres.

- Invalid parameter detected when starting the *Dynamic Host Configuration Protocol (DHCP)* server.

Dynamic HTML: *1. HTML dinámico (tendencia). 2. DHTML (producto).*

1. Con carácter general, tendencia a convertir las páginas HTML de la *Ueb* (ver *World Wide Web*) en más dinámicas, es decir, dotadas de elementos cambiantes con capacidad para atraer la atención hacia puntos concretos de dichas páginas. En este sentido, pura técnica publicitaria. Con carácter más concreto, *DHTML* se refiere a productos en el mercado, asociados a los *navegadores* (ver *Browser*), que materializan la tendencia mencionada en el párrafo anterior. Estos productos consideran *objetos* a las páginas y a sus componentes, introducen el concepto de *hojas de estilo en cascada* (ver *Cascading Style Sheet*) y las *fuentes* (ver *Font*) dinámicas, etc.

- The biggest obstacle to the use of *Dynamic HTML (HTML dinámico)* is that many users are still using ...

Dynamic Link Library: *1. DLL.*

1. *Biblioteca* (ver *Library*) con programas (llamados módulos o código *DLL*) y/o datos que pueden ser asociados a otros programas, de forma dinámica, es decir, en el momento en que se cargan para ejecución e incluso cuando ya están ejecutándose. El material contenido en la biblioteca puede ser compartido por varios programas. El uso de DLLs puede generalizarse creándose «aplicaciones DLL».

- A *Dynamic Link Library (DLL)* module is explicitly loaded using ...

Dynamic Huffman: *1. Huffman dinámico.*

1. Método de compresión de datos en comunicaciones en el que transmisor y receptor construyen el árbol Huffman (ver *Huffman*) de forma dinámica, mientras se realiza la emisión/recepción.

• ... and *dynamic Huffman (Hufman dinámico)* coding is now used in many data communications ...

Dynamic RAM: *1. RAM dinámica.* *2. DRAM.*

1. Tipo de memoria RAM (ver *Random Access Memory*), muy común en *CPs* (ver *Personal Computer*), que ocupa poco espacio y consume poca energía pero que tiene el inconveniente de su tendencia a desenergizarse, por lo que requiere una reenergización (*re-*frescamiento*; ver *Refresh (noun) Def. 1)* periódica.

• Many varieties of *Dynamic RAM (RAM dinámica)* exist today. They differ in the the way they are interfaced to the ...

Dynamic storage: *1. Memoria automática.*

1. Memoria que se va asignando a medida de las necesidades de los procesos (ver *Automatic storage allocation*).

E

eBook: *1. Librotrónico.*
Ver *Electronic book.*

● ... is a specification for *eBook (librotrónico)* file and format structure based on HTML and XML, the languages ...

E-business: *1. Negocio-e.*
1. Tendencia actual hacia superar incluso el *comercio electrónico*, mediante la apertura, hacia entidades externas (clientes, proveedores, etc.), de parte de los sistemas de información propios.

● ... provider of enterprise-class *E-business (negocio-e)* analysis software and services that enable ...

E-mail (noun): *1. Correo-e.*
2. Mensacorre.
1. Sistema que permite el intercambio de mensajes tipo correo *(mensacorres)* entre usuarios/dispositivos conectados a una misma red.

● ... consulting our phone and/or *e-mail (de correo-e)* directory before asking me about ...

2. Mensaje recibido o enviado por medio del correo electrónico.

● ... and see a lot of pictures; don't forget to send me an *e-mail (mensacorre)*.

E-mail (verb): *1. Remitir por correo-e.*
1. Enviar un *mensacorre* (ver *E-mail (noun) Def. 2*).

● ... Sign up to have the first chapter of the new book *e-mailed (se le remita por correo-e)* to you.

E-mail address: *1. Dirección de correo-e.*
1. Para que sea factible el intercambio de *mensacorres* (ver *E-mail (noun) Def. 2*) entre usuarios, cada uno de éstos debe tener una dirección propia. Si el intercambio se hace en Internet, la estructura de una dirección es:
Nombre-usuario@dominio
estando el dominio formado por uno o más subdominios separados por *puntos* (cada dominio es una computadora de la Red). El formato de las direcciones puede ser diferente en otras redes (por ejemplo, en las redes de máquinas UNIX que usen el programa uucp o familia UUCP; ver *Unix-to-Unix-Copy*).

● ... provides a lifetime *e-mail address (dirección de correo-e)* to assist those who have experienced the problems ...

E-zine: *1. Revista-e.*
1. *Electronic MagaZine.* Hay centenares o millares de revistas accesibles por Internet. Algunas son exclusivamente electrónicas mientras otras tienen contrapartida impresa. Las hay de todo tipo de matiz ideológico y para todo tipo de aficiones. La mayoría son de acceso gratis o se mantienen con publicidad. Hay *bases de datos* y listados que suministran direcciones de *revistas-e.*

• This kind of *e-zine (revista-e)* is roughly the cyberspace equivalent of ...

Earliest deadline first: *1. Primer momento límite más cercano. 2. PMLMC.*
1. Técnica de *planificabilidad* (ver *Schedulability*) en *tiempo real* (ver *Real-time*) basada en dar prioridad máxima a la tarea que tiene más cercano su *momento límite* (ver *Deadline*).

• All of these results imply that *Earliest Deadline First (PMLMC)* works well under many different ...

Easter egg: *1. Huevo de Pascua.*
1. Motivo que aparece inesperadamente cuando se activa un *punto caliente* (ver *Hotspot*) más o menos «inocente» en una página *Ueb* (ver *World Wide Web*) (por ejemplo, bromas, o las iniciales, artísticamente elaboradas, del nombre del autor de la página).

• ... have much more elaborate *easter eggs (Huevos de Pascua)* hidden in ROM, including political exhortations and ...

EACK: *1. EACK.*
Ver *Extended acknowledgement.*

EARN: *1. EARN.*
Ver *European Academic and Research Network.*

Ebone: *1. Ebone. 2. Eje central de red europeo.*
1. Servicio pan-europeo de *eje central de red* (ver *Backbone*).

• ... and since 1991 *Ebone (Ebone)* has provided global Internet connectivity in Europe and since recently also in the US.

EBCDIC: *1. EBCDIC.*
Ver *Extended Binary Coded Decimal Interchange Code.*

EBIOS: *1. EBIOS. 2. BIOS mejorado.*
Ver *Enhanced BIOS.*

EBNF: *1. EBNF.*
Ver *Extended Backus Naur-Form.*

Echo (noun): *1. Eco.*
1. Representación en pantalla del *apuntador* (ver *Device pointer*) u otro dispositivo lógico de entrada. Este significado es propio de la informática gráfica.

• There is an *echo (eco)* switch that you can set on or off by calling the ...

2. *Señal* (habitualmente, un carácter) que devuelve el receptor al emisor y que se *presenta* (ver *Display (verb)*) en la pantalla de éste a efectos de validación.

• ... the *echo (eco)* of the character allows the operator to see and correct transmission errors.

3. A veces se llama *eco*, simplemente, a la *presentación* (ver *Display (verb)*) en pantalla de los caracteres que se van tecleando (ver *Key (verb)* o *Type (verb)*).

• ... to character mode and * suppress the *echo (eco)* when a key is entered.

Echo (verb): *1. Reflejar. 2. Reflejarse.*
1. Acción y efecto de producir o producirse un *eco* en cualquiera de las definiciones en *Echo (noun).*

● ... and suddenly the computer doesn't even echo *(refleja)* the letters back to the screen as you type ...

● The string *is echoed (se refleja)* starting at the lower left corner of the ...

Echo cancellation: *1. Compensación del eco.*
1. Técnica usada para eliminar la *señal de eco* (ver *Echo signal*) en los *módems.*

● ... similar to the echo cancellation *(compensación del eco)* utilized in the standard V.34 28.8 Kbps duplex modem.

Echo signal: *1. Señal de eco.*
1. En transformadores híbridos, parte de la *señal* (ver *Signal Def. 1*) de salida de la sección de modulación que se recibe como entrada en la sección de desmodulación (local).

● To overcome the effect of echo signal *(señal de eco)* an adaptive hibrid is used to ...

ECA: *1. ECA.*
Acrónimo de *Event-Condition-Action* (ver *ECA rules*).

ECA rules: *1. Reglas ECA.*
1. Componente de un *SGBD* (ver *Database Management System*) activo que le permite reaccionar ante un *evento externo* (ver *External event*) tomando en consideración, además, una o más condiciones. Las iniciales proceden de *Event-Condition-Action.*

● ECA rules *(Las reglas ECA)* are used to capture active capability ...

ECC: *1. Detección y Corrección de Errores. 2. DCE.*
Ver *Error Checking and Correction.*

ECMA: *1. ECMA.*
Ver *European Computer Manufacturer Association.*

ECP: *1. ECP. 2. Puerto de capacidades ampliadas.*
Ver *Extended Capabilities Port.*

ECS: *1. ECS.*
Ver *European Communication Satellite.*

Edge connector: *1. Conectador de borde.*
1. Serie de contactos eléctricos situados en uno de los bordes de una placa. Estos contactos conectan los circuitos de la placa con los del dispositivo en que se inserta la placa.

● ... that connects the 40 pin card edge connector *(conectador de borde)* to the newer 34 pin header connector ...

Edit (verb): *1. Acondicionar. 2. Editar. 3. Convertir. 4. Montar.*
1. *Instrucción de máquina* (ver *Machine instruction*) que permite transformar *campos* (ver *Field*) codificados en un formato interno (ilegible para los humanos) en campos legibles. En el proceso se usa un patrón o modelo.

● The sign and magnitude of the last field edited *(acondicionado)* are used to set the condition code.

2. Crear un nuevo fichero o conjunto de datos o modificar uno existente añadiendo, cambiando, combinando y/o suprimiendo sus líneas o registros. Se trata, en general, de producir texto sencillo y compacto procesable en computadora, más que texto para consumo

humano. Los *sistemas operativos* (ver *Operating system*) o algunos de sus componentes tienen *mandatos* (ver *Command*) para iniciar, controlar su desarrollo y finalizar este tipo de edición. Ver también *Editor*.

● You can also *edit (editar)* an input data set that contains SQL statements and you can change, delete, or insert SQL statements.

3. Cambiar, mediante un procedimiento programado, el contenido de un registro o fila de tabla de *base de datos* (ver *Database*) inmediatamente antes de su escritura o inmediatamente después de su lectura. Ver *Edit routine*.

● ... allows the user to *edit (convertir)* additions to the table before ...

4. Combinar diferentes componentes, preparados para ello, en una unidad de orden superior. Por ejemplo, programas y módulos o rutinas en programas ejecutables. Traducir por *montar*.

Edit routine: *1. Rutina de conversión.*
1. En *DB2* (ver *DATABASE 2*), una *rutina de conversión* es un programa que recibe una fila completa, antes de ser escrita, a fin de que se realicen en ella las transformaciones que se deseen o convenga. También interviene en el proceso inverso, cuando se lee la fila.

● We strongly recommend that you use an *edit routine (rutina de conversión)* to encrypt the passwords and authorization IDs ...

Editing character: *1. Carácter de acondicionamiento.*
Sinónimo de *Editing symbol* (ver).

Editing keys: *1. Teclas de edición.*
1. Teclas que facilitan las tareas de *editar* documentos o ficheros. Se incluyen las que activan y desactivan la función de inserción, las

de supresión, las que permiten ir a inicio o final (de línea o documento) y las de paginación.

● Listed below are the command line *editing keys (teclas de edición)* available ...

Editing symbol: *1. Símbolo de acondicionamiento.*
1. Símbolos o caracteres especiales que se usan cuando se modifica un dato numérico como paso previo a su *presentación* (ver *Display (verb)*) o impresión. Se incluyen: separador de millares, separador de decimales, signo, signo monetario, etc.

● ... *editing symbols (símbolos de acondicionamiento)* make the data easier to read and understand.

Editor: *1. Editor. 2. Montador. 3. Convertidor. 4. Compilador.*
1. Programa que se ejecuta en el marco de un *sistema operativo* (ver *Operating system*) o de un subconjunto del mismo y cuya función es componer textos orientados, básicamente, a ser leídos por otros programas, más que a su utilización por humanos (para esta utilidad se usan procesadores de texto, dotados de mucha más potencia y capacidades de presentación y embellecimiento).

● Use the DOS *editor (editor)* to create your source files.

2. Programa que procesa una o más entradas para convertirlas en una salida útil para un fin determinado (por ejemplo, ser salida ejecutable en máquina). El arquetipo de estos programas es el *Montador de enlaces* (ver *Linkage editor* y *Linker*).

● If you receive a message from the *editor (montador)*, such as TEXT NOT FOUND ...

3. Programa que transforma, de manera más o menos continua, datos de entrada en otros de salida preparados para transporte o tratamiento específico (ver *Stream editor*). Traducir por *convertidor*.

4. Persona que documenta y/o compila documentación (por ejemplo, la documentación de una aplicación).

• Edie J. Temple from 1995 to present Computer Documentation *Editor (compilador)*.

ED: *1. Fin de freim. 2. ED.*
Ver *End Delimiter*.

EDAC: *1. Detección y Corrección de Errores. 2. DCE.*
1. Acrónimo de *Error Detection and Correction.* Ver explicación en *Error Checking and Correction.*

EDF: *1. Primero momento límite más cercano. 2. PMLMC.*
Ver *Earliest deadline first.*

EDI: *1. Intercambio electrónico de datos. 2. IED.*
Ver *Electronic Data Interchange.*

EDI for Administration, Commerce and Transport:
1. EDIFACT.
1. Estándar de carácter oficial, definido para el *estrato de Aplicación* (ver *Application layer*) del modelo *OSI* (ver *Open Systems Interconnection*) y cuyo objeto es unificar las necesidades en cuanto a comercio electrónico de diferentes sectores económicos. Es un terreno aún un poco «verde», pero de un futuro incuestionable.

• *EDI For Administration, Commerce and Transport (EDIFACT)* was developed by the United Nations and describes how to exchange business data ...

EDIFACT: *1. EDIFACT.*
Ver *EDI for Administration, Commerce and Transport.*

EDM: *1. GED. 2. Gestión Electrónica de Documentos.*
Ver *Electronic Document Management.*

EDO memory: *1. Memoria EDO.*
1. Nombre genérico de las memorias tipo *EDO* en contraposición a las *BEDO*. Ver, por ejemplo, *Extended Data Output Dynamic RAM.*

• *EDO memory (La memoria EDO)* was designed for use on pentium capable motherboards. I doubt if it will work ...

EDO DRAM: *1. EDO DRAM.*
Ver *Extended Data Output Dynamic RAM.*

EDP: *1. PED. 2. Procesamiento Electrónico de Datos.*
Ver *Electronic Data Processing.*

EDRAM: *1. EDRAM.*
Ver *Enhanced Dynamic RAM.*

EEPROM: *1. EEPROM.*
Ver *Electrically Erasable Programmable Read-Only Memory.*

Effect: *1. Efecto.*
1. Concepto analítico elemental que da nombre al cambio que un evento produce en una (y solo una) *entidad* (ver *Entity*). Puede tener una explicación y una casuística (esto último en el caso de que el evento afecte a la entidad de dos o más modos alternativos).

• Each possible *effect (efecto)* must be separately identified on the ...

Effect Correspondence Diagram:
1. Diagrama de correspondencia de efectos.
1. En análisis y diseño clásicos (no *orientados*

a objetos; ver *Object orientation*), diagrama que presenta y relaciona entre sí todos los *efectos* (ver *Effect*) que un evento produce sobre datos permanentes del sistema o aplicación en desarrollo.

• Any simultaneous effects must be included on the *Effect Correspondence Diagram (Diagrama de Correspondencia de Efectos)* ...

EFF: *1. EFF.*
Ver *Electronic Frontier Foundation.*

EFTS: *1. STEF.*
Ver *Electronic Funds Transfer System.*

EGA: *1. EGA.*
Ver *Enhanced Graphics Adapter.*

EGP: *1. EGP.* **2. Protocolo de pasarela exterior.**
Ver *Exterior Gateway Protocol.*

Eiffel: *1. Eiffel.*
1. Lenguaje desarrollado por Bertrand Meyer para ayudar y guiar en el diseño de sistemas y programas orientados a objetos (ver *Object orientation*) y, en última instancia, para codificar dichos programas, ya que existen *compiladores* (generan C) para este lenguaje.

• The *Eiffel (Eiffel)* type system is quite simple, although inheritance will make it more interesting ...

EIA: *1. EIA.*
Ver *Electronic Industries Association.*

EIA-232D: *1. EIA-232D*
1. Norma de la *EIA* (ver *Electronic Industries Association*) que regula todo lo referente a *módems* (ver *Modem*). Su equivalente *ITU-T* es la norma *V.24* (ver).

• Each PC and tool has an *EIA-232D (EIA-232D)* interface which conforms to the ...

EIDE: *1. EIDE.*
1. Versión mejorada de *Integrated Drive Electronics* (ver).

• *EIDE (EIDE)* was developed to surpass its older brother IDE, which is slower and can only connect two hard drives.

EISA: *1. EISA.*
Ver *Extended Industry Standard Architecture.*

Eject: *1. Salto.*
1. Instrucción de *formateo* (ver *Formatting*) que se usa para producir un *salto* a otra columna o página.

• If, at the time of the page *eject (salto)*, the current control section ...

Elapsed time: *1. Tiempo transcurrido.*
1. Tiempo de reloj ordinario transcurrido entre dos eventos: inicio y finalización de un trabajo, pulsación de la *tecla Intro* por un usuario y obtención de una respuesta, etc.

• Performance objectives must reflect not only *elapsed time (tiempo transcurrido)*, but also the amount of processing expected.

Electrically Erasable Programmable Read-Only Memory: *1. EEPROM.*
1. Memoria no volátil que, sin embargo, puede ser borrada y regrabada, durante su operación normal, por el usuario. Habitualmente contiene programas o datos muy estables. Se borra aplicándole a su totalidad un voltaje mayor que el habitual y sin necesidad de ser desmontada de la computadora.

• *Electrically Erasable Programmable Read-*

Only Memory (EEPROM) is appropriate for storing small amounts of data which is changed ...

Electronic book: *1. Librotrónico.*

1. Dispositivo de almacenamiento y *presentación* (ver *Display (verb)*) pensado para sustituir a los libros tradicionales. Un *librotrónico* funciona con baterías pudiendo almacenar varios miles de páginas de libro en papel. Su contenido es recargable.

• In order for *electronic books (librotrónicos)* to become popular, it is important that common hardware and software standards ...

Electronic commerce: *1. Comercio electrónico.*

1. Comercio realizado por medio de la interred (hoy por hoy, de *Internet*) utilizando los medios desarrollados y aceptados en el marco del *IED* (ver *Electronic Data Interchange*).

• ... by traditional retailers looking for the right structure to ride the *electronic commerce (comercio electrónico)* wave.

Electronic Data Interchange: *1. Intercambio Electrónico de Datos. 2. IED.*

1. Conjunto de normas, aún en desarrollo, que se orientan al intercambio –en red y puede que interviniendo máquinas muy diferentes– de datos propios del comercio: pedidos, facturas, recibos, albaranes, etc.

• The message standard associated with *Electronic Data Interchange (IED)* is a defined common format ...

Electronic Data Processing: *1. Procesamiento Electrónico de Datos. 2. PED.*

1. Máquinas, programas, métodos de trabajo, códigos, etc., que posibilitan la entrada, salida, almacenamiento y procesamiento de datos.

• Providing consulting and *Electronic Data Processing (de Procesamiento Electrónico de Datos)* Services for the Financial Industry ...

Electronic Document Management: *1. Gestión Electrónica de Documentos. 2. GED.*

1. Tipo de aplicación especializada en la creación, captación, almacenamiento, enriquecimiento, *presentación* (ver *Display (verb)*), transporte, etc., de los *documentos* (en un sentido amplio de esta palabra) que se manejan en una organización. Estas aplicaciones están frecuentemente ligadas a las de *flujo de trabajo* (ver *Workflow*).

• *Electronic document management (La Gestión Electrónica de Documentos)* enables you to manage and file documents efficiently ...

Electronic Frontier Foundation: *1. EFF.*

1. Sociedad sin ánimo de lucro, creada en 1990 en los EUA, con la intención de ayudar a preservar valores de libertad, derecho a la intimidad sin intromisiones y derecho de acceso a la información, en una época en la que la universalización de la sociedad de la información puede poner en peligro dichos valores. Sus campañas están teniendo importante eco y aceptación.

• Our members join *Electronic Frontier Foundation (EFF)* to make sure that they are on top of the issues and debates...

Electronic Funds Transfer System: *1. Sistema de transferencia electrónica de fondos. 2. STEF.*

1. Sistema para transferir y retirar fondos por procedimientos electrónicos (básicamente, por *correo-e* (ver *E-mail*) y por *Internet*).

• ... your business taxes, the department has

set up an *electronic funds transfer system (STEF)* for it's taxpayers.

Electronic Industries Association: *1. EIA.*

1. Importante agrupación empresarial en los EUA con algunas aportaciones de interés en el terreno de la (pre)estandarización.

● In 1997, EIA went from being the *Electronic Industries Association (EIA)* to the Electronic Industries Alliance, an alliance of trade ...

Electronic mail: *1. Correo-e.* *2. Mensacorre.*
Ver *E-mail.*

Electronic mall: *1. Galería electrónica.*
1. Conjunto de anuncios y referencias que facilitan la elección y compra electrónicas. Cada uno de estos conjuntos está bajo el control de un proveedor de servicios Internet.

● ... providing site hosting and tools for site designers, *electronic mall (galerías electrónicas)* developers, managers of multi-site ...

Electronic storefront: *1. Tienda electrónica.*
1. *Sede Ueb* (ver *Web site*) dotada de todos los elementos necesarios para dar soporte al comercio electrónico. Puede incluir diferentes tipos de páginas (muestrario, descripción de productos, *formulario* (ver *Form*) de pedido, glosario, etc.), programas (cálculo del pedido, impuestos, etc.), elementos de enlace con otras aplicaciones y/o *bases de datos*, etc.

● ... finally an *electronic storefront (tienda electrónica)* that actually allows you to sell your products online at an affordable price ...

Elevator: *1. Botón de desplazamiento.*
Sinónimo de *Scroll box* (ver).

● Shift-clicking on the *'elevator' (botón de desplazamiento)* of the scroll bar jumps ...

Ellipsis: *1. Puntos suspensivos.*
1. Signo ortográfico para indicar la omisión de letras o palabras.

● ... the *ellipsis (puntos suspensivos)* (...) stands for repetitions of whatever immediately precedes it ...

ELF: *1. FEB. 2. Frecuencia extremadamente baja.*
Ver *Extremely Low Frequency.*

ELH: *1. HVE.*
Ver *Entity Life History.*

Em: *1. Eme.*
1. Unidad de medida en tipografía (para nosotros en *fuentes*; ver *Font*) que, para un tipo determinado, coincide, aproximadamente, con las dimensiones de la letra 'm'.

● ... the next line being indented 6 *em-spaces (espacios eme)* ...

Em dash: *1. Guión largo.*
1. Guión cuya longitud es la unidad del tipo (o sea, una *eme*; ver *Em*).

● How do I create an *em-dash (guión largo)* in MS Word version 5.1 for the Mac?

Emacs: *1. Emacs.*
1. *Editor* (ver *Editor Def. 1*) de pantalla completa desarrollado para UNIX y del que existen versiones para otras máquinas. Existen versiones de libre disposición.

● *Emacs (Emacs)* is writen in C and the higher levels are programmed in ...

Embed (verb): *1. Incluir.*
1. *Incluir*, incorporar un elemento en la

«masa» de otro. Los elementos incluibles pueden ser muy variados: caracteres (*blanco* (ver *Blank* o *Space*) es el que más se menciona, asterisco, etc.), comentarios de un cierto lenguaje, instrucciones o funciones, *hipervínculos* (ver *Hyperlink*), sistemas, etc.

• Blanks may not be *embedded (incluirse)* among the digits of a number ...

• ... consists of statements in the host programming language and *embedded (incluidas)* SQL statements

Embedded hyperlink: *1. Hipervínculo incluido.*

1. *Hipervínculo* (ver *Hyperlink*) asociado a un texto o imagen dentro de un documento.

• ... may not use an *embedded hyperlink (hipervínculo incluido)* to satisfy the line item disclosure requirements ...

Embedded memory: *1. Memoria incluida.*

1. Memoria que forma un conjunto indisociable con el procesador.

• Fortunately, *embedded memory (memoria incluida)* does make sense today for a few –and in the future even more– applications.

Embedded object: *1. Objeto incluido.*

1. Componente (datos más procesamiento potencial) que se inserta en un compuesto diferente y vive con él y dentro de él. El componente es un objeto semánticamente próximo a los *objetos* (ver *Object*) propios de la *orientación a objetos* (ver *Object orientation*). Un ejemplo clásico puede ser una hoja de cálculo *incluida* en un documento de texto.

• The *embedded object (objeto incluido)* could be a script, a text document, an outline, a menu of new commands or ...

Embedded system: *1. Sistema incluido.*

1. Sistema informático especializado, casi siempre de *tiempo real* (ver *Real-time system*), que forma parte de un sistema (físico) exterior con el que interacciona y al que posiblemente controla o ayuda a controlar.

• ROM is often used to hold programs for *embedded systems (sistemas incluidos)* since these usually have a fixed ...

Embedded SQL: *1. SQL incluido.*

1. Instrucciones *SQL* (ver *Structured Query Language*) que se insertan en el texto de un programa escrito en otro lenguaje y con el que forman una unidad lógica. Las instrucciones SQL son procesadas por un *precompilador* (o preprocesador) antes de que el *compilador* del lenguaje anfitrión comience a hacer su tarea.

• ... of a host variable used in *embedded SQL (SQL incluido)* cannot be an underscore ...

Emergency restart: *1. Rearranque de emergencia.*

1. Forma de arrancar un subsistema de manera que se aproveche al máximo el trabajo (actualizaciones) realizado durante la etapa inmediatamente anterior de funcionamiento del mismo. Es el procedimiento obligado cuando la parada previa fue anormal (no ordenada). Durante un rearranque de emergencia se deshacen los efectos de unidades lógicas de trabajo (actualización) no terminadas. Si el subsistema trabaja en colaboración con otros subsistemas (por ejemplo, un *SGBD* (ver *Database Management System*) y un monitor de teleprocesamiento; ver *Teleprocessing monitor*), uno de los subsistemas toma el papel coordinador del proceso de *recuperación* (ver *Recovery*), que puede afectar a recursos situados en más de un subsistema.

• In the event of an uncontrolled termination,

records on the system log are used as input to the *emergency restart (rearranque de emergencia)* process ...

Emotag: *1. Emoconformador.*

1. Contracción de *emotion* y *tag*. Elemento en un texto, que sigue la gramática de los *conformadores* (ver *Tag*) y que se usa para indicar una cierta consideración emocional del que lo utiliza con respecto al texto que viene a continuación. O para despertarla en el lector.

- Ejemplos: <cabreo>, <CRYING>.

Emoticon: *1. Emoticón.*

1. Contracción de *emotion* e *icon*. Son elementos gráficos muy sencillos (se empezaron a usar en los primeros tiempos de «la red») con los que se desea expresar un sentimiento (alegría, tristeza, perplejidad, etc.).

- Por ejemplo :-) :-(

Empty string: *1. Ristra vacía.*

1. En los lenguajes que las admiten, *ristras* que carecen de contenido. La situación puede materializarse considerando *nulas* las ristras cuyo primer carácter es 'el nulo' (x'00'). Es el caso de C/C++. Otras veces, asignando longitud 0 a la ristra.

- ... cannot be omitted and cannot be set to the *empty string (ristra vacía)*.

Emulation: *1. Emulación.*

1. Capacidad de un componente de comportarse de forma idéntica a otro componente. Normalmente será necesario ejecutar un cierto *software* para que la emulación se produzca (puede emularse un programa, un tipo de terminal, toda una computadora, etc.).

- You might use an *emulation (emulación)* as a replacement for a system whereas ...

Emulator: *1. Emulador.*

1. Elemento informático que siendo de un cierto fabricante, modelo, nivel, etc., es capaz de comportarse (ver *Emulation*) como un elemento del mismo tipo pero de diferente fabricante, modelo, nivel, etc.

- The coupling facility *emulator (emulador)* can be used instead of a regular coupling ...

En: *1. Ene.*

1. En tipografía y *fuentes* (ver *Font*) unidad de medida que equivale, «grosso modo» a la mitad de una *eme* (ver *Em)* o al ancho de una 'n', de donde le viene el nombre.

En dash: *1. Guión corto.*

1. Otra forma de referirse al *guión* ordinario en contraposición, en este caso, al *guión largo* o *Em dash.*

Enable: *1. Habilitar.*

1. Cuando se permite o determina el uso de un componente o posibilidad, se dice que dicho componente (o posibilidad) está habilitado.

- Queries can only take advantage of parallelism if you *enable (habilita)* parallel ...

- When a mask bit is one, the CPU is *enabled (se habilita)* for the corresponding class of interruptions, and these interruptions can occur.

Encapsulate (verb): *1. Encapsular.*

1. Incluir un elemento de unas ciertas características dentro de otro de diferentes características para que todo el conjunto se comporte como si fuera del tipo del segundo elemento. Por ejemplo, mensajes que cumplen con un cierto protocolo, pueden *encapsularse* en mensajes propios de un protocolo diferente.

- That is, packets are *encapsulated (se encapsulan)* to become frames ...

2. Ocultar, en proyecto o realidad, la estructura y el comportamiento internos de una pieza de software, detallando con todo rigor su interfaz con el exterior.

- ... may be used *to encapsulate (encapsular)* a set of related modules and data ...

Encapsulated Postscript: *1. Postscript encapsulado. 2. EPS.*
1. Forma especial de usar programas Postscript que se caracteriza por la creación de ficheros que contienen una cabecera especial que se emplea para controlar la ubicación y características de la imagen en un texto.

- *Encapsulated Postscript (EPS)* files include only a single image, with no device-dependent data — this means there are no pages ...

Encapsulating Security Payload: *1. Seguridad de encapsulación del campo de carga útil. 2. SECCU.*
1. Componente (previsible) del protocolo Internet del futuro (ver *IPv6*) en el que se especifican las condiciones de seguridad del campo de datos de los mensajes.

- The IP *Encapsulating Security Payload (Seguridad de encapsulación del campo de carga útil)* header provides integrity, authentication, and confidentiality ...

Encapsulation: *1. Encapsulación.*
1. Acción y efecto de *encapsular* (ver *Encapsulate (verb)* en cualquiera de sus dos acepciones.

- For an Ethernet interface, client uses IEEE 802.3 (1) Ethernet *encapsulation (encapsulación)* described in RFC 1042 ...

Encipher (verb): *1. Cifrar.*
Ver *Encrypt (verb)* para definición.

- ... specifies that the source file is to be *enciphered (cifrado)* as it is copied to the target file.

Encode: *1. Codificar.*
1. Convertir un elemento de información (por ejemplo, un mensaje) aplicándole un código (ver *Code Def. 3*) adecuado al proceso posterior de dicho elemento de información.

- When we enter data into a computer via a keyboard, each selected keyed element is *encoded (codificado)* by the electronics ...

- ... the variable or constant is *encoded (codificada)* by the field procedure before ...

Encrypt (verb): *1. Cifrar.*
1. Traducir un mensaje o pieza de información de forma que el mensaje o pieza resultante sea ininteligible si no se dispone de la *clave* (ver *Key (noun) Def. 4*) empleada en la traducción y se *descifra* usándola.

- Data *is encrypted (se cifran)* at the router, rendering it unreadable, then passed over the network ...

Encryption: *1. Cifrado. 2. De criptografía. 3. Criptográfico.*
1. Ver *Encrypt (verb)*.

- Consequently, most *encryption methods (métodos criptográficos)* involve the use of an *encryptyon (de cifrado o criptográfica)* key ...

End Delimiter: *1. Fin de freim. 2. ED.*
1. Configuración especial de bits que se usa para indicar fin de *freim* (ver *Frame*) consiguiendo así transparencia de datos. Se usa en redes locales del tipo *testigo* (ver *Token Ring*

network), en redes *FDDI* (ver *Fiber Distribu-ted Data Interface*), etc.

● The end delimiter (ED) (fin de freim (ED)) field contains one or two control symbols ...

End of File: *1. Fin de fichero. 2. EOF.*
1. Condición de final de fichero. Es detectada por los mecanismos de lectura y comunicada al programa. Si el fichero tiene *etiquetas* (ver *Label Def. 2*), es normal que existan etiquetas de «final de fichero» (una o más).

● When the system finds an End of File (EOF) label, it passes control to the ...

End of line: *1. Fin de línea. 2. EOL.*
1. Carácter o combinación de caracteres que se usa para indicar final de una línea de impresora y, para ciertos sistemas, de un registro de un fichero. No hay uniformidad entre sistemas respecto a esta cuestión: en *ASCII*, UNIX usa «nueva línea» (x'0A'), *DOS* puede usar «retorno de carro» (x'0D') y/o nueva línea (la célebre combinación CRLF –*Carriage Return/Line Feed*–), etc.

● ... has been used more generally for any end of line (fin de línea) character, character sequence, etc.

End of text: *1. Fin de texto. 2. ETX.*
1. Código (x'03' en *ASCII* y en *EBCDIC*) que se utiliza para indicar final de un texto.

● <count> is the number of bytes in the packet including, ... , and End of Text (ETX) packet overhead bytes.

End of transmission: *1. Fin de transmisión. 2. EOT.*
1. Código (x'04' en *ASCII* y x'37' en *EBCDIC*) que se utiliza para indicar final de un mensaje. A veces, el final de transmisión

puede señalarse por otras combinaciones de caracteres.

● If no End of transmission (EOT) response is returned, ...

End of transmission block: *1. Fin de bloque de transmisión. 2. ETB.*
1. Código (x'17' en *ASCII*) que se utiliza para indicar final de un bloque de transmisión.

● End of Transmission Block (ETB) - end of a block of data for communication purposes.

End of volume: *1. Fin de volumen. 2. EOV.*
1. Condición de final de volumen. Es detectada por los mecanismos de lectura y comunicada al programa. En determinados casos pueden existir *etiquetas* (ver *Label Def. 2*) de «final de volumen» (una o más).

● When the system finds an End of volume (EOV) label, it performs volume switching.

End user: *1. Usuario final.*
Ver *End-user*.

End-of-file: *1. Fin de fichero. 2. EOF.*
Ver *End of file*.

End-of-line: *1. Fin de línea. 2. EOL.*
Ver *End of line*.

End-of-transmission: *1. Fin de transmisión. 2. EOT.*
Ver *End of transmission*.

End-of-volume: *1. Fin de volumen. 2. EOV.*
Ver *End of volume*.

End-to-end delay: *1. Retardo de extremo a extremo.*
1. Tiempo total de una comunicación.

• For interactive speech, the impact of more buffering delay at the receiver must be considered in light of the need for low *end-to-end delays (retardos de extremo a extremo)* ...

End-to-end system: *1. Sistema extremo a extremo.*

1. *Sistema de tiempo real* (ver *Real-time system*) que, siendo distribuido, sus tareas se engarzan de forma que la salida de una de ellas es entrada a otra, estableciéndose condicionantes temporales (ver *End-to-end timing requirements*) entre ellas. No es raro que las distancias geográficas entre procesadores sean importantes.

• The *end-to-end system (sistema extremo a extremo)* architecture thus created will form the basis for: (a) creating a digital ...

End-to-end timing requirements: *1. Requisitos temporales extremo a extremo.*

1. Requisitos temporales que tienen en cuenta el efecto de las comunicaciones sobre los *momentos límite* (ver *Deadline*) de las tareas.

• ... for variable bit-rate traffic with no *end-to-end timing requirements (requisitos temporales extremo a extremo)* (low overhead) ...

End-user: *1. Usuario final.*

1. En un entorno de *teleprocesamiento* (ver *Teleprocessing*), usuario final es la persona que, ante una computadora personal o un terminal, inicia la ejecución de transacciones e *introduce* (ver *Entry*) y recibe datos para/desde las mismas.

• ... the processing of *end-user (de usuario final)* data is checkpointed ...

2. En un sentido más genérico, usuario final es el responsable último de las aplicaciones y de sus datos.

• ... based on testing with typical *end-user (usuario final)* database files.

Endless loop: *1. Ciclo sinfín.*

1. *Ciclo* (ver *Loop*) que se ejecuta de forma indefinida. Sinónimo de *Infinite loop* (ver).

• Is there a way to exit an *endless loop (ciclo sinfín)* when testing a new application (not .EXE file) without going through ...?

Enforce (verb): *1. Imponer.*

1. Obligar, forzar a algo. Pueden utilizarse medios coercitivos, obligaciones «de facto» (no hay otra forma de hacerlo), autoridad moral, etc.

• The same requirement *should be enforced (deberían imponerse)* for the exterior of all portable input/output media ...

Enforced lock: *1. Bloqueo ejecutivo.*

1. *Bloqueo* (ver *Lock (noun)* o *Locking*) sobre un elemento (por lo general, un fichero o parte del mismo) que impide el acceso de lectura/grabación al mismo.

• Each lock is either an *enforced lock (bloqueo ejecutivo)* or an *advisory lock*, and must also be either ...

Engine: *1. Motor.*

1. En un producto software complejo (por ejemplo, un monitor de teleprocesamiento o un sistema de gestión de bases de datos), parte del mismo dedicada a la tarea principal: manipulación ordinaria de los datos.

• ... when they tested how well site specific search *engines (motores)* worked at some major web sites.

Enhanced: *1. Mejorado.*

1. Se aplica, frecuentemente, a nuevas versiones de productos o de componentes, o a fun-

ciones de productos, de todo tipo, que, se supone, son mejores que las previas.

● The interface has an *enhanced (mejorado)* data stream support that ...

Enhanced BIOS: *1. BIOS mejorado.*
2. EBIOS.
1. *BIOS* (ver *Basic Input/Output System*) especial capaz de superar la limitación del BIOS tradicional en cuanto a espacio accesible en el disco duro (504 MB). En realidad, hace una «traducción» entre lo que percibe en el disco y lo que comunica al programa.

● An *Enhanced BIOS (BIOS mejorado)* circumvents this by using a different geometry ...

Enhanced Dynamic RAM: *1. EDRAM.*
1. Memoria RAM dinámica (ver *Dynamic RAM*) cuya velocidad de acceso ha sido mejorada incluyéndole una parte de memoria estática (ver *Static RAM*).

● *Enhanced Dynamic RAM (EDRAM)* is a form of DRAM that boosts performance by using a comparatively small amount of static ...

Enhanced Graphics Adapter:
1. EGA.
1. Sistema de *presentación* (ver *Display (verb)*) para pantallas en color introducido por IBM en 1984. Actualmente obsoleto por prestaciones insuficientes (16 colores y una *definición* (ver *Resolution*) de 640 píxeles (horizontal) por 350 píxeles (vertical)) con relación a los nuevos requisitos de los tratamientos gráficos (ver *Pixel*).

● ... occasionally run into older systems that still use *Enhanced Graphics Adapter (EGA)* ...

Enhanced Parallel Port: *1. Puerto*
paralelo mejorado. 2. EPP.
1. En 1994 la IEEE publicó la norma 1284

destinada a mejorar la *señación* (ver *Signaling Def.* 2) y comunicación a través de puertos paralelos sin hacer tabla rasa de la situación previa (básicamente, impresoras Centronics). La norma incluye regulación de la situación previa y la de los *puertos paralelos mejorados (EPP)* que contemplan la comunicación bidireccional *(semidúplex)*, el acuerdo inicial (ver *handshaking*) por hardware, etc. Aparte de incrementar sustancialmente la velocidad de transmisión (hasta 2 MB/s), pueden usarse para comunicación con dispositivos diferentes de las impresoras.

● ... if they get a 1284 port with *Enhanced Parallel Port (EPP)* they will automatically ...

Enhanced Small Device Interface:
1. ESDI.
1. *Interfaz* (ver *Interface (noun)*) orientada a conseguir una comunicación rápida entre discos y unidad central. No ha tenido mucho éxito.

● The *Enhanced Small Device Interface (ESDI)* uses two cables connected to each drive.

Enhanced Small Disk Interface:
1. ESDI.
Sinónimo de *Enhanced Small Device Interface* (ver).

Enqueue (noun): *1. Acolamiento.*
1. Acción y efecto de *acolar* (ver *Enqueue (verb)*).

● Because this *enqueue (acolamiento)* prevents access to the catalog by any other ...

Enqueue (verb): *1. Acolar.*
1. Poner un elemento de un tipo concreto (un mensaje, un apuntador a programa o proceso, etcétera, es decir, un esperador) en una *cola* (ver *Queue (noun)*) a la espera de que sea

atendido por un servidor de elementos de ese tipo. A veces la cola de espera toma el nombre del servicio o recurso por el que se espera (ver también *Dequeue*).

• ... the space needed *to enqueue (acolar)* information about the segments that the program has read and updated must not ...

Enquiry: *1. Consulta.*
Sinónimo de *Query* (ver).

Enquiry access path: *1. Camino de acceso a consulta.*
1. Definición y representación del camino a recorrer en la *base de datos* (lógica), para evacuar una *consulta* (ver *Query* o *Enquiry*). La elaboración de estos *caminos de acceso* es, simultáneamente, una poderosa arma analítica para encontrar y definir nuevas *entidades* e *interrelaciones* (ver *Relationship*) en el modelo lógico de datos.

• ... then, all these entities and relationships should be included in the *enquiry access path (camino de acceso a consulta).*

Enquiry process: *1. Proceso de consulta.*
1. Uno de los dos tipos de procesos con interés metodológico (el otro tipo es el *proceso de actualización;* ver *Update process*). Los *procesos de consulta* no modifican la *base de datos* (ver *Database*) y, frecuentemente, su análisis y diseño se efectúan con posterioridad a los de los procesos de actualización.

• An *enquiry process (proceso de consulta)* is often introduced as a precursor of an update process ...

Enquiry trigger: *1. Desencadenante de consulta.*
1. Evento con datos que desencadena una *consulta.* Tiene un aspecto operativo –el

evento que arranca o motiva la consulta– y un contenido que se refiere a los datos que hay que proporcionar para que la *base de datos* (ver *Database*) suministre una respuesta, completa y en el orden deseado, a la consulta.

• *Enquiry triggers (Los desencadenantes de consulta)* are a part important of the enquiry access path diagrams ...

Enroll: *1. Matricular.*
1. Procedimiento por el que una persona pasa a formar parte del conjunto de personas que pueden utilizar un sistema, subsistema o servicio. El procedimiento contiene, en sí mismo, los mecanismos necesarios para establecer una serie de características referentes a la utilización en cuestión (una especie de *perfil* (ver *Profile (noun)*) del utilizador).

• When you *enroll (matricula)* a user, the system uses ...

Enter (verb): *1. Introducir.*
1. Acción por la que un operador o usuario pone *mandatos* (ver *Command*), datos, etc., a disposición del procesador de una computadora para su procesamiento.

• You can *enter (introducir)* keywords using mixed case letters.

Enter key: *1. Tecla Intro.*
1. *Tecla* que, cuando se acciona estando el sistema a la espera, hace que los datos introducidos desde que empezó dicha espera, se envíen a la computadora para su procesamiento.

• ... from this book by selecting a term with your cursor and pressing the *ENTER key (tecla INTRO).*

Enterprise: *1. Empresa. 2. Organización.*
1. Unidad organizativa cuyo sistema de infor-

mación es el objeto de la informática de gestión. Cuando se usa en términos generales, es preferible la traducción *organización*.

● ... data warehouse which is traditionally meant to address the needs of the organisation from an *enterprise (empresa)* perspective ...

Enterprise network: *1. Red corporativa.*
1. Red de computadoras y terminales para uso exclusivo de una corporación (empresa u organización). Estas redes, que inicialmente eran realmente exclusivas, se entrelazan cada vez más con redes públicas.

● *Enterprise network (en la red corporativa)* printing is no simple matter.

Enterprise Resource Planning: *1. ERP.*
1. Ampliación y generalización del tradicional *paquete de aplicación*. Un sistema *ERP* es un conjunto integrado de aplicaciones que interaccionan con una *base de datos* (ver *Database*) común, ampliable y adaptable (por ejemplo, con sus propios lenguajes de desarrollo) y que resuelve la mayoría de las necesidades de informatización de las empresas actuales.

● ... *enterprise resource planning (ERP)* is proving to be a popular solution among organizations ...

Enterprise systems connection: *1. ESCON.*
1. En ciertas máquinas de IBM, *ESCON* es un nuevo tipo de canal de comunicación, basado en fibra óptica, para enlazar los canales de la UCP (ver *Central Processing Unit*) entre sí y con las unidades de control. Usa transmisión serial por bits a 200 Mbps hasta 60 km de distancia.

● The *ESCON (ESCON)* channel-to-channel adapter provides the same type of function ...

Entity: *1. Entidad.*
1. Una *entidad* es un objeto, concepto, etc., que es significativo e importante en el área o aplicación que se somete a análisis. Las entidades pueden tener *atributos* (ver *Attribute*) e *interrelaciones* (ver *Relationship*) con otras entidades. También resultan afectadas por *eventos* que configuran una especie de *vida de entidad* (ver *Entity life*).

● A relationship is binary, in the sense that it is an association between two *entities (entidades)* or between an *entity (entidad)* and ...

Entity life: *1. Vida de una entidad.*
1. Abstracción útil para comprender los entresijos de un sistema de información en proceso de análisis y desarrollo (ver *Entity Life History*).

● *Entity-life (vida de entidades)* modeling is a direct approach to software design that bases the concurrency ...

Entity Life History: *1. Historia de la Vida de una Entidad.*
1. Técnica de análisis y representación que permite comprender, completar y transmitir cómo una *entidad* (ver *Entity*) de un sistema de información resulta afectada por dos o más eventos (al menos, los que producen el nacimiento y la muerte de la entidad). La representación y el análisis de la *historia de la vida de una entidad* utilizan los mismos bloques que forman la base de la programación estructurada: secuencia, alternativa, iteración.

● In general an *Entity Life History (la Historia de la Vida de una Entidad)* should be drawn without the use ...

Entity type: *1. Entidad tipo.*

1. Abstracción que se usa para referirse a la definición y características de un conjunto de *entidades* (ver *Entity*) reales que se consideran de idéntica forma por el sistema de información. Frecuentemente se simplifica el uso de *entity type* diciendo solamente *entity*.

● A relationship is represented by a line that joins two entity type (de entidad tipo) boxes ...

Entity-event modelling: *1. Modelado entidad-evento.*

1. Técnica analítica de uso común en métodos clásicos de análisis y diseño de sistemas de información. Comprende el análisis detallado de la vida de cada *entidad* del modelo de datos (ver *Entity Life History*) y el análisis de los *efectos* (ver *Effect*) que los eventos producen sobre los datos permanentes (ver *Effect correspondence diagram*).

● The following deliverables are required as input to entity-event modelling (modelado entidad-evento): ...

Entity-Relationship Model: *1. Modelo Entidad-Interrelación.*

1. Técnica de uso muy frecuente en casi todos los métodos de análisis y diseño de sistemas de información cuya aplicación conduce a identificar y denominar a todas las *entidades* (ver *Entity*) interesantes del sistema y a sus *interrelaciones* (ver *Relationship*), así como a asignar a entidades e *interrelaciones* los *atributos* (ver *Attribute*) pertinentes.

● There are many CASE products based on the Entity-Relationship Model (Modelo entidad-interrelación).

Entry: *1. Entrada.*

1. Sinónimo de *Entry point* (ver).

2. Cada uno de los elementos o miembros de una entidad compleja (por ejemplo, una *biblioteca* (ver *Library*), una tabla, etc.), que, además, sirven como punto de entrada al elemento o miembro en cuestión.

● ... used as the member names for their respective entries (entradas) in the xxxxxxx file.

Entry area: *1. Área de introducción.*

1. Zona delimitada, de alguna manera, en la pantalla, y en la que pueden introducirse datos para su envío a la computadora. Los datos pueden introducirse de una o más formas simultáneas o alternativas (*teclado* (ver *Keyboard*), lápiz selector, ratón, etc.).

● Moves the cursor to the first position in the entry area (área de introducción) ...

● ... indicate when additional entry area (área de introducción) is available.

Entry field: *1. Campo de introducción.*

1. *Campo* (ver *Field*) en una pantalla o ventana en el que el usuario de un sistema o aplicación puede introducir datos para su transferencia al sistema o aplicación.

● ... while the entry field (campo de introducción) portion provides a quicker means of interaction for experienced users ...

Entry point: *1. Punto de entrada.*

1. Punto por el que comienza la ejecución de un programa o módulo. Ha de ser conocido externamente.

● Verify that there are no duplicate entry point (de punto de entrada) names ...

2. Entidad/índice por el que se inicia un proceso, de *consulta* (ver *Query* o *Enquiry*) o actualización, contra una *base de datos* (ver *Database*).

• ... identify the required access *entry points (puntos de entrada)* on the physical data model ...

Entrypoint: *1. Punto de entrada.*
Sinónimo de *Entry point* (ambas definiciones).

Envelope: *1. Sobre. 2. Envolvente.*
1. Concepto *TCP/IP* (ver *Transmission Control Protocol/Internet Protocol*) con el que se describe la parte de un mensaje (en camino o en preparación) que no está formada por datos de usuario (por ejemplo, direcciones).

• ...that defines the amount of *envelopes (sobres)* to be the default of ...

2. Forma con la que se describen los cambios en el tiempo de los atributos de una nota musical concreta (amplitud, frecuencia, ...).

• ... the amplitude *envelope (envolvente)* acts as a pitch envelope for the selected carriers.

Environment: *1. Entorno.*
1. Conjunto de elementos que configuran una cierta forma de trabajar y organizar el trabajo informático (hardware y software) o alguno de sus grandes bloques (desarrollo, producción, ...).

• You plan to invest in OE as a new production *environment (entorno)*.

2. Conjunto de elementos que determinan la forma de trabajar con uno o más lenguajes de programación (ayudas a la codificación, ayudas a la verificación, *compiladores*, ayudas a la depuración, *bibliotecas* (ver *Library*) de módulos y rutinas, etc.).

• ... to enable your applications to run under language *environment (entorno)* ...

3. Mundo exterior (pero sin salirse del marco de la computadora) con el que interacciona un programa (habitualmente, por medio de *variables de entorno* (ver *Environment variable*) que se guardan en un área específica de memoria). Típico en *DOS*.

• ... is found from the *environment variable (variable de entorno)* home ...

Environment variable: *1. Variable de entorno.*
1. Información externa a un programa (puede ser común a varios programas en ejecución) que se pone a la disposición del mismo. Estas variables forman parte del entorno de ejecución.

• Other commands insert the value of an *environment variable (variable de entorno)* or the output of a shell command.

EOF: *1. EOF. 2. Fin de fichero.*
Ver *End of File.*

EOL: *1. EOL. 2. Fin de línea.*
Ver *End of line.*

EOT: *1. EOT. 2. Fin de transmisión.*
Ver *End of Transmission.*

EOV: *1. EOV. 2. Fin de volumen.*
Ver *End of Volume.*

Epoch: *1. Época.*
1. Punto fijo y determinado en el tiempo desde el cual se empiezan a numerar los años. El que este punto sea común (o universal), es de la máxima importancia, teniendo en cuenta los posibles condicionamientos temporales derivados de la comunicación entre computadoras. Se usa cada vez con mayor frecuencia las 0 horas del 1/1/1900.

• This is also the *epoch (época)* used when the clock is synchronized to ...

EPIC: *1. EPIC.*
Ver *Explicitly Parallel Instruction Computing.*

EPP: *1. EPP. 2. Puerto paralelo mejorado.*
Ver *Enhanced Parallel Port.*

EPROM: *1. EPROM.*
Ver *Erasable Programmable ROM.*

EPS: *1. EPS. 2. Postscript encapsulado.*
Ver *Encapsulated PostScript.*

Eq: *1. Igual.*
1. Carácter especial (=) cuyo valor en *ASCII* es x'3D' y en *EBCDIC* x'7E'.

● The initializer contains an *eq (igual)* character (=) followed by a brace-enclosed ...

Equal: *1. Igual.*
Ver *Eq.*

Equi-join: *1. Equiunión.*
1. Operación de *unión* (ver *Join*) de *SQL* (ver *Structured Query Language*) en la que la condición tiene la forma *expresión = expresión.*

● ... an intermediate result table that is the result of either an inner *equi-join (equiunión)* or an outer ...

Equivalence class: *1. Clase de equivalencia.*
1. Al margen de su sentido puramente matemático (en teoría de conjuntos), una *clase de equivalencia* es un grupo de caracteres que, en un cierto entorno, se tratan de la misma manera (tienen el mismo valor) a efectos de comparación para *interordenación* (ver *Merge (verb) Def. 2*) y clasificación (ver *Collating sequence*). Por ejemplo, una letra minúscula y la mayúscula correspondiente. Ver también *Multicharacter collating element.*

● This represents all characters that belong to the same *equivalence class (clase de equivalencia)* as the character *c* in the ...

Erasable Programmable ROM: *1. EPROM.*
1. Tipo de memoria que es capaz de mantener su contenido durante años sin necesidad de suministrarle energía. Sin embargo, puede ser borrada por medios «fuertes» (rayos ultravioleta) y regrabarse posteriormente.

● *Erasable Programmable ROM (EPROM)* is just like PROM except that you can erase the ROM by shining a special ultra-violet light into a sensor ...

Erasable storage: *1. Almacenamiento borrable.*
1. Tipo de almacenamiento cuyo contenido puede ser borrado y regrabado muchas veces.

● Magneto-optical *erasable storage (de almacenamiento borrable)* media have a thin (900 nm) amorphous TbFeCo active layer ...

Erase: *1. Borrar.*
1. Por *borrar* se entiende sustituir el contenido de un elemento de información por otro que es interpretado como «ausencia de valor». Hay que tener en cuenta cómo se materializa esta «ausencia de valor» (por ejemplo, usando ceros binarios para llenar el elemento, o caracteres *blancos* (ver *Blank* o *Space*), etc.) y qué otras repercusiones tiene la acción de borrar, dado que los «elementos» son frecuentemente complejos. Por ejemplo, un *campo* (ver *Field*) de pantalla puede tener atributos (color, brillo, etc.) que pueden resultar afectados por la acción de borrar.

● This command is used to *erase (borrar)* all unprotected fields of the display buffer ...

● The system will physically *erase (borrar)* the

file itself only if the *erase* option is in effect for this file.

Erase-on-scratch: *1. Tachado al borrar.*
1. Opción de seguridad, en ciertos sistemas, que establece que cuando se borra un fichero, no sólo desaparece éste del catálogo o directorio que lo contenga, sino que sus áreas de datos se borran físicamente (se tachan con un cierto carácter repetido; en general, espacios o ceros binarios).

• *Erase-on-scratch (El tachado al borrar)* prevents unauthorized access to sensitive data ...

Ergonomics: *1. Ergonomía.*
1. Aplicación de los conocimientos del momento en anatomía, fisiología, psicología, etcétera, al diseño de máquinas y dispositivos de todo tipo. En nuestro campo, puede mencionarse el diseño de *teclados* (ver *Keyboard*) y pantallas, el de diálogos, etc.

• *Ergonomics (Ergonomía)* deals in large part with improving ...

Error Checking and Correction:
1. Detección y Corrección de Errores.
2. DCE.
1. Conjunto de métodos, algoritmos y tecnologías (hardware y software) utilizados para detectar errores (de bits) en datos que se acaban de recibir desde un periférico, línea de comunicaciones, etc., y de corregir los errores detectados. Sin *DCE* serían imposibles las actuales densidades de grabación y velocidades de lectura y transmisión. *DCE* se basa en crear una cierta redundancia mediante el cálculo del valor de una serie de bits en función del valor de otra serie más larga de bits-objeto. Los bits calculados se añaden a los bits-objeto a almacenar o transmitir. Cuando se reciben o leen los datos se rehace el cálculo y se comparan los bits calculados con los bits calculados leídos o recibidos. Si son iguales no hay problema y si son distintos hay un error que el algoritmo y la codificación utilizados deben ser capaces de localizar y corregir (al menos en una gran mayoría de los casos).

• *Error Checking and Correction (La Detección y Corrección de Errores)* is needed to ensure the accuracy and integrity of data and ...

Error handling: *1. Tratamiento de errores.*
1. El *tratamiento de errores* es un importante aspecto de todas las áreas informáticas (interacción con usuario, sistemas, explotación, etcétera), que no está lejos de la *gestión de los problemas*. En un sentido más restringido, se refiere al diseño y especificación de las acciones a tomar cuando se detecte una situación de error (de cualquier tipo) durante la ejecución de una función de aplicación.

• ... document the *error handling (tratamiento de errores)* formally and ...

Error threshold: *1. Umbral de error.*
1. Los sistemas de ayuda a la operación establecen unos límites a la aparición de determinados errores: mientras no se alcanza el *umbral* de un error, se producen intentos de rearrancar o recuperar el elemento que lo produce. Una vez superado el límite no se producen nuevos reintentos y se desencadenan las acciones previstas para el *tratamiento del error* (ver *Error handling*) en cuestión.

• ... is restarted only if its critical error *threshold (umbral de error)* has not been exceeded.

ER Model: *1. Modelo ER.*
Ver *Entity-Relationship Model.*

ERP: *1. ERP.*
Ver *Enterprise Resource Planning.*

Escalation: *1. Escalada de bloqueo.*
Ver *Lock escalation.*

Escape character: *1. Carácter
de escape.*
1. Carácter que se usa para indicar que uno o
más caracteres que lo siguen, no tienen su significado normal, sino que han de ser interpretados de forma especial (por ejemplo, como
caracteres de control dirigidos a una impresora).

• C/370 runtime treats backslashes as *escape
characters (caracteres de escape)* ...

Escape key: *1. Tecla escape.*
Ver *ESC.*

Escrow: *1. Depósito de clave.*
Ver *Key escrow.*

Esoteric: *1. Colectivo.*
1. Denominación (inadecuada; no hay aquí
nada de secreto u oculto) que se da a un grupo de dispositivos de entrada/salida entre los
que el sistema escogerá uno concreto en cada
ejecución.

• If you specify an *esoteric (colectivo)* (e.g.
SYSDA) or generic device name in either the
UNIT parameter ...

ESC: *1. Tecla escape. 2. Esc.*
1. *Tecla* (ver *Key (noun) Def. 1*) especial que
puede usarse para cambiar el uso de otras teclas o para interaccionar con la aplicación en
ejecución.

• ... Assign Ctrl+*Esc (Esc)* as the shortcut key
combination for ...

2. Carácter especial muy usado en *Telecomunicaciones.* Ver, también, *Escape character.*
Su valor *ASCII* es x'1B' y su valor *EBCDIC*
es x'27'.

• ... such as the *ESC (ESC)* that leads control
sequences for many terminals ...

ESCD: *1. ESCD.*
Ver *Extended System Configuration Data.*

ESCON: *1. ESCON.*
Ver *Enterprise systems connection.*

ESDI: *1. ESDI.*
Ver *Enhanced Small Device Interface.*

ESDS: *1. ESDS.*
1. *(Entry-Sequenced Data Sets).* Una de las
organizaciones de datos (ver *File organization*) posibles en el marco del *método de acceso* (ver *Access method*) *VSAM* de IBM (ver
Virtual Storage Access Method). Los ficheros
de esta organización se caracterizan porque
los registros están ordenados en el orden en
que se cargaron en el fichero, siempre se añaden los nuevos registros por cola, no pueden
borrarse registros y es posible el *acceso aleatorio* (ver *Random access*) a los mismos si se
definen, para el fichero, uno o más *índices alternativos* (ver *Alternate index*).

• ... to export an *ESDS (ESDS)* cluster that
contains an alternate index, logical record processing is used, ...

ESP: *1. SECCU. 2. Seguridad
de Encapsulación del campo de carga útil.*
Ver *Encapsulating Security Payload.*

Ethernet: *1. Ethernet.*
1. Nombre de una *red de área local* (ver
Local Area Network), ampliamente extendida,
creada inicialmente por la Xerox Corporation,
que se caracteriza, fundamentalmente, porque
usa como método de acceso al medio de comunicación el llamado CSMA/CD (ver *Carrier Sense Multiple Access with Collision
Detection*).

• A new version of *Ethernet (Ethernet)*, called 100Base-T ...

Ethernet switching: *1. Conmutación de Ethernet.*
1. Incorporación de *conmutadoras* (ver *Switch Def.* 2) a redes *Ethernet* (ver) tradicionales para obtener mayor anchura de banda sin un coste excesivo.

• ... between the technical and business issues surrounding the *Ethernet switching (Conmutación de Ethernet)* hub issue.

ETB: *1. ETB. 2. Fin de bloque de transmisión.*
Ver *End of Transmission Block.*

ETSI: *1. ETSI.*
Ver *European Telecommunications Standards Institute.*

ETX: *1. ETX. 2. Fin de texto.*
Ver *End Of Text.*

European Academic and Research Network: *1. EARN.*
1. Red autogestionada de la comunidad investigadora europea. Usa protocolos BITNET y está conectada a BITNET en los EUA. Actualmente conectada a la Internet.

• ... and how quickly it would spread beyond the *EARN (EARN)* community.

European Communication Satellite: *1. ECS.*
1. Otro nombre para el proyecto europeo *European Telecommunication Satellite Organization* (ver) o *EUTELSAT.*

European Computer Manufacturer Association: *1. ECMA.*
1. Asociación internacional, de carácter industrial (empresarial) y basada en Europa, dedicada a la estandarización en los sectores de los sistemas de información y de las comunicaciones. Fue creada en 1961 y son miembros ordinarios de la misma casi todas las empresas importantes de los mencionados sectores.

• *ECMA (ECMA)* is open, at technical level, to experts from organizations not qualifying for formal membership ...

European Telecommunication Satellite Organization: *1. EUTELSAT.*
1. Organización que gestiona un proyecto de la Agencia Europea del Espacio cuyo objetivo es construir y poner en órbita cinco satélites de comunicaciones. La decisión inicial se tomó en 1979 y la organización se creó oficialmente en 1985.

• Czech Republic is a member of the *European Telecommunication Satellite Organisation (EUTELSAT)* ...

European Telecommunications Standards Institute: *1. ETSI.*
1. Organización europea sin ánimo de lucro cuyo objetivo principal es la preparación y emisión de estándares en el campo de las telecomunicaciones.

• *European Telecommunications Standards Institute (ETSI)* promotes the world-wide standardization process whenever possible ...

EUTELSAT: *1. EUTELSAT.*
Ver *European Telecommunication Satellite.*

Even parity: *1. Paridad par.*
Ver *Parity bit* y *Parity checking.*

• ... meaning the use of one *even parity (de paridad par)* bit and 7 data bits, and ...

Event: *1. Evento.*
1. En análisis y diseño de aplicaciones informáticas se llama *evento* a un suceso que desencadena un proceso de actualización o modificación de datos almacenados.

• An *event (evento)* will affect an occurrence
of an entity in one of four ways ...

2. Cualquier hecho o situación, planificado o
inesperado, que altera la ejecución normal de
una tarea. Los eventos son de la máxima importancia y cada sistema, subsistema o programa ha de estar preparado para su registro,
comunicación y/o procesamiento. Los diferentes elementos interventores han de estar
preparados para procesar coordinadamente
los eventos.

• ... indicating that the interest in *event
(evento)* notifications has been canceled or ...

Event flow: *1. Flujo de eventos.*
1. Elemento analítico creado para establecer y
comprender las *precedencias* (ver *Precedence*) entre eventos. Un *flujo de eventos* carece de datos propios, por lo que puede necesitar, como complemento, un *flujo de datos* (ver
Data flow). Los *flujos de eventos* (y sus diagramas) son muy importantes en el análisis y
diseño de *sistemas de tiempo real* (ver *Real-
time system*).

• Control Processes accept only *event flows
(flujos de eventos)* as inputs and produces
only ...

Event handler: *1. Manejador de eventos.*
1. Se trata, en general, de una rutina asociada
a un programa, en la que se establece cómo
hay que procesar determinados eventos. Pueden haber *mandatos* (ver *Command*) o instrucciones específicas para activar estas rutinas.

• ... if component A receives a program check;
control is taken by component B, which is the
*program check handler (manejador de errores
de programa)* ...

Event log (noun): *1. Registro
de eventos.*
1. Mecanismo usado para *registrar eventos*
(ver *Event log (verb)*).

• You may close the current *event log (Registro de eventos)* and open a new one using ...

Event log (verb): *1. Registrar eventos.*
1. Registrar los *eventos* que se producen durante la operación normal de un sistema informático. El mecanismo correspondiente
puede tomar nombres diferentes según producto, fabricante, etc.

• Information *events* are logged *(se registran
los eventos ...)* but do not generate a message
to the ...

Event trigger: *1. Desencadenante
de evento.*
1. Acción (evento) externa que desencadena
un evento en un proceso. Puede ser la recepción de una *señal*, el transcurso de un cierto
período de tiempo, la pulsación de una cierta
tecla (ver *Key (noun) Def. 1*), etc.

• ... that understands the annotation code and
that adds the according *event trigger (desencadenante de evento)* code.

Event-driven: *1. Activado por eventos.*
1. Lógica de diseño que se basa en partir de
una situación estable y definir, a continuación, todos los eventos que pueden producirse estableciendo, para cada uno de ellos, todos sus atributos y las acciones a efectuar. Un
programa diseñado con esta lógica también se
dice que está *activado por eventos*.

● An *event-driven (activada por eventos)* task, by contrast, is programmed so that it can handle any input at any moment. In this ...

Exabyte: *1. Exabait.*
1. Unidad de medida aplicable a capacidad de memoria. Equivale a 2 elevado a 60, es decir, un trillón, ciento cincuenta y dos mil billones ... y pico.

● 5 *Exabytes (exabaits)*: All words ever spoken by human beings.

Exception: *1. Excepción.*
1. Una *excepción* es un evento no planificado y anormal. Cuando la excepción se detecta durante el trabajo normal de la UCP (ver *Central Processing Unit*), ésta desencadena una interrupción del programa en ejecución para que éste tenga la posibilidad de tomar una acción adecuada (si estaba prevista).

● A specification *exception (excepción –de un cierto tipo)* due to an odd branch address ...

Exception handling: *1. Manejo de excepciones.*
1. Proceso efectuado cuando se detecta una *excepción* (ver *Exception*). Puede ser una acción suministrada por el usuario (por ejemplo, ejecutar determinado programa) o una acción por omisión (ver *Default*) propia del sistema o subsistema que tiene el control.

● It adds objects and classes, *exception handling (manejo de excepciones)*, garbage collection, ...

Exception trapping: *1. Interceptación de excepciones.*
1. Mecanismo de *sistemas operativos* (ver *Operating system*) o de subsistemas para detectar situaciones de excepción y procesarlas (ver *Exception handling*).

● ... *traps* certain kinds of *exception* conditions *(intercepta ... de ... excepción)* ...

Exchange (noun): *1. Central telefónica.*
Ver *Central Office Exchange*.

Exchange sort: *1. Clasificación por burbuja.*
Sinónimo de *Bubble sort*.

Exclamation point: *1. Punto de exclamación.*
1. Carácter especial (!) cuyo valor en *ASCII* es x'21' y en *EBCDIC* x'5A'.

● Release order elements preceded by an *exclamation point (punto de exclamación)* (!) let you ...

Exclusive control: *1. Control exclusivo.*
1. Mecanismo utilizado para proteger ficheros y otras áreas de datos contra el riesgo de actualizaciones simultáneas de los mismos datos, lo que significaría pérdida de su integridad (ver *Data integrity*). Si un programa o tarea tiene control exclusivo sobre determinados datos (por ejemplo, para actualizar), ningún otro programa o tarea puede adquirir otro control exclusivo sobre los mismos datos hasta que éstos se liberen. La posibilidad de leerlos depende de las situaciones.

● ... your program has *exclusive control (control exclusivo)* of the data set within your operating system.

Exclusive lock: *1. Bloqueo exclusivo.*
1. *Bloqueo* (ver *Lock (noun)* o *Locking*) de un recurso (corrientemente, datos) por un proceso que impide cualquier acceso a dicho recurso por parte de otros procesos.

● This method allows a client to request either a shared or *exclusive lock (bloqueo exclusivo)* on an object ...

Exclusive OR: *1. O exclusivo. 2. XO.*
1. *Operador booleano* (ver *Boolean operator*)
que devuelve valor *cierto* cuando sus dos operandos tienen valores diferentes.

• Because the bitwise *exclusive OR (O exclusivo)* operator has both associative and commutative properties ...

Executable: *1. Ejecutable.*
1. Programa total o casi totalmente preparado
para ser ejecutado. El adjetivo genérico de los
programas en esta situación no es siempre
ejecutable sino que puede variar entre *sistemas operativos* (ver *Operating system*) o inclusive dentro de un mismo sistema operativo. En sistemas operativos de *máquinas principales* (ver *Mainframe computer*) es corriente encontrar la palabra *cargable* (ver *Load program*). Otras veces conviene distinguir entre programas que proceden de una *compilación* (son *binarios*, de alguna forma) y otros
que están formados por *mandatos* (ver *Command*) que necesitan un procesador o intérprete.

• ... to load and execute a program that exists
in *executable (ejecutable)* (load module) form.

• Most *executable (ejecutable)* commands
and shell scripts are located ...

Execute (verb): *1. Ejecutar.*
1. Un programa se *ejecuta* cuando consume
ciclos de la *UCP* (ver *Central Processing
Unit*) o, lo que es lo mismo, cuando la *UCP*
ejecuta instrucciones *tomadas* (ver *Fetch
(verb)*) del programa en cuestión. Hay muchas formas directas e indirectas de iniciar la
ejecución de un programa. En este sentido, las
diferencias entre sistemas operativos pueden
ser significativas e importa mucho conocerlas. En inglés son prácticamente intercambiables las palabras *run* y *execute* aunque, curiosamente, es difícil encontrar el gerundio *exe-*

cuting, siendo, por el contrario, muy corriente, encontrar *running (en ejecución)*.

• ... and make sure you have permission to
execute (ejecutar) the program.

• If a program is *to be executed (ser ejecutado)* by both ...

Executive program: *1. Programa
ejecutivo. 2. Sistema operativo.*
1. A veces se ha llamado así a la parte ejecutable de un *sistema operativo* (ver *Operating
system*) o a todo el sistema operativo. La expresión no tuvo mucho éxito.

• ... which is the interactive *executive program (programa ejecutivo)* that executes your
commands.

Exit (noun): *1. Salida.*
1. Programa o rutina que toma el control en
un punto determinado (ver *Exit point*) de la
ejecución de un programa más extenso (o
cuando se da una cierta condición) a fin de
que se ejecuten acciones especiales o adaptadas a necesidades específicas de un usuario.

• Abend *exit (de salida por)* programs can be
coded in any supported language, but abend
exit routines must be coded in ...

Exit (verb): *1. Salir.*
1. Salir de la ejecución de un programa o tarea.

• ... one PF key to *exit (salir)* from control of
the application...

• Program termination is performed and the
program *exits (sale)*...

2. Instrucción o función en algunos lenguajes
de programación que provoca una salida del
programa (no se traduce).

• The *exit* function returns control to the host environment from the program.

Exit point: *1. Punto de salida.*
1. Punto del código principal en el que se cede el control a una rutina de salida (ver *Exit (noun)*).

• When more than one *exit point (punto de salida)* is defined for a single exit, ...

Expanded memory: *1. Memoria expandida.*
1. En *CPs* (ver *Personal Computer*), memoria por encima de 1 MB. Para que se pueda usar esta memoria (el *DOS* sólo permite *direccionar* 1 MB; ver *Address (verb)*) es necesario implementar alguna técnica especial. También es posible simular la memoria expandida.

• Expanded *memory (memoria expandida)* is provided through a page frame of at least 64 kilobytes in the ...

Expanded storage: *1. Memoria expandida.*
1. En grandes sistemas (especialmente de IBM) memoria que se usa, básicamente, para mejorar de forma sustancial el *rendimiento* (ver *Performance*) de la *paginación* (ver *Paging*) y el *intercambio* (ver *Swap*).

• When contention for *expanded storage (memoria expandida)* increases, the system removes pages from ...

Expansion board: *1. Placa de expansión.*
1. También llamada *expansion card*. Es una placa de circuito impreso, habitualmente con memoria y elemento(s) activo(s), que puede conectarse en una *ranura de expansión* (ver *Expansion slot*) para aumentar, de alguna manera, las prestaciones de la computadora (co-

procesador especializado, sonido, gráficos, etcétera).

• To remove the memory *expansion board (placa de expansión)*, complete the following steps: ...

Expansion bus: *1. Interfaz de bus.*
Sinónimo de *Bus interface* (ver).

Expansion card: *1. Placa de expansión.*
Ver *Expansion board*.

Expansion slot: *1. Ranura de expansión.*
1. Conectador (de múltiples conexiones) en el que puede acoplarse una *placa de expansión* (ver *expansion board*). En caso necesario tiene conexiones hacia el exterior (habitualmente en parte posterior de la *CP*; ver *Personal Computer*). Por ejemplo, una placa de sonido. Los conectadores dan corriente a la placa y la conectan a los circuitos principales de la computadora.

• The module plugs easily into the *expansion slot (ranura de expansión)* of the ...

Expedited data: *1. Datos expeditos.*
1. Servicio especial suministrado por el *estrato de sesión* (ver *Session layer*) del *modelo de referencia OSI* (ver *Open Systems Interconnection*) que permite el envío de datos (mensajes cortos; como para pruebas), sin necesidad de permisos ni de *control de flujo* (ver *Flow control*).

• Sends normal or *expedited data (datos expeditos)* over a transport connection.

Expert system: *1. Sistema experto.*
1. Aplicación de la *Inteligencia artificial* (ver *Artificial Intelligence*) a un área concreta y restringida de actividad humana experta. Consta de una base de conocimientos y de una serie de algoritmos que, al serles suministrada determinada información de entrada,

son capaces de inferir nuevos hechos (por ejemplo, establecer un diagnóstico médico con un cierto margen de error).

- The first rule-based programming language, used for building *expert systems (sistemas expertos)*.

Expertise: *1. Profesionalidad.*
1. Capacidad para desarrollar un trabajo. Depende de los conocimientos y experiencia acumulados con relación al mismo.

- ... and the level of *expertise (profesionalidad)* necessary to use the tool is that of a system programmer.

Expiration date: *1. Fecha de expiración.*
1. Fecha a partir de la cual se considera que un fichero o volumen ha dejado de tener utilidad y, por tanto, se convierte en susceptible de ser borrado automáticamente por un componente central o auxiliar del *sistema operativo* (ver *Operating system*).

- You can retain the data set on a volume as long as the volume *expiration date* has not yet been reached.

Expiration time: *1. Hora de expiración.*
1. Hora (momento) en que se produce un evento condicionado por tiempo o en que debe arrancarse una función o proceso.

- ... that is cancelled if the call is not selected before the *expiration time (hora de expiración)* is reached ...

Explanations: *1. Explicaciones.*
1. Salida opcional de un *sistema experto* en la que se presenta la serie de reglas utilizadas por el sistema para llegar a una conclusión. Puede usarse como verificación y como formación de usuarios menos expertos.

- ... who used the expert system with *explanations (explicaciones)* on a decision case designed to measure the development ...

Explicitly Parallel Instruction Computing: *1. EPIC.*
1. Forma de ordenar las *instrucciones de máquina* (ver *Machine instruction*) que permite una ejecución paralela óptima de las mismas. Diseñada por Intel y Hewlett-Packard.

- ... mainly because this architecture is based on *Explicitly Parallel Instruction Computing (EPIC)* paradigm.

Explorer: *1. Explorer.*
Ver *Microsoft Internet Explorer*.

Export (verb): *1. Exportar.*
1. Traspasar variables, *perfiles* (ver *Profile (noun)*), uso de *mandatos* (ver *Command*), etcétera, a procesos o mandatos que se ejecutarán con posterioridad.

- You can also set a variable on one line and *export it (exportarla)* on another ...

2. Crear una copia de un fichero o agrupación de ficheros tanto para importarla posteriormente en el mismo sistema (salvaguardia; ver *Backup (noun)*) como para importarla en otro sistema.

- ... and copies the data from the *exported (exportada)* copy into the newly defined data set ...

3. Copiar los datos en un formato distinto del presente de forma que el fichero resultante sea procesable por otra aplicación. Por ejemplo, pueden exportarse datos con formato de un procesador de textos al formato de otro distinto, o al formato de un *SGBD* (ver *Database Management System*).

• *Exporting (exportación)* implies that the sending application ...

Exposed variable: *1. Variable expuesta.*
1. Una *variable expuesta* es aquella cuyos valores son «vistos» y pueden ser modificados por elementos de programación (todos o algunos) subordinados (subrutinas, subclases) al elemento en que se define la variable.

• Beware that changing the *exposed variable (variable expuesta)* also changes the value of the variable in the caller.

Extended: *1. Ampliado.*
1. Palabra usada frecuentemente para calificar un elemento o unas capacidades en los que se ha superado una limitación tecnológica o de diseño propia de generaciones anteriores de la misma clase de elementos o capacidades.

• ... enhancements provide *extended (ampliado)* support for the Parse macro instruction.

Extended acknowledgement: *1. EACK.*
1. Propuestas (y realidades) en algunos protocolos, para mejorar el *rendimiento* (ver *Performance*) del diálogo, consistentes en ampliar la información que el receptor devuelve al emisor tras recibir un mensaje o paquete.

• ... is to be used to convey *extended acknowledgment (EACK)* information from the receiver to the sender over an established TCP connection.

Extended ASCII: *1. ASCII ampliado.*
1. Ampliación del *ASCII* básico añadiendo un bit más a éste (de 7 a 8). El *ASCII ampliado* tiene 128 caracteres más que el *ASCII* básico. Están asignados a caracteres alfanuméricos en lenguas europeas (letras acentuadas, nuestra eñe, etc.), a signos especiales y a signos utilizados en dibujos.

• To incorporate *extended ASCII (ASCII ampliado)* into documents using the <ALT> key (for PC users), first ...

Extended Backus-Naur Form:
1. Formato Backus-Naur Ampliado.
2. EBNF.
1. Versión más legible y compacta de la metasintaxis de Backus-Naur usada en la expresión de gramáticas libres de contexto.

• Specification scripts are in *Extended Backus-Naur Form (Formato Backus-Naur Ampliado)* with inherited attributes and ...

Extended Binary Coded Decimal Interchange Code: *1. EBCDIC.*
1. *Juego de caracteres* (ver *Character set*) específico de las computadoras principales (ver *Mainframe computer*) de IBM. Cada carácter se representa por medio del valor de un octeto (*bait* de 8 bits; ver *Byte*), con lo que pueden representarse hasta 256 caracteres diferentes. Hechos importantes respecto a *EBCDIC*: 1) Puede haber en estos momentos en el mundo cientos de millones de ficheros, tablas de *bases de datos*, programas, etc., que usan *EBCDIC*; 2) no es compatible con *ASCII* (la conversión no siempre es clara y ha dado más de un quebradero de cabeza); y 3) a pesar de todo, tanto *ASCII* como *EBCDIC* son insuficientes para representar todos los caracteres e ideogramas de todas las lenguas del mundo.

• Because the collating sequence of the *EBCDIC (EBCDIC)* code is determined simply by a logical comparison of the bits in the code, ...

Extended character: *1. Carácter ampliado.*
1. La denominación *carácter ampliado* se aplica a los caracteres asignados, en *ASCII*, a los números decimales entre 128 y 255 (como

consecuencia de ampliar de 7 a 8 bits la longitud de cada carácter). Se incluyen vocales con diéresis y acentos abiertos, caracteres gráficos, etc.). Se introducen, frecuentemente, *tecleando* ALT + Número decimal correspondiente.

- ... these *extended characters (caracteres ampliados)* may not be displayed properly unless the Print Driver selected can support them.

Extended Capabilities Port:
1. Puerto de capacidades ampliadas.
2. ECP.
1. Variante de *puerto paralelo* (ver *Parallel port* y *Enhanced parallel port*) diseñada por Hewlett Packard y Microsoft, parecida a EPP (ver *Enhanced Parallel Port*), pero mejor adaptada a su uso bajo Windows. Además, introduce compresión en *tiempo real* (ver *Realtime*).

- When the port is operating in *ECP (ECP)* mode, then the follwing labels ...

Extended Data Output Dynamic RAM: *1. EDO DRAM.*
1. Memoria más rápida que la *DRAM* (ver *Dynamic RAM*) ya que, con ciertos tipos de procesadores, es capaz de iniciar la próxima operación de acceso antes de que los datos de la anterior desaparezcan del bus.

- 1MB fast *Extended Data Output Dynamic RAM (EDO DRAM)* standard upgradeable to 2MB.

Extended Graphics Array: *1. XGA.*
1. Norma IBM, introducida en 1990, que mejoraba las capacidades del estándar *de hecho* (también de IBM), *VGA* (ver *Video Graphics Array*). En su versión 2, *XGA* ofrece *True Color* (ver; son 16 millones de colores) para *definición* (ver *Resolution*) de 800 × 600

píxeles o 65.535 colores para definición de 1024 × 768 píxeles (ver *Pixel*).

- ... come with *Extended Graphics Array (XGA)* card capable of displaying a 1024 × 768 pixel display.

Extended Industry Standard Architecture: *1. EISA.*
1. Arquitectura de *Bus* diseñada para varios microprocesadores Intel y que apareció en el mercado en los últimos años 80's. Se consideró como la respuesta de una serie de importantes fabricantes de *CPs* (ver *Personal Computer*) al *Bus* con arquitectura *MCA* (ver *Micro Channel Architecture*) de los PS/2 de IBM. Algunas características: compatibilidad con *Bus* AT (ISA; ver *AT bus*), *interfaz* de 32 bits, alta velocidad de transferencia.

- Computers with *EISA (EISA)* bus can use old AT expansion cards ...

Extended memory: *1. Memoria ampliada.*
1. Memoria por encima de 1 MB. En general, no puede ser utilizada por programas que se ejecutan en *DOS*, salvo en algunos casos muy especiales. W95, W98 y OS/2 sí pueden utilizarla.

- Although *extended memory (memoria ampliada)* first appeared on the 286 ...

Extended Memory Specification: *1. XMS.*
1. Técnica que permite usar memoria ampliada en una CP IBM. Existen diferentes programas (controladores) que implementan esta técnica.

- ... with AX equal to a 16-bit BCD number representing the revision of the DOS *Extended Memory Specification (XMS)* which the driver implements ...

Extended System Configuration Data: *1. ESCD.*

1. Área de memoria, de dirección fija, en la que se almacena información de arranque referente a dispositivos del tipo *conectar-y-usar* (ver *Plug-and-play*) y a otros dispositivos específicos (por ejemplo, *ISA*; ver *Industry Standard Architecture*).

• ... using compressed BIOS code while updating *Extended System Configuration Data (ESCD)* memory area in ...

Extensible Markup Language: *1. XML.*

1. Lenguaje para describir páginas *Ueb* (ver *World Wide Web*) que va algunos pasos por delante de su predecesor *HTML* (ver *Hypertext Markup Language*). Por una parte los usuarios, individualmente, o en grupos de interés común, pueden definir sus propios *conformadores* (ver *Tag*). Por otra parte, cada *conformador* puede tener un significado en sí mismo y comportarse de acuerdo con ese significado en cualquier sitio en que se comparta la definición. Puede que *XML* acabe siendo un estándar en la Ueb.

• Probably *Extensible Markup Language (XML)* will be used together with ...

Extension: *1. Extensión.*
2. Ampliación.

1. Sinónimo de *Filename extension* (ver).

2. Ampliación del espacio ocupado por un cierto conjunto de datos.

• ... that can influence the allocation and *extension (ampliación)* of data sets, ...

3. Ampliación de una teoría, de un componente software, de una norma, etc.

• Such an element is an *extension (amplia-*

ción) to the access method designed to improve performance in specific situations ...

Extent: *1. Extensión.*

1. Cada una de las áreas o espacios que ocupa un conjunto de datos. Inicialmente, un conjunto de datos o un fichero, ocupa una *extensión*. Como consecuencia de su crecimiento puede tener necesidad de ser ampliado (ver *Extension Def. 2*) dándosele el nombre de *extensión* a cada unidad de ampliación además de a la inicial. Es, mayormente, terminología de IBM.

• A physical sequential data set can have 16 *extents (extensiones)* on each volume.

Exterior gateway: *1. Pasarela exterior.*

1. *Pasarela* (en realidad, una *encaminadora* (ver *Router*) especializada) que comunica, en una interred, unos sistemas autónomos con otros (puede que a través de un eje central de red; ver *Backbone*).

• ... indicates the number of *exterior gateways (pasarelas exteriores)* appearing in the message.

Exterior Gateway Protocol: *1. Protocolo de pasarela exterior. 2. EGP.*

1. Protocolo de Internet que se usa para intercambiar información de *encaminamiento* (ver *Routing*) entre computadoras vecinas que actúan de *pasarela* (ver *Gateway*), con funciones de encaminamiento, entre dominios y sistemas autónomos. Dicha información se intercambia en forma de *tablas de encaminamiento*.

• *Exterior Gateway Protocols (Los Protocolos de Pasarela Exterior)* are utilized for inter-Autonomous System routing to exchange reachability ...

External cache memory: *1. Memoria caché externa.*

1. Memoria *caché* (ver *Cache*) situada en la

placa base y no en la UCP (ver *Central Processing Unit*) (como es el caso de la *interna*). Se suministra con capacidades entre 64 KB y 1.024 KB (o más, en ciertos casos).

• ... and *external cache memory (memoria caché externa)* resides on the motherboard.

External clocking: *1. Cronometría externa.*
1. Capacidad de un *módem* (ver *Modem*) para proporcionar cronometría de datos (ver *Clocking*).

• One end of the back-to-back system must be configured for *External Clocking (cronometría externa)* and the other ...

External Data Representation: *1. XDR.*
1. Norma desarrollada por Sun Microsystems y cuya finalidad es la representación y codificación de datos de diferentes tipos. Se pretende independiente de las máquinas.

• The list of *eXternal Data Representation (XDR)* programming references includes: ...

External entity: *1. Entidad externa.*
1. En análisis y diseño de sistemas informáticos y aplicaciones, *entidades externas* son organizaciones, sistemas de información, etc., con los que el sistema o aplicación que se está diseñando intercambia *flujos de datos* (ver *Data flow*).

• ... *external entities (entidades externas)* may appear more than once on a Data Flow ...

External event: *1. Evento externo.*
1. Evento que se genera fuera del sistema. Puede ser espontáneo (no-solicitado) o solicitado.

• An unsolicited event is an *external event*

(evento externo) that was not caused by some previous action of the system.

Extranet: *1. Extrarred.*
1. Posibilidad de que usuarios externos a una *intrarred* (ver *Intranet*) puedan acceder a la misma y realizar operaciones de alcance limitado (autorizadas). En una *extrarred* se usan los protocolos de Internet y la red pública de comunicaciones. En general, es necesario emplear un *cortafuego* (ver *Firewall*) y sistemas severos de salvaguardia de la seguridad.

• ... applications restricted to closed, *extranet (extrarred)* communities such as customers, partners, and suppliers.

Extremely Low Frequency:
1. Frecuencia extremadamente baja.
2. FEB.
1. Nombre genérico que se da a los campos electromagnéticos cuya frecuencia es baja (por ejemplo, los 50 Hz de las conducciones de corriente alterna). En nuestro campo, tienen interés las radiaciones de baja frecuencia que producen las pantallas de rayos catódicos, sobre cuyo posible efecto nocivo no hay acuerdo.

• One of the great difficulties associated with the use of *Extremely Low Frequency (Frecuencia extremadamente baja)* for communication purposes ...

Eyecatcher field: *1. Campo llamativo.*
1. Valor legible y destacado que se incluye en un *campo* (ver *Field*) de memoria para facilitar la localización del mismo en un vaciado de memoria (ver *Dump (Def. 1)*).

• 'AQUÍ EMPIEZA LA WORKING STORAGE' is a common example of en *eyecatcher field (campo llamativo)*.

Ezine: *1. Revista-e.*
Ver *E-zine*.

F

Face: *1. Cara. 2. Facies.*
1. En gráficos, parte visible de un sólido, fachada.

- To create a new *face (cara)* click the Left-Mouse button over the main canvas and ...

2. A veces se usa este término como abreviatura de *Typeface* (ver).

Facilities Management: *1. Gestión de instalación.*
1. Contrato de prestación de servicios informáticos entre un cliente y una empresa suministradora por el que ésta se hace cargo de la operación del sistema informático de la primera incluyendo, posiblemente, las comunicaciones. Según las condiciones específicas, puede incluirse o no el hardware y el local o locales en que reside. Se acostumbra a detallar el nivel de servicio que se prestará.

- Service Level Agreements are usually important components of *facilities management (de gestión de instalación)* contracts.

Facility: *1. Componente. 2. Función. 3. Instalación. 4. Facilidad.*
1. Parte de un sistema o subsistema hardware.

Se aplica tanto a la parte en sí como a la función que realiza dicha parte.

- Does not depend on system *facilities (componentes)* (such as storage capacity, I/O equipment, or optional facilities) ...

- When the vector *facility (componente)* is provided on a CPU, it functions as an integral part of that CPU.

2. Componente de un *sistema operativo* (ver *Operating system*), de uno de sus subsistemas o, inclusive, de otros elementos software de menor entidad.

- Use of the PL/I (Programming Language/I) multitasking *facility (función)*, where multiple tasks execute SQL ...

- ... must be familiar with MVS concepts and *facilities (funciones)* in the following areas: ...

3. Conjunto de elementos, de cualquier complejidad y tipo, que permiten realizar una tarea en informática y comunicaciones.

- Data processing *facility (instalación)*.

4. Medida o evaluación de lo que cuesta hacer algo.

- ... can be used with greater *facility (facilidad)* and fewer errors than an ...

Facsimile: *1. Fax.*
1. Referente al procedimiento, inicialmente telegráfico y actualmente telefónico y de Red, que permite captar una imagen o dibujo y enviarla a distancia. Puede incluir: modo de transmisión y protocolo, máquinas usadas, etcétera.

- ... savings are realized for the transmission of digitized images produced by the scanners associated with *facsimile (fax)*.

Failback: *1. Vuelta atrás.*
Sinónimo de *Fallback Def. 3* (ver).

- Server A then initiates *«failback» (vuelta atrás)* moving back failed-over workload ...

Failover: *1. Relevo.*
Sinónimo de *Takeover* (ver).

- ... so the user experience during *failover (relevo)* depends on the nature of the client side ...

Failure: *1. Fallo.*
1. Situación que se produce cuando un sistema, subsistema, componente o proceso no puede continuar adelante, cualquiera que sea la causa de la interrupción (caída de tensión eléctrica, error de programa, avería física, falta de autorización, desconocimiento de operativa, etc.).

- ... to facilitate recovery from a CICS *failure (fallo de)*.

- ... If there is a media *failure (fallo)* (such as physical damage to a data storage device), ...

Fall back: *1. Vuelta atrás. 2. Hacia atrás. 3. Retroceso.*
Ver *Fallback*.

Fall through: *1. Traspasar.*
1. Posibilidad –poco conveniente– del lenguaje COBOL según la cual un grupo de instrucciones creado para ser ejecutado con un mecanismo de ejecución-retorno (por ejemplo, PERFORM), también puede ejecutarse de forma secuencial. Si se accede al grupo secuencialmente o por medio de una instrucción GO TO, al alcanzarse el final del grupo se *traspasa* el límite prosiguiendo la ejecución con la primera instrucción posterior al grupo.

- Without this, control *would fall through (traspasaría a)* into paragraph B.

Fallback: *1. Vuelta atrás. 2. Hacia atrás. 3. Retroceso.*
1. Vuelta a una versión previa de un programa, cadena, subsistema o aplicación tras haber implementado y usado una versión posterior.

- Put *fallback (de vuelta atrás)* procedures in place before starting the tuning process and prepare ...

2. *Recuperación* (ver *Recovery*) de datos a una situación previa utilizando una copia de seguridad obtenida anteriormente.

- ... so if the primary image copy is not available, *fallback (hacia atrás)* recovery using the secondary image copy is possible.

3. Restauración, en un servidor, de todos los medios necesarios para que vuelva a cumplir su función cuando dichos medios se habían instalado en un servidor asociado con motivo de revisiones y reparaciones en el primero.

- It is used if possible with *fallback (vuelta*

atrás) to existing method if any problems are encountered ...

4. Capacidad de un módem de establecer conexión a una velocidad inferior cuando no ha sido posible a su velocidad nominal.

• ... running at 14400 bps, with automatic *fallback (retroceso)* to 12000, 9600, 7200 and 4800.

Fallback release: *1. Entrega de vuelta atrás.*

1. Versión y *entrega* (ver *Release*) de un componente software que se volvió a instalar como consecuencia de un proceso de *vuelta atrás* (ver *Fallback*).

• Was used in a *fallback release (entrega de vuelta atrás)* but is later remigrated and used the first time in the higher release.

Fallback system: *1. Sistema de reserva.*

1. *Sistema de reserva* es aquel al que puede moverse una aplicación (se supone que crítica) cuando su sistema natural no está *disponible* (ver *Available*) por avería, catástrofe, etc.

• ... an application after it has been moved to a *fallback system (sistema de reserva)* ...

Fan: *1. Ventilador.*
1. Aparato electromecánico que refrigera los componentes electrónicos por desplazamiento de aire.

• All of these combos include the motherboard, CPU and a heatsink/cooling *fan (ventilador)*.

Fan (verb): *1. Airear.*
1. Manipular las hojas papel de un bloque para asegurar que entran de una en una en una impresora o dispositivo similar.

• Flexing and *Fanning (aireando)* Paper: ...

Fan in: *1. Capacidad de absorción.*
Ver *Fan-in.*

Fan out: *1. Capacidad de inyección.*
Ver *Fan-out.*

Fan-in: *1. Capacidad de absorción.*
1. Capacidad de recepción de *señales* (ver *Signal Def. 1*) por parte de un dispositivo electrónico. Si se supera el límite del dispositivo, la *señal* se corrompe o no se procesa correctamente.

• ... eliminates the extra cabling and time delay involved when conventional *fan-ins (capacidades de absorción)* ...

Fan-out: *1. Capacidad de inyección.*
1. Capacidad de un dispositivo para alimentar con *señales* (ver *Signal Def. 1*) electrónicas viables a otros dispositivos.

• The digital output has a small bias voltage and a *fan-out (de capacidad de inyección)* limit.

Fanfold paper: *1. Papel continuo en zigzag.*
1. Papel continuo plegado en hojas que forman zigzag. Puede tener o no hojas de papel carbón intercaladas.

• ... into separate sheets instead of stacking it in a *continuous fanfold (zigzag continuo).*

Fast Ethernet: *1. Ethernet rápida.*
1. Mejora de la *RAL* (ver *Local Area Network*) *Ethernet* (ver) para conseguir multiplicar la velocidad por 10 sin cambiar el procedimiento de control de acceso al medio (*CSMA/CD*; ver *Carrier Sense Multiple Access with Collision Detection*), el formato de *freim* (ver *Frame*) y el sistema de cableado. Se consigue bastante bien, salvo en esta última cuestión. Las normas 100BaseT (varias

versiones) y 100BaseX (más una opción para fibra óptica) detallan el uso de cableado de mejor calidad.

- The major problem with *Fast Ethernet (Ethernet rápida)* is how to achieve a data transfer ...

Fast packet: *1. Paquete rápido.*
1. Técnica de transmisión en la que no se sigue el diálogo «ortodoxo» de verificación exhaustiva de ausencia de errores, bien porque el protocolo lo establece así (caso del *ATM*; ver *Asynchronous Transfer Mode*), bien porque el protocolo se relaja en situaciones especiales de menor riesgo *(fast select)*.

- ... is a *fast-packet (paquete rápido)*, data transport technology, which offers you the equivalent of a high-performance, ...

Fast page mode Dynamic RAM: *1. FPM DRAM.*
1. *FPM DRAM* es uno de los métodos iniciales de acceso a la memoria *DRAM* (ver *Dynamic RAM*). Manteniendo constante la *dirección estroboscópica de fila* (ver *Row Address Strobe*), los cambios introducidos en la dirección correspondiente de columna (ver *Column Address Strobe*) permiten acelerar el acceso a toda una fila de memoria.

- This, however, did nothing to improve any of the access parameters of the *Fast page mode Dynamic RAM (FPM DRAM)*.

Fast path: *1. Atajo.*
Sinónimo de *Fastpath* (ver).

Fast sleep: *1. En sueño profundo.*
1. Dícese de un proceso del *núcleo* (ver *Kernel*), en estado de inactividad, que se ha definido de forma que no puede ser reactivado por la llegada de una señal.

- ... 20s-30s *fast sleep (sueño profundo)*, hoping for Coda to catch up ...

Fastpath: *1. Atajo.*
1. Los procedimientos «ortodoxos» prescritos en las *interfaces gráficas de usuario* (ver *Graphical User Interface*) constriñen la velocidad de trabajo de los usuarios experimentados. Por eso las propias interfaces gráficas (e, inclusive, los menús en cascada) prevén la posibilidad de que dichos usuarios tomen *atajos* en forma de *teclas* de función, codificación directa de *mandatos* (ver *Command*) o de determinadas palabras clave, etc.

- ... you should regard the command area as a *fastpath (atajo)* way of accessing ...

Fat client: *1. Cliente robusto.*
1. En una arquitectura cliente/servidor, cliente que se ha diseñado de forma que su servidor realice, en su servicio, el mínimo posible de tareas (habitualmente, sólo la interacción con los datos permanentes).

- The *«fat» client (cliente robusto)* approach is more suitable for screen intensive applications with interactive data entry.

Fatal error: *1. Error fatal.*
1. Situación de error (hardware o software) que se produce durante la ejecución de un programa y que provoca el *aborto* (ver *Abort*) del mismo. Los sistemas más avanzados (a veces los más antiguos) pueden poner en funcionamiento tareas de *recuperación* (ver *Recovery*) que eviten o aminoren daños irreversibles en datos almacenados.

- When a *fatal error (error fatal)* occurs one possible cause may be that a pointer has ...

Fault (noun): *1. Fallo. 2. Falta.*
1. Error de programa o *mandato* (ver *Command*), o avería o mal funcionamiento de

componente físico. A veces, situación de interlocutor indisponible (ver *Unavailable*) sin que se conozca la causa (por ejemplo, en cliente-servidor).

● ... during which a machine cannot operate because of a *fault (fallo)*.

2. En memoria virtual, situación que se produce cuando el *sistema operativo* (ver *Operating system*) intenta acceder a una página (de programa) y ésta no está en memoria.

● ... if your application cannot accept *page faults (faltas de página)*, you should use ...

Fault (verb): *1. Fallar.*

1. Producirse o descubrirse un error en la ejecución de un *mandato* (ver *Command*) o instrucción, o bien producirse o descubrirse una avería o mal funcionamiento de un componente físico.

● Address of *faulting (que falla)* instruction ...

Fault-tolerance: *1. Tolerancia a fallos.*

1 Capacidad de un sistema, subsistema o componente de continuar funcionando a pesar de haberse producido uno o más fallos. El número admisible de fallos da una medida de la capacidad de tolerancia. La tolerancia a fallos se consigue, casi siempre, por duplicación de elementos críticos.

● Since *fault tolerance (tolerancia a fallos)* is difficult, the trend is to let experts ...

Faulty file: *1. Fichero defectuoso.*

1. Fichero que no puede ser accedido en su totalidad a causa, probablemente, de un fallo hardware.

● ... and to locate *faulty files (ficheros defectuosos)*.

Fax: *1. Fax.*
Ver *Facsimile.*

FAQ: *1. P+F.*
Ver *Frequently-asked questions.*

FAT: *1. Tabla de asignación de ficheros (16 bits). 2. FAT.*
Ver *File Allocation Table.*

FAT16: *1. Tabla de asignación de ficheros (16 bits). 2. FAT16.*
Sinónimo de *FAT.* Ver *File Allocation Table.*

FAT32: *1. Tabla de asignación de ficheros (32 bits). 2. FAT32.*
Ver *File Allocation Table.*

FCB: *1. FCB.*
Ver *Forms Control Buffer.*

FDD: *1. FDD.*
Ver *Floppy Disk Drive.*

FDDI: *1. FDDI.*
Ver *Fiber Distributed Data Interface.*

FDM: *1. Multiplexación por división de frecuencia. 2. MDF.*
Ver *Frequency division multiplexing.*

Feasibility study: *1. Estudio de factibilidad.*

1. Estudio que se realiza en las etapas iniciales de análisis y diseño de un futuro sistema informático, cuando apenas se ha bajado en el grado de detalle. El estudio puede –y debe– acabar con la elaboración y presentación de varias alternativas *factibles* y el balance, para cada una de ellas, del coste que supondrá y de los beneficios esperables (cuantificables y no cuantificables).

● The *feasibility study (del estudio de factibilidad)* should include user participants and ...

Feature (noun): *1. Característica.*
2. Componente. 3. Función.
1. Parte o característica significativa o ventajosa de un componente hardware o software.

• ... in a network to exploit the powerful *features (características)* of system-managed storage ...

2. Frecuentemente *Feature* y *Facility* pueden usarse indistintamente (ver *Facility*).

Feature (verb): *1. Incorporar.*
1. Incorporar en un diseño una o más características o funciones (ver *Feature (noun)*).

• It *featured (incorporó)* sixteen 4-bit registers and a 4-bit ALU and operation signals ...

Feature extraction: *1. Extracción de características.*
1. Proceso de seleccionar las características más significativas de una imagen computarizada con la idea de usarlas en tareas de buscar una *concordancia de modelo* (ver *Pattern matching*) o de *reconocer una configuración* (ver *Pattern recognition*).

• ... on the design of a number of specialised algorithms for *feature extraction (extracción de características)* from binary and gray scale images ...

Federal Information Processing Standard: *1. FIPS.*
1. Cuerpo de estándares del gobierno de los EUA en materia de tratamiento de la información. Las compras que realicen las organizaciones gubernamentales de los EUA han de cumplir con esta normativa.

• It runs on Windows NT and is compliant with the (...) and *FIPS (FIPS)* 127-2 SQL standards.

Feed (verb): *1. Alimentar.*
1. Proporcionar elementos –de los que se leerá o en los que se grabará o imprimirá– que aseguren el funcionamiento de un dispositivo de entrada/salida.

• ... by using the autoloader to sequentially *feed (alimentar)* cartridges.

Feedback: *1. Retroalimentación.*
1. En sistemas interactivos que persiguen una cierta finalidad, se llama *retroalimentación* a la parte de la respuesta del sistema que entra en el propio sistema y actúa sobre el mismo (incluyendo al componente humano). En general, la retroalimentación se relaciona con el acercamiento o alejamiento con respecto a la finalidad del sistema.

• You get *feedback (retroalimentación)* as to how well the system is doing in meeting the goals.

Feedback Circuit: *1. Circuito de retroalimentación.*
1. Circuito formado cuando parte de la salida de un sistema se reintroduce en el propio sistema.

• ... and explains their usefulness in determining the stability of negative *feedback circuits (circuitos de retroalimentación)* using operational ...

Female: *1. Hembra.*
1. Adjetivo que se aplica a los conectadores dotados de receptáculos en los que se insertan las patillas (ver *Pin*) de los conectadores macho.

• ... usually have an XLR *female (hembra)* connector on the low impedance ...

Femtosecond: *1. Femtosegundo. 2. Fs.*
1. Unidad de tiempo usada en tecnología láser. Equivale a 10 elevado a –15 segundos.

- *Femtosecond (femtosegundo)* infrared pulses are important in molecular science ...

Fence (verb): *1. Vallar.*

1. Bloquear (por avería, *mantenimiento*, etc.) un componente operativo o el camino que lleva al mismo, de manera que no resulte afectado el resto de componentes de su grupo lógico; estos componentes deben poder seguir funcionando con normalidad (salvo, tal vez, en lo referente a capacidad de trabajo del grupo).

- ... or clear a *fenced (vallado)* status of a path, a device, or both.

Ferroelectric RAM: *1. FRAM.*

1. Tipo de memoria rápida y no volátil desarrollada por Ramtron Int. Corp.

- *Ferroelectric RAM (FRAM)* has similar applications to EEPROM, but can be written much faster ...

Fetch (noun): *1. Toma.*

1. Obtención por la UCP (ver *Central Processing Unit*) de una instrucción o un dato desde la memoria.

- ... *fetches (tomas)* and stores by the CPU are permitted to storage ...

Fetch (verb): *1. Tomar.*

1. Obtener la UCP (ver *Central Processing Unit*), desde la memoria, una instrucción o un elemento de datos.

- Addresses used to *fetch (tomar)* instructions from storage are called instruction ...

- ... or when information is *fetched (se toma)* from a location that is protected against *fetching (tomas)*.

2. Obtener de un programa un elemento procesable de datos desde un almacenamiento temporal o intermedio. A veces existe un *puntero* (ver *Pointer*) o cursor (*DB2* (ver *DATABASE 2*)) para mantener el *direccionamiento* (ver *Addressing*) correcto.

- A program *fetches (toma)* this data one row at a time.

Fetch phase: *1. Fase de toma.*

1. Componente de la ejecución de una instrucción en una computadora. Durante esta fase la unidad de control (ver *Central Processing Unit*) toma (ver *Fetch (verb)*) la instrucción de la memoria, la mueve a su propia área y la descodifica.

- Both can be active at the same time, allowing a *fetch phase (fase de toma)* to overlap with a data read or write ...

Fetch-execute cycle: *1. Ciclo tomar-ejecutar.*

1. Ciclo básico del trabajo de la unidad de control (ver *Central Processing Unit*) de una computadora: *tomar* (ver *Fetch (verb)*) instrucciones de la memoria y, tras su descodificación, ejecutarlas.

- ... how the execution of every program is carried out through the *Fetch-Execute cycle (ciclo tomar-ejecutar)* of the CPU.

FEP: *1. FEP.*

Ver *Front-end processor*.

FF: *1. Avance de página. 2. FF.*

Ver *Form Feed*.

Fiber Distributed Data Interface: *1. FDDI.*

1. Norma *ANSI* (ver *American National Standards Institute*) e *ISO* (ver *International Organization for Standardization*), conforme con el modelo *OSI* (ver *Open Systems Inter-*

connection) de *estratos* (ver *Layer*), en la que se definen las características técnicas de una *RAL* (ver *Local Area Network*) de alta velocidad (hasta 200 Mbps) con una longitud total de hasta 200 km. El medio de transmisión es fibra óptica y la arquitectura, de anillo con *testigo* (ver *Token Def. 1*) circulante, está formada por dos anillos, uno de los cuales actúa como recambio del otro.

• However, such an approach is not suitable at the data rates of an *FDDI (FDDI)* ring ...

Fiber optic: *1. Fibra óptica.*
1. Rama de la tecnología que se dedica a la transmisión de energía radiante (luz, láser, ...) utilizando fibras de material transparente (vidrio, plástico). La propia fibra también se llama *fibra óptica*. La fibra óptica permite velocidades de transmisión mucho más altas que el cable de cobre, con más seguridad y con menor porcentaje de errores. Es un medio más caro pero que se va imponiendo paulatinamente.

• Transmission on *fiber optic (fibra óptica)* requires repeating ...

Fibre Channel: *1. Canal Fibra.*
1. Tecnología diseñada para comunicación muy rápida (banda ancha) entre computadoras o entre computadoras y dispositivos periféricos de alta capacidad de transmisión. Regulada por diferentes normas (*ANSI, ISO*, etc.). Orientada a fibra óptica, también puede utilizarse con otros medios más baratos. La velocidad de transmisión puede llegar a varios Gbps a una distancia de hasta varios kilómetros. Se supone que acabará sustituyendo a *SCSI* (ver *Small Computer System Interface*). Actualmente se usa, por ejemplo, con los discos *RAID* (ver *Redundant Array of Inexpensive Disks*).

• Before we get into the heart of *Fibre Chan-*

nel (Canal Fibra) versus SCSI, let's take a moment to work through a quick ...

Fido Net: *1. Fidonet.*
Ver *Fidonet.*

Fidonet: *1. Fidonet.*
1. Red de aficionados y no tan aficionados, pero siempre voluntariosos, que permite el *correo-e* (ver *E-mail*), los grupos de discusión y los *sistemas de tablones de anuncios* (ver *Bulletin Board System*). Puede usar Internet para las comunicaciones.

• *Fidonet (Fidonet)* is a highly cooperative network and as such can function without central control ...

Field: *1. Campo.*
1. Reciben el nombre de *campos* los operandos de las instrucciones básicas de máquina que se *toman* (ver *Fetch (verb)*) desde la memoria principal. Las instrucciones pueden aceptar campos de longitud fija (implícita) o variable (explícita).

• When the length of a storage-operand *field (campo)* is implied by the operation code of an instruction ...

2. Área en un registro (en sentido amplio: soporte magnético, fila en tabla de *base de datos*, báfer (ver *Buffer (noun)*) de un terminal, etc.) que contiene uno o más datos con un significado preciso. Los *campos* pueden recibir nombres en los programas y ser procesados por la máquina, previa lectura de su registro, según lo dicho en *Def. 1*. Es sinónimo de *Data field*.

• ... the data entry *fields (campos)* on the panel contain the values that you previously ...

Field delimiter: *1. Delimitador de campo.*
1. *Delimitador* (ver *Delimiter*) que se usa para

separar, en ciertas organizaciones de datos, los campos de datos entre sí.

● ... with the currently specified file format you must specify the *field delimiter (delimitador de campo)* ...

Field procedure: *1. Procedimiento de campo.*

1. Rutina desarrollada con la finalidad de modificar un *campo* (ver *Field*) inmediatamente antes de su grabación o inmediatamente después de su lectura. Un uso típico de estas rutinas es el *cifrado* (ver *Encrypt*) de datos. En general, actúan como rutinas del tipo *salida* (ver *Exit (noun)*) llamadas por un *método de acceso* (ver *Access method*) o *SGBD* (ver *Database Management System*).

● If you allow nulls in a column with a *field procedure (procedimiento de campo)*, that routine is not invoked when you access a null value ...

Figurative constant: *1. Constante figurativa.*

1. En COBOL, constantes que se mencionan por medio de palabras reservadas del lenguaje, en vez de necesitar el uso de la forma habitual para constantes del mismo tipo.

● NULL is a *figurative constant (constante figurativa)* used to assign the value of an invalid ...

File (noun): *1. Fichero.*

1. Colección de datos relacionados de alguna manera entre sí y situados en un determinado soporte material (disco, cinta, CD-ROM son los soportes más interesantes desde el punto de vista de esta definición). Pueden ejecutarse funciones que afectan a todo un fichero (abrir, cerrar, borrar, etc.) o a parte de su contenido (leer, grabar, etc.). Es frecuente que un software especializado –llamado *método de*

acceso (ver *Access method*)– sea el encargado de las funciones mencionadas.

● ...allows you to define reusable data sets that you can use as work *files (ficheros)* ...

● ...the *file (fichero)* must be opened as an input *file* ...

File (verb): *1. Grabar.*

1. Registrar datos en un fichero, bien para uso permanente, bien para uso durante la ejecución de un programa o de un trabajo.

● ... before the user can *file (grabar)* the record to the disk ...

File Allocation Table: *1. Tabla de asignación de ficheros. 2. FAT.*

1. Tabla en un disco duro que contiene un índice que relaciona *clásteres* (ver *Cluster*) y ficheros contenidos en los mismos. Es mantenida por el *sistema operativo* (ver *Operating system*). Su utilidad básica es facilitar la búsqueda de ficheros que, con este medio, además, no necesitan ocupar espacio consecutivo. Con *FAT* de 16 bits pueden *direccionarse* (ver *Address (verb)*) discos de 32 MB. Con algunas mejoras suplementarias se alcanzaron los 2GB. El paso a FAT de 32 bits posibilita el *direccionamiento* (ver *Addressing*) de 2 Terabaits.

● Under the *File Allocation Table (FAT)* system, files are always allocated an integral ...

File compression: *1. Compresión de ficheros.*

1. Compresión de los datos contenidos en un fichero (ver *Compress (verb)* y *Data compression*).

● ... data written by the Lempel-Ziv *file compression (compresión de ficheros)* program ...

File connector: *1. Conectador de fichero.*

1. En COBOL un *conectador de fichero* es un área de memoria en la que se registra toda la información concerniente al enlace de un fichero en un programa con un fichero físico y entre un fichero en un programa y el área de datos correspondiente. El *conectador de fichero* puede ser externo (compartido por varios programas que se llaman entre sí) o interno (específico de un programa).

● An external *file connector (conectador de fichero)* can be referenced from any program or method that describes ...

File conversion: *1. Conversión de ficheros.*

1. En informática distribuida y de redes, cada vez es más necesaria la capacidad de procesar en una computadora ficheros creados en otra con, posiblemente, uso de una codificación diferente. *Conversión de ficheros* se refiere a la importación de un fichero con conversión de los datos contenidos. El problema es de una enorme envergadura y dificultad. Es posible que, a medio plazo, no haya una solución general.

● *File conversion (La conversión de ficheros)* would be enormously useful. The ideal ...

File descriptor: *1. Designador de fichero. 2. Designador.*

Sinónimo de *Descriptor* (ver *Descriptor Def. 1*).

File filter: *1. Filtro de fichero.*

1. Función, programa o conjunto de ellos que transforman el formato de los datos de un fichero a un formato distinto a fin de que puedan ser procesados por una aplicación concreta.

● ... then the *file filter (filtro de fichero)* function will convert this file ...

File management system: *1. Sistema de gestión de ficheros.*

1. Uno de los componentes más complejos de los *sistemas operativos* (ver *Operating system*) en el que se definen los tipos de ficheros que pueden emplearse en el sistema (organización (ver *File organization*) y acceso), las instrucciones (*mandatos*, macros; ver *Macroinstruction*) para acceder a los ficheros y todos los pasos intermedios entre una instrucción o mandato y el acceso físico a los datos.

● ... is the user record requested of or given to the *file management system (del sistema de gestión de ficheros)* function.

File offset: *1. Desplazamiento en fichero.*

1. Posición en un fichero en la que o desde la que se producirá la próxima operación de lectura/grabación. Esta definición no es aplicable para todas las máquinas ni para todos los *sistemas de gestión de ficheros* (ver *File management system*).

● A change to the size of the file has no impact on the *file offset (desplazamiento en el fichero)*.

File organization: *1. Organización de ficheros.*

1. La *organización de un fichero* es una expresión de cómo están distribuidos los datos en su soporte, lo que, a su vez, determina cómo se cargan dichos datos y cómo pueden accederse. La elección de una organización es, en general, una decisión de diseño en la que influyen tanto el volumen de datos del fichero, como la forma de acceso previsible (carga, *consulta* (ver *Query* o *Enquiry*) y actualización) y la volatilidad de los datos. Las organizaciones tradicionales son la secuencial, la *indizada* (ver *Index (verb)*) y la directa.

● ... you should choose a *file organization (or-*

ganización de ficheros) according to the type of processing you want ...

File server: *1. Servidor de ficheros.*
1. Computadora en red (local) que almacena y procesa datos para otras computadoras de la misma red. El servidor de ficheros está preparado para esta función (suficiente espacio de almacenamiento, software de acceso adecuado a la demanda, etc.).

● ... with the implementation of a prototype disk array *file server (servidor de ficheros)* with a ...

File sharing: *1. Compartimiento de ficheros.*
1. Uso compartido del contenido de uno o más ficheros. Ver una definición más genérica en *Data sharing.*

● ... expect that simply turning on *file sharing (compartimiento de ficheros)* is all that's needed to share ...

File system: *1. Sistema de ficheros.*
1. Término propio del UNIX que se refiere a un conjunto de ficheros y directorios organizados como una jerarquía. Su almacenamiento físico es en disco (físico o lógico). En ciertas condiciones un sistema de ficheros puede «colgarse» del directorio *raíz* (ver *Root directory*) de otro (ver *Mountable file system*) sistema de ficheros.

● The inclusion of special directory files is the foundation of the UNIX *file system (sistema de ficheros).*

File transfer: *1. Transferencia de ficheros.*
1. Envío (y puede que también recepción) de ficheros entre dos computadoras comunicadas. La transferencia más habitual es la que se hace en la Internet usando *FTP* (ver *File transfer protocol*).

● If you have, in the past, done *file transfer (transferencia de ficheros)* between personal computers and a mainframe ...

File transfer protocol: *1. FTP.*
2. Protocolo de transferencia de ficheros.
1. Protocolo que permite intercambiar ficheros entre computadoras conectadas a la Internet. *FTP* es un protocolo de aplicación que usa *TCP/IP* (ver *Transmission Control Protocol/Internet Protocol*), al igual que otros protocolos de la red (por ejemplo, el del *Correo-e*; ver *E-mail*). Se usa mucho más a menudo de lo que parece, ya que la mayoría de las veces se ejecuta de forma implícita. Como norma general, es necesario tener un nombre y *contraseña* (ver *Password*) para conectarse a la computadora que suministra el fichero. Sin embargo, hay computadoras en red que ofrecen ficheros al público en general y a los que puede uno conectarse utilizando como nombre *anonymous* y cualquier contraseña.

● When a new request for *File Transfer Protocol (FTP)* services is received, ...

File Transfer, Access, and Management: *1. FTAM.*
1. Protocolo de la *ISO* (ver *International Organization for Standardization*) en el *estrato de Aplicación* (ver *Application layer*) que regula la transferencia de ficheros entre nudos remotos entre sí, y el acceso desde un nudo a ficheros situados en otro u otros nudos remotos.

● ... is required by some application protocols, such as *File Transfer, Access, and Management (FTAM).*

Filename: *1. Nombre de fichero.*
1. De forma genérica, combinación de caracteres que identifican, en correspondencia unívoca, a un fichero en un sistema. En ciertas

sistemas operativos, sin embargo, la definición anterior se matiza limitando la identificación unívoca a los ficheros de un directorio (o subdirectorio) concreto. El *nombre de fichero* puede o no estar físicamente grabado en el fichero.

● ... or by clicking on the highlighted *filename (nombre de fichero)* within the results ...

Filename extension: *1. Extensión.*

1. En algunos *sistemas operativos* (ver *Operating system*), parte del nombre de un fichero que indica la clase de contenido del mismo. Todos los ficheros con la misma clase de contenido forman una *extensión*. En general, la *extensión* es la parte situada a la derecha del último punto (ver *Dot*). Algunos sistemas operativos limitan a tres el número de caracteres de la extensión.

● ... gid is the *filename extension (extensión)* of a Windows 95 «global index» file.

Fill byte: *1. Bait de relleno.*

1. Cuando se *acondiciona* un *campo* (ver *Field* y *Edit Def. 1*) el *bait de relleno* (por ejemplo, un espacio o un asterisco) se mueve al campo resultado cuando se cumplen determinadas condiciones.

● As a result, either the expanded source digit or the *fill byte (bait de relleno)*, as appropriate, is selected to replace the pattern byte.

Fill character: *1. Carácter de relleno.*

1. Carácter que se usa para rellenar espacios no utilizados o referenciados. Por ejemplo, para borrar («tachar») datos no deseados.

● Write data to a tape file using a *fill character (carácter de relleno)* ...

Filter (noun): *1. Filtro.*

1. En sistemas interactivos, *Filter* (no traduci-

ble) es un *mandato* (ver *Command*) que permite excluir de una selección componentes que cumplan con un patrón formado por caracteres normales y *caracteres comodín* (ver *Pattern matching character*; sinónimo de *Wildchar* y otros).

● With the FILTER command, you use the data columns to set up ...

2. Dispositivo software que permite eliminar (es decir, no aceptar) materiales «ofensivos» disponibles actualmente en la Internet.

● *The filter (El filtro)* also blocks sites which are critical of Scientology, such as ...

3. Elemento que puede aplicarse sobre un mapa de bits para producir un efecto visual deseado.

● ... apply special effects *filters (filtros)*, use custom brushes and natural ...

4. Dispositivo físico y/o programa capaz de recibir una *señal* (en general, una corriente de datos; ver *Data stream*) y producir una transformación en la misma *(filtrado)* de acuerdo con criterios preestablecidos: eliminar errores, limitar frecuencias, etc.

● The scan *filter (filtro)* performs some processing on an image after it is ...

Filter (verb): *1. Filtrar.*

1. Preprocesar datos para prepararlos (selección, clasificación, codificación, ...) para un procesamiento principal posterior. Con más generalidad, aplicar un *filtro* (ver *Filter (noun)*) a datos o a una selección.

Filtering: *1. Filtrado.*

1. En publicidad por Internet, función de un programa que con muy pocos datos (por ejemplo, la clave de búsqueda en un busca-

dor) decide qué anuncios presentar a continuación al usuario con el que interacciona. Puede usarse también para designar a la tarea de defenderse de la publicidad en la red.

● ... which provides such features as: *filtering (filtrado del)* 99 % of web advertising (no banners), ...

Find (verb): *1. Buscar.*
1. Tratar de localizar algo (por ejemplo, una *ristra* (ver *String*) de caracteres).

● ... find searches a given file hierarchy specified by path, *finding (buscando)* files that match the criteria given by expression.

Finger (noun): *1. Finger.*
1. Programa, originario de UNIX, que permite obtener datos de un usuario de *correo-e* (ver *E-mail*) a partir de su dirección (también de *correo-e*). La cantidad de información recibida depende de la voluntad de exponer datos por parte del servidor de correo. Para usar esta posibilidad caben dos opciones: disponer del programa en nuestra computadora o efectuar la consulta a través de una *pasarela Finger*.

● To *finger* another Internet user, you need to have the *finger (Finger)* program ...

Finger (verb): *1. Indicar.*
1. Buscar a alguien usando el programa *Finger*.

● To *finger (indicar)* another Internet user, you need to have the *finger* program ...

Fingerprinting: *1. Marcaje digital. 2. Toma de huellas.*
1. Alteración en un objeto (codificado digitalmente) añadiéndole una marca imperceptible y difícilmente detectable que introduce en el mismo algún tipo de identificación (por ejem-

plo, la del comprador). La lectura posterior de la marca por medio de un instrumento de *descifrado* (ver *Decrypt*) puede desvelar la identificación mencionada (lucha contra el fraude y las copias ilegales).

● ... at the latest in software *fingerprinting (de marcaje digital)* technologies and how they are helping to rub out piracy.

2. Tecnología emergente cuyo objetivo es mejorar, por procedimientos electrónicos, las técnicas de identificación de personas, animales y objetos de todo tipo.

● Hospitals have long been using *electronic fingerprinting (toma electrónica de huellas)* —the most prevalent method of biometric authentication— to allow doctors ...

Finite State Machine: *1. Máquina con Número Finito de Estados. 2. MNFE.*
1. *Máquina de estados* (ver *State machine*) con un número finito de éstos. En realidad, son las únicas máquinas de estados posibles.

● ... could be considered to be a *finite state machine (máquina con número finito de estados)* which takes its neighbours' states ...

Firewall: *1. Cortafuego.*
1. Sistema que se establece para proteger recursos internos (*RAL, Intrarred*, ...; ver *Local Area Network* e *Intranet*) de posibles ataques externos y/o para limitar a usuarios internos las salidas al mundo exterior (*Internet*, ...). Un *cortafuego* puede ser una o más máquinas dedicadas, una *pasarela* (ver *Gateway*) o *encaminadora* (ver *Router*), determinados programas en una o más máquinas, etc. Lo importante es que el *flujo* a filtrar, tanto de salida como de entrada, pase «por el tubo».

● However, *firewall systems (sistemas cortafuego)* can be located at lower-level ...

FireWire: *1. FireWire.*
1. Nombre original (para Macintosh) del bus serial definido por IEEE 1394 (ver *High Performance Serial Bus*).

• *FireWire (FireWire)* benefits include high speed, flexible connectivity and the ability to link as many as 63 devices.

Firmware: *1. Firmware.*
1. Software almacenado de forma permanente o casi permanente en memoria del tipo *ROM* (ver *Read-Only Memory*) o, más frecuentemente, *PROM* (ver *Programmable Read-Only Memory*). Puede usarse para contener el programa de arranque inicial, programas para dispositivos especiales (por ejemplo, impresoras), etc.

• The functions performed by that software or *firmware* ...

First in, first out: *1. FIFO.*
Ver *First-in-First-out*.

First Normal Form: *1. Primera Forma Normal. 2. PFN.*
1. Estadio de la *normalización* (ver *Normalize Def. 1*) de un modelo lógico de datos en el que se ha conseguido que cada *atributo* (ver *Attribute*) sólo exista una vez por *entidad* (ver *Entity*).

• A logical data model is in second normal form if it is in *first normal form (Primera Forma Normal)* and ...

First-cut: *1. Preliminar.*
1. Primera versión de un *producto* (ver *Product*) en un método de desarrollo.

• In *first-cut (preliminar)* data design the main objectives are to produce a physical ...

First-in-First-out: *1. FIFO.*
1. Disciplina de mantenimiento típica de las

colas (ver *Queue (noun)*): los elementos salen o se procesan en el mismo orden en que entran en la cola.

• ... they become eligible for scheduling on a *first-in-first-out (FIFO)* basis.

Fix (noun): *1. Reparación. 2. Parche.*
1. Solución dada a un problema encontrado en datos almacenados con motivo de la ejecución de un programa de auditoría de datos o almacenamiento.

• ... indicating whether the *fix (reparación)* was successful or unsuccessful.

2. Arreglo provisional de un problema en un programa. El problema puede solucionarse o *baipasarse* (ver *bypass (verb)*), a la espera de una solución definitiva (versión o *entrega* nuevas; ver *Release*).

• ... supplies its customers with a tested *fix (parche)* for that problem.

Fix (verb): *1. Reparar. 2. Fijar. 3. Parchear.*
1. Solucionar un problema encontrado en datos o almacenamiento. Diversos programas de auditoría de almacenamiento o datos ofrecen la opción de *reparar* los desperfectos encontrados.

• ... does not *fix (repara)* the audited information.

2. En memoria virtual, dejar una o más páginas fijas en memoria.

• ... more pages are required to be *fixed (fijadas)* during I/O operations ...

3. Corregir provisionalmente un programa con un problema o *baipasar* (ver *Bypass (verb)*) la situación en la que se produce el

problema. Todo ello a la espera de una solución definitiva (versión nueva).

● Ideally, you want to find and *fix (parchear)* a program's bugs before you ship it to your ...

Fixed disk: *1. Disco duro.*
Sinónimo de *Hard disk* (ver).

Fixed length: *1. Longitud fija.*
1. Dícese de la longitud de un elemento o estructura de datos cuando dicha longitud es constante para todos los *ejemplares* (ver *Instance* o *Occurrence*) del elemento o estructura.

● For *fixed-length (de longitud fija)* strings, blank is the default value.

● ... assumes the message area contains *fixed-length (de longitud fija)* records of length lrecl.

Fixed point (number): *1. Coma fija (número de).*
1. Hablando con rigor, *números de coma fija* son todos los que la máquina o los lenguajes procesan como si la coma decimal (si es que hay una definida) estuviera siempre en la misma posición (la posición de definición). De esta manera estos números se contraponen a los *números de coma flotante* en los que la posición de la coma puede variar según las operaciones que experimenta el número. Dentro de esta clase pueden haber varias subclases.

● NTP timestamps are represented as a 64-bit *fixed-point number (número de coma fija)* ...

2. En IBM se consideró, durante un tiempo, que los enteros binarios eran números de coma fija. Como residuo de esa consideración se mantiene el nombre de *excepción de coma fija* a una situación de error que se produce al operar con números enteros binarios.

● ... a program interruption for *fixed point (coma fija)* overflow occurs ...

Fixed priority scheduling:
1. Planificación por prioridades fijas.
1. Principio de planificación, que produce algoritmos relativamente sencillos, en el que las tareas tienen prioridades fijas.

● ... for analyzing the schedulability of *fixed priority scheduling (de planificación por prioridades fijas)* algorithms on resources with limited priority levels ...

Fixed-length: *1. Longitud fija.*
Ver *Fixed length*.

Fixed-pitch spacing:
1. Monoespaciado.
1. Forma de presentar o imprimir un texto en la que cada carácter ocupa el mismo espacio horizontal, cualquiera que sea su ancho real.

● ... page than using a *fixed-pitch spacing (con monoespaciado)* font and can improve readability.

Fixed-point (number): *1. Coma fija (número de).*
Ver *Fixed point (number)*.

Fixed-point shift: *1. Desplazamiento aritmético.*
Sinónimo de *Arithmetic shift* (ver).

● Logical and *fixed-point shift (desplazamiento aritmético)* operations are considered ...

Fixed-priority preemptive scheduling: *1. Planificación desalojante por prioridades fijas.*
1. Método de planificación (de uso, principalmente, en *sistemas de tiempo real*; ver *Real-time system*) que se caracteriza porque las tareas tienen prioridades fijas y porque la llega-

da de una nueva tarea desplaza a la que tenga el control si la prioridad de la primera es más alta que la de la segunda.

• Analysis of Cache-related Preemption Delay in *Fixed-priority Preemptive Scheduling (planificación desalojante por prioridades fijas).*

FIFO: *1. FIFO.*
Ver *First-in-First-out.*

FIFO file: *1. Tubo nominado.*
Sinónimo de *Named pipe* (ver).

FIPS: *1. FIPS.*
Ver *Federal Information Processing Standard.*

Flag (noun): *1. Indicador.*
1. Dato especial que, cuando existe o tiene un cierto valor, indica que van a aparecer otros datos o que otros datos ya existentes tienen alguna peculiaridad o anomalía.

• A frame starts with a *flag (indicador)* that has the bit configuration 01111110.

• ... reference time, audit *flags (indicadores)*, general attribute *flags (indicadores)*, and file format and size.

Flag (verb): *1. Marcar.*
1. Añadir un aviso o *indicador* (ver *Flag (noun)*) a unos datos para indicar la presencia de éstos, o bien, dar un valor a un aviso o indicador para indicar una cierta peculiaridad de unos datos asociados.

• ... attempts to issue is detected and *flagged (marcado)* as an error.

Flame: *1. Llamarada.*
1. Una *llamarada* es un escrito agresivo hasta límites personales que se dirige a persona concreta en el marco de un foro público de la Internet (lista distribuida, *grupo de noticias*

(ver *News groups*), ...) con la intención de corregir una conducta u opinión inaceptables para el que dirige la *llamarada* o, simplemente, de molestar y zaherir a quien no nos cae bien o, a veces, de presumir de una superioridad no siempre demostrada.

• If you've never been on the receiving end of a merciless *flame (llamarada)*, and wish to experience this ...

Flame bait: *1. Incitación.*
Ver *Flamebait.*

Flamebait: *1. Incitación.*
1. Aviso, nota, etc., que se deja caer en un colectivo de comunicación/discusión con intención de que alguien «pique» y desencadene una batalla dialéctica (ver *Flame*).

• ... many longtime Internet users can easily recognize *flamebait (incitación)* — and choose to ignore it, rather than ...

Flash memory: *1. Memoria flash.*
1. Tipo de memoria no volátil, habitualmente muy rápida, que debe borrarse por bloques de dimensión dada, lo que impide su uso como RAM (ver *Random Access Memory*). Se utiliza principalmente para simular discos, obteniéndose un acceso muy rápido.

• In this situation it is attractive to replace the *Flash memory (memoria flash)* with an ice PROM during intensive ...

Flat address space: *1. Espacio plano de direcciones.*
1. Espacio (físico; ver *Address space*) de direcciones que se considera una sola unidad a efectos de *direccionamiento* (ver *Addressing*). Casi todos los procesadores actuales usan esta técnica.

• A *flat address space (espacio plano de di-*

recciones) greatly simplifies programming because of ...

Flat ASCII: *1. ASCII plano.*
1. Fichero de texto que solamente contiene caracteres *ASCII* de 7 bits, utilizando únicamente caracteres de control propios del *ASCII* normal.

• It is available in HTML, PostScript and *flat ASCII (ASCII plano)* formats.

Flat bed plotter: *1. Trazadora de base plana.*
1. *Trazadora* (ver *Plotter*) en la que el papel que recibirá el dibujo descansa sobre una superficie plana.

• The traditional *Flat bed plotter (trazadora de base plana)* moves the pen over the paper in both axes ...

Flat bed scanner: *1. Escaneadora de base plana.*
1. *Escaneadora* (ver *Scanner Def. 1*) en la que el documento a escanear se coloca en una superficie plana sobre la que se desplazan luces y *sensores* (ver *Sensor*).

• This Color *Flat Bed Scanner (escaneadora de base plana)* has the following features: True 1200 × 1200 dpi resolution, True 36-bit ...

Flat file: *1. Fichero plano.*
1. Fichero que carece de estructura. Llevando las cosas al extremo, un *fichero plano* carece de registros o, mejor dicho, está formado por un solo registro. Frecuentemente, sin embargo, se llama *fichero plano* a uno formado por registros diferenciados pero desestructurados, es decir, que sería necesaria una descripción de *campos* (ver *Field*) y una cierta cantidad de software para producir una presentación inteligible de los registros.

• Keep track of assigned UIDs with your own

method, such as in a *flat file (fichero plano)* or data base.

Flat-bed plotter: *1. Trazadora de base plana.*
Ver *Flat bed plotter.*

Flat-bed scanner: *1. Escaneadora de base plana.*
Ver *Flat bed scanner.*

Flatbed plotter: *1. Trazadora de base plana.*
Ver *Flat bed plotter.*

Flatbed scanner: *1. Escaneadora de base plana.*
Ver *Flat bed scanner.*

Flatten character: *1. Carácter asimilado.*
1. Carácter *ASCII* (ordinario) al que se convierte un carácter *ASCII* ampliado teniendo en cuenta criterios de parecido. Por ejemplo, el *carácter asimilado* de la 'ç' puede ser la 'c'.

• ... and then we applied the counting tool to the *flatten character (con caracteres asimilados)* data of the PHRASE element.

Flavor: *1. Regusto.*
1. En jerga académica, grupo de variantes parecidas de un mismo producto. Estuvieron muy en boga los diferentes *regustos* del UNIX.

• ... you can look at in attempting to identify the base *flavor (regusto)* of your UNIX.

Flexible disk: *1. Disquete.*
Ver *Floppy disk*. Los *disquetes* son, actualmente, poco flexibles.

Flexibility: *1. Flexibilidad.*
1. Característica de un sistema, aplicación o programa que expresa la facilidad de esos ele-

mentos para adaptarse a una situación nueva, es decir, para aceptar *mantenimiento adaptador* (ver *Adaptive maintenance*).

● ... offers much greater *flexibility (flexibilidad)* and lower operating and maintenance costs, and provides ...

Flicker: *1. Titulación.*
1. Centelleo rápido de una imagen (en nuestro caso, la pantalla de la computadora). Puede variar la intensidad y el color. Puede deberse a una velocidad de refrescamiento (ver *Refresh rate*) insuficiente.

● Lower refresh rates can result in *flicker (titilación)*, which though barely ...

Flip-flop mode: *1. Modo flipflop.*
1. Modo de funcionamiento de un circuito, una conversación entre dos partícipes, la grabación de datos de registro en uno de dos ficheros destinados para ello, etc., que se determina porque la situación sólo admite dos estados y cuando el primero desaparece, aparece el segundo, y viceversa. Así, por ejemplo, una conversación entre dos partícipes tiene modo flipflop si cuando uno de ellos envía datos, el otro recibe datos, y viceversa.

● ... covered in this topic all operate in «half-duplex, *flip-flop*» mode *(modo flipflop)*.

Floating point number: *1. Número de coma flotante.*
1. Número constituido por una fracción (expresada en función de la base; tiene una coma decimal), una base, un exponente (llamado característica) y un signo. El valor se obtiene multiplicando la fracción por la base elevada a la característica y aplicando el signo.

● Addition of two *floating-point numbers (números de coma flotante)* consists in characteristic comparison, fraction alignment, ...

Floating point operations per second: *1. Flops.*
1. Unidad, sesgada hacia las aplicaciones de cálculo numérico, para medir la potencia de las computadoras. Las grandes computadoras expresan su capacidad en múltiplas de esa unidad (megaflops, etc.).

● One teraflops is equal to 10**12 *floating point operations per second (Flops)*

Floating Point Unit: *1. Unidad de coma flotante. 2. UCF.*
1. Componente que puede añadirse a la *UCP* (ver *Central Processing Unit*) y que se usa en la ejecución de operaciones aritméticas de coma flotante. Una *unidad de coma flotante* está dotada de los elementos necesarios para la mencionada función (instrucciones aritméticas microprogramadas, registros especializados para contener los números a procesar, etc.). Las modernas computadoras traen este componente integrado en la UCP.

● This microprocessor has a working built-in *floating point unit (unidad de coma flotante)*.

Floor: *1. Suelo.*
1. En algunos ámbitos, designación de una función (por ejemplo *floor()*) que redondea por omisión (ver *Default*) al entero más próximo.

● *Floor (suelo)* takes a single numeric argument x and returns a numeric vector containing ...

Floppy disk: *1. Disquete.*
1. Disco de plástico cuya superficie está cubierta por una sustancia magnetizable en la que pueden grabarse (para leerse posteriormente) datos. Protegido por una envoltura. Es un dispositivo de almacenamiento esencialmente *extraíble* (ver *Removable*). Los hay de 5,25" (casi en desuso) y de 3,5". La capacidad de estos últimos llega hasta 1,44 MB.

• 3,5″ *floppy disks (disquetes)* are less floppy than the larger disks ...

Floppy disk drive: *1. Unidad de disquete. 2. FDD.*
1. Dispositivo periférico capaz de leer y grabar disquetes. Consta, básicamente, de: motor, eje de rotación, peine con *cabeza(s) lectora/grabadora* (ver *Head*) y dispositivo electrónico de amplificación de *señales*.

• The motor of some *floppy disk drives (unidades de disquetes)* is switchedd off ...

Flops: *1. Flops.*
Ver *Floating point operations per second.*

Floptical disk: *1. Disquete magnetoóptico.*
1. Disquete magnético que utiliza un mecanismo óptico de posicionamiento de la *cabeza lectora/grabadora* (ver *Head*), lo que posibilita mayor densidad de grabación.

• When you insert a floppy disk, *floptical disk (disquete magnetoóptico)*, CD, or tape into a drive, the drive's icon ...

Flow (noun): *1. Flujo.*
1. Orden en que se ejecutan programas (en un trabajo o transacción), bloques de instrucciones (en un programa) o instrucciones elementales (en un programa o en un bloque). Puede conseguirse que todos estos *flujos* estén formados por sólo tres tipos de bloques estructurales: secuencias, alternativas e iteraciones. Estos flujos pueden representarse por medio de diagramas.

• The *flow (flujo)* diagram does not represent the actual program *flow (flujo)* in ...

2. Camino que siguen los datos en un proceso o trabajo. Dado que los datos son leídos, grabados, modificados, etc., en programas, la representación de flujos de datos es un comple-

mento frecuente de la representación del flujo de programas en trabajos y transacciones.

• Figure 1 shows the generalized *flow (flujo)* of data in ...

3. Datos que circulan en las redes de comunicaciones. El control de estos flujos de datos es un importante problema técnico.

• ... and *flow (flujo)* control are no longer performed in the intermediate nodes, but ...

Flow (verb): *1. Fluir.*
1. Circular los datos en una red.

• The response *flows (fluye)* back through the network and the session is established.

Flow control: *1. Control de flujo.*
1. Función que regula los caudales de datos entre los componentes de una computadora o las computadoras (y otros elementos) de una red. También se llama así a los protocolos (o parte de ellos), dispositivos y programas que intervienen en dicha función de regulación y control.

• ... implicitly performs *flow control (control de flujo)* since, if the remote computer ...

Flow encryption: *1. Cifrado en flujo.*
Ver *Data-flow encryption.*

Flowchart: *1. Ordinograma.*
1. Representación gráfica de un flujo (de procesos, de datos o combinado procesos/datos; ver *Flow*).

• ... and then summarizes the panels by *flowcharts (ordinogramas)* and notes ...

Flush (verb): *1. Descartar. 2. Vaciar.*
1. Prescindir de ciertos elementos, *descartarlos*, no procesarlos.

• Subsequent utility control statements *are flushed (se descartan).*

2. Pasar datos de área volátil a área permanente.

• An I/O error occurred while *flushing (se vaciaban)* system buffers containing ...

Flush left: *1. Ajustado a la izquierda.*

1. Indica que el contenido se ajusta al o alinea con el borde o margen izquierdo del continente. Puede usarse también como verbo. Ver también *Justify (verb).*

• This index value sets the left margin: 1 indicates *flush left (ajustado a la izquierda)* ...

Flush right: *1. Ajustado a la derecha.*

1. Indica que el contenido se ajusta al o alinea con el borde o margen derecho del continente. Puede usarse también como verbo. Ver también *Justify (verb).*

• This index value sets the left margin: 1 indicates *flush right (ajustado a la derecha)* ...

Fnord: *1. Fenordo.*

1. Palabra tan indefinible como intraducible. A veces se usa para indicar que una afirmación que uno hace es una especie de broma surrealista (humor autoclasificado como de «alto nivel»). Otras, veces para referirse a elementos arcanos a los que solamente tienen acceso los elegidos.

• In recognising the significance of the *fnord (fenordo)*, you have shown yourself to be knowledgeable of the methods of the Ancient Illuminated Seers of Bavaria, ...

Focal point: *1. Punto focal.*

1. En sistemas complejos operados y gestionados de forma centralizada, el punto focal es donde se realizan las funciones de control y de gestión y donde convergen todos los datos necesarios para ello.

• ... and to send messages, commands, and responses from a *focal point (de punto focal)* system to other systems ...

Foil: *1. Transparencia.*

1. Transparencia para usar en retroproyector. Es una de las salidas posibles de los sistemas gráficos.

• ... depend on the type of pen and the medium (paper, *foils (transparencias))*, and so on) on which you are plotting.

Fold (verb): *1. Minusculizar.*
2. Precalcular.

1. Proceso (instrucción) que convierte las mayúsculas de una *ristra* (ver *String*) de caracteres a minúsculas.

• ... after *folding (minusculizar)* all letters in the string ...

2. Preprocesar las constantes (si es posible) en tiempo de *compilación.* Es una técnica de optimación.

• ... and other program transformation tasks such as constant *folding (precalculado)*, type inference, etc.

Fold case (verb): *1. Ignorar caja.*

1. Comportarse un proceso, operación, etc., como si mayúsculas y minúsculas fueran equivalentes (ver, también, *Case sensitive*). La expresión –curiosa– evoca el «plegado» de la tabla de caracteres de forma que coincidan mayúsculas y minúsculas.

• The original implementations *did not fold case (no ignoró caja)* (i.e. were case-sensitive, because that was easier to implement) ...

Folder: *1. Carpeta.*
1. *Carpeta* es el término con el que se designa, en sistemas con *interfaz gráfica* (ver *Graphical Interface*), a los tradicionales directorios y subdirectorios. Una *carpeta* es un objeto que contiene otros objetos (que también pueden ser *carpetas*).

- ... is a utility program that helps you to keep two *folders (carpetas)* and their sub-folders in synchronisation.

Folio: *1. Número de página.*
1. Además de su uso habitual para indicar un tamaño de papel (traducción *folio*), también se usa esta palabra para referirse al número o a la numeración de las páginas (traducción *número de página*).

- There is no title page, and the *folio 1 recto (página 1 de la derecha)* is blank.

Follow-up: *1. Continuación.*
Ver *Followup*.

Followup: *1. Continuación.*
1. En *grupos de noticias* (ver *News groups*) y, en menor grado, en foros de *correo-e* (ver *E-mail*), una *continuación* es un mensaje, al grupo o al foro, referente a un tema ya iniciado y al que se desea aportar alguna opinión.

- Not so fast. A long, but necessary, *followup (continuación)* ...

Font: *1. Fuente.*
1. Conjunto de tipos de la misma *facies* (ver *Typeface*) y tamaño. Por consiguiente, los tipos de una *fuente* tienen todos los mismos: *diseño* o dibujo, *grosor* (ver *Type weight*), *estilo* (ver *Type style*) y tamaño. Hay bastante confusión en el uso de estos términos.

- ... anything appearing in italic, 12-point, serif *font (fuente)* is ...

Font cartridge: *1. Cartucho de fuentes.*
1. Normalmente es un *chip* de *ROM* (ver *Read-Only Memory*) que contiene una o más *fuentes* (ver *Font*). Acostumbra a contener todas las fuentes que comparten el mismo diseño (por ejemplo, *Garamond*). El *chip* puede insertarse en impresoras preparadas para ello y las fuentes quedan disponibles para su uso en la impresora.

- When you select an installed *font cartridge (cartucho de fuentes)* in the device settings of a raster printer ...

Font editor: *1. Editor de fuentes.*
1. Programa especializado en la creación de nuevas *fuentes* (ver *Font*) y en la modificación de fuentes existentes.

- ... is a sound *font editor (editor de fuentes)* for Linux and other *nix like operating ...

Foo: *1. Pepe.*
1. Palabra que puede ser sustituida por cualquier otra palabra o expresión cuando lo que se especifica, explica, etc., se convierta en algo real.

- printf («*foo (pepe)* %s\n»,result);

Footer: *1. Pie de página.*
1. Una o más líneas que aparecen en la parte inferior de cada página de un documento. Su contenido puede ser fijo o variable. Contenido variable de uso más frecuente: número de página. No debe confundirse *pie de página* con nota a pie de página (ver *Footnote*).

- ... each page consists of a header, body, or footer *(pie de página)*, in that order ...

Footnote: *1. Nota al pie.*
1. Texto que se coloca a pie de página y que se referencia desde el texto general.

• ... this *footnote (nota al pie)* text was saved and placed at the bottom of the page.

Footprint: *1. Contorno.*

1. Espacio en el plano de la mesa ocupado realmente por un equipo de sobremesa.

• In the case of your monitor, a big *footprint (contorno)* means it will likely take up a lot of space on your desk, ...

Forecasting: *1. Predicción.*

1. Denominación genérica de las aplicaciones que usan la simulación para obtener *predicciones*. Especialmente en situaciones complejas como pueden ser las macroeconómicas y las meteorológicas.

• ... and others needing to interface existing travel models with new land use *forecasting (predicción)* and analysis capabilities.

Foreground: *1. Primer plano.*

1. Cuando se aplica a una *interfaz gráfica* (ver *Graphical Interface*), indica lo que se *presenta* (ver *Display (verb)*) en *primer plano*. Ver, por ejemplo, *foreground color*.

• To set the *foreground (de primer plano)* and background color of a list box control, set ...

2. Cuando se aplica a elementos activos (programas, procesos, tareas), el término *primer plano* tiene una o más de las siguientes características (sobre todo, con relación a *Background*; ver):
– Mayor prioridad de ejecución.
– Interacción.
– En la misma sesión no puede introducirse un nuevo elemento activo hasta que no termine de ejecutarse el anterior.

• While one is running in the *foreground (primer plano)*, one or more can be running in the background.

Foreground color: *1. Color de primer plano.*

1. Color de lo situado en *primer plano* (ver *Foreground*), en contraposición con el color de fondo (*Background color*) (por ejemplo, para conseguir más visibilidad).

• ... by changing the *foreground and background colors (colores de primer plano y fondo)* of the selected object ...

Foreign key: *1. Clave foránea.*

1. En términos de modelo de datos, uno o más *atributos* (ver *Attribute*) que representan una *interrelación* (ver *Relationship*) desde una *entidad* (ver *Entity*) de detalle a una *entidad maestra* (ver *Master entity*). En términos de *bases de datos* (ver *Database*) relacionales, una o más columnas de una tabla cuyos valores son iguales a los de alguna clave (primaria) de otra tabla.

• ... and the one containing the *foreign key (clave foránea)* is the dependent table.

Fork (noun): *1. Ramal.*

1. Acción y efecto de *enramarse* (ver *Fork (verb)*) un proceso.

• ... by the probability that there are multiple *forks (ramales)* going on concurrently.

Fork (verb): *1. Enramar(se).*

1. Ejecutar una función (por ejemplo *fork()*) en un proceso, que crea y arranca otro proceso descendiente. Éste hereda del primero parte de sus elementos operativos.

• This runs the shell script in the shell, rather than *forking it (enramarla)*.

Form: *1. Formulario.*

1. Modelo o patrón que contiene espacios en blanco que se relacionan, por posición, con textos explicativos que definen y especifican

los posibles contenidos a introducir en ellos. Un *formulario* puede materializarse en papel (un preimpreso) o, cada vez más frecuentemente, ser *presentado* (ver *Display (verb)*) en pantalla.

* ... a variety of type sizes and styles, as well as images and electronic *forms (formularios)*, on a single page ...

Form factor: *1. Factor forma.*

1. Palabra, relativamente innecesaria, que se refiere al tamaño y conformación de los elementos de un conjunto (torre y periféricos de una *CP* (ver *Personal Computer*), dispositivos contenidos en una caja principal de una *CP*, módulos que forman un programa, etc.). Puede influir en la decisión de compra del producto.

* «I do like the *form factor (factor forma)* and the full size screen ...»

Form feed: *1. Avance de página. 2. FF.*

1. *Mandato* (ver *Command*) de impresora (un carácter precedido, en general, por otro carácter de escape) que produce avance del papel hasta el inicio de la página siguiente. En *ASCII* y en *EBCDIC* tiene como valor x'0C'.

* ... a *form feed (avance de página)* character is sent into the pipe after every message.

2. Botón o mandato de impresora de papel continuo que cuando se pulsa o ejecuta produce un avance a página nueva.

* ... the printer that you want to turn the *form feed (avance de página)* and banners off.

Formal method: *1. Método formal.*

1. Método riguroso (basado en la lógica matemática) para especificar los componentes pasivos y el comportamiento de una pieza de software (desarrollada o en vías de desarro-

llo), de un protocolo, etc. Estos métodos intentan ayudar en la verificación matemática de la corrección de las especificaciones y de los productos desarrollados.

* It also has considerable expertise in the Z language and *formal methods (métodos formales)*.

Format (noun): *1. Formato.*

1. Manera en que se agrupa, ordena y, en muchos casos, codifica la información que constituye un determinado compuesto de información (registro, conjunto de datos, fichero, dirección, instrucción en *código de máquina*, etcétera). Es un término de amplio uso.

* ... converts the new copy into the appropriate *format (formato)* for the target program library ...

Format (verb): *1. Formatear.*

1. Convertir un elemento real (por ejemplo, un conjunto de datos) o potencial (por ejemplo, la superficie original de un disco o disquete) de información, en un conjunto ordenado y estructurado. Es decir, dar *formato* (ver *Format (noun)*).

* ... to print *formatted (formateados)* listings of modules and system storage areas.

* To *format (formatear)* a floppy disk you have to open ...

Format bar: *1. Barra de formato.*

1. Una de las barras de herramientas disponibles en muchos procesadores de texto. La *barra de formato* facilita el uso de opciones tales como diseño y tamaño de los tipos, su estilo, alineado del texto, etc.

* ... click the Font box on the *format bar (barra de formato)* and choose the font ...

Formatting: *1. Formateo.*
1. Acción y efecto de *formatear* (ver *Format (verb)).

• ... prints its arguments with only simple for-matting (formateo).

Forms Control Buffer: *1. FCB.*
1. En entornos IBM, módulo especial que se usa para controlar el movimiento del papel en impresoras que no tienen cinta de control de carro. (*Nota*: tanto las cintas de control de carro como las FCBs controlan el espaciado y los saltos a canal o espaciado a línea fija; ver *Carriage control character.*)

• The *forms control buffer (FCB)* module is of variable length and contains vertical line spacing information ...

Forms dialog(ue) interface:
1. Interfaz diálogo/formulario.
1. Tipo de interacción entre aplicación y usuario en el que éste recibe una o más pantallas sucesivas, habiendo en cada una de ellas diferentes campos informativos y de *introducción* (ver *Entry field*), como si de un *formulario* (ver *Form*) se tratara. El usuario introduce datos en los campos de entrada y, al final, solicita el procesamiento del «formulario».

• *Forms dialog interface (La interaz diálogo/formulario)* includes auto cursor movement/placement.

Formula: *1. Fórmula.*
1. Estadio previo a *expresión aritmética* o lógica. Por consiguiente, las *fórmulas* son componentes habituales de las especificaciones que, tras la codificación de los programas, se convierten en expresiones.

• Use the following *formula (fórmula)* to determine the estimated lock structure size based ...

2. En hojas de cálculo, forma de referirse a las operaciones a efectuar con valores en casillas para obtener valores para otras casillas.

• You will need to enter numbers and *formulas (fórmulas)* and copy these ...

Forward (adverb): *1. Hacia delante.*
1. Indica el sentido –hacia delante– en que se realiza una operación: exploración de un texto o fichero, espaciado en una impresión, *recuperación* (ver *Recovery*) de un *objeto* (ver *Object Def. 2*) de *bases de datos*, búsqueda de direcciones en una interred, etc.

• ... scan *forward (hacia delante)* until you see the name of an ...

• To facilitate *forward (hacia delante)* recovery, after-images of the changes are recorded ...

Forward (verb): *1. Reenviar.*
1. Pasar hacia delante un mensaje, *freim* (ver *Frame*), etc., en busca de su destinatario propio o de otro destinatario interesado.

• A bridge *forwards (reenvía)* a frame to another bridge based on the medium access control (MAC) address.

Forward button: *1. Botón Adelante.*
1. Cuando se pagina en determinadas *interfaces gráficas* (ver *Graphical Interface*), el *botón adelante* nos *presenta* (ver *Display (verb)*) la página siguiente de las disponibles.

• A *Forward button (botón adelante)* is also available on the Tool bar.

Forward recovery: *1. Recuperación hacia delante.*
1. Forma de *recuperar* (ver *Recover (verb)*) el contenido actualizado de un fichero o componente de *base de datos* (ver *Database*) consis-

tente en *restaurar* (ver *Restore*) una copia (*de salvaguardia*; ver *Backup copy*) previa del fichero o del componente de la base de datos y aplicar a la misma todos los cambios habidos desde el momento en que se obtuvo la copia hasta el momento actual. Son requisitos: disponer de una copia previa y de una *imagen después* (ver *After image*) de los cambios producidos en los registros del fichero o componente de la base de datos, es decir, de los registros ya cambiados.

• ... provides transactional commit, rollback, and *forward recovery (recuperación hacia adelante)* logging functions for ...

Forward slash: *1. Barra diagonal.*
Sinónimo de *Slash* (ver).

Forwarding address: *1. Dirección de reenvío.*
1. Dirección a la que se *reenvía* (ver *Forward (verb)*) un *mensacorre* (ver *E-mail*).

Fourth Generation Language:
1. Lenguaje de Cuarta Generación.
2. L4G.
1. Lenguaje de programación más cercano al lenguaje natural (no olvidemos: el inglés) que los lenguajes de alto nivel (C, COBOL, etc.) y con una cierta especialización por tipo de salida (por ejemplo, listados y *formularios*; ver *Form*), por organización de los datos accedidos (por ejemplo, *bases de datos* (ver *Database*) relacionales), etc.

• ... results without the user having to program in a *Fourth Generation Language (Lenguaje de Cuarta Generación)*.

FORTRAN: *1. FORTRAN.*
1. Acrónimo de FORmula TRANslator. Viejo lenguaje de programación especializado en el cálculo matemático y que, en versiones sucesivas, se ha ido adaptando al cambio de los

tiempos (la última norma se desarrolló en los primeros 90's). Aún muy usado.

• ... written in programming languages such as Assembler, *FORTRAN (FORTRAN)*, ...

FP: *1. PF. 2. Punto de función.*
Ver *Function Point.*

FPD: *1. Pantalla de página.*
Ver *Full-page display.*

FPM DRAM: *1. FPM DRAM.*
Ver *Fast page mode Dynamic RAM.*

FPU: *1. UCF. 2. Unidad de coma flotante.*
Ver *Floating Point Unit.*

FQDN: *1. FQDN. 2. Nombre de dominio totalmente calificado.*
Ver *Fully qualified domain name.*

Fractal: *1. Fractal.*
1. Forma irregular que puede descomponerse en partes que, en otra escala, repiten, igual o muy aproximadamente, la forma original. Muchas formas de la naturaleza son fractales. Con las potentes computadoras actuales es relativamente fácil obtener las bellas formas de los fractales.

• A class of *fractals (fractales)* that yield natural-looking forms like ferns ...

Fractional T1 line: *1. Línea fraccionada T1.*
1. Método, específico de los EUA, de alquiler fraccionado de las líneas telefónicas para transmisión de datos. Las líneas T1 admiten 24 canales de 64 Kbps pudiendo un usuario alquilar uno o más de estos canales.

• The *fractional T1 line (Línea fraccionada T1)* will be dedicated to the flow of data between the corporate ...

Fragmentation: *1. Fragmentación.*

1. Situación en la que queda un espacio de almacenamiento (especialmente, un disco) como consecuencia de sucesivas operaciones de adición y borrado de ficheros: el espacio libre no es continuo sino que está trufado de espacios ocupados por ficheros o extensiones de ficheros. Esto dificulta el aprovechamiento del espacio y alarga los tiempos de acceso a los ficheros.

• ... to reduce or eliminate free-space *fragmentation (fragmentación)*, and prints a report ...

Frame (noun): *1. Freim. 2. Marco. 3. Ámbito.*

1. Unidad de información que se transfiere a través de un *enlace* (ver *Link (noun) Def. 5*) para datos. Pueden haber *freims* de control (que gestionan el enlace) y *freims* de datos. Un *freim* de datos contiene, además de éstos, información de *direccionamiento* (ver *Addressing*) y de protocolo.

• With synchronous transmission, the stream of characters is divided into blocks called *frames (freims)*.

2. Parte de una ventana en la que pueden aparecer datos y/o imágenes. Tiene forma rectangular con bordes.

• The actions of one *frame (marco)* can modify the document within another.

3. Conjunto limitado de datos codificados, que puede servir para identificar, con un cierto margen de error, un objeto complejo (por ejemplo, una huella digital). Es un concepto propio de la *Inteligencia Artificial* (ver *Artificial Intelligence*).

• The problem of forcing a robot to adapt to these changes is the basis of the *frame (ámbito)* problem in artificial intelligence ...

Frame relay: *1. Frame relay.*

1. Servicio de tipo *freim* (ver *Frame*) que puede asociarse con la RDSI (*Red Digital de Servicios Integrados*; ver *Integrated Services Digital Network*). Tiene menos complejidad que el sistema X.25 y da altas velocidades de transmisión, ya que no utiliza procedimientos rigurosos de control de errores y de *control de flujo* (ver *Flow control*).

• *Frame relay* allows multiple calls to diferents destinations to be in progress ...

• Recently, many internetworks have moved to public *frame relay* for wide area service.

Frame Relay Access Device: *1. FRAD.*

1. Dispositivo (hardware + software) diseñado para *encapsular* (ver *Encapsulate (verb) Def. 1*) «paquetes» de datos propios de otros protocolos (X.25, *IP*, etc.) en las *freims* (ver *Frame*) características de las redes con tecnología *Frame Relay* (ver).

• Our *Frame Relay Access Device (FRAD)* offers modular models –so you can buy what you need, ...

Frame switching: *1. Conmutación de freims.*

1. Tecnología para *RALs* (ver *Local Area Network*) rápidas basada en el empleo de *conmutadoras* (ver *Switch Def. 2*) de *freims* (ver *Frame*). Estas conmutadoras actúan como *puentes* ordinarios en el sentido de que conmutan según listas autoconstruidas. Pero se diferencian en que han sido desarrolladas como *CIEA* (ver *Application Specific Integrated Circuit*), lo que les da un gran *rendimiento* (ver *Performance*).

• Replacing shared-media hubs with *frame switching (conmutación de freims)* devices divides the LAN ...

Frames: *1. Marcos.*
1. Forma moderna de diseñar páginas *Ueb* (ver *World Wide Web*) que permite definir estructuras de páginas (o de ficheros que las contienen). Debe corresponderse con una capacidad de los *navegadores* (ver *Browser*) para *presentar* (ver *Display (verb)*) la página principal y las subordinadas (en forma de *marcos*).

• The intelligent use of *frames (marcos)* can give your pages a cleaner ...

Free day: *1. Día no laborable.*
1. Día no laborable en un calendario. De utilidad en sistemas de planificación del trabajo de las instalaciones informáticas y de operación automática de las mismas.

• ... what to do if an application run date falls on a *free day (día no laborable)*.

Free software: *1. Software libre.*
1. Programas suministrados sin coste y en código fuente que todo el mundo es libre de copiar, redistribuir y modificar. Incluso pueden ser vendidos a condición que no se impongan nuevas restricciones en su distribución y/o uso.

• «Why should I support *free software (software libre)* when everyone gets the benefit?»

Free space: *1. Espacio libre.*
1. Espacio disponible en un volumen de almacenamiento para almacenar nuevos ficheros o ampliar (si es posible) los existentes. Los *sistemas operativos* (ver *Operating system*) acostumbran a llevar la cuenta del espacio libre.

• Consolidates the *free space (espacio libre)* on a volume to help prevent out-of-space abends ...

Free Software Foundation: *1. Free Software Foundation. 2. FSF.*
1. Organización sin espíritu de lucro que ha establecido como su objetivo la creación y distribución de software libre (ver *Free Software*).

• This is the licence applied to most software from the *Free Software Foundation (Free Software Foundation)* and the GNU project ...

Free text search: *1. Búsqueda de texto libre.*
1. Búsqueda de una *ristra* (ver *String*) en un texto sin añadir ningún tipo de restricción (palabra completa, inicio de palabra, fin de palabra, etc.).

• Please enter your search term in the *free text search (búsqueda de texto libre)* or focus it to ...

FreeBSD: *1. FreeBSD.*
1. Versión UNIX de libre disposición basada en la *entrega* 4.4 de Berkeley (ver *Release*). Puede ejecutarse en la mayoría de las *CPs* (ver *Personal Computer*) actuales a condición de que tengan un mínimo de 4 MB de RAM (ver *Random Access Memory*) y 60 MB de disco duro libres. Gestiona multitareas (sistema *desalojante*; ver *Preemptive multitasking*) y acceso multiusuario a diferentes tipos de dispositivos, implementa *TCP/IP* (ver *Transmission Control Protocol/Internet Protocol*), se basa en memoria virtual, etc.

• *FreeBSD (FreeBSD)* offers advanced networking, performance, security and compatibility features today which are still missing ...

Freenet: *1. Red Libre.*
1. Nombre genérico de diferentes iniciativas tendentes a facilitar el acceso gratuito a *sistemas de tablón de anuncios* (ver *Bulletin Board System*), al *correo-e* (ver *E-mail*) y a Internet...

● *Freenets (Las Redes Libres)* are funded and operated by individuals and volunteers ...

Freestanding application:
1. Aplicación emancipada.
1. Aplicación preparada para ejecutarse en un entorno de explotación diferente del entorno de desarrollo de la misma.

● Certain restrictions apply to *freestanding applications (aplicaciones emancipadas)* initialized by the routines EDCXSTRT ...

Freeware: *1. Software gratuito restringido.*
1. Programas que se ofrecen gratuitamente pero sin que los que los reciben puedan incluirlos en desarrollos propios ni venderlos de alguna manera.

● If you're looking for the best *freeware (software gratuito restringido)* icons for your Macintosh, look no ...

Freeze (verb): *1. Congelar.*
1. Aplicado a un componente hardware o software o a un proyecto de desarrollo, éste queda *congelado* cuando no se esperan o desean cambios (al menos a corto plazo) en el mismo. Las *congelaciones* acostumbran a no ser absolutas y radicales; la experiencia demuestra que son tendencias más o menos sólidas.

● Copy this file over to XYZ\component and *freeze (congela)* the project.

2. Parar un elemento esencialmente dinámico para dar tiempo a una acción determinada.

● ... that allows operators to *freeze (congelar)* the screen to view messages.

Frequency Division Multiplexing:
1. Multiplexación por división de frecuencia.
2. MDF.

1. Sistema de multiplexación basado en asignar a cada *señal* (ver *Signal Def. 1*) de entrada una frecuencia (de multiplexación) diferente. Equivale a dividir la anchura de banda del canal único de transmisión en una serie de subcanales, cada uno de los cuales transporta una señal distinta.

● *Frequency Division Multiplexing (de multiplexación por división de frecuencia)* modems are usually called rf modems.

Frequently Asked Questions:
1. P+F.
1. Los creadores de Internet se encontraron, desde sus etapas más tempranas, que tenían que perder mucho tiempo contestando las mismas preguntas a cada novato que se incorporaba a la Red. Para solventar el problema inventaron un archivo o sede en el que se almacenaban dichas preguntas y sus respuestas. Esta opción ha alcanzado su mayor desarrollo en los *grupos de noticias* (ver *News groups*) de *Usenet* (ver), cuyos moderadores se han hecho cargo de crear y actualizar estos importantes depósitos de información útil.

● The collection af all *FAQs (P+Fs)* lists is one of the most precious ...

Friction feed: *1. Alimentación por fricción.*
1. Forma de alimentar el papel en las impresoras basada en el uso de mecanismo de fricción (por ejemplo, rodillos cubiertos de goma).

● Better *friction feed (con alimentación por fricción)* printers have accessory mechanisms that automatically load ...

Friendly: *1. Afable.*
Ver *User friendly.*

From scratch: *1. Desde cero.*
1. Iniciar una tarea prescindiendo de todo lo

hecho anteriormente respecto a la misma. Puede aplicarse tanto a cuestiones de análisis y diseño, como a la forma de trabajar de determinados algoritmos.

● ... discards the table of substrings and rebuilds it *from scratch (desde cero)* ...

Front compression: *1. Compresión frontal.*

1. Método de ahorrar espacio en la construcción de índices consistente en eliminar de una *clave* (ver *Key (noun) Def. 2*) los caracteres que no añaden nada a la ordenación establecida según los caracteres que siguen a los eliminados.

● ... if key *abcdgh* follows key *abcbbb*, there is *front compression (compresión frontal)* and the characters *abc* are eliminated from *abcdgh* ...

Front end: *1. En primer plano. 2. Frontal. 3. Interfaz de usuario.*
Ver *Front-end.*

Front panel: *1. Panel frontal.*
1. *Panel* (ver *Panel*) delantero de una computadora. Contienen diferentes elementos de manipulación (interruptores, ...) y señalización (pilotos, ...).

● ... and water/dust proof *front panel (panel frontal)* make them an ideal choice ...

Front-end: *1. En primer plano. 2. Frontal. 3. Interfaz de usuario.*
1. Dícese de un proceso, transacción, etc., ejecutado en un elemento activo (computadora, procesador, partición, ...) que es capaz de arrancar un proceso, transacción, etc., en otro elemento activo (o en el mismo). Se dice que el elemento arrancado está en segundo plano (*Back-end*).

● FEPI allows CICS *front-end (en primer plano)* application programs to communicate with unchanged *back-end (en segundo plano)* applications running on CICS or IMS systems that are local or remote.

2. Computadora que controla las comunicaciones que se dirigen a una *computadora principal* (ver *Mainframe computer*), a un analizador de protocolos, etc.

● They may terminate in a communications controller. Such a device is sometimes called a *front-end (frontal)* processor.

3. Elemento diseñado especialmente para una buena interacción entre el usuario y el sistema informático (por ejemplo, una *interfaz gráfica de usuario*; ver *Graphical User Interface*). Podría traducirse, también, por *interfaz de usuario.*

● As it stands more functionality could be offered via the *front-end (frontal)* to the user ...

Front-end of a compiler: *1. Frontal de un compilador.*
1. Etapas iniciales del trabajo de un *compilador*. Se incluyen los *análisis léxico* (ver *Lexical analysis*), *sintáctico* (ver *Parse (verb) Def. 3*) y semántico y la generación de código intermedio y de una tabla de símbolos).

● The *front-end of a compiler (frontal de un compilador)* is shared by all target processors, because of the independence.

Front-end processor: *1. Procesador frontal.*
Sinónimo de *Front-end* en su *Def. 2.*

Frontend: *1. En primer plano. 2. Frontal. 3. Interfaz de usuario.*
Ver *Front-end.*

FRAD: *1. FRAD.*
Ver *Frame Relay Access Device.*

FRAM: *1. FRAM.*
Ver *Ferroelectric RAM.*

FSF: *1. FSF.*
Ver *Free Software Foundation.*

FSM: *1. MNFE. 2. Máquina con Número Finito de Estados.*
Ver *Finite State Machine.*

FTAM: *1. FTAM.*
Ver *File Transfer, Access, and Management.*

FTP: *1. FTP.*
Ver *File transfer protocol.*

FTP client: *1. Cliente FTP.*
1. Programa que permite interaccionar con un *servidor FTP* (ver *FTP server*) para bajar y/o subir ficheros desde/hacia el mismo.

● Most of the *FTP clients (clientes FTP)* are either free or are very inexpensive, so ...

FTP server: *1. Servidor FTP.*
1. Servidor de ficheros (ver *File server*) especializado en cuanto al contenido de éstos y en cuanto a que el acceso a los mismos (para subida (*upload*) y bajada (*download*)) usa el protocolo FTP (ver *File Transfer Protocol*).

● How can we set up the *FTP server (servidor FTP)* so that each user is automatically ...

FTS file: *1. Fichero FTS.*
Ver *Full-text Search file.*

Full Internet Access: *1. Acceso pleno a Internet.*
1. Se llama *Acceso pleno a Internet* el que se establece con un suministrador de servicio Internet, permitiendo al usuario contratar todos los servicios que pueden alcanzarse usando *TCP/IP* (ver *Transmission Control Protocol/Internet Protocol*): Correo-e (ver *E-mail*, *Ueb* (ver *World Wide Web*), *Usenet* (ver), *Telnet* (ver), FTP (ver *File transfer protocol*) y archie, IRC (ver *Internet Relay Chat*), ...

● ... PC-compatible, and UNIX computers can have *full Internet access (acceso pleno a Internet)* with only a single standard phone line ...

Full outer join: *1. Unión completa externa.*
1. En la SELECT de *SQL* (ver *Structured Query Language*) una *unión* (ver *Join*) condicionada de dos tablas *parea* (ver *pair (verb)*) filas de ambas tablas que cumplan una condición. Con la opción *completa externa* se seleccionan las filas pareadas y, además, las no pareadas de cada tabla con valores nulos en las columnas de la otra tabla.

● For a *full outer join (unión completa externa)*, the row is kept.

Full-duplex: *1. Dúplex completo(a).*
Sinónimo de *Dúplex* (ver).

● A *full-duplex (dúplex completa)* line can transmit in both directions at once.

Full-feature: *1. Completo.*
1. Componente o sistema dotado de todas las características esperables o estándar en su clase.

● ... becomes a *full-feature (completo)* UNIX client or server.

Full-page display: *1. Pantalla de página.*
1. Pantalla con capacidad para presentar, completa y con definición suficiente, una página DIN A4 (en medidas inglesas, 8 1/2 × 11 pulgadas).

- A *full-page display (pantalla de página)* would fulfill one of the objectives of the ...

Full-screen: *1. Pantalla completa.*
1. Forma de trabajar de un programa o aplicación en la que se dispone de toda la pantalla para interaccionar con el sistema.

- Internet Explorer users click here for *fullscreen (pantalla completa)*.

Full-text search: *1. Búsqueda autosuficiente de texto.*
1. Búsqueda de un texto más o menos largo, sin ayuda de índices, en uno o más ficheros situados en una o más agrupaciones (por ejemplo, subdirectorios).

- ... allows you to do both a *full-text search (búsqueda autosuficiente de texto)* of your hard disk and a ...

Full-text Search file: *1. Fichero FTS.*
1. Fichero-índice de conceptos «de ayuda» que construyen los sistemas Windows para mejorar el tiempo de respuesta de las búsquedas. Tiene extensión *.fts*. Pueden borrarse si se dispone de poco espacio en disco.

- MAME32 *Full-Text Search File (Fichero FTS)*.

Fullword: *1. Palabra.*
Sinónimo de *Computer word* (ver) y de uno de los sentidos de *Word*.

Fully populated board:
1. Placa repleta.
1. *Placa* (ver *board*) cuyos receptáculos están todos ocupados. No permite, por tanto, añadir nuevos chips.

- ... all components on a *fully populated board (placa repleta)* will reach the melting ...

Fully qualified domain name:
1. Nombre de dominio totalmente calificado.
2. FQDN.
1. Nombre en Internet con el que se puede determinar la dirección *IP* (ver *Internet Protocol*) de una computadora específica de la red. De todas formas, éste es un terreno confuso y hay quien opina que un FQDN debe incluir, además del nombre de dominio y de computadora, el nombre de un subdominio, mientras otros opinan que el FQDN está formado por el nombre del dominio y el de la computadora. También han cambiado las exigencias en cuanto a localizar una computadora de mi propio dominio: ahora es necesario suministrar el FQDN completo.

- Some servers require you to enter the host name, or a `Fully Qualified Domain Name´ *(Nombre de dominio totalmente calificado)* for the server ...

Function: *1. Función.*
1. Lo que hace (aquello para lo que se creó) una instrucción, un *mandato* (ver *Command*), una rutina, un programa, un subsistema o un sistema.

- ... all of the base TSO *functions (funciones)* and many new enhancements ...

2. Tarea asignada por una aplicación o usuario a determinadas teclas del teclado.

- ... program *function (función)* key definitions ...

3. Pieza de programación que puede ser externa al programa (tomarse de una *biblioteca*; ver *Library*) o creada en el propio programa, desarrollada «en casa» o suministrada con lenguaje o por proveedor externo, y que se caracteriza por devolver un valor y, posiblemente, tener efectos colaterales. Los lenguajes C y REXX, por ejemplo, contemplan el uso de *funciones*.

• ... provides a broad set of built-in *functions (funciones)* that perform ...

4. Hay también un concepto matemático de función que, a veces, hay que convertir en texto de programa.

• The *function (función)* is uniquely defined for every element of H.

5. Bloque usado en las etapas de diseño de sistemas de información y que se refiere a un conjunto contiguo y diferenciado de actividades realizadas por un usuario para cumplir las tareas que le han sido asignadas. Una parte significativa de las funciones acabará formando parte del subsistema informático (o mecanizado, según la vieja terminología). Toda función está formada por una entrada y una salida más los procesos realizados entre ambas.

• The specification of a *function (función)* is advanced by further defining ...

Function Point: *1. Punto de Función.*

1. Forma de evaluar la complejidad de las aplicaciones en desarrollo (a efectos de planificación, asignación de tareas, establecimiento de presupuestos, etc.) basada en determinar y clasificar por tipos, las funciones (ver *Function Def. 5*) de la aplicación a informatizar, efectuando un cálculo global de complejidad ponderando los tipos de funciones de acuerdo con la complejidad de los mismos. Los resultados pueden ser siempre problemáticos y lo son más cuanto más lejos del diseño físico detallado se establezcan las funciones del sistema.

• To count the *function points (puntos de función)* for an application, one of the steps required is to identify the logical data ...

Function shipping: *1. Transferencia de funciones.*

1. Dispositivo, en el marco de la intercomuni-

cación de sistemas, que permite que un *CICS* (monitor de teleprocesamiento de IBM; ver *Customer Information Control System*) acceda a los recursos situados en otro *CICS*. Por ejemplo, para leer un fichero.

• ... and thus reduce the need for repeated *function shipping (transferencia de funciones)* requests.

Functional dependency:
1. Dependencia funcional.
1. Concepto central del análisis relacional de los datos. Hay *dependencia funcional* entre dos *atributos* (ver *Attribute*) de una relación-tipo cuando a cada valor de uno de ellos corresponde un –y sólo uno– valor del otro.

• ... to find out the *functional dependencies (dependencias funcionales)* between data, ...

Functional programming:
1. Programación funcional.
1. Forma de programar basada en el uso de lenguajes especializados con los que pueden componerse programas formados por funciones (cada una constituida por una o más ecuaciones) que recibiendo unos datos, producen una salida. Las funciones pueden referirse unas a otras, siendo la *recursión* (ver *Recursion*) una característica muy significativa de este tipo de lenguajes.

• Consideration that assignment is harmful is on the basis of *functional programming (programación funcional)*.

Functional requirement: *1. Requisito funcional.*
1. Por oposición a requisito físico o temporal, un *requisito funcional* sólo contempla lo que el sistema que se analiza hace o debe hacer.

• A requirement to update a database is a clear example of *functional requirement (requisito funcional)*.

Functionality: *1. Capacidad funcional. 2. Operatividad. 3. Adecuación.*
1. Conjunto de funciones de un sistema, aplicación o producto.

• Because of its *increased functionality (incremento en su capacidad funcional)* and greater flexibility ...

2. Conjunto de funciones de un sistema, aplicación o producto, cuando se hace un especial hincapié en la facilidad de uso de dichas funciones.

• ... provides better *functionality (operatividad)*, and is of more general use than ...

3. Adecuación al fin perseguido.

• Any comments on the usefulness and *functionality (adecuación)* of this example ...

Funnel (noun): *1. Seriador.*
1. En programación, mecanismo para forzar la seriación (ejecución consecutiva) en el uso de trozos de programa no preparados para ejecución concurrente por más de una *hebra* (ver *Thread*). Puede usarse en otros entornos con significado parecido.

Funnel (verb): *1. Seriar uso.*
1. Utilizar un mecanismo *seriador*. Ver *Funnel (noun)*.

• Clearly, *funneling (seriar el uso de)* this fundamental resource introduces significant latencies ...

Fuse: *1. Fusible.*
1. Componente hardware que se funde (y corta la corriente) cuando la intensidad que lo atraviesa es superior a un cierto valor.

• A surge protector will blow a *fuse (fusible)* if it gets hit by a surge of electricity, thus protecting ...

Fuzzy: *1. Lógica difusa.*
Ver *Fuzzy logic*.

Fuzzy expert system: *1. Sistema experto difuso.*
1. Sistema experto que incorpora, en las fases de razonamiento y/o en las de representación, el procesamiento de conjuntos difusos y el uso de la lógica (ver *Fuzzy logic*) correspondiente.

• ... we discuss a *Fuzzy Expert System (sistema experto difuso)* that has been designed and developed to facilitate decision making ...

Fuzzy logic: *1. Lógica difusa.*
1. Lógica que no está basada en la dicotomía rigurosa cierto-falso, sino en la admisión de grados o probabilidades de certeza y falsedad. Se usa mucho en aplicaciones de la *Inteligencia artificial* (ver *Artificial Intelligence*), en búsquedas por contenido, en correctores ortográficos automáticos, etc.

• Some researchers in *fuzzy logic (lógica difusa)* have explored the use of ...

FW: *1. Hacia delante.*
Ver *Forward (adverb)*.

FWIW: *1. PSTI. 2. Por si te interesa.*
1. Abreviatura, de uso común en *grupos de noticias* (ver *News groups*), para *For What it's Worth*. Tiene un poco el sentido de no poner la mano en el fuego por lo que se dice.

• *FWIW (PSTI)*, here is an old message with an example of how to debug a ...

FYI: *1. PTI. 2. Para tu información.*
1. Abreviatura, de uso común en *grupos de noticias* (ver *News groups*), para *For Your Information.*

- *FYI (PTI)*, I'm working now ...

F2F: *1. CaC. 2. Cara a Cara.*
1. Fórmula usada en correo-e y en grupos de noticias para sugerir un encuentro personal (es un seudoacrónimo de *Face to Face*).

- ... to save a lot of work but *F2F (CaC)* interaction with customers will give the ...

G

gid: *1. gid.*
Ver *Global index.*

gt: *1. Mayor que.*
1. Carácter especial (>) cuyo valor en *ASCII* es x'3E' y en *EBCDIC* x'6E'.

• ... in the portable character set, the name *gt (mayor que)* is used.

gzip: *1. gzip.*
1. Programa utilitario de compresión que forma parte del paquete *GNU* (ver). Utiliza algoritmo Lempel-Zif.

• All compressed files in the GNU anonymous FTP area are in *gzip* format and their names end ...

G: *1. G (por Giga).*
1. Abreviación de *Giga*. Ver *Gb* y *GB*.

G-code: *1. G-code.*
1. Nombre común a varios lenguajes intermedios usados, principalmente, en aplicaciones de control numérico de máquinas.

• ... is a plain English way to produce *G-code (G-code)* files without knowing G-Code.

Game port: *1. Puerto para juegos.*
1. Puerto de *E/S* (ver *Input/Output*), de 15 patillas (ver *Pin*), que se usa, principalmente, para conectar la *palanca para juegos* (ver *Joystick*).

• Common variations on the dongle have used parallel or even *game ports (puertos para juegos).*

Gap: *1. Intersticio. 2. Separación. 3. Salto.*
1. Separación intencionada (para facilitar la lectura) entre dos bloques de datos contiguos grabados en un almacenamiento externo.

• ... or restore of magnetic disks without using interblock *gaps (intersticios).*

2. Distancia intencionada que se deja entre el final de unos datos y el inicio de los siguientes (es, a diferencia de la anterior, una distancia gestionada por el usuario). Puede traducirse mejor por *separación.*

3. Falta de datos (por pérdida o cualquier otra causa). Por ejemplo, en una serie temporal de frecuencia diaria, no se dispone de los datos de uno o más días. En este caso, puede que la traducción más adecuada sea *salto.*

● ... ignoring *gaps (saltos)* in the device number sequence.

Garbage: *1. Basura. 2. Restos.*

1. Nombre genérico que se aplica a datos que han perdido su utilidad, han sido indebidamente alterados, son erróneos o, simplemente, no pueden *presentarse* (ver *Display (verb)*) o imprimirse de forma visible.

● The *garbage (basura)* one gets on the display screen when using a modem connection ...

2. Espacio de memoria (inclusive en soporte magnético) que ha dejado de usarse y que no puede aprovecharse debido a que es demasiado pequeño, aunque el conjunto de esos espacios dispersos tenga una magnitud más que significativa.

● I cleaned up the *garbage (restos)* and now have 100 MB free on that ...

Garbage collection: *1. Agrupación de restos.*

1. Función del *sistema operativo* (ver *Operating system*) y de aplicaciones bien diseñadas consistente en reunir los *restos* de espacio no aprovechables (ver *Garbage Def. 2*) para permitir su reutilización. En el caso de los soportes magnéticos esta función, cuando es independiente, se llama *desfragmentación*.

● Other features are *garbage collection (agrupación de restos)*, exception handling, etc.

Garbage In Garbage Out: *1. Basura Entra, Basura Sale. 2. BEBS.*

1. Forma muy gráfica de expresar la insuficiencia semántica de las computadoras y, por tanto, la enorme importancia que tiene la depuración exhaustiva de los datos de entrada.

● The *garbage in, garbage out (basura entra,*

basura sale) maxim still applies. Nor can any of the available software relieve you of ...

Gas-plasma display: *1. Pantalla de plasma.*

1. Tecnología para pantallas planas basada en la excitación eléctrica de pequeñas cápsulas de neón situadas entre dos vidrios planos que, además, forman una *rejilla* (ver *Grid*) de conductores. La activación de un conductor horizontal y de otro vertical produce un punto luminoso en la intersección.

● *Gas-plasma displays (Las pantallas de plasma)* are the best way to achieve flat panel displays with exceptionally high quality pictures ...

Gate (noun): *1. Puerta.*

1. Dispositivo electrónico que transforma una o más *señales* de entrada en una *señal* de salida (las señales son, habitualmente, tensiones eléctricas) de forma que la señal de salida depende de las de entrada y del diseño del dispositivo (no se almacenan estados). Ver *Logic gate* para una descripción de las *puertas* electrónicas más comunes.

● Each *gate (puerta)* allows data to flow from one unit to another ...

Gate (verb): *1. Pasar.*

1. Transferir un mensaje a través de una *pasarela* (ver *Gateway*).

● ...as the respective broadcast addresses for the subnetworks being *gated (pasadas)* between ...

Gateway: *1. Pasarela.*

1. El objetivo de la función *pasarela* es resolver los problemas derivados de conectar dos redes que tienen protocolos diferentes desde el escalón de red hacia abajo. En este sentido la *pasarela* actúa también como convertidor de protocolos para los tres *estratos* (ver

Layer) inferiores. La misma máquina física puede efectuar funciones de *pasarela* y de *encaminamiento* (ver *Routing* y *Router*). El nombre de esta máquina múltiple puede ser tanto *pasarela* como *encaminadora* (que parece que se está imponiendo; ver *Router*).

• Routers play crucial roles as *gateways (pasarelas)* between LANs and the wide area.

Gateway to Gateway Protocol:
1. Protocolo Pasarela a Pasarela. 2. GGP.
1. Es uno de los primeros protocolos creados para la programación de caminos en *pasarelas nucleares* (ver *Core gateway*). Utiliza el algoritmo *distancia vectorial*. Actualmente se considera que este protocolo está obsoleto y se recomienda su no implementación.

• ... core gateways used the *Gateway to Gateway Protocol (Protocolo Pasarela a Pasarela)*, to exchange routing information ...

Gather: *1. Reunir.*
1. Reunir datos situados en posiciones no contiguas de memoria (lo más frecuente, *báferes*; ver *Buffer (noun)*) y grabarlos en un dispositivo.

• The data *is gathered (se reúnen)* from the buffers specified by ...

Gb: *1. Gb. 2. Gigabit.*
1. 10**9 bits, o sea, 1.000 millones de bits.

Gbps: *1. Gbps.*
1. Abreviatura de *Gigabit per second*. Se refiere a velocidades de transmisión. 1 *Gbps* equivale a 10**9 bits por segundo (mil millones).

• ... with a planed increase to 2 *Gbps (Gbps)*.

GB: *1. GB. 2. Gigabait.*
1. 10**9 *baits*, o sea, 1.000 millones de *baits* (ver *Byte*).

2. Cuando mide capacidad de almacenamiento, 2**39 *baits*, o sea, 1.073.741.824 *baits* en notación decimal.

GDD: *1. GDD.*
Ver *Graphics Device Driver*.

GDI: *1. GDI.*
Ver *Graphical Device Interface*.

GDMO: *1. GDMO.*
Ver *Guidelines for the Definition of Managed Objects*.

Geek: *1. Sabio (irónico).*
1. Palabra afecta de polisemia y llena de matices, frecuentemente despectivos, con la que se refieren, en los EUA al profesional informático que sabe bastante o mucho y no duda en presumir de ello, en general con poca gracia.

• He has all the negative traits of the *geek* (*«sabio»*) without having any interest ...

Gender bender: *1. Transexuador.*
Ver *Gender changer*.

Gender changer: *1. Transexuador.*
1. Artilugio (puede que un trozo de cable con dos conectadores en sus extremos) que permite la conexión de dos conectadores del mismo «sexo».

• ... a combined null-modem and *gender changer (transexuador)* to connect a ...

General protection failure: *1. Fallo de protección general. 2. FPG.*
Sinónimo de *General protection fault* (ver).

General protection fault: *1. Fallo de protección general. 2. FPG.*
1. Situación de error producida cuando un programa (frecuentemente de un producto o

aplicación no desarrollados por uno mismo) intenta acceder sin permiso a datos de otra aplicación o del *sistema operativo* (ver *Operating system*). La causa remota puede ser un error en el programa y la causa inmediata una manipulación (de *teclas*, por ejemplo) no prevista o un error de configuración o alteración indeseada en ficheros del sistema.

• The most common problems are stack faults, invalid instructions, divide errors (divide by zero), and *general protection faults (fallos de protección general).*

General Public License: *1. GPL.*

1. Condiciones contractuales por las que se cede el derecho a usar productos *GNU* (ver) y de otros suministradores que se adhieran a las mismas. Se incluye el derecho a la libre distribución (con o sin cargo), la obligación de suministrar los programas en lenguaje fuente y el derecho a modificarlos si así lo desea el que recibe el programa.

• The *General Public License (GPL)* is a copying license which basically says that you ...

General register: *1. Registro general.*

1. Área de memoria de longitud corta (normalmente 1 *palabra*) y de acceso muy rápido que puede (y a veces, tiene que) usarse ventajosamente para cálculos ordinarios y de direcciones. Algunos modelos de computadoras tienen, además de los *registros generales*, otros registros especializados, como los de coma flotante.

• The *general registers (registros generales)* are identified by the numbers 0-15 and ...

Generalized Markup Language: *1. GML.*

1. Lenguaje de *anotaciones* (ver *Markup*) que permite introducir en un documento electrónico *anotaciones* que determinarán el procesamiento del texto asociado a las mismas. Ver también *Standard Generalized Markup Language.*

• ... documents that include *Generalized Markup Language (GML)* tags as well as text.

Generation: *1. Generación.*

1. Método convencional y, a veces, puramente comercial, de bautizar los saltos tecnológicos producidos en las computadoras y otros elementos informáticos (por ejemplo, los lenguajes de programación). La cuarta y quinta (¿también la sexta?) generaciones de computadoras constituyen un complejísimo entramado de mejoras que sin ser un verdadero salto tecnológico suponen incrementos muy importantes en la capacidad de cálculo y de almacenamiento de datos.

• ... that seemed to be significant advances on the previous *generation (generación)*, attracted this ...

Generic key: *1. Clave genérica.*

1. *Clave* formada por una parte (tomada desde el extremo más significativo) de una clave total. Permite acceder o situarse al inicio del grupo de registros que comparten dicha clave genérica (o parcial).

• ... the record pointed to is the first of the records having the same *generic key (clave genérica).*

Generic name: *1. Nombre genérico.*

1. Nombre que se refiere a más de un objeto del mismo tipo. La forma más frecuente de especificar un *nombre genérico* es usando *caracteres comodín* (ver *Pattern matching character;* sinónimo de *Wildchar* y otros).

• ... a description of how to use a *generic name (nombre genérico)* to alter multiple entries with one ...

Genetic programming:
1. Programación genética.
1. Técnica de programación que sigue los mecanismos propios de la selección natural de las especies. Se aplica a la resolución de problemas especialmente complejos en los que resulta imposible prever un algoritmo de resolución antes de codificar el programa. Los componentes de un programa inicial creado de forma semialeatoria se eliminan, recombinan, etc., según los resultados obtenidos en ejecuciones consecutivas del programa (contrastadas por la realidad), hasta conseguir un programa final aceptable.

● *Genetic programming (La programación genética)* can solve problems of control, optimisation, pattern recognition, etc. ...

Geographic Information System:
1. Sistema de Información Geográfica.
2. SIGEO.
1. Aplicación, desarrollada a medida o adquirida como *paquete,* especializada en el procesamiento de datos geográficos. Puede disponer de uno o más medios de introducir y validar este tipo de datos (por ejemplo, según origen de los mismos), de un sistema de almacenamiento (casi siempre una base de datos relacional; ver *Relational database*) y de varios mecanismos de *consulta* (ver *Query o Enquiry*) y *presentación* (ver *Display (verb)*) de los datos, y, además, ser capaz de efectuar cálculos geográficos y realizar presentaciones gráficas. La información se almacena en forma de coordenadas o por medio de vectores o por una combinación de ambos métodos. Las utilizaciones pueden ser muy variadas e incluso existen sistemas especializados en utilizaciones concretas.

● *Geographic information systems (Los sistemas de información geográfica)* work with two fundamentally different types of ...

Get (verb): *1. Obtener.*
1. Palabra de amplio uso que se relaciona con la obtención de recursos por parte de los programas: obtener direcciones, áreas de memoria, datos desde un fichero (equivalente a *read, retrieve* o similares), etc.

● *Get (obtiene)* enough virtual storage for as many as *n* table entries ...

GEM: *1. GEM.*
1. *Interfaz gráfica de Usuario* (ver *Graphical User Interface*) deudora de Macintosh y de la que existieron versiones para máquinas Atari y *CP* (ver *Personal Computer*). Sobrevive con dificultades.

● ... the later versions of Atari *GEM (GEM)* supported 24-bit colour modes, full colour icons and a ...

GGP: *1. GGP. 2. Protocolo Pasarela a Pasarela.*
Ver *Gateway to Gateway Protocol.*

Ghost: *1. Espectro.*
1. En jerga informática, situación en que se encuentra una sesión de *charla* (ver *Chat*) cuando, habiendo terminado (todo el mundo ha ido desapareciendo), el servidor de que depende aún no ha tomado las medidas necesarias para cancelarla.

● Server Connection Count for *ghost (de espectro)* situation.

Ghz: *1. Ghz.*
Ver *Gigahertz.*

Gigabit: *1. Gb. 2. Gigabit.*
1. 10**9 bits, o sea, 1.000 millones de bits.

Gigabit Ethernet: *1. Ethernet gigabit.*
1. Tecnología *Ethernet* (ver) de muy altas prestaciones (hasta 1 *Gbps*), basada en fibra

óptica. Existe una norma reciente (1998) con relación a esta tecnología. Se usa principalmente como *eje central de red corporativa* (ver *Backbone*).

● The fiber optic media and short copper jumper media specifications for the *Gigabit Ethernet (Ethernet gigabit)* system are based ...

Gigabyte: *1. GB. 2. Gigabait.*
1. 10**9 *baits*, o sea, 1.000 millones de *baits* (ver *Byte*).

2. Cuando mide capacidad de almacenamiento, 2**39 *baits*, o sea, 1.073.741.824 *baits* en notación decimal.

Gigaflops: *1. Gigaflops.*
1. Unidad para medir la potencia de cálculo de las computadoras. Equivale a una velocidad de ejecución de 10**9 instrucciones de coma flotante por segundo.

● Recently, a 16 processor Beowulf sustained 1.25 *Gigaflops (gigaflops)* performance on a ...

Gigahertz: *1. Gigahercio. 2. Ghz.*
1. Unidad (múltiplo de) usada para medir la frecuencia de un fenómeno vibratorio. Equivale a 1.000 millones de ciclos por segundo.

● When microprocessor speeds reach 1 *gigahertz (gigahercio)*, the real merits of ...

GID: *1. IDG. 2. Identificador de grupo.*
Ver *Group Identifier.*

GIF: *1. GIF.*
Ver *Graphics Interchange Format.*

GIGO: *1. BEBS. 2. Basura Entra, Basura Sale.*
Ver *Garbage In Garbage Out.*

GIS: *1. SIGEO. 2. Sistema de Información Geográfica.*
Ver *Geographic Information System.*

Glare: *1. Reflejo (de pantalla).*
1. Reflejo (en el sentido de luz reflejada) producido por la pantalla de la computadora.

● ... screen shields which reduce *glare (reflejo)*, radiation, and eyestrain ...

Glass box: *1. Invernadero.*
Sinónimo de *Glass house* (ver).

Glass house: *1. Invernadero.*
1. Forma de referirse a las viejas salas acristaladas y climáticamente acondicionadas en las que residían el hardware de los sistemas informáticos centralizados de las empresas y organizaciones. Se usa, por extensión, para referirse a la informática centralizada.

● ... when computing power was expensive and hard to install outside of a *«glass house» (tipo invernadero)* computer room.

Glidepad: *1. Almohadilla sensible.*
1. Superficie de tamaño reducido (2 o 3 cm de lado) sensible, electrónicamente, al contacto de un dedo y capaz de detectar su movimiento sobre la superficie. Se utiliza como sustituto del *ratón* convencional en *computadoras portátiles* (ver *Portable computer*).

● « ... The keyboard and the *glidepad (almohadilla sensible)* wouldn't work properly and it was never the same.»

Glitch: *1. Microcorte. 2. Marro.*
1. Disminución brusca y muy corta de la tensión eléctrica que energiza a una computadora. Puede «colgar» la máquina o producir resultados erráticos.

● Especially used of hardware brought down

by a *power glitch (microcorte)* or some other electrical event ...

2. Error en un programa que no provoca un *abendo* (ver *Abend*) del mismo, pero sí resultados extraños e impredecibles. Estos errores son difíciles de solucionar por escasez de información para el diagnóstico.

• INDEX SERVER SEARCH RESULTS GLITCH (marro).

Global: *1. Global.*
1. Adjetivo que se aplica a operaciones concretas que se repiten automáticamente cuantas veces sean necesarias en un fichero o documento, o en todo un disco.

• Perform an instant, *global (global)* search of the most up-to-date information ...

Global character: *1. Comodín.*
1. Sinónimo de *Pattern matching character* (ver).

Global index: *1. gid.*
1. En sistemas Windows, fichero que contiene un índice que facilita el acceso a un fichero de ayuda. Tiene como extensión *.gid.*

• MS Windows Help *Global Index (gid).*

Global Positioning System:
1. Sistema de Posicionamiento Global.
2. SPG. 3. GPS.
1. En un sentido genérico, un *sistema de posicionamiento global* es una combinación de equipos informáticos en satélites y en tierra que permite determinar la posición geográfica (coordenadas) de estos últimos con un margen de error inferior a 100 m (o menos para equipos militares).

• A *global positioning system (sistema de posicionamiento global o SPG)* triangulates on 3-

4 satellites so a traveler can find out where he/she is anywhere on or above the Earth.

2. En un sentido restringido, *Global Positioning System* es un *sistema de posicionamiento global* propiedad de y operado por el Departamento de Defensa de los EUA.

• ... the *Global Positioning System (GPS)* receiver samples data from up to six satellites, it then calculates ...

Global System for Mobile: *1. GSM.*
1. Sistema de telefonía móvil digital más usado en los países europeos. Utiliza frecuencias de 900 o 1.800 Mhz.

• The message is buffered by the *Global System for Mobile (GSM)* network until the phone becomes ...

Global Time: *1. Hora Global. 2. HG.*
1. Expresión que hace referencia a todo tipo de ayudas (relojes especializados, mapas por Internet, dispositivos de sincronización, etc.) para aminorar los efectos negativos de las disparidades de reloj (macro y micro) y resolver las necesidades de sincronización (macro: viajes de negocios; micro: *sistemas de tiempo real distribuidos*; ver *Distributed real-time system*).

• We present a *global time (hora global)* service for world-wide systems, based on an innovative clock synchronization scheme, ...

Global variable: *1. Variable global.*
1. Variable que se define en una pieza de código (procedimiento, función, etc., según lenguajes) y que puede ser usada en piezas de código externas a aquélla. Para algunos lenguajes se añade la condición de que ambas piezas de código puedan *compilarse* de forma independiente.

• ... copying the *global variables (variable globales)* to local variables and then using these local variables will help the compiler ...

Glyph: *1. Glifo.*

1. Imagen de un carácter presentada en pantalla o impresa en papel. En este sentido, los esfuerzos codificadores (*ASCII*, *EBCDIC*, *ISO/IEC* 10646, Unicode Standard) resuelven la asignación de códigos numéricos a caracteres abstractos. Queda por resolver el campo inmenso de cómo asociar cada carácter abstracto a un conjunto creciente de *glifos* (más o menos, miembros de *fuentes;* ver *Font*).

• The standard defines how characters are interpreted, not how *gliphs (glifos)* are rendered.

GML: *1. GML.*
Ver *Generalized Markup Language.*

GND: *1. GND. 2. Tierra.*
1. *Tierra* (de *GrouND;* ver *Ground*).

Pin Name	Description
02 *GND (GND)*	Ground

GNU: *1. GNU.*
1. Acrónimo *recursivo* (ver *Recursion*) para *GNU's Not Unix*. *GNU* es un *sistema operativo* (ver *Operating system*) *muy parecido* al UNIX que, por voluntad de sus creadores (forman la *Free Software Foundation*; ver), es de libre distribución, copia y modificación, pudiéndose facturar por él pero no impedir su redistribución. A veces se aplica *GNU* tanto al proyecto global como a diferentes componentes que no son estrictamente el sistema operativo.

• The copyleft used by the *GNU (GNU)* Project combines a regular copyright notice and the ...

Go down: *1. Caer.*
1. Expresión que se usa para indicar que un sistema de computadora no está *disponible* para su uso ordinario (avería, falta de corriente, problema software, etc.). Existen varios sinónimos para expresar lo mismo.

• The sort of thing that happens when an internetwork mail gateway *goes down (se cae)* or ...

Gopher: *1. Gopher.*
1. Sistema creado en las etapas iniciales de la Internet para permitir búsquedas y acceso remotos a ficheros situados en servidores *gopher*. El sistema está compuesto por un protocolo y por una red de servidores. Es un antecedente inmediato de la *Ueb* (ver *World Wide Web*). Aunque ha ido mejorando técnicamente, lo cierto es que *gopher* ha ido perdiendo espacio ante el empuje de la Ueb. Con *Veronica* y *Jughead* pueden hacerse búsquedas en los índices *gopher*.

• There were previously hundreds of *gopher (gopher)* servers worlwide ...

GPF: *1. FPG. 2. Fallo de Protección General.*
Ver *General protection fault.*

GPL: *1. GPL.*
Ver *General Public License.*

GPS: *1. SPG. 2. GPS. 3. Sistema de Posicionamiento Global.*
Ver *Global Positioning System.*

Grabber: *1. Captador.*
1. Dispositivo capaz de captar datos digitalmente, en especial datos gráficos tomados por una cámara o presentados en una pantalla.

• The *grabber (captador)* will automatically figure out if the picture has been changed and will only ...

Grade: *1. Calidad.*
1. Frecuencias que pueden transmitirse, con buena calidad, por un canal dado.

● The result of this process was to establish the voice *grade (calidad)* access frequency response requirement ...

Grammatical inference:
1. Aprendizaje automático.
1. Aplicación a la gramática de las técnicas del *aprendizaje automático* (ver *Computational learning*). Si todo conocimiento se expresa en una cierta gramática, *grammatical inference* significa lo mismo que *Computational learning*.

● *Grammatical inference (aprendizaje automático)* is concerned mainly with the procedures that can be used to infer the syntactic or production rules ...

Grandchild process: *1. Proceso de segunda generación.*
1. Proceso descendiente de otro proceso de primera generación.

● ... below the fork to reset the signal handling for the *grandchild process (proceso de segunda generación)*.

Grant (verb): *1. Otorgar.*
1. Conceder *permisos* o *autorizaciones* para efectuar determinadas operaciones, acceder a datos, etc.

● ... such as *granting (otorgando)* or revoking authorization to use resources.

Granularity: *1. Granulometría.*
1. Medida del grado de detalle o de finura con que se considera una magnitud concreta (por ejemplo, una medición física) o abstracta (por ejemplo, un análisis de procesos).

● When the *granularity (granulometría)* of the deadline is small, the operating system reaction time ...

Graphic character: *1. Carácter gráfico.*
1. Carácter que forma parte de un cierto conjunto de caracteres (ver *Character set*), al que corresponde una representación gráfica en pantalla e impresora.

● Each *graphic character (carácter gráfico)* corresponds to a unique code of the ISO seven-bit coded character set ...

Graphic rendition: *1. Presentación gráfica.*
1. Modificaciones que se efectúan en un texto durante el proceso de su *presentación* (ver *Display (verb)*) en pantalla, impresora o *trazadora* (ver *Plotter*) (por ejemplo, vídeo inverso; ver *Reverse video*).

● ... code for changing *graphic rendition (presentación gráfica)* or performing other ...

Graphical Device Interface: *1. GDI.*
1. Norma propia de Windows referente a la representación de objetos gráficos y a su tratamiento en pantallas e impresoras que, si están preparadas para la norma, no necesitan una conversión *suplementaria* (ver *Overhead*) de datos.

● Hence, it can be called a Windows *Graphical Device Interface (GDI)* printer.

Graphical Interface: *1. Interfaz gráfica.*
1. Las aplicaciones y programas interactivos tienen una parte en la que se *presenta* (ver *Display (verb)*) información al usuario y se le solicitan datos. Esa parte es lo que se llama la *interfaz* (ver *Interface (noun)*). Inicialmente, las interfaces eran textuales y poco afables. Las *interfaces gráficas (Windows, IGU, ...)*

facilitan la vida a los usuarios y sientan las bases para una estandarización y hasta para una cultura universal de interacción con las computadoras.

• Can your virtual servers support a *graphical interface (interfaz gráfica)*?

Graphical User Interface: *1. Interfaz Gráfica de Usuario. 2. IGU.*

1. Conjunto de elementos gráficos que actúan de *interfaz* (ver *Interface (noun)*) entre un programa y el usuario del mismo, con la doble intención de hacer a éste más fácil su interacción con el programa y, simultáneamente, hacer ésta más efectiva. A medio plazo, la confluencia de las *IGUs* está llevando a una verdadera estandarización de esta importante cuestión.

• The first *graphical user interface (interfaz gráfica de usuario)* was designed by ...

Graphics accelerator: *1. Acelerador de gráficos.*

1. Componente hardware especializado en el tratamiento eficiente de imágenes. Estos componentes están habitualmente asociados a placas de vídeo y son especialmente útiles en el tratamiento de imágenes que cambian con rapidez (juegos) o en el de efectos especiales (3-D).

• Each *graphics accelerator (acelerador de gráficos)* provides an *API* ...

Graphics character: *1. Carácter para gráficos.*

1. Carácter gráfico (ver *Graphic character*) cuyo uso principal no es crear textos sino figuras geométricas.

• We recommend the use of either of the *graphics character (carácter para gráficos)* connecting lines ...

Graphics Device Driver: *1. Manejador para dispositivos gráficos.*

1. Manejador (programas; ver *Device driver*) para dispositivos gráficos.

• What follows is step by step instructions for creating a new *graphics device driver (manejador para dispositivos gráficos)* ...

Graphics filter: *1. Filtro para gráficos.*

1. *Filtro de fichero* (ver *File filter*) especializado en el tratamiento de ficheros que contienen imágenes. Estos filtros facilitan la transferencia de imágenes entre aplicaciones.

• ... all the necessary functions that need to exist for a *graphics filter (de filtro para gráficos)* testing program ...

Graphics Interchange Format: *1. GIF.*

1. Formato de ficheros que contienen gráficos por mapa de bits y que es usado por CompuServe y otros.

• The *Graphics Interchange Format (GIF)* is defined in terms of blocks and sub-blocks which contain relevant parameters and data ...

Graphics primitive: *1. Elemento gráfico.*

1. Elemento que puede usarse, junto con otros, para crear gráficos. Puede ser un elemento de texto o un elemento puramente geométrico.

• ... rotate all *graphics primitives (elementos gráficos)* in the three-dimensional graphics object ...

Graphics tablet: *1. Tablilla digitalizadora.*

Sinónimo de *Digitizing tablet* (ver).

Grave: *1. Grave.*

Ver *Backquote*.

Gray (verb): *1. Agrisar.*

1. Operación consistente en dar color gris a las opciones de menú que están *indisponibles* (ver *Unavailable*). La definición debe entenderse en un sentido metafórico: el menú puede que no sea textual y el gris puede ser, en realidad, el mismo color, suavizado, de las opciones disponibles.

● ... *graying (agrisado)* is accomplished by reducing the contrast between the choice and its background.

Gray scaling: *1. Escalado de grises.*

1. Técnica de representación en blanco y negro en la que se usan diferentes niveles (discretos) de gris.

● ... nor will it print. Normally this is due to *gray scaling (escalado de grises)* by the printer for pen #255, so ...

Gray-scale: *1. En escala de grises.*

1. Adjetivo que se aplica a una imagen creada usando la técnica del *escalado de grises* (ver *Gray scaling*).

● ... the only permitted *gray-scale (en escala de grises)* images are those on paper ...

Greedy algorithm: *1. Algoritmo voraz.*

1. Algoritmo que optima localmente sin mucha consideración de las consecuencias globales de las decisiones tomadas localmente.

● ... simple *greedy algorithms (algoritmos voraces)* are sometimes used to generate approximate answers, ...

Greek (verb): *1. Agriegar. 2. Trufar.*

1. *Presentar* (ver *Display (verb)*) un documento rellenado con caracteres ilegibles (como si fueran griego) a fin de que se vea el diseño del mismo. Es una función de algunos procesadores de texto.

● ... all text on the page *was «greeked» (se agriegó)* –that is, all words were replaced with unintelligible signs ...

2. Rellenar un documento con un texto-comodín, que no tiene relación alguna con el documento en cuestión pero que sirve para ver el formato. Existen versiones más o menos chuscas de textos-comodín (por ejemplo, en latín macarrónico), pero los más castizos tienen preparado para esto el primer capítulo del Quijote. «En un lugar de la Mancha de cuyo nombre...»

● I'll use *greeking (de trufado)* text to illustrate text wrapping. I'll use greeking text to illustrate text wrapping. I'll use ...

Green Book: *1. Libro verde.*

1. Varias normas (oficiales o de empresa) se han publicado en libros con cubiertas verdes. La más conocida es la de Philips referente a los CD-i, norma que hoy está obsoleta. Otras relativamente conocidas son las de *Postscript*, *Smalltalk* y *POSIX* (ver *Portable Operating System Interface*).

● A CD-ROM drive specification required by *Green Book (Libro verde)* CD-ROM and ...

Grep: *1. Grep.*

1. *Mandato* (ver *Command*) muy popular en UNIX, con extensiones en otros *sistemas operativos* (ver *Operating system*), que permite la búsqueda, en uno o más ficheros, de una *ristra* (ver *String*) de caracteres que puede tomar la forma de una *expresión regular* (ver *Regular expression*).

Grep (verb): *1. Rastrear.*

1. Efectuar una búsqueda masiva. Es una transferencia de significado bastante bárbara a partir del *mandato grep* de UNIX.

● *Grep (Rastrea)* all the file system for a reference to Shakespeare.

Ground: *1. Tierra. 2. GND.*
1. Conexión a *Tierra*.

Pin Name	Description
02 GND	Ground (Tierra)

Grid: *1. Rejilla. 2. Cuadrícula.*
1. Estructura física en forma de cuadrícula (por ejemplo, de conductores).

• A voltage change on a *grid (rejilla)* can control a substantially greater change in that between ...

2. Estructura de datos en forma de cuadrícula. Estas estructuras son muy usadas en métodos de análisis y diseño, en el diseño de documentos (edición informática; ver *Publisher Def. 2*), etc.

• *Grids (cuadrículas)* simplify the layout task by providing guidelines for placement of text and ...

Grid lines: *1. Líneas de rejilla. 2. Líneas de cuadrícula.*
1. Líneas que marcan la frontera entre los cuadros de una *rejilla* o una *cuadrícula* (ver *Grid*).

• To add vertical *grid lines (líneas de rejilla)*, click the button.

Grok (verb): *1. Empaparse.*
1. En jerga, enterarse a fondo de una cosa.

• *Grok (Empaparse)* connotes intimate and exhaustive knowledge.

Group: *1. Grupo.*
1. Conjunto de uno o más componentes identificables que pueden ser procesados como una unidad. Puede aplicarse a componentes de tipo muy diverso: usuarios, registros, mandatos, objetos gráficos, etc.

• A line *group (grupo)* format specifies the output format for a contiguous group ...

Group Identifier: *1. Identificador de grupo. 2. IDG.*
1. En sistemas UNIX, identificación que se da a un grupo de usuarios y es común, por lo tanto, para todos los miembros del grupo. Se usa, casi siempre, a efectos contables (por ejemplo, para facturar el uso de la máquina).

• This file contains a listing of the *group identifiers (identificadores de grupo)* and the group members ...

Group 3 protocol: *1. Protocolo Grupo 3.*
1. Protocolo *ITU-T* para la transmisión digital de *faxes* (ver *Facsimile*) por línea analógica (con modulación).

• Unlike fax machines, where the *Group 3 protocol (Protocolo Grupo 3)* has long been the universal data «language» for sending and ...

Group 4 protocol: *1. Protocolo Grupo 4.*
1. Protocolo *ITU-T* para la transmisión digital de *faxes* (ver *Facsimile*) por línea *RDSI* (ver *Integrated Services Digital Network*) y similares.

• *Group 4 protocol (El protocolo Grupo 4)* is an international standard for facsimile protocols that defines how two systems send and receive faxes ...

Groupware: *1. Software para grupo.*
1. Tecnologías y herramientas software que ayudan a que personas situadas en ubicaciones diferentes (puede que muy alejadas unas de otras) colaboren entre sí en la consecución de objetivos concretos del grupo al que pertenecen. Las tecnologías concretas pueden ser muy variadas: *listas de correo-e* (ver *Mailing*

list), teleconferencia, escritura compartida, etcétera.

• Many *groupware (software para grupo)* systems contain gaps that hinder or block ...

GSM: *1. GSM.*
Ver *Global System for Mobile.*

GT: *1. HG. 2. Hora Global.*
Ver *Global Time.*

Guard band: *1. Banda de interposición.*
1. Espacio que se deja entre canales, para evitar interferencias, cuando se utiliza *multiplexación por división de frecuencias.*

• These *guard bands (bandas de interposición)* reduce the effects of «bleedover» between ...

Guest: *1. Invitado.*
1. Identificación especial de usuario que permite el acceso a un servidor o servicio sin necesidad de suministrar una contraseña.

• ... we'd like to point out that the *guest (de invitado)* account is intended only to give you a feel ...

Guidelines: *1. Orientaciones.*
1. Guías e indicaciones referentes a la forma de conseguir un objetivo. No son directrices rigurosas.

• ... An organised, documented set of procedures and *guidelines (orientaciones)* for one or more phases of the ...

Guidelines for the Definition of Managed Objects: *1. GDMO.*
1. Norma de la *OSI* (ver *Open Systems Interconnection*) para la definición de modelos de datos en *ASN. 1* (ver *Abstract Syntax Notation 1*).

• ... is a tool for editing and browsing OSI Managed Object specifications according to the *Guidelines for the Definition of Managed Objects (GDMO).*

Guru: *1. Gurú.*
1. Palabra de jerga, entre cariñosa y admirativa, que se usa para referirse a expertos informáticos (también de otras especialidades). Muy desvirtuada por autoasignación.

• Whether you're a first time computer shopper or an experienced *guru (gurú)* ...

Gutter: *1. Mediana.*
1. Espacio entre columnas en un documento al que se ha dado formato encolumnado.

• The *gutter (mediana)* between columns is obtained by defining the column line ...

GUI: *1. IGU. 2. Interfaz Gráfica de Usuario.*
Ver *Graphical User Interface.*

GW-Basic: *1. GW-Basic*
1. Versión temprana del lenguaje Basic de Microsoft.

• ... is a screen kaleidoscope I wrote — originally, in *GW-Basic (GW-Basic)*, then ...

H

Hack (noun): *1. Parche.*

1. Arreglo precipitado hecho en un programa para resolver un mal funcionamiento.

● ... the cause of the *hack (parche)* was a bug in the application software that runs ...

Hack (verb): *1. Parchear. 2. Jaquear.*

1. Palabra de pura jerga y de muchos significados, frecuentemente contradictorios. Tanto puede significar parchear un programa para salir del apuro, como solucionar un problema de forma brillante pero tal vez poco eficiente. También, interaccionar con un sistema sin un objetivo claro. O modificar código fuente sin permiso. La traducción debería hacerse según contexto.

● This fact is obscured by the image of *hacking (jaqueado)* as solitary work ...

Hacker: *1. Jaqueador.*

1. Palabra tan o más difícil que *hack* (ver), de la que deriva parcialmente. Dejando aparte significados no muy extendidos (por ejemplo, «programador sin base teórica»), los rasgos más significativos de un *jaqueador* son:

– Buenas capacidades para la programación y para captar el significado y la organización de los sistemas informáticos y sus puntos flacos.

– Posicionamiento ideológico contracultural (al menos temporalmente).

– Orgullo de ser informático y, sobre todo, de pertenecer al grupo jaqueador.

– Tendencia a plantearse y vencer retos (por ejemplo, reventar *contraseñas*; ver *Password*).

– No sacar provecho material de sus hazañas. Sólo moral de victoria.

● *Hackers (Los jaqueadores)* consider themselves something of an elite ...

Half router: *1. Semiencaminadora.*

1. Computadora especializada que conecta una red local a una línea externa y es capaz de encaminar los mensajes recibidos desde ésta a la computadora correcta componente de la red local.

● ... specifies the protocol that a *half-router (semiencaminadora)* uses to propagate ...

Half-adjust: *1. Ajuste al medio.*

1. Método más habitual de redondeo consistente en sumar 1 a la última cifra retenida si la primera eliminada es mayor que 4.

- In RPG this is done using the *half-adjust (de ajuste al medio)* operation extender ...

Half-duplex: *1. Semi-dúplex.*

1. Método de comunicación de datos en el que éstos pueden circular por el canal de comunicación en ambos sentidos, pero no simultáneamente. Existen varios protocolos para este tipo de comunicación.

- It applies to *half-duplex (semi-dúplex)* conversations.

Halftone image: *1. Imagen a la mediatinta.*

1. Imagen en blanco y negro en la que los grises se simulan mezclando *píxeles* (ver *Pixel*) blancos y negros en distintas proporciones según el tono del gris a obtener. Alternativamente, puede cambiar el tamaño de los píxeles.

- Dithering is used for creating *halftone images (imágenes a la mediatinta)* for printing.

Halfword: *1. Media palabra.*

1. La mitad de una *palabra* (ver *Word* o *Computer word*). Si la palabra es de 4 *baits* (ver *Byte*), la media palabra es de 2 *baits*.

- An instruction is one, two, or three *halfwords (medias palabras)* in length and must be located in storage on a *halfword (media palabra)* boundary.

Hand-held scanner: *1. Escaneadora portátil.*

1. Dispositivo *escaneador* (ver *Scanner Def. 1*) en el que el elemento activo es sostenido y manejado por la mano del usuario. Por ejemplo, ciertos lectores de códigos de barras.

- XXX Series *hand-held* laser *scanners (escaneadoras portátiles)* provide unsurpassed versatility and adaptability ...

Handheld computer: *1. Computadora de mano.*

1. Computadora personal de muy reducidas dimensiones (puede guardarse en el bolsillo de una americana o ser sostenida con una mano y operada con la otra). Permite procesar texto y datos numéricos y actuar como entrada o salida de una *CP* (ver *Personal Computer*) ordinaria. Existen *sistemas operativos* (ver *Operating system*) adaptados a las características de estas máquinas (por ejemplo Windows-CE).

- A *handheld computer (computadora de mano)* is smaller than a laptop and can be easily carried ...

Handle: *1. Asidero. 2. Asa.*

1. Identificación corta que se usa para acceder a un cierto recurso (de identificación más larga). En general, dicha identificación es asignada por el sistema, no por el usuario.

- The file *handle (asidero)* is stale.

- This call returns a *handle (un asidero)* that can be used to call C subroutines.

2. Cuando se selecciona un objeto gráfico en aplicaciones que los aceptan, son *asas* los pequeños cuadros que cuando se seleccionan y desplazan permiten mover todo el objeto gráfico.

- By dragging the *handles (asas)* you can move the ...

Hands-on: *1. Práctico/a.*

1. Práctico, operativo, como será en la vida real.

- Prepare *hands-on (prácticos)* training exercises for the operators, including ...

Handshake: *1. Acuerdo inicial.*

Sinónimo de *Handshaking* (ver).

Handshaking: *1. Acuerdo inicial.*
1. Método que utilizan, al inicio de la comunicación, dos dispositivos que se van a comunicar entre sí, a fin de quedar de acuerdo en que cada cual es el que debe ser, cómo se va a efectuar la comunicación (velocidad, protocolo, ...), etc.

• Handling the initial setting up of the connection: this procedure is sometimes called *handshaking (acuerdo inicial)*.

Handwriting recognition:
1. Reconocimiento de manuscrito.
1. Tecnología prometedora cuyo objetivo es reconocer al autor de un texto escrito a mano o, más generalmente, «leer» y convertir a caracteres informáticos un texto así confeccionado.

• ... and application-oriented knowledge for the use of neural networks in *handwriting recognition (reconocimiento de manuscrito)*.

Hang (verb): *1. Colgar(se).*
1. Esperar una computadora, casi indefinidamente, a que se produzca un evento. A veces la espera tiene recompensa.

• The system *is hanging (se ha colgado)* because it can't read from the crashed drive ...

2. Añadir un dispositivo a una computadora (especialmente *hang off*).

• We're going *to hang* another drive *off (enganchar)* the file server ...

Hang up (verb): *1. Cortar*
la comunicación.
1. Terminar una comunicación telefónica, personal o vía *módem* (ver *Modem*), celebrada a través de la red conmutada.

• Is there anything special I should do *to*

hang up (cortar la comunicación) when I check my messages ...

Hanging indent: *1. Sangrado francés.*
1. *Sangrado* (ver *Indent (verb)*) de todas las líneas de un párrafo excepto la primera que, por tanto, queda más a la izquierda que las demás.

• You can then press ENTER to create another *hanging indent (con sangrado francés)* paragraph or press ...

Hard: *1. Duro. 2. Hard. 3. Riguroso.*
1. Duro, rígido (opuesto a *floppy*).

• ... and technical information to support your IBM *hard (duro)* disk drive.

2. Abreviación de *Hardware*.

• ... as well as multimedia software and *hard (hard)* for the worldwide personal computer.

3. Riguroso, inflexible (por ejemplo, una licencia de uso de *Software*).

• ... that is less than the key's factory-programmed *hard (riguroso)* license limit.

Hard card: *1. Placa de disco duro.*
1. *Placa* de expansión dotada de un disco duro y de su controlador. Se comunica a través del bus de expansión.

• Some *hard cards (placas de disco duro)* can even be used with two drives, the second one being a normal 3.5" ...

Hard copy: *1. Copia impresa.*
Ver *Hardcopy*.

Hard disk: *1. Disco duro.*
1. En oposición a disco flexible (*floppy*), el disco duro es físicamente más consistente,

está fijo sobre su eje, tiene mucha más capacidad (del orden de GBs) y una velocidad de transferencia más alta. Pueden haber varios discos sobre un mismo eje y contener datos en ambas caras.

● Video recorder on *hard disk (disco duro)* with digital features for ...

Hard Disk Drive: *1. Unidad de disco duro.*

1. Todos los elementos electrónicos y electromecánicos que permiten grabar y leer en uno o más *discos duros* contenidos en la *unidad*.

● ... and diagnoses *hard disk drive (en la unidad de disco duro)* problems.

Hard error: *1. Error de hardware.*

1. Error producido por avería o mal funcionamiento del hardware.

● ... are not reported by *hard error (error de hardware)* interrupts on some ...

Hard real-time systems: *1. Sistemas intolerantes de tiempo real.*

1. *Sistema de tiempo real* (ver *Real-time system*) del que forman parte una o más *tareas intolerantes* (ver *Hard real-time task*).

● ... most instances of the scheduling problem for *hard real-time systems (sistemas intolerantes de tiempo real)* are computationally intractable.

Hard real-time task: *1. Tarea intolerante de tiempo real.*

1. Tarea componente de un *sistema de tiempo real* (ver *Real-time system*) que se caracteriza por el hecho de que si no se cumplen sus restricciones temporales, es decir, si no se culmina antes de su *momento límite* (ver *Deadline*), pueden derivarse consecuencias graves

y hasta catastróficas para el *sistema controlado*.

● In many cases *hard real-time tasks (tareas intolerantes de tiempo real)* are preallocated and ...

Hard return: *1. Retorno forzado.*

1. Acción de forzar un salto de línea. También se llama así al carácter o tecleo que produce la acción. A veces el *retorno forzado* provoca, indirectamente, una situación de fin de párrafo.

● If the second line ends with a *hard return (retorno forzado)*, only those lines are ...

Hard-coded: *1. Inmodificable*

1. Adjetivo que se aplica a soluciones poco flexibles, que no pueden adaptarse a entornos cambiantes.

● ... and inserting a *hard-coded (inmodificable)* date that is still in ...

Hardcopy: *1. Copia impresa*

1. Copia impresa (por ejemplo, de una pantalla) en un medio permanente.

● ... commands for making *hardcopy (copia impresa)* derive their names from the UNIX commands `print` ...

Hardcopy log: *1. Registro impreso de actividad.*

1. Se llama así al registro de la actividad de un sistema. Se mantiene la expresión *hardcopy* a causa de que, inicialmente, el registro iba saliendo por una impresora.

● ... the system records the command in the *hardcopy log (Registro impreso de actividad)* if the command is eligible for recording, ...

Hardware: *1. Hardware.*

1. Tanto en informática como en telecomuni-

caciones se llama *hardware* al componente físico, material, en su conjunto. Hay partes electrónicas, electromecánicas y mixtas (cada vez más frecuentes).

• ... involves managing *hardware (hardware)* like processors and peripheral devices ...

Hardware initialization:
1. Inicialización del hardware.
1. Proceso que deben experimentar determinados tipos de componentes hardware antes de que puedan ser utilizados en un sistema informático. Esta *inicialización* se aplica a volúmenes de cinta y disco (también llamada «format» o «preformat»), canales, etc.

• ... large ROM that contains the many components of the Mac OS software, along *hardware initialization (inicialización del hardware)*, and the ...

Hardware key: *1. Cerradura de unidad.*
Sinónimo de *Drive lock* (ver).

Hardware key: *1. Mochila.*
Sinónimo de *Dongle* (ver).

Hardwired: *1. Cableado.*
1. Elemento cuyo comportamiento está determinado por cableado en hardware (no por software o cualquier otro método). Es, por tanto, un elemento poco modificable o adaptable.

• ... contains five *hardwired (cableados)* icons that cannot be moved or deleted in the normal manner.

Hardwired logic: *1. Lógica cableada.*
1. Programación que se graba (imprime) directa y permanentemente en los circuitos. El *rendimiento* (ver *Performance*) es muy alto y la función se ejecuta de forma consistente a lo largo del tiempo.

• ... most computers do not have *hardwired logic (lógica cableada)* for them.

Hash (noun): *1. Valor de refundición.*
Sinónimo de *Hash value* (ver).

Hash (verb): *1. Refundir.*
1. Aplicar una *función de refundición* (ver *Hash function*) a un texto y obtener un *valor de refundición* (ver *Hash value*).

• ... you tipically *hash (refunde)* it by extracting its first letter ...

Hash coding: *1. Refundición.*
1. Proceso de convertir, mediante un algoritmo adecuado, un texto (puede ser una *clave* (ver *Key (noun) Def. 4*) o un mensaje completo) en un número inferior a un cierto valor dado. Tiene dos utilidades fundamentales: *a)* Obtener integridad en una transmisión. Para ello se convierte el mensaje (o su firma digital) en número y se envía tanto el mensaje como el número; en recepción se rehace el cálculo con la misma fórmula (secreta) y se verifica si ambos números coinciden; si no coinciden, o bien ha habido error de transmisión o el mensaje ha sido alterado. *b)* Facilitar *acceso directo* (ver *Direct access*). Para ello, se aplica el algoritmo a una clave en cada unidad de datos (un subconjunto de los datos de la unidad que determina unívocamente a la misma) y el número resultante puede ser, o bien una dirección en un fichero (fichero relativo) o un índice de una tabla que contiene la dirección en el fichero.

• *Hash coding (refundición)* is used to index and retrieve items ...

Hash collision: *1. Colisión de refundición.*
1. Situación que se produce (y es prácticamente inevitable) cuando dos textos diferen-

tes dan el mismo *valor de refundición* (ver *Hash value*) al aplicárseles la *función de refundición* (ver *Hash function*). Cuando se produce en un sistema de control de integridad de mensajes no tiene mayor problema (salvo que el número de *colisiones* sea elevado, lo que puede indicar que la *función* no es totalmente idónea). Cuando se produce en un método de facilitar acceso directo, la situación es inaceptable y hay que establecer un procedimiento para *baipasarla* (ver *Bypass (verb)*) de alguna manera.

• ... an extremely low risk of *hash collision (colisión de refundición)* may be considered acceptable.

Hash function: *1. Función de refundición.*

1. Algoritmo (programado) que se usa para convertir un texto (mensaje, *clave*, ...) en un número (*valor de refundición*; ver *Hash value*).

• A *hash function (función de refundición)* that works well for file storage and retrieval ...

Hash value: *1. Valor de refundición*

1. Resultado de aplicar una *función de refundición* (ver *Hash function*) a un texto (mensaje, *clave*, ...). Es, habitualmente, un número entero y positivo inferior a un cierto valor que forma parte de la *función de refundición*.

• ... and the resulting *hash values (valores de refundición)* are used as indexes ...

Hashing: *1. Refundición.*
Ver *Hash coding.*

Hayes command: *1. Mandato Hayes.*

1. *Mandato* (ver *Command*) que puede dirigirse a un *módem* (ver *Modem*) Hayes o compatible para adaptar su funcionamiento a las necesidades del usuario.

• ... and decide how it handles data transmission are referred to as the *Hayes Command Set (conjunto de Mandatos Hayes).*

HCI: *1. IPC. 2. Interfaz Persona-Computadora.*
Ver *Human-Computer Interface.*

HD: *1. HD.*
Ver *Hard Disk.*

HD: *1. HD.*
1. Una de las opciones de grabación de los *disquetes: Alta densidad (High Density).*

• 3.5 inch *HD (HD)* Diskette duplication.

HDD: *1. HDD.*
Ver *Hard Disk Drive.*

HDLC: *1. HDLC.*
Ver *High-level Data Link Control.*

HDSL: *1. HDSL.*
Ver *High bit rate Digital Subscriber Line.*

HDTV: *1. TVAD. 2. Televisión de Alta Definición.*
Ver *High Definition Television.*

Head: *1. Cabeza.*
1. Dispositivo electrónico preparado para grabar/leer datos en discos y cintas magnéticas. En discos, cada *cabeza* accede, en una de sus posibles posiciones, a una *pista* (ver *Track*). El peine (conjunto) de cabezas accede, análogamente, a un *cilindro* (ver *Cylinder*). En cintas lo más significativo de las cabezas es el número de pistas longitudinales que pueden grabar/leer.

• ... because the read/write *head (cabeza)* must move between cylinders.

• ... of a 7-track read/write *head (cabeza)* (instead of a 9-track head) and ...

Head crash: *1. Aterrizaje de cabeza.*
1. Avería, propia de los discos magnéticos, consistente en que la *cabeza* de lectura/grabación toca la superficie del disco dañándola y produciendo, por tanto, pérdida de datos o inutilización total del disco.

• Sometimes, recovering is still possible even with a *head crash (aterrizaje de cabeza).*

Head-cleaning device: *1. Dispositivo limpia-cabezas.*
1. Dispositivo capaz de eliminar de una cabeza lectora/grabadora (especialmente de cintas) las impurezas que se han depositado sobre la misma.

• Use a *head-cleaning device (dispositivo limpia-cabezas)* on the system and try again.

Head-mounted display: *1. Casco AudioVisor. 2. CAV.*
1. Casco dotado de los medios para aislar al que lo usa y para proporcionarle las vistas y el sonido de la realidad virtual.

• The *head-mounted display (casco audiovisor)* also houses a pair of stereo earphones, which are used as the output device ...

Header: *1. Cabecera.*
1. Parte inicial (que precede a) de algo (datos en un volumen de datos, fichero, mensaje, página, paquete de datos, etc.). Habitualmente, en la *cabecera* se contiene información de control (identificación, datos volumétricos, etcétera) referente al elemento que viene a continuación.

• Control information about the message is carried in the *header (cabecera)* and in the trailer.

Header file: *1. Fichero de cabecera.*
1. Con éste u otros nombres (*Include file*,

Copybook y similares), la función es la misma: incorporar a un programa instrucciones que, probablemente, son comunes a varios programas (se ahorra codificación y errores). La incorporación se hace, bien antes de la *compilación*, bien durante la misma.

• *Header files (Los ficheros de cabecera)* contain information needed by the compiler telling it *about* functions ...

Header label: *1. Etiqueta de cabecera.*
1. Información de *cabecera* (ver *Header*) que puede grabarse al inicio de un volumen y/o un fichero. Contiene datos de identificación, volumétricos, etc.

• The tapemark that marks the end of the *header label (etiquetas de cabecera)* group also indicates the beginning of ...

Headset: *1. Casco AudioVisor. 2. CAV.*
Sinónimo de *Head-mounted display* (ver).

Heap: *1. Cúmulo. 2. Memoria cúmulo. 3. Árbol cúmulo.*
1. Colección desordenada de elementos sin atributos, carente de *clave* (ver *Key (noun) Def. 2*) y en la que no pueden realizarse búsquedas por igualdad.

• Element values in sequences and *heaps (cúmulos)* can be changed ...

2. Área de memoria que se utiliza para la asignación dinámica de memoria a programas y rutinas. Su dimensión y características son parámetros de ejecución. Puede haber una asignación inicial de este tipo de memoria con incrementos posteriores.

• ... must be a contiguous segment of storage, it is allocated from the initial *heap (memoria cúmulo)* segment only ...

3. En algoritmia, tipo especial de árbol binario que se caracteriza porque la clave de su *raíz* (ver *Root node*) es mayor que las de sus hijos y esta propiedad puede aplicarse de forma *recursiva* (ver *Recursion*).

• A *heap (árbol cúmulo)* can be used as a priority queue ...

Heat pipe: *1. Tubo difusor.*

1. Variedad de *difusor de calor* (ver *Heat sink*) que se basa en el mismo principio por el que funcionan las neveras (evaporación de un líquido y enfriamiento del vapor resultante).

• Compared to *heat pipes (tubos difusores)*, the traditional methods of cooling ...

Heat sink: *1. Difusor de calor.*

1. Artilugio cuya función es disipar el calor generado por un componente electrónico (especialmente el procesador).

• A 65 pound *heat sink (difusor de calor)* was replaced with a ...

Help: *1. Ayuda.*

1. Componente de muchos sistemas, subsistemas aplicaciones y programas que suministra *ayuda* interactiva al usuario con relación al uso del producto en cuestión.

• Context-based *help (ayuda)* is available throughout ...

Helpdesk: *1. Puesto de ayuda.*

1. Medios puestos a disposición de clientes y usuarios para evacuar consultas, orientar y resolver problemas con relación a productos informáticos. Un *puesto de ayuda* puede disponer de personal especializado, medios de comunicación, base de conocimientos, base de problemas, etc.

• A list of help desk software and links to help

you automate your *helpdesk (puesto de ayuda)*.

Hertz: *1. Hercio. 2. Hz.*

1. Unidad usada para medir la frecuencia de un fenómeno vibratorio. Equivale a 1 ciclo por segundo.

Heterogeneous network: *1. Red heterogénea.*

1. Red en la que interaccionan componentes que ejecutan protocolos diferentes en el *estrato de Red* (ver *Network layer*). Ello implica, evidentemente, que deben producirse traducciones de protocolo en las fronteras interiores de la red.

• ... that need to be dealt with to effectively use a *heterogeneous network (red heterogénea)* of machines.

Heuristic (adj): *1. Heurístico/a*

1. Característica de una técnica, método o tipo de razonamiento que no se basa en las reglas tradicionales de la lógica (como los algoritmos de la programación clásica) sino en reglas que proceden de la experiencia, adquiridas, tal vez, en algún momento, por el procedimiento de prueba y error.

• This is useful where *heuristic (heurístico)* knowledge is not available.

Heuristic program: *1. Programa heurístico.*

1. Programa en el que se ha implementado una cierta ración de razonamiento heurístico que permite que el programa modifique el comportamiento propio en función de los datos que el programa acumula como consecuencia de ejecuciones anteriores. Puede usarse, por ejemplo, para optimar la ejecución o para mejor procesar los errores en los datos.

• An AI is a *heuristic program (programa heu-*

rístico). It can learn from its experiences and thus ...

Heuristics: *1. Heurística.*

1. Cuerpo de conocimientos heurísticos (ver *Heuristic (adj)*) de aplicación en un área concreta del conocimiento. Se supone una cierta sistematización de los mismos para que sean utilizables.

* ... and uses a helpful *heuristics (heurística)* to determine how to apply them.

Hewlett-Packard: *1. Hewlett-Packard.*

1. Importante fabricante americano de computadoras de tamaño medio y de dispositivos periféricos, siendo líder en el terreno de las impresoras, *escaneadoras* (ver *Scanner Def. 1*) y *trazadoras* (ver *Plotter*).

* *Hewlett-Packard's (de Hewlett-Packard)* major businesses include Imaging and Printing Systems, Computing Systems ...

Hex: *1. Hex.*

1. Abreviatura, usada muy comúnmente, para *hexadecimal* (ver).

* ... but it is still reasonably easy to split a *hex (hex)* number into ...

Hexadecimal (adj): *1. Hexadecimal.*

1. Relativo al sistema de numeración de base 16 (ver *Hexadecimal (noun)*). Un uso frecuente se refiere a la representación de un número binario de forma que cada cuatro dígitos binarios se correspondan con un dígito hexadecimal (de 0 a F). Muy útil para simplificar el listado y lectura de *vaciados de memoria* (ver *Dump (Def. 1)*).

* Data to be printed is formatted into 32-byte segments and displayed in both *hexadecimal (hexadecimal)* and ...

Hexadecimal (noun): *1. Hexadecimal.*

1. Sistema de numeración de base 16.

HFS: *1. SJF. 2. Sistema Jerárquico de Ficheros.*

Ver *Hierarchical File System.*

Hi-res: *1. Alto grado de definición.*

Abreviatura de *High resolution* (ver).

Hidden file: *1. Fichero oculto.*

1. Fichero que tiene una característica especial (atributo, formato del nombre, ...) que hace que el mismo no se presente en los listados normales de directorios.

* It is common for UNIX tools to create *hidden files (ficheros ocultos)* for temporary ...

Hidden line: *1. Línea oculta.*

1. En la representación gráfica de sólidos, líneas (aristas, habitualmente) que no han de verse a causa de que las tapa el propio sólido.

* ... but displays the *hidden lines (líneas ocultas)* in a «dashed» linestyle.

Hidden variable: *1. Variable oculta.*

1. Una *variable oculta* es aquella cuyos valores no son «vistos» ni, por tanto, pueden ser modificados, por elementos de programación (todos o algunos) subordinados al elemento en que se define la variable (subrutinas, subclases).

* A *hidden variable (variable oculta)* can only be used within the class definition, and it cannot be overridden.

Hierarchic database: *1. Base de datos jerárquica.*

Ver *Hierarchical database.*

Hierarchical database: *1. Base de datos jerárquica.*

1. *Base de datos* (ver *Database*) cuya estruc-

tura tiene la forma de un árbol (invertido, en la forma habitual de dibujarlo). Los caminos de acceso quedan rígidamente predeterminados por dicha jerarquía. En el extremo opuesto de la concepción jerárquica está la relacional y en un punto intermedio las *bases de datos* con estructura en red. Los ejemplos clásicos son DL/I e IMS/DL/I de IBM.

• *Hierarchical databases (Las bases de datos jerárquicas)* were very common in the first mainframe applications ...

Hierarchical File System: *1. Sistema Jerárquico de Ficheros. 2. SJF.*

1. Conjunto de ficheros organizados como una jerarquía que empieza en un directorio *raíz* (ver *Root directory*) formado por ficheros y otros directorios (llamados, a veces, subdirectorios). A su vez, cada directorio de segundo nivel está formado por otros ficheros y directorios. Y así hasta agotar todos los ficheros del sistema.

• It is easy to see why a *Hierarchical File System (Sistema Jerárquico de Ficheros)* is called a tree-structured file system.

Hierarchical menu: *1. Menú jerárquico.*

1. Conjunto de menús y submenús que forman una jerarquía que va desde un menú raíz o inicial hasta un cierto número de submenús distales (que no se descomponen en otros).

• Creating a *hierarchical menu (de menú jerárquico)* structure will allow the user to know exactly ...

High bit rate Digital Subscriber Line: *1. HDSL.*

1. Es una de las opciones posibles de *DSL* (ver *Digital Suscriber Line*). De las primeras en tener una aceptación significativa. Al revés de *ADSL* (ver *Asymmetric Digital Subscriber*

Line), *HDSL* es simétrica, es decir, que la anchura de banda es igual en ambos sentidos. Por ello la velocidad de transmisión es algo menor que en *ADSL.*

• By using the existing copper infrastructure, you can implement *High bit rate Digital Subscriber Line (HDSL)* systems quickly.

High Definition Television: *1. Televisión de Alta Definición. 2. TVAD.*

1. Televisión digital de alto grado de definición que proporciona excelentes calidades en imagen y sonido. Tendrá difusión aérea y por cable. Usa *MPEG-2* (ver *Moving Picture Experts Group*) como formato y norma de compresión.

• Another problem is that until cable catches up, an antenna will be the only way to receive *High Definition Television (de Televisión de alta definición)* signals.

High Level Language Application Program Interface: *1. HLLAPI.*

1. API (ver *Application Program Interface*) desarrollada por IBM para permitir que las aplicaciones que se ejecutan en una *CP* (ver *Personal Computer*) se comuniquen con programas en ejecución en *computadoras principales* (ver *Mainframe computer*). Se requiere emulación de los celebérrimos terminales *3270* (ver) de IBM.

• Rely on IBM's *High Level Language Application Program Interface (HLLAPI)* interface standards and use a tool that generates ...

High Memory Area: *1. Área de Memoria Alta. 2. AMA.*

1. En una *CP* (ver *Personal Computer*) con memoria ampliada, la *HMA* está formada por los primero 64 KB (menos 16 *baits;* ver *Byte*) de dicha memoria ampliada.

• ... the wraparound doesn't happen and the *high memory area (área de memoria alta)* becomes available.

High order: *1. Orden superior.*
Ver *High-order.*

High Performance Computing:
1. Computación de Alto Rendimiento.
2. CAR.
1. Rama de la tecnología informática dedicada al diseño de computadoras y programas que permitan superar ampliamente las máximas velocidades de procesamiento alcanzadas hasta finales del siglo XX. El procesamiento paralelo parece ser la principal vía de avance en este sentido. Hay importantes problemas de investigación básica y aplicada pendientes de los resultados de estos avances.

• Our mission is to fulfill the promise of *high performance computing (computación de alto rendimiento)* and communications by ...

High Performance Serial Bus:
1. Bus serial de alto rendimiento.
1. Norma de la *IEEE* (la 1394) en la que se define un bus serial de altas prestaciones (hasta 400 Mbps, y puede que más) al que pueden conectarse hasta 63 dispositivos con encadenamiento activo (ver *Daisy chain*). Hay versiones para Macintosh y para *CP* (ver *Personal Computer*).

• The IEEE-1394 *High Performance Serial Bus (bus serial de alto rendimiento)* is a versatile, high-speed, and low-cost method of interconnecting a variety of computer peripherals ...

High resolution: *1. Alto grado de definición.*
1. En pantallas, impresoras, etc., grado de *definición* (ver *Resolution*) más alto disponible. Su valor numérico varía a medida que avanza la tecnología.

• If you are looking for information on *high resolution (alto grado de definición)* printing, see what ...

High-level Data Link Control:
1. HDLC.
1. Protocolo(s) de transmisión de datos orientada al bit y aprobado como norma internacional por la *ISO* (ver *International Organization for Standardization*), tanto para *enlace* (ver *Link (noun) Def. 5*) punto-a-punto como multipunto. Muy usado en estos enlaces y en redes de computadoras. Opera en modo transparente y acepta tanto dúplex completo como semidúplex (para modo no-equilibrado). *HDLC* envía *freims* (ver *Frame*) estandarizados de varias clases y funciones y cada *freim* empieza y termina con un patrón específico de bits. Trabaja en el *estrato* 2 de la OSI (ver *Layer* y *Data link layer*) y, por tanto, controla el tráfico y corrige errores. Es el protocolo usado por X.25 (modo equilibrado: cada estación es primaria y secundaria simultáneamente). *HDLC* tuvo como antecedente inmediato el protocolo *SDLC* de IBM (ver *Synchronous Data Link Control*) con el que coincide en la mayoría de aspectos.

• Because *High-level Data Link Control (HDLC)* has been defined as a general-purpose data link control protocol ...

High-Level Language: *1. HLL.*
2. Lenguaje de alto nivel.
1. Lenguaje de programación alejado del *lenguaje de máquina* (ver *Machine language*) y algo cercano al lenguaje de los humanos (al menos de los que hablan inglés). Es difícil establecer la frontera entre niveles y generaciones de lenguajes, pero hay acuerdo generalizado en que los lenguajes de tipo ensamblador son de bajo nivel, mientras el COBOL, el FORTRAN, el C y similares, son de alto nivel. Dado su alejamiento del lenguaje máquina, es posible la creación de *compiladores*

para un mismo lenguaje en máquinas diferentes. También es posible –y existe– la estandarización de estos lenguajes.

- ... programs written in a *high-level language (lenguaje de alto nivel)* must be translated ...

High-order: *1. Orden superior.*

1. En COBOL, las posiciones de *orden superior* son las situadas en la parte izquierda de los *campos* (ver *Field*) a los que se refieren.

- The *high-order (de orden superior)* digit position is filled with a 0.

High-pass filter: *1. Filtro pasa-altas.*

1. *Filtro* (ver *Filter Def. 4*) que deja pasar todas las frecuencias superiores a una frecuencia dada y atenúa significativamente las inferiores.

- A *high pass filter (filtro pasa-altas)* allows all frequencies above a certain point, known as the cutoff frequency ...

High-Performance Parallel Interface: *1. HPPI.*

1. Tecnología reciente (punto a punto) que pretende cubrir el hueco de las transmisiones a distancias relativamente modestas con velocidades medidas en Gbps. El objetivo central es el de ampliar el concepto de *computadora principal* (ver *Mainframe computer*) haciendo que varias de estas computadoras enlazadas por *HPPI* se comporten «casi» como una sola. Las versiones iniciales (cableado de cobre) permitían solamente distancias medidas en metros. Las versiones basadas en fibra óptica permiten transmisiones a varios kilómetros.

- *HIPPI (HIPPI)* is now ANSI standard X3T9/88-127.

Highlight (verb): *1. Resaltar.*

1. Hacer que un texto, *campo* (ver *Field*), zona, etc., de una pantalla destaque con relación al resto.

- You can then tab to the *highlighted (resaltados)* or blank fields and overtype them ...

Hijacking: *1. Impostura.*

1. Aunque esta palabra se aplica a veces al «pirateo» industrial, su empleo más común se refiere al robo del uso de una conexión después de que el usuario legítimo haya terminado con éxito el proceso de identificación. El *impostor* goza de todos los *permisos* del usuario legal. La única defensa contra este delito es el *cifrado* (ver *Encrypt*).

- ... says *hijacking (impostura)* is an easy trick to pull off.

Hint: *1. Sugerencia.*

1. Ayuda que se proporciona sobre cómo hacer algo. A veces estas *sugerencias* se incorporan tras un texto más o menos tedioso.

- This section provides some *hints (sugerencias)* on troubleshooting ...

Hiperspace: *1. Hiperspace.*

1. Contracción de *High-performance space*. En *sistema operativo MVS* (ver) de IBM, espacio de memoria virtual de hasta 2 GB adaptado para manejo masivo y rápido de datos. Hay macroinstrucciones para efectuar dicho manejo.

- The type of *Hiperspace (Hiperspace)* used by VSAM resides entirely in expanded ...

Historical data: *1. Datos históricos.*

1. Datos que han dejado de tener utilidad operativa (están ya fuera de las operaciones ordinarias y previsibles del sistema de información) pero que han de conservarse, bien por

razones legales, bien porque pueden ser útiles en toma de decisiones y cuestiones similares. Es frecuente que estos datos se agreguen, si permitido y posible, para ocupar menos espacio.

• ... integrated approach for building a system that is used for collecting *historical data (datos históricos)* from various operational systems ...

Hit (noun): *1. Diana.*

1. En el lenguaje de los publicitarios de Internet, se produce *diana* cuando un usuario accede a una página *html* en un servidor. El hecho queda anotado en el *registro* del servidor. Si una página contiene imágenes, éstas se cuentan como *dianas* aunque no se accedan.

• ... the most reliable and easy to use free home page *hit (de dianas)* counter program on the Web.

Hit (verb): *1. Caer en. 2. Llegar a. 3. Acceder.*

1. Caer en una situación (buena o mala).

• It is possible that transactions with concurrent browse and update operations *hit (caen en)* a deadlock as the second operation ...

2. Llegar a un sistema informático (especialmente a un sistema de tiempo real) la «noticia» o señal de la producción de un cierto evento.

• ... to be carried out in response to the event *hitting (que llega al)* the system.

3. Acceder a un dato o conjunto de ellos (agregado). Ver *Hit (noun)* para el caso especial de accesos *(dianas)* vistos desde el ángulo publicitario y de promoción.

Hit ratio: *1. Razón de accesos.*

1. Relación entre el número de accesos a un elemento o agregado de datos, en el sentido descrito en *Hit (verb) Def. 3*, con relación al número de accesos al agregado de nivel superior.

• They also depend on the data table *hit ratio (razón de accesos)*, that is, the number ...

HIO: *1. Avalancha de E/S.*
Ver *Hot I/O.*

HIPPI: *1. HIPPI.*
Ver *High-Performance Parallel Interface.*

HLL: *1. HLL. 2. Lenguaje de alto nivel.*
Ver *High-level language.*

HLLAPI: *1. HLLAPI.*
Ver *High Level Language Application Program Interface.*

HMA: *1. AMA. 2. Área de Memoria Alta.*
Ver *High Memory Area.*

HMD: *1. Casco AudioVisor. 2. CAV.*
Ver *Head-mounted display.*

Hoax: *1. Virus-lobo.*
Ver *Virus hoax.*

Hold (verb): *1. Contener. 2. Retener. 3. Poseer.*

1. *Contener.*

• The directory or file system intended *to hold (contener)* a new file has insufficient ...

2. *Retener.* Impedir que una salida, un trabajo, un proceso, etc., sigan su curso habitual.

• ... to tell the system to *hold (retener)* a sysout data set until it is released by the system operator.

3. *Poseer.*

• Specifies the process ID of the process that holds *(posee)* the lock ...

Hollerith card: *1. Ficha perforada.*
1. Ficha rectangular de cartulina en la que se definieron 12 filas y 80 columnas de forma que diferentes combinaciones de perforaciones en cada columna tuvieran una equivalencia en caracteres alfanuméricos. Estas fichas las inventó Herman Hollerith a finales del siglo XIX para ser procesadas por máquinas electromecánicas (mecanización del censo) aunque su uso se extendió hasta las computadoras de tercera generación.

• Machines punched holes in these cards, called *Hollerith cards (fichas perforadas)*.

Home: *1. Inicio.*
1. *Inicio* de algo (de línea, de una página, de una hoja de cálculo, etc.).

Home address: *1. Dirección básica.*
1. En ciertas arquitecturas de disco propias de máquinas IBM, primer *campo* (ver *Field*) de cada *pista* (ver *Track*) que sirve para identificar la pista y para indicar su estado de utilizabilidad.

• ... because of direct access error but are unable to read *home addresses (direcciones básicas)* or ...

Home key: *1. Tecla Inicio.*
1. *Tecla* a la que se pueden asignar funciones de desplazamiento del cursor a sitios significativos de la pantalla.

• In some environments, pressing the *Home key (tecla Inicio)*.

Home page: *1. Página inicial. 2. Portada.*
Ver *Homepage*.

Homepage: *1. Página inicial. 2. Portada.*
1. Desde el punto de vista del usuario, la primera página a la que se accede cuando se inicia el *navegador* (ver *Browser*). Puede ser una página de la empresa u organismo propios, una página cuya dirección fue suministrada por el desarrollador del navegador, etc. Esta *página inicial* puede ser establecida, como opción del navegador, por el usuario.

• «Lunar prospector *homepage (página inicial).*»

2. Desde el punto de vista de empresas y organizaciones con presencia en la *Internet*, una *portada* es la página introductoria al resto de páginas de la empresa u organización (o de cualquiera de sus departamentos, etc.) que hayan sido elegidos como punto de entrada. La *portada* contiene una red de *vínculos* (ver *Link (noun) Def. 3*) a otras páginas de la propia empresa u organización o de empresas, organizaciones, etc., externas.

• Welcome to XXX's *homepage (portada)*. The entry page to XXX Web site.

Honor (verb): *1. Aceptar. 2. Efectuar. 3. Tener en cuenta.*
1. Aceptar, dar por bueno algo (por ejemplo, un argumento de una función), hacer que se cumpla su finalidad.

• The option *is honored (se acepta)*, but the version ID is truncated after 64 bytes.

2. Realizar una tarea que estaba pendiente por alguna causa.

• *To honor (efectuar)* pending allocation requests before deactivating ...

3. Tener en cuenta, tomar en consideración.

• ... timeout values of less than 3 minutes may *not be honored (no ser tenidos en cuenta)* for up to 3 minutes ...

Hook (noun): *1. Gancho.*
1. Artificio software en una pieza de código (programa, *núcleo* (ver *Kernel*), ...) que facilita la incorporación dinámica (en tiempo de ejecución) a la misma, de una pieza ejecutable (por ejemplo, un depurador de programas). La pieza original gana, con ello, flexibilidad.

• ... is that the latter has useful *hooks (ganchos)* in judiciously chosen places ...

Hook (verb): *1. Enganchar.*
1. Incorporar una pieza de código ejecutable a otra utilizando un *gancho* (ver *Hook (noun)*)

• I need to explore what *hooking (enganchar)* a function really means.

Hooking routine: *1. Estabo.*
Sinónimo de *estabo* (ver *Stub*).

Hop: *1. Salto.*
1. En su camino entre origen y destino en una interred, un paquete de datos puede pasar por varias *encaminadoras* (ver *Router*). Cada uno de estos pasos se llama un *salto*.

• Theoretically, the fewer *hops (saltos)* it takes to get your data ...

Hop count: *1. Cuenta de saltos.*
1. En términos concretos, la *cuenta de saltos* (ver *Hop*) es el número de *encaminadoras* (ver *Router*) por las que pasa, entre origen y destino, un paquete de datos o datagrama. Determinados protocolos guardan este número en la cabecera del paquete o datagrama. Cuando alcanza un valor excesivo, el paquete o datagrama es *descartado* (ver *Discard (verb)*). La expresión puede aplicarse a diferentes arquitecturas de red y protocolos y, en términos generales, proporciona una medida de la distancia entre dos puntos en una interred.

• You can see the *hop count (cuenta de saltos)* by using tracerout utilities.

Horizontal tab: *1. Carácter tab.*
Ver *Tab character*.

Host: *1. Huéspeda. 2. Anfitriona.*
Sinónimo de *Host computer* (ver).

Host computer: *1. Huéspeda.*
2. Anfitriona.
1. Se llama *huéspeda* a una computadora conectada a una red o interred (mientras dura la conexión, si ésta es temporal).

• ... that allows any *host (huéspeda)* in a network to mount another host's file directories ...

2. En terminología IBM, se llama *anfitriona* a la *computadora principal* (los demás componentes son *terminales tontos* (ver *Dumb terminal*) o computadoras secundarias) de un sistema de comunicaciones. También puede llamarse *anfitriona* a una computadora que hace papel de servidor en una red o en una arquitectura cliente-servidor.

• ... a field that is transmitted to the *host (anfitriona) computer* as soon as the terminal operator ...

Host language: *1. Lenguaje anfitrión.*
1. Lenguaje de programación en el que pueden *incluirse* (ver *Embed*) o insertarse instrucciones ajenas al mismo (por ejemplo, para ejecutar funciones de un gestor de *bases de datos* o *monitor de teleprocesamiento*; ver *Teleprocessing monitor*). Dado que el *compilador* desconoce dichas instrucciones, es necesario que, en un paso previo a la *compilación*, un software adecuado (precompilador) convierta las instrucciones en otras que el compilador pueda entender.

• ... it applies to all the *host languages (lenguajes anfitrión)* supported by ...

Host program: *1. Programa anfitrión.*

1. Programa que contiene instrucciones ajenas al lenguaje en que se ha desarrollado el programa. Dichas instrucciones ejecutarán funciones propias de un sistema no admitido directamente por el lenguaje anfitrión (ver *Host language*).

• You must declare the name in the *host program (programa anfitrión)* before you use it.

Host variable: *1. Variable de anfitrión.*

1. Variable definida en un *programa anfitrión* (ver *Host program*) y que se usa en instrucciones ajenas al lenguaje de programación en que se ha desarrollado el programa (por ejemplo, en instrucciones *SQL;* ver *Structured Query Language*).

• ... the relationship between the receiving *host variables (variables de anfitrión)* and the columns in the ...

Hot: *1. En caliente.*

1. Con referencia a una acción, este adjetivo indica que la acción se realiza sin interrumpir el funcionamiento del sistema afectado por la acción (por ejemplo, insertar una nueva *placa* en una CP).

• *Hot (en caliente)* Swap Maintenance Service from XXX.

Hot I/O: *1. Avalancha de E/S.*

1. Número insoportable de interrupciones de *E/S* (ver *Input/Output*) en un sistema informático, producido por avería o mal funcionamiento de un dispositivo.

• ... information to detect, and recover from, *hot I/O (avalancha de E/S)* conditions.

Hot key: *1. Tecla de atajo.*

1. Combinación de *teclas* para realizar funciones que, de otra manera, serían más largas de ejecutar. A veces vienen predefinidas en las aplicaciones. Otras veces es el usuario el que las define (las aplicaciones proporcionan procedimientos para esta definición).

• You can use a *hot key (tecla de atajo)* to change from one session to another on the workstation.

Hot plugging: *1. Sustitución dinámica.*

Sinónimo de *Hot swapping* (ver).

Hot spot: *1. Punto caliente.*

Ver *Hotspot*.

Hot swapping: *1. Sustitución dinámica.*

1. Desconexión, cambio y reconexión de un dispositivo o componente de un sistema informático sin necesidad de interrumpir el funcionamiento del mismo.

• *Hot Swapping (La sustitución dinámica)* becomes an issue when a system cannot afford to be shut down to add or remove a device ...

HotJava: *1. HotJava.*

1. Conjunto de productos de Sun Microsystems, orientados a Internet, y desarrollados alrededor de Java. Se incluye un *navegador* (ver *Browser*) *Ueb* (ver *World Wide Web*) y herramientas de desarrollo.

• The *HotJava (HotJava)* Browser is an example of an Internet-aware application ...

Hotline: *1. Línea de atención rápida.*

1. Teléfono que proporcionan los suministradores informáticos a sus clientes para la solución rápida de problemas y dudas (ver también *Helpdesk*).

• ... can call a 24-hour telephone *hotline (lí-*

nea de atención rápida) or access a web-based help.

Hotlist: *1. Lista de remisiones.*
1. Documento en una página de la *Ueb* (ver *World Wide Web*) o en el *navegador* (ver *Browser*) de un usuario en el que se contienen direcciones (*remisiones* o *vínculos*) que *alguien* ha considerado que son interesantes. Puede tener otros nombres: «lista de favoritos», etc. Ver *Bookmark* y *Quicklist.*

• In Netscape Navigator, the *hotlist (lista de remisiones)* is called the *bookmark list.*

Hotspot: *1. Punto caliente.*
1. Lugar, en un documento, en el que se ha *incluido* (ver *Embed*) o insertado un *hipervínculo* (ver *Hyperlink*). Cuando el documento está en pantalla y se pasa el apuntador del ratón por encima de dicho lugar, cambia la forma del apuntador.

• ... anchor with jump from *hotspot (punto caliente)* name to anchor named Jump in document URL.

Hourglass pointer: *1. Relojito.*
1. Forma que toma el cursor (en la mayoría de *IGUs* (ver *Graphical User Interface*)) cuando el usuario espera respuesta del sistema.

• ... you can finally replace your default *hourglass pointer (relojito)* and program pointers with these homemade ...

Housekeeping: *1. Revisión general.*
1. Tareas que se realizan con relación a un subsistema o aplicación, tendentes a mejorar su funcionamiento, efectuar ciertas verificaciones, eliminar restos de versiones previas, etc.

• ... has authority to perform certain *«housekeeping» (de revisión general)* operations on (for example, dump/restore) ...

HP: *1. HP.*
Ver *Hewlett-Packard.*

HPC: *1. CAR.* **2.** *Computación de Alto Rendimiento.*
Ver *High Performance Computing.*

HS: *1. HS.*
1. *High Speed.* En algunos *módems* (ver *Modem*), luz que, cuando está encendida, indica que el *módem puede transmitir* a la máxima velocidad.

HT: *1. Carácter tab.*
Horizontal tab. Ver *Tab character.*

HTML: *1. HTML.*
Ver *Hypertext Markup Language.*

HTTP: *1. HTTP.*
Ver *Hypertext Transfer Protocol.*

HTTP server: *1. Servidor HTTP.*
1. Servidor en Internet o en una Intranet que usa el protocolo HTTP (ver *Hypertext transfer Protocol*) para almacenar y suministrar páginas *HTML* (ver *Hypertext Markup Language*) y material asociado, a petición de los navegadores, que actúan como clientes.

• An interface for external programs to communicate with the *HTTP server (servidor HTTP)* (CGI).

HTTPd: *1. HTTPd.*
Ver *Hypertext Transfer Protocol daemon.*

Hub: *1. Jab.*
1. Dispositivo concentrador-repetidor que posibilita que las estaciones en una red de tipo bus (*Ethernet, Token ring*; ver *Token Ring network*) no tengan que estar, una detrás de otra, enganchadas a un mismo cable físico. En un caso extremo, cada estación se conecta al *jab*, que recibe, así, las *señales* (ver *Signal*

Def. 1) de cada estación y las retransmite a todas las demás (exactamente como en una red de tipo bus). Otra opción es agrupar las estaciones en segmentos que son los que se conectan al *jab*. Se obtiene la máxima flexibilidad con los *jabs* programados, cuyo *mantenimiento* (ver *Maintenance*) se hace modificando datos desde una pantalla centralizada en «control de red».

● Shared-media *hubs (jabs)* replace the single cable with star wiring.

Hue: *1. Tono.*

1. Longitud de onda, en el espectro de la luz visible, en la que la energía de salida de una fuente concreta de luz es mayor.

● In this example, all three colors have the same *hue (tono)* with a wavelength ...

Huffman: *1. Huffman.*

1. Algoritmo de compresión de datos ampliamente usado. En este algoritmo los caracteres se convierten en cadenas de bits, siendo la cadena más corta mientras más frecuente es el carácter correspondiente. Además, para evitar tener que incluir atributos de longitud, cada cadena de *n* bits no puede ser igual a la subcadena formada por los *n* primeros bits de otra cadena más larga. D. A. Huffman fue el autor del método.

● ... as would be necessary using a *Huffman (Huffman)* coder.

Human-Computer Interaction:
1. Interfaz Persona-Computadora. 2. IPC.
Ver *Human-computer interface.*

Human-computer interface:
1. Interfaz Persona-Computadora. 2. IPC.
1. Conjunto de elementos hardware y software en los que se apoya la interacción entre un usuario humano que utiliza una aplicación informática y los elementos físicos en los que reside la aplicación. Esta *interfaz* (ver *Interface (noun)*) puede ser considerada desde el punto de vista de la aplicación (y por tanto, ser objeto de diseño aplicando un cierto estilo) y también desde un punto de vista general, es decir, utilizable en todas las aplicaciones. Por ejemplo, puede ser interesante que todas las *interfaces* tiendan a unificarse en una orientación a «ventanas».

● ... may be of limited use as guidelines for good *Human-computer interface (Interfaz Persona-Computadora)* design.

Human-machine interface:
1. Interfaz Persona-Computadora. 2. IPC.
Ver *Human-computer interface.*

Hybrid backbone: *1. Eje central de red híbrido.*
1. *Eje central de red* (ver *Backbone*) de tipo distribuido que conecta a dos o más *encaminadoras* (ver *Router*) cada una de las cuales materializa a un *eje central de red concentrado* (ver *Collapsed backbone*).

● The preferred architecture for multibuilding internetworks is the *hybrid backbone (eje central de red híbrido)* ...

Hypercard: *1. Hypercard.*
1. Entorno de programación en hipertexto propio de los sistemas Macintosh. Tiene un lenguaje específico y permite resolver casos de muy diversos grados de complejidad.

● *Hypercard (Hypercard)* can write code into a field (equivalent to a text area) or variable and then execute ...

Hyperlink: *1. Hipervínculo.*
1. Elemento, en un documento electrónico, que permite enlazar (traer, cargar) con otra parte del mismo documento o con otro docu-

mento totalmente distinto, en el mismo o en otro servidor. Es una contracción de «*Hypertext*» y de «*Link*». Ver también *Hotspot*.

● A browser usually displays a *hyperlink (hipervínculo)* in some distinguishing ...

Hypermedia: *1. Hipermedia.*

1. Contracción de «*Hypertext*» y de «*Multimedia*», para indicar una ampliación del *hipertexto* a elementos diferentes del puro texto (imagen, sonido, etc.).

● ... discuss research, development and applications of multimedia and *hypermedia (hipermedia)* in education.

Hyperperiod: *1. Hiperperíodo.*

1. En *sistemas de tiempo real* (ver *Real-time system*), *hiperperíodo* es el mínimo común múltiplo de los períodos de las actividades que los forman.

● A multi-rate schedule is valid if and only if all deadlines are met and each task graph is repeatedly executed until the *hyperperiod (hiperperíodo)* has elapsed.

Hypertext: *1. Hipertexto.*

1. Forma de organizar la información que se caracteriza por permitir el acceso secuencial e *indizado* (como en los métodos tradicionales), más el acceso por *vínculos* (ver *Link (noun) Def. 3*) que pueden llevar a otras partes del mismo documento o, inclusive, a otro documento totalmente diferente. Con el software y los accesos adecuados, la «base de datos» puede ser tan grande como se quiera, a condición de no se acaben las sartas de vínculos (ver también *Hyperlink* e *Hypermedia*).

● The distinction between *hypertext (hipertexto)* and hypermedia is so blurry ...

Hypertext Markup Language: *1. HTML.*

1. Lenguaje usado para crear documentos para la *Ueb* (ver *World Wide Web*). Está basado en *SGML* (ver *Standard Generalized Markup Language*), del que puede considerarse un subconjunto. Hay una cierta normalización de este lenguaje aunque los principales desarrolladores (Netscape y Microsoft) se apartan frecuentemente de la norma.

● There are a number of helpful books on *Hypertext Markup Language (HTML)* ...

Hypertext transfer Protocol: *1. HTTP.*

1. Protocolo en el *estrato de Aplicación* (ver *Application layer*) dentro del conjunto de protocolos *TCP/IP* (ver *Transmission Control Protocol/Internet Protocol*). Mediante un componente en el servidor (es cliente-servidor) y otro componente en cada cliente, *HTTP* permite el intercambio de ficheros que contienen referencias a otros ficheros que, de esta forma pueden ser seleccionados y accedidos fácilmente. Este protocolo es el más usado en la Internet.

● The *Hypertext Transfer Protocol (HTTP)* daemon in the destination server machine ...

Hypertext Transfer Protocol daemon: *1. Duende HTTP.*

1. *Duende* (ver *Daemon*) preparado para procesar, en beneficio de los *navegadores* (ver *Browser*), componentes de documentos *Ueb* (ver *World Wide Web*) en formato *HTTP* (ver *Hypertext Transfer Protocol*) y determinadas combinaciones en *HTML* (ver *Hypertext Markup Language*). Puede ser adaptado a las necesidades de cada usuario.

● Our *Hypertext Transfer Protocol daemon*

(duende HTTP) also records the date and time of requests along with the IP number of ...

Hyphen: *1. Guión.*
Sinónimo de *Dash* (ver).

Hyphenation: *1. Separación por guiones.*
1. Utilización de guiones para unir palabras.

• ... in part because it's hard to do this effectively without sophisticated *hyphenation (de separación por guiones)* routines.

I

I 2 of 5: *1. Intercalado 2 de 5.*
Ver *Interleaved 2 of 5.*

I-CASE: *1. I-CASE.*
1. *Integrated CASE* (ver *Computer-Aided Software Engineering*). Ver también *Integrated Project Support Environment.*

● Many standards committees have proposed an *I-CASE (I-CASE)* framework where all levels of ...

I/O: *1. E/S. 2. Entrada/Salida.*
Ver *Input/Output.*

● ... or use in determining error information when *I/O (E/S)* functions fail.

IAB: *1. IAB.*
Ver *Internet Architecture Board.*

IANA: *1. IANA.*
Ver *Internet Assigned Number Authority.*

IAP: *1. SAI. 2. Suministrador de Acceso a Internet.*
Ver *Internet Access Provider.*

IBM: *1. IBM.*
Ver *International Business Machines.*

Ice: *1. Hielo.*
1. Forma, por lo menos curiosa, de referirse a una manera bastante rígida de diseñar páginas *Ueb* (ver *World Wide Web*): tiene margen izquierdo y no se adapta a las características de la ventana en la que se *presenta* (ver *Display (verb)*) (ver también, para mayor curiosidad, *Jello* y *Liquid*).

● *Ice (hielo)* designs are not really a bad thing, but they do tend to take away from the user's experience of the site and ...

Icon: *1. Icono.*
1. Imagen en pantalla, de tamaño más bien pequeño, que se usa para ayudar a identificar un objeto determinado (aplicación, opción, carpeta, documento, etc.). Si es seleccionable (y lo es en la mayoría de los casos), su selección arranca una aplicación asociada, activa un *vínculo* (ver *Link (noun) Def. 3*) o hipervínculo (ver *Hyperlink*), toma una opción, etc.

● A choice can be presented as text, a symbol or an *icon (icono)*.

Iconic interface: *1. Interfaz icónica.*
1. Interfaz gráfica (ver *Graphical User Interface*) basada en el uso de iconos más que en la ejecución de menús textuales y/o mandatos.

• ... stated that the *iconic interface (interfaz icónica)* was both the most easy to ...

ICANN: *1. ICANN.*
Ver *Internet Corporation for Asigned Names and Numbers.*

ICAP: *1. ICAP.*
Ver *Internet Calendar Access Protocol.*

ICMP: *1. ICMP.*
Ver *Internet Control Message Protocol.*

ICQ: *1. ICQ.*
1. Programa de *charla* (ver *Chat*) en Internet que establece un cierto control de los que lo usan y, a cambio de ello, avisa de la entrada en red de personas por las que el sujeto ha demostrado interés poniéndolas en una lista propia. Permite charlas (como IRC; ver *Internet Relay Chat*), conferencias, juegos de grupo, etcétera. El nombre ICQ procede, al parecer, de la similitud fonética entre ICQ y *I seek you* («te busco»).

• *ICQ (ICQ)* empowers members with a means to chat whenever they like and enables them to share ideas ...

Id: *1. Id.*
Abreviatura, ampliamente usada, de *Identifier* (ver). A veces se escribe en mayúsculas (*ID*).

• ... is not a valid user *id (id)* or group *id (id)*.

Identifier: *1. Identificador.*
1. Número o *ristra* (ver *String*) de caracteres que se usa para referirse, de una manera más corta o conveniente (según entorno), a una entidad significativa en dicho entorno. A veces se usa como sinónimo de *nombre* aunque, por lo general, un *identificador* es más convencional pero más riguroso.

• You should also consider limiting *identifiers (identificadores)* to 8 or fewer characters.

Idle: *1. Inactivo/a.*
1. Operativo pero que en el momento considerado no interacciona.

• ... and you could have more than one *idle (inactiva)* CPU.

Idle timeout: *1. Tiempo límite de inactividad.*
1. Límite que se establece a un estado de inactividad (por ejemplo, de una conexión, de un servidor, etc.), produciéndose una situación de error o de aviso cuando se supera el tiempo máximo establecido.

• The default *idle timeout (tiempo límite de inactividad)* in this modem modules is 180 seconds.

IDCAMS: *1. IDCAMS. 2. AMS.*
Ver *Access Method Services.*

IDE: *1. IDE. 2. Entorno Integrado de Desarrollo.*
Ver *Integrated Development Environment.*

IDE: *1. IDE.*
Ver *Integrated Drive Electronics.*

IDE: *1. IDE. 2. Entorno Interactivo de Desarrollo.*
Ver *Interactive Development Environment.*

IDEA: *1. IDEA.*
Ver *International Data Encryption Algorithm.*

IDF: *1. CID. 2. Cuadro Intermedio de Distribución.*
Ver *Intermediate Distribution Frame.*

IDL: *1. IDL.*
Ver *Interactive Data Language.*

IDL: *1. FIAD. 2. Formación Interactiva a Distancia.*
Ver *Interactive Distance Learning.*

IDL: *1. LDI. 2. Lenguaje de Definición de Interfaces.*
Ver *Interface Definition Language.*

IE: *1. IE. 2. Internet Explorer.*
Ver *Microsof Internet Explorer.*

IEC: *1. IEC.*
Ver *International Electrotechnical Commission.*

IEEE: *1. IEEE.*
Ver *Institute of Electrical and Electronics Engineers.*

IEEE bus: *1. Bus IEEE.*
1. Bus desarrollado de acuerdo con normas de la *IEEE* (ver *Institute of Electrical and Electronics Engineers*) y que se utiliza para conectar equipos científicos a las computadoras. Éstas deberán contar con una *interfaz* (ver *Interface (noun)*) adecuada para que las *señales* puedan «inyectarse» en su propio bus.

• Seven operational modes are available for each axis that can be programmed via the front panel or via the *IEEE bus (bus IEEE).*

IEEE 802: *1. IEEE 802.*
1. Conjunto de normas IEEE relativas a *redes de área local.* Las más conocidas son las IEEE 802.3 *(Ethernet)* y IEEE 802.5 *(Token Ring).*

IEEE 1394: *1. IEEE 1394.*
1. Norma *IEEE* (ver) referente a un bus externo de altas prestaciones. Ver *High Performance Serial Bus* y *FireWire.*

• *IEEE 1394* can transfer data between a computer and its peripherals at 100, 200, or 400 Mbps, with ...

IETF: *1. IETF.*
Ver *Internet Engineering Task Force.*

IF expression: *1. Expresión IF.*
1. En *lenguajes procedimentales* (ver *Procedural language*), una de las maneras posibles de preguntar por una condición, a fin de ejecutar unas u otras acciones según el resultado de la pregunta. La sintaxis habitual de esta expresión es IF ... THEN ... ELSE ...

• For example, in the *IF expression* (expresión IF) below, the function ...

IGES: *1. IGES.*
Ver *Initial Graphics Exchange Specification.*

IGP: *1. IGP. 2. Protocolo de pasarela interior.*
Ver *Interior Gateway Protocol.*

IIOP: *1. IIOP.*
Ver *Internet Inter-ORB Protocol.*

IIS: *1. IIS.*
Ver *Internet Information Server.*

ILC: *1. CIL. 2. Comunicación interlenguajes.*
Ver *Interlanguage communication.*

ILC: *1. LIL. 2. Llamada interlenguajes.*
Ver *Interlanguage call.*

Image: *1. Imagen.*
1. Datos en una computadora que representan objetos, animales, personas, etc., en el plano (habitualmente en un rectángulo). La *imagen* está formada por *píxeles* (ver *Pixel*).

• ... the time it takes the computer to display images (imágenes) on your screen.

Image compression: *1. Compresión de imágenes.*
1. Tarea necesaria si no se desea que el alma-

cenamiento y la transmisión de imágenes consuman todo el espacio y la anchura de banda disponibles.

● Neural nets can be used for the purpose of *image compression (compresión de imágenes)*, as shown ...

Image copy: *1. Copia a imagen.*
1. Copia exacta en memoria auxiliar (discos) de las tablas de una *base de datos* (ver *Database*). En el caso del *DB2* (ver *DATABASE 2*) de IBM, se copian *objetos* (ver *Object Def. 2*) llamados «tablespaces». Las copias pueden ser completas («full») o por incrementos (ver *Incremental*). Las copias tienen una función de salvaguardia (ver *Backup (noun)*) por si fuera necesaria una *restauración* (ver *Restoration*) de las tablas a partir de ellas.

● Use the copy utility to make an *image copy (copia a imagen)* of the table ...

Image map: *1. Imagen con índice.*
1. Imagen gráfica (habitualmente una página *Ueb*; ver *World Wide Web*) a la que se asocia una lista o tabla formada por parejas de coordenadas e *hipervínculos* (ver *Hyperlink*); cada pareja de coordenadas identifica un *punto caliente* (ver *Hotspot*) en la página.

● Clickable *Image Map (imagen con índice)* of Croatia: Most of the cities and islands are represented ...

Imagemap: *1. Imagen con índice.*
Ver *Image map.*

Imaging: *1. Iconografía.*
2. Iconográfico/a.
1. Rama de la tecnología informática cuya finalidad es la captación, almacenamiento, tratamiento, *presentación* (ver *Display (verb)*) y transmisión de imágenes.

● In graphical *imaging (iconografía)*, the emphasis is on the manipulation of ...

2. Relativo a la rama tecnológica descrita en 1.

● ... for communications between medical *imaging (iconográficos)* devices.

Imbedded: *1. Incluido.*
Sinónimo de *Embed* (ver).

Impact printer: *1. Impresora de impacto.*
1. En estas impresoras, los tipos, permanentes o formados para cada ocasión, golpean una cinta o banda entintada, con lo que se transfiere la tinta al papel. Pertenecen a este grupo las impresoras de cadena, las de margarita, las matriciales y otras. Ventaja significativa: usando papel carbón, pueden imprimir copias.

● Daisywheel printers and typewriters are *impact printers (impresoras de impacto)*, ...
.

Implement (verb): *1. Implementar.*
1. Llevar algo a la práctica, hacerlo operativo.

● ... are also used to *implement (implementar)* general purpose functions required by ...

Implementation: *1. Implementación.*
1. Acción y efecto de *implementar* (ver *Implement*). Cuando se habla del efecto de *implementar*, el acento se pone, frecuentemente, en las diferencias entre *implementaciones* posibles.

● A directive that is needed only by the *implementation (implementación)* itself.

Implementation environment: *1. Entorno de implementación.*
1. Entorno (principalmente, hardware y software, pero también personal, etc.) en que se

ejecutará una aplicación que ahora está en desarrollo.

- ... the designer must have a thorough understanding of the chosen *implementation environment (entorno de implementación)*.

Implied: *1. Implícito.*
1. Algo que no se ha manifestado de forma expresa pero que podría ser supuesto de alguna manera (por regla, costumbre, etc.). Ver *Imply*.

- USAGE DISPLAY must be specified or *implied (ser implícito)*.

Imply: *1. Implicar.*
1. Obtener una conclusión más o menos lógica a partir de algo que se conoce. Ver *Implied*.

- Double-byte characters, as the name *implies (implica)*, occupy two adjacent bytes ...

Import (verb): *1. Importar.*
1. Poner operativos en un sistema de ficheros o bajo un *SGBD* (ver *Database Management System*), ficheros u *objetos* (ver *Object Def. 2*) de *bases de datos* (por ejemplo, tablas), procedentes del «exterior» (en el tiempo y/o en el espacio). Generalmente, la *importación importa* los datos y datos sobre los datos (por ejemplo, información de catálogo). Los ficheros y objetos que se *importan* fueron anteriormente *exportados* del sistema de ficheros o SGBD origen.

- ... you are not required to define a data set before *importing (importar)* the copy.

2. Usar en una aplicación (sobre todo en *CPs*; ver *Personal Computer*) ficheros procedentes de otra aplicación (producidos por ella).

- ... can also automatically *import (importar)*

and export the data files from several other popular ...

3. Poner a disposición de un programa determinados tipos de variables externas.

- If you try to *import (importar)* a currently undefined environment variable ...

IMac: *1. IMac.*
1. Serie moderna (últimos años 90), relativamente económica y decididamente llamativa de los Macintosh de Apple.

- The *IMac (IMac)* O/S v9 does not have this problem.

IMAP: *1. IMAP.*
Ver *Internet Message Access Protocol*.

IMHO: *1. EMHO.*
1. Acrónimo de *In My Humble Opinion* (jerga y latiguillos en la Red).

- ... but, *IMHO (EMHO)*, the benefits of controlling your business processes to reduce variability that causes inefficiency will ...

IML: *1. IML.*
Ver *Initial microprogram load*.

In box folder: *1. Carpeta de entrada.*
1. En programas de *correo-e* (ver *E-mail*), carpeta en la que se guardan los *mensacorres* (ver *E-mail (noun) Def. 2*) entrantes, si no se indica lo contrario.

- ... by placing the message in the receiver's *In box folder (carpeta de entrada)*.

In flight: *1. En vuelo.*
1. Situación de una *unidad lógica de trabajo* (ver *Logical Unit of Work*) en el tiempo que media entre su primera y última actualizaciones. Se aplica, especialmente, a las que esta-

ban en dicha situación cuando se produjo un fallo en el sistema. A veces se aplica la expresión a conceptos más amplios que las *ULTs* (por ejemplo, tarea).

● ... any transactions that were *in flight (en vuelo)* at the time of the failure.

In the clear: *1. En claro.*
1. Expresión usada para referirse a texto «en estado natural», en contraposición a texto *cifrado* (ver *Encrypt*).

● As a result, the password need not be sent *in the clear (en claro)*.

In-flight: *1. En vuelo.*
Ver *In flight.*

In-stream: *1. En-corriente.*
1. La información necesaria para ejecutar un trabajo por lotes (ver *Batch*) se codifica en *LCT* (ver *Job Control Language*) y se carga en la máquina en forma de una *corriente* (ver *Stream*) de instrucciones. Hay dos elementos que, aunque pueden incorporarse a la ejecución desde ficheros, también pueden introducirse en la propia *corriente*: tal es el caso de los datos poco voluminosos (tablas pequeñas, ciertos parámetros, ...) y de los procedimientos de *LCT*, que son conjuntos de instrucciones que pueden modificarse para cada ejecución. Este tipo de entrada se llama *en-corriente*.

● ... use *in-stream (en-corriente)* data as input.

Inbound: *1. Entrante.*
1. En conexiones de red *interpares* (ver *Peer-to-peer*) se aplica el adjetivo *entrante* a todo lo relacionado con una petición cuya iniciativa correspondió a un *par* (ver *Peer Def. 2*) externo. Puede aplicarse a peticiones, programas que las procesan, *enlaces* (ver *Link (noun) Def. 5*) que se establecen, etc.

● For *inbound (entrante)* link activations, the adjacent link station initiates the connection ...

Inbox folder: *1. Carpeta de entrada.*
Ver *In box folder.*

Include (verb): *1. Incorporar.*
1. Reproducir, total o parcialmente, un mensaje previo en el mensaje de contestación o de *continuación* (ver *Followup*).

● ... it does not allow you to *include (incorporar)* the message from sender when replying.

Include file: *1. Fichero a incluir.*
1. Con éste u otros nombres (*Header file, Copybook* y similares), la función es la misma: incorporar a un programa instrucciones que, probablemente, son comunes a varios programas (se ahorra codificación). La incorporación se hace, bien antes de la *compilación*, bien durante la misma.

● This is the user *include file (fichero a incluir)* containing the definitions for ...

Include statement: *1. Instrucción incluir.*
1. Instrucción presente en la mayoría de preprocesadores y procesadores *(compiladores)* de lenguajes de programación que permite introducir en un programa una o más instrucciones tomadas de un fichero específico. Esta instrucción ahorra repeticiones y evita errores de transcripción.

● The *Include statement (instrucción incluir)* in C/C++ is #include.

Inclusive OR: *1. O inclusivo. 2. O.*
1. *Operador booleano* (ver *Boolean operator*) que devuelve valor CIERTO si uno o los dos operandos son CIERTO. Es decir, lo mismo que *OR*.

- Not OR is the logical complement of *inclusive OR (O inclusivo)*.

Incoming call: *1. Llamada entrante.*
1. En diferentes sistemas de comunicaciones (*fax*, X.25, etc.) llamada que llega a un dispositivo.

- ... and decide whether the *incoming call (llamada entrante)* is a fax or data call.

Incremental: *1. Por incrementos.*
1. Tanto en sistemas de gestión del espacio ocupado en disco como en *SGBDs* (ver *Database Management System*), se llama *por incrementos* a la copia en la que sólo se registran los cambios habidos desde la copia anterior, reduciéndose así, considerablemente, el tiempo de obtención de las copias, que suele ser problemático en grandes instalaciones. En la práctica, se obtienen copias completas espaciadas (cada semana, cada mes) y copias *por incrementos* más frecuentes (por ejemplo, diarias).

- An *incremental image copy (copia a imagen por incrementos)* is a copy only of pages that have been modified since the last use ...

- Full volume dumps used together with *incremental backups (copias de salvaguardia por incrementos)* can provide a more accurate reconstruction ...

Indefinite loop: *1. Ciclo sinfín.*
1. *Ciclo* (ver *Loop*) que se ejecuta de forma indefinida.

- while (1==1)   /* *Indefinite loop (ciclo sinfín)*/

Indent (noun): *1. Sangrado.*
Sinónimo de *Indentation* (ver).

Indent (verb): *1. Sangrar.*
1. Producir un texto con *sangrado* (ver *Indentation*).

- ... to *indent (sangrar)* the print line between 1 and 30 positions to the right ...

Indentation: *1. Sangrado.*
1. Estilo de escritura o impresión en el que determinados párrafos o, en general, grupos de líneas, se desplazan un cierto número de posiciones [hacia la derecha] con relación a la línea previa al párrafo o grupo. El *sangrado* es, en general, una buena práctica de composición de textos pero es crucial de cara a la legibilidad de programas fuente. Hay diferentes estilos de sangrado (sobre todo con relación a la escritura de programas en C).

- *Indentation (sangrado)* is allowed and you can, therefore, code programs in a format that emphasizes their structure ...

Independent: *1. Independiente.*
1. Un *objeto* (ver *Object Def. 2*) en una *base de datos relacional* (ver *Relational database*) (fila, tabla) es *independiente* si no es ni *progenitor* (ver *Parent*) ni *dependiente* (ver, por ejemplo, *Dependent table*) con relación a otro objeto.

- These tables are *independent (independientes)* tables; that is, they are separate tables with no referential constraints ...

Independent Software Vendor:
1. Vendedor Independiente de Software.
2. VIS.
1. Empresa que desarrolla y vende productos software para plataformas específicas (de todo tipo: desde puramente aplicacionales hasta productos que complementan o mejoran las prestaciones de los *sistemas operativos*).

- ... than the normal IBM *Independent Software Vendor* (VIS) relationship, and includes ...

Index (noun): *1. Índice. 2. Subíndice.*
1. En ficheros y en *bases de datos* (ver *Data-*

base) un *índice* es una tabla (que, a su vez puede ser un fichero o parte de un fichero) en la que se contienen parejas ordenadas (por *Clave*) formadas por {*Clave, Puntero*} de forma que cada valor en *clave* (ver *Key (noun) Def. 2*) identifica a un registro en un fichero o tabla de *base de datos* (ver *Database*) y *puntero* señala a la ubicación (para búsqueda directa) de dicho registro en el fichero o tabla de base de datos. La búsqueda en los *índices* es, por lo general, *dicotómica* (ver *Binary search*), y deben existir mecanismos para adiciones, bajas y reorganizaciones.

● ... follow this procedure to rebuild the *index (índice)* and recover the data set.

2. En ciertas instrucciones de ciertas computadoras se llaman *índice* o *registro de índice* a un *registro general* (ver *General register*) que se usa en *direccionamiento* (además del registro base que contiene la *dirección base*). Con ello, el direccionamiento gana en alcance y flexibilidad (facilita, por ejemplo, programar *ciclos*; ver *Loop*).

● ... also used as base-address and *index (índice o de índice)* registers in address generation ...

3. Dato elemental que permite direccionar los caracteres individuales de una *ristra* (ver *String*) de caracteres, los elementos de una tabla o *formación* (ver *Array*), etc.

● ... cannot be accessed by an *index (subíndice)* in a loop.

Index (verb): *1. Indizar.*
1. Proceso de creación de un índice en fichero o tabla de *base de datos* (ver *Database*). En general, sólo se usa el participio y el gerundio.

● If the table *being indexed (se está indizando)* is empty ...

2. Utilizar un índice para *direccionar* (ver *Address (verb)*) caracteres de una *ristra* (ver *String*), elementos de una tabla o *formación* (ver *Array*), etc.

● ... of subscripting and *indexing (indizando o indización)* for easy reference to the table elements ...

Index key: *1. Clave de índice.*
1. Posiciones de datos en un registro de fichero o tabla de *base de datos* (ver *Database*) que se usan como *clave* para *indizar* (ver *Index (verb)*) dicho fichero o tabla. El orden es fundamental. En unos casos la clave se indica por medio de parejas posición-longitud. Otras veces especificando los *campos* (o columnas) que la forman (ver *Index Def. 1*).

● It obeys the same restrictions as do *index keys (claves de índices)*: ...

2. A veces se usa como sinónimo de *Index*:

● ... in the same way as the prime *index key (índice)* of an indexed file ...

Indexed organization: *1. Organización indizada.*
1. Organización de datos en un fichero (ver *File organization*) que se caracteriza por la existencia y mantenimiento de uno o más *Índices* (ver *Index Def. 1*), lo que facilita determinados tipos de acceso al fichero.

● *Indexed organization (La organización indizada)* offers the flexibility of being able to access records either sequentially or directly ...

Indexed Search: *1. Búsqueda indizada.*
1. Búsqueda, por clave o valor, en información almacenada (memoria, disco), en la que se usa un índice para disminuir el tiempo promedio necesario para encontrar lo buscado.

• ... is usually faster than using the recursive *indexed search (búsqueda indizada)* described in the next section.

Indexed Sequential Access Method: *1. Método de Acceso Secuencial Indizado. 2. ISAM.*

1. *Método de acceso* (ver *Access method*) a ficheros de *organización indizada* (ver *File organization*) que permite acceso serial (orden físico), secuencial (orden de *clave;* ver *Key (noun) Def. 2*) y aleatorio (por *índice*). IBM desaconseja el uso de su ISAM y recomienda que se sustituya por VSAM-KSDS (ver *KSDS*).

• ... and not everyone can afford (or write) a full *Indexed Sequential Access Method (ISAM)* utility.

Indexing: *1. Indización.*
Ver *Index (verb) Def. 2*

Indicator: *1. Indicador.*
1. Dato elemental activado por el sistema o por el propio programa y que se usa para determinar si se ha producido o no una cierta condición (por ejemplo, un final de fichero). Determinados lenguajes muy parametrizados usan *indicadores* de manera profusa.

• Generally, the *indicators (indicadores)* for a stream remain set until your program ...

Indirect parameter passing:
1. Paso indirecto de parámetros. 2. Paso de parámetros por referencia.
Expresión sinónima de *Parameter passing by reference* (ver).

• C++ also supports *indirect parameter passing (paso indirecto de parámetros),* if a prototype specifies it (with ampersand (&)).

Indirection: *1. Desreferencia.*
1. Forma indirecta de conectar dos objetos al-

macenando en uno de ellos la dirección (o, en general, una referencia) al otro. En el caso concreto de los lenguajes C/C++ puede accederse al valor de un objeto aplicando el operador * a un *puntero* (ver *Pointer*) que apunta al objeto en cuestión.

• Otherwise, one level of *indirection (desreferencia)* is removed from the parameter ...

Indoubt thread: *1. Hebra dudosa.*
1. Situación anómala de una unidad de recuperación (en *DB2* (ver *DATABASE 2*); ver también *Recovery*) de la que aún no se sabe si hay que darla como terminada correctamente o hay que deshacer las actualizaciones efectuadas.

• This command must be used to purge *indoubt thread (hebra dudosa)* information in the following ...

Industry Standard Architecture: *1. ISA.*
1. Bus de uso generalizado que permite transferencias de 16 bits simultáneos. Común en CPs IBM AT.

• The XT bus predates the 16-bit *Industry Standard Architecture (ISA)* used on the Intel 80286 based machines.

Inference engine: *1. Motor de inferencia.*
1. Componente de un sistema basado en reglas, responsable de seleccionar una regla y ejecutarla a partir de las proposiciones y hechos disponibles.

• ... and a dedicated *inference engine (motor de inferencia),* which provides the execution mechanism. This contrasts to ...

Infinite loop: *1. Ciclo sinfín.*
1. Conjunto repetitivo de instrucciones (*ciclo*

(ver *Loop*)) que, por error o intencionadamente, se ejecuta de forma indefinida (hasta que un elemento externo al ciclo produzca su parada o, inclusive, la cancelación del programa).

● You are running a program that is in an *infinite loop (ciclo sinfín)*.

Infix: *1. Infijo/a.*
1. Adjetivo que se asocia, habitualmente, al nombre *notation* para referirse a una notación algebraica –la más común– en la que los operadores se colocan entre los operandos *(Campo1 + Campo2)*.

● ... in reference to those calculators which use *infix (infija)* notation instead of ...

Inflight: *1. En vuelo.*
Ver *In flight*.

Inflow: *1. Flujos de entrada.*
1. Nombre genérico asignado a los *flujos de entrada* de datos a un sistema de *Almacén de datos* (ver *Data Warehouse*). La fuente principal de estos flujos son las *bases de datos* (ver *Database*) de los sistemas tradicionales de gestión.

● *Inflow (flujos de entrada)*: Data import into the Warehouse database.

Information: *1. Información.*
1. Datos significativos para un usuario interesado y preparado para entenderlos. Los sistemas informáticos procesan datos (a secas) cuya dimensión semántica es ajena, por ejemplo, a la función de técnica de sistemas. El usuario y el analista/diseñador necesitan ver sentido (*información*) en los datos almacenados y procesados.

● ... tools that make it possible to define the needed *information (información)* and its structure ...

Information center: *1. Centro de información.*
1. Infraestructura informática dedicada a facilitar consultas de control de gestión y de ayuda a la toma de decisiones. Sus bases de datos se cargan por agregación de datos procedentes de las bases de datos operativas. La moda está sustituyendo este término por otros (por ejemplo, *Data warehouse*; ver).

● The traffic *information center (centro de información)* is being developed by the University of ...

Information packet: *1. Paquete (de datos).*
Ver *Packet*.

Information Services: *1. Departamento de Informática.*
1. Departamento organizativo responsable de la Informática en una empresa u organismo de otro tipo.

Information System: *1. Sistema de Información.*
1. Una o más aplicaciones de usuario (integradas, si más de una).

Information Systems: *1. Departamento de Informática.*
Sinónimo de *Information services* (ver).

Information Technology:
1. Tecnologías de la Información. 2. TI.
1. Nombre común a la rama *datos* y a la rama *información*. En la práctica, el peso económico de la tecnología de datos es muchísimo mayor que el de tecnología de la información, pero ha quedado como nombre común el de esta última.

● This organization was established by mathematicians and electrical engineers to advance the science and application of *informa-*

tion technology (Tecnologías de la información).

Informational: *1. Informativo.*

1. Este adjetivo se aplica, principalmente, a mensajes que informan de la situación de procesos o, más generalmente, a mensajes que no requieren intervención. También a *mandatos* (ver *Command*) cuya función es solicitar datos a un sistema o intercambiar información con algún interlocutor.

• When the system suppresses *informational (informativos)* messages ...

Informational data: *1. Datos proinformativos.*

1. Datos (ver *Data*) más cercanos a lo que es información (ver *Information*) que los *datos operativos* (ver *Operational data*), de los que se deducen. Deben tener una estructura flexible (por ejemplo, desde un punto de vista temporal) que facilite enfoques y matices necesarios en la toma de decisiones. Por definición son datos históricos y consolidados cuya actualización debe realizarse periódicamente.

• Take operational data through denormalization to produce *informational data (datos proinformativos).*

Informix: *1. Informix.*

1. Empresa importante en el desarrollo y venta de productos relacionados con las *bases de datos* (ver *Database*).

• *Informix (Informix)* is the first and only company to seamlessly integrate e-commerce and business intelligence on a true ...

Infrared radiation: *1. Radiación infrarroja. 2. RI.*

1. Tipo de radiación que puede usarse en informática para conexiones a corta distancia

(mandos de aparatos, ratones, *RALs* (ver *Local Area Network*) inalámbricas, etc.).

• The *infrared radiation (por radiación infrarroja)* mouse could be used in the office as a conventional Mouse ...

Inheritance: *1. Herencia.*

1. Dimensión fundamental de la *orientación a objetos* (tanto análisis y diseño como programación; ver *Object orientation*). Introduce la posibilidad de definir nuevas *clases* (ver *Class*) a partir de clases ya existentes, de las que heredan *atributos* (ver *Attribute*) y *métodos* (operaciones; ver *Method Def. 1*) pudiendo incorporar nuevos atributos y nuevos métodos. Puede ser simple (una clase sólo tiene una superclase de la que hereda) o múltiple.

• The properties of *inheritance (herencia)* sketched so far address reusability: building modules as ...

Inheritance anomaly: *1. Anomalía de la herencia.*

1. En *sistemas de tiempo real* (ver *Real-time system*), conflicto que se produce entre *herencia* (ver *Inheritance*) y control de concurrencia, que obliga a efectuar múltiples redefiniciones.

• ... introduces three kinds of real-time specification *inheritance anomalies (anomalías de la herencia)* that one may ...

Initial Graphics Exchange Specification: *1. IGES.*

1. Norma *ANSI* (ver *American National Standards Institute*) que describe formato de ficheros para intercambio de información de tipo *CAD* (ver *Computer-Aided Design*).

• ... from the definition of a drawing exchange capability (the *Initial Graphics Exchange Specification (IGES)*) in 1979 through to the future ...

Initial microprogram load: *1. IML.*
1. Carga de código interno (*microcódigo*; ver *Microcode*) en una máquina.

● When the *Initial microprogram load (IML)* operation is completed, the state of the affected CPUs, channel subsystem, ...

Initial Program Load: *1. IPL.*
1. Proceso, en una *computadora principal* (ver *Mainframe computer*), que conduce a que el *sistema operativo* (ver *Operating system*) quede cargado, se establezcan todos los parámetros del sistema, se carguen los subsistemas básicos y, en definitiva, a que el sistema quede preparado para operar normalmente. Según la situación previa, hay varias formas de hacer IPL.

● At the first *Initial Program Load (IPL)* after system installation, the system automatically loads ...

Initialization: *1. Inicialización.*
1. Proceso, más o menos largo y complejo, que lleva a que un sistema, subsistema, componente hardware, entorno de trabajo, aplicación, programa, etc., se pongan en disposición de ser usados o comience su ejecución normal. Ver:

– *System initialization*
– *Subsystem initialization*
– *Hardware initialization*
– *Program initialization*
– *Variable initialization*
– *Initialization file*
– *Initialization procedure*
– *Initialization parameters*

como conceptos relacionados más significativos.

Initialization file: *1. Fichero de inicialización.*
1. Fichero(s) al que acude el programa que

inicializa cualquiera de los objetos mencionados en *Inicialización* (ver *Initialization*) para obtener los parámetros detallados de inicialización. Según *sistemas operativos* (ver *Operating system*) puede tener un nombre diferente (INI, PARMLIB, etc.).

● ... it looks in the *initialization files (ficheros de inicialización)*, finds definitive values ...

Initialization parameters:
1. Parámetros de inicialización.
1. Parámetros (argumentos) que se pasan al programa que controla la inicialización de un objeto de los mencionados en *Initialization* (ver). En general, son parámetros genéricos (por ejemplo, tipo de inicialización) ya que los parámetros de detalle (adaptación del elemento) se incluyen, habitualmente, en los *ficheros de inicialización* (ver *Initialization file*).

● You can use the following constants to specify *initialization parameters (parámetros de inicialización)* for a sound channel ...

Initialization procedure:
1. Procedimiento de inicialización.
1. Conjunto de instrucciones y *mandatos* (ver *Command*), posiblemente modificables en cada ejecución, que se usan para identificar los pasos y la información necesaria para inicializar algunos de los objetos mencionados en *Initialization* (ver).

● Begin the *initialization procedure (procedimiento de inicialización)* through either an operator command ...

Initialize: *1. Inicializar.*
1. Ejecutar un proceso de *inicialización* (ver *Initialization*). Si el elemento inicializado es un elemento activo, la inicialización termina cuando se inicia la ejecución u operativa del elemento en cuestión.

● ... you must create and *initialize (inicializar)* the journal files you need ...

Initiator: *1. Iniciador.*
1. Parte del *sistema operativo* (ver *Operating system*) que se encarga de leer trabajos desde una o más unidades de entrada y *lanzarlos* (ver *Dispatch*) para ejecución (según prioridades) o retenerlos si, por cualquier razón, no pueden ejecutarse en ese momento.

● ... and completely initialized before *initiators (iniciadores)* will accept work ...

2. Función del *sistema operativo* (ver *Operating system*) que selecciona trabajos para su ejecución inmediata, les asigna los recursos necesarios y los pone en ejecución. Puede haber una función simétrica («terminator») que controla la finalización y las salidas.

● The *initiator/terminator (iniciador/terminador)* purges existing job tables and ...

3. Dispositivo que inicia una transacción *SCSI* (ver *Small Computer System Interface*) enviando un *mandato* a otro dispositivo.

● An instruction transferred from SCSI *initiator (iniciador)* to SCSI target, typically containing function codes, an address ...

Ink cartridge: *1. Cartucho de tinta.*
1. Cada uno de los pequeños depósitos que contienen la tinta usada por las impresoras de inyección.

● ... we give you our exclusive easy and detailed instructions on how to refill your *ink cartridges (cartuchos de tinta).*

Inkjet printer: *1. Impresora de chorro de tinta.*
1. Las *impresoras de chorro de tinta* forman los caracteres, dibujos e imágenes proyectan-

do sobre el papel finísimos chorros de una tinta especial. Pueden imprimir en color o blanco/negro y producen muy buena calidad.

● *Inkjet printers (impresoras de chorro de tinta)* are relatively quiet printers.

Inline: *1. En-línea.*
1. Parecido a *in-stream*, pero aplicado a código fuente. Una *llamada* (ver *Call (noun)*) a función pasa a estar *en línea* si la llamada se sustituye por el cuerpo de la función.

● Built-in functions are ones for which the compiler generates *inline (en-línea)* code at compile time ...

Inner: *1. Interno. 2. Interior.*
1. Relativo a las interioridades de un elemento de programación (rutina, *clase*, etc.). Conviene, frecuentemente, que lo *interno* de dichos elementos no sea público, es decir, que su publicidad o conocimiento no supongan un compromiso con el exterior.

● ... its externally visible behaviour is considered and not its implementation or «*inner (interno)* workings» ...

2. Cualidad de no estar en un extremo (por ejemplo, de una *expresión*).

● ... Each *inner (interior)* sub-expression is replaced by a function of ...

Inner join: *1. Unión interna.*
1. En la SELECT de *SQL* (ver *Structured Query Language*) una *unión* (ver *Join*) condicionada de dos tablas *parea* (ver *pair (verb)*) filas de ambas tablas que cumplan una condición. Con la opción *interna* sólo se seleccionan las filas pareadas.

● The same join method for an *inner join (unión interna)* differs only in ...

Inoculate (verb): *1. Vacunar.*

1. Proteger un programa o aplicación dotándolos de medios para detectar la presencia de alteraciones fraudulentas o indeseadas, en general, de los datos de entrada y, sobre todo, de salida.

- ... and may be pressured by the international community to secure —i.e., *inoculate (vacunar)*— their systems.

Input (noun): *1. Entrada.*

1. Denominación genérica de los datos que se introducen en un elemento ejecutable.

- On *input (entrada)*, this string is read as follows: ...

Input redirection: *1. Redirección de entrada.*

1. Especificación de que un *mandato* (ver *Command*) tome su entrada de una fuente distinta de la entrada estándar (implícita en el sistema; en general, el terminal propio).

- ... through *input redirection (redirección de entrada)* you can enable a command to get ...

Input/Output: *1. Entrada/Salida. 2. E/S.*

1. Con la preposición *de* delante, la expresión *Entrada/Salida* (más rigurosamente, *Entrada y/o Salida*) se usa para calificar operaciones, dispositivos, rutinas, etc., cuya función principal es la transferencia de datos entre memoria y dispositivos periféricos. También pueden ser de *E/S* los propios datos y los canales por los que se hacen las transferencias.

- You can perform wide-character *input/output (entrada/salida)* on the streams described in ...

Input/Output process: *1. Proceso de Entrada/Salida.*

1. Componente de una función (según un ar-quetipo usual) que interacciona con el exterior de la misma y no interacciona con la *base de datos.*

- Each screen, *Input/Output process (proceso de Entrada/Salida)*, etc., must be documented ...

Inquiry: *1. Pregunta.*

1. Tipo de actividad informática de un interlocutor (humano o no) con relación a otro, por la que el primero solicita del segundo un dato o un conjunto de datos en un lenguaje proto-colizado.

- The elapsed time between the end of an *inquiry (pregunta)* ...

Inquiry/response system: *1. Sistema de consulta interactivo.*

1. Tipo de sistema informático interactivo en el que, por razones de seguridad o de integridad (ver *Data integrity*), las actualizaciones de los datos no se hacen de forma interactiva pero sí las *consultas* (ver *Query* o *Enquiry*).

- ... to produce an *Inquiry/Response System (sistema de consulta interactivo)*. A system that: 1. Improved the processing of ...

Insert (verb): *1. Insertar.*

1. Incluir un elemento (no necesariamente elemental) en otro. Son especialmente interesantes las *inserciones* de nuevos registros en determinados tipos de ficheros, las inserciones de *ristras* (ver *String*) de caracteres en otras y las inserciones de texto *tecleado* (ver *Key (verb)* o *Type (verb)*) en texto ya existente (ver *Insert key* e *Insert mode*). Diferentes lenguajes y *métodos de acceso* (ver *Access method*) cuentan con instrucciones para *insertar.*

- ... which means *insert (insertar)* before the beginning of the string.

Insert key: *1. Tecla Insertar.*
1. *Tecla* que permite activar y desactivar el *modo insertar* (ver *Insert mode*).

• ... you cannot use the *insert key (tecla Insertar)* unless you first create ...

Insert mode: *1. Modo Insertar.*
1. Modo de *tecleo* (ver *Key (verb)* o *Type (verb)*) durante el cual el texto que se teclea se inserta en un texto existente justo en la posición en que está situado el cursor. Se consigue usando la *tecla Insertar* (ver *Insert key*) que activa o desactiva el *modo Insertar*.

• If *insert mode (modo Insertar)* is turned off, the editor overwrites ...

Install (verb): *1. Instalar.*
1. Copiar un producto software, o modificaciones o arreglos a otro ya instalado, en una instalación o computadora individual, desde el medio en que se distribuye. Puede incluir también la creación de vías de ejecución y la adaptación del producto a las necesidades concretas de la instalación o del usuario.

• ... has been *installed (instalado)* in the root file system, it will be run each time ...

2. Con la misma traducción, también puede aplicarse a productos hardware.

• ... will *install (instalar)* and upgrade all hardware requirements Hard Disks ...

Installation: *1. Instalación.*
1. Acción y efecto de *instalar* (ver *Install (verb)*).

• Begin *installation (instalación)* with all parts of the operating system at the required ...

2. Se llama *instalación* al conjunto de una o más computadoras (conectadas entre sí), los

periféricos asociados, el personal dedicado, el trabajo realizado y hasta los servicios de acondicionamiento y seguridad.

• ... performance groups have been prioritized at your *installation (instalación)*.

Instance: *1. Ejemplar.*
1. En *orientación a objetos* (ver *Object orientation*), *ejemplar* de una *clase* (ver *Class*). Es sinónimo de *Object*. Es, por tanto, un concepto de la realidad que se usará en la ejecución de los programas y que, opcionalmente, se almacenará en una *base de datos*.

• ... two *instances (ejemplares)* of a class circle could be instantiated with the declaration.

2. Con carácter general, ejemplo o ejemplar. Ver también *Occurrence*.

• Only one *instance (ejemplar)* of a keyword can be specified.

Instantiate: *1. Ejemplarizar.*
1. Definir *ejemplares* (ver *Instance*) dentro de una *clase* (ver *Class*).

• ... two instances of a class circle could be *instantiated (ejemplarizarse)* with the declaration ...

Institute of Electrical and Electronics Engineers: *1. IEEE.*
1. Organización de gran solera (creada en 1884), formada por ingenieros, científicos y estudiantes y cuyo eslogan es «Networking the World». Conocida, fundamentalmente, por sus aportaciones esenciales al desarrollo de normas (estándares) en electrónica, informática y comunicaciones.

• «The *IEEE (IEEE)* promotes the engineering process of creating, developing, integrating, sharing, and applying knowledge about ...»

Instruction: *1. Instrucción.*
1. Orden programable mínima que puede ser ejecutada por una computadora. En este sentido restringido sólo se programan *instrucciones* usando lenguajes ensambladores que, además, permiten programar *macroinstrucciones* que el ensamblaje convierte en *instrucciones*.

● A program is checked for the correctness of *instructions (instrucciones)* and data as the program is executed ...

2. (Plural) Operativa a seguir para obtener un cierto resultado.

● Installation *Instructions (instrucciones):* ...

Instruction set: *1. Conjunto de instrucciones.*
1. Conjunto completo de las instrucciones (ver *Instruction*) que puede ejecutar una cierta computadora y que es específico de la misma. Ciertas máquinas permiten ampliar su conjunto básico mediante la incorporación de instrucciones en *microcódigo* (ver *Microcode*).

● ... can use the complete *instruction set (conjunto de instrucciones)* to operate on data in that address space ...

Int: *1. Int.*
1. En varios lenguajes de programación se usa *int* (no traducir) para declarar *números enteros* (ver *Integer*) o para funciones que dan la parte entera de un número.

● The default size is the size of an *int (int).*

Integer: *1. Número entero.*
1. En Informática se aplica el mismo concepto de *número entero* que en Matemáticas con la salvedad de que hay, para ellos, unos valores máximo y mínimo que dependen del área

de memoria ocupada por el número (media palabra, una palabra, ...).

● In an unsigned binary *integer (entero o número entero)*, all bits are used to express the absolute ...

Integral boundary: *1. Entorno entero.*
1. Una unidad de información tiene *entorno entero* cuando su dirección en memoria ha de ser un múltipla de su longitud. Por ejemplo, para una palabra de 4 *baits* (ver *Byte*), la dirección debe ser múltiplo de 4. Aunque cada vez con menor exigencia (los lenguajes lo gestionan), ciertas limitaciones hardware obligan a que determinados datos tengan *entorno entero*. Sinónimo de *Boundary alignment*).

● Instructions must be on two-byte *integral boundaries (entorno entero)* ...

Integrated circuit: *1. Circuito integrado.*
1. Circuito miniaturizado, formado por conductores, transistores y otros componentes electrónicos, y diseñado para una función específica (microprocesador, memoria, filtro, etc.).

● An *integrated circuit (circuito integrado)* or other device whose inputs and outputs represent binary values ...

Integrated Development Environment: *1. Entorno Integrado de Desarrollo. 2. IDE.*
1. Entorno de desarrollo (de programas) que integra una serie de herramientas o aplicaciones (por ejemplo, VisualBasic y Word) útiles o necesarias para el desarrollo. Es un sentido diferente de la palabra *integrado* que el que se usa en *Integrated Project Support Environment.*

● ... is to merge existing Gnu and GPL utilities into a graphical GPL *Integrated Development*

Environment (Entorno Integrado de Desarro-llo), which contain editor, class browser ...

Integrated Drive Electronics: *1. IDE.*

1. Nombre original de ATA (*Advanced Technology Attachment*). Se refiere a una *interfaz* (ver *Interface (noun)*) normalizada (por *ANSI*; ver *American National Standards Institute*) entre placa base y unidades de disco con la controladora incorporada. Está basada en el bus IBM PC de 16 bits, pero se aplica en otras computadoras.

• *Integrated Drive Electronics (IDE)* uses the PC BIOS's interrupt 13^16 to provide an interface to the operating system ...

Integrated Project Support Environment: *1. IPSE.*

1. Conjunto de pasos de procedimiento, de documentación y de herramientas cuyo objetivo es el análisis, diseño y construcción de aplicaciones y sistemas informáticos. Y todo ello en el marco de una concepción metodológica coherente.

• ... to communicate in such a way that an *integrated project support environment (IPSE)* is available from commercial tools.

Integrated Services Digital Network: *1. Red Digital de Servicios Integrados. 2. RDSI.*

1. Conjunto de normas, y su materialización en forma de servicios ofrecidos por las compañías de telecomunicaciones, orientados a la transmisión por el mismo medio físico (desde cable telefónico de cobre hasta fibra óptica) de voz *digitalizada* (ver *Digitize*), datos y vídeo. En su oferta más simplificada (*BRI:* ver *Basic Rate Interface*) se suministran dos canales de 64 Kbps y uno de 16 Kbps (para control y *señación*; ver *Signaling Def. 2*). Las ofertas para empresas aumentan considerablemente el número de canales.

• A key feature of the *Integrated Services Digital Network (Red digital de servicios integrados)* is the logical separation of the signalling channel ...

Integration: *1. Integración.*

1. Estadio en el desarrollo de sistemas informáticos y aplicaciones, especialmente durante las pruebas, en el que se presta la máxima atención a la *integración* armónica de los diferentes componentes: componente interactivo *vs.* componente por lotes (ver *Batch*), componentes de frecuencias de ejecución diferentes, *interfaces* (ver *Interface (noun)*) con elementos externos, etc.

• ... on the planning, design, execution and management of the *integration (de integración)* testing phase of an information technology initiative.

2. Capacidad de componentes y productos de diferentes suministradores (e incluso del mismo) para interaccionar entre ellos sin problemas. La historia de la informática muestra niveles crecientes de integración, consecuencia de una lucha continua entre los esfuerzos estandarizadores y los deseos de fabricantes y proveedores de imponer sus propias «normas».

• ... designed to support the *integration (integración)* of tools through a ...

Integrity: *1. Integridad.*

1. Característica de los datos almacenados (desde el más modesto fichero en un disquete hasta la más compleja *base de datos*; ver *Database*) que expresa la consistencia entre esos datos y la realidad (actual o histórica) que representan. Se pierde *integridad* cuando se pierden datos y relaciones entre datos, tanto por un incendio como por una actualización concurrente no prevista ni impedida, como por no respetarse las *constricciones de integridad* (ver *Integrity constraint*).

● ... you must continue to ensure read/write *integrity (integridad)* when issuing concurrent requests ...

Integrity constraint: *1. Constricción de integridad.*

1. Regla, referente a *interrelaciones* (ver *Relationship*) entre *entidades* (de datos), que hay que respetar si no se quiere perder *integridad* en los datos almacenados. Por ejemplo, «no puede eliminarse una *entidad* (ver *Entity*) *progenitora* (ver *Parent*) mientras existan entidades "descendientes" (ver, por ejemplo, *Descendent row*) de la misma». El cumplimiento de estas reglas debe forzarse por programa a menos que se use un *SGBD* (ver *Database Management System*) dotado de mecanismos para ello (ver también *Referencial constriction* y *Referential integrity*).

● ... the table structures, indexes, and referential *integrity constraints (constricciones de integridad)* ...

Intelligent agent: *1. Agente inteligente.*
Sinónimo de *Bot* (ver).

Intelligent I/O: *1. I2O.*

1. Nueva arquitectura, aún en desarrollo, que tendrá un importante impacto sobre los mecanismos de control de *E/S* (ver *Input/Output*) actualmente en uso en el dominio *CP* (ver *Personal Computer*). La base es considerar separadamente las tareas de interacción hardware (con el dispositivo) y software (con el *sistema operativo*) y propugnar la aparición de procesadores especializados en estas tareas y en su comunicación mediante *paso de mensajes*.

● *Intelligent I/O (I2O)* systems will be able to more efficiently deliver the I/O throughput required by ...

Intelligent terminal: *1. Terminal inteligente.*
Sinónimo de *Smart terminal* (ver).

Intent: *1. Objetivo.*
1. Fin perseguido. Se aplica, a veces, para referirse a los permisos de un proceso o programa con relación a una *base de datos* (lectura, adición, etc.).

● ... probably with the *intent (objetivo)* to move out of hardware into middleware.

Interactive: *1. Interactivo/a.*
1. Característica de un sistema, subsistema, aplicación o programa (en última instancia, de un programa o conjunto de programas) consistente en que las *introducciones* (ver *Entry area*) y salidas se intercalan y pueden depender unas de otras, siendo relativamente reducida la cantidad de datos de cada entrada y salida. Los datos pueden incluir *mandatos* (ver *Command*) o ser ellos mismos mandatos. La interacción puede ser puramente textual o insertarse en una *interfaz gráfica* (cada vez más frecuentes y normalizadas; ver *Graphical Interface*).

● ... be sure you can respond to the program's *interactive (interactivas)* requests ...

Interactive development environment: *1. Entorno Interactivo de Desarrollo. 2. IDE.*
1. Conjunto de herramientas para el desarrollo y prueba de programas en uno o más lenguajes de programación. Puede contar con *editores* (ver *Editor Def. 1*) que tengan en cuenta la sintaxis de los lenguajes, intérpretes para pruebas progresivas, *compiladores* y *montadores* (ver *Linkage editor* y *Linker*) y ayudas para la ejecución y la depuración. El sistema destino de lo desarrollado puede ser distinto del sistema en que se desarrolla.

• ...they wanted to work on creating a new kind of *interactive development environment (entorno interactivo de desarrollo)* and language ...

Interactive Data Language: *1. IDL.*

1. Lenguaje, disponible comercialmente, cuyo objetivo es la *presentación* (ver *Display (verb)*) de información científica y técnica.

• Variables in *Interactive Data Language (IDL)* refer to collections of data, for example, images or spectra, and can be combined ...

Interactive Distance Learning:
1. Formación Interactiva a Distancia.
2. FIAD.

1. Término, cada vez más en boga, que se refiere a las nuevas posibilidades abiertas en *formación interactiva a distancia*, mediante el uso de las tecnologías de la informática y las telecomunicaciones disponibles a inicios del siglo XXI.

• Connect to the future by taking an *interactive distance learning (formación interactiva a distancia)* class in one of the College's state-of-the...

Interception: *1. Interceptación.*

1. Hablando de comunicaciones, *interceptación* puede ser tanto destruir una comunicación como apoderarse de ella, es decir, acceder a su contenido. La mayoría de las veces es este segundo sentido el que interesa.

• Preventing Network Data *Interception (interceptación)*: When packets travel across a network, they are susceptible to being read ...

Interface (noun): *1. Interfaz.*

1. Con carácter general, una *interfaz* es un elemento que «conecta» (o hace de puente entre) dos entidades diferentes salvando las diferencias entre ellas. Hay varios tipos de *in-*

terfaces en función de la condición de las entidades conectadas: ser humano, dispositivo hardware, programa. La propia interfaz puede ser un dispositivo físico, un programa o una parte de un programa. Hay una fuerte tendencia hacia la normalización de *interfaces*.

• ... with UNIX systems, the asynchronous terminal *interface (interfaz)* to the shell is quite familiar ...

Interface (verb): *1. Interfacear.*

1. Actuar como una *interfaz* (ver *Interface*).

• An example of this is the transaction-type sockets defined for *interfacing (interfacear)* to the ...

Interface board: *1. Placa de interfaz.*

Sinónimo de *Interface card* (ver).

• ... markets an *interface board (placa de interfaz)* and software that allow stand alone microcomputers to be used as alarm monitors for central stations.

Interface card: *1. Placa de interfaz.*

1. Hardware necesario para que un procesador (*CP*; ver *Personal Computer*) pueda comunicarse con dispositivos y otros procesadores. Se incluyen los puertos serial (ver *Serial port*) y paralelo, buses de expansión, etc.

• ... XYZ is simply an *interface card (placa de interfaz)*, it offers no compression on the board ...

Interface Definition Language:
1. Lenguaje de Definición de Interfaces.
2. LDI.

1. En términos genéricos, lenguaje que posibilita que un programa concreto sea capaz de interaccionar con cualquier otro programa (independientemente del lenguaje en que éste esté escrito), a condición de que ambos se en-

tiendan en el mismo lenguaje de *interfaz* (ver *Interface*). En términos concretos, norma de la *OSF* (ver *Open Software Foundation*) referente a *estabos* (ver *Stub*), que regula la interacción antes mencionada.

• ... which have no syntactic equivalent in the other *Interface Definition Language (IDL)*, but which can be adequately represented by a combination ...

Interface stub: *1. Estabo de interfaz.*
1. Pequeño módulo que puede ser generado a partir de la definición de una *interfaz* (ver *Interface*) y que sirve para materializar el diálogo entre clientes y servidores (ver también *Stub*).

• This error is generated by the client interface stub *(estabo de interfaz)* code.

Interior gateway: *1. Pasarela interior.*
1. *Pasarela* (en realidad, una *encaminadora* especializada; ver *Router*), en una interred, que comunica redes y computadoras en el interior de un sistema autónomo.

• We use the term *interior gateway (pasarela interior)* to discriminate between the gateways used within an autonomous ...

Interior Gateway Protocol:
1. Protocolo de pasarela interior. 2. IGP.
1. Se llaman *protocolos de pasarela interior* los que se usan para intercambiar información de *direccionamiento* (ver *Addressing*) y estado entre las computadoras de un Sistema Autónomo de la Internet. Los más conocidos son *RIP* (ver *Routing Information Protocol*) y *OSPF* (ver *Open Shortest Path First*).

• The main goal of an *interior gateway protocol (protocolo de pasarela interior)* is to route efficiently, while the ...

Interior routing protocol: *1. IGP. 2. Protocolo de pasarela interior.*
Sinónimo de *Interior Gateway Protocol* (ver).

Interlaced image: *1. Imagen entrelazada.*
1. Imagen que se transmite y forma en pantalla usando ráfagas de datos, de manera que la primera ráfaga forma una imagen completa pero de poca definición (ver *Resolution*) y las siguientes van aumentando progresivamente el grado de definición. Permite, en transmisiones lentas, interrumpir la recepción antes de que la definición sea la máxima.

• The *interlaced image (imagen entrelazada)* initially appears in poor resolution and then improves in resolution until the complete ...

Interlacing: *1. Entrelazado.*
1. Técnica de *refrescamiento* (ver *Refresh (noun) Def. 1*) aplicada en algunos modelos de pantallas y que consiste en *barrer* (ver *Scan (verb) Def. 3*) primero las filas pares y, a continuación, las impares. Permite una menor velocidad de refrescamiento (para una velocidad dada parpadea menos) pero puede plantear problemas de calidad de imagen para gráficos con animación.

• ... interlacing (entrelazado) reduces flicker because the top and bottom of the screen are redrawn ...

Interlanguage call: *1. Llamada interlenguajes. 2. LIL.*
1. *Llamada* (ver *Call (noun)*) hecha a una función escrita en un cierto lenguaje desde un programa escrito en otro lenguaje.

• Fortran programs must perform an *interlanguage call (llamada interlenguajes)* in order to use the gettimeofday function ...

Interlanguage communication:
1. Comunicación interlenguajes. 2. CIL.
1. Posibilidad de que programas y rutinas desarrollados en diferentes lenguajes puedan cederse el control entre sí sin problemas.

● *Interlanguage communication (La comunicación interlenguajes) is allowed if it complies with these rules: ...*

Interleave (verb): *1. Intercalar.*
2. Interfoliar.
1. Mezclar, de acuerdo con unas determinadas reglas, varios flujos discretos de entrada (en sentido amplio: mensajes, paquetes de datos, ejecuciones de tareas, ...) en uno de salida. Carece de importancia la ordenación interna de cada flujo.

● *... the messages may get interleaved (intercalados) on your screens, ...*

2. Usar de forma alternativa las partes componentes de un conjunto homogéneo (sectores de disco o memoria, por ejemplo). Ver, por ejemplo, *Interleaved sectors.*

Interleave factor: *1. Factor*
de interfoliación.
1. Relación entre bloques físicos contiguos en un disco duro y bloques lógicamente contiguos en un fichero en dicho disco. Son frecuentes valores 1:1, 2:1, 3:1 y hasta 6:1 (mayor mientras menos capacidad de lectura tenga la computadora). Ver *Interleaved sectors.*

● *The drive only supports an interleave factor (factor de interfoliación) of 1:1, and may ignore any ...*

Interleaved memory: *1. Memoria*
interfoliada.
1. Es uno de los modos de reducir estados de espera en el acceso a memoria comparativamente más lenta (por ejemplo, *Dynamic*

RAM; ver). Consiste en descomponer la memoria en dos o más sectores que se acceden de modo alternativo: mientras se está accediendo a un sector, otro *refresca* (ver *Refresh (verb) Def. 1*) su contenido.

● *To put interleaved memory (memoria interfoliada) to best use, fill ...*

Interleaved sectors: *1. Sectores*
interfoliados.
1. Técnica similar a la *memoria interfoliada* (ver *Interleaved memory*) aplicada a los sectores de un disco. Se trata de mejorar el acceso a disco en lectura secuencial por eliminación del efecto de la *demora de rotación* (ver *Rotational delay*): sectores físicos consecutivos se asignan a sectores lógicos alternativos: 0, 2, 4, 6, 1, 3, 5, ... La lectura secuencial real sería: sector 0, sector 4, sector 1, etc., con lo que, posiblemente, se lance la lectura del sector 4 (por ejemplo) antes de que su inicio pase por debajo de la *cabeza lectora* (ver *Head*) y sin necesidad de esperar una vuelta completa.

● *Here are some examples of interleaved sectors (sectores interfoliados) on a fictional 8 sector per track disk: ...*

Interleaved 2 of 5: *1. Intercalado 2 de 5.*
1. Código de barras con alta densidad y *juego de caracteres* reducido. Usa caracteres de inicio y final.

● *Interleaved 2 of 5 (El ... intercalado 2 de 5) is a numeric-only barcode widely used in warehouse and industrial ...*

Interleaving clash: *1. Contraposición*
de intercalación.
1. En diseño lógico de procesos, colisión (disparidad) que impide una *intercalación* (ver *Interleave (verb) Def. 1*) armoniosa de estructuras de datos a causa de que las estructuras presentes contienen, mezclados, datos refe-

rentes a *entidades* (ver *Entity*) no relacionadas.

● *Interleaving clashes (Las contraposiciones de intercalación)* are resolved using techniques such as entity life history analysis, ...

Interlock: *1. Interbloqueo.*
1. Sinónimo de *Deadlock* (ver).

● Such an *interlock (interbloqueo)* is detected by means of a time-out value specified on the transaction definition, which expires when ...

Intermediate Distribution Frame:
1. Cuadro Intermedio de Distribución.
2. CID.
1. Panel de conexiones secundario. Normalmente corresponde a las conexiones de los equipos situados en una planta de un edificio. Los *CIDs* se conectan verticalmente entre sí y, a través de un cuadro principal, con el exterior o con una *computadora principal* (ver *Mainframe computer*).

● ... a single pair of wires that continues back to a wiring closet commonly referred to as a *Intermediate Distribution Frame (cuadro intermedio de distribución)*.

Intermediate language: *1. Lenguaje intermedio.*
1. Lenguaje al que se traduce un texto (programa, módulo, mandato) escrito en un lenguaje fuente (de programación o de mandatos) antes de su proceso definitivo, que podría ser su conversión a código de máquina o a otro lenguaje fuente o al mismo lenguaje fuente pero con el programa o módulo mejor estructurados.

● ... to support generation of *intermediate language (de lenguajes intermedios)* processing for programming language compilers.

Internal event: *1. Evento interno.*
1. Evento que se genera en función del estado en que se encuentra un proceso. Estos eventos pueden utilizarse para activar otras tareas, enviar mensajes a otras tareas, etc.

● The platform maintains an *internal event (de eventos internos)* queue and processes events by notifying the appropriate event sources.

Internal font: *1. Fuente interna.*
1. *Fuente* (ver *Font*) que viene en la memoria de la impresora cuando la compramos.

● Since the DOS filename is not the same as the *internal font (fuente interna)* name, the fonts may not ...

Internal modem: *1. Módem interno.*
1. Módem cuyos componentes se montan en una placa de expansión, placa que, a su vez, se inserta en una ranura de expansión, quedando el módem en el interior de la caja de la computadora.

● Installing an *internal modem (modem interno)* can be very easy or your biggest nightmare.

Internal sort: *1. Clasificador interno.*
1. Programa de clasificación que carga en memoria una parte muy significativa (según tamaño) del o de los ficheros a clasificar.

● ... an *internal sort (clasificador interno)* is written as if all memory is equally accessible ...

International Business Machines:
1. IBM.
1. Principal suministrador informático del mundo. Posición de casi monopolio en el campo de las *computadoras principales* (ver *Mainframe computer*) y de los *sistemas operativos* (ver *Operating system*) y software au-

xiliar para las mismas. También ha tenido papel importante en el campo de la microinformática ya que la *CP* (ver *Personal Computer*) nuestra de cada día es o se deriva de la CP-IBM.

● *International Business Machines (IBM)* has been and continue to be a major force in the hardware as well as the software levels.

International character support: *1. Consideración de caracteres internacionales.*

1. Rutinas para la conversión de caracteres diferentes de los incluidos en el inglés americano, así como de fechas y horas en formatos distintos. El término «internacional» se queda corto para expresar la inmensa variedad de caracteres *que no son* los del inglés americano.

● ... *international character support (consideración de caracteres internacionales)*, and new model editing features are just a few of the many enhancements our users are enjoying.

International Data Encryption Algorithm: *1. IDEA.*

1. Algoritmo convencional de *cifrado* (ver *Encrypt*) publicado en 1990 por X. Lay y J. Masey. Usa *clave* (ver *Key (noun) Def. 4)* de 128 bits. Se considera muy seguro.

● The fundamental criteria for the development of *International Data Encryption Algorithm (IDEA)* were the highest of security requirements and easy hardware ...

International Electrotechnical Commission: *1. IEC.*

1. Entidad internacional de estandarización a un nivel parecido al de la *ISO* (ver *International Organization for Standardization*). Las siglas *ISO/IEC* aparecen juntas frecuentemente.

● The *IEC's* mission is to promote, through its members, international cooperation on all questions of electrotechnical standardization...

International Organization for Standardization: *1. ISO.* *2. Organización Internacional de Estandarización.*

1. Organización internacional en la que están representados los organismos de estandarización nacionales de, aproximadamente, un centenar de países. Ha publicado numerosas normas en el campo de la informática y las comunicaciones. La de más impacto, posiblemente, la referente al modelo *OSI* (ver *Open Systems Interconnection*) de siete *estratos* (ver *Layer*) para arquitectura de redes de computadoras.

● The name *ISO (ISO)* is used around the world to denote the organization ...

International Telecommunications Union - Telecommunication Standardization Sector: *1. ITU-T.*

1. Sector especializado de la ITU responsable de promover, compilar y publicar normas referentes a sistemas y equipos de telecomunicaciones. La propia ITU es una agencia especializada de las Naciones Unidas para la regulación, para todo el mundo, de todas las cuestiones relacionadas con las telecomunicaciones. *ITU-T* sustituyó a la tradicional CCITT. Tiene su sede en Ginebra.

● The *ITU-T* Recommendations developed by the Telecommunication Standardization Sector (formerly CCITT) constitute the basis for international ...

Internationalization: *1. Internacionalización.*

1. Capacidad de un sistema, subsistema o aplicación para adaptarse, sin dificultades importantes, a poder ser ejecutados en diferentes

entornos «nacionales» o culturales. También, métodos, herramientas, etc., para conseguirlo.

• The purpose of *internationalization (internacionalización)* is to make it easy to adapt the product to any local market with its specific linguistic and ...

Internerd: *1. Sabio (irónico).*
Sinónimo de *Nerd* pero aplicado a «sabios» en la Internet. Ver *Geek* para una definición aproximada.

Internet: *1. Interred.*
1. Conjunto de redes conectadas entre sí de forma que cualquier computadora en una de ellas puede acceder a todas las demás. Ello requiere que parte de las computadoras actúen como *encaminadoras* (ver *Router*) y/o *pasarelas* (ver *Gateway*).

• In an *internet (interred)*, any network interconnected to the local network by one or ...

Internet (The): *1. Internet (con mayúscula inicial).*
1. *Interred* (ver *Internet*) de alcance mundial a la que se conectan decenas de millones (pronto centenas) de computadoras que reciben servicios de *Correo-e* (ver *E-mail*), transferencia de ficheros, acceso remoto a otras computadoras, grupos de discusión y charla, comercio electrónico y, sobre todo, la *Ueb* (ver *World Wide Web*) o red mundial de *hipervínculos* (ver *Hyperlink*). La *Internet* está montada sobre el juego de protocolos *TCP/IP* (ver *Transmission Control Protocol/Internet Protocol*).

• ... to continue the critical assignment of unique parameters that allow *the Internet (Internet)* to function.

Internet account: *1. Cuenta Internet.*
1. Código de usuario que, juntamente con una *contraseña* (ver *Password*), permite acceder a Internet a través de un *Suministrador de Servicios Internet* (ver *Internet Services Provider*). También se usa para facturar el servicio. Puede ser necesaria una *cuenta Internet* específica para acceder a un servidor con servicios de transferencia de ficheros.

• Sends host-dependent *Internet account (cuenta Internet)* information ...

Internet Access Provider:
1. Suministrador de Acceso a Internet.
2. SAI.
1. Empresa que proporciona acceso –y poca cosa más– a Internet. Lo hace, en general, por medio de *módems* (ver *Modem*) en línea conmutada. Sin embargo, es difícil generalizar, ya que es un campo que se mueve con enorme rapidez.

• XXX is an *Internet access provider (suministrador de acceso a Internet)* for individuals, small business, corporations and ...

Internet Architecture Board: *1. IAB.*
1. Grupo técnico consultivo de la *Internet Society* con responsabilidad de supervisión sobre arquitectura de protocolos y procedimientos, supervisión del proceso de estandarización, preparación y publicación de *RFCs* (ver *Request For Comment*), representación de la *ISOC* (ver *Internet Society*) en organismos de estandarización y supervisión de otros organismos de la Internet.

• The *Internet Architecture Board (IAB)* acts as a source of advice and guidance to the ...

Internet Assigned Number Authority: *1. IANA.*
1. Organismo que, bajo *IAB* (ver *Internet Architecture Board*) y con financiación del gobierno de los EUA, supervisó la asignación de *direcciones IP* (ver *Internet Protocol*) a los

suministradores de servicio Internet hasta mediados de 1998.

• ... and it is most appropriate for *IANA's (de IANA)* activity to be supported by the organization ...

Internet Calendar Access Protocol: *1. ICAP.*

1. *Protocolo de Acceso a Calendario* (ver *Calendar Access Protocol*) de Lotus.

• The *Internet Calendar Access Protocol (ICAP)* allows clients to access a Calendar store on a server via a network connection like TCP/IP.

Internet Control Message Protocol: *1. ICMP.*

1. Ampliación del protocolo IP (del que ahora es parte integral; ver *Internet Protocol*) dedicada a pruebas, control de errores y, en general, cuestiones de gestión de la red en Internet.

• ... the *Internet Control Message Protocol (ICMP)* in the gateway returns a redirect message to the ...

Internet Corporation for Asigned Names and Numbers: *1. ICANN.*

1. Es la *nueva IANA* (ver *Internet Assigned Number Authority*). Entidad privada, sin ánimo de lucro, que se encarga de la gestión de direcciones y nombres de dominio y de la asignación de parámetros específicos y valores de protocolo de Internet.

• The Board of *ICANN* is composed of nineteen Directors: nine At-Large Directors, nine selected by ...

Internet Engineering Task Force: *1. IETF.*

1. Organización que tiene a su cargo el *man-*

tenimiento (ver *Maintenance*) y creación de las normas sobre las que descansa y continuará creciendo la Internet. Formada por personas a título individual y por representantes de empresas y asociaciones, es supervisada, en su tarea, por la *Internet Architecture Board*.

• The actual technical work of the *Internet Engineering Task Force (IETF)* is done in its working groups, which are organized by topic into several ...

Internet Explorer: *1. Internet Explorer.*

Ver *Microsoft Internet Explorer*.

Internet Information Server: *1. IIS.*

1. Producto Microsoft que, junto con otros, encabeza la estrategia de la compañía para adquirir predominancia en el mercado de los servidores de Internet. Forma parte prácticamente inseparable de Windows NT server 4.0 y da servicio, al menos, de *Ueb* (ver *World Wide Web*), *FTP* (ver *File transfer protocol*) y Gopher, contando con otros elementos auxiliares para creación de páginas, etc.

• ... for instructions on adding a MIME type to Microsoft's *Internet Information Server (IIS)*.

Internet Inter-ORB Protocol: *1. IIOP.*

1. Protocolo basado en el modelo cliente-servidor que facilitará la interacción de programas distribuidos en la red, con independencia del lenguaje de programación en que se escribieron. Este protocolo es una parte importante del movimiento industrial *CORBA* (ver *Common Object Request Broker Architecture*) y, como tal, competencia directa de la estrategia *DCOM* (ver *Distributed Component Object Model*) de Microsoft.

• Its widely popular Internet protocol *Internet Inter-ORB Protocol (IIOP)* is being used as the infrastructure for technology companies ...

Internet layer: *1. Estrato Internet.*
1. Equivalente, en el *protocolo Internet (IP)*, al *estrato Red* (ver *Network layer*) de *OSI* (ver *Open Systems Interconnection*). Proporciona transparencia sobre la red física y sobre cuestiones topológicas en la *interred*.

• ... is particularly important in the *Internet layer (estrato Internet)*, where one misbehaving host can deny Internet service to many other hosts.

Internet Message Access Protocol:
1. IMAP.
1. Protocolo del tipo cliente-servidor que permite a un cliente de *correo-e* (ver *E-mail*) gestionar su correo recibido y almacenado en buzones situados en su servidor de correo. *IMAP* es independiente del protocolo usado para la transmisión de correo entre servidores (usualmente, *SMTP*; ver *Simple Mail Transfer Protocol*). Un equivalente más sencillo de IMAPx es POPn (ver *Post Office Protocol*), aunque este protocolo no gestiona el correo en el servidor, sino que se limita, casi, a la transmisión de correo entre servidor y cliente.

• *Internet Message Access Protocol (IMAP)* is centered on the notion that the server is your primary ...

Internet protocol suite: *1. Juego de protocolos Internet.*
Sinónimo de *Internet suite of protocols* (ver).

Internet Protocol: *1. IP.*
1. Protocolo no orientado a conexión (no se establece conexión previa entre origen y destino), que descompone los mensajes en paquetes y que está situado en el *estrato 3 (Red;* ver *Layer* y *Network layer*) del modelo *OSI* (ver *Open Systems Interconnection*). Los paquetes pueden seguir caminos diferentes e inclusive llegar desordenados a su destino; su ordenación no es responsabilidad de este pro-

tocolo sino de un protocolo de nivel superior (por ejemplo, *TCP*). IP es el protocolo principal del juego de protocolos Internet y se usa en *Internet* y en sus extensiones *extrarred* (ver *Extranet*) e *intrarred* (ver *Intranet*) así como en *RALs* Ethernet (ver *Local Area Network* y *Ethernet*).

• An *Internet Protocol (IP)* datagram consists of an IP header followed by the ...

Internet Protocol address:
1. Dirección IP.
1. Cada computadora en una red *TCP/IP* (ver *Transmission Control Protocol/Internet Protocol*) debe tener una dirección propia e *irrepetible* (ver *Unique*) en dicha red. Toda computadora en una *interred* también debe tener una dirección propia e irrepetible en todas las redes conectadas. Las *direcciones IP* de *interred* deben ser asignadas por una autoridad centralizada para evitar repeticiones. Cada *dirección IP* de *interred* puede ser estática o dinámica (asignada para cada conexión por el *ISP* (ver *Internet Services Provider*) que las asignará de entre un grupo propio y evitando duplicaciones). Las *direcciones IP* de la versión 4 del protocolo (la actual, a finales del siglo XX; la próxima será la versión 6) tiene una longitud de 32 bits que se representan de forma legible como 4 números decimales entre 0 y 255. Una parte de estos números se asigna a la red en la *interred* y el resto a la computadora en su red. Dada la penuria de números posibles para la extensión actual de la Red y para conseguir el menor número posible de direcciones perdidas, se han definido 4 clases de redes (A, B, C y D) que se diferencian por los primeros bits de la dirección. En clase A pueden definirse hasta 127 redes con, cada una hasta 16 millones de *huéspedas* (ver *Host Def. 1*); en clase C pueden definirse unos 2 millones de redes de hasta 254 *huéspedas* cada una; la clase D es para *multidifusión* (ver *Multicast*).

• ... can resolve the name you supply in a command into the correct numeric *IP address (dirección IP)*.

Internet Relay Chat: *1. IRC.*

1. Servicio en Internet que permite «conversación» por escrito, prácticamente en tiempo real, por parte de un grupo efímero (pero que puede renacer cada día) en duración y dinámico en composición al que interesa un tema o, simplemente, el placer de saludarse e intercambiar unas palabras. Técnicamente, es un sistema cliente-servidor con el cliente instalado en la *huéspeda* (ver *Host Def. 1*) que interviene y el servidor haciendo de intercomunicador entre los clientes y con otros servidores en la «subred» *IRC*. En un momento dado puede haber decenas de miles de conversadores relacionados por centenares o casi miles de servidores.

• For the most part, the commands above should suffice for beginners, but things can go wrong in *Internet Relay Chat (IRC)*.

Internet suite of protocols: *1. Juego de protocolos Internet.*

1. Conjunto de protocolos (más de 100) que rigen todas las transmisiones de datos dentro de Internet. Unos son aplicación pura y dura y otros están más cerca de la transmisión física de los datos. Ejemplos: *IP* (ver *Internet Protocol*), *Telnet* (ver), *FTP* (ver *File transfer protocol*), *SMTP* (ver *Simple Mail Transfer Protocol*), *ARP* (ver *Address Resolution Protocol*), *IGP* (ver *Interior Gateway Protocol*), etcétera. Muchos de ellos tienen su entrada en este Diccionario.

• The *Internet suite of protocols (juego de protocolos Internet)* is still evolving through Requests for Comments (RFC). New protocols are being ...

Internet Server API: *1. ISAPI.*

1. API (ver *Application Program Interface*)

desarrollada por Microsoft para facilitar la creación de aplicaciones *Ueb* (ver *World Wide Web*) y mejorar su *rendimiento* (ver *Performance*), en especial si han de interaccionar con IIS (ver *Internet Information Server*).

• *ISAPI (ISAPI)* uses Microsoft Windows DLLs for greater efficiency ...

Internet Services Provider:
1. Suministrador de Servicios de Internet.
2. ISP.
1. Compañía que suministra, a clientes individuales y a empresas, acceso a la Internet así como a otros servicios relacionados (*correo-e* (ver *E-mail*), ayuda para creación de páginas *Ueb* (ver *World Wide Web*) y para ser *sede* (ver *Site*) de ellas, etc.). De los *ISPs* interesa conocer cómo se conectan a Internet y con sus clientes, qué máquinas tienen, continuidad de servicio, fórmula de facturación, etc.

• All *Internet service providers (suministradores de servicios de Internet)* connect to the Internet by connecting to one or more of the National backbones ...

Internet Society: *1. ISOC.*
1. Organización internacional, de carácter no lucrativo, que actúa como guía y norte en lo relativo al funcionamiento y futuro de Internet. Es el punto de referencia de otras organizaciones más operativas (*IAB, IETF, ICANN, ...*), promueve el desarrollo de nuevas aplicaciones y promueve y aprueba nuevas normas.

• The *Internet Society (ISOC)* publishes a quarterly newsletter ...

Internetwork: *1. Interred.*
1. Red resultante de la conexión, mediante dispositivos adecuados, de dos o más redes.

• ... Local Area Networks have evolved into

enterprise *internetworks (interredes)*, the communications backbones of most modern organizations.

2. Referente a la relación entre dos o más redes de computadoras.

• *Internetwork (interredes)* testing between LANs and WANs.

Internetwork Packet Exchange:
1. IPX.
1. Protocolo de Novell Netware del mismo nivel que el *IP (estrato* 3 del modelo *OSI: Red*; ver *Network layer).* Ver también *Sequenced Packet Exchange* y *Open Systems Interconnection.*

• To configure the Internetwork Packet Exchange *(IPX)* protocol, you can configure the general settings, ...

Internet2: *1. Internet2.*
1. Proyecto, aún en desarrollo, para establecer las bases y objetivos de la Internet del futuro, teniendo muy en cuenta las necesidades del mundo académico y poniendo por delante la idea de preservar el liderazgo de los EUA en el sector. Participan varios centenares de universidades y las más importantes empresas del sector.

• *Internet2 (Internet2)* is recreating the partnership among academia, industry and government that fostered today´s ...

Interoperability: *1. Interoperabilidad.*
1. Capacidad de un sistema, subsistema, aplicación o componente (puede aplicarse tanto a hardware como a software) de interaccionar o trabajar con otros elementos, del mismo o diferentes fabricantes, sin que ello suponga un esfuerzo suplementario para el usuario o cliente. La interoperabilidad puede ser intrínseca (los productos que interaccionan utilizan

las mismas *interfaces*; ver *Interface (noun))* o extrínseca (se usa un elemento que actúa como puente entre interfaces).

• ... this may enhance *interoperability (interoperabilidad)* with other ...

Interpolate (verb): *1. Interpolar.*
1. Averiguar uno o más valores situados en un intervalo cuando se conocen los límites del intervalo y algunos otros valores externos al mismo y se supone que todos ellos siguen una cierta disciplina de aparición.

• In the sequence I gave above you might *interpolate (interpolar)* a value of 4 and have ...

Interpreted language: *1. Lenguaje interpretable.*
1. Lenguaje de programación para el que existe un programa *intérprete* (ver *Interpreter*), existan o no, además, compiladores para el mismo.

• In recent years, *interpreted languages (los lenguajes interpretables)* such as Java, Tcl/Tk and Perl are the hot topics and wide ...

Interpreter: *1. Intérprete.*
1. Un *intérprete* es un programa preparado para ejecutar sin compilación instrucciones y programas escritos en un lenguaje de programación determinado (de *mandatos* (ver *Command*) o de alto nivel). El *intérprete* convierte las instrucciones a un código intermedio y las ejecuta. Tiene mecanismos para trabajar con ficheros y variables e incluso para interaccionar con programas cargables (resultado de *compilación* y *montaje*; ver *Load program*). El uso de la interpretación (en lugar de la compilación) es especialmente útil durante la etapa de desarrollo y depuración de los programas.

- Both *interpreters (intérpretes)* and compilers are available for most ...

Interpretive: *1. Interpretado.*
2. Interpretativo.
1. Dícese de un lenguaje que tiene asociado un *intérprete.*

- Like programs in other high-level *interpretive (interpretados)* languages ...

2. Relacionado con la interpretación de instrucciones y programas por medio de un *intérprete.*

- The run-time analysis of each statement is known as «*interpretive (interpretativo)* overhead».

Interprocess communication:
1. Comunicación Interprocesos. 2. CIP.
1. Cuando dos *procesos* (ver *Process, Def. 1*) han de trabajar coordinadamente, necesitan mecanismos de comunicación entre ellos. Esos mecanismos se engloban bajo el nombre genérico de *comunicación interprocesos* e incluyen modos de comunicación (semáforos, *tuberías* (ver *Pipeline*), etc.), descripción de datos y *mandatos* (ver *Command*) de comunicación.

- Specify the *interprocess communications (comunicación interprocesos)* values using the following ...

Interrecord gap: *1. Intersticio entre registros.*
1. Espacio entre dos bloques de datos en cinta que se usa para facilitar la localización del inicio del siguiente bloque a acceder (ver *Gap*).

- The tape remains positioned at the *interrecord gap (intersticio entre registros)* preceding the first ...

Interrupt (noun): *1. Interrupción.*
2. Señal de interrupción.
1. De forma un tanto abusiva, se emplea, a veces, la palabra *interrupt* como sinónimo de *Interruption* (ver) o para designar a la señal que provoca la interrupción.

- The computer responds to an *interrupt (interrupción)* by storing the information ...

Interrupt (verb): *1. Interrumpir.*
1. Producir o producirse una *interrupción* (ver *Interruption*).

- ... provides the ability *to interrupt (interrumpir)* the execution of a program at an arbitrary moment, record it and its data in ...

Interrupt Request: *1. IRQ.*
1. Valores numéricos (00, 01, 02, ...) que se asocian a dispositivos capaces de producir *interrupciones* (ver *Interruption*), a fin de que el *sistema operativo* (ver *Operating system*) sea capaz de discriminar el origen de las mismas y procesarlas de manera adecuada. Los valores *IRQ* pueden ser asignados automáticamente cuando se instalan dispositivos *conectar-y-usar* (ver *Plug and play*) o asignados manualmente para el resto. La mezcla anterior puede ser fuente de algunos problemas.

- ... will provide explicit directions on how to assign *Interrupt Request (IRQ)* values ...

Interruptible instruction:
1. Instrucción interrumpible.
1. Como norma casi general, las *instrucciones de máquina* (ver *Machine instruction*) no son interrumpibles en medio de su ejecución (por la dificultad de preservar el «estado» de la ejecución de cara a su reanudación). Como excepción, determinadas arquitecturas de máquina permiten la interrupción, en medio de su ejecución, de determinadas instrucciones (largas).

• In the case of *interruptible instructions (instrucciones interrumpibles)*, the amount ...

Interruption: *1. Interrupción.*
1. Detención momentánea de la marcha normal de un proceso, bien por una intervención voluntaria del usuario del proceso, bien por haberse producido una situación (incluida la anterior), captada por el *sistema operativo* (ver *Operating system*) que requiere, posiblemente, un cierto procesamiento y la asignación del control a otro proceso. Como norma general –con excepciones– los procesos interrumpidos se reanudan más adelante. Los protocolos de transmisión de datos también contemplan la posibilidad de que las transmisiones sufran *interrupciones*. Respecto a las *interrupciones* captadas por el sistema operativo hay que señalar que hay de varios tipos (*E/S* (ver *Input/Output*), error de máquina, externas, de programa, etc.). Cuando se recibe una señal de interrupción se detiene el proceso, se guarda información necesaria para reiniciarlo y se cede el control a un procesador de interrupciones del mismo tipo que la que se ha producido. Ciertos sistemas operativos permiten *enmascarar* (ver *Mask off (verb)*) (ignorarlos) determinados tipos de interrupciones.

• ... of the instruction that would have been executed next had the *interruption (interrupción)* not occurred ...

Interstitial: *1. Entremetida.*
1. Adjetivo que se aplica a las páginas *Ueb* (ver *World Wide Web*) que se *entremeten*, frecuentemente con publicidad, entre las que un usuario desea ver. La píldora publicitaria se acostumbra a endulzar con animación o broma.

• ... and the size of the file being downloaded, there may be problems with the *interstitial (entrometida)* page.

Intervening: *1. Intermedio.*
1. Situado entre otros elementos.

• ... nodes connected to a given node with no *intervening (intermedios)* nodes ...

• ... with or without an *intervening (intermedio)* space.

Intranet: *1. Intrarred.*
1. *Interred* que usa los mismos protocolos básicos (no tienen por qué ser todos) que la Internet pero con su alcance limitado a diferentes centros (es decir, redes) de una misma empresa u organización. Con *tunelización* (ver *Tunneling*) adecuada puede usarse la propia Internet para comunicar las redes entre sí. También es posible que la *intrarred* (al menos, parte de sus usuarios) acceda a la Internet a través de un *cortafuego* (ver *Firewall*).

• ... *intranets (intrarredes)* have become a major growth area ...

Intraware: *1. Software de intrarred.*
1. Software de usuario de uso frecuente en las intrarredes (correo-e, trabajo en grupo, etc.).

• *Intraware (El software de intrarred)* is a kind of middleware.

Intrinsic font: *1. Fuente inmodificable.*
1. Fuente cuyos tipos existen en forma de mapas de bits y que, por tanto, no pueden modificarse (salvo por edición especial tipo a tipo).

• If the font with a given stylistic variation already exists as an *intrinsic font (fuente inmodificable)*, ...

Inverse video: *1. Vídeo inverso.*
Sinónimo de *Reverse video* (ver).

Invert on zero: *1. Invertir en cero.*
1. Método de codificación en el que la *señal*

(ver *Signal Def. 1*) es cambiada al valor opuesto cuando se recibe un 0 y no cambia de estado cuando se recibe un 1. Un uso típico de esta codificación se da en la transmisión binaria con señal *non-return-to-zero-inverted* o *NRZI* (ver). También se usa en la grabación de ciertos modelos de cintas magnéticas.

● ... and adjust the sample timing by using an *invert on zero (invertir en cero)* transmission coding method (NRZI, Non Return to Zero Inverted).

Inverted index: *1. Índice.*
Sinónimo de *Index* (ver *Index Def. 1*).

Invocation: *1. Invocación.*
1. Orden de ejecución de un *mandato* (ver *Command*), una función, un procedimiento, un programa, ... Se supone, en general, que la orden es del tipo *llamada* (ver *Call (noun)*), es decir, que cuando termina la ejecución de lo invocado, el proceso continúa con la instrucción siguiente a la orden de *invocación*. En este sentido, *Invocation* y *Call* son palabras sinónimas.

● ... on the attached task prior to the *invocation (invocación)* of the specified program.

Invocation stack: *1. Pila de invocaciones.*
1. *Pila* (ver *Stack*) gestionada por el *sistema operativo* (a veces, también, gestionada por un programa de usuario) en la que se guardan las sucesivas *llamadas* (ver *Call (noun)*) de unos programas a otros. Permite, al menos, devolver el control en el orden inverso correcto.

● In this case the *invocation stack (pila de invocaciones)* contains four records: the top record represents the fenced UDF, ...

Invoke: *1. Invocar.*
1. Realizar una *invocación* (ver *Invocation*).

● ... a new shell is *invoked (invocada)* from the command line.

Involuted: *1. Recursivo.*
Sinónimo de *Recursive* (ver *Recursion*).

IP: *1. IP.*
Ver *Internet Protocol*.

IP address: *1. Dirección IP.*
Ver *Internet Protocol Address*.

IP datagram: *1. Datagrama IP.*
1. Unidad fundamental de transmisión de datos usada por el protocolo *UDP* (ver *User Datagram Protocol*) de *TCP/IP* (ver *Transmission Control Protocol/Internet Protocol*). Tiene longitud arbitraria (dentro de límites). Cada *datagrama IP* puede tener, además de los datos de usuario, las direcciones de origen y destino, la longitud de datos, sumas de control de errores, etc. Un datagrama IP puede ser fragmentado.

● The size of an *IP datagram (datagrama IP)* is limited to the size that can be sent in a ...

IP socket: *1. Receptáculo IP.*
1. Un *receptáculo IP* es la concatenación de la dirección IP y la dirección –simbólica o numérica– del puerto utilizado.

● An *IP socket (receptáculo IP)* is displayed as an IP address followed by 2 periods (..) and a port identification.

IPC: *1. CIP. 2. Comunicación Interprocesos.*
Ver *Interprocess Communication*.

IPL (noun): *1. IPL.*
Ver *Initial Program Load*.

IPL (verb): *1. Hacer IPL.*
1. Arrancar una *computadora principal* (ver

Mainframe computer), o sea, hacer *IPL* (ver *Initial Program Load*).

• The type of configuration into which the system is allowed *to IPL (hacer IPL)*.

IPng: *1. IPng.*
1. Acrónimo de *Internet Protocol next generation.* Ver descripción en *IPv6*.

IPSE: *1. IPSE.*
Ver *Integrated Project Support Environment.*

IPv6: *1. IPv6.*
1. Evolución casi revolucionaria del protocolo *IP* tomando como punto de partida la versión 4 (aún operativa a finales del siglo XX). El cambio más importante será la ampliación del campo de dirección a 128 bits, lo que eliminará el riesgo de asfixia de los últimos años de la versión 4. Incluye también mejoras significativas en el campo de la seguridad tales como la *cabecera de autenticación* (ver *Authentication header*) y la *Seguridad de Encapsulación del campo de carga útil* (ver *Encapsulating Security Payload*) así como otras mejoras en cuanto a *rendimiento* (ver *Performance*) y control.

• But changes are required to the sockets API to support *IPv6* and this ...

IPX: *1. IPX.*
Ver *Internetwork Packet Exchange.*

IR: *1. RI. 2. Radiación infrarroja.*
Ver *Infrared radiation.*

IRC: *1. IRC.*
Ver *Internet Relay Chat.*

IRQ: *1. IRQ.*
Ver *Interrupt Request.*

Isochronous: *1. Isócrono.*
1. Adjetivo que se aplica a dos (o más) pro-

cesos cuyas actividades elementales han de durar lo mismo y producirse en el mismo orden. Ello implica una coordinación entre ellos o una adaptación rigurosa (o entre límites aceptables) del uno al otro.

• ... offering high-speed communications and *isochronous (isócronos)* real-time data services.

Isolation level: *1. Nivel de aislamiento.*
1. Evaluación de la influencia producida (o deseada) sobre un proceso por otros procesos que se ejecutan concurrentemente. Este concepto se usa frecuentemente en procesos contra *bases de datos*: mientras mayor es el aislamiento, mayor es el tiempo de respuesta y la incidencia sobre otros procesos; pero el riesgo de pérdida de integridad (ver *Integrity*) es más reducido.

• ... when another *isolation level (nivel de aislamiento)* is requested by a new process ...

Issue (verb): *1. Emitir.*
1. Enviar, a un sistema, subsistema, etc., con el que se interacciona (una persona u otro sistema, subsistema, ...), la orden de ejecución de un *mandato* (ver *Command*), submandato o instrucción.

• The concurrent server *issues (emitir)* the CLOSE call to free the socket ...

2. Emitir, un sistema, subsistema, etc., una salida. Especialmente si es salida inesperada o muy específica (mensaje, etc.).

• ... as the user's working directory and *issues (emite)* a message.

IS: *1. Departamento de Informática.*
Ver *Information Services.*

IS: *1. Sistema de Información.*
Ver *Information System.*

IS: *1. Departamento de Informática.*
Ver *Information Systems.*

ISA: *1. ISA.*
Ver *Industry Standard Architecture.*

ISAM: *1. ISAM. 2. Método de Acceso Secuencial Indizado.*
Ver *Indexed Sequential Access Method.*

ISAPI: *1. ISAPI.*
Ver *Internet Server API.*

ISDN: *1. RDSI. 2. Red Digital de Servicios Integrados.*
Ver *Integrated Services Digital Network.*

ISO: *1. ISO. 2. Organización Internacional de Estandarización.*
1. Siglas de *International Organization for Standardization* (ver).

ISO Latin 1: *1. ISO Latin 1.*
1. Definición y codificación de caracteres para países de Europa occidental, según la norma *ISO 8859*. También se conoce como código *8859-1*.

● *ISO Latin 1 (ISO Latin 1)* covers most West European languages, such as French (fr), Spanish (es), Catalan (ca), Basque (eu), Portuguese (pt), Italian (it), ...

ISO 8859: *1. ISO 8859.*
1. Norma internacional que regula el importante tema de los conjuntos de caracteres a utilizar en informática. Los conjuntos regulados se conocen por el nombre del grupo lingüístico abarcado (por ejemplo, *Latin 1*) o por un valor numérico (por ejemplo, *8859-1* para *Latin 1*).

● *ISO 8859* is a full series of 10 (and soon even more) standardized multilingual single-byte coded (8 bit) graphic character sets ...

ISO 9000: *1. ISO 9000.*
1. Conjunto de normas de la *ISO* (ver *International Organization for Standardization*) orientadas a la gestión de la calidad y a su garantía.

● Documentation is at the core of *ISO 9000 (ISO 9000)* conformance and ...

ISO 9660: *1. ISO 9660.*
1. Norma *ISO* (ver *International Organization for Standardization*) referente a la implantación de un sistema de ficheros en CD-ROM.

● Green Book CD-ROM is *ISO 9660 (ISO 9660)* compliant.

ISOC: *1. ISOC.*
Ver *Internet Society.*

ISP: *1. ISP. 2. Suministrador de Servicios de Internet.*
Ver *Internet Services Provider.*

ISV: *1. VIS. 2. Vendedor Independiente de Software.*
Ver *Independent Software Vendor.*

Italicized: *1. En cursiva.*
1. Escrito o parte de escrito presentado en cursiva (ver *Italics*).

● *Italicized (en cursiva)* text indicates a variable placeholder for a string, ...

Italics: *1. Cursiva.*
1. Uno de los *estilos* (ver *Type style*) en que pueden *presentarse* (ver *Display (verb)*) e imprimirse los diferentes diseños de caracteres (ver *Typeface*). Es el estilo más parecido a la escritura manual.

• ... shows part of a command line in *italics* (*cursiva*) ...

Item: *1. Ítem.*

1. Elemento (aunque puede ser compuesto) de datos dentro de un conjunto de datos similares. Si ocupa una posición fija es equivalente a *campo* (ver *Field*), pero no ocurre así la mayoría de las veces. Ejemplos: elemento de una tabla o *formación* (ver *Array*), *palabra-clave* (ver *Keyword*) en un *mandato* (ver *Command*), palabra en una *ristra* (ver *String*), palabra encerrada, con otras, entre paréntesis, dato en una pantalla o ventana, etc.

• The order of *items* (*ítems*) on the command line is important.

Iteration: *1. Iteración.*

1. *Iteración* es la ejecución de una secuencia repetitiva de instrucciones (ver también *Loop*). El número de *iteraciones* puede establecerse de muchas maneras: ser fijo o variable, y/o depender de que se cumpla determinada condición, etc.

• ... the end condition is tested at the start of each *iteration* (*iteración*) ...

Iterative server: *1. Servidor iterativo.*

1. Servidor que sólo puede atender a una conexión a la vez.

• The setup with an *iterative server* (*servidor iterativo*) is much simpler than the previous cases with ...

IT: *1. TI. 2. Tecnologías de la Información.*

Ver *Information Technology*.

ITU-T: *1. ITU-T.*

Ver *International Telecommunications Union-T*.

I18n: *1. Internacionalización.*

1. Manera bastante chusca de expresar *Internationalization* (ver) (I + 18 letras + n).

I2: *1. I2.*

Ver *Internet2*.

I2O: *1. I2O.*

Ver *Intelligent I/O*.

J

Jabber (adj): *1. Logorreico.*
1. Relativo a la *logorrea* (ver *Jabber (noun)*) en una red de computadoras.

Jabber (noun): *1. Logorrea.*
1. Situación en una red en la que un dispositivo, por error o avería, interacciona continua y rápidamente con la misma interfiriendo –en general, seriamente– la actividad de otros dispositivos.

• Diagnostic LED report is provided for data collision and *jabber (logorrea)*.

Jack: *1. Clavija.*
1. Conectador telefónico del tipo clavija.

• The most common telephone *jack (clavija)* in the world is a six-conductor modular *jack* wired with 4 wires ...

Jackson notation: *1. Notación Jackson.*
1. Notación gráfica creada por Michael Jackson –en un célebre libro sobre *programación estructurada*– y que puede usarse para representar estructuras tanto de datos como de procesos. Sus estructuras básicas son la secuencia, la alternativa y la repetición. La incorporan muchos productos *CASE* (ver *Computer-Aided Software Engineering*) y se uti-

liza en la mayoría de los métodos de análisis y diseño.

• The Enquiry Access Path diagram with grouped accesses is now converted in *Jackson notation (notación Jackson)* and all ...

Jackson structured development:
1. Desarrollo estructurado Jackson.
1. Ampliación del método Jackson de programación estructurada a las etapas de análisis y diseño. Los principios son, mayoritariamente, los mismos y tal vez ahí se encuentre lo más acertado del enfoque.

• For example, *Jackson Structured Development (Desarrollo estructurado Jackson)* and data-flow techniques can be used with OOD.

Jackson structured programming:
1. Programación estructurada Jackson.
1. Método de *programación estructurada* (ver *Structured Programming*) creado por Michael Jackson (ver una referencia a su notación en *Jackson notation*).

• *Jackson structured programming (La programación estructurada Jackson)* relies on the concept that all programs can be written ...

Jaggies: *1. Apodamiento.*
Sinónimo de *Aliasing* (ver).

Jam: *1. Atasco.*
1. Situación provocada intencionadamente por la tecnología *Ethernet* (ver), consistente en que las estaciones que detectan una colisión envían una *señal* (ver *Signal Def.* 1) especial a la red para provocar otras colisiones y hacer que las estaciones reinicien sus envíos o esperen a una normalización de la situación.

● ... while transmitting, stops sending, sends a *jam (de atasco)* signal ...

JAR: *1. JAR. 2. Especificación Java para archivado de ficheros.*
Ver *Java archive file specification.*

Java: *1. Java.*
1. Lenguaje de programación, orientado a objetos (ver *Object oriented programming*), y creado expresamente, por Sun Microsystems, para el desarrollo de aplicaciones distribuidas destinadas a ejecutarse en *interredes* y, específicamente, en la Internet. Los desarrollos pueden estar formados tanto por componentes principales que se ejecutan en servidores, como por pequeños programas, llamados *programets* (ver *Applet*) que se asocian a páginas *Ueb* (ver *World Wide Web*) dándoles interacción. En una primera *compilación* Java produce *codi-bait* (ver *Byte-code*) que, por sus características, puede ser interpretado en máquinas diferentes (a condición de que tengan una máquina virtual Java). Una segunda compilación (dinámica, con un *compilador JIT*; ver *Just-in-time compiler*) del *codi-bait* produce código ejecutable (más rápido).

● The *Java (Java)* compiler and linker both enforce strong type ...

Java archive file specification:
1. Especificación Java para archivado de ficheros. 2. JAR.
1. Formato de fichero especificado en el marco de Java y que se usa para archivar ficheros juntos y comprimidos (formato ZIP). Los ficheros *JAR* se usan frecuentemente para guardar y transportar *bibliotecas* (ver *Library*) de *clases* (ver *Class*) y material asociado.

● ... how to perform the most common JAR *(JAR)* file operations ...

Java Database Connectivity:
1. JDBC.
1. Especificación de una *API* (ver *Application Program Interface*) que puede usarse para acceder, desde programas desarrollados en Java y vía instrucciones en *SQL* (ver *Structured Query Language*), a bases de datos gestionadas por los *SGBDRs* (ver *Relational Data-Base Management System*) más usuales. Mediante un «puente» adecuado (existen) entre *JDBC* y *ODBC* (ver *Open Database Connectivity*) de Microsoft, puede accederse a *bases de datos* usando ambas APIs para la conexión.

● Do I use XML in conjunction with or instead of *Java Database Connectivity (JDBC)*?

Java Development Kit: *1. Equipo de Desarrollo para Java. 2. JDK.*
1. Entorno de desarrollo preparado para la programación en Java. Existe para varias plataformas.

● ... of the next major release of the Java environment standard called the *Java Development Kit (Entorno de Desarrollo para Java)* ...

Java Virtual Machine: *1. JVM.*
1. Especificación de una máquina virtual (software) capaz de interpretar programas en *codi-bait* (ver *Byte code*) originalmente escri-

tos en Java. La máquina está escrita en C y es *portable* (ver *port (verb)*) a diferentes entornos.

• ... or by e-mail via Outlook or other mail programs that use Microsoft's *Java virtual machine (JVM)*.

JavaBeans: *1. JavaBeans.*
1. Pequeños programas desarrollados en Java con adición de instrucciones especiales orientadas a dotar de amplia capacidad interactiva a dichos programas. Esas instrucciones especiales son el elemento central de la interfaz *Javabeans,* desarrollada por Sun Microsystems para conseguir pequeños bloques de programación con capacidad para *ser reusados* (ver *Reuse (verb)*), para recombinarse entre sí y para interaccionar unos con otros, en la misma aplicación, en aplicaciones distintas y hasta en cualesquiera puntos de Internet. Su contrapartida son los *ActiveX controls* (ver) de Microsoft.

• In fact, the *JavaBeans (JavaBeans)* architecture takes interoperability a major step forward — your code runs on every OS and also ...

JavaScript: *1. JavaScript.*
1. *Lenguaje de directivas* (ver *Script* y *Script language*) desarrollado por Netscape y orientado al desarrollo de páginas para la *Ueb* (ver *World Wide Web*) dotadas de ciertas características dinámicas. Las directivas en *Java-Script* se incluyen en texto *HTML* (ver *Hypertext Markup Language*) con la idea de que el *navegador* (ver *Browser*) sea capaz de ejecutarlas. Así ocurre con los navegadores más usuales, aunque *Explorer* no procesa toda la potencia posible de JavaScript.

• *JavaScript (JavaScript)* is a rather basic language which conforms tightly to the core concepts of computer programming ...

JCL: *1. LCT. 2. Lenguaje de Control de Trabajos.*
Ver *Job Control Language.*

JDBC: *1. JDBC.*
Ver *Java Database Connectivity.*

JDK: *1. JDK. 2. Equipo de Desarrollo para Java.*
Ver *Java Development Kit.*

Jello: *1. Gela.*
1. Nombre de un pastel de gelatina que, por paralelismo (¡!), se aplica a una forma de diseñar páginas *Ueb* (ver *World Wide Web*) que no es tan rígida como la forma *Ice* (ver) ni tan flexible como la forma *Liquid* (ver). Las páginas *Gela* tienden a centrarse en la ventana que las contiene, aunque pueden perder espacio en los márgenes.

• Only a few sites make use of *jello (gela)* style in web design.

JES: *1. JES. 2. Subsistema de Entrada de Trabajos.*
Ver *Job Entry Subsystem.*

JES2: *1. JES2.*
Ver *Job Entry Subsystem.*

JES3: *1. JES3.*
Ver *Job Entry Subsystem.*

Jini: *1. Jini.*
1. Enfoque tecnológico en arquitectura de redes de computadoras, original de Sun Microsystems, que consiste en facilitar y hacer dinámica la conexión de dispositivos (impresoras, almacenamientos diversos, etc.) a las redes. Con ello, además, se reduce el papel y la importancia de los *sistemas operativos* (genéricos y de red). Los dispositivos a conectar han de estar dotados de una especie de embrión de sistema operativo con capacidad para

interaccionar con elementos similares en la red y con computadoras ordinarias. Se requiere también de un servicio de registro que constituye una especie de «inventario de posibilidades» en el que cada dispositivo tiene su entrada y todos los componentes de la red tienen acceso a todas las entradas.

• ... how *Jini (Jini)* attempts to provide an architecture for the emerging network-centric hardware environment, ...

Jitter: *1. Tembleque. 2. Arritmia de activación.*
1. Inestabilidad de la *señal* recibida en un componente de *presentación* (ver *Display (verb)*) o audición que se traduce en una especie de temblor de la imagen o del sonido. Puede tener orígenes muy diversos: mala conexión, baja *frecuencia de refrescamiento* (ver *Refreh rate*) de imagen, discontinuidad de la señal, etc. A veces, también, un mal funcionamiento de un componente.

• ... multimedia ...can require very low network latency and near-zero delay variation or «jitter» (tembleque).

2. Variaciones aleatorias en los momentos de activación de tareas periódicas. Las tareas se mantienen periódicas pero los cambios en el momento de activación pueden tener efectos muy negativos cuando esas tareas han de sincronizarse, de alguna manera, con otras tareas menos prioritarias (muy importante en *sistemas de tiempo real*; ver *Real-time system*).

• For real-time systems, you probably want to characterize the timing (such as period, *jitter (arritmia de activación)*, minimum interarrival time) and synchronization ...

Jittered sampling: *1. Muestreo vibrátil.*
1. Método de muestreo casi-periódico en el que al momento calculado para tomar la muestra se le suma o resta una pequeña cantidad de tiempo calculada de forma aleatoria.

• In *jittered sampling (muestreo vibrátil)*, the location at which a sample is taken is perturbed by a random amount ...

JIT: *1. JIT.*
Ver *Just-in-time compiler*.

Job: *1. Trabajo.*
1. Unidad de trabajo desde el punto de vista del *sistema operativo* (ver *Operating system*). Simultáneamente, un *trabajo* se corresponde con un resultado («cadena») del diseño de la parte *por lotes* (ver *Batch*) de una aplicación. Es decir, un grupo de tratamientos con la misma frecuencia de ejecución, formado por *pasos de trabajo* enlazados por sus salidas y entradas. A un *trabajo* se le suele asociar cierta información contable, un usuario responsable, etcétera.

• ... by checking the state of all *jobs (trabajos)* in the queue, and allowing you to ...

Job control: *1. Control de trabajos.*
1. Importante función de los *sistemas operativos* (ver *Operating system*) con la que se regula toda la actividad de los trabajos ejecutados en el *fondo* (ver *Background*) o, en otros términos, de los trabajos por lotes (ver *Batch*). Tiene que ver con tareas como: admisión de trabajos, planificación por prioridades, *lanzamiento* (ver *Dispatch*) a ejecución, interrupciones y orden de reanudaciones, asignación (ver *Allocation*) de recursos, etc. Los usuarios inciden sobre esta función por medio de un determinado *lenguaje de control de trabajos* (ver *Job Control Language*).

• ... to process a program, programmers must perform certain *job control (control de trabajos)* tasks.

Job Control Language: *1. Lenguaje de Control de Trabajos. 2. LCT.*
1. Las aplicaciones de una cierta envergadura tienen una parte interactiva y otra *por lotes* (ver *Batch*) ya que cada tipo de tratamiento tiene ventajas de las que carece el otro. Tradicionalmente, los tratamientos por lotes se han agrupado en *trabajos* (ver *Job*) y cada trabajo podía estar formado por la ejecución de uno o más programas. Para describir esos elementos (trabajos, programas), los recursos que utilizan (por ejemplo, ficheros), los parámetros que reciben, cómo se factura el consumo de recursos, etc., fue necesario crear un lenguaje específico: el *Lenguaje de Control de Trabajos*.

• Submit jobs, consisting of *Job Control Language (Lenguaje de Control de Trabajos)* and data, to the Job Scheduler for execution.

Job Entry Subsystem: *1. Subsistema de Entrada de Trabajos. 2. JES.*
1. Subsistema primario (o básico) en los *sistemas operativos MVS* (ver) y OS/390 de IBM. Este subsistema controla la entrada, planificación y salida de trabajos y, por consiguiente, la ejecución de otros subsistemas. Existen las versiones JES2 y JES3, siendo la primera mucho más usada que la segunda.

• ... provide a means of describing a *job entry subsystem (subsistema de entrada de trabajos)* as being connected to ...

Job queue: *1. Cola de trabajos.*
1. Trabajos, a disposición de un sistema operativo, que están a la espera de iniciar su ejecución (por *lotes*; ver *Batch*). La disciplina de una *cola de trabajos* puede llegar a ser muy compleja.

• ... then the next available job on the *job queue (cola de trabajos)* will be started in the Subsystem ...

Job scheduler: *1. Planificador de trabajos.*
1. Componente activo del *sistema operativo* (programa de control) que se encarga de las actividades planificadoras dentro del *control de trabajos* (ver *Job control*).

• ... a system process called the *job scheduler (planificador de trabajos)* suspends the currently running task ...

Job step: *1. Paso de trabajo.*
1. En *trabajo por lotes* (ver *Batch*), cada ejecución de programa que se solicita al *sistema operativo* (ver *Operating system*) desde un trabajo. Incluye también la enumeración de los datos *(ficheros)* que se usan por el programa.

• ... execution and termination of *job steps (pasos de trabajo)* and the job, and disposition of files.

Job submission: *1. Sumisión de trabajo.*
1. Acción de «enviar» un trabajo para que sea verificado, planificado y *lanzado* (ver *Dispatch*) a ejecución por los mecanismos de *control de trabajos* del *sistema operativo* (ver *Operating system*).

• ... the order of *job submission (sumisión de trabajos)* will not guarantee that the jobs will execute in a particular order.

Join (noun): *1. Unión.*
1. En la SELECT de *SQL* (ver *Structured Query Language*) una *unión* (ver *Join*) [condicionada] de dos tablas une filas de ambas tablas si cumplen la condición de *pareamiento* (ver *Pair (verb)*). Ver también *Inner join* y *Outer join*.

• The result columns of a *join (unión)* have names if the outermost SELECT list ...

Join (verb): *1. Unir.*
1. Unir los contenidos de dos tablas de acuerdo con lo indicado en *Join (noun)*.

• ... reports on the location of parts must *join (unir)* both tables to retrieve ...

Join routine: *1. Rutina acoplada.*
1. Método de sincronización que, en principio, no descansa en el compartimiento de datos, y que supone que una *hebra* (ver *Thread*) queda en espera de que otra *hebra* complete su ejecución.

• We also frequently use the MapTools MT-*Join routine (rutina acoplada)* when we need to create a seamless map set from numerous individual maps ...

Joint Photographic Experts Group: *1. JPEG.*
1. Comité de expertos en imagen que, trabajando para la *ISO* (ver *International Organization for Standardization*), han colaborado en la preparación de normas para compresión de imágenes.

• Compression method: *Joint Photographic Experts Group (JPEG)*

Jolt: *1. Doble.*
1. Palabra de jerga que hace referencia a las innumerables tazas de café consumidas por los informáticos. Sobre todo en momentos críticos.

• ... able to do hexadecimal long division mentally and subsist for days on nothing but *jolt (dobles)* and corn chips.

Journal (noun): *1. Diario. 2. Journal (si uso específico).*
1. Fichero en el que se registra la actividad de un subsistema tanto con fines de auditoría como para poder contar con una base fiable de información en caso de tener que *recuperar* (ver *Recover (verb)*) el subsistema y sus datos a una situación previa. La palabra *journal* puede usarse de forma genérica (se registra determinada actividad) o específica (en CICS (ver *Customer Information Control System*) puede usarse un fichero «*Journal*»). En caso de recuperación puede ser necesario coordinar el uso de varios *diarios* y/o *registros* (ver *Log*).

• ... you do not need to save the *journal (diario)* because the automatic restart ...

2. Opción de utilizar un diario durante el funcionamiento de un subsistema.

• ... to perform automatic step restart after a system failure even if the *journal (diario)* option is not specified ...

Journal (verb): *1. Anotar.*
1. Registrar información en un *diario* (ver *Journal (noun)*). Por regla general, hay información que se registra sin intervención directa de un usuario (que sí debió establecer algunos parámetros al respecto) e información que se registra como consecuencia de un *mandato* (ver *Command*) directo de usuario.

• Note that job *journaling (anotación)* can cause some performance ...

Joystick: *1. Palanca para juegos.*
1. *Palanca* que pivota sobre uno de sus extremos y cuya posición con respecto a una posición de reposo puede enviarse a una computadora. Se usa para «dirigir» elementos móviles en pantalla mientras se ejecuta un juego en la computadora. Puede tener otros accesorios cuyo accionamiento es, análogamente, enviado a la computadora.

• *Joysticks (palancas para juegos)* are occasionally used for applications other than games ...

JPEG: *1. JPEG.*
Ver *Joint Photographic Experts Group.* Las siglas JPEG identifican al grupo y al formato de compresión de imágenes diseñado por el grupo.

• Uses JPEG (JPEG) interchange format compressed image representation.

JPG: *1. JPG.*
1. Extensión de ficheros que contienen imágenes comprimidas usando el algoritmo de JPEG (ver).

JScript: *1. JScript.*
Ver *JavaScript.*

JSD: *1. JSD.*
Ver *Jackson structured development.*

JSP: *1. JSP.*
Ver *Jackson structured programming.*

Jughead: *1. Jughead.*
1. Buscador de información en sedes *Gopher* (junto con *Veronica*). Es un acrónimo maldito de algo tan disparatado como *Jonzy's Universal Gopher Hierarchy Excavation and Display.*

• With HTML Jughead (and Veronica) is becoming less and less important ...

Jukebox: *1. Sinfonola.*
1. Dispositivo que permite almacenar y procesar dos o más CD-ROMs. Frecuentemente son dispositivos de red. El nombre procede de los tocadiscos de cafetería tan frecuentes en los sesenta.

• ... the latest crop of CD-ROM jukeboxes (sinfonolas), which help you manage four, five, or even six disks at once ...

Julian calendar: *1. Calendario juliano.*
1. Calendario solar establecido por Julio Cé-

sar. En este calendario, el año constaba de 365 1/4, es decir, algo más que la realidad, lo que originó un desajuste acumulativo que hacia el año 1500 ya era de unos 10 días. El papa Gregorio XIII introdujo la corrección pertinente que ha llegado hasta nuestros días (calendario gregoriano).

• ... to investigate the correspondence between dates in the Gregorian and Julian calendars (calendario juliano), and between ...

Julian date: *1. Fecha juliana.*
1. Forma de expresar las fechas que facilita el cálculo del tiempo transcurrido. En su forma rigurosa la fecha juliana («juliana» en honor del padre del creador del método, Julius Caesar Scaliger) correspondiente a un cierto día, cuenta los días transcurridos desde el 1 de enero de 4713 (AC). En su forma corrupta (la más usada en informática) la *fecha juliana* está formada por el año y el número de días transcurridos desde el inicio del año.

• The time of day and Julian date (fecha juliana) are displayed for active and ...

Jump (verb): *1. Bifurcarse.*
Sinónimo de *Branch* (ver). Tiene un tono como de más riesgo.

• If you use the goto statement to jump (bifurcarse) into the middle of a block ...

Jumper: *1. Pontezuelo.*
1. Pequeño conductor eléctrico formado por dos *patillas* (ver *Pin*) conectadas entre sí formando un puente. Las patillas se insertan en pequeños enchufes situados en placas (base o de expansión). Según dónde se inserte cada *pontezuelo* puede obtenerse una configuración diferente para la placa.

• A jumper (pontezuelo) on header E1 on the

feature board selects between the internal battery ...

Junk mail: *1. Correo basura.*

1. *Mensacorre* (ver *E-mail (noun) Def. 2*) no solicitado que se cuela en nuestro buzón o en los buzones de listas y *grupos de noticias* (ver *News groups*). Es una plaga terrible dentro de Internet.

• ... automatically read important messages first, and exclude *junk mail (correo basura).*

Just-in-time compiler: *1. Compilador JIT.*

1. Programa (especie de *compilador*) capaz de convertir un programa interpretable en *codi-*

bait (ver *Byte-code*) (procedente de una *compilación* de Java) en código directamente ejecutable en un procesador concreto.

• ... on an optimising portable *just-in-time compiler (compilador JIT)* for Java.

Justify (verb): *1. Ajustar.*

1. Ajustar un texto a uno de los márgenes del espacio que ocupará, o a ambos.

• The three fields *are left-justified (se ajustan a la izquierda)*, and padded with blanks.

JVM: *1. JVM.*

Ver *Java Virtual Machine.*

K

K: *1. K (por kilo).*
1. Abreviación de kilo. Ver *Kb* y *KB*.

Kb: *1. Kb. 2. Kilobit.*
1. 10**3 bits, o sea, 1.000 bits, para uso general.

2. 1.024 bits cuando se usa para expresar capacidad de almacenamiento.

Kbps: *1. Kbps.*
1. Unidad usada para medir la velocidad de transmisión de datos. Equivale a 1.000 bits por segundo.

KB: *1. KB. 2. Kilobait.*
1. 10**3 *baits*, o sea, 1.000 *baits* (ver *Byte*), para uso general.

2. Cuando mide capacidad de almacenamiento, 1.024 *baits*.

KDD: *1. DCBD. 2. Descubrimiento de Conocimientos en Bases de Datos.*
Ver *Knowledge Discovery in Databases.*

Kerberos: *1. Kerberos.*
1. Sistema de autenticación, desarrollado en el MIT, que se basa en tiques de sesión (duran un número limitado de horas), autentica-

dos por un servidor especializado teniendo en cuenta nombre y *contraseña* (ver *Password*) del usuario y servicio que pretende utilizar en la red. Es un ejemplo de criptografía de *clave* (ver *Key (noun) Def. 4*) simétrica.

● After a client and server has used *Kerberos (Kerberos)* to prove their identity, they can also encrypt all of their communications ...

Kermit: *1. Kermit.*
1. Potente herramienta –casi tradicional– para transmisión de ficheros y para ciertas funciones relacionadas con la gestión de los mismos. Tiene un lenguaje protocolizado y un conjunto de *mandatos* (ver *Command*) que permiten ser procesados como *directivas* (ver *Script*). Permite emulación de terminales. Es software libre con petición de colaboración o ayuda.

● These emulators, using *Kermit (Kermit)* or any other file transfer protocol, ...

Kern (verb): *1. Reespaciar.*
1. Deslizar las letras de un texto, unas con respecto a otras, en un sentido u otro (según convenga) para conseguir un aspecto más equilibrado de letras y separaciones entre ellas.

• Insert the negative inline space necessary *to kern (reespaciar)* the pieces correctly with respect to ...

Kerned letters: *1. Letras reespaciadas.*
1. Letras que han sido sometidas a un proceso de *reespaciado* (ver *Kern (verb)*).

• *Kerned letters (Las letras reespaciadas)* do not scan well at all, mono-spaced fonts are much better ...

Kernel: *1. Núcleo (de un S.O.).*
1. Componente central de un *sistema operativo* (ver *Operating system*), en general, aunque la palabra *kernel* se asocia, casi siempre, con UNIX (en otros sistemas es frecuente encontrar la palabra *nucleus*). El *núcleo* controla el funcionamiento de la computadora y, sobre todo, la planificación y *lanzamiento* (ver *Dispatch*) de procesos y el uso de recursos hardware.

• The *kernel (núcleo)* provides this high-level interface for all programs to use ...

Kernel mode: *1. Modo núcleo.*
1. Con carácter general, y puede que con otras denominaciones (por ejemplo, *supervisor state*), se describe una situación en la que el *núcleo* (ver *Kernel*) tiene el control y pueden ejecutarse todas las instrucciones del juego de la máquina (ver *Instruction set*). Se contrapone a *user mode* o *problem state*. De forma más específica y aplicada a un entorno multiprocesador, la expresión *kernel mode* se aplica cuando el control lo tiene el procesador que actúa como «maestro» (los demás son «esclavos».)

• Data that can be addressed by any process while in *kernel mode (modo núcleo)* ...

Kerning: *1. Reespaciado.*
1. Acción y efecto de *reespaciar* (ver *Kern*

(verb)). Se aplica a la distancia entre cada dos letras de una *fuente* (ver *Font*) determinada tras partir de un espaciado inicial uniforme. Por ejemplo, para acercar la A y la V.

• ... between type characters, you can choose among four *kerning (de reespaciado)* options in ...

Key (noun): *1. Tecla. 2. Clave.*
3. Ordenante.
1. Tecla de un *teclado* (ver *Keyboard*).

• ... pressing the last *key (tecla)* ...

2. *Campo* (ver *Field*) o conjunto de campos que se usan para identificar y/o seleccionar datos (registros, filas u otros, según terminología) concretos de entre un conjunto. Es un concepto de aplicación, al menos, en *bases de datos* (ver *Database*) y en ficheros que admiten *acceso aleatorio* (ver *Random access*). Pueden ser campos que figuran como tales en el registro, fila, etc., o que se han creado específicamente para este uso (ver, por ejemplo, *Hash coding*). Para que esta identificación/selección sea posible se necesita algún tipo de *índice* (ver también *Foreign key* y *Primary key*) o función de relación clave-dirección.

• ... each source record whose *key (clave)* matches a target record's key replaces the target record.

3. También se aplica la palabra *key* (un tanto impropiamente) para referirse a los campos de clasificación de ficheros secuenciales. Parece recomendable mantener la traducción *clave* para el conjunto de dichos campos e introducir la palabra *ordenante* para cada uno de ellos.

• ... in a specific order, identify one or more control fields of your records to use as *keys (ordenantes)* ...

4. En criptografía, una *clave* es un valor que hay que proporcionar a los algoritmos de *cifrado* (ver *Encrypt*) y/o *descifrado* (ver *Decrypt*) de textos para que estas operaciones puedan tener lugar.

• ... uses a «private» (secret) *key (clave)* and a «public» key ...

Key (verb): *1. Teclear.*
1. Introducir datos por medio del *teclado* (ver *Keyboard*. El destino inmediato de lo *tecleado* puede ser la computadora o algún *báfer* (ver *Buffer (noun)*) intermedio.

• ... to print or display each character or line as it is *keyed (se teclea)* in.

Key compression: *1. Compresión de clave.*
1. Algoritmo que se usa en *VSAM* de IBM (ver *Virtual Storage Access Method*) para comprimir las *claves* (ver *Key (noun) Def. 2*) de los índices. Se eliminan caracteres iniciales y/o finales de las claves por comparación con el valor de la clave previa.

• For front *key compression (compresión de clave)*, VSAM compares a key in the index with the preceding key in the index ...

Key escrow: *1. Depósito de clave.*
1. *Clave* (ver *Key (noun) Def. 4*) que ha sido entregada a una *tercera parte confiable* (ver *Trusted Third Party* o, directamente, *Certification Authority* de la que es sinónima) para que pueda ser usada en la reconstitución de una clave real.

• We argue that *key escrow (el depósito de clave)* represents an unprecedented intrusion on individual privacy, ...

Key of reference: *1. Clave referente.*
1. *Clave* (ver *Key (noun) Def. 2*) por la que se

ha accedido a los datos que se están procesando en un momento dado.

• The *key of reference (clave referente)* cannot be changed by an update ...

Key pad: *1. Bloque de teclas.*
1. Parte especializada de un *teclado* (ver *Keyboard*). El *bloque de teclas* más conocido es el bloque numérico situado en la parte derecha de los teclados convencionales.

• ... and how the traditional keyboard numeric *key pad (bloque de teclas)* controls mouse ...

Key stroke: *1. Pulsación.*
1. Accionamiento de una *tecla* del teclado (ver *Keyboard*).

• A *key stroke (pulsación)* generally indicating the end of a command line ...

Key word: *1. Palabra-clave.*
Ver *Keyword*.

Key-encrypting key: *1. Clave para cifrar claves. 2. CCC.*
1. *Clave* que se utiliza para *cifrar* (ver *Encrypt*) y *descifrar* (ver *Decrypt*) otras claves a fin de que puedan transmitirse con seguridad.

• An exporter *key-encrypting key (clave para cifrar claves)* protects keys that are sent from your system to another ...

Keyboard: *1. Teclado.*
1. Conjunto de *teclas* que, hoy por hoy, forman el principal medio de *introducción* de datos en las computadoras. Hay diferentes tipos de *teclados* aunque se manifiesta una cierta tendencia hacia la estandarización (dentro de las evidentes disparidades idiomáticas).

• ... asks you to enter a y or Y from the *key-*

board (teclado) if you want to halt the program ...

Keyboard buffer: *1. Báfer de teclado.*
1. Memoria en la que se almacenan caracteres (algunos, pocos) tecleados y aún no procesados.

● How can I increase the size of the *keyboard buffer (báfer de teclado)?*

Keyboard layout: *1. Diseño del teclado.*
1. Forma (rectangular o no) e inclinación del teclado, número de teclas que lo forman y disposición de las mismas (ver *Qwerty* y *Dvorak*).

● ... you'd like a way to switch your QWERTY *keyboard layout (diseño del teclado)* to the more efficient ...

Keypad: *1. Bloque de teclas.*
Ver *Key pad.*

Keystrip: *1. Tira de teclado.*
1. Tira de cartulina o plástico con agujeros para que se inserten los bloques de *teclas* del *teclado* (ver *Keyboard*) y con orientaciones impresas –muy sintéticas– sobre el uso de las teclas más significativas en una aplicación concreta (por ejemplo, un procesador de textos o una aplicación de *computadora principal*; ver *Mainframe computer*). La proliferación de aplicaciones, el uso de las ayudas *en línea* y la convergencia que se está produciendo entre aplicaciones están convirtiendo las *tiras de teclado* en verdaderas piezas de museo.

● We now have a new *keystrip (tira de teclado)* with all of key short-cuts listed.

Keystroke: *1. Pulsación.*
Ver *Key stroke.*

Keyword: *1. Palabra-clave.*
1. En las gramáticas de *mandatos* (ver *Command*) y de parámetros o argumentos, una *palabra-clave* es una palabra fija (se escribe siempre igual, aunque pueden usarse abreviaturas) a la que se asocia, de alguna manera (por ejemplo, con un signo igual '='), un cierto valor.

● ... user can enter *keyword (de palabra-clave)* operands anywhere in the ...

2. Palabra fija que describe parcialmente una situación.

● Choose *keywords (palabras-clave)* that best describe the error.

Keyword-in-context: *1. Palabra-clave y contexto.*
1. Combinación de una palabra clave usada en un documento y de un trozo pequeño de texto tomado del que la rodea en cada aparición de la misma en el documento. Se usa para indizar y para búsquedas en dos pasadas.

● We have four solutions to the *Key Word in-Context (palabra-clave y contexto)* architectural model problem ...

KEK: *1. CCC. 2. Clave para cifrar claves.*
Ver *Key-encrypting key.*

Kill (verb): *1. Liquidar.*
1. Finalizar un proceso antes de que termine normalmente.

● If your application hangs, try the following procedure to *kill it (liquidarla)*: ...

Kilobit: *1. Kb. 2. Kilobit.*
1. 10**3 bits, o sea, 1.000 bits, para uso general.

2. 1.024 bits cuando se usa para expresar capacidad de almacenamiento.

Kilobyte: *1. KB. 2. Kilobait.*
1. 10**3 *baits*, o sea, 1.000 *baits* (ver *Byte*), para uso general.

2. Cuando mide capacidad de almacenamiento, 1.024 *baits*.

Kiosk: *1. Infoquiosco.*
1. Puesto informatizado diseñado para suministrar información sobre un entorno determinado (una ciudad, un centro comercial, un campus, etc.).

● ... made publicly available at university sites via *kiosks (infoquioscos)* running interactive computing ...

KIF: *1. FIC. 2. Formato para Intercambio del Conocimiento.*
Ver *Knowledge Interchange Format.*

Kludge: *1. Chapuza.*
1. Arreglo para salir del paso, sin esperar a un rediseño. Son frecuentes, hasta en aplicaciones compradas, a causa de la necesidad continua de adaptaciones a los movimientos de la competencia y/o del mercado.

● «How to Design a *Kludge (chapuza)*» (DATAMATION February 1962, pp. 30, 31).

Knapsack Cryptosystem:
1. Criptosistema de clave pública.
1. Sistema criptográfico basado en el problema de la mochila («cómo llenar una mochila, sin superar un cierto peso, a partir de objetos (0 o 1 de cada), cada uno con su peso y valor, de forma que el valor sea total sea máximo»). Persisten discusiones teóricas sobre la viabilidad de estos sistemas.

● The *Knapsack Cryptosystem (criptosistema de clave pública)* is based on the difficulty of factoring and «packing» ...

Knowbot Program: *1. Programa Cognibot. 2. KP.*
1. Programa para búsqueda automática en *sedes* (ver *Site*) de Internet, de acuerdo con criterios específicos de búsqueda suministrados por el usuario. El material encontrado queda listo para ser consultado.

● Two important motivations for using *Knowbot Programs (Programas Cognibot)* are performance and ...

Knowledge: *1. Conocimiento.*
1. Nombre asignado al binomio *datos-información* cuando el objeto considerado son los conocimientos que un experto humano utiliza para resolver problemas (tomar decisiones) o, más generalmente, que la vida utiliza para pervivir adaptándose a un entorno cambiante. Los *conocimientos* se almacenan en *bases de conocimientos* (ver *Knowledge base*).

● ... are not happy to be questioned about their *knowledge (conocimiento)* by people who want to write ...

Knowlege base: *1. Base de conocimientos.*
1. Una *base de conocimientos* es un conjunto de conocimientos (ver *Knowledge*) representados de forma adecuada (por ejemplo, para facilitar la búsqueda en ellos) y almacenados de forma estructurada.

● A *knowledge base (base de conocimientos)* about a family might contains the facts ...

Knowledge based system: *1. Sistema basado en el conocimiento.*
1. Clase especial de aplicación (o sistema de información) en la que el conocimiento no solamente está en el texto de los programas (como es lo habitual), sino que ha sido objetivado, formalizado y almacenado, para ser utilizado, en *bases de datos* (ver *Database*) es-

peciales diseñadas para ello. Existen métodos informáticos para desarrollar la informatización de estos sistemas.

● ... and is now accepted as the European standard for knowledge based systems (sistemas basados en el conocimiento).

Knowledge Discovery in Databases: *1. Descubrimiento de Conocimientos en Bases de Datos. 2. DCBD.*

1. Las *bases de datos* (ver *Database*) tradicionales (de gestión) contienen, disponibles de forma inmediata, datos-información para la gestión diaria de las organizaciones. Pero también contienen, de forma difusa y no organizada, conocimientos para resolver problemas y tomar decisiones. En *DCBD* se incluyen las técnicas (por ejemplo *prospección en datos* –ver *Data mining*– para hacer aflorar esos conocimientos.

● XXX develops software and solutions for data mining and knowledge discovery in databases (descubrimiento de conocimientos en bases de datos) ...

Knowledge engineering: *1. Ingeniería del Conocimiento.*

1. Rama de la informática dedicada a métodos y herramientas para diseñar y desarrollar *sistemas expertos* (ver *Expert system*). En el pasado *Ingeniería del Conocimiento* e *IA* (ver *Artificial Intelligence*) eran prácticamente lo mismo. Actualmente, la IA está ampliando considerablemente sus campos de interés.

● Most knowledge engineering (a la ingeniería del conocimiento) approaches describe reusable problem solving steps, or inferences ...

Knowledge Interchange Format: *1. Formato para Intercambio del Conocimiento. 2. FIC.*

1. Manera normalizada (en la medida en que

se acepte de forma general) de codificar el conocimiento en *Inteligencia Artificial* (ver *Artificial Intelligence*) de forma que resulte inteligible para otros sistemas que entiendan esta codificación, cualquiera que sea la codificación interna que utilicen estos sistemas. Se facilita, por tanto, la cooperación entre sistemas y la distribución de la *IA*.

● Knowledge Interchange Format (El Formato para Intercambio de Conocimiento) is not intended as a primary language for interaction with human users (though it can be used) ...

Knowledge management: *1. Gestión del conocimiento.*

1. Nuevo enfoque de la gestión de las organizaciones en el que se pone el acento en el descubrimiento, inventario, objetivación/formalización, diseminación y utilización de los conocimientos (de todo tipo) existentes en la organización.

● Knowledge Management (La Gestión del Conocimiento) is the definitive guide to the leveraging of information and intellectual assets ...

Knowledge Query and Manipulation Language: *1. KQML.*

1. Protocolo y lenguaje para el intercambio de *conocimientos* entre agentes de un sistema distribuido de *Inteligencia Artificial* (ver *Artificial Intelligence*).

● Knowledge Query and Manipulation Language (KQML) is intended to be a high-level language to be used by knowledge-based system to share ...

Korn Script: *1. Directiva Korn.*

1. Programa interpretable (*Directiva*. Ver *Script*) desarrollado para *membranas Korn* (ver *Korn shell*).

• *Korn Script (Directiva Korn)* to Generate GIF File: ...

Korn Shell: *1. Membrana Korn.*
1. Un interpretador de *mandatos* (ver *Command*) para UNIX.

• Consider using the *Korn Shell (Membrana Korn)* as your standard interactive shell.

KP: *1. KP. 2. Programa Cognibot.*
Ver *Knowbot Program.*

KQML: *1. KQML.*
Ver *Knowledge Query and Manipulation Language.*

KSDS: *1. KSDS.*
1. *(Key-Sequenced Data Sets).* Una de las organizaciones (ver *File organization*) de datos posibles en el marco del *método de acceso* (ver *Access method*) *VSAM* de IBM (ver *Virtual Storage Access Method*). Se caracteriza porque los registros están ordenados, vía un índice, de forma creciente por comparación (ver *Collating sequence*) de los valores en un *campo* llamado *clave* (ver *Key (noun) Def.* 2), no pueden existir en un fichero dos registros con el mismo valor de la clave, admite *índices alternativos* (ver *Alternate index*) y el acceso puede hacerse secuencialmente (según

clave) o de forma aleatoria para valores concretos de la clave.

• If you want to copy a *KSDS (KSDS)* that is larger than 4GB to a system that ...

KWIC: *1. Palabra-clave y contexto.*
Ver *Keyword-in-context.*

K56flex: *1. K56flex.*
1. Tecnología desarrollada por Rockwell Corp. para dar a los *módems* (ver *Modem*) la capacidad de enviar datos a 56 Kbps sobre línea telefónica ordinaria, a condición de que sea *digitalizada* (ver *Digitize*). Es una tecnología paralela a la desarrollada por US Robotics en sus *módems* X2, y ambas están incluidas en la norma *V.90* de la *ITU*.

• *K56Flex (K56Flex)* technology takes advantage of the digital portion of the phone network to achieve higher speeds ...

K6: *1. K6.*
1. Línea de microprocesadores de AMD cuyo equivalente es la línea Intel Pentium II. Para prestaciones similares, los AMD-K6 son más baratos.

• ... is used in systems based on Pentium, Pentium Pro (...) and AMD *K6 (K6)* processors, in some ...

L

L&E: *1. L&E. 2. Vinculación e inclusión.*
Ver *Linking & Embedding.*

Label: *1. Etiqueta.*
1. En un programa, una *etiqueta* tanto puede
ser el nombre de un dato como el de una instrucción. En ambos casos se identifica, realmente, una dirección de memoria y algún atributo suplementario (una longitud, etc.).

• Control is transferred to the statement following the *label (etiqueta)* by ...

2. En almacenamiento de datos se llaman *etiquetas* a pequeños registros que contienen datos sobre conjuntos de datos y unidades de almacenamiento (*etiqueta* de volumen, de fichero).

• ... them so that the correct volume *labels
(etiquetas)* are written and the volumes are
ready ...

• ... a file *label (etiqueta)* for each file, and
optional user *labels (etiquetas).*

3. En hojas de cálculo se llama *etiqueta* a un
texto descriptivo colocado en una celda para
ser aplicado, por ejemplo, a toda una columna.

• Modifying *labels (etiquetas)* and legends: ...

Landscape: *1. Apaisado.*
1. Relativo a la forma de presentar un texto en
una página impresa o, más generalmente, a la
forma de una ventana, cuando la dimensión
horizontal es mayor que la vertical (el obser-
vador, por supuesto, en posición ordinaria
–vertical y cabeza arriba–).

• It is simple to have your entire document
printed in *landscape (apaisado)* mode.

Landscape monitor: *1. Pantalla
apaisada.*
1. Pantalla, como las habituales, en las que la
dimensión horizontal es mayor que la vertical
(ver *Landscape*).

• A *landscape monitor (pantalla apaisada)*
displays text and graphics horizontally, making
it useful for ...

Language: *1. Lenguaje.*
1. En Informática, un lenguaje es una aproximación lejana al lenguaje natural, que se usa
para comunicarse con un *sistema operativo*
(ver *Operating system*), con un *compilador*,
con un procesador de *mandatos* (ver *Command*), con una aplicación, etc. La propia

computadora también tiene su lenguaje propio: el *lenguaje o código de máquina* (ver *Machine language*).

● Most of the processing logic is expressed in standard *language (lenguaje)* statements ...

Language sensitive editing:
1. Edición sensible al lenguaje.
1. Posibilidad ofrecida por algunos *editores* (ver *Editor Def. 1*) avanzados de adaptar las características de su *interfaz* (ver *Interface (noun)*) con el usuario (colores, encolumnado, *sangrados* (ver *Indentation*), ciertas verificaciones automáticas, etc.) a las características concretas de un lenguaje de programación.

● Provides *language-sensitive editing (edición sensible al lenguaje)* and a debug tool that operates ...

Laptop: *1. Computadora portátil.*
1. Computadora (tipo *CP* o similar; ver *Personal Computer*) con la que puede trabajarse, con relativa comodidad, poniéndola sobre nuestras rodillas.

● Purchasing a *laptop (portátil)* isn't as easy as purchasing ...

Laser: *1. Láser.*
1. Acrónimo de *Light Amplification by Stimulated Emission of Radiation*. Tipo de luz coherente y aparato que la produce. De amplio uso en la tecnología informática actual.

● The invention of the *laser (láser)* can be dated to 1958 with the publication of ...

Laser printer: *1. Impresora láser.*
1. Impresoras que usan rayos láser y electricidad estática para conseguir que el tóner se deposite de forma selectiva sobre el papel. Consiguen una definición muy alta tanto en caracteres como en gráficos.

● The performance of *laser printers (impresoras láser)* is measured in ppm (pages per minute) in copy mode ...

Last in, first out: *1. LIFO.*
Ver *Last-In-First-Out*.

Last-In-First-Out: *1. LIFO.*
1. La disciplina *LIFO* (último entrado, primero salido) se aplica a las *pilas* (ver *Stack*) o listas lineales en las que entradas y salidas (inserciones y supresiones) se hacen por el mismo extremo.

● ... specifies that records are to be written to the stack *Last-In-First-Out (LIFO)* ...

Latch: *1. Cierre.*
1. Mecanismo usado internamente por determinados subsistemas con la finalidad de evitar actualizaciones concurrentes. Consiste en un *bloqueo* de corta duración (en contraposición a un *lock* –ver–) del recurso que contiene los datos (por ejemplo, una página).

● The page *latch (cierre)* is a short duration lock that ...

Latch contention: *1. Conflicto por cierre.*
1. Conflicto que se produce cuando un proceso intenta establecer un *cierre* (ver *Latch*) sobre un recurso que ya tiene uno.

● ... shows the accumulated wait time because of page *latch contention (conflicto por cierre)* ...

Latency: *1. Demora. 2. Duración.*
1. Tiempo tecnológico de espera a que se produzca un evento (por ejemplo, que un sector o bloque en un disco pase ante la *cabeza lectora*; ver *Head*).

● ... for increased performance (from reduced

rotational *latency (demora))*, it is possible to position ...

2. Tiempo necesario para transmitir datos entre dos puntos de una red.

• The contributors to network *latency (duración)* include transmission ...

Lattice: *1. Entramado.*
1. Disposición de elementos formando un enrejado de dos o más dimensiones.

• Behind what can be regarded as a *lattice (entramado)* of interconnections between ...

LaTeX: *1. LaTeX.*
1. Lenguaje y software para la composición de textos (fundamentalmente, académicos: fórmulas, citas, etc.).

• You must then run *LaTeX (LaTeX)* again to incorporate the source list in ...

Launch (verb): *1. Arrancar.*
1. Hacer que se inicie la ejecución de un programa desde una interfaz de usuario.

• Using the same technique, you can *launch (arrancar)* an application before the Shell, so as to avoid ...

Laxity: *1. Holgura de tarea.*
Ver *Task laxity.*

Layer (noun): *1. Estrato.*
1. Cada uno de los *estratos* resultantes de un diseño estratificado (ver *Layer (verb) 1*).

• Its six *layers (estratos)* are as follows: layer 5: user programs; layer ...

2. Cada uno de los *estratos* resultantes de descomponer un proceso en capas o niveles (ver *Layer (verb) Def. 2*). Este concepto es extre-

madamente usado en arquitectura de redes de computadoras donde el proceso de enviar un mensaje desde una aplicación en una computadora hasta otra aplicación en otra computadora se descompone en una serie de *estratos* tanto entre la primera aplicación y el medio físico de comunicación como entre éste y la segunda aplicación. La *OSI* (ver *Open Systems Interconnection*) ha estandarizado esta cuestión definiendo un modelo de 7 *estratos*: *Aplicación, Presentación, Sesión, Transporte, Red, Enlace de Datos y Físico.*

• Each TCP/IP *layer (estrato)* provides services to the *layer (estrato)* above it and uses the services of ...

Layer (verb): *1. Estratificar.*
1. Diseñar un proceso, aplicación, programa, *interfaz* de usuario, etc., de forma que quede descompuesto en *estratos* de pocos componentes u opciones, cada uno de ellos, y con una definición rigurosa de los datos a traspasar, en cada caso, entre estratos.

• ... provide a way for a designer *to layer (estratificar)* choices so that a user ...

2. Descomponer conceptualmente un proceso en partes secuenciales estables (*estratos;* ver *Layer (noun))* definiendo claramente el servicio que cada *estrato* proporciona al anterior y la *interfaz* (ver *Interface (noun)*) entre estratos consecutivos. *Estratificar* un proceso es un paso previo a la definición de protocolos y a la estandarización.

• In communications, a technique used by *layered (estratificados)* protocols by which a layer adds control ...

Layer 2 Tunneling Protocol:
1. L2TP. 2. Protocolo de tunelización de estrato 2.
1. Protocolo de *tunelización* (ver *Tunneling*)

desarrollado por Cisco. Es, de hecho, una ampliación del *PPP* (ver *Point-to-Point Protocol*) y se proclama a sí mismo como heredero del protocolo *Layer 2 Forwarding* y del *PTPP* (ver *Point-to-Point Tunneling Protocol*) de Microsoft y otros. Dada su función, los aspectos de seguridad reciben importante atención.

• *Layer 2 Tunneling Protocol (L2TP)* is a tunneling protocol that supports tunnel and user authentication ...

Layout: *1. Formato. 2. Diseño. 3. Disposición. 4. Plan. 5. Esquema. 6. Esbozo.*
1. Forma en que se disponen diferentes elementos en un conjunto. La práctica ha decantado el uso de *formato* cuando se hace referencia a la disposición de *campos* (ver *Field*) en un registro, fila de tabla, etc., *diseño*, cuando se refiere a un elemento visible (pantalla, listado, ...) y *disposición* para el resto de casos. Pueden darse otros usos especiales (ver traducciones) a determinar según contexto.

• ... a convenient means of controlling the *layout (diseño)* of printed output ...

• ... because the *layout (disposición)* of the data or the structure of the loops does not lend itself to optimal ...

• The *layout (disposición)* of the variable text field is described below: ...

Layout algorithm: *1. Algoritmo de disposición.*
1. Algoritmo utilizado para disponer elementos (por ejemplo, objetos) en un receptáculo (por ejemplo, una pantalla).

• ... the objects in a view using a default *layout algorithm (algoritmo de disposición)* ...

Layout sheet: *1. Hoja de diseño.*
1. Preimpreso utilizado para ayudar en el diseño de pantallas, páginas impresas, registros, etcétera. Su uso ha desaparecido a causa de las posibilidades del diseño interactivo.

• Using the remaining blank space on the *layout sheet (hoja de diseño)* around the outside ...

LAN: *1. RAL. 2. Red de Área Local.*
Ver *Local Area Network.*

LAPB: *1. LAPB.*
Ver *Link Access Protocol Balanced.*

LBA: *1. DBL. 2. Direccionamiento de Bloque Lógico.*
Ver *Logical Block Addressing.*

LCD: *1. PCL. 2. Pantalla de Cristal Líquido.*
Ver *Liquid Crystal Display.*

LDAP: *1. LDAP.*
Ver *Lightweight Directory Access Protocol.*

LDM: *1. MLD. 2. Modelo Lógico de Datos.*
Ver *Logical Data Model.*

LDS: *1. ELD. 2. Estructura Lógica de Datos.*
Ver *Logical Data Structure.*

LDS: *1. LDS.*
1. (*Linear Data Sets*). Una de las organizaciones (ver *File organization*) de datos posibles en el marco del *método de acceso* (ver *Access method*) VSAM de IBM (ver *Virtual Storage Access Method*). Se caracteriza porque los datos carecen de frontera de registro.

• A *LDS (LDS)* is processed as an ESDS, with certain restrictions ...

Leading (adj): *1. Inicial.*
1. Caracteres o posiciones iniciales de un *campo* (ver *Field*).

● *Leading (iniciales)* zeros are replaced by blanks, except for a single zero that immediately ...

Leading (noun): *1. Interlineado.*
1. Espaciado entre líneas de un texto.

● *Leading (interlineado)* is measured in points and is normally 120 % ...

Leaf: *1. Hoja.*
2. Distal.
1. En un árbol (por ejemplo, una estructura de directorios), una *hoja* es un *nodo* que no tiene descendientes.

● ... files are *leaves (hojas)* because they can have nothing ...

2. Actuando en aposición, *Leaf (distal)* hace referencia al elemento más alejado, en su línea, de un núcleo o raíz (ver, por ejemplo, *Leaf entry* o *Leaf node*).

Leaf entry: *1. Entrada distal.*
1. En una estructura de ficheros, directorio que no tiene subordinados.

● If you dereference a link the next level will be listed or the *leaf entry (entrada distal)* will be shown.

Leaf node: *1. Nodo distal.*
1. En una estructura de árbol, *nodo* que no se ramifica más.

● Rules for *non-leaf nodes (nodos no-distales)* will normally return a result which depends ...

Leaf page: *1. Página distal.*
1. En *DB2* (ver *DATABASE 2*), los índices se crean como árboles de páginas. Las páginas de estos árboles que apuntan a datos en las tablas se llaman *páginas distales*. Las páginas distales son apuntadas por páginas no-distales y así hasta llegar a la página superior o página *raíz* (ver *Root*).

● ... with a root page that points to an empty *leaf page (página distal)*.

Leased line: *1. Línea arrendada.*
1. Línea telefónica arrendada a una compañía telefónica para uso exclusivo y permanente (mientras dura el contrato de arrendamiento). Sinónimo de *línea exclusiva* (ver *Dedicated line*) y opuesto a *línea conmutada* (ver *Switched line*).

● The private nature of the *leased line (líneas arrendadas)* networks provides ...

Least frequently used: *1. Usada menos frecuentemente. 2. UMnF.*
1. Disciplina de *paginación* (ver *Paging*) basada en reemplazar la página menos usada de las presentes en memoria en un momento dado.

● To implement the *Least Frequently Used (Usada Menos Frecuentemente)* policy, an access counter must be maintained ...

Least recently used: *1. Usada Menos Recientemente. 2. UMnR.*
1. Disciplina de *paginación* (ver *Paging*) basada en reemplazar la página aún no usada de las presentes en memoria en un momento dado, cuando las demás ya lo han sido.

● To implement the *Least Recently Used (Usada Menos Recientemente)* policy, a stack (or similar structure) or time stamps are necessary to ...

Leave (verb): *1. Dejar. 2. Salir de.*
3. Abandonar.
1. No poner valor a un *campo* (ver *Field*) o variable.

● If you *leave (deja)* this field blank, the field names are the same as ...

2. Salir de lo que se está procesando (en sentido amplio) en un momento dado.

● The user would be unable to *leave (salir del)* the loop because ...

Left arrow: *1. Flecha izquierda.*
1. Una de las cuatro flechas que controlan el movimiento del cursor del *teclado* (ver *Keyboard*).

● This *left arrow (flecha izquierda)* key moves the cursor to the next choice to the left of the current ...

Left outer join: *1. Unión izquierda externa.*
1. En la SELECT de *SQL* (ver *Structured Query Language*) una *unión* (ver *Join*) [condicionada] de dos tablas *parea* (ver *Pair (verb))* filas de ambas tablas que cumplan una condición. Con la opción *izquierda externa* se seleccionan las filas pareadas, y las no pareadas de la tabla de la izquierda (en la instrucción) con valores nulos de las columnas de la otra tabla.

● Ilustrates a nested loop for a *left outer join (unión izquierda externa)*.

Legacy application: *1. Aplicación heredada.*
Ver *Legacy system.*

Legacy system: *1. Sistema heredado.*
1. Expresión un tanto peyorativa que se usa para designar aplicaciones y sistemas informáticos diseñados e implementados con y para medios que se suponen más o menos obsoletos («dinosaurios»).

● The implication is that the *legacy system (sistema heredado)* is large, monolithic, and ...

Legend: *1. Leyenda.*
1. Texto que acompaña a un gráfico (plano, mapa, etc.) y que, en general, lo describe. Ver también *Caption.*

● ... to edit the graph and insert more symbols and text into the *legend (leyenda)*.

Lempel-Zif-Welsh: *1. LZW.*
1. Apellidos de los tres creadores de la conocida técnica de compresión de datos que lleva sus iniciales *(LZW)*, usada en ficheros *GIF* (ver *Graphics Interchange Format*).

● ... legal action by Unisys against CIS for violating Unisys's *Lempel-ZifWelsh (LZW)* software patent.

Letter Quality: *1. Calidad carta. 2. LQ.*
1. Forma de calificar la calidad de impresión. En este caso *calidad carta* significa que la impresora produce una calidad equivalente a la de las máquinas de escribir (se supone que «de bola»). Este concepto ha perdido parte de su sentido con la popularización de impresoras económicas de alta calidad.

● 24-Pin *Letter Quality (Calidad carta)* Impact Printer.

Letterbomb: *1. Bomba postal.*
1. *Mensacorre* (ver *E-mail (noun) Def. 2)* que, por sus características intrínsecas o por contener algún tipo de virus, es capaz de alterar el normal funcionamiento del receptor o de su servidor de *correo-e.*

● Under UNIX, a *letterbomb (bomba postal)*

can also try to get part of its contents interpreted as a shell command ...

Level 2 cache: *1. Caché secundario.*
Ver *Secondary cache.*

Lexical analyser: *1. Analizador léxico.*
Ver *Lexical analyzer.*

Lexical analysis: *1. Análisis léxico.*
1. Etapa inicial del preprocesado o procesado de textos escritos en un lenguaje. En esta etapa se examina el texto de entrada (programa, *LCT* (ver *Job Control Language*), etc.) desde el punto de vista lexicográfico: determinación y clasificación de los elementos del lenguaje presentes en el texto, es decir, de palabras reservadas, variables, signos de puntuación, etc.

• Parsing is usually preceded by *lexical analysis (análisis léxico)*, that ...

Lexical analyzer: *1. Analizador léxico.*
1. Programa o programas componentes de los procesadores de lenguajes (*preprocesador, compilador,* ...) responsables de efectuar el *análisis léxico* (ver *Lexical analysis*).

• Lex is a *lexical analyzer (de analizadores léxicos)* generator for UNIX and its input ...

Lexical scope: *1. Alcance léxico.*
1. Espacio (conjunto de instrucciones de un programa) en el que es de aplicación una cierta declaración. Por ejemplo, el *alcance léxico* de un identificador se extiende a la rutina en la que se declara y a todas las rutinas *anidadas* (ver *Nest (verb)*) en ella. El *alcance léxico* se establece en tiempo de *compilación* y es, por tanto, una característica del lenguaje.

• ... must appear in pairs and within the same *lexical scope (alcance léxico)*, or undefined behavior will result.

Lexicographic sort: *1. Clasificador lexicográfico.*
1. Programa de clasificación que usa una *secuencia de comparación* (ver *Collating sequence*) igual a una de las usadas para ordenar las entradas de los diccionarios.

• Here is how an ascending *lexicographic sort (clasificador lexicográfico)* would be done using an ...

LEC: *1. LEC. 2. Teleservicio local.*
Ver *Local Exchange Carrier.*

LED: *1. DEL. 2. Diodo Emisor de Luz.*
Ver *Light Emitting Diode.*

LEO: *1. SOB. 2. Satélites en órbita baja.*
Ver *Low Earth Orbit.*

LF: *1. LF. 2. Avance de línea.*
Ver *Line feed.*

LFSR: *1. LFSR. 2. Registro de desplazamiento con retroalimentación lineal.*
Ver *Linear feedback shift register.*

LFU: *1. UMnF. 2. Usada menos frecuentemente.*
Ver *Least frequently used.*

Librarian: *1. Bibliotecario.*
1. Nombre genérico –a veces comercial– que se da a los programas usados para el mantenimiento de *bibliotecas* (ver *Library*) de programas, datos paramétricos, música, etc.

• You must use an editor/librarian *(bibliotecario)* program to edit programs ...

2. Persona responsable de una biblioteca. Se aplica especialmente al responsable de las cintas usadas en la instalación.

● ... simplifying the tasks of your tape *librarian (bibliotacario)*. (También: *Tape librarian = Cintotecario*).

Library: *1. Biblioteca.*

1. Conjunto de programas que, bajo la forma de subrutinas, funciones, etc., pueden ser usados por otros programas. Los componentes de una *biblioteca de programas* pueden proceder del suministrador principal (por ejemplo, el del lenguaje y *compilador*), de suministradores independientes o haber sido desarrollados en la propia instalación. Para su uso, estos componentes pueden almacenarse en *bibliotecas*.

● ... provides support for a REXX compiler and run-time *library (biblioteca)* ...

2. Lugar donde se almacenan programas, subrutinas, funciones y similares antes de su utilización.

● The *libraries (bibliotecas)* that contain subroutines your program will use during ...

Library Lookaside: *1. LLA.*

1. Técnica usada en el *sistema operativo MVS* (ver) de IBM para mejorar el tiempo de localización y carga de módulos y, en general, de componentes de datos (objetos) usados frecuentemente por los programas.

● *Library Lookaside (LLA)* also creates directories for the modules in the ...

Licence (noun): *1. Licencia.*

1. Permiso para utilizar un producto (especialmente software) a cambio, o no, de una contraprestación económica o de otro tipo. La *licencia* puede contener una serie de cláusulas que estipulan en detalle qué puede y qué no puede hacerse con relación al producto.

● The GPL is a copying *licence (licencia)* which basically says that you ...

Licence (verb): *1. Licenciar.*

1. Conceder *licencia* (ver *Licence (noun)*) relativa al uso de un producto.

● ... which reputedly refused *to licence (licenciar)* the design and thus effectively locked third parties ...

License: *1. Licencia.*

Ver *Licence.*

Licensed agreement: *1. Licencia.*

Sinónimo de *Licence (noun)*. Obsérvese, la licencia ortográfica, que no poética.

Licensed program: *1. Programa bajo licencia.*

1. Programa que se utiliza bajo un contrato de licencia de uso (ver *Licence (noun)*).

● The following *licensed programs (programas bajo licencia)* have special terminal considerations ...

Light Emitting Diode: *1. Diodo Emisor de Luz. 2. DEL.*

1. Pequeños dispositivos electrónicos que emiten luz (casi) fría. Se usan como pilotos, indicadores, etc.

● ... with the peak spectral wavelength generated by the *Light Emitting Diode (DEL)* and the material used ...

Light pen: *1. Lápiz selector.*

Sinónimo de *Selector pen* (ver).

Lightweight Directory Access Protocol: *1. LDAP.*

1. Conjunto de protocolos, basados –aunque simplificándola– en la norma *X.500* (ver), que se usan para acceder a información de directorios, lo que es una cuestión de importancia creciente. Tienen su origen en Internet y, por supuesto, funcionan con *TCP/IP* (ver

Transmission Control Protocol/Internet Protocol).

• An *Lightweight Directory Access Protocol (LDAP)* directory entry is a collection of attributes with a name, called ...

Lilian date: *1. Fecha liliana.*
1. Número de días transcurridos desde el día 15.10.1582 (que se considera día 1), fecha en que comenzó el calendario gregoriano.

• The *Lilian Date (fecha liliana)*, named after Luigi Lilio (or Aloysius Lilius), is a day-count ...

Line: *1. Línea.*
1. Nombre común de un *enlace* (ver *Link (noun) Def. 5*) de comunicaciones. Puede llevar calificadores: telefónica, X.25, etc.

• ... conversion to the higher voltage levels used on the transmission *lines (líneas)*.

2. Unidad de datos de *introducción*/salida desde/hacia periféricos de presentación (impresora, *teclado*-pantalla). Su representación interna y en transmisiones termina con uno o más caracteres especiales (*retorno de carro, avance de línea*).

• Each *line (línea)* ends with a control character, usually a ...

Line Art: *1. Gráfico vectorial.*
1. Esta expresión, no muy afortunada, se aplica a todo lo relativo a imágenes que se crean, procesan, almacenan, etc., no como tales imágenes, sino por medio de la representación matemática (vectorial) de sus componentes.

• The *Line Art (gráficos vectoriales)* have come from various sources, and more will come down the line.

Line conditioning: *1. Acondicionamiento de línea.*
1. Tratamiento eléctrico/electrónico de las líneas de comunicaciones para que se adapten mejor a un fin determinado. Algunos *acondicionamientos* para voz (*señal* analógica; ver *Signal Def. 1*) pueden ser contraproducentes para transmisión de datos, y viceversa.

• The CSU performs *line conditioning (acondicionamiento de línea)*, protection, ...

Line editor: *1. Editor de líneas.*
1. Programa (*mandato*; ver *Command*) de edición (ver *Editor Def. 1*) que trabaja línea a línea. Su uso es extremadamente engorroso.

• ... you can invoke the screen editor from within the *line editor (editor de líneas)*.

Line feed: *1. Avance de línea. 2. LF.*
1. En *ASCII*, x'0A' y en *EBCDIC*, x'25'. Carácter de control que junto con el de *retorno de carro* (pareja CR/LF) indican final de línea.

• ... convert newline to carriage return *line feed (avance de línea)* and viceversa.

Line noise: *1. Ruido en línea.*
1. Señales no deseadas que circulan por las líneas de comunicaciones (analógicas y digitales). Pueden tener un origen natural o proceder de otras líneas cercanas o de cualesquiera otras alteraciones electromagnéticas en el entorno recorrido por la línea.

• Slow modem speeds aren't always the result of *line noise (ruido en línea)*.

Line printer: *1. Impresora de líneas.*
1. Impresora a la que se envía el texto en forma de líneas que se imprimen, físicamente, una a una. Estas impresoras superaron a las impresoras de caracteres y se han visto superadas por las impresoras de páginas.

• ... but preparing output for terminals and *line printers (impresoras de líneas).*

Line surge: *1. Sobretensión (momentánea).*
1. Aumento, en general de corta duración, de la tensión eléctrica en una línea de energización. Si no hay protección, sus efectos pueden ser devastadores sobre datos y procesos.

• ... power interfaces and communication *line surge (sobretensiones)* suppressors ...

Line wrap (noun): *1. Doblado de línea.*
1. Acción y efecto de *doblar línea* (ver *Line wrap*).

• XXX does what's called *line wrap (doblado de línea)* automatically.

Line wrap (verb): *1. Doblar línea.*
1. Cuando se *presentan* (ver *Display (verb)*) *campos* (ver *Field*) en un dispositivo en el que se han marcado finales de línea, se *dobla línea* cuando una *ristra* (ver *String*) de caracteres no cabe en el espacio disponible hasta el final marcado de la línea de destino. En este caso la ristra se presenta en la línea siguiente.

• I want *to line wrap (doblar línea en)* the input of this text area to 70 characters ...

Linear feedback shift register:
1. Registro de desplazamiento con retroalimentación lineal. 2. LFSR.
1. Mecanismo, implementado en hardware o software, capaz de generar una *corriente* (ver *Stream*) de bits con características seudoaleatorias a partir de una *clave* (ver *Key (noun) Def. 4*) secreta (que es el valor inicial del *registro de desplazamiento*) y de las *señales* de un reloj que controla el proceso. Estos generadores se usan, junto con otros componentes, en dispositivos de cifrado continuo (de flujo; ver *Data-flow encryption*).

• ... the sequences generated by a single *Linear feedback shift register* (LFSR) are not secure because a powerful mathematical ...

Linear search: *1. Búsqueda serial.*
Sinónimo de *Serial search* (ver).

LineArt: *1. Gráfico vectorial.*
Ver *Line Art*.

Lines of code: *1. Líneas de código. 2. LdC.*
1. Magnitud (número de líneas de código fuente escritas) con la que se intenta medir el esfuerzo de programación. Carece de fundamentos razonables y es inaplicable para efectuar predicciones de planificación.

• ... and to sidestep the question of whether the 3,000 *lines of code (líneas de código)* do more or less useful work than ...

Link (noun): *1. Enlace. 2. Vínculo.*
1. Referencia que un programa hace a otro, o a una subrutina o función, etc. Estos *enlaces* pueden resolverse en tiempo de *compilación* o, más frecuentemente, tras ésta, en un paso especial llamado *montar enlaces* (ver *Linker* y *Linkage editor*).

• During the *link (enlaces)*-edit step ...

2. Fichero que apunta a otro fichero (evita la necesidad de tener que usar un camino de acceso completo) (UNIX).

• ... instead of the file pointed to by the symbolic *link (enlace).*

3. En hipertexto, un *vínculo* es una conexión interna que se establece entre una parte de un documento (palabra, grupo de palabras, imagen, etc.) y otro documento. Seleccionando dicha parte puede accederse al segundo documento. Con más generalidad, puede llamarse

vínculo a una relación entre objetos (ver, por ejemplo, *Linked object: objeto vinculado*).

• The most common representation of a *link* (*vínculo*) is a highlighted word or ...

4. Relación que se establece entre *entidades* (informática clásica; ver, por ejemplo *Link phrase: frase de enlace*). Ver también *Relationship*.

5. Conexión entre dos nodos de una red. Por dicha conexión circulan los datos. Un *enlace* de datos es más que el puro medio físico de transmisión.

• ... between entities in the network layer over a communication *link* (*enlace*) ...

Link (verb): *1. Enlazar. 2. Montar. 3. Vincular.*

1. Ordenar la ejecución de un programa (desde otro) de forma que al término de la ejecución del primero, el control vuelva al programa original.

• ... opens the collection data set, *links to* (*enlaza con*) PROGXXX, ...

2. Resolver referencias externas de un programa usando un *montador* o *montador de enlaces* (ver *Link (noun) Def. 1* y *Linker*). Sinónimo de *Link-edit (verb)*.

• How to compile and *link* (*montar*) your application ...

3. Establecer un *vínculo* (ver *Link (noun) Def. 3*) entre dos elementos (ver explicación en *Linking & Embedding*). Traducir como *vincular*.

Link Access Protocol Balanced: *1. LAPB.*

1. Protocolo del *estrato 2* (*Enlace de Datos*;

ver *Data link layer*) dentro del protocolo global X.25.

• The Frame Layer (2) is *Link Access Protocol Balanced (LAPB)* and provides link setup, control, sequencing and ...

Link edit (verb): *1. Montar.*
Ver *Link-edit (verb)*.

Link phrase: *1. Frase de enlace.*

1. Frase que define, con el máximo rigor posible y siguiendo una sintaxis bien establecida, una relación entre *entidades* (ver *Entity*) en el modelo *entidad-interrelación* (ver *Entity-Relationship Model*).

• The *link phrase* (*frase de enlace*) is chosen so as to give meaning for the ...

Link-edit (verb): *1. Montar.*

1. Crear un programa ejecutable usando un *Montador de enlaces* (ver *Linkage Editor*). Se resuelven las referencias entre módulos y, opcionalmente, se incorporan módulos y subrutinas a un módulo principal (ver *Link (noun) Def. 1*).

• You can *link-edit* (*montar*) and run these object modules conversationally.

2. En voz pasiva, montar y enlazar un módulo o rutina en la «masa» incorporada alrededor de un programa principal.

• A Fortran routine that causes one or more Fortran run-time library routines to *be link-edited* (*sean montadas*) into the program ...

Linkage editor: *1. Montador de enlaces.*

1. Nombre antiguo del programa *montador de enlaces* en máquinas *principales* (ver *Mainframe computer*) de IBM. Ver *Link edit* y *Linker*.

• The *linkage editor (montador de enlaces)* prepares a load module that is to be ...

Linked list: *1. Lista enlazada.*
1. Lista (ver *List*) en la que cada elemento de la misma tiene un *puntero* (ver *Pointer*) al siguiente elemento lógico. A veces puede tener también un puntero al elemento lógicamente anterior.

• ... such as a table or *linked list (lista enlazada)* of entry points.

Linked object: *1. Objeto vinculado.*
1. Objeto cuya referencia (por ejemplo, una dirección de fichero) se incorpora al texto de un «documento» con formato diferente al del objeto. Cuando se activa la referencia se lee e incorpora el objeto real. Los cambios en el objeto tienen repercusión inmediata.

• If you create a *linked object (objeto vinculado)* from a Word document to ...

Linker: *1. Montador.*
1. Programa que, con diferentes nombres (*linkage editor, binder, linker*), tiene como misión convertir los *programas objeto* (ver *Object program*) en ejecutables. La tarea principal de este programa es incorporar instrucciones objeto correspondientes a otros programas, funciones y subrutinas y resolver las direcciones de *llamada* (ver *Call (noun)*) y retorno.

• ... to add the library name to the *linker (montador)* commands that you use to build the final program ...

Linking & Embedding:
1. Vinculación e inclusión. 2. L&E.

1. Son dos posibilidades diferentes de enlazar dos elementos (por ejemplo, un procedimiento y un documento Word, un documento y un diagrama, etc.). La *vinculación* (ver *Link (verb) Def. 3*) es, conceptualmente, equivalente a mantener una copia del elemento vinculado sin hacer la copia realmente; en este sentido, en el sistema existe una sola copia del elemento vinculado. La *inclusión* (ver *Embed*) supone una duplicación del objeto que, a partir de la *inclusión,* tiene vida propia; evidentemente, ocupa más espacio que la *vinculación.* Ver también *Object Linking and Embedding (OLE).*

• When using a Word document these options are *Linking and Embedding (vinculación e inclusión)* ...

Linux: *1. Linux.*
1. *Sistema operativo* (ver *Operating system*), muy parecido al UNIX, desarrollado, en su versión inicial, por Linus Torvalds en la Universidad de Helsinki. Es muy completo, adaptado a las normas *POSIX* (ver *Portable Operating System Interface*) y está alcanzando una gran popularidad. Es de libre distribución y copia y casi gratuito.

• A compilation of the *Linux (Linux)* kernel and these tools is known as a ...

Liquid: *1. Líquido.*
1. Forma de diseñar páginas *Ueb* (ver *World Wide Web*) con una gran capacidad para adaptarse a la forma, tamaño y otras características de la ventana que las contiene. El coste de diseño y desarrollo es superior al de otras opciones (ver *Ice* y *Jello*) pero, en ciertos casos, el coste compensa.

• A *liquid (líquida)* page will resize to fit whatever size browser window (within reason) that the ...

Liquid Crystal Display: *1. Pantalla de Cristal Líquido. 2. PCL.*
1. Dispositivo electro-óptico, con tecnología

basada en cristal líquido, que permite la construcción de pantallas capaces de satisfacer las necesidades de *presentación* (ver *Display (verb)*) propias de aparatos que van desde un modesto reloj digital hasta una sofisticada *computadora portátil* (ver *Portable computer*). La presentación puede ser monocromática o en color alcanzándose niveles de *definición* (ver *Resolution*) muy altos.

● Thanks to advances in *Liquid Crystal Display (pantalla de cristal líquido)* technology, color flat panels ...

List: *1. Lista.*
1. Objeto (estructura) de datos formado por una colección de datos más elementales (registros, átomos, ... u otras listas) relacionados entre sí (por ejemplo, por medio de *punteros*; ver *Pointer*).

● ... which returns a *list (lista)* consisting of all but the first element of its argument.

List panel: *1. Panel tipo lista.*
1. Panel (ver *Panel*) diseñado para que contenga una lista ordenada de opciones a efectos de su selección por el usuario. Más o menos equivalente a un menú «clásico».

● ... the prompt *list panel (panel tipo lista)* could occupy the full screen.

List server: *1. Servidor de listas.*
1. Aplicación que actúa automáticamente para resolver tareas de gestión propias de las *listas de correo-e* (radiar mensajes, aceptar altas y bajas en la lista, etc.; ver *Mailing list*). Hay varios *servidores de listas*: Majordomo, LISTSERV, Listproc, ...

● When you subscribe to a list, you will tipically receive a «welcome» message from a *list server (servidor de listas)* ...

Listing: *1. Listado.*
1. Salida por impresora producida por la ejecución de un programa. Se aplica, especialmente, a la salida producida por *ensambladores* y *compiladores*. Hay opciones que regulan el contenido de estos *listados*. A veces se emplea *Listing* para referirse a salidas por pantalla.

● ... the lengths of all arrays and major structures in the source program in the compiler *listing (listado)*.

● An action choice that displays an alphabetic *listing (listado)* of all help topics.

Literal: *1. Literal.*
1. En los lenguajes de programación son *literales* aquellos elementos del lenguaje que representan directamente un valor (un dato) e intervienen con dicho valor en las sentencias del lenguaje en que se utilizan.

● The conversion of an argument into a string *literal (literal)* occurs ...

Little-endian: *1. Menor-al-principio.*
1. Forma de almacenar datos binarios en la computadora consistente en poner los dígitos menos significativos *(little end)* primero (en las direcciones más bajas). Pueden producirse incompatibilidades de comunicación entre máquinas que usan *mayor-al-principio* (ver *Big-endian*) y las que usan *menor-al-principio*.

● In data transmission it is possible to have *little-endian (menor-al-principio)* and ...

Liveware: *1. El «personal».*
1. Lo que no es ni hardware, ni software, ni firmware, ni cuarenta cosas más.

● Our school has more *liveware («personal»)* than computers!

LIFO: *1. LIFO.*
Ver *Last-In-First-Out.*

LISP: *1. LISP.*
1. Lenguaje funcional de programación idea-
do para un tratamiento eficaz (desde el punto
de vista del programador) de *listas* (ver *List*).
Muy usado en aplicaciones de *Inteligencia
Artificial* (ver *Artificial Intelligence*). Creado
por John McCarthy, en el MIT, hacia 1960
(ojo: hay muchas versiones posteriores).

• A version of Prolog which allows Prolog programs to call *LISP (LISP)* and vice versa.

LLA: *1. LLA.*
Ver *Library Lookaside.*

LLC: *1. LLC. 2. Control del Enlace
Lógico.*
Ver *Logical Link Control.*

Load (noun): *1. Carga.*
1. Acción y efecto de *cargar*, en casi todos
sus significados (ver *Load (verb)*).

• The *load (carga)* on the tape channel is low
enough and the tape speed is high enough to
keep pace with ...

• ... the work *load (carga de trabajo)* can be
distributed by allowing several processing
units to perform a ...

Load (verb): *1. Cargar.*
1. Dar contenido a los *registros generales*
(ver *General register*) de la máquina o a registros especializados. La información cargada puede ser de usuario o proceder de áreas
de datos que se usan en el control del funcionamiento de la computadora.

• ... the link information is *loaded (se carga)*
without branching.

2. Poner operativa una *PSW* (posiblemente,
para procesar una *interrupción*; ver *PSW*).

• ... a specification exception after the PSW *is
loaded (se cargue)* is described in ...

3. Mover un programa a memoria para su eje-
cución. Hay muchas situaciones diferentes.
Algunas muy especiales, como la carga en
IPL (ver *Initial Program Load*).

• ... can also provide for entry into the *loaded
(cargado)* program according to ...

4. Llenar ficheros y *base de datos* (ver *Database*).

• ... file whose records *are loaded (se cargan)*
without respect to their contents and whose ...

5. Llenar con volúmenes (por ejemplo, *cartuchos* (ver *Cartridge*) de cinta) un dispositivo
robotizado.

• ... providing the operator with the capability
of *loading (cargar)* multiple tape cartridges to
be ...

6. Ejecutar trabajos en un sistema informático. Se considera también el efecto sobre los
componentes del sistema (*UCP, canales, ...*).

• How heavily your system is *loaded (cargado)*.

7. Poner a disposición de una *huéspeda* (ver
Host Def. 1) una página *HTML* (ver *Hypertext
Markup Language*).

• On the WWW, HTML documents and graphics are *loaded (se cargan)* into the browser
whenever a URL is accessed.

... y más.

Load module: *1. Módulo cargable.*
1. Unidad de programación preparada para ser cargada en máquina y ejecutada. En la mayoría de situaciones sería más correcto usar la expresión *load program* (ver).

● ... is not reserved in the *load module (módulo cargable)* but is acquired during ...

Load program: *1. Programa cargable.*
1. Término preferible a *Load module* (ver). Se refiere a un programa, previsiblemente formado por subprogramas y/o módulos, que está preparado para ser cargado en memoria y ejecutado.

● ... the entry point must be at the beginning of the *load program (programa cargable)*.

Loader: *1. Cargador.*
1. Programa especializado en localizar programas a ejecutar, cargarlos en memoria, prepararlos para ejecución, y cederles el control.

● ... use this method when the executable program is prepared in memory using the *loader (cargador)*.

2. Dispositivo automatizado capaz de localizar volúmenes de cinta *(cartuchos)* y cargarlos para su lectura.

● ... that is equipped with an automatic cartridge *loader (cargador)* ...

Local: *1. Local.*
1. Cercano. Opuesto a remoto. Puede aplicarse a un dispositivo o fichero que puede accederse sin utilizar líneas de comunicaciones. O a uno o varios sistemas que forman una red de computadoras que se comunican entre sí mediante líneas locales. Hablando de programas, son locales los identificadores que se declaran y usan en un solo componente del programa.

● The compiler can accurately analyze the use of *local (locales)* variables, while it has to make several ...

Local Area Network: *1. Red de Área Local. 2. RAL.*
1. Red de computadoras que se extiende sobre un área relativamente limitada (según tecnología; una planta de un edificio, un edificio completo, algunos edificios cercanos), para facilitar la comunicación entre usuarios y compartir recursos (espacio en disco, impresoras, etc.). Cada vez es más frecuente que las *RALs* se conecten entre sí y que proporcionen acceso a redes exteriores *(RAA, Internet)*. Las tecnologías más usuales de *RAL* son *Ethernet*, *Token ring* (ver *Token Ring network*) y *FDDI* (ver *Fiber Distributed Data Interface*).

● Bridges extend *Local Area Networks (redes de área local)* to increase their capacity and to reach ...

Local bus: *1. Bus local.*
1. *Bus* (ver) especializado en la transferencia de datos a muy alta velocidad, entre el microprocesador y determinados periféricos (por ejemplo, la pantalla).

● The PCI *local bus (bus local)* is used in systems based on Pentium, ...

Local customs: *1. Usos locales.*
1. Convenciones que se han establecido en determinadas áreas geográficas y que difieren de las tomadas respecto a las mismas cuestiones en otras áreas. La adaptación del software, lenguajes, etc., a los *usos locales* es un permanente quebradero de cabeza. Estos usos se refieren a calendarios y formatos de fecha y hora, a caracteres especiales de escritura, a moneda, etc.

● ... to adapt to the requirements of different

native languages, *local customs (usos locales)*, and coded character sets.

Local Exchange Carrier:
1. Teleservicio local. 2. LEC.
1. En los EUA, compañía telefónica que da servicio local (urbano).

• It is possible to think about private networks providing Internet access, independently of *Local Exchange Carriers (teleservicios locales)*.

Local host: *1. Huéspeda local.*
1. Computadora con la que el usuario está trabajando.

• ... allows you to transfer files between your *local host (huéspeda local)* and any host ...

Local loop: *1. Conexión telefónica local.*
1. Cableado entre la central *local* del suministrador de *telefonía* y el edificio del usuario. Las características de dicha conexión están cambiando rápidamente a medida que avanza la tecnología de las telecomunicaciones (siempre en el sentido de mayor calidad, versatilidad y rapidez –para datos–).

• ... networking equipment and software for copper-based *local loop (conexión telefónica local)* services and ...

Local network: *1. Red local.*
1. En una interred, se llama *red local* al conjunto de computadoras a las que está conectada una *huéspeda* (ver *Host Def. 1*) *local* (ver *Local host*) sin pasar por *encaminadoras* (ver *Router*) o *pasarelas* (ver *Gateway*).

• Send a PING command to a host on your *local network (red local)*.

Local node: *1. Nodo local.*
1. Un *nodo* es una ubicación *direccionable*

(ver *Address (verb)*) en una red (*huéspeda* (ver *Host Def. 1*), dispositivo, fichero). Un *nodo local* es un nodo que puede accederse directamente desde una *huéspeda local*.

• ... on a host in your domain, possibly on your *local node (nodo local)*.

Local variable: *1. Variable local.*
1. Variable (se podría hablar, con más generalidad, de identificadores) que sólo puede usarse en el componente de programa (rutina, procedimiento, ...) en el que se declara.

• ... copying the global variables to *local variables (variables locales)* and then using these will help ...

Locale: *1. Localismo.*
1. Procedimiento y datos que permiten adaptar un objeto a una determinada cultura y costumbres locales. Puede afectar a criterios *de comparación* (ver *Collating sequence*), formato de fechas, signo monetario, etc. La misma palabra se usa, a veces, para identificar la aplicación del concepto a una situación concreta (lengua, territorio y *juego de caracteres*).

• Unless you change the *locale (localismo)* in the shell so that the code page used ...

Locality: *1. Localización.*
1. En el sentido de estar «más o menos localizado» se llama *localización* a una característica de un programa que mide el grado de dispersión del uso (acceso a) de sus instrucciones y datos en memoria a lo largo de la ejecución de dicho programa. Dado que todo programa tiene una estructura estática (de datos y procedimientos) y otra dinámica (secuencia de ejecución que, en general, no coincide con el orden estático de las instrucciones) es posible hablar de una localización temporal (concentración en el tiempo de ac-

cesos a determinadas instrucciones o datos) y localización espacial (tendencia a acceder a instrucciones y datos próximos entre sí).

● ... there are times that temporal *locality (localización)* across references within the same loop is not fully exploited ...

Locality of reference principle:
1. Principio de localización de referencias.
1. Nombre original del *Principio de localización* (ver *Locality principle*).

Locality principle: *1. Principio de localización.*
1. Este principio establece que la ejecución de los programas está formada por fases y transiciones y que durante la ejecución de las fases hay una tendencia a que la *localización* (ver *Locality*) sea alta. El equivalente para memoria virtual sería decir que durante las fases se usa un subconjunto reducido de páginas virtuales. Un buen diseño puede reducir el tamaño de dicho subconjunto.

● The validity of the *locality principle (principio de localización)* provided the basic rationale for cache-based computer ...

Locality set: *1. Conjunto de localización.*
1. Conjunto de páginas que forman una unidad de programación en el momento de ejecutarse. Tiene más interés el *conjunto de localización* de cada componente de un programa (rutina, procedimiento, etc.) que el de todo el programa. El primero permite actuar sobre la estructura a fin de reducir la *paginación* (ver *Paging*).

● A programmer can observe the *locality sets (los conjuntos de localización)* of a program in a phase diagram.

Localization: *1. Relocalización.*
1. Proceso de adaptar un producto o servicio

a las características culturales de un lugar distinto al original (en el que o para el que se creó) de dicho producto o servicio. Puede incluir aspectos como: traducción lingüística de manuales, mensajes, etc., formato de fecha, signo monetario, calendario laboral, ejemplos, etc.

● To ascertain the best possible *localization (relocalización)* process for the specific ...

LocalTalk: *1. LocalTalk.*
1. Esquema de cableado creado por Apple C para el protocolo de red local AppleTalk con computadoras Macintosh.

● In a nonextended network such as *LocalTalk (LocalTalk)*, each AppleTalk node number ...

Location counter: *1. Contador de posiciones.*
1. Contador en el que el programa ensamblador anota la próxima dirección *disponible* (ver *Available*) para ensamblar en ella una instrucción o una definición de almacenamiento. Por lo general es accesible al programador, que puede usarlo para crear redefiniciones, etc.

● ... and at least one of the operand values has a reference to the current *location counter (contador de posiciones)*.

Locator: *1. Localizador.*
1. Dispositivo de entrada con capacidad para suministrar las coordenadas de un punto en una superficie (pantalla, tablilla). Las coordenadas no son las de cualquier punto de la superficie, sino solamente las de los vértices de una determinada *cuadrícula* (ver *Grid*).

● Create polygons by using a polygon *locator (localizador)* in the center of ...

Lock (noun): *1. Bloqueo.*
1. Mecanismo que restringe el acceso a un de-

terminado conjunto de datos (por ejemplo, página, registro, fichero, tabla, ...). Puede variar, de una situación a otra, tanto el tipo de *bloqueo* (total, actualizar, ...) como quién o qué sufre el *bloqueo*.

● A *lock (bloqueo)* that allows the calling process to ...

Lock (verb): *1. Bloquear.*

1. Actuar sobre un *teclado* (ver *Keyboard*) de forma que se impida la introducción de datos desde el mismo.

● Normally, the keyboard is *locked (se bloquea)* by the hardware when the operator transmits ...

2. Mantener en el tiempo una característica bivalente de un conjunto de teclas (por ejemplo, *bloquear «numérico»*).

3. *Seriar* (ver *Serialize*) el uso de un recurso aplicándole un *bloqueo* (ver *Lock (noun)* o *Locking*).

● It is not necessary *to lock (bloquear)* a catalog when using ...

Lock escalation: *1. Escalada de bloqueo.*

1. Acción de liberar unidades de *bloqueo* (ver *Lock (noun)* o *Locking*) de tamaño pequeño (filas, páginas) para adquirir un bloqueo de tamaño superior (por ejemplo, tabla). Se efectúa, en general, cuando el número de unidades pequeñas bloqueadas supera un cierto valor.

● Without compression, *lock escalation (escalada de bloqueo)* takes place earlier, and ...

Locking: *1. Bloqueo.*

1. Mecanismo, y su resultado, por el que se impide el acceso concurrente a datos potencialmente inconsistentes a causa de no haber

finalizado la unidad de trabajo que inició en ellos un proceso de lectura/actualización. El mecanismo consiste en *bloquear* una unidad de datos en la que están los inicialmente referenciados (fila, página, tabla, ...)

● There is much you can do to trade *locking (bloqueo)* resources among concurrent users ...

Lockout: *1. Bloqueo.*

Sinónimo de *Locking* (ver).

Log (noun): *1. Registro.*

1. Soporte en el que se registra actividad de un tipo determinado y con una finalidad clara y bien establecida. Pueden registrarse: mensajes emitidos, mensajes recibidos, transacciones de actualización, estados de ficheros y *bases de datos* (ver *Database*) antes y/o después de una actualización, trabajos ejecutados, etc. Las finalidades más frecuentes son la *recuperación* (ver *Recovery*) de datos perdidos, la ayuda a la depuración de errores y la auditoría.

● ... by restoring a backup version of the data or by reapplying transactions recorded in a *log (Registro)*.

● This *log (Registro)* also records error or informational messages ...

Log (verb): *1. Registrar.*

1. Anotar algo en un *Registro* (ver *Log (noun)*).

● ... *logging (registrando)* the detected unauthorized attempts to enter the system, a ...

Log file: *1. Fichero de Registro.*

1. Fichero en el que se registran, con fines diversos, eventos producidos con relación a un sistema, subsistema, componente de red, etc. Un uso frecuente de los ficheros de registro asociados a *bases de datos* (ver *Database*) es

la reconstrucción del contenido de las mismas a partir de una copia previa y de las anotaciones de todos los movimientos de datos contra dichas bases de datos. El uso de estos *ficheros de Registro* no sería muy útil si no fuera acompañado de la disposición de herramientas de análisis que permitan sacar provecho de la información registrada.

• With *log file (fichero de Registro)* analysis tools, it's possible to get a good idea of where visitors are coming from ...

Log in (verb): *1. Registrarse.*

1. Ejecutar un procedimiento *de registro* que permite acceder a los recursos de una computadora vía un *sistema operativo* (ver *Operating system*). *Log in* (o *login*) es la expresión usada, mayormente, en UNIX; al menos, se recibe, inicialmente, una *invitación* (ver *Prompt (noun)*) a hacer *login*. Aunque en algún Manual de UNIX puede encontrarse la expresión «*Logging on to the system is the method...*». En este procedimiento se pide una identificación de usuario y una *contraseña* (ver *Password*).

• ... a user *logged in (que se registró)* under a login ID may change to another user's ID.

Log off: *1. Despedirse.*

1. Operación inversa de *registrarse* (ver *Log in* o *Log on*) de manera que una sesión de trabajo con un sistema o subsistema al que se ha accedido haciendo un *Log in/Log on*, se termina haciendo un *Log off/Log out*. De todas formas, las salidas no son tan rigurosas como los accesos.

• ... you can invoke the shell again without any additional actions, such as *logging off (despidiéndose)* and back on again.

Log on: *1. Registrarse.*

1. Ejecutar un procedimiento *de registro* que permite acceder a los recursos de una computadora vía un componente de un sistema. *Log on* (o *logon*) es la expresión usada originalmente por IBM. En este procedimiento se pide una identificación de usuario y una *contraseña* (ver *Password*).

• You *log on (se registra al)* to CICS and run the transaction in that session.

Log out (verb): *1. Despedirse.*

1. Operación inversa de *registrarse* (ver *Log in* o *Log on*) de manera que una sesión de trabajo con un subsistema al que se ha accedido haciendo un *Log in/Log on*, se termina con *Log out* o, más frecuentemente, de forma implícita, en una operación de *despedirse*. Lógicamente, las *despedidas* no son tan rigurosas como los *registros*.

• ... command to run a script or program that will continue running after you *log out (se despide)*.

• ... the user is automatically *logged out (es despedido)*.

Logger: *1. Registrador.*

1. Función en el interior de un sistema, subsistema o aplicación, responsable de registrar (ver *Log*) determinados eventos y los momentos casi exactos en que se producen (por ejemplo, actualizaciones de una *base de datos;* ver *Database*).

• The *logger (al registrador)* messages are generated by various components of the ...

Logic: *1. Lógica. 2. Lógico/a.*

1. Además de su significado como *Lógica* (reglas para la inferencia correcta), esta palabra ha desarrollado, en inglés, un significado erróneo como adjetivo (*lógico/a*). Ver, por ejemplo, *Logic gate*.

Logic gate: *1. Puerta lógica.*

1. Puerta electrónica (ver *Gate*) diseñada de forma que la relación entre las entradas y la salida equivalga a la aplicación a las primeras de uno o más *operadores booleanos* (ver *Boolean operator*). Son los elementos básicos de los circuitos lógicos de las computadoras. Hay puertas NOT, OR, AND, NOR, etc.

• A technology for building *logic gates (puertas lógicas)* where the emitter of a transistor ...

Logical Block Addressing:
1. Direccionamiento de Bloque Lógico.
2. DBL.

1. Técnica de *direccionamiento* (ver *Addressing*) para discos que permite superar la vieja limitación de los 528 MB. Esta técnica usa direcciones de 28 bits en un algoritmo de asociación que permite *direccionar* (ver *Address (verb)*) hasta 8,4 GB.

• ... some older PCs allow you to select *Logical Block Addressing (Direccionamiento de Bloque Lógico)* mode manually in the BIOS.

Logical constant: *1. Constante lógica.*

1. Constante que sólo admite los valores *cierto* y *falso* (o 1 y 0, según los casos).

• The forms and values of a *logical constant (constante lógica)* are: ...

Logical Data Model: *1. Modelo Lógico de Datos. 2. MLD.*

1. *Modelo de datos* (ver *Data model*) que se establece sin tener en cuenta las limitaciones físicas ni las que proceden de elegir un determinado *SGBD* (ver *Database Management System*), o ninguno. Cuando se incorporen estos condicionantes se llegará al diseño físico de datos.

• Documentation of the *Logical Data Model (Modelo Lógico de Datos)* is a continuous task through ...

Logical Data Structure: *1. Estructura Lógica de Datos. 2. ELD.*

1. Componente gráfico (diagrama) de un *Modelo Lógico de Datos* (ver *Logical Data Model*). Lo más usual es que dicho diagrama sea del tipo *entidad-interrelación* (ver *Entity-Relationship Model*).

• The *Logical Data Structure (Estructura Lógica de Datos)* formalises the structure of information ...

Logical Link Control: *1. Control del Enlace Lógico. 2. LLC.*

1. En el *modelo OSI* de 7 *estratos* (ver *Layer (noun)*) el penúltimo (de arriba abajo) es el de *Enlace de Datos* (ver *Data link layer*) que tiene por encima al *estrato de Red* (ver *Network layer*) y por debajo al *estrato Físico* (ver *Physical layer*). La norma IEEE 802 descompuso el *estrato Enlace de Datos* (ver *Data link layer*) en dos subestratos: *LLC (Control del Enlace Lógico)* y *MAC (Control de Acceso al Medio)*. *LLC* es responsable del *control del flujo* de datos (negociación entre dispositivos o *baferización*; ver *Buffer (verb)*), del control de errores (CRC (ver *Cyclic Redundancy Check*) o errores por *fin-de-tiempo*; ver *Time out (noun) Def. 2*) y del control de secuencia (reensamblaje de *freims;* ver *Frame*). Los protocolos LLC son comunes en la mayoría de *RALs* (ver *Local Area Network*).

• The *Logical Link Control (LLC) (control del enlace lógico (LLC))* sublayer establishes and maintains the data communications ...

Logical mount: *1. Montaje lógico.*

1. Colgar un sistema de ficheros (ver *File system*) de un punto concreto de otro sistema de ficheros (incluido el directorio *raíz* (ver *Root directory*) de éste). El montaje (ver *Mount Def. 2*) lógico permite acceder a los ficheros del sistema colgado.

• ... the type of file system that will perform the *logical mount (de montaje lógico)* request.

Logical operation: *1. Operación lógica.*
1. Operación que se rige por las reglas de la *lógica booleana* (ver *Boolean logic*).

• Primitives typically include the arithmetic and *logical operations (operaciones lógicas)* ...

Logical operator: *1. Operador lógico.*
Sinónimo de *Operador booleano* (ver *Boolean operator*; ver ejemplos en *AND, OR, NOT,* etc.).

• The *logical operators (operadores lógicos)* take one or two such values ...

Logical partition: *1. Partición lógica.*
2. LPAR.
1. Descomposición de los recursos de un procesador (tiempo de procesador, memoria, canales, ...) de forma que cada una de las partes resultantes pueda comportarse como si fuera una máquina independiente. La descomposición se hace por software o por microprograma.

• Each operating system has its own *logical partition (partición lógica)*, which is a separate set of system resources ...

2. Descomposición lógica de un disco en dos o más partes que se manejan como si fueran discos independientes.

• ... but at least one *logical partition (partición lógica)* of an extended partition on the first hard disk contains ...

Logical record: *1. Registro lógico.*
1. Unidad de información almacenada que tiene una lógica interna (datos de una entidad o de una transacción, ...) y que se procesa como una unidad en los programas. Algunos

métodos de acceso (y/o *sistemas operativos*) permiten que varios *registros lógicos* se unan para formar *registros físicos* o bloques, que son la unidad de transferencia entre memoria y dispositivo de almacenamiento.

• ... file with a *logical record (de registro lógico)* length of 100 bytes.

Logical shift: *1. Desplazamiento lógico.*
1. Un *desplazamiento lógico* es un tipo de *instrucción de máquina* (ver *Machine instruction*) en el que los bits de un *campo* (ver *Field*) binario se desplazan un cierto número de posiciones de bit (a la derecha o a la izquierda) comportándose todos los bits, en el desplazamiento, de la misma manera (inclusive el bit de signo). Se contrapone a desplazamiento aritmético.

• The signed shifts differ from the *logical shifts (desplazamientos lógicos)* in that ...

Logical unit: *1. Unidad Lógica. 2. UL.*
1. En las redes *SNA* (ver *Systems Network Architecture*) de IBM, una *unidad lógica* es una manera conveniente de independizar usuarios y programas (unidades lógicas) de los dispositivos con los que operan los primeros y se ejecutan los segundos (llamados, lógicamente, unidades físicas).

• The *logical unit (de unidad lógica)* attributes include their network-qualified names, ...

Logical Unit of Work: *1. Unidad Lógica de Trabajo. 2. ULT.*
1. Conjunto de actualizaciones que forman un todo lógico (por ejemplo, todos los apuntes que forman un asiento contable). Si sólo se aplica una parte de ellas, la *base de datos* (en sentido extenso) pierde su integridad (ver *Integrity*).

• The *Logical Unit of Work (Unidad lógica de*

trabajo) is that part of the task that can be reversed if need be.

Logicalisation: *1. Logicalización.*

1. Actividad que «purga» un *modelo de flujos de datos* (ver *Data Flow Model*) real (del sistema actual), de las influencias físicas recibidas durante su creación (organización, nivel de la tecnología empleada, etc.) para convertirlo en un modelo lógico.

• *Logicalisation (de logicalización) activities must be repeated as needed to ensure that the resulting model ...*

Login (noun): *1. Registro.*
1. Procedimiento que se usa para *acceder* (ver *Log in*) y resultado del mismo.

• ...the serial port to initiate a *login (acceso)* after the terminal is powered on.

Login (verb): *1. Registrarse.*
Sinónimo de *Log in* (ver).

• ... to *login (registrarse)* to the shell, you can also use ...

Login session: *1. Sesión interactiva.*
1. Sesión interactiva con el sistema al que un usuario desea conectarse. El diálogo de *acceso* (ver *Login*) marca el inicio de la sesión.

• Starts the new shell session as a *login session (sesión interactiva)*. This implies that it can run ...

Login shell: *1. Membrana inicial.*
1. *Membrana* (ver *Shell*) de carácter general que, además, es capaz de interaccionar con un usuario que desea acceder (ver *Log in (verb)*) como tal.

• ... happen for every shell, as opposed to

login which is only run for a *login shell (membrana inicial).*

Logoff: *1. Despedida.*
1. Procedimiento que se usa para *despedirse* de una sesión interactiva (ver *Log off*) y resultado del mismo. A veces se usa como verbo.

• ... usually, the elapsed time between logon and *logoff (despedida)*.

Logon: *1. Registro.*
1. Procedimiento que se usa para *acceder* (ver *Log on*) y resultado del mismo. A veces se usa como verbo.

• ... contact your *logon (de registros)* administrator for help.

• You can only *logon (acceder)* to TSO/E using a valid MVS user ID.

Logout: *1. Despedida.*
1. Procedimiento que se usa para *salir* (ver *Log out*) y resultado del mismo. A veces se usa como verbo.

• ... database recording of user login and *logout (despedida)* events.

Long-haul network: *1. Red de largo alcance.*
1. Concepto un tanto anticuado que se usaba para referirse a redes en las que se producen transmisiones a distancias relativamente largas y puede que con retardos importantes.

• ARPANET is considered a pioneering *long-haul (de largo alcance)* WAN.

Longitudinal Redundancy Check: *1. LRC.*
1. Método de detección de errores consistente en añadir *bits de paridad* a continuación de cada bloque transmitido de bits.

• ... thus the parity bit for the *Longitudinal Redundancy Check (LRC)* itself must be inverted, so there are no code words less than ...

Look ahead (verb): *1. Preacceder.*

1. Leer uno o más datos o estructuras de datos más allá del o de la que toca o se necesita en un momento dado.

• A facility for *looking ahead (preacceder a)* in the input stream is sometimes required.

Look up (noun): *1. Búsqueda.*
Ver *Lookup (noun)*.

• The nucleus map *look up (búsqueda)* service provides users with ...

Look up (verb): *1. Buscar.*

1. Efectuar un proceso de *búsqueda*.

• and then *look up (buscar)* the text unit keys you need, by ...

Look-and-feel: *1. Impresión general.*

1. Término absolutamente impreciso que se utiliza para referirse, de una sola tacada, al aspecto, a la impresión producida y al comportamiento de una interfaz –gráfica, en general– de usuario. Este término está visitando los tribunales en las luchas de las marcas por el mercado.

• A user interface with a consistent *look-and-feel (impresión general)* is considered by many to be an important factor in the ...

Look-up (noun): *1. Búsqueda.*
Ver *Lookup*.

• ... to be used as a *look-up (búsqueda)* argument.

Look-up (verb): *1. Buscar.*
Ver *Look up (verb)*.

Lookahead (noun): *1. Preacceso.*

1. Relativo a la función que posibilita el *avanzarse* (ver *Look ahead (verb)*) en una tarea determinada (por ejemplo, leer datos).

• In this case, a rather large amount of *lookahead (preacceso)* is required.

Lookahead (verb): *1. Preacceder.*
Ver *Look ahead*.

Lookaside: *1. LLA.*
Ver *Library Lookaside*.

Lookup (noun): *1. Búsqueda.*

1. Proceso de localizar datos en una tabla a partir de un valor usado como *clave* (ver *Key (noun) Def. 2*).

• The translation process consists in a two-level *lookup (búsqueda)* using two tables ...

Lookup table: *1. Tabla de búsqueda.*

1. Tabla en la que se efectúa una búsqueda.

• ... is used to define *lookup tables (tablas de búsqueda)* for conversion between ...

Loop (noun): *1. Ciclo. 2. Circuito.*

1. Secuencia de una o más instrucciones que se ejecutan repetidas veces hasta que se cumple una cierta condición. Se corresponde con la estructura «repetición» de la programación estructurada. A veces se llama *loop* a lo que es, realmente, un *ciclo sinfín* (ver *Infinite loop*).

• The while *loop (ciclo)* repeats one or more commands while a particular condition ...

2. En comunicaciones existe un *ciclo* cuando un camino que se inicia en un origen determinado pasa por el propio origen. Es evidentemente, una situación indeseable.

● Border nodes prevent routing *loops (ciclo)* during search request ...

3. Circuito para la transmisión de *señales* (ver *Signal Def. 1*).

● In the connection of local *loops (circuitos)*, channels, or rings ...

Loop (verb): *1. Ciclar.*
1. Recorrer, circular, programar, ejecutar un *ciclo* (ver *Loop*) de instrucciones.

● ... that *loops (cicla)* through the circular list of tasks until it finds one that can be run ...

Loopback: *1. Retroseñal.*
1. Se aplica este nombre a cualquier dispositivo que devuelve una *señal*, mensaje, etc., a su remitente. Su uso principal es la realización de verificaciones y comprobaciones.

● A *loopback (retroseñal)* address alias the local host so whoever sends email ...

Loopback interface: *1. Interfaz de retroseñal.*
1. *Interfaz* (ver *Interface (noun)*) que elimina comunicaciones innecesarias cuando se hacen pruebas con *retroseñales* (ver *Loopback*). La dirección que se usa para esta función es la 127.0.0.1.

● As you can see, the *loopback interface (interfaz de retroseñal)* has been assigned a netmask of ...

Loopback test: *1. Prueba con retroseñal.*
1. Prueba en la que las *señales* emitidas por un probador se envían a un *módem* (ver *Modem*) local o remoto que las devuelve al probador de forma que puedan determinarse qué errores se producen, tomar mediciones de tiempos, etc.

● Use local and remote *loopback tests (pruebas con retroseñal)* to determine where aborts are occurring ...

Loose bytes: *1. Baits de ajuste.*
1. *Baits* (ver *Byte*) intercalados por algunos *compiladores* para ajustar la posición de los *campos* (ver *Field*) de un registro que necesitan *ajuste de frontera* (ver *Boundary alignment*), de acuerdo con los requisitos de la arquitectura de la máquina. Sinónimo de *Slack bytes* (ver).

● ... with every here and there a *loose byte (bait de ajuste)*.

Loosely coupled: *1. Débilmente acoplado.*
1. Esta expresión puede aplicarse tanto a multiprocesadores como a sistemas distribuidos. En general *acoplamiento débil* se aplica a situaciones en las que la comunicación entre procesadores o sistemas se realiza por intercambio de mensajes y es, por tanto, relativamente lenta.

● ... is a system for building *loosely coupled (débilmente acoplados)* distributed systems ...

Lossless compression: *1. Compresión sin pérdidas.*
1. Compresión que no produce pérdida de datos. Si a un documento se le aplica un algoritmo de compresión de este tipo y al resultado el algoritmo de descompresión correspondiente, el documento original y el resultado de la descompresión deben ser iguales.

● ... a *lossless compression (de compresión sin pérdidas)* algorithm is one that guarantees ...

Lossy compression: *1. Compresión con pérdidas.*
1. Compresión que produce pérdida de datos. Si a un documento se le aplica un algoritmo

de compresión de este tipo y al resultado el algoritmo de descompresión correspondiente, el documento original y el resultado de la descompresión no son iguales. La bondad del algoritmo es el resultado de un balance entre el ahorro de espacio (y tiempo de transmisión, etcétera) y la calidad del documento final. Para documentos textuales no son aceptables estos algoritmos.

• *Lossy compression (en compresión con pérdidas)* is where big gains can be made ...

Lotus Notes: *1. Lotus Notes.*
1. Aplicación de Lotus para el trabajo en grupo (Ver *Groupware*). Une características del *correo-e* (ver *E-mail*) con almacenamiento y acceso propios en/a *bases de datos*. Con frecuencia el uso de esta aplicación se integra en una *Intrarred* (ver *Intranet*) corporativa.

• *Lotus Notes (Lots Notes)* is targeted as a cross-platform solution for a variety of operating systems.

Low Earth Orbit: *1. Satélites en órbita baja. 2. SOB.*
1. Sistema de comunicaciones basado en «flotillas» de satélites coordinados que giran alrededor de la Tierra a una altura considerablemente menor que la correspondiente a las órbitas geoestacionarias.

• Using *Low Earth Orbit (en órbita baja)* Satellites to Provide Broadband, Wireless, Real-Time Internet Access Worldwide.

Low memory: *1. Memoria convencional.*
Sinónimo de *Conventional memory* (ver).

Low resolution: *1. Bajo grado de definición.*
1. En pantallas, impresoras, etc., grado de *definición* (ver *Resolution*) bajo. Las imágenes,

caracteres, etc., no se perciben con nitidez, sus contornos aparecen borrosos.

• ... a single high resolution image obtained from several *low resolution (con bajo grado de definición)* images.

Low-level Language: *1. Lenguaje de bajo nivel.*
1. Término genérico para referirse a los lenguajes ensambladores (ver *Assembler (noun)*) y otros lenguajes muy cercanos al *código de máquina* (ver *Machine code*).

• A *low-level language (lenguaje de bajo nivel)* developed for video games, that ...

Low-order: *1. De orden inferior.*
1. Posición menos significativa de un *campo* (sobre todo si se trata de un campo numérico). En la mayoría de las máquinas estas posiciones son las situadas más a la derecha. Ver *Big-endian* y *Little-endian* para ver esta cuestión con más amplitud.

• ... and the *low-order (de orden inferior)* 16 bits give the number associated with file descriptors.

Low-pass filter: *1. Filtro pasa-bajas.*
1. *Filtro* (ver *Filter Def. 4*) que deja pasar todas las frecuencias cuyos valores son inferiores a un valor determinado. Estos filtros atenúan fuertemente las frecuencias mayores que la frecuencia de corte.

• ... below one-half the sample rate with a *low-pass filter (filtro pasa-bajas)*, which ...

Lowercase: *1. Minúsculas.*
1. Letras minúsculas.

• Variables appear in all *lowercase (minúsculas)* letters (for example, field-name).

LOC: *1. LdC. 2. Líneas de Código.*
Ver *Lines of code.*

LOL: *1. MRAC (por «Me río a carcajadas»).*
1. En *grupos de noticias* (ver *News groups*), abreviatura para *laughing out loud.*

LPAR: *1. LPAR. 2. Partición lógica.*
Ver *Logical Partition (Def. 1).*

LPAR mode: *1. Modo LPAR.*
1. Modo de trabajo de una máquina en la que se han definido *particiones lógicas* (ver *Logical partition*).

• When a processor is running in *LPAR mode (modo LPAR),* any single logical partition ...

LPTx: *1. LPTx.*
1. Denominación simbólica de los puertos para impresoras.

• XXX works well with network printers that do not have a connection to any *LPTx (LPTx).*

LRC: *1. LRC.*
Ver *Longitudinal Redundancy Check.*

LRU: *1. Usada Menos Recientemente. 2. UMnR.*
Ver *Least recently used.*

LQ: *1. Calidad carta. 2. LQ.*
Ver *Letter Quality.*

Luminance: *1. Luminancia.*
1. Magnitud que mide la cantidad de energía luminosa emitida por una fuente de luz por unidad de ángulo sólido. Para fuentes no puntuales (por ejemplo, una pantalla de computadora), el concepto es más complejo.

• ... to measure the *luminance (luminancia)* of fluoresced objects in an image.

Lurk (verb): *1. Mironear.*
1. Darse de alta en una *lista de distribución* (ver *Mailing list*) o suscribir uno o más *grupos de noticias* (ver *News groups*) y llevar temporal o permanentemente una actitud pasiva en los mismos. Es decir, picotear de aquí y de allá, leer algunos mensajes, copiar otros ... y no escribir uno jamás.

• It is often a good idea to *lurk (mironear)* if you are a newbie and want to find out ...

Lurker: *1. Mirón.*
1. Persona que *mironea* (ver *Lurk*).

• A *lurker (mirón)* is lurking when he/she reads what is going on in any Internet ...

LU: *1. Unidad Lógica. 2. UL.*
Ver *Logical unit.*

LUW: *1. Unidad Lógica de Trabajo. 2. ULT.*
Ver *Logical Unit of Work.*

Lvalue: *1. Valor-i.*
1. Forma de referirse en C/C++ a expresiones que tanto pueden ser leídas (calculadas, examinadas) como modificadas. El nombre procede de su colocación habitual en asignaciones (*Left*: izquierda).

• An expression can result in an *lvalue (valor-i),* rvalue, or no value, and can produce ...

Lynx: *1. Lynx.*
1. *Navegador* (ver *Browser*) sin capacidad para *presentar* (ver *Display (verb)*) imágenes. Hay versiones para UNIX y para VMS.

• There are many people who have worked with and improved upon the *Lynx (Lynx)* source over the years ...

LZW compression: *1. Compresión LZW.*
Ver *Lempel-Zif-Welsh.*

L10n: *1. Relocalización.*
1. Manera bastante chusca de escribir *Localization* (ver) L + 10 letras + n.

• If the *L10n (de relocalización)* kit for the

product or operating system you need is not shown, ...

L2 cache: *1. Caché secundario.*
Ver *Secondary cache.*

L2TP: *1. L2TP. 2. Protocolo de tunelización de estrato 2.*
Ver *Layer 2 Tunneling Protocol.*

M

ms: *1. ms. 2. Milisegundo.*
Abreviatura de *Millisecond* (ver).

M: *1. M (por Mega).*
1. Abreviación de Mega (Millón). Ver *Mb* y *MB*.

Mac OS: *1. Mac OS.*
1. *Sistema operativo* (ver *Operating system*) usado en las máquinas Macintosh (ver *Macintosh computer*) de Apple Computer Inc. Las últimas versiones están bastante integradas con Internet.

• Sonata is the code name for the major *Mac OS (Mac OS)* release due in mid-1999.

Machine: *1. Máquina.*
1. Manera casi amigable de referirse al hardware y, especialmente, a la computadora monda de periféricos.

Machine check: *1. Error de máquina.*
1. Se llama «error de máquina» a una interrupción del funcionamiento normal de la misma debida a una avería en uno de los componentes accedidos.

• Any pending *machine-check-interruption (interrupción por error de máquina)* conditions and error indications which are ...

Machine code: *1. Código de máquina.*
1. Otra manera de referirse al *lenguaje de máquina* (ver *Machine Language*). Es una codificación (binaria que, normalmente, se lee –por los humanos– en hexadecimal) para las instrucciones y para los diferentes tipos de operandos. Cada máquina puede tener un *código de máquina* propio y diferente del de otras máquinas.

• ... for specifying the operand(s) for a *machine code (en código de máquina)* instruction.

Machine instruction: *1. Instrucción de máquina.*
1. Es una orden que puede ser reconocida y ejecutada por la *UCP* (ver *Central Processing Unit*) tras *haber sido tomada* (ver *Fetch (verb)*) de la memoria. Cada *instrucción de máquina* tiene una longitud, un formato, un código de operación y unos operandos.

• A hard machine check indicates that the current *machine instruction (instrucción de máquina)* could not complete.

Machine language: *1. Lenguaje de máquina.*
1. Es un lenguaje que puede ser usado directamente por la *UCP* (ver *Central Processing*

Unit) de una computadora. Está formado, básicamente, por instrucciones de máquina (ver *Machine instruction* y *Machine code*).

• In the *machine-language (lenguaje de máquina)* format, the base and displacement address components are shown as ...

Machine learning: *1. Aprendizaje automático.*
Sinónimo de *Computational learning* (ver).

Machine translation: *1. Traducción computarizada.*
1. Traducción de textos (escritos) de una lengua a otra, sin intervención humana. Se usan programas (o sistemas expertos), diccionarios informatizados y *bases de datos* semánticas. Aunque se están dedicando importantes recursos a estos sistemas, los resultados son aún muy pobres y se hace imprescindible una intervención humana posterior para arreglar los embrollos obtenidos. Están teniendo más éxito los sistemas de ayuda a la traducción.

• Parts of an electronic document on the system can be sent to the *Machine translation (de traducción computarizada)* system in the same way ...

Machine-readable information:
1. Datos Legibles por Máquina.
2. DLM.
1. Información (en realidad, son *datos*) que puede ser leída directamente a través de los periféricos de una computadora y que, usualmente, no es legible para los humanos. Incluye todo el soporte magnético y óptico, datos en *báferes* (ver *Buffer (noun)*) de terminales, etcétera.

• ... it can be any device that can hold *machine-readable information (datos legibles por máquina)*.

Machine-readable material:
1. Material Legible por Máquina. 2. MLM.
1. Información legible para los humanos pero que, a través de un dispositivo especial (lectora de barras, *IOC* (ver *Optical Character Recognition*), etc.), puede ser también legible para una computadora.

• A markup scheme intended for documents that are *machine-readable material (material legible por máquina)*.

Macintosh: *1. Macintosh.*
1. Forma más común de referirse a una *computadora Macintosh* (ver *Macintosh computer*).

Macintosh computer: *1. Computadora Macintosh.*
1. Estas computadoras personales (así, en minúsculas) aparecieron en el mercado en 1984 y enseguida destacaron por la facilidad de manejo que proporcionaba una *interfaz gráfica de usuario* (ver *Graphical User Interface*) ampliamente integrada en el *sistema operativo* (ver *Operating system*) y utilizable por todas las aplicaciones desarrolladas para la máquina. Las *computadoras Macintosh* fueron pioneras en muchos sentidos. Actualmente son muy apreciadas en el mundo académico y en el campo del diseño gráfico.

• On the *Macintosh computer (computadora Macintosh)*, this may be accompanied by a decimal number that ...

Macro: *1. Macro.*
Ver *Macroinstruction*.

Macro recording: *1. Registro de macro.*
1. Función de almacenar una macro de *teclado* (ver *Keyboard* y *Macroinstruction Def. 3)*). Esta tarea la realiza, usualmente, un programa o función registradores.

• *Macro recording (de registro de macro)* function adds a new macro into the macro recorder.

Macro virus: *1. Virus de macro.*
1. Virus informático desarrollado usando las capacidades de un determinado lenguaje de macros. La mayoría de estos virus se asocian a procesadores de texto y su acción se desencadena al abrir un documento que los contenga y ejecutar la macro fatídica.

• A new Word 97 *macro virus (virus de macro)* named W97M.Melissa has been ...

Macroinstruction: *1. Macroinstrucción.*
1. Los lenguajes ensambladores admiten un tipo especial de instrucciones, llamadas *macroinstrucciones* o «macros», que son procesadas por el programa ensamblador para generar instrucciones ordinarias (de máquina y *directrices* (ver *Directive*) de Ensamblador). Las instrucciones generadas pueden ser diferentes en función de los parámetros suministrados cuando se menciona la macroinstrucción en el programa. Simplifican la programación de tareas repetitivas. Usar una macroinstrucción implica disponer de una *definición* de dicha macro. Estas definiciones pueden ser desarrolladas en la propia instalación o ser suministradas por un proveedor de software.

• Using this method, you code and assemble *macroinstructions (macroinstrucciones)* to define resources in the form of tables.

2. Conjunto de *mandatos* (ver *Command*) e instrucciones de aplicación (Word, etc.) que pueden ejecutarse como un solo mandato. Son de evidente utilidad para simplificar la ejecución de tareas repetitivas.

• While the Melissa *macro (macro)* virus,

which struck thousands of companies last March ...

3. Secuencia de pulsaciones de *teclas* (ver *Key (noun) Def. 1*), de uso frecuente, a la que se asigna una tecla (o combinación de teclas) clave o un nombre. Cuando se pulsa la tecla clave o se escribe el nombre, se desencadena la secuencia completa y guardada de pulsaciones.

• ... keyboard *macro (macro)* utility with Windows automation.

Magnetic disk: *1. Disco magnético.*
1. Disco de superficie magnetizable capaz de contener datos. Puede ser *flexible* y *duro* u ordinario. Ver *Disk, Hard disk, Floppy disk.*

• The format menu is used to format a *magnetic disk (disco magnético)* with a designated block size ...

Magnetic Ink Character Recognition: *1. MICR.*
1. Reconocimiento por máquina de caracteres impresos usando tinta magnética. Cada vez más en desuso.

• ... decide whether or not to accept a check faster and more consistently than any other *Magnetic Ink Character Recognition (MICR)* reader ...

Magnetic stripe: *1. Banda magnética.*
1. Tira estrecha de material magnético que se pega en un soporte de plástico (tarjeta de crédito o similar) o de cartulina (título o bono de viaje). La banda magnética es un ejemplo de *datos legibles por máquina* (ver *Machine-readable information*).

• ... is a Stand-Alone *magnetic stripe (de banda magnética)* reader for use in Access Control and ...

Magneto-optical disk drive:
1. Dispositivo para disco magneto-óptico.
2. Dispositivo MO.
1. Dispositivo de lectura/grabación que combina las técnicas de los CD-ROMs (láser) y de los discos magnéticos para conseguir un almacenamiento relativamente barato, más rápido que los disquetes (pero menos que los discos duros) y adecuado para copias de seguridad y para transporte de datos.

• Its transfer rate is similar to CD-ROM's which is slow compared to the current *magneto-optical drives (dispositivos para discos magneto-ópticos).*

Mail bomb: *1. Bombardeo postal.*
1. Envío masivo de *mensacorres* (ver *E-mail (noun) Def. 2)* a un destinatario concreto, por parte de uno o más remitentes. En general se trata de operaciones «de castigo» que, frecuentemente, afectan a más usuarios que al castigado.

• To send more than 10 messages to a single Internet account will be considered a *mail bomb (bombardeo postal);* ...

Mail gateway: *1. Pasarela de Correo-e.*
1. Computadora que conecta dos o más sistemas de *correo-e* (ver *E-mail*), siendo capaz de intercambiar mensajes entre ambos. Según las diferencias de protocolos, la función *pasarela* (ver *Gateway*) puede ser más o menos compleja.

• By this definition, a *mail gateway (pasarela de Correo-e)* is a layer 7 (application layer) gateway.

Mail merging: *1. Inserción repetitiva.*
1. Componente de muchos procesadores de textos que permite definir variables dentro de un texto fijo y sustituir dichas variables por valores tomados de registros leídos secuen-

cialmente de un fichero. De esta forma pueden producirse ejemplares personalizados (uno por registro del fichero) de un mismo documento (cartas, circulares, ...).

• Frequently the *mail merging (de inserción repetitiva)* function is used to merge a list of addresses with a form letter ...

Mailbomb: *1. Bombardeo postal.*
Ver *Mail bomb.*

Mailbot: *1. Autocontestador.*
1. Sinónimo de *Autoresponder* (ver). Hay productos comerciales que usan la palabra *mailbot* introduciendo cierta confusión.

• ... has set up a *mailbot (autocontestador)* that will automatically provide certain pieces of new civilization information.

Mailbox: *1. Buzón.*
1. Zona de almacenamiento para *mensacorres* (ver *E-mail (noun) Def. 2).* Los *buzones* pueden ser relativamente permanentes (los de usuario final; se guardan en ellos los mensajes hasta que el usuario dispone de ellos), o muy volátiles (los destinados a una redistribución inmediata; por ejemplo, los de una *lista).* En general, cada dirección de *correo-e* (ver *E-mail)* tiene un buzón.

• Are you currently sharing your electronic *mailbox (buzón)* with family members ...?

Mailing list: *1. Lista de distribución.*
2. Lista de Correo-e.
1. Conjunto de dos direcciones de *correo-e* (una de «redacción» y otra de «administración»), un programa de gestión (ver *List server),* un tema o motivo de interés y una serie de personas que se han inscrito en la lista y, por tanto, reciben (y pueden enviar) el correo dirigido a la misma.

• *Mailing lists (listas de distribución)* constitute one of the most popular methods of ...

2. Cuando el aspecto técnico (el *Correo-e*) predomina sobre la finalidad, puede usarse la expresión *Lista de Correo-e.*

Mailing List Manager: *1. Servidor de listas.*

Sinónimo de *List Server* (ver).

Mailto: *1. Mailto.*

1. Opción especial de protocolo creada para enlazar hipervínculos y correo electrónico. Si se activa un hipervínculo que contenga una referencia *mailto* (con una dirección de *correo-e*), se desencadena automáticamente el proceso de enviar un *mensacorre* a dicha dirección.

• ... of sending e-mail from WWW browsers who are not *mailto (mailto)*-capable.

Main memory: *1. Memoria principal.*

1. Memoria interior de la computadora en la que se almacenan temporalmente los programas en ejecución y los datos que dichos programas utilizan en cada momento. Dado que la *memoria principal* siempre ha ido por debajo de las necesidades que los procesos tienen de la misma, ha sido necesario inventar mecanismos que permitieran trabajar a los programas *como si* dispusieran de más memoria que la realmente disponible. Tal ha sido el caso de la *memoria virtual.*

• Furthermore, if the application changes some data in *main memory (memoria principal)*, it might ...

Main program: *1. Programa principal.*

1. Un programa ejecutable está formado por un *programa principal* (el primero que recibe el control desde el *sistema operativo*) y ninguno, uno o más subrutinas (subprogramas)

llamadas (ver *Call (verb)*) por el programa principal. El *programa principal* y/o su punto de entrada figuran en el índice de la *biblioteca* (ver *Library*) de programas ejecutables.

• ... could obtain a resource already in use by the *main program (programa principal)* ...

Main storage: *1. Memoria principal.*

Ver *Main memory.*

Mainframe computer:
1. Computadora principal.

1. Nombre, no muy afortunado, que ha designado, tradicionalmente, a la computadora con más capacidad y funciones en una red jerárquica y, por extensión, a cualquier computadora de alta capacidad (cálculo, memoria y almacenamiento).

• *Mainframe computers (Las computadoras principales)* located in computer rooms ...

Mainline routine: *1. Rutina principal.*

1. Rutina alrededor de la cual se construye un programa estructurado (modular o no). Acostumbra a coincidir con la primera que se somete al *montador de enlaces* (ver *Linkage editor* y *Linker*).

• ... you must provide a *mainline routine (rutina principal)* that performs any necessary ...

Maintainability: *1. Mantenibilidad.*

1. Capacidad de un sistema, subsistema, aplicación o programa para ser mantenido (ver *Maintenance*) con facilidad, sin un coste y riesgo excesivos. Es una cualidad del producto final que se va fraguando en todas y cada una de las decisiones de diseño.

• ... in order to redesign the system for better *maintainability (mantenibilidad)* or to produce a copy ...

Maintenance: *1. Mantenimiento.*

1. Modificaciones que se introducen en los sistemas informáticos (hardware y software pero, sobre todo, este último) y elementos relacionados (normas, documentación, bibliotecas, etc.) bien para corregir errores, bien para mejorarlos o para adaptarlos a cambios tecnológicos, legales, de prácticas de gestión, etc. El *mantenimiento* del software es, con seguridad, la parte del ciclo de vida del mismo que más recursos consume.

● ... that supports the development, use, and maintenance *(mantenimiento)* of distributed applications.

Major: *1. Sustancial. 2. Incluyente.*

1. *Major* sin relación con *minor* es un adjetivo que indica importancia, significación.

● This edition is a major *(sustancial)* revision of the previous one, which is now obsolete.

2. *Major* con relación a *minor* es un adjetivo que significa mayor jerarquía. También puede significar el hecho de que el *minor* se incluye en el *major*. Es típico su empleo para hablar de *campos* (ver *Field*) de clasificación de los datos o de estructuras *tipo de dispositivo/dispositivo concreto*.

● The device major *(incluyente)* number corresponds to a device driver supporting a class of devices...

Majordomo: *1. Majordomo.*

1. Programa que ayuda en la administración automática de las *listas de correo-e* (afiliaciones y bajas, redistribución de mensajes, etc.; ver *Mailing list*). Se escribió inicialmente en *Perl* para UNIX, aunque puede usarse en otros sistemas.

● ... both of which run under UNIX, are Majordomo *(Majordomo)*, a freeware system, ...

Makefile: *1. Makefile.*

1. Fichero de *directivas* (ver *Script*) que se usa en UNIX para orientar al sistema durante la ejecución del *mandato make*. El fichero *makefile* contiene una descripción de las interdependencias entre partes de programas que han de integrarse para formar un programa incluyente. También tiene en cuenta la cuestión de versiones y cambios.

● This makefile *(makefile)* consists of three rules. The first rule ...

Male: *1. Macho.*

1. Adjetivo que se aplica a los conectadores dotados de patillas (ver *Pin*) que se insertan en los receptáculos de los conectadores hembra.

● Cable with a DIN 8 Male *(macho)* Connector for Macintosh* computers ...

Man in the middle: *1. Tercero interpuesto.*

1. Se llama *tercero interpuesto* a un sistema que se intercala de forma espuria en un medio de comunicación y que tiene la posibilidad de leer los mensajes que pasan, filtrarlos e inclusive modificarlos.

● ... they must represent who they claim to represent, or a «spoofer» or man in the middle *(tercero interpuesto)* can operate undetected.

Man-in-the-middle: *1. Tercero interpuesto.*

Ver *Man in the middle*.

Management Information Base: *1. MIB.*

1. *Base de datos* (ver *Database*) en la que se contienen descripciones de los objetos y relaciones que forman una red o parte de ella. Estas *bases de datos* están al servicio de proto-

colos (por ejemplo, *SNMP*; ver *Simple Network Management Protocol*) concretos con cuyos programas interaccionan. En la práctica la *MIB* y sus extensiones especializadas están perfectamente formalizadas y son fruto de acuerdos amplios.

• Objects in the *Management Information Base (MIB)* are defined using the subset of Abstract Syntax Notation One (ASN.1) ...

Management Information File: *1. MIF.*

1. Fichero, con un formato bien establecido, que se usa para contener una descripción de un producto hardware y software susceptible de ser instalado en una computadora personal cuyo *sistema operativo* (ver *Operating system*) esté preparado para utilizar la técnica *DMI* (ver *Desktop Management Interface*).

• The *Management Information File (MIF)* was populated manually by on-site staff with all of the static configuration information about each switch, ...

Management Information System: *1. Sistema de Información de Gestión. 2. SIG.*

1. Conjunto de aplicaciones y datos que se usan en la gestión ordinaria de empresas y otros organismos. La vida de cualquier *SIG* actual se caracteriza por haber experimentado niveles crecientes de informatización: desde las aplicaciones (subsistemas) con gran volumen de datos elementales y transacciones (el arquetipo es la «facturación») hasta las aplicaciones que ayudan en la toma de decisiones estratégicas.

• Accounting is a good example of a typical, classical *MIS (SIG)* application.

Manager: *1. Gestor.*

1. Nombre genérico de programas, compo-

nentes del sistema operativo o cercanos al mismo, creados para tareas específicas de relación con y gestión de componentes bien definidos: colas, dispositivos, ficheros, etc.

• The most common reasons Device *Manager (gestor)* may list a device as unknown are ...

Mandatory: *1. Obligatorio.*

1. Que debe estar presente; que debe proporcionarse. Se refiere, habitualmente, a parámetros y argumentos, *palabras clave* (ver *Keyword*), *campos* (ver *Field*), etc.

• You failed to specify a *mandatory (obligatoria)* keyword.

Mangle (verb): *1. Desfigurar.*

1. Convertir, codificar nombres de variables y funciones, durante el proceso de *compilación*, añadiéndoles información de tipo y alcance (para verificaciones). Los nombres originales quedan *desfigurados*.

• Otherwise, their names *will be mangled (serán desfigurados)* by the compiler ...

Many-to-many: *1. Varios a varios.*

1. Una de las *cardinalidades* (ver *Cardinality*) posibles de las *interrelaciones* entre entidades: Una *entidad* (ver *Entity*) concreta de una clase puede tener una *interrelación* (ver *Relationship*) *1 : n* con entidades de otra clase (o de la misma) y cualquier entidad concreta de esta segunda clase puede tener una interrelación *1 : n* con entidades concretas de la primera clase. Estas interrelaciones se expresan, comúnmente, con la expresión *m : n*.

• Forcing the resolution of *many-to-many (varios a varios)* relationships is not a mechanical process ...

Map (noun): *1. Mapa.*

1. En BMS de IBM un mapa es la descripción

de una parte de una página o pantalla establecida de forma que permite relacionar variables de programa y posiciones de página o pantalla en las que figurarán dichas variables. También permite definir atributos de la *presentación* de las variables (brillo, color, ...) y dar valor a *campos* (ver *Field*) de tipo constante.

• ... and they allow you to refer to the fields in the *map (mapa)* by name.

2. Descripción tabular de diferentes componentes de un programa útil en la depuración de errores. Los *compiladores* y el *montador de enlaces* (ver *Linkage editor* y *Linker*) están preparados para producir, opcionalmente, uno o más tipos de estos mapas.

• A *map (mapa)* of the program modules generated by the linker.

Map (verb): *1. Copiar. 2. Asociar. 3. Representar.*
1. Copiar, campo a campo o componente a componente, una estructura de datos de un soporte a otro, con cambio de formato (por ejemplo, un registro en disco a su presentación en memoria –para ser procesada– o en pantalla).

• ... from which instructions and data are *mapped (copiados)* into real storage locations ...

2. Pasar los mismos datos desde su expresión en un protocolo de comunicaciones a su expresión en otro diferente.

• The traffic parameters are *mapped (se asocian)* between ATM and Frame Relay as follows: ...

3. Establecer una conexión lógica entre campos de una estructura de datos en dos estadios

o soportes diferentes o, en general, entre elementos de dos estructuras, sean o no campos.

• A control section that an assembler can use *to map (representar)* an area of storage without producing any object code or data for that area.

Mapper: *1. Asociadora.*
1. Función, en *sistemas operativos* (ver *Operating system*) con memoria virtual, que consiste en asociar una dirección lógica (número de página + desplazamiento en la página) y una dirección física (en memoria) y en determinar si la página en cuestión está o no en memoria para desencadenar las acciones que correspondan en cada uno de dichos casos.

• If the *mapper (asociadora)* detects that the page requested is not present in main memory, ...

Mapping: *1. Copiado. 2. Asociación. 3. Representación.*
1. Acción y efecto de *copiar, asociar* o *representar* (ver *Map (verb)*).

• For constant *mapping (asociación)* the top 24 bits of the Ethernet address must be the same on all hosts on the net.

Margin: *1. Margen. 2. Límite.*
1. Espacio en blanco dejado por un texto con relación a cada uno de los cuatro bordes del papel (*margen* derecho, etc.). Puede usarse para indicaciones especiales.

• ... those with vertical bars in the right *margin (margen)* ...

2. Posición en la que inicia o termina un texto.

• ... which would otherwise extend beyond the right hand *margin (límite)* of the page ...

Mark-up: *1. Anotación.*
Ver *Markup.*

Markup: *1. Anotación.*
1. Nota en un documento, creada siguiendo una cierta gramática (ver *Tag*) que, tras ser interpretada por una herramienta adecuada, puede servir para modificar la apariencia del texto (por ejemplo, una *anotación* de parágrafo, crea una línea en blanco, o sea, un inicio de parágrafo) asociado a la misma, introducir referencias externas, etc. Este concepto está en la base de lenguajes como *GML* (ver *Generalized Markup Language*), *HTML* (ver *Hypertext Markup Language*) y *SGML* (ver *Standard Generalized Markup Language*).

● *Markups (anotaciones) can be inserted by using an editor and selecting ...*

Marshall (verb): *1. Disponer.*
1. Colocar ordenadamente en un *báfer* (ver *Buffer)* los datos que se van a enviar como un paquete. Los orígenes de los datos pueden ser variados y puede ser necesaria conversión de los mismos a un formato diferente.

● *Operation parameters are marshalled (se disponen) in an internal buffer, the initial size of which is ...*

Marshalling: *1. Disposición.*
1. Acción y efecto de *disponer* los datos de un paquete a transmitir, en el *báfer* (ver *Buffer (noun))* correspondiente.

● *... for internal marshalling (disposición), do the biggest blocks possible.*

Mask (noun): *1. Máscara.*
1. Ristra formada por uno o más caracteres, entre los que pueden haber caracteres con significados especiales (*comodines*; ver *Pattern matching character*; sinónimo de *Wildchar* y otros), que se usa para filtrar otras *ristras* (ver

String) de caracteres produciendo una determinada salida. La salida producida será entrada para un *mandato* (ver *Command*), se guardará en un fichero, etc.

● *... when it creates a file or directory, you can set a file mode creation mask (máscara) using the ...*

2. Muchas máquinas utilizan internamente posiciones de bit (llamadas *máscaras*) para permitir o no determinados accesos, acciones, etcétera. Merecen especial mención los bits usados para *enmascarar* interrupciones (ignorarlas).

● *When a mask (máscara) bit is zero, the CPU is disabled for the corresponding ...*

3. También se llaman *máscaras* las combinaciones de bits usadas como datos en determinadas *instrucciones de máquina* (por ejemplo, las de prueba del tipo *test under mask* y otras operaciones *booleanas*; ver *Boolean operator*).

● *... the byte with a mask (máscara) consisting of all 1 bits except for the lowest two.*

Mask off (verb): *1. Enmascarar.*
1. Hacer que se ignore determinada situación modificando la *máscara* correspondiente (ver *Mask (noun) Def. 2*).

● *I/O interruptions should be masked off (enmascararse) ...*

Maskable: *1. Enmascarable.*
1. Dícese de situaciones que pueden ser *enmascaradas* (ver *Mask off (verb)*), es decir, ignoradas cuando se producen.

● *... a means of disallowing all maskable (enmascarables) interruptions ...*

Mass storage: *1. Almacenamiento masivo.*

1. Denominación común a todos los tipos de soporte para datos que tienen gran capacidad de almacenamiento: discos, cintas, soporte óptico, principalmente.

● ... and provides an extremely economical *mass storage (almacenamiento masivo)* solution for Macintosh computers with PCI Bus ...

Massage (verb): *1. Transmutar.*

1. Convertir un fichero, sin pérdida sensible de información y manteniendo el tipo global (por ejemplo un fichero de gráficos), de un formato a otro distinto.

● ... this view allows you to *massage (transmutar)* the automatic *html* code and to perhaps fine tune.

Massively parallel processing:
1. Procesamiento Masivamente Paralelo.
2. PMP.

1. Nuevo enfoque tecnológico basado en la posibilidad de que un número importante de procesadores (centenares) ejecuten, simultáneamente, un mismo programa. Para ser eficaz, esta tecnología debe incluir nuevos diseños de programas y de *bases de datos* (ver *Database*) y nuevos lenguajes de programación.

● The UNIX system is the only option for *Massively Parallel Processing (Procesamiento masivamente paralelo).*

Master (adj): *1. Principal. 2. Maestro.*

1. Dícese del elemento de más alto nivel en una jerarquía.

● The MVS *master (principal)* catalog is analogous to the root directory ...

2. De entre un conjunto de elementos con fun-

ciones parecidas (terminales, consolas, ...), el que tiene más prerrogativas.

● In a system with multiple consoles, the *master (principal)* console is the console used for communication ...

3. En *bases de datos* (ver *Database*) lógicas se ha consagrado la expresión *fichero (o tabla, ...) maestro* para designar al que contiene una *clave primaria* (ver *Primary key*).

● We could have set up *master tables (tablas maestras)* of allowable job names and ...

4. También se ha consagrado la expresión *fichero maestro* para designar a un fichero secuencial cuyo contenido se modificará con el contenido de uno o más «ficheros de movimientos».

● A sequential file residing on a tape volume can be used to create a new *master (maestro)* file ...

Master (noun): *1. Amo.*

1. En una relación entre dos elementos que se comunican (procesadores, computadoras en red, etc.), el *amo* es el que tiene más autonomía (habitualmente, el que inicia la relación).

● In a multiprocessor environment, the *master (amo)* in a master-slave relationship ...

Master boot record: *1. Registro Maestro de Autoarranque. 2. RMA.*

1. Registro que contiene la información necesaria para *autoarrancar* (ver *Bootstrap*) una computadora (*CP*; ver *Personal Computer*). Para que pueda ser localizada sin problemas, dicha información figura en el primer sector de cualquier disco o disquete preparado para autoarrancar la computadora desde el mismo. La información principal que contiene este registro es la ubicación del *sistema operativo*

(ver *Operating system*) e indicaciones sobre cómo cargarlo. Las *computadoras principales* (ver *Mainframe computer*) obtienen la información de arranque de forma relativamente diferente aunque la situación, en el fondo, es la misma.

• When a manager disk program is installed, the *master boot record (registro maestro de autoarranque)* is not ...

Master entity: *1. Entidad maestra.*

1. En un *modelo lógico de datos* una *entidad maestra* es la que ocupa el extremo *1* de una *interrelación* (ver *Relationship*) *1 : n* con otra entidad (con respecto a la cual es *maestra*).

• A given entity may be *master entity (entidad maestra)* of one relationship and detail ...

Master file: *1. Fichero maestro.*

1. Fichero que contiene una *clave primaria* (ver *Primary key*).

• Employee *Master File (Fichero maestro de).* Contains one entry per employee ...

2. Fichero secuencial que puede ser actualizado a partir de un fichero de movimientos para producir un nuevo *maestro*.

• ... related to the application (such as *master files (ficheros mestros)* and update files) ...

Match (noun): *1. Emparejamiento.*
2. Coincidencia. 3. Concordancia.
4. Avenencia.

1. Resultado positivo de aplicar una acción de emparejar, concordar, etc. (ver *Match (verb)*).

• ... that the volume contains data that can be overwritten without a file name *match (coincidencia).*

• ... to the most specific file name mask when multiple *matches (concordancias)* occur ...

Match (verb): *1. Emparejar(se).*
2. Coincidir (con). 3. Concordar (con).
4. Avenirse (con).

1. Leer en paralelo dos o más ficheros secuenciales (en general, uno *maestro* (ver *Master file*) y otro u otros de movimientos) buscando igualdad en determinados campos presentes en todos ellos.

• A programming technique that *matches (empareja)* records in one sequential file with records ...

2. Coincidir un dato con otro (ambos datos ordinarios).

• A rack number *matches (coincide con)* the volume's external label ...

3. Concordar un dato ordinario (completo) con un dato que actúa como *máscara* (ver *Mask*) o patrón.

• You can retain copies of a file that match *(concuerdan con)* a file name mask ...

4. Adaptarse a determinadas normas, permisos, criterios de búsqueda, etc.

• ... or does not *match (se avienen con)* installation defined requirements.

5. Emparejarse un elemento con otro cuando ambos existen como pareja (por ejemplo, paréntesis-izquierdo / paréntesis-derecho).

• The ELSE keyword *will not match up (se emparejará)* with the THEN keyword ...

Matching: *1. Emparejamiento.*
2. Coincidencia. 3. Concordancia.
4. Avenencia.

1. Acción y efecto de emparejar(se), buscar concordancia o adaptación, etc. (ver *Match (verb)*). Se aplica, especialmente, al empare-

jamiento de modelos (ver *Pattern matching*) y al de ficheros.

• ... and volume names based on the *matching (emparejamiento)* order described ...

Matrix: *1. Matriz.*
1. *Matriz*, en el sentido matemático del término. Aunque una matriz es una estructura de datos, raramente se usa la palabra *matrix* para referirse a estructuras de datos en programación (se usa *Array: formación*). *Matrix* se reserva para referirse a las tablas usadas en análisis y diseño, para describir componentes de los procesadores, etc.

• Entity/Event *matrix (matriz)* is not a formal product, nor is it input ...

Maximize (verb): *1. Maximizar.*
1. Además de su significado matemático, *maximizar* una ventana es hacer que ésta ocupe la totalidad del espacio disponible en la ventana que la contiene o en toda la pantalla.

• To *Maximize (maximizar)* a Window: ALT + SPACE then x.

Maximum transmission unit:
1. Unidad de Transmisión Máxima. 2. UTM.
1. Longitud máxima del paquete o *freim* (ver *Frame*) de datos que puede enviarse por el medio de transmisión en unas circunstancias dadas, entre las que destacan la red física y el protocolo de transmisión. El intento de enviar paquetes mayores produce el fraccionamiento de los mismos a la longitud de la *UTM*.

• The default *Maximum Transmission Unit (Unidad de Transmisión Máxima)* size for IPv6 packets on an Ethernet is 1500 octets.

Maybe semantics: *1. Semántica posibilista.*
1. Tipo de semántica usada en llamadas *RPC*

(ver *Remote Procedure Call*) en la que el *llamante* ni espera ni recibe respuesta. De hecho, ni siquiera se entera de si su petición ha ido bien o no.

• *Maybe semantics (La semántica posibilista)* provides a calling style that may be used when a call has no [out] or [in, out] parameters.

MAC: *1. Control de Acceso al Medio. 2. MAC.*
Ver *Medium Access Control.*

MAN: *1. RAM. 2. Red de Área Metropolitana.*
Ver *Metropolitan Area Network.*

MAPI: *1. MAPI.*
Ver *Messaging Application Programming Interface.*

MAU: *1. UAM. 2. Unidad de Acceso al Medio.*
Ver *Media Access Unit.*

MAU: *1. MSAU.*
Ver *Multistation access unit.*

Mb: *1. Mb. 2. Megabit.*
1. Como unidad de *memoria principal* un *megabit* es 2**20 bits, es decir, 1.048.576 bits.

2. Como unidad de almacenamiento en disco y para comunicaciones un *megabit* es 1.000.000 de bits.

Mbone: *1. Mbone. 2. Eje central de red para multidifusión.*
Ver *Multicast Backbone.*

Mbps: *1. Mbps.*
1. Unidad usada para medir la velocidad de transmisión de datos. Equivale a 1.000.000 bits por segundo.

MB: *1. MB. 2. Megabait.*
1. Como unidad de *memoria principal* un *megabait* es 2**20 *baits*, es decir, 1.048.576 *baits* (ver *Byte*).

2. Como unidad de almacenamiento en disco y para comunicaciones un *megabait* es 1.000.000 de *baits*.

MBR: *1. RMA. 2. Registro Maestro de Autoarranque.*
Ver *Master boot record*.

MCA: *1. MCA.*
Ver *Micro Channel Architecture*.

MCSE: *1. MCSE.*
Ver *Microsoft Certified Systems Engineer*.

MDB: *1. BDMD. 2. Base de Datos Multidimensional.*
Ver *Multidimensional Data Base*.

MDI: *1. MDI.*
Ver *Multiple Document Interface*.

MDRAM: *1. MDRAM.*
1. *Acrónimo de Multibank Dynamic RAM*. Uno de los tipos posibles de RAM para vídeo (ver *Video RAM*).

• The more recent video cards / graphics accelerators use (...) or *MDRAM (MDRAM)* but barring certain exceptions ...

MD5: *1. MD5.*
1. Algoritmo de *cifrado* (ver *Encrypt*) muy adecuado para la creación de *firmas digitales* (ver *Digital signature*), especialmente cuando se emplean *contraseñas de un solo uso* (ver *One Time Password*). En esta situación, un acuerdo entre verificador y usuario permite que éste calcule una contraseña aplicando una *función de refundición* (ver *Hash function*) a tres valores: Una frase «secreta» conocida por

ambos, el número de secuencia de la sesión (consecutivo y decreciente de 1 en 1 –para ambos– desde un valor inicial dado; éste es el elemento que hace que la contraseña sea de un solo uso) y una semilla aleatoria proporcionada por el verificador.

• *MD5 (MD5)* is a hash function cryptographically strong.

Mean time between failures:
1. Tiempo Medio Entre Fallos. 2. TMEF.
1. Medida de la *fiabilidad* (ver *Reliability*) de un producto (especialmente hardware). Es un objetivo de diseño del producto que el fabricante prueba (de forma estadística) y certifica. Se expresa, usualmente, en número de horas.

• *Mean time between failures (del tiempo medio entre fallos)* ratings are measured in hours and indicate the sturdiness of hard disk drives and printers ...

Mean time to repair: *1. Tiempo Medio Hasta Reparación. 2. TMHR.*
1. Tiempo medio, medido habitualmente en horas, desde que se avisa del fallo de un componente hasta que éste es reparado.

• ... and the *mean time to repair (Tiempo Medio Hasta Reparación)* less than a hundred hours, while the ...

Media: *1. Soporte. 2. Media.*
1. Denominación genérica del soporte (estable) de los datos informatizados. La clasificación más general es la que distingue entre soporte inamovible o fijo (p. ej., disco duro) y amovible o *extraíble* (*cartucho* (ver *Cartridge*) de cinta).

• If there is a *media (soporte)* failure (such as physical damage to a data storage device), ...

2. Plural de *medium*. Se usa para designar el soporte físico por el que circulan las comunicaciones de datos (desde el par telefónico a la fibra óptica o la transmisión sin cable).

• To facilitate the use of different *media (media)* types, a ...

3. Referencia genérica al tipo de origen de los datos transmitidos y/o almacenados. Coincide con el término *media* en teoría de la comunicación (texto, audio, etc.).

• ... high end animation and more to fulfill all of your new *media (media)* and ...

Media Access Unit: *1. UAM.*
2. Unidad de Acceso al Medio.
1. Dispositivo electrónico que se usa para conectar una computadora *huéspeda* (ver *Host Def. 1*) a su red. Puede formar parte de la propia computadora (en la placa de comunicaciones) o ser exterior a la misma (cable más transceptor (ver *Transceiver*)).

• ... a Token Ring *media access unit (Unidad de Acceso al Medio)* concentrator, a SNMP controller ...

Medium Access Control: *1. Control de Acceso al Medio. 2. MAC.*
1. En el caso específico de las *RAL* (ver *Local Area Network*) el protocolo de enlace de datos (el inmediatamente previo al *estrato Físico*; ver *Data link layer*) está formado por dos subestratos: el primero se cuida del formato de las *freims* (ver *Frame*) que se transmiten, de los diálogos, etc. (ver *Logical Link Control*). El segundo es el *control de acceso al medio (MAC)* que es responsable del uso equilibrado y sin problemas del medio común (bus: *Ethernet;* o anillo: *Token Ring*).

• Two interconnected LANs may use the same LLC protocol but may use different *medium access control (de control de acceso al medio)* protocols ...

Megabit: *1. Megabit. 2. Mb.*
1. Como unidad de *memoria principal* un *megabit* es $2^{**}20$ bits, es decir, 1.048.576 bits.

2. Como unidad de almacenamiento en disco y para comunicaciones un *megabit* es 1.000.000 de bits.

Megabyte: *1. Megabait. 2. MB.*
1. Como unidad de *memoria principal* un *megabait* es $2^{**}20$ *baits*, es decir, 1.048.576 *baits* (ver *Byte*).

2. Como unidad de almacenamiento en disco y para comunicaciones un *megabait* es 1.000.000 de *baits*.

Megaflops: *1. Megaflops.*
1. Unidad de medida de la potencia de un procesador. Equivale a la ejecución de 1 millón de instrucciones de coma flotante en 1 seg. Por el tipo de instrucciones empleadas, esta unidad es más adecuada para computadoras dedicadas al cálculo numérico.

• Each processor delivers 400 *megaflops* (1 megaflop = 1×10^{6} floating point ...

Megahertz: *1. Megahercio. 2. Mhz.*
1. Unidad usada para medir la frecuencia de un fenómeno vibratorio. Equivale a 1 millón de ciclos por segundo.

• ... a microprocessor with a clock frequency of 100 *megahertz (megahercios)* will have ...

Member: *1. Miembro.*
1. En el *sistema operativo MVS* (ver) de IBM hay dos organizaciones de datos secuenciales (ver *File organization*) equivalentes a «macroficheros». Son los GDG (*Generation Data Group*) y PDS (*Partitioned Data Set*). Se lla-

man *miembros* a los componentes (ficheros secuenciales) de esos *macroficheros.*

• ... an alternate name for a *member (miembro)* of a partitioned data set ...

Member function: *1. Función miembro. 2. Método.*
1. Nombre preferido para los *métodos* (ver *Method Def. 1*) en el lenguaje C++.

• A destructor is a special *member function (función miembro)* that has the same name as its class ...

Membership: *1. Afiliación. 2. Pertenencia.*
1. Conjunto de derechos, deberes y atributos (efectos, en general) que se deducen del hecho de pertenecer a un determinado grupo o asociación.

• *Membership (La afiliación)* includes the ACL quarterly journal, «Computational Linguistics», reduced ...

2. Totalidad de los miembros de un conjunto, grupo, asociación, etc.

• ... the *membership (afiliación)* is worldwide.

• ... and the changes to system *membership (afiliación)* in the sysplex ...

3. Calidad de formar parte de un grupo o conjunto. Admite grados, como es el caso de los conjuntos *difusos* (ver *Fuzzy logic*).

• ... there will always be sets which need a bigger program to decide *membership (pertenencia).*

Memory: *1. Memoria.*
1. Componente de una computadora en el que se almacenan programas y datos para su procesamiento inmediato por la *UCP* (ver *Central Processing Unit*). Según tipo de computadora existen diferentes tipos de memoria que se diferencian por su tecnología, la forma en que se accede, la volatilidad de los datos, etcétera. Ver también *Main storage.*

• The new process requires more *memory (memoria)* than is permitted by the ...

Memory card: *1. Placa de memoria.*
1. *Placa* (ver *Card Def. 3*) que se usa para ampliar la memoria RAM de las CPs o para sustituir al disco duro en portátiles y similares. Estas placas acostumbran a tener el tamaño de las tarjetas de crédito.

• PCMCIA *memory card (de placas de memoria)* drivers can call these routines to perform the following operations: ...

Memory cartridge: *1. Cartucho de memoria.*
1. Conjunto de chips de memoria no volátil (o volátil energizada permanentemente) que se usan para almacenar datos y/o programas en CPs portátiles.

• ... during the initial search the *memory cartridge (cartucho de memoria)* was overlooked, and as such ...

Memory chip: *1. Chip de memoria.*
1. Circuito integrado (ver *Chip*) pasivo (sin procesadores) dedicado a ser utilizado como memoria (volátil o no).

• ... the development of a new *memory chip (chip de memoria)* that promises to make possible higher capacity ...

Memory dump: *1. Vaciado de memoria.*
1. Otra forma de decir *core dump, storage dump* o, simplemente, *dump* (ver *Dump (noun)*).

● The maximum size of a *memory dump (vaciado de memoria)* (in bytes) allowed for the process ...

Memory management unit:
1. Unidad de Gestión de la Memoria.
2. UGM.
1. Componente hardware (a veces, parte del propio procesador) que correlaciona las direcciones lógicas manejadas por los programas en ejecución (direcciones virtuales) con las direcciones físicas en las que están almacenados, en realidad, instrucciones y datos. Tiene a su cargo, por tanto, todos los mecanismos de la *memoria virtual.*

● This normally involves a *memory management unit (unidad de gestión de la memoria)* which looks up the virtual address in a ...

Memory resident: *1. Residente en memoria.*
1. Por arquitectura de las máquinas, los programas (y sus datos) han de estar *residentes en memoria* en el momento de su ejecución, aunque los *sistemas operativos* (ver *Operating system*) con memoria virtual pueden desplazarlos temporalmente a disco. Un caso diferente es el de ciertos programas (por ejemplo, en *CPs*; ver *Personal Computer*) que se ejecutan la primera vez y, a diferencia de los programas ordinarios, continúan en memoria para ejecuciones posteriores cuando sea preciso. Estos programas reciben el nombre genérico de *TSR* (ver *Terminate and Stay Resident).* También se designan, simplemente, como *residentes en memoria.*

● *Memory resident (residentes en memoria)* programs are applications that ...

Memory sniffing: *1. Rastreo de memoria.*
1. Lectura sistemática de la memoria de una computadora buscando, de forma interesada,

alguna información, bien para captarla, bien para modificarla. La finalidad es fraudulenta, en general.

● ... so that there is no possible loss of security to *memory sniffing (rastreo de memoria)* utilities.

Menu: *1. Menú.*
1. Lista de opciones que un sistema, subsistema, aplicación o producto presenta al usuario para que seleccione una de ellas. El formato del *menú* y la forma de seleccionar pueden ser diferentes según tecnologías.

● ... displays a hierarchy of *menus (menús)* that lead to interactive dialogs ...

Menu bar: *1. Barra de menús.*
1. En una aplicación que se ejecuta en un entorno tipo *ventanas*, barra (rectángulo alargado) que contiene palabras que, al ser seleccionadas (con ratón o *teclado*; ver *Keyboard*), *presentan* (ver *Display (verb)*) menús de la aplicación.

● *Menu bar (en la barra de menús)* common actions are implemented through standard ...

Menu selection interface: *1. Interfaz por selección en menús.*
1. Forma original (de los *orígenes*) de interacción usuario-aplicación basada en la *presentación* (ver *Display (verb)*) de un menú textual (o cadena de ellos) en el que el usuario ha de seleccionar una opción, bien *tecleando* (ver *Key (verb)* o *Type (verb)*) un carácter asociado a la misma, bien situando encima de la opción uno de los cursores (*teclado* o ratón) y enviando señal de aceptación (*Intro* o botón del ratón).

● *Menu selection interface (Interfaz por selección en menús)* based on the eye gaze input method.

Menu-driven: *1. Gobernado por menús.*
1. Diseño de sistema, subsistema, aplicación o producto en el que la parte interactiva está gobernada por una jerarquía de menús que no excluye la presencia de cortocircuitos o atajos.

● ... use these *menu-driven (gobernados por menú)* panels to build a job stream that can perform ...

Merced: *1. Merced.*
1. Nombre codificado del microprocesador Intel de 64 bits que se supone especialmente dotado para la informática gráfica y, en general, para aplicaciones que necesiten mover a/desde memoria cantidades ingentes de datos.

● ...for users of systems based on the forthcoming 64-bit *Merced (Merced)* processor.

Merge (verb): *1. Fusionar.*
2. Interordenar. 3. Reunir.
1. Agregar datos situados inicialmente en diferentes soportes para que queden en uno solo. Las ordenaciones previas de los datos no tienen por qué ser coincidentes.

● *Merging (fusionar)* all tape backup files onto a single tape ...

2. Combinar, en un solo fichero, los datos presentes en dos o más ficheros de forma que el fichero de salida resulte ordenado por los mismos criterios por los que lo estaban los ficheros de entrada (que, por supuesto, deberían ser coincidentes).

● *Merging (Interordenar)* records first requires that the input files are identically sorted ...

3. Tomar datos de varios orígenes para crear un nuevo registro.

● Profile modeling *merges (reúne)* information from a model profile into a new profile when it is created.

Mesh backbone: *1. Eje central de red en malla.*
1. Componente de un *eje central de red* (ver *Backbone*) Wan formado por una malla de *encaminadoras* (ver *Router*) de altas prestaciones de forma que cada encaminadora tenga un mínimo de dos conexiones con otras encaminadoras.

● Wide area internetworks are usually a combination of a *backbone mesh (eje central de red en malla)* and several access stars ...

Mesh network: *1. Red en malla.*
1. Red de alta disponibilidad en la que cada nodo puede ser accedido por más de un camino (ver también *Mesh backbone*).

● *Mesh networks (Las redes en malla)* are generally less expensive than leased lines, and offer a more ...

Message digest: *1. Mensaje digerido.*
1. Resultado al que queda reducido un mensaje tras ser sometido a un proceso de *digestión* por un algoritmo del tipo *MDx* (ver, por ejemplo, *MD5*).

● ... and produces as output a 128-bit «fingerprint» or «*message digest*» («*mensaje digerido*») of the input.

Message digest algorithm:
1. Algoritmo MD.
1. Nombre intraducible de una serie de algoritmos de cifrado (ver *MD5*).

Message passing: *1. Paso de mensajes.*
1. Es una de las dos maneras de intercomunicarse dos procesos paralelos (la otra es el compartimiento de memoria o acceso de los

procesos a una memoria común). El *paso* puede ser sincrónico o asíncrono y puede hacerse enviando mensajes completos (ver *Message switching*) o mensajes troceados (*packet switching*). La técnica de *paso de mensajes* puede aplicarse tanto a la comunicación interna en una computadora paralela como a la intercomunicación en red.

• *Message passing (paso de mensajes) is an approach that makes the exchange of data cooperative.*

Message queue: *1. Cola de mensajes.*
1. Mensajes a la espera de ser enviados o reenviados. Normalmente son gestionados con una disciplina *FIFO*.

• *... to receive a message from message queue (la cola de mensajes) ID into variable VAR with a maximum message size of SIZE.*

Message suppression: *1. Supresión de mensajes.*
1. Función típica de los sistemas de ayuda a la operación, que permite limitar el número de mensajes *presentados* (ver *Display (verb)*) a la atención del operador. La necesidad proviene de que algunos *sistemas operativos* (ver *Operating system*) de *máquinas principales* (ver *Mainframe computer*) son excesivamente locuaces, lo que se multiplica cuando un operador tiene que atender, en la misma consola, los mensajes de varios de estos sistemas.

• *... as candidates for automation, message suppression (supresión de mensajes), or both.*

Message switching: *1. Conmutación de mensajes*
1. Variedad del *paso de mensajes* (ver *Message passing*) en la que se transmiten mensajes completos (no troceados).

• Under *message switching (conmutación de mensajes), all processes execute the same program and all data is local to ...*

2. En el campo de las comunicaciones, *conmutación de mensajes* es una forma de comunicación contrapuesta a la *conmutación de circuitos* (ver *Circuit switching*): los circuitos están conectados de forma permanente y los mensajes van progresando de *salto* en *salto* (ver *Hop*) a través de los circuitos. En cada salto se almacena el mensaje, se calcula el salto siguiente y se reenvía el mensaje. Pueden formarse *colas* (ver *Queue (noun)*) de mensajes a enviar hacia delante.

• *Message switching (conmutación de mensajes) is also known as store-and-forward switching since ...*

Messaging: *1. Mensajeo.*
1. Manejar mensajes utilizando los modernos procedimientos proporcionados por la informática y las telecomunicaciones.

• *... end-user presence awareness, notification and instant messaging (mensajeo) system.*

Messaging Application Programming Interface: *1. MAPI.*
1. Arquitectura de mensajes e *interfaz* (ver *Interface (noun)*) de programación destinadas a facilitar la comunicación entre aplicaciones (procesadores de textos, hojas de cálculo, etcétera) y sistemas de mensajería (fundamentalmente, *correo-e;* ver *E-mail*). Muy orientado a facilitar las tareas del *trabajo en grupo*. *MAPI* está incorporada en sistemas Windows (95, 98 y NT) existiendo muchas aplicaciones que pueden actuar como clientes MAPI (por ejemplo, Word) o incorporar un servidor MAPI (por ejemplo, Eudora).

• *Messaging Application Programming Interface (MAPI) can be used by all levels and types of client application and ...*

Meta: *1. Meta.*
1. Prefijo usado para indicar que se ha subido un nivel en una estructura descriptiva de una cierta realidad. Ver, por ejemplo, *Metadata* o *Metalenguage.*

Metacharacter: *1. Comodín.*
Sinónimo de *Pattern matching character* (ver).

Metadata: *1. Metadatos.*
1. Datos que describen a otros datos usando un cierto lenguaje, habitualmente parametrizado, de descripción. Puede describirse: tipo, información sobre longitud, valores admisibles, obligatoriedad, etc. Los metadatos se mantienen, habitualmente, en *Diccionarios de datos.*

● ... a file system in which changes to *metadata (metadatos)* are recorded.

2. Componente de la arquitectura de los *almacenes de datos* (ver *Data warehouse*) en el que se contienen *metadatos* (ver *Def. 1*). Debería llamarse *Diccionario de Datos* ya que es compartido con el resto de componentes del sistema de información.

● ... a centralized and declarative management of *metadata (metadatos)* is essential for data warehouse administration.

Metafile: *1. Metafichero.*
1. Fichero que contiene a otros ficheros o que contiene descripciones del formato y estado de otros ficheros. Muy usados con relación a ficheros situados en otras sedes, a ficheros multimedia, etc.

● Typically, a *metafile (metafichero)* is located on a server and contains the URL where ...

Metalanguage: *1. Metalenguaje.*
1. Lenguaje que se usa para describir otros

lenguajes. También, en usos más académicos, para establecer comparaciones entre lenguajes, para determinar la validez de las instrucciones codificadas en otros lenguajes.

● SGML is often referred to as a *metalanguage (metalenguaje)* because it provides ...

Method: *1. Método.*
1. Algunos métodos de desarrollo (ver *Def. 2*) y lenguajes *orientados a objetos* (por ejemplo, *Smalltalk*) llaman *métodos* a los tratamientos que pueden experimentar los *objetos* (los métodos son componentes de las *clases* (ver *Class*)).

● ... whose class must find the appropriate *method (método)* to handle the ...

2. Procedimiento de trabajo (etapas, fases, actividades), documentación, técnicas y herramientas que forman un todo coherente utilizado para el análisis y diseño de sistemas de información, de aplicaciones y de componentes de ambos. Todo método está basado en una cierta doctrina. Frecuentemente se usa la palabra *metodología* (en el sentido de «conjunto de métodos») en lugar de la palabra *método*, que parece preferible.

● ... is a *method (método)* and graphical notation for high-level object-oriented analysis and design.

Method overriding: *1. Redefinición de método.*
1. En *programación orientada a objetos* (ver *Object oriented programming*), *redefinición de un método* (ver *Method Def. 1*) *o función* es hacer que dicho método o función se comporte de forma diferente, en una *clase* (ver *Class*) descendiente, con relación a como se comporta en una clase *progenitora* (ver *Parent*) de la misma.

• This new version is said to *override the method (que redefine el método)* inherited from class sphere ...

Methodology: *1. Método. 2. Metodología.*
1. Conjunto de *métodos* (ver *Method Def.* 2) usados en la tecnología informática o en alguna de sus actividades. También, estudio comparativo de los mismos, especialmente en lo que tienen de común. Frecuentemente se usa esta palabra para referirse a un *método* concreto.

• An object-oriented analysis and design *methodology (método)*, developed by ...

• Programming *methodology (metodología)* ...

Metric: *1. Medida.*
1. Palabra poco adecuada para referirse a medidas que pueden establecerse con relación a determinadas características del software y, en general, de los desarrollos y sistemas informáticos.

• A standard *metric (medida)* for the relative size and complexity of a software system, ...

Métrica v.2: *1. Métrica v.2.*
1. Método de análisis y diseño de sistemas y aplicaciones informáticas desarrollado en organismos de la Administración pública española y que, previsiblemente, será el marco de referencia en los concursos y contratación de aplicaciones para el sector público español.

Metropolitan Area Network:
1. Red de Área Metropolitana. 2. RAM.
1. *Interred* con una dimensión (en metros, no en computadoras conectadas) equivalente a una ciudad mediana o grande. Es evidente que los usuarios de las redes conectadas tienen algo en común (por ejemplo, pertenecer a una empresa u organismo). Las redes conectadas pueden ser relativamente diferentes y la

tecnología de interconexión debe permitir una velocidad que no sea una rémora.

• ... although in some cases *Metropolitan Area Networks (RAMs)* may be as small as a group of buildings or as large as the North of Scotland.

MEMS: *1. SMEM. 2. Sistemas Micro-ElectroMecánicos.*
Ver *Micro-electromechanical systems.*

Mflop: *1. Mflop.*
Ver *Megaflop.*

MFC: *1. MFC.*
Ver *Microsoft Foundation Classes.*

Mhz: *1. Mhz.*
Ver *Megahertz.*

Micro Channel Architecture:
1. MCA.
1. Arquitectura de *bus* creada por IBM para la línea PS/2. Tiene ventajas sobre sus precedentes pero su incompatibilidad con las placas existentes ha frenado su expansión.

• Unlike *Micro Channel Architecture (MCA)*, EISA can accept older boards.

Micro-electromechanical systems:
1. Sistemas Micro-ElectroMecánicos.
2. SMEM.
1. Nombre genérico de los sistemas informáticos *incluidos* (ver *Embed*) en sistemas físicos (mecánicos, hidráulicos, eléctricos, etc.) en los que controlan funciones electromecánicas. Para ello necesitan estar dotados de *sensores* (ver *Sensor*) y *actuadores* (ver *Actuator*) que interaccionen con los componentes del sistema físico.

• We are developing *micro-electromechanical systems (SMEM)* with integrated components for precision measurement purposes.

Microchip: *1. Microchip.*

1. *Circuitería* (ver *Circuitry*) de computadora altamente comprimida e integrada, fabricada para uso genérico (microprocesadores, memoria) o específico (diseñadas para alto *rendimiento* (ver *Performance*) en determinadas funciones).

● ... one of the broadest selections of memory microchips *(microchips)* on the market for ...

Microcode: *1. Microcódigo.*

1. Las *instrucciones máquina* (ver *Machine instruction*) son de dos tipos: las que se ejecutan tal cual por la *UCP* (ver *Central Processing Unit*) y las que están formadas por secuencias de otras instrucciones más elementales. Estas últimas forman lo que se llama *microcódigo*. En ciertos casos es posible crear microcódigo «a medida», es decir, especializar, hasta cierto punto, a la computadora.

● A software or microcode *(por microcódigo)* division of processor resources ...

Microcom Networking Protocol: *1. MNP.*

1. Protocolo de uso muy común en *módems* (ver *Modem*) de alta velocidad. Hay varios niveles que permiten características como: control de errores, ajuste de la velocidad de transmisión según «interlocutor», compresión de datos y otras. Fue desarrollado por Microcom Inc.

● *Microcom Networking Protocol (MNP)* levels 1 through 11 support features such as error correction, using a 16-bit CRC ...

Microcomputer: *1. Microcomputadora.*

1. Herencia clasificadora que, a inicios del siglo XXI ha perdido todo su interés. Se aplicaba a computadoras del tipo CP IBM y similares. De todas formas, se sigue usando.

● ... is a simple, portable text editor with versions for most *microcomputers (microcomputadoras)* and many other computers.

Microcontroller: *1. Microcontroladora.*

1. Microprocesador dotado de los elementos hardware y software (*sistema operativo*, RAM (ver *Random Access Memory*), ROM (ver *Read-Only Memory*), puertos *E/S* (ver *Input/Output*), ...) necesarios para realizar tareas de control de sistemas físicos en los que se *incluye* (ver *Embed*).

● ... to produce software tools for distributed applications running on networks of *microcontrollers (microcontroladoras)*.

Microfiche: *1. Microficha.*

1. Soporte de datos de sólo escritura en el que las páginas de salida se «imprimen» en un espacio muy reducido (por ejemplo, 1 página en 1 centímetro cuadrado. El acceso es relativamente incómodo y está desapareciendo sustituido por el CD-ROM.

● Information currently stored on *microfiche (microficha)* ...

Microinstruction: *1. Microinstrucción.*

1. Instrucción elemental que se utiliza para la creación de otras instrucciones (de máquina y ensamblador) complejas (ver *Microcode*).

● *Microinstructions (Las microinstrucciones)* are stored without replication in a programmable read-only control memory and ...

Microprocessor: *1. Microprocesador.*

1. Sinónimo, casi siempre, de UCP (ver *Central Processing Unit*) aunque, a veces, un *microprocesador* puede tener algún elemento suplementario en el mismo *microchip*. Un microprocesador se caracteriza (y hay muchísimos modelos) por el *conjunto de instrucciones* (ver *Instruction set*) que puede ejecutar, el

ancho de sus buses de instrucciones y datos (8, 16, 32, 64, ... bits) y la velocidad de su reloj.

• In a PC, the motherboard contains the bus, the *microprocessor (microprocesador)* and chips used ...

Microprogram: *1. Microprograma.*

1. Conjunto de *microinstrucciones* con lógica propia capaces de proporcionar un servicio a una *UCP* (ver *Central Processing Unit*) (por ejemplo, ejecutar la función de una instrucción compleja). A veces se llama microprograma al conjunto de estas funciones de servicio a la UCP.

• The use of *microprograms (microprogramas)* made possible the development of operating systems as software rather than ...

Microsecond: *1. Microsegundo.*
2. µseg.
1. Millonésima de segundo (10**-6 seg).

• The clock period decreased from 10 to 5 *microseconds (microsegundos)* and ...

Microsoft Certified Systems Engineer: *1. MCSE.*

1. Título concedido por Microsoft Corp, a través de sus delegaciones y empresas intermediarias, a los profesionales que superen un examen sobre un programa elaborado por la propia empresa y referente a productos de la misma. Existen centros que imparten esa formación, que también puede hacerse comoÇautoestudio con material proporcionado por Microsoft (por el módico precio de unos 1.000 $).

• The *Microsoft Certified Systems Engineer (MCSE)* credential is the premier certification for professionals who analyze ...

Microsoft Corp: *1. Microsoft Corp.*

1. Principal (con diferencia) productor mundial de software para computadoras personales. Su éxito en *sistemas operativos* (ver *Operating system*) le está sirviendo de base para la creación de aplicaciones de tipo generalista y herramientas de ayuda al desarrollo incluyendo enfoques de vanguardia. Está teniendo problemas a causa de su posición casi monopolista en su sector de mercado.

• ... user interface software released by *Microsoft Corp. (Microsoft Corp.)* in 1985 to run on top of MS-DOS.

Microsoft Foundation Class Library: *1. Biblioteca MFC.*

Sinónimo de *Microsoft Foundation Classes* (ver).

Microsoft Foundation Classes: *1. MFC.*

1. *Biblioteca* (ver *Library*) de *clases* (en el sentido de la *orientación a objetos;* ver *Class*) que Microsoft pone a disposición de los programadores en *C++*. Una parte importante de la biblioteca la forman las clases necesarias para construir *interfaces gráficas* (ver *Graphical User Interface*).

• Experience with multi-threaded applications, Visual C/C++, Microsoft Win32 (SDK), *Microsoft Foundation Classes (MFC)*, COM/DCOM (Component Object Model/Distributed COM).

Microsoft Internet Explorer: *1. Internet Explorer de Microsoft. 2. MSIE. 3. IE.*

1. *Navegador* (ver *Browser*) de Internet desarrollado por Microsoft para sus sistemas Windows 95, 98 y NT. En estos dos últimos el navegador está integrado de forma casi inseparable, lo que le puede provocar a Microsoft Corp algunos problemas legales. En cuanto a características, es bastante parecido a su rival

más significativo: Netscape Navigator. Sería lamentable que los desarrollos futuros con relación a Internet fueran más divergentes que convergentes a causa de que hay dos navegadores en liza.

• If you are a *Microsoft Internet Explorer (Internet Explorer de Microsoft)* user and you have an idea on what is causing this ...

Microsoft Transaction Server:
1. Transaction Server de Microsoft.
2. MTS.

1. Complemento a los *sistemas operativos* de red (en concreto, *Windows NT server*) creado por Microsoft para facilitar el desarrollo de aplicaciones interactivas teniendo en cuenta, muy especialmente, el diálogo con el usuario (cliente en red o en Internet) y el procesamiento de transacciones contra diferentes modelos físicos de *bases de datos* (ver *Database*). Este producto encaja en la estrategia global de Microsoft con relación a los desarrollos de largo alcance en *orientación a objetos* (ver *Object orientation*).

• *Microsoft Transaction Server (Transaction Server de Microsoft)* support transactional applications and provide services for ...

Middleware: *1. Software intermediario.*
1. Forma genérica de referirse a aplicaciones complementarias (no de usuario) que actúan de intermediarias facilitando la comunicación entre componentes que usan diferentes lenguajes (de cualquier nivel) y/o protocolos. En casos especiales se ha aplicado la misma palabra a aplicaciones complementarias que actúan interceptando *mandatos* (ver *Command*) dirigidos al hardware (por ejemplo, abrir ficheros) o recibidos del hardware, para efectuar acciones específicas (por ejemplo, manejar un cintotecario).

• ... a broad range of specialised solutions,

both at the *middleware (software intermediario)* and application solutions levels ...

Migrate (verb): *1. Migrar.*
1. Convertir diferentes elementos hardware y/o software como consecuencia de la sustitución de un componente significativo por otro diferente o igual pero en una versión suficientemente distinta. Los problemas y trabajos más serios se dan cuando el componente cambiado es un *sistema operativo* (ver *Operating system*) principal. Pero también pueden ser serios cuando se cambia de *SGBD* (ver *Database Management System*).

2. Ver *Migration* para más precisión y ejemplos.

Migration: *1. Migración.*
1. Pasar ficheros de poco uso a un soporte más barato (por ejemplo, cinta) pero que, por supuesto, proporciona menos *disponibilidad* (ver *Availability*). Existe software de ayuda especializado en el control semiautomático de las *migraciones*.

• ... for running backup and *migration (migración)* concurrently, we recommend ...

2. Conjunto de cambios, a planificar y ejecutar muy cuidadosamente, debidos a la sustitución de un sistema, subsistema, aplicación, dispositivo o conjunto de ellos, etc., por otro del mismo o parecido tipo (en general, una versión con mejores prestaciones).

• ... additional sources where you can get assistance with the *migration (migración)* effort.

• ... as well as uplinks to permit *migration (migración)* from FDDI backbones to ATM ...

Millisecond: *1. Milisegundo. 2. ms.*
1. Milésima parte de un segundo $(10^{**} -3$ seg).

• Measuring speed to the *millisecond (milise-gundo)* was considered impossible with ...

Mini-computer: *1. Minicomputadora.*
Ver *Minicomputer.*

Minicomputer: *1. Minicomputadora.*
1. Computadora con unas prestaciones superiores a las de una microcomputadora pero inferiores a las de una *computadora principal* (ver *Mainframe computer*). La distinción ya no tiene mucho sentido y las fronteras entre clases cambian continuamente, produciéndose solapamientos.

• ... developed for use on *minicomputers (minicomputadoras)* but has been adapted on mainframes and microcomputers.

Minimize: *1. Minimizar.*
1. En la mayoría de *interfaces gráficas de usuario* (ver *Graphical User Interface*), eliminar de pantalla una ventana concreta o todas las ventanas de una aplicación. Normalmente quedan presentes por medio de un icono (con o sin texto) en un lugar prefijado de la pantalla (por ejemplo, la *barra de tareas*).

• ... when the primary window is closed or *minimized (minimizada)*, and redisplayed when ...

Minitower: *1. Minitorre.*
1. Caja vertical para contener una *CP*. Su altura útil es, aproximadamente, de unos 35 centímetros.

• ... warrants that this desktop or *minitower (minitorre)* computer is Year 2000 compliant ...

Minor: *1. Pequeño. 2. Incluido.*
1. *Minor* sin relación con *major* es un adjetivo que denota menor cuantía o importancia, poca significación.

• You need to make some *minor (pequeños)* changes to these sample jobs.

2. *Minor* con relación a *major* es un adjetivo que significa menor jerarquía o inclusión. Es típico su empleo para hablar de *campos* (ver *Field*) de clasificación de los datos o de estructuras *tipo de dispositivo/dispositivo concreto*.

• Subsequent control fields are called *minor (incluidos)* control fields ...

Minus: *1. Menos. 2. Guión.*
Sinónimo de *Dash* (ver).

Mirror (verb): *1. Ser reflejo de.*
1. Duplicar total o parcialmente un elemento (por razones de eficiencia, seguridad, comodidad, etc.) (ver *Mirror (noun)*).

• ... you must set up a TSO/E console that *mirrors (es reflejo de)* the operator's console ...

Mirror site: *1. Sede refleja.*
1. *Sede Ueb* (ver *Web site*) que reproduce, total o parcialmente, a otra sede. La idea es la de reducir la carga de algunas sedes a fin de que los usuarios obtengan un tiempo de acceso razonable. Lo más frecuente es que la *réplica* se limite a los directorios más accedidos. Puede aplicarse a otros elementos (por ejemplo, discos).

• With *mirror sites (sedes reflejas)* it is possible to download files more ...

Misalignment: *1. Desajuste. 2. Desalineación.*
1. Situación de un *campo* (ver *Field*) que debe cumplir alineamiento o ajuste de frontera y no lo cumple (ver *Boundary Alignment*).

• The safest way to avoid *misalignment (desajuste)* problems is to make a copy of the buffer before accessing.

2. También puede referirse a elementos físicos (objetos, campos magnéticos y eléctricos, etcétera).

• The physiological result of receptive field *misalignment (desalineación)* was ...

Mismatch (noun):
1. Desemparejamiento. 2. Discordancia. 3. Desconveniencia.
1. Resultado negativo de aplicar una acción de emparejar, concordar, etc. (ver *Match (verb)*).

• As a result, lines of unequal length are always a *mismatch (desemparejamiento)*.

Mismatch (verb): *1. Desemparejar. 2. Discordar. 3. Desconvenir.*
1. Equivalente a *Do not match* (ver *Match (verb)*).

• ... column name or number of supplied values *mismatch (no coinciden con)* table definition.

MIB: *1. MIB.*
Ver *Management Information Base.*

MICR: *1. MICR.*
Ver *Magnetic Ink Character Recognition.*

MIDI: *1. MIDI.*
Ver *Musical Instrument Digital Interface.*

MIF: *1. MIF.*
Ver *Management Information File.*

MIME: *1. MIME.*
Ver *Multipurpose Internet Mail Extensions.*

MIPS: *1. MIPS.*
1. Unidad de velocidad de los procesadores. Significa 1 millón de instrucciones por segundo. La dificultad estriba, tal vez, en establecer qué mezcla de instrucciones figuran en el millón.

• The number of *MIPS (MIPS)* has, on average, doubled every 1.8 years for ...

MIS: *1. SIG. 2. Sistema de Información de Gestión.*
Ver *Management Information System.*

MMU: *1. UGM. 2. Unidad de Gestión de la Memoria.*
Ver *Memory management unit.*

MMX: *1. MMX.*
1. Especialización de los microprocesadores Pentium de Intel que, según su fabricante, mejora sustancialmente sus prestaciones trabajando con aplicaciones multimedia sin perder capacidades en aplicaciones ordinarias.

• *MMX (MMX)* add 57 new microprocessor instructions designed to handle multimedia data.

MNP: *1. MNP.*
Ver *Microcom Networking Protocol.*

Mnemonic: *1. Mnemotécnico.*
1. Adjetivo que se aplica a las técnicas (y a sus resultados) de diseño y codificación que ayudan en la memorización de los elementos diseñados o codificados.

• Using the *mnemonic (mnemotécnica)* encoding makes it practical to use numbers which are too large to be ...

Mode: *1. Modo.*
1. Una de las diferentes formas de reaccionar y/o manifestarse que puede tener un componente informático (sistema operativo, programa, computadora, etc.).

• ... and running on FreeBSD 4.0 in Linux emulation *mode (modo)*.

Model: *1. Modelo.*
1. Representación matemática y/o gráfica del funcionamiento o comportamiento de un objeto material (por ejemplo, la membrana de una célula) o inmaterial (por ejemplo, el mercado del petróleo). Todo modelo supone una abstracción (simplificación) de la realidad.

• Welcome to the Brain *Model (Modelo)* Tutorial!

Modelling: *1. Modelización.*
1. Crear un modelo o representación abstracta (más o menos formalizada) de una realidad que puede ser un sistema de información completo o un aspecto parcial del mismo (la estructura de sus datos o el *flujo* de los mismos; ver *Flow*).

• ... providing graphical *modelling (de modelización)* tools for high level system design ...

Modem: *1. Módem.*
1. Dispositivo electrónico que puede convertir datos seriales (ver *Serial*) (digitales) procedentes de una computadora en datos analógicos adecuados para su transmisión por vía telefónica ordinaria, y viceversa. Ambas funciones se llaman *modulate* y *demodulate*, de cuyas letras iniciales procede el nombre.

• A *modem (módem)* may either be internal (connected to the computer bus) or ...

Modem eliminator: *1. Eliminador de módem.*
1. Sinónimo de *Null modem* (ver *Modem*). A veces se restringe la definición al caso de *módems nulos* que proporcionan *señal* de reloj (en enlace sincrónico) a los dos partícipes de la comunicación.

• ... is the smallest *modem eliminator (eliminador de módem)* available on the market. It generates the signal timing required ...

Moderated newsgroup: *1. Grupo de noticias con moderador.*
1. *Grupo de noticias* (ver *News groups*) que ha decidido limitar la libertad de expresión mediante el análisis de los mensajes antes de ser puestos a disposición de los suscriptores, con eliminación de los que se consideran inadecuados. Como toda limitación de la libertad de expresión puede tener sus pros y sus contras.

• ... and other general information about the archives of *moderated newsgroups (grupos de noticias con moderador)* ...

Moderator: *1. Moderador.*
1. Persona o grupo que filtra mensajes destinados a un *grupo de noticias* (ver *News groups*) (o *lista de distribución*; ver *Mailing list*). Para conseguir ecuanimidad, el *moderador* debería tener limitadas sus atribuciones en una norma consensuada cuando se creó el grupo.

• ... are the location the *moderators (moderadores)* of the individual newsgroups consider official.

Modificability: *1. Modificabilidad.*
1. Cualidad deseable en toda especificación de requisitos de un sistema en diseño: poder modificarla fácilmente cuando se descubran nuevos hechos y requisitos no considerados hasta el momento. Se corresponde con la *mantenibilidad* (ver *Maintainability*) del sistema ya desarrollado.

• We study the *modificability (modificabilidad)* of requirement representations within the framework of ...

Modifier key: *1. Tecla modificadora.*
1. Tecla que cambia el significado habitual de otras teclas cuando éstas se pulsan mientras se mantiene pulsada la primera.

• I strongly advise living with it for a while before swapping *modifier keys (teclas modificadoras)*.

Modula-2: *1. Modula-2.*

1. Lenguaje de programación de alto nivel, creado por N. Wirth en los últimos 70's y que debe su nombre a las posibilidades que permite para integrar módulos (desarrollados y compilados de forma independiente) en unidades de orden superior. Ha tenido versiones y descendientes en el mundo académico pero apenas se ha extendido su uso en el resto del mundo informático.

• Similar to *Modula-2 (Modula-2)*, but with support for distributed programming using shared data ...

Modular design: *1. Diseño modular.*

1. Diseño de programas complejos sobre la base de su descomposición en unidades de programación de menor tamaño (módulos), que pueden desarrollarse y *compilarse* con independencia unas de otras, aunque siguiendo un cierto orden que facilite las pruebas. Las entradas y salidas de los módulos se definen con todo rigor, haciéndose una definición lógica («qué» y no «cómo») de los tratamientos.

• If you use *modular design (diseño modular)*, you can often achieve further tuning of programs for a virtual storage system.

Modulation: *1. Modulación.*

1. Modificar una *señal* (ver *Signal Def. 1*) original que debe transmitirse o radiarse de forma que la transmisión o radiación se realice en las mejores condiciones posibles (adaptada al medio, a las interferencias esperables, etc.). La forma más frecuente de modular es modificar una señal portadora con la señal original. La *modulación* ha de ir acompañada, en el otro extremo, por una demodulación (ver, por ejemplo, *Modem*).

• In general, the first application requirements considered in the choice of *modulation (modulación)* system components are ...

Module: *1. Módulo.*

1. En programación modular, un *módulo* es una parte de un programa con una función claramente definida que, potencialmente, puede *reusarse* (ver *Reuse (verb)*) en programas totalmente diferentes.

• The main benefit in this is that you can build up a library of *modules (módulos)* that handle different things like ...

2. En la actualidad se usa la palabra *módulo* para designar a cualquier pieza de programación. Pueden encontrarse referencias a *módulos fuente* (salidos de las manos del programador o generados), *módulos objeto* (salidos de un proceso de *compilación*), *módulos cargables* (salidos de un paso de *montaje*), *módulos ejecutables* y hasta *módulos ejecutables cargables*. Afortunadamente, a todos les va bien la palabra *módulo*.

• On the other hand, an executable file is not necessarily an executable *module (módulo)*.

• ... link-edits the object *module (módulo)*, and produces an executable file.

3. Componente hardware que puede instalarse de forma separada (ver, por ejemplo, *Single In-line Memory Module*).

• This project is developing a *module (módulo)* which uses a network of transputers which perform ...

Modulo: *1. Respecto del módulo.*
2. Mod.
1. Relativo a *módulo* (ver *Modulus*).

• 6 is congruent to 11 *modulo (respecto del*

módulo) 5. (frecuentemente se abusa con expresiones como *6 = 11 modulo 5)*.

Modulus: *1. Módulo.*
1. Divisor entero necesario entre números congruentes para que éstos lo sean. O bien, un número por el que pueden dividirse dos números dados obteniéndose el mismo resto.

• The *modulus (módulo)* 11 basis using the weighting factors 8 to 2 for calculating the check digit ...

Moniker: *1. Mote.*
1. Nombre supuesto utilizado por un usuario de la red.

• To use a *moniker (mote)*, then, a client must first create and initialize ...

Monitor (noun): *1. Pantalla.*
2. Monitor.
1. Unidad de *presentación* (ver *Display (verb)*) de datos en una computadora o terminal. Estas unidades pueden ser monocromáticas o de color (ver también *Display* y *Screen*).

• Digital *monitors (pantallas)* are sometimes known as TTL because the voltages ...

2. Subsistema o programa que es capaz de planificar, *lanzar* (ver *Dispatch*), supervisar, etcétera, las actividades de otros programas y dispositivos (por ejemplo, un *monitor de teleprocesamiento;* ver *Teleprocessing monitor).*

• We'll first focus on how TP *monitors (monitores)* tackle the fundamental upsizing problem and then look at ...

3. Cualquier componente software con misión de supervisión sobre datos, mensajes, *rendimiento* (ver *Performance*), tiempo de respuesta, ocupación de espacio, etc. Algunos *moni-*

tores tienen capacidades correctivas. Otros, solamente de *presentación* (ver *Display (verb)*) y elaboración de estadísticas.

• Starting and customizing the login *monitor (monitor)* daemon ...

Monitor (verb): *1. Monitorizar.*
2. Supervisar.
1. De forma automática, obtener datos sobre actividad, ocupación, etc., de componentes, software, hardware y almacenamiento, evaluar dichos datos con relación a determinados parámetros y tomar acciones de corrección, *presentación* (ver *Display (verb)*) o aviso.

• They use counters to *monitor (monitorizar)* the number and cause of retries, and they contain algorithms that decide ...

2. Supervisar (persona) de forma sistemática y preestablecida los datos más significativos del funcionamiento de un sistema, subsistema, aplicación o componente y revisar durante dicha tarea los mensajes recibidos de dichos elementos.

• Establish performance objectives and *monitor them (supervisarlos)*.

Monitoring: *1. Monitorización.*
2. Supervisión.
1. Acción y efecto de monitorizar, supervisar, controlar, etc.

• Simultaneous *monitoring (monitorización)* of BRI and X.25 lines.

Monochrome: *1. Monocromático/a.*
1. La pantalla (ver *Monitor Def. 1*) más sencilla: dos colores, uno para el *fondo* (ver *Background*) y otro para texto e imágenes (habitualmente, verde o naranja).

• On a *monochrome (moncromática)* display,

areas of grey are created by varying the proportion ...

Monospacing: *1. Monoespaciado.*

1. Forma de presentar o imprimir un texto en la que cada carácter ocupa el mismo espacio horizontal, cualquiera que sea su anchura real.

• ... which does not display characters with *monospacing (monoespaciado)*, your maps will not appear as easily readable grids ...

Monotonic: *1. Monótono/a.*

1. Relativo al concepto matemático de monotonía que, aplicado a funciones, establece que si un valor de la variable independiente es menor o mayor que otro valor de la misma variable, los correspondientes valores de la función guardan la misma relación entre ellos (menor que o mayor que). Este concepto se aplica a una forma de planificar *sistemas de tiempo real* (ver *Real-time system*) con tareas periódicas. Ver *Rate monotonic* ...

Moof monster: *1. Monstruo Muf.*

1. Monstruo imaginario al que se hace responsable de todos los problemas informáticos sin explicación aparente.

• ... to an Internet legend that a *moof monster (monstruo Muf)* is responsible for disconnecting you from the room.

Moore's Law: *1. Ley de Moore.*

1. Ley optimista sobre la evolución tecnológica de la producción de los componentes básicos de las computadoras. Según esta ley (versión actual) el almacenamiento posible de datos por *microchip* se multiplica por 2 cada año y medio.

• ... believes *Moore's law (ley de Moore)* to hold for at least another 10 or 15 years.

Morphing: *1. Metamorfoseado.*

1. En informática gráfica (animación), paso desde una imagen inicial a una final por transformaciones progresivas. De uso frecuente en publicidad y dibujos animados.

• ... is the ability to control the *morphing (de metamorfoseado)* speed of details in relation to the ...

Mosaic: *1. Mosaic.*

1. Primer *navegador* (ver *Browser*) en la *Ueb* (ver *World Wide Web*), que puede ser considerado, en justicia, el ancestro común de los actuales. Sus creadores acabaron en Netscape. El sistema se ejecuta en UNIX (aún hay versiones, más modernas, operativas).

• ... *Mosaic (Mosaic)* gained an estimated two million users worldwide in just over one year.

Motherboard: *1. Placa base.*

1. Placa principal de *circuitería* (ver *Circuitry*) y componentes en las computadoras personales. Tiene ranuras para insertar otras placas. Contiene la *UCP* (ver *Central Processing Unit*), la memoria, el *BIOS* (ver *Basic Input/Output System*), diferentes elementos de control de otros componentes, etc.

• It is the responsibility of each *motherboard (de placas base)* manufacturer or vendor to provide support ...

Motif: *1. Motif.*

1. IGU (ver *Graphical User Interface*), desarrollada en 1989 por la *Open Software Foundation* (ver), que determina el aspecto exterior de las aplicaciones proporcionando ayudas para la creación de ventanas y sus componentes. Se ha convertido en un estándar para máquinas que trabajan con UNIX.

• ... for building human interfaces to applications using *Motif (Motif)*.

Motion JPEG: *1. JPEG-vídeo.*
1. Ampliación de la norma JPEG (ver *Joint Photographic Experts Group* y *JPEG*) para imágenes en movimiento (tipo «vídeo»).

• ... which can be easily extracted from *Motion JPEG (JPEG-vídeo)* and MPEG compressed video without decompression.

Mount: *1. Montar.*
1. Efectuar las operaciones necesarias para que el contenido de un volumen de cinta (carrete, *cartucho* (ver *Cartridge*)) sea accesible al *sistema operativo*. La operación puede ser más o menos automática según el tipo de dispositivo (armario tradicional, robot).

• The volumes are *mounted (se montan)* on either one or two tape drives ...

2. Ejecutar *mandatos* (ver *Command*) para hacer que un sistema de ficheros quede disponible para acceso o, lo que es lo mismo, añadirlo al *sistema jerárquico de ficheros* (ver *Hierarchical File System*).

• ... *mount (montar)* attaches a named filesystem to the file system ...

Mountable file system: *1. Sistema de ficheros montable.*
1. *Sistema de ficheros* (ver *File system*) susceptible de ser *montado* (ver *Mount Def. 2*: «colgado de») en otro sistema de ficheros ejecutando el *mandato* UNIX de montaje.

• Because a *mountable file system (sistema de ficheros montable)* must reside on a single DASD volume, several file systems ...

Mouse: *1. Ratón.*
1. Dispositivo que traslada los movimientos de una mano sobre una superficie (ver *Mousepad)* en la mesa de trabajo a movimientos de un cursor o *apuntador* (ver *Pointing de-*

vice) en la pantalla de la computadora. Una vez apuntado un objeto (texto, icono, etc.) pueden desencadenarse acciones sobre el mismo pulsando alguno de los botones de que está dotado el *ratón*.

• ... pressing a *mouse (ratón)* button or a keyboard key ...

Mouse button: *1. Botón del ratón.*
1. Cada uno de los dos o tres pulsadores, situados en el ratón de la computadora, que permiten al usuario interaccionar con el sistema: seleccionar opciones u objetos, iniciar acciones, etc. El ruido de su resorte ha dado nombre a una de las acciones más populares en la informática actual.

• «Position the mouse pointer on the item to select and click the left *mouse button (botón del ratón)* once.»

Mouse pad: *1. Alfombrilla.*
Ver *Mousepad.*

Mouse pointer: *1. Apuntador del ratón.*
1. Visualmente, el *apuntador del ratón* (ver *Pointing device*) es una forma (variable) que apunta a una determinada posición en la pantalla y que puede desplazarse moviendo el ratón. Internamente, el apuntador tiene como atributos (entre otros) las coordenadas de la posición en que está situado.

• ... and extends to the current *mouse pointer (apuntador del ratón)* location ...

Mouse sensitivity: *1. Sensibilidad del ratón.*
1. Relación entre la velocidad de desplazamiento del ratón en su alfombrilla y la velocidad de desplazamiento de su cursor en la pantalla.

• ... you may want to adjust the *mouse sensitivity (sensibilidad del ratón)* as described below ...

Mouse trails: *1. Rastro del ratón.*

1. Imágenes que se presentan en pantalla que recogen las posiciones inmediatamente previas del cursor del ratón en movimiento. Ayudan a su localización.

• You can download this stars *mouse trail (rastro del ratón)* by clicking here.

Mousepad: *1. Alfombrilla.*

1. Superficie no muy dura y relativamente rugosa que se usa para desplazar sobre ella el ratón.

• It is possible to buy non-allergenic leather *mousepads (alfombrillas).*

Moving Picture Experts Group: *1. MPEG.*

1. El nombre es el de un comité de la *ISO* (ver *International Organization for Standardization*) responsable de la creación de normas para compresión de *señales* (ver *Signal Def. 1*) digitales de audio y, sobre todo, vídeo. *MPEG-n* identifica a los diferentes algoritmos estandarizados publicados por el comité.

• The essence of *MPEG (MPEG)* is its syntax: the little tokens that make up ...

Mozilla: *1. Mozilla.*

1. Sobrenombre inicial del *navegador* (ver *Browser*) de Netscape que, posteriormente, se ha conocido y conoce como *Navigator.*

• ... to publically release the source code for their client product, otherwise known as *Mozilla (Mozilla)*, a number of free ...

MO drive: *1. Dispositivo MO.*
2. Dispositivo para disco magneto-óptico.
Ver *Magneto-optical disk drive.*

MOO: *1. MOO.*
Ver *MUD Object Oriented.*

MP: *1. MP.*
Ver *Multilink Point-to-Point Protocol.*

MPEG: *1. MPEG.*
Ver *Moving Picture Experts Group.*

MPP: *1. PMP. 2. Procesamiento masivamente paralelo.*
Ver *Massively parallel processing.*

MP3: *1. MP3.*
1. Abreviatura de *MPEG-1 Audio Layer-3.* Tecnología y formato de almacenamiento y transporte con compresión muy eficiente de música. Para reproducir música en formato *MP3* hay que disponer de un programa especial llamado *interpretador* (ver *Player*).

• Lots of *MP3 (MP3)* files, a huge software section and quality MP3 links.

MRI: *1. DLM. 2. Datos Legibles por Máquina.*
Ver *Machine-readable information.*

MRM: *1. MLM. 2. Material Legible por Máquina.*
Ver *Machine-readable material.*

MS-DOS: *1. MS-DOS.*
1. *Microsoft Disk Operating System.* Versión de Microsoft del extendidísimo DOS (no confundir con el venerable DOS para máquinas IBM/360, antecedente del actual VSE). *MS-DOS* es un s.o. de un solo usuario y está limitado a una memoria de 1 MB (640 KB para programas de aplicación). La primera aparición de Windows supuso una mejora muy significativa en la sequedad de la interacción del usuario con el *MS-DOS*.

• ... that is fully IBM compatible and can run MS-DOS (MS-DOS) ...

MSAU: *1. MSAU.*
Ver *Multistation access unit.*

MSIE: *1. MSIE.* **2. Internet Explorer de Microsoft.**
Ver *Microsoft Internet Explorer.*

MTBF: *1. TMEF.* **2. Tiempo Medio Entre Fallos.**
Ver *Mean time between failures.*

MTS: *1. MTS.* **2. Transaction Server de Microsoft.**
Ver *Microsoft Transaction Server.*

MTTR: *1. Tiempo Medio Hasta Reparación.* **2. TMHR.**
Ver *Mean time to repair.*

MTU: *1. UTM.* **2. Unidad de Transmisión Máxima.**
Ver *Maximum transmission unit.*

• ... and the TCP header of 20 bytes equals the *MTU (UTM)* or packet size ...

Multiboot (noun): *1. Multiarranque.*
1. Posibilidad que ofrecen algunos sistemas operativos de permitir que cada arranque concreto de la computadora se realice cargando un sistema operativo seleccionado entre varios.

• So, why don't you use FAT16 on all partitions in a *multiboot (con multiarranque)* system?

Multiboot (verb): *1. Multiarrancar.*
1. Arrancar una computadora a la que se ha dotado de opción de *multiarranque* (ver *Multiboot (noun)*).

• ... and I was using LILO *to multiboot (multiarrancar)* between them.

Multicast: *1. Multidifusión.*
1. Siempre que exista la posibilidad de comunicarse con más de un interlocutor, podrán darse, al menos potencialmente, las tres opciones siguientes: envío de mensaje a un solo interlocutor, envío a todos y envío a parte de ellos. Se llama *multidifusión* a la tercera opción mencionada. Esto es válido tanto para una *lista de correo-e* (segmentada; ver *Mailing list*), como para una red local como para una interred. La toma en consideración de las tres opciones tiene importantes repercusiones en el diseño de direcciones y de protocolos (ver también *Unicast* y *Broadcast*).

• Individual hosts are free to join or leave a *multicast (de multidifusión)* group at any time.

Multicast Backbone: *1. Mbone.* **2. Eje central de red para multidifusión.**
1. Adaptación del *protocolo IP* (ver *Internet Protocol*) para la multidifusión (ver *Multicast*), con altas prestaciones, de mensajes de todo tipo pero, especialmente, de audio y vídeo. Se han desarrollado máquinas especiales para trabajar con este protocolo, dotadas de capacidad para interaccionar con *encaminadoras* (ver *Router*) *y pasarelas* (ver *Gateway*) tradicionales. En realidad llega a formarse una especie de red especializada integrada en la *Internet*.

• Each provider participant in the *Multicast Backbone (Mbone)* provides one or more IP multicast router ...

Multicasting: *1. Multidifusión.*
Ver *Multicast.*

Multicharacter collating element: *1. Elemento multicarácter de comparación.*
1. Elemento de comparación que en el texto a

clasificar o textos a *interordenar* (ver *Merge (verb) Def. 2*) puede estar representado por más de un carácter. La tabla que se use para suministrar la *secuencia de comparación* (ver *Collating sequence*) debe contemplar esta posibilidad. Sinónimo de *Equivalence class*.

• ... the relative order between collating elements (single character and *multicharacter collating elements (elementos multicarácter de comparación)*).

Multidimensional Data Base:
1. Base de Datos Multidimensional.
2. BDMD.
1. *Base de datos* (ver *Database*), gestionada por un *SGBD* (ver *Database Management System*) especializado, en la que pueden explicitarse estructuras matriciales (2, 3 o más dimensiones), estando el lenguaje de acceso preparado para *recorrer* (ver *Scan Def. 1*) las matrices de forma más sencilla que con un lenguaje relacional estándar (p. ej., *SQL*; ver *Structured Query Language*).

• ... procedures have been enhanced to support the transfer of *Multidimensional Data Base (BDMD)*, ...

Multidrop: *1. Multibajante.*
1. Este término se aplica tanto a la línea que recibe dos o más *bajantes* conectadas, cada una, a su computadora o terminal, como a la topología resultante. También se aplica a determinados tipos de *módems* (ver *Modem*). Aunque hay cierta confusión, se tiende a usar la palabra *multipunto* cuando las conexiones se hacen a través de *módems* y *multibajante*, en caso contrario. En esta topología acostumbra a ser corriente que haya una computadora que actúa como *ama,* siendo *esclavas* las demás (si no fuera así, sería imposible *seriar* (ver *Serialize*) las transmisiones).

• An older term that is still sometimes used

instead of multipoint is *multidrop (multibajante).*

Multihomed host: *1. Huéspeda multidomiciliada.*
1. Computadora en red(es) con un solo nombre de *huéspeda* (ver *Host Def. 1*) y varias direcciones *IP* (ver *Internet Protocol*).

• A *multihomed host (huéspeda multidomiciliada)* may send and receive data over any of the links but will not route traffic for other nodes.

Multilayer: *1. Multicapa.*
1. Relativo a circuitos integrados (impresos) formados por dos o más *capas* superpuestas.

• Recently, the technique of *multilayer (multicapa)* structures has been adopted ...

Multilink Point-to-Point Protocol:
1. MP.
1. Protocolo que permite combinar en una única conexión lógica varias conexiones físicas entre dos puntos. Es una ampliación del (protocolo) *PPP* (ver *Point-to-Point Protocol*).

• *MP (MP)* through RFC 1990.

Multimedia: *1. Multimedia.*
1. Cuando los datos transmitidos, procesados o almacenados admiten diferentes orígenes (ver *Media Def. 3*), se habla de *multimedia.* Los orígenes pueden ser texto, audio, vídeo en reposo, etc. La palabra *multimedia* puede aplicarse a una computadora, a la capacidad de una línea de transmisión, etc.

• Such workstations can often support the display of *multimedia (multimedia)* ...

Multiple Document Interface:
1. MDI.
1. *Interfaz* (ver *Interface (noun)*) de progra-

mación propia de Windows que permite desarrollar aplicaciones preparadas para procesar simultáneamente varios documentos, cada uno de ellos en una subventana de la ventana de la aplicación.

● ... is a Web browser which uses the Windows *Multiple Document Interface (MDI)* to view multiple Web sites, query multiple search ...

Multiple inheritance: *1. Herencia múltiple.*
1. Técnica de diseño de programas en *orientación a objetos* (ver *Object orientation*) en la que una *clase* (ver *Class*) hereda componentes de más de una clase *progenitora* (ver *Parent*).

● *Multiple inheritance (La herencia múltiple)* is also convenient when a set of facilities ...

Multiplex (verb): *1. Multiplexar.*
1. Enviar varias transmisiones (*señales*; ver *Signal Def. 1*) diferentes, de forma simultánea, por la misma línea o medio. Las señales pueden ser analógicas o digitales. De esta manera, una línea (rápida) puede sustituir a *n* líneas lentas.

● Analog signals *are* usually *multiplexed (se multiplexan)* using frequency-division ...

Multiplex factor: *1. Factor de multiplexado.*
1. Máximo de transmisiones multiplexadas (ver *Multiplex (verb)*) a través de una misma conexión (en redes).

● ... to find a connection that has not exceeded its *multiplex factor (factor de multiplexado).*

Multiplexer: *1. Multiplexor.*
1. Dispositivo electrónico diseñado para multiplexar (ver *Multiplex (verb)*) *señales* (ver *Signal Def. 1*).

● A *multiplexer (multiplexor)* carves up a channel of high bandwith into several channels bandwith ...

Multiplexing: *1. Multiplexación.*
1. Acción y efecto de *multiplexar* señales. Ver *Multiplex (verb)*.

● T-1 Carrier uses time division *multiplexing (multiplexación),* ...

Multiplexor: *1. Multiplexor.*
Sinónimo de *Multiplexer* (ver).

Multipoint: *1. Multipunto.*
Ver definición conjunta en *Multidrop*.

● The slave stations are connected to the master by a *multipoint (multipunto)* network ...

Multiprocessing:
1. Multiprocesamiento.
1. Ejecución simultánea y coordinada de secuencias de instrucciones de programa por parte de los diferentes procesadores de un multiprocesador (se comparte *sistema operativo*, memoria y unidades de *E/S*: acoplamiento *fuerte*; ver *Tightly coupled*). O bien, ejecución simultánea y coordinada de programas de una misma aplicación por parte de una red de computadoras que intercambian continuamente mensajes de coordinación y transferencia de datos (no se comparten más que los canales de comunicación: acoplamiento *débil*; ver *Loosely coupled*).

● ... the logical structure of a two-CPU *multiprocessing (multiprocesamiento)* system that ...

Multiprocessor: *1. Multiprocesador.*
1. Computadora diseñada para trabajar en multiprocesamiento (ver *Multiprocessing*).

● The mode whereby a *multprocessor (multiprocesador)* is partitioned into two distinct ...

Multiprogramming:
1. Multiprogramación.
1. Ejecución concurrente pero intercalada, es decir, no rigurosamente simultánea, de dos o más programas por una misma computadora. En un momento dado sólo un programa tiene el control del procesador (único). Los programas ceden el control bien por tiempo transcurrido, bien por la producción de interrupciones (por ejemplo, de *E/S;* ver *Input/Output*).

• ... could be used to set flag bits in a *multiprogramming (multiprogramación)* environment ...

Multipurpose Internet Mail Extensions: *1. MIME.*
1. Ampliación al protocolo de *correo-e* (ver *E-mail*) para superar la limitación original que sólo permitía el envío de textos en *ASCII llano. MIME* se definió en 1992 y permite, actualmente, el envío de audio y vídeo y de programas ejecutables. Está abierto a la definición de nuevos tipos de datos especiales por los usuarios.

• *MIME (MIME)* has already grown to include many subtypes not described ...

Multiscan monitor: *1. Pantalla con multifrecuencia de barrido.*
1. Pantalla que es capaz de adaptarse a más de una frecuencia de barrido (ver *Scan (noun) Def. 2*), según lo exija la placa de vídeo.

• Multisync is often used interchangeably with *multiscan (con multifrecuencia de barrido).*

Multistation access unit: *1. MSAU.*
1. Concentrador de cableado propio de las redes *Token Ring* de IBM (ver *Token Ring network*). Cada *MSAU* puede conectar hasta 8 estaciones. Dispone de relés para «saltarse» las estaciones no-operativas sin que se rompa el anillo.

• In Token Ring, a MAU is known as a *multistation access unit (MSAU),* MSAU to avoid confusion ...

Multitasking: *1. Multitarea.*
1. Ejecución intercalada (es decir, no rigurosamente simultánea) de diferentes tareas (ver *Task)* en una misma computadora.

• If your application supports *multitasking (multitarea),* consider using compare and swap to ...

Multithreading: *1. Multienhebrado.*
1. Usar una *hebra* (ver *Thread*) más de una vez de forma concurrente (no rigurosamente simultánea, sino intercaladamente). Un símil bastante ajustado es el de enhebrar cuentas en un collar.

• Events in a *multithreading (multienhebrado)* system are shown in chronological order from top to bottom ...

Musical Instrument Digital Interface: *1. MIDI.*
1. Protocolo utilizado para describir música como *ristras* (ver *String*) de *baits* (ver *Byte*). Su aparición permitió, de una parte, una comunicación digital con los sintetizadores, y la comunicación digital entre éstos. De otra, facilitó la creación y modificación (incluso por programa) de música, actuando sobre su contrapartida digital. La capacidad sintetizadora de las placas de sonido y el uso de *MIDI* han convertido a la modesta *CP* (ver *Personal Computer*) en una orquesta. Artificial, sintetizada, pero orquesta.

• Each *MIDI (MIDI)* command has a specific byte sequence.

Mutex: *1. Mutex.*
1. Contracción de *Mutual exclusión.* Indicador utilizado para la protección de recursos

compartidos, mediante operaciones de *bloqueo*/desbloqueo (ver *Lock (noun)*) realizadas por *hebras* (ver *Thread*) de ejecución.

● A *mutex (mutex)* can only be locked by one thread at a time ...

MuTeX: *1. MuTeX.*
1. Ampliación del software TeX (ver) para permitir la composición tipográfica de notación musical.

● The *MuTeX (MuTeX)* package is a set of macros allowing TeX to typeset beautiful music.

MUD: *1. MUD.*
1. *Multi User Dungeon* (mazmorra; ¿suena?) *or Dimension or Domain.* Entorno en la Red, del tipo cliente-servidor, en el que diferentes usuarios pueden registrarse simultáneamente e interaccionar en actividades virtuales e imaginativas (competir en juegos, charlar con muchas más posibilidades que en *IRC* (ver *Internet Relay Chat),* crear ambientes de relación, etc.). Algunas de las variantes de *MUD* tienen lenguajes de desarrollo propios, otras están basadas en *objetos* (ver *Object*) y resultan tan distraídas como educativas ...

● The goal for developing the first *MUD (MUD)* was to provide a multi-player ...

MUD Object Oriented: *1. MOO.*
1. *MOO* es un tipo de implementación de *MUD* (ver) que se caracteriza por ser cooperativo y por estar basado en *orientación a objetos* (ver *Object orientation*). Cada jugador, cada espacio, cada salida, etc., es un objeto con sus *atributos* (ver *Attribute*) y sus *métodos* (ver *Method Def. 1).*

● ... even your *MOO (MOO)* alter-ego/avatar is an object.

MUMPS: *1. MUMPS.*
1. *Massachusetts General Hospital Utility Multiprogramming System.* Lenguaje procedimental (ver *Procedural language*) de programación creado a finales de los años 60. Este lenguaje, a pesar de no haber alcanzado la extensión del BASIC (popular) ni la del C (más académico), ha tenido y tiene un número importante de adeptos y casi adictos.

● A *MUMPS (MUMPS)* program hardly ever explicitly performs low-level operations such as opening a file.

MVS: *1. MVS.*
1. Penúltimo (a finales de los años 90) gran *sistema operativo* (ver *Operating system*) para *computadoras principales* (ver *Mainframe computer*) de IBM. Su nombre es un acrónimo de *Multiple Virtual Storage* siendo la memoria virtual múltiple una de sus características principales: *n* espacios de direcciones, de hasta 2GB cada uno de memoria virtual, en los que se ejecutan subsistemas (*JES*, *DB2*, ...), trabajos de usuario, aplicaciones, etcétera. Cuenta con una importante dotación de software de apoyo y control (tiempo compartido, gestión del espacio de almacenamiento auxiliar, *métodos de acceso* (ver *Access method*) a datos, gestión de la carga de trabajo, etc.). Puede trabajar simultáneamente en varias *computadoras principales* (ver *Mainframe computer*) interconectadas (*Sysplex*). La evolución está llevando a una integración progresiva del software básico y de ayuda y por esta razón el s.o. heredero del MVS, el OS/390 incorpora casi todas las posibilidades del más reciente MVS junto con la «nueva ola» del UNIX y los sistemas abiertos (ver *Open system*).

● Allows you to access DB2 data on an *MVS (MVS)* host from a variety of workstation platforms ...

N

net: *1. net.*
1. Uno de los nombres de dominio (nivel superior (junto con *com, org, edu,* etc., y los nacionales). Define a la organización que posee el dominio y lo administra, aunque se dan abusos evidentes del uso de *net.*

● http://www.einet.net

nop: *1. nop.*
1. En diferentes lenguajes e incluso en seudocódigo, se usa *nop* (o NOP) para indicar «no-operation», es decir, no hacer nada. Las máquinas acostumbran a tener una instrucción que ocupa espacio y no hace nada.

● ... the branch instruction is equivalent to a *nop (nop)* ...

nroff: *1. nroff.*
1. *Mandato* UNIX usado para *formatear* (ver *Format (verb)*) líneas a *presentar* (ver *Display (verb)*) en pantalla o a imprimir en impresoras de prestaciones no necesariamente altas.

● Another program, *nroff (nroff)*, formats output for terminals and line printers.

ns: *1. ns. 2. Nanosegundo.*
Ver *Nanosecond.*

nslookup: *1. nslookup.*
1. Nombre de un programa que envía un paquete de consulta a la red suministrando un nombre de *huéspeda* (ver *Host Def. 1*) o una dirección *IP* (ver *Internet Protocol*) para obtener, respectivamente, una dirección IP o un nombre de huéspeda. La consulta la resuelve un *servidor de nombres de dominio* (ver *Domain name server*).

● The *nslookup (nslookup)* command is used to look up the symbolic or numeric form of the TCP/IP address of some ...

Name (verb): *1. Denominar.*
1. Asignar nombre a un objeto que aún no tiene uno.

● ... filename character set when *naming (denomine)* your files ...

Name server lookup: *1. nslookup.*
Ver *nslookup.*

Named anchor: *1. Anclaje nominado.*
1. *Anclaje* (ver *Anchor*) en *HTML* que puede actuar como receptor de un hipervínculo. Es un tipo especial de *conformador* (ver *Tag*).

• You can place a *named anchor (anclaje nominado)* anyplace on your page ...

Named pipe: *1. Tubo nominado.*
1. Tipo de fichero UNIX, relativamente poco habitual, que se usa para comunicar entre sí procesos que no tienen relación directa (que no son descendientes o hermanos). Cualquier proceso autorizado que conozca el *nombre* del *tubo* puede utilizarlo. Funciona como una estructura FIFO (ver *First-in-First-out*).

• ... it fails to connect to the *named pipe (tubo nominado)* resource either locally or remotely.

Named target: *1. Anclaje nominado.*
Sinónimo de *Named anchor* (ver).

Nanosecond: *1. Nanosegundo. 2. ns.*
1. Mil millonésima parte de 1 seg. O sea, 10^{**-9} seg.

• ... will have a 12 *nanosecond (nanosegundos o ns)* clock period.

Nanotechnology: *1. Nanotecnología.*
1. Término de ficción (científica y/o tecnológica) usado para referirse al salto cualitativo que habrá de producirse cuando se alcance el límite de la tecnología (microlitografía) usada actualmente para fabricar los componentes básicos de las computadoras. No está clara la unidad manejada en la nueva tecnología, pero los más optimistas hablan de átomos individuales.

• ... presumably built by means of *nanotechnology (nanotecnología)*.

NaN: *1. NeN. 2. No-es-Número.*
1. Resultado de una operación aritmética en la computadora que no puede ser considerado un número (posiblemente porque excede de la capacidad de representar números de la máquina).

• *NaN (NeN)* may be encoded as a special bit pattern which typically would otherwise ...

National Center for Supercomputing Applications: *1. NCSA.*
1. Sede puntera de la «Alliance» (*National Computational Science Alliance*) norteamericana para todo lo relacionado con la supercomputación (ver *Supercomputer*).

• NCSA (NCSA) has the largest unclassified 512-processor distributed shared memory ...

National characters: *1. Caracteres nacionales.*
1. De forma tan general como poco adecuada, se llaman *caracteres nacionales* a los propios de lenguas diferentes del inglés (por ejemplo, la ñ, la á, etc.). También es posible encontrar la misma expresión para referirse a ciertos caracteres especiales.

• ... *national characters (caracteres nacionales)* @, $, and #.

National Institute of Standards and Technology: *1. NIST.*
1. Organismo público de los EUA con responsabilidad sobre la promoción y desarrollo de estándares.

• *National Institute of Standards and Technology (NIST)* has an annual budget of about $800 million, employs about 3,330 people, ...

National Television Standards Committee: *1. NTSC.*
1. Organismo público de los EUA que establece los estándares a aplicar en lo referente a las *señales* de vídeo (*NTSC* es equivalente a PAL y SECAM en territorio europeo) con aplicación, fundamental, en la televisión.

• *NTSC* has 525 lines displayed at 30 frames

per second. It has a lower resolution than PAL or SECAM but ...

Native: *1. Nativo.*
1. Dícese de un componente cuyo desarrollo se adapta rigurosamente al original de un estándar. También se aplica a las versiones o formas de ejecución mejor adaptadas en el momento de usarse, en contraposición a otras formas de uso (emulación, por ejemplo) que dan peor *rendimiento* (ver *Performance*).

• If it has been configured in *native (nativo)* mode, the image name will be ...

Natural language: *1. Lengua natural.*
1. La lengua que se habla/escribe, habitualmente, en una cierta comunidad humana. Se contrapone a las lenguas y lenguajes artificiales (como, por ejemplo, los de programación).

• How can we program a computer so that we can interact with it in a *natural language (lengua natural)* (English, Chinese, and so on) ...

Natural reentrancy: *1. Reentrabilidad natural.*
1. Programa diseñado y codificado de tal manera que no es necesario ejecutar instrucciones destinadas únicamente a asegurar la reentrabilidad (ver *Reentrant*).

• ... contain no references to the writable static objects listed above have *natural reentrancy (reentrabilidad natural)*.

Navigate: *1. Navegar.*
1. Palabra de argot con la que se designa el movimiento browniano de un usuario de la *Ueb* (ver *World Wide Web*) saltando de documento en documento a través de los *hipervínculos* (ver *Hyperlink*).

• ... reality of the WWW by *navigating (navegando)* in a nonlinear way.

Navigation: *1. Navegación.*
1. Acción de moverse, con un objetivo más o menos definido, por los elementos de una estructura de datos y/o procesos. Tanto puede aplicarse a la *Ueb* (ver *World Wide Web*), a una *base de datos* (ver *Database*), a una estructura de datos y diálogos, etc.

• ... and provides two basic *navigation (navegación)* operations: to follow a link or to send a query ...

Navigation bar: *1. Barra de navegación.*
1. En la interfaz gráfica de los navegadores, barra que ayuda a moverse por los contenidos de una *sede Ueb*. Está formada por opciones asociadas con hipervínculos.

• The script defines a *navigation bar (barra de navegación)* as a JavaScript object, ...

Navigator: *1. Navegador. 2. Navigator.*
1. Forma más gráfica y realista de decir lo mismo que dice *browser* (ver). El único problema es que tiene un nombre comercial (o más de uno) asociado de cerca.

2. Forma abreviada de referirse a *Netscape Navigator* (ver).

• You can download *Navigator (Navigator)* for evaluation, or for ...

NAK: *1. NAK. 2. Acuse negativo.*
1. Representación legible de los códigos *ASCII* x'15' o *EBCDIC* x'3D', que significan «Error. No de acuerdo». Ver *Negative acknowledgment*.

2. El uso de las letras NAK puede indicar, en una respuesta a «ping» o ENQ, que no se está *disponible* (ver *Available*) o, simplemente, que no se está (!).

NAP: *1. PAR. 2. Punto de Acceso a la Red.*
Ver *Network Access Point.*

NAT: *1. TDR. 2. Traducción de Direcciones de Red.*
Ver *Network Address Translation.*

NC: *1. CR. 2. Computadora de Red.*
Ver *Network Computer.*

NCP: *1. NCP. 2. ACF/NCP.*
Acrónimo de *Advanced Communication Function/Network Control Program.* Ver *Network Control Program.*

NCSA: *1. NCSA.*
Ver *National Center for Supercomputing Applications.*

NDIS: *1. NDIS.*
Ver *Network driver interface specification.*

NDS: *1. NDS.*
Ver *Novell Directory Services.*

Near Letter Quality: *1. NLQ. 2. Calidad cuasi carta.*
1. Forma de calificar la calidad de impresión. En este caso *calidad cuasi carta* significa que la impresora produce una calidad intermedia entre la *calidad carta* y la *calidad borrador.* Estos conceptos han perdido parte de su sentido con la popularización de impresoras económicas de alta calidad.

● *Near Letter Quality (Calidad casi carta)*: 50 cps/Utility; 200 cps High Speed Draft; ...

Negate (verb): *1. Negar. 2. Negativar.*
1. *Negar* significa tener en cuenta o utilizar «lo contrario de algo», «lo que no es algo». Así, *negar* un signo *menos* es convertirlo en *más* y negar una serie de caracteres es considerar positivamente a todos los caracteres que no están en la serie.

● ... when inside square brackets, *negates (niega)* the characters within the ...

2. Refiriéndose a una imagen en mapa de bits, cambiar cada bit a su contrario.

● ... This *negates (negativar)* each pixel in the extracted image so that «black» pixels ...

Negative Acknowledgement: *1. NAK. 2. Acuse negativo.*
1. Acuse negativo de la recepción de un mensaje (mal recibido; con error).

● If some of the data is missing or corrupt, the modem sends back a *negative acknowledgement (acuse negativo)* ...

Nerd: *1. Sabio (irónico).*
Sinónimo de *Geek* (ver).

Nest (verb): *1. Anidar.*
1. Ejecutar un proceso (por ejemplo, una *membrana;* ver *Shell*), función, *mandato* (ver *Command*), etc., desde el interior de otro.

● Command *nesting (anidamiento)* allows you to suspend an activity while you perform a new one rather than having to end ...

2. Codificar un elemento de un lenguaje (en sentido amplio) en el interior de otro (subparámetros dentro de parámetros, paréntesis dentro de paréntesis, instrucciones (por ejemplo la IF) dentro de otras, etc.).

● Indicates how deep conditions might be *nested (anidadas)* ...

Nested loop: *1. Ciclo anidado.*
1. *Ciclo* (ver *Loop*) de programación situado en el interior de otro u otros ciclos. Un *ciclo anidado* (ver *Nest (verb)*) se ejecuta 0, 1 o más veces por cada ejecución del ciclo que lo

contiene (el inmediato superior) y así sucesivamente hasta llegar al primero.

• ... load instructions in the middle of deeply nested loops (ciclos anidados).

Net (The): *1. Internet. 2. Red (La).*
1. Nombre informal para designar a Internet.

• The Best Free Statistics On The Net (la Red).

Net PC: *1. CP de red.*
1. Componente de una batalla, entre técnica y política, por el control de las computadoras de red (ver, en el mismo sentido, *Network computer*). Se persigue crear una especie de norma que permita la fabricación masiva de *CPs* (ver *Personal Computer*) relativamente potentes (memoria y procesador) pero subsidiarias de la red para muchas cuestiones. Estarán dotadas de disco duro (como disco de trabajo), pero no tendrán ni disquetera, ni CD-ROM ni ranuras de expansión.

• A concept similar to the Net PC (CP de red) but with different ideas about ...

Net surfing: *1. Surfear en la red.*

1. Término más informal que *navigate* para designar prácticamente lo mismo. Tal vez añade un matiz de mayor improvisación o de objetivos menos claros.

• You'll find it attractive if you want to do some serious Net surfing (surfeo en la red), but upgrading or expanding it is a pain.

NetBEUI: *1. NetBEUI.*
1. *Manejador* (ver *Driver*) de protocolo común al software de red Lan Manager de IBM y a todos los de Microsoft. Orientado al protocolo de transporte.

• The entries for NetBEUI (NetBEUI) that you are more likely to adjust are sessions, ...

NetBIOS: *1. NetBIOS.*
1. *API* (ver *Application Program Interface*) que amplía la capacidad del *BIOS* (ver *Basic Input/Output System*) incorporándole funciones necesarias para la comunicación de computadoras en red local. Aunque creada inicialmente para la CP de IBM, ha acabado convirtiéndose en una norma *de facto*. Proporciona servicios en los *estratos de Sesión* y *de Transporte* (ver *Session layer* y *Transport layer*) de la *OSI* (ver *Open Systems Interconnection*), pero no tiene servicios de *encaminamiento* (ver *Routing*) ni formato para los datos a transmitir. Existen diferentes modificaciones/ampliaciones de *NetBIOS* (por ejemplo, *NetBEUI*; ver).

• There are two different methods a NetBIOS (NetBIOS) command can be ...

NetBSD: *1. NetBSD.*
1. Proyecto, en avanzado grado de desarrollo (a inicios del siglo XXI), para crear una versión del UNIX, de libre distribución, con toda su capacidad funcional (ver *Functionality*) y que debería satisfacer los estándares *POSIX* (ver *Portable Operating System Interface*). Es, en muchos sentidos, «competencia» de *Linux*.

• Binary compatibility with many programs built for SCO, NetBSD (NetBSD), and Linux.

Netfind: *1. Netfind.*
1. Inicialmente, *Netfind* era el nombre de un prototipo de programa para búsqueda de personas en la red (fundamentalmente, direcciones de *correo-e*; ver *E-mail*). Actualmente, el uso del nombre se ha generalizado bastante, existiendo diferentes versiones comerciales que atienden a diferentes tipos de búsquedas en Internet, aunque continúan siendo importantes las de personas («páginas blancas») y

las de actividades y servicios («páginas amarillas»).

• To use this gateway supply a name and domain keywords for a *Netfind (Netfind)* search.

Netiquette: *1. Cortesía en red.*
1. Normas de comportamiento y estilo, generalmente aceptadas, de aplicación en las actividades interactivas de Internet (especialmente en *listas de distribución* (ver *Mailing list*), *grupos de noticias* (ver *News groups*) e *IRC*; ver *Internet Relay Chat*) y en el diseño de páginas *Ueb* (ver *World Wide Web*).

• If you believe someone has violated *netiquette (la cortesía en red)* send them a message ...

Netizen: *1. Ciudadano de la red.*
1. Ciudadano –participativo y responsable– en actividades de carácter comunitario relacionadas con la Internet y el *correo-e* (foros, grupos de noticias, etc.).

Netscape Navigator: *1. Netscape Navigator*
1. *Navegador* (ver *Browser*) desarrollado por Netscape Communications. Muy parecido, en cuanto a prestaciones a su principal competidor, el *Explorer* de *Microsoft*. Actualmente *N. Navigator* forma parte de un software de más alcance conocido como *Netscape Communicator*.

• The *Netscape Navigator (Netscape Navigator)* supports a URL access method, «https», for connecting to ...

Netscape Server API: *1. NSAPI.*
1. API (ver *Application Program Interface*) desarrollada por Netscape para facilitar la tarea de desarrollo de software con respecto a los servidores *Ueb* (ver *World Wide Web*) de Netscape.

• Netscape's servers are written in large part in *Netscape Server API (NSAPI)* programs, and you can write your programs to replace ...

Netsplit: *1. Cortared.*
1. Desconexión momentánea, habitualmente en dos partes, de servidores *IRC* (ver *Internet Relay Chat*) conectados entre sí. Ocurre, casi siempre, por sobrecarga. Cada usuario nota cómo desaparecen otros usuarios para reaparecer al cabo de unos segundos o minutos.

• A typical quit message during a *netsplit (cortared)* will look something like this: ...

Netware: *1. Netware.*
1. *Sistema operativo de red* (ver *Network operating system*) desarrollado por Novell Corporation. Su protocolo nativo es *IPX* (ver *Internetwork Packet Exchange*). Las versiones más recientes de *Netware* han supuesto una apertura al mundo exterior: aceptación de *IP* (ver *Internet Protocol*), gestión de redes mayores, gestión de directorios, etc.

• ... can interconnect LANs so that *Netware (Netware)* clients and servers can communicate.

Network: *1. Red.*
1. Dos o más nodos conectados entre sí por medio de *enlaces* (ver *Link (noun) Def. 5*) que permiten la transmisión de datos. En cada nodo puede haber una computadora de uso general o especializado o un terminal. De una red interesa su topología (*bus*, anillo, estrella, …), los protocolos de comunicación (*TCP/IP, SDLC*, …), el área geográfica ocupada (*RAL, RAM*, …), el tipo y tecnología de sus enlaces, etc.

• ... that enables a processor or controller to be connected to a *network (red)*.

Network adapter: *1. Placa adaptadora de red. 2. PADR.*
1. Sinónimo de *Network Interface Card* (ver).

• Its scalable design provides the only *network adapter (adaptadora de red)* that supports both fast Ethernet ...

Network address translation:
1. Traducción de Direcciones de Red.
2. TDR.

1. Función software que traduce direcciones *IP* (ver *Internet Protocol*) usadas en el interior de una red local a direcciones IP exteriores (genuinas, de Internet) y viceversa. Es un artificio necesario para que una organización utilice un número de direcciones IP genuinas muy inferior al número de *huéspedas* (ver *Host Def. 1*) en su red local, con acceso a Internet. Esta función tiene, también, una dimensión clara de seguridad. Se implementa en una *encaminadora* (ver *Router*) o en un *cortafuego*.

• *Network Address Translation (La traducción de direcciones de red)* has been proposed as a means to allow global communication between hosts ...

Network Access Point: *1. PAR.*
2. Punto de Acceso a la Red.
1. Centro de *conmutación* (ver *Switching* y *Cell switching*) de alto *rendimiento* (ver *Performance*) al que se conectan los *suministradores de servicios Internet*. No tiene funciones de *encaminamiento* (ver *Routing*) y su tarea principal es la de intercambiar tráfico entre los suministradores conectados sin sobrecargar innecesariamente otros elementos exteriores.

• The Chicago *NAP (PAR)* is built using an ATM switch because this technology is best at providing ...

Network computing:
1. Teleinformática.
1. Puede encontrarse esta expresión en todo lo referente a informática y comunicaciones:

doctrina y teoría, compañías industriales y comerciales, productos hardware y software, etcétera. En la mayoría de las situaciones la traducción *teleinformática* será adecuada.

• ... in-depth info services on *network computing (teleinformática)* technology available.

Network configuration:
1. Configuración de red.
1. En una *configuración de red* se tienen en cuenta todos los elementos que, directa o indirectamente, influyen en el funcionamiento de la misma: topología, características de los *enlaces* (ver *Link (noun) Def. 5*), dispositivos en cada nodo y dotación de cada dispositivo, protocolos de comunicación en todos los *estratos* (ver *Layer (noun)*), detalle del software de red (incluyendo versión y *entrega*; ver *Release*), conexiones con otras redes e interredes, servicios de red, etc. Existe bastante software de ayuda en tareas de configuración de redes.

• ... a web-based *network configuration (configuración de red)* and design tool ...

Network control: *1. Control de red.*
1. Función, con relación a una red de computadoras y/o terminales que intenta conseguir, fundamentalmente, la máxima *disponibilidad* (ver *Availability*) de todos y cada uno de los componentes de la red. Habitualmente se integra en una unidad organizativa designada como «Control de Red» o «Gestión de Red». En el desarrollo de esta función se utilizan computadoras especializadas en el sondeo y obtención de información sobre el estado de la red.

• ... provides *network control (control de red)* by issuing basic operator and file-access commands to ...

Network controller: *1. Controladora de red.*
2. Máquina dedicada a controlar una red de

computadoras y/o terminales. Es una figura habitual en las grandes redes de empresa en las que las *computadoras principales* (ver *Mainframe computer*) tienen asociadas otras computadoras (las *controladoras de red*) que liberan a aquéllas de la gestión directa de líneas y terminales.

● ... enables *the network controller (que la controladora de red)* to be replaced or added to a server without powering down the ...

Network Computer: *1. Computadora de Red. 2. CR.*

1. En términos generales, una computadora de red es una computadora ordinaria (por ejemplo, una *CP*; ver *Personal Computer*) dotada de hardware y software que le permiten trabajar en una red de computadoras (y a través de ella, en otras redes). En un terreno más especializado, son computadoras de red las que han sido diseñadas y dotadas de software para efectuar funciones propias de la red (*encaminamiento* (ver *Routing*), *conmutación* (ver *Switching*) ...). En términos a la vez generales y específicos, las Computadoras de Red son computadoras diseñadas especialmente para trabajar en interredes. Hay todo un movimiento de incierto futuro que postula la desaparición de la *CP* actual y su sustitución por otra que utilizaría recursos de red (de proceso, de almacenamiento, etc.) más que recursos propios.

● Because of this design perspective, *Network Computers (CRs)* will be much simpler to install, learn, and use than current ...

Network Control Program: *1. NCP. 2. ACF/NCP.*

1. Macroprograma de IBM para control centralizado de comunicaciones (en computadora frontal –3745– asociada a una *computadora principal*; ver *Mainframe computer*). Controla la transmisión y comunicación, registra erro-

res y los recupera (si es posible) y ayuda a establecer diagnósticos. Las últimas versiones están adaptadas para Frame-Relay, *Token Ring* (ver *Token Ring network*), IP (ver *Internet Protocol*), etc.

● Peripheral SDLC links can be added to the 3745 without regenerating and reloading the *NCP (NCP)*.

Network directory: *1. Directorio en red.*

1. Directorio en un dispositivo propio de una computadora en red local y que es accesible a otras computadoras situadas en la misma red.

● ... is that you can map a letter-drive to a known *network directory (directorio en red)* using the ...

Network drive: *1. Dispositivo en red.*

1. Dispositivo (frecuentemente, un disco), ubicado en una computadora de red local, que es accesible a otras computadoras situadas en la misma red, a condición de que hayan recibido los permisos necesarios.

● ... by first copying them to a *network drive (dispositivo en red)* or floppy disk.

Network driver interface specification: *1. NDIS.*

1. Especificación de *interfaces* (ver *Interface (noun)*) de programación, producida como consecuencia de un acuerdo entre Microsoft y 3 Com y tendente a que diferentes fabricantes de software y de hardware de comunicaciones tengan una base sólida sobre la que desarrollar sus productos. Los principales elementos implicados son los módulos que manejan las *freims* (ver *Frame*) enviadas y recibidas, los controladores de las placas de red (*PADR*; ver *Network Interface Card*) y los gestores de protocolos, por lo que respecta al software. En cuanto al hardware, el principal elemento implicado es la propia placa de red. El uso de

NDIS permite trabajar con más de un protocolo y con más de una placa de red. La última versión disponible (la 5.0) contempla las transmisiones orientadas a la conexión (como es el caso de ATM; ver *Asynchronous Transfer Mode*).

• Note that *NDIS (NDIS)* is not a module.

Network File System: *1. NFS.*

1. Aplicación cliente/servidor, diseñada y desarrollada por Sun Microsystems, que permite el compartimiento de ficheros por computadoras conectadas en red. Las computadoras pueden ser diferentes (*sistema operativo*); se exige que toda computadora que permita acceso a sus ficheros tenga el componente servidor de la aplicación; y que toda computadora que tenga que acceder a los ficheros de otra, tenga instalado el componente cliente. Además, ambos deben tener *TCP/IP* (ver *Transmission Control Protocol/Internet Protocol*), que es el protocolo sobre el que se ha construido la aplicación (en versiones iniciales el protocolo fue *UDP*; ver *User Datagram Protocol*).

• *Network File System (NFS)* does not work directly with path names. Each component ...

Network Information Center: *1. NIC.*

1. Centros locales, regionales, nacionales y globales que proporcionan asistencia, documentación y otros servicios a los usuarios de *interredes*.

• The central authority for the Internet is known as the *Network Information Center (NIC)*.

Network Interface Card: *1. PADR.*
2. *Placa Adaptadora de Red.*
1. Placa de expansión que se instala en una computadora para permitir que ésta se conec

te a una red. La situación más frecuente es la conexión a una *RAL* (*Ethernet* o *Token Ring*; ver *Local Area Network*). Existe una gran variedad de *PADRs* en función, no sólo del tipo de red, sino del protocolo (o protocolos) aceptados y del medio físico al que pueden conectarse.

• Setting up your *Network Interface Card (PADR)* so that it operates properly can be simple or ...

Network job entry: *1. NJE.*
1. Se llama *NJE* a una capacidad de los *sistemas operativos MVS* (ver) y OS/390 (más concretamente, del subsistema *JES*; ver *Job Entry Subsystem*) que posibilita que diferentes computadoras en red ejecuten trabajos y *mandatos* (ver *Command*) en otras computadoras de la misma red y que éstas envíen mensajes y otras salidas a otras computadoras en la misma red.

• *NJE (NJE)* network nodes communicate (send and receive data) using various teleprocessing facilities ...

Network layer: *1. Estrato de Red.*
1. Tercer *estrato* (desde abajo) en el modelo de la *OSI* (*ISO Reference Model*; ver *Open Systems Interconnection*). Da servicio al *estrato de Transporte* (ver *Transport layer*) y utiliza los servicios del *estrato Enlace de Datos* (ver *Data link layer*). El *estrato de Red* es responsable de establecer y terminar conexiones entre entidades del protocolo de transporte incluyendo el *encaminamiento* (ver *Routing*) y, en ciertos casos, *control del flujo* (ver *Flow control*) de la comunicación y tareas de armonización entre redes diferentes.

• In a LAN, the primary role of the *network layer (estrato de Red)* is to route the messages associated ...

Network management: *1. Gestión de red.*
1. Función de más alcance que la de *control de red*, a la que engloba. Tiene como objetivos, además de la *disponibilidad* (ver *Availability*), todo lo relacionado con la seguridad, la gestión de la configuración, el *rendimiento* (ver *Performance*) global y los tiempos de respuesta y la contabilidad e imputación de costes.

• Accounting management is one of five categories of *network management (gestión de red)* defined by ISO for ...

Network manager: *1. Gestor de red.*
1. Profesional dedicado al control de red (ver *Network Control.*

• *Network Manager (gestor de red)*: Salary: $60,000 - $75,000. Job Code: ag. Lead a team of 8-10 Network Engineers; ...

Network model: *1. Modelo en red.*
1. Estructura de una base de datos en la que es posible que una entidad tenga una relación de cardinalidad *n:1* con más de una entidad y/o dos de sus entidades puedan establecer, entre sí, interrelaciones con cardinalidad *m:n* (ver *Many-to-many*).

• ... the relational model can be slower because it doesn't support direct access in multiple joins that are possible with the *network model (modelo en red)*.

Network News Transfer Protocol: *1. NNTP.*
1. Protocolo más usado en el servicio de *grupos de noticias* (Usenet; ver *News groups* y *Usenet*) de la *Internet*. Dadas las características de este servicio, hay programas para configurar computadoras como servidores de noticias y otros para configurarlas como clientes. La parte cliente ya está incorporada en los

navegadores (ver *Browser*) habituales, aunque es posible instalar una versión independiente.

• Typically, the *NNTP (NNTP)* server runs as a background process on one host, ...

Network operating system: *1. Sistema Operativo de Red. 2. SOR.*
1. Software necesario para definir una red y sus componentes y para gestionar la interacción entre éstos y todos los recursos de la red (datos, hardware y software). La expresión *sistema operativo de red* debería reservarse a los *sistemas operativos* (ver *Operating system*) generales que, además, incluyen las funciones definidas más arriba. Por lo general, salvo excepciones, esto no es así, y la mayoría de los llamados sistemas operativos de red requieren, por debajo, un verdadero *sistema operativo*.

• Our *Network Operating System (sistema operativo de red)* has been built from the ground up for flexibility, scalability, and reliability.

Network operations center: *1. Centro de Operaciones de Red. 2. COR.*
1. Lugar físico (o lugares; puede estar distribuido) en el que se realizan las funciones de *control de red* (ver *Network control*) y parte de las funciones de *gestión de red* (ver *Network management*). En él se recibe y *presenta* (ver *Display (verb)*) de forma continuada información de estado de los componentes de la red, se coordina la distribución y actualización de programas y datos distribuidos, se mantienen directorios, etc., etc.

• *Network operations center (Centro de operaciones de red)*: Our mission is to provide efficient network and ancillary services that meet the needs of our customer base.

Network PC: *1. CP de red.*
Ver *Net PC.*

Network Point of Attachment: *1. NPA.*

1. Punto en el que una computadora *huéspeda* (ver *Host Def. 1*) se conecta a su red. Lo que realmente interesa es la dirección de dicho punto, que ha de ser única en la red (ver también *Network Service Access Point*).

● The *Network Point of Attachment (NPA)* address enables a system to send and receive ...

Network Service Access Point: *1. NSAP.*

1. Cuando una computadora *huéspeda* (ver *Host Def. 1*) está en una red conectada a otras redes (es decir, está en una *interred*) la dirección de su *NPA* (ver *Network Point of Attachment*) no es suficiente para identificarla, ya que las diferentes redes pueden tener esquemas de *direccionamiento* (ver *Addressing*) distintos. Por esta razón es necesario crear un esquema de direccionamiento situado en el *estrato de Red* (ver *Network layer)*, es decir, en el punto en que se accede a los servicios de red.

● From there the destination *Network Service Access Point (NSAP)* address is used directly to route ...

Network Service Provider: *1. Proveedor de Servicio de Red. 2. PSR.*

1. Compañía que da conexión de altas prestaciones a Internet, a los suministradores de este servicio al detalle (ver *Internet Services Provider* y *Network Access Point*).

● The *network service provider (PSR)* becomes the enterprise's expert on interbusiness and intrabusiness communications needs, allowing ...

Network topology: *1. Topología de la red.*

1. Es uno de los elementos definitorios de la configuración de una red. Se refiere a la disposición física y lógica de las conexiones de sus nodos (jerarquía, bus, anillo, ...). Ver *Topology.*

● ... that adjusts automatically to *network topology (topología de la red)* or traffic changes.

Network Time Protocol: *1. NTP.*

1. Protocolo usado para la sincronización de relojes distribuidos en Internet, con relación a relojes fiables. Es un protocolo construido sobre *TCP/IP* (ver *Transmission Control Protocol/Internet Protocol).*

● A system running *Network Time Protocol (NTP)* software requests time-related information as a client of certain other systems ...

Networking: *1. Redificación.*

1. Diseño e implementación de redes de computadoras.

● DCE is the Open Software Foundation (OSF) specification that assists in *networking (redificación).*

2. Referente o relacionado con redes de computadoras.

● Glossary of *Networking (redificación)* Terms: ...

Neural network: *1. Red neuronal.*

1. Forma de procesamiento de datos (mediante algoritmos o procesadores físicos) que intenta imitar el comportamiento de las neuronas animales cuando interaccionan con otras en nervios o redes nerviosas (cerebro). Como en las redes biológicas, el aprendizaje de los nodos es la parte esencial. Se empiezan a apli-

car en control de procesos, *reconocimiento de configuraciones* (ver *Pattern recognition*), etcétera.

● *Neural networks (redes neuronales)* can do some things which would otherwise be very difficult.

New-line character: *1. Carácter de nueva línea.*
Ver *Newline.*

● The *new-line character (carácter de nueva línea)* (\n) and the null character ...

Newbie: *1. Novato.*
1. Persona que se inicia en un arte, tecnología o ciencia. En informática, esta palabra comenzó a usarse en *grupos de noticias* (ver *News groups*). Se ha generalizado. A veces se usa como insulto.

● ... a person can be called a *newbie (novato)* in one newsgroup and ...

Newline: *1. Nueva línea.*
1. Se llama *nueva línea* al carácter o combinación de caracteres que se interpretan como el final de un registro de texto o de una *introducción* (ver *Entry area*) desde *teclado* (ver *Keyboard*). Habitualmente se provocan con la *tecla Intro.* También a un movimiento programado del cursor que lleva a éste al primer *campo de entrada* (ver *Entry field*) en la línea siguiente (que tenga alguno).

● ... separated by white space and terminated by a *newline (nueva línea).*

Newline character: *1. Carácter de nueva línea. 2. NL.*
1. Carácter que se usa para hacer que la impresora o pantalla avancen una línea de impresión o *presentación* (ver *Display (verb)*), respectivamente. El valor de este carácter es

x'0A' en *ASCII* (su nombre es *line feed*) y x'15' en *EBCDIC.* En algunos lenguajes se usa un carácter o una combinación de caracteres para provocar la misma función, que también se llaman *newline* (por ejemplo, la combinación \n del lenguaje C).

● Outputs a *newline character (carácter de nueva línea)* before printing line.

News: *1. Grupos de noticias.*
1. Forma reducida de referirse a *Grupos de noticias* (ver *News groups*).

News groups: *1. Grupos de noticias.*
1. Un *grupo de noticias* es una infraestructura técnica sobre la que un número dinámico de suscriptores/as (no permanentemente *en línea*) intercambian conocimientos, opiniones, etcétera, con relación a un tema más o menos concreto. Un suscriptor se conecta a un grupo, lee los mensajes presentes y decide contestar a algunos o abrir una nueva cuestión, o consulta, o lo que sea. Hay *grupos* moderados (con filtro o censura) y no-moderados. En estos momentos –mediados de 1999–, existen decenas de miles de *grupos* en funcionamiento.

● ... when you are looking for *news groups (grupos de noticias)* related to ...

News reader: *1. Leenoticias.*
Ver *Newsreader.*

Newsgroups: *1. Grupos de noticias.*
Ver *News groups.*

Newsreader: *1. Leenoticias.*
1. Parte «cliente» de una aplicación cliente/servidor especializada en gestión de *grupos de noticias* (ver *News groups*). Un *leenoticias* permite al usuario de la computadora que lo tiene instalado leer mensajes de noticias almacenados en un servidor de noti-

cias y enviar sus propios mensajes. Puede formar parte de un *navegador* (ver *Browser*) o
adquirirse (gratis, si se desea) de forma independiente.

● A *newsreader (leenoticias)* is like a friendly
librarian who keeps track of the articles posted
to the newsgroups you like to read, and ...

NFS: *1. NFS.*
Ver *Network File System.*

Nibble: *1. Semibait.*
1. Grupo de 4 bits, o la mitad de un *bait* (ver
Byte) de 8 bits. Por comodidad, su contenido
se representa, habitualmente como un dígito
hexadecimal (de 0 a 9 y de A a F).

● The blanks, which may be present only at
byte or *nibble (semibait)* boundaries ...

Nick: *1. Seudónimo.*
Abreviatura de *Nickname* (ver).

Nickname: *1. Seudónimo.*
1. Nombre, diferente del propio y, a veces,
elegido con gracia y/o malicia, usado cuando
se participa en un canal de *IRC* (*charla* o *ter-
tulia*; ver *Internet Relay Chat*).

● ... you will be asked to choose a unique
nickname (seudónimo), which becomes your
temporary identity while connected to this server.

NIC: *1. NIC.*
Ver *Network Information Center.*

NIC: *1. PADR. 2. Placa Adaptadora de
Red.*
Ver *Network Interface Card.*

NIS: *1. NIS.*
Acrónimo de *Network Information Service*
(ver *Netfind* donde se explica el servicio, relacionado, de *páginas amarillas*).

NIST: *1. NIST.*
Ver *National Institute of Standards and Technology.*

NJE: *1. NJE.*
Ver *Network Job Entry.*

NL: *1. NL. 2. Carácter de nueva línea.*
Ver *Newline character.*

NLQ: *1. Calidad cuasi carta. 2. NLQ.*
Ver *Near Letter Quality.*

NLX: *1. NLX.*
1. Nuevo *factor forma* (ver *Form factor*) para
CPs (ver *Personal Computer*) propuesto por
Intel hacia 1998. Pensado para aumentar el
espacio disponible y mejorar la accesibilidad
de los componentes.

● Version 1.2 of the *NLX (NLX)* Specification is
the final design document, and is frozen for
the foreseeable future.

NNTP: *1. NNTP.*
Ver *Network News Transfer Protocol.*

Node: *1. Nodo.*
1. En *estructura de la información* se llama
nodo a un elemento de una estructura, similar
a otros, que normalmente puede contener datos y para el que puede establecerse un método de acceso. La palabra *nodo* se usa más con
referencia a árboles que a otros tipos de estructuras.

● ... the geometric top, in practice, is known
as the root *node (nodo)*, and the point ...

2. En redes de computadoras, los nodos son
los elementos activos y *direccionables* (ver
Address (verb)) de dichas redes que se conectan entre sí según una cierta topología.

● Each *node (nodo)* has the hardware and the

programs necessary to communicate with other *nodes (nodos)* ...

Noise: *1. Ruido.*
Señal indeseada en una línea de comunicaciones. Ver *Background noise* y *Line noise.*

Non-breaking hyphen: *1. Guión de no-separación.*
1. Guión que tiene el mismo aspecto que un guión ordinario pero que no es interpretado por un *editor* (ver *Editor Def. 1*) o procesador de textos como un guión de partición silábica. Si, por ejemplo, en la palabra *non-breaking* se usa un *guión de no-separación*, el conjunto aparecerá siempre completo en una línea.

• To insert a *non-breaking hyphen (Guión de no-separación)*, press Ctrl+Shift+(Hyphen) ...

Non-breaking space: *1. Espacio de no-separación.*
1. Uno o más caracteres *espacio* (blancos; ver *Blank* o *Space*) especiales que se imprimen y ven como tales, pero que no son utilizados por el *editor* (ver *Editor Def. 1*) o procesador de textos para partir líneas. Si el conjunto «primera palabra, *espacios de no-separación* y segunda palabra» no caben en una línea, todo el conjunto va a parar a la línea siguiente.

• Other than using *non-breaking spaces (espacios de no-separación)* (which of course require you to format your message in HTML) you can use ...

Non-impact printer: *1. Impresora de no-impacto.*
1. Impresora en la que no se produce un impacto de los *tipos* o de las *agujas* (ver *Pin*) que los forman sobre el papel (a través, usualmente, de una cinta o banda entintada). Todas las impresoras modernas (láser, inyección de tinta) son de este tipo. Tienen el inconvenien-

te de que no pueden obtener copias por papel carbón (por ejemplo, billetes de avión).

• The term would only be used in contrast to *non-impact printer (impresora de no-impacto).*

Non-interlaced: *1. No entrelazada.*
1. Técnica de *presentación* (ver *Display (verb)*) de imágenes por computadora en la que cada imagen se forma línea a línea, consecutivamente, desde inicio a final. Ver también *Interlaced image* e *Interlacing.*

• A *non-interlaced (no entrelazada)* image won't display on the screen until it is fully loaded and ...

Non-key entry point: *1. Punto de entrada no-clave.*
1. En diseño físico de datos, punto de entrada a una parte de una estructura de datos que utiliza datos de entrada que no son *claves* (ver *Key (noun) Def. 2*).

• *Non-key entry points (Los puntos de entrada no-clave)* represent secondary indexing requirements.

Non-procedural: *1. No-procedimental.*
1. Relativo a una descripción de tratamientos en la que no se contiene el procedimiento a seguir. Puede ser suficiente describir detalladamente las estructuras de las entradas y salidas y, posiblemente, algunas funciones implicadas. También se aplica a los lenguajes adaptados para procesar descripciones de ese tipo.

• ... are able to generate physical programs from such *non-procedural (no-procedimental)* specification.

Non-repudiation: *1. No-repudio.*
1. Anulación de la posibilidad de *repudio* (ver *Repudiation*). Existen varias formas de conseguirlo. Inclusive existen servicios externos

que aseguran el *no-repudio* tanto el de origen (*Non-Repudiation of origin*) como el de entrega (*Non-Repudiation of delivery*).

● ... is there any possibility to have *Non-Repudiation (no-repudio)* of delivery for the delivered documents?

Non-repudiation services: *1. Servicios de no-repudio.*
1. Componentes de los protocolos de autenticación que impiden a los participantes en una comunicación el uso indebido del *repudio* (ver *Repudiation* y *Non-repudiation*).

● With the *non-repudiation services (servicios de no-repudio)*, a service provider cannot overcharge a subscriber for the ...

Non-return-to-zero: *1. NRZ.*
1. Transmisión bipolar de *señales* (ver *Signal Def. 1*) en la que se envían bits de datos y componentes de sincronización sin necesidad de pasar por un nivel de reposo (de voltaje) entre bit y bit, pero cambiando la polaridad cada vez que se pasa de 1 a 0 o de 0 a 1.

● Using *non-return-to-zero (NRZ)* permits the maximum data signaling rate on the ...

Non-return-to-zero inverted: *1. NRZI.*
1. Método de transmisión de *señales* (ver *Signal Def. 1*) parecido a *NRZ* (ver *Non-return-to-zero*) pero con cambio de polaridad cada vez que se envía un 1 (según sistemas, puede ser cada vez que se envía un 0).

● ... there will always be bit transitions in the incoming signal of an *non-return-to-zero inverted (NRZI)* waveform ...

Non-uniform memory access:
1. Acceso No-Uniforme a Memoria.
2. ANUM.
1. Método complejo de compartimiento de

memoria en un sistema multiprocesador del tipo MPS (ver *Symmetric multiprocessing*). Se basa en definir grupos de procesadores (por ejemplo, de 4 en 4) que comparten memoria sobre un bus local lo que descarga al bus general. Cada grupo puede acceder, además, a la memoria de otros grupos y a la memoria general.

● Currently, a typical *Non-uniform memory access (acceso no-uniforme a memoria)* configuration ranges from eight to 16 processors, supports up to 32G bytes of memory, ...

Non-volatile memory: *1. Memoria no-volátil.*
1. Nombre genérico aplicable a todos los tipos de memoria de estado sólido (ver *Solid state*). Se dice *no-volátil* porque este tipo de memoria tiene fuente de energización propia que mantiene los datos sin necesidad de *refrescarlos* (ver *Refresh (verb) Def. 1*) periódicamente.

● A *non-volatile memory (memoria no-volátil)* device using a technique similar to the floating gates in EPROMs but ...

Non-volatile storage:
1. Almacenamiento no-volátil.
1. Cualquier tipo de almacenamiento de datos que permite que éstos se conserven a lo largo del tiempo: discos, discos ópticos, cintas, etc. Contrastar con *non-volatile memory*.

● Any *non-volatile storage (de almacenamiento no-volátil)* medium that is not directly accessible to the processor ...

Nonbreaking hyphen: *1. Guión de no-separación.*
Ver *Non-breaking hyphen*.

Nonbreaking space: *1. Espacio de no-separación.*
Ver *Non-breaking space*.

Nondisruptive installation:
1. Instalación no-discontinuante.
1. Capacidad de algunos sistemas que permiten la instalación de nuevos dispositivos sin que sea necesario *discontinuar* el uso normal de aquéllos.

● During *nondisruptive installation (instalación no-discontinuante)* and removal, only one of the four paths ...

Nonleaf page: *1. Página no-distal.*
1. En *DB2 (*ver *DATABASE 2),* los índices se crean como árboles de páginas. Las páginas de estos árboles que no apuntan a datos en las tablas se llaman *páginas no-distales.* Las páginas distales son apuntadas por páginas no-distales y así hasta llegar a la página superior o página *raíz* (ver *Root*).

● *Nonleaf pages (páginas no-distales)* never point to actual ...

Nonpageable: *1. No-paginable.*
1. En *sistemas operativos* (ver *Operating system*) con *paginación* (ver *Paging*), áreas de memoria que no sufrirán paginación y que, por tanto, conviene asignar a elementos de ejecución de mucho uso.

● ... if several jobs are time-dependent and execute in *nonpageable (no-paginable)* dynamic storage, ...

Nonprinting character:
1. Carácter no-imprimible.
1. Carácter que no se ve (en *presentación* (ver *Display (verb)*) ordinaria) ni se imprime, pero que tiene una función de control en el texto que lo incluye (ver también *Control character.*

● *Nonprinting characters (los caracteres no-imprimibles)* also have mnemonics like NAK, ESC, ...

Nonswitched: *1. No-conmutado.*
1. Se aplica a líneas, conexiones, etc., en las que no es necesario marcar (manual o automáticamente) un número.

● ... services over switched or *nonswitched (no-conmutadas)* lines ...

Nonvolatile RAM: *1. NVRAM.*
1. Memoria *RAM (ver Random Access Memory)* estática cuyo contenido se conserva cuando el dispositivo en el que está se apaga o pierde la fuente externa de energización. Algunos *módems* (ver *Modem*) usan este tipo de memoria para preservar información de funcionamiento.

● Memory: (...) 256 KB of *Nonvolatile RAM (NVRAM)* (...).

Nonvolatile register: *1. Registro no-volátil.*
1. En una rutina, registro cuyo valor, al abandonarse la rutina, debe coincidir con el que tenía cuando se entró a ejecutarla.

● ... does not change a particular *nonvolatile register (registro no-volátil)*, it does not save it.

Normal form: *1. Forma normal.*
1. Cada uno de los estadios por los que pasa el diseño de una base de datos cuando se *normaliza* (ver *Normalize (verb)*) siguiendo el método relacional. Ver definiciones de las *formas normales* más usuales en *First Normal Form, Second normal form* y *Third normal form.*

● The secret of *normal forms (formas normales)* is to realize that some attribute values determine other attribute values.

Normalization: *1. Normalización.*
1. Acción y efecto de *normalizar* (ver *Normalize (verb)*).

● It should be stressed that *normalization* (*normalización*) is generally the application of common sense ...

Normalize (verb): *1. Normalizar.*

1. En diseño de modelos lógicos de datos y de *bases de datos* (ver *Database*), *normalizar* es realizar un proceso sistemático de análisis en profundidad de la información disponible sobre datos a almacenar, tendente a reducir al máximo la duplicidad (redundancia) de datos y a eliminar determinadas «anomalías de actualización» (ver también *Denormalize*).

● A collection of *normalized (normalizadas)* relations represents a data model and ...

2. Representar un número de coma flotante de forma que el dígito más significativo de su mantisa no sea cero.

● The operands for multiplication and division are *normalized (se normalizan)* before ...

Not-a-number: *1. No-es-Número.*
2. NeN.
Ver *NaN*.

Notebook: *1. Computadora de bolsillo.*
Ver *Notebook computer*.

Notebook computer: *1. Computadora de bolsillo.*
1. Computadora personal de muy poco peso y volumen que casi puede ser llevada en un bolsillo.

● External units which plug into PCs, including *notebooks (computadoras de bolsillo)*.

Notepad: *1. Bloc de notas.*
1. *Editor* (ver *Editor Def. 1*) de textos, en Windows. Es elemental, pero suficiente para muchos usos habituales.

● *Notepad (El bloc de notas)* gives you more flexibility than a line editor.

Novell Directory Services: *1. NDS.*

1. *Servicio de directorio* (ver *Directory Service*) de Novell que facilita la gestión de usuarios y recursos en una o más redes desde un punto focal de red. Gestiona una *base de datos* de usuarios y recursos. Se ha desarrollado de acuerdo con la norma *X.500* (ver).

● *Novell Directory Services (NDS)*, based on the international X.500 standard, makes it possible to organize, categorize and name ...

NOC: *1. COR. 2. Centro de Operaciones de Red.*
Ver *Network operations center*.

NOP: *1. NOP.*
1. En diferentes lenguajes e incluso en seudocódigo, se usa *NOP* (o *nop*) para indicar «no-operation», es decir, no hacer nada. Las máquinas acostumbran a tener una instrucción que ocupa espacio y no hace nada.

● ... the branch instruction is equivalent to a *NOP (NOP)* ...

NOR: *1. NOR.*
1. Función *booleana* que sólo es cierta si ninguna de sus entradas lo es.

● *NOR (NOR)* forms a complete set of boolean functions on its own ...

NOS: *1. SOR. 2. Sistema Operativo de Red.*
Ver *Network operating system*.

NOT operator: *1. NOT.*
1. *Operador booleano* (ver *Boolean operator*) que *niega* a su operando, es decir, devuelve

cierto cuando el operando es *falso* y viceversa.

• To negate an EXISTS predicate, precede it with the logical operator *NOT (NOT)*.

NPA: *1. NPA.*
Ver *Network Point of Attachment.*

NRZ: *1. NRZ.*
Ver *Non-return-to-zero.*

NRZI: *1. NRZI.*
Ver *Non-return-to-zero inverted.*

NSAP: *1. NSAP.*
Ver *Network service access point.*

NSAPI: *1. NSAPI.*
Ver *Netscape Server API.*

NSFnet: *1. NSFnet.*
1. Red de alta velocidad, creada bajo el patrocinio de *National Science Foundation* (ver) norteamericana, y que sustituyó a ARPANET. *NSFnet* ya no existe, arrastrada, posiblemente, por el empuje arrollador de Internet.

• A well known example is *NSFnet (NSFnet)* which does not allow commercial application.

NSP: *1. PSR. 2. Proveedor de Servicio de Red.*
Ver *Network Service Provider.*

NT file system: *1. NTFS.*
1. Sistema de ficheros propio del *sistema operativo* Windows NT de Microsoft que supera bastantes de las limitaciones de los sistemas del tipo *FAT* (ver *File Allocation Table*) proporcionando mayor almacenabilidad y *rendimiento* (ver *Performance*). En algunos aspectos este sistema se empieza a acercar a las estructuras de almacenamiento usadas en las

computadoras principales (ver *Mainframe computer*).

• ... you cannot effectively use *Windows NT file system (NTFS)* permissions to secure access to files when they are accessed from a browser.

NTFS: *1. NTFS.*
Ver *NT file system.*

NTP: *1. NTP.*
Ver *Network Time Protocol.*

NTSC: *1. NTSC.*
Ver *National Television Standards Committee.*

NuBus: *1. NuBus.*
1. Bus de expansión (ver *Bus interface*) de algunas máquinas *Macintosh.*

• ...are designed for expandability with *NuBus (NuBus)* for additional peripheral and ...

Nucleus: *1. Núcleo.*
1. Se llama *núcleo* a la porción residente en memoria del programa de control (o sea del meollo de un *sistema operativo;* ver *Operating system*). Ver también *Kernel.*

• If you do not specify an alternate *nucleus (núcleo)* identifier ...

Nuke: *1. Desnucar.*
1. Enviar a una computadora un mensaje que el *sistema operativo* (ver *Operating system*) de destino es incapaz de procesar provocando que la computadora *se cuelgue,* sin producir daños mayores. Es posible filtrar los mensajes capaces de producir *desnucamiento* de una computadora.

• I would like to *run a nuke (desnucador)* against a firewall and see what the firewall spits out.

Null character: *1. Carácter nulo.*
1. Carácter (o sea *bait*; ver *Byte*) cuyos bits tienen, todos, valor 0. Por tanto, contiene x'00'. Puede que no sea nulo un *campo* (ver *Field*) cuyos *baits* son todos nulos; depende de las convenciones aplicables. Los *caracteres nulos* pueden tener significados y usos especiales según los lenguajes.

• ... and adds a *null character (carácter nulo)* to the end of the string ...

Null field: *1. Campo nulo.*
1. En determinados sistemas de ficheros y *bases de datos*, un campo nulo es un campo para el que aún no se ha suministrado un valor. Puede convenirse que un campo nulo sea uno que contiene *blancos* (ver *Blank* o *Space*) o nulos (ver *Null character*) pero, de esta manera, se restringe el uso de estos contenidos como posible valor. Para almacenar el hecho de que un campo puede ser nulo es necesario asociar al campo un *atributo* (ver *Data attributes*) especial que ocupa espacio (en general, un *bait*; ver *Byte*).

• Prevents this column being a *null field (campo nulo).*

Null file: *1. Fichero nulo.*
1. Fichero que no contiene registros.

• You can subsequently delete this record to achieve the *null file (fichero nulo)...*

Null modem: *1. Módem nulo.*
1. Conexión directa de dos computadoras próximas (máx., unos 10 m) que se comunican entre sí conectando sus *puertos seriales* (ver *Serial port*) por medio de un cable en el que se han cruzado algunos de sus cables internos. La comunicación usa el protocolo propio de la comunicación módem-computadora (ver también *Modem* y *Modem eliminator*).

• A *null modem (cable) (módem nulo)* needs to have male connectors at both ends.

Null pointer: *1. Puntero nulo.*
1. Puntero (ver *Pointer*) cuyo contenido, por convenio, no apunta a una dirección válida. También por convenio es el resultado de convertir el número 0 en un puntero.

• ... is optional and can be set to be the *null pointer (puntero nulo).*

Null string: *1. Ristra nula.*
1. En algunos lenguajes (por ejemplo, C/C++) una *ristra nula* es una *ristra* o *formación* unidimensional (ver *Array*) de caracteres cuyo primer carácter es un NUL (x'00').

• This error is also issued if path or file is a *null string (ristra nula).*

Null value: *1. Valor ausente.*
1. Expresión para referirse a *ausencia de valor*. Puede aplicarse, por ejemplo, a valores en tablas de *bases de datos* relacionales o de listas de parámetros. En ningún caso *valor ausente* es equiparable a contenido formado por *blancos* (ver *Blank* o *Space*) o por caracteres NUL.

• ... the foreign key could allow *null values (valores ausentes)*, which refer to nothing.

Null-terminated: *1. Terminado/a en nulo.*
1. Forma de almacenar en memoria las *ristras* (ver *String*) de caracteres utilizadas en programas escritos en el lenguaje C.

• ... contains the *null-terminated (terminado en nulo)* pathname.

Num Lock Key: *1. Tecla Bloq Num.*
1. *Tecla* que permite *bloquear* y desbloquear el teclado numérico (ver *Numeric Keyboard*)

situado en la parte derecha de un teclado ordinario (pasar de *numérico* a *movimientos cursor* y viceversa).

• Pressing the *Num Lock key (tecla Bloq Num)* affects two sets of keys: the embedded numeric keypad and the rest of the ...

Num-sign: *1. Sostenido.*
Ver *Number-sign.*

Number crunch (verb): *1. Triturar números.*
1. Ejecutar programas especializados (puede que en computadoras también especializadas) en realizar ingentes cantidades de operaciones aritméticas sobre un número significativo de valores numéricos.

• ... when referring to old scientific and *number crunching (de trituración de números)* software ...

Number-sign: *1. Sostenido.*
1. Carácter especial cuya representación es «#» y cuyo valor en *ASCII* es x'23' y en *EBCDIC* es x'7B'.

• ... this value for the character *number-sign (sostenido)* ...

Numeric: *1. Numérico.*
1. Tipo de datos que puede usarse en operaciones aritméticas. En términos de aritmética decimal, estos datos, cualquiera que sea su representación interna, están constituidos utilizando los dígitos 0 al 9 y un signo aritmético asociado.

• A *numeric (numérico)* literal that does not include any digit positions to the right of ...

Numeric control: *1. Control numérico.*
1. Control automático de maquinaria por programa. Los sistemas modernos admiten *retro-*

alimentación (ver *Feedback*). Además, los programas pueden obtenerse como un paso suplementario al de diseño del material a fabricar.

• ... from the design specifications for two and three-dimensional parts to the generation of *numeric control (de control numérico)* machining codes and ...

Numeric Keyboard: *1. Teclado numérico.*
1. 17 *Teclas* (ver *Key (noun) Def. 1*) situadas a la derecha de un teclado ordinario. Contiene los dígitos y las operaciones aritméticas. Con la tecla *Bloq Num* (ver *Num lock Key*), las teclas de dígitos pueden usarse para mover el cursor, y viceversa.

• Allocation of Letters to the Keys of a *Numeric Keyboard (teclado numérico).*

Numerical analysis: *1. Análisis numérico.*
1. Estudio de un problema mediante el desarrollo de los algoritmos (y programas) que permiten calcular los valores numéricos que resuelven las ecuaciones (modelos matemáticos) que describen el comportamiento de un sistema. Es una materia multidisciplinar en cuyo desarrollo ha sido vital el uso de las computadoras.

• The goal of *numerical analysys (análisis numérico)* is the efficient computation of accurate ...

NUL: *1. NUL.*
1. Carácter especial cuyo significado es «ausencia de información». Tanto en *ASCII* como en *EBCDIC*, su valor es x'00'. Se usa frecuentemente como *carácter de relleno* (ver *Fill character*) o para «tachar» el contenido previo de espacios de almacenamiento.

- ... is a binary file containing embedded *NUL* *(NUL)* bytes or newlines that are more ...

NUMA: *1. ANUM. 2. Acceso No-Uniforme a Memoria.*
Ver *Non-uniform memory access.*

NVRAM: *1. NVRAM.*
Ver *Nonvolatile RAM.*

Nybble: *1. Semibait.*
Otra forma de decir *Nibble* (ver).

O

Object: *1. Objeto.*

1. En el sentido propio de la *orientación a objetos* (ver *Object orientation*) un *objeto* es un individuo o ejemplar (ver *Instance*) perteneciente a una *clase* (ver *Class*). Como tal, un objeto posee los *atributos* (valores de variables) definidos para la clase y puede ser sometido a las funciones (o *métodos* (ver *Method Def. 1*) o *procedimientos*) propios de la clase en cuestión.

● ... which allows an *object (objeto)* to assume or become any object (possibly satisfying some implicit or explicit type constraints) ...

2. En *bases de datos* (ver *Database*) se llaman *objetos* a los diferentes componentes físicos y unidades –pasivas– de procesos que pueden definirse y ser manejados por un *SGBD* (por ejemplo, *base de datos, índice, tabla, espacio físico para tablas,* etc.) (ver *Database Management System*).

● ... you use different structures (also called *objects (objetos)*) to turn your logical database design into the physical ...

Object code: *1. Código objeto.*

1. Se llama *código objeto* a la salida principal de un *ensamblaje* o *compilación*. El código objeto es, fundamentalmente, *código de máquina* (ver *Machine code*) con datos suplementarios que ayudarán en la resolución de direcciones externas y en la *reubicación* (ver *Relocation*) y carga del programa en cuestión (ver también *Object module*).

● ... the source statements of the module and the resulting *object code (código objeto)*.

Object deck: *1. Módulo objeto.*

1. Sinónimo de *Object module* (ver). La palabra *deck* procede de cuando el *módulo objeto* se obtenía como paquete *(deck)* de fichas perforadas.

● ... *object decks (módulos objeto)*, linker control statements, or both ...

Object Data Management Group: *1. ODMG.*

1. Consorcio de empresas que intenta alcanzar acuerdos sobre bases comunes para el desarrollo de los nuevos enfoques en *bases de datos* (objetos, distribución e Internet, lenguajes, ...).

● Before *Object Data Management Group (ODMG)*, the lack of a standard for object databases was a major limitation to ...

Object Linking and Embedding:
1. OLE.

1. *OLE*, en su versión 1.0, fue una tecnología de Microsoft *(MS)* para definir y usar documentos compuestos, es decir, documentos definidos en un contenedor (p. ej., Word) que, a su vez, contenían objetos «animables» ajenos al contenedor. Por animables se entiende que, si se selecciona uno de dichos objetos, se arranca una aplicación (p. ej., Excel) con información suficiente para procesar el objeto (que se había *enlazado –link–* o *incluido –embed–* en el documento base.

La versión 2.0 de *OLE* (no habrá versiones sucesivas porque *OLE 2.0* no es propiamente un producto) supone una generalización de la solución de *OLE 1.9* a la cuestión de los *documentos compuestos*. Las características más significativas de *OLE 2.0* son:

– Es un estándar «de facto» de MS susceptible de ser usado por otras compañías en el desarrollo de componentes software.
– Actualmente, MS ha desarrollado como un millar de funciones en *OLE 2.0*. Todos los desarrollos *OLE 2.0* se construyen sobre *COM* (ver *Component Object Model*) o su versión distribuida (DCOM; ver *Distributed Component Object Model*).
– Los *componentes software* creados usando *COM* son, en realidad, extensiones del *sistema operativo* (ver *Operating system*) que se integran dinámicamente en el mismo (componentes binarios –ejecutables– que se integran sin necesidad de recompilaciones).
– Aunque los objetos manejados por *COM* OLE no son formalmente *objetos* (en el sentido propio de los lenguajes *orientados a objetos*), los principios en que se basa su definición (polimorfismo, *encapsulación*, etc.), son similares.

● One reason *OLE (OLE)* seems so large is that it ofers a wide range of native services ...

Object model: *1. Modelo de objetos.*

1. En un método de análisis y diseño de sistemas basado en la *orientación a objetos* (ver *Object orientation*), el *modelo de objetos* describe la parte estática del sistema: *objetos* (ver *Object*) agrupados en *clases* (ver *Class*), atributos (ver *Attribute*), *métodos* (operaciones; ver *Method Def. 1*) y asociaciones entre objetos.

● ... is broken because it's an *object model (modelo de objetos)* that has no provisions for inheritance, one of the major reasons ...

Object module: *1. Módulo objeto.*
1. Salida principal, en *código objeto* (ver *Object code*), del ensamblaje o *compilación* de un módulo.

● Specifies that the *object module (módulo objeto)* does not contain the special source symbol ...

Object Management Group:
1. OMG.
1. Consorcio formado por un importante número de fabricantes de software con la idea de crear una arquitectura de aceptación general con relación al desarrollo de aplicaciones basadas en objetos distribuidos en una red. El resultado de las tareas de los equipos técnicos de *OMG* fue la arquitectura *CORBA* (ver *Common Object Request Broker Architecture*).

● UML is not a standard, but is taking shape under the auspices of the *Object Management Group (OMG)*.

Object orientation: *1. Orientación a objetos.*
1. Enfoque del análisis, diseño y programación de sistemas y aplicaciones basado en los conceptos de *objeto* y *clase* (ver *Object* y *Class*) y no en otros elementos de la realidad como *procedimiento* y *función*.

El mundo real a analizar se considera formado por clases de objetos, siendo un objeto
concreto un *ejemplar* (ver *Instance* o *Occur-
ence*) de la abstracción llamada *clase*. Cada
objeto tiene (y se define así en su *clase*) un
estado, una estructura de datos *(variables)* y
un comportamiento (*métodos* (ver *Method
Def. 1*) o *funciones*). Puede decidirse qué parte será visible de la información de los objetos de una *clase* (*encapsulación*; ver *Encapsulate (verb) Def. 2*). Por otra parte, es posible definir relaciones de *precedencia* (ver
Precedence) entre *clases,* con *herencia* (ver
Inheritance) de estructuras y comportamientos entre ellas.

La *orientación a objetos* puede suponer mejoras importantes en cuanto a calidad y rapidez
de desarrollo, *reusabilidad* (ver *Reusability*),
robustez (ver *Robustness*), etc. Este enfoque
se ha aplicado más en el desarrollo de *sistemas operativos* (ver *Operating system*) y sus
componentes y en el de software de ayuda, en
general, que en el desarrollo de aplicaciones
de gestión.

• Within the *object orientation (orientación a
objetos)* context, a class is a specification of
structure, ...

Object oriented: *1. Orientado/a
a objetos.*

1. Que utiliza o incorpora la *Orientación a
objetos* (ver *Object orientation*).

Object oriented database: *1. Base de
datos orientada a objetos. 2. BDOO.*

1. Arquitectura de base de datos en la que se
almacenan, en vez de las tradicionales entidades e interrelaciones y los atributos de ambas,
objetos (ver *Object* y *Object orientation*) con
sus atributos y, esto es lo más significativo,
con los procedimientos, métodos o funciones
que pueden ejecutarse con relación a los mismos.

• *Object-oriented database (de bases de datos orientadas a objetos)* systems aim at
representing real-world semantics, ...

Object oriented design: *1. Diseño
orientado a objetos.*

1. Aplicación del enfoque *orientación a objetos* (ver *Object orientation*) a la etapa de diseño de sistemas, subsistemas y aplicaciones.
La etapa de diseño habrá sido precedida, normalmente, de una etapa de análisis en la que
se habrán reconocido los *objetos* (ver *Object*)
y *clases* (ver *Class*) presentes en el universo
a considerar, así como su semántica y relaciones. Durante el diseño, se formalizarán los
elementos anteriores, se determinarán relaciones con *clases* ya informatizadas, se defi-
nirán con rigor todas las *interfaces* (ver
Interface (noun)) y se preparará la programación.

• An *object oriented design (diseño orientado
a objetos)* allows a selection from various languages for implementation ...

Object oriented programming:
*1. Programación Orientada a Objetos.
2. POO.*

1. Enfoque de la programación basado en el
reconocimiento de que cualquier sistema está
formado por *objetos* (ver *Object*), agrupables
en *clases* (ver *Class*), teniendo cada clase de
objetos unos *atributos* (ver *Attribute*) y unas
operaciones. La lógica tradicional de los programas queda subsumida en la interacción entre objetos cuyas operaciones se desencadenan en función de los estímulos recibidos. La
reusabilidad (ver *Reusability*) de las clases y
la *herencia* (ver *Inheritance*) entre clases y
subclases son, posiblemente, dos de los elementos en que más se materializan las ventajas de este nuevo enfoque.

• The property of *object oriented programming (programación orientada a objetos)* lan-

guages where the code executed to perform a given operation is determined at run-time ...

Object program: *1. Módulo objeto.*
2. Programa objeto.
1. Sinónimo de *Object module* (ver).

Object Request Broker: *1. ORB.*
1. Componente ejecutable de la arquitectura *CORBA* (ver *Common Object Request Broker Architecture*) que actúa como intermediario entre las peticiones de los clientes de los servicios y los proveedores de los mismos sin que los clientes tengan que suministrar los detalles del proveedor ni del servicio solicitado (solamente lo específico de cada petición).

• The *Object Request Broker (ORB)* is an example of a middleware program.

Object-orientation: *1. Orientación a objetos.*
Ver *Object orientation.*

Object-oriented: *1. Orientado a objetos.*
Ver *Object oriented.*

Object-oriented database: *1. Base de datos orientada a objetos. 2. BDOO.*
Ver *Object oriented database.*

Object-oriented design: *1. Diseño orientado a objetos.*
Ver *Object oriented design.*

Object-oriented programming:
1. Programación Orientada a Objetos.
2. POO.
Ver *Object oriented programming.*

Oblique: *1. Oblicua.*
1. Adjetivo que se aplica a una fuente (ver *Font*) manipulada (debe ser originalmente manipulable) para que aparezca como cursiva, sin serlo realmente.

• ... or *oblique (oblicuo)* font style for the font being used.

Obsolete: *1. Obsoleto.*
1. Anticuado, que ha dejado de tener vigencia. Puede que haya sido sustituido por una versión más moderna.

• ... they have been withdrawn by the depositor and therefore considered *obsolete (obsoletos).*

Occurrence: *1. Ocurrencia. 2. Ejemplar. 3. Orden de aparición.*
1. Ocurrir o suceder algo (evento o acontecimiento).

• The exit routine is invoked on event *occurrence (ocurrencia),* and if it issues any ...

2. Cada uno de los *ejemplares* o unidades de una cierta clase de elementos. A veces se da una cierta indicación del orden de dichos ejemplares (en el supuesto de que hayan subclases en la clase). Ver también *Instance.*

• ... the number of *occurrences (ejemplares)* of each token, and the total number of ...

3. En situaciones más especiales, orden de clasificación, aparición o proceso de los elementos de un conjunto.

• The rules that govern the *occurrence (orden de aparición)* of assembler language statements in a source module ...

Octal: *1. Octal.*
1. Relativo al sistema de numeración de base 8. También se llama *octal* a un número en dicho sistema. El sistema en sí se usa poco pero, a veces, se usa la notación octal para manejar, más cómodamente, números binarios.

• Most people use notation hexadecimal in preference to *octal (octal)*.

Octet: *1. Octeto.*
1. Unidad de datos formada por 8 bits más, posiblemente, al menos uno más para *verificación de paridad* (ver *Parity checking*).

• What is the difference between an *octet (octeto)* and a byte?

OC-n: *1. OC-n.*
Ver *Optical Carrier-n.*

OCR: *1. IOC. 2. Identificación Optica de Caracteres.*
Ver *Optical Character Recognition.*

OCX: *1. OCX.*
Ver *OLE Custom Control.*

Odd parity: *1. Paridad impar.*
Ver *Parity bit* y *Parity checking.*

• For *odd parity (con paridad impar)* schemes, the parity bit value is chosen such that there are an odd number of 1's.

ODBC: *1. ODBC.*
Ver *Open Database Connectivity.*

ODI: *1. ODI.*
Ver *Open Data-Link Interface.*

ODMA: *1. ODMA.*
Ver *Open Document Management API.*

ODMG: *1. ODMG.*
Ver *Object Data Management Group.*

ODO: *1. ODO. 2. OCCURS DEPENDING ON.*
1. Acrónimo de *OCCURS DEPENDING ON (COBOL)*. En una estructura *ODO* hay un sujeto (el elemento que se repite) y un objeto (el elemento que determina el número de repeticiones).

• X is the *ODO* object ...

OEM: *1. OEM.*
Ver *Original Equipment Manufacturer.*

Off line: *1. Desligado/a. 2. Con sistema parado.*
Ver *Off-line.*

Off-line: *1. Desligado/a. 2. Con sistema parado. 3. No interactivo/a.*
1. Dícese de unidades, dispositivos, etc., que están desconectados de la computadora o que han dejado de ser controlados por ella.

• ... you to determine whether you can take a particular device *off-line (desligada)* ...

2. En *sistemas de tiempo real* (ver *Real-time system*), planificación realizada antes de que el sistema esté en funcionamiento.

• Taking this approach enables an *off-line (con sistema parado)* analysis where time properties can be ...

3. Dícese de las funciones cuyos accesos a datos permanentes no tienen que producir resultados para uso inmediato. En su momento se corresponderán con programas *por lotes* (ver *Batch*).

• Sometimes one function may include both *off-line (no interactivos)* and online elementary ...

Off-load (noun): *1. Descarga.*
1. *Descarga*, en general, es liberación de un componente de la parte de una tarea que, normalmente, le correspondería. Se llama *computadora de descarga* a una computadora que libera a otra de determinado tipo de tareas.

- *Off-load (descarga)* is a TCP/IP feature that can be used to move the TCP/IP execution to ...

Off-load (verb): *1. Descargar.*
1. Mover trabajos pendientes de ser procesados, datos de salida pendientes de ser enviados a los dispositivos correspondientes, etc., desde su ubicación habitual a una ubicación provisional en espera de un mejor momento para su procesamiento.

- ... to *off-load (descargar)* data to secondary volumes during peak data load periods.

Off-the shelf: *1. COTS.*
Ver *Commercial Off-The-Shelf.*

Offline: *1. Desligado/a. 2. Con sistema parado.*
Ver *Off-line.*

Offload (verb): *1. Descargar.*
Ver *Off-load.*

Offset: *1. Desplazamiento.*
1. En *direccionamiento* (ver *Addressing*) indirecto, las direcciones se establecen sumando *desplazamientos* (ver también *Displacement*) a una dirección que se toma como punto de partida o *dirección base* (ver *Base address*).

- The base address is used, along with an *offset (desplazamiento)* and ...

2. Con relación a ciertos tipos de ficheros, el *desplazamiento* es la posición de *bait* (ver *Byte*) en el fichero en la que comenzará la próxima instrucción de *E/S* (ver *Input/Output*).

- Each open file description associated with a regular file has a *file offset (desplazamiento de fichero).*

3. Con carácter general, un *desplazamiento* es la distancia, en *baits* (ver *Byte*), entre una posición de memoria y otra que se toma como referencia (inicio de memoria, inicio de página, inicio de registro, etc.).

- ... rather than being stored at an *offset (desplazamiento)* from the beginning of absolute storage ...

OH: *1. OH.*
1. Luz en *módem* (ver *Modem*) externo que indica que la línea telefónica está preparada para recibir llamadas.

OLAP: *1. OLAP.*
Ver *Online analytical processing.*

OLE: *1. OLE.*
Ver *Object Linking and Embedding.*

OLE Custom Control: *1. OCX.*
1. Un *OCX* es un programa o módulo (en binario) especializado en una tarea concreta, que puede ser utilizado como componente en diferentes «contenedores». Estos programas están basados en la tecnología *OLE-COM* (ver *Object Linking and Embedding* y *Component Object Model*) y son de aplicación en entornos Windows. La versión posterior de *OCX* son los *ActiveX Controls*, compatibles con *OCX.*

- ... development programs such as MS Access take advantage of *OCXs* ...

OLTP: *1. Procesamiento Interactivo de Transacciones. 2. PIT.*
Ver *Online transaction processing.*

OMG: *1. OMG.*
Ver *Object Management Group.*

OMR: *1. LMO. 2. Lector de Marcas Ópticas.*
Ver *Optical Mark Reader.*

On line: *1. Ligado. 2. En línea. 3. Interactivo.*
Ver *Online.*

On the fly: *1. Sobre la marcha.*
1. Elemento informático cuyas características finales se determinan en función del momento y circunstancias correspondientes a la producción o necesidades de uso de dicho elemento. No debe confundirse con *in flight* que se refiere a actividades en curso en el momento en que se produce un incidente.

• I suggest getting removable HDs or wiring up your turbo switch to swap hard drives *on the fly (sobre la marcha)* if you really ...

On-board computer: *1. Computadora a bordo.*
1. Computadora instalada en un aparato, máquina o dispositivo.

• ... further justified an *on-board computer (computadora a bordo)* since the lunar orbit insertion would take place on ...

On-line: *1. Ligado. 2. En línea. 3. Interactivo.*
Ver *Online.*

One shot: *1. De una tirada.*
1. Expresión que se aplica a tareas que, admitiendo otras formas de ser efectuadas, se efectúan de una vez, sin solución de continuidad (implementación de nuevas aplicaciones, instalación de nuevas versiones de productos, etcétera).

• ... that is very useful in Linux, though it would be a mistake for a first *one shot (de una tirada)* implementation from ground zero.

One Time Password: *1. Contraseña de un Solo Uso. 2. CSU.*
1. Mecanismo de autenticación en el que se

genera una *contraseña* (ver *Password*) por cada «transacción» que se realice.

• The *One Time Password (de contraseña de un solo uso)* system protects against external passive attacks against the authentication subsystem.

One-shot: *1. De una tirada.*
Ver *One shot.*

One-to-many: *1. Una a varias.*
1. Uno de los valores posibles del grado de una *interrelación* (ver *Relationship*): un *ejemplar* (ver *Instance* o *Occurrence*) de una *entidad* (ver *Entity*) en un extremo de la interrelación se asocia con uno o más ejemplares de la entidad en el otro extremo. También se representa como *1:m*.

• The crow's foot is used to represent the 'many' end of an *one-to-many (una a varias)* ...

One-way-only channel: *1. Canal unidireccional.*
Sinónimo de *Unidirectional channel* (ver).

One's complement: *1. Complemento a uno.*
1. Número binario que se obtiene a partir de otro cambiando en el mismo cada 0 por un 1 y cada 1 por un 0.

• ... zeros are replaced with ones and viceversa, as for *one's complement (complemento a uno)*, but then one ...

Online: *1. Ligado. 2. En línea. 3. Interactivo.*
1. Dícese de unidades, dispositivos, etc., que están conectados a una computadora y bajo el control de la misma.

• ... no devices defined as automatically switchable can be taken *online (ser ligadas)* ...

2. Situación de un usuario de computadora o de red cuando está conectado a la misma y tiene servicio interactivo con ella. También se llama así a la clase de servicio recibido.

• For more information on the *online (en línea)* help facility when you begin working in ...

3. Tipo de sistema o de uso de sistema en el que el usuario interacciona con el mismo recibiendo las respuestas en un tiempo razonablemente corto (segundos, ...).

• In an *online (interactivo)* system, the input data enters the computer ...

4. Dícese de las funciones cuyos accesos a datos permanentes han de producir resultados para uso inmediato. En su momento se corresponderán con programas de tipo interactivo.

• This is an example for an *online (interactiva)* enquiry function:

Online analytical processing:
1. OLAP.
1. Análisis dinámico del contenido de una *base de datos multidimensional* (ver *Multidimensional Data Base*) para obtener una información interesante. Se utiliza en la técnica general conocida como *prospección en datos* (ver *Data mining*). Existen herramientas especiales para ello.

• Our solution uses *Online analytical processing (OLAP)* to enable better decision support through multidimensional analysis and ...

Online help: *1. Ayuda interactiva.*
1. Ayuda que se presta (a un usuario, cliente, etcétera) de forma interactiva o de diálogo (ver *Online Def. 3*).

• ... and science teachers including lesson

plans, libraries, and an *online help (ayuda interactiva)* service.

Online storefront: *1. Tienda electrónica.*
Ver *Electronic storefront.*

Online transaction processing:
1. Procesamiento Interactivo de Transacciones. 2. PIT.
1. Tarea que realiza un macroprograma que, sin formar parte del *sistema operativo* (ver *Operating system*), es capaz de gestionar los diálogos *(interactivos)* de un número elevado de usuarios y las tareas que se desencadenan, con ello, en el sistema. El nombre antiguo de estos macroprogramas es el de *monitor de teleprocesamiento* (ver *Teleprocessing monitor*). *CICS* (ver *Customer Information Control System*) de IBM es el ejemplo más significativo de este tipo de productos.

• Automatic teller machines for banks are an example of *online transaction processing (procesamiento interactivo de transacciones).*

Ontology: *1. Ontología.*
1. Enumeración, en *Inteligencia artificial* (ver *Artificial Intelligence*), de los principales conceptos que forman el núcleo de un sistema concreto. Puede incluir personas, cosas, eventos, relaciones, etc., de interés para el área concreta de que se trate. Puede decirse que forma parte de la documentación de los programas.

• We can describe the *ontology (ontología)* of a program by defining a set of representational ...

OODB: *1. BDOO. 2. Base de datos orientada a objetos.*
Ver *Object oriented database.*

OOP: *1. POO. 2. Programación orientada a objetos.*
Ver *Object oriented programming.*

Open (adj): *1. Abierto.*
1. Accesible para uso (opuesto a *closed*).

● ... that describes an *open (abierto)* file that is using the buffer pool.

2. Norma, diseño, arquitectura, producto, etc., que puede usarse libremente (opuesto a *proprietary –de propiedad–*) y/o interaccionar fácilmente con otros productos. Ver, por ejemplo, *Open system.*

● An *open (abierto)* standard is one that can be used without payment.

Open (verb): *1. Abrir.*
1. Operación compleja consistente en preparar un fichero para ser accedido desde un programa. El detalle de tareas incluidas puede cambiar mucho de un *sistema operativo* (ver *Operating system*) a otro y de si previamente se ha efectuado una operación de *asignación* (ver *Allocate*). Puede incluir, por ejemplo, establecer *direccionamiento* (ver *Addressing*), crear un bloque de control, definir compartimiento del fichero por otros procesos, verificación de *etiquetas* (ver *Label Def. 2*), etc.

● If an error occurs while a file *is opened (se abre)* for update processing ...

Open Database Connectivity:
1. ODBC.
1. API (ver *Application Program Interface*) abierta a otras aportaciones, aunque desarrollada y mantenida por Microsoft, para constituir un puente entre aplicaciones y *SGBDs* (ver *Database Management System*) a condición de que unas y otros se adapten a lo estipulado por *ODBC*. En los programas de la aplicación se escriben instrucciones de acceso

a *bases de datos* (ver *Database*) usando un lenguaje común (muy parecido al *SQL*; ver *Structured Query Language*) y esas instrucciones son traducidas por un programa controlador (específico de cada SGBD), que las pasa al propio SGBD. Hay cierta confluencia, en esta importante materia, con otros líderes del sector, pero las diferencias aún son significativas.

● *Open Database Connectivity (ODBC)* drivers and development tools are available now for Microsoft Windows, UNIX, etc.

Open Data-Link Interface: *1. ODI.*
1. API (ver *Application Program Interface*) desarrollada por Novell que permite independizar el protocolo del *estrato Enlace de Datos* (ver *Data link layer*) del protocolo del *estrato de Transporte* (ver *Transport layer*), lo que hace posible que la misma placa de comunicaciones pueda trabajar con dos protocolos diferentes (por ejemplo, *TCP/IP* e *IPX/SPX* de Novell).

● *Open Data-Link Interface (ODI)* allows several protocols and several network card drivers to be loaded at the same time ...

Open Document Management API: *1. ODMA.*
1. API (ver *Application Program Interface*) que facilita la interacción de diferentes autores y programas de *edición* (procesadores de texto, por ejemplo; ver *Edit Def. 2*) con respecto a un mismo documento, llevando, además, el control de versiones. Puede ser una de las bases de los sistemas para trabajo en grupo o de *flujo de trabajo* (ver *Workflow*).

● *Open Document Management API (ODMA)* applications with a consistent method to integrate seamlessly with clients from Document management systems (DMS) provides ...

Open file: *1. Fichero abierto.*
1. Según *sistema operativo* (ver *Operating system*), puede ser un fichero que ha sido procesado por una función «abrir» (ver *Open (verb)*) y está, por tanto, disponible para ser leído y/o grabado y cerrado, o bien un fichero que ya tiene asociado un descriptor de fichero.

• The opening of an already *open file (fichero abierto)* does not affect the file.

Open Graphics Library: *1. OpenGL.*
1. Norma de uso común en la industria americana de desarrollo de software, que facilita grandemente el desarrollo de las partes gráficas (2-D y 3-D) de las aplicaciones o el desarrollo de aplicaciones gráficas. Proporciona un gran número de funciones incorporadas que pueden usarse para crear componentes que, ligados entre sí, generan imágenes y efectos.

• You can utilize the *Open Graphics Library (OpenGL)* of routines by making calls to the routines from C programs.

Open Profiling Standard: *1. OPS.*
1. Intento de norma «de facto» para regular la cantidad y calidad de información personal que usuarios de la *Ueb* (ver *World Wide Web*) ponen a disposición de las *sedes Ueb* (ver *Web site*) y la manera de almacenarla y de acceder a la misma. Teóricamente, la finalidad es la de personalizar las páginas que el usuario recibe. Prácticamente, en la mayoría de los casos, mecanismo (aceptado) para dirigir la publicidad de forma más certera.

• Using *Open Profiling Standard (OPS)*, Web sites query a user to see if he or she is interested in receiving more tailored content ...

Open Shortest Path First: *1. OSPF.*
1. Protocolo interior (de un *Sistema Autóno-*mo de la *Internet*) moderno y muy complejo. Es un protocolo orientado al estado de los *enlaces* (ver *Link (noun) Def. 5*). Se usa en Sistemas Autónomos grandes.

• However, the current definition of the *Open Shortest Path First (OSPF)* protocol imposes topological limitations which restrict ...

Open Software Foundation: *1. OSF.*
1. Organización, sin ánimo de lucro, dedicada a la investigación y el desarrollo en cuestiones informáticas relacionadas con la integración y los sistemas abiertos (ver *Open system*). Son significativas sus aportaciones en el campo de la estandarización. Actualmente forman parte del llamado «*The Open Group*».

• ... *Open Software Foundation (OSF)* developed the Distributed Computing Environment (DCE).

Open system: *1. Sistema abierto.*
1. Sistema que adopta una serie de *interfaces* (ver *Interface (noun)*) públicas y, posiblemente, estandarizadas, de forma que se asegura la complementariedad y la interacción con otros sistemas, del mismo o diferentes fabricantes, que hayan adoptado la misma serie de interfaces. Los campos en que han tenido más impacto los sistemas abiertos son los *sistemas operativos* (ver *Operating system*) y las comunicaciones.

• ... the potential advantages of *open systems (sistemas abiertos)* were acknowledged by ...

Open Systems Interconnection: *1. OSI.*
1. *OSI* es la principal realización en el campo de la estandarización de todo lo referente a redes de computadoras y, especialmente, de la interconexión de *sistemas abiertos* (ver *Open system*). Cuando se vio claro que el futuro pasaba por las redes, se llegó a la conclusión de

que, si no se producía un movimiento significativo hacia la estandarización, podrían llegar a crearse muchísimas redes privadas, pero la comunicación entre ellas sería imposible o extremadamente cara. Un comité de representantes de las principales empresas informáticas y de comunicaciones trabajó, durante varios años, bajo los auspicios de la *ISO* (ver *International Organization for Standardization*), en un intento de estandarizar las *interfaces* (protocolos) presentes en un proceso de conexión entre computadoras y redes. El resultado final no llegó a tanto (los intereses enfrentados debieron ser fortísimos) pero, al menos, se llegó a elaborar un *modelo de referencia* (ver *Reference model*) muy útil para situar los productos existentes, para diseñar nuevos productos, y como lenguaje de comunicación y formación en un terreno especialmente complejo.

El modelo establece que la comunicación entre dos usuarios finales situados en dos computadoras distintas pasa por siete *estratos* (ver *Layer (noun)*) (en orden descendente para la primera computadora: *Aplicación, Presentación, Sesión, Transporte, Red, Enlace de Datos* y *Físico* y ascendente, desde *Físico* hasta *Aplicación* en la segunda computadora) de forma que cada estrato da un servicio al estrato superior y solicita otro del estrato inferior; simultáneamente, los datos se van inflando, de estrato en estrato descendentes, desde los puros datos aplicacionales hasta los datos enviados por la línea y desinflando en la computadora de llegada, hasta su entrega a la aplicación.

Las estaciones intermedias (computadoras no finales como, por ejemplo, las *encaminadoras;* ver *Router*) no implementan los siete estratos, como es lógico.

El grado de seguimiento del *modelo de referencia* ha sido muy desigual en los diferentes productos del mercado, pero la propia exis-

tencia del *modelo* ha de ser considerada como extremadamente positiva.

● Knowledge of *Open Systems Interconnection (OSI)* network addressing is the next step towards ...

OpenGL: *1. OpenGL.*
Ver *Open Graphics Library.*

Operand: *1. Operando.*
1. Entidad que interviene en una operación. El uso más frecuente de esta palabra es el que se hace en los lenguajes de programación. Los operandos pueden ser de tipos diferentes, estar representados por variables o constantes, ser datos elementales o estructuras, etc., según las características del lenguaje de que se trate.

● When an operation is performed on decimal *operands (operandos)* and the assignment is not ...

Operating System: *1. Sistema Operativo. 2. SO.*
1. Software que controla la ejecución de los programas de usuario, al tiempo que facilita la interacción entre éstos y el hardware de la computadora. Un *sistema operativo* es siempre un software complejo. En el caso de los grandes sistemas operativos (por ejemplo, el OS/390 de IBM), puede llegar a ser extremadamente complejo. Ejemplos de servicios suministrados por los SOs son: comunicación con usuarios (interacción, *IGU*, etc.), gestión de trabajos y tareas (planificación, prioridades, etc.), gestión de memoria (virtual, real, etcétera), comunicación entre subsistemas y aplicaciones, contabilización de recursos, paralelismo, gestión diferida de entradas y salidas, primer nivel de comunicaciones, captación y tratamiento de errores, etc., etc.

● Any facility of the computing system or *oper-*

ating system (sistema operativo) required by a job or task ...

Operation: *1. Operación.*

1. Manipulación inmediata de uno o más datos de entrada para producir un resultado. Incluye tanto una instrucción en *lenguaje de máquina* (ver *Machine language*) como todas las instrucciones posibles en los lenguajes de programación.

● ... but the result of the *operation (operación)* has always type int and is not ...

2. Acción con relación a datos almacenados (ficheros, *bases de datos*, ...) que se traduce en obtención o actualización de datos.

● If you are using the SQL UPDATE *operation (operación)* on a table with a primary key ...

3. Conversión de una *señal* (ver *Signal Def. 1*) en otra distinta o de varias señales en una o viceversa.

● ... the reverse *operation (operación)* is performed on the output of the digital-to-analog converter ...

4. Conjunto de tareas realizadas por humanos para poner una instalación informática al servicio de sus usuarios y mantenerla en servicio durante los tiempos previstos, atendiendo a todas las demandas que parten de la misma (diálogos operativos, cambios en periféricos, sondeos de situación ante síntomas de sobrecarga, etc.). En inglés se usa, a veces, en plural.

● ... a convenient way to automate predictable aspects of *operation (operación)*.

5. En análisis y diseño lógicos, unidad discreta de procesamiento que se relaciona con los efectos de los eventos sobre las *entidades* (ver *Entity*).

● The practitioner should sensibly sequence the *operations (operaciones)* for an effect.

6. En *modelado de objetos* (ver *Object oriented design*), procedimiento que puede ser ejecutado por los objetos de una *clase* (ver *Class*).

● A UML class shows the class name, *operations (operaciones)*, and attributes in separate compartments.

Operational data: *1. Datos operativos.*

1. Son los datos que se generan y se utilizan en las operaciones normales (el «día a día») de las organizaciones. Se almacenan en ficheros permanentes y en *bases de datos* (las *interrelaciones* (ver *Relationship*) son también *datos operativos*). No se incluyen datos de entrada/salida ni transitorios.

● The information architecture acts as a manufacturing plant turning *operational data (datos operativos)* into information necessary to make decisions.

Operational sign: *1. Signo operacional.*

1. *Signo operacional* es un concepto propio de la programación y sus lenguajes. Es el signo que se asocia a un dato numérico (literal, variable, ...) y que determina su comportamiento en las operaciones algebraicas.

● + is the character used for the positive *operational sign (signo operacional)*.

Operative data: *1. Datos operativos.*
Sinónimo de *Operational data* (ver).

● This supports the identification of *operative data (datos operativos)* and logic flows between components ...

Operator: *1. Operador.*
1. Profesional informático responsable del fun-

cionamiento diario de una instalación (especialmente, instalaciones con *computador(as) principales;* ver *Mainframe computer).* Sus tareas incluyen arrancar y parar la instalación y los subsistemas definidos en la misma, *lanzar* (ver *Dispatch)* trabajos a ejecución, leer mensajes del sistema y de las aplicaciones y contestarlos, si procede, consultar determinados parámetros de carga y *rendimiento* (ver *Performance)* e introducir correcciones, si procede, mantener la operación de los periféricos, etcétera.

● ... are provided that allow the *operator (operador)* to monitor and control ...

2. Símbolo usado en los lenguajes (de programación y otros) para indicar una cierta acción a realizar con determinados operandos. Pueden ser aritméticos, relacionales, *booleanos* (ver *Boolean operator),* etc.

● The *operators (operadores)* + and – must be preceded and followed by a space ...

Operator console: *1. Consola de operador.*
1. Terminal a través del cual se produce la interacción entre el *sistema operativo* (ver *Operating system)* y el personal al cargo de la *operación* (ver *Operation Def. 4).* Los grandes sistemas pueden tener múltiples *consolas de operador* así como consolas dedicadas a tareas más específicas.

● ... a message to the *operator console (consola del operador)* which requires a response from ...

Operator precedence: *1. Precedencia de operadores.*
1. Aplicación del concepto *precedencia* («anteposición en orden»; ver *Precedence)* a los operadores de una expresión escrita en un lenguaje de programación.

● ... and by *operator precedence (precedencia de operadores)* in the usual algebraic ...

Optic fiber: *1. Fibra óptica.*
Ver *Optical fiber.*

Optical character recognition: *1. IOC. 2. Identificación Óptica de Caracteres.*
1. Rama de la Informática cuyo campo de acción es la conversión de piezas de texto gráfico (libros, revistas, pies de foto, etc.) en texto informático, es decir, codificado en un conjunto aceptado de caracteres (*ASCII, EBCDIC,* etc.) y procesable, por tanto, por *editores* (ver *Editor Def. 1)* y procesadores de texto. El proceso tiene, casi siempre, dos pasos: *digitalización* (ver *Digitization)* de la imagen por medios óptico-electrónicos y proceso de la imagen digitalizada para traducir imágenes de caracteres en caracteres. Es una actividad de la máxima importancia económica.

● This system can use *optical character recognition (OCR) (IOC)* to identify form types and capture ...

Optical Carrier-n: *1. OC-n.*
1. Forma de denominar las diferentes frecuencias de transmisión en fibra óptica, de acuerdo con lo especificado en *SONET* (ver *Synchronous Optical Network).* Los valores de los niveles se forman así: OC-1 (51,84 Mbps; es el valor base); OC-n (el producto de 51,84 y n).

● *OC-12 (OC-12)* a SONET rate of 12 * 51.84 = = 622.08 megabits per second.

Optical fiber: *1. Fibra óptica.*
1. Tipo de medio de transmisión en el que los datos se transmiten en forma de ondas o impulsos de luz. Tiene una gran anchura de banda y, por tanto, una alta capacidad de trans-

misión. Además, es prácticamente insensible a las interferencias por «ruido» eléctrico.

• Light propagates along the *optical fiber (de fibra óptica)* core in one of three ways ...

Optical Mark Reader: *1. Lector de Marcas Ópticas. 2. LMO.*
1. Dispositivo de entrada capaz de leer marcas en tinta ordinaria escritas en ciertas zonas de un documento de formato y dimensiones bien establecidos.

• This high-speed *optical mark reader (lector de marcas ópticas)* reads penciled and machine-printed marks on a variety of document sizes.

Optical reader: *1. Lectora óptica.*
1. Dispositivo capaz de leer directamente textos producidos en imprenta o en impresora de relativamente buena calidad. Se utiliza en ellos la técnica *Identificación Óptica de Caracteres* (ver *Optical character recognition*).

• In retrospect, the rate of erroneous identification by the *optical reader (lectora óptica)* used by the ...

Optimality: *1. Optimación.*
1. Características que definen lo que es óptimo. Frecuentemente, también, método que combina aquellas características y otras para determinar o acercarse a lo que es óptimo.

• *Optimality (de optimación)* criteria for soft deadlines: minimize mean lateness, ...

Optimization: *1. Optimación.*
1. Acción y efecto de *optimar* (ver *Optimize*).

• Genetic programming can solve problems of control, *optimisation (optimización)*, pattern recognition, etc. ...

Optimize: *1. Optimar.*
1. Buscar la mejor manera de realizar una tarea informática o de profesional informático. Todas las actividades creativas del sector y muchas de las que no lo son tanto están plagadas de decisiones susceptibles de *optimación* (ver *Optimality*).

• It is recommended that you *optimize (optime)* the block size to minimize wasted space.

Option: *1. Opción.*
1. Valor, entre otros posibles, que se suministra junto con una instrucción o *mandato* (ver *Command*) y que modifica el comportamiento de éstos. Tomando una parte por el todo (ver *Option flag character*) a veces se llama *Flag* a lo que es toda una *Option*.

• ... If this *option (opción)* is 'S' and there is no disconnected session ...

Option flag character: *1. Carácter indicador de opción.*
1. En algunos lenguajes de *mandatos* (ver *Command*), carácter que se antepone a las opciones para indicar que lo son. Es frecuente el uso como tal del *guión* (ver *Dash* o *Hyphen*).

• Options begin with a special character called *option flag character (carácter indicador de opción).*

Optionality: *1. No-obligatoriedad.*
1. Contrario de obligatoriedad. La *obligatoriedad* de una *interrelación* (ver *Relationship*) para una *entidad* (en *modelos lógicos de datos*) significa que cada *ejemplar* (ver *Instance* o *Occurrence*) de esa *entidad* (ver *Entity*) debe estar asociado con un ejemplar de la entidad relacionada.

• The relationship statement quotes *optionality (no-obligatoriedad)*, meaning and ...

OPS: *1. OPS.*
Ver *Open Profiling Standard.*

OQL: *1. OQL.*
1. Nombre genérico de lenguajes de interrogación *orientados a objetos* (ver *Object orientation*). Se conserva la apariencia del *SQL* (ver *Structured Query Language*), pero lo que hay detrás no son tablas relacionales sino bases de objetos, que se almacenan formando contenedores.

● The *OQL (OQL)* query:
```
       sum( select e.age
       from e in Employees );
is translated into the following algebraic ...
```

Oracle (n): *1. Oracle (n).*
1. *SGBD* relacional (ver *Relational Database Management System*) que tiene un porcentaje de mercado muy alto. Desarrollado por *Oracle Corp* (ver).

● ...requests to be directly translated into *Oracle 7 (Oracle 7)* database scripts, and ...

Oracle Corp.: *1. Oracle Corp.*
1. Empresa líder en su sector de mercado (*SGBDs* (ver *Database Management System*) y productos relacionados, herramientas de ayuda al desarrollo, etc., para máquinas de todo tipo pero con poca implantación en *computadoras principales;* ver *Mainframe computer*). Participa con otras empresas en una dura competencia por el liderazgo en los enfoques emergentes con relación a *bases de datos* (ver *Database*).

● ... client/server software from *Oracle Corp.* (Oracle Corp.) for accounting, ...

Order: *1. Orden.*
1. Importancia relativa de un dígito o un *bait* en los campos que los contienen. Ver ejemplos en *High-order* y *Low-order*.

2. Colocación o sucesión, en la presentación o uso, de los elementos de un conjunto. Así puede hablarse de *Orden ascendente, Orden de aparición*, etc.

● In most of the scalar processors *the order (orden) of instruction execution is ...*

Ordering clash: *1. Contraposición de ordenación.*
1. En diseño de procesos (e incluso de programas de cierta complejidad) se produce esta *contraposición* cuando dos estructuras de datos que intervienen en un proceso (por ejemplo, estructura de la *base de datos* y estructura de la salida) tienen ordenaciones diferentes.

● There are two main ways to resolve an *ordering clash (contraposición de ordenación): ...*

Ordinate: *1. Ordenada.*
1. Segunda coordenada (se asume que es la «vertical») de un sistema de referencia cartesiano.

● ... a linear equation with slope of 3 if when the abscissa is 6 the *ordinate (ordenada)* is −1.

Original Equipment Manufacturer: *1. OEM.*
1. Fabricante de equipos informáticos cuyos componentes principales, curiosamente, no son originales sino comprados a otras compañías. Casi todos los fabricantes son, actualmente, *OEMs*.

● Arguments for seling to an *OEM (OEM)* are that you may be able to make money ...

Orphan: *1. Huérfano.*
1. Calificativo que se aplica a elementos que han quedado separados o disociados de otros elementos que son sus «acompañantes» naturales. Por ejemplo, primera o última línea de un párrafo respecto al resto, proceso cuyo

progenitor (ver *Parent process*) ha terminado, etcétera.

• If the process is not an *orphan (huérfano)*, the write service causes a signal to be ...

OR: *1. O. 2. OR.*
1. El resultado de una expresión en la que dos operandos están enlazados por el *operador booleano OR* (ver *Boolean operator*) es Cierto si cualquiera de ellos, o ambos son Cierto. Traducir como *O* si es un uso genérico.

• ... The following example uses the logical *OR (OR)* operator to conditionally ...

ORB: *1. ORB.*
Ver *Object Request Broker.*

OS: *1. SO. 2. Sistema Operativo.*
Ver *Operating System.*

OSF: *1. OSF.*
Ver *Open Software Foundation.*

OSI: *1. OSI.*
Ver *Open Systems Interconnection.*

OSPF: *1. OSPF.*
Ver *Open Shortest Path First.*

OTP: *1. CSU. 2. Contraseña de un Solo Uso.*
Ver *One Time Password.*

Out-of-band signaling: *1. Señación fuera de banda.*
1. Utilización de frecuencias exteriores a la banda en la que se transmiten datos, para transmitir *señas* (ver *Signal Def. 2*) de control relacionadas con el tráfico de aquellos datos.

• ... thus, channel-associated signaling fits in the *out-of-band signaling (señación fuera de banda)* category.

Outage: *1. Indisponibilidad.*
1. No-disponibilidad de un sistema, subsistema o aplicación, cualquiera que sea la causa de ello (*mantenimiento* (ver *Maintenance*) programado, error, avería, etc.).

• To reduce the probability and duration of unplanned *outages (indisponibilidades)* you should ...

Outboard: *1. Externo.*
1. Se aplica a las partes de un proceso que se realizan fuera del dispositivo principal a cargo del mismo.

• To those unfamiliar with the *outboard (externo)* processing approach, the premise that the way to attach is via an explicit protocol ...

Outboard formatting: *1. Formateo externo.*
1. En la época de los *terminales tontos* (ver *Dumb terminal*) las tareas de *presentación* (ver *Display (verb)*) y *formateo* (ver *Formatting*) de los datos tenían que hacerse de manera centralizada, con lo que viajaban por línea datos no variables (frecuentemente en proporción mayor que los variables). Las técnicas de formateo externo sólo pueden aplicarse en terminales programables y, cuando se usan, sólo viajan por línea los datos variables. El formateo se hace en el terminal inteligente.

• ... about programming some of the devices that support *outboard formatting (formateo externo)*.

Outbound: *1. Saliente.*
1. En conexiones de red *interpares* (ver *Peer-to-peer*) se aplica el adjetivo *saliente* a todo lo relacionado con una petición cuya iniciativa corresponde al *par* (ver *Peer*) local y se dirige a un *par externo*. Puede aplicarse a peticiones, *enlaces* (ver *Link (noun) Def. 5*) que se establecen, etc.

• For *outbound (saliente)* link activations, the local node initiates the connection with the adjacent ...

Outbox folder: *1. Carpeta de salida.*
1. Nombre posible para el sitio en el que los programas clientes de *correo-e* almacenan los *mensacorres* (ver *E-mail (noun) Def. 2*) de salida.

• The *Outbox folder (carpeta de salida)* is automatically created when deferred mail delivery mode is enabled ...

Outdent: *1. Sangrado francés.*
Sinónimo de *Hanging indent* (ver).

Outer join: *1. Unión externa.*
1. En la SELECT de *SQL* (ver *Structured Query Language*) una *unión* (ver *Join*) condicionada de dos tablas *parea* (ver *Pair (verb)*) filas de ambas tablas que cumplan una condición. Con la opción *externa* se seleccionan las filas pareadas y todas o parte de las filas no pareadas (ver *Full outer join, Left outer join* y *Right outer join*).

• With an *outer join (unión externa)*, the rows that don't match from one of the tables are also preserved.

Outline font: *1. Fuente reajustable.*
Sinónimo de *Scalable font* (ver).

Output: *1. Salida.*
1. En términos generales, son *salida* cualesquiera datos que, procedentes de un proceso (interno o de aplicación) en una computadora, van a parar a un dispositivo de almacenamiento o *presentación* (ver *Display (verb)*). A veces se restringe la definición a los datos que van a dispositivos de presentación (impresoras, pantallas, altavoces, ...), pero ese enfoque es poco metodológico.

• ... you may want to make the *output (de salida)* filename different from the ...

Output bound: *1. Destinado/a en salida a. 2. Limitado/a por salida.*
1. Con un destino específico.

• All message *output bound (destinados en salida)* for message file XYZ will be lost.

2. Dícese de un proceso en el que las salidas predominan sobre el consumo de UCP (ver *Central Processing Unit*) o, dicho de otra forma, procesos cuyo ritmo de ejecución está condicionado por las operaciones de salida (o sea, por su lentitud).

• *Output bound (limitadas por salida)* tasks can take the required amount of CPU, and move on to the next write wait ...

Output device: *1. Dispositivo de salida.*
1. Artefacto electrónico o electromecánico con capacidad para presentar (a humanos) datos procedentes de una computadora. También se llaman dispositivos de *salida absoluta*, ya que este tipo de salida nunca (o casi nunca) volverá a ser entrada a una computadora. Ejemplos: pantalla, impresora, *trazadora* (ver *Plotter*), sintetizador, ...

• The *output device (dispositivo de salida)* chosen depends on the needs of the user ...

Output redirection: *1. Redirección de salida.*
1. En muchos *sistemas operativos* (ver *Operating system*) de máquina pequeña la salida de los *mandatos* (ver *Command*) va a parar a lo que se llama «salida estándar». La *redirección de salida* cambia ese destino implícito por otro explícito. Por ejemplo, a un fichero.

• ... the output of an awk program in a file by using *output redirection (redirección de salida)*.

Outsourcing: *1. Externalización.*

1. Contratación, por una empresa u organización, de la totalidad o parte del funcionamiento, mantenimiento e incluso desarrollo de su sistema informático a una empresa exterior, que suministrará el personal y/o las máquinas y/o la ubicación física del conjunto.

• With our *outsourcing (externalización)* services, you have the flexibility to choose as much or as little help as you want ...

Outstanding: *1. Pendiente.*

1. Dícese de un objeto de una cierta clase que está en espera de ser procesado o tomado en consideración. Se aplica a mensajes, *bloqueos* (ver *Lock (noun)* o *Locking*), trabajos, llamadas, alarmas, etc., etc. Casi siempre que pueden haber objetos *pendientes*, hay una *cola* (ver *Queue (noun)*) en la que se recogen y una disciplina de funcionamiento de dicha cola.

• ... process that maintains a list of *outstanding (pendientes)* jobs and sends them ...

Overflow (noun): *1. Desbordamiento.*

1. Situación que se produce cuando el destino de una asignación o movimiento no tiene suficiente capacidad para contener el origen. En muchas situaciones el *desbordamiento* constituye una situación de error (ver *Overflow error*) o, al menos, merece mensaje de aviso.

• ... may result in an *overflow (desbordamiento)* of this stack, causing an error.

2. Relativo a la situación *de desbordamiento* descrita en 1. Puede aplicarse al tratamiento a efectuar en tal situación, a las áreas donde se almacenan provisional o definitivamente los datos que no caben, etc.

• ... that an updated row has to be stored in the *overflow (de desbordamiento)* page.

Overflow (verb): *1. Desbordar(se).*

1. Producir o producirse una situación de *desbordamiento* (ver *Overflow (noun)*).

• ... conversion stops just prior to the input bytes that would cause the output buffer *to overflow (desbordarse).*

Overflow error: *1. Error por desbordamiento.*

1. Muchas de las situaciones cuya definición aparece en *Overflow (noun)* pueden desembocar en un error. Hay un caso especial, propio del funcionamiento más elemental de la máquina, que se produce cuando, en operaciones aritméticas y de desplazamiento («*shift*»), hay una pérdida de dígitos significativos. Puede afectar a operaciones con números binarios y decimales (según máquina). También puede producirse desbordamiento de exponente en operaciones de coma flotante.

• Detection of an *overflow error (error por desbordamiento)* does not affect the result produced ...

Overflow flag: *1. Indicador de desbordamiento.*

1. Bit, situado en algún lugar central del procesador, que se activa cuando en una operación aritmética (en *código de máquina*, se entiende; ver *Machine code*) el operando destino es insuficiente para contener el resultado.

• The chaining flag is not meaningful if the *overflow flag (indicador de desbordamiento)* is 1.

Overhead: *1. Suplementario.*
2. Sobregasto.

1. Recursos informáticos que se consumen durante la ejecución de un proceso y que no son estrictamente necesarios para la ejecución en sí. Este concepto se usa frecuentemente con poco rigor y puede hacer referencia tanto

al equivalente informático de los *gastos generales* contables (por ejemplo, consumos de un arranque de máquina o de una conmutación entre aplicaciones), como al consumo de recursos derivado del uso de elementos complementarios (por ejemplo, de ayuda a la depuración) como, por último, al consumo suplementario de recursos derivado de un diseño no muy acertado.

• The use of start and stop bits results in a relatively high percentage of *overhead (suplementarios)* bits being transmitted.

• On a single-processor machine there is a certain *overhead (sobregasto)* for task switching ...

Overlap (verb): *1. Solaparse.*
1. Compartir memoria, total o parcialmente, dos *campos* (ver *Field*).

• If the strings pointed to by buffer and format *overlap (se solapan)*, behavior is ...

Overlapping: *1. Solapamiento.*
1. En operaciones de asignación y comparación se produce *solapamiento* cuando los operandos que intervienen comparten memoria, total o parcialmente. Hay solapamiento destructivo en operaciones de asignación cuando el origen tacha al destino antes de que éste llegue a ser origen (los movimientos se hacen *bait a bait*; ver *Byte*). Puede producirse también solapamiento destructivo entre los argumentos de determinadas funciones.

• ... case of destructive *overlapping (solapamiento)*, the portion of the second operand which is ...

2. También puede hablarse de *solapamiento* cuando nos referimos a áreas de almacenamiento diferentes de la memoria. O a tareas que se solapan en el tiempo.

• There is *overlapping (solapamiento)* when we use two partitions to display two copies of the same data entry panel...

Overlay (nombre): *1. Recubrimiento.*
1. En los tiempos en que la memoria central era muy cara y, además, no se disponía de memoria virtual, los programas se diseñaban modularmente y se *montaban* (ver *Link (verb) Def. 2*) de forma que siempre hubiera en memoria un módulo (el principal) y que, físicamente a continuación de él, se fueran cargando, sucesivamente (en el tiempo) los demás módulos, que ocuparían, por tanto, la misma memoria o, al menos, desde la misma dirección. Esa estructura básica podía repetirse en más de una capa.

• ... you can organize a program into an *overlay (de recubrimiento)* structure by dividing ...

• In an *overlay (con recubrimientos)* program, the first instruction ...

2. Componente de un método de impresión en el que se definen todas las partes fijas de cada página impresa. En el momento de la impresión se insertan en dicha parte los datos variables obtenidos por programa o desde un fichero. O lo que es lo mismo, se recubren los datos variables con encasillados, anagramas, etcétera.

• ... to specify that an *overlay (recubrimiento)* be included in an output ...

Overloading: *1. Sobrecarga.*
1. Posibilidad, en algunos lenguajes de programación, de que determinados procedimientos, funciones y operadores se comporten de manera diferente según los tipos de sus argumentos u operandos.

• Obviously this requires function *overloading (sobrecarga)* which is not supported in C ...

Override: *1. Ignorar. 2. Sustituir.*
1. *Ignorar* un valor implícito o un comportamiento preestablecido, con posibilidad, opcional, de *sustituirlos* por otros.

• The purpose of this option is to *override (ignorar)* whichever default ...

• ... if you wish to *override (sustituir)* the default storage class values.

Overriding: *1. Redefinición.*
Ver *Method overriding.*

Overrun: *1. Plétora.*
1. Error que se produce en transmisión de datos cuando un sumidero de datos (ver *Data sink*) es incapaz de absorber el flujo procedente de una o más fuentes (ver *Data source*).

• Serious buffer *overrun (por plétora de)* vulnerabilities exist in many implementations ...

Overtype: *1. Sobreescribir.*
1. Sustituir partes del documento formateado (ver *Format (verb)*) visible en pantalla por otras que se introducen desde el *teclado* (ver *Keyboard*) o, en ciertos casos, desde un fichero. Esta técnica permite modificar solamente lo que cambia.

• Start with insert mode (on) or *overtype (sobreescribir)* mode (off).

Overwrite (verb): *1. Reemplazar. 2. Regrabar. 3. Sobreescribir.*
1. *Teclear* (ver *Key (verb)* o *Type (verb)*) en *modo reemplazar* (ver *Replace mode*).

2. Escribir (grabar) sobre el contenido previo de un registro o fichero o, en general, de cualquier área de datos.

• ... will cause RECEIVE to terminate without *overwriting (regrabar)* the file.

• ... points to data that is *overwritten (sobreescritos)* by subsequent calls returning the same data structure ...

Overwrite mode: *1. Modo sobreescribir.*
1. En *editores* (ver *Editor Def. 1*) de texto, modo de edición en el que el nuevo texto introducido sustituye («machaca») al texto apuntado por el cursor (si existe). En general, se usa la *tecla Insert* para cambiar entre modos *sobreescribir* e *insertar*.

• This method can be overridden to affect or detect changes in the *overwrite mode (modo sobreescribir)* ...

Overstrike mode: *1. Modo reemplazar.*
Sinónimo de *Overwrite mode* (ver).

P

Pace (verb): *1. Ritmar.*
1. Intentar influir sobre el ritmo con que se producen determinadas acciones repetitivas (por ejemplo, enviar/recibir mensajes *HTTP* (ver *Hypertext Transfer Protocol*) en la *Ueb*; ver *World Wide Web*). Esta función puede ser preprogramada (por ejemplo, según horario) o dinámica en función de datos de *rendimiento* (ver *Performance*) y entorno.

● The sending system should *pace (ritmaría)* the transmission to adhere to the bandwith ...

Pack (verb): *1. Comprimir.*
1. Procesar datos para que ocupen menos espacio. El objetivo es conseguir una transmisión y un almacenamiento más económicos.

● *Pack (comprimir)* data into a contiguous buffer before sending it, ...

Package: *1. Paquete. 2. Paquete de aplicación.*
1. Conjunto de programas, documentación y otros elementos auxiliares que resuelven la informatización de un área aplicacional. Estos *paquetes* se compran a terceros (especialistas en software aplicacional) que, a su vez, se responsabilizan del mantenimiento y la creación de nuevas versiones.

● ... a high end business management software *package (paquete)* specializing in Inventory Control, Point of Sale, ...

2. Objeto *DB2* (ver *Object Def. 2* y *DATABASE 2*) en el que se contienen los accesos que se hacen a *bases de datos* DB2 desde un conjunto más o menos homogéneo (por ejemplo, una aplicación o parte de ella) de programas. Los *paquetes* pueden agruparse entre sí (y con accesos de programas individuales) para formar *planes*.

● Using *package (de paquetes de aplicación)* versions permits binding while the applications continue to ...

Packed decimal: *1. Decimal empaquetado.*
1. Forma de representar almacenar y operar con *campos* (ver *Field*) decimales, que es más eficaz que usar una representación como *ristras* (ver *String*) de caracteres (1 carácter, 1 dígito), y más flexible que la representación binaria. En *decimal empaquetado*, cada dígito (de 0 a 9) ocupa medio *bait* (ver *Byte*), reservándose el último medio *bait* de la derecha para el signo. Las máquinas que incorporan esta representación (por ejemplo, IBM S/360, S/370 y ESA/390) cuentan con un

subconjunto de instrucciones para procesarlas.

• ... decimal numbers can be represented in the *packed decimal (decimal empaquetado)* format used for columns ...

Packet: *1. Paquete.*

1. En la comunicación entre computadoras, el tamaño de los mensajes se establece por la aplicación en ejecución (que puede tener en cuenta, para ello, conveniencias de la transmisión). Una vez que una aplicación envía un mensaje, puede ocurrir que dicho mensaje se transmita de una vez por la línea o que el protocolo de uno de los *estratos* (ver *Layer (noun)*) atravesados decida, por conveniencias de transmisión, fraccionar dicho mensaje en trozos que, numerados y con otra información *suplementaria* (ver *Overhead*), sean los que se envíen, como unidades de transmisión, por la línea. *Paquete* es uno de los nombres asignados a dichas unidades de transmisión (otros son *freim* (ver *Frame*) y *célula*; ver *Cell Def. 5*). Se usan *paquetes*, por ejemplo, en *TCP/IP* (Internet; ver *Transmission Control Protocol/Internet Protocol*) y en X.25. Ver *Packet switching*.

• Data may be divided into smaller units called *packets (paquetes)* ...

Packet Assembler-Disassembler:
1. Ensamblador-Desensamblador de Paquetes. 2. EDP.

1. Dispositivo o programa capaz de acoplar un terminal ordinario a una red de conmutación de paquetes (por ejemplo, según X.25).

• This type of message is used in the X.29 protocol to control the *packet assembler-disassembler (ensamblador-desensamblador de paquetes)*.

Packet filtering: *1. Filtrado de paquetes.*

1. Función desempeñada por un programa que

se ejecuta en una computadora de red y que consiste en analizar el contenido de los *paquetes* (ver *Packet*) recibidos (sobre todo sus campos de dirección) y decidir si dichos paquetes continuarán su camino o son *descartados* (ver *Discard (verb)*). Es frecuente que esta función se materialice en *cortafuego* (ver *Firewall*), *pasarelas* (ver *Gateway*) y *Servidores apoderados* (ver *Proxy server*).

• You can construct a *packet filtering (de filtrado de paquetes)* device so that it only allows packets destined for specified ...

Packet Internet Groper: *1. Ping.*
Ver *Ping (noun)*.

Packet switching: *1. Conmutación de paquetes.*

1. Tipo de comunicación que cuenta con el soporte de protocolos adecuados y que consiste en descomponer los mensajes en *paquetes* (ver *Packet*), dotar a éstos de direcciones y otros datos *suplementarios* (ver *Overhead*) y enviarlos «a la red» sin necesidad de establecer una conexión previa (ver *Connectionless* ...) con el punto de destino. Internet y X.25 usan este tipo de comunicación.

• *Packet switching (Conmutación de paquetes)* is used to optimize the use of the bandwith available ...

Packing density: *1. Densidad de empacamiento.*

1. Cantidad de bits de datos por cada unidad de longitud de *pista* (ver *Track (noun)*) de almacenamiento en un medio (incluidas cintas). Se expresa en bits por pulgada (de 2,54 cm).

• This configuration allows greater *packing density (densidad de empacamiento)* than ...

Pad (noun): *1. Bloque de teclas. 2. Num.*
1. Sinónimo de *Key pad* (ver). Aunque *Pad* (o

Key pad) puede aplicarse a cualquier bloque de teclas, a veces, cuando no se especifica cuál, se asume el *bloque numérico.*

● Alt+(*Pad* 1) quiere decir «teclear 1 del bloque numérico mientras se mantiene pulsada la tecla *Alt*)». Puede traducirse como *Num.*

Pad (verb): *1. Completar.*
1. Terminar de llenar un *campo* (ver *Field*) destino (transferencia) o suplementar el comparando más corto (comparación). Ver *Pad character.*

● ... zeros are used for *padding (completar)* the short number.

Pad byte: *1. Bait de compleción.*
Ver *Pad character.*

Pad character: *1. Carácter de compleción.*
1. Carácter que se usa para completar la parte que no recibe datos en una transferencia a causa de que el origen es más corto que el destino, o para suplementar el comparando más corto en una comparación. Muchos lenguajes de programación usan el «*blanco*» (ver *Blank* o *Space*) como *carácter de compleción.* Algunas aplicaciones permiten al usuario decidir el (o los) *carácter de compleción.*

● The *padding character (carácter de compleción)* for hexadecimal notation of nonnumeric literals is the blank ...

Padded record: *1. Registro completado.*
1. Registro que se ha acabado de rellenar con un *carácter de compleción* (ver *Pad character*) específico (por ejemplo, «nulos»).

● ... and the record will be *padded (completado)* with blanks from the position of the newline ...

Padding byte: *1. Bait de compleción.*
Ver *Pad character.*

Page (noun): *1. Página.*
1. En sistemas con memoria virtual, una *página* es una cantidad fija de memoria (p. ej., 4 KB) que el *sistema operativo* (ver *Operating system*) transfiere de una vez entre la memoria real y la memoria auxiliar (normalmente, disco).

● ... is inspected to establish whether the corresponding *page (página)* is available ...

2. En *editores* (ver *Editor Def. 1*) y aplicaciones que admiten paginación (usan la página como unidad de *presentación* (ver *Display (verb)*) y *recorrido* (ver *Scan (noun) Def. 1*), una *página* es el número de líneas que caben en una pantalla.

● ... very large output messages, consisting of many screen-size *pages (páginas)* tend to tax systems ...

3. En procesadores de texto, una *página* es una unidad a la que puede darse formato propio y que es intermedia entre párrafo y documento. Corresponde a una página de impresora. Su formato puede incluir: tamaño de papel, márgenes, encabezados y pies de página, orientación, etc.

● Use *page (página)* numbers, headers and footers ...

4. En *Ueb* (ver *World Wide Web*) una página es un fichero *HTML* (ver *Hypertext Markup Language*), independientemente del espacio que ocupe en pantalla o al ser impreso.

● So, have you been wondering how to add an image to your *page (página)*?

Page (verb): *1. Paginar. 2. Buscar (personas).*
Ver *Paging.*

Page Description Language:
1. Lenguaje Descriptor de Páginas.
2. LDP.

1. Definición genérica de lenguajes con capacidad de describir la apariencia externa de páginas impresas con independencia del dispositivo en que se imprimirán.

• A Page Description Language (Lenguaje Descriptor de Páginas) based on work originally done by ...

Page Down Key: *1. Tecla AvPág.*

1. *Tecla* que sirve para avanzar (es decir, mover hacia el final del documento o *presentación* (ver *Display (verb)*)) el cursor un número determinado de líneas.

• Please, use your *Page Down Key (tecla Av Pág)* to access this form ...

Page fault: *1. Fallo de página.*

1. Situación que se produce cuando en un sistema con memoria virtual se intenta acceder a una instrucción o a datos que están en una *página* (ver *Page Def. 1*) que, en ese momento, no está en memoria real. Como consecuencia de ello se desencadena un proceso de localización y traída a memoria de dicha página (y puede que de otras) y, posiblemente, de evacuación a memoria auxiliar de una o más de las páginas menos accedidas. También se actualizan las tablas de *paginación* (ver *Paging*).

• When a *page fault (fallo de página)* occurs the operating system either fetches the page in from ...

Page fault rate: *1. Velocidad de fallos de página.*

1. Relación entre fallos de página producidos (ver *Page fault*) y total de páginas accedidas en un sistema de memoria virtual. Los análisis cuidadosos de esta cuestión pueden llevar al dibujo y estudio de curvas de evolución de esta razón.

• As the *page fault rate (razón de fallos de página)* increases, more transactions need processing from the paging device ...

Page frame: *1. Marco de página.*

1. Área de memoria real capaz de contener una página de memoria virtual.

• ... that is mapped into the *page frame (marco de página)* by the processor.

Page layout: *1. Diseño de páginas.*

1. Cuando todas las posibilidades de impresión se reducían a la producción de líneas de detalle precedidas por líneas de cabecera y seguidas por líneas de totales (y todo ello exclusivamente en mayúsculas), el *diseño de páginas* se hacía manualmente –por los analistas– en unos impresos especiales («sábanas»). Las posibilidades actuales de impresión (por páginas, uso de todo tipo de *fuentes* (ver *Font*) y cajas y de algunos colores, impresión simultánea del texto y del encasillado, impresión de gráficos e imágenes, etc.) han convertido el *diseño de páginas* en un arte difícil que, incluso, ha necesitado de la creación de programas y aplicaciones especializadas en ello.

• ... *page layout (de diseño de páginas)*, applications created specifically for this purpose generally offer ...

Page make-up program: *1. Programa compositor de páginas.*

1. Programa especializado en la composición de páginas de todo tipo (periodismo, imprenta, etc.).

• Brochures, newsletters, and magazines are easily produced using the galley paste, flow into shape, and electronic cut-and-paste features of this *Page Make-Up Program (programa compositor de páginas).*

Page overflow: *1. Desbordamiento de página.*

1. En ciertos subsistemas con capacidad para descomponer en páginas las salidas a pantalla relativamente voluminosas, se produce *desbordamiento de página* (ver, también *Overflow*) cuando la última asignación de datos a la página actual sobrepasa la capacidad de ésta.

● The bookkeeping required to handle *page overflow (desbordamiento de página)* when you are ...

Page preview: *1. Previsión de página.*

1. Opción de muchas aplicaciones con capacidad de preparar impresión e imprimir, que permite examinar una página tal y como quedaría tras su impresión.

● At any time in your development cycle to test your web page, save the file, then click *Page Preview (previsión de página).*

Page printer: *1. Impresora de páginas.*

1. Impresora que imprime página a página (su tecnología lo permite y el proceso de impresión gira alrededor de esta posibilidad).

● ... to form input for output to a *page printer (impresora de páginas).*

Page setup (verb): *1. Configurar página.*

1. En procesadores de texto, escoger los atributos que determinarán la situación del texto en el papel, incluyendo el tamaño de éste. Se consideran, además, márgenes, orientación, cabeceras y pies de página, etc.

● ... paper size and orientation, by displaying a *Page Setup (Configurar Página)* dialog.

Page turn: *1. Moción de página.*

1. Movimiento de una página hacia o desde la memoria auxiliar de *paginación* (ver *Paging*). A veces se emplea incorrectamente *page fault* (ver) para referirse a una *page turn*.

Page Up Key: *1. Tecla RePág.*

1. *Tecla* que sirve para hacer retroceder (es decir, mover hacia el inicio del documento o *presentación* (ver *Display (verb)*) el cursor un número determinado de líneas.

● Please, use your *Page Up Key (tecla Re Pág.)* to access this form ...

Pager: *1. Buscapersonas. 2. Paginador.*

1. Sinónimo de *Beeper* (ver).

● We use the latest and best *pager (buscapersonas)* test equipment available and offer a 90 day guarantee ...

2. Pieza software que permite ver página a página un fichero de texto. Por ejemplo, «more».

● It can be used as a standalone file *pager (paginador)*, too.

Pagination: *1. Compaginación. 2. Paginación.*

1. Acción y efecto de descomponer un documento en páginas como preparación para su impresión. Muchos procesadores de texto realizan esta tarea de forma automática a partir de los parámetros de configuración de página (ver *Page setup (verb)*).

● Current electronic formatting systems do not offer the *pagination (de compaginación)* quality provided by human experts ...

2. Acción y efecto de numerar las páginas de un documento y de asignar características a la impresión de esa numeración.

- *Pagination (Paginación)*: Number all pages of your paper in the upper right corner ...

Paging: *1. Paginación. 2. Búsqueda.*
1. Parte de un *sistema operativo* de memoria virtual responsable del trasiego de páginas (de programas y datos) entre memoria real y auxiliar (discos de *paginación*), a fin de que puedan ejecutarse simultáneamente más programas de los que caben en la memoria real disponible.

- I figured that having both overlay calls and *paging (paginación)* was redundant ...

2. Sistema privado, abierto al mercado o incluso público, de localización individual de personas mediante envío (radiado) de mensajes a las mismas. En general, estos sistemas contienen un mecanismo desencadenante (personal o automático; por ejemplo, situación de alarma creada durante la operación automatizada de una instalación) que genera el mensaje y una lista de destinatarios, un subsistema emisor que radia el mensaje y, por último, aparatos receptores que los reciben (ver *Pager Def. 1*). La telefonía móvil está suponiendo un freno y una culminación con relación a estos sistemas de *búsqueda*.

- The problem being that even with outdoor antennas on the existing *paging (búsqueda)* system ...

3. En ciertos subsistemas con capacidad para descomponer en páginas salidas a pantalla relativamente voluminosas la *paginación* es el proceso que realiza el usuario (por medio de *mandatos* (ver *Command*) apropiados) para acceder a la página o páginas que le interesan en un momento dado.

- ...does not receive a *paging (de paginación)* command, it invokes that transaction.

Pair (verb): *1. Parear.*
1. Unir de dos en dos los elementos de dos conjuntos especialmente si cumplen una cierta condición.

- ... consists of their *paired (pareadas)* rows and, for each unpaired row of ...

Palette: *1. Paleta.*
1. Conjunto de colores disponibles en una computadora con relación a la pantalla. La *paleta* se forma por selección a partir de un conjunto mucho más amplio de colores posibles. La limitación procede de que no todas las pantallas pueden *presentar* (ver *Display (verb)*) todos los colores posibles. También pueden haber limitaciones de software.

- ... hence a selection is made from the possible *palette (paleta)*.

2. Dispositivo electrónico en el que se almacena la *paleta* (ver *Def. 1*) y que ayuda en las conversiones necesarias para la presentación de los colores en pantalla.

- ... which is looked up in a hardware colour *palette (paleta)* to find the colour to display.

Palmtop: *1. Computadora de bolsillo.*
Abreviatura excesiva de *Palmtop computer* (ver *Notebook computer*).

Palmtop computer: *1. Computadora de bolsillo.*
Sinónimo de *Notebook computer* (ver).

Pane: *1. Lucero.*
1. Parte de una ventana en la que se *presentan* (ver *Display (verb)*) datos al usuario y éste puede efectuar sus *introducciones* (ver *Entry area*) y selecciones. Una ventana puede tener más un *lucero*.

● Each *pane (lucero)* can display different parts of the same object and can be ...

Panel: *1. Panel.*

1. Contenido, en memoria, de una pantalla y/o ventana que actúa como *interfaz* (ver *Interface (noun)*) persona-máquina. Por extensión, también se llama *panel* a la *presentación* (ver *Display (verb)*) en pantalla del contenido en cuestión. Dicho contenido está formado por datos de aplicación (entrada y/o salida), información operativa (explicaciones, ayudas, etc.) y elementos más o menos estéticos. En las tres clases de información pueden coexistir texto e imagen. Es importante reseñar que, hoy en día, no tiene mucho sentido diseñar *paneles* al margen de las *IGUs* (ver *Graphical User Interface*) de uso más extendido. El diseño de páginas *Ueb* (ver *World Wide Web*) es una especialidad en este campo.

● ... you return to this *panel (panel)* when you press PF3 from the previous screen.

2. Tablero (no necesariamente de madera) que forma uno de los cierres de la caja de una computadora. Puede contener interruptores, clavijas, etc.

● ... on the *front panel (panel)*, calibrated in instructions executed per second.

Paper jam: *1. Atasco del papel.*

1. Acumulación de papel, posiblemente arrugado o en posición incorrecta, que impide el paso normal de otro papel. Se produce en algún punto de los mecanismos de alimentación o expulsión de un dispositivo.

● ... when the printer runs out of paper or there is a *paper jam (atasco del papel)* ...

Paper out: *1. Falta de papel.*

1. Situación en la que una impresora, *trazadora* (ver *Plotter*), *escaneadora* (ver *Scanner*

Def. 1), etc., se queda sin papel *(to run out of paper)*.

● Printing continues until the paper passes the paper out *(de falta de papel)* sensor.

Paper skewing: *1. Sesgado del papel.*

1. Situación que puede darse en las *escaneadoras* (ver *Scanner Def. 1*) cuando, a causa de una alimentación deficiente, el original ha quedado en posición sesgada y la captación de datos también se hace de forma sesgada y puede que distorsionada.

● ... In addition to keeping *paper skewing (sesgado del papel)* to a minimum, it is ...

Paragraph: *1. Párrafo.*

1. Además de su uso más habitual en escritura ordinaria y en procesamiento de textos, en determinados lenguajes de programación (el más significado, el COBOL) se llaman *párrafos* a agrupaciones de sentencias y otras entradas precedidas por un nombre o cabecera.

● Insertion of a *paragraph (párrafo)* name causes the compiler to generate code to reestablish ...

Parallel: *1. Paralelo/a.*

1. Son *paralelos* los eventos que se producen simultáneamente (total o parcialmente) cualquiera que sea la duración de los mismos. Es *paralelo* el envío, más o menos simultáneo, de ocho (o nueve) bits a través de una conexión de ocho (o nueve) cables, aunque tarde más que el envío de esos ocho (o nueve) bits uno tras otro. También es *paralela* la ejecución simultánea (o casi) de diferentes partes de una *instrucción de máquina* (ver *Machine instruction*) por dos o más procesadores.

● ... where data is transferred in or out in *parallel (paralelo)*, that is, on more than one wire.

Parallel data transmission:
1. Transmisión paralela de datos.
1. Forma de transmisión de datos en la que los bits que forman una unidad de orden superior (*bait* o carácter; ver *Byte*) se envían simultáneamente por diferentes canales físicos. En general, este modo de transmisión sólo es válido para distancias muy cortas.

• ... into a single, compact package to allow either *parallel data transmission (transmisión paralela de datos)* or an array of serial I/O channels ...

Parallel database: *1. SGBD paralelo.*
1. Sistema de Gestión de Bases de Datos (ver *Database Management System*) especial diseñado para hacer frente, en proceso simultáneo, a un número significativo de tareas de consulta/actualización, registro de actualizaciones y otros movimientos, etc. Estos sistemas basan su diseño en computadoras multiprocesador o en máquinas especiales diseñadas para trabajar eficientemente con relación a bases de datos (ver *Database machine*).

• Further plans for development of the *parallel database (de SGBD paralelo)* technology include beta testing

Parallel interface: *1. Interfaz paralela.*
Ver *Parallel port.*

Parallel port: *1. Puerto paralelo.*
1. Un *puerto paralelo* es la materialización, en una computadora, de una *interfaz paralela*, es decir, de un elemento de comunicación que permite la transferencia simultánea de varios bits. Su uso más frecuente (pero no único) es la conexión de la computadora con la impresora. Físicamente, un *puerto paralelo* es una base hembra para conectador de 25 *patillas* (ver *Pin*). La relación entre la computadora y el dispositivo conectado es mucho más compleja de lo que pudiera parecer a primera vis-

ta. Un primer diseño (y protocolo) de *puerto paralelo*, de amplio uso, fue creado por Centronics. Epson introdujo mejoras posteriores y, más adelante, aparecieron los *Enhanced Parallel Port* y *Extended Capabilities Port*.

• Centronics handshake is normally implemented using a standard *parallel port (puerto paralelo)* under software ...

Parallel printer: *1. Impresora paralela.*
1. En *CPs* (ver *Personal Computer*), impresora que se conecta al puerto paralelo, lo que es el caso de la inmensa mayoría de impresoras de CP.

• The venerable *parallel-printer (de impresora paralela)* adapter has found many uses during its long ...

Parallel processing: *1. Procesamiento paralelo.*
1. En la lucha por mejorar el *rendimiento* (ver *Performance*) de una computadora ejecutando un programa, los ingenieros siempre han fijado su atención en el hecho de que la inmensa mayoría de los programas admiten un cierto nivel de *paralelismo*. Por ejemplo:

– *Instrucciones de máquina* (ver *Machine instruction*) que se aplican, cada una de ellas, a muchos datos o parejas de datos.
– Secuencias de instrucciones totalmente independientes entre sí.
– Bloques de proceso independientes entre sí, que se aplican a bloques de datos análogamente independientes entre sí.

En estos y otros casos cabe la posibilidad de efectuar una descomposición del procesamiento (instrucción, secuencia de instrucciones, bloques de proceso) en partes y asignar cada parte a un procesador. La solución de este problema es muy compleja y puede implicar tanto a la arquitectura de las máquinas (juegos de instrucciones, comunicación entre máquinas, etc.), como a la ayuda a la programación (lenguajes especiales, *compiladores* especiales que detectan paralelismo o posibilidad de paralelismo), como a la propia programación. De todas formas, se están produciendo avances significativos en el tratamiento de situaciones específicas (por ejemplo, en *prospección en datos* (ver *Data mining*).

• The earliest versions of *parallel processing (procesamiento paralelo)* had a master/slave ...

Parallel processor: *1. Procesador paralelo.*

1. Procesador que, junto a otros, forma parte de una computadora paralela (ver *Parallel processing*).

• The master *parallel processor (procesador paralelo)* was programmed to be responsible ...

Parallel running: *1. Ejecución paralela.*

1. Ejecución simultánea del sistema anterior y del nuevo (durante un tiempo preestablecido) mientras un equipo de control de calidad recoge la máxima información posible y compara resultados. Puede considerarse la prueba definitiva de un desarrollo.

• The *parallel running (de ejecución paralela)* process is also used to check that the new system codes and business rules have been set up correctly, ...

Parallel Sysplex: *1. Parallel Sysplex.*

1. Tecnología desarrollada por IBM que permite el trabajo cooperativo conjunto de varios *sistemas operativos* (*MVS*; ver) ejecutándose sobre la misma o diferentes máquinas físicas y compartiendo importantes elementos de gestión. Sus principales ventajas son la mayor facilidad de las ampliaciones y el aumento de *disponibilidad* (ver *Availability*).

• The unique characteristics of a *Parallel Sysplex (Parallel Sysplex)* can allow you to reduce ...

Parallel testing: *1. Ejecución paralela.*

1. Posiblemente, el tipo de prueba más completo que existe. Consiste en la ejecución simultánea y controlada de partes de los sistemas anterior y nuevo (durante un tiempo preestablecido) mientras un equipo de control de calidad recoge la máxima información posible y compara resultados.

• *Parallel testing (La ejecución paralela)* will include testing for data integrity, connectivity performance and end-user readiness and acceptance ...

Parallel transmission: *1. Transmisión paralela de datos.*

Sinónimo de *Parallel data transmission*.

Parallelism: *1. Paralelismo.*

1. Sinónimo de *procesamiento paralelo* (ver *Parallel processing*).

2. Índice dinámico que mide, en cada momento previsible de la ejecución de un programa, cuántos procesadores pueden trabajar simultáneamente sin interferirse entre ellos. El índice se establece analizando las *precedencias* (ver *Precedence*) entre entradas y salidas de las diferentes instrucciones. Teóricamente, puede calcularse y aplicarse en tiempo de ejecución (en una *UCP* (ver *Central Processing Unit*) especial), de compilación (compilador especial) y de programación.

• However, we also saw that the amount of *parallelism (paralelismo)* can be limited by hazards in the pipeline.

Parameter: *1. Parámetro.*

1. Característica de un sistema, subsistema o aplicación que admite dos o más valores (pre-

sencia o ausencia, un valor tomado de un conjunto, etc.) y que condiciona el funcionamiento del sistema, subsistema o aplicación. Los valores pueden definirse en el momento de la instalación, o formar parte de un fichero de parámetros, o ser suministrados durante el arranque o funcionamiento.

• This can be done by setting various system profile *parameters (parámetros)* ...

2. Valor recibido por un programa, *mandato* (ver *Command*), procedimiento, función, subrutina, etc., que estará disponible en el momento en que se inicie la ejecución del elemento en cuestión y que condicionará dicha ejecución. En determinados lenguajes y entornos se usa la palabra *argumento* (ver *Argument*) en lugar de *parámetro*.

• There are many different conventions for passing *parameters (parámetros)* to programs and ...

Parameter passing: *1. Paso de parámetros.*

1. La inmensa mayoría de funciones y procedimientos necesitan unos datos para ajustar el proceso efectuado a las necesidades del programa que llama. Se llama *paso de parámetros* a la forma –coordinada– con la que el programa llamante suministra dichos parámetros y a la definición y proceso de dichos parámetros en el procedimiento o función llamados. En lenguajes complejos el *paso de parámetros* está ligado a la evaluación de parámetros.

• The only *parameter passing (de paso de parámetros)* mechanism endorsed by ...

Parameter passing by reference: *1. Paso de parámetros por referencia.*

1. *Paso de parámetros* (ver *Parameter passing*) a un procedimiento o función usando la dirección de los mismos en vez de sus valo-

res. Por tanto, se pasa una lista de direcciones (*punteros*; ver *Pointer*). Los cambios en los parámetros perduran cuando se vuelve al programa llamante.

• ... or if the called routine expects a *parameter to be passed by reference (se pase un parámetro por referencia)*.

Parameter passing by value: *1. Paso de parámetros por valor.*

1. Situación en la que se pasa a una función o procedimiento el valor de los parámetros (ver *Parameter passing*) en vez de pasar su dirección. Los cambios en los valores pasados, si se producen, se pierden.

• The *value passed as the parameter (valor pasado como parámetro)* is made available to the stub routines ...

Parameter RAM: *1. PRAM.*

1. En algunas computadoras Macintosh, memoria *RAM* (ver *Random Access Memory*) con energización independiente (pilas) que contiene información vital para el funcionamiento de la máquina.

• ... describes the routines that are used to access and manipulate the startup information stored in *parameter RAM (PRAM)*.

Parent: *1. Progenitor/a.*

1. Palabra usada en ciertos ámbitos (estructuras de datos, ficheros y *bases de datos*, procesos, etc.) para indicar la parte inicial o principal en relaciones de *precedencia* (ver *Precedence*), de origen, de dependencia, etc.

• ... signal is sent to the *parent (progenitor)* process.

Parent directory: *1. Directorio progenitor.*

1. Dícese de un directorio (en un sistema de

ficheros) que contiene a otro u otros directorios (ver *Parent*). A los directorios contenidos
se les llama, a veces, subdirectorios.

● ... did not have write permission on the
parent *(progenitor)* directory of the directory
to be created.

Parent node: *1. Nodo progenitor.*
1. En una estructura de tipo árbol, nodo del
que parte la relación (jerárquica) con otros
nodos (ver *Parent*).

● ... and select another *Parent node (nodo
progenitor)*, the previous node collapses automatically.

Parent process: *1. Proceso progenitor.*
1. Proceso o tarea que arranca a otro proceso
o tarea (ver *Parent*). Los diferentes *sistemas
operativos* (ver *Operating system*) tienen diferentes posibilidades a este respecto.

● ... only while the *parent process (proceso
progenitor)* maintains its attachment.

Parent row: *1. Fila progenitora.*
1. Una fila de una tabla es *progenitora* (ver
Parent) con respecto a una fila de otra tabla si
la primera tabla tiene definida una *clave primaria* (ver *Primary key*), la segunda tabla tiene definida una *clave foránea* (ver *Foreign
key*) y el valor de la clave primaria en la primera fila coincide con el valor de la clave foránea en la segunda fila (*fila dependiente*; ver
Dependent row).

● ... But a row of a parent table is not always
a *parent row (fila progenitora)* ...

Parent table: *1. Tabla progenitora.*
1. En una relación entre tablas se llama *tabla
progenitora* (ver *Parent*) a aquella en la que
se define la *clave primaria* (ver *Primary key*).
La otra tabla, o sea, la que tiene definida la

clave foránea (ver *Foreign key*), se llama *tabla dependiente* (ver *Dependent table*).

● A row of a *parent table (tabla progenitora)*
that is referred to by some row of the dependent table ...

Parent task: *1. Tarea progenitora.*
1. Tarea que arranca a otra tarea (subtarea).
Los diferentes *sistemas operativos* (ver *Operating system*) tienen diferentes posibilidades a
este respecto.

● ... only while the *parent task (tarea progenitora)* maintains its control ...

Parent/child: *1. Progenitor/descendiente.*
1. Forma de referirse a los dos componentes
de una relación jerárquica. Puede aplicarse a
un número importante de entidades: directorios, nodos de un árbol, filas o registros en bases de datos, etc.

● ... to express *parent/child (progenitor/des-
cendiente)* relationships between elements.

Parity: *1. Paridad.*
1. Cualidad de ser par (múltiplo de dos) o impar un número. En informática, la averiguación
de la paridad suele usarse para realizar verificaciones de datos en memoria o de datos recibidos en una transmisión (ver *Parity checking*).

● ... but does not necessarily have correct
parity *(paridad)*.

2. Equivalente o sinónimo a *Parity checking*
(ver).

● Some core logic chip sets support *parity
(paridad)*.

Parity bit: *1. Bit de paridad.*
1. En verificaciones de *paridad* (ver *Parity* y
Parity checking) es un bit que se agrega a un

conjunto de bits y al que se da un valor para forzar *paridad par* o *paridad impar* (según diseño o acuerdo). En verificaciones de memoria, estos bits existen de fabricación (por ejemplo, el 9.º bit de cada octeto). En comunicaciones, el protocolo determina cada cuántos bits se añade uno para controlar la paridad.

• It is easy to see that, using a single *parity bit (bit de paridad)*, it is not possible to ...

Parity checking: *1. Verificación de paridad.*

1. La *verificación de paridad* es uno de los métodos usados para comprobar la integridad de los datos en memoria y de los datos recibidos en líneas de comunicación. La idea se basa en:

– Decidir si *paridad par* o *paridad impar* (en diseño de máquina o protocolo) (ver *Parity*).
– Añadir 1 bit por cada *n* bits a almacenar o enviar (por ejemplo, el 9.º bit de un octeto). Este bit se llama *bit de paridad* (ver *Parity bit*).
– El *bit de paridad* se pone a 0 o 1 para cumplir con la regla de paridad («El número total de bits a 1 debe ser par o impar»).
– Cuando se accede al dato (o en proceso de verificación general) o se recibe el mismo por línea, interviene un mecanismo (por ejemplo, un controlador de memoria) que verifica si se sigue cumpliendo la regla de paridad. Si no se cumple, provoca error de memoria o de transmisión. Este sistema no puede detectar los bits erróneos ni corregir el error.

• The *parity checking (verificación de paridad)* does have its limitations ...

Park (verb): *1. Aparcar.*

1. Situar las *cabezas lectoras/grabadoras* (ver *Head*) de un disco en una posición en la que resisten mejor los golpes y vibraciones. Con las mejoras tecnológicas, esta tarea queda cada vez más lejos de la responsabilidad del usuario.

• This program protects your data by *parking (aparcando)* the disk heads over the shipping (parking) zone.

Parse (verb): *1. Parsear. 2. Analizar. 3. Analizar sintácticamente.*

1. Descomponer en partes una pieza de texto que puede tener formato variable (no tener encolumnado fijo). En la descomposición se siguen ciertos criterios preestablecidos en algún tipo de patrón o modelo (por ejemplo, «primera palabra», «segunda palabra» y «resto»; o «todo lo que hay a la izquierda de un *» y «resto»). Según tipo de uso de esta función, las partes obtenidas pueden ser movidas a variables, puestas a disposición de una operación posterior, etc. Existen lenguajes dotados de instrucciones o funciones capaces de *parsear*.

• ... the strings passed as parameters to the program are *parsed (se parsean)* into variables ...

2. Analizar (completamente) textos cortos (por ejemplo, *mandatos*; ver *Command*).

3. Analizar sintácticamente un programa como una etapa de su *compilación*.

• ... program which can *parse (analizar sintácticamente)* a c file, and allows searching for functions, variables, and types.

Parser: *1. Analizador. 2. Analizador sintáctico.*

1. Analizador de textos cortos y, especialmente, *mandatos* (ver *Command*) dirigidos a algún tipo de procesador.

• If the command *parser (analizador)* finds an error, or needs ...

2. Programa de ayuda que efectúa el análisis sintáctico del texto de otro programa a partir de la salida producida por un *analizador léxico* que ha procesado el mismo programa. Un *analizador sintáctico* puede ser un componente de un *compilador* o un programa independiente.

• A «top-down» *parser (analizador sintáctico)* built from a set of mutually-recursive procedures that ...

Parser generator: *1. Generador de analizadores sintácticos.*

1. Componente de algunos *sistemas operativos* (por ejemplo UNIX) creado para generar programas *analizadores sintácticos* (ver *Parser*) adecuados a lenguajes cuya descripción formal se suministra al generador.

• Unix's yacc is a well known example of a *parser generator (generador de analizadores sintácticos).*

Parsing: *1. Parseado. 2. Análisis. 3. Análisis sintáctico.*

1. Acción y efecto de *parsear* (ver *Parse (verb) Def. 1*) utilizando una instrucción o función creadas para ello.

2. Acción y efecto de *analizar* o *analizar sintácticamente* (ver *Parse* en sus dos acepciones) un texto.

• A few of these are also used in *parsing (análisis)* templates, and the equal sign ...

Partition (noun): *1. Partición.*

1. Nombre que se da, en algunos *sistemas operativos* (ver *Operating system*), a cada una de las partes de la memoria en las que puede ejecutarse un programa (*multiprogramación*) independiente o una tarea del propio sistema. También se llama *Region*.

• By default, the *partition (partición)* has a processing priority lower than any of the ...

2. Cada una de las partes en que puede descomponerse (lógicamente) el disco duro de una *CP* (ver *Personal Computer*), para permitir, por ejemplo, tener más de un sistema operativo en la misma máquina física.

• UNIX tends to treat *partitions (particiones)* as though they were ...

3. También se llama *partición* a cada una de las partes en que ciertos programas de ayuda permiten descomponer una pantalla de *presentación* (ver *Display (verb)*) y la memoria asociada a la misma.

• ... builds a separate page for each *partition (partición)*, and overflow occurs on ...

Partition (verb): *1. Particionar.*

1. Descomponer un todo (pantalla de *presentación*, disco duro, etc.) en *particiones* (ver *Partition*).

• ... display cannot be restored after the screen has been *partitioned (particionada).*

Partition balancing: *1. Equilibrado de particiones.*

1. Función, en *sistemas operativos* (ver *Operating system*) que permiten definir particiones (ver *Partition Def. 1*), que posibilita que el usuario intervenga en la asignación de *UCP* (ver *Central Processing Unit*) a dichas particiones.

• The operator can request *partition balancing (equilibrado de particiones)* of static partitions and dynamic classes with this command.

Partitioned: *1. Particionado.*

1. Calificativo de un tipo de organización de datos (ver *File organization*) propio del S.O.

MVS (y sucesores; ver *MVS*) de IBM que se caracteriza porque los ficheros definidos como de ese tipo (*Data sets* en terminología IBM) contienen, a su vez, ficheros secuenciales («miembros»). El comportamiento de un fichero *particionado* es, pues, idóneo para contener *bibliotecas* (ver *Library*) de programas y similares.

● If a *partitioned (particionado)* data set is named, the member name must be specified ...

Partitioned data set: *1. Fichero particionado.*

1. En *máquinas principales* (ver *Mainframe computer*) de IBM, fichero con una organización (ver *File organization*) especializada en el almacenamiento y gestión de datos que forman *bibliotecas* (por ejemplo, de programas; ver *Library*). Constan de un directorio independiente (hace el papel de catálogo de la biblioteca) y de un fichero secuencial por cada «libro» (por ejemplo, programa), contenido.

● Defines the temporary *partitioned data set (fichero particionado)* for user exit routines from ...

Partner: *1. Copartícipe.*

1. En comunicaciones, programa, computadora y/o persona en cada uno de los extremos de una comunicación.

● ... receives an indication or a confirm from the remote *partner (copartícipe)* ...

Party: *1. Parte.*

1. Forma de referirse a *huéspedas* (ver *Host Def. 1*) de una red.

● ... to permit all interested *parties (partes)* access to files contained at that host ...

2. Precedida por «third», se usa para hacer referencia a otro proveedor, a un «tercero».

● This module is only available as a *third-party (de terceros)* product.

Pascal: *1. Pascal.*

1. Lenguaje de programación nacido al calor de la importante corriente de la programación estructurada. Siendo una buena herramienta didáctica, no ha tenido mucho éxito en las empresas y organizaciones y hoy en día es casi una pieza de museo en comparación con los «Visual ...», C/C++, Java y similares.

● Most hackers tend to frown on languages like *Pascal (Pascal)* and Ada, which ...

Passive filter: *1. Filtro pasivo.*

1. *Filtro* (ver *Filter Def. 4*) cuyos componentes electrónicos son pasivos, es decir, no necesitan un suministro de energía para funcionar.

● A shunt *passive filter (filtro pasivo)* exhibits lower impedance at a tuned harmonic frequency ...

Passive matrix display: *1. Pantalla de matriz pasiva.*

1. Tecnología de cristal líquido para pantallas, barata pero de no muy alto grado de definición (ver *Resolution*) y con problemas serios de visión desde los lados.

● ... active matrix displays are much more expensive than the *passive matrix displays (pantallas de matriz pasiva)*.

Passphrase: *1. Frase secreta.*

1. Frase usada en los procedimientos de autenticación por *contraseña de un solo uso* (ver *One Time Password*), como elemento de partida para calcular dicha contraseña. Este concepto se usa también en otros métodos de cifrado (por ejemplo, en PGP; ver *Pretty Good Privacy*).

- ... theoretically you can produce an equivalent *passphrase (frase secreta)* by searching any given key space that is ...

Password: *1. Contraseña.*
1. *Ristra* (ver *String*) arbitraria y secreta de caracteres que hay que suministrar para poder acceder a sistemas, subsistemas, aplicaciones, programas, funciones, etc., que tengan un nivel de protección que exija dicho requisito. Lo más frecuente es que se exija una identificación personal y una *contraseña* y que dichos datos se comprueben y registren.

- ... some guidelines for choosing and managing *passwords (contraseñas)*, and will describe ...

Password Authentication Protocol: *1. PAP. 2. Protocolo de Autenticación de Contraseña.*
1. Método básico utilizado en *PPP* (ver *Point-to-Point Protocol*) para autenticar a quien ha originado una conexión. Su funcionamiento es similar al de un *acceso* ordinario (ver *login*). Su punto más débil es que Id y *contraseña* (ver *Password*) se envían sin *cifrar* (ver *Encrypt*) por la línea.

- ... keeps the secret keys for *Password Authentication Protocol (PAP)* in a file called ...

Paste: *1. Pegar.*
1. Copiar el contenido del *portapapeles* (ver *Clipboard*) en la posición actual de un documento en proceso. La mecánica habitual es la de *copiar* o *cortar* un trozo de texto o una figura, ... de un documento (quedarán en el portapapeles) y pegarlo, a continuación en otro u otros documentos.

- ... sophisticated operating systems support copy and *paste (pegar)* of different data ...

Patch (noun): *1. Parche.*
1. Arreglo provisional introducido en un pro-

grama o módulo. Los *parches* tradicionales modificaban el *código objeto* (ver *Object code*) e inclusive el código ejecutable.

- ... that illustrates the danger inherent in binary *patches (parches)* ...

Patch (verb): *1. Parchear.*
1. Introducir un arreglo provisional en un programa o módulo (ver *Patch (noun)*).

- This document explains how to *patch (parchear)* the original files from the ...

Patch space: *1. Espacio para parches.*
1. Espacio reservado en programas (habitualmente, en Ensamblador, que permite hacer estas lindezas) para incluir *parches* (ver *Fix* o *Patch (noun)*) que necesitan más espacio del que sustituyen.

- ... of a program to add *patch space (espacio para parches)* without changing the source code ...

Path: *1. Camino. 2. Caminario. 3. Vía de acceso.*
1. Como definición más genérica, un *camino* es un conjunto ordenado de pasos para obtener un resultado.

- ... shows two reporting *paths (caminos)* leading to reports ...

2. En *sistemas operativos* (ver *Operating system*) que implementan un *sistema jerárquico de ficheros* (ver *Hierarchical File System*), *camino* es una secuencia de directorios que conducen a un fichero concreto.

- Suppose we ask what the *path (camino)* is from the file XYZ to the file ...

3. Sinónimo de *Path name* o *Pathname* (ver).

⚫ ... just note that this command includes the full *path (camino)* to the desired ...

4. Conjunto de caminos explorados por un sistema operativo cuando busca un fichero ejecutable.

• If you are in doubt about your command search *path (caminario)*, ask your system administrator ...

5. En redes, un *camino* es una enumeración ordenada de nodos que llevan desde un nodo inicial a uno final.

• ... how data is enclosed to reach its destination safely, and what *path (camino)* it should follow ...

6. En el *método de acceso* (ver *Access method*) VSAM de IBM (ver *Virtual Storage Access Method*), una *vía de acceso* es una forma de acceder a los datos de un fichero a través de un *índice alternativo* (ver *Alternate index*).

• Alternate indexes opened for *path (por vía de acceso)* or upgrade processing are not ...

7. ...y más.

Path name (UNIX): *1. Nombre de camino.*
1. Especificación de un *camino* (ver *Path Def. 2*), es decir, especificación de cómo se codifica dicho camino siguiendo las normas del *sistema operativo* (ver *Operating system*).

• A file's full *path name (nombre de camino)* is the absolute indicator of where the file ...

Path name separator (UNIX):
1. Separador en nombre de camino.
1. Carácter que se usa para separar los diferentes componentes de un *path name* o *pathname* (*/* para UNIX).

• For obvious reasons no directory or file name can contain a *pathname separator (separador en nombre de camino)*.

Pathname (no UNIX): *1. Nombre de camino.*
Ver *Path name*.

Pathname separator (no UNIX):
1. Separador en nombre de camino.
1. Carácter que se usa para separar los diferentes componentes de un *path name* o *pathname* (** para *DOS*).

• For obvious reasons no directory or file name can contain a *pathname separator (separador en nombre de camino)*.

Pattern: *1. Modelo. 2. Plantilla. 3. Máscara.*
1. Configuración identificable que toman, unos con respecto a otros, los componentes de un conjunto (de datos, acontecimientos, etc.).

• Third and subsequent days follow the same *pattern (modelo)* ...

2. *Ristra* (ver *String*) corta de caracteres que se utiliza para determinar si una ristra mayor cumple determinados requisitos (se adapta a un patrón o modelo). Algunos de los caracteres de aquella ristra corta pueden tener significados especiales.

• These *patterns (plantillas)* are similar to regular expressions, but differ ...

3. *Ristra* (ver *String*) de caracteres que se usa para convertir un *campo* (ver *Field*) numérico en formato ilegible en otro legible que, además, puede contener coma decimal, puntos separadores, etc.

• ... and modified under the control of the first operand or *pattern (máscara)*.

Pattern matching: *1. Concordancia de modelo.*

1. *Concordancia* de una *plantilla* (ver *Pattern Def. 2*), que materializa a un patrón o modelo, con una *ristra* (ver *String*) de caracteres.

• ... but also to *pattern matching (concordancia de modelo)* as performed by the ...

2. Determinación de si los argumentos en una ejecución real de una función se corresponden (en número, tipo, forma o valor) con los de un cierto modelo (o definición) de dicha función.

• This header file contains definitions for *pattern matching (concordancia de modelo)* functions.

Pattern matching character: *1. Comodín.*

1. Carácter al que se dota de un significado especial y que se usa en la construcción de *plantillas* (ver *Pattern Def. 2*) de *concordancia de modelo*.

• You can use the first *pattern matching character (comodín)* to specify that 0 or more arbitrary characters ...

Pattern-matching: *1. Concordancia de modelo.*

Ver *Pattern matching* y derivados.

Pattern-matching character: *1. Comodín.*

Ver *Pattern matching character.*

Pattern recognition: *1. Reconocimiento de configuraciones.*

1. Rama de la informática en la que se elaboran teorías y productos orientados a la detección de configuraciones presentes en datos tomados, mediante *sensores* (ver *Sensor*) adecuados, de la realidad. Las configuraciones detectadas permiten clasificar o describir la parte de la realidad observada. Se aplica al reconocimiento de imágenes (médicas, texto escrito, etc.), sonido (voz humana, ruidos especiales, etc.), etc.

• Statistical *pattern recognition (reconocimiento de configuraciones)* is base on statistical ...

Pause key: *1. Tecla Pausa.*

1. Tecla que se acostumbra a utilizar para introducir pausas en la ejecución de procesos, a condición de que los programas correspondientes a tales procesos estén preparados para ello.

• ... or suspended, by pressing the *Pause key (tecla Pausa)* once to pause node ...

Payload data: *1. Carga útil de datos.*

1. Mensaje original a transmitir o parte del mismo en un paquete de mensaje. Estos datos ocupan un campo específico (de *carga útil*) en el paquete o *freim* (ver *Frame*) transmitidos.

• ... specifies how *payload data (carga útil de datos)* is framed and transported synchronously ...

PABX: *1. CTAP. 2. Centralita Telefónica Automática Privada.*

Ver *Private Automatic Branch Exchange.*

PAD: *1. EDP. 2. Ensamblador-Desensamblador de Paquetes.*

Ver *Packet Assembler-Disassembler.*

PAM: *1. PAM. 2. Módulo Conectable de Autenticación.*

Ver *Pluggable Authentication Module.*

PAM: *1. MAI. 2. Modulación por Amplitud de Impulsos.*

Ver *Pulse Amplitude Modulation.*

PAn: *1. PAn.*
Ver *Program Access key n* (Sinónimo de *Program attention key*).

PAP: *1. PAP.* **2. Protocolo de Autenticación de Contraseña.**
Ver *Password Authentication Protocol.*

PBX: *1. CTP.* **2. Centralita Telefónica Privada.**
Ver *Private Branch eXchange.*

PC: *1. CP.* **2. Computadora Personal.**
Ver *Personal Computer.*

PC card: *1. PC card.*
1. Placa de expansión para *CPs* (sobre todo portátiles) cuyas dimensiones son las de una tarjeta de crédito, con varios espesores posibles, y cuya *interfaz* (ver *Interface (noun)*) está de acuerdo con un estándar de industria publicado por la *PCMCIA* (ver *Personal Computer Memory Card International Association*).

• This *PC card (PC card)* is specifically designed for increased storage capacity and portability for today's popular portable computer ...

PC-DOS: *1. PC-DOS.*
1. Nombre original (tal vez alternativo) del *sistema operativo* (ver *Operating system*) conocido posteriormente como *MS-DOS* (ver). El término DOS apareció en los años 60's para referirse al primer sistema operativo para máquinas IBM (los míticos 360) dotadas de disco magnético.

• ... to generate COBOL application programs that can execute as standalone ASCII applications in *PC-DOS (PC-DOS)* ...

PCI: *1. PCI.*
Ver *Peripheral Component Interconnect.*

PCL: *1. PCL.*
Ver *Printer Control Language.*

PCM: *1. MCI.* **2. Modulación por Codificación de Impulsos.**
Ver *Pulse Code Modulation.*

PCMCIA: *1. PCMCIA.*
Ver *Personal Computer Memory Card International Association.*

PCS: *1. PCS.*
Ver *Personal Communications Services.*

PDA: *1. ADP.* **2. Asistente Digital Personal.**
Ver *Personal digital assistant.*

PDF: *1. PDF.*
Ver *Portable document format.*

PDL: *1. LDP.* **2. Lenguaje Descriptor de Páginas.**
Ver *Page Description Language.*

PDN: *1. RPTD.* **2. Red Pública de Transmisión de Datos.**
Ver *Public Data Network.*

• We are concerned with the different types of *PDN (RPTD)* and the ...

PDU: *1. PDU.*
Ver *Protocol Data Unit.*

• In contrast, *PDUs (PDUs)* generated by a protocol entity are passed between ...

Peek (verb): *1. Visar.*
1. Acción de un *mandato* Basic y de alguna macro, consistente en obtener, directamente, datos de la memoria (por lo general, un *bait* cada vez; ver *Byte*).

• *Peeks at (visa)* the data present on the socket; the data is returned but not consumed ...

Peer: *1. Par.*

1. Dícese de una unidad funcional de comunicaciones (hardware y/o software) con respecto a otra que se encuentra en el mismo *estrato* (ver *Layer (noun)*) de un cierto *modelo de referencia* (por ejemplo, el *OSI*; ver *Open Systems Interconnection*) y que se comunican entre sí o pueden hacerlo.

● ... by exchanging messages with a corresponding *peer (par)* layer ...

2. Dícese, en un sistema de comunicaciones, de una estación con respecto a otra con la que puede comunicarse en pie de igualdad (mismos privilegios).

● In other systems, the two stations are *peers (pares)*, and either can initiate an exchange of messages ...

Peer to peer: *1. Interpares.*
Ver *Peer-to-peer.*

Peer-to-peer: *1. Interpares.*
1. Dícese de la comunicación que se establece entre dos unidades o estaciones *pares* (ver *Peer, ambas definiciones*).

● *Peer-to-peer (interpares)* communication refers to ... between corresponding systems in each layer.

● An example of a not *peer-to-peer (interpares)* model is the client/server model ...

Peering: *1. Agrupamiento.*
1. Pacto entre dos o más *suministradores de servicios Internet* (ver *Internet Services Provider*) por el que crean *enlaces* (ver *Link (noun) Def. 5*) directos entre ellos y acuerdan pasarse por estos enlaces los mensajes dirigidos a miembros del *agrupamiento* (es decir, sin pasar por un *eje central de red* (ver *Backbone*) y consiguiendo, por tanto, más economía y, posi-

blemente, más rapidez). Si en el agrupamiento hay *ISPs* de envergaduras técnicas y comerciales diferentes, puede darse una situación de cierta subordinación de los pequeños con relación a los grandes; a pesar de ello, la relación puede aún ser ventajosa para todos.

● *Peering (Agrupamiento o Participación en el agrupamiento)* may be suspended should the other party be causing ...

Peering point: *1. Punto de agrupamiento.*
1. En una relación de *agrupamiento* de *ISPs* (ver *Peering* e *Internet Services Provider*), punto central de redistribución de mensajes dirigidos a miembros del *agrupamiento*.

● ... shall bear its own costs of connection to the *peering point (punto de agrupamiento)* and shall agree ...

Pel: *1. Píxel.*
1. Otra abreviatura –rebuscada– de *picture element* (ver *Pixel*).

● One bit per *pel (píxel)* in the source image format.

Pen: *1. Lápiz selector. 2. Estilo.*
Sinónimo de *Selector pen* (ver) y de *Light pen*. A veces se usa, también, como sinónimo de *Stylus*, lo que es algo menos correcto.

Pending: *1. Pendiente.*
1. Que está por ejecutarse, resolverse o terminarse. En ciertos casos puede ser una situación errónea o casi-errónea.

● ... The identified index is in the recover *pending (pendiente)* state because ...

Percent: *1. Por ciento.*
1. Carácter especial (%) cuyo valor es x'25' en *ASCII* y x'6C' en *EBCDIC*.

● ... beginning with a *percent (por ciento)* sign (%) or the sequence ...

Percolate (verb): *1. Abandonar.*

1. Es uno de los dos comportamientos de una rutina de recuperación (de errores). En este caso la lógica de la rutina decide renunciar a intentar continuar el proceso que ha dado error.

● ... was not established or just *percolates (abandona)* the entire process will be terminated ...

Perfective maintenance:
1. Mantenimiento perfeccionador.

1. Mantenimiento efectuado sobre el software tendente a mejorar las características del mismo que conforman la calidad de su comportamiento: *rendimiento* (ver *Performance*), mantenibilidad, etc.

● Examples of *perfective maintenance (mantenimiento perfeccionador)*: replacing crucial algorithms so that processing is faster; ...

Performance: *1. Ejecución.*
2. Rendimiento.

1. Ejecución, en máquina, de una rutina o programa.

● ...that can be performed asynchronously with the *performance (ejecución)* of the mainline code.

2. Evaluación subjetiva de lo que se espera de un sistema, subsistema, aplicación, programa, dispositivo, etc., después de suponer una calidad aceptable. También se aplica a la evaluación subjetiva de los resultados conseguidos. Pueden considerarse ingredientes tales como *disponibilidad* (ver *Availability*), tiempo de respuesta, trabajo total realizado, etc.

● ... to replace devices, add capacity, and meet *performance (rendimiento)* ...

● ... is operating at unacceptable *performance (rendimiento)* levels, these monitors provide ...

Performance management:
1. Gestión del rendimiento.

1. Actividad humana con soporte informático que intenta conseguir que el comportamiento de un sistema informático satisfaga a un conjunto de requisitos de tiempo de respuesta, cantidad de trabajo por unidad de tiempo, etcétera, establecidos y acordados con anterioridad. Incluye la obtención y seguimiento de los datos necesarios y la corrección de las situaciones anómalas que se produzcan.

● ... provides an integrated product series focused on *performance management (gestión del rendimiento)* and capacity planning for ...

Performance-sensitive: *1. Sensible al rendimiento.*

1. Elementos que, por sus características, importancia, etc., interesa que sean procesados con un buen *rendimiento* (ver *Performance*).

● ... can use a storage class to keep *performance-sensitive (sensibles al rendimiento)* data on high-speed storage ...

Period: *1. Período. 2. Punto.*

1. Una cierta duración de tiempo (más bien tirando a significativa, aunque no pueden fijarse límites). A veces se usa esta palabra con algún calificador.

● ... used to archive files that have not been accessed for long *periods (períodos)* of time.

● ... with the target's file *retention period (período de retención)* ...

2. Punto; signo de puntuación. Su valor es x'2E' en *ASCII* y x'4B' en *EBCDIC*.

• A data set name consisting of a string of names separated by *periods (puntos)* ...

Periodic task: *1. Tarea periódica.*

1. En *sistemas de tiempo real* (ver *Real-time system*) tipo de tarea que se repite de forma cíclica. Las *tareas periódicas* son más fáciles de planificar (planificación estática y a priori).

• ... although the *periodic task (tareas periódicas)* arrival times and processing requirements ...

Peripheral Component Interconnect: *1. PCI.*

1. Estándar de industria referente a un bus local que permite una interconexión rápida entre una UCP (ver *Central Processing Unit*) de CP (ver *Personal Computer*) y los periféricos asociados. Las versiones más recientes de *PCI* proporcionan independencia con relación al diseño del microprocesador.

• After you remove a *peripheral component interconnect*-based *(PCI)* multimedia device (such as a sound card) from Device ...

Peripheral device: *1. Dispositivo periférico.*

1 Dispositivo de entrada, salida o entrada/salida (más, posiblemente, almacenamiento) de datos con relación a una unidad central.

• ... transfer of data between processor storage and local *peripheral devices (dispositivos periféricos)*.

Perl: *1. Perl.*

Ver *Practical Extraction and Report Language*.

Perl script: *1. Directiva Perl.*

1. Fichero, relativamente pequeño, que contiene una *directiva* (ver *Script*) desarrollada con Perl (ver *Practical Extraction and Report Language*).

• ... tools needed to edit or run these *Perl* scripts *(directivas Perl)* ...

Permanent storage: *1. Almacenamiento permanente.*

1. Medio de almacenamiento de datos en el que éstos se mantienen más o menos indefinidamente (dentro de un orden) después de su grabación.

• ... various types of disks for *permanent storage (almacenamiento permanente)*.

Permanent Virtual Circuit: *1. Circuito Virtual Permanente. 2. PVC.*

1. Nombre dado, en *Frame relay* (ver) a las conexiones lógicas que pueden establecerse en una red. Los mecanismos de la red van proyectando las conexiones lógicas sobre las físicas teniendo en cuenta las características de las primeras.

• ... periodically reporting the existence of new *Permanent Virtual Circuits (PVCs)* and the deletion of already existing ...

Permanent Virtual Connection: *1. PVC. 2. Conexión Virtual Permanente.*

1. En *ATM* (ver *Asynchronous Transfer Mode)*, mecanismo usado para conectar una red basada en esta tecnología (orientada a la conexión) con servidores del tipo *TCP/IP* (no orientados a la conexión). Las *PVCs* se establecen con un servidor central especializado no orientado a la conexión.

• The latter is a means of setting up *Permanent Virtual Connections (PVCs)* and permanent virtual paths ...

Permission: *1. Permiso.*

1. Desde el punto de vista de un objeto (pro-

grama, fichero, etc.) sus *permisos* determinan qué puede hacerse respecto al mismo (leer, grabar, ejecutar, ...). Desde el punto de vista de los usuarios, sus *permisos* indican qué pueden hacer aquéllos con relación a los objetos del sistema en cuestión. Ver también *Access privileges*.

• ... or execute *permission (permiso)* for a file only when the current mode has at least ...

Persistence: *1. Persistencia.*
1. Característica de datos en su soporte que determina que dichos datos estén disponibles tras uno o más arranques de la computadora posteriores a su grabación o creación.

• ... programmers have had to solve the problem of data *persistence (persistencia)*.

2. Permanencia, durante un tiempo corto pero perceptible, de una imagen en pantalla, tras cesar el haz de electrones que la produjo. Se debe a una característica física del fósforo que forma parte de la pantalla.

• ... is created when a monitor's phosphor *persistence (persistencia)* is too long for a ...

Persistent data: *1. Datos persistentes.*
1. Datos grabados en almacenamiento permanente o en otro medio cuyo contenido persiste aunque no reciba energía.

• ... and Physical design of *Persistent Data (datos persistentes)* using UML.

Personal Communications Services: *1. PCS.*
1. Una de las tecnologías de telefonía móvil que admite variantes tecnológicas más o menos implantadas en diferentes zonas.

• The *Personal Communications Services (PCS)* offerings are divided into three categories: narrowband, broadband, and ...

Personal Computer: *1. Computadora Personal. 2. CP.*
1. Computadora para ser usada por un solo usuario (de momento, ya que parece ser que los límites de lo que conocemos como *personal computer* no se van a alcanzar nunca). En sentido estricto, la *CP* por antonomasia es la lanzada por IBM (la «PC»), así como la miríada de compatibles pasadas y presentes. Ateniéndonos a la definición, los Mac son también *computadoras personales* aunque no sean PCs. Las *CPs* pueden estar dotadas de un *sistema operativo* (a elegir entre varios) o, inclusive, de dos que pueden arrancarse alternativamente. Las *CPs* han acabado desplazando a los *terminales tontos* (ver *Dumb terminal*) en la mayoría de instalaciones.

• ... runs invisibly on your *Personal Computer (CP)*, optimizing available memory ...

Personal Computer Memory Card International Association: *1. PCMCIA.*
1. Grupo empresarial creado para promover estándares de industria relativos a placas de expansión de dimensiones parecidas a las de una tarjeta de crédito. Estos estándares han producido un activo mercado en el campo de las ampliaciones de memoria, los módems (ver *Modem*), diversos periféricos, etc.

• The *PCMCIA* is responsible for standardizing devices called PC cards or PCMCIA cards, which are covered circuit boards to be ...

Personal digital assistant: *1. Asistente Digital Personal. 2. ADP.*
1. Computadora muy pequeña (esta expresión puede ser sinónima de *handheld computer*) adaptada para ser usada como agenda, calculadora, directorio y otras tareas de asistencia personal.

• After connecting the *Personal Digital Assis-*

tant (ADP) and the computer, how do I transfer transactions from ...?

Personal Identification Number:
1. Número de Identificación Personal.
2. NIP.
1. Número «secreto» usado para autenticar al usuario de un servicio abierto al público en general (por ejemplo, los cajeros automáticos).

• Users must have a *Personal Identification Number (Número de Identificación Personal)* when they access a function ...

Personal Information Manager:
1. Gestor de Información Personal. 2. GIP.
1. Nombre genérico de diferentes tipos de software de aplicación orientado a ayudar en los pequeños problemas de organizarse la vida personal/laboral (calendario, agenda, calculadora, gastos, etc.).

• ... is a powerful *Personal Information Manager (Gestor de Información Personal)* for planning, managing, and tracking your ...!

Petabyte: *1. Petabait.*
1. Unidad de medida de la capacidad almacenamiento equivalente, aproximadamente, a 1.000 terabaits (algo más de 1.000 billones –españoles– de *baits*; ver *Byte*).

• They will discuss the operation and support for a real *petabyte (petabait)*-sized storage system.

Petaflops: *1. Petaflops.*
1. Unidad, casi romántica, de medir la potencia de los procesadores. Equivale, aproximadamente, a 1.000 teraflops (algo más de 1.000 billones de instrucciones de coma flotante ejecutadas en 1 seg).

• ... the design of the superconductor digital subsystem of the *petaflops (petaflops)*-scale supercomputer.

Petri net: *1. Red de Petri.*
1. Grafo dirigido y completo con buenas características para representar (y procesar) procesos en *tiempo real* (ver *Real-time system*) simultáneos (concurrentes).

• Contrary to the usual use of the *Petri nets (redes de Petri)*, the initial state of the system is unknown.

PE algorithm: *1. Algoritmo de IP.*
2. Algoritmo de intercambio de prioridades.
Ver *Priority exchange Algorithm.*

PEM: *1. PEM.*
Ver *Privacy Enhanced Mail.*

PERL: *1. Perl.*
Ver *Practical Extraction and Report Language.*

PF: *1. PF. 2. Tecla programable de función.*
Ver *Programmed Function Key.*

PFn: *1. PFn. 2. Tecla programable de función n.*
Ver *Programmed function n.*

PgDn Key: *1. Tecla AvPág.*
Ver *Page Down Key.*

PgUp Key: *1. Tecla RePág.*
Ver *Page Up Key.*

PGP: *1. PGP.*
Ver *Pretty Good Privacy.*

Phase: *1. Fase.*
1. Una de las características definitorias de una onda. En comunicaciones se usa, entre otras, la expresión *modulación de fase*.

• ... while the carrier is shifted in *phase (fase)* as each bit ...

2. Nombre que se da a un programa ejecutable en el *sistema operativo* VSE de IBM. Es casi un arcaísmo.

• ... to specify the entry point of a *phase (fase)* that has multiple possible entry points.

Phone connector: *1. Conectador telefónico.*
1. *Conectador* (ver *Connector*) usado para enlazar una línea telefónica (su base de pared) con un equipo informático (frecuentemente, un *módem*).

• Perhaps it's time to add mobile *phone connector (conectador telefónico)* cables to the ...

Phono connector: *1. Conectador de fono.*
1. *Conectador* (ver *Connector*) usado para enlazar un micrófono o unos altavoces con un equipo informático (frecuentemente, una placa de sonido).

• Adjust the *phono connector (conectador de fono)* side to whatever type of ...

Photo CD: *1. Photo CD.*
1. Proceso, protocolo y formato para almacenar fotos en soporte magnético (digital) o CD y tratarlas con la ayuda de una computadora.

• In order to view or edit images from a *Photo CD (Photo CD)* disc, you need to install software that is capable of ...

Photolithography: *1. Fotolitografía.*
1. Proceso por el que se graba un circuito impreso (extremadamente miniaturizado) sobre la superficie de una oblea. Se usan rayos ultravioleta.

• ... manufacturer of laser illumination sources for use in deep ultraviolet (DUV) *photolithography (de fotolitografía)* systems.

Phreak: *1. Revientalíneas.*
1. Persona con buena preparación profesional que la dedica a actividades ilegales relacionadas con las líneas de comunicación telefónica y de datos.

• ... of the techniques put them in the hands of less responsible *phreaks (revientalíneas)*.

Physical data design: *1. Diseño físico de datos.*
1. Proyección de un *modelo lógico de datos* sobre la realidad física que los contendrá: *base de datos* (ver *Database*) o no, qué tipo de *SGBD* (ver *Database Management System*), qué *SGBD* concreto, agrupación física de los datos (páginas, bloques, registros), índices, etc.

• The product of *physical data design (diseño físico de datos)* is validated against the performance information contained ...

Physical layer: *1. Estrato físico.*
1. En el *modelo de referencia OSI* (ver *Open Systems Interconnection*), el *estrato Físico* es el inferior, o sea, el más alejado del *estrato de Aplicación* (ver *Application layer*). El estrato físico considera las *interfaces* (ver *Interface (noun)* físicas y eléctricas entre el equipo de usuario y el equipo de terminación de red. El servicio que suministra al estrato previo (*Enlace*) es el de asegurar que los bits circulan por el medio físico de transmisión.

• ... control information from the *physical layer (estrato Físico)*, followed by control information from the ...

Physical record: *1. Registro físico.*
1. Agrupación de datos que tiene en cuenta

cómo se almacenan éstos y qué características tiene el soporte de almacenamiento, cómo se transmiten entre memoria central (puede que virtual) y memoria auxiliar, etc. En algunos sistemas se llama *bloque* a un *registro físico*.

• Using a system-determined *physical record (registro físico)* size ensures both ...

Pica: *1. Pica.*
1. Unidad tipográfica equivalente a 12 puntos (ver *Point*).

• ... the corresponding length unit is named *pica (pica)*, also equal to twelve of its points.

Pick (verb): *1. Capturar.*
1. Seleccionar una parte de una *presentación* (ver *Display (verb)*) gráfica colocando un cursor gráfico sobre la misma.

• Lets a user *pick (capturar)*, locate, rotate, or delete pieces of ...

Picosecond: *1. Picosegundo.*
1. Billonésima de segundo (o sea, 10**-12 seg).

• We are currently developing a *picosecond (picosegundo)* far-infrared source for use in ...

Picture: *1. Imagen. 2. Fotografía.*
Sinónimo de *Image* (ver).

Picture element: *1. Píxel.*
1. Unidad mínima de *presentación* (ver *Display (verb)*) en pantalla que puede recibir características propias de luminosidad. Ver más información en *Pixel*.

• ... each *picture element (píxel)* includes an active component such as a transistor to maintain ...

Pie Chart: *1. Diagrama circular.*
1. Representación gráfica de una distribución en la que las partes se representan como trozos de un pastel circular.

• How to set the colors of slices in a *pie chart (diagrama circular)*?

Pig's ear: *1. Oreja de burro.*
1. Forma algo chusca de referirse a la representación de una *interrelación* (ver *Relationship*) entre *entidades* (ver *Entity*) cuyo origen y final son la misma entidad.

• Recursive Relationship is sometimes referred to as a *pig's ear (de oreja de burro)* relationship.

Piggyback Board: *1. Placa sobrepuesta.*
1. Placa de expansión que se sobrepone a otra.

• Two options are available: an audio *piggyback board (placa sobrepuesta)* with digital signal ...

Piggybacked: *1. Sobrepuesto.*
1. Envío simultáneo de mensajes de control y de datos.

• ... because most of the control signals are *piggybacked (se sobreponen)* on the information frames.

Pilot running: *1. Ejecución piloto.*
1. Método de implementación en el que, durante un cierto tiempo, se ejecuta completa una aplicación nueva pero limitando los datos usados a los correspondientes a una partición lógica o geográfica.

• In order for you to see *pilot running (ejecución piloto)* in your own computing environment, we have available ...

Pilot testing: *1. Ejecución piloto. 2. Prueba piloto.*
1. Método de prueba en el que, durante un

cierto tiempo, se prueba completamente una aplicación nueva, pero limitando los datos usados a los correspondientes a una partición lógica o geográfica.

• The *pilot testing (de la prueba piloto)* program examines the performance of the system under every possible condition to ...

Pin: *1. Aguja (impresora). 2. Patilla (circuito).*
1. En impresoras matriciales, cada una de las *agujas* que, al golpear sobre la cinta entintada, deja o marca un punto sobre el papel.

• The more *pins (agujas)* a printer has, the higher quality-type ...

2. Cada una de las finas tirillas de metal que sirven para conectar un *chip* con una placa de circuito impreso. Con más generalidad, cada uno de los elementos conectantes de un conectador macho.

• The *pins (patillas)* are very delicate and easily bent.

Ping (noun): *1. Ping.*
1. *Packet Internet Groper*, lo que no tiene mucho sentido. *Ping* está formado por una pareja de funciones programadas que actúan de manera que la primera envía, desde su computadora un mensaje especial (un *Internet Control Message Protocol* o *ICMP*) y la segunda desde la suya o desde una *encaminadora* (ver *Router*) o *pasarela* (ver *Gateway*) un eco de dicho mensaje. Estas funciones se usan para determinar si una *huéspeda* (ver *Host Def. 1*) está operativa, para encontrar fallos de línea, etc. Hay *sistemas operativos* (por ejemplo UNIX que implementan estas funciones.

• Many versions of *ping (ping)* are available ...

Ping (verb): *1. Pimponear.*
1. Enviar un *ping* (ver *Ping (noun)*) para ver si una *huéspeda* (ver *Host Def. 1*) está operativa, el estado de una línea, etc.

• *Ping (Pimponea)* host XYZ to see if it is up.

Pinout: *1. Conectograma.*
1. Dibujo o diagrama en el que se representan las funciones de las *patillas* (ver *Pin*) de un chip o conectador.

• ... and an Intel 80386SX-compatible *pinout (conectograma)* and thus, ...

Pipe (noun): *1. Tubo.*
1. En general, un *tubo* es un mecanismo de comunicación unidireccional entre dos procesos. En algunos lenguajes de *mandatos* (ver *Command*) se representa por una barra vertical (I).

• Two or more commands linked by a *pipe (tubo)* are called a ...

2. Secuencia de *mandatos* (ver *Command*) que se ejecutan en orden *FIFO* (ver *First-in-First-out*). La salida (por lo general, la salida estándar) de un mandato es entrada al siguiente. Estos *tubos* pueden considerarse ficheros.

• A FIFO special file, or named *pipe (tubo –nominado–)* is a file typically used to send data from one process to another ...

Pipe (verb): *1. Encauzar.*
1. Conducir la salida de un proceso o *mandato* (ver *Command*) a la entrada de otro proceso o mandato. Se representa por la barra vertical.

• The shell interprets the I to mean «*Pipe (encauza)* the output command in front to the input ...»

• The output from one command can *be piped in (ser encauzados)* as input to the next ...

Pipeline (noun): *1. Tubería. 2. Batería de proceso.*

1. Serie de *mandatos* (ver *Command*) separados por *tubos* (ver *Pipe Def. 1*) de forma que la salida del primero es encauzada como entrada al segundo, y así sucesivamente.

• The *pipeline (tubería)* displays the files that were last changed in ...

2. Técnica de diseño y construcción de procesadores consistente en dotarlos de varios componentes activos que actúan de tal manera que cada instrucción (o casi) a ejecutar se descompone en etapas asignándose cada etapa a un componente activo, con lo que se consigue un cierto grado de paralelismo. Cada componente activo recibe como entrada la salida del componente activo previo; de ahí el nombre dado a la técnica.

• ... in contrast to conventional *pipeline (batería de proceso)* designs where the synchronization required for operand forwarding ...

Pipeline (verb): *1. Procesar en tubería. 2. Procesar en batería.*

1. Ejecutar procesos de forma que la salida de uno constituye la entrada al siguiente. Puede aplicarse tanto al proceso de *mandatos (procesar en tubería)* como al proceso de las diferentes etapas procedentes de la descomposición de *instrucciones de máquina (procesar en batería*; ver *Machine instruction*).

• A compiler or assembler for a *pipelined (procesando en batería)* PU is expected to fill in the wait states ...

Pitch: *1. Separación entre puntos.*
Ver *Dot pitch.*

Pixel: *1. Píxel.*

1. Abreviatura de *Picture element.* Un *píxel* es la unidad más pequeña que puede *presentarse* (ver *Display (verb)*) en una pantalla y de que pueden estar compuestas las imágenes por computadora (ver *Image* o *Picture*). Si se trabaja con la pantalla en su nivel de definición (ver *Resolution*) máximo, el tamaño de un *píxel* es igual al de un *punto* (ver *Dot pitch*). Si se trabaja con menor definición el *píxel* es mayor que el *punto.* Cada *píxel* tiene unas coordenadas (implícitas) y unos atributos de intensidad y color (esquema *RVA;* ver *Red, green, blue*) o matices de gris.

• When these *pixels (píxeles)* are painted onto the screen, they form an image.

Pixel map: *1. Mapa de píxeles.*

1. *Formación* (ver *Array*) tridimensional de bits que se corresponde con una *formación* bidimensional de *píxeles* donde cada *píxel* tiene un valor que va desde 0 hasta $2^{**}(N-1)$ (elevado a) siendo N la profundidad del mapa.

• Specifies the contents of the source *pixel map (mapa de píxeles)* as a string.

Pixmap: *1. Mapa de píxeles.*
Ver *Pixel map.*

PIC: *1. PIC.*
1. Abreviatura muy usada de PICTURE (lenguaje COBOL). No hay que traducir.

• 05 CUSTOMER-NUMBER PIC 9(8).

2. Referencia a fichero gráfico generado por Lotus 1-2-3.

• ... Converts Lotus 1-2-3 graphs (*PIC (PIC)* files) into DXF for modification ...

PICT: *1. PICT.*
1. Formato de ficheros que contienen imáge-

nes (por ejemplo, mapas de bits), en Macintosh. Hay un PICT 1 ya obsoleto pero aún legible y un PICT 2 totalmente operativo. La extensión de estos ficheros en *MS-DOS* (ver) es .PCT.

• *PICT (PICT) files can contain 24 bits color bitmap objects.*

PICTURE: *1. PICTURE.*

1. En lenguaje COBOL, especificación del formato de un *campo* (ver *Field*). No se traduce.

• PICTURE S9(5)V99.

PIF: *1. PIF.*

Ver *Program Information File.*

PIM: *1. GIP. 2. Gestor de Información Personal.*

Ver *Personal Information Manager.*

PIN: *1. NIP. 2. Número de Identificación Personal.*

Ver *Personal Identification Number.*

PIO: *1. ESP. 2. Entrada/Salida Programada.*

Ver *Programmed Input/Output.*

PKI: *1. ICP. 2. Infraestructura de Clave Pública.*

Ver *Public Key Infrastructure*

Place near mechanism: *1. Mecanismo de proximidad.*

1. Mecanismo disponible, en mayor o menor grado (a veces en grado prácticamente nulo), en sistemas de almacenamiento y/o de gestión de *bases de datos* (ver *Database*), que ayuda a respetar el principio de proximidad: deben estar físicamente cercanos los datos que lo están lógicamente.

• *The designer must decide which place near mechanism (mecanismo de proximidad) to use, and ...*

Placeholder: *1. Guardasitio.*

1. Denominación genérica asignada por sus autores a páginas *Ueb* (ver *World Wide Web*) en construcción. Casi siempre contienen declaraciones de intenciones de algún tipo.

• *This is just a placeholder (guardasitio) for now until I get around to filling things in ...*

2. En sintaxis de *mandatos* (ver *Command*) un *guardasitio* es un indicador de una posición en el texto del mandato en la que puede o debe codificarse algo.

• *... anything appearing in italics is a placeholder (guardasitio) for information that you are expected to supply ...*

Plain ASCII: *1. ASCII plano.*

1. Se aplica a ficheros de texto que contienen solamente caracteres *ASCII* de 7 bits y en los que se usan solamente caracteres de control del *ASCII* estándar. Sinónimo de *Flat ASCII* (ver).

• *... the remaining text is to be treated as plain ASCII (ASCII plano), i.e., it is rendered in a fixed font as it is typed ...*

Plain old telephone service: *1. Servicio Telefónico Ordinario. 2. STO.*

1. Servicio telefónico tradicionalmente dedicado a la transmisión de voz. Las nuevas o novísimas tecnologías deben seguir posibilitando este servicio sin merma de calidad.

• *Modern ISDN TAs will have two connectors for Plain Old Telephone Service (Servicio telefónico ordinario).*

Plain text: *1. ASCII plano. 2. Texto llano.*
1. Sinónimo de *Plain ASCII* y de *Flat ASCII* (ver).

• Your reply box will come up with only the *plain text (ASCII plano o texto plano)* from the prior message in it ...

2. Mensaje no *cifrado* (ver *Encrypt*): antes de ser cifrado, después de ser descifrado o parte no cifrada de un mensaje.

• ... then send me a shit-load of cyphertext and a small bit of the *plain text (texto llano)* and i'll see what i can do ...

Plain vanilla: *1. Vainilla.*
Sinónimo de *Vanilla* (ver).

Plan: *1. Plan.*
Ver *Application plan.*

Planar: *1. Plano/a.*
1. Adjetivo aplicado a componentes que se han diseñado para que tengan poco relieve o altura. Por ejemplo, para que puedan montarse en placas sin que interfieran o tropiecen con otras placas.

• *Planar (plano)* transformer.

Planar Board: *1. Placa base.*
1. Es una de las denominaciones que se dan a la *placa base* (ver, por ejemplo, *Motherboard*) de una *CP* (ver *Personal Computer*).

• This is an IBM PC *planar board (placa base)* for use in a desktop computer ...

Platform: *1. Plataforma.*
1. En su definición específica una *plataforma* es el conjunto mínimo de hardware y software básico (como mínimo, un *sistema operativo*; ver *Operating system*) necesario para poder ejecutar un programa o aplicación. La

tecnología tiende a reducir el número de plataformas existentes y/o a aumentar la *portabilidad* (ver *Portability*) de las aplicaciones entre diferentes plataformas.

• ... provides interoperability across heterogeneous *platforms (plataformas)* ...

Platform for Privacy Preference Project: *1. PP3P. 2. Plataforma para el Proyecto sobre Preferencias de Privacidad.*
1. Actividad que se desarrolla en el marco del consorcio WWW y que intenta establecer las bases de unas relaciones seguras entre *sedes* (ver *Site*) y usuarios. La idea central es que las sedes ofrezcan uno o más patrones de seguridad y que cada usuario escoja uno de ellos para sus relaciones con la sede.

• The *PP3P (PP3P)* aims to issue its complete set of recommendations in 1999.

Player: *1. Interpretador.*
1. Programa preparado para interpretar música comprimida en formato *MP3* (ver). Algunos *sistemas operativos* (ver *Operating system*) ya traen una versión incorporada de un *interpretador* pero, de todas formas, hay varios de ellos disponibles en Internet para *ser bajados* (ver *Download*).

• ... its user-friendly plug and play system means consumers can use this *player (interpretador)* right out of the box.

Plotter: *1. Trazadora.*
1. Dispositivo de salida con capacidad para dibujar gráficos y otros tipos de figuras, así como texto acompañante. Utiliza plumas (especiales) para efectuar sus trazados. Hay modelos que pueden dibujar en más de un color. Su uso va quedando limitado a dibujos de tamaño medio y grande.

• Older *ploters (trazadoras)* required a separate pen for each colour and ...

Plug (noun): *1. Conectador.*
1. Elemento que puede acoplarse con otro para establecer uno o más canales de comunicación para energía y/o *señales*. Los *conectadores* pueden ser machos y hembras según la forma de su intervención en el acoplamiento. Es frecuente que los conectadores se adquieran por parejas (un cable con conectadores en sus extremos).

• RJ45 Crimping pliers and *plugs (conectadores)*.

Plug (verb): *1. Conectar.*
1. Acoplar un conectador macho y uno hembra.

• If you are using a serial mouse, it will simply *plug (se conectará)* into the 9-pin connector you just installed.

Plug and go: *1. Conectar y listo.*
Ver *Plug-and-go.*

Plug and play: *1. Conectar-y-usar.*
Ver *Plug-and-play.*

Plug compatible: *1. Compatible desde conexión.*
1. Periférico desarrollado de acuerdo con los estándares del movimiento *conectar y listo* (ver *Plug and go*).

• *Plug compatible (compatibles desde conexión)*, commercially available standards will allow a degree of interoperability prior to ...

Plug-and-go: *1. Conectar-y-listo.*
1. Movimiento de los fabricantes de periféricos para producir estándares (al menos de industria) que faciliten el uso general de sus productos, independientemente del fabricante

de la parte principal de la computadora. El movimiento ha tenido un éxito significativo y una influencia decisiva en la disminución de los precios del hardware.

• *Plug-and-go (conectar-y-listo)* network storage access!

Plug-and-Play: *1. Conectar-y-usar.*
1. Sistema que permite incorporar un nuevo dispositivo a una computadora sin necesidad de tener que configurarlo de forma específica. El sistema, al arrancar, detecta que se ha conectado un nuevo dispositivo al que, en ese momento, asigna recursos y da de alta de forma automática. Ello supone que el fabricante del *sistema operativo* (ver *Operating system*) y el del dispositivo comparten una misma normativa, al respecto, en sus productos.

• Most *plug-and-play (conecta-y-usar)* problems seem to be caused by the BIOS ...

Plug-ins: *1. Acople.*
1. Programa que añade una nueva función a una aplicación o a otro programa de mayor entidad. En general, estos programas se instalan fácilmente y su *acoplamiento* con la aplicación o programa a los que complementan, no plantea problemas. La mayoría de los *acoples* actuales son complementos a los *navegadores* (sonido, radio, presentación enriquecida de documentos, etc.). Una parte significativa de los acoples son software de libre disposición.

• Software companies are developing *plug-ins (acoples)* at a phenomenal rate ...

Plugboard: *1. Tablero de conexiones.*
1. Tablero que puede usarse para controlar el funcionamiento de un dispositivo asociado al mismo. El antecedente inmediato de las computadoras eran máquinas de tarjetas perforadas («tabuladoras») que se «programaban» en *tableros de conexiones.*

• Because the *plugboard (tablero de conexiones)* affected both the incoming current from the keyboard and the ...

Pluggable Authentication Module:
1. PAM. 2. Módulo Conectable de Autenticación.
1. Módulo de autenticación de usuarios que puede conectarse a diferentes servicios de entrada y, simultáneamente, usarse de forma compatible con otros sistemas de autenticación.

• It is the purpose of the Linux-*PAM (PAM)* project to liberate the development of privilege granting software from ...

Plus: *1. Más.*
1. Carácter especial (+) cuyo valor es x'2B' en *ASCII* y x'4E' en *EBCDIC*.

• ... using a *plus (más)* (+) to precede the version number ...

PL/I: *1. PL/I.*
1. Lenguaje de tercera generación concebido en IBM para sustituir, al menos, al COBOL y al FORTRAN y, parcialmente, al Ensamblador. Las inversiones que muchas organizaciones habían hecho en programas en estos lenguajes impidieron la expansión fulgurante prevista para el PL/I. Hoy en día tiene muy poca cuota de uso para aplicaciones nuevas.

• Throughout this book, *PL/I (PL/I)* example programs and code fragments ...

PL/S: *1. PL/S.*
1. Lenguaje parecido al *PL/I* (ver) pero con características convenientes para el trabajo en programación de sistemas (fundamentalmente, poder trabajar, prácticamente, en *código de máquina* (ver *Machine code*) manteniendo capacidades de estructuración de los programas).

• ... have been copied and trimmed of the *PL/S (PL/S)* code and other comment lines.

PnP: *1. Conectar-y-usar.*
Ver *Plug-and-Play.*

PNG: *1. PNG.*
Ver *Portable Network Graphics.*

Point: *1. Punto.*
1. Medida tipográfica, duodécima parte del cícero y equivalente a unos 0,37 milímetros. Ver *Didot point system.*

• ... *points (puntos)* can be specified in tenths of units.

Point of Sale: *1. Punto de Venta. 2. PdV.*
1. En un negocio que incluye ventas, un *punto de venta* es el sitio físico en el que se realiza la transacción comercial.

• ... applies your decisions at the *point of sale (punto de venta)* or in the back office.

2. También se llama Punto de Venta a un terminal especializado en las tareas propias de un punto de venta (por ejemplo, caja), más una parte de las tareas contables y de gestión relacionadas con las transacciones comerciales (gestión de stocks, facturación, gestión de clientes, etc.).

• This *Point of Sale (punto de venta)* system saves your time and increases profit by applying the speed ...

Point-of-presence: *1. PdP. 2. Punto de Presencia.*
1. Ubicación, dotada de equipo de telecomunicaciones, preparada para canalizar conexiones a Internet. La dotación de equipo puede incluir *encaminadoras* (ver *Router*) o *pasarelas* (ver *Gateway*), *conmutadoras ATM o Frame Relay* (ver *Switch Def. 2*), etc. Un *PdP*

tiene una dirección *IP* (ver *Internet Protocol*) única y permanente. Un *PdP* puede dar servicio a varios *ISPs* (ver *Internet Services Provider*) y un *ISP* puede estar conectado a varios *PdPs* (mientras más, mejor servicio suministrará).

● We will be carrying out maintenance at our Cambridge *point-of-presence (PdP)* in the early hours of the morning ...

Point-to-Point: *1. Punto a punto.*
1. Es el *enlace* (ver *Link (noun) Def. 5*) más común. Se establece entre dos *huéspedas* (ver *Host Def. 1*), a través de una línea conmutada o *exclusiva* (ver *Dedicated line*) y sin que existan estaciones intermedias. En algunos textos se reserva esta denominación al caso de línea exclusiva.

● A *point-to-point (punto a punto)* link provides a single communications path from the customer premises, through a network (the telephone company), to a remote ...

Point-to-Point Protocol: *1. Protocolo Punto a Punto. 2. PPP.*
1. Conjunto de protocolos que regulan la transmisión de datagramas sobre *enlaces* seriales (ver *Serial*) punto a punto (ver *Point-to-Point*). La especificación está contenida en más de 20 *RFCs* en las que se regula la *encapsulación* (ver *Encapsulate (verb) Def. 1*) de *IP* (ver *Internet Protocol*) y otros protocolos en enlaces p-a-p, la asignación y gestión de direcciones IP, la transmisión asíncrona y en serie por bits, el establecimiento y prueba de las conexiones, etc. *PPP* usa *HDLC* (ver *High-Level Data Link Control*) como base para la encapsulación de datagramas.

● *Point-to-Point Protocol (PPP)* was first proposed as a standard in 1990 to replace an older «de facto» standard known as SLIP (Serial Line) ...

Point-to-Point Tunneling Protocol: *1. Protocolo de Tunelización Punto a Punto. 2. PTPP.*
1. *Protocolo de tunelización* (ver *Tunneling*) que actúa, de hecho, como una ampliación del *PPP* (ver *Point-to-Point Protocol*), creado bajo los auspicios de Microsoft y otras empresas, y destinado a la conexión de clientes y servidores Windows NT sobre *RAS* (ver *Remote Access Services*). Permite conexiones privadas a través de una red pública (p. ej., Internet). La seguridad es un aspecto importante de este protocolo.

● A *Point-to-Point Tunneling Protocol (PTPP)* client uses PPP to connect to an ISP by using a standard telephone line ...

Pointcasting: *1. Pointcasting.*
1. Sistema de distribución de noticias personalizadas (seleccionadas según opciones e intereses explícitos de cada usuario) en Internet. Puede desembocar en pura *tabarra* (ver *spam*). Puede que esta palabra esté registrada.

● *Pointcasting (Pointcasting)* combines the best aspects of traditional broadcasting ...

Pointer: *1. Puntero.*
1. *Registro general* (ver *General register*) o área de memoria que contiene la dirección de otra área de memoria.

● Reg. 1: *Pointer (puntero)* to a 4-word parameter list.

● Third word: *Pointer (puntero)* to the volume serial number.

2. Área en un registro de un fichero (en general, un registro «especial») que apunta a otro registro o a una zona vacía de un disco.

● The first record of the journal is used to keep track of location of the last record in the journal. This *pointer (puntero)* is the full disk address ...

3. Clase de variables, en un lenguaje de programación, destinadas a contener direcciones de otras variables.

● *Pointer (puntero)* data items can be compared for equality or ...

4. Parte de un índice (la otra parte es la *clave*; ver *Key (noun) Def. 2*) que apunta a la ubicación de un registro o fila.

● The entry consists of the highest possible key in the physical record file and a *pointer (puntero)* to the beginning of that physical ...

Pointing device: *1. Dispositivo apuntador.*

1. Dispositivo que permite la interacción con una computadora a través del posicionamiento en pantalla. Puede incluir, en todo o en parte, funciones de posicionamiento, de selección, de movimiento, etc. El ejemplo más conocido de estos dispositivos es el *ratón*.

● ... for user who need an ergonomic high-precision *pointing device (dispositivo apuntador)*.

Poke (verb): *1. Pinchar.*

1. Acción de modificar directamente (por dirección) posiciones de memoria. Existe, por ejemplo, un *mandato* Basic que hace esta función (ver también *Peek*).

● ... for the tasks commonly performed with *peeks and pokes (visuales y pinchazos)* ...

Polar chart: *1. Diagrama polar.*

1. Diagrama dibujado con la técnica representativa de las coordenadas polares: ángulo con respecto a un eje que actúa como origen y longitud del radio.

● ... *polar charts (diagramas polares)* are most useful for displaying cyclical data.

Polarizing filter: *1. Filtro polarizador.*

1. Filtro capaz de polarizar la luz que lo atraviesa, es decir, de permitir o impedir el paso de la luz según la dirección de incidencia. Se usan para limitar o eliminar los reflejos en las pantallas.

● You then rotate the *polarizing filter (filtro polarizador)* on your camera lens until the reflected image ...

Policy: *1. Principio.*

1. Base decisoria sobre la que se construye un sistema o una parte del mismo.

● A replacement algorithm or *policy (principio)* is used to select the page to be ...

Poll (noun): *1. Sondeo.*

1. Método usado para poner orden en un entorno asíncrono en el que, de otra manera, podrían producirse *competencia* (ver *Contention*) y conflictos para intentar disponer de determinados recursos. El uso inicial y, aún hoy, más frecuente, de los *sondeos* se dio en el control de líneas de comunicación, en cuyo caso el sondeo toma la forma de una «invitación a transmitir».

● The primary station initiates a *poll (sondeo)* by ...

Poll (verb): *1. Sondear.*

1. Efectuar un *sondeo* (ver *Poll (noun)*).

● Events that can *be polled (sondearse)* include reading of data without blocking.

● ... on a network that *are polled (se sondean)* less often by the primary station due to their ...

Polymorphism: *1. Polimorfismo.*
1. Capacidad de una *entidad* de referirse, en período de ejecución, a *ejemplares* (ver *Instance* o *Occurrence*) de más de una *clase* (ver *Class*). Un uso especial del concepto es el que se refiere a que operadores y funciones pueden tener comportamientos diferentes dependiendo del contexto de ejecución en que actúan.

• Unrestrained *polymorphism (polimorfismo)* would be incompatible with the notion of ...

Pool (noun): *1. Reserva.*
1. Conjunto de elementos de un cierto tipo, básicamente intercambiables entre sí, que se ponen a disposición de funciones, procesos, etcétera, que puedan necesitarlos. Se aplica a líneas, terminales y seudoterminales, impresoras, volúmenes para almacenar datos, etc.

• On AIX, the pseudoterminals (ptys) are defined in a *pool (reserva)* and are used by ...

Pool (verb): *1. Reservar.*
1. Poner un elemento en una *reserva* (ver *Pool*).

• Storage groups allow you *to pool (reservar)* volumes for the purpose.

Pop (verb): *1. Extraer. 2. Detonar.*
1. Eliminar un objeto de la cúspide de una pila (ver *Stack*).

• ... cleanup routines *are popped (se extraen)* from the cleanup stack and executed in LIFO order ...

1. Producirse un evento que, no por esperado, deja de tener un cierto carácter de súbito.

• ... timer *will pop (detonará)* in five seconds ...

Pop up: *1. Emergente.*
Ver *Pop-up.*

Pop-up: *1. Emergente. 2. Extraíble.*
1. Nombre o adjetivo que se aplica a un área de pantalla –habitualmente una ventana– que se *presenta* (ver *Display (verb)*) de forma más o menos súbita, y en la que el usuario puede ver opciones de proceso.

• A *pop-up (emergente)* used to display one of the defined message ...

2. Adjetivo que se aplica a la dinámica de extracción propia de las pilas (ver *Stack*) y a las estructuras de datos que usan dicha dinámica de extracción.

• ... *pop-up (extraíble)* save area of the dynamic data that the function operates ...

Populate (verb): *1. Poblar.*
1. Llenar un «recipiente» con los objetos que se había previsto poner en él. Su uso más frecuente es el que se refiere a ficheros y *bases de datos* (ver *Database*). Pero también puede aplicarse a un *dominio* de direcciones.

• ... you must *populate (poblar)* these tables to make use of this facility ...

Popup: *1. Emergente.*
Ver *Pop-up.*

PoP: *1. PdP. 2. Punto de Presencia.*
Ver *Point-of-Presence.*

Port (noun): *1. Puerto.*
1. En una computadora personal un *puerto* es una *interfaz* (ver *Interface (noun)*) de conexión para otros dispositivos. Físicamente, un puerto es un *conectador* macho o hembra que conecta un número determinado de cables. Lógicamente, cada puerto tiene una definición, en general compleja, de uno o más pro-

tocolos que deben implementarse tanto en la computadora como en el dispositivo que se conecta (ver *Parallel port* y *Serial port*).

● This *port (puerto)* will allow the input of up to 9 bits or the output of 12 bits at any one given time, ...

2. En los protocolos Internet se llama *puerto* a un número de 16 bits que permite comunicar uno de los protocolos *TCP* o *UDP* (ver *User Datagram Protocol*) con aplicaciones o protocolos de nivel más alto. Algunos protocolos de uso frecuente (por ejemplo, *FTP* (ver *File transfer protocol*), *SMTP* –*correo*–) usan números de puerto «bien conocidos» en todas las implementaciones de TCP.

● I am sure I need to specify a filter for *port (puerto)* 80 which is what the https uses ...

Port (verb): *1. Portar.*

1. Preparar un sistema, subsistema, aplicación o un subconjunto de una aplicación para que pueda ejecutarse en un entorno diferente de aquel en el que se desarrolló. El esfuerzo requerido para *portar* un elemento guarda una relación muy estrecha con las características del entorno en que se desarrolló dicho elemento (especialmente, *sistema operativo* (ver *Operating system*) y lenguajes). Un concepto parecido puede aplicarse a *datos* y a su utilización en diferentes plataformas.

● Working with open standards minimizes the work required *to port (portar)* a ...

Port replicator: *1. Calcador de puertos.*

1. Dispositivo que se conecta, por un extremo, a una *computadora portátil* (ver *Portable computer*) a través de un único conectador especial y que, por el otro extremo, simula dos o más puertos ordinarios. De esta manera, es posible utilizar la misma portátil en más de un sitio teniendo en cada uno de ellos un *calca-*

dor de puertos y haciendo una sola conexión del calcador a la portátil.

● Most notebook computer manufacturers offer a *port replicator (calcador de puertos)* as an additional option ...

Portability: *1. Portabilidad.*
2. Portatilidad.

1. Medida subjetiva de la mayor o menor facilidad con que un sistema, subsistema, aplicación o subconjunto de aplicación puede ser *portado* (ver *Port (verb)*).

● If *portability (portabilidad)* to a Bourne shell is a consideration ...

2. Relacionado con la acción de *portar* (ver *Port (verb)*).

● ... seems to have more *portability bugs (gazapos de portabilidad)* than any of the other core Java packages.

3. Mayor o menor facilidad para ser (trans)portado. Traducción aconsejada: *portatilidad*.

Portable character set: *1. Juego portable de caracteres.*

1. *Juego de caracteres* (ver *Character set*) descrito en *POSIX* 2.2.4 (ver *Portable Operating System Interface*). Un sistema desarrollado de acuerdo con POSIX debe aceptar todos y cada uno de los caracteres de este conjunto.

● The POSIX *portable character set (juego portable de characteres)* consists of uppercase A to Z, lowercase a to z, numbers...

Portable computer: *1. Computadora portátil.*

1. Computadora que por su peso, dimensiones y forma, puede ser transportada fácilmente.

● *Portable (portátil)* and lightweight, weighting less than 2 kg.

Portable document format: *1. PDF.*

1. Formato almacenable y portable (ver *Port (verb)*) de documentos sin pérdida de sus características gráficas. Los ficheros con este formato se crean utilizando el software *Acrobat* de Adobe, y se leen (*presentan*; ver *Display (verb)*) con el *Acrobat Reader* (software libre, del mismo fabricante).

● ... whenever you want to look at a *Portable Document Format (PDF)* file.

Portable Network Graphics: *1. PNG.*

1. Formato de ficheros destinados a contener imágenes en mapas de bits. La idea de este formato fue la de reemplazar al formato *GIF* (ver *Graphics Interchange Format*) manteniendo la mayoría de sus características e introduciendo varias mejoras significativas (mejor tratamiento del color –48 bits por *píxel*–, ajuste automático de brillo/contraste, etc.).

● ... no algorithms under legal challenge are used in *PNG (PNG)*.

Portable Operating System Interface: *1. POSIX.*

1. Conjunto de normas que determinan el comportamiento externo de los sistemas UNIX desarrollados teniéndolas en cuenta. Constituyen una importante plataforma de desarrollo de aplicaciones portables (ver *Port (verb)*), siendo, además, muy fructíferas en el intento de superar las diferencias entre los UNIXs en el mercado. Es norma *ISO* e *IEEE*.

● ... as having a high support for *POSIX (POSIX)* standards.

Portrait: *1. Vertical (impresión en página).*

1. Impresión de texto con las líneas paralelas a la dimensión más corta del papel (como la mayoría de los retratos).

● ... and looks as though it works for *portrait (vertical)* printing with page breaks in right places ...

Positional operand: *1. Operando posicional.*

1. Similar al concepto de *parámetro posicional* (ver *Positional parameter*) pero aplicado a determinados operandos de algunas instrucciones muy específicas de lenguajes de programación.

Positional parameter: *1. Parámetro posicional.*

1. Parámetro (de programa, función, etc.) que es identificado, en el elemento llamado, por la posición ocupada con relación al inicio de la lista de parámetros (primero, segundo, ...). Este concepto se contrapone al de parámetro *de palabra-clave* (ver *Keyword*): en éstos el valor del parámetro incluye una palabra o signo que lo identifica.

● ... the *positional parameters (parámetros posicionales)* are shown in lowercase ...

Post (noun): *1. Postacorre.*

1. *Mensacorre* (ver *E-mail (noun) Def. 2*) enviado a una *lista de distribución* (ver *Mailing list*) o a un *grupo de noticias* (ver *News groups*).

● This is a *post (postacorre)* to XZY.

Post (verb): *1. Remitir un postacorre. 2. Postear.*

1. Enviar un *postacorre* (ver *Post (noun)*). (Ver, también, *Mail (verb)*.)

● ... take part in discussions by sending, or *posting (remitiendo postacorres con)* their articles or comments online.

2. Una de las formas de sincronizar dos tareas que han de trabajar coordinadamente es que una de ellas suministre al *sistema operativo* (ver *Operating system*) una indicación de que está «a la espera» de que se produzca un evento determinado que depende de otra tarea y que esta otra tarea comunique que el evento ya se ha producido.

• *Post (postear) a Thread for an Event ...*

Post Office Protocol: *1. POP.*
1. Protocolo usado para bajar mensajes desde un servidor de *correo-e* (ver *E-mail*). La mayoría de las aplicaciones de *correo-e* para computadora cliente usa una versión de *POP*. La más reciente (*POP3*; ver *Post Office Protocol-3*) no necesita del *SMTP* (ver *Simple Mail Transfer Protocol*) ni para recibir ni para enviar mensajes.

• *The Post Office Protocol (POP) server might be a computer with a permanent Internet ...*

Post Office Protocol-3: *1. POP-3.*
1. Protocolo de *correo-e* (ver *E-mail*) especializado en la recepción de mensajes por los clientes de este servicio. Se usa en los programas más frecuentes de *correo-e* (nivel cliente: Eudora, Navigator, Outlook Express).

• *Post Office Protocol-3 (POP-3) allows a client computer to retrieve e-mail from a POP3 server ...*

Postfix: *1. Sufijo.*
1. Notación matemática, «heredada», parcialmente, por algunos lenguajes de programación y que consiste en colocar los operadores a continuación de los operandos.

• *... to distinguish between the prefix and postfix (sufijo) increment operators.*

Postmaster: *1. Administrador.*
1. Dirección de *correo-e* (ver *E-mail*) atendida por la persona o personas responsables del mantenimiento y de los contactos con los usuarios de una sede (ver *Site*) conectada a Internet o a UUCPNET. El estándar de *correo-e* exige que exista una dirección de este tipo.

• *In your message, give the postmaster (administrador) as much information as possible.*

PostScript: *1. Postscript.*
1. Es un *lenguaje descriptor de páginas* (ver *Page Description Language*) creado por Adobe a partir de unos desarrollos previos y que se ha convertido en una norma «de facto» en la preparación de documentos a ser impresos en impresoras láser. La descripción de las páginas se transmite desde el programa compositor hasta el programa residente en el dispositivo de impresión o *presentación* (ver *Display (verb)*), que interpreta la descripción a medida que imprime o presenta. La calidad de impresión/presentación es excelente a causa de la clase de tipos (vectoriales, no imágenes de bits).

• *Postscript's (en Postscript) combination of technical merits and widespread availability ...*

Pound sign: *1. Sostenido.*
Ver *Number-sign (#)*.

Power: *1. Energía.*
1. Lo que hace funcionar una computadora (energía eléctrica de una batería o tomada de la red).

• *Most power (de energía) supplies will have 4 voltages with a common ...*

Power failure: *1. Fallo de energía.*
1. Situación que se produce cuando una computadora deja de recibir energía eléctrica.

● ... that is usually totally scrambled by a *power failure (fallo de energía)* is said ...

Power off (noun): *1. Desconexión.*

1. Estado o situación de un dispositivo que tiene la energía desconectada, o acción que provoca dicho estado o situación.

● Remote *Power Off (de desconexión)* device for network administrators that immediately turns off the ...

Power off (verb): *1. Desconectar.*

1. Desconectar la energía que se suministra a un dispositivo.

● ... or your workstation *was powered off (se desconectó)* accidentally ...

Power on (noun): *1. Conexión.*

1. Estado o situación de un dispositivo que tiene la energía conectada, o acción que provoca dicho estado o situación.

● ... is used to reset the processor after the initial *power on (conexión)*, or whenever ...

Power on (verb): *1. Conectar.*

1. Conectar la energía que se suministra a un dispositivo.

● ... to initiate a login after the terminal *is powered on (se conectó)*.

Power On Self Test: *1. POST.*

1. Pruebas de diagnóstico que, bajo el control del *BIOS* (ver *Basic Input/Output System*), se ejecutan automáticamente a partir del momento en que se conecta la computadora (*Power on*) y antes de que se arranque la máquina. El detalle de las pruebas, los mensajes y pitidos de error, las posibilidades de intervención, etc., dependen del BIOS en cuestión.

● This is commonly referred as *Power On Self Test (POST)*. Afterwards, the computer ...

Power Supply: *1. Fuente de energía.*

1. En una *CP* (ver *Personal Computer*) o similar, es un dispositivo eléctrico/electrónico que transforma y acondiciona la energía de la red para que sea utilizable por los componentes de la computadora. Las *computadoras principales* (ver *Mainframe computer*) pueden tomar su energía directamente de la red. En ambos casos puede intercalarse entre la red y la computadora un dispositivo que asegura cierto tiempo de suministro de energía después de un fallo de corriente en la red.

● The original manufacturers of *power supplies (fuentes de energía)* have been able to dictate the cost of out-of-warranty.

Power user: *1. Usuario docto.*

1. Usuario que a fuerza de estudio y experimentación ha adquirido un nivel de conocimientos y de práctica netamente por encima de la media.

● ... but can be tailored to accommodate the needs of «*power users*» *(usuarios doctos)* as well.

PowerBuilder: *1. PowerBuilder.*

1. Herramienta para el desarrollo rápido de aplicaciones del tipo cliente-servidor. Creada y comercializada por Sybase. Potencia el desarrollo gráfico, la *orientación a objetos* (ver *Object orientation*) y la interacción con *bases de datos* (ver *Database*).

● *Powerbuilder (PowerBuilder)* has added support for *ODBC* database drivers.

PowerPC: *1. PowerPC.*

1. Arquitectura *RISC* (ver *Reduced Instruction-Set Computer*) de 32 bits (o 64), para máquinas pequeñas/medianas, desarrollada por un consorcio de empresas (Apple, IBM, Mo-

torola) como competencia directa a las populares arquitecturas de Intel. PowerPC es común en las RS/6000 de IBM y algunos segmentos Macintosh. Es arquitectura abierta a aportaciones de terceros.

● ... for *PowerPC (PowerPC)* processor-based systems capable of running this operating system.

POP: *1. POP.*
Ver *Post Office Protocol.*

POP-3: *1. POP-3.*
Ver *Post Office Protocol-3.*

POP3: *1. POP-3.*
Ver *Post Office Protocol-3.*

POS: *1. PdV. 2. Punto de Venta.*
Ver *Point Of Sale.*

POSIX: *1. POSIX.*
Ver *Portable Operating System Interface.*

POST: *1. POST.*
Ver *Power On Self Test.*

POTS: *1. STO. 2. Servicio Telefónico Ordinario.*
Ver *Plain old telephone service.*

PPP: *1. PPP. 2. Protocolo Punto a Punto.*
Ver *Point-to-Point Protocol.*

PPTP: *1. PTPP. 2. Protocolo de Tunelización Punto a Punto.*
Ver *Point-to-Point Tunneling Protocol.*

PP3P: *1. PP3P. 2. Plataforma para el Proyecto sobre Preferencias de Privacidad.*
Ver *Platform for Privacy Preference Project.*

Practical Extraction and Report Language: *1. Perl.*
1. Lenguaje de programación, procesado con

intérprete y de dominio público. Creado en su versión inicial por un idealista (Larry Wall) y mantenido por cientos de colaboradores voluntarios. Ha bebido en las fuentes del lenguaje C e incorpora bastantes características del UNIX (*sed, awk, ...*) y de otras herramientas. Bastante adecuado para la manipulación de textos (p. ej., mensajes), para *prototipado* (ver *Prototyping*) rápido, tareas de sistemas, etc.

● Most tasks only require a small subset of the *Perl (Perl)* language.

Practitioner: *1. Profesional.*
1. Profesional con conocimientos y experiencia (por ejemplo, un Analista/Diseñador).

● The *practitioner (profesional)* must use skill, creativity and experience to design ...

Precedence: *1. Precedencia.*
1. Anteposición o antelación en el orden de una serie de elementos. Unas veces puede establecerse de forma explícita. Otras se aplican reglas genéricas por parte de un componente intermedio (por ejemplo, un *compilador*) o de un componente ejecutivo (*sistema operativo*, etc.).

● If you want the opposite *precedence (precedencia)*, you must remove the ...

Precedence constraint: *1. Restricción por precedencia.*
1. Restricción impuesta por las *precedencias* (ver *Precedence*) existentes entre diferentes elementos a planificar o procesar. Es particularmente importante, y añade complejidad, en el caso de las tareas que componen un *sistema de tiempo real* (ver *Real-time system*).

● ... are two consecutive activities within the same job then there is a *precedence constraint* (*restricción por precedencia*) on the start times of the activities.

Precision: *1. Precisión.*

1. Evaluación del error en una operación aritmética de computadora con relación al error (o ausencia de) que se hubiera producido si los operandos y campos intermedios no hubieran tenido límite. Mientras más pequeño aquel error, mayor la precisión.

• ... would avoid a loss of *precision (precisión)* in this example ...

2. En algunos lenguajes de programación se llama *precisión* al número de dígitos decimales situados a la derecha de la coma (punto) decimal.

• ... the *precision (precisión)* is the number of digits to be printed to the right of the decimal point ...

3. En *DB2* (ver *DATABASE 2*), la precisión es, para números enteros (binarios) y decimales, el número total de dígitos del número.

• Always use odd *precision (precisión)* for DECIMAL Columns ...

Precompiler: *1. Precompilador.*

1. Se ha previsto –y conseguido– que determinados productos de software de ayuda (por ejemplo, *SGBDs;* ver *Database Management System*) realicen algunas de sus funciones en el seno de programas desarrollados en determinados lenguajes de programación. Para ello las instrucciones de dichos productos han de ser *incluidas* (ver *Embed*) entre las instrucciones del lenguaje de programación, lo que obliga a que, en un paso previo a la *compilación* (el *compilador* no aceptaría aquellas instrucciones), un producto, llamado *precompilador*, detecte y procese las instrucciones en cuestión.

• ... or every statement in an application program by a *precompiler (precompilador)* ...

Predicate: *1. Predicado.*

1. En su definición más general (lógica) un predicado es un atributo de un sujeto o *entidad* (ver *Entity*). En lenguaje *SQL* (ver *Structured Query Language*), un predicado es una condición elemental (usada en búsquedas) que puede tomar los valores *cierto, falso* y *desconocido.*

• ... during the execution of statements that include *predicates (predicados)* and other language ...

Predictability: *1. Predecibilidad.*

1. Importante característica de los *sistemas de tiempo real* (ver *Real-time system*) que mide la capacidad para determinar los momentos de terminación (o de inicio) de la o las tareas que se ejecutan (o están en espera) en un momento dado, teniendo en cuenta la posibilidad de que se produzcan fallos.

• An issue related to metrics is the level of *predictability (predecibilidad)* afforded by a ...

Preempt (verb): *1. Desalojar.*

1. Hacer valer la preeminencia, la prioridad. En general, su efecto es el *desalojo* de un elemento (por ejemplo, un proceso o tarea) de menor prioridad.

• ... readying the *preempted (desalojada)* task for future resumption.

Preemptive multitasking:
1. Multitarea desalojante.

1. Forma de trabajar un *sistema operativo* (ver *Operating system*) con capacidad multitarea en la que no se espera siempre a que la tarea activa ceda el control «voluntariamente», sino que, en determinadas circunstancias, dicha tarea es *desalojada* del control del sistema, que se cede a otra tarea en espera. El «desalojo» puede venir determinada por el mero transcurso de una cantidad de tiempo o

puede, en otros casos, tener en cuenta prioridades.

● OS/2 and UNIX use *preemptive multitasking*
(multitarea desalojante).

Preemptive scheduler: *1. Planificador*
desalojante.

1. Planificador (de *sistema operativo* o de *sis-*
tema de tiempo real; ver *Real-time system*)
programado para *planificación desalojante*
(ver *Preemptive scheduling*).

● The *preemptive scheduler (planificador de-*
salojante) behaves like the reactive scheduler
except ...

Preemptive scheduling:
1. Planificación desalojante.
1. Tipo de planificación para sistemas multitarea (*tiempo real* o no; ver *Real-time system*)
que se caracteriza porque el planificador (ver
Preemptive scheduler) puede *desalojar* del
control a la tarea activa si llega otra a la que
se ha asignado más prioridad.

● ... schedulability analysis is made easier by
preemptive scheduling (planificación desalo-
jante) in terms of ...

Prefetch (noun): *1. Pretoma.*
1. Operación consistente en traer datos a memoria antes de que sean necesarios, sobre la
hipótesis de que llegarán a serlo. Este método
puede mejorar el *rendimiento* (ver *Per-*
formance) de productos que han de acceder a
volúmenes importantes de datos.

● If the threshold has been exceeded, the
prefetch (pretoma) is canceled.

2. Similar al caso anterior, es posible avanzar
el acceso a posiciones de memoria por parte
de un procesador.

● ... we consider three issues related to performing a *prefetch (pretoma)* memory access.

Prefetch (verb): *1. Pretomar.*
1. Realizar una operación de *pretoma* (ver
Prefetch (noun)) en cualquiera de sus dos
acepciones.

● *Prefetching (La pretoma)* is a method of determining in advance that a set of data ...

Prefix (noun): *1. Prefijo.*
1. Notación matemática en la que el operador
se coloca inmediatamente delante del operando al que afecta. Con más generalidad, puede
aplicarse a elementos que se anteponen a
otros sin ser estrictamente operadores.

● You can overload a *prefix (prefijo)* unary
operator by declaring a ...

Preformat (verb): *1. Preformatear.*
1. Proceso de preparar un fichero para su uso
por un producto que tiene requisitos especiales con relación al mismo.

● ... error was detected by the media manager during *preformat (preformateado)*
processing.

Prepaging: *1. Prepaginación.*
1. Carga previa de páginas en memoria virtual
antes de que sean estrictamente necesarias.

● Under *prepaging (prepaginación)* the system remembers the pages in each process's ...

Preprocessor: *1. Preprocesador.*
1. Programa que procesa instrucciones no pertenecientes a un cierto lenguaje de programación, antes de que intervenga el *ensamblador*
o *compilador* que procesará las que sí pertenecen. Un preprocesador podría tratar, por
ejemplo, las instrucciones de acceso a un
SGBD (ver *Database Management System*),

introducidas en un programa o preparar, de alguna manera, el texto de un programa.

• ... the *preprocessor (preprocesador)* alters the source file in a predictable way.

Prerelease: *1. Preentrega.*
1. Si se acepta la idea de que la vida útil de un producto software está formada por *versiones* y dentro de cada versión por *entregas* (ver *Release*) una *preentrega* es una entrega oficiosa, con fines de prueba, que se hace antes de una entrega definitiva.

• Currently there are no *prerelease (preentrega)* versions of Mac OS Runtime for ...

Presentation layer: *1. Estrato de Presentación.*
1. Segundo *estrato* (ver *Layer (noun)*), de arriba abajo, en el *modelo de referencia de la OSI* (ver *Open Systems Interconnection*). Da servicio al *estrato de aplicación* (ver *Application layer*) y recibe servicio del *estrato de sesión* (ver *Session layer*). El *estrato de presentación* es responsable de la codificación de los datos, de su *cifrado* (ver *Encrypt*) y compresión, etc.

• The *Presentation Layer (estrato de presentación)* provides a common representation for data that can be used between ...

Preset (adj): *1. Preestablecido.*
1. Referente al momento en que se asigna valor a una variable o parámetro usados por un proceso cuando dicho valor es asignado antes de que se inicie el proceso (tal vez en tiempo de instalación o de configuración de un producto del que forma parte el proceso).

• ... because it has been suspended for longer than a *preset (preestablecido)* interval.

Preset (verb): *1. Preestablecer.*
1. Asignar valores *preestablecidos* (ver *Preset (adj)).*

• ... each assembler option *is preset (se preestablece)* to a default ...

Press (verb): *1. Pulsar.*
1. Accionar, golpear suavemente, una *tecla* (ver *Key (noun) Def. 1*) del teclado.

• *Press (pulse)* this hot key and then ...

Pressure-sensitive: *1. Sensible a presión.*
1. Dícese de cualquier artilugio o dispositivo capaz de transformar una presión ejercida en un punto de una superficie, en una señal eléctrica procesable (especialmente, en una señal que constituya una entrada a una computadora: teclado sin teclas, pantalla sensible al tacto, etc.).

• ... a graphics tablet is a *pressure-sensitive (sensible a presión)* surface plugged into your computer like any ...

Pretty Good Privacy: *1. PGP.*
1. Sistema de *cifrado* (ver *Encrypt*), de amplia difusión en Internet, del que existen versiones de libre disposición y versiones comerciales. Está basado en un sistema de *clave* (ver *Key (noun) Def. 4*) pública (para cifrar) y clave privada (para *descifrar*; ver *Decrypt*). Su autor original (Philip Zimmerman) ha luchado hasta la extenuación por mantener *PGP* como de dominio público. La situación actual es ambigua, ya que el algoritmo central ha sido patentado por una compañía.

• *Pretty Good Privacy (PGP)* can also be used to apply a digital signature to a message without encrypting it.

Preview (verb): *1. Prever.*
1. Ver (habitualmente, en pantalla) una pági-

na, documento, etc., tal y como quedará cuando se imprima.

● ... what you have to do to print documents and to *preview them (preverlos)* on your screen.

Primary: *1. Principal. 2. Elemental.*
1. El principal de ellos o el primero que interviene, cuando varios elementos contribuyen a constituir un conjunto.

● The *primary (principal)* input source file can be any one of the ...

2. Unidad de datos o función que no se puede descomponer en otras o que, al menos, conviene considerarla así.

● The *primary (elemental)* expression must have a pointer type, and the ...

Primary channel: *1. Canal primario.*
1. En un enlace de comunicaciones, canal destinado a transportar los datos de usuario cuando existe otro canal (el «secundario») destinado a datos de control (*señas*: ver *Signal Def. 2*).

● ... use a low speed secondary channel that operates independently from the *primary channel (canal primario).*

Primary domain: *1. Dominio primario.*
1. Dominio principal que suministra a los secundarios las actualizaciones habidas en la base de datos de direcciones y nombres.

● After you change the domain name of the *primary domain (dominio primario)* controller ...

Primary index: *1. Índice primario.*
1. Tanto en *bases de datos* (ver *Database*) como con relación a ficheros *indizados* (ver

Index (verb)), un *índice primario* es un índice construido sobre una *clave primaria* (ver *Primary key*).

● The *primary index (índice primario)* can be in either ascending or descending order ...

Primary key: *1. Clave primaria.*
1. En un sentido genérico, una *clave primaria* es una clave que determina de forma unívoca a un registro (fichero *indizado*; ver *Index (verb)*) o a una fila o similar *(bases de datos)*. Un índice construido sobre una clave de este tipo es un *índice primario*. En un sentido más estricto una clave es *primaria* (en su tabla o fichero) con relación a otra *clave (foránea*; ver *Foreign key*) (en la misma o diferente tabla o fichero) si los valores de esta última clave han de existir, para ser correctos, como valores de la *clave primaria.*

● ... enforce the integrity of references from a foreign key to a *primary key (clave primaria)* by guarding ...

Primary Rate Interface (ISDN): *1. PRI.*
1. Servicio *RDSI* (ver *Integrated Services Digital Network*) de altas prestaciones: 23 canales B (datos y voz a 64 Kbps) y un canal (para *señas* (ver *Signal Def. 2*) y control, a 64 Kbps) o bien 30 canales B y uno D, según tipo de línea escogido.

● Elsewhere the *Primary Rate Interface (PRI)* usually has 30 B + 1 D channel and an E1 interface.

Primary space: *1. Espacio primario.*
1. Determinados sistemas de ficheros (o *métodos de acceso*; ver *Access method*) y *SGBDs* (ver *Database Management System*) permiten definir, para sus ficheros físicos, un espacio inicial o de creación, llamado *espacio primario,* y un espacio de ampliación.

● ... the system assigns the directory space outside the *primary space (de espacio primario)* assignment.

Primary station: *1. Estación principal.*
1. En un *enlace de datos* (ver *Data link*), estación que controla a otra u otras (por ejemplo, las *sondea* (ver *Poll (noun)*)) y autoriza a enviar).

● ... a single *primary station (estación principal)* selects the other stations, which are ...

2. En algunos protocolos, parte de una estación en la que se realizan las funciones básicas de control de las transmisiones. En este sentido los papeles primario/secundario son intercambiables.

● The *primary station (de estación primaria)* role, along with other details ...

Primary system: *1. Sistema principal.*
1. En instalaciones complejas (multisistema) con planificación común de trabajos son *sistemas principales* de una aplicación (trabajo) aquellos en los que está prevista la ejecución de la misma (habitualmente, uno solo).

● A system can be a *primary system (sistema principal)* for some applications and a ...

Prime index: *1. Índice primario.*
1. Usado a veces como sinónimo de *Primary index* (ver).

● ... always has a *prime index (índice primario)* that relates key values to the relative ...

Prime key: *1. Clave primaria.*
1. Equivalente a *primary key* (ver) para un fichero *indizado* (ver *Index (verb)*).

● ... gives information about the *prime key (de clave primaria)* field of a ...

Prime number: *1. Número primo.*
1. Número que sólo es divisible (exactamente) por sí mismo y por la unidad. Estos números tienen gran importancia en criptografía y en algoritmos de *refundición* (ver *Hash function*).

● ... produces a list of the *prime numbers (números primos)* from 1 to N inclusive.

Prime record key: *1. Clave primaria.*
1. Equivalente a *primary key* (ver) para un fichero *indizado* (ver *Index (verb)*).

Primitive: *1. Primitiva.*
1. Estructura de programación que puede usarse para construir otras estructuras más complejas.

● ... can then be used as a synchronization *primitive (primitiva)* using the following functions ...

Print (verb): *1. Imprimir.*
1. Dirigir una salida desde un programa hacia una impresora. Esta función es similar a la que produce cualquier otra salida pero está muy condicionada por las características físicas del dispositivo de destino (líneas en vez de registros, espaciados y saltos, uso de *formularios*, etc.).

● ... prints out *(imprime)* all the differences between two versions ...

Print buffer: *1. Báfer de impresión.*
1. *Báfer* (ver *Buffer*) asociado con tareas de impresión. Estos báferes son especialmente importantes a causa de la lentitud relativa de dichas tareas. Pueden materializarse en la propia impresora, en la computadora o en ambas. Un concepto relacionado es el de *espul* (ver *Spool (noun)*).

● The *print buffer (del báfer de impresión)*

size is the most important setting regarding the performance of ...

Print out (verb): *1. Imprimir.*
Ver *Print (verb).*

Print queue: *1. Cola de impresión.*
1. Fichero físico que contiene una lista de salidas destinadas a ser impresas. Contiene toda la información necesaria para gestionar la propia lista y la impresión futura: nombre(s), fecha y hora, ubicación, prioridad, etc.

● ... shows the status of *print queue (cola de impresión)* or queues, specified by ...

Print spooler: *1. Espuleador de impresión.*
Ver *Spooler.*

Print spooling: *1. Espuleado de impresión.*
Ver *Spool (verb).*

Printable character: *1. Carácter imprimible.*
1. Carácter en memoria que, si se envía a la impresora, produce un signo inteligible y esperado. Esa posibilidad puede depender tanto de la propia impresora como de los localismos (ver *Locale*) en vigor en un momento dado (*juego de caracteres,* por ejemplo; ver *Character set*).

● ... and does not contain *printable characters (caracteres imprimibles).*

Printer: *1. Impresora.*
1. Dispositivo de salida capaz de imprimir texto e imágenes sobre papel. Existe una amplia variedad de modelos en función de la tecnología empleada, habiéndose alcanzado un importante grado de popularización.

● Use this panel to select the *printer (impre-*

sora) on which you want to print the document.

Printer Control Language: *1. PCL.*
1. Lenguaje de *mandatos* (en última instancia, descriptivo de documentos) usado para comunicación de programas con impresoras *HP* y compatibles.

● *Printer Control Language (PCL)* defines a standard set of commands enabling programs to communicate with HP ...

Printer controller: *1. Controladora de impresora.*
1. *Controladora* (ver *Controller*) especializada en tareas de impresión. Pueden llegar a ser muy complejas (las tareas de impresión lo son) y estar dotadas de uno o más microprocesadores.

● This *printer controller (controladora de impresora)* has five (5) LEDs that are used to signify certain operational conditions.

Printer driver: *1. Manejador de impresora.*
1. *Manejador* (ver *Device driver*) que actúa de interfaz entre un programa o aplicación y una impresora concreta, liberando a los primeros de las complicaciones propias de la interacción con el hardware de la impresora y del uso de su lenguaje.

● Each program must be installed with the appropriate *printer driver (manejador de impresora).*

Printer server: *1. Servidor de impresora.*
1. Computadora en red que tiene físicamente definida una impresora (o más de una) y proporciona servicios de impresión a otras computadoras de la red.

● This page displays in tabular form all the

printers available, including their name, *printer server (servidor de impresora)*, ...

Printout: *1. Impresión.*
1. Resultado de ejecutar el verbo *Print out* (ver).

• The *printout (impresión)* from the program would be: ...

Prioritize: *1. Priorizar.*
1. Asignar prioridad o prioridades a elementos que han de competir por recursos (no significa dar más prioridad).

• ... the way performance groups have been *prioritized (han sido priorizados)* at your installation ...

Priority: *1. Prioridad.*
1. Valor que puede asociarse a entidades (por ejemplo, trabajos, tareas) que compiten entre sí para obtener determinados recursos (por ejemplo, tiempo de procesador) y que determina la preeminencia relativa de las entidades en la asignación de los recursos. Las *prioridades* pueden ser fijas en el tiempo o cambiar dinámicamente con el transcurso de éste. La asignación de prioridades es una cuestión de primera magnitud en *sistemas operativos* (ver *Operating system*), *sistemas de tiempo real* (ver *Real-time system*), etc.

• *Priority (prioridad)* based scheduling has many advantages over this static approach ...

Priority aging: *1. Prioridad por antigüedad.*
1. Aumento de la prioridad que algunos *sistemas operativos* (ver *Operating system*) asignan a los trabajos pendientes de ejecución en función del tiempo transcurrido desde que entraron en el sistema.

• ... a job can achieve through automatic *priority aging (prioridad por antigüedad)*.

Priority ceiling *1. Prioridad tope.*
1. En ciertos algoritmos de *tiempo real* (ver *Real-time system*), prioridad máxima que se asocia con *variables protegidas* (ver *Protected variables*). Cuando una tarea toma el control de una variable de este tipo, se le asigna a la misma la *prioridad tope* de la variable en cuestión, prioridad que conservará mientras tenga el control de la variable.

• Whenever a thread locks this mutex, the priority of the thread is raised to the *priority ceiling (prioridad tope)*.

Priority exchange algorithm:
1. Algoritmo de intercambio de prioridades.
2. Algoritmo de IP.
1. Uno de los algoritmos usados en la planificación de tareas aperiódicas en *sistemas de tiempo real* (ver *Real-time system*). Se basa en crear una tarea periódica (en general, de alta prioridad) para servir a las tareas aperiódicas, con la particularidad de que no se cede el tiempo de dicha tarea periódica si en el momento de iniciarse no hay ninguna tarea aperiódica en espera, sino que lo intercambia por el de una tarea periódica menos prioritaria.

• ... or aperiodic service using the extended *priority exchange algorithm (algoritmo de intercambio de prioridades)*, ...

Priority inversion: *1. Inversión de prioridad.*
1. Situación curiosa, y posiblemente dañina, que se da en programación concurrente cuando a causa de una desgraciada combinación de *bloqueos* (ver *Lock (noun)* o *Locking*) y esperas, una tarea de prioridad alta puede estar a la espera de que termine otra tarea de prioridad más baja y no al revés, como debería ser.

• To avoid *priority inversion (inversión de prioridad)*, associate a priority with each resource ...

Priority queue: *1. Cola de prioridades.*
1. Estructura de datos adecuada para contener en ella una *cola* (ver *Queue (noun)*) de prioridades (por ejemplo, trabajos o tareas ordenados por prioridad). Debe aceptar tres operaciones: *Insertar* nuevo elemento; *Obtener* el elemento de máxima prioridad; *Eliminar* el elemento de máxima prioridad.

• At each stage in using a *priority queue (cola de prioridades)*, the root node of the heap is ...

Priority scheduling: *1. Planificación por prioridades.*
1. Método de planificación de trabajos y tareas en el que la asignación del recurso procesador a un trabajo o tarea depende de la prioridad del mismo con relación a las prioridades de los demás. Si los trabajos o tareas son dependientes entre sí (caso de la mayoría de las aplicaciones de *tiempo real*; ver *Realtime*) el problema es tan interesante como complejo.

• The fixed priority class uses a fixed *priority scheduling (de planificación por prioridades)* policy so that ...

Privacy: *1. Privacidad.*
1. Derecho de personas e instituciones a mantener en secreto datos propios o que atañen a las mismas, salvo autorización en contrario. Puede referirse tanto a datos estáticos como a datos en circulación (redes). Ídem a datos en soporte propio como a datos en poder de tercero con obligación de secreto.

• ... users surveyed cited concerns about *privacy (privacidad)* as the main reason ...

Privacy Enhanced Mail: *1. PEM.*
1. Sistema de *correo-e* (ver *E-mail*) usado en Internet que proporciona privacidad (confidencialidad, autenticación e integridad de los mensajes) por medio del uso de varios métodos de *cifrado* (ver *Encrypt*).

• *Privacy Enhanced Mail (PEM)* defines standards for handling encrypted and authenticated mail, but has not been ...

Private Automatic Branch Exchange: *1. CTAP. 2. Centralita Telefónica Automática Privada.*
1. Centralita telefónica automática usada en una organización o empresa. Estas centralitas permiten tanto la conmutación interior como la conmutación desde y hacia el exterior (red pública). Ver también *Private Branch Exchange.*

• There are *PABX (CTAP)* systems that handle both digital and analog or voice on ISDN ...

Private Branch Exchange: *1. CTP. 2. Centralita Telefónica Privada.*
1. Centralita telefónica usada en una organización o empresa. Son artefactos casi obsoletos.

• ... as well as home automation and *private branch exchange (de centralitas telefónicas privadas)* controllers.

Private key: *1. Clave privada.*
1. Una de las dos claves usadas en un *criptosistema de clave pública* (ver descripción en *Public key cryptosystem*).

• Each person's public key is published while the *private key (clave privada)* is kept ...

Privilege: *1. Permisos de acceso.*
1. Sinónimo de *Access privileges* (ver).

• The following table describes *privileges (permisos)* and their functions: ACNT – *Create a process for which no accounting is performed ...*

Privileged: *1. Autorizado. 2. Privilegiado.*
1. Adjetivo que se aplica a una Id de acceso a la que se han concedido *permisos* (ver *Privilege*) para hacer algo o acceder a determinados datos.

• ... to limit the use of certain functions to *privileged (autorizados)* users.

2. Adjetivo que se aplica a datos, instrucciones, etc., que se usan o ejecutan en situaciones especiales. Tal es el caso, por ejemplo, de las instrucciones *privilegiadas* que sólo pueden ejecutarse con la máquina en «modo supervisor» (que es también un modo *privilegiado*). Ver *Supervisor state*, adonde se remite desde *Privileged state*.

Privileged instructions:
1. Instrucciones privilegiadas.
1. Instrucción que solamente puede ejecutarse estando el procesador en *estado supervisor* (ver *Supervisor state*). Estas instrucciones manipulan elementos centrales del funcionamiento de un *sistema operativo* (ver *Operating system*) o de la propia máquina (gestión de interrupciones, gestión de memoria, etc.) y no se usan en programas de aplicación (salvo muy raras excepciones).

• These *privileged instructions (instrucciones privilegiadas)* allow the control program to access data in real storage more efficiently.

Privileged state: *1. Estado supervisor.*
Sinónimo de *Supervisor state* (ver).

Proactive: *1. Proactivo.*
1. Palabra tomada de la psicología y entrada con calzador en otros terrenos. Viene a ser como lo contrario de retroactivo y vendría a

considerar, por tanto, cómo actúan los efectos de un agente en el momento *t* sobre los efectos producidos por otro agente en el momento *t más algo*. Es decir, se considera, básicamente, la acumulación de efectos.

• ... to take *proactive (proactivos)* steps to raise the community's awareness of computer security issues.

Probe (noun): *1. Sonda.*
1. Acción tomada para determinar el estado de un elemento o conjunto de elementos: lanzar un mensaje especial, efectuar una medida, etcétera. A veces se llama *sonda* al propio instrumento que permite tomar dicha acción (*sensor* (ver *Sensor*), programa acumulador de datos, etc.).

• Clients who receive three consecutive *probes (sondas)* without intervening activity are considered to be ...

Probe (verb): *1. Sondear.*
1. Utilizar una sonda (ver *Probe (noun)*) para determinar el estado de un elemento o conjunto de elementos.

• ... or alters its behaviour when one attempts to *probe (sondearlo)* or isolate it.

Problem management: *1. Gestión de los problemas.*
1. Uno de los componentes de la moderna gestión de las instalaciones informáticas complejas. Permite seguir la vida de un problema desde su aparición hasta su solución definitiva activando, cuando se necesite, la coordinación con las gestiones de la configuración y los cambios (ver *Change management*).

• Notification is the act of alerting ITS personnel involved in *problem management (la gestión de los problemas)* that some event associated with a problem has occurred.

Procedural: *1. Procedimental.*
1. Relativo a una descripción de tratamientos en la que se contiene el procedimiento a seguir (en forma de secuencias, alternativas e iteraciones) con mayor o menor grado de detalle. También se aplica a los lenguajes adaptados para producir descripciones de ese tipo.

• ... even in *procedural (procedimentales)* specifications there are opportunities to make use ...

Procedural code: *1. Código procedimental.*
1. Manera genérica de referirse a los *lenguajes procedimentales* (ver *Procedural language*) de programación y a los programas en que se usan.

• ... that are then translated to *procedural code (código procedimental)* (semi) automatically.

Procedural language: *1. Lenguaje procedimental.*
1. Lenguaje que permite –y casi obliga– al programador a escribir sus programas en forma de secuencia explícita de pasos (que, usualmente, contendrá, además, iteraciones y alternativas) que producen el resultado deseado.

• Common procedural languages *(lenguajes procedimentales)* include COBOL, Basic, C, etc.

Procedure: *1. Procedimiento.*
1. Con carácter general, conjunto de pasos para culminar una tarea relativamente compleja, que puede presentar interacciones y/o incompatibilidades entre sus partes.

• Use this *procedure (procedimiento)* for tapes residing inside ...

2. Hablando de métodos de análisis, diseño y desarrollo de sistemas y aplicaciones informáticos, el *procedimiento* es el conjunto ordenado de etapas, fases y actividades propios de cada método.

• The *procedure (procedimiento)* specifies the Stages, Steps and ...

3. En diferentes métodos de diseño de programas y en lenguajes de programación se usa la palabra *procedimiento* para designar lo que en otros se llama rutina, subrutina o función: conjunto de instrucciones que hacen una tarea clara y definida. Los procedimientos suponen un inicio de *reusabilidad* (ver *Reusability*).

• Parameters are data passed between programs or *procedures (procedimientos)* ...

4. El *LCT* (ver *Job Control Language*) del *sistema operativo MVS* (ver) de IBM permite definir y usar *procedimientos* (catalogados o no) que son conjuntos reusables de pasos de trabajo.

• ... you could use a cataloged *procedure (procedimiento)* to compile, link, and run the source code.

Process: *1. Proceso.*
1. Programa en ejecución junto con los recursos necesarios para ello. Los *procesos* pueden estar asociados a un usuario interactivo o a un trabajo, o bien efectuar tareas de tipo general (*espuleado* (ver *Spool (verb)*), paginación, etcétera). Unos procesos pueden crear a otros (subprocesos). Según esta definición un *proceso* y una *tarea* son casi equivalentes.

• A daemon is a *process (proceso)* that verifies the identity of a user prior to creating a *process (proceso)* to run work on ...

2. Conjunto de tratamientos que hay que efectuar sobre unos datos de entrada para obtener

otros de salida. Este uso es frecuente en los métodos de análisis y diseño de aplicaciones y sistemas.

• HIPO. Hierarchy plus Input, *Process (Proceso)*, Output!

Process control: *1. Control de procesos.*
1. Aplicación de dispositivos informáticos al control automático, en mayor o menor grado, de los procesos industriales o asimilados. El sistema objeto puede ser tan simple como una máquina herramienta individual o tan complejo como las grandes plantas químicas o las grandes centrales eléctricas. El *tiempo real* (ver *Real-time*), la *retroalimentación* (ver *Feedback*), el uso masivo de *sensores* (ver *Sensor*) y *actuadores* (ver *Actuator*) y de *convertidores A/D* (ver *Analog to Digital Conversion*) y *D/A* son algunas de las características definitorias de esta aplicación.

• A real-time language for programming *process control (de control de procesos)* systems, widely used in ...

Process group: *1. Grupo de procesos.*
1. Conjunto de procesos que comparten algunas características (nombre, prioridad, etc.) y comportamientos (por ejemplo, ciertas señalizaciones cruzadas).

• ... in the second case all processes in the *process group (grupo de procesos)* will receive the signal.

Process modelling: *1. Modelado de procesos.*
1. Técnicas modernas de desarrollo de sistemas informáticos que ponen el acento en la acotación de procesos (transformaciones de entradas para producir salidas) y el modelado de los mismos utilizando métodos descriptivos adaptados a los diferentes tipos de procesos más o menos conocidos y estudiados (los

de la programación clásica, funcionales, formados por subprocesos con interacción alta, etcétera).

• One of the unsolved problems in the world of software *process modelling (modelado de procesos)* is the question of formally incorporating change of a software ...

Process slot: *1. Infraestructura de proceso.*
1. Infraestructura creada por un *sistema operativo* (ver *Operating system*) para que en ella se ejecuten procesos.

• ... the server process will exit in order to free up a *process slot (infraestructura de proceso)*.

Processing structure: *1. Estructura de procesamiento.*
1. Ordenación de las actividades elementales componentes de un proceso antes o después de su programación. Estas estructuras se establecen siguiendo las técnicas del diseño y la programación estructurados.

• ... which prevent data structures from being merged together into one *processing structure (estructura de procesamiento)*.

Processor: *1. Procesador. 2. UCP.*
1. Otra forma de designar la *UCP* de una computadora (ver *Central Process Unit*).

• A parallel computer has several *processors (procesadores)* which may share ...

Product: *1. Producto.*
1. Salida predeterminada de las actividades de análisis, diseño y desarrollo de sistemas y aplicaciones informáticos. Cada método predetermina y define sus salidas, aunque el soporte puede ser diferente según se usen o no herramientas *CASE* (ver *Computer-Aided*

Software Engineering). Los *productos* pueden ser hardware, software y documentación y su utilidad puede ser variada: elementos operativos (ejecutables), normas de uso, documentos de traspaso a otras actividades, documentos relacionados con la calidad, documentos relacionados con la gestión del proyecto, etc.

• The model specifies a set of *products (productos)* and their use.

Product, support, services:
1. Producto, Asistencia, Servicios. 2. PAS.
1. Denominación, bastante comercial, que se autoaplican (hasta como razón social) las compañías informáticas para describir, sintéticamente, sus áreas de actuación: productos, asistencia, servicios... o parte de ellos.

• ... *product support services (producto, asistencia, servicios)* for hardware and software, systems management ...

Production system: *1. Sistema de producción. 2. Sistema productivo.*
1. Sistema informático en el que se ejecutan regularmente las aplicaciones de una organización. Se contrapone a sistema de pruebas y, cuando existe, a sistema de salvaguardia (ver *Backup (noun)*).

• If you use a *production system (sistema de producción)*, you need to make a copy of the root file system and mount ...

2. Sistema capaz de generar nuevos hechos a partir de hechos conocidos y registrados y de reglas de producción. Un algoritmo o programa selecciona hechos y reglas aplicables y genera los nuevos hechos.

• This is a general problem-solving *production system (de sistema productivo)* architecture, intended as a model of human intelligence.

Profile (noun): *1. Perfil.*
1. Características que definen la interacción de un usuario y un programa o subsistema. Hay muchos programas de aplicación (por ejemplo, *editores* de texto; ver *Editor Def.* 2) y subsistemas (por ejemplo, los de tiempo compartido) que permiten que cada usuario adapte aquella interacción a sus necesidades específicas (idioma, cómo procesar mayúsculas/minúsculas, tiempos de espera, etc.).

• This is analogous to creating a *profile (perfil)* for a text editor or ...

2. Presentación del consumo de recursos máquina (especialmente, tiempo de UCP; ver *Central Processing Unit)* por parte de los diferentes procedimientos (o similares) de un programa.

• I've made the complete execution *profile (perfil)* that gprof generated available at ...

Profile (verb): *1. Perfilar.*
1. Obtener el *perfil* de consumo de recursos de las partes de un programa.

• *Profiling (perfilado)* timer expired.

Program (noun): *1. Programa.*
1. Unidad de desarrollo y *compilación* (si no es interpretado) de software. Su ejecución puede llamarse desde otro programa de usuario, desde un subsistema, desde el *lenguaje de control de trabajos* (ver *Job Control Language)* del *sistema operativo* (ver *Operating system)* o desde el propio sistema operativo.

• The *program (programa)* can be invoked directly from the shell.

Program (verb): *1. Programar.*
1. Diseñar, codificar y poner a punto programas.

● ... using a statistical forecasting method, *programmed (programado)* for a computer ...

Program access key n: *1. Tecla de acceso a programa n. 2. PAn.*

1. En ciertos *teclados* (reales o emulados), teclas cuya pulsación desencadena interacción con el programa que se ejecuta, a condición de que esté preparado para ello. Otras teclas, además de las *PAn*, pueden desempeñar una tarea parecida (por ejemplo, las teclas PFn; ver *Programmed Function key*). Puede usarse un número n para identificar la tecla concreta a utilizar (por ejemplo, PA2).

● *Program access (PA) key* is one of the five types of attention keys.

Program attention key n: *1. PAn. 2. Tecla de acceso a programa n.*

Sinónimo de *Program access key* (ver).

Program check: *1. Error de programa.*

1. Error que se produce durante la ejecución de un programa y que es detectado por uno de los procesadores que intervienen. Puede o no ser debido al texto del programa.

● ... as described above for *program checks (errores de programa)* during the process ...

Program Function (Key): *1. Tecla programable de Función.*

1. Manera menos correcta de referirse a una *Programmed Function key* (ver).

Program generator: *1. Generador de programas.*

1. Software capaz de generar un programa (por ejemplo, en un L3G; ver *Third Generation Language*) a partir de una descripción *no-procedimental* (ver *Non-procedural*) del mismo.

● Where a *program generator (generador de programas)* is not used, a Jackson structure ...

Program Information File: *1. PIF.*

1. Fichero especial, usado bajo Windows, que contiene información útil para la ejecución de aplicaciones no-Windows (memoria necesaria, camino para llegar al primer programa ejecutable, *interfaz gráfica* (ver *Graphical Interface*) a emplear, entre otras). Estos ficheros tienen como extensión *.pif.*

● Install creates *Program Information Files (PIFs)* for all these utilities.

Program initialization: *1. Inicialización de(l) programa.*

1. Procesos que experimenta un programa desde que se ordena su ejecución hasta que se ejecuta la primera instrucción (ejecutable) en el texto del mismo. Tareas significativas incluidas en la inicialización: puesta de parámetros a disposición del programa, *inicialización de variables,* etc.

● The first field is passed to the *program initialization (de inicialización del programa)* routine as a runtime option ...

Program inversion: *1. Inversión de programa.*

1. Técnica de programación que permite resolver algunas de las colisiones de estructura (por ejemplo, *contraposición de frontera;* ver *Boundary clash*) entre datos de entrada y/o salida. Consiste en descomponer el programa que se diseña en dos, y hacer que uno de ellos actúe como subrutina (de estados múltiples) del otro.

● Using the technique of *program inversion (inversión de programa)* the designer can turn a logical ...

Program specification: *1. Especificación de programa.*

1. Descripción de la lógica de un programa y de sus entradas y salidas, que sirve de docu-

mento de partida para su codificación en un lenguaje específico. La tendencia, desde hace tiempo, es a que dicha descripción no explique cómo codificar el programa y sí explicite la estructura de entrada, salida y tratamientos.

● Black box testing: tests depend only on *program specification (especificación del programa).*

Program Status Word: *1. Palabra de Estado del Programa. 2. PSW.*
Ver explicación en el acrónimo *PSW.*

Program suite: *1. Juego de programas.*
1. Conjunto de programas que materializan la lógica de una aplicación o producto. Frecuentemente, ese conjunto de programas se descompone en dos subconjuntos: los que se ejecutan fuera de línea (por lotes; ver *Batch*) y los que se ejecutan en línea, es decir, en interacción o diálogo con los usuarios.

● This new *program suite (juego de programas)* offers chemical accuracy and unprecedented computational performance for ...

Program temporary fix: *1. PTF.*
1. Solución provisional (a veces sólo *baipaso*; ver *Bypass*) de un problema en software de IBM.

● ... to prevent the user from accidentally installing the *PTF (PTF)* for the base ...

Programmable Read-Only Memory: *1. PROM.*
1. Memoria que se fabrica en blanco (vacía), pero que tiene capacidad para que en ella se carguen programas y/o datos en un proceso no repetible de «programación» que se realiza mediante una máquina especial (ver también *Read-Only Memory*).

● *Programmable Read-Only Memory (PROM)* memory cannot be erased.

Programmed function key: *1. Tecla programable de función.*
1. En ciertos *teclados* (reales o emulados) teclas cuya pulsación desencadena interacción con el programa que se ejecuta, a condición de que esté preparado para ello. Otras teclas, además de las PFn, pueden desempeñar una tarea parecida (por ejemplo, las teclas PAn).

● ... from the terminal when the terminal user presses ENTER or a *Programmed Function key (PFn key).*

Programmed function key n:
1. Tecla programable de función n. 2. PFn.
1. *Tecla programable de función* (ver *Programmed function key*) con número explícito de tecla (casi siempre entre 1 y 12 o entre 1 y 24).

● ... from the terminal when the terminal user presses *PF1 (PF1).*

Programmed Input/Output:
1. Entrada/Salida Programada. 2. ESP.
1. Método tradicional de efectuarse la entrada/salida de datos: con intervención, en todos los casos, de la UCP (ver *Central Processing Unit*). Las técnicas modernas tienden a evitar esta intervención (ver *Direct Memory Access*).

● The Share 709 System: *Programmed Input-Output (de Entrada/Salida programada)* Buffering.

Programmer: *1. Programador.*
1. Profesional informático capaz de entender las especificaciones de los programas, de diseñar éstos a partir de aquéllas y de codificarlos en el lenguaje que se le indique. Y, por supuesto, de crear juegos de datos de prueba y de probar los programas.

● ... in which the *programmer (programador)*

relies on the computer's processing power instead of ...

Programming: *1. Programación.*
1. Actividad de programar y otras cuestiones relacionadas con dicha actividad.

• ... information for advanced *programming (programación)* topics for developing C ...

Programming Language: *1. Lenguaje de programación.*
1. Lenguaje (con su ortografía y sintaxis) en el que los programadores transforman las especificaciones de los programas. El texto de un programa en un lenguaje de programación (llamado *programa fuente*) es procesado por un programa *ensamblador, compilador* o intérprete que lo convierte en *lenguaje de máquina* (ver *Machine language*) (procesable o casi procesable).

• The maximum length for field names depends on the *programming language (lenguaje de programación).*

Progress indicator: *1. Indicador de progreso.*
1. Componente de un *mandato* (ver *Command*), programa o proceso que indica al usuario el grado de avance en la ejecución del elemento en cuestión y/o el tiempo aún necesario para la terminación de la misma.

• ... and a *progress indicator (indicador de progreso)* can remind a user that a process is under way.

Progressive JPEG: *1. JPEG progresivo.*
1. Formato *JPEG* (ver *Joint Photographic Experts Group* y *JPEG*) adaptado a la entrega de *imágenes entrelazadas* (ver *Interlaced image*), es decir, imágenes completas desde el inicio de su *presentación* (ver *Display (verb)*), pero a las que se va añadiendo *defini-*

ción (ver *Resolution*) en oleadas sucesivas.

• ... supports a functionally similar concept in the form of *Progressive JPEG (JPEG progresivo).*

Prolog: *1. Prolog.*
1. Lenguaje de programación de alto nivel, muy estimado en el mundo académico y muy poco usado fuera de él, salvo en el campo de la *inteligencia artificial* (ver *Artificial Intelligence*).

• Backward chaining is the program execution mechanism used by languages like *Prolog (Prolog).*

Prompt (noun): *1. Invitación.*
1. Carácter, combinación de caracteres o mensaje descriptivo que se *presentan* (ver *Display (verb)*) al usuario invitándole a que introduzca una información operativa o un *mandato* (ver *Command*).

• Displays the given *prompt (invitación)* string prompting you to input a ...

Prompt (verb): *1. Invitar.*
1. *Presentar* (ver *Display (verb)*) al usuario una invitación (ver *Prompt (noun)*).

• Displays the given prompt string *prompting (invitando)* you to input a ...

Propagation delay: *1. Retardo de propagación.*
1. Tiempo necesario para que las *señales* (ver *Signal Def. 1*) circulen por los circuitos de las computadoras. Globalmente incluye el tiempo para traspasar puertas lógicas y el puro tiempo de transmisión de la *señal* eléctrica por los conductores.

• ... reducing *propagation delays (retardos de*

propagación) by pipelining data transfers and transferring data ...

Proportional font: *1. Fuente proporcional.*

1. *Fuente* (ver *Font*) cuya lógica permite ajustar la separación entre caracteres a fin de mejorar el llenado de las líneas.

• With *proportional fonts (fuentes proporcionales),* such as those you can use with page printers ...

Proprietary: *1. De propiedad.*

1. Adjetivo que se aplica a sistemas comerciales (sobre todo, software) basados en diseños y normas exclusivos y excluyentes, frecuentemente patentados y siempre registrados. Estos sistemas tienen dificultad (y coste) para interaccionar con los de otros fabricantes. Los diseños y normas en que se basan los sistemas *de propiedad,* también se llaman de propiedad lo que, en el caso de las normas, supone un cierto contrasentido.

• A system whose characteristics comply with *proprietary (de propiedad)* standards ...

Protected mode: *1. Modo protegido.*

1. Modo de trabajo de los microprocesadores en el que existen zonas de memoria que no pueden ser accedidas por los programas ordinarios. La manera concreta de conseguirlo es bastante compleja.

• ... only applications executing in *protected mode (modo protegido)* can use extended ...

Protected variable: *1. Variable protegida.*

1. Variable a la que no puede accederse libremente. Puede ser que sólo se permita un acceso a la vez (ver *Mutex*) o que se permitan varios accesos (número limitado por un contador).

• A Semaphore is a *protected variable (variable protegida)* whose value can be accessed and altered only by the operations ...

Protective jacket: *1. Cubierta protectora.*

1. Protección utilizada en cables, fibra óptica, etcétera.

• The *protective jacket (cubierta propectora)* prevents damage to the internal ribbon cable conductors ...

Protocol: *1. Protocolo.*

1. Especificación, acordada entre dos partes que se comunican entre sí, que regula todos los aspectos de dicha comunicación: formatos de los mensajes, tipo de verificación de errores, procedimiento o disciplina a seguir en cada situación –inicio, final, error, etc.–, compresión de datos, etc.

• A *protocol (protocolo)* converter is an intermediate system that links two networks which operate with completely different ...

Protocol data unit: *1. PDU.*

1. Unidad de datos (por ejemplo, un paquete) manejada por un protocolo en uno de los *estratos* (ver *Layer (noun)*) del modelo de referencia (o del propio protocolo). Puede contener datos de control y datos de usuario.

• A specification of the services used by the layer to transfer each *PDU (PDU)* type.

Protocol layer: *1. Estrato de Protocolo.*

1. Es razonable pensar que las tareas que realiza un protocolo de comunicaciones se descomponen en *estratos* o capas (ver *Layer (noun)* y *Open Systems Interconnection*). Aunque hay un modelo de referencia con siete estratos, en la práctica, cada protocolo real se aparta del mismo por abarcar una parte de los siete estratos, descomponer sus funciones

de forma distinta, etc., lo que no resta validez, sino todo lo contrario, al modelo de referencia.

• Each *protocol layer (estrato de Protocolo)* uses the layer beneath it and ...

Protocol port: *1. Puerto de protocolo.*
1. Número, en general corto, que permite a los protocolos de transporte diferenciar más de un destino en una computadora *huéspeda* (ver *Host Def. 1*) de red. Estos puertos suelen tener protocolos asociados. Algunos de ellos se dedican a funciones bien conocidas y aceptadas.

• Is this restriction on the *protocol port (de puerto de procolo)* fields really necessary in Phase 1?

Protocol stack: *1. Pila de protocolos.*
1. Conjunto de protocolos que, trabajando conjuntamente, resuelven un problema real de comunicación entre aplicaciones. Cada protocolo tiene sus propios *estratos* (ver *Protocol layer*) y software e *interfaces* (ver *Interface (noun)*) para cada uno de ellos. Lo importante es que las interfaces sean comunes y que cada protocolo proporcione los servicios que espera el protocolo que está por encima de él en la *pila.*

• ... the operation of the interface at both the top and the bottom of the *protocol stack (pila de protocolos).*

Protocol suite: *1. Juego de protocolos.*
Ver *Suite of protocols.*

• ... on which the TCP/IP *protocol suite (juego de protocolos)* is built.

Prototype (noun): *1. Prototipo.*
1. Modelo de un sistema, subsistema, aplicación o producto (o de parte de ellos) que tie-

ne en cuenta, totalmente, su comportamiento externo (visto desde el exterior) pero sin que su comportamiento interno sea, ni mucho menos, el definitivo. Su *rendimiento* (ver *Performance*) puede ser, por tanto, muy inferior a la del objeto final. El uso principal de los prototipos es la mejora (con ayuda de los usuarios) del diseño de los objetos informáticos, antes de invertir seriamente en su desarrollo. Existen buenas herramientas especializadas en desarrollo rápido y *prototipado.*

• If the specificatiom *prototype (prototipo)* is usable/implementable in the live ...

Prototype (verb): *1. Prototipar.*
1. Hacer un *prototipo* (ver *Prototype (noun)*).

• ... select dialogues and reports *to be prototyped (ser prototipados).*

Prototype pathway: *1. Ruta en prototipo.*
1. Componente de la documentación previa al desarrollo de un prototipo en el que se detallan los pasos de diálogo que conforman las actividades de un usuario en la realización de una función concreta. Parte importante de estas *rutas* es la sucesión de menús a recorrer.

• A *prototype pathway (ruta en prototipo)* consists of square-corned boxes linked by ...

Prototyping: *1. Prototipado.*
1. Actividad de hacer *prototipos* (ver *Prototype (noun)*). Relacionado con esta actividad.

• One of the risks of *prototyping (prototipado)* is that without planning and control ...

Proxy: *1. Apoderado.*
1. Que ha recibido poderes de quien puede darlos (frecuentemente, no del interesado). También se llama *proxy (apoderado)* al programa que desempeña tales poderes y que

puede ejecutarse en una *pasarela apoderada* (ver *Proxy gateway*) o un *servidor apoderado* (ver *Proxy server*).

• ... can act as a *proxy (apoderado)* agent to retrieve these variables ...

Proxy ARP: *1. ARP apoderado.*
1. Técnica según la cual una *encaminadora* (ver *Router*) resuelve direcciones *ARP* (ver *Address Resolution Protocol*) dirigidas a otra máquina. Permite, por ejemplo, usar una misma dirección *IP* (ver *Internet Protocol*) para dos redes.

• The use of *proxy ARP (ARP apoderado)* can be demonstrated by a communication ...

Proxy gateway: *1. Pasarela apoderada.*
1. *Pasarela* (ver *Gateway*) que efectúa conexiones a Internet por apoderamiento, es decir, bajo petición de clientes que no tienen acceso directo a Internet. La pasarela actúa de intermediaria usando en Internet su propia dirección (usualmente dispone de varias). Esta función puede ser una de las componentes de un *cortafuego* (ver *Firewall*).

• The *proxy gateway (pasarela apoderada)* receives the Internet request from the protected client (generally as a URL).

Proxy server: *1. Servidor apoderado.*
1. Servidor que actúa como tal para un dominio amplio de usuarios, con acceso a Internet, situados en una o más redes locales. Incorpora una doble función: *a*) mejora del *rendimiento* (ver *Performance*), ya que mantiene en memoria intermedia las páginas accedidas (se eliminan por antigüedad) y evita el ir a la red para buscar páginas recientemente accedidas; y *b*) control de accesos, ya que dispone de listas –puede que con *comodines* (ver *Pattern matching character*; sinónimo de *Wildchar* y otros)– de direcciones que no pueden

accederse. Un servidor apoderado puede formar parte de una función *cortafuego* (ver *Firewall*).

• Using a *proxy server (servidor apoderado)* the same twenty web requests are handled more ...

PRAM: *1. PRAM.*
Ver *Parameter RAM.*

PRI: *1. PRI.*
Ver *Primary Rate Interface (ISDN).*

PROGX: *1. Errprog.*
1. Abreviatura de *Program exception* que, a su vez, es sinónimo de *program check* (ver).

PROM: *1. PROM.*
Ver *Programmable Read-Only Memory.*

Pseudo-conversational:
1. Pseudoconversante.
1. *Pseudoconversante* es un diálogo entre dos programas en dos computadoras (o un programa en una computadora y un *terminal tonto* (ver *Dumb terminal*) en el otro extremo) llevado de forma que el o los usuarios tienen la impresión de que la computadora trabaja únicamente para ellos cuando, en realidad, el o los programas asociados a las tareas de los usuarios no están permanentemente en servicio y pueden perder el control en cuanto comienzan la espera de un mensaje nuevo. Cada programa no recibe el mejor tiempo de respuesta posible del otro (ver *Conversational*).

• In the *pseudoconversational (pseudoconversante)* case, the 'receive' program is started by ...

Pseudocode: *1. Pseudocódigo.*
1. Escritura de un programa en un lenguaje no compilable (a veces de creación propia del programador), en el que sólo constan las ins-

trucciones que crean estructura (alternativas e iteraciones), más las instrucciones *E/S* (ver *Input/Output*) y algunos bloques importantes de secuencias de instrucciones, que se «empaquetan» bajo *etiquetas* (ver *Label Def. 1*) significativas.

● *Pseudocode (pseudocódigo) is included to illustrate the types of changes that would be ...*

PSN: *1. RPC. 2. Red Pública Conmutada.*
Ver *Public Switched Network.*

PSS: *1. PAS. 2. Producto, Asistencia, Servicios.*
Ver *Product, support, services.*

PSTN: *1. RTPC. 2. Red Telefónica Pública Conmutada.*
Ver *Public Switched Telephone Network.*

PSW: *1. PSW. 2. Palabra de Estado del Programa.*
1. Acrónimo de *Program Status Word*. En computadoras IBM, la *PSW* es un elemento central en el control de la secuencia de ejecución de un programa y del estado de la UCP (ver *Central Processing Unit*). La *PSW* activa contiene la dirección de la próxima instrucción, un código que indica el resultado de la instrucción previa, máscaras para control de interrupciones, etc. Existe una batería de *PSWs*, que pueden pasar a activas, y que son esenciales en el manejo de interrupciones.

● *... making it again the current PSW (PSW), so that the interrupted program can ...*

PTF: *1. PTF.*
Ver *Program Temporary Fix.*

Public domain: *1. De dominio público.*
1. Relativo a bienes o productos cuyos derechos de propiedad o autoría han expirado o que han sido puestos a disposición de terceros

sin haber establecido previamente una patente o derecho de autor.

● *... so that you can be sure they really are in the public domain (son de dominio público).*

Public domain software: *1. Software de dominio público.*
1. Programas que son *de dominio público* (sus autores han decidido compartirlos; ver *Public domain*).

● *Public domain software (software de dominio público) means no copyright at all ...*

Public Data Network: *1. Red Pública de Transmisión de Datos. 2. RPTD.*
1. Red pública de transmisión de datos. Lo de «pública» procede de que, en un momento dado del pasado, estas redes fueron establecidas y operadas por algún organismo público o monopolio. Actualmente tienden a ser redes de propiedad privada que pueden ser compartidas por múltiples usuarios.

● *A primary requirement por a Public Data Network (Red Pública de Transmisión de Datos) is that it should facilitate the ...*

Public exchange: *1. Central telefónica.*
Sinónimo de *Central Office Exchange* (ver).

Public key cryptography:
1. Criptografía de clave pública.
1. Parte de la criptografía dedicada a los criptosistemas de *clave* pública (ver *Public key cryptosystem*).

● *The process uses public key cryptography (criptografía de clave pública) to create a «network of trust» ...*

Public key cryptosystem: *1. Criptosistema de clave pública.*
1. Sistema criptográfico basado en el uso de

dos *claves* (ver *Key (noun) Def. 4*) complementarias (y relacionadas): una pública, que
se usa para *cifrar* (ver *Encrypt*), y otra privada que se usa para *descifrar* (ver *Decrypt*).
Aunque ambas claves están relacionadas, es
prácticamente imposible deducir la clave privada a partir de la pública.

• This paper describes a new *public key cryptosystem (criptosistema de clave pública)*
based on the hardness of computing higher
residues modulo a composite RSA integer.

Public Key Infrastructure:
1. Infraestructura de Clave Pública. 2. ICP.
1. Componentes organizativos e institucional-
les necesarios para el buen funcionamiento de
un criptosistema de *clave* (ver *Key (noun)
Def. 4*) pública: *autoridades de certificación*
(ver *Certification Authority*) y organización
de las mismas, directorios, tipos de certificación utilizables, mecanismos de control, etc.

• The use of *Public Key Infrastructure (Infraestructura de clave pública)* provides
authentication, confidentiality, and non-repudiation in online interaction between ...

Public Switched Network: *1. Red
Pública Conmutada. 2. RPC.*
1. Servicio público (no necesariamente de
propiedad pública) que proporciona capacidad de comunicación (voz, datos, ...) a través
de una red conmutada (por llamada). Ver definición más extensa en *Switched network*.

• ... has access to the *Public Switched Network (Red Pública Conmutada)* through ISDN
Basic Rate circuits.

Public Switched Telephone
Network: *1. Red Telefónica Pública
Conmutada. 2. RTPC.*
1. *Red pública conmutada* (ver *Public Switch-*

ed Network) creada y utilizada, fundamentalmente, para dar servicio telefónico.

• ... help find a way to offload net traffic from
the *Public Switched Telephone Network (Red
Telefónica Pública Conmutada)*.

Publicize: *1. Difundir.*
1. Dar a conocimiento público, lo más amplio
posible, un anuncio, hecho, situación, etc.

• How to *publicize (difundir)* your Personal
Homepage?

Publish (verb): *1. Componer.
2. Publicar.*
1. Preparar y agregar, según diseño, todas las
partes de un texto que ha de ser impreso. En
un sentido amplio, las partes pueden ser texto
puro y duro, imágenes e incluso sonido. La
impresión puede ser literal (impresora o imprenta) o preparación para *presentación* (ver
Display (verb)) multimedia.

• ... companies found that they could also
publish (componer) their own documents ...

2. Publicar, usando imprenta u otros medios,
un texto (periódico o no).

• The Internet Society *publishes (publica)* a
quarterly newsletter ...

Publisher: *1. Editor. 2. Compositor.*
1. Persona o sociedad cuyo negocio es publicar libros, revistas, etc.

• ... by Mason Charter *Publishers (Editores)*,
Inc.

2. Persona que compone textos como actividad que forma parte de la publicación de los
mismos (como negocio o no).

• When a computer is teamed with desktoppublishing software, anyone can be a *publisher (compositor)*.

3. Programa (aplicación) que se usa en la composición de textos.

• XYZ Desktop *Publisher (Compositor)*.

Puck: *1. Puco.*
1. Dispositivo apuntador propio de las tablillas digitalizadoras (ver *Digitizing tablet*).

• Unless you have moved the digitizer *puck (puco)* perfectly you probably have not digitized a perfect ...

Pull (verb): *1. Arrastrar. 2. Extraer.*
1. Mover el papel de forma que se introduzca en la impresora.

• ... that puts paper in position as it is *pulled (es arrastrado)* into the printer by the transfer station carriage tractor ...

2. Tomar un elemento de una *pila* (ver *stack*). Implica que el próximo queda disponible para ser tomado. Sinónimo (menos usado) de *Pop.*

• ... to determine the number of data records that remain on the stack ready *to be pulled (ser extraídos)*.

Pull media: *1. Medios por extracción.*
1. Denominación común, un tanto estrambótica, de los medios de comunicación cuyos contenidos son solicitados, individualmente, página a página, por el usuario. Por ejemplo, la Internet de los primeros tiempos. Ver, en contraposición, *Push media.*

• This contrasts with *pull media (medios por extracción)* where the user requests each item individually.

Pull tractor: *1. Tractor de arrastre.*
1. Parte del mecanismo de alimentación de hojas de las impresoras.

• Bottom feed mechanism with *pull tractor (tractor de arrastre).*

Pull-down menu: *1. Menú desplegable.*
Ver *Pulldown menu.*

Pulldown menu: *1. Menú desplegable.*
1. Menú que se *presenta* (ver *Display (verb)*) como consecuencia de haber seleccionado una opción previa marcada con una punta de flecha a su derecha.

• An action bar choice that has an associated *pull-down menu (menú desplegable)* ...

Pulse: *1. Impulso.*
1. Cambio súbito y significativo en la intensidad o el voltaje presentes en un circuito. Puede usarse para operar un conmutador eléctrico.

• Time *pulses (impulsos)* are supplied every 6 seconds to the recorders for timing, ...

Pulse Amplitude Modulation:
1. Modulación por Amplitud de Impulsos.
2. MAI.
1. En *digitalización* (ver *Digitization*) de *señales* (ver *Signal Def. 1*) (por ejemplo, de voz) se usa *modulación por amplitud de impulsos* cuando la amplitud de cada impulso producido en el muestreo es proporcional a la amplitud de la *señal* original en el instante en que se hace el muestreo.

• The signal produced by *Pulse Amplitude Modulation (modulación por amplitud de impulsos)* is still analog since ...

Pulse Code Modulation:
1. Modulación por Codificación de Impulsos. 2. MCI.
1. Método de *digitalización* (ver *Digitization*) de *señales* (ver *Signal Def. 1*) analógicas (audio, mediciones efectuadas por *sensores* (ver *Sensor*), etc.). Primero pasa la señal por una *modulación por amplitud* y, a continuación, se digitaliza, verdaderamente, por codificación de hasta 256 valores posibles para las muestras.

• CCITT has standardized the *Pulse Code Modulation (MCI)* sampling ...

Pulse dialing: *1. Marcado por impulsos.*
1. Una de las dos formas que usan los teléfonos para marcar. *Por impulsos* es la forma tradicional: de 1 a 10 impulsos para cada uno de los números del 1 al 0.

• If your telephone line uses *pulse dialing (marcado por impulsos)*, select Pulse ...

Purge: *1. Purgar.*
1. Borrar, cancelar, pero con más fuerza que otros verbos similares (*cancel, erase, delete, ...*). Por ejemplo, una opción *purgar* puede eliminar salidas y ficheros aún no expirados. Hay *mandatos* (ver *Command*) y opciones para ejecutar esta opción.

• Whether you want *to purge (purgar)* a job's output.

Push (verb): *1. Encimar.*
1. Agregar un nuevo elemento a una *pila* (ver *Stack*). Si suponemos –como es intuitivo– que la pila es vertical, *encimar* agrega por encima y la pila baja.

• ... the parser *pushes (encima)* the current state onto the stack ...

Push button: *1. Botón.*
1. Botones de un aparato que, al pulsarlos, producen una acción. Por analogía, pequeñas ventanas, con un texto identificativo en su interior, que si se seleccionan, desencadenan acciones (las descritas en el texto).

• The use of keys or *push buttons (botones)* (instead of a rotary dial) to generate a sequence of...

Push media: *1. Medios por imposición.*
1. Medios de comunicación cuyo contenido nos es impuesto mientras estamos conectados a los mismos. Por ejemplo, la televisión y algunos inventos modernos de la Internet. Ver *Pointcasting* y *Spam*.

• Broadcast television is the prototypical example of *push media (medios por imposición)*: ...

Push technology: *1. Tecnología para la imposición.*
1. Cambio, que se va introduciendo poco a poco, y que actúa en el sentido de incrementar la pasividad del usuario de la *Ueb* (ver *World Wide Web*). Se trata de inyectar material informativo en computadoras individuales sobre la base de peticiones genéricas o, a veces, de imposiciones de quien tiene la llave de los contenidos en las *Intrarredes* (ver *Intranet*). La *uebdifusión* (ver *Webcasting*) es el ejemplo más evidente.

• ... are now incorporating *push technoloy (tecnología para la imposición)* in their web «browsers».

Push-down (verb): *1. Encimar.*
Sinónimo de *Push (verb)* (ver).

Push-down list: *1. Pila. 2. Lista LIFO.*
Sinónimo de *Stack* (ver).

Push-up list: *1. Cola. 2. Lista FIFO.*
Sinónimo de *Queue* (ver).

Put routine: *1. Rutina de depositar.*
1. Parte de la programación de una *cola* (ver *Queue (noun)*) de mensajes, responsable de ponerlos en la cola y de establecer los apuntadores necesarios.

• *Put routines (Las rutinas de depositar)* are designated «write» or «read» depending on the direction of message flow.

PVC: *1. PVC. 2. Circuito Virtual Permanente.*
Ver *Permanent Virtual Circuit.*

PVC: *1. PVC. 2. Conexión Virtual Permanente.*
Ver *Permanent Virtual Connection.*

P3P: *1. P3P.*
Ver *Platform for Privacy Preference Project.*

Q

QBasic: *1. QBasic.*
1. Uno de los nombres originales del lenguaje MS-Basic. Contaba con *editor* (ver *Editor Def. 1*) de pantalla completa y con un *compilador* (la versión previa sólo permitía programas interpretables). El nombre es una contracción de *Quick Basic*.

• Thus *QBasic (QBasic)* source code could be kept private.

QBE: *1. QBE. 2. Consulta Sobre Ejemplo.*
Ver *Query By Example.*

QM: *1. GC. 2. Gestor de Colas.*
Ver *Queue Manager.*

QMF: *1. QMF.*
Ver *Query Management Facility.*

QoS: *1. CdS.*
Ver *Quality of Service.*

Quad: *1. Cuarta.*
1. Cada una de las cuatro partes que forman un todo. El uso más frecuente es para referirse a cada uno de los cuatro componentes de una dirección *IP* (ver *Dot notation*).

• 186 is the first *quad (cuarta)* of the address:

186.32.120.00

Quadbit: *1. Semibait.*
Sinónimo de *Nibble* (ver).

Qualified name: *1. Nombre calificado.*
1. En lenguajes de programación, nombre al que se añaden uno o más *calificadores* (ver *Qualifier*) para hacerlo *irrepetible* (ver *Unique*) en un programa. En casos muy especiales el calificador puede ser la clase a la que pertenece el nombre.

• If the operand is a *qualified name (nombre calificado)* and the member is not static ...

Qualifier: *1. Calificador.*
1. Nombre que se añade a otro (habitualmente se le antepone, utilizándose un carácter especial de separación) para precisar más a este último o para evitar ambigüedades. Por ejemplo, el nombre de una estructura de datos puede usarse como *calificador* de los nombres de los datos que pertenecen a la estructura.

• ... before changing the high-level *qualifier (calificador)* for system or user data sets ...

Quality of Service: *1. Calidad de Servicio. 2. CdS.*
1. Evaluación numérica de varios de los factores que componen el *rendimiento* (ver *Performance*) de un servicio de red. Pueden tenerse en cuenta: flujo total, retraso medio, porcentaje de errores. Es difícil medir y promediar todas estas características por lo que la CdS se está aplicando a características concretas en circunstancias muy delimitadas (por ejemplo, retrasos en ATM; ver *Asynchronous Transfer Mode*).

● ... since the *Quality of Service (Calidad de Servicio)* may vary from one network to another ...

Quantization: *1. Cuantización.*
1. Acción y efecto de *cuantizar* (ver *Quantize*).

● ... is known as the *quantization (cuantización)* error and its signed values ...

Quantize: *1. Cuantizar.*
1. Convertir valores «casi continuos» en otros más discretos que, en general, son múltiplos de un cierto valor que se toma como base, o se escogen directamente de un conjunto limitado.

● It is converted into an all-digital form by *quantizing (cuantizando)* each pulse ...

Quasi-reentrant: *1. Casi reentrable.*
1. Programa que puede ser usado (mientras esté en memoria) por dos o más tareas, pero de forma que cada tarea empieza a ejecutar dicho programa cuando la anterior ha terminado de ejecutarlo. La razón está en que el programa se modifica a sí mismo durante su ejecución por una tarea pero se devuelve a sí mismo al estado original al finalizar dicha tarea.

● ... executes the quasi-reentrant *(casi reentrable)* application code and ...

Query: *1. Consulta.*
1. Búsqueda en *objetos* de *bases de datos* (ver *Object Def.* 2 y *Database*) de la que se espera un cierto resultado. En el caso de bases de datos relacionales, una *consulta* puede implicar a una o más tablas produciendo una tabla de resultados.

● Suppose now that, at the time the *query (consulta)* executes, one person ...

Query by Example: *1. Consulta Sobre Ejemplo. 2. QBE.*
1. Lenguaje fácil y agradable para consultar *bases de datos*. Fue creado por Moshe Zlof, de IBM, en 1975. Al ser nombre de un lenguaje, no se traduce.

● The language *Query by Example* is part of IBM's Query Management Facility (QMF).

2. Técnica para construir consultas a *bases de datos*.

● The name *query by example (consulta sobre ejemplo)* comes from the fact that you have to give examples ...

Query Management Facility: *1. QMF.*
1. Herramienta para facilitar, conservar, etc., *consultas* a *bases de datos* DB2 (ver *DATABASE* 2). Puede estar al alcance de usuarios finales (más o menos avispados).

● The value of a substitution variable is found within the *Query Management Facility (QMF)* command as it is ...

Question: *1. Interrogación.*
1. Carácter especial (?) cuyo valor en *ASCII* es x'3F' y en *EBCDIC* x'6F'.

• ... by either the asterisk or *question (inte-rrogación)* sign special characters.

Queue (noun): *1. Cola.*

1. En algoritmia, una *cola* es una lista lineal de elementos en la que todas las inserciones se hacen por un extremo y todas las supresiones (y puede que también los accesos) se hacen por el otro extremo. La disciplina de una cola es, por tanto, *FIFO* (ver *First-in-First-out*).

• A typical use of *queues (colas)* in an operating system involves ...

2. En un sentido más práctico, una cola es un conjunto de elementos (trabajos, mensajes, etcétera) que esperan recibir un servicio de un cierto servidor (ser procesados, atendidos, *presentados*, etc.). Puede que el orden de servicio no sea *FIFO* (ver *First-in-First-out*) si intervienen otros factores (por ejemplo, la prioridad).

• ... which could impact the rest of the processing and the rest of the message *queues (colas)* ...

Queue (verb): *1. Acolar.*

1. Incorporar un nuevo elemento a una *cola* (ver *Queue (noun)*).

• ... means that a notify request *has been queued (ha sido acolada)* ...

Queue Manager: *1. Gestor de Colas. 2. GC.*

1. Programa que gestiona una o más *colas* (ver *Queue (noun)*).

The XYZ Version 5.5 queueing system includes a new *queue manager (gestor de colas)* ...

Queued message: *1. Mensaje acolado.*

1. Mensaje añadido a una *cola* (ver *Queue*

(noun)) de mensajes para su *presentación* (ver *Display (verb))*, impresión o envío posteriores. Los mensajes se *acolan* (ver *Enqueue* o *Queue (verb))* cuando no se les puede dar salida inmediata.

• To edit a *queued message (mensaje acolado)*, open the Out mailbox and double-click on the desired message summary ...

Queueing Network Model: *1. Modelo de redes de colas.*

1. Modelo en el que un proceso se representa como una red de servidores teniendo cada uno de ellos una *cola* (ver *Queue (noun)*) de entidades que esperan ser servidas.

• A multi-layer client-server *queueing network model (modelo de redes de colas)* with synchronous and ...

Queuing theory: *1. Teoría de colas.*

1. Dada la importancia fundamental de las *colas* (ver *Queue (noun)*) y su procesamiento, tanto en informática como en comunicaciones, se ha desarrollado una rama de la algoritmia especialmente dedicada al estudio de todo lo relacionado con estas cuestiones atendiendo a muchos parámetros de las situaciones reales: frecuencia de llegada, tiempo de respuesta, colapso de las colas, prioridades, influencias mutuas entre colas, etc.

• ... presents a statistical model based on *queuing theory (teoría de colas)* ...

QuickDraw: *1. QuickDraw.*

1. Software y lenguaje, en máquinas Macintosh, para el procesamiento de gráficos y su *presentación* (ver *Display (verb))* en pantalla.

• Locate the *QuickDraw* 3D file that you want to place in the document and click Open.

Quicklist: *1. Lista de remisiones.*
1. Una de las formas de referirse a la lista de páginas *Ueb* (ver *World Wide Web*) en la que se han registrado las que más se usan (preferidas, favoritas, ...). También, lista ordenada de *vínculos* (ver *Link (noun) Def. 3*) a otras páginas que se nos *presentan* (ver *Display (verb)*) desde la página actual. Ver también *Bookmark* y *Hotlist*.

● Here is a list of the 243 items in my *quicklist (lista de remisiones)* at ...

QuickTime: *1. QuickTime.*
1. Tecnología de Apple que facilita el desarrollo y la integración de elementos software para el tratamiento de vídeo y sonido. Incluye herramientas de desarrollo y medios de reproducción así como especificaciones de almacenamiento de los ficheros de vídeo y sonido.

● Viewing these panoramas requires Apple's *QuickTime®* software available free for Windows and Macintosh.

Quiesce (verb): *1. Aquietar.*
1. Palabra derivada del latín con el significado genérico de *reposar*. Se aplica, mayoritaria pero no únicamente, a *objetos* en *bases de datos* (ver *Database*). El verbo indica una acción sobre el objeto en cuestión que se produce por medio de un *mandato* (ver *Command*) adecuado. El efecto es no admitir más trabajos o transacciones contra dicho objeto y, en ciertos casos, dar coherencia a los elementos afectados (por ejemplo, a datos en memoria y datos en disco).

● If the system *has been quiesced (se ha aquietado)* or is in a valid restartable wait ...

Quit (verb): *1. Salir.*
1. Abandonar de forma ordenada lo que se está haciendo. Cuando es posible y deseable *salir* ordenadamente, hay que ejecutar un *mandato* (ver *Command*) del programa o aplicación en uso que realice esta función (por ejemplo, en dBase).

● If you have made changes to the buffer since the last save and you try to *quit (salir)*, ...

Quit and resume: *1. Salir y reanudar.*
1. Situación excepcional en el orden de aparición y procesamiento de eventos que implica salirse de dicho orden y reanudar el procesamiento en otro punto cualquiera de la estructura. Es obligación del diseñador determinar la inevitabilidad de una situación de *salir y reanudar.*

● *Quit and resume (Salir y reanudar)* may be very useful when an event can affect an entity at a point in its life impossible to ...

Quotation mark: *1. Doble comilla.*
Ver *Double quote.*

Quote (noun): *1. Comilla(s).*
2. Doble comilla.
1. Habitualmente en plural (porque van de dos en dos), las comillas son el signo que se usa para citar y, en términos más informáticos, para identificar el inicio y el fin de los literales alfanuméricos. Pueden usarse, según los casos, las dobles comillas y las comillas simples, aunque estas últimas son designadas más frecuentemente como *apóstrofos.*

● ... is specified in hexadecimal and without *quotes (comillas)* ...

2. Ver también *Double quote.*

Quote (verb): *1. Entrecomillar.*
1. Poner entre *comillas* (ver *Quote (noun)*).

• You must use a *quoted (entrecomillada)* string when the requested ...

Qwerty: *1. Qwerty.*

1. Forma de referirse al *teclado* (ver *Keyboard*) más frecuente y, probablemente, más adecuado para escribir texto (en inglés). El nombre procede de que en la parte izquierda de la fila superior de letras aparecen las QWERTY. (Ver también *Dvorak.*)

• ... to increase the speed and ease of typing over the normal *qwerty (qwerty)* layout.

R

rem: *1. REM. 2. rem.*
Ver *REM.*

Rack: *1. Bastidor.*
1. Armazón, habitualmente metálico, en el que pueden insertarse elementos hardware.

● *Rack (En bastidor)* mount version available.

Radio: *1. Radio.*
1. Medio de transmisión que usa señales de *radio frecuencia* (ver *Radio frequency*). Puede usarse para audio, vídeo y datos, existiendo una amplia gama de modalidades según frecuencias usadas, tecnología, modulación, etcétera.

● A low density of *radio (radio)* communications systems leading to a large bandwidth of ...

Radio button: *1. Botón de radio.*
1. Botón en una ventana, cuyo uso recuerda al de los botones de selección de emisoras presintonizadas: sólo está operativo uno de ellos; si se selecciona uno y había otro seleccionado, éste deja de estarlo. Lógicamente, hay un texto, al lado de cada botón que explica qué selecciona el mismo.

● ... should specify *radio buttons (botones de radio)* to display the mutually exclusive choices ...

Radio clock: *1. Radio reloj.*
1. Dispositivo, susceptible de ser conectado a una computadora, preparado para captar e interpretar señales horarias, transportadas vía radio, en un formato normalizado (por ejemplo, TUC; ver *Coordinated Universal Time*). Se usa en tareas de sincronización.

● This *radio clock (radio reloj)* is put between a parallel port and your printer.

Radio frequency: *1. Radio frecuencia. 2. RF.*
1. Gama de frecuencias de ondas electromagnéticas entre un mínimo de 3 Khz y un máximo de 300 Ghz (corresponden a longitudes de onda entre 30 km y 0,3 mm).

● Using *radio frequency (de radio frecuencia)* waves, the reader transmits a signal to activate a tag, ...

Radix: *1. Base.*
1. Base de un sistema de numeración (por ejemplo, *base* 2, *base* 10) o de un sistema logarítmico. Por extensión, *base* que se eleva

al exponente en la notación de coma flotante.

• Conventional decimal numbers are *radix
(base)* ten.

Radix character: *1. Carácter de corte.*
1. Carácter que se usa para separar la parte
entera de la parte decimal (fraccionaria) de un
número. Es, habitualmente, un *localismo* (en
nuestro caso, su valor es ',' –coma–; ver *Locale*).

• ... determines the value of the *radix character (carácter de corte)* within the current locale, ...

Ragged: *1. Desalineado.*
1. Texto cuyos inicios o finales de línea no
están alineados unos con otros. En este sentido puede hablarse de desalineado por la derecha o por la izquierda.

• ... and that produce *ragged-left (desalinea-
da por la izquierda)* output.

Random (adj): *1. Aleatorio.*
1. Resultado producido por una situación «al
azar» o impredecible (ver *At random*).

• This will cause *random (aleatorios)* data to
return for each datagram that is received ...

Random access: *1. Acceso aleatorio.*
1. Acceso por *clave* (ver *Key (noun) Def. 2*) a
un fichero o elemento accesible de una *base
de datos*, de manera que el registro o elemento a los que se accede sólo dependen del valor de la clave concreta y no guardan relación
alguna con la ubicación de otros registros o
elementos.

• In the *random access (acceso aleatorio)*
mode, you control the sequence in which records are ...

Random access file: *1. Fichero
de acceso aleatorio.*
1. Fichero cuya organización (ver *File organization*) y estructura permiten un acceso en
orden aleatorio a sus registros con un tiempo
de respuesta razonable. Varias organizaciones
(ver *File organization*) permiten este tipo de
acceso: por ejemplo, la indizada (se mantiene
un índice con *claves* (ver *Key (noun) Def. 2*)
y direcciones físicas; ver *Index (verb)*) y la directa (hay alguna relación entre clave de registro y posición física del mismo).

• *Random access files (Los ficheros de acceso
aleatorio)* allow you to avoid retrieving the entire file contents when ...

Random Access Memory: *1. RAM.*
1. Es el componente más importante de la memoria principal de las computadoras. Se caracteriza por: *a)* construirse a base de circuitos integrados de semiconductores; *b)* el tiempo de acceso a cualquier posición de esta memoria es casi constante; *c)* poderse leer y grabar; y *d)* ser volátil, es decir, perderse su contenido cuando se apaga la máquina. Existen
dos variedades principales: *estática* (ver
Static RAM) cuyo contenido no necesita ser
refrescado (ver *Refresh (verb) Def. 1*); y *dinámica* (ver *Dynamic RAM*), más barata, pero
que debe refrescarse muy frecuentemente.

• Furthermore, memory referred to as *Random Access Memory (RAM)* can usually be
read and written ...

Random Access Memory Digital-
to-Analog Converter: *1. RAMDAC.*
1. Componente de las placas de vídeo que tiene a su cargo la transformación de los datos
digitales de cada *píxel* (ver *Pixel*) en datos
analógicos que se envían directamente a la
pantalla (en forma de chorros de electrones) o
a otro elemento intermedio de que disponga el
hardware de *presentación* (ver *Display*

(verb)). Consta de una porción de memoria estática que contiene la *paleta* (ver *Palette Def. 2*) y tres *convertidores A/D* (ver *Analog to Digital Conversion*), uno por color básico.

• The faster the *Random Access Memory Digital-to-Analog Converter (RAMDAC)* MHz, the higher the refresh rate your system can handle.

Random event: *1. Evento aleatorio.*
1. Evento en la vida de una *entidad* (ver *Entity*) cuya aparición no está sujeta a reglas temporales: puede aparecer en cualquier momento del ciclo de vida de la entidad aunque, a veces, puede constreñirse, sin dejar de ser aleatorio, a algún estadio o estadios concretos de dicho ciclo de vida.

• Each *random event (evento aleatorio)* identified is placed in a box which is unattached to ...

Random file: *1. Fichero al azar.*
1. De forma no muy ortodoxa se llama, a veces, *fichero al azar* a un fichero cuya organización (ver *File organization*) permite establecer una relación directa (aunque, posiblemente, con sinónimos) entre *clave* (ver *Key (noun) Def. 2*) de un registro y ubicación del mismo.

• The *random file (fichero al azar)* was not found on your file system. This means that it has either not been created ...

Random noise: *1. Ruido aleatorio.*
1. Denominación genérica aplicable a señales cuyas características son totalmente impredecibles, al no ser aparente ninguna relación entre los atributos de la onda u ondas subyacentes: frecuencia, frecuencia y amplitud en el tiempo, etc.

• ... they are most affected by the addition of

random noise (ruido aleatorio) to the data since ...

Random number generation: *1. Generación de números aleatorios.*
1. Rutina o función que es capaz de generar un número de entre un conjunto de números posibles como si dicho número se hubiera producido al azar (no predecible su aparición; igual probabilidad que cualquier otro de los números posibles). En la práctica, aunque se use uno o más eventos que actúen como «semilla», es más prudente pensar que dichos números son casi o seudoaleatorios.

• *Random number generation (de generación de números aleatorios)* process is seeded with a value that is used by the algorithm ...

Random seed: *1. Semilla aleatoria.*
1. Valor que se genera de forma (pseudo)aleatoria y que se usa como elemento de partida para que un algoritmo calcule un valor mucho más complejo (por ejemplo, una clave criptográfica; ver *Key (noun) Def. 4*).

• ... the way in which the *random seed (semilla aleatoria)* is generated ensures that, of the one-million possible ...

Randomly: *1. Al azar.*
Sinónimo de *At random* (ver).

• ... that requests a time value from a *randomly (al azar)* selected global server ...

Range: *1. Rango. 2. Abanico. 3. Sucesión.*
1. Límites entre los que puede tomar valor una cantidad o variable.

• The *range (rango)* of the characteristic is 0 to 127, which corresponds to an exponent *range (rango)* of −64 to +63.

2. Conjunto de características o posibilidades.

• ... available with a *range (abanico)* of testing capabilities and operation performance.

3. Subconjunto de elementos, consecutivos de alguna manera, tomados de un conjunto.

• ... can copy a full volume or *ranges (sucesiones)* of tracks, in which case the ...

Range check: *1. Verificación de rango.*
1. Verificación de que un dato está situado entre un límite superior y otro inferior, comprendiendo o no dichos límites, según se especifique (ver *Range Def. 1*).

• ... or a specific *range check (verificación de rango)*, but also rules that refer to other columns ...

Rapid application development:
1. Desarrollo Rápido de Aplicaciones.
2. DRA.
1. Movimiento tendente a acortar el plazo de desarrollo de las aplicaciones mediante el uso coordinado de técnicas y conceptos tales como: *reúso* máximo de componentes, *prototipado* (ver *Prototyping*), lenguajes de cuarta generación, herramientas *CASE* (ver *Computer-Aided Software Engineering*), eliminación de formalismos innecesarios, etc. No todas las aplicaciones se llevan bien con estos métodos.

• *Rapid application development (El desarrollo rápido de aplicaciones)* has made the problem worse by often coming to mean, «Let's skip design».

Rapid prototyping: *1. Prototipado rápido.*
1. Técnicas y herramientas que permiten disponer, rápidamente, de prototipos totales o parciales de las aplicaciones, en estadios tempranos de su desarrollo. El uso de estas técnicas y herramientas tiende, sobre todo, a que los usuarios *vean* el funcionamiento de la

aplicación antes de que se tomen las principales decisiones de diseño.

• ... making it suitable for *rapid prototyping (prototipado rápido)* or as an extension language for C applications.

Raster: *1. Ráster.*
1. Zona de la pantalla de una computadora en la que se ve imagen, es decir, zona alcanzada por el haz de electrones que, en rápido movimiento, «dibuja» líneas horizontales de arriba abajo de la pantalla. La parte visible es algo menor que la superficie fosforescente de la pantalla y cambia según la *definición* (ver *Resolution*) elegida.

• Most monitors automatically use the optimal *raster (ráster)* ...

Raster file: *1. Fichero ráster.*
1. Fichero que contiene una imagen cuya representación interna es del tipo *ráster* (ver *Raster*). Pertenecen a este grupo, entre otros, los ficheros tipo *BMP* (ver), TIFF, *GIF* (ver) y *JPEG* (ver *Joint Photographic Experts Group* y *JPEG*).

• A detailed description of the structure of most *raster file (ficheros ráster)* format can ...

Raster graphics: *1. Gráficos ráster.*
1. Forma de procesar, almacenar y representar imágenes de tipo *ráster*: filas y columnas y, en cada intersección, indicación de si el punto (un *píxel*; ver *Pixel*) estará iluminado o no, en qué color, etc. Las imágenes creadas con esta técnica se guardan en *ficheros ráster* (ver *Raster file*).

• In *raster graphics (gráficos ráster)* images are composed of arrays of ...

Raster Image Processor: *1. RIP.*
1. Combinación hardware/software capaz de

convertir una imagen vectorial en imagen de mapa de bits (imagen tipo *ráster;* ver *Raster*), «fácilmente» imprimible.

• The *Raster Image Processor (RIP)* supports bilinear interpolations of image data when scaling the image for the destination device.

Rasterized image: *1. Imagen rasterizada.*
1. Imagen que se ha producido en formato *ráster* (matriz de puntos) (ver *Raster*).

• ISO 10755 is principally concerned with *rasterized images (imágenes rasterizadas)*...

Rate: *1. Razón. 2. Velocidad. 3. Índice. 4. Tasa.*
1. Significados muy variados según contexto: velocidad de transmisión o transferencia, frecuencia de producción de cambios, relación entre dos valores, etc.

• Similar standards are specified for modems operating at other bit *rates.*

Rate monotonic analysis: *1. Análisis monótono por frecuencias.*
1. Método de análisis de *planificabilidad* (ver *Schedulability*) en *sistemas de tiempo real* (ver *Real-time system*) aplicable en el caso de tareas cíclicas con asignación estática de prioridades. Las prioridades se asignan en proporción inversa al período de cada tarea (más prioritarias las tareas más frecuentes).

• A problem commonly revealed as a result of *rate monotonic analysis (análisis monótono por frecuencias)* is priority inversion.

Rate monotonic scheduling: *1. Planificación monótona por frecuencias.*
1. Planificación establecida utilizando la técnica del *análisis monótono por frecuencias* (ver *Rate monotonic analysis).*

• *Rate monotonic scheduling (La planificación monótona por frecuencias)* provides a low-overhead, reasonably ...

Rationalisation: *1. Racionalización.*
1. Estudio exhaustivo y, posiblemente, iterativo que intenta racionalizar los procesos presentes en los *diagramas de flujo de datos* (ver *Data flow diagram*) y purgarlos de las contaminaciones derivadas de la implementación física actual (local, itinerarios, personal que interviene, organización, mecanización actual, etc.). Los procesos resultantes deberían transformar datos, decir el *qué* se hace y nada más, combinarse entre sí los que tienen un *qué* idéntico o muy parecido, etc. Esta actividad se realiza en el marco de una más amplia llamada *logicalización* (ver *Logicalisation*).

• After the *rationalisation (racionalización)* of the bottom-level processes, it is necessary to ...

Rationale: *1. Justificación. 2. Fundamentos.*
1. Aunque se aplica de forma muy laxa, este encabezamiento precede a una explicación sobre los principios del texto principal o de las razones que han llevado a producirlo tal y como es.

Rationale
To understand issues of Medical Informatics (Medical Imaging), one must:
— Be knowledgeable of the uses of different imaging modalities ...

Raw data: *1. Datos primigenios.*
1. Datos que se envían a un dispositivo de salida sin haber experimentado ningún tipo de procesamiento por parte del *sistema operativo* (ver *Operating system*) o de «sus» ayudantes. Su opuesto es *datos elaborados* (ver *Cooked data).*

• In the online review we gave a detailed overview of *raw data (datos primigenios)* handling in the online system.

Raw device: *1. Dispositivo primigenio.*
1. Dispositivo de *E/S* (ver *Input/Output*) que procesa los datos sin ninguna consideración a la estructura que pudieran tener (registros y bloques, cabecera y detalles, etc.). Estos dispositivos tratan *datos primigenios* (ver *Raw data*).

• I wish to know more about the advantage of datafiles built upon UNIX *raw devices (dispositivos primigenios)*, if any exists.

Raw I/O: *1. E/S primigenia.*
1. Acceso a datos sin consideración de su estructura interna. Es una lectura orientada a caracteres: se leen o graban *tantos* caracteres sin considerar que forman registros, bloques, etc.

• To perform a *raw I/O (de E/S primigenia)* operation, a client application passes a data packet consisting of a header defined by the ...

Raw socket: *1. Receptáculo primigenio.*
1. Receptáculo (ver *Socket*) orientado a personal de sistemas. Permite acceso «a pelo» a *interfaces* (ver *Interface (noun)*) y protocolos, lo que proporciona, a costa de una mayor dificultad, la posibilidad de efectuar tratamientos y consultas muy especializadas.

• With *raw socket (de receptáculo primigenio)* protocol, the user is responsible for the good delivery of packets ...

Ray tracing: *1. Trazado de rayos.*
1. Una de las técnicas utilizadas para conseguir, sobre una superficie plana (por ejemplo, la pantalla de una computadora), una representación aceptable de una imagen tridimensional. Se basa en el cálculo de visibilidad, es decir, en determinar qué objetos (o partes de objetos) se ven, con qué sombras, etc.

• *Ray tracing (El trazado de rayos)* is so named because it tries to simulate the path that light rays take as they bounce around ...

RACF: *1. RACF.*
Ver *Resource Access Control Facility.*

RAD: *1. DRA. 2. Desarrollo Rápido de Aplicaciones.*
Ver *Rapid Application Development.*

RADIUS: *1. RADIUS.*
Ver *Remote Authentication Dial-In User Service.*

RAID: *1. RAID.*
Ver *Redundant Array of Independent Disks.*

RAID: *1. RAID.*
Ver *Redundant Array of Inexpensive Disks.*

RAM: *1. RAM.*
Ver *Random Access Memory.*

RAMDAC: *1. RAMDAC.*
Ver *Random Access Memory Digital-to-Analog Converter.*

RARP: *1. RARP.*
Ver *Reverse Address Resolution Protocol.*

RAS: *1. RAS.*
Ver *Remote Access Services.*

RAS: *1. RAS. 2. Dirección estroboscópica de fila.*
Ver *Row Address Strobe.*

RBA: *1. DRB. 2. Dirección Relativa de Bait.*
Ver *Relative Byte Address.*

RC: *1. CR. 2. Código de Retorno.*
Ver *Return Code.*

RC2, RC4, RC5: *1. RC2, RC4, RC5.*
1. Algoritmos de *cifrado* (ver *Encrypt*) desarrollados por RSA Data Security, Inc.

• The *RC5 (RC5)* cipher takes a fixed size input block and produces a fixed sized output block using a transformation ...

RD: *1. RD.*
1. Luz en *módem* (ver *Modem*). Significa *Receive data*. Cuando parpadea indica que el *módem* está recibiendo datos de una computadora remota.

RDA: *1. ARD. 2. Análisis Relacional de Datos.*
Ver *Relational Data Analysis*.

RDBMS: *1. SGBDR. 2. Sistema de Gestión de Bases de Datos Relacionales.*
Ver *Relational DataBase Management System*.

RDRAM: *1. RDRAM.*
1. Acrónimo de *Rambus Dynamic RAM*. Uno de los tipos posibles de RAM para vídeo (ver *Video RAM*).

• ... it was announced that the next version of the *RDRAM* chip would be aimed at the mobile and laptop PC market.

Reactive system: *1. Sistema reactivo.*
1. Sistema software que se mantiene en ejecución por un tiempo indefinido de manera que cada entrada recibida junto con el estado previo del sistema produce una salida o *reacción*.

• Examples of *reactive systems (sistemas reactivos)* are concurrent programs, embedded and process control programs, ...

Read: *1. Leer.*
1. Operación realizada por un programa para obtener datos a procesar tomados desde un dispositivo exterior al texto del programa (dispositivo físico, *báfer* (ver *Buffer (noun)*) en memoria, etc.). El nombre de la operación depende del lenguaje de programación (READ, GET, ...).

• For example, when you *read (lee)* records to load a variable-length table ...

Read lock: *1. Bloqueo por lectura.*
1. Bloqueo (ver *Lock (noun)*) de una cierta extensión de datos que impide que se establezca sobre la misma extensión un bloqueo por grabación (ver *Write lock*) hasta que no se libere el primer bloqueo.

• Multiple processes can have *read locks (bloqueos por lectura)* on the same part of ...

Read-only file: *1. Fichero sólo-lectura.*
1. Fichero cuyos atributos sólo permiten la lectura del mismo. En algunos *sistemas operativos* (ver *Operating system*), esta característica puede ser consecuencia de la pertenencia del fichero a un conjunto de ficheros (sistema) que se montan con los atributos en cuestión.

• ... since access times are not updated for *read-only files (ficheros sólo-lectura)*.

Read-Only Memory: *1. ROM.*
1. Tipo de memoria a la que sólo puede darse contenido una vez y que, por tanto, sólo puede leerse desde ese momento. Es memoria persistente que conserva su contenido cuando la computadora se apaga. Se usa para contener programas de arranque, para contener programas y datos en periféricos sin almacenamiento externo (disco, ...), como es el caso de las impresoras, etc.

• *Read-Only Memory (ROM)* is often used to hold programs for embedded systems ...

Read/write head: *1. Cabeza de lectura/grabación.*
Ver *Head.*

Read/write lock: *1. Bloqueo por lectura/grabación.*
1. Tipo de *bloqueo* (ver *Lock (noun)*) que puede establecerse sobre una estructura de datos (registro, página, fichero, ...) que permite que un proceso actualice los datos o que uno o más procesos los lean.

● ... is a *read/write lock (bloqueo por lectura/grabación)* that grants access to only a single thread at ...

Ready: *1. Listo.*
1. Estado de un elemento que se encuentra totalmente apercibido y preparado para hacer aquello para lo que se creó. Puede aplicarse a muy diversos tipos de elementos: proceso, receptáculo (ver *Socket*), servidor, dispositivo, etc.

● When the socket is not *ready (listo)* to accept data and the process is trying ...

Real memory: *1. Memoria real.*
Sinónimo de *Real storage* (ver esta definición. La palabra *storage* se usa más en documentación IBM).

Real storage: *1. Memoria real.*
1. Término que se usa como contraposición a *memoria virtual.* La *memoria real* de una computadora es lo mismo que su *memoria principal,* aunque los sistemas con memoria virtual puedan *direccionar* (ver *Address (verb)*) mucha más memoria.

● ... to map to a single page frame of *real storage (memoria real)* so long as a store in the page is not attempted and then ...

Real time: *1. Momento real. 2. Tiempo real.*
1. Fecha y hora obtenidas por un sistema ade-
cuado (algún tipo de reloj). La precisión depende del sistema en cuestión.

● This clock provides a high-resolution measure of *real time (momento real)* suitable for the indication of date and time of day ...

2. Sinónimo de *Real-time* (ver).

Real Time Clock: *1. Reloj de Tiempo Real. 2. RTR.*
1. Reloj del que están dotadas la mayoría de *CPs* (ver *Personal Computer*) y que tiene una gran importancia en el funcionamiento de estas computadoras. Frecuentemente está en el chip *CMOS* y es energizado por una batería de larga duración.

● ... provides a *Timer* object that simulates a *real time clock (reloj de tiempo real)*, generating interrupts at regular intervals ...

Real-time: *1. Tiempo real.*
1. Referente a cualquier elemento software o hardware en el que el tiempo es crucial. Ver *Real-time system.*

● ... which provides users with a predictable and reliable distributed *real-time (para tiempo real)* computing environment.

Real-time Artificial Intelligence:
1. Inteligencia Artificial para Tiempo Real.
2. IATR.
1. Especialización de la *Inteligencia Artificial* (ver *Artificial Intelligence*) que tiene en cuenta los requisitos específicos de los *sistemas de tiempo real (rendimiento* (ver *Performance*) y tiempo de respuesta, toma en consideración de las restricciones temporales, distribución de los recursos, etc.; ver *Real-time system.*

● Applications of *Real-time Artificial Intelligence (Inteligencia Artificial para tiempo real)* will be operating in no-deterministic ...

Real-time database system:
1. Sistema de Bases de Datos para Tiempo Real. 2. SBDTR.

1. *Sistema de Gestión de Bases de Datos* (ver *Database management system*), frecuentemente desarrollado *ad hoc* (no comercial), adaptado a los requisitos específicos de los *sistemas de tiempo real* (sistema inteligente de *bloqueos* (ver *Lock (noun)* o *Locking*), consideración de la imposibilidad, en muchos casos, de deshacer lo hecho, importancia del *rendimiento* (ver *Performance*) y el tiempo de respuesta, etc. (ver *Real-time system*).

● Most *real-time database systems (sistemas de bases de datos para tiempo real)* implement main memory databases ...

Real-time kernel: *1. Sistema Operativo para Tiempo Real. 2. SOTR.*
Ver *Real-time operating system.*

Real-time operating system:
1. Sistema Operativo para Tiempo Real. 2. SOTR.

1. *Sistema operativo* (ver *Operating system*) diseñado específicamente para las complejidades y características de los *sistemas de tiempo real* (ver *Real-time system*). Deben ser pequeños, rápidos ante interrupciones, dotados de reloj de tiempo real; implementar planificación por prioridades; y tener capacidad para *procesamiento distribuido* (ver *Distributed processing*), etc.

● In particular, *real-time operating systems (sistemas operativos para tiempo real)* stress predictability ...

Real-time scheduling: *1. Planificación de tiempo real.*
1. Campo de gran importancia y complejidad en el que se estudian los algoritmos que pueden permitir la planificación predecible de los *sistemas de tiempo real* (ver *Real-time sys-*

tem). Se consideran en este campo diferentes tipos de tareas con o sin restricciones por importancia o *precedencias* (ver *Precedence*), distribución del procesamiento, efecto de las comunicaciones, problemática derivada de los fallos, etc.

● *Real-time scheduling (La planificación de tiempo real)* has been perhaps the most widely researched ...

Real-time system: *1. Sistema de tiempo real.*
1. Sistema informático en el que el respeto a requisitos temporales es auténticamente crucial (en muchos de estos sistemas, lo contrario puede ser catastrófico). La *fiabilidad* (ver *Reliability*) de estos sistemas no sólo depende de qué salidas producen sino, y principalmente, en qué momentos se producen.

● This is typically done for *real-time systems (sistemas de tiempo real)* that are dedicated to running a ...

RealAudio: *1. RealAudio.*
1. Tecnología para almacenar sonido, transmitirlo por Internet y reproducirlo en *tiempo real* (ver *Real-time*). Funciona en arquitectura cliente/servidor. Algunos *navegadores* (ver *Browser*) incorporan la parte cliente que también puede *bajarse* (ver *Download*) desde algunas *sedes* (ver *Site*) de la *Ueb* (ver *World Wide Web*).

● ... incorporates an encoder which compresses sound into *RealAudio (RealAudio)* files ...

Rear compression: *1. Compresión trasera.*
1. Método de ahorrar espacio en la construcción de índices, consistente en eliminar de una *clave* (ver *Key (noun) Def. 2*) caracteres que no añaden nada a la ordenación estableci-

da según los caracteres que preceden a los eliminados.

• Key *abbdeg* has no *rear compression (compresión trasera)* because, in the comparison between *abbdef* and *abbdeg*, there are no characters following *f* ...

Rearrange: *1. Reordenar.*

1. Dar una disposición diferente a los elementos de un conjunto (por ejemplo, a los parámetros de un *mandato*; ver *Command*).

• Or you can *rearrange (reordenar)* the disposition of options ...

Rebind: *1. Religación.*

1. Operación aconsejada (la alternativa es un nuevo *bind*, que es obligatoria para cambios de mayor cuantía; ver *Bind*) cuando se han introducido cambios en programas que contienen instrucciones *SQL* (ver *Structured Query Language*) sin que afecten a estas instrucciones, o en el catálogo (por ejemplo, pasar nuevas estadísticas de volúmenes). Puede hacerse *religación* de paquete o de plan.

• An error will occur after any *rebind (religación)* of the insert statement unless you change ...

Reboot (noun): *1. Rearranque.*

1. Acción y efecto de *rearrancar* una máquina (ver ejemplo en *Reboot (verb)*).

Reboot (verb): *1. Rearrancar.*

1. Volver a arrancar (*autoarranque;* ver *Bootstrap*) la máquina (la *CP;* ver *Personal Computer*). Probablemente, para intentar resolver alguna situación a la que no se encuentra otra salida.

• ... but as soon as it's supposed *to reboot (rearrrancar)* into Linux the computer just starts an endless cycle of *reboots (rearranques)*.

Recalculation: *1. Recálculo.*

1. Operación, desencadenada de forma manual o automática, que se realiza en una hoja de cálculo y que consiste en calcular cada una de las casillas teniendo en cuenta el/los últimos valor/es introducidos. Conviene tener muy claro el orden en que se realiza el *recálculo*.

• This *recalculation (recálculo)* can be done between keystrokes, and usually stops when a key is pressed.

Recall (noun): *1. Reflotamiento.*

1. Acción de *reflotar* (ver *Recall (verb)*) un elemento que no estaba directamente accesible.

• ... because *recall (reflotamiento)* or recovery is always from a specific tape ...

Recall (verb): *1. Reflotar.*

1. Traer a un dispositivo de acceso directo (ver *Direct Access Storage Device*) un fichero que había sido enviado a una ubicación menos accesible, por ejemplo, a cinta magnética, por razones de economía del espacio de almacenamiento más caro.

• ... determines to which volume the file *is recalled (se reflota)*.

2. Traer a primer nivel un *mandato* (ver *Command*) ejecutado con anterioridad.

• ... allowing earlier commands to be *recalled (reflotados)* and edited ...

Receipt notification: *1. Acuse de recibo.*

1. En *correo-e* (ver *E-mail (noun) Def. 1*) mecanismos más o menos automáticos y aplicación de los mismos, cuyo objetivo es comunicar a un remitente de un *mensacorre* (ver *E-mail (noun) Def. 2*) que éste ha sido recibido correctamente (por su destinatario).

● Automatic *receipt notifications (acuses de recibo)* were seen as an invasion of privacy ...

Receiver: *1. Receptor.*

1. Uno de los extremos de una comunicación (computadora o terminal, más aplicación, más, probablemente, una persona).

● ... that is transmitted in one format by the sender into the data format that can be accepted by the *receiver (receptor)*.

Receiver Not Ready: *1. RNR.*

1. En redes de *conmutación de paquetes* (ver *Packet switching*) un *RNR* es un paquete especial que es utilizado por un *receptor* para comunicar a un remitente que no está listo para recibir nuevos paquetes.

● However, on receipt of an *RNR (RNR)*, the sender must cease transmission of further ...

Receiver Ready: *1. RR.*

1. En redes de *conmutación de paquetes* (ver *Packet switching*) un *RR* es un paquete especial (supervisor o de control) que es utilizado por un *receptor* para comunicar a un remitente que está listo para recibir nuevos paquetes.

● The receiver indicates this by returning an *RR (RR)* packet ...

Recognition problem: *1. Problema de disponibilidad.*

1. Situación que se da en el diseño detallado de procesos cuando se descubre que una cierta condición no puede asociarse con un tratamiento a causa de no disponer, en ese momento, de algún dato necesario para evaluar la condición.

● *Recognition problems (Los problemas de disponibilidad)* in a logical database process may be resolved ...

Recombining: *1. Recomposición.*

1. Juntar, ordenadamente, las partes de un mensaje recibido, en trozos, a través de diferentes conexiones de red.

● The procedure of Splitting and *Recombining (Recomposición)* allows a transport connection to make use of multiple TCP connections.

Record (noun): *1. Registro.*

1. Unidad de almacenamiento de datos en ficheros tradicionales (en *bases de datos* y en *CPs* (ver *Personal Computer*), la terminología puede ser distinta). Por tanto, es también la unidad que manejan los programas cuando leen y graban. Por economía de espacio y de tiempo de transferencia, los registros pueden agruparse en *registros físicos* o bloques. En este caso, los *registros* se llaman *registros lógicos* (para diferenciar).

● ... arranges *records (registros)* in any sequence your program indicates, and retrieves them ...

Record (verb): *1. Grabar.*

1. Enviar un registro (u otra unidad de datos adecuada) a almacenamiento permanente.

● ... automatically *records (graba)* information about files on tape volumes so that you can manage the ...

Record key: *1. Clave de registro. 2. Clave.*

1. Uno o más *campos* (ver *Field*) que identifican un *registro*. Se usa en ficheros *indizados* (ver *Index (verb)*). Solamente en casos muy especiales hay diferencia entre *clave* y *clave de registro*.

● ... contains a *record key (clave de registro)* that specifies the data record ...

Recover (verb): *1. Recuperar.*

1. Recuperar (volver a disponer de) ficheros,

bases de datos (ver *Database*), programas, etcétera, a una situación previa aceptable, debido a que la última versión operativa resultó destruida a causa de un error, avería, desastre, etc.

● ...depends on how fast the data needs *to be recovered (recuperarse)*, ...

2. Volver a poner *en línea* un fichero que se había guardado (probablemente en cinta) a causa de su poco uso.

● ... to which the file is recalled or *recovered (se recupera)* ...

3. Reaprovechar espacio liberado por un componente de datos que ha sido eliminado.

● ... but the space used by the original entry *is not recovered (no se recupera)* ...

Recoverability: *1. Recuperabilidad.*
1. Capacidad de recuperación en cualquiera de los sentidos incluidos en *recuperar* (ver *Recover (verb)*). También se aplica a la capacidad (variable) de un sistema para seguir trabajando de forma normal tras una interrupción imprevista. Esta recuperabilidad se consigue, en general, por duplicación de elementos.

● ... includes on-site file and volume *recoverability (recuperabilidad)*, ...

Recovery: *1. Recuperación.*
1. Acción y efecto de *recuperar* (ver *Recover (verb)*). Se usa, principalmente, con referencia a la *recuperación* de datos perdidos por avería o error.

● It is important to establish backup and *recovery (de recuperación)* procedures for ...

Recovery log: *1. Registro de recuperación.*
1. *Registro* (ver *Log*) cuya finalidad principal

es su posible uso para recuperar (ver *Recover (verb))* datos perdidos a causa de error o avería.

● ... whether a *recovery log (registro de recuperación)* is available for ...

Recurring attribute: *1. Atributo multivalor.*
1. *Atributo* (ver *Attribute*) que puede recibir varios valores.

● A *recurring attribute (atributo multivalor)* of the directory schema with the description of the object classes permitted.

Recursion: *1. Recursión.*
1. Estructura de programación en la que una función o procedimiento se llaman a sí mismos. No todos los lenguajes de programación aceptan la *recursión*. Esta estructura es muy potente para resolver determinados tipos de problemas, pero consume bastantes recursos.

● Functional programming languages rely heavily on *recursion (recursión)*, using ...

Recursive: *1. Recursivo.*
1. Que realiza *recursión* (ver *Recursion*).

● Here is the standard *recursive (recursiva)* factorial function ...

Recycle bin: *1. Papelera de reciclaje.*
1. Lugar donde se almacenan provisionalmente los ficheros *descartados* (ver *Discard (verb))* antes de ser eliminados definitivamente de la computadora.

● ... once *Recycle Bin (la papelera de reciclaje)* has been emptied the files are removed from your computer.

Red, green, blue: *1. Rojo, Verde, Azul.* *2. RVA.*
1. Forma de referirse a los colores fundamen-

tales, *Red, Green, Blue,* a partir de los que pueden generarse todos los demás. Ver *Red, green, blue monitor.*

• *Red, green, blue (rojo, verde, azul)* correspond to the three «guns» in a colour cathode ray tube ...

Red, green, blue monitor: *1. Pantalla RVA.*

1. Todas las pantallas de computadora forman los colores por superposición de los tres colores fundamentales que, combinados en diferentes proporciones, pueden producir todos los colores del espectro (dentro de un límite, por supuesto).

• *RGB monitor (pantalla RVA)* is used often as a synonim for colour monitor ...

Redirect: *1. Redirigir.*

1. Cambiar la dirección de un mensaje, *mandato* (ver *Command*), salida o *flujo de datos* (ver *Data flow*) hacia un destino distinto del usual o esperable.

• ... it displays those commands that *are redirected (se redirigen)* to an alternate ...

Redirection: *1. Redirección.*

1. Acción y efecto de *redirigir* (ver *Redirect*). Existen operaciones y *mandatos* (ver *Command*) para ejecutar redirecciones.

• To get an idea of the usefulness of *redirection (redirección),* just think about ...

Redline (verb): *1. Rayar.*

1. En procesadores de texto (y algunas otras aplicaciones), marcar los trozos modificados o tachados para conocimiento de coautores y/o lectores del documento que contenga las marcas.

• «You just *redlined (rayaste)* my contributions.»

Redo: *1. Rehacer.*

1. En algunas *interfaces* (ver *Interface (noun))* de usuario, volver a hacer algo que anteriormente había sido *deshecho* (ver *Undo).*

• ... able *to redo (rehacer)* any action that has been undone.

Reduced Instruction-Set Computer: *1. RISC.*

1. Diseño de computadoras basado en el principio de que, en muchas situaciones, es más eficiente utilizar un número reducido de *instrucciones de máquina* (ver *Machine instruction)* relativamente sencillas, que un número alto de instrucciones complejas. Las principales ventajas son: diseño más simple de los circuitos, mayor velocidad de carga de instrucciones (son cortas y de la misma longitud) y posibilidad de ejecución paralela de instrucciones.

• A problem that *RISC (RISC)* programmers face is that the processor can be slowed ...

Redundancy: *1. Redundancia. 2. Duplicación. 3. Superfluidad.*

1. Repetición, en el diseño de códigos, formato de mensajes, etc., de algunos elementos (bits, caracteres, ...) para facilitar la detección de errores y, posiblemente, para reconstruir el contenido de los datos.

• ... detection is normally accomplished by encoding *redundancy (redundancia)* into the information in such a manner that most ...

2. Repetición o duplicación, en la arquitectura de un sistema, en el diseño de un protocolo, etc., de uno de sus componentes para, en general, aumentar la seguridad.

• ... despite the presence of hardware or software faults. This often involves some degree of *redundancy (duplicación)*.

3. Repetición innecesaria y puede que hasta perjudicial.

Redundant: *1. Redundante. 2. Duplicado. 3. Superfluo.*
1. Que se repite intencionadamente o, simplemente, que sobra (ver *Redundancy*).

• Through *redundant (duplicada)* power ... these components are built to stay up and running for ...

• At some stage *redundant (superfluas)* definitions must be deleted from the ...

Redundant Array of Independent Disks: *1. RAID.*
Sinónimo de *Redundant Array of Inexpensive Disks.*

Redundant Array of Inexpensive Disks: *1. RAID.*
1. Técnica moderna de almacenamiento y acceso a datos en disco que persigue (y consigue) un doble objetivo: aumentar la velocidad de lectura/grabación y mejorar la *disponibilidad* (ver *Availability*) de los datos. Una unidad *RAID* es, en realidad, un sistema de memoria, procesadores y discos que simula los discos ordinarios aceptados por las computadoras y *sistemas operativos* (ver *Operating system*), mientras distribuye los datos entre los discos de una forma no convencional. Hay diferentes niveles de RAID (desde RAID-0 hasta RAID-n, variando *n* cada pocos meses) en función del *rendimiento* (ver *Performance*) y disponibilidad de datos que proporcionan.

• *RAID-3 (RAID-3)* dedicates one drive to storing parity information ...

Reel: *1. Carrete.*
1. Volumen (tradicional; es decir, no un moderno *cartucho*) de cinta magnética. Un *carrete* puede contener parte de un fichero, un fichero o más de un fichero. Su característica principal es que es desmontable (ver *Demount*).

• ... for removable media such as tape cartridges, *reels (carretes)*, and optical volumes.

Reenterable: *1. Reentrable.*
Ver *Reentrant*. Parece más lógica la palabra *reenterable* que *reentrant*. Sin embargo, se usa más esta segunda.

• ... that contains *reenterable (reentrables)* routines that are loaded at IPL ...

Reentrancy: *1. Reentrabilidad.*
1. Cualidad de ser *reentrable* (ver *Reentrant*).

• ... when using recursion, and especially when also allowing *reentrancy (reentrabilidad)* is the management of local variables ...

Reentrant: *1. Reentrable.*
1. Programa, rutina, etc., cuya ejecución puede iniciarse por una tarea o proceso (la misma copia del programa, se entiende) antes de que termine la ejecución del mismo por otra u otras tareas o procesos. Es condición imprescindible que el programa no se modifique a sí mismo y que si hay que utilizar datos, éstos se asocien dinámicamente a cada ejecución concreta.

• If you are planning to share this program between tasks, you should code the module in *reentrant (reentrable)* code.

Reference file: *1. Fichero estable.*
1. Fichero cuyo contenido cambia con muy baja frecuencia. Estos ficheros no se modifican con procedimientos ordinarios y, con

cierta frecuencia, existen copias de los mismos en diferentes puntos de una red. Cuando se producen cambios en estos ficheros se utiliza un procedimiento de distribución similar al usado para distribuir nuevas versiones de programas.

• The *Geological Reference File (Fichero Estable)* has around 1.6 million citations to geological literature ...

Reference model: *1. Modelo de referencia.*
1. Conjunto de convenciones e ideas, preparadas de forma participativa y promulgadas por una entidad dotada de autoridad y/o prestigio con la intención de que sirva como marco de entendimiento y acicate de progreso para las partes interesadas.

• It conforms to the ISO *reference model (modelo de referencia)* for network communications and ...

Reference set: *1. Conjunto más referenciado.*
1. Viejo concepto en el campo de la memoria virtual –hoy casi en desuso– que establece la existencia de un subconjunto de páginas (programas y datos) pertenecientes a una mezcla frecuente de programas en ejecución simultánea, que si estuviera en memoria real reduciría la *paginación* (ver *Paging*) al mínimo.

• ... may mean that the data *reference set (conjuntos más referenciados)* of the constituent processors may overlap.

Reference string: *1. Serie de referencias.*
1. Enumeración serial de las páginas utilizadas (referenciadas) durante la ejecución de un programa. Muestra, por tanto, el comportamiento del mismo durante la ejecución y su

efecto sobre el nivel de *paginación* (ver *Paging*). El estudio que conduce a disponer de la *serie de referencias* puede ser interesante como base de la reestructuración de programas muy usados que repercuten de forma significativa sobre el nivel de paginación.

• ... a section of program code as represented by a particular *reference string (serie de referencias)* will produce page faults ...

Referential constraint: *1. Constricción referencial.*
1. En términos sencillos una *constricción referencial* es una limitación en las actualizaciones a componentes de *bases de datos* (se impiden) que puedan dejar en la misma *descendientes* (ver, por ejemplo, *Descendent row*) sin su *progenitor* (por ejemplo, no puede haber en la *base de datos* (ver *Database*) un *pedido* de *cliente* si en la misma no existe el cliente que lo hizo).

• ... are more complex for related tables such as those with *referential constraints (constricciones referenciales)*.

Referential integrity: *1. Integridad referencial.*
1. Una *base de datos* (ver *Database*) tiene *integridad referencial* cuando en la historia de la misma (creación y todas sus actualizaciones) no se ha dado ningún caso de violación de una *constricción referencial* (ver *Referential constraint*) y si se ha dado, ha sido detectado y resuelto.

• A system must maintain the *referential integrity (integridad referencial)* of its database structure ...

Reflection: *1. Reproducción.*
1. Cada una de las representaciones de un mismo objeto por más de un icono.

• Each *reflection (reproducción)* of a single object is related to the other ...

Refresh (noun): *1. Refrescamiento.*
2. Renovación.
1. Acción y efecto de *refrescar* (ver *Refresh (verb) Def. 1)* un elemento de almacenamiento.

2. Acción y efecto de sustituir datos en una presentación por otros más recientes (ver *Refresh (verb) Def. 2)*.

Refresh (verb): *1. Refrescar.*
2. Renovar.
1. Restaurar los valores presentes en un elemento de almacenamiento (memoria, pantalla, ...) para evitar que se pierdan por motivos derivados de la física del elemento.

• DRAM must be constantly *refreshed (refrescada)* or it will loss its contents.

2. Sustituir los valores previos de una *presentación* (ver *Display (verb)*) o almacenamiento, por otros más actuales.

• ... then the page must be *refreshed (renovada)*, either from the group buffer ...

Refresh rate: *1. Frecuencia de refrescamiento. 2. Frecuencia de renovación.*
1. Frecuencia con la que se produce el *refrescamiento* (ver *Refresh (noun) Def. 1)* de un elemento de almacenamiento (se aplica especialmente a pantallas en las que son habituales frecuencias de refrescamiento superiores a 60 Hz (veces por segundo)) o la *renovación* de valores en una presentación o almacenamiento (ver *Refresh (noun) Def. 2)*.

• The *refresh rate (frecuencia de refrescamiento)* is controlled by the vertical sync signal ...

Refreshable: *1. Renovable.*
1. Atributo de un programa ejecutable que establece que dicho programa puede ser sustituido, en cualquier momento, por una nueva copia del mismo. Ello determina que la copia en ejecución en un momento dado no puede modificarse a sí misma o por otro programa, ya que dichas modificaciones se perderían al renovarse la copia.

• Therefore, *refreshable (renovables)* modules must not modify themselves ...

Region: *1. Partición.*
1. Nombre que se da, en algunos *sistemas operativos* (ver *Operating system*), a cada una de las partes de la memoria en las que puede ejecutarse un programa (*multiprogramación*) independiente o una tarea del propio sistema. También se llama *Partition*.

• ... can become interspersed with messages from the operating system and from other *regions (particiones)* ...

Register (noun): *1. Registro.*
Sinónimo de *General register* (ver).

Register (verb): *1. Registrar(se).*
1. Inscribirse como cliente de un producto determinado. Imprescindible para recibir asistencia técnica, ser informado de novedades, etc.).

• From this site, you can *register (registrar)* your XXX products no matter where you are in the world.

Registered Jack: *1. RJ.*
Ver *Jack (clavija)* para una definición general y *RJ-nn* para descripción de algunos modelos.

• RJ-11 is short for *Registered Jack*-11.

Registry: *1. Registry.*
1. Conjunto estructurado de ficheros en los

que se contiene la información de configuración de las instalaciones de Windows 95, 98 y NT. El usuario y las aplicaciones instaladas acceden esporádicamente al *Registry*. También es posible acceder al mismo intencionalmente ejecutando su *editor (regedit.exe)*, pero es una tarea comprometida.

- The *Registry (Registry)* is divided into six sections, each identified as HKEY_...

Regression testing: *1. Prueba retrospectiva.*
1. Prueba de una parte nueva (o modificada) de un producto o aplicación que tiene en cuenta la parte antigua (o no modificada) para descartar «efectos colaterales» de lo nuevo (o modificado).

- ... as bugs manifest during a *regression testing (prueba retrospectiva)*.

Regular expression: *1. Expresión regular.*
1. Secuencia de caracteres normales y especiales o comodines (ver *Pattern matching character*; sinónimo de *Wildchar* y otros) que se usa como plantilla de comparación para determinar si otras secuencias de caracteres normales cumplen con un determinado patrón o modelo.

- ... to point to some point in the input *regular expression (expresión regular)* string to cause ...

Regular file: *1. Fichero regular.*
1. Fichero carente de estructura de registros o bloques y que, por tanto, está formado por una secuencia de *baits* (ver *Byte*) que puede accederse al azar (en un punto cualquiera de la misma).

- XXX must be a *regular file (fichero regular)* that is open for writing.

Reinstall (verb): *1. Reinstalar.*
1. Volver a instalar un sistema, subsistema aplicación, producto o cualquier parte o componente de los mismos. Potencialmente, una reinstalación es más simple que una primera instalación. Sin embargo, a veces, los «restos» de la instalación previa pueden dificultar seriamente el proceso.

- ... someone else has extracted, changed, and *reinstalled (reinstalado)* the service definition.

Reject (noun): *1. Desecho. 2. Rechazo.*
1. Lo que ha sido desechado (ver *Reject (verb) Def. 1*).

- *Reject (de desecho)* files are discussed later in this section.

2. Acción y efecto de rechazar un *mandato* (ver *Command*) o petición (ver *Reject Def. 2*).

- Determines the reason for an abortive connection *reject (rechazo)*.

Reject (verb): *1. Desechar. 2. Rechazar.*
1. No considerar (no aceptar) una determinada opción o datos.

- Show and select or *reject (desechar)* lines common to two files.

2. No aceptar un *mandato* (ver *Command*) o petición, denegarlos.

- Otherwise, the system *rejects (rechaza)* the unmount request.

Relation: *1. Relación. 2. Interrelación.*
1. Nombre original de lo que más adelante serán *tablas* en *bases de datos* (ver *Database*) relacionales. Es decir, conjuntos de filas y columnas que deben cumplir una serie de condiciones (no haber filas duplicadas, ser indife-

rente el orden de las filas y el de las columnas, y tener nombre las columnas).

• Informally, each row in a normalised *relation (relación)* has a fixed number of attribute values ...

2. En ciertos entornos se usa *relation* (de forma no muy ortodoxa) para indicar lo mismo que *relationship* (ver esta última palabra).

• ... is the entities and their *relations (interrelaciones)* to each other, while the physical data structure is ...

3. Hay un uso más «normal» de *relación* que es la que se refiere a comparaciones y, en general, al establecimiento de predicados.

• An arithmetic *relation (relación)* is two arithmetic expressions separated by a relational operator.

Relational: *1. Relacional.*
1. Todo lo referente a *relation* en su tercer significado (ver *Relation Def. 3*).

• The permissible *relational (relacionales)* operators and their meanings are: ...

2. Todo lo referente a *relation* (ver) en sus primero y segundo significados. Ver ejemplos en palabras siguientes.

Relational algebra: *1. Álgebra relacional.*
1. Rama del álgebra cuya aplicación a la modelización lógica de datos y al diseño de lenguajes de interrogación de *bases de datos* (ver *Database*), ha sido y es muy fructífera.

• The main operations of the *relational algebra (álgebra relacional)* are ...

Relational data model: *1. Modelo relacional de datos.*
1. Modelo de datos construido de acuerdo con los principios relacionales (es decir, basado en *relaciones* (ver *Relation Def. 1*)) y, especialmente, si se ha aplicado al mismo un proceso más o menos riguroso de *normalización* (ver *Normalize*). A los datos que se ajustan a ese modelo se les pueden aplicar las operaciones del álgebra relacional.

• SQL is a standard language for talking to a database built on the *relational data model (modelo relacional de datos)* ...

Relational database: *1. Base de datos relacional.*
1. *Base de datos* (ver *Database*) cuyo modelo lógico se ha construido usando, directa o indirectamente, el álgebra relacional y que, por tanto, está formada por tablas que representan *entidades* (ver *Entity*) e *interrelaciones* (ver *Relationship*) entre entidades. El propio diseño de la base de datos permite «navegar» en la misma usando un lenguaje también basado en el álgebra relacional.

• In a *relational database (base de datos relacional)*, you can express several types of relationships ...

Relational Data Analysis: *1. Análisis Relacional de Datos. 2. ARD.*
1. Técnica complementaria de la modelización lógica de datos, que intenta construir otro modelo de datos por síntesis sucesivas desde agrupaciones de datos encontradas en la realidad del sistema actual y aplicando principios de *normalización* (ver *Normalize Def. 1*). Los modelos resultantes de ambas técnicas han de fusionarse para constituir el *modelo lógico de datos* definitivo.

• *Relational data analysis (El análisis relacio-*

nal de datos) is concerned with decomposing data groups ...

Relational Database Management System: *1. Sistema de Gestión de Bases de Datos Relacionales. 2. SGBDR.*

1. Sistema de Gestión de Bases de Datos (ver *Database Management System*) diseñado y desarrollado de acuerdo con los principios relacionales y que implementa una parte más o menos importante del álgebra relacional (en sus lenguajes, en el manejo de los datos, etc.).

● ... statement to connect to other *relational database management systems (sistema de gestión de bases de datos relacionales)* in the network ...

Relational expression: *1. Expresión relacional.*

1. En general, dos expresiones (pueden ser datos elementales) separadas por un operador relacional (ver *Relational operator).* Una *expresión relacional* sólo puede tomar dos valores: *cierto* y *falso.* En algunos lenguajes se exige que las expresiones relacionadas sean aritméticas. En otros, las *expresiones relacionales* se engloban en el marco más general de las *condiciones.*

● ... how to use a *relational expression (expresión relacional)* less than (<) for decimals.

Relational operator: *1. Operador relacional.*

1. Operador que se usa para comparar datos y/o expresiones produciendo un resultado de *cierto* o *falso.* Son ejemplos: '=', '>', etc.

● ... when it is being used as a *relational operator (operador relacional)* or ...

Relational OLAP: *1. ROLAP.*

1. *OLAP* (ver *Online analytical processing)* que se refiere a una *base de datos relacional*

(ver *Relational database)* tradicional. Existe un mecanismo que traduce las peticiones, consultas, etc., *OLAP* a lenguaje relacional (por ejemplo, *SQL;* ver *Structured Query Language).*

● *Relational OLAP (ROLAP)* provides an open, scaleable architecture that meets all the requirements for decision support.

Relationship: *1. Interrelación.*

1. En diseño de *bases de datos* (ver *Database)* y, en general, en el estudio de la estructura de la información y de los datos, las *interrelaciones* son propiedades especiales que no se refieren a una sola *entidad* (ver *Entity),* sino a una entidad con respecto a otra.

● Strictly, the two ends of the *relationship (interrelación)* line represent the properties of two ...

Relationship degree: *1. Razón de una interrelación.*

1. La *razón de una interrelación* entre dos *entidades-tipo* (ver *Entity type)* indica cuantas entidades de una de las entidades-tipo se relacionan con cuantas entidades de la otra. Existen tres razones básicas: *1:1, 1:n* y *m:n.*

● The relationship statement quotes *relationship degree (razón de la interrelación)*, optionality ...

Relationship type: *1. Interrelación-tipo.*

1. De la misma manera que se establece una diferencia entre *entidad-tipo* (abstracción; ver *Entity* y *Entity type)* y entidades concretas *(ejemplares* de una *entidad-tipo;* ver *Instance* u *Occurrence)* puede establecerse la misma diferencia entre *Interrelación-tipo* y ejemplares de la misma. Frecuentemente se usa la palabra *Relationship (Interrelación)* para referirse a una *Relationship type (Interrelación tipo).*

● The *relationship type (la interrelación-tipo)* is named with the verb (e.g., «writes») that states the reason why entities of the two ...

Relative address: *1. Dirección relativa.*
1. Dirección que se establece con relación a una dirección que se toma como base. Esta última dirección puede estar contenida en un registro, ser una dirección simbólica, etc. Las direcciones relativas facilitan el poder cargar los programas en diferentes posiciones de memoria.

● ... second operand of the instruction refers to the *relative address (dirección relativa)* at which ...

Relative Byte Address: *1. Dirección Relativa de Bait. 2. DRB.*
1. Número de posiciones de *bait* (ver *Byte*) desde un cierto origen (inicio de un *báfer* (ver *Buffer (noun)*), inicio de un fichero, etc.) hasta el *bait* al que se refiere la dirección relativa. Según sistemas, el primer *bait* puede ser el *bait* 0 o el *bait* 1. Es importante saberlo.

● This *Relative Byte Address (Dirección Relativa de Bait)* is the point at which the next byte of data will be ...

Relative file: *1. Fichero relativo.*
1. *Organización de ficheros* (ver *File organization*) en la que cada registro se identifica y accede (de forma directa) por el número del registro en el fichero o *número relativo de registro.*

● ... greater than the record size of the *relative file (fichero relativo)* ...

Relative record number: *1. Número Relativo de Registro. 2. NRR.*
1. En un *fichero relativo* (ver *Relative file*), número de orden de un registro en el fichero (es el número que lo identifica).

● ... correspondence between records and *relative record numbers (números relativos de registro)* ...

Relay: *1. Relé.*
1. Dispositivo electromagnético o electrónico situado en un circuito que, cuando recibe cierta señal, es capaz de actuar sobre otro circuito o sobre dispositivos situados en el mismo o en otro circuito. Puede usarse para activar conmutadores, incrementar la potencia de una señal, etc.

● The MAU contains *relays (relés)* to short out nonoperating stations.

Relay open system: *1. Sistema abierto repetidor.*
1. Sistema abierto (ver *Open Systems Interconnection*) que recibe datos de otro y los reenvía a un tercero.

● ... whether you treat the adjacent node as a *relay open system (sistema abierto repetidor)*, a destination ...

Release (noun): *1. Entrega.*
1. Producto software relativamente estable en el que el fabricante ha introducido cambios no muy importantes con relación a la *entrega* o versión (ver *Version*) previas.

● Planning for Installation *Release (Entrega)* n ...

Release (verb): *1. Liberar.*
1. Poner a disposición general determinados recursos que se hallaban retenidos por necesidades de proceso, reserva excesiva, etc.

● This command is used to *release (liberar)* unused space in sequential files for use by other files ...

2. Eliminar cualquier tipo de *bloqueo* (esta-

blecido por el sistema o por el propio usuario; ver *Lock (noun)*). Puede referirse a trabajos en espera, *colas* (ver *Queue (noun)*) de *seriación* (ver *Serialize*), bloqueos de integridad, etcétera.

• ... *releases (libera)* and re-obtains volume serialization. This action reduces the overall time ...

Reliability: *1. Fiabilidad.*
1. Medida o evaluación de la capacidad de un elemento de proceso (del tipo que sea) para seguir operando sin fallos ni errores. Puede referirse a aplicaciones, comunicaciones, etc.

• ... messages of a fixed maximum length whose *reliability (fiabilidad)* is not guaranteed ...

Reload: *1. Recargar.*
1. Mover trabajos pendientes de ser procesados, datos de salida pendientes de ser enviados a los dispositivos correspondientes, etc., desde la ubicación provisional en que los dejó una operación de *descargar* (ver *Off-load*) a la ubicación habitual de espera para procesamiento.

• If needed, these files can be *reloaded (recargados)* immediately ...

Relocatable expression: *1. Expresión reubicable.*
1. Cada ejecución de un programa puede realizarse con el programa cargado a partir de una posición diferente de memoria (*reubicación*; ver *Relocation*). En programación en Ensamblador un *término* usado en una instrucción tiene *valor reubicable* si este valor cambia en función de la ubicación del programa. El término también se llama reubicable. Análogamente, una expresión será reubicable si el valor al que, en última instancia, queda reducida, es un valor reubicable.

• This expression can have a *relocatable (reubicable)* or absolute *value*, which is then assigned to the ordinary symbol.

• The pairing of *relocatable terms* cancels the effect of relocation.

Relocatable term: *1. Término reubicable.*
Ver *Relocatable expression*.

Relocatable value: *1. Valor reubicable.*
Ver *Relocatable expression*.

Relocation: *1. Reubicación.*
1. Se llama *reubicación* a la carga de un programa en posiciones de la memoria diferentes a las inicialmente asignadas por el programa Ensamblador durante el ensamblaje.

• An absolute expression is one whose value remains the same after program *relocation (reubicación)*.

Remailer: *1. Reexpedidor.*
1. Sede de Internet cuya función es recibir *mensacorres* (ver *E-mail (noun) Def. 2*) y reenviarlos a su destino tras haber ocultado la dirección de *correo-e* del remitente. Hay muchas discusiones acerca de si esta práctica es ética o democrática.

• This is *not* a generic anonymous *remailer (reexpedidor)*. It only works for a dozen registered people ...

Remainder: *1. Resto.*
1. Resto de una división. Los diferentes lenguajes de programación tienen diferentes posibilidades con referencia a la obtención del resto de las divisiones.

• Calculates the quotient and *remainder (resto)* of the division of ...

Remap: *1. Reasignar. 2. Reasociar.*
1. Modificar la capacidad funcional (ver *Functionality*) de uno o más elementos de un conjunto, *asignándoles* nuevas funciones.

• ... you can use the keyboard *remapping (reasignación)* function to define one key to generate a multikey ...

2. Establecer una nueva asociación (ver *Map (verb) Def. 3*).

• ... how the child's file descriptors *are to be remapped (tienen que reasociarse)* from the ...

Remedial maintenance:
1. Mantenimiento correctivo.
Sinónimo de *Corrective maintenance.*

Remote: *1. Remoto.*
1. Lo contrario de *local*: que se comunica o es accedido por medio de una línea de telecomunicaciones.

• ... copies files to users on *remote (remoto)* systems using ...

Remote access: *1. Acceso remoto.*
1. Acceso a una computadora o a una red local de computadoras desde una ubicación remota. En una primera etapa, este acceso se hacía desde *terminales tontos* (ver *Dumb terminal*) usando la red telefónica convencional. Actualmente el acceso remoto es, casi siempre, de computadora a computadora (o red) usando *enlaces* (ver *Link (noun) Def. 5*) que pueden ser de tipos muy diversos.

• ... if your requirement is simply to provide *remote access (acceso remoto)* from a host to existing ...

Remote access server: *1. Servidor de acceso remoto.*
1. Servidor que, en una ubicación local, ges-

tiona, para uno o más usuarios locales (probablemente, situados en red local) el acceso a un servicio remoto. Dado que hay, por medio, un problema de comunicaciones, estos servidores se llaman, frecuentemente *servidores de comunicaciones.*

• The new *remote access server (servidor de acceso remoto)* provides dial-up and remote Internet access to the college ...

Remote Access Services: *1. RAS.*
1. Opción de Windows NT que permite a usuarios remotos el acceso, vía *módem* (ver *Modem*) o X.25, a una red local (ver *Local Area Network*) gestionada por aquel *sistema operativo*. Es necesario que el usuario remoto tenga en su computadora un programa que actúe como *cliente RAS.*

• *Remote Access Services (RAS)* includes support for dialup and logon and then presents the same ...

Remote administration:
1. Administración remota.
1. Gestión de componentes de una red (sistemas, usuarios, registros, etc.) desde una ubicación remota (ver *Remote*) con relación a los mismos, es decir, con intervención de líneas de telecomunicaciones.

• *Remote administration (La administración remota)* of computers is increasingly common because of the significant cost ...

Remote Authentication Dial-In User Service: *1. RADIUS.*
1. Protocolo y programas que permiten la creación, mantenimiento y utilización de un servidor especializado en la autenticación de usuarios que desean acceder a otros servidores descentralizados. *RADIUS* opera, por tanto, en un entorno cliente/servidor y está dotado de una *base de datos* con información de usuarios potenciales.

● ... discussion on *Remote Authentication Dial-In Use Service (RADIUS)* protocol which is the protocol used to manage authentication between ...

Remote host: *1. Huéspeda remota.*
1. Consideración que se da a cualquier computadora *huéspeda* (ver *Host Def. 1*) de una red o interred excepto a la propia.

● ... that allows you to log on to a *remote host (huéspeda remota)* as though you are ...

Remote Job Entry: *1. Entrada de Trabajos Remotos. 2. RJE.*
1. Capacidad de algunos *sistemas operativos* (ver *Operating system*) o de sus subsistemas, de aceptar trabajos cuya *corriente de entrada* (ver *In-stream*) llega por línea de comunicaciones y cuya salida puede ser enviada por el mismo procedimiento.

● ... of one teleprocessing line to be used during *remote job entry (entrada de trabajos remotos)* ...

Remote login: *1. Acceso remoto.*
1. Acceso desde la computadora propia a otra computadora en red (o en Internet) y uso de la misma, si se recibe autorización y dentro de unos límites preestablecidos, como si fuera la propia. *Telnet* (ver) es, posiblemente, el protocolo y software de uso más frecuente que permiten esta posibilidad.

● ... which uses the protocol and acts as a terminal emulator for the *remote login (de acceso remoto)* session.

Remote Method Invocation: *1. RMI.*
1. Procedimiento implementado en Java y su entorno para desarrollar aplicaciones *orientadas a objetos* (ver *Object oriented*) y distribuidas. Los *objetos* (ver *Object*) situados en diferentes computadoras pueden interaccionar

entre ellos intercambiándose atributos e información sobre *métodos* (ver *Method Def. 1*) con posibilidad de modificar el comportamiento del objeto remoto del que se solicita un servicio.

● ... is reponsible for transport-independent functioning of *Remote Method Invocation (RMI)*, such as ...

Remote Network Monitoring: *1. RMON.*
1. Software, hardware y formatos que facilitan la monitorización y el control de redes dispersas desde un centro focal. Estos elementos simplifican la tarea de los administradores de redes.

● ... the *remote network monitoring (RMON)* device has the opportunity to add significant value to the data it collects.

Remote Operations Service Element: *1. ROSE.*
1. Tipo especial de elemento de comunicaciones al servicio de aplicaciones, especializado en comunicaciones orientadas a la conexión, de poco volumen de datos y en el que cada comunicación (de ida y vuelta) es independiente de la anterior y de la siguiente. Este modo de comunicación se conoce como *llamada a procedimiento remoto* (ver *Remote procedure call*).

● Normally, all *ROSE (ROSE)* data is transferred using services provided by the presentation layer.

Remote Procedure Call: *1. RPC.*
1. También conocida como *remote operation* es una forma de comunicar y operar en la que cada comunicación (de ida y vuelta) constituye una unidad independiente. El caso típico es solicitar un servicio (único, aunque tal vez repetible) de un servidor.

- For example, *Remote Procedure Call (RPC)* calls may be asynchronous so that the client can do another ...

Removable: *1. Extraíble.*
1. Dispositivo y/o unidad de almacenamiento que puede ser *extraído* y sustituido por otro equivalente.

Removable hard disk: *1. Disco duro extraíble.*
1. Disco duro que puede extraerse de su unidad (en una *CP*; en máquinas mayores e incluso en computadoras principales (ver *Mainframe computer*), los discos extraíbles fueron comunes hasta finales de los años 70's, o más) y ser sustituido por otro.

- Can I use a CD-RW drive as a normal *removable hard disk (de disco duro extraíble)* drive?

Removal: *1. Supresión. 2. Eliminación. 3. Extracción.*
1. Acción y efecto de *suprimir, eliminar o extraer* algo (ver *Remove (verb)*).

- ... and provides the option of immediate or later *removal (eliminación).*

Remove (verb): *1. Suprimir. 2. Eliminar. 3. Extraer.*
1. Prescindir de un componente de un texto. Tal vez a causa de que es erróneo o da problemas (por ejemplo, un paréntesis de más). Puede generalizarse a otros elementos o componentes innecesarios o perjudiciales.

- Correct the command syntax by *removing (suprimiendo)* the keyword XYZ ...

2. Hacer desaparecer limitaciones, trabas y cortapisas.

- ... class authority *to remove (eliminar)* restrictions on processing of ...

- Compression *removes (elimina)* unused space ...

3. Sacar un miembro de un conjunto fuera del mismo.

- ... you can *remove (extraer)* a volume and its data sets from SMS management.

Rename (verb): *1. Redenominar.*
1. Asignar un nuevo nombre a un objeto que ya tiene uno.

- To *rename (redenominar)* an existing file, see ...

Render: *1. Convertir en. 2. Generar.*
1. Palabra con muchos significados. En informática las que se han encontrado con más frecuencia son *convertir en* y *generar* (imágenes desde un fichero de datos y/o fórmulas).

- There are many conditions that *could render (podrían convertir ... en)* the data unusable ...

Renderer picking: *1. Pregeneración selectiva.*
1. Selección de posibles generaciones de imágenes que cumplen determinados requisitos. Las imágenes no se generan; sólo se prueban las primitivas que las generan.

- The semantics of *renderer picking (pregeneración selectiva)* are identical to rendering ...

Rendering: *1. Generación.*
1. Generación de una imagen de cualquier tipo a partir de una formulación matemática más o menos compleja (por ejemplo, caracteres *–fuentes–* representados vectorialmente).

- ... allows the unique derivation of the meaning and *rendering (generación)* of a graphic ...

Rendez-vous: *1. Cita previa.*
1. Mecanismo de comunicación entre tareas que se ejecutan en un *sistema de tiempo real* (ver *Real-time system*) cuando se produce un intercambio directo y acordado de mensajes.

● ...an object can be used as the place for the client and server to «meet» and establish a *rendez-vous (cita previa).*

Reorganization: *1. Reorganización.*
1. Función suministrada, directa o indirectamente, por los *métodos de acceso* (ver *Access method*) a ficheros, que permite reordenar registros, espacio y tal vez índices, para obtener mayor *rendimiento* (ver *Performance*) en el uso de los ficheros. Si no se dispone de una herramienta de *reorganización*, podría llegar a ser necesario diseñar y programar una.

● *Reorganization (reorganización)* creates a smaller, more efficient file ...

Repair (name): *1. Reparación.*
1. Acción y efecto de *reparar* (ver *Repair (verb)).*

● ... to control use of *repair (de reparación)* functions on catalog entries...

Repair (verb): *1. Reparar.*
1. Actividad de reparar un daño en dispositivos (especialmente, discos) y datos.

● ... needs *to be repaired (ser reparado)* or recovered...

Repeater: *1. Repetidora.*
1. *Huéspeda* (ver *Host Def. 1*) especial y simplificada de una red local cuya función es recibir la *señal* (ver *Signal Def. 1*), regenerarla –con más potencia– y volver a enviarla.

● ... one or more *repeaters (repetidoras)* are inserted at intervals along the cable to ...

Replace: *1. Reemplazar.*
1. Sustituir un elemento por otro. Puede referirse a multitud de situaciones y tipos de elementos (texto, caracteres, ficheros, programas, etc.).

● If the member is *to replace (reemplazar)* an identically named member in an existing library ...

Replace mode: *1. Modo reemplazar.*
1. Modo de *tecleo* (ver *Key (verb)* o *Type (verb)*) opuesto a *modo insertar.* En *modo reemplazar* cada carácter pulsado reemplaza al existente en el punto en que está situado el cursor. Se activa y desactiva con *tecla insertar* (ver *Insert key).*

● To save the file, leave insert or *replace mode (modo reemplazar)*, and type :w.

Replacement algorithm: *1. Algoritmo de reemplazamiento.*
1. Algoritmo que se utiliza para seleccionar bloques a *evacuar* (ver *Destage*) a memoria desde un caché asociativo cuando no hay espacio para poner en el mismo nuevos bloques (por ejemplo, algoritmo basado en evacuar los bloques menos usados).

● A random *replacement algorithm (algoritmo de reemplazamiento)* picks any block with ...

Replicate: *1. Calcar.*
1. Producir una copia idéntica de un cierto original.

● ... and all levels of index records are *replicated (se calcan)* ...

Replication: *1. Calco. 2. Calcado.*
1. Copia idéntica producida por medio de una operación de *calcado* (ver *Replicate).*

● *Replication (calcado)* of a record reduces this time ...

2. Proceso de copiado de una fórmula desde una celda a otra de una hoja de cálculo.

● ... paste, formula *replication (calcado)* across rows and columns.

Reply (noun): *1. Respuesta.*
1. Contestación a un mensaje seguido de una invitación (ver *Prompt (noun)*) a contestar, procedentes de un proceso interactivo.

● The *reply (respuesta)* given is used for that command invocation for all other ...

Reply (verb): *1. Responder.*
1. Suministrar una *respuesta* (ver *Reply (noun)*) a un proceso interactivo.

● ... for the user *to reply (responder)* with permission to continue ...

Report (noun): *1. Informe. 2. Listado.*
1. Presentación organizada y estructurada de datos con un objetivo claro.

2. Sinónimo de *Listing* (ver).

● ... and how often the *report (listado)* should be generated ...

Report (verb): *1. Informar. 2. Listar.*
1. Producir un *informe* o un *listado* (ver *Report (noun)*).

● ... local site procedures for *reporting (informar)* hardware or software problems.

Report exception (verb): *1. Informar sobre excepción.*
1. Información que la UCP (ver *Central Processing Unit*) pone a disposición de un programa (vía una interrupción de programa)

cuando se produce una excepción. La información puede ser diferente según el tipo de excepción.

● Program interruptions are used *to report exceptions (informar sobre excepciones)* and events which occur during ...

Report generator: *1. Generador de listados.*
1. Software más lenguaje especializados en la programación de la producción de listados (ver *Report (noun) Def. 2*). Algunos lenguajes de cuarta generación son *generadores de listados* o contienen una parte dedicada a esta función.

● ... thus making it effectively a *report generator (generador de listados)*.

Report Program Generator: *1. RPG.*
1. Lenguaje de programación, presentado por IBM a mediados de los 60's, con lógica principal parametrizada y destinado, en buena medida, al desarrollo de programas para producir listados. Las versiones posteriores del lenguaje permitieron más flexibilidad tanto en la lógica implícita como en su utilización.

● ... used in conjunction with *RPG III (RPG III)*.

Repository: *1. Repositorio.*
1. Depósito de datos, en general, aunque casi siempre se aplica a depósito de *metadatos* (ver *Metadata*) para uso diverso: ayuda al desarrollo y a las migraciones, etc.

● ... running on workstations accessing a central *repository (repositorio)* on a mainframe.

Repudiation: *1. Repudio.*
1. Acción y efecto de repudiar, es decir, de no aceptar un hecho o de rechazarlo. Se trata, por tanto, de intentar darlos por inexistentes (por

lo común, en nuestro caso, una acción con respecto a un mensaje). Un interlocutor puede rechazar el haber enviado *(Repudiation of origin)* un mensaje o el haberlo recibido *(Repudiation of delivery)*.

• ... to serve as the basis for a claim for *repudiation (repudio)* of a message, ...

Request (noun): *1. Solicitud.*
1. Petición que se hace a un elemento que está preparado para satisfacerla (un servidor, un procesador de *mandatos* (ver *Command*), un programa, etc.).

• ... is running and receives a *request (solicitud)* for a connection ...

Request (verb): *1. Solicitar.*
1. Formular una *solicitud* (ver *Request (noun))*.

• It *requests (solicita)* that temporary files generated by ...

Request For Comment: *1. RFC.*
1. Mecanismo usado, desde finales de los años 60, por la comunidad de Internet para conseguir acuerdos de diseño basados en las aportaciones libres de empresas, instituciones y personas. Una parte, más importante que numerosa, de *RFCs* se ha convertido en estándares.

• For these reasons, they remain as *Request For Comment's (RFCs)* even once adopted as ...

Request Unit: *1. SRU.*
1. En ciertos protocolos (por ejemplo, *SNA*; ver *Systems Network Architecture*), una *SRU* es un mensaje que, además de los datos de usuario, puede llevar incorporados datos de control.

• ... the length of the remainder of the *request unit (SRU)* is less than the ...

Request/Response Unit: *1. RU.*
1. Pareja formada por una *SRU* (ver *Request Unit*) y su correspondiente respuesta (ver *Response Unit*).

Requester: *1. Solicitante.*
1. En comunicaciones, *solicitante* es el programa que solicita un servicio a un servidor situado en otra computadora. Es sinónimo de *Client*.

• ... cannot tell the system from which *requesters (solicitantes)* it accepts connections.

Required parameter: *1. Parámetro obligatorio.*
1. Parámetro (de programa, función, etc.) que hay que suministrar obligatoriamente ya que no se ha previsto para el mismo un valor por omisión (ver *Default value*).

• Following the last *required parameter (parámetro obligatorio)* and its blank ...

Required system: *1. Sistema requerido.*
1. Como contraposición a *sistema actual*, el *sistema requerido* es el sistema del futuro, el que satisface y resuelve todas las necesidades y requisitos que habrán de materializarse durante el diseño e implementación del sistema informático en cuestión.

• ... is then converted into the *required system (del sistema requerido)* Data Flow Model taking account of ...

Requirements: *1. Requisitos.*
1. Definición completa de lo que ha de hacer un sistema, subsistema o aplicación, obtenida en los estadios iniciales del análisis y desarrollo de los mismos. Al final del proceso, la definición deberá ser suficientemente detallada

y descompuesta en elementos identificables, a los que se asociarán denominaciones. Estos elementos se cuantificarán, si es posible.

● ... addressing *requirements (requisitos)* in increasing detail as the project progresses.

Requisite: *1. Requisito.*
1. Condición necesaria para obtener un cierto resultado. Se usa con mucha frecuencia cuando se instala o actualiza software. Ver también *Corequisite.*

● ... recognizes that the new function satisfies the *requisites (requisitos)* specified for the deleted function.

Rerun: *1. Reejecutar.*
1. Volver a ejecutar un elemento (cadena, programa, ...) que, por lo general, no ha funcionado satisfactoriamente.

● Correct the error in the configuration file and *rerun (reejecute)* the program (frase frecuente en manuales de mensajes).

Reserved: *1. Reservado.*
1. Aplícase, por lo general, a elementos de un lenguaje (caracteres, palabras, ...) destinados por quien diseñó el lenguaje a un uso concreto y específico, que impide el uso libre de dicho elemento. Puede generalizarse la definición a otros tipos de elementos: *campos* (ver *Field*) de registros, bits de un *bait* (ver *Byte*), etcétera, que el diseñador correspondiente declara no utilizables.

● Keywords are *reserved (reservadas)* words that are required within a given ...

Reset (noun): *1. Restablecimiento.*
2. Desactivación.
1. Acción y efecto de *restablecer* o *desactivar* (ver *Reset (verb)*).

● ... only files updated since the last *reset (restablecimiento)* are to be dumped.

Reset (verb): *1. Restablecer.*
2. Desactivar.
1. Volver a dar a uno o más atributos sus valores iniciales o de definición. Puede aplicarse tanto a un atributo concreto como a todos los que configuran el funcionamiento de un sistema.

● ... the indicator *will be reset (se restablecerá)* whenever volumes are ...

2. Desactivar una opción que se había activado anteriormente.

● The exit can set or *reset (desactivar)* this option.

Residence mode: *1. Modo de residencia.*
1. En *sistemas operativos* (ver *Operating system*) de *computadoras principales* (ver *Mainframe computer*) de IBM cuya memoria virtual se amplió de 16 MB a 2 GB, el *modo de residencia* es un concepto creado por razones de compatibilidad y que define si un programa ha de cargarse en los primeros 16 MB o en cualquier parte de la memoria virtual.

● All modules in a group must have the same *residence mode (modo de residencia)* ...

Resident: *1. Residente.*
1. Cuando los discos podían ser extraíbles, se estableció el nombre *residente* para identificar al disco que contenía los programas y datos del *sistema operativo* (ver *Operating system*). Hoy en día se mantiene la denominación aunque los discos son en general, fijos y, por tanto, *residentes (adjetivo)*.

● You should create an emergency *resident (residente)* ...

● Only direct access volumes can be perma-
nently *resident (residentes)*.

2. Aplicado a programas, se llama *residentes*
a los programas que están permanentemente
en memoria. Tal vez debido a que realizan
una tarea permanente (por ejemplo, un antivirus), o a que son muy usados. Ver también
Memory resident y *Terminate and Stay Resident*.

● ... management routines are not *resident*
(residente), an additional ...

Resident font: *1. Fuente interna.*
Sinónimo de *Internal font* (ver).

Resize: *1. Redimensionar.*
1. Cambiar las dimensiones de un objeto (por
ejemplo, una ventana, un *lucero* (ver *Pane*),
etcétera).

● ... or to *resize (redimensionar)* existing
panes.

Resolution: *1. Definición.*
1. Agudeza y claridad de una imagen que se
presenta (ver *Display (verb)*) en pantalla o se
imprime. Para ciertas impresoras se mide en
puntos por pulgada (ppp; o bien, «dots per
inch» o dpi). En las pantallas se mide por el
número total de *píxeles* (ver *Pixel*) que pueden presentarse en toda la pantalla (por ejemplo, una *definición* de 800 × 600 quiere decir
que en toda la pantalla pueden presentarse
480.000 píxeles).

● ... I/O devices are often classified as high
resolution (definición) ...

Resolution enhancement: *1. Mejora*
de la definición.
1. Técnica usada por las impresoras láser para
mejorar la *definición* (ver *Resolution*) de sus
salidas.

● A common *resolution enhancement (mejora*
de la definición) technique is ...

Resource: *1. Recurso.*
1. Se llama recurso a cualquier elemento necesario para que un elemento activo (trabajo,
proceso, ...) pueda iniciar o proseguir su tarea. Son recursos la UCP (ver *Central Processing Unit*), la memoria, el almacenamiento
externo –canales, controladores, volúmenes–,
los ficheros, los programas, etc.

● ... that compete more efficiently for the *resources (recursos)* of the system.

Resource Access Control Facility:
1. RACF.
1. Aplicación de IBM, ejecutable en los *sistemas operativos MVS* (ver) y OS/390, cuya
función es colaborar en el mantenimiento de
la seguridad de datos y procesos, controlando
el acceso a los mismos.

● ... the security administrator sets down the
guidelines that *RACF (RACF)* uses to ...

Resource Interchange File Format:
1. RIFF.
1. Formato jerarquizado de ficheros implementado por Microsoft y que se aplica, específicamente, a los ficheros WAV y AVI.

● WAV was developed by Microsoft and IBM
as part of the *Resource Interchange File Format (RIFF)* for Windows.

Resource Reservation Protocol:
1. RSVP.
1. Protocolo en Internet que posibilita acor-
dar, de antemano, entre un servidor y un
cliente, la comunicación a una velocidad
(anchura de banda) superior a la que se hubiera producido sin intervención de este protocolo. Se usa especialmente para *multidifusión* (ver *Multicast*) y requiere software es-

pecial tanto en el cliente como en el servidor.

● ... work is proceeding in the IETF for mapping the *Resource Reservation Protocol (RSVP)* over ATM.

Responder: *1. Respondedor.*
1. En el modelo *OSI* (ver *Open Systems Interconnection*), *entidad aplicación* (ver *Application entity*) que acepta una asociación aplicacional o interacción, a remolque de otra entidad que actúa como iniciadora.

● When the *responder (respondedor)* starts, it waits for the initiator ...

Response: *1. Respuesta.*
1. Tipo de actividad informática de un interlocutor con relación a otro por la que el primero envía al segundo un dato o un conjunto de datos, que éste le había solicitado. El lenguaje común está protocolizado.

● ... which each entry calls forth a *response (respuesta)* from a system or program.

Response time: *1. Tiempo de respuesta.*
1. En aplicaciones interactivas y en comunicaciones, tiempo transcurrido entre el momento en que se pone en marcha la transmisión hacia la computadora o hacia la línea y el momento en que se empieza a recibir la respuesta o la petición de una nueva *introducción.*

● ... an acceptable compromise between *response time (tiempo de respuesta)* and required resources ...

Response Unit: *1. RRU.*
1. Mensaje de contestación a una *request unit.* A veces se llama *RU* a la pareja *Request/Response.*

● ... optionally followed by a *response unit (RRU)* ...

● ... for the maximum *Response Unit (RU)* sizes ...

Responsive system: *1. Sistema reactivo.*
1. Sistema que interacciona con el entorno de forma que a cada estímulo recibido del mismo (en forma de evento o mensaje) el sistema «calcula» una respuesta que ha de producirse dentro de una cierta limitación temporal.

● By definition a *responsive system (sistema reactivo)* has to compute an answer to an external trigger event ...

Responsiveness: *1. Reactividad.*
1. Medida o valoración del mayor o menor tiempo de respuesta de los sistemas interactivos o de *tiempo real* (ver *Real-time system*) o del tiempo de ejecución de los sistemas de ejecución por *lotes* (ver *Batch*). Puede ser tanto un requisito no-funcional como el resultado de mediciones posteriores.

● ... begins to affect the *responsiveness (reactividad)* of foreground interactive work.

Restart (noun): *1. Reinicio.*
1. Acción y efecto de *reiniciar* (ver *Restart (verb)*).

● ... and could require the *restart (reinicio)* of TCP/IP ...

Restart (verb): *1. Reiniciar.*
1. Volver a poner en funcionamiento un elemento que, por cualquier causa, había dejado de estarlo. Puede aplicarse a sistemas, subsistemas, programas, servidores, etc. Un caso tradicional es el de los elementos que cuentan con toma de *puntos de control* (ver *Checkpoint*) que les permite *reiniciar* el procesamiento desde el último de los registrados.

• ... the server will *restart (reiniciar)* the data transfer at the last checkpoint.

Restoration: *1. Restauración.*
1. Acción y efecto de *restaurar* (ver *Restore*). No es, ni mucho menos, tan usada como *Recuperación* (ver *Recovery*).

• The *restoration (restauración) of* a VSAM data set does not recatalog the ...

Restore: *1. Restaurar.*
1. Operación inversa de *salvaguardar* (ver *Back up*). Si un fichero u otra agrupación de datos resultan dañados o perdidos y se dispone de copias de *salvaguardia* de los mismos, es posible *restaurar* su contenido desde dichas copias (y, según situaciones, desde otros datos).

• ... and *to restore (restaurar)* the backup if the original is lost, damaged, or ...

2. Volver una ventana a su tamaño previo.

• When a user double-clicks or *restores (restaura)* a minimized window's icon ...

Restrict: *1. Restringir.*
1. Poner límites a los usos de un elemento informático (frecuentemente, un elemento de un lenguaje).

• XXX *restricts (restringe)* the use of commas and semicolons to positions specifically ...

Result table: *1. Tabla de resultados.*
1. Conjunto de filas y columnas que se obtiene como resultado de ejecutar una SELECT (por compleja que sea) de *SQL* (ver *Structured Query Language*). Si se considera la SELECT formada por etapas, la salida de cada etapa es también una tabla –intermedia– de resultados.

• ... in the second row of the *result table (tabla de resultados)* indicate that this value is null ...

Resume: *1. Reanudar.*
1. Proseguir una actividad (trabajo, proceso, ...) que se interrumpió voluntaria o forzadamente. En general, se respetan los resultados de la parte interrumpida.

• ... stating that the quiesce is ended and update activity *is resumed (se reanuda)* ...

Resynch: *1. Resincronizar.*
1. Volver a establecer una correspondencia temporal aceptable entre dos procesos que ya la habían tenido.

• ... if it notices it has to continually *resynch (resincronizar)* with the real (external) clock.

Retention period: *1. Período de retención.*
1. Período de tiempo durante el cual los procesos de «limpieza» respetan a un fichero.

• Typically, the *retention period (período de retención)* is set to the smaller value ...

Retrieval: *1. Restitución.*
1. Acción de *restituir* (ver *Retrieve (verb)*) datos desde su almacenamiento temporal o definitivo hasta hacerlos accesibles a un usuario o programa. Los datos pueden *restituirse* para *consulta* (ver *Query* o *Enquiry*) o actualización, aunque hay una cierta tendencia a restringir el uso de la palabra *retrieval* para consultas.

• ... for the storage and *retrieval (restitución)* of data, and for communication with terminals.

Retrieve: *1. Restituir.*
1. Utilizar instrucciones y *mandatos* (de un *SGBD* (ver *Database Management System*),

de un *método de acceso* (ver *Access method*, etcétera) para obtener datos anteriormente almacenados en un fichero, tabla de *base de datos* (ver *Database*), etc.

• ... you can use SQL statements *to retrieve (restituir)* information from it.

Retry (noun): *1. Reintento.*

1. Acción y efecto de *reintentar algo* (ejecución de trabajo, seguir ejecución de un proceso, reenvío de mensaje, etc.).

• ... even after a specified or defaulted number of *retries (reintentos).*

Retry (verb): *1. Reintentar.*

1. Verbo típico, junto con *correct (corregir),* en mensajes de error. Se trata de volver a intentar que un proceso continúe adelante sin problemas.

• Correct the problem as indicated by the previous message, and *retry (reintentar)* the job.

2. Una de las opciones posibles de las rutinas que intervienen en la recuperación de errores, es la de intentar continuar con la ejecución (un número limitado de veces, por supuesto). Esta opción se toma, evidentemente, para errores que pueden recuperarse sólo con repetir la ejecución.

• ... the routine can either *retry (reintentar)* or it can percolate.

3. Hay más usos de este verbo (por ejemplo, en caso de mensajes erróneos, etc.). El significado es siempre el mismo: *reintentar.*

Return Code: *1. Código de retorno.* *2. CR.*

1. Valor que devuelve un programa para indicar el resultado global de su ejecución. Puede generalizarse la idea de un *código de retorno*

a otros procesos de ida y vuelta, aunque el nombre puede ser diferente.

• ... the function ends with a *return code (código de retorno)* of 8.

Return key: *1. Tecla de retorno.*

1. *Tecla* cuya función básica es la de mover el cursor de teclado al inicio de la línea siguiente. En bastantes programas la tecla en cuestión puede tener también una función de *intro*, es decir, la de responder al programa en ejecución enviándole datos.

• ... pressing the *Return key (tecla de retorno)* inserts a hard ...

Reusable: *1. Reusable.*

1. Capacidad de poder *ser reusado* (ver *Reuse (verb)*). Depende del diseño del elemento en cuestión, del entorno en que opera y de la posibilidad de contar con herramientas que lo permitan (según los casos).

• Frequency of execution of *reusable (reusables)* modules ...

Reusability: *1. Reusabilidad.*

1. Medida en que un elemento puede *ser reusado* (ver *Reuse (verb)*). El término se utiliza más, sin embargo, como medida de la capacidad de un método de producir elementos reusables.

• ... our list of technical issues in *reusability (reusabilidad)* affects the design of reusable modules ...

Reuse (noun): *1. Reúso.*

1. Acción y efecto de *reusar* en cualquiera de sus significados (ver *Reuse (verb)*).

• A programme to promote software *reuse (reúso de)* by XYZ ...

Reuse (verb): *1. Reusar.*
1. Utilizar la misma copia de un programa en memoria por parte de más de un proceso. Según como esté construido un programa no será posible reusarlo o lo será en el grado máximo posible (ver *Reentrant*) o en algún grado intermedio de *reusabilidad.*

● ... to which it can be reused *(ser reusado)* or shared by multiple ...

2. Utilizar el mismo módulo, programa, objeto, etc., en más de una aplicación. Tradicionalmente las posibilidades de *reusar* software ya desarrollado eran pequeñas y problemáticas. Actualmente, el *diseño y programación orientados a objetos* (ver *Object oriented*) han abierto nuevas y prometedoras perspectivas en este terreno.

● ... so that they can be reused *(reusarse)* on different applications ...

3. Con carácter general también puede *reusarse* la memoria central, las definiciones de ficheros, el espacio en disco, etc. Existen muchos mecanismos y opciones que ayudan en estas cuestiones.

● ... closes the file and reuses *(reúsa)* the original file name ...

Reverse Address Resolution Protocol: *1. RARP.*
1. Protocolo del juego de protocolos de Internet que permite asociar direcciones físicas (de *huéspeda*; ver *Host Def. 1*) y direcciones *IP* (ver *Internet Protocol*). Provee, por tanto, una función inversa a la del protocolo *ARP* (ver *Address Resolution Protocol*). Lo usan, por ejemplo, estaciones sin disco para que puedan encontrar su dirección IP en el momento de hacer su primera conexión.

● ... it broadcasts an RARP *(RARP)* request message to the server containing ...

Reverse engineering: *1. Ingeniería inversa.*
1. Proceso de analizar un sistema, subsistema, programa o elemento hardware para determinar sus componentes, la estructura de los mismos y su interacción. El objetivo puede ser la copia del producto o, más frecuentemente, reconstruirlo con mejores características de diseño que el original.

● A subtask of reverse engineering *(ingeniería inversa)* in which domain knowledge, external information, ...

Reverse polish notation: *1. Notación polaca inversa.*
Sinónimo de *Postfix (notation)*. Ver *Postfix*.

Reverse video: *1. Vídeo inverso.*
1. Forma de *presentación* (ver *Display (verb)*) de un objeto en pantalla intercambiando su color con el del *fondo* (ver *Background*). Puede aplicarse al cursor, a caracteres y *campos* (ver *Field*), etc.

● If the Reverse Video *(de vídeo inverso)* bit is set, the sender requests or provides the ability to highlight a string of ...

Revert (to): *1. Revertir.*
1. Volver atrás una decisión (de *presentación*, diseño, ejecución, etc.).

● ... that a user can revert to *(revertir)* after changing to other colors ...

Revoke (noun): *1. Revocación.*
1. Acción y efecto de *revocar* (ver *Revoke*).

● ... does not cascade a revoke *(revocación)* of this authority from the ...

Revoke (verb): *1. Revocar.*
1. Dejar sin efecto un permiso, autorización, derecho de acceso, etc. No *otorgarlo* (ver

Grant) si no se cumple algún requisito (por ejemplo, suministrar una *contraseña* (ver *Password)* correcta).

● The system administrator can *revoke (revocar)* those privileges and grant them only to ...

Revoke count: *1. Cuenta de revocaciones.*
1. Número de veces que un mismo usuario ha intentado acceder a un sistema o parte del mismo sin proporcionar una *contraseña* (ver *Password)* correcta. A veces la superación de un valor determinado en esta *cuenta* puede producir la invalidación del usuario.

● In this case, the *revoke count (cuenta de revocaciones)* is incremented.

Rewrite: *1. Regrabar.*
1. Volver a grabar un fichero completo. En este caso *rewrite* carece de un sentido informático específico (es equivalente, simplemente, a *grabar).*

● ... or it can be deleted and *rewritten (regrabado)* as a new member.

2. Volver a grabar un registro que se acaba de leer y modificar. Los *métodos de acceso* (ver *Access method)* y los lenguajes de programación permiten esta posibilidad, aunque con limitaciones.

● The number of records that have been retrieved for update and *rewritten (regradados)* ...

REM: *1. REM. 2. rem.*
1. Abreviatura de *Remark.* Se usa en BASIC y en algunos lenguajes de directivas (ver *Script Language)* para incluir comentarios entre los *mandatos* (ver *Command).*

● Anything following *REM* will be treated as a remark and will not be executed or processed.

REXX: *1. REXX.*
1. Lenguaje de programación de uso general desarrollado por IBM para facilitar el uso programado de *mandatos* (ver *Command)* en sus *computadoras principales* (hay versiones para máquinas pequeñas y máquinas no IBM). Puede ser interpretado o compilado. Tiene buenas características de estructuración.

● ... because *REXX (REXX)* cannot decrease the time taken by the host to process the commands.

RF: *1. RF. 2. Radio frecuencia.*
Ver *Radio frequency.*

RFC: *1. RFC.*
Ver *Request For Comment.*

RGB: *1. RVA. 2. Rojo, Verde, Azul.*
Ver *Red, green, blue.*

RGB monitor: *1. Pantalla RVA.*
Ver *Red, green, blue monitor.*

Ribbon: *1. Cinta.*
1. Cualquier elemento que tiene forma de *cinta* (tira larga, estrecha y flexible de tejido u otro material). Puede aplicarse a cintas entintadas para impresoras, cables planos en forma de cinta, etc.

● ... sandwiching an ink *ribbon (cinta)* between the character and the paper ...

Rich-text format: *1. RTF.*
1. En *CPs* (ver *Personal Computer)* y similares, *RTF* es un formato de ficheros (extensión *.rtf)* usado para intercambiar ficheros entre diferentes procesadores de texto trabajando en diferentes *sistemas operativos* (ver *Operating system).* Para utilizarlo es necesario disponer de un grabador *RTF* (para exportar) y un lector *RTF* (para importar), o que el procesador de textos haya sido creado con esa capacidad incorporada.

• ... that converts the *Rich-text Format (RTF)* language into ...

Right arrow: *1. Flecha derecha.*
1. Una de las cuatro flechas que controlan el movimiento del cursor del *teclado* (ver *Keyboard*).

• ... the *right arrow key (flecha derecha)* moves the cursor to the beginning of the ...

Right click (verb): *1. Cliquear el derecho.*
1. *Cliquear* (ver *Click (verb)*) con el botón derecho del ratón.

• I do not want people to have the ability *to righ click (cliquear el derecho)* and see my code ...

Right outer join: *1. Unión derecha externa.*
1. En la SELECT de *SQL* (ver *Structured Query Language*) una *unión* (ver *Join*) [condicionada] de dos tablas *parea* (ver *Pair (verb)*) filas de ambas tablas que cumplan una condición. Con la opción *derecha externa* se seleccionan las filas pareadas, y las no pareadas de la tabla de la derecha (en la instrucción) con valores nulos de las columnas de la otra tabla.

• ... converts every *right outer join (unión derecha externa)* to a left ...

Ring Network: *1. Red en anillo.*
1. Topología de red en la que cada *DTE* (ver *Data Terminal Equipment*) en la red tiene una *DTE* anterior y otra siguiente. O lo que es lo mismo, forman un circuito. Hay varias técnicas para controlar el derecho de cada *DTE* a enviar datos a la red.

• Slotted rings are used primarily for controlling access to a *ring network (red en anillo)* ...

RIFF: *1. RIFF.*
Ver *Resource Interchange File Format.*

RIP: *1. RIP.*
Ver *Raster Image Processor.*

RIP: *1. RIP.*
Ver *Routing Information Protocol.*

RISC: *1. RISC.*
Ver *Reduced Instructions-Set Computer.*

RJ-11: *1. RJ-11.*
1. Conectador telefónico de uso muy frecuente. Puede tener 6 conductores pero, frecuentemente, sólo se usan 4.

• If you buy an expensive modem, get a surge protector that includes two *RJ11* jacks.

RJ-45: *1. RJ-45.*
1. Conectador telefónico usado para transmisión de datos por línea telefónica ordinaria. Usa 8 *patillas* (ver *Pin*) o conexiones.

• ... they all allow you to attach either a standard *RJ-45* telephone connector or an RJ-10 10baseT Ethernet ...

RJE: *1. RJE. 2. Entrada de Trabajos Remotos.*
Ver *Remote Job Entry.*

RMI: *1. RMI.*
Ver *Remote Method Invocation.*

RMON: *1. RMON.*
Ver *Remote Network Monitoring.*

RNR: *1. RNR.*
Ver *Receiver Not Ready.*

Roamer: *1. Trotacalles.*
1. Robot educativo dotado de movimiento y con una computadora *incluida* (ver *Embed*

(verb)) en su interior, programable para poder controlar sus movimientos.

● Your group is to develop a costume and choreography for the *Roamer's (del Trotaca-lles)* dance recital.

Robot: *1. Robot.*

1. Dispositivo electromecánico cuyo funcionamiento es controlado por una o más computadoras. Puede usarse cuando se requiere gran precisión y/o regularidad de movimientos, cuando el ambiente de trabajo es insalubre o peligroso o, simplemente, para desplazar mano de obra. También se aplica a programas que ejecutan su función (búsqueda, clasificación, etc.) de forma casi automática,

● The other extreme is *robots (robots)* that try to validate the references ...

Robotics: *1. Robótica.*

1. Teoría y práctica del diseño y fabricación de *robots* (ver *Robot*). Implica diversos campos de especialidad: lenguajes, *inteligencia artificial* (ver *Artificial Intelligence*), *sistemas de tiempo real* (ver *Real-time system*), etc.

● ... has diversified its efforts and approaches to *robotics (de la robótica)* science while retaining its original goal of realizing ...

Robustness: *1. Robustez.*

1. Aplicada a productos informáticos (hardware y software), cualidad de los mismos que hace que resistan, sin mayores problemas, fallos normales en el producto de que se trate (errores de programa, datos descabellados, altibajos en la tensión eléctrica, etc.).

● ... have the capacity, performance or *robustness (robustez)* of commercial Ada compilers.

Rogue value: *1. Valor anómalo.*

1. Valor que se utiliza para diferenciar agrupaciones lógicas de datos (registros) cuando el medio de entrada o el *sistema operativo* (ver *Operating system*) no permiten tal diferenciación. Pueden usarse como *valores anómalos*, por ejemplo, números cuando los registros lógicos sólo contienen caracteres alfabéticos, combinaciones de caracteres especiales (por ejemplo, &&&), etc. La definición puede ampliarse a cualquier valor inesperado en datos de entrada.

● If XXX spots a potential problem, it will display full details of the *rogue value (valor anómalo).*

Roll in (verb): *1. Intrapaginar.*

1. En un *sistema operativo* (ver *Operating system*) con *paginación* (*memoria virtual*; ver *Paging*) *roll in* es traer una o más páginas desde memoria auxiliar a memoria real. Ver *Swap in.*

● ... a paging fault occurs during the execution of a program and a requested page *is rolled in (es intrapaginada)* ...

Roll mode: *1. Modo de arrollamiento periódico.*

1. Es una de las formas posibles de controlar la *presentación* (ver *Display (verb)*) de mensajes en una consola de operador. Consiste en eliminar de la pantalla un cierto número de mensajes cada determinada fracción de tiempo.

● To request that *roll mode (modo de arrollamiento periódico)* go into effect and that ...

Roll off: *1. Eliminar y desplazar.*

1. Declarar a un elemento de un conjunto como sobrante a causa de que ya se había alcanzado el máximo aceptable de elementos y se ha producido una nueva incorporación. El elemento declarado *sobrante* es, en general, el más antiguo.

• ... new versions are created and excess versions *are rolled off (se desplazan y eliminan).*

Roll out (verb): *1. Extrapaginar.*
1. En un *sistema operativo* (ver *Operating system*) con paginación (*memoria virtual*; ver *Paging*) *roll out* es llevar una o más páginas desde memoria real a memoria auxiliar. Ver *Swap out.*

• In such cases, data *rolled out (extrapaginados)* of the main memory remains in the cache memory ...

Roll-Call polling: *1. Sondeo por lista y pregunta.*
1. Método original de *sondeo* (ver *Poll (noun)*) consistente en que la estación principal en una comunicación multipunto *sondea* a los terminales, en un cierto orden, para ver si tienen algo que enviar, o los selecciona si tiene algo que enviarles. Tanto en un caso como en el otro hay un diálogo entre estación principal y terminal, lo que encarece el método.

• *Roll-call polling (sondeo por lista y pregunta)* results in quite long response times for larger networks ...

Rollback (noun): *1. Deshacimiento*
1. Acción y efecto de *deshacer* (ver *Rollback (verb)*).

• If you do not consider the impact of a *rollback (deshacimiento)* when you write ...

Rollback (verb): *1. Deshacer.*
1. Eliminar los cambios producidos (sobre todo en *bases de datos*) hasta el momento, en el marco de una *unidad lógica de trabajo* (ver *Logical Unit of Work*), a causa de la imposibilidad de terminar correctamente dicha ULT.

• ... the calling program's logical unit of work in a «must *rollback (deshacer)*» state ...

Rolled-off: *1. Sobrante.*
1. Elemento que sobra en un conjunto cuyo número de elementos está limitado por definición (versiones de un fichero, elementos de una *pila* (ver *Stack*), etc.). La situación se da cuando el mecanismo de creación y el de borrado no son simultáneos.

• Whether or not to delete or migrate *rolled-off (sobrantes)* generations if the file was ...

Root: *1. Raíz.*
1. En un *sistema jerárquico de ficheros* (ver *Hierarchical File System*) se llama *raíz* o *directorio raíz*, al directorio de mayor nivel y del que, por tanto, «cuelgan», directa o indirectamente, todos los demás directorios y los ficheros contenidos.

• ... the *root's (de la raíz)* child directories are lower directories.

2. En estructura jerárquica de índices, se llama *raíz* al elemento de índice de mayor nivel, es decir, aquel en el que, al menos conceptualmente, comienza una búsqueda.

• ... then the entire index can be one *root (raíz)* page and a few leaf ...

Root device: *1. Dispositivo raíz.*
1. Dispositivo en el que reside el *sistema de ficheros raíz* (ver *Root file system*).

• The *root device (dispositivo raíz)* that you will be using is the file linuxdsk.img ...

Root directory: *1. Directorio raíz.*
1. En una jerarquía de directorios, el *directorio raíz* es el directorio (único) que no tiene *progenitor* (ver *Parent directory*) y que actúa como poseedor de ficheros y/o progenitor de otros directorios.

• The *root directory (directorio raíz)* is a higher directory and the root's child directories ...

Root file system: *1. Sistema de ficheros raíz.*

1. Sistema de ficheros en el que pueden *montarse* (ver *Logical mount* o *Mount Def.* 2) otros sistemas de ficheros a fin de permitir el acceso a los mismos. El *sistema de ficheros raíz* contiene el software y los datos imprescindibles para que funcione el conjunto.

• You can unmount any mounted file system, other than the *root file system (sistema de ficheros raíz)*, using ...

Root node: *1. Nodo raíz.*

1. En un *árbol* (ver *Tree structure*) el nodo (único) que carece de *nodo progenitor* (ver *Parent node*). Es el punto de entrada «natural» a una estructura de tipo árbol.

• If the *root node (nodo raíz)* of the tree, the function returns a pointer to the deleted ...

Rotate: *1. Girar.*

1. Mover circularmente una imagen. El ángulo de giro acostumbra a tener valores preestablecidos (por ejemplo, 90°, 180°, …).

• ... such as display, zoom and *rotate (girar)*, that your business professionals will use ...

Rotational delay: *1. Demora de rotación.*

1. Tiempo medio que tardan en pasar bajo la *cabeza lectora/grabadora* (ver *Head*) los datos que interesan o la posición en la que tiene que grabarse. Hay técnicas que ayudan a reducir este tiempo de espera para valores constantes del número de cabezas y de la velocidad de rotación.

• ... whether to replicate index records to reduce *rotational delay (demora de rotación)* ...

Rotational latency: *1. Demora de rotación.*

Sinónimo de *Rotational delay* (ver).

Round (verb): *1. Redondear.*

1. Modificar un valor original, bien para acercarlo a unos valores aceptables (por ejemplo, potencias de dos, etc.) o para tener en cuenta el valor de los decimales despreciados (ver *Rounding*).

• ... the result of a floating-point operation *is always rounded (se redondea)*.

Round up: *1. Redondear en exceso.*

1. Efectuar un redondeo acercando el valor a un cierto valor superior (la próxima décima o centésima, un múltiplo de 4.096, etc.).

• ... the number of records in the file *is rounded up (ser redondea en exceso)* to the next integer multiple of 2048 ...

Round-robin: *1. Tanda circular.*

1. Asignación equitativa de un recurso (tiempo de procesador, grabación en dos o más discos, etc.) de forma que se establece una rueda repetitiva de asignaciones y cada solicitante recibe la misma fracción.

• ...so that segments can be written to multiple physical devices in a *round-robin (de tanda circular)* fashion.

Rounding: *1. Redondeo.*

1. Opción permitida por la mayoría de lenguajes de programación e, inclusive, algunos *lenguajes de máquina* (ver *Machine language*) y que consiste en modificar una posición decimal (o la última entera) en función del valor de los decimales despreciados. Lo más frecuente es sumar 5 a la primera posición decimal despreciada y dejar que se produzca el *acarreo* (ver *Carry*) que corresponda.

• ... of integer positions specified, *rounding (redondeo)* or truncation occurs ...

Route (noun): *1. Camino.*

1. Cualquiera de los *caminos* que puede seguir el tráfico de red entre una fuente y un destino. La tendencia de la tecnología es a establecer los caminos de la manera más dinámica posible.

• ... different kinds of traffic can be assigned to the same virtual *route (camino)* and, by selecting appropriate transmission priorities ...

Route (verb): *1. Encaminar.*

1. Establecer *caminos* para el tráfico de red. Dado el carácter cada vez más dinámico del establecimiento de caminos, es cada vez más difícil poder hablar de caminos estables entre dos puntos de una red o, inclusive, entre los componentes (paquetes) de un mismo mensaje.

• Its reliable *routing (encaminamiento)* capabilities find optimal paths and quickly *route (encamina)* traffic around any network failures.

2. Capacidad de un sistema *CICS* (ver *Customer Information Control System*) para iniciar en y comunicarse con transacciones en otro sistema CICS. Introduce independencia en la definición de terminales y transacciones.

• By using transaction *routing (encaminamiento)*, terminals connected to the production system can be used to run test transactions.

Router: *1. Encaminadora.*

1. Computadora especializada en *encaminamiento* (ver *Routing)* en redes de computadoras. No hay, necesariamente, una separación física entre esta función y la que se deriva de tener que conectar redes diferentes (ver *Gate-*

way). Ambas funciones pueden coincidir en la misma máquina, que puede así llamarse de una forma o de la otra.

• Based on the address hierarchy, *routers (encaminadoras)* exchange information about topology and link status so that ...

Routine: *1. Rutina.*

1. Tiene dos sentidos relativamente claros. En el primero, una rutina es una parte de un programa que realiza una parte específica del tratamiento (por ejemplo, la *rutina* de lectura). En el segundo sentido la *rutina* es más independiente del programa en que se ejecuta siendo, en realidad, un sinónimo de *subrutina* (ver *Subroutine).*

• ... or if the called *routine (rutina)* expects a parameter to be passed by reference.

Routing: *1. Encaminamiento.*

1. Función en una red o interred, responsable de que los mensajes alcancen su destino a través de una maraña de componentes, cada uno con su propia dirección. Estas direcciones deben tener una cierta relación con la ubicación de los componentes propietarios. El sistema funciona *salto a salto* (ver *Hop)* y está basado en el empleo de tablas de encaminamiento que se actualizan de forma dinámica y periódica.

• *Routing (El encaminamiento)* assumes that addresses have been assigned to facilitate ...

Routing Information Protocol: *1. RIP.*

1. Protocolo usado por *encaminadoras* (ver *Router)* en el marco de un Sistema Autónomo (son, por tanto, protocolos *interiores)* para intercambiar información de *encaminamiento* (ver *Routing).* Se pasan unas a otras las *tablas de encaminamiento* incluyendo un valor (ver *Metric)* que permite establecer, en cada caso,

el mejor camino para acceder a una dirección específica o genérica.

● Routers will receive *Routing Information Protocol (RIP)* information and will use it to determine ...

Routing loop: *1. Ciclo de encaminamiento.*

1. *Encaminamiento* (ver *Routing*) establecido por *saltos* (ver *Hop*) individuales que, en última instancia, conduce a la misma computadora que originó el paquete. Es debido, en general, a un error en una dirección de encaminamiento.

● Incorrect addresses can wreak havoc in terms of lost packets, *routing loops (ciclos de encaminamiento)*, ...

Routing table: *1. Tabla de encaminamiento.*

1. Tabla usada en el método de *encaminamiento* (ver *Routing*) para establecer el próximo *salto* (ver *hop*) de un paquete de datos. En su aspecto más básico una de estas tablas contiene una dirección completa o una dirección genérica de destino (es decir, parcial, identificando una subred), una *pasarela* (o *encaminadora*) adonde enviar (salto inmediato) los paquetes que van a destinos concretos dentro del destino genérico y, por último, indicaciones complementarias sobre estado, uso, etc. Estas tablas se almacenan en las *encaminadoras* y se intercambian entre ellas (mediante un protocolo adecuado), para mantener la información actualizada.

● The host operation is to first look for the destination address as a host address *(completa)* in the *routing table (tabla de encaminamiento)* ...

Row: *1. Fila.*

1. Componente horizontal de una tabla *DB2* *(ver DATABASE 2)* (tabla base o tabla de re-

sultados). Se corresponde con otros nombres usados cuando se generó la teoría relacional (por ejemplo, *tuplo*; ver *Tuple*).

● ... ever encounters a *row (fila)* that is dependent through a relationship ...

Row Address Strobe: *1. Dirección estroboscópica de fila. 2. RAS.*

Ver *Column Address Strobe* teniendo en cuenta que el acceso a memoria *Dynamic RAM* (ver) contiene estos dos elementos.

ROLAP: *1. ROLAP.*

Ver *Relational OLAP.*

ROM: *1. ROM.*

Ver *Read-Only Memory.*

ROSE: *1. ROSE.*

Ver *Remote Operation Service Element.*

RPC: *1. RPC.*

Ver *Remote Procedure Call.*

RPG: *1. RPG.*

Ver *Report Program Generator.*

RR: *1. RR.*

Ver *Receiver Ready.*

RRDS: *1. RRDS.*

1. *(Relative Record Data Sets)*. Una de las organizaciones de datos (ver *File organization*) posibles en el marco del *método de acceso* (ver *Access method*) VSAM de IBM (ver *Virtual Storage Access Method*). Se caracteriza porque los registros están ordenados por *número relativo de registro* (ver *Relative Record Number*) y sólo pueden ser accedidos utilizando ese número.

● With a fixed-length or variable-length *RRDS (RRDS)*, each source record, whose relative record number identifies ...

RRN: *1. NRR. 2. Número Relativo de Registro.*
Ver *Relative Record Number.*

RS-232: *1. RS-232.*
1. Código asignado a la norma principal –muy popular– de las que regulan las comunicaciones seriales (ver *Serial*). La norma específica el «sexo» y el número de *agujas* (ver *Pin*) de los conectadores pero no su forma y tamaño. Aunque sólo se necesitan, en rigor, tres cables (tierra y uno en cada dirección), las normas han establecido que han de usarse 25 conectadores y asignado funciones a cada uno de ellos. El uso más frecuente de *RS-232* es la conexión entre una computadora o terminal (*DTE* (ver *Data Terminal Equipment*), conectador macho) y *módem* (*DCE* (ver *Data Circuit-Terminating Equipment*), conectador hembra). Hay versiones A, B, C y D de la norma.

● *RS-232 A (RS-232 A) was originated in the late 1950.*

RS-232A-B-C: *1. RS-232A-B-C.*
1. Normas de la *EIA* (Electrical Industries Association) referentes a *módems* (ver *Modem*). La versión más reciente de estas normas es la *EIA*-232D o su equivalente *V.24* de la *ITU-T* (ver).

● *Serial:* One *RS-232C* serial port for modems, printers or other serial devices.

RS-422A: *1. RS-422A.*
1. Norma de la *EIA* (Electrical Industries Association). Su equivalente *ITU-T* es la *V.11* (ver).

● Plug the RS-232C or *RS-422A* cable into the adapter card or the built-in serial port.

RS-423A: *1. RS-423A.*
1. Norma de la *EIA* (Electrical Industries Association). Su equivalente *ITU-T* es la *V.10* (ver).

● Another advantage of *RS-423A* is the number of receivers allowed on the transmission line.

RS-485: *1. RS-485.*
1. Norma de la *EIA* referente a comunicación serial (ver *Serial*) sobre cable. Permite el compartimiento de una línea por más de un dispositivo.

● Meets EIA standard *RS-485* for multipoint bus transmission and is compatible with RS-422.

RSA: *1. RSA.*
1. Acrónimo de *Rivest-Shamir-Adleman.* Se refiere a un algoritmo de *cifrado* (ver *Encrypt*) desarrollado por estos autores en 1977. Este algoritmo es muy usado y está incluido en los *navegadores* (ver *Browser*) más usuales de Internet. Usa la técnica *clave pública/clave privada* (ver *Key (noun) Def. 4*).

● For interoperability, the *RSA* key size is limited to 4096 bits ...

RSVP: *1. RSVP.*
Ver *Resource Reservation Protocol.*

RTAI: *1. IATR. 2. Inteligencia Artificial para Tiempo Real.*
Ver *Real-time Artificial Intelligence.*

RTC: *1. RTR. 2. Reloj de Tiempo Real.*
Ver *Real Time Clock.*

RTDBS: *1. SBDTR. 2. Sistema de Bases de Datos para Tiempo Real.*
Ver *Real-time database system.*

RTF: *1. RTF.*
Ver *Rich-Text Format.*

RTFM: *1. LEJM. 2. Lee El J... Manual.*
1. Acrónimo de *Read The Fucking Manual.* Frase universal con la que los «sabios» despachan a quienes preguntan una y otra vez las mismas preguntas más o menos triviales.

● print «\n\nThe following is a public service announcement:\n»;
print «\t\t\t\tRTFM!!! RTFM!!! RTFM!!!\n»;

RTOS: *1. SOTR. 2. Sistema Operativo para Tiempo Real.*
Ver *Real-time operating system.*

Rule: *1. Raya. 2. Regla.*
1. Línea fina que se traza en un documento por razones estéticas o para separar o resaltar partes del mismo.

● Vertical *rules (rayas)* that are placed between columns according to ...

2. Afirmación, establecida mediante un lenguaje especial y almacenada para uso múltiple, que puede utilizarse para realizar verificaciones de hechos o para hacer avanzar una línea de razonamiento. De uso habitual en *sistemas expertos* (ver *Expert system* y *Rulebased system*).

● ... by people who want to write the knowledge in *rules (reglas)*, for use in expert systems.

Rule-based system: *1. Sistema basado en reglas.*
1. Tecnología de programación, en la base de la *Inteligencia Artificial* (ver *Artificial Intelligence*) y los *sistemas expertos,* en la que las reglas que rigen el funcionamiento del sistema existen independientemente, no forman parte de un texto *procedimental* (ver *Procedural*). Hay lenguajes especializados en este tipo de programación.

● ... or use a simple *rule-based system (sistema basado en reglas)* to investigate any potential security problems.

Rulebase: *1. Base de reglas.*
1. Parte de la base de conocimientos de un sistema experto en la que se almacenan, expresa-

das con un cierto lenguaje, las reglas que determinan el comportamiento del sistema experto.

● ... and to support heterogeneous applications which use the same *rulebase (base de reglas)* simultaneously but in ...

Ruler: *1. Regla.*
1. Representación de una regla graduada en la ventana de determinadas aplicaciones (por ejemplo, procesadores de texto).

● The *ruler (regla)* is displayed by default, and appears underneath the toolbars.

Run: *1. Ejecutar. 2. Ejecutarse.*
1. Lanzar un programa a ejecución.

● ... the user or group can *run (ejecutar)* programs but cannot read or ...

2. Estar un programa en ejecución. Mientras esté en ejecución podrá tomar el control de la UCP (ver *Central Processing Unit*).

● ... to be sure the shell and utilities *are running (se ejecutan)* in the desired locale.

Run file: *1. Fichero ejecutable.*
1. En ciertos entornos, un fichero ejecutable es la versión de un programa preparada para ser ejecutada. Se obtiene, por lo general, en un paso de *montaje* (ver *Link-edit (verb)*).

● ... creates these *run files (ficheros ejecutables)* automatically for the user based upon the answers on the run description line ...

Run time: *1. Período de ejecución. 2. Tiempo de ejecución.*
1. Período de tiempo (no su medición) durante el que se ejecuta un proceso (trabajo, *mandato*, tarea, etc.). Se forman muchas expresiones a partir de *Run-time (environment, messages, error)*, etc.

- Control *run-time (de período de ejecución)* options using auxiliary commands ...

2. A veces, y casi siempre en máquinas pequeñas, duración del período de tiempo descrito en 1. En general se prefiere la expresión *elapsed time* (ver) o mediciones más rigurosas (*CPU time*, por ejemplo).

- ... in order to allow for an estimate of the resources and *run time (tiempo de ejecución)* required.

Run unit: *1. Unidad de ejecución.*

1. Uno o más programas funcionalmente ligados entre sí que se ejecutan como una unidad con independencia de que uno o más de ellos puedan ser opcionales. *Job* puede ser un sinónimo de *Run unit*, mientras *trabajo, cadena* o *transacción de usuario* pueden serlo de *unidad de ejecución*.

- ... each function will become a program or a *run unit (unidad de ejecución)* of several programs.

Run-time: *1. Período de ejecución. 2. Tiempo de ejecución.*
Ver *Run time*.

Runaway process: *1. Proceso descontrolado.*

1. Se llama *proceso descontrolado* a uno al que se cedió el control y ha seguido con él un tiempo superior a un límite preestablecido. Es posible que esté en un *ciclo* (ver *Loop*) indefinido. Por lo general, estos procesos se cancelan o *liquidan* (ver *Kill (verb)*).

- ... you can do one of three things to end a *runaway process (proceso descontrolado)*...

Runaway task: *1. Tarea descontrolada.*
1. En ciertos entornos (por ejemplo *CICS*; ver

Customer Information Control System) se llama *tarea descontrolada* a una tarea a la que se cedió el control y ha seguido con él un tiempo superior a un límite preestablecido. Es posible que esté en un *ciclo* (ver *Loop*) indefinido. Por lo general, estas tareas se cancelan o *liquidan* (ver *Kill (verb)*).

Running: *1. En ejecución.*
1. Estado de un trabajo, programa o proceso que se están ejecutando, es decir, que tienen el control del procesador o lo están recibiendo esporádicamente de acuerdo con la dinámica de las interrupciones.

- Attaches the debug program to a *running (en ejecución)* process.

Running foot: *1. Pie de página.*
Sinónimo de *Footer* (ver).

- ... is used to place the same *running foot (pie de página)* at the bottom of ...

Running head: *1. Cabecera.*
Sinónimo de *Header* (ver) cuando se refiere a páginas impresas.

- ... this *running head (cabecera)* must appear on the first line of every page except the title page ...

Runtime: *1. Período de ejecución. 2. Tiempo de ejecución.*
Ver *Run time*.

RU: *1. RU.*
Ver *Request/response Unit*.

Rvalue: *1. Valor-d.*
1. Por lo general, el operando de la derecha de una operación de asignación.

- ... and by definition it yields an *rvalue (valor-d)*, which cannot be assigned to, or ...

S

sed: *1. sed.*
Ver *Sed.*

S-HTTP: *1. S-HTTP.*
Ver *Secure Hypertext Transport Protocol.*

S/MIME: *1. S/MIME.*
Ver *Secure/MIME.*

S/N: *1. RS/R. 2. Relación Señal/Ruido.*
Ver *Signal-to-Noise Ratio.*

Safe mode: *1. Modo seguro.*
1. Modo de arrancar Windows 95 de forma que se facilite el diagnóstico de problemas y la solución de los mismos (tras fallo en arranque o cierre incorrecto, por ejemplo). En *modo seguro* no se cargan todos los *manejadores* (ver *Device driver*) ni se conectan todos los dispositivos.

• To use the CD-ROM in *Safe Mode (Modo Seguro)*, boot to DOS, change directory to ...

Sample (noun): *1. Muestra.*
1. *Muestra* o ejemplo de codificación, uso de *mandatos* (ver *Command*), etc. Los manuales informáticos están llenos de ellas.

• In the *sample (muestra)*, the mask is set to 0221.

2. Observación/valor instantáneo obtenido en un proceso de *muestreo* (ver *Sample (verb)* y *Sampling*).

• ... and has a bit rate of 64 kbps – 8000 *samples (muestras)* per second each ...

Sample (verb): *1. Muestrear.*
1. Tomar muestras durante un proceso de *digitalización* (ver *Digitization*).

• ... it must *be sampled (muestrearse)* at a rate of 8000 times per second ...

Sampler: *1. Muestreador.*
1. Dispositivo electrónico capaz de recoger muestras, en general periódicas, de una *señal* (ver *Signal Def. 1*) electrónica para su procesamiento inmediato o posterior. En un caso especial, los *muestreadores* constituyen un paso de la conversión de analógica a digital (ver *Sample (noun)* y *Sampling*).

• We know that, in the absence of noise, an A/D *sampler (muestreador)* introduces quantization errors which produce harmonics ...

Sampling: *1. Muestreo.*
1. Proceso de toma de muestras de valores instantáneos de una *señal* (ver *Signal Def. 1*)

analógica como parte del proceso más amplio de *digitalización* (ver *Digitization*) de dicha *señal*. En el proceso interviene un reloj de *muestreo* y unos circuitos de *muestreo*.

• ... The Nyquist *sampling (muestreo)* theorem states that their amplitude must be sampled at a ...

Sampling frequency: *1. Velocidad de muestreo.*
Sinónimo de *Sampling rate.*

Sampling rate: *1. Velocidad de muestreo.*
1. Número de muestras tomadas, cada segundo, de una señal analógica. Se mide en hercios (o sus múltiplos).

• ... solution is to up the mouse *sampling rate (velocidad de muestreo)*, which is ...

Sans serif: *1. No-serif.*
1. Adjetivo que se aplica a las *facies* (ver *Typeface*) que no se adornan con *serifes* (ver *Serif*).

• The installation includes *sans serif (no-serif)* fonts ...

Saturation: *1. Saturación.*
1. Expresión de la anchura de banda relativa de la salida visible de una fuente de luz.

• As *saturation (saturación)* increases, colors appear more «pure».

Save (verb): *1. Guardar. 2. Salvaguardar. 3. Ahorrar.*
1. Mover datos desde un origen a un destino con la intención de que puedan usarse más adelante. No está implícita, al menos claramente, una idea de protección, de seguridad. Si lo estuviera, sería más adecuada la traducción *salvaguardar*.

• ... also *saves (guarda)* the last value displayed in a special variable *dot* ...

2. Ahorrar (tiempo de procesamiento, espacio de datos, etc.).

• You can *save (ahorrar)* space for the output if the input file is in compressed ...

Save area: *1. Área de salvaguardia.*
1. Áreas en programas en las que se guardan datos importantes que aseguran la continuidad del proceso cuando se transfiere el control entre programas. Los datos que más frecuentemente ocupan estas áreas son los *registros generales* (ver *General register*). Sólo trabajando en Ensamblador se tiene conciencia de la importancia de estas áreas.

• ... to develop a technique for associating a unique *save area (área de salvaguardia)* with each ...

Savepoint: *1. Punto de salvaguardia.*
1. Concepto introducido por *SQL:1999* (ver) aunque presente, con anterioridad, en otros productos. Se trata, en realidad, de implementar el concepto de *unidad lógica de trabajo* (ver *Logical Unit of Work*).

• If you create a second *savepoint (punto de salvaguardia)* with the same identifier ...

SAA: *1. SAA.*
1. Acrónimo de *Systems Application Architecture*. Movimiento estratégico de IBM en el que se intenta definir un núcleo básico de productos compatibles y conectables entre sí y con *interfaces* (ver *Interface (noun)*) externas lo más parecidas posible.

• IBM's *Systems Application Architecture (SAA)* offerings provide customers with ...

SAP: *1. SAP. 2. Punto de Acceso al Servicio.*
Ver *Service Access Point.*

Scalability: *1. Reajustabilidad.*
1. Palabra que se aplica en diferentes ámbitos (aplicaciones, computadoras, sistemas distribuidos, diseño de redes, etc.) y que siempre se refiere a la capacidad de un producto de ese ámbito para hacer frente al crecimiento o, menos frecuentemente, a la disminución, de los requisitos (sobre todo en su valor numérico) que debe satisfacer el producto. A veces la aplicación es indirecta: un crecimiento o disminución de requisitos obliga a un cambio en el entorno de explotación (por ejemplo, una computadora más o menos potente o de otro modelo); en esta situación las aplicaciones pueden tener más o menos *reajustabilidad* respecto al cambio habido.

● ... provides capacity and *scalability (reajustabilidad)* estimates for 3 configurations ...

Scalable font: *1. Fuente reajustable.*
1. Es un método de diseño de caracteres en el que cada *facies* (ver *Typeface*) básica se forma sobre la base de rectas y curvas (se llama también *fuente* vectorial) en vez de estar formada por mapas de bits. Existen lenguajes que facilitan esa forma de diseñar. La definición matemática facilita las transformaciones de los caracteres básicos: tamaño, *estilo* (ver *Type style*), ...

● The result of transforming a character in an *scalable font (fuente reajustable)* in a particular way ...

Scalable Processor Architecture:
1. SPARC.
1. Tecnología *RISC* (ver *Reduced Instruction-Set Computer*) desarrollada por Sun en la que se basan casi todas las estaciones de trabajo y servidores de dicha empresa.

● *Scalable Processor Architecture (SPARC)* is used in Sun workstations, and has been adopted by some other computer manufacturers.

Scalar: *1. Escalar.*
1. Objeto matemático que tiene un solo valor, por oposición a *vectorial* o *matricial* que pueden tener más de un valor. En Informática, *escalar* es un concepto de programación sobre el que pueden no estar de acuerdo los diferentes lenguajes: hay acuerdo en que ha de haber un solo valor pero no lo hay en cuanto al tipo de datos del mismo; en algunos casos son sólo aritméticos; en otros casos se admiten otros tipos de valores. Se usa como nombre y como adjetivo.

● To assign a value to a *scalar (escalar)* object, use the simple initializer ...

Scalar expression: *1. Expresión escalar.*
1. Expresión que, cuando se evalúa, queda reducida un único dato elemental.

● For expressions other than a *scalar expression (expresión escalar)*, the type of expression is ...

Scalar function: *1. Función escalar.*
1. En algunos lenguajes de programación (y muy especialmente en los que acceden a *bases de datos*) se llama *función escalar* a la que devuelve un solo valor.

● ... is allowed in the context in which the *scalar function (función escalar)* is used.

Scalar processor: *1. Procesador escalar.*
1. En sistemas de computación paralela, se llama *procesador escalar* al que ejecuta las instrucciones no paralelizables.

● In most of the *scalar processors (procesadores escalares)* the order of instruction execution is ...

Scale (verb): *1. Crecer.*

1. Crecer los requisitos o, en general, los parámetros de un problema o de una solución.

• ... the average response time probably *scales (crece)* linearly with the number of ...

Scale downward (verb): *1. Decrecer.*

1. Disminuir los requisitos o, en general, los parámetros de un problema o de una solución.

Scale line: *1. Regla.*

Sinónimo de *Ruler* (ver).

• Use the *scale line (regla)* to decide where you want to insert the tab ...

Scan (noun): *1. Recorrido. 2. Escaneo. 3. Barrido.*

1. Acción y efecto de *recorrer* (ver *Scan (verb) Def. 1*).

• Determines the starting point for the *scan (recorrido)* of the file ...

2. Acción y efecto de *escanear* (ver *Scan (verb) Def. 2*).

• Can not only yield better final images but also save the time you might otherwise spend correcting *scans (escaneos)*.

3. Acción y efecto de *barrer* (ver *scan (verb) Def. 3*).

• ... info can be found about *scan (barrido)* frequency capabilities ...

Scan (verb): *1. Recorrer. 2. Escanear. 3. Barrer.*

1. Pasar, de forma consecutiva, por uno o más elementos de una estructura de datos (fichero, lista, etc.), accediendo al contenido de dichos elementos. *Scan* es el proceso global. El acceso y entrega de un elemento concreto es *get* o *read*.

• The operating system routines *scan (recorre)* the list from top to bottom ...

2. Captar de forma sistemática una *señal* procedente de puntos de una superficie o espacio y guardar, para cada punto, sus coordenadas y otros datos que interesen de la señal *(escanear)*.

• The *scanned (escaneada)* image may not have been clear enough for OCR to work ...

3. Dirigir sistemáticamente una señal más o menos puntual a una superficie para formar una imagen en ella.

• ... converts the interlaced *scanning (barrido)* to progressive scanning only.

Scan filter: *1. Filtro de escaneo.*

1. Programa que actúa después de que una imagen ha sido captada en una función de *escaneo* (ver *Scan (verb) Def. 3*). Puede usarse, por ejemplo, para efectuar *reconocimiento óptico de caracteres,* eliminar algunos elementos no deseados, etc.

• ... may have one or more *scan filters (filtros de escaneado)* associated with it.

ScanDisk: *1. ScanDisk.*

1. Herramienta del sistema en Windows que permite analizar la presencia de errores en disquetes y en discos duros y, opcionalmente, intentar reparar tales errores.

• If *ScanDisk* finds an error, it will display a dialog box which will explain the problem and will give you the option to ...

Scanner: *1. Escaneadora. 2. Analizador léxico. 3. Escáner.*

1. Máquina periférica de computadora que es capaz de convertir una imagen en un fichero *digitalizado* (ver *Digitize*) de la misma.

● ... ranging from low-end to prepress drum scanners *(escaneadora)* ...

2. El primer paso de los *compiladores* es realizado por un software, llamado *scanner,* que analiza el texto a fin de descomponerlo en sus componentes elementales.

● This program must be loaded with the *scanner (analizador léxico)* program ...

3. Aparato médico dotado de computadoras, capaz de producir imágenes transversales del interior de un cuerpo u objeto.

● ... with new CT *scanner (escáner)* that produces the fastest, most detailed anatomical images ever.

Scatter: *1. Dispersar.*
1. Repartir datos procedentes de una corriente de entrada (por ejemplo, de la lectura de un dispositivo; ver *Data stream)* en dos o más áreas no contiguas de memoria.

● ... provides a coherent memory management design which allows *scattered (dispersos)* data in ...

Scatter Graph: *1. Diagrama de dispersión.*
1. Representación gráfica de diferentes pares de valores tal que los miembros de cada par guardan una cierta relación entre sí. Esta representación permite detectar fácilmente los puntos que se alejan, en un sentido o en otro, de la ley que dibuja la relación.

● Hint: a *scatter graph (diagrama de dispersión)* is useful for showing the relationship between two different variables for a group of objects.

Scenario: *1. Hipótesis. 2. Escenario.*
1. Descripción de una situación hipotética y,

puede que simplificada, en la que se fijan determinadas circunstancias y se hace abstracción de otras. La finalidad es enseñar a abordar situaciones complejas a partir del análisis de casos más sencillos.

● This chapter contains problem *scenarios (hipótesis)* and the recommended procedures ...

2. Una de las posibles combinaciones reales de hechos y circunstancias que determinan con rigor una situación concreta.

● In any disaster recovery *scenario (escenario),* system-wide points of consistency are necessary for ...

Schedulability: *1. Planificabilidad.*
1. Certeza de que las diferentes tareas que concurren en un *sistema de tiempo real* (ver *Real-time system)* podrán cumplir sus restricciones temporales. El análisis de *planificabilidad* es una de las tareas más importantes en el diseño de ese tipo de sistemas y también una de las más difíciles, salvo en casos triviales.

● *Schedulability (de planificabilidad)* or feasibility checking of the tasks of a real-time ...

Schedule (noun): *1. Plan.*
1. Conjunto de trabajos, tareas, *mandatos* (ver *Command),* etc., cuya ejecución, establecida (para cada componente) para momentos precisos del futuro, será *lanzada* (ver *Dispatch)* por un elemento software creado especialmente para ello.

● ... is a way to create a list of commands that will be executed on a regular *schedule (plan)* ...

Schedule (verb): *1. Planificar.*
1. Establecer un plan de ejecuciones según la definición dada para *Schedule (noun).* Esta ta-

rea es realizada, habitualmente, por humanos, con ciertas posibilidades de automatización por repetición.

• The purpose of periodic *scheduling (planificación)* is to run certain weekly, monthly ...

Scheduler: *1. Planificador.*
1. Componente(s) del *sistema operativo* (ver *Operating system*) que controla(n) el uso de los recursos de la computadora (empezando por el control de la *UCP*; ver *Central Processing Unit*) por parte de los diferentes trabajos, procesos y tareas que compiten por dichos recursos.

• ... the *scheduler (planificador)* may waste time and resources creating and deleting ...

Schema: *1. Esquema.*
1. Representación gráfica de la estructura de una *base de datos* (ver *Database*). Deben quedar representadas las *entidades* (ver *Entity*) y sus *interrelaciones* (ver *Relationship*) y los datos elementales asociados. El esquema puede ser más conceptual (equivalente a lo que se llama *modelo lógico de datos*) o más físico (teniendo en cuenta la materialización de entidades e interrelaciones en los elementos de arquitectura suministrado por el *SGBD*; ver *Database Management System*). Un esquema puede considerarse descompuesto en subesquemas.

• A layered model of database architecture comprising a physical *schema (esquema)*, ...

Scope: *1. Alcance. 2. Extensión.*
1. Límite hasta donde alcanza el efecto de un *mandato* (ver *Command*), definición o identificador, instrucción, etc. Son frecuentes los errores –y a veces difíciles de interpretar– debidos a una deficiente comprensión de los *alcances*.

• When the *scope (alcance)* of the audit is not limited by ...

2. Contenido total, posibilidades de un conjunto (de recursos poseídos, datos *presentados* (ver *Display (verb)*), autorizaciones concedidas, etc.).

• You can restrict the *scope (extensión)* and format of the statistics reported ...

Scrambler: *1. Batidora.*
1. Dispositivo o programa que se usa para alterar una señal (por ejemplo, reordenando su secuencia) de forma que la vuelva indescifrable si no se dispone de un decodificador adecuado.

• An exceptional digital *scrambler (batidora)* that connects between your ...

Scratch (adj): *1. Tachado/a. 2. Vacío/a.*
1. Aunque puede aplicarse a ficheros que han sido *tachados* (ver *Scratch (verb)*) lo más corriente es que se aplique a volúmenes de cinta que han sufrido la misma operación y que, por lo tanto, son susceptibles de volver a ser empleados. Por generalización, puede aplicarse el mismo adjetivo a un volumen vacío aunque no haya sido *tachado*. Si ésta es la situación, es mejor traducir por *vacío*.

• ... and request a *scratch (tachada)* tape, when the system is ready to open a tape ...

• ... you must either restore the file onto a *scratch (vacío)* volume or free up ...

Scratch (from): *1. Desde cero.*
Ver *From scratch*.

• ... discards the table of substrings and rebuilds it *from scratch (desde cero)* ...

Scratch (noun): *1. Borrador.*
1. En ciertos ambientes se usa la palabra

scratch (como abreviación de *scratchpad*) para referirse a una estructura física que puede contener datos (fichero, memoria *RAM* (ver *Random Access Memory*), cinta, ...) de forma que el contenido final de la estructura carece de importancia y que, por tanto, puede usarse «a discreción» para todo tipo de anotaciones y pruebas. En algunos casos es la propia *UCP* (ver *Central Processing Unit*) la que utiliza memoria *RAM* como borrador.

● ... is reserved for scratch *(borrador)* or temporary file storage.

Scratch (verb): *1. Tachar.*

1. Eliminar la anotación de un fichero en un inventario (por ejemplo, un directorio) de ficheros. Determinados sistemas de ficheros tienen más de un inventario, por lo que la operación puede afectar a uno de ellos y no a los demás. El *tachado* de un fichero no implica, en general, el borrado físico del espacio que ocupaba. Puede aplicarse una operación similar a volúmenes o *cartuchos* de cinta.

● The files are scratched *(son tachados)* and uncataloged.

Scratchpad: *1. Borrador.*

Ver *Scratch (noun).*

Screen (noun): *1. Pantalla.*

1. Pantalla (superficie) en la que las computadoras *presentan* (ver *Display (verb)*), dinámicamente, los datos (ver también *Display* y *Monitor*).

● ... the layout of the screen *(pantalla)* and the processing of the function keys.

Screen (verb): *1. Filtrar. 2. Puntear.*

1. Procesar una corriente de entrada (instrucciones, datos, *señales*, *mandatos*, etc.; ver *Data stream* e *In-stream*) seleccionando lo que interese, lo autorizado, etc.

● ... or temporarily disable the SVC screening *(filtrado)* and re-issue the SVC ...

2. Obtener una falsa escala de grises (ver *Gray scale*) al *escanear* (ver *Scan (verb) Def. 2*) una imagen, mediante la creación de zonas llenas de puntos más o menos grandes (o distribuidos con mayor o menor densidad) según el tono del gris que se quiera obtener.

● However, stochastic screening *(punteado)* is a promising but unproved rendering method for ...

Screen button: *1. Botón.*

Sinónimo de *Button* (ver).

Screen off (verb): *1. Filtrar.*

Ver *Screen (verb).*

Screen saver: *1. Protector de pantalla.*

1. En *CPs* (ver *Personal Computer*), programas que toman el control cuando ha transcurrido un cierto tiempo sin actividad de pantalla (de ratón o *teclado*) y cuya función consiste en «blanquear» (o ennegrecer) la pantalla o, más frecuentemente, enviar a la misma una imagen que cambia de forma, posición y color. Aunque los modernos sistemas de desconexión automática de la pantalla protegen lo mismo y ahorran energía, los protectores se seguirán usando por lo que tienen de personalización de la herramienta de trabajo.

● The Earth Views screen saver *(protector de pantalla)* is a collection of ...

Screen table: *1. Tabla de filtrado.*

1. Tabla que se usa en un proceso de filtrado (de datos, instrucciones, *mandatos* (ver *Command*), etc.).

● ... an SVC screen table *(tabla de filtrado)* is associated with a task control block (TCB).

Screened host: *1. Huéspeda de apantallamiento.*

1. Topología de *cortafuego* (ver *Firewall*) basada en una *encaminadora* (ver *Router*) que *bloquea* (ver *Block (verb)*) el tráfico entre red externa y componentes internos de la red y un *bastión* (ver *Bastion*) en el que se implementan todas las funciones del cortafuego.

● In a *screened host (de huéspeda de apantallamiento)* firewall, access to and from a single host is ...

Screened subnet: *1. Subred de apantallamiento.*

1. Topología de *cortafuego* (ver *Firewall*) basada en la creación de una subred (ver *Demilitarized zone*) que actúa de pantalla entre la red interna (la que se quiere proteger) y el mundo exterior. Todas las comunicaciones desde/hacia el mundo exterior han de pasar por la *subred de apantallamiento* debido al filtrado establecido por las *encaminadoras* (ver *Router*).

● In a *screened subnet (subred de apantallamiento)* configuration, a router controls ...

Script: *1. Directiva.*

1. Conjunto de instrucciones y/o *mandatos* (ver *Command*) colocados en un fichero y cuya ejecución se realiza, habitualmente, por interpretación de las instrucciones y mandatos por parte de un programa especial (ver también *Script language*).

● *Scripts (Las directivas)* must interact either with other programs or with a set of ...

Script language: *1. Lenguaje de directivas.*

1. Lenguaje en el que se escriben *directivas* (ver *Script*). El término es tan amplio (lenguajes de *mandatos* de los *sistemas operativos* (ver *Command* y *Operating system*), LCT

(ver *Job Control Language*), lenguajes especiales, lenguajes interpretables, etc.) como ambiguo. Se admite, con bastante generalidad, que estos lenguajes deben contar con un intérprete, aunque no se descarta que, además, sea posible *compilar* los programas desarrollados con ellos. Se asume, también, que las estructuras de datos definidas y procesadas en y por estos lenguajes son más bien «pobres», aunque hay excepciones.

● Language used to create MS/DOS batch files is a *script language (lenguaje de directivas).*

Scroll (verb): *1. Desplazar.*

1. Desplazarse en un documento de forma que cambie la parte del mismo que se *presenta* (ver *Display (verb)*) en pantalla. Puede conseguirse por medio de ciertas *teclas* «de desplazamiento» o, en *interfaces gráficas* (ver *Graphical Interface*), utilizando un dispositivo llamado *barra de desplazamiento* (ver *Scroll bar*).

● ... the user can *scroll (desplazar)* the view over the entire ...

Scroll bar: *1. Barra de desplazamiento.*

1. En la mayoría de las *interfaces gráficas de usuario* (Windows y similares; ver *Graphical User Interface*), barra que aparece en uno o en los dos sentidos posibles de desplazamiento (horizontal-vertical) y que ayudan en la *presentación* (ver *Display (verb)*) de texto o imagen que no caben en la pantalla. Estas barras están dotadas de botones que pueden manipularse con ayuda del ratón para conseguir el desplazamiento deseado.

● ... and drag the mouse in the direction you want to scroll, or use the *scroll bars (barras de desplazamiento).*

Scroll box: *1. Botón de desplazamiento.*

1. Botón situado en una *barra de desplaza-*

miento (ver *Scroll bar*) y que sirve tanto para ver en qué posición relativa se está (del documento) como para forzar un desplazamiento rápido (en el documento).

• The position of the *scroll box (botón de desplazamiento)* is represented as an integer; it is relative to the left or ...

Scroll lock key: *1. Tecla Bloq Despl.*
1. *Tecla* que puede usarse por los programas para introducir modificaciones en el funcionamiento de las teclas de desplazamiento.

• If they do not work properly, try pressing the *Scroll Lock key (tecla Bloq Despl)* first.

Scrollable: *1. Desplazable.*
1. Característica de un elemento a *presentar* (ver *Display (verb)*) en pantalla o a *introducir* desde pantalla, que es efectiva cuando la longitud (lógica: número de *baits* (ver *Byte*), pero también número de opciones en un campo de selección) del elemento es mayor que la longitud (también lógica) del espacio en que se producirá la presentación o preparación de la entrada.

• Selection fields are not *scrollable (desplazable)* and contain a fixed set of choices ...

Scrollbar: *1. Barra de desplazamiento.*
Ver *Scroll bar.*

SCA: *1. SCA.*
Ver *Single Connector Attachment.*

SCSI: *1. SCSI.*
Ver *Small Computer System Interface.*

SD: *1. SD.*
1. Una de las luces de un *módem* (ver *Modem*) externo *(Send Data)*. Cuando está encendida indica que el *módem* está enviando datos.

SD: *1. Delimitador de Inicio de Freim.*
2. SFD.
Ver *Start-of-Freim Delimiter.*

SDH: *1. SDH.*
Ver *Synchronous Digital Hierarchy.*

SDK: *1. SDK. 2. Kit para Desarrollo de Software.*
Ver *Software Development Kit.*

SDLC: *1. SDLC.*
Ver *Synchronous Data Link Control.*

SDRAM: *1. SDRAM.*
Ver *Synchronous Dynamic RAM.*

SDSL: *1. SDSL.*
Ver *Single-line Digital Subscriber Line.*

Search (noun): *1. Búsqueda.*
1. Acción y efecto de *buscar* o de *ser buscado en.*

• ... is chosen according to the catalog *search (de búsqueda)* order.

Search (verb): *1. Buscar.*
2. Ser buscado en.
1. *Recorrer* (ver *Scan (verb) Def. 1*) una estructura de datos (fichero, tabla, *formación* (ver *Array*), catálogo, etc.) buscando un elemento de la misma que cumpla con determinado criterio o argumento de búsqueda. Según contexto puede traducirse por *buscar* o *ser buscado en.*

• ... which is then searched *(en el que se busca)* for the requested system ...

Search and replace: *1. Buscar y reemplazar.*
Ver *Search-and-replace.*

Search argument: *1. Argumento de búsqueda.*
1. Criterio que debe cumplir un elemento de

datos (miembro de una estructura) para ser seleccionado en una búsqueda. También se llama *search condition*. La diferencia entre ambos términos estriba, posiblemente, en que el *argumento* está más orientado a búsqueda por valores concretos, acostumbrando la *condición de búsqueda*, a admitir una sintaxis más compleja.

• ... for an entry greater than or equal to the *search argument (argumento de búsqueda)* ...

Search condition: *1. Condición de búsqueda.*

1. Criterio que debe cumplir un elemento de datos (miembro de una estructura) para ser seleccionado en una búsqueda. También se llama *search argument* (ver explicación más detallada en esta voz).

• ... by applying its *search condition (condición de búsqueda)* to each row that is ...

Search engine: *1. Motor de búsqueda.*

1. Elemento software especializados en la búsqueda en Internet. A partir de los resultados obtenidos por *rastreadores* y *bots* (ver *Crawler, Spider* y *Bot*) se crea y mantiene una *base de datos* (ver *Database*) masiva (o índice, o catálogo) en la que se busca, en primera instancia, lo que interesa a los usuarios. En Internet existen varios *motores de búsqueda* muy conocidos y utilizados (AltaVista, Yahoo, etc.).

• There are several types of *search engines (motores de búsqueda)* according to the type of search ...

Search-and-replace: *1. Buscar y reemplazar.*

1. Operación consistente en buscar (de una en una vez o repetitivamente) una *ristra* (ver *String*) de caracteres en un cierto universo de datos (un fichero, una selección de ficheros,

...) y reemplazarla por otra ristra diferente. Es una operación muy utilizada que está presente en bastantes *sistemas operativos* (ver *Operating system*) y aplicaciones. Debe utilizarse con cuidado.

• ... a noninteractive *search-and-replace (buscar y reemplazar)* facility can cause infinite damage.

Searching: *1. Búsqueda.*
Ver *Search (noun)*.

Second Normal Form: *1. Segunda Forma Normal. 2. 2FN.*

1. Segundo estadio en un proceso de *normalización* (ver *Normalize Def. 1*) de datos. Cuando se alcanza este estadio, todos y cada uno de los *atributos* (ver *Attribute*) analizados (para cada relación) deben depender de identificadores *irrepetibles* (ver *Unique*) completos y no de parte de los atributos que pueden formar a estos identificadores.

• To satisfy *second normal form (Segunda Forma Normal)*, the information shown above would be ...

Secondary cache: *1. Caché secundario.*

1. Caché asociado a la *UCP* (ver *Central Processing Unit*) que actúa como un paso intermedio entre la memoria ordinaria y el caché propiamente dicho. Acostumbra a ser memoria más barata y menos rápida que la del caché. Casi siempre está en un chip diferente del de la *UCP*.

• ... pipeline burst caches are frequently used as *secondary caches (cachés secundarios)*.

Secondary space: *1. Espacio secundario.*

1. Hay *sistemas operativos* (ver *Operating system*) cuyos *métodos de acceso* (ver *Access method*) no controlan excesivamente el tama-

ño de los ficheros que se van creando, mientras otros establecen un control más o menos riguroso. Entre estos últimos es frecuente *asignar* (ver *Allocation*) a los ficheros (cuando se crean o definen) un espacio inicial (primario) y un espacio a añadir, en una o más veces, cuando el inicial está lleno. Este espacio suplementario es el *espacio secundario*.

● ... specifying the primary and the *secondary space (espacio secundario)* allocation quantities ...

Secondary storage: *1. Almacenamiento secundario.*
1. Espacio de almacenamiento no volátil que no puede ser accedido directamente por la *UCP* (discos y disquetes, cintas, CD-ROMs, etcétera). A veces se usa la expresión *auxiliary storage* (ver) para referirse al *almacenamiento secundario* utilizado como ampliación de la memoria principal en sistemas que usan memoria virtual.

● Programs and data stored in *secondary storage (almacenamiento secundario)* must first be loaded ...

Secondary system: *1. Sistema secundario.*
1. En instalaciones multisistema dotadas de alguna aplicación para gestión automática de la operación (ver *Automated operations*) las aplicaciones y trabajos a ejecutar pueden asociarse a un sistema primario y, opcionalmente, a uno o más *sistemas secundarios*. Por *indisponibilidad* (ver *Outage*) del sistema primario, las aplicaciones o trabajos se ejecutarán en uno de los secundarios.

● ... after automatic restart management has moved it to a *secondary system (sistema secundario)*, provided ...

Sector: *1. Sector.*
1. Parte de una *pista* (ver *Track*) de un disco destinada a contener datos. La división de las pistas en sectores facilita la tarea de posicionamiento de las *cabezas de lectura/grabación* (ver *Head*).

● Defragmenting consolidates the free space into a continuous group of *sectors (sectores)* ...

Secure Electronic Payment Protocol: *1. SEPP.*
1. Protocolo, ya superado por los acontecimientos, para establecer métodos seguros de comercio electrónico. En su desarrollo intervino Mastercard, IBM, Netscape y otras compañías.

● *SEPP (SEPP)* has been superseded by SET.

Secure Electronic Transaction: *1. SET.*
1. Procedimiento muy seguro para posibilitar el comercio electrónico. Desarrollado con el soporte de varias organizaciones de tarjetas de crédito, bancos y suministradores de software de Internet. Es un mecanismo complejo a tres bandas (cliente, comerciante y entidad de crédito en la que se domicilia la tarjeta) basado tanto en firmas digitales como en certificaciones. Usa *claves* (ver *Key (noun) Def. 4*) públicas como procedimiento de *cifrado* (ver *Encrypt*).

● The major advantage of *Secure Electronic Transaction (SET)* over existing security systems is the addition of digital ...

Secure Hypertext Transport Protocol: *1. S-HTTP.*
1. Ampliación de *HTTP* (ver *Hypertext Transfer Protocol*) orientada a permitir la transmisión segura de datos en la *Ueb* (ver *World Wide Web*). Es, por tanto, una base imprescindible –junto con otras iniciativas– para el desarrollo del comercio electrónico.

• *S-HTTP (S-HTTP)* has been designed, basically, to send individual messages securely.

Secure Sockets Layer: *1. SSL.*

1. Protocolo para comunicaciones seguras en Internet, desarrollado por Netscape. Se aplica por debajo del protocolo más cercano al usuario (por ejemplo, *HTTP*; ver *Hypertext Transfer Protocol*) y por encima del protocolo de la red (es decir, *TCP/IP*; ver *Transmission Control Protocol/Internet Protocol*). Utiliza el método de clave pública/clave privada (ver *Key (noun) Def. 4*).

• Netscape has offered *Secure Sockets Layer (SSL)* as a possible standard protocol to the WWW ...

Secure Transaction Technology: *1. STT.*

1. Método de transmisión segura en Internet, desarrollado, principalmente, por VISA y Microsoft. Muy orientado al comercio electrónico (tal vez una de las principales fronteras a traspasar), se basa en el procedimiento clave pública/clave privada (ver *Key (noun) Def. 4*) para el *cifrado* (ver *Encrypt*) de los datos.

• In order to conduct an *Secure Transaction Technology (STT)* financial transaction, both the customer and the merchant must ...

Secure/MIME: *1. Secure/MIME. 2. S/MIME.*

1. Versión de *MIME* (ver *Multipurpose Internet Mail Extensions*) que permite el empleo de técnicas de seguridad como la autenticación del remitente y el *cifrado* (ver *Encrypt*) del texto. Utiliza *criptografía de clave pública* (ver *Key (noun) Def. 4*).

• *Secure/MIME* can be used in automated message transfer agents that use cryptographic security services ...

Security: *1. Seguridad informática.*

Sinónimo simplificado de *Computer security* (ver).

Security enforcing: *1. Imposición de la seguridad.*

1. Cualquier mecanismo (incluyendo los morales: prestigio, autoridad, ...) que obligue, fuerce o, como mínimo, ayude a utilizar las medidas de seguridad establecidas en un entorno informático.

• *Security* and standards *enforcing (imposición de la seguridad y de ...).*

Security flaws: *1. Fallos de seguridad.*

1. Resquicios por los que es posible comprometer la *seguridad* informática de datos y programas, estáticos o en circulación. Mucho más frecuentes de lo que sería deseable.

• *XYZ* has already been notified about this *security flaw (fallo de seguridad).*

Security log: *1. Registro de seguridad.*

1. *Registro* (ver *Log*) relacionado con la seguridad de una red, instalación, sistema o aplicación. Se registran, especialmente, los intentos de acceso no autorizado, los accesos a componentes muy «sensibles», etc., con todas las circunstancias de cada uno de ellos.

• Halting the computer when the *security log (registro de seguridad)* is full ...

Sed: *1. Sed.*

1. *Convertidor* (ver *Editor Def. 3*) de corriente de datos (ver *Data stream*). Es capaz de realizar una transformación eficiente (aunque tal vez no admita transformaciones muy sofisticadas) de datos en una corriente de entrada (lectura de fichero, *tubería* (ver *Pipeline*), etc.).

• *Sed (Sed)* works by making only one pass over the input, and is, consequently, ...

Sed Script: *1. Directiva Sed.*
1. *Directiva* (ver *Script*) desarrollada utilizando el lenguaje de *mandatos Sed* (ver *Sed* y *Command*).

● ... takes a *sed script (directiva Sed)* specified on the command line (or from standard input) and ...

Seek (noun): *1. Posicionamiento.*
1. Conjunto de acciones mecánicas y electrónicas necesarias para situar un mecanismo de lectura/grabación sobre los datos a leer (o la zona en la que grabar). Es concepto genérico, aunque se aplica más a discos. Puede incluir un *posicionamiento* de *cilindro* (ver *Cylinder*) (desplazamiento mecánico de las *cabezas* (ver *Head*) hasta un cilindro determinado); un *posicionamiento* de cabeza (desplazamiento electrónico para activar una cabeza determinada); y, por último, una *demora de rotación* (ver *Rotational delay*). No hay acuerdo sobre si deben incluirse o no todos estos posicionamientos. El contexto dirá qué se está incluyendo para matizar la traducción.

● ... but disk *seeks (posicionamientos)* between the index and the data components result.

Seek (verb): *1. Posicionar(se).*
1. Efectuar(se) un posicionamiento (ver *Seek (noun)*) como parte de un proceso de lectura/grabación.

● *Seek (de posicionarse)* time is the time for the disk arm to move the heads to the cylinder containing the desired sector.

2. Posicionarse en una estructura de datos (posicionamiento lógico) como paso previo a su lectura o grabación.

● *Seeking (posicionarse)* alone, however, does not extend the file ...

Seek time: *1. Tiempo de posicionamiento.*
1. Tiempo necesario para efectuar un *posicionamiento* (ver *Seek (noun)*) previo a una lectura/grabación.

● ... this *seek time (tiempo de posicionamiento)* does not overlap with other processing.

Segment (noun): *1. Segmento.*
1. En su definición más genérica un *segmento* es una parte diferenciada de un todo. Por ejemplo, parte de un *trabajo* con una función bien concreta, parte de un fichero multivolumen contenida en un volumen específico, etc. Uso muy amplio.

● ... you must ensure that the *segments (segmentos)* from all the volumes are dumped together.

2. En el protocolo *IP* (ver *Internet Protocol*) de la *ISO* (ver *International Organization for Standardization*), un *segmento* es lo mismo que un datagrama o *Protocol Data Unit*: una de las partes en las que se descompone un mensaje.

● ... the offset from the start of the first octet that the data in the *segment (segmento)* begins.

3. Parte de un programa que puede *reubicarse* (ver *Relocation*) de manera independiente con respecto al resto del programa.

● UNIX executables have a text *segment (segmento)* (executable instructions) ...

4. Unidad de transmisión de datos en las *bases de datos* «tradicionales» de IBM (IMS y DL/I).

● ... for a database *segment (segment)* to become available ...

... y más significados que, en general, tienen la misma traducción.

Segment (verb): *1. Segmentar.*
1. Descomponer un todo en *segmentos* (ver *Segment (noun)*). Puede ser una tarea humana (por ejemplo, en un diseño) o una tarea realizada por un programa como, por ejemplo, *segmentar* un mensaje.

• When a PDU *is segmented (se segmenta)* into a number of smaller PDUs ...

Segmentation: *1. Segmentación.*
1. Descomposición de un programa en partes (segmentos) lógicas con la idea de que tales segmentos se carguen en memoria a medida que sean necesarios. La técnica de la segmentación se utiliza cada vez menos desde la generalización del uso de la memoria virtual. El solapamiento de ambas técnicas puede llegar a ser contraproducente.

• ... and terminates with a *segmentation (de segmentación)* violation error and usually a dump ...

Segmented address space: *1. Espacio de direcciones segmentado.*
1. Espacio (físico; ver *Address space*) de direcciones que se descompone en partes llamadas segmentos. Esta técnica se utilizó en los Intel x86 y, consecuentemente, forzó a que los *sistemas operativos* (ver *Operating system*) creados para estos procesadores tuvieran en cuenta dicha técnica.

• These used a *segmented address space (espacio de direcciones segmentado)* to extend the range of addresses from ...

Select (verb): *1. Seleccionar.*
1. En términos muy generales, *seleccionar* es escoger, aplicando criterios claramente definidos, un subconjunto de elementos de entre los elementos de un conjunto. Se supone que el subconjunto seleccionado será sometido a algún tipo de procesamiento.

• ... and decides which ones (if any) to use when *selecting (se seleccione)* a path to the data.

2. Palabra que describe la acción propia de la instrucción más usada del lenguaje *SQL* (ver *Structured Query Language*). El resultado final de *seleccionar* (llamado *selección*) es una *tabla de resultados*.

• ... indicate «all columns» from each *selected (seleccionada)* row of the named table ...

Selection: *1. Selección.*
1. Acción y resultado de *seleccionar* (ver *Select (verb)*).

• ... in each library is also taken into account during the *selection (selección)* process, ...

Selector pen: *1. Lápiz selector.*
1. Dispositivo capaz de actuar electrónicamente sobre una pantalla –especial– de computadora para seleccionar opciones con cierta facilidad.

• ... that you use when entering commands with the *selector pen (lápiz selector)* ...

Self checking: *1. Autoverificante.*
1. Referente a técnicas de diseño (tanto de hardware como de software) que tienen en cuenta, como elemento importante, el hecho de que el objeto en desarrollo (aplicación, circuito o chip, etc.) verifique sus propias salidas. Es un campo de mucho futuro.

• *Self-Checking (autoverificante)* Combinational Circuit Design ...

• Generate *self-checking (autoverificantes)* tests or generate the *expected results* ...

Self testing: *1. Autoprobante.*
1. Referente a técnicas similares a las reseñadas como *autoverificantes* (ver *Self checking*) de las que se diferencian en que el enfoque *autoprobante* es más sistémico o, dicho en otros términos, tiene también en cuenta salidas intermedias y no sólo las finales.

• Object *self testing (autoprobante)* implementation ...

• ... design for testability, built-in *self-test (autoprobantes)* techniques, ...

Self-Monitoring Analysis and Reporting Technology: *1. SMART.*
1. *Interfaz* (ver *Interface (noun)*) entre el *BIOS* (ver *Basic Input/Output System*) de una máquina y el disco duro de la misma cuando se usa la tecnología *EIDE* (ver). Permite que el BIOS reciba información sobre el estado del disco duro cuando se está realizando el arranque de la máquina.

• *Self-Monitoring Analysis and Reporting Technology (SMART)* uses added intelligence in the hard drive firmware to sense minor changes ...

Self-referencing table: *1. Tabla autorreferenciante.*
1. En términos relacionales una *tabla autorreferenciante* es una tabla que contiene una *clave foránea* (ver *Foreign key*) que apunta a la *clave primaria* (ver *Primary key*) de la propia tabla. Es típica de estructuras jerárquicas (por ejemplo, una tabla de estructuras geográficas en la que un Municipio «apunta» a su Provincia –en la misma tabla– y así sucesivamente).

• ... a delete operation on a *self-referencing (autorreferenciante)* table must involve the same table ...

Semantics: *1. Semántica.*
1. Significado de una construcción hecha uti-

lizando un lenguaje de programación. Se complementa con la sintaxis o grado de adecuación de dicha construcción a las reglas del lenguaje.

• ... which illustrates the flexibility of the language *semantics (semántica)* and the power ...

Semaphore: *1. Semáforo.*
1. Un *semáforo* es una construcción lógica (conjunto de instrucciones) de programación que se utiliza para ordenar el uso de servidores y, en general, de cualquier recurso escaso, por parte de usuarios o clientes potencialmente concurrentes. Hay lenguajes que facilitan la creación de *semáforos*.

• ... a *semaphore (semáforo)* may have an associated queue of processes ...

Semicolon: *1. Punto y coma.*
1. Carácter especial (;) cuyo valor en *ASCII* es x'3B' y en *EBCDIC* x'5E'.

• ... just use the *semicolon (punto y coma)* character to separate ...

Semiconductor: *1. Semiconductor.*
1. Sustancia natural o artificial que admite dos niveles de conductividad eléctrica según condiciones externas. Esta propiedad ha hecho de los semiconductores la base sobre la que se ha construido el inmenso desarrollo actual de la informática y las telecomunicaciones.

• A manufacturing process for *semiconductor (de semiconductores)* devices that combines bipolar and CMOS ...

Semistructured data: *1. Datos semiestructurados.*
1. Datos, como los accesibles en Internet en un momento dado, que carecen de estructura o cuya estructura es total o parcialmente des-

conocida. La conveniencia de considerar los datos en Internet como una inmensa *base de datos* universal, ha planteado la necesidad de describir, si es posible, su estructura. El concepto de *datos semiestructurados* es un paso en dicha dirección.

• In some forms of *semistructured data (datos semiestructurados)* there is no separate schema, in others it exists but only ...

Send (verb): *1. Enviar.*
1. En un sistema basado en comunicaciones, *enviar* es la orden y el hecho en sí de poner unos datos en camino hacia un interlocutor remoto. La acción *enviar* se produce, puede que con nombres diferentes, en todos los *estratos* (ver *Layer (noun)*) en que se descomponga, teórica o prácticamente, el proceso de comunicación en el extremo que envía (desde el *estrato de aplicación*: un *mandato* adecuado en un programa; hasta el *estrato Físico*: los bits se ponen «en movimiento» por la línea).

• Two UNIX commands enable you *to send (enviar)* and receive messages ...

Send RU: *1. SRU.*
Sinónimo de *Request unit* (ver).

Send to back: *1. Enviar al fondo.*
Ver *Send to background*.

Send to background: *1. Enviar al fondo.*
1. Expresión que se usa para indicar que un proceso se ejecute en el *fondo* (ver *Background*).

• ...not forgetting the «&» *to send to background (enviar al fondo)*.

Sender: *1. Emisor.*
1. Uno de los extremos de una comunicación (computadora o terminal, más aplicación, más, probablemente, una persona).

• ... that is transmitted in one format by the *sender (emisor)* into the data format that can be accepted by ...

Sendmail: *1. Sendmail.*
1. Versión muy popular en sistemas UNIX del protocolo *SMTP* (ver *Simple Mail Transfer Protocol*) para *correo-e* (ver *E-mail*).

• It normally uses *sendmail (sendmail)* to handle delivery.

Sense code: *1. Código de significación.*
1. *Campo* (ver *Field*) de longitud preestablecida que se utiliza para indicar el tipo de error producido y, en algunos casos, la acción a seguir.

• The *sense code (código de significación)* in the error message leads to abnormal ...

Sensitive information: *1. Información sensible.*
1. Información cuya pérdida, modificación o divulgación no autorizadas, puede resultar en un perjuicio del interés público o del derecho a la privacidad de las personas individuales. Debería darse prioridad a la dimensión legal del término y atender a las definiciones del mismo en leyes de cualquier rango.

• Many people think that *sensitive information (información sensible)* only require ...

Sensitive program: *1. Programa sensible.*
1. Programa que maneja información sensible o realiza operaciones cuya modificación puede causar daño económico a personas o entidades.

• The payroll programs are extremely *sensitive (sensibles)* ...

Sensor: *1. Sensor.*
1. Dispositivo electrónico del tipo *transductor*

(ver *Transducer*) capaz de captar una magnitud física (medirla) y de convertir el resultado en una *señal* eléctrica. La salida puede ser analógica o digital según que incluya o no un dispositivo de conversión *analógica a digital*.

• A radial line of *sensors (sensores)* reads the code off the surface of the disk and if ...

Sentence: *1. Frase. 2. Sentencia.*
1. Oración, en el sentido gramatical, a la que se quiere dar un cierto énfasis. Este término se usa, especialmente, en manuales.

• ... by a *sentence (sentencia)* inserted as a table description in each of the two tables ...

2. Oración con parte de su sentido implícito.

• The output is a *sentence (frase)* that gives the French name for the weekday that is associated with ...

3. En algunos lenguajes de programación se llama *sentencia* a un conjunto ordenado de instrucciones o cláusulas del lenguaje separado, de alguna forma, de lo previo y de lo siguiente.

• The separator period must be used only to indicate the end of a *sentence (sentencia)* ...

Sequence diagram: *1. Diagrama de secuencias.*
1. Componente gráfico (informatizable por *CASE*; ver *Computer-Aided Software Engineering*) del método UML (ver *Unified Modeling Language*) en el que se representan eventos (con su ordenación temporal y efectos) e interacciones.

• *Sequence diagrams (Los diagramas de secuencia)* show the explicit sequence of messages and are better for real-time ...

Sequenced Packet Exchange:
1. SPX.
1. Protocolo del mismo nivel que TCP (por tanto, en el *estrato de Transporte* (ver *Transport layer*) del modelo *OSI*; ver *Open Systems Interconnection*), y que se usa en sistemas Novell Netware. Proporciona servicio orientado a conexión y se utiliza, básicamente, en arquitecturas cliente-servidor.

• *Sequenced Packet Exchange (SPX)* is not used for connections to the file server ...

Sequencer: *1. Secuenciador.*
1. Componente usado para almacenar, reproducir y modificar (incluso dinámicamente) piezas musicales *digitalizadas* (descompuestas en sus notas y características de éstas, ritmo, etc.).

• When finished, the *sequencer (secuenciador)* will allow songs to be «programmed» at a very high-level, in that ...

Sequential access: *1. Acceso secuencial.*
1. Forma de acceder a los datos de un fichero (en lectura o grabación) en la que se sigue el orden físico de los registros (debería llamarse acceso serial o seriado) o el orden de clasificación de acuerdo con una cierta *secuencia de comparación* (ver *Collating sequence*) (*EBCDIC, ASCII, ...*). Sólo determinadas organizaciones *indizadas* (ver *File organization* e *Index (verb)*) permiten accesos seriado y secuencial a los mismos datos.

• ... for an application that uses only *sequential access (acceso secuencial)* of ...

Sequential file matching:
1. Emparejamiento de ficheros secuenciales.
1. Técnica de diseño y programación basada en el emparejamiento de dos (o más) ficheros (ver *Match (verb) Def. 1*) que se leen secuencialmente, es decir, de forma que los registros

de ambos ficheros se suministren al programa en una ordenación –la misma para todos los ficheros– creciente o decreciente de acuerdo con una cierta regla de comparación (ver *Collating sequence*).

• Using *sequential file matching (emparejamiento de ficheros secuenciales)* techniques use the XYZ records as transactions ...

Sequential processing:
1. Procesamiento secuencial.
1. Procesamiento de los registros de un fichero en el orden en que se grabaron, si este orden sigue una cierta secuencia de comparación (para uno o más *campos*) (ver *Field* y *Collating sequence*), o procesamiento de los registros según una cierta secuencia de comparación que puede o no seguir el orden físico de grabación (por ejemplo, si se accede a los registros a través de un índice).

• An access method for direct or *sequential processing (procesamiento secuencial)* of fixed –and variable– length records on disk ...

Serial: *1. Serial.*
1. Referente a procesos de cualquier tipo que forman una serie temporal (los procesos se siguen unos a otros en el tiempo, sin simultaneidad). Puede aplicarse al trabajo que realiza un único servidor frente a clientes concurrentes, a la transmisión de bits por una línea, al tratamiento –uno a uno– de los caracteres de una *ristra* (ver *String*), a la transmisión de registros por un canal, etc. Los procesos seriales son más sencillos de diseñar y construir que los procesos paralelos pero, evidentemente, son menos rápidos.

• In most applications data is transmitted between computers in a bit-*serial (serial)* mode.

Serial access: *1. Acceso serial.*
Hay *acceso serial* a un fichero cuando sus registros se leen en el orden en que se grabaron en el mismo. Coinciden acceso serial y acceso secuencial cuando el fichero se grabó según un cierto orden de *clave* (ver *Key (noun) Def. 3*).

• The *serial access (acceso serial)* of tapes makes them slow.

Serial data transmission:
1. Transmisión serial de bits.
Ver *Bit-serial transmission*.

Serial line: *1. Línea serial.*
1. Conexión de *puertos seriales,* con o sin intervención de *módems* (ver *Modem*), por la que se transmite una *señal* (ver *Signal Def. 1*) en forma de serie de bits. Dada la definición de *puerto serial* (ver *Serial port*), se entiende que por una *línea serial* circulan las señales eléctricas definidas en las normas RS-232 y RS-423 (*ITU-T* V.24 y V.28).

• Software allowing the IP, normally used on Ethernet, to be used over a *serial line (línea serial)* ...

Serial Line Internet Protocol:
1. SLIP.
1. Protocolo que permite usar el protocolo *IP* (ver *Internet Protocol*) (normalmente sobre *Ethernet*; ver) en *líneas seriales* (ver *Serial line*), es decir, en puertos seriales conectados por medio de *módems* (ver *Modem*) a través de línea telefónica.

• A *Serial Line Internet Protocol (SLIP)* connection needs to have its IP address configuration ...

Serial mouse: *1. Ratón serial.*
1. Ratón que se conecta a un *puerto serial* (ver *Serial port* y *RS-232A-B-C*).

• Unfortunately the 486 uses a PS/2 mouse

where the Pentium used a *serial mouse (ratón serial)*.

Serial port: *1. Puerto serial.*

1. Conectador en una computadora que permite enlazar a ésta con un periférico u otra computadora que usen protocolos seriales. El tipo común de conector serial tiene 25 *patillas* (ver *Pin*) y funciona con *señas* y *señales* RS-232 (*ITU-T* V.24 y V.28), aunque en *CPs* (ver *Personal Computer*) se ha popularizado el uso de conectadores de 9 patillas con capacidad funcional (ver *Functionality*) RS-232 disminuida.

• ... shows a direct cable connection between the *serial port (puerto serial)* of a small computer and a serial printer ...

Serial printer: *1. Impresora serial.*

1. Impresora que usa protocolo serial y que, por tanto, se conecta vía un puerto serial (ver *Serial port*). Estas impresoras son habituales en máquinas Apple.

• Connecting *serial printers (impresoras seriales)* has always been problematic. The following variables can be involved: ...

Serial processing: *1. Procesamiento serial.*

Ver una explicación general en *Serial*.

Serial search: *1. Búsqueda serial.*

1. Búsqueda que se realiza accediendo de uno en uno y de inicio a final (o viceversa), o hasta que se encuentre el elemento buscado, los elementos de un conjunto que puede ser un fichero, una *formación* (ver *Array*) o tabla, etc.

• ... makes long, *serial searches (búsquedas seriales)* through a large cylinder index ...

Serialize: *1. Seriar.*

1. Ordenar procesos a arrancar o efectuar, o

desencadenantes de los mismos (por ejemplo, mensajes o transacciones) de manera que formen una serie. Se procesarán en el orden de esta serie o siguiendo su disciplina.

• ... protects the integrity of its owned and managed resources by *serializing (seriando)* access to data ...

Serially reusable: *1. Reusable en serie.*

1. Característica de un programa, debida al diseño y construcción del mismo, que permite que la misma copia del programa vuelva a ejecutarse, sin problemas, tras terminar una ejecución anterior. Esta ejecución previa no debe dejar «huellas» o, en caso contrario, dichas huellas se borran al reiniciarse la ejecución. Ver también *Reuse (verb)*.

• A *serially reusable (reusable en serie)* module may modify its own code, but ...

Serif: *1. Serif.*

1. Pequeño trazo, en rigor innecesario, con el que se termina una parte recta de una letra. Por coherencia, todas las letras de una misma *facies* (ver *Typeface*) tienen o no tienen *serifes*.

• *Serifs (serifes)* are ornaments at the ends of the ...

2. Frecuentemente se usa la palabra *serif* para referirse, como adjetivo, a una *facies* cuyos tipos tienen *serifes*. Y *sans serif* para lo contrario.

• ... and every *serif (serif)* typographic font is ...

Server: *1. Servidor.*

1. En términos genéricos, un servidor es un elemento activo de un sistema (hardware o software o mezcla de ambos) con capacidad de atender las peticiones de otros elementos

del mismo o diferente sistema (llamados clientes).

• The data space associated with the *server (servidor)* contains most of the ...

2. Cuando se habla de redes de computadoras, un servidor es una computadora especializada en dar a los clientes un tipo especializado de servicio (impresión, acceso a ficheros, acceso a *bases de datos (ver Database)*, correo, etc.).

• Imagine the effect on internetwork architectures when every client needs equal access to every *server (servidor)* ...

Server cluster: *1. Cláster servidor.*
1. *Cláster* (ver *Cluster*) de computadoras, conectadas entre sí y actuando coordinadamente, cuyo trabajo conjunto es equivalente al de un servidor individual en arquitectura cliente/servidor.

• *Server clusters (Los clásteres servidores)* enable users and administrators to access and manage the nodes as ...

Server Message Block protocol: *1. Protocolo SMB.*
1. Esta expresión, usada en sentido genérico, hace referencia a protocolos que permiten la comunicación entre clientes y servidores y, específicamente, el acceso por los clientes, a directorios y ficheros y la petición de servicios. Hay diferentes protocolos (y productos asociados) de este tipo. El nombre SMB, a secas, se refiere a un protocolo de Microsoft, creado en los inicios del Windows y que está en la base de muchos desarrollos posteriores.

• ... to allow clients to access a server's filespace and printers via the *Server Message Block protocol (protocolo SMB).*

Server-side: *1. Lado servidor.*
1. Que ocurre (en general, se ejecuta) en la parte servidor de una relación *cliente-servidor* (ver *Client-Server Model*).

• URL access history available on *server-side (lado servidor)*?

Server-side include: *1. Inclusión en lado servidor.*
1. Posibilidad que proporcionan algunos servidores *HTTP* (ver *Hypertext Transfer Protocol*) de sustituir uno o más *conformadores* (ver *Tag*) HTML (ver *Hypertext Markup Language*) por el contenido de uno o más ficheros, justo antes de enviar el texto HTML al *cliente*. Una especie de actualización adaptada y de última hora.

• You should consider these items carefully before activating *server-side includes (inclusiones en lado servidor)* on your server.

Service: *1. Mantenimiento. 2. Servicio.*
1. Estudio, diagnóstico y resolución de problemas, tanto de hardware como de software. A veces incluye adaptación a nuevas versiones. Puede ser suministrado por el fabricante o por una empresa especializada.

• ... in order to run with new product releases or versions, or as a result of *service (mantenimiento o servicio, según contexto; en este caso, mejor lo primero)*.

2. En el *modelo de referencia de la OSI* (o cualquier otro modelo estratificado; ver *Open Systems Interconnection*) *servicios* son las funciones que cada *estrato* (ver *Layer (noun)*) realiza para el estrato situado encima de él (más cercano a la aplicación). Hay una gran variedad de *servicios*.

• The application layer provides *services (servicios)* related to the identification of the intended ...

3. Tarea que realiza un servidor.

• When a new request for FTP *services (servicios)* is received, ...

Service Access Point: *1. SAP.*
2. Punto de Acceso al Servicio.
1. Cada *SAP* es un componente de la dirección de un *proceso aplicacional* (ver *Application process*). El número de *SAPs* está influenciado por el número de *estratos* (ver *Layer (noun)*) de red considerados, aunque no coincide con él. Es algo así como el puerto de acceso a un servicio (presentación, sesión, etcétera).

• Different *Service Access Points (Puntos de Acceso al Servicio)* distinguish differents ...

Service level: *1. Nivel de servicio.*
1. Parámetros, cuantificados en la medida de lo posible, que marcan el comportamiento deseable de una pieza de proceso que se está analizando y diseñando. Se incluyen datos identificativos, de *rendimiento* (ver *Performance*), de coste de desarrollo y explotación, de requisitos de memoria y espacio de almacenamiento, etc.

• ... volume information, and an idea of the *service levels (niveles de servicio)* required of the function.

Service level agreement: *1. Acuerdo de Nivel de Servicio. 2. ANS.*
1. Acuerdo formalizado entre quien recibe un servicio y quien lo presta. En general, cuantificado y, frecuentemente, penalizado el incumplimiento. En cuanto a posibles contenidos del acuerdo, ver lo dicho en *Service level*.

• *Service level agreements (Los acuerdos de nivel de servicio)* can include expectations of query response time, the throughput ...

Service primitive: *1. Primitiva (de servicio).*
1. Función elemental que un *estrato* (ver *Layer (noun)*) de un *modelo de referencia* (ver *Reference model*) de red suministra al estrato superior (o usuario de su servicio; no confundir con el usuario final). A través de las primitivas y de los parámetros asociados a las mismas, cada estrato inicia la comunicación con el estrato correspondiente del comunicante situado en el otro extremo.

• ... the originating protocol entity creates a *confirm primitive (primitiva de confirmación)* and passes it ...

Service profile identifier: *1. SPID.*
1. Número de formato estandarizado que se usa para identificar a los usuarios de *RDSI* (ver *Integrated Services Digital Network*) en tarifa básica.

• The generic *Service profile identifier (SPID)* should also make ISDN more attractive to Internet service providers.

Serviceability: *1. Reparabilidad.*
1. Característica de un producto que expresa el grado de facilidad o dificultad del mismo para ser *reparado* cuando surge un problema. Se aplica tanto a software como a hardware. Incluye aspectos como: información para el diagnóstico, facilidad de búsqueda entre los componentes del producto, disponibilidad de recambios y de personal entendido, etc.

• Then, if the global trace is needed for *serviceability (reparabilidad)*, you can ...

Servlet: *1. Serviprogramet.*
1. Programa, de tamaño, en general, más bien reducido, desarrollado en Java y especializado en proporcionar un servicio concreto de servidor (por ejemplo, recibir, ejecutar y contestar consultas a una *base de datos*; ver *Da-*

tabase). Se ejecuta en el propio servidor (habitualmente *HTTP*; ver *Hypertext Transfer Protocol*).

● *Servlets (serviprogramets) are named after applets which are also written in Java but ...*

Session: *1. Sesión.*
1. Palabra de significados diversos según el punto de vista. En general, se refiere a una conexión entre dos usuarios potenciales, que va a durar un tiempo significativo y que va a tener una disciplina de funcionamiento establecida por el entorno o por un acuerdo entre dichos usuarios. El usuario no tiene por qué ser humano: puede ser un programa que actúa «por delegación».

● *Sets the maximum number of NetBIOS sessions (sesiones) that can be open at a ...*

Session layer: *1. Estrato de Sesión.*
1. En el *modelo de referencia OSI* (ver *Open Systems Interconnection*) el *estrato de Sesión* da servicio al *estrato de Presentación* (ver *Presentation layer*) y recibe servicio del *estrato de Transporte* (ver *Transport layer*). Los servicios suministrados se refieren, básicamente, al establecimiento, organización y sincronización del diálogo entre dos unidades de diálogo (comunicantes) situadas en el *estrato de Presentación*.

● *In the latter case –half-duplex– the session layer (estrato de sesión) protocol provides facilities for ...*

Session leader: *1. Líder de sesión.*
1. Es el proceso que creó la sesión. Suele tener cierta preeminencia y unos requisitos específicos.

● *The specified process is a session leader (líder de sesión).*

Session lifetime: *1. Vida de una sesión.*
1. Tiempo que transcurre entre la creación de una sesión por el proceso líder y la desaparición de todos y cada uno de los procesos y grupos de procesos que, en algún momento, formaron parte de la misma.

● *A process may not be reused by the system until the process lifetime, process group lifetime, and session lifetime (vida de sesión) ends for any process ID, ...*

Set (adj): *1. Activado.*
1. Uno de los dos estados de un indicador (ver *Flag, Switch*). Si el indicador se asocia con una condición, el estado *activado* debería asignarse si la condición es cierta (ver también *Unset*).

● *To display the shell flags that are currently set (activados) ...*

Set (noun): *1. Conjunto.*
1. Elementos de un mismo tipo agrupados con alguna finalidad o sentido definitorio (programas, caracteres, instrucciones, etc.). De uso frecuentísimo en el mundo IBM desde que empezó a llamar *data set* a las agrupaciones de datos que siempre se han llamado *ficheros*.

● *... can use the complete instruction set (conjunto) to operate on data in ...*

Set (verb): *1. Establecer. 2. Poner a.*
1. Dar valor a un parámetro, variable, *conmutador* (ver *Switch Def. 3*), etc. En ciertos casos se usa la palabra *set* para denominar la operación de dar el valor 1 a un bit, especialmente si es un bit con significado bien establecido.

● *This can be done by setting (estableciendo) various system profile parameters ...*

● *... causes condition code 1 to be set (se establezca), except that it does not prevent ...*

Set up (noun): *1. Configuración.*
Sinónimo de *Setup (noun)* y de *Setting Def. 2*
(ver este término).

● For information concerning the necessary
system *set up (configuración)* for this ...

Set up (verb): *1. Configurar.*
Ver *Setup (verb).*

● ... when that thread *is set up (se configura)*
to receive them.

Set-top box: *1. Transcodificador.*
1. Dispositivo electrónico que, situado «sobre»
un aparato de TV, recibe una cierta *señal*, la
transforma y la suministra a dicho aparato.
Hasta hace poco sólo se utilizaba este tipo de
aparatos para descodificar señales codificadas. En un futuro inmediato se incrementará
considerablemente la capacidad funcional
(ver *Functionality*) y la operatividad de estos
dispositivos.

● ... of an Internet *set-top box (transcodificador)*, a device which allows television viewers
to access the Internet with a telephone ...

Setting: *1. Opciones. 2. Configuración.*
3. Disposición.
1. Preferencias establecidas para definir la
interacción con un sistema, subsistema o aplicación.

● Your *settings (opciones)* are saved when
you leave the monitor ...

2. Conjunto de valores asignados a determinados parámetros, que fueron definidos por el
responsable de un sistema, subsistema o aplicación (o a parte significativa de ellos) y que
determinan el funcionamiento del elemento
en cuestión. A veces estos «parámetros» pueden ser puramente físicos (por ejemplo, determinada conexión eléctrica).

● ... before advancing to next port *setting*
(configuración) ...

3. *Valor* concreto de un *campo* (ver *Field*) o
variable; posición o *disposición* de un elemento físico.

● The *setting (disposición)* of the DIP switch
can be read by the MPU ...

Settings: *1. Configuración.*
Sinónimo de *Setting (Def. 2)* (ver).

● ... the default buffer *settings (configuración)*
will probably be insufficient.

Setup (noun): *1. Configuración.*
Sinónimo de *Setting (Def. 2)* (ver).

● ... you might put all your alias definitions
and other *setup (de configuración)* instructions
into a file ...

Setup (verb): *1. Configurar.*
2. Conformar.
1. Establecer una *configuración* para una
computadora, sistema, subsistema, aplicación
o elemento significativo de ellos. Esta operación se realiza, casi siempre, durante la instalación del elemento en cuestión, aunque puede repetirse con posterioridad.

● ... requires the following information *to*
setup (configurar) and run the ...

2. Dar valor a estructuras de variables, agregados de datos, etc.

● The stem *is setup (se conforma)* with the
parsed information.

Setup disk: *1. Disco de instalación.*
1. Dado que las operaciones de instalar y configurar se solapan en buena medida, no es extraño que muchos productos se suministren

con un *setup disk* en lugar de con un *installation disk*.

• Then insert Setup Disk (Disco de Instalación) 1 into your floppy drive and drag the folder called ...

Setup program: *1. Programa instalador.*
1. Programa especializado en la instalación de productos software.

• The main setup program (programa instalador) will install the demo application files ...

Setup script: *1. Directiva de configuración.*
1. Pequeño programa *batch* (ver *Script*) que se ejecuta al arrancar la máquina (*CP*; ver *Personal Computer*) y que sirve para adaptar la computadora a las preferencias de un usuario y/o entorno concretos.

• This setup script (directiva de configuración) allows users to customise to some extent the look and feel of certain pages which are ...

Severity code: *1. Código de gravedad.*
1. Valor que suele acompañar a los mensajes de error o diagnóstico para indicar la importancia del error (por ejemplo, de *trivial* a *catastrófico*).

• The specific meanings of the severity codes (códigos de gravedad) differ slightly for ...

Sex changer: *1. Transexuador.*
Sinónimo de *Gender changer* (ver).

SED: *1. Sed.*
Ver *Sed*.

SEPP: *1. SEPP.*
Ver *Secure Electronic Payment Protocol*.

SET: *1. SET.*
Ver *Secure Electronic Transaction*.

SFD: *1. SFD. 2. Delimitador de Inicio de Freim.*
Ver *Start-of-frame delimiter*.

SGML: *1. SGML.*
Ver *Standard Generalized Markup Language*.

SGRAM: *1. SGRAM.*
1. Acrónimo de *Synchronous Graphics RAM*. Uno de los tipos posibles de RAM para vídeo (ver *Video RAM*).

• Accelerated X 4.1.2 loves my G200 AGP with 8 megs of SGRAM. Very easy to setup ...

Shadow (verb): *1. Doblar.*
1. Configurar una parte crítica de un sistema mediante duplicación o triplicación de la misma. Por ejemplo, grabar, simultáneamente, los mismos datos en dos o más soportes.

• By duplicating data on multiple disks, volume shadowing (doblado) transparently prevents your storage subsystems ...

Shadow RAM: *1. ROM en RAM.*
1. Parte de la memoria *RAM* (ver *Random Access Memory*), en ciertas *CPs* (ver *Personal Computer*), sobre la que se copia el código *BIOS* (ver *Basic Input/Output System*) que, normalmente, reside en memoria *ROM* (ver *Read-Only Memory*). Con ello se aumenta la velocidad de la máquina. No todos los *sistemas operativos* (ver *Operating system*) sacan ventaja de esta posibilidad.

• It is possible, sometimes, to turn off or on the use of shadow RAM (ROM en RAM).

Share (verb): *1. Compartir.*
1. Palabra de amplísimo uso que se refiere a la posibilidad de que un recurso (volumen, fi-

chero, dispositivo, memoria, etc.) sea utilizado, con más o menos simultaneidad, por dos
o más agentes (procesadores, programas, procesos, tareas, etc.).

• ... on a volume *shared (compartido)* between two or more processors.

Shared lock: *1. Bloqueo compartido.*

1. *Bloqueo* (ver *Lock (noun)*) de un recurso
(usualmente, datos) por un proceso que permite que otros procesos accedan al recurso pero que no permite la modificación del
mismo.

• This method allows a client to request
either a *shared (compartido)* or exclusive lock
on an object ...

Shared medium: *1. Medio compartido.*

1. Tecnología de redes locales (ver *Local
Area Network*) basada en el hecho de que el
medio de transmisión es compartido por todas
las computadoras conectadas (no hay disciplina previa de uso). Es la tecnología más extendida (*Ethernet*; ver).

• Previous LAN technologies are based on a
shared medium (medio compartido) concept ...

Shared memory: *1. Memoria compartida.*

1. Memoria que puede ser utilizada simultáneamente por dos o más elementos activos
(procesadores, tareas, procesos). Según el tipo
de elemento activo, la forma de compartir (y
proteger) la memoria puede ser diferente pudiendo, decantarse su realización y control
hacia la máquina o hacia el *sistema operativo*
(ver *Operating system*).

• The alternative, in parallel computing, to
shared memory (memoria compartida) is
message passing ...

Shareware: *1. Software compartido.*

1. Software que puede recibirse (usualmente
vía Internet) e instalarse sin pago previo del
mismo, aunque su autor espera una aportación
–en general reducida– a cambio del registro,
información futura y nuevas versiones. Está
protegido y no puede, por tanto, venderse libremente.

• *Shareware (software compartido)* is not
freeware.

Sharpness: *1. Nitidez.*

1. Cualidad de una imagen que hace que ésta
se distinga bien, no tenga partes difusas. A
veces se aplica al dispositivo que obtiene o
reproduce la imagen.

• ... a measure of *sharpness (nitidez)* of an
image, expressed as a number ...

Shear (verb): *1. Cizallar.*

1. Producir sobre un texto gráfico un efecto
consistente en desplazar a derecha o izquierda
las partes superiores de los caracteres mientras las inferiores se mantienen sobre una base
horizontal estable.

• ... graphics segment that can be *sheared (ci-
zallado)* at the angle that the ...

Shelf: *1. Estantería.*

1. Mueble formado por estantes que, en nuestro caso, se usa para almacenar cintas o *cartuchos* en archivo o pendientes de uso.

• ... inventory of the volumes and *shelf (en
estanterías)* space both on-site and at off-site
storage locations.

Shell: *1. Membrana.*

1. *Interfaz* (ver *Interface (noun)*) entre usuario
y *sistema operativo* (especialmente UNIX, de
donde procede; ver *Operating system*). El
usuario utiliza un lenguaje de *mandatos* (ver

Command) y unos dispositivos de interacción (*teclado*, ratón, etc.), y la *membrana* del sistema operativo (los programas que la forman) interpreta lo actuado y lo transmite al *núcleo* (ver *Kernel*) para su ejecución. La misma membrana transmite al usuario la respuesta. Las membranas pueden *anidarse* (ver *Nest (verb)*).

• The *shell (membrana)* accepts special characters that accommodate patterns in file name ...

Shell account: *1. Cuenta de membrana.*
1. Método sencillo de conexión a Internet desde la *membrana* (ver *Shell*) de un sistema UNIX. Sólo permite interacción textual, a pesar de lo cual puede sacársele mucho partido.

• All commands *shell account (cuenta de membrana)* are typed in at a prompt.

Shell procedure: *1. Procedimiento de membrana.*
Sinónimo de *Shell script* (ver).

Shell program: *1. Programa de membrana.*
Sinónimo de *Shell script* (ver).

Shell prompt: *1. Invitación de membrana.*
1. Sinónimo de *Command prompt* (ver) aplicado a máquinas UNIX.

• The dollar sign is used as the default *shell prompt (invitación de membrana)*.

Shell script: *1. Directiva de membrana.*
1. Programa, habitualmente pequeño, construido utilizando *mandatos* (ver *Command*) de *membrana* (ver *Shell*) de un determinado *sistema operativo* (especialmente UNIX; ver *Operating system*). Permite automatizar tareas repetitivas pudiendo usar, para ello, un míni-

mo de lógica (alternativas, repeticiones). Ver *Script*.

• You often write a *shell script (directiva de membrana)*, not because a task is complex, but because it must be done many ...

Shell variable: *1. Variable de membrana.*
1. Variable accesible desde una *directiva de membrana* (ver *Shell script*) en ejecución (proceso). Se incluyen aquí variables de entorno, argumentos de línea de *mandatos* (ver *Command*), etc.

• The read command provides another method for placing a value in a *shell variable (variable de membrana)*.

Shielded twisted pair: *1. Par torcido recubierto.*
1. Cable telefónico de dos hilos (torcidos) dotado de un revestimiento conductor que actúa como tierra y protege contra el *ruido* electromagnético.

• *Shielded* and unshielded *twisted pair (par torcido recubierto)* are used primarily ...

Shielding layer: *1. Capa de recubrimiento.*
1. Capa conductora usada para recubrir determinadas clases de cables usados en comunicaciones. Formada, habitualmente, por cables finos trenzados (entretejidos).

• LAYERS: 1 or 2 Copper Conductor Layers; *Shielding Layer (capa de recubrimiento)*; ...

Shift (noun): *1. Turno.*
2. Desplazamiento.
1. Turno de trabajo. Especialmente en Explotación, cuando la instalación trabaja más de 8 horas diarias.

• ... either to respond to an exception condition, or because of a *shift (de turno)* change.

2. Movimiento de bits a izquierda o derecha. Hay instrucciones para producirlo (ver *Shift (verb)*).

• Address in *shift (de desplazamiento)* instructions and other instructions ...

Shift (verb): *1. Desplazar.*
1. Desplazar una cadena de bits, hacia la derecha o hacia la izquierda, un cierto número de posiciones. Existen *instrucciones de máquina* (ver *Machine instruction*) y de lenguajes que realizan estos desplazamientos.

• To display the value of x and the value of y *shifted (desplazados)* left 2 bits, enter: ...

Shift key: *1. Tecla de Conmutación.*
2. Tecla Mayúsculas.
1. *Tecla* que permite producir el segundo valor de otras teclas (una parte significativa de los segundos valores son las letras mayúsculas; de ahí la segunda acepción considerada).

• Assign *Shift+Delete (Conmutación+ ...)* as the shortcut key combination for ...

Shift-in: *1. Cambio-a.*
1. Carácter que se utiliza para indicar que se inicia el uso de un nuevo juego de caracteres (ver *Character set*). En *ASCII* tiene el valor decimal 15; en *EBCDIC* tiene el valor decimal 14.

• ... if an octal escape character contains the *shift-in (cambio-a)* character ...

Shift-out: *1. Fin cambio-a.*
1. Carácter que se utiliza para indicar que finaliza el uso de un *juego de caracteres* (ver *Character set*). Cierra y forma pareja con un carácter *cambio-a* previo. En *ASCII* tiene el

valor decimal 14; en *EBCDIC* tiene el valor decimal 15.

• ... it is the user's responsibility to ensure that there is also a *shift-out (fin cambio-a)* character ...

Shockwave: *1. Shockwave.*
1. Protocolo, formato de ficheros y software especializados en el área de intérpretes multimedia. Desarrollados por Macromedia. El software puede *bajarse* (ver *Download*) desde Internet, así como una impresionante cantidad de ficheros listos para ser exhibidos/interpretados.

• ... which display or interpret a particular file format or protocol such as *Shockwave (Shockwave)*, RealAudio, ...

Short card: *1. Placa corta.*
1. *Placa* (ver *Board* o *Card*) cuyo tamaño es la mitad del de una placa ordinaria.

• Single slot PCI *short card (placa corta)* logic analyzer for testing and debugging.

Short-on-storage: *1. Escasez de Memoria. 2. EDM.*
1. Situación transitoria (aunque puede llegar a tener efectos desastrosos) durante la ejecución de un subsistema o aplicación en la que éste se ve incapaz de atender las demandas de memoria por parte de los procesos o tareas en ejecución.

• ... and system *short-on-storage (escasez de memoria)* or stress messages reflect this ...

Shortage: *1. Déficit.*
1. Disminución de la parte *disponible* (ver *Available*) de un recurso por debajo del límite que se considera aceptable. Puede referirse a memoria, capacidad de canal, espacio en disco, etc.

• A *shortage (déficit)* of work volumes can cause the system to request additional ...

Shortcut: *1. Acceso directo.*
1. En *sistemas operativos* Windows, método que permite acceder rápidamente a un fichero (ejecutable, documento, etc.) sobre la base de poner su dirección dentro de otro fichero. Es lo que en otros sistemas se llama *enlace simbólico.*

• We'll start by creating a *shortcut (acceso directo)* to Explorer on our ...

Shortcut key: *1. Tecla de atajo.*
1. *Tecla* o combinación de teclas cuya pulsación sustituye, con ventaja, al *tecleo* (ver *Key (verb)* o *Type (verb)*) de un *mandato* (ver *Command*) o de una opción dentro de una aplicación.

• ... a user can learn to associate the *shortcut key (tecla de atajo)* with that choice ...

Shout (verb): *1. Vociferar.*
1. Palabra de jerga para referirse al uso excesivo o exclusivo de mayúsculas en la confección de mensajes dirigidos a un foro o grupo de noticias.

• ... WRITTEN IN CAPITAL LETTERS FEELS LIKE YOU'RE SHOUTING (vociferando), ...

Shovelware: *1. Relleno.*
1. Material de poca utilidad y baja calidad que se usa para rellenar «recipientes» informáticos: discos y cintas de distribución, páginas *Ueb* (ver *World Wide Web*), etc.

• These sites could be considered *shovelware (de relleno)* for various reasons, including lack of thought about design, too much ...

Shredder: *1. Trituradora.*
1. Máquina usada para destruir documentos.

• *Services Available*: Duplicating Services, (...), *Paper Shredder (trituradora)*, ...

Shrink (verb): *1. Reducir.*
1. Reducir el tamaño de un objeto informático (habitualmente un agregado de datos) por aplicación de técnicas adecuadas.

• ... you can *shrink (reducir)* the file with compress before encoding it.

Shrinkwrapped software: *1. Software envuelto.*
1. Software preparado y empaquetado para una venta e instalación fáciles. Cada vez es más frecuente ver este tipo de software en las estanterías de las tiendas de informática.

• ... wants to make a clear distinction between its traditional *shrinkwrapped software (software envuelto)* and ...

Shut down (verb): *1. Cerrar.*
Ver *Shutdown (verb).*

Shutdown (noun): *1. Cierre.*
1. Acción y efecto de *cerrar* (ver *Shutdown (verb)*) un elemento informático en funcionamiento.

• ... detects that the previous *shutdown (cierre)* was immediate or uncontrolled ...

Shutdown (verb): *1. Cerrar.*
1. Terminar o terminarse el funcionamiento o la ejecución de un sistema informático, de un subsistema o aplicación, etc. Puede ser una terminación involuntaria e indeseada, voluntaria e indeseada o voluntaria y deseada, entre las variaciones más significativas.

• We have seen a few instances where it was necessary to *shutdown (cerrar)* and reboot ...

Side effect: *1. Efecto colateral.*
1. Modificación del estado de un sistema como consecuencia de la ejecución de una instrucción o *mandato* (además del efecto propio de dicha instrucción o mandato; ver *Command*).

● ... This can be useful, for example, when you are evaluating shell expressions for their *side effects (efectos colaterales)*.

Sideways jumping: *1. Salto lateral.*
1. Desplazamiento horizontal o inclinado desde un punto de una estructura jerárquica de diálogos o menús, es decir, sin subir y bajar verticalmente por la estructura hasta alcanzar la opción deseada.

● ... as well as enabling *sideways jumping (salto lateral)* to the dialogue the user ...

Sign bit: *1. Bit de signo.*
1. La forma habitual de expresar el signo de un *campo* (ver *Field*) binario (entero) es asignar la función signo a un bit concreto y tomar la convención de que uno de sus valores indique positivo y el otro indique negativo.

● ... propagate the *sign bit (bit de signo)* through the second word ...

Sign-off (noun): *1. Salida.*
1. Acción y efecto de finalizar una sesión de trabajo (ver *Sign-off (verb)*).

● ... and one *sign-off (salida)* exit point for gathering statistics about terminal usage ...

Sign-off (verb): *1. Salir.*
1. Finalizar una sesión de trabajo con un sistema, subsistema o aplicación.

● ... but don't force the client to *sign-off (a salir)* on every little aspect of the evaluation ...

Sign-on (noun): *1. Acceso.*
1. Acción y efecto de iniciar una sesión de trabajo (ver *Sign-on (verb)*).

● The exit is given control before *sign-on (acceso)* and password processing ...

Sign-on (verb): *1. Acceder.*
1. Iniciar una sesión de trabajo con un sistema, subsistema o aplicación. Durante este proceso es habitual suministrar una identificación de usuario y una *contraseña* (ver *Password*).

● ... is not a valid authorization type for transactions that do not have *signed-on (accedidos)* userids associated with ...

Signal (noun): *1. Señal. 2. Seña.*
1. Alteración eléctrica, electromagnética u óptica (o su contrario, es decir «reposo») susceptible de ser transmitida por un medio adecuado y captada en un punto diferente al de su origen.

● This means that the *signal (señal)* on the transmission line will be in the idle ...

2. Código que expresa una parte de un protocolo de comunicaciones. El envío y recepción de *señas* permite el establecimiento de circuitos, conexiones, sesiones, etc. Desde el punto de vista físico, las *señas* son también *señales* (aunque no orientadas a datos de usuario).

● Some of these *signals (señas)* have local significance while others have end-to-end ...

Signal amplifier: *1. Amplificador de señal.*
1. Dispositivo electrónico que recibe una *señal* (ver *Signal Def. 1*), incrementa el nivel de la misma y la reenvía hacia su destino o hacia el próximo *amplificador*.

• ... the solution may be to install a *signal amplifier (amplificador de señal)* ...

Signal drift: *1. Deriva de señal.*
1. Modificación de las características de una señal (ver *Signal Def. 1*) producida por una causa externa. Ver *Drift (noun).*

Signal level: *1. Nivel de señal.*
1. Voltajes que se aplican y/o miden en la transmisión de datos. Dependen de la técnica de transmisión (cómo se representan el 1 y el 0) y de la atenuación producida por la línea (menor nivel mientras mayor distancia del emisor o amplificador).

• ... transition signalling uses a change in the *signal level (nivel de señal)* to convey ...

Signal-to-noise ratio: *1. Relación Señal/Ruido. 2. RS/R.*
1. En comunicaciones, el ruido son las señales eléctricas que se perciben en una línea cuando no se transmite *señal* (ver *Signal Def. 1*) y que, por tanto, se agregan a la señal cuando hay transmisión. La *relación señal/ruido* es una forma de medir la potencia relativa de la *señal* con respecto a la del ruido. Se expresa en *decibelios (dB)* (ver *Decibel*).

• Clearly, a high *Signal-to-noise ratio (RSR)* means a high power signal relative to the prevailing ...

Signaling: *1. Señalación. 2. Señación.*
1. Acción de enviar *señales* (ver *Signal (noun) Def. 1*) a través de una línea de comunicaciones.

• ... we use the term *signaling (señalación)* rate to define the number of line signal transitions ...

2. Acción de enviar *señas* (ver *Signal (noun) Def. 2*) a través de una línea de comunicaciones.

• The report includes local *signaling (de señación)* information needed by ...

Signaling protocol: *1. Protocolo de señación.*
1. Protocolo compuesto de *señas* (ver *Signal Def. 2*). Es el lenguaje en el que dialogan dos estaciones que intentan establecer una comunicación.

• An abbreviated list of the messages types used in this *signaling protocol (protocolo de señación)* is ...

Signaling rate: *1. Velocidad de señalación.*
Ver *Signaling Def. 1. Ejemplo.*

Signaling system: *1. Sistema de señación.*
Equivalente a *Signaling protocol* (ver).

• V.27 documents a *signaling system (sistema de señación)* that can be used to implement a 4800-bps modem.

Signature: *1. Firma.*
1. Líneas que se insertan al final de un mensaje de correo electrónico tanto para identificar al remitente como para incluir otra información que éste juzgue de interés.

• Once you've prepared a *signature (firma)* for your e-mail it will appear in each ...

Signed: *1. Signado.*
1. Tipo de dato que tiene un signo asociado (positivo o negativo), con el que se almacena y presenta en público y con el que interviene en operaciones aritméticas.

• The relative name is a *signed (signado)* integer used to refer to the ...

Signed shift: *1. Desplazamiento aritmético.*
Ver *Arithmetic shift.*

Signposting: *1. Puntuación.*
2. Marcamiento.
1. Colocación de los signos de puntuación.
Vital en programación y muy importante en
presentaciones. Traducir como *puntuación.*

- ... text structure (connectives and *sign-posting (puntuación))*.

2. Acción de anunciarse, de hacerse visible en
Internet.

- Additional *signposting (marcamiento)* can
be done for you as well. Your web site will be
listed in an additional 30 generalist search ...

Simple inheritance: *1. Herencia simple.*
Sinónimo de *Inheritance* (ver).

Simple Mail Transfer Protocol:
1. SMTP.
1. Uno de los protocolos que forman el juego
de protocolos *TCP/IP* (ver *Transmission Control Protocol/Internet Protocol*). Se usa para
la transmisión de correo electrónico entre servidores.

- ... it directly contacts the destination host's
SMTP (SMTP) and keeps the mail ...

**Simple Network Management
Protocol:** *1. SNMP.*
1. Protocolo que forma parte del juego de protocolos *TCP/IP* (ver *Transmission Control
Protocol/Internet Protocol*) y que se usa para
manejar y controlar los demás protocolos de
comunicaciones y el equipo que los acoge.

- The *SNMP (SNMP)* has been defined to help
a network manager to carry out the ...

Simplex: *1. Símplex.*
1. Modo de comunicación en el que las *señales* (ver *Signal Def. 1*) circulan únicamente en
un sentido.

- ... it is less expensive to lease a single circuit if only *simplex (símplex)* operation ...

Simplex protocol: *1. Protocolo símplex.*
1. Protocolo orientado a caracteres que permite la transferencia de *datos* de una computadora a otro sólo en uno de los dos sentidos
(por ejemplo, para transmitir uno o más ficheros). *Kermit* es el ejemplo más conocido
de este tipo de protocolos.

- A number of versions of this *simplex protocol (protocolo símplex)* allow it to transfer ...

Simula: *1. Simula.*
1. Venerable lenguaje de programación
(1964) que se creó para ayudar a simular el
mundo real tal y como le veían los usuarios
de los sistemas informáticos. Sin dejar de cubrir su objetivo inicial, la principal aportación
de *Simula* es la de haber sido una buena plataforma teórica y práctica para desarrollos
posteriores sobre tipos abstractos de datos
y *clases* (ver *Class*); es decir, una buena introducción al mundo de los *objetos* (ver
Object).

- This program demonstrates the text output
function of the *SIMULA (SIMULA)* programming language ...

Simulation: *1. Simulación.*
1. Uso de modelos informatizados de sistemas
del mundo real (meteorología, corrientes marinas, epidemias, etc.) para intentar establecer
predicciones respecto a su comportamiento o,
más «sencillo» aún, para simular el comportamiento del sistema (si es posible) sin el coste
del funcionamiento real del mismo (por ejemplo, simuladores de vuelo).

- ... advanced *simulation (simulación)* software may allow the user to build new models
...

Single Connector Attachment:
1. SCA.
1. Tipo de conectador para discos que incluye tanto la conexión de datos como la de la energía eléctrica.

• *Single Connector Attachment (SCA)* includes both power and data, having been designed for hot-swap.

Single In-line Memory Module:
1. SIMM.
1. Placa que contiene un número determinado de chips de memoria teniendo, habitualmente, cada uno de ellos, 4 MB. La placa se comunica con la computadora a través de un bus de 32 bits. Relativamente fácil de instalar.

• Three-chip *SIMMs* will tipically have two larger chips that are four times the capacity ...

Single Instruction/Multiple Data:
1. Una Instrucción, Múltiples Datos.
2. UIMD.
1. Una de las clases posibles de procesadores. En este caso se trata de procesadores que admiten que muchos datos se procesen, simultáneamente, por la misma instrucción. Las ventajas pueden ser muy importantes en el caso de aplicaciones ricas en datos como, por ejemplo, las aplicaciones multimedia.

• The Pentium III is basically a Pentium II with 70 new *Single Instruction, Multiple Data (UIMD) instructions*, designed to increase ...

Single-line Digital Suscriber Line:
1. SDSL.
Otra de las variedades de *DSL* (ver *Digital Subscriber Line*) que se caracteriza por suministrar conexiones T1 o E1 sobre línea de par torcido de cobre. Puede transportar a una velocidad superior a 2 Mbps (Europa). La primera «S» significa, a veces, *Symmetric*.

• ... equipment costs are lower because *SDSL (SDSL)* modems require only one transceiver instead of two transceivers ...

Single-quote: *1. Apóstrofo.*
Sinónimo de *Apostrophe* (ver).

Single-sided: *1. Monofronte.*
1. Dícese de un disco o disquete que sólo puede recibir datos en una de sus dos caras.

• Floppies may be either *single-sided (monofrontes)* or double-sided.

Single-step instruction execution:
1. Ejecución paso a paso.
1. Modo de ejecución de un programa en el que, tras ejecutarse una instrucción, el sistema espera a que el usuario introduzca «algo» acordado para que se ejecute la instrucción siguiente. Frecuente en lenguajes interpretados. Se utiliza en fase de depuración.

• ... this is equivalent to a *single-step instruction execution (ejecución paso a paso)*.

Sink: *1. Sumidero.*
1. Uno de los dos extremos de una comunicación: el que lee o utiliza los mensajes originados en el otro extremo o *fuente*.

• This field will be used in determining the data tag and coordinating the source and *sink (sumidero)* lists.

Sink tree: *1. Árbol tipo cuenca.*
1. En diseño de redes se llama *árbol tipo cuenca* al conjunto de todos los caminos óptimos desde todos los orígenes posibles hasta un destino determinado, en el que tiene la *raíz* (ver *Root*) dicho árbol.

• *Sink trees (árboles tipo cuenca)* do not contain loops, so each packet will be delivered within a finite and bounded number of hops.

Site: *1. Sede. 2. Instalación.*

1. Hablando con rigor una *sede* no es más que una página inicial en la *Ueb* (ver *World Wide Web*), desarrollada por una persona, empresa, o institución, desde la que puede accederse a otras páginas en las que se contiene la «oferta» de la persona o entidad en cuestión. Eventualmente, una *sede* puede apuntar a páginas ajenas a la entidad e inclusive a otras *sedes*. No hay que confundir una *sede* con el servidor en que reside (total o parcialmente).

● ... a very large *site (sede)* may reside on a number of servers that may be in different ...

2. Centro de Proceso de Datos (máquina(s), *sistema operativo*, documentación, adaptación, normas, etc.). Sinónimo de *Installation (Def. 2).*

● ... take corrective action recommended at your *site (instalación)* for the type of error.

Site License: *1. Licencia a instalación.*

1. Licencia (ver *Licence*) de uso de un producto que se establece para toda una instalación, sin detalle de las computadoras en que se instalará.

● Sold under *site license (licencia a instalación)* for unlimited use on a corporate web ...

SI: *1. Cambio-a.*
Ver *Shift-in.*

SIG: *1. SIG.*
Ver *Special Interest Group.*

SIMD: *1. UIMD. 2. Una Instrucción, Múltiples Datos.*
Ver *Single Instruction/Multiple Data.*

SIMM: *1. SIMM.*
Ver *Single In-line Memory Module.*

SIO: *1. SIO.*
Ver *Start Input/output.*

Skipjack: *1. Skipjack.*

1. Algoritmo de *cifrado* (ver *Encrypt*) creado por organismos oficiales de los EUA y destinado a su materialización en hardware. La administración estadounidense se reserva el derecho y los medios para *descifrar* (ver *Decrypt*) mensajes cifrados con *Skipjack*.

● ... and may indicate that *SkipJack* does not have a conservative design with huge ...

Slack: *1. Holgura.*

1. Tiempo entre la finalización de una tarea crítica en sistemas de tiempo real y el *momento límite* (ver *Deadline*) cuya superación es inadmisible. La posibilidad de calcular esa diferencia u *holgura* y utilizarla para tareas no críticas está en la base de algunos algoritmos de *planificabilidad* (ver *Schedulability*) en dicho tipo de sistemas.

● ... we precompute some *slack (holgura)* values for the various task instantiations ...

Slack bytes: *1. Baits de ajuste.*

1. *Baits* (ver *Byte*) que se insertan por los *compiladores* o por los propios programadores, para conseguir que determinados *campos* (o registros) tengan los *entornos enteros* requeridos por la máquina (ver *Integral boundary*).

● ... instructs the compiler to insert *slack bytes (baits de ajuste)* when they are needed ...

Slack space: *1. Espacio perdido.*

1. En *sistemas operativos* (ver *Operating system*) que asignan espacio a los ficheros de forma rígida, se llama *espacio perdido* a la diferencia entre el espacio asignado y el realmente utilizado. La cantidad de espacio perdido es menor si se usa la *FAT* (ver *File Al-*

location Table) de 32 bits que si se usa la de 16.

• ... products can create megabytes of *slack space (espacio perdido)* ...

Slack stealing algorithm: *1. Algoritmo aprovechador de holguras.*

1. Algoritmo que resuelve algunos de los casos de planificación de *sistemas de tiempo real* (ver *Real-time system*). Las características más significativas son: se producen *holguras* (ver *Slack*), hay tareas periódicas y aperiódicas, las prioridades son fijas y se usa el mecanismo *desalojante* (ver *Fixed-priority preemptive scheduling*).

• The *slack stealing algorithm (algoritmo aprovechador de holguras)* is the optimal algorithm in the sense that ...

Slash: *1. Barra diagonal.*

1. Carácter (/) muy usado en *DOS* como separador de los componentes de dirección. Tanto en *ASCII* como en *EBCDIC* el valor hexadecimal de este carácter es X'2F'.

• ... If you do not want to use *slash (/) (barra diagonal)* characters around the regular expression ...

Slave station: *1. Estación esclava.*

1. Tipo de estación (y de diseño de red) que no puede tomar la iniciativa de comenzar un diálogo, sino que ha de esperar a que otra estación (o *computadora principal*; ver *Mainframe computer*) en funciones de estación maestra (ver *Master (adj)*) la autorice.

• ... the master station first sends an ENQ poll control message with the address of the polled *slave station (estación esclava)* ...

Sleeping process: *1. Proceso dormido.*

1. Proceso que está a la espera de un evento exterior (*señal*, mensaje, tiempo transcurrido, *E/S*, etc.) para poder reanudar su actividad. Los *sistemas operativos* (ver *Operating system*) con *paginación* (ver *Paging*) o *intercambio* (ver *Swapping*) pueden enviar a disco las páginas de memoria ocupadas por estos procesos.

• *S* indicates that the process is *sleeping (dormido).*

Slicing: *1. Rebanado.*

1. En análisis multidimensional de datos, técnica que permite obtener secciones de datos de dos dimensiones (para estructura tridimensional) o, en general, de menos dimensiones que la estructura de la que se parte.

• The sectioning and *slicing (rebanado)* tools provide methods for exploring the data ...

Slider: *1. Deslizador.*

1. En *interfaces gráficas de usuario* (ver *Graphical User Interface*) un deslizador es una representación casi analógica de los valores (frecuentemente en %) que puede tomar una variable. Consta de una escala o regla y de un *elemento deslizante* (ver *Slider arm*). Por ejemplo, un indicador del avance de la *bajada* (ver *Download*) de un fichero desde Internet.

• When a *slider (deslizador)* is used to display a particular value ...

Slider arm: *1. Elemento deslizante.*

1. En un *deslizador* (ver *Slider*), imagen que se desplaza por la escala para representar el valor de que se trate.

• ... and vertical sliders from the bottom to the *slider arm (elemento deslizante).*

Slot: *1. Ranura.*

1. Ranura en la parte posterior de una compu-

tadora que se corresponde, en el interior, con un conectador múltiple en el que puede insertarse una *placa de expansión* (ver *Expansion board*).

• ... come with a set of expansion *slots (ranuras)* ...

2. También se llama *ranura* a una forma de conectar los microprocesadores a la placa base. La tecnología de ranuras ha sido desarrollada por Intel desde el modelo Pentium II.

• These are standardized socket and *slot (ranura)* specifications ...

Slotted ring: *1. Anillo con ranuras.*
1. Red en anillo en la que circulan, continuamente, unas estructuras de bits que admiten datos a intercambiar (a poner en *ranuras*) y un número fijo de bits de control usados por la computadora que actúa como monitor para verificar que todo está en orden y ninguna computadora ha fallado en su obligación de recibir/enviar.

• Note that with a *slotted ring (anillo con ranuras)* medium access method each DTE can have ...

Slow sleep: *1. En sueño ligero.*
1. Dícese de un proceso del *núcleo* (ver *Kernel*), en estado de inactividad, que se ha definido de forma que puede ser vuelto a activar por la llegada de una *señal*.

• ... Linux clients to compensate for «*slow*» *sleep (en sueño ligero)* implementation which caused invalid test results.

SLA: *1. ANS. 2. Acuerdo de Nivel de Servicio.*
Ver *Service level agreement*.

SLDRAM: *1. SLDRAM.*
Ver *SyncLink Dynamic RAM*.

SLIP: *1. SLIP.*
Ver *Serial Line Internet Protocol*.

Small caps: *1. Versalita.*
1. Ver *Small-caps*.

Small Computer System Interface: *1. SCSI.*
1. *Interfaz* (ver *Interface (noun)*) estandarizada (*ANSI* e *ISO*) de tipo paralelo y alta velocidad de transferencia para la conexión a una computadora de diferentes tipos de dispositivos periféricos (discos, CD-ROMs, impresoras, etc.). Pueden conectarse varios periféricos con un mismo soporte en la computadora. Hay varios niveles de *SCSI* con sus correspondientes normas. El más habitual es SCSI-2 que usa conectador de 50 *patillas* (ver *Pin*) y permite velocidades de entre 5 y 10 Mbps.

• SCSI-2 is the most popular version of the *SCSI (SCSI)* command specification ...

Small Office Home Office: *1. Oficina Pequeña Oficina en Casa. 2. OPOC.*
1. Teoría, métodos y productos destinados a «la oficina en casa», el teletrabajo y los empresarios individuales.

• ... whilst this company has cornered the *Small Office Home Office (Oficina Pequeña Oficina en Casa)* market ...

Small Outline DIMM: *1. SO DIMM.*
1. DIMM (ver *Dual In-line Memory Module*) de dimensiones muy reducidas que se usa, principalmente, en *computadoras de bolsillo* (ver *Notebook*).

• The *Small Outline DIMM (SO DIMM)* also supports 32-bit transfers and was designed for use in notebook computers.

Small Outline J-lead: *1. SOJ.*
1. Variedad de SO DIMM (ver *Small Outline*

DIMM), de capacidad y usos parecidos, que se caracteriza por la forma especial de sus *patillas* (ver *Pin*) de sujeción.

● Of the two, the *Small Outline J-lead (SOJ)* package is by far the most popular.

Small-caps: *1. Versalita.*
1. Mayúsculas que tienen la misma altura, para una *fuente* (ver *Font*) determinada, que las minúsculas correspondientes (en una definición más rigurosa, que la *x* minúscula de la misma fuente y tamaño).

● A value of 'normal' selects a font that is not a *small-caps (versalita)* font ...

Smalltalk: *1. Smalltalk.*
1. Lenguaje de programación, heredero temprano de *Simula*, creado, específicamente, para el desarrollo de programas *orientados a objetos* (ver *Object oriented programming*) en un sentido bastante purista (poco o nada *procedimental;* ver *Procedural*). Continúa despertando interés en el mundo académico aunque en los negocios se ha optado claramente por *C++* y *Java*, entre otros.

● Everything in the *Smalltalk (Smalltalk)* system is an object; even classes ...

Smart card: *1. Tarjeta inteligente.*
1. Por sus dimensiones y otras características es una típica tarjeta de crédito a la se ha dotado de un microprocesador *incluido* (ver *Embed*). Puede contener pequeños programas y una nada desdeñable cantidad de datos. Tiene muchas aplicaciones y, a corto plazo, tendrá muchísimas más: identificación, información médica, medio de pago, etc.

● ... leaders in the global multi-million dollar race for the development and usage of *smart cards (tarjetas inteligentes)*, the newest ...

Smart icon: *1. Icono listo.*
1. Icono especial que si es apuntado con el ratón durante 1 seg (aprox.), *presenta* (ver *Display (verb)*), en un pequeño recuadro y durante unos 5 seg, la función del icono en cuestión.

● The short term aspect of a *smart icon (icono listo)* makes it unnecessary to enable or ...

Smart quotes: *1. Comillas listas.*
1. Pareja de comillas (simples o dobles) cuya apariencia gráfica es diferente para la comilla que abre y para la que cierra un entrecomillado, aunque la posición en el teclado sea la misma para los dos componentes de la pareja. La diferencia la introduce el software en proceso.

● To turn off the *smart quotes (comillas listas)* feature, select the appropriate option in the ...

Smart terminal: *1. Terminal inteligente.*
1. *Terminal* (ver *Terminal*) dotado de microprocesador y algo de memoria (y, opcionalmente, de otros componentes hardware) que puede ser programado para realizar tareas, relativamente elementales, de cooperación con su computadora anfitriona. Véase, como contraposición, *Dumb terminal* (terminal tonto).

● ... some *smart terminals (terminales inteligentes)* have commands that allow one to download strings to program keys.

Smart-icon: *1. Icono listo.*
Ver *Smart icon*.

Smartdrive: *1. Smartdrive.*
1. Sistema de caché para disco duro, creado por Microsoft, y que podía utilizarse en las últimas versiones del *MS-DOS* (ver) y en Windows 3.1.

● After the upgrade the default under DOS is

530K free or 560K if *Smartdrive* (*Smartdrive*) is not loaded.

Smiley: *1. Emoticón.*

1. Dibujo elemental formado usando unos pocos símbolos del *juego de caracteres* (ver *Character set*) ordinario (paréntesis, dos puntos, guión, etc.) y que se usa para expresar emociones (también elementales) o para intentar «dorar una píldora».

• ... overuse of *smileys* (*emoticones*) is a mark of loserhood!

Smurf (nombre): *1. Cebador.*

1. Programa usado para desencadenar el proceso de *cebado* (ver *Smurf (verb)*) de una víctima.

• This may be perceived in a similar way to *smurf* (*cebador*) attack, although ...

Smurf (verb): *1. Cebar.*

1. Atiborrar a una «víctima» (en general, un servidor de red) de mensajes inútiles hasta provocar su colapso. La técnica consiste en hacer que determinados servidores con capacidad de *difusión* (ver *Broadcast*) radien mensajes *ping* de forma que las respuestas vayan a parar a la víctima elegida.

• «*Smurfing*» (*de* «*cebado*») description and information to minimize effects.

SMART: *1. SMART.*

Ver *Self-Monitoring Analysis and Reporting Technology.*

SMB protocol: *1. Protocolo SMB.*

Ver *Server Message Block protocol.*

SMDS: *1. SMDS.*

Ver *Switched Multimegabit Data Service.*

SMF: *1. SMF.*

Ver *System Management Facilities.*

SMIL: *1. SMIL.*

Ver *Synchronized Multimedia Integration Language.*

SMP: *1. MPS. 2. Multiproceso Simétrico.*

Ver *Symmetric Multiprocessing.*

SMTP: *1. SMTP.*

Ver *Simple Mail Transfer Protocol.*

Snail mail: *1. Correo tortuga.*

1. Término levemente despectivo con el que los partidarios del *correo-e* (ver *E-mail*) designan al correo ordinario (el de los carteros y las cartas).

• ... and if they really wanted your *snail mail* (*correo tortuga*) address, they could always ...

Snap: *1. Instantánea.*

Sinónimo abreviado de *Snap dump* (ver).

Snap dump: *1. Vaciado instantáneo.*

1. Producción (sobre impresora o fichero en disco) de una instantánea del contenido de determinados campos de la memoria y registros. Lo de *instantánea* se refiere a que los datos son de un momento específico que, por lo general, es un momento inmediatamente posterior a la detección de un problema. Los campos registrados son un subconjunto del total de *campos* (ver *Field*) relacionados con el problema en cuestión.

• ... allows the application programmer to create a *snap dump* (*vaciado instantáneo*).

Snap to grid: *1. Forzar a cuadrícula.*

1. Opción en software de dibujo que mueve los objetos que se están creando a los vértices más cercanos de la *cuadrícula* (ver *Grid*).

• ... and you can turn off the *snap to grid* (*forzar a cuadrícula*) feature by choosing Snap To Grid from the View menu.

Sniffer: *1. Husmeador.*

1. Programa u otro dispositivo capaz de interceptar datos que circulan por una red, desprotocolizarlos y, en ciertos casos, *descifrarlos* (ver *Decrypt*) o intentar hacerlo. Los husmeadores son difíciles de detectar y su puesta en uso no autorizada es un delito.

• This posed a big problem when trying to find a *sniffer (husmeador)* to examine the network problems ...

SNA: *1. SNA.*
Ver *Systems Network Architecture.*

SNA network: *1. Red SNA.*

1. Red aislada o parte de una red más amplia que se han diseñado y creado usando los formatos y protocolos de SNA (de IBM) (ver *Systems Network Architecture*).

• ... or in an *SNA network (red SNA)* using pipeline sessions, one operator may work ...

SNMP: *1. SNMP.*
Ver *Simple Network Management Protocol.*

SNR: *1. RS/R.* **2.** *Relación Señal/Ruido.*
Ver *Signal-to-Noise Ratio.*

Society for Worlwide Interbank Financial Telecommunications:
1. SWIFT.

1. Organización interempresarial e internacional cuyo objetivo es suministrar comunicaciones seguras al negocio financiero y bancario. Su red de comunicaciones alcanza a más de 190 países y casi 7.000 instituciones.

• *Society for Worlwide Interbank Financial Telecommunications (SWIFT)* provides a platform to deliver customised services.

Socket: *1. Base.* **2.** *Receptáculo.*
1. En una conexión eléctrica de tipo no per-

manente, *base* es la parte en la que se introduce y encaja la otra parte. En este sentido, puede aplicarse a la conexión de chips, de puertos, etc.

• The pins on the underside of a CPU fit into a special *socket (base)*.

2. Componente software que se usa como punto final (o inicial, según se mire) en la comunicación entre dos procesos en la misma pareja computadora-sistema operativo o, más frecuentemente, entre una aplicación (proceso) en una computadora y una red de comunicaciones (protocolo de la misma más próximo a la aplicación). Los *sistemas operativos* (por ejemplo, UNIX Berkeley) facilitan la definición y uso de *receptáculos*.

• ... and multiple active *sockets (receptáculos)* each corresponding to an open connection ...

Socket address: *1. Dirección de receptáculo.*
1. En formato Internet la *dirección de un receptáculo* (ver *Socket*) está formada por la dirección *IP* (ver *Internet Protocol*) de la *huésped a* (ver *Host Def. 1*) en la que se ha creado el receptáculo más la dirección del puerto asociado al mismo. Sólo en raras ocasiones el programa necesita manipular o usar de forma explícita esta dirección.

• ... you use the same functions bind and getsockname to set and examine a *socket's address (dirección de receptáculo)*.

Socket interface: *1. Interfaz de receptáculo.*
1. *API* (ver *Application Program Interface*) desarrollada por Berkeley, que permite el uso fácil de *receptáculos* (ver *Socket*) en programas de aplicación y, por consiguiente, el desarrollo de programas de aplicación en los que las comunicaciones no son la parte más

difícil. Existen versiones especializadas de estas APIs.

• ... how to configure UUCP over TCP/IP using
the TCP *socket interface (interfaz de receptáculo)* between the systems ...

Socket 7: *1. Socket 7.*

1. *Factor forma* (ver *Form factor*) muy usado
en chips de diferentes fabricantes.

• This makes upgrading to Pentium II from
Socket 7 (Socket 7) architecture difficult ...

Soft font: *1. Fuente traspasable.*

Sinónimo de *Downloadable font* (ver).

Soft key: *1. Tecla programable de función.*

Sinónimo de *Programmed function key* (ver).

Soft real-time system: *1. Sistema tolerante de tiempo real.*

1. *Sistema de tiempo real* (ver *Real-time system*) formado, total o casi totalmente, por tareas individuales *tolerantes* (ver *Soft real-
time task*).

• *Soft real-time systems (Los sistemas tolerantes de tiempo real)* have limited utility in
industrial control or robotics.

Soft real-time task: *1. Tarea tolerante de tiempo real.*

1. Tarea componente de un *sistema de tiempo
real* (ver *Real-time system*) que se caracteriza
por el hecho de que admite una cierta tolerancia en cuanto al cumplimiento de su *momento
límite* (ver *Deadline*). Si se produce incumplimiento no se derivan consecuencias graves;
tal vez sólo alguna pérdida de calidad.

• Very different techniques are usually used
for hard and *soft real-time taskes (tareas tolerantes de tiempo real)* ...

Soft return: *1. Doblado de palabra.*

Sinónimo de *Word wrap* (ver).

Softcopy: *1. Copia informatizada.*

1. Versión de un documento o de parte del
mismo que puede ser leída por una computadora. El soporte puede ser disquete, CD-
ROM, etc. Se contrapone con *Hardcopy* (ver).

• *Softcopy (en copia informatizada)* examples
are indicated in the book by a label.

Software: *1. Software.*

1. Denominación genérica de los programas
de todo tipo que actúan en capas o estratos
entre el usuario (interactivo o por *lotes*; ver
Batch) de una computadora y el procesador o
procesadores que producen la salida correspondiente a la entrada proporcionada u ordenada por el usuario. Con cada programa o
grupo de ellos puede incluirse su documentación, normas de uso, material de formación,
etcétera. Pueden establecerse muchas agrupaciones del *Software* según la función del mismo: software básico (*sistemas operativos* (ver
Operating system) y sus subsistemas, controladores, *métodos de acceso* (ver *Access method*), etc.), software de ayuda (*SGBDs* (ver
Database Management System), monitores de
teleprocesamiento (ver *Teleprocessing monitor*), clasificadores, etc.), software de aplicación, etc.

• ... configure the workstation hardware and
software (software) to communicate with
TCP/IP ...

Software bundle: *1. Lote de programas.*

1. Conjunto de programas que se ofrece como
un *lote* y que, presumiblemente, se adapta a
las necesidades de tipos específicos de usuarios.

• Included in this *software bundle (lote de
programas)* are the following tools: ...

Software Development Kit: *1. Kit para Desarrollo de Software. 2. SDK.*

1. Conjunto de programas y documentación asociada que facilitan la tarea de desarrollar software en y/o para un entorno determinado. Entre los programas se incluyen *compiladores*, procesadores de *interfaces* (ver *Interface (noun)*), *bibliotecas* (ver *Library*) de funciones, probadores (ayuda a las pruebas), depuradores, etc.

● ... encompasses the *Software Development Kits (Kits para Desarrollo de Software)* for all our products ...

Software life cycle: *1. Ciclo de vida del software.*

1. Conjunto de etapas (forman un ciclo o, tal vez mejor, una espiral) y orden de las mismas, que pueden identificarse entre la concepción inicial de una pieza significativa de software y su caída en desuso. No hay acuerdo entre los diferentes enfoques de esta cuestión que, por otra parte, está íntimamente ligada con el procedimiento prescrito en los métodos de análisis, diseño y mantenimiento de software.

● In the *software life cycle (ciclo de vida del software)*, design follows requirements analysis and is followed ...

Software Process Improvement Capability Determination: *1. SPICE.*

1. Proyecto internacional, en desarrollo desde hace varios años, que trata de definir y regularizar todos los procesos que se realizan durante la adquisición, contratación, implantación, etc., de software. Intenta sentar las bases de una buena relación y comprensión mutua entre adquirentes y suministradores de soluciones software.

● Membership in the *Software Process Improvement Capability Determination (SPICE)* which facilitates the SEI goal of ensuring ...

Solaris: *1. Solaris.*

1. *Sistema operativo* (ver *Operating system*) basado en UNIX al que se incorpora una *interfaz* (ver *Interface (noun)*) tipo *ventanas*. Desarrollado por Sun para sus máquinas *SPARC* (ver *Scalable Processor Architecture*), existen actualmente diferentes versiones para otras máquinas.

● *Solaris (Solaris)*, can be configured to boot from a network rather than from ...

Solid state: *1. Estado sólido.*

1. Estado de la materia. Dado que el *estado sólido* es un importantísimo campo de investigación, la expresión *estado sólido* se está aplicando, sin demasiado rigor, a muchos de los productos de dicha investigación.

● ... are used to make diodes, transistors and other basic *solid state (de estado sólido)* electronic components ...

Sort (noun): *1. Clasificación. 2. Clasificador.*

1. Acción y efecto de clasificar un conjunto de datos (fichero, formación (ver *Array*), etcétera). Ver *Sorting* y *Sort (verb)*.

● ... redirects the result of the *sort (de clasificación)* process to the file named output ...

2. Programa usado para clasificar.

● A sorting key tells *sort (al clasificador)* to look at specific fields in a record, instead ...

Sort (verb): *1. Clasificar.*

1. Ordenar el contenido de un fichero o, en general, de una estructura repetitiva de datos (ver *Sort (noun)* y *Sorting*).

● ... locates identical lines within files *sorted (clasificados)* in the same collating sequence ...

Sorting: *1. Clasificación.*
1. Proceso por el cual se ordenan los componentes de un conjunto de datos con arreglo a un cierto criterio previamente establecido. Hay diferentes algoritmos para realizar este proceso y diferentes programas basados en estos algoritmos. Se aplica, frecuentemente, a registros de ficheros secuenciales en los que sea posible establecer con claridad y generalidad los *campos* (ver *Field*) de clasificación.

• ... an efficient and flexible way to handle *sorting (clasificación)*, merging, ...

Sound card: *1. Placa de sonido.*
1. Placa de expansión con capacidad para convertir *señales* (ver *Signal Def. 1*) digitales en sonidos o viceversa. Es un elemento fundamental en los equipos modernos dotados de capacidad multimedia.

• The modern PC *sound card (placa de sonido)* contains several hardware systems relating to the ...

Sound chime: *1. Señal sonora.*
1. Señal sonora de suficiente intensidad para el objetivo perseguido. Especialmente, *señales sonoras* programables que avisan de errores, terminación de trabajos, etc.

• *Sound chime (de señal sonora)* module to alert us ...

Sound generation: *1. Generación de sonido.*
1. Sinónimo de *Sound synthesis* (ver). A veces la palabra *generation* tiene más el sentido de creación, utilizándose *synthesis* para referirse a la combinación de sonidos generados en el momento o almacenados en formato digital.

• Fundamental mechanisms of *sound generation (generación de sonido)* by volume pumping and fluid forces ...

Sound sampler: *1. Muestreador de sonido.*
1. *Muestreador* (ver *Sampler*) digital diseñado para el muestreo de sonidos y su *digitalización* (ver *Digitization*).

• *Sound sampler (muestreador de sonido)* A to D conversion program ...

Sound synthesis: *1. Síntesis de sonido.*
1. Creación, analógica o digital, de sonidos utilizando únicamente dispositivos electrónicos.

• ... are pursuing patents on key algorithms in additive *sound synthesis (de síntesis de sonido)* methodology and timbre ...

Source code: *1. Código fuente.*
1. Con toda generalidad, instrucciones escritas en un lenguaje de programación. Ver *Source program.*

Source deck: *1. Módulo fuente.*
1. Sinónimo de *Source module* (ver). La palabra *deck* procede de cuando el *módulo fuente* se creaba como paquete de fichas perforadas.

• Save the output and the *source deck (módulo fuente)* from this assembly ...

Source module: *1. Módulo fuente.*
1. *Código fuente* (ver *Source code*) referente a un módulo componente de un programa. A veces se emplea este término como sinónimo de *Source program* (ver).

Source program: *1. Programa fuente.*
1. Conjunto de instrucciones, escritas usando un lenguaje de programación, que corresponden a un programa. Este conjunto forma una unidad lógica cuyas especificaciones han podido establecerse por separado (es decir, antes de la codificación del programa). Esta unidad lógica se ha diseñado, en general, para traba-

jar con otras unidades lógicas similares, bien de forma serial (precedida y/o seguida de otras unidades lógicas; ver *Serial*), bien formando estructuras, de módulos y programas, más o menos complejas.

• Compile the *source program (programa fuente)* and create an executable ...

SO: *1. Fin cambio-a.*
Ver *Shift-out.*

SO DIMM: *1. SO DIMM.*
Ver *Small Outline DIMM.*

SOCKS: *1. SOCKS.*
1. Protocolo y software que facilita el tráfico controlado TCP sobre un *servidor apoderado* (ver *Proxy server*). Tiene estatuto oficial en Internet. Existen diferentes versiones del protocolo y del software *SOCKS.*

• The implementation of the *SOCKS* protocol typically involves the recompilation or relinking of TCP-based ...

SOH: *1. SOH.*
Ver *Start Of Header.*

SOHO: *1. OPOC. 2. Oficina Pequeña Oficina en Casa.*
Ver *Small Office Home Office.*

SOJ: *1. SOJ.*
Ver *Small Outline J-lead.*

SOM: *1. SOM.*
Ver *System Object Model.*

SONET: *1. SONET.*
Ver *Synchronous Optical Network.*

SOS: *1. EDM. 2. Escasez de Memoria.*
Ver *Short-on-storage.*

Space: *1. Blanco. 2. Espacio.*
1. Sinónimo de *Blank* (ver).

• ... except that there is no *space (blanco)* between the ...

2. Palabra ampliamente usada para referirse al sitio físico en el que se almacenan datos de forma real o virtual, temporal o permanente.

• ... have to calculate the amount of *space (espacio)* required for the file ...

Space estimation: *1. Estimación de espacio.*
1. Actividad, en el marco del diseño físico de datos, en la que se calcula, con aproximación suficiente, la cantidad de espacio de almacenamiento (fundamentalmente, en disco) necesaria para contener la *base de datos* (ver *Database*) de una aplicación.

• The *space estimation (La estimación de espacio)* must be incremented to allow for security ...

Spacebar: *1. Barra espaciadora.*
1. Barra situada en la parte inferior del *teclado* (ver *Keyboard*) y que, cuando se pulsa, introduce en el terminal o en la computadora un carácter *blanco* (ver *Blank* o *Space*).

• ... and presses the *spacebar (barra espaciadora)* or clicks on the object with the ...

Spam (noun): *1. Tabarra.*
1. *Mensacorre* (ver *E-mail (noun) Def. 2*) que se envía a más de un usuario y/o a los componentes/visitantes de uno o más *grupos de noticias* (ver *News groups*) en Internet, sin que ni unos ni otros lo hayan solicitado ni dado permiso para ello. En general, se busca un interés comercial o propagandístico por parte del remitente. Es una verdadera plaga.

• But no question, *spam (la tabarra)* infuriates people ...

Spam (verb): *1. Dar la tabarra.*
1. Molestar –y a veces agredir– a la gente enviando mensajes de tipo *tabarra* (ver *Spam (noun)*).

• It is possible *to spam (dar la tabarra a)* a news group with one message ...

Span (verb): *1. Sobreextenderse.*
1. *Sobreextenderse*, cruzar un límite o frontera (especialmente, hablando de agrupaciones de datos).

• ... poor performance results if a control interval *spans (se sobreextiende de)* a cylinder boundary ...

Spanned record: *1. Registro sobreextendido.*
1. En ciertos *métodos de acceso* (ver *Access method*), se admite la creación de *registros sobreextendidos* que son aquellos que van más allá, en ocupación de espacio, del límite permitido a los registros normales. Por ejemplo, pueden ir más allá del final de un bloque de datos y ocupar parte del bloque siguiente. Esta opción permite ahorro de espacio de almacenamiento.

• When the record is a *spanned record (registro sobreextendido)*, each segment of the record also contains ...

Sparse file: *1. Fichero semivacío.*
1. Fichero que se crea con una parte importante de su espacio sin ocupar. Hay *sistemas operativos* (ver *Operating system*) que dejan en manos del usuario el control de este tipo de ficheros. En otros casos es necesaria cierta intervención y control por parte del sistema.

• ... the physical block size is stored correctly, even for *sparse files (ficheros semivacíos)*.

Speaker identification:
1. Identificación del hablante.
1. Teoría, tecnología y productos que tienen como objetivo la identificación del propietario de una voz. Esta puede haber sido emitida directamente a efectos de identificación, grabada legal o ilegalmente, recibida por algún medio de transmisión, etc.

• ... six methods for long term text-independent *speaker identification (identificación del hablante)* using statistical features were compared.

Special character: *1. Carácter especial.*
1. Carácter de un *juego de caracteres* (ver *Character set*) que no es alfanumérico ni de puntuación. En algunas ocasiones se amplía el grupo de *caracteres especiales* con otros que no lo son tanto (por ejemplo, para codificar expresiones regulares). En estos casos puede necesitarse un carácter de escape para que el carácter «especial» recupere su uso «normal».

• A small set of *special characters (caracteres especiales)*, known as metacharacters, do have special meaning ...

Special Interest Group: *1. SIG.*
1. Agrupación de profesionales que, a título personal o en representación de empresas u organizaciones, se ha constituido, con el apoyo y patrocinio de la *ACM* (ver *Association for Computer Machinery*), para avanzar en el conocimiento y difusión de áreas temáticas específicas en el campo informático. Han existido y existen decenas de estos *grupos de interés*.

• SigOps: The *Special Interest Group (SIG)* for Operating Systems.

Specification prototyping: *1. Prototipado de especificaciones*

1. Tecnología y herramientas que permiten disponer, antes, inclusive, de haber terminado el diseño lógico, de prototipos operativos de funciones y diálogos significativos de aplicaciones en desarrollo, con la idea de discutir sus especificaciones con los usuarios de los mismos.

• Critical dialogues are identified for input to *specification prototyping (prototipado de especificaciones)*.

Specs: *1. Especificaciones.*

1. Abreviatura de *Specifications*. Se refiere a las salidas de todas las actividades significativas de definición y de diseño informáticos.

• ... whose *specs (especificaciones)* are excellent design specs, but not requirements specs.

Speech recognition: *1. Reconocimiento del habla.*

1. Similar a reconocimiento de la voz (ver *Voice recognition*) pero poniendo el acento en la dimensión sintáctica del lenguaje (hablado).

• *Speech recognition (El reconocimiento del habla)* can be used to complete dialog boxes and launch user-defined scripts.

Speech synthesis: *1. Síntesis del habla.*

1. Teoría, tecnología y herramientas dedicadas a la creación de voz parecida a la humana, capaz de intervenir en «diálogos» estereotipados (predefinidos).

• ... the advances in *speech synthesis (síntesis del habla)* by rule and text-to-speech ...

Spell checker: *1. Verificador ortográfico.*

1. Programa que se usa para verificar la corrección ortográfica de palabras y textos. No se detectan errores que, a su vez, son palabras correctas de la lengua en la que se escribe. En general, estos programas proporcionan diccionarios ampliables por los usuarios.

• Choose the Check option in the *Spell Checker (del Verificador Ortográfico)* Window ...

Speller: *1. Verificador ortográfico.*

Sinónimo de *Spell checker* (ver).

Spelling checker: *1. Verificador ortográfico.*

Ver *Spell checker.*

Spider: *1. Araña.*

Sinónimo de *Crawler* (ver).

Spike: *1. Pico.*

1. Alteración, de corta duración, de una señal o impulso, que se caracteriza por conllevar una amplitud muy superior a los valores medios de la misma anterior y posterior a la alteración.

• Automatic *spike (de picos)* detectors have been widely proposed with different degrees of success.

Spin (verb): *1. Largar.*

Sinónimo, a veces, de *Spin off* (ver).

Spin button: *1. Botón rotativo.*

1. Botón (ver *Button*) de selección en *interfaces gráficas de usuario* (ver *Graphical User Interface*) cuyas opciones se ven de forma rotativa: cuando se alcanza la última se vuelve a ver la primera.

• The values in a *spin button (botón rotativo)* are displayed as if they were arranged ...

Spin file: *1. Fichero apremiado.*

1. Fichero de salida absoluta (salida a impresora y, por tanto, susceptible de ser *espuleado*

(ver *Spool (verb)*) cuya impresión puede comenzar antes de que termine el trabajo que lo crea; en concreto, cuando se cierra dicho fichero.

● If a *spin file (fichero apremiado)* has a copy count of 2 ...

Spin lock: *1. Bloqueo consuntivo.*
1. *Bloqueo* (ver *Lock (noun)*) sobre un recurso cuya liberación se consulta de forma reiterativa por parte del sistema para poder proseguir un diálogo o sincronización.

● I get a fatal *spin lock (bloqueo consuntivo)* timeout ...

Spin loop: *1. Ciclo consuntivo.*
1. Situación que se da en máquinas multiprocesador (a veces, también, en el interior de los *sistemas operativos*) y que se caracteriza por que un procesador espera a otro que no contesta o que tiene retenido un recurso que necesita el primero. Durante la espera se consulta continuamente la situación, lo que quiere decir que se trata de *ciclos consuntivos*.

● The major features of excessive *spin loop (ciclo consuntivo)* recovery are ...

Spin off (verb): *1. Largar.*
1. Liberar para proceso posterior (habitualmente, impresión) un fichero apremiado.

● ... to *spin off (largar)* output after producing a specified number of pages ...

Splash page: *1. Página de efecto.*
1. En *sedes Ueb* (ver *Web site*) proclives a la publicidad (o, al menos, al autobombo), página inicial de la sede –antes de entrar en materia– en la que pueden *presentarse* (ver *Display (verb)*) los primeros anuncios o intentar dirigir al usuarios por un determinado camino.

● Syracuse University School of Architecture – *Splash page (página de efecto).*

Splash screen: *1. Pantalla de efecto.*
Sinónimo de *Splash page* (ver).

Split (verb): *1. Fraccionar.*
1. Descomponer un conjunto o un todo en partes. Por ejemplo, un fichero voluminoso en ficheros más pequeños; ídem un mensaje a enviar por línea, una pantalla de computadora, etc.

● The default setting for the split command is to *split (fraccionar)* the file into ...

Split screen: *1. Pantalla fraccionada.*
1. Técnica que permite descomponer una pantalla en dos o más áreas dando así la posibilidad de *presentar* (ver *Display (verb)*) simultáneamente datos relacionados.

● *Split screen (pantalla fraccionada)* support is available to permit sharing of ...

Split window: *1. Ventana fraccionada.*
1. Técnica que permite descomponer una ventana en dos o más áreas dando así la posibilidad de *presentar* (ver *Display (verb)*) simultáneamente datos relacionados. Con la extensión del uso de *sistemas operativos* (ver *Operating system*) orientados a ventanas muchos fraccionamientos de pantallas son, en realidad, fraccionamientos de ventanas.

● A *split window (ventana fraccionada)* contains a split bar that ...

Sponsor: *1. Patrocinador.*
1. Quien paga el coste de una *sede Ueb* (ver *Web site*) o de un servicio en una sede Ueb a cambio, habitualmente, de anunciarse en la página o páginas en cuestión.

● Click here to visit our *sponsor (patrocinador)*!

Spoof (verb): *1. Simular. 2. Suplantar.*
1. Simular que un nodo intermedio (por ejemplo, una *encaminadora*: ver *Router*) de red es un nodo remoto. Se trata de engañar al protocolo convirtiendo mensajes remotos (de control: por ejemplo, para indagar si la *huéspeda* remota está operativa) en locales. Se busca reducir el tráfico y pagar menos cuando la facturación es por volumen de datos transmitidos. Puede ser un arma de doble filo.

• The LAN *been spoofed (siendo simulada)* is unaware of these changes ...

2. Sustituir fraudulentamente la personalidad de un usuario (o dirección) de red.

• ... can't gain access to the *spoofed (suplantado)* users' NFS-mounted files because they can't decrypt the user's private key.

Spoofing: *1. Simulación. 2. Suplantación.*
1. Acción y efecto de simular o suplantar en una red (ver *Spoof (verb)*).

• Implementing LAN *spoofing (simulación)* is a hot topic among ...

Spool (noun): *1. Espul.*
1. Acrónimo de *Simultaneous Peripheral Operations On-Line*. Con este nombre se describe un conjunto de elementos software, propios de determinados *sistemas operativos* de IBM, cuya función es interceptar entradas y salidas desde/hacia dispositivos relativamente lentos y almacenar esos datos, debidamente *direccionados* (ver *Address (verb)*), en dispositivos de almacenamiento de acceso directo (ver *Direct Access Storage Device*). El objetivo es evitar, en lo posible, que la lenta velocidad de los dispositivos originales condicione la velocidad de proceso de los programas que leen o graban/imprimen los datos. También se llama *espul* al área *asignada* (ver *Allocation*) para este almacenamiento intermedio de datos. El mecanismo *espul* supera el ámbito de IBM.

• No new *spool (espul)* volumes can be added during a warm start ...

Spool (verb): *1. Espulear.*
1. Utilizar el *espul* (ver *Spool (noun)*) para almacenar datos de entrada/salida procedentes/destinados a/desde periféricos relativamente lentos.

• It is designed to provide efficient *spooling (espuleado)*.

Spooler: *1. Espuleador.*
1. Programa que colabora con otro (tal vez un *sistema operativo*) *espuleando* trabajos y/o salidas (ver *Spool (noun)*).

• Without qualification, the *spooler (espuleador)* is the «print spooler» controlling output of jobs ...

Sporadic activity: *1. Actividad esporádica.*
1. En *sistemas de tiempo real* (ver *Real-time system*) se llaman esporádicas a las tareas que, además de ser aperiódicas, puede garantizarse un intervalo mínimo de tiempo entre eventos consecutivos que las desencadenan.

• ... and the basis for communication between cyclic and *sporadic activities (actividades esporádicas)* ...

Sporadic server: *1. Servidor esporádico.*
1. Calificación que se da a un algoritmo de planificación para *sistemas de tiempo real* (ver *Real-time system*) que se caracteriza por crear una tarea de alta prioridad dedicada al servicio de tareas aperiódicas y por reponer su tiempo cuando éste haya sido consumido, totalmente o hasta un cierto límite, por la ejecución de una de esas tareas. Este algoritmo re-

duce o elimina la *arritmia de activación* (ver *Jitter*).

• The *sporadic server (servidor esporádico)* is event-driven from an application viewpoint, but appears as a periodic task ...

Sporadic task: *1. Tarea esporádica.*
1. En *sistemas de tiempo real* (ver *Real-time system*) subtipo de *tarea aperiódica* cuyo evento desencadenante se produce después de transcurrido un tiempo determinado (nunca antes) desde la aparición anterior del mismo evento. Dentro de la dificultad general, son más fáciles de planificar que las aperiódicas.

• ... in which case they can be modeled as *sporadic tasks (tareas esporádicas)*.

Spread spectrum: *1. Espectro ensanchado.*
1. Técnica de emisión/recepción de ondas hercianas en la que la frecuencia no permanece constante sino que varía entre unos límites tomando valores que dependen de una función matemática y del momento de inicio de la emisión. Ambos componentes deben ser conocidos y utilizados por los receptores de la emisión.

• Both use Direct Sequence *Spread Spectrum (Espectro Ampliado)*. The 900 MHz modem allow signalling rate ...

Spreadsheet: *1. Hoja de cálculo.*
1. Programa capaz de crear y procesar tablas especiales que contienen datos y relaciones (fórmulas) entre ellos, de forma que cuando se introducen datos nuevos se aplican las fórmulas automáticamente para generar nuevos datos. Son poderosas herramientas de la informática «menor».

• ... is generally excellent in all three *spreadsheets (hojas de cálculo)* ...

2. También se llama *hoja de cálculo* a cada tabla creada usando un programa de los definidos en 1.

• The following *Spreadsheet (hoja de cálculo)* is a 3rd order segmented calibration: ...

Sprite: *1. Trasgo.*
1. Objeto animado que «actúa» sobre un *fondo* fijo, o animado de período superior. Se usa, básicamente, para atraer la atención sobre la publicidad en una página.

• There are special editors for developing *sprites (trasgos)* that let you ...

Sprocket feed: *1. Alimentación por tracción.*
Ver *Tractor feed.*

SPARC: *1. SPARC.*
Ver *Scalable Processor Architecture.*

SPEC: *1. SPEC.*
Ver *Standard Performance Evaluation Corporation.*

SPICE: *1. SPICE.*
Ver *Software Process Improvement Capability Determination.*

SPID: *1. SPID.*
Ver *Service profile identifier.*

SPX: *1. SPX.*
Ver *Sequenced Packet eXchange.*

SQL: *1. SQL.*
Ver *Structured Query Language.*

SQL server: *1. Servidor SQL.*
1. *Sistema de gestión de bases de datos relacionales* (ver *Relational database management system*) orientado a máquinas pequeñas, que incorpora enfoques modernos (arquitectu-

ra cliente/servidor, por ejemplo). Por supuesto, estos productos usan el lenguaje *SQL* (ver *Structured Query Language*). El nombre SQL Server (con mayúscula la S) se aplica a algunos productos comerciales.

• One of our companies was using *SQL Server (SQL Server)* when we bought them and some of our programmers ...

SQL:1999: *1. SQL:1999.*
1. Versión ultimísima y estándar del *SQL* (ver *Structured Query Language*), que adapta este popular lenguaje para *bases de datos* (ver *Database*) relacionales a los nuevos requisitos e importantes diferencias de la *orientación a objetos* (ver *Object orientation*). En el desarrollo de la normativa correspondiente están implicadas la *ANSI* (ver *American National Standards Institute*) y la *ISO* (ver *International Organization for Standardization*).

• ... has been an active and leading member of the *SQL:1999* standardization effort since its inception nearly seven years ago.

SQL3: *1. SQL3.*
1. Nombre inicial del producto-proyecto conocido ahora como *SQL:1999* (ver).

• *SQL3* standard proposes SQL-invoked routine called «iterative routine» so that user can define ...

SRAM: *1. SRAM.*
Ver *Static RAM.*

SSADM: *1. SSADM.*
Ver *Structured Systems Analysis and Design Method.*

SSL: *1. SSL.*
Ver *Secure Sockets Layer.*

Stack (noun): *1. Pila. 2. Cajetín.*
1. Estructura de datos en forma de lista lineal (una sola dimensión) en la que las inserciones y supresiones de elementos de datos se hacen por uno de sus extremos (disciplina LIFO: Ver *Last-In-First-Out*).

• The maximum size of the *stack (pila)* for a process, in bytes ...

2. En las viejas máquinas lectoras/grabadoras de fichas perforadas, cajetín en el que caen las fichas.

• ...can be specified as either 1 or 2 to show which *stack (cajetín)* is to receive the card.

Stack (verb): *1. Apilar.*
1. Grabar dos o más ficheros (consecutivamente) en un volumen de cinta o en varios volúmenes relacionados.

• ... as a single program is often responsible for multiple files *stacked (apiladas)* on a ...

Stack storage: *1. Memoria automática.*
1. Memoria que se va asignando a medida de las necesidades de los procesos (ver *Automatic storage allocation*).

• ... this environment variable should not be part of the caller's *stack storage (memoria automática).*

Stage (verb): *1. Hospedar.*
1. Almacenar datos en caché.

• ... is not *staged (no se hospeda)* for writing to disk ...

Stairstepping: *1. Apodamiento.*
Sinónimo de *Aliasing* (ver).

Stale link: *1. Hipervínculo desfasado.*
1. *Hipervínculo* (ver *Hyperlink*) que apunta a

un elemento que ya no existe o ha sido movido a otra ubicación.

• Users following a *stale link (hipervínculo
desfasado)* from a document will encounter an
error message and ...

Stand alone: *1. Autosuficiente.*
Ver *Stand-alone.*

Stand-alone: *1. Autosuficiente.*
1. Forma de trabajar de un programa, subsistema, etc., cuando lo hace independientemente de otro programa, sistema, etc., con el que,
habitualmente, trabaja de forma conjunta.
Esta capacidad se usa, la mayoría de las veces, en situaciones problemáticas o de error.

• The *stand-alone (autosuficiente)* dump program must be prepared on an active ...

Stand-by: *1. Sustituto/a.*
Ver *Standby.*

Standalone: *1. Autosuficiente.*
Ver *Stand-alone.*

Standard (adj): *1. Estándar.*
2. Estándar de facto. 3. Habitual, usual.
1. Dícese de un componente (hardware o software), protocolo, interfaz, etc., que cumple
con los requisitos de un *estándar* oficial (na-
cional o internacional) o de industria. Ver
Standard (noun) Defs. 1 y 2.

• BSD is the *de facto standard (estándar de
facto)* UNIX in the academic community (frecuentemente se pierde el calificativo *de facto*).

2. Forma usual, posible o recomendada de
efectuar determinadas acciones.

• Data can be passed by any of the *standard
(habituales)* CICS methods ...

Standard (noun): *1. Estándar.*
*2. Estándar de facto. 3. Habitual, usual,
posible.*
1. Definición rigurosa de las características de
un componente (hardware o software), protocolo, *interfaz* (ver *Interface (noun)*), etc., realizada por un organismo reconocido y aceptado –mejor internacionalmente– para elaborar
y publicar ese tipo de definiciones. Un elemento *estándar* puede ser sustituido por otro
similar de otro fabricante y tiene asegurada la
compatibilidad (interfaz) con otros productos,
también *estándar,* con los que se acopla o interacciona. La definición o no de *estándares*
tiene importantes repercusiones económicas.

• ... today, these systems are evolving toward
a uniform *standard (estándar).*

2. Definición más o menos rigurosa, más o
menos pública, de las características de un
componente (hardware o software), protocolo, interfaz, etc., realizada por un fabricante
y/o avalada por un uso más o menos extenso
en el sector de que se trate. No se garantiza la
sustitutividad ni la interacción con otros elementos.

Standard error: *1. Salida habitual
de errores.*
1. Denominación genérica de la salida implícita en la que se graban o presentan los errores y mensajes de finalidad parecida cuando
no se ha especificado una salida distinta.

• ... and standard output and *standard error
(salida habitual de errores)* are to the ...

Standard Generalized Markup
Language: *1. SGML.*
1. Lenguaje de *anotaciones* (ver *Markup*),
aprobado como estándar por la *ISO* (ver *International Organization for Standardization*), que permite introducir en un documento electrónico *anotaciones* que determinarán

cómo se *presentará* (ver *Display (verb)*) y/o imprimirá el documento en cuestión. También permite la *reusabilidad* (ver *Reusability*) de elementos de texto y la *portabilidad* (ver *Portability*) de los textos anotados a máquinas de diferentes fabricantes.

● SGML (SGML) is a metalanguage, that is, a means of formally describing ...

Standard input: *1. Entrada habitual.*
1. En determinados *sistemas operativos* (ver *Operating system*), entrada predefinida (o por omisión; ver *Default*) para los procesos en dichos sistemas operativos. Si no se ha indicado otra cosa, los procesos leen del terminal *(teclado)*. Puede haber redirección (ver, por ejemplo, *Input redirection*).

● The C language library contains routines to perform basis operations on *standard input (entrada habitual)* ...

Standard label: *1. Etiqueta estándar (IBM u otro fabricante).*
1. Nombre que se da en IBM a las etiquetas de fichero y volumen (ver *Label Def. 2*) creadas y procesadas por programas de IBM y cuyo formato también ha sido diseñado por IBM. Se contrapone a *etiquetas de usuario,* diseñadas por éste y procesadas por programas suministrados por el mismo.

● ... follow the last trailer label group on a *standard-label (con etiquetas IBM-estándar)* volume.

Standard output: *1. Salida habitual.*
1. En determinados *sistemas operativos* (ver *Operating system*), salida predefinida (o por omisión; ver *Default*) para los procesos en dichos sistemas operativos. Si no se ha indicado otra cosa, los procesos escriben en el terminal (pantalla). Puede haber redirección (ver, por ejemplo, *Output redirection*).

● The C language library contains routines to perform basis operations on *standard output (salida habitual)* ...

Standard Performance Evaluation Corporation: *1. SPEC.*
1. Entidad sin ánimo de lucro, creada en 1988 con el objetivo de desarrollar pruebas del tipo *benchmark* (ver) y similares, ampliamente aceptadas y que ayuden, con información fiable, a la hora de elegir el equipo más adecuado.

● The basic SPEC (SPEC) methodology is to provide the benchmarker with a standardized suite of ...

Standby: *1. Sustituto/a.*
1. Sistema, subsistema, componente, etc., que, aun estando inactivo, está preparado para sustituir a un homólogo activo en cuanto deje de estarlo.

● ... consider the use of alternatives, such as the computer center's printer, as a *standby (sustituto)*.

Stanza: *1. Estrofa.*
1. En ciertos entornos, conjunto de líneas en un fichero, que tienen una finalidad común y que pueden tener un nombre que afecta a todas ellas. Es frecuente su utilización en ficheros de configuración e inicialización.

● For a more detailed description of the *stanza (estrofas)* parsing rules ...

Star network: *1. Red en estrella.*
1. Tipo de diseño de red (topología) que se asemeja a una estrella: Un elemento central al que se conectan todos los elementos periféricos (usualmente, terminales). Fue el diseño más usado cuando la *computadora principal* (ver *Mainframe computer*) era el centro y los demás, *terminales tontos* (ver *Dumb terminal*).

Actualmente esta tipología se simula (hay un punto central –o varios–) cuando es importante que la red siga funcionando aunque se produzca una interrupción en el *enlace* (ver *Link (noun) Def. 5*) de un elemento periférico.

• In the case of a tree or *star network (red en estrella)*, there is a data station at each endpoint ...

StarLAN: *1. StarLAN.*
1. Variante de Ethernet (se acoge, también, a la norma IEEE 802.3) con cableado en estrella basado en par torcido. Funciona a 1 Mbps (aunque la StarLAN-10 va a 10 Mbps).

• No, you cannot connect *StarLAN* to en Ethernet, at least ...

Start (verb): *1. Arrancar.*
1. Iniciar la ejecución de un sistema, subsistema, aplicación, componente, etc. Aunque la preparación de ese inicio o arranque se llama *startup*, el verbo correspondiente es simplemente *to start*.

• The command *to start (arrancar)* this application ...

Start Delimiter: *1. SFD. 2. Delimitador de Inicio de Freim.*
Sinónimo de *Start-of-frame delimiter* (ver).

• When an empty token is sent, only three bytes are needed: the *Start Delimiter (Delimitador de Inicio de Freim)*, ...

Start from scratch: *1. Iniciar desde cero.*
Ver *From scratch*.

Start Input/Output: *1. SIO.*
1. Inicio de una operación de Entrada/Salida *(start I/O)*. El número de *SIOs* aparece frecuentemente en los informes de estado de los trabajos.

• ... received a request to trace *start input/output (SIO)* events ...

Start of text: *1. STX.*
1. Código (x'02' en *ASCII* y en *EBCDIC*) que se utiliza para indicar inicio de un texto.

• *Start of Text (STX)*, transmitted before the first data characters, signifies that a block ...

Start Of Header: *1. SOH.*
1. Carácter de control usado, básicamente, en comunicaciones. Su valor es x'01' tanto en *ASCII* como en *EBCDIC*.

• The SYNCH pattern is defined to be the one octet hex 01, the ASCII *Start Of Header (SOH)* character.

Start-of-frame delimiter: *1. Delimitador de Inicio de Freim. 2. SFD.*
1. Carácter especial (x'10101011') usado en protocolos *RAL* (ver *Local Area Network*) para indicar que se inicia, a continuación, la transmisión de una *freim* (ver *Frame*).

• The *start-of-frame delimiter (Delimitador de Inicio de Freim)* immediately follws the preamble and signals ...

Start-stop: *1. Transmisión asíncrona.*
Sinónimo de *Asynchronous transmission* (ver).

• With asynchronous transmission, sometimes called *start-stop* transmission, one character is sent at a time.

Start-up: *1. Arranque.*
Ver *Startup*.

Startup (noun): *1. Arranque.*
1. Tareas que se ejecutan inmediatamente antes de empezar a usar sistemas, subsistemas, aplicaciones, funciones dentro de uno de los

anteriores, etc. Parte de estas tareas se refieren a la adaptación del funcionamiento del elemento en cuestión a unas ciertas características de configuración (establecidas, probablemente, al *instalar*).

• The valid return codes for function *startup (arranque)* are: ...

Startup file: *1. Fichero de arranque.*

1. Los procedimientos de arranque (ver *Startup procedure*) se apoyan, frecuentemente, en uno o más ficheros que contienen parámetros de arranque. Estos *ficheros de arranque* son más frecuentes en los procedimientos de arranque por *lotes* (ver *Batch*) y, en general, ofrecen menor riesgo de errores que la introducción interactiva de los parámetros.

• ... but you must define a *startup file (fichero de arranque)* in the startup procedure.

Startup procedure: *1. Procedimiento de arranque.*

1. Procedimiento (por *lotes* (ver *Batch*), interactivo o mixto) que hay que seguir para arrancar un elemento (software, en general). Ver *Startup (noun)*.

• ... at any time, either during the *startup procedure (procedimiento de arranque)* or after ...

State: *1. Estado.*

En la mayoría de sus usos informáticos, sinónimo de *Status* (ver).

• The TOD clock is not affected by the *state (estado)* of ...

State indicator: *1. Indicador de estado.*

1. Frecuentemente, *atributo* (ver *Attribute*) operativo de las *entidades* (ver *Entity*), que contiene una indicación del estado o situación de la entidad en un momento dato. El *indicador de estado* condiciona la respuesta de la

entidad ante eventos que la afectan. Puede referirse, también, al estado de elementos más dinámicos que las entidades: procesos, máquinas, programas, etc.

• It is checking a *state indicator (indicador de estado)* against these possible values for a given effect ...

State machine: *1. Máquina de estados.*

1. Una *máquina de estados* es una máquina abstracta (conceptual) que se define por una conjunto de estados posibles, la situación inicial de los mismos, una serie de entradas (eventos) y, por último, las salidas y nueva situación de los estados producidas por cada entrada y cada situación –significativa– previa de dichos estados. Una máquina de estados bien diseñada acaba convirtiéndose en un programa, un chip, una computadora, etc.

• This is a theoretical article and gives only a single example of a *three state machine (máquina de tres estados).*

State of the art (adj): *1. Puntero/a (Tecnología).*

Ver *State-of-the-art (adj)*.

State-of-the-art (adj): *1. Puntero/a (Tecnología).*

1. Calificando a un producto y, frecuentemente, «en boca de» comerciales, intenta decir que el producto en cuestión se ha desarrollado con la tecnología y métodos más avanzados del momento.

• ... including 18 content channels, *state-of-the-art (puntera)* search technology, Web-based email, PAL.

State of the art (noun): *1. Estado del arte.*

1. En artículos, presentaciones, comunicaciones, etc., de carácter serio, se usa este nombre

para describir o presentar la situación actual en un campo tecnológico determinado sin entrar, por lo común, en aspectos de investigación aplicada con dimensión económica, sobre cuyo desarrollo aún no existan patentes.

• This paper will present an overview of the *state of the art (estado del arte)* in Data Mining ...

Statement: *1. Instrucción.*
1. Componente esencial de todos los lenguajes de programación (incluyendo lenguajes especiales, como el *SQL*; ver *Structured Query Language*). Cada *instrucción* produce un efecto preciso sobre el *ensamblador* o *compilador* y/o genera *instrucciones de máquina* (ver *Machine instruction*) en el *programa objeto* (ver *Object program*). Cuando se empieza a trabajar con un lenguaje nuevo es importante adquirir una idea clara de las instrucciones de que dispone.

• ... of a library member containing assembler source *statements (instrucciones)* which the assembler ...

Static RAM: *1. SRAM.*
1. Memoria que no necesita ser *refrescada* (ver *Refresh (verb) Def. 1*) y que, por lo tanto, es más rápida de acceso y más fiable que su contrapartida, la *Dynamic RAM* (ver). Por supuesto, también es más cara.

• *Static RAM (SRAM)* is often used only as a memory cache, due to ...

Statistical Multiplexing:
1. Multiplexación estadística.
1. Método de *multiplexación* (ver *Multiplexing*) en el que sólo se seleccionan los canales de entrada que tienen algo que enviar, asignándose la duración de las franjas de tiempo en el canal de salida en función de datos estadísticos acumulados sobre cada canal de entrada.

• The system performs the *statistical multiplexing (multiplexación estadística)* in a manner fully compliant with MPEG-2, ...

StatMUX: *1. Multiplexación estadística.*
Ver *Statistical Multiplexing*.

Status: *1. Estado.*
1. En la mayoría de situaciones, *state* y *status* son equivalentes y pueden traducirse por *estado*. No hay reglas claras para el uso en inglés de una u otra palabra.

• ... configures, unconfigures, or queries the current *status (estado)* of the specified ...

Status area: *1. Área de estado.*
Sinónimo, aproximadamente, de *Statur bar* (ver).

Status bar: *1. Barra de estado.*
1. Espacio definido en una ventana (forma alargada si es *barra* y diferente si es *área*: *Status area*) que se usa para contener información de interés sobre el sujeto de la ventana (un texto en *edición* (ver *Edit Def. 2*), por ejemplo) o el objeto seleccionado en la misma.

• ... a *status bar (barra de estado)* could display a count of the number of objects in a ...

Statutory requirements: *1. Requisitos legales.*
1. Requisitos a tener en cuenta en el análisis y diseño de aplicaciones, cuya obligatoriedad emana de alguna disposición legal.

• ... the need to validate report output formats to meet *statutory requirements (requisitos legales).*

Steady state: *1. Situación estable.*
1. Situación de un sistema que se caracteriza por la estabilidad, dentro de ciertos límites, de

sus parámetros característicos. En estas circunstancias es posible un cierto grado de automatización del funcionamiento del sistema (una especie de pilotaje automático).

• The *steady state (de situación estable)* values of the system variables and some ...

Stem: *1. Raíz.*
1. Variable compuesta especial, típica de algunos lenguajes (por ejemplo, el REXX). En algunos aspectos se comporta como una variable compuesta (agregado) ordinaria pero en otros tiene un comportamiento específico.

• ... reference to any compound symbol with that *stem (raíz)* returns the new value ...

2. En gramática, *raíz* de una palabra (palabra de la que procede) (ver *Stemmer*).

• ... which is typing the main *stem (raíz)* of a word and then placing an asterisk at ...

Stemmer: *1. Radígeno.*
1. Programa con capacidad para determinar la palabra de la que se origina otra palabra (por cambio de género, número, forma verbal, declinación, etc.).

• *Stemmers (radígenos)* are very used in query subsystems, since ...

Step: *1. Paso (de trabajo).*
1. En proceso por *lotes* (ver *Batch*), la unidad de ejecución es el *trabajo* (contenido de un fichero *batch*, conjunto de instrucciones *LCT* (ver *Job Control Language*) precedidas por una instrucción de «inicio de trabajo», etc.). Un trabajo puede estar formado por unidades más pequeñas en las que se ejecutan programas o *mandatos* (ver *Command*). Cada una de estas unidades es un *paso de trabajo* (ver información complementaria en *Job step*).

• ... can be recorded so that the *step (paso)* can be restarted later ...

Step mode: *1. Ejecución paso a paso.*
Ver *Single-step instruction execution.*

Sticky bit: *1. Bit de persistencia.*
1. En ciertos entornos, bit que, cuando se activa, permite a diferentes usuarios compartir la misma copia de un ejecutable (por ejemplo, dejándola en memoria al terminar de usarse).

• ... can also set various other mode bits for a file or directory such as the *sticky bit (bit de persistencia)* and the ...

Stochastic process: *1. Proceso estocástico.*
1. Proceso de cambios gobernado por probabilidades. Las variables que intervienen no son totalmente determinadas ni totalmente aleatorias.

• ... the relationship between *stochastic process (de los procesos estocásticos)* models and other modelling ...

Stop bit: *1. Bit de parada.*
1. Bit(s) *suplementarios* (ver *Overhead*) con valor 1 que se envían tras los datos de usuario y los de verificación (paridad), para indicar que *esa* transmisión ha terminado.

• Some serial lines may have one or two *stop bits (bits de parada)* added ...

Storage: *1. Almacenamiento. 2. Memoria.*
1. Palabra un tanto ambigua que se usa tanto para referirse a la memoria central como a la de cualquier tipo de dispositivo con capacidad para recibir y retener datos.

• ... and release the *storage (almacenamiento)* space the file formerly occupied ...

Storage device: *1. Dispositivo de almacenamiento.*
1. Cualquier tipo de dispositivo con capacidad para almacenar datos. Se excluye la memoria central. Los más usuales son de tipo magnético (discos y cintas) y óptico (CD-ROM, DVD; ver *Digital Video Disk*).

• ... for an index makes it economical to use a faster *storage device (dispositivo de almacenamiento)* for it.

Storage violation: *1. Violación de memoria.*
1. Habitualmente, error en un programa de usuario que produce una irrupción en una zona protegida de memoria (asignada al sistema, o a otro proceso).

• ... but confirming that you have a *storage violation (violación de memoria)* can be difficult.

Store (noun): *1. Memoria.*
Sinónimo de *Memory* y de *Main storage* (ver). Muy usado.

• When a *store (a memoria)* access is prohibited because of some protection ...

Store (verb): *1. Almacenar.*
1. Mover datos a memoria central o a almacenamiento auxiliar.

• When an attempt is made *to store (almacenar)* into a protected page, ...

Store and forward: *1. Almacenar y reexpedir.*
Ver *Store-and-forward*.

Store-and-forward: *1. Almacenar y reexpedir.*
1. Manera de proceder típica de la transmisión por *paquetes*. En algunos puntos inter-

medios de la red, un nodo puede recibir un paquete, almacenarlo, analizar direcciones y elegir camino y reenviarlo hacia su destino.

• This mode of working is often referred to as packet *store-and-forward (almacenar y reexpedir)*.

Stream (noun): *1. Corriente.*
1. En comunicaciones, *flujo de datos* (ver *Data flow*) entre un origen y un destino a través de un canal o *conexión* establecido previamente. Se opone a *paquete*. Los paquetes pueden ir a más de un destino a través de caminos que se establecen de forma más o menos dinámica.

• *Stream (corriente)* mode is more efficient, because data ...

2. En lenguaje C, objeto para acceder a ficheros o dispositivos y que se crea con funciones *fdopen()* o *fopen()*. Una vez creado el objeto puede usarse para leer o grabar en el mismo. Las funciones de *biblioteca* (ver *Library*) suministran la *baferización* (ver *Buffer (verb)*) necesaria.

• ... use a pointer to the FILE type to get access to a given *stream (corriente)*.

Stream editor: *1. Convertidor en flujo.*
1. *Convertidor* (ver *Editor Def. 3*), llamado por el *mandato sed*, que se usa para modificar los registros de un fichero antes de grabarlos en la salida estándar. Las modificaciones efectuadas dependen del contenido de un fichero de *directivas* (ver *Script*) creado para tal función.

• This *stream editor (convertidor en flujo)* is intended for systematic editing; ...

Streamer: *1. Progresor.*
1. Elemento, hardware y/o software, muy en

boga actualmente, que utiliza técnicas de *progresión* (ver *Streaming*) para grabar/reproducir/*presentar* (ver *Display (verb)*) elementos audiovisuales sin discontinuidades apreciables.

• The Video *streamer (progresor)* software allows the user to easily browse backwards and forwards ...

Streaming: *1. Progresión. 2. Progresivo.*
1. Técnica de transferencia/procesamiento de datos de forma que éstos se procesan por la aplicación a medida que van llegando, es decir, sin esperar a que se reciban ficheros completos. Si hay disparidad entre la velocidad de llegada de datos y la de proceso de los mismos puede ser necesario un almacenamiento de éstos o, en la situación contraria, pueden producirse «cortes» en el proceso (por ejemplo, en imagen o sonido).

• *Streaming (progresivo)* audio or video avoids the delay entailed in ...

Stress: *1. Sobrecarga. 2. Estrés.*
1. Situación de un sistema o subsistema sometido a una carga superior o muy superior a la habitual. La caída de *rendimiento* (ver *Performance*) puede ser más que proporcional con respecto al incremento de carga.

• Under *stress (sobrecarga)* situations, and very high ...

2. A veces se reserva la palabra *stress* para definir una situación de *sobrecarga* de la que el sistema o subsistema no puede salir por sí mismo aunque la carga vuelva al nivel normal.

• ... shows heavy use of all its resources, and this is the typical system *stress (estrés)*.

Stress testing: *1. Prueba de sobrecarga.*
1. Prueba de un sistema o subsistema consis-

tente en estudiar el comportamiento del mismo en situación de sobrecarga y/o estrés (ver *Stress*).

• Complete functional and *stress testing* (*prueba de sobrecarga*).

Strictness of deadline: *1. Tolerancia de momento límite.*
1. En *sistemas de tiempo real* (ver *Real-time system*) medición o evaluación de la utilidad de ejecutar una tarea después de pasado su *momento límite* (ver *Deadline*). Las tareas se clasifican en *intolerantes (hard)* y *tolerantes (soft)* según este concepto.

String: *1. Ristra.*
1. Serie ordenada de valores de elementos de datos, de uso habitual en los programas, que tiene una forma específica de representación en cada lenguaje de programación y que se corresponde con una cierta estructura de esos elementos de datos en la memoria. Las *ristras* están formadas por caracteres o *baits* (ver *Byte*) y, menos frecuentemente, por bits.

• ... is a *character string (ristra de caracteres)* enclosed in quotation marks ...

String operator: *1. Operador de ristra.*
1. Operador (en lenguajes) cuyos operandos son *ristras* de caracteres. El más conocido es el operador de concatenación (ver *Concatenate*).

• ... that contains common C language subroutines for *string operators (operadores de ristra)*, character operations ...

Stripe (noun): *1. Banda.*
1. *Banda* como la adherida a una tarjeta de crédito o similar (ver *Magnetic stripe*).

• The magnetic *stripe (banda)* is swiped for access to many University services ...

2. En ciertas *organizaciones de ficheros* (ver *File organization*) que distribuyen los datos entre varios volúmenes, una *banda* es una porción de datos en un volumen grabada de forma que las bandas lógicamente consecutivas están en otro u otros volúmenes.

• The system distributes records among the *stripes (bandas)* such that the disks ...

Stripe (verb): *1. Bandear.*
1. Distribuir los datos de un fichero en *bandas* (ver *Stripe (noun) Def. 2*) grabadas en dos o más volúmenes (discos).

• ... only on the current volume except with a *striped (bandeado)* file.

Strongly typed language: *1. Lenguaje con tipado estricto.*
1. Lenguaje de programación con suficiente número de tipos de datos (ver *Data type*) bien diferenciados que, además, verifica que el contenido de las variables esté de acuerdo con el tipo de datos definido para las mismas.

• ... most *strongly typed languages (lenguajes con tipado estricto)* disallow mixing integers and ...

Structure (noun): *1. Estructura.*
1. Distribución de las partes de un conjunto y relaciones que se establecen entre dichas partes. Aunque cualquier conjunto tiene una *estructura* (incluyendo el célebre plato de espaguetis), se admite que la estructura puede ser mejor o peor, que los conjuntos (de datos, de módulos, rutinas o procedimientos, etcétera.) pueden estar mejor o peor estructurados.

• ... by describing *data structures (estructuras)* in a way that is independent of ...

2. En algunos lenguajes de programación, va-

riable que se descompone en otras variables formando una jerarquía que, posiblemente, admite redefiniciones.

• ... Members of *structures (estructuras)*, unions, and classes must be unique within a single structure ...

3. Agrupación de instrucciones de programación que forman una unidad lógica.

• ... levels of nesting of control *structures (estructuras)* (DO-END, IF-THEN-ELSE, etc.).

Structure (verb): *1. Estructurar.*
1. Dar estructura (ver *Structure (noun)*), a un conjunto de elementos. Frecuentemente se usa esta palabra para referirse a dar «una mejor estructura» o «la mejor estructura».

• One or more large *structured (estructurados)* sets of persistent data, usually ...

Structure clash: *1. Contraposición de estructuras.*
1. Situación que se produce durante el diseño físico de procesos o de programas y que se caracteriza porque los elementos a conjuntar presentan, unos respecto a otros, contraposiciones de orden (ver *Order clash*), fronteras (ver *Boundary clash*) o intercalación (ver *Interleaving clash*).

• In Jackson structured programming there are three kinds of *structure clash (contraposición de estructuras)* which prevent ...

Structured analysis: *1. Análisis estructurado.*
1. En el proceso de desarrollo de una aplicación informática, la parte de análisis se refiere a la extracción de información que describa la realidad objeto de la aplicación (datos, eventos y tratamientos) y los requisitos, de todo tipo, a cumplir por la misma. Esta acti-

vidad será estructurada si procede según un orden riguroso de detalle creciente.

• *Structured analysis and design (análisis y diseño estructurados) is an approach that emphasizes analysis of data flows and ...*

Structured design: *1. Diseño estructurado.*

1. Parte del proceso de desarrollo de una aplicación en la que se proyecta toda la información reunida durante el análisis estructurado sobre la definición operativa (datos, tratamientos, datos + tratamientos) de lo que será la aplicación.

• Ver ejemplo en *Structured analysis.*

Structured programming: *1. Programación estructurada.*

1. El análisis y el diseño estructurados «invitan» a la programación estructurada, al menos en lo que se refiere a modularización o descomposición de cadenas y transacciones de usuario en programas y módulos. Para el desarrollo de esos programas y módulos, de programas y módulos «sueltos» y de programas y módulos no muy bien especificados se han desarrollado métodos de *programación estructurada* basados en el empleo generalizado de estructuras elementales (secuencia, alternativa, repetición), cada una con un solo punto de entrada y otro de salida y sin aceptar más vueltas atrás que las permitidas por las repeticiones.

• *... some constructs typical for structured programming (programación estructurada) exist, but much additional discipline is ...*

Structured Query Language: *1. SQL.*

1. Lenguaje estandarizado para la definición y acceso a *bases de datos* (ver *Database*) relacionales. Este lenguaje se está universalizan-

do siendo utilizado en muchos *SGBDRs* (ver *Relational DataBase Management System*) utilizables, a su vez, en diferentes niveles de máquina.

• *Code any Structured Query Language (SQL) statements you need.*

Structured Systems Analysis and Design Method: *1. SSADM.*

1. Método de análisis y diseño de aplicaciones salido de la administración británica y obligatorio en la mayoría de relaciones de suministro informático con dicha administración. Es un método completo hasta el exceso, que debe usarse con la ayuda de herramientas *CASE* (ver *Computer-Aided Software Engineering*) y al que le viene bien un esfuerzo de adaptación para su uso simplificado.

• *A key characteristic of Structured Systems Analysis and Design Method (SSADM) is its modular structure.*

Stub: *1. Estabo.*

1. Módulo de reducidas dimensiones que ocupa el sitio de otro módulo mayor y al que cederá el control cuando éste se cargue para ejecución. Evidentemente, evita problemas durante la fase de *montaje* (ver *Link-edit (verb)*).

• *The output component would finally run the OCR and create files using the file_rec stub (estabo) module.*

2. Módulo que facilita la comunicación con un procedimiento remoto (ver *Remote Procedure Call*). Pueden existir *estabos* tanto en la parte cliente como en la parte servidor. Frecuentemente preparan el área de comunicación y realizan las conversiones que se necesiten. Hay generadores especializados en crear *estabos* a partir de unas especificaciones adecuadas.

• A client *stub (estabo)* function has an exact interface as the original function ...

Stub network: *1. Red autolimitada.*
1. Red que, a pesar de poder estar conectada a otras redes, no lleva tráfico, ni hacia ni desde estas redes. Se limita, por tanto, al tráfico local (de la red, no de la localidad).

• The *stub network (red autolimitada)* isolates the organization's internal network from incoming data traffic ...

Style sheet: *1. Hoja de estilo.*
Ver *Cascading Style Sheets.*

Stylus: *1. Estilo.*
1. Dispositivo de forma y función parecida a la de un *estilo* (lat., *Stilus*) pero que se aplica o usa sobre una *tablilla digitalizadora* (ver *Digitizing tablet*). Su posición es calculada por la tablilla y su movimiento puede usarse para dibujar.

• ... with a four-button cursor or *stylus (estilo)*, allows positions on the screen ...

STDM: *1. Multiplexación estadística.*
Ver *Statistical Multiplexing.*

STP: *1. STP.*
Ver *Shielded Twisted Pair.*

STT: *1. STT.*
Ver *Secure Transaction Technology.*

STX: *1. STX.*
Ver *Start of Text.*

Sub-class: *1. Subclase.*
Ver *Subclass.*

Subagent: *1. Subagente.*
1. Componente de SNMP (ver *Simple Network Management Protocol*); por ejemplo, un programa, que realiza una función en benefi-

cio del *agente* SNMP (ver *SNMP agent*). El *subagente* puede ejecutarse en una máquina distinta de la del agente.

• The SNMP *subagent (subagente)* supplies the answer and sends it back to the SNMP agent ...

Subclass: *1. Subclase.*
1. En *orientación a objetos* (ver *Object orientation*) una *subclase* es una *clase* (ver *Class*) que «hereda» (ver *Inheritance*) de otra clase. Por tanto, es una especialización de ésta (los miembros de la heredera son un subconjunto de los miembros de la heredada). Pero también es su extensión ya que las capacidades de la heredera son las de la clase heredada más las propias que se le definan. *Subclase* es un término un tanto ambiguo.

• Immediate superclass-to-*subclass (subclase)* relationships are represented via ...

Subdirectory: *1. Subdirectorio.*
1. Directorio que con otros directorios y/o ficheros forman parte de un directorio de nivel superior en una jerarquía.

• How do I move existing files to a *subdirectory (subdirectorio)*?

Subfont: *1. Subfuente.*
1. Cuando se trabaja con *fuentes* (ver *Font*) externas se distingue entre la fuente y la *subfuente* y entre ambas se establece la totalidad de caracteres con que se puede trabajar. La definición de la fuente determina las características principales de los caracteres y estas características han de ser compatibles con cada carácter de la subfuente (situados, habitualmente, en un fichero).

• A *Subfont (subfuente)* is a set of images for a contiguous range of characters, stored as a single bitmap ....

Sublayer: *1. Subestrato.*

1. El concepto *subestrato* puede ser de uso general aunque en nuestra materia se aplica a una subdivisión de un *estrato* (ver *Layer (noun)*) de los definidos en el *modelo de referencia de la OSI* (ver *Open Systems Interconnection*).

• The MAC *sublayer (subestrato)* includes the method of determining when a device ...

Submit: *1. Someter.*

1. Acción de enviar un trabajo (mediante un *mandato* (ver *Command*) ejecutado en *primer plano*; ver *Foreground*) para que se ejecute en *fondo* (ver *Background execution*).

• In the original *submitted (sometido)* JCL, the system recognizes the beginning of the comment field when ...

Subnet: *1. Subred.*

1. Cada red componente de una interred es una *subred*. La introducción de la *subred* en el esquema de *direccionamiento* (*IP*; ver *Internet Protocol*) simplifica el *encaminamiento* (ver *Routing*) de mensajes de alcance limitado.

• The concept of *subnets (subredes)* has been introduced to decouple the routers ...

Subnet address: *1. Dirección de subred.*

1. Ampliación del esquema básico de *direccionamiento IP* (ver *Subnet* e *Internet Protocol*) para incluir en él una *parte local* que comprende a la subred (su dirección) y a la *huéspeda* (ver *Host Def. 1*) local.

• The *subnet address (dirección de subred)* is assigned using the first 4 bits of the third ...

Subnet mask: *1. Máscara de subred.*

1. Para dar más flexibilidad a la diferenciación, dentro de la parte local (ver *Subnet*

address) del número de bits de la dirección de subred y del número de bits de la dirección de la *huéspeda* (ver *Host Def. 1*) local, se incluyen en la máscara de dirección unos bits (*máscara de subred*) que determinan, para una sede concreta, dicha composición. A veces se llama máscara de subred a toda la máscara de dirección.

• The *subnet mask (máscara de subred)* is therefore represented as: ...

Subnetwork: *1. Subred.*

Ver *Subnet* (que es más usada).

Subquery: *1. Subconsulta.*

1. En *SQL* (ver *Structured Query Language*), si la SELECT es una *consulta*, una SELECT en el interior de otra SELECT (en cláusulas WHERE o HAVING) se llama una *subconsulta*.

• You should use a *subquery (subconsulta)* when you need to narrow your search condition based on ...

Subroutine: *1. Subrutina.*

1. Unidad de programación que realiza una tarea específica (con Entrada, Salida y Proceso bien definidos) y que puede *ser llamada* (ver *Call (verb)*) una o más veces, desde uno o más sitios, en uno o más programas. Una *subrutina* puede, por tanto, ser llamada desde diferentes programas a los que se incorpora de forma permanente (en *montaje*; ver *Link-edit (verb)*) o dinámica (en ejecución). El nombre es ambiguo y pueden usarse, en su lugar, otros nombres: rutina, procedimiento, función, módulo, ...

• ... compiled with any COBOL compiler, you can call a *subroutine (subrutina)* that uses ...

Subscript: *1. Subíndice.*

1. Expresión o expresiones que se emplean

para situarse en o acceder a elementos individuales o conjuntos de elementos individuales que componen las *formaciones* (ver *Array*). A veces se da el nombre de *subíndice* al conjunto de expresiones que dan acceso a un solo elemento. Otras veces se llama *subíndice* a la expresión que da acceso a una dimensión de la formación.

● A parenthesized *subscript (subíndice)* following an array name reference identifies a particular data item within the array.

Subshell: *1. Submembrana.*

1. En UNIX, *membrana* (ver *Shell*) creada desde una membrana preexistente. Cada *submembrana* supone un entorno de ejecución independiente claramente distinto del de otras membranas o submembranas.

● If you start and additional *subshell (submembrana)* at the command line, it will inherit the exportable ...

Substring: *1. Subristra.*

1. Parte de una *ristra* (ver *String*) que se define, habitualmente, por una posición de origen en la ristra y una longitud. Muchos lenguajes de alto nivel contienen una función capaz de proporcionar *subristras*.

● ... or use the *substring (subristra)* function to name a few ...

Subsystem: *1. Subsistema.*

1. En sistemas operativos grandes un *subsistema* es un componente del *sistema operativo* (ver *Operating system*) con una función clara y definida, que puede arrancarse y pararse de forma independiente, que admite adaptación a las necesidades de cada instalación y, por último, que, posiblemente, puede adquirirse por separado. Los subsistemas se comunican entre sí y con la parte central del sistema operativo siguiendo unas reglas bien establecidas.

Hay subsistemas básicos (otros dependen de ellos) y ordinarios.

● When the system is initialized and the job entry *subsystem (subsistema)* is active ...

Subsystem initialization:
1. Inicialización de subsistema.

1. Poner un subsistema en condiciones de dar servicio a otros subsistemas y a los usuarios del sistema. Ello implica una cierta adaptación a las necesidades de la instalación mediante la consulta y aplicación de *parámetros de inicialización* (ver *Initialization parameters*) incluidos en el *procedimiento de inicialización* (ver *Initialization procedure*) o en uno o más *ficheros de inicialización* (ver *Initialization file*).

● ... you can specify the name of a *subsystem initialization (inicialización de subsistema)* routine to be ...

Subtask: *1. Subtarea.*

1. Tarea iniciada desde otra tarea. Ambas tareas pueden serlo del *sistema operativo* (ver *Operating system*) o de algún subsistema o programa especializado. También puede aplicarse la palabra al resultado de la descomposición de una instrucción para su procesamiento en paralelo.

● ... to be executed in a *subtask (subtarea)* that has been attached and initialized by ...

Success unit: *1. Unidad lógica de trabajo.*

Sinónimo de *Logical Unit of Work* (ver).

Suitability: *1. Adecuación.*

1. La *adecuación* es uno de los componentes de la capacidad funcional de un producto software (sistema, aplicación, programa, etc.). Mide, en última instancia, el grado de cumplimiento del mismo con relación a los requisitos de sus usuarios.

• ... a valid estimate of expected system operational effectiveness and *suitability (adecuación)*.

Suite: *1. Juego.*

1. Conjunto de componentes complementarios entre sí en la consecución de un objetivo de mayor alcance que el de cada uno de los componentes.

• The *suite (juego)* includes several small wrapper scripts intended to provide access to dialogue panels ...

Suite of protocols: *1. Juego de protocolos.*

1. Conjunto de protocolos diseñados de forma que cada uno de ellos tiene en cuenta a los demás y que todos cooperan en las tareas de comunicación de datos para uno o más tipos de aplicaciones.

• In the Internet *suite of protocols (juego de protocolos)*, a protocol, used between ...

Summary: *1. Sumario. 2. Resumen.*

1. Enumeración sintética de elementos.

• This *summary (sumario)* gives you an overview of the differences to be found ...

2. Descripción concisa del contenido de un texto mayor (artículo, libro), que viene a continuación. La traducción más correcta sería *resumen* o *abstracto.*

Super Video Graphics Array: *1. SVGA.*

1. Denominación genérica que se aplica a pantallas de computadora con capacidad de *presentar* (ver *Display (verb)*) millones de colores con *definición* (ver *Resolution*) igual o superior a 800 × 600 *píxeles* (ver *Pixel*). No hay una norma aplicable universalmente aceptada.

• There are several varieties of *SVGA (SVGA)*, each providing a different resolution.

Super-class: *1. Superclase.*
Ver *Superclass.*

Superclass: *1. Superclase.*

1. En *orientación a objetos* (ver *Object orientation*) una *superclase* es una *clase* (ver *Class*) de la que «heredan» otras clases. Ver en *Subclass* las características de esta «herencia» (ver también *Inheritance*).

• Immediate *superclass (superclase)*-to-subclass relationships are represented via the inclusion of the ...

Supercomputer: *1. Supercomputadora.*

1. Conjunto de límite inferior impreciso, en el que se agrupan las computadoras con mayor potencia de cálculo y, en menor medida, las que pueden procesar, por unidad de tiempo, el mayor número posible de datos. Las *supercomputadoras* son imprescindibles en los centros modernos de investigación y predicción (energía nuclear, meteorología, econometría, física de partículas, etc.).

• ... designed for numerical applications on *supercomputers (supercomputadoras)*, especially vector or ...

Superscalar: *1. Superescalar.*

1. Arquitectura de monoprocesadores capaces de ejecutar más de una instrucción (escalar) por ciclo de reloj obteniendo así un cierto paralelismo.

• ... using direct-execution to model a *superscalar (superescalar)* processor has been considered an open problem.

Superscript: *1. Superíndice. 2. Elevado a ...*

1. Índice que se coloca en la parte superior

derecha del elemento al que afecta. En ciertos casos se traduce por la expresión matemática a la que representa.

- The expn1() function calculates the function (e *superscript x*) -1.0 *(elevado a)* ...

Supersede: *1. Reemplazar.*

1. Sustituir un elemento informático (hardware o software) por otro de mejores prestaciones o que resuelve problemas detectados previamente. Esta palabra puede aplicarse en muchas situaciones (en el mercado, en la lista de productos de una empresa, en el software implementado en una instalación, etc.).

- ... they do not delete or *supersede (se reemplazan)* each other and are not negative prerequisites ...

Superuser: *1. Superusuario.*

1. Uno de los nombres posibles con que se designa a un usuario que no tiene restricciones en los permisos de acceso. Típicamente, es quien realiza las tareas administrativas y de gestión en el sistema, subsistema, aplicación, etcétera, de que se trate.

- ... on which the name of the *superuser (superusuario)* account is «avatar» rather than ...

Supervisor: *1. Supervisor.*

1. Macroprograma de un *sistema operativo* (ver *Operating system*) que controla la asignación de recursos a procesos y tareas, con los que mantiene un diálogo intermitente.

- ... caused by the execution of a *supervisor (supervisor)* call instruction ...

Supervisor call: *1. Llamada al supervisor.*

1. Es una de las clases de interrupción previstas en las *computadoras principales* (ver *Mainframe computer*) de IBM. Se provoca

por medio de una instrucción (ver *SVC*) con la que se solicita una acción al programa supervisor.

- There are six classes of interruption: external, I/O, machine check, program, restart, and *supervisor call (llamada al supervisor)*.

Supervisor state: *1. Estado supervisor.*

1. Estado de una *UCP* (ver *Central Processing Unit*) en el que pueden ejecutarse todas las instrucciones de que está dotada la misma y, especialmente, las instrucciones privilegiadas (ver *Privileged instructions*), que no pueden ejecutarse en lo que podríamos llamar estado de programa de usuario.

- ... of whether the CPU is in the problem or the *supervisor state (estado supervisor)* and ...

Supervisory program:
1. Supervisor.
Sinónimo de *Supervisor* (ver).

Supervisory routine: *1. Supervisor.*
Sinónimo de *Supervisor* (ver).

Supply connector: *1. Conectador de energía.*
1. Conectador que suministra la energía eléctrica a un dispositivo.

- ... check solder of power *supply connector (conectador de energía)* and power ...

Support (noun): *1. Consideración.*
2. Ayuda.
1. Acción y efecto de ayudar, considerar, etc. Ver *Support (verb)*.

- ... including *support (consideración de)* for ...

- Ada Programming *Support (de Ayuda)* Environment.

Support (verb): *1. Ayudar.*
2. Basarse en. 3. Tener en cuenta.
4. Soportar.
1. Proporcionar ayuda o asistencia (técnicas) en la resolución de problemas.

• Our central services will *support (ayudarán)* you ...

2. Haber sido diseñado y desarrollado para algo concreto. Tener algo en cuenta.

• This architecture was originally designed *to support (basarse en)* ASCII ...

3. Ser capaz de hacer frente a algo (por lo general, fuera de lo habitual).

• In configurations that *support (soportar)* a large number of interactive users, ...

Surf: *1. Surfear.*
1. Buscar por la *Ueb* (ver *World Wide Web*) partiendo de una información demasiado simple o demasiado compleja como para ser obtenida directamente con facilidad. El éxito requiere buenas dotes de intuición, cultura del tema y ... suerte. Ver también *Net surfing.*

• ... in front of a computer screen *surfing (surfeando)* the Internet has been hospitalized with hallucinations, ...

Surge: *1. Sobretensión (momentánea).*
Ver *Line surge.*

Surrogate: *1. Sustituto.*
1. Elemento que se usa, por conveniencia o necesidad, en lugar de otro. Así, una *clave sustituta* es una *clave* (ver *Key (noun) Def. 2*) que se forma a partir del contenido de atributos diferentes de los que forman la *clave primaria* (ver *Primary key*); un *código sustituto* (por ejemplo, un *estabo*; ver *Stub*) es un códi-

go (programa) que sustituye provisionalmente al definitivo; etc.

• ... the *surrogate (sustituto)* code for an RPC interface that is linked with and called by ...

Suspend (verb): *1. Suspender.*
1. Interrumpir, el supervisor, un proceso o tarea, a causa de alguna inadecuación en la ejecución del mismo (excesivo consumo de recursos, por ejemplo), o a causa de la influencia de otro proceso o tarea.

• In either system a task may *be suspended (suspenderse)* prematurely if an interrupt ...

Suspended: *1. En suspenso.*
1. Estado de un proceso o tarea que ha sido *suspendido* (ver *Suspend (verb)*).

• If the caller's parent is currently *suspended (en suspenso)* because of wait() ...

SVC: *1. SVC.*
1. *Instrucción de máquina* (ver *Machine instruction*) propia de las *computadoras principales* (ver *Mainframe computer*) de IBM que provoca una interrupción de *llamada al supervisor* (ver *Supervisor Call*) para que éste ejecute una acción específica indicada en la propia instrucción.

• ... which in turn issues an *SVC (SVC)* LINK to another program.

SVC: *1. SVC. 2. Circuito Virtual Conmutado.*
Ver *Switched Virtual Circuit.*

SVC: *1. SVC. 2. Conexión Virtual Conmutada.*
Ver *Switched Virtual Connection.*

SVGA: *1. SVGA.*
Ver *Super Video Graphics Array.*

Swap (noun): *1. Intercambio.*
2. Permuta.
1. Acción y efecto de *intercambiar* o *permutar* páginas de memoria virtual u otros elementos con función similar cuya *permuta* esté prevista.

● ... associated with the page and *swap (de intercambio)* data set activity.

Swap (verb): *1. Intercambiar.*
2. Permutar.
1. En *sistemas operativos* (ver *Operating system*) con memoria virtual, mover páginas («sueltas» o formando parte de unidades mayores con tratamiento propio) entre memoria central y memoria auxiliar. Ver *Roll in/out* y *Swap in/out.*

2. Intercambiar dos elementos que realizan una función similar.

● The two buffers *are swapped (se permutan)*
...

Swap file: *1. Fichero de intercambio.*
1. Fichero utilizado para almacenar temporalmente las partes de memoria *egresadas* (ver *Swap out).*

● ... and the *swap file (fichero de intercambio)* will fragment, slowing down swapping, ...

Swap in (verb): *1. Ingresar.*
1. En *sistemas operativos* (ver *Operating system*) con memoria virtual, proceso de traer a memoria central páginas que están en memoria auxiliar. A veces se usa *roll in* en vez de *swap in* para referirse a páginas «sueltas», reservándose *swap in* para unidades mayores (espacios de direcciones, programas, ...).

● ... activity when the address space *is swapped in (es ingresado)* again ...

Swap out (verb): *1. Egresar.*
1. En *sistemas operativos* (ver *Operating system*) con memoria virtual, proceso de llevar a memoria auxiliar páginas que están en memoria central. A veces se usa *roll out* en vez de *swap out* para referirse a páginas «sueltas», reservándose *swap out* para unidades mayores (espacios de direcciones, programas, ...).

● ... buffer contents are lost when an address space is *swapped out (egresado).*

Swapping: *1. Intercambio. 2. Permuta.*
Ver *Swap (noun).*

Swathe: *1. Franja.*
1. Tira horizontal que forma parte de una figura en proceso de impresión. La técnica de impresión por *franjas* se usa para reducir los requisitos de memoria.

● ... whether *swathes (franjas)* are to be used to process an image ...

Swim: *1. Natación.*
1. Movimiento lento e indeseado de una imagen en una pantalla.

● The image should be stable i.e. 'flicker', 'jitter' and *'swim' (natación)* free; instabilities in this respect should be reported to service ...

Switch: *1. Interruptor. 2. Conmutadora.*
3. Conmutador. 4. Caso.
1. Dispositivo eléctrico, con dos o más posiciones, que permite cambiar el estado o las funciones de un circuito. Si interrumpe el paso de corriente puede llamarse *interruptor.* En otros casos puede convenir más la palabra *conmutador.*

● What happens once the power *switch (interruptor)* is turned on until ...

2. En comunicaciones y redes, máquina que

permite modificar el camino seguido por la señal *(ver Signal Def. 1)*, bien de forma permanente *(conmutadora de circuitos)* bien con relación a paquetes concretos de datos *(conmutadora de paquetes)*. Las *conmutadoras* son máquinas caras pero muy eficientes.

• But as companies scramble to implement *switches (conmutadoras)* in their existing networks, ...

3. En programación, área de memoria creada y manejada por el programador, que permite modificar el *flujo* (ver *Flow (noun) Def. 1*) de ejecución de las instrucciones del programa.

• You may use a *switch (conmutador)* to differentiate first time from ...

4. Estructura que forma parte de algunos lenguajes de programación y que permite establecer una variable y dos o más caminos alternativos de ejecución según el valor que tenga dicha variable. Ver también *Case statement*.

• Remove the default case label, or place it inside a *switch (caso)* statement ...

Switch off (verb): *1. Apagar.*
1. Modificar la posición de un interruptor para que deje de pasar la corriente por el circuito controlado por el mismo.

• To *switch off (apagar)* press button 1 ...

Switch on (verb): *1. Encender.*
1. Modificar la posición de un interruptor para que pase la corriente por el circuito controlado por el mismo.

• To *switch on (encender)* press button 1 ...

Switch statement: *1. Instrucción Caso.*
Ver *Case statement*.

Switch volume (verb): *1. Conmutar volumen.*
Ver *Volume Switching*.

• ... the system automatically *switches volumes (conmuta volúmenes)* if the file extends across several volumes ...

Switch-based: *1. Basado en conmutadoras.*
1. Nueva forma de diseñar interredes basada en el uso de modernas *conmutadoras* (ver *Switch Def. 2*) en sustitución de las tradicionales *encaminadoras* (ver *Router*) y *pasarelas* (ver *Gateway*).

• ... the major difference between traditional and new internetworks is the widespread use of *swicth-based (basados en conmutadoras)* building blocks.

Switchboard: *1. Central telefónica.*
1. Nombre tradicional de la centralita telefónica (por la forma y contenido de las más primitivas). A pesar de los cambios tecnológicos, se mantiene el nombre.

• ... is the comprehensive sourcing guide for *switchboard (centrales telefónicas)* manufacturers ...

Switched connection: *1. Conexión conmutada.*
1. Conexión que se ha establecido mediante marcado de un número (como en el teléfono automático ordinario).

• The method used to accomplish a connection is often specified: for example, *switched connection (conexión conmutada)*, nonswitched connection, ...

Switched Ethernet: *1. Ethernet conmutada.*
1. Evolución de las tradicionales redes *Ether-*

net (ver) mediante el uso de *conmutadoras* (ver *Switch Def. 2*) para conectar *huéspedas* (ver *Host Def. 1*) o segmentos de red. Con la moderna tecnología de conmutadoras, se alcanzan anchuras de banda efectivas de 10 Mbps sin cambios significativos en la topología previa de la red.

● With *switched Ethernet (Ethernet conmutada)*, multiple stations can transmit ...

Switched line: *1. Línea conmutada.*
1. Comúnmente se refiere al tipo de conexión que se establece usando un emulador de terminal y un *módem* (ver *Modem*) ordinario. La definición más técnica sería: «Comunicación asíncrona conmutada orientada a caracteres.» La comunicación se establece a través de la red telefónica conmutada (ordinaria).

● When you dial a telephone you make use of a *switched line (línea conmutada)*.

Switched Multimegabit Data Service: *1. SMDS.*
1. Red de uso público en los EUA, basada en la técnica de *conmutación de paquetes* (ver *Packet switching*) y orientada a áreas metropolitana y amplia, en las que proporciona importantes velocidades de transmisión, pudiéndose acercar a lo que es común para las redes locales.

● ... and a high speed switched data service, Switched Multimegabit Data Service (SMDS) serving 50 or more sites ...

Switched network: *1. Red conmutada.*
1. Red basada en la *conmutación* (ver *Switching*). Puede ser de *conmutación de circuitos* (ver *Circuit switching*) y, cada vez más frecuentemente, de *conmutación de paquetes* (ver *Packet switching*) o de celdas.

● ... while its primary network design utilizes

the public *switched network (red conmutada)* ...

● Modem standardized for use in the general *switched* telephone *network*.

Switched Virtual Circuit: *1. Circuito Virtual Conmutado. 2. SVC.*
1. Concepto propio de las redes X.25 y *Frame Relay* (ver), que se aplica a circuitos virtuales temporales cuya duración coincide con la de una sesión de transmisión.

● When using BGP over *Switched Virtual Circuit (SVC)* subnetworks it may be desirable to minimize traffic generated ...

Switched Virtual Connection: *1. SVC. 2. Conexión Virtual Conmutada.*
1. En redes ATM (ver *Asynchronous Transfer Mode*), conexión virtual que se establece, bajo demanda, antes de que puedan enviarse *células* (ver *Cell Def. 5*) de datos.

● ... and options for support of *switched virtual connection (conexión virtual conmutada)* based inter-carrier services on a ...

Switching: *1. Conmutación.*
1. Concepto tradicional (las conexiones se conmutan) que se está convirtiendo en una tecnología puntera gracias a los dispositivos que conmutan a gran velocidad tanto circuitos como, sobre todo, agrupaciones de datos cada vez más pequeñas.

● Message *switching (conmutación)* systems.

● Should you lean toward packet or cell *switching (conmutación)*?

Switching hub: *1. Jab de conmutación.*
1. *Jab* (ver *Hub*) especializado e inteligente que puede instalarse en las modernas redes *Ethernet* (ver *Switched Ethernet* como ejem-

plo) para conseguir anchuras de banda efectivas muy superiores a las de la Ethernet tradicional. Estos dispositivos tienen capacidad de aprendizaje y, en base a ella, pueden dirigir los paquetes hacia el puerto adecuado. También pueden equilibrar carga.

● More than one frame transfer through the switching hub *(jab de conmutación)* can take place ...

SWIFT: *1. SWIFT.*
Ver *Society for Worlwide Interbank Financial Telecommunications.*

Sybase: *1. Sybase.*
1. Moderno *Sistema de Gestión de Bases de Datos* (ver *Database management system*) situado entre los cinco principales del mercado. Producido por Sybase, Inc.

● ...is used in some modern databases, such as *Sybase (Sybase),* and in certain ...

Symbol font: *1. Fuente de símbolos.*
1. *Fuente* (ver *Font*) constituida por símbolos especiales (como, por ejemplo, los utilizados para escribir fórmulas matemáticas).

● ... and suggested using the *symbol font (fuente de símbolos)* face for displaying Greek letters in ...

Symbolic address: *1. Dirección simbólica.*
1. Concepto típico de los lenguajes tipo ensamblador ya que, en los otros, todo son direcciones simbólicas. Una dirección simbólica es aquella en la que se identifica una posición de memoria (datos, instrucciones) por medio de un símbolo significativo para el programador. El programa Ensamblador traduce convenientemente esas direcciones.

● ... also, the assembler can convert the *sym-*

bolic addresses (direcciones simbólicas) you specify into their object ...

Symmetric cryptosystem: *1. Criptosistema simétrico.*
1. Sistema criptográfico en el que se usa la misma *clave* (ver *Key (noun) Def. 4*) para *cifrar* (ver *Encrypt*) un mensaje para *descifrarlo* (ver *Decrypt*).

● *Symmetric cryptosystems (Los criptosistemas simétricos)* have a problem: how do you transport the secret key from the sender to ...

Symmetric Digital Subscriber Line: *1. SDSL.*
Ver *Single-line Digital Subscriber Line.*

Symmetric Encryption: *1. Cifrado simétrico.*
1. *Cifrado* (ver *Encrypt*) que se realiza en un *Criptosistema simétrico* (ver *Symmetric cryptosystem*).

● ... requires much more computation than the traditional *symmetric encryption/decryption (cifrado/descifrado simétricos).*

Symmetric key cryptography: *1. Criptografía de clave simétrica.*
1. Rama de la *Criptografía* especializada en el uso de *clave* (ver *Key (noun) Def. 4*) simétrica (la misma clave para *cifrar* (ver *Encrypt*) y *descifrar* (ver *Decrypt*)).

● ... and confidentiality of the connection using a combination of public and *symmetric key cryptography (criptografía de clave simétrica)* and hash functions ...

Symmetric Multiprocessing: *1. Multiprocesamiento simétrico. 2. MPS.*
1. Nombre dado a la arquitectura de multiprocesamiento en la que los procesadores comparten la memoria y el bus de *E/S* (ver *In-*

put/Output). Ver también *Tightly Coupled Architecture.*

• ... which provides some elements of *symmetric multiprocessing (multiprocesamiento simétrico),* using ...

Synchronization: *1. Sincronización.*
1. Coordinación de los mecanismos que controlan la producción de series de eventos relacionadas entre sí, de forma que se respeten los requisitos temporales que ligan a los eventos. Puede requerirse *sincronizacion* entre la transmisión y la recepción de mensajes y paquetes, entre el funcionamiento de un procesador y el de los periféricos asociados, etc.

• ... takes a look at how thread *synchronization (sincronización)* is handled by the Java.

Synchronized Multimedia Integration Language: *1. SMIL.*
1. Lenguaje y software orientados a la definición y *presentación* (ver *Display (verb))* sincronizada en páginas *Ueb* (ver *World Wide Web*), de objetos multimedia. No mucho más complejo que el *HTML* (ver *Hypertext Markup Language*), cuenta con soporte oficial del consorcio *Ueb.*

• The *Synchronized Multimedia Integration Language (SMIL)* language is an easy-to-learn HTML-like language allowing to use a text ...

Synchronous: *1. Sincrónico.*
1. Adjetivo que describe el hecho de que dos procesos se produzcan, total o parcialmente, en el mismo espacio de tiempo. Puede usarse la palabra evento en lugar de proceso cuando la duración de los procesos es corta o muy corta.

• Any *synchronous (sincrónico)* event that may need to be brought to the attention of an executing program ...

2. Adjetivo que describe el hecho de que un proceso se repita periódicamente o, al menos, que sus repeticiones sean predecibles.

• With *synchronous (sincrónica)* transmission the receiver clock operates in synchronism with ...

Synchronous Data Link Control: *1. SDLC.*
1. Protocolo creado por IBM hacia 1970 para sustituir al viejo protocolo BSC (ver *Binary Synchronous Communication*). Posteriormente, la creación de una variante del protocolo HDLC (ver *High-Level Data Link Control*) prácticamente idéntica al protocolo SDLC, ha hecho que éste quede bajo la protección de normas internacionales. *SDLC* se basa en la transmisión sincrónica de bits sobre una línea que puede ser *dúplex* aunque sea *semidúplex* en la inmensa mayoría de situaciones reales. La línea puede ser conmutada o fija siendo esta última la situación más frecuente. Los *enlaces* (ver *Link (noun) Def. 5)* más frecuentes son multipunto, lo que explica la rígida disciplina que se mantiene en cuanto al «derecho a enviar».

• *SDLC (SDLC)* is not a peer-to-peer protocol like HDLC, Frame Relay, ...

Synchronous Digital Hierarchy: *1. SDH.*
1. Protocolo y tecnología, de ámbito internacional, para la transmisión sincrónica de voz *(digitalizada;* ver *Digitize)* y datos por fibra óptica. Las velocidades de transmisión pueden llegar a los 10 Gbps.

• *Synchronous Digital Hierarchy (SDH)* specifies how payload data is framed and ...

Synchronous Dynamic RAM: *1. SDRAM.*
1. Memoria de gran velocidad diseñada para

ser accedida, en modo *ráfaga* (ver *Burst*), a la velocidad del reloj del sistema, es decir, sin tiempos de espera. No está claro si este tipo de memoria será capaz de mantener el ritmo de crecimiento de otros elementos centrales de las modernas *CP*s (ver *Personal Computer*).

● *Synchronous Dynamic RAM (SDRAM)* modules are speed-rated in two different ways ...

Synchronous mode: *1. Modo sincrónico.*
1. Forma más frecuente de programar. Un programa trabaja en *modo sincrónico* con respecto a las funciones, subrutinas, etc., que *llama* (ver *Call (verb)*), cuando se interrumpe el proceso del programa tras cada *llamada* (ver *Call (noun)*) y no se reanuda hasta que la función, subrutina, etc., devuelve el control.

● In *synchronous mode (modo sincrónico)*, this seek time does not overlap ...

Synchronous Optical Network:
1. SONET.
1. Equivalente, en los EUA, del protocolo y tecnología internacionales *SDH* (ver *Synchronous Digital Hierarchy*).

● ... from the current Ethernet backbone at 10 Mbps to *Synchronous Optical Network (SONET)* backbone at 622 Mbps.

Synchronous transmission:
1. Transmisión sincrónica.
1. Modo de transmisión en el que emisor y receptor usan relojes que han de estar sincronizados. Se consigue una velocidad de transmisión netamente superior a la del método asíncrono a costa de una complejidad mucho mayor de los dispositivos utilizados.

● When *synchronous transmission (transmisión sincrónica)* is used, common bit timing is used between a transmitter and a receiver.

SyncLink Dynamic RAM:
1. SLDRAM.
1. Otra de las alternativas que, a finales del siglo xx, se manejaban sobre lo que serían las memorias del futuro ante la presión de los multimedia. Ver también *Dynamic RAM* y *Rambus Dynamic RAM*.

● *SyncLink Dynamic RAM (SLDRAM)* uses a multiplexed command bus, requiring fewer pins yet achieving higher ...

Synonim: *1. Sinónimo.*
1. Son *sinónimos* los vocablos o expresiones que tienen la misma significación. En informática los sinónimos son peligrosos, por ejemplo, durante el modelado lógico de datos, ya que puede suponerse que dos sinónimos de la misma *entidad* (ver *Entity*) o *atributo* (ver *Attribute*) se refieren a cosas distintas.

● ... into the database should be at least; chemical name, *synonims (sinónimos)*, ...

Syntactical analyser: *1. Analizador.*
2. Analizador sintáctico.
Sinónimo de *Parser Def. 2* (ver).

Syntactical analyzer: *1. Analizador.*
2. Analizador sintáctico.
Sinónimo de *Parser Def. 2* (ver).

Syntax: *1. Sintaxis.*
1. Estudio de las reglas que permiten formar frases inteligibles en un lenguaje. Por extensión, conjunto de dichas reglas. En Informática es importante la sintaxis de los lenguajes de programación y de codificación de *mandatos* (ver *Command*) que, en general, es muy poco flexible en comparación con la del lenguaje natural.

● This is independent of the source *syntax (sintaxis)* of the language being compiled ...

Syntax diagram: *1. Diagrama de sintaxis.*
1. Representación gráfica de la sintaxis (ver *Syntax*) de instrucciones y *mandatos* (ver *Command*) para facilitar su comprensión y uso. Si la técnica de representación usada no es buena (ocurre a veces), los diagramas pueden resultar ambiguos.

• Read the *syntax diagrams (diagramas de sintaxis)* from left to right, from top to ...

Sysadmin: *1. Admisis. 2. Administrador del sistema.*
Contracción de *System administrator* (ver).

Sysop: *1. Opesis. 2. Operador del sistema.*
Contracción de *System operator* (ver).

• ... and then explain to the *sysop (opesis)*, preferably by e-mail ...

Sysplex: *1. Sysplex.*
Ver *Parallel Sysplex.*

System: *1. Sistema.*
1. Probablemente, la palabra «reina» en Informática. Se aplica a un conjunto de elementos, unos activos y otros pasivos, que colaboran para la consecución de un objetivo común que, en general, se extiende en el tiempo. Las palabras sistema, subsistema y aplicación se usan con gran liberalidad, sin tener en cuenta los solapamientos que se producen o la necesidad de considerar otros elementos necesarios para que el conjunto funcione. Frecuentemente se usa *System* para referirse al *sistema operativo.*

• ... you must select and define the *system (del sistema)* files that you need ...

System administrator:
1. Administrador del sistema. 2. Admisis.
1. En instalaciones pequeñas, profesional in-

formático responsable de la configuración, de la gestión de usuarios, de la instalación de nuevo software, la solución de errores y problemas, etc. En instalaciones grandes puede haber una alta especialización en este campo; pueden existir *administradores* para: *SGBDs* (ver *Database Management System*), comunicaciones, seguridad, *sistema operativo* (ver *Operating system*), gestión del espacio de almacenamiento, etc.

• ... so that if a daemon process fails, the *system administrator (administrador del sistema)* can restart it.

System analyst: *1. Analista. 2. Analista de sistemas.*
Ver *Systems analyst.*

System console: *1. Consola del sistema.*
1. *Consola* (ver *Console*) en interacción directa con el sistema físico y con el operativo (ver *Operating system*).

• ... the following messages should appear on the *system console (consola del sistema)*: ...

System generation: *1. Generación del sistema.*
1. Proceso de instalar un sistema (operativo) y los subsistemas elegidos para complementarlo, y adaptar el conjunto a los requisitos del centro de proceso de datos que lo utilizará. En *sistemas operativos* (ver *Operating system*) de máquinas importantes puede llegar a ser una tarea larga y compleja que requiere, inclusive, ajustes posteriores.

• ... indicates that program function keys are supported and were specified at *system generation (generación del sistema)*.

System initialization: *1. Inicialización de(l) sistema.*
1. Proceso de poner en funcionamiento una

computadora cargando el *sistema operativo* (ver *Operating system*) y algún subsistema básico o aplicación usual. Ver *Initial Program Load* y *Bootstrap* para una explicación más concreta aplicada a dos tipos de máquinas.

• ... controls system initialization *(inicialización del sistema)* and processing ...

System Management Facilities:
1. SMF.

1. Importante componente de los *sistemas operativos MVS* (ver) y OS/390 de IBM cuya tarea es reunir y almacenar los datos que permiten evaluar el uso del sistema y, en ciertos casos, la *disponibilidad* (ver *Availability*) del mismo.

• ... a command to be issued when a *System Management Facilities (SMF)* data set becomes full.

System operator: *1. Operador del sistema. 2. Opesis.*

1. Profesional informático que tiene a su cargo la operación, al más alto nivel, de un sistema informático o instalación. Ver *Operator Def. 1* para una definición genérica.

• ... designates the target *system operator (del operador del sistema)* console ...

System Object Model: *1. SOM.*

1. Implementación de *CORBA* (ver *Common Object Request Broker Architecture*) desarrollada por IBM. Es, por tanto, una tecnología de *programación orientada a objetos* (ver *Object oriented programming*) cuya herramienta principal de trabajo son las *bibliotecas* (ver *Library*) de *clases* (ver *Class*).

• The *System Object Model (SOM)* provides a mechanism for defining classes and ...

System programmer: *1. Técnico de sistemas.*

1. Profesional informático que domina, a veces especializadamente, el *sistema operativo* (ver *Operating system*) y los subsistemas y productos asociados, con responsabilidad sobre el funcionamiento, *disponibilidad* (ver *Availability*) y *rendimiento* (ver *Performance*) de dichos componentes. En sus tareas puede ser necesario que desarrolle programas en lenguajes capaces de interaccionar con la máquina a muy bajo nivel.

• ... or from your network *system programmer (técnico de sistemas).*

System tray: *1. Bandeja del sistema.*
Ver *Tray.*

• With this program, the icons you add to the *system tray (bandeja del sistema* o simplemente, *bandeja)* disappear when you close ...

Systems analysis: *1. Análisis de sistemas.*

1. Bloque de actividades durante el desarrollo de nuevos sistemas (aplicaciones) informáticos en el que se analizan tanto el sistema actual como los requisitos del nuevo sistema, y se documenta suficientemente dicho análisis para permitir y facilitar el diseño.

• ... for undertaking the tasks of IT *systems analysis (análisis de sistemas)* and ...

Systems analyst: *1. Analista de sistemas. 2. Analista. 3. Analista de aplicaciones.*

1. Nombre habitual en el área sajona para designar al profesional informático cuya tarea abarca el (o los) estudios de factibilidad, el análisis y especificación de requisitos y el diseño lógico de las aplicaciones informáticas. A veces se diferencia entre analista de aplica-

ciones (de gestión, se entiende) y analista de sistemas (aplicaciones más cercanas a la máquina: software de base y de ayuda, etc.). Al traducir es necesario tener en cuenta el contexto.

• ... the requirements outlined by the organisation's data administrator and *systems analysts (analistas, etc.)*.

Systems design: *1. Diseño de sistemas.*

1. Bloque de actividades durante el desarrollo de nuevos sistemas (aplicaciones) informáticos en el que se diseña, primero desde un punto de vista lógico y, posteriormente, desde un punto de vista físico, el funcionamiento de dichos sistemas. El diseño se documenta suficientemente para permitir y facilitar la implementación.

• Overall *systems design (diseño de sistemas)* decisions are performed by data administrators and systems analysts ...

Systems Network Architecture: *1. SNA.*

1. Red diseñada y desarrollada por IBM a principios de los años 70. Al estar pensada para empresas y entidades que la necesitaban y podían pagarla, esta red fue la primera que llegó a cubrir territorios amplios, aunque fuera usada, básicamente, por grandes empresas e instituciones. Inicialmente jerárquica y muy basada en la idea de una gran computadora central que lo controla todo (con la ayuda de unos cuantos acólitos), *SNA* no ha podido resistir la presión igualitaria (y sus ventajas) y ha evolucionado hacia una consideración me-

nos jerárquica en la que se admiten islas de relación *interpares* (ver *Peer-to-peer*).

• In the *Systems Network Architecture (SNA)* network, a client and server cannot exchange messages unless the first ...

Systems program: *1. Programa del sistema.*

1. Programa capaz de interaccionar, directa e intencionalmente, con el *sistema operativo* (ver *Operating system*) o con subsistemas asociados. Estos programas se desarrollan en lenguajes de bajo nivel (por ejemplo, ensambladores) y utilizan herramientas (macros (ver *Macroinstruction*) y *mandatos* (ver *Command*)) proporcionadas por el propio sistema operativo o subsistemas asociados. Muchos de estos programas se suministran con el sistema operativo.

• *Systems programs (programas del sistema)* may be used to control the performance of a computer system.

Systems specification: *1. Especificación del sistema.*

1. Forma de referirse al conjunto de requisitos, funcionales y de otro tipo, de un nuevo sistema informático, así como a sus implicaciones humanas y organizativas. Estas *especificaciones* quedan distribuidas en los documentos producidos de acuerdo con el método de análisis y diseño utilizado.

• ... is promoting a new algebraic *systems specification (de especificación del sistema)* language, which is expected to be widely ...

T

tar: *1. tar.*

1. Contracción desde *Tape archive*. Se trata de un *mandato* UNIX que permite crear un fichero de salida (fichero *.tar*) a partir de varios ficheros de entrada y extraer de un fichero *.tar* uno o más de sus componentes. No comprime datos.

- There is a GNU version of *tar (tar)* called gnutar with several improvements ...

troff: *1. troff.*

1. *Mandato UNIX* usado para *formatear* (ver *Format (verb)*) líneas a imprimir cuyo destino final es la composición tipográfica o impresoras que admiten buena calidad de impresión.

- ... to have displaced *troff (troff)*, the other favoured formatter, even at many ...

T-1 carrier: *1. Línea T-1.*

1. Denominación de un tipo de línea telefónica *digitalizada* (ver *Digitize*), apta para voz y datos, introducida en los años 60's por la compañía Bell System en los EUA. Tiene una velocidad de transmisión de 1.544 Kbps, equivalente a 24 canales de 64 Kbps.

- *T-1 Carrier (La Línea T-1)* uses time division multiplexing, ...

T-3 carrier: *1. Línea T-3.*

1. Denominación de un tipo de línea telefónica *digitalizada* (ver *Digitize*), apta para voz y datos, introducida en los años 60's por la compañía Bell System en los EUA. Tiene una velocidad de transmisión de 44.736 Kbps, equivalente a 672 canales de 64 Kbps.

- *T-3 carrier (La línea T-3)* is sometimes referred to as DS3 line.

Tab (noun): *1. Tabulación.*

1. Posición predefinida en una línea de entrada o de salida de caracteres en la que se interrumpe la *introducción* (ver *Entry area*) o la salida de los mismos. La aplicación en ejecución debe permitir el uso de estas *tabulaciones*.

- ... does not remove the *tabs (tabulaciones)* or protect the fields.

Tab (verb): *1. Tabular.*

1. Mover el cursor (saltando) a una posición predefinida de la pantalla o ventana o, en otras situaciones, al próximo campo de *introducción* (ver *Entry field*).

- Users, therefore, cannot *tab (tabular)* to the other panel areas.

Tab character: *1. Carácter Tab.*

1. Carácter de control que, cuando aparece en una corriente de salida (hacia impresora o pantalla; ver *Data stream*), provoca que la impresión o *presentación* (ver *Display (verb)*) se produzca en la próxima posición definida de tabulación. El valor de este carácter es x'09' en *ASCII* y x'05' en *EBCDIC*. Se representa por '\t' en lenguaje C.

● ... the control *characters* representing newline, horizontal *tab (tab)* ...

Tab key: *1. Tabuladora.*

1. *Tecla* (en general, cualquier dispositivo) usada para tabular mientras se crea un documento.

● ... by pressing the *Tab key (tabuladora)* or by moving the pointer ...

Table: *1. Tabla.*

1. En manuales, presentación de datos en forma de filas y columnas.

● *Table 2 (Tabla 2)* shows the minimum storage requirements, in bytes, to restore ...

2. En ciertos lenguajes y culturas de programación, *tablas* son agrupaciones de datos repetitivos con una, dos o más dimensiones. En otros lenguajes y culturas pueden llamarse *formaciones* (ver *Array*) e incluso matrices. Sin embargo, se está hablando, básicamente, de lo mismo.

● The language constructs available for representing and handling *tables (tablas)* ...

3. En *bases de datos* (ver *Database*) relacionales, *tabla* es uno de los nombres (ver *Relation*) que se asignan a la estructura básica de datos formada por filas y columnas.

● ... to prevent other application processes

from changing any row in a *table (tabla)* that your ...

Table check constraint: *1. Restricción de valor(es).*

Ver *Check constraint.*

Tablet: *1. Tablilla (digitalizadora).*

Ver *Digitizing tablet.*

● This is only returned if the mouse or *tablet (tablilla)* is enabled for use with ...

Tabs: *1. Tabs.*

Ver *Tab character.*

● ... white space (including blanks, *tabs (tabulaciones)*, and new lines) is disregarded by the input ...

Tabulate (verb): *1. Tabular.*

1. Poner los datos en forma de tablas y efectuar cálculos a partir de los mismos.

● Although this provides information that is more difficult *to tabulate (tabular)*, it is a useful tool ...

Tabulation technique: *1. Técnica de tabulación.*

1. En programación, técnica que permite optimar (ver *Optimize*) (en tiempo de acceso y espacio ocupado) el uso de tablas en los programas. El uso de esta técnica puede ser importante en programación *recursiva* (ver *Recursion*).

● We will develop an in situ adaptive *tabulation technique (técnica de tabulación)* for accessing critical detailed data ...

Tag: *1. Designador. 2. Conformador.*

1. Elemento de un lenguaje que sirve para designar (denominar) construcciones realizadas con el lenguaje (clases, estructuras, etc.) para

que puedan usarse fácilmente más de una vez en un mismo programa.

• ... if you specify a *tag (designador)*, any subsequent declaration of the union ...

2. Forma de materializar las *anotaciones* (ver *Markup*). Un *conformador* es un componente de un lenguaje formalizado que se intercala en un texto, a modo de *mandato* (ver *Command*) o directiva, de cara a determinar características de *presentación* (ver *Display (verb)*) de todo el texto o de parte del mismo. Su uso original fue el de acompañar a *campos* (ver *Field*) a presentar en pantalla, conteniendo los atributos de la presentación de los mismos. Los *conformadores* son de uso obligado y muy frecuente en *HTML* (ver *Hypertext Markup Language*).

• Other common *tags (conformadores)* include <P> ...

Tagged Image File Format:
1. TIFF.
1. Formato de ficheros de imágenes (*mapas de bits*) cuya extensión es *.tif*. De uso muy extendido, a pesar de sus limitaciones (sobre todo la incompatibilidad entre sus ampliaciones). Admite varias resoluciones, blanco-negro-gris o color.

• ... defines new *TIFF (TIFF)* fields and values required for compatibility with ...

Tail: *1. Cabo.*
1. Parte que es o se considera el final de algo.

• You can add data to the head or *tail (cabo)* of the queue by using ...

Tailor (verb): *1. Adaptar.*
1. Modificar las características iniciales (de fabricación o venta) de un elemento, hardware o software, complejo o elemental, de forma que responda a necesidades específicas de una instalación, usuario, etc.

• ... *tailor (adaptar)* the reconnect option, and suppress messages that are generated ...

Takeover: *1. Relevo.*
1. En los sistemas modernos preparados, tanto como se pueda, para trabajo ininterrumpido, es normal que exista duplicación (o triplicación) de elementos potencialmente activos. Se produce *relevo* cuando un elemento en reserva toma el puesto del elemento correspondiente anteriormente activo.

• ... become the new active when the *takeover (relevo)* is completed.

Talk: *1. Plática.*
1. Protocolo de Internet que permite la comunicación bidireccional y prácticamente en *tiempo real* (ver *Real-time*) entre computadoras remotas.

• ... intended to be a complete replacement for the *talk (plática)* protocol.

Tap: *1. Derivador*
1. Dispositivo utilizado para derivar, desde el bus, la conexión para una nueva huésped (ver *Host*) en una red local Ethernet. Según modelos, los *derivadores* pueden instalarse sin necesidad o con necesidad de interrumpir el servicio.

• ... consists of a *tap (derivador)* composed of two type-N coaxial cable connectors.

Tape: *1. Cinta.*
1. Nombre genérico de un dispositivo de almacenamiento y de las unidades en las que se almacenan físicamente los datos (aunque puedan diferenciarse en carretes, *cartuchos*, ...).

• ... unloading data from disk-storage devices to *tape (cinta)* ...

Tape archive: *1. Tar*
1. Utilitario UNIX (y formato de datos asociado) que se usa para archivo de datos y para prepararlos para su envío por red. Ver más información en *tar*.

Tape drive: *1. Unidad de cinta.*
1. Dispositivo creado para manejar cintas magnéticas desde una computadora. Puede necesitar colaboración externa (humana y/o robótica) para algunas de sus tareas (alimentar cintas, cargarlas y descargarlas, principalmente). Los armarios de *cartuchos* (ver *Cartridge*) suelen tener más de una «boca» o dispositivo, es decir, pueden procesar varios cartuchos simultáneamente.

• The dual-density feature, available on some *tape drives (unidades de cinta)*, permits the ...

Tape mark: *1. Marca de cinta.*
1. Indicador grabado en una cinta magnética para marcar el inicio o final de un fichero o *etiqueta* (ver *Label Def. 2*). Estas marcas ayudan a situar de forma rápida el inicio o final de un fichero o etiqueta ante los mecanismos de lectura/grabación.

• The tape drive recognizes a *tape mark (marca de cinta)* during a read operation ...

Tape streamer: *1. Progresor en cinta.*
1. Dispositivo especial de cinta (continua) que permite almacenar un volumen importante de datos y accederlos (de forma serial; ver *Serial access*) con una eficiencia relativamente buena. Se usa para recibir vaciados de memoria (ver *Dump (Def. 1)*) y para copias de salvaguardia (ver *Backup copy*).

• The advantage of *tape streamers (progresores en cinta)* is their low cost.

Tapemark: *1. Marca de cinta.*
Ver *Tape mark*.

Target: *1. Objeto. 2. Destino.*
1. Elemento (sistema, subsistema, aplicación, etcétera) sometido a consideración para ser modificado, controlado, etc.

• ...performs this by logging on to the *target (objeto)* system and executing ...

2. Ubicación, genérica o precisa, a la que se dirige una transferencia de datos, en la que se ejecutará una aplicación, etc.

• ... copies data from a source location to a *target (destino)* location ...

Target emphasis: *1. Realce de destino.*
1. En *interfaces gráficas* (ver *Graphical Interface*), técnica que facilita la visualización del objeto destino de una operación de manipulación.

• ... display *target emphasis (realce de destino)* and change the pointer when the pointer is over.

Target file: *1. Fichero destino.*
1. Fichero que recibe una transferencia de datos (desde un programa que los elabora, desde otro fichero, etc.) (ver *Target*).

• ... are identified and the *target file (fichero destino)* ...

Target instruction: *1. Instrucción objeto.*
1. Las máquinas están dotadas, a veces, de instrucciones con capacidad de modificar a otra instrucción –situada en otro punto de un programa– y, a continuación, ejecutarla. Una instrucción ejecutada de esta forma se llama una *instrucción objeto*.

- The execution and exception handling of the *target instruction (instrucción objeto)* are exactly as ...

Tariff: *1. Tarifas.*
1. Compilación publicada de los precios facturados, para unidades bien definidas, por uso de servicios, alquiler de equipos, etc.

- Maintains complete *tariff (de tarifas)* information for hundreds of carriers worldwide.

Task: *1. Tarea.*
1. En programación ordinaria, la unidad de trabajo que se envía para ejecución es un programa. La ejecución de un programa «ordinario» puede estar formada, desde el punto de vista del sistema operativo, por más de un componente ejecutable. Por otra parte es posible, en programación de sistemas, diseñar aplicaciones en las que los programas que se envían a ejecutar pueden, a su vez, desencadenar la ejecución de otros programas o secuencias de instrucciones que, inclusive, pueden competir con los iniciales por el uso de los recursos del sistema. La unidad mínima de ejecución desde el punto de vista del control por parte del *sistema operativo* (ver *Operating system*) (programa de control) se llama *tarea*. En el sentido de esta definición los términos *tarea* y *subtarea* son sinónimos.

- Portions of some *tasks (tareas)* depend on the completion of events in other *tasks (tareas)*, which requires planned synchronization.

Task laxity: *1. Holgura de tarea.*
1. En *sistemas de tiempo real* (ver *Real-time system*), diferencia entre el tiempo disponible teniendo en cuenta el *momento límite* (ver *Deadline*) y el tiempo de computación requerido por la tarea.

- ... and develop a new scheduling algorithm,

removing the assumption on *task laxity (holgura de tarea)*.

Task scheduler: *1. Planificador de tareas.*
Sinónimo de *Scheduler* y de *Job scheduler* (ver).

Taskbar: *1. Barra de tareas.*
1. En una *presentación* (ver *Display (verb)*) tipo «ventana», barra en la que aparecen todas las tareas iniciadas representadas, cada una de ellas, por un icono y un texto reducido. Permite conmutar fácilmente de la tarea activa a otra tarea.

- ... and his different display options, similar to the Windows 95 or NT 4 *taskbar (barras de tareas)* ones, ...

TA: *1. AT. 2. Adaptadora de terminal.*
Ver *Terminal adapter*.

TAB: *1. TAB.*
1. *Tecla* (ver *Key (noun) Def. 1*) especial que permite el desplazamiento por saltos en la pantalla o ventana en la que se trabaja, a condición de que se hayan establecido *tabulaciones* (ver *Tab (noun)*), permitiéndolo la aplicación en ejecución.

- ... and the *TAB (TAB)* key moves it from choice to choice.

TAPI: *1. TAPI.*
Ver *Telephony Application Programming Interface*.

TB: *1. TB. 2. Terabait.*
Ver *Terabyte*.

TBE: *1. BTV. 2. Báfer de Transmisión Vacío.*
Ver *Transmit Buffer Empty*.

Tcl: *1. Tcl.*
Ver *Tool Command Language.*

TCP wrapper: *1. Envoltorio de TCP.*
1. Programa que actúa como *duende* (ver *Daemon*) con relación al tráfico TCP. Su uso principal es la mejora de la seguridad.

● I sought to use *TCP wrapper (envoltorio de TCP)* to qualify user logins in an attempt to prohibit certain users from ...

TCP/IP: *1. TCP/IP.*
Ver *Transmission Control Protocol/Internet Protocol.*

TCSEC: *1. TCSEC.*
Ver *Trusted Computer System Evaluation Criteria* .

TD: *1. TD. 2. Transmitir Datos.*
Ver *Transmit Data.*

TDM: *1. MDT. 2. Multiplexación por División Temporal.*
Ver *Time Division Multiplexing*

TDMA: *1. TDMA.*
Ver *Time Division Multiple Access.*

Tear-off: *1. Disgregable.*
1. Relativo a un componente de una interfaz gráfica que puede ser desplazado desde su posición original a otra posición escogida por el usuario a su conveniencia. Puede aplicarse, por ejemplo, a ciertos menús.

● When the user drags a *tear-off (disgregable)* menu three pixels away from the menu bar, the menu separates ...

Technical and Office Protocols:
1. TOP.
1. Conjunto de protocolos que en un marco más o menos teórico (por ejemplo, OSI; ver *Open Systems Interconnection*) o más o menos práctico (por ejemplo *TCP/IP*), pueden usarse para formar redes de *sistemas abiertos* (ver *Open system*) adecuadas a las necesidades técnicas y administrativas. También suelen llamarse *TOP* las redes así creadas.

● The transmission medium used with a *TOP (TOP)* network is also coaxial cable ...

Telco: *1. Comtel.*
Contracción bastante usada de *Telecommunications Company.*

Telecommunications:
1. Telecomunicaciones.
1. Nombre genérico de las comunicaciones a distancia. Cada vez se restringe más el significado a la transmisión/recepción usando dispositivos electrónicos. Cada vez se hace mayor abstracción de lo que se comunica: voz, datos, imágenes, ...

● The class of service offered by *telecommunications (de telecomunicaciones)* companies ...

Telecommuting: *1. Teletrabajo.*
Sinónimo de *Teleworking* (ver).

Teleconference: *1. Teleconferencia.*
1. Reunión virtual de dos o más personas para platicar con respecto a un tema u orden del día. Las personas pueden estar en sitios remotos unas respecto a otras, usándose medios informáticos y de telecomunicaciones para hacer que la reunión virtual se parezca tanto como sea posible a una reunión real.

● The AHSC *Teleconference (de Teleconferencias)* Room is on the 3rd floor in the Learning Resource Center ...

Telecopy: *1. Fax.*
Sinónimo de *Facsimile* (ver) y de *Fax.*

Telematics: *1. Telemática.*
1. Teoría, realizaciones, sector industrial, etc., en los que se considera de forma conjunta la informática y las telecomunicaciones.

• ... innovative applications to enhance European collaborative research through deployment of *telematics (Telemática)*.

Telemetry: *1. Telemetría.*
1. Uso de la telemática (ver *Telematics*) para efectuar mediciones a distancia.

• An optical interface was incorporated into a three channel *telemetry (de telemetría)* device to allow for communication to ...

Telephony Application Programming Interface: *1. TAPI.*
1. Norma de industria, desarrollada por Intel y Microsoft, para facilitar, como *API* (ver *Application Programming Interface*), la comunicación telefónica avanzada entre computadoras (*fax* (ver *Facsimile*), videoteléfono, técnicas sofisticadas de marcado y de filtro de llamantes, etc.).

• ... complies with *Telephony Application Programming Interface (TAPI)*, a Microsoft standard for developing telephony applications ...

Teleprocessing: *1. Teleprocesamiento.*
1. Palabra muy en boga en los años 70's, usada para designar una variedad del procesamiento de datos en la que los usuarios están distantes (a veces muy distantes) de la *computadora principal* (ver *Mainframe computer*), con la que interaccionan desde un *terminal* a través de una línea de telecomunicaciones. Esa realidad aún existe, pero la palabra se usa menos a causa de la irrupción de las redes de computadoras.

• If you intend to test remote *teleprocessing (teleprocesamiento)* terminals ...

Teleprocessing monitor: *1. Monitor de teleprocesamiento.*
1. Macroprograma (o subsistema) que se ejecuta en *computadoras principales* (ver *Mainframe computer*) para controlar el trabajo en régimen de *teleprocesamiento* (ver *Teleprocessing*). Un *monitor de teleprocesamiento* gestiona transacciones, tareas y programas, la interacción con terminales, ficheros y *bases de datos*, etc.

• This kind of code is often found in system software, such as operating systems and *teleprocessing monitors (monitores de teleprocesamiento)*.

Teleworking: *1. Teletrabajo.*
1. Trabajo en una ubicación distinta de la sede de la empresa para la que se trabaja. Aquella ubicación puede ser el domicilio particular del trabajador o un centro de la localidad en que vive dicho trabajador, dotado de medios adecuados para el trabajo a distancia (infraestructura de comunicaciones). El *teletrabajo* se está extendiendo de forma espectacular y puede suponer cambios drásticos en la socialización del trabajo y de los trabajadores.

• *Teleworking (teletrabajo)* saves the employee getting to and from work and saves the employer from supplying ...

Telnet (noun): *1. Telnet.*
1. Uno de los protocolos de Internet (más los programas asociados que lo implementan). Permite a un usuario en una computadora conectarse, registrarse y trabajar en otra computadora remota como si fuera el propio equipo, aunque limitado por las autorizaciones que se le hubieran concedido.

• The most common usage of *telnet (telnet)* in to allow you to log into a distant ...

Telnet daemon: *1. Duende Telnet.*
1. *Duende* (ver *Daemon*) que procesa las peticiones *Telnet* (ver): las valida y acepta (o no), creando, para que se ejecuten, un *espacio de direcciones* (ver *Address space*).

● This is a fully functional *telnet daemon (duende Telnet)* that runs as a service on Windows NT. Although there are ...

Template: *1. Plantilla. 2. Modelo.*
1. Guía que ayuda en la realización de una tarea. Puede ser estrictamente material (artilugio de plástico para dibujar flujogramas), realizar parte del trabajo (introducción de texto fijo en un cierto tipo de documento, preprogramación de clases y funciones), facilitar la *introducción* (ver *Entry area*) de datos, etc.

● This *template (plantilla)* looks like a normal command, except that it lacks some ...

2. Abstracción que se hace de las características de un objeto complejo definiendo un tipo o clase en el universo de esos objetos.

● ... compares each file on the command line to *templates (modelos)* found in a ...

Template code: *1. Plantilla de código.*
1. Instrucciones en seudocódigo generadas por una herramienta *CASE* (ver *Computer-Aided Software Engineering*) que deben completarse a mano antes de su *compilación*. «Antiguamente» existían *plantillas de código* desarrolladas a mano para determinados modelos de programas (por ejemplo, emparejamiento de dos ficheros secuenciales (ver *Match (verb) Def. 1*) clasificados ascendentemente.

● ... is a developer tool which generates subclass *template code (plantilla de código)* from your base classes.

Temporal databases: *1. Bases de datos temporales.*
1. *Bases de datos* (ver *Database*) que contienen –y se orientan a su manipulación eficiente– datos no actuales. Los modelos de datos en que se basan son especiales a causa de la importancia concedida al paso del tiempo y, además, sus sistemas de gestión deben tener un lenguaje que facilite las *consultas* (ver *Query* o *Enquiry*) de tipo temporal (por momentos, por intervalos, etc.).

● Most research has been concerned with making relational databases into *temporal databases (bases de datos temporales).*

Temporal reasoning: *1. Razonamiento temporal.*
1. Característica genérica de las vías de solución de problemas que se refieren a procesos en los que se producen cambios a lo largo del tiempo o a procesos cuyas fases transcurren en el tiempo.

● Such tools as Allen's formalization of *temporal reasoning (razonamiento temporal)* give a functional understanding of such temporal properties as *before* and *after*.

Temporary: *1. Transitorio.*
1. Relativo a datos, situaciones, etc., que van a necesitarse, usarse, aplicarse, etc., durante un tiempo relativamente corto (la duración de un trabajo, hasta que se disponga de una solución definitiva, etc.).

● ... to copy it to a *temporary (transitorio)* file and again to copy it back to a new ...

Terabyte: *1. Terabait. 2. TB.*
1. Algo más de un billón de *baits* (casi un billón cien mil millones).

● In approximately ten years, the price of a *terabyte (terabait)* of disk storage should drop to a few hundred dollars.

Teraflops: *1. Teraflops.*
1. Unidad de medida de la potencia de cálculo de las computadoras (más exactamente, de las supercomputadoras). Equivale a la ejecución de 1 billón (10**12) de instrucciones de coma flotante por segundo.

• Opportunities in Molecular Biomedicine in the Era of *Teraflops (Teraflop)* Computing ...

Term: *1. Término.*
1. En manuales informáticos, *término* tiene un sentido gramatical: palabra o conjunto de palabras que expresan una idea o un componente de una relación.

• The *term (término)* alphanumeric characters includes both alphabetic characters ...

2. En algunos ensambladores un término es el menor componente del lenguaje que puede recibir un valor.

• A *term (término)* is absolute if its value does not change upon program ...

Terminal: *1. Terminal.*
1. Tradicionalmente, un *terminal* o *terminal tonto* (ver *Dumb terminal*) es un dispositivo electrónico que permite interaccionar (enviar y/o recibir datos) con una computadora, estando *casi* toda la «inteligencia» en la parte de ésta. Actualmente, las computadoras de red pueden emular *terminales* o compartir el proceso con otras computadoras de la red.

• Resource security checking ensures that *terminal (de terminal)* operators are able to access ...

2. En comunicaciones de datos un *terminal* es un dispositivo en el que se inicia o termina un mensaje de usuario. Se tiende a no considerar terminales a los puntos intermedios de la red (que también intercambian mensajes y por los que pasan los mensajes de usuario).

• ... is the software that gives users the ability to access data on the mainframe from a *terminal (terminal)* or PC.

3. Ver *Data Terminal Equipment* para una versión muy específica de lo que es un *terminal.*

• An X.25 network is an interface between data *terminal (terminal)* equipment (DTE) and data circuit-terminating equipment ...

Terminal adapter: *1. Adaptadora de terminal. 2. AT.*
1. Dispositivo hardware que hace las veces de un *módem* (no necesario, en este caso; ver *Modem*) en la conexión de una computadora y la *RDSI* (ver *Integrated Services Digital Network*). Las *adaptadoras de terminal* pueden permitir el mantener en uso equipos precedentes.

• ... by providing a range of *terminal adapters (adaptadoras de terminal)* to perform the necessary ...

Terminal controller: *1. Controladora de cláster.*
Ver *Cluster controller.*

Terminal emulation: *1. Emulación de terminal.*
1. Hacer que una computadora se comporte como un terminal (en general, «tonto»; ver *Dumb terminal*). Para ello es necesario que en la computadora se esté ejecutando un programa especial (un *emulador de terminal*) que hace que la computadora actúe *como si fuera* un terminal del tipo emulado en lo referente a: *presentación* (ver *Display (verb)*) en pantalla, asignación de *teclas* (ver *Key (noun) Def. 1*), acción de la pulsación de las teclas activas, etc.

• It provides *terminal emulation (emulación*

de terminal), which might include ASCII-to-EBCDIC character translation ...

Terminal mapping: *1. Asociación de terminal.*

1. Conversión de mensajes codificados según un *juego de caracteres* (ver *Character set*) estandarizado y el conjunto de caracteres propio de un terminal concreto.

• *The terminal mapping (La asociación de terminal)* for the [BACKSPACE] (or back arrow) and [DELETE] keys may not ...

Terminal node: *1. Nodo distal.*
Sinónimo de *Leaf node* (ver).

Terminal operator: *1. Operador de terminal.*
1. Persona que interacciona con una computadora de red a través de un terminal (real o emulado). Debe conocer la operativa de las aplicaciones y herramientas con las que trabaja.

• ... based on the assumption that the *terminal operator (operador de terminal)* initiates a transaction that accesses a few ...

Terminal paging: *1. Paginación de terminal.*
1. Mecanismo previsto para que el operador de un *terminal tonto* (ver *Dumb terminal*) pueda moverse con relativa facilidad por un documento cuya extensión es superior a la que admite una pantalla (y el *báfer* (ver *Buffer (noun)*) correspondiente). Consta de una serie de *mandatos* (ver *Command*) simples que permiten avanzar y retroceder páginas, ir a una página determinada, etc.

• ... passes commands directly to the *terminal paging (paginación de terminal)* feature ...

Terminal server: *1. Servidor de terminales.*
1. Computadora conectada, de una parte, a una serie de terminales sin capacidad de conexión externa, salvo la que proporcionan sus *puertos seriales* (ver *Serial port*) y, de la otra, a una *RAL* (ver *Local Area Network*) y/o a otros elementos del mundo exterior (Internet, red *SNA* de IBM vía, por ejemplo, una conexión X.25, etc.).

• XXX is a package to build a *terminal server (servidor de terminales)* on most UNIX platforms.

Terminal Server: *1. Terminal Server.*
1. Componente de Windows NT 4.0 (y versiones posteriores) que, con arquitectura cliente/servidor, permite a computadoras en red con dotación baja de software (tipo computadoras de red o similares; ver *Network computer*), el uso de una *interfaz* (ver *Interface (noun)*) Windows casi completa.

• However, *Terminal Servers* in domains that trust domain A will not be visible.

Terminate: *1. Finalizar. 2. Terminar.*
1. Concluir o concluirse la ejecución de un proceso, tarea, hebra, trabajo, etc.

• All of the threads in the process *terminate (finalizan)* their execution.

2. Manipular, rematar un extremo de un circuito para conseguir un determinado efecto (conexión, protección, evitación del rebote de señales, etc.).

• Loudspeaker cables *are terminated (se terminan)* with WBT spade connectors.

Terminate and Stay Resident: *1. TSR.*
1. Simulación de multitarea propia del *DOS*.

Un programa puede ser cargado y quedar en memoria desactivado. Puede reactivarse fácilmente pulsando determinada combinación de teclas (ver *Key (noun) Def. 1*). Obviamente, ocupa memoria.

● Not all *Terminate and Stay Residents (TSRs)* interact well with each other.

Terminator: *1. Terminador.*
1. Dispositivo de tipo resistor que se instala en cada extremo de una red de tipo bus o de una cadena *SCSI* (ver *Small Computer System Interface*) y que proporciona una impedancia que impide *señales* reflejas.

● Without a *terminator (terminador)* at each end of the cabling you may find that the Ethernet is unreliable ...

Ternary signal: *1. Señal ternaria.*
1. Señal que puede tomar tres valores o estados que se combinan para formar los códigos de una determinada codificación. Un caso frecuente es el de una señal que puede tomar tres voltajes: positivo, cero y negativo.

● How many bits of information are carried in a *ternary signal (señal ternaria)* on a single wire?

Test (noun): *1. Prueba.*
1. Etapa final del desarrollo de elementos software nuevos o de la modificación de elementos antiguos. Las *pruebas* pueden efectuarse a varios niveles según sea el elemento a probar. Así, puede hablarse de pruebas de módulo, de programa, de cadena o transacción, de aplicación o sistema (*integración*; ver *Integration*) y, en este último caso, de pruebas «en paralelo».

● ... it is a good idea to run a final set of *tests (pruebas)* against a copy ...

Test (verb): *1. Probar.*
1. Realizar una *prueba* (ver *Test (noun)*) de niveles y tipos determinados.

● ... it is useful to talk about ways *to test (probar)* for various conditions.

Text: *1. Texto.*
1. Documento escrito (o en vías de serlo) que sólo tiene interés informático si se acaba convirtiendo en un documento procesable, almacenable y/o transportable usando computadoras y elementos auxiliares.

● ... *text (de texto)* formatters are common examples of applications.

2. Parte de usuario en un mensaje transmitido.

● ... control character which precedes the *text (texto)* in the message block.

Text editor: *1. Editor de textos.*
1. Programa, presente en casi todos los *sistemas operativos* (ver *Operating system*), que permite la creación y modificación de textos simples más orientados a ser procesados que a ser difundidos para su lectura por humanos. Hay una distinción básica entre *editores* (ver *Editor Def. 1*) de línea (muy primitivos) y *editores* de pantalla completa.

● Writes out a script of commands for the ed *text editor (editor de textos)*, which converts ...

Text file: *1. Fichero de texto.*
1. Por oposición a fichero binario o fichero ejecutable, un fichero de texto está *formateado* (ver *Format (verb)*) en líneas de una determinada longitud máxima y no contiene caracteres nulos ni otros que impidan una presentación adecuada del mismo.

● This is a simple *text file (fichero de texto)* that you can examine and change to add ...

Text-based browser: *1. Navegador basado en texto.*
1. *Navegador* (ver *Browser*) poco desarrollado que sólo procesa textos (no puede procesar ficheros de tipo *hipermedia*; ver *Hypermedia*).

• There is also a *text-based browser (navegador basado en texto)* called Lynx.

Texture: *1. Textura.*
1. Características superficiales de un objeto que dependen de los materiales de que está hecho y de la forma con que se han trabajado dichos materiales. En el caso de imágenes producidas por computadora, la *textura* es, por lo general, una simulación óptica de la que tendría el modelo original (real o virtual).

• People also tend to relate *texture (de textura)* elements of varying size to a plausible 3-D surface.

TeX: *1. TeX.*
1. Lenguaje, basado en *macros* (ver *Macroinstruction*), especializado en la composición tipográfica de textos en los que figuran o abundan fórmulas matemáticas. Hay versiones de TeX con una *interfaz* (ver *Interface (noun)*) de usuario más afable (ver, por ejemplo LaTeX).

• Dedicated *TeX (TeX)* fans still prefer these over the more ...

TFT: *1. TFT. 2. Matriz activa.*
Ver *Thin Film Transistor*.

TFTP: *1. TFTP.*
Ver *Trivial File Transfer Protocol*.

Thermal: *1. Térmico/a.*
1. Relativo a dispositivos que realizan su función principal por medio del calor. Por ejemplo, ciertas impresoras.

• *Thermal (térmicas)* wax transfer printers brighten graphics with the richest, most saturated ...

Thesaurus: *1. Thesaurus.*
1. Índice amplio creado a partir de una información muy voluminosa almacenada en una computadora. Parte indisociable del *thesaurus* son las reglas de formación de las *claves* (ver *Key (noun) Def. 2*) de búsqueda y los algoritmos para realizar estas búsquedas.

• More elaborate forms of *thesaurus (thesaurus)* lookup may involve ...

Thick Ethernet: *1. Ethernet gruesa.*
1. Nombre peculiar de una red *Ethernet* (ver) de 10 Mbps en la que se ha usado cable coaxial grueso *(10 Base 5)* de 0,5 pulgadas de diámetro que admite segmentos de hasta 500 metros.

• Following are the rules when using *Thick Ethernet (Ethernet gruesa)* cabling: ...

Thicknet: *1. Coaxial Ethernet grueso.*
1. Cable coaxial grueso *(10 Base 5, de 0,5 pulgadas de diámetro)* usado en redes *Ethernet* (ver).

• *Thicknet (El coaxial Ethernet grueso)*, which has a maximum cable segment length of 500 meters, ...

Thin client: *1. Cliente infradotado.*
1. Término que describe, aproximadamente, la misma idea que los términos *Net PC* y *Network computer* (ver ambos) que, en realidad, son aproximaciones empresariales a la idea de que la mayoría de las computadoras presentes en una red no necesitan todo el equipamiento de una computadora que trabaja desconectada de otras.

• ... with *thin clients (clientes infradotados)*

the maintenance tasks are centralised on the server ...

Thin Ethernet: *1. Ethernet fina.*

1. Nombre peculiar de una red *Ethernet* (ver) de 10 Mbps en la que se ha usado cable coaxial fino *(10 Base 2)* de 0,25 pulgadas de diámetro que admite segmentos de hasta 200 metros.

● ... resistance caused by the coaxial connectors used in a *thin Ethernet (Ethernet fina)* system.

Thin Film Transistor: *1. TFT. 2. Matriz activa.*

1. Una de las tecnologías propias de las pantallas de cristal líquido. En ella cada *píxel* (ver *Pixel*) de la pantalla está asociado a uno o más transistores, lo que permite una reactividad más alta (tiempo de cambio del aspecto del píxel ante un estímulo). (Ver, también *Active matrix*).

● ... the development of new *Thin Film Transistor (TFT)* device structures.

Thin server: *1. Servidor infradotado.*

1. Tipo especial de sistema con arquitectura cliente/servidor en el que el peso más importante de la computación descansa sobre los clientes. Esta solución tiene un buen rendimiento pero es difícil de administrar.

● To add the additional functionality of another *thin server (servidor infradotado)*, you do not need to reinstall.

Thinnet: *1. Baranet.*

Sinónimo de *Cheapernet* (ver).

Third Generation Language: *1. Lenguaje de Tercera Generación. 2. L3G.*

1. Lenguaje de programación que se despega

abiertamente de las dificultades de los ensambladores y ensambladores avanzados mediante la utilización de una sintaxis más próxima a la de la lengua inglesa e incorporando construcciones que permiten la programación estructurada. La mayoría de los lenguajes más usados pertenecen a este grupo: COBOL, C y C++, PL/I, BASIC, etc.

● ... allows you to use a *Third Generation Language (Lenguaje de Tercera Generación)* with which you are familiar and still ...

Third Normal Form: *1. Tercera Forma Normal. 2. 3FN.*

1. Tercer estadio de la *normalización* (ver *Normalize Def. 1*). Una *relación* (ver *Relation*) está en *tercera forma normal* si ya está en segunda (ver *Second Normal Form*) y sus *atributos* (ver *Attribute*) no dependen de otros atributos que no son *claves* (ver *Key (noun) Def. 2*) potenciales (*irrepetibles*; ver *Unique*) de la *entidad* (ver *Entity*) a la que se refiere la relación.

● *Third Normal Form (La Tercera Forma Normal)* is violated when a nonkey column is a fact about another ...

Third-generation language: *1. Lenguaje de Tercera Generación. 2. L3G.*

Ver *Third generation language.*

Third-party: *1. Tercero. 2. De tercero.*

1. Esta expresión se usa para hacer referencia a otro proveedor, a un «tercero».

● This module is only available as a *third-party (de terceros)* product.

Thrashing: *1. Sobrepaginación.*

1. En sistemas con memoria virtual, situación en la que el exceso de carga de trabajo hace que la parte principal de la capacidad de procesamiento se destine, inútilmente, a *paginación* (ver *Paging*).

• OS can run out of resources causing blocking, *thrashing (sobrepaginación)*, crashing ...

Thread: *1. Hebra.*

1. Se llama *hebra* a cada conexión lógica entre dos elementos que se relacionan entre sí (en general, uno controla al otro o da o presta un servicio al otro). Pueden haber hebras entre un *sistema operativo* (ver *Operating system*) o un subsistema y un programa, entre una computadora y otra que actúa como servidor, entre un sistema y un subsistema o entre dos subsistemas (por ejemplo, un *monitor de teleprocesamiento* (ver *Teleprocessing monitor*) y un *SGBD* (ver *Database Management System*)), etc. Cada hebra tiene una identificación y una cantidad significativa de información de control. Una hebra, una vez definida, puede usarse más de una vez. Por otra parte, es posible que existan dos o más hebras entre dos elementos relacionados.

• ... you should reduce the number of *threads (hebras)* you request for each ...

Threading: *1. Enhebrado.*

1. Definición y utilización de *hebras* (ver *Thread)*. Es posible hablar de «single»-*threading* y de multi-*threading* (ver) según la relación entre hebras y usuarios de las mismas.

• Compare this with single-*threading (mono-enhebrado)*, which is the execution of a program to completion ...

Three-tier: *1. De tres gradas.*

1. Relativo a una actividad compleja que se descompone en tres *gradas* (ver *Tier)* especializadas que actúan o se realizan en un orden preestablecido con intercambio de información entre ellas.

• It is a robust *three-tier (de tres gradas)* distributed object architecture that ...

Three-tier client/server: *1. Cliente/servidor de tres gradas.*

1. Aplicación del modelo *de tres gradas* (ver *Three-tier)* a la arquitectura cliente/servidor. En este caso, la grada más externa (cliente) es responsable de la interacción con los usuarios. La grada intermedia realiza la mayor parte de la computación de la aplicación, por medio, posiblemente, de servidores especializados. La grada más interior está formada por servidores que interaccionan con las bases de datos. El conjunto de computadoras forma una red o forma parte de una red.

• ... if they base new strategic enterprise applications on a *Three-Tier, client/server (cliente/servidor de tres gradas)* architecture, it will help them achieve ...

Threshold: *1. Umbral.*

1. Concepto muy usado en parametrización de sistemas, subsistemas y aplicaciones. Cuando se alcanza un cierto *umbral* (por ejemplo, un cierto % de ocupación real de un fichero sobre el espacio asignado al mismo) se «despierta» un evento que puede dar origen a una acción o a la eliminación de una acción preexistente.

• In specifying the *threshold (umbral)* parameter, you want to maintain equal free ...

Throughput: *1. Caudal.*

1. Concepto más intuitivo que cuantificable con el que se pretende, si no medir, sí, al menos, calificar la cantidad de trabajo de procesamiento de datos por unidad de tiempo. También se aplica a mensajes por unidad de tiempo en un canal de comunicaciones y a otras entidades similares.

• Achieving the required *throughput (caudal)* in terms of the number of transactions per hour, per shift, or ...

Throughput system: *1. Sistema estímulo-estímulo.*

1. Tipo de *sistema de tiempo real* (ver *Realtime system*) que está forzado a admitir las señales o mensajes de entrada a un ritmo predeterminado que no tiene en cuenta la capacidad del sistema para procesar adecuadamente dichos mensajes o señales.

• In a *Throughput system (sistema estímulo-estímulo)*, throughput should not be reduced by high load.

Thumb: *1. Botón de desplazamiento.*
Sinónimo de *Scroll box* (ver).

Thumbnail image: *1. Boceto.*
1. Referente al estadio inicial de una imagen.

• This directory includes *thumbnail images (bocetos)* of annotated images.

Thunk (verb): *1. Zuncar.*
1. En *CPs* (ver *Personal Computer*), transformación de instrucciones y direcciones (implícitas o explícitas) en ellas, desde código de 16 bits a código de 32 bits y, en casos más especiales, la operación inversa. Es pura jerga.

• Veni, Vedi, *Thunk (Zunqué)* - I came, I saw, I ran Win95, a 32-bit pretender.

Tick: *1. Tic.*
1. Unidad de tiempo que se produce como consecuencia del funcionamiento del reloj de la computadora y que puede producir interrupciones y actualizaciones de la hora del sistema.

• ... with low-level events in the hardware of a computer system such as a *tick (tic)* of a real-time clock.

Tier (noun): *1. Grada.*
1. En una estructura que pueda suponerse ver-

tical, cada una de las capas que se superponen en la misma, de forma que las superiores no impidan ver a las inferiores. Se aplica, por ejemplo, a software, a arquitecturas cliente/servidor, a ciertas teorías, etc.

• ... to allow any of the three *tiers (gradas)* to be upgraded or replaced ...

Tier (verb): *1. Gradar.*
1. Diseñar un compuesto en forma de gradas (ver *Tier (noun)*).

• Client/Server *Tiered (Gradadas)* Architectures ...

Tiger team: *1. Equipo rompedor.*
1. Equipo de profesionales al que se contrata con el encargo explícito de descubrir el máximo posible de errores y puntos flacos en instalaciones, sistemas, aplicaciones y productos informáticos. Estos equipos se nutren, con cierta frecuencia, desde las filas de *jaqueadores* (ver *Hacker*) más o menos arrepentidos.

• Looking for experienced hackers to join *tiger team (equipo rompedor)*; the job will be attempting to defeat the security measures ...

Tight loop: *1. Ciclo sinfín.*
1. Otra forma de referirse a un *Ciclo sinfín* (ver *Infinite loop*).

• I was writing some C++, and in the middle of a *tight loop (ciclo sinfín)*, had something like: ...

Tightly Coupled: *1. Fuertemente acoplado.*
1. Este calificativo se aplica a componentes que se acoplan entre sí de forma que las *interfaces* (ver *Interface (noun)*) trabajen con un alto grado de eficiencia. El caso más frecuente es el de multiprocesadores que comparten memoria o que tienen memorias conectadas a un mismo bus.

Tightly Coupled Architecture:
1. Arquitectura de Acoplamiento Fuerte.
1. Arquitectura propia de procesadores en paralelo cuyo rasgo más característico consiste en que los procesadores se comunican entre sí a través de una memoria compartida (todos tienen acceso a la misma). Muchos lenguajes de programación concurrente se basan en esta arquitectura.

• ... many practitioners saw the *Tightly Coupled architectures (Arquitecturas de Acoplamiento Fuerte)* as the only practical ...

Tilde: *1. Tilde.*
1. Carácter especial (~), muy usado en direcciones, cuyo valor en *ASCII* es x'7E' (decimal 126; se puede introducir este signo con Alt + 1 2 6) y en *EBCDIC* x'A1'. Se adopta la traducción *tilde* por igualdad de la palabra en ambas lenguas, aunque en español, *tilde* tiene un significado más amplio.

• ... lines that are blank except for a *tilde (tilde)* as the first character ...

Tiled Windows: *1. Ventanas en mosaico.*
1. Forma de *presentar* (ver *Display (verb)*) las ventanas abiertas en la que aparecen éstas unas junto a otras formando como un mosaico. Opuesto a ventanas en cascada.

• Hold down the option key to draw the *tiled windows (ventanas en mosaico)* in «Scale to Fit» mode ...

Tilted pie chart: *1. Diagrama circular en perspectiva.*
1. *Diagrama circular* (ver *Pie chart*) que se presenta en perspectiva, con o sin una tercera dimensión (altura).

• ... or remove the *tilted pie chart (diagrama circular en perspectiva)* from the presentation before you convert it.

Tilting Screen: *1. Pantalla desplazable.*
1. Pantalla desplazable para conseguir mejor visión.

• However, its *tilting screen (pantalla desplazable)* is a great idea if you are using your monitor for desktop publishing ...

Time constraint: *1. Restricción temporal.*
1. Característica específica, pero no privativa, de los *sistemas de tiempo real* (ver *Real-time system*), que consiste en que el conjunto de sus tareas y/o determinadas tareas componentes deben haber desarrollado sus cometidos antes de que transcurran determinados tiempos.

• An important *time constraint (restricción temporal)* is the absolute delay: some applications (real-time voice, video) require ...

Time Division Multiple Access: *1. TDMA.*
1. Una de las técnicas usadas para aumentar la cantidad de datos (o voz) que puede transmitirse por unidad de tiempo en telefonía digital móvil. Se basa en descomponer el canal en *bandas temporales* (ver *Time slot*).

• ... no other conversations can access an occupied *Time Division Multiple Access (TDMA)* channel until the channel is vacated.

Time Division Multiplexing:
1. Multiplexación por División Temporal.
2. MDT.
1. Compartimiento de un canal de transmisión por varios dispositivos usuarios a los que se asignan bandas temporales de transmisión. Puede hacerse de forma sincrónica (equitativa) o asíncrona (el usuario que toma el control lo conserva hasta que finaliza su transmisión).

● Asynchronous *Time Division Multiplexing (Multiplexación por división temporal)* is used in tertain types of local area ...

Time guard band: *1. Banda de interposición temporal.*

1. En la transmisión por un canal, intervalo de tiempo que se deja vacío para eliminar o aminorar el riesgo de interferencias durante las operaciones secuenciales que forman parte de la recepción (detección, integración, etc.).

● Comparison of *time guard band (banda de interposición temporal)* and coding ...

Time out (noun): *1. Tiempo límite.* *2. Fin-de-tiempo.*

1. Muchos sistemas, subsistemas y otros componentes tienen definidos, como parámetros de inicialización, los *tiempos límite* que esos componentes esperarán a que otros componentes o copartícipes respondan a peticiones realizadas. Ver, como ejemplo, *Idle timeout.*

2. Situación que se produce cuando se supera un *tiempo límite* (ver *Def. 1*). La situación, llamada de *fin-de-tiempo,* puede desembocar en un mensaje al usuario u operador y la cancelación del proceso en cuestión.

● For *time out (de fin-de-tiempo)* problems, restart the request so it can process ...

Time out (verb): *1. Expirar.*

1. Producirse una situación de *fin-de-tiempo* (ver *Time out*).

● ... waiting until an element is ready (*or times out (expira)*) before they continue processing.

Time sharing: *1. Tiempo compartido.*

1. Posibilidad de que diferentes usuarios interaccionen, más o menos simultáneamente, con el mismo *sistema operativo* (ver *Oper-*

ating system). Esta interacción puede ser bastante libre (acceso potencial –salvo barreras– a todos los recursos del sistema) o estar constreñida a ser realizada a través de un subsistema y/o aplicación concretos (por ejemplo, a través de un *monitor de teleprocesamiento* (ver *Teleprocessing monitor*) con sus aplicaciones).

● Communicate with operators and *time sharing (de tiempo compartido)* users ...

Time slice: *1. Cuota temporal.*

1. Fracción de tiempo que se asigna, de forma cíclica, a una tarea, *hebra* (ver *Thread*) o proceso en ejecución (ver *Time slicing*).

● A process that is waiting for a *time slice (cuota temporal)*, an event to occur ...

Time slicing: *1. Reparto del tiempo.*

1. *Reparto del tiempo* (secuencial) de procesador disponible entre las tareas, *hebras* (ver *Thread*) o procesos en condiciones de ser ejecutados: el elemento en ejecución perderá el control cuando agote su *cuota temporal* (ver *Time slice*).

● ... compare space sharing policies that divide the processors among the applications to *time slicing (de reparto del tiempo)* policies such as standard UNIX ...

Time slot: *1. Banda temporal.*

1. Cada uno de los trozos resultantes de dividir un cierto tiempo en dos o más partes.

● ... uses a variable *time slot (de banda temporal)* length and by allowing channels ...

Time Sharing Option: *1. TSO.* *2. TSO/E.*

1. Opción del *sistema operativo MVS* (y sucesores; ver *MVS*) de *máquinas principales* (ver *Mainframe computer*) de IBM que posibilita

el trabajar en modalidad *tiempo compartido* (ver *Time sharing*). Existen varias versiones históricas.

• *Time Sharing Option (TSO) provides programming services that support a wide ...*

Time tolerance: *1. Tolerancia temporal.*
1. Máxima diferencia admisible entre los relojes horarios de dos sistemas que han de trabajar coordinadamente en una red. Es un parámetro de definición de la red.

• *If these statements do not specify a value for time tolerance (toletancia temporal) a default of ...*

Time-based function: *1. Función cronodependiente.*
1. Función cuya ejecución se desencadena sólo porque ha transcurrido un cierto tiempo (no hay entrada o mensaje desencadenante). Hay un cierto riesgo de que este tipo de funciones se pasen por alto durante el análisis de sistemas informáticos.

• *The system invokes automatically timebased functions (las funciones cronodependientes) ...*

Time-critical systems: *1. Sistemas intolerantes de tiempo real.*
Sinónimo de *Hard real-time systems* (ver).

Time-out (noun): *1. Tiempo límite.*
2. Fin-de-tiempo.
Ver *Time out (noun).*

Time-sharing: *1. Tiempo compartido.*
Ver *Time sharing.*

Time-To-Live: *1. TTL.*
1. En el protocolo IP (ver *Internet Protocol*), campo de un *bait* (ver *Byte*) en la cabecera de los mensajes cuya finalidad principal es la de limitar la permanencia de un mensaje en la red sin haber alcanzado su destino (se usa, a veces, para otras cosas). Aunque se habla de tiempo, la realidad es que el TTL es un contador invertido de *saltos* (ver *Hop*): cada *encaminadora* (ver *Router*) que recibe el mensaje resta 1 del valor en TTL; la encaminadora que alcanza el valor 0 rechaza el mensaje y envía un mensaje de aviso al servidor que lo originó.

• *Some users recommends 128 as the original value for Time-To-Live (TTL).*

Timeout (noun): *1. Tiempo límite.*
2. Fin-de-tiempo.
Ver *Time out (noun).*

Timeout (verb): *1. Expirar.*
Ver *Time out (verb).*

Timer: *1. Temporizador.*
1. Contador específico de tiempo transcurrido. La definición y asociación de *temporizadores* proporcionan un elemento central de los *sistemas operativos* (ordinarios, de red, etcétera) que posibilita la intervención del tiempo (transcurrido, pendiente de transcurrir, etcétera) en el control de los procesos informáticos. En general puede hablarse de procesos o tareas específicos del *temporizador.*

• *... and if a timer (temporizador) is currently running, its current value is decremented ...*

Timeslice: *1. Estado temporal.*
1. Estado de una *base de datos* (ver *Database*) en un momento determinado. Si se dispone de un *registro* temporal (ver *Log*) es posible determinar, al menos teóricamente, cada *estado temporal* a partir de otro *estado temporal* y del registro.

• *The new timeslice (estado temporal) can be*

computed by either incrementally updating the earlier outset (a timeslice) using the log or ...

Timestamp (noun): *1. Estampilla de tiempo.*

1. Valor del tiempo transcurrido desde un origen convencional hasta un instante dado. El origen debe ser lo suficientemente lejano como para ser útil en las aplicaciones que se prevean (por ejemplo, las 0 horas del 1/1/1900). La precisión también debe adaptarse a las necesidades aplicacionales (es frecuente llegar hasta el microsegundo). La diferencia entre dos valores de *estampilla de tiempo* es una *duración* (ver *Duration*). Puede usarse en el registro de eventos (ver, por ejemplo, *Event log*), para evaluar *rendimientos* (ver *Performance*), retardos y tiempos de respuesta, para crear claves (ver *Key (noun) Def. 2*) irrepetibles (ver *Unique*) ficticias, etc.

• In some cases, using a timestamp (estampilla de tiempo) as part of the key can be helpful, ...

Timestamp (verb): *1. Tomar estampillas de tiempo.*

1. Tomar y registrar una medida del tiempo instantánea y de alta precisión.

• ... providing timestamping (toma de estampillas de tiempo) that is essential for multiport delay measurements ...

Timing: *1. Cronometraje. 2. Temporización. 3. Sincronización.*

1. Medida del tiempo transcurrido entre dos eventos.

• If timings (cronometrajes) accurate to plus or minus 1 second are satisfactory the ...

2. Hacer depender del tiempo el desencadenamiento de eventos (bien por llegada de un momento determinado, bien por transcurso de un tiempo establecido).

• The trigger timing (temporización) is essential for the experiment and needs to be checked whenever ...

3. Sincronización de eventos o relacionado con la misma.

• It generates the signal timing (de sincronización) required for proper operation ...

Timing interruption: *1. Interrupción temporizada.*

1. Interrupción (de procesador) producida por cierto control efectuado sobre el transcurso del tiempo. Tiene, en general, carácter cíclico (ver, por ejemplo, *Time slice*).

• A request for a timing interruption (interrupción temporizada) does not remain ...

Timing Signals: *1. Señas de sincronización.*

1. *Señas* (ver *Signal Def. 2*) que se envían mutuamente dos elementos que han de interaccionar sincronizadamente, para conseguir o mantener la sincronización.

• ... in which the sending and receiving of characters is controlled by timing signals (señas de sincronización) ...

Tip: *1. Sugerencia.*

1. Sugerencia o idea que se suministra, como ayuda, para resolver rápida y, tal vez, elegantemente, un problema o paso de procedimiento.

• Additional tips (sugerencias) on Using make ...

Title bar: *1. Barra de título.*

1. En *interfaces gráficas de usuario* (ver *Graphical User Interface*), barra horizontal

situada, habitualmente, en la parte superior de cada ventana, y que contiene un título o identificación de la aplicación, documento, etc., que se procesa en dicha ventana. Puede tener otros elementos (por ejemplo, botones de manipulación de la ventana).

● ... with a *title bar (barra de título)* containing the name of the help topic ...

TIC: *1. TIC.*
Ver *Token Ring Interface Coupler.*

TIFF: *1. TIFF.*
Ver *Tagged Image File Format.*

Tk: *1. Tk.*
1. Juego de herramientas que Sun Microsystems proporciona para ayudar en el desarrollo rápido de programas e *interfaces gráficas* (ver *Graphical Interface*) cuando se usa el lenguaje *Tcl* (ver *Tool Command Language*).

● *Tk* is most often used with Tcl, but will also work with other languages such as perl and ...

TLD: *1. DNS. 2. Dominio de Nivel Superior.*
Ver *Top Level Domain.*

Toggle (noun): *1. Alternante.*
1. Elemento software que funciona de forma que, teniendo dos alternativas, cada vez que se usa o menciona dicho elemento, cambia de alternativa.

● If this option is used several times it acts as a *toggle (alternante)*, inverting the ...

Toggle (verb): *1. Alternar.*
1. Usar o mencionar un *alternante* (ver *Toggle (noun)*) de forma que alterne su funcionamiento.

● *Toggles (alterna)* the case of the character under the cursor ...

Token: *1. Testigo. 2. Categoría.*
1. Estructura de datos, en general de reducidas dimensiones, que se utiliza para establecer la disciplina de uso de una red o de una conexión (por ejemplo, quién tiene derecho a *enviar*). El arquetipo de su uso es la *RAL Token-ring* (ver *Token ring network*) de IBM. También se usan *testigos* en comunicaciones semidúplex.

● *Tokens (testigos)* determine whether a side can use these functions.

2. En un analizador de *mandatos* (ver *Command*), de textos escritos en un lenguaje de programación, etc., cada componente encontrado o pertenece a una *categoría* o es un error.

● ... each clause is scanned from left to right before processing, and the *tokens (categorias)* composing it are identified ...

Token bus network: *1. Red en bus con testigo.*
1. *Red de área local* (ver *Local Area Network*) de topología bus (como *Ethernet*) cuya tecnología (y protocolo asociado) se caracteriza por que el derecho a enviar lo tiene el nodo que posee el *testigo* (ver *Token Def. 1*) el que, tras enviar lo que tenga pendiente (al bus), cede el testigo al nodo definido como siguiente en un anillo lógico.

● The operation of a *token bus network (red en bus con testigo)* is similar to that of the ...

Token passing: *1. Paso de testigo.*
1. Disciplina usada en las redes locales del tipo *Token ring* para determinar la estación que, en cada momento, tiene derecho a transmitir (ver *Token Ring network*).

● ... and the cycles of *token passing (paso de testigo)* and transmission within the logical ring of more active stations.

Token Ring Interface Coupler: *1. TIC.*

1. Dispositivo que permite una conexión directa entre una red en anillo (ver *Token Ring network*) y diferentes tipos de *computadoras principales* (ver *Mainframe computer*).

● ...while the other connects to the *Token Ring Interface Coupler (TIC)* in the 3174 or FEP such as a 3745.

Token Ring network: *1. Red en anillo con testigo.*

1. *Red de área local* (ver *Local Area Network*) cuya topología es un anillo físico de computadoras conectadas. Se establece una disciplina de envío consistente en que sólo puede enviar la computadora que esté en posesión del *testigo* (ver *Token Def. 1*) y en que, una vez efectuado el envío, el testigo se pasa a la siguiente computadora en el anillo. Esta tecnología fue inicialmente creada por IBM que continúa siendo su principal valedor, a pesar de que está regulada por la norma IEEE 802.5

● ... Tha MAC procedures used with a *token ring (anillo con testigo)* are quite ...

Token-passing: *1. Paso de testigo.*
Ver *Token passing.*

Toner: *1. Tóner.*
1. Polvo finísimo que tras haber sido depositado sobre el papel es fundido por calor para que se fijen caracteres y gráficos. Se usa en impresoras láser y fotocopiadoras.

● Some *toners (tóneres)* have finer particles than others ...

Tool: *1. Herramienta.*
1. Inicialmente, sólo existían *herramientas* para ayudar a los informáticos en sus tareas metodológicas, operacionales, de gestión de

los recursos de la instalación. Actualmente hay herramientas para todo, habiéndose creado un mercado, tan voluminoso como dinámico, respecto a las mismas. Se sobreentiende que una *herramienta* es un producto software que ayuda a usuarios y a todo tipo de informáticos facilitando su trabajo y mejorando las capacidades, prestaciones y métodos de control de máquinas y sistemas.

● ... designed to support the integration of *tools (herramientas)* through a ...

Tool Command Language: *1. Tcl.*
1. Lenguaje de programación sencillo, interpretado y orientado a la codificación de *directivas* (ver *Script*). Desarrollado en la Universidad, tiene ahora soporte empresarial (Sun Laboratories).

● A little *Tool Command Language (Tcl)* will help you expand these scripts into powerful tools.

Toolbar: *1. Barra de herramientas.*
1. La *barra de herramientas* es un elemento gráfico propio de una aplicación (o herramienta en el sentido de *Tool*; ver) en el que se representan, con símbolos y/o palabras, las opciones, *mandatos* (ver *Command*) y otras herramientas de menor cuantía, disponibles en cada momento, a fin de hacerlas más fácilmente accesibles.

● Some programs let you hide or display the *toolbar (barra de herramientas),* and even mix and match buttons ...

Toolkit: *1. Juego de herramientas.*
1. Conjunto de programas y otros elementos auxiliares diseñados y desarrollados para ayudar en tareas propias de los profesionales informáticos (incluyendo aficionados). En general, se venden como un paquete. Los hay con todas las finalidades imaginables.

- An object-oriented *toolkit (juego de herramientas)* for building interactive World Wide Web ...

Top half: *1. Mitad superior.*
1. Parte del software de base que controla dispositivos de *E/S* (ver *Input/Output*). Con esta parte se interacciona de forma sincrónica para iniciar operaciones de E/S. Tiene, por supuesto, su(s) punto(s) de entrada.

- ... concentrated on debugging the *«top half»* (*«mitad superior»*) of the kernel — what is variously called «task time», or the ...

Top Level Domain: *1. Dominio de Nivel Superior. 2. DNS.*
1. Última parte de un nombre de dominio en Internet. Teóricamente, es el último calificador, es decir, el que figura a continuación del último punto. En la práctica, se producen dos desviaciones importantes: necesidad de considerar un criterio geográfico (por ejemplo, *es* o *uk*) y un criterio de tipo de organización (por ejemplo, *edu* o *com*); y, de otra parte, resistencia en los EUA a usar el código geográfico (raramente veremos un dominio acabado en *us*). En esas circunstancias hay una seria anarquía en esta importante cuestión que se espera sea solucionada por la próxima generación de Internet.

- In the *edu Top Level Domain (Dominio de Nivel Superior)* the next level in the hierarchy is the names ...

Top-down design: *1. Diseño descendente.*
1. Forma de realizar el diseño de componentes software de cualquier tamaño sobre la base de aplicar descomposiciones sucesivas en las que los componentes de un nivel se determinan en cuanto a su comportamiento externo, dejando el comportamiento interno para descomposiciones posteriores. El detalle

de los tratamientos se asocia a los componentes, de cualquier nivel, que se consideran «manejables» y no se descomponen.

- The method of giving an outline of the solution, and refine the solution in each step is called *top-down design (diseño descendente)* ...

Top-down programming: *1. Programación descendente.*
1. Aplicación del método de *diseño descendente* (ver *Top-down design*) al planteamiento de programas individuales cuando el diseño descendente aplicado a las unidades de nivel superior no se ha llevado al máximo detalle posible.

- The *Top-Down programming (programación descendente)* paradigm inherently provides for useful features which can effectively ...

Topic: *1. Apartado.*
1. En un Manual, parte del texto, con encabezamiento identificativo propio, en la que se contiene un aspecto parcial del tema general de que trata el Manual.

- Figure 825 in *topic (apartado)* 5.7.3 illustrates the assignment ...

Topic drift: *1. Deriva de tema.*
1. Salirse del tema propio de un *grupo de noticias* (ver *News groups*) o similar.

- Some *topic drift (deriva de tema)* is acceptable, but we want to steer clear from turning this into a chat list ...

Topic-drift: *1. Deriva de tema.*
Ver *Topic drift*.

Topology: *1. Topología.*
1. Alejándose parcialmente de su significado matemático original, la *topología* es la des-

cripción de cómo diferentes componentes se sitúan unos con respecto a los otros y cómo se relacionan o enlazan entre sí. Se aplica especialmente a las redes y subredes de computadoras.

● ... include network *topology (topología)* updates and automatic route ...

Touch pad: *1. Plaqueta táctil.*
Ver *Touchpad.*

Touch screen: *1. Pantalla táctil.*
1. Pantalla que permite interaccionar con la computadora tocando, simplemente, puntos específicos de su superficie (hay varias tecnologías que lo permiten).

● I'm wondering if anyone out there has a *touch screen (pantalla táctil)* with their ...

Touch-sensitive screen: *1. Pantalla táctil.*
1. Forma algo más sofisticada de llamar a *pantalla táctil* (ver *Touch screen*).

● Until recently *touch-sensitive screens (pantallas táctiles)* have expensive and ...

Touch-tone dialing: *1. Marcado por tonos.*
1. Forma de marcar números de teléfono (y solicitar funciones especiales) basada en la asignación a cada cifra y carácter especial de una frecuencia específica.

● DTMF is a fancy term to describe push-button or *touch-tone dialing (marcado por tonos)* ...

Touch-tone telephon: *1. Teléfono con marcado por tonos.*
1. Aparato telefónico con capacidad para el marcado por tonos (ver *Touch-tone dialing*).

● ... you can access the library system from your home *touch-tone telephone (teléfono con marcado por tonos).*

Touchpad: *1. Plaqueta táctil.*
1. Dispositivo apuntador que hace las veces de ratón en *CPs* (ver *Personal Computer*) portátiles. Es un dispositivo eléctrico (hay una *rejilla* (ver *Grid*) conductora bajo su superficie) que detecta el contacto y movimiento del dedo sobre su superficie externa.

● ... when I boot into Linux and then touch the *touchpad (plaqueta táctil)*, Linux freezes and ...

TOD: *1. TOD.*
1. *Time-of-day.* Dada la extremada importancia de los datos temporales en la informática moderna (p. ej., redes cuyos nodos pueden intercambiar mensajes cuyo valor económico depende de los momentos de envío/recepción), la fecha y la hora son datos que todos los sistemas deben ser capaces de proporcionar consistentemente.

● The international standard notation for the *time of day (TOD)* is hh:mm:ss where hh is the number of complete hours that have ...

TOD clock: *1. Reloj TOD.*
1. Reloj que, en algunos modelos de computadoras (por ejemplo, *principales* de IBM), suministran la fecha y la hora (ver *TOD*) con un nivel importante de precisión. En principio, cada *UCP* (ver *Central Processing Unit*) debería tener acceso a uno de esos relojes. Los problemas de sincronización, compatibilidad de formatos, origen de medida del tiempo, etc., son tan importantes como mal resueltos.

● The *TOD clock (reloj TOD)* is not affected by the state of ...

TOP: *1. TOP.*
Ver *Technical and Office Protocols.*

TOPS: *1. TOPS.*
Ver *Transparent operating system.*

TPDU: *1. TPDU.*
Ver *Transport Protocol Data Unit.*

TPI: *1. TPI. 2. Pistas por pulgada.*
Ver *Tracks Per Inch.*

Trace (noun): *1. Traza.*
1. Dispositivo, de uso generalmente opcional, del que van dotados determinados sistemas, subsistemas o aplicaciones para registrar, cuando funciona, el detalle de las acciones realizadas y del efecto de las mismas. Puede ser muy útil en tareas de depuración.

• ... issues an error message and stops the trace *(traza)*.

2. Registro de actividad tomado por un dispositivo de *traza* (ver *Def. 1*).

• Trace *(traza)* entries are of variable length, but the physical record length ...

Trace (verb): *1. Tracear.*
1. Acción de un dispositivo de *traza* (ver *Trace (noun)*), es decir, registrar actividad y sus efectos, dejar traza de todo ello.

• You are getting the wrong amount of data traced *(traceados)* ...

Traceability: *1. Trazabilidad.*
1. Capacidad de un componente informático para facilitar la reconstrucción de una historia concreta. Por ejemplo, de una incidencia, de las modificaciones (mantenimiento) introducidas en un componente software, etc. Esta capacidad depende, frecuentemente, del uso de dispositivos que dejen *trazas* (ver *Trace (noun)*) de las actividades que se van produciendo con relación al componente.

• This column contains the document item number used by traceability *(traceabilidad)* and restartability.

Traceback: *1. Retrotraza.*
1. Parte de un vaciado de memoria (ver *Dump*) en la que se presenta información significativa acerca de los eslabones de la cadena de *llamadas* (ver *Call (noun)*) a programas que condujo al programa en ejecución en el momento en que se produjo el vaciado. Útil en la solución de problemas cuando se analiza por personal especializado.

• A traceback *(retrotraza)* may also show values of procedure arguments and local variables stored ...

Traceroute: *1. Traceroute.*
1. Utilitario que presenta los *saltos* (ver *Hop*) entre nuestra computadora y otra computadora en Internet, así como el tiempo necesario para cada salto. Produce una especie de diálogo entre nuestra computadora y cada una de las *pasarelas* de *encaminamiento* (ver *Routing*).

• ... you may be able to use traceroute *(traceroute)* to determine which is logically ...

Track (noun): *1. Pista.*
1. Elemento de carácter lineal en el que se graban datos. Las *pistas* por antonomasia son las que forman la superficie de grabación de los discos magnéticos. Aunque menos conocidas, las cintas también tienen pistas (longitudinales).

• ... the system automatically obtains four more tracks *(pistas)* ...

Track (verb): *1. Seguir.*
1. Proceso de *seguir* la evolución de un problema y de obtener la información necesaria para su resolución. Puede tener un componente sistemático y otro intuitivo, en el que pe-

queños vestigios o trazas pueden dar la pista correcta. Puede aplicarse a otros elementos: expedientes, trabajos, etc.

- ... manager to track *(seguir)* the resolution of individual problems.

Track ball: *1. Seguibola.*
Ver *Trackball.*

Trackball: *1. Seguibola.*
1. Dispositivo apuntador (es un ratón boca arriba) que permite el desplazamiento por la pantalla a base de hacer rodar una bola situada en un hueco semiesférico y en el que existen unos *sensores* (ver *Sensor*) que captan el movimiento de rotación.

- *Trackballs (Seguibolas)* are very common pointing devices for laptop computers ...

Tracker ball: *1. Seguibola.*
Ver *Trackball.*

Trackpad: *1. Plaqueta táctil.*
Sinónimo de *Touchpad* (ver).

Tracks per Inch: *1. Pistas por pulgada.*
2. TPI.
1. El número de *pistas por pulgada* (ver *Track*) es una de las dos dimensiones de la densidad de almacenamiento en disco.

- ... the number of *tracks per inch (pistas por pulgada)* and the number of bits per inch stored on ...

Tractor feed: *1. Alimentación por tracción.*
1. Forma de alimentar de papel a las impresoras que usan papel continuo. El papel es arrastrado por los dientes o agujas de unas ruedas especiales (*Sprocket*), que se insertan en agujeros espaciados con regularidad en los bordes del papel.

- Some paper for *tractor feed (con alimentación por tracción)* printers has the edge ...

Traffic: *1. Tráfico.*
1. En comunicaciones, circulación de datos por un nodo o segmento de una red. Algunas veces se le da un sentido cuantitativo, como de medida o densidad de circulación de datos.

- ... since not all your *traffic (tráfico)* will be going to the same host.

Trailer: *1. Cola.*
1. Parte final (que sigue a) de algo (datos en un volumen de datos, fichero, mensaje, paquete de datos, etc.). Habitualmente, en la *cola* se contiene información de control (identificación, datos volumétricos, etc.) referente al elemento que la precede.

- ...the use of *trailers (colas)* when using Address Resolution Protocol (ARP).

Trailer label: *1. Etiqueta de cola.*
1. Información de *cola* (ver *Trailer*) que puede grabarse al final o a continuación de un volumen y/o un fichero. Contiene datos de identificación, volumétricos, etc.

- ... and creates output *trailer labels (etiquetas de cola)*, and provides for tape disposition.

Trailing: *1. Final(es).*
1. Situado al final, en la zaga de algo (lo más frecuente, de una *ristra* (ver *String*) de caracteres o de bits).

- If you wish to have the *trailing (finales)* blanks transferred ...

Transaction: *1. Transacción.*
1. Unidad de datos que, procedente del exterior de un sistema informático, desencadenará un proceso que se traducirá, finalmente, en una actualización de datos permanentes y, po-

siblemente, alguna salida suplementaria de información.

• For example, transaction (transacción) rate is important if some of the orders ...

2. En sistemas interactivos, unidad lógica de proceso formada por la ejecución de uno o más pasos de programa y, opcionalmente, por pasos de diálogo con un usuario final. Si una *transacción* actualiza datos permanentes y termina antes de su final lógico, se introducirá inconsistencia en los datos permanentes, salvo que se tomen medidas correctoras.

• ...use them in your most commonly-used programs and transactions (transacciones), where the effects ...

3. En Eurométodo, actividad de bastante entidad entre proveedor y cliente de un producto informático (por ejemplo, *petición de ofertas*).

• The delivery plan defines the customer-supplier transactions (transacciones) during the production process.

Transaction backout:
1. Deshacimiento de transacción.
1. Una de las formas de denominar a las *medidas correctoras* mencionadas en *Transaction, Def. 2*. Se trata de un proceso que deshace las actualizaciones realizadas por una transacción terminada antes de su fin lógico. El término *Backout* tiene mayor alcance que el término *Rollback* (ver) ya que se refiere a *todos* los cambios producidos por una transacción.

• ... be removed physically during the transaction backout (deshacimiento de transacción) process.

Transaction file: *1. Fichero de transacciones.*
1. En procesos *por lotes* (ver *Batch*) fichero

en el que se han grabado *transacciones* (ver *Transaction Def. 1*) para su tratamiento posterior (los tradicionales ficheros de movimientos).

• The general structure of update transaction files (ficheros de transacciones) in all parts of the system will be as ...

Transaction processing:
1. Procesamiento de transacciones.
1. La inmensa mayoría de la informática de gestión está constituida por *procesamiento de transacciones*, entendiendo por transacción cualquier movimiento de datos (compra, venta, alta de cliente, etc.) que debe ser registrado como dato permanente (individual o agregado). El proceso de transacciones puede ser diferido y por lotes de ellas (ver *Batch*) o en el momento, una a una y en línea.

• ... practical issues in transaction processing (procesamiento de transacciones) can be investigated by implementing a simple ...

Transaction routing:
1. Encaminamiento de transacciones.
1. Mecanismo del *CICS* (ver *Customer Information Control System*) moderno que permite a un CICS desencadenar una transacción en otro CICS y comunicarse con ella. Este mecanismo puede ayudar a la especialización y al reparto de carga.

• When CICS arranges function transaction routing (encaminamiento de transacciones) for you ...

Transceiver: *1. Transceptor.*
1. Dispositivo electrónico necesario en *RAL Ethernet* (ver *Local Area Network* y *Ethernet*) para conectar una estación final (su placa de red) y un coaxial grueso mediante un coaxial fino o un par torcido.

• The cable connects to a *transceiver (transceptor)* device attached to the physical network medium.

Transducer: *1. Transductor.*
1. Dispositivo electrónico capaz de convertir una forma de energía en otra (lo más frecuente: presión, calor, luz, sonido, etc., en energía eléctrica *–señales* (ver *Signal Def. 1*)– y viceversa).

• ... device using acoustic *transducers (transductores)* to transmit data as ...

Transfer (noun): *1. Transferencia.*
1. Acción y efecto de transferir (datos, control, propiedad, etc.). La transferencia de datos requiere una sintaxis acordada (y procesable) por las partes entre las que se realiza la misma.

• ... application processes together with associated *transfer (transferencia)* sintaxes ...

Transfer (verb): *1. Transferir.*
1. Mover datos de un sitio a otro. El uso de la palabra se limita, frecuentemente, a una situación en la que origen y destino de los datos están física o lógicamente distantes.

• ... may *have transferred (haber transferido)* data before the condition is recognized.

2. Hacer que un elemento inactivo se vuelva activo o principal. En estos casos lo que se *transfiere* es el *control*.

• ... when control *is transferred (se transfiere)* from the active program to an external ...

Transient: *1. Pasajero/a. 2. Transitorio. 3. De traspaso.*
1. Adjetivo aplicable a una situación, posiblemente problemática, pero que está gobernada por un dispositivo que tiende a resolverla sin necesidad de intervención.

• This should be a *transient (pasajera)* condition ...

2. En algunos *sistemas operativos* (ver *Operating system*), programas o subrutinas de uso corto pero relativamente frecuente y que, por ello, tienen un tratamiento especial.

• ... and execution of *transient (transitorio)* programs or routines.

3. Referente a datos que se traspasan a un elemento activo de ejecución posterior.

• ... the management of CICS temporary storage and *transient (de traspaso)* data ...

Transistor: *1. Transistor.*
1. Dispositivo electrónico, fácil objeto de miniaturización y de poco consumo, que tiene la capacidad de materializar dos estados (conductor y no conductor), lo que permite su uso como *puertas* electrónicas. Desde su descubrimiento en 1947, ha supuesto una verdadera revolución en diferentes campos de la actividad humana y, muy especialmente, en todo lo relacionado con la informática y las telecomunicaciones.

• ... for building logic gates where the emitter of a *transistor (transistor)* is used as the ...

Transistor-Transistor Logic: *1. TTL.*
1. Tecnología usual de circuitos integrados en la que la salida se obtiene a partir de dos transistores. Esta tecnología se inventó en 1965 y se han creado diferentes series de la misma.

• For each 74xxx *Transistor-Transistor Logic (TTL)* family there is a corresponding 54xxx (military) ...

Transit network: *1. Red de paso.*
1. Red que, además de sus funciones propias, se usa para comunicar otras redes. El servicio

de *redes de tránsito* lo proporcionan, habitualmente, las empresas de telecomunicaciones.

● And XXX maintains a *transit network (red de paso)* that supports the interconnection of several major national networks ...

Transition: *1. Transición.*
1. Estado por el que pasa un programa en ejecución cuando se produce un cambio importante en las páginas (en memoria virtual) usadas de dicho programa. Una *transición* ocurre, por lo general, entre dos situaciones estables en las que hay pocos cambios en las páginas usadas.

● A higher concentration of page faults occurs during *transitions (transiciones)*, creating a significant cost ...

Translated file: *1. Fichero traducido.*
1. Fichero en el que se almacena el resultado de una traducción de formato desde un fichero original.

● The *translated file (fichero traducido)* is given a file name consisting of a dollar sign ($) appended ...

Translation: *1. Conversión.*
Sinónimo de *Conversion* (ver). En dominios lingüísticos o de analizadores, *traducción.*

● The *translations (conversiones)* for escaped alphabetic characters are not shown in these ...

Transmission Control Protocol/ Internet Protocol: *1. TCP/IP.*
1. *Juego de protocolos* (ver *Suite of protocols*) que constituyen la base de Internet, aunque también pueden usarse en redes locales. Muchos de ellos han sido tomados como puntos de partida en las tareas de estandarización de la *ISO* (ver *International Organization for*

Standardization). Una parte de estos protocolos está orientada a la red (*estratos* 3 y 4 del modelo *OSI*; por ejemplo, *TCP*, *IP*, ...) mientras otra parte, la más numerosa, lo está, directa o indirectamente, a las aplicaciones (*estratos* 5 a 7 del modelo OSI; por ejemplo, *FTP* (ver *File transfer protocol*), *Telnet* (ver), etcétera).

● ... almost all the protocols associated with the *TCP/IP (TCP/IP)* have been researched and developed ...

Transmission delay: *1. Tiempo de transmisión.*
1. Tiempo que necesita la *señal* (eléctrica, por lo general) que transmite los datos para llegar del origen al destino. Es un valor pequeño pero no despreciable. Sobre todo cuando las distancias son considerables. En el mejor de los casos es la velocidad de la luz. En conductores de cobre puede estar alrededor de los 200.000 km/seg.

● Those requirements include adjustable and bounded *transmission delays (tiempos de transmisión)* for isochronous transmissions.

Transmit: *1. Transmitir.*
1. Enviar datos (por medio de señales) a través de un enlace de comunicaciones.

● Also their hub system *will transmit (transmitirá)* data around until it finds a ...

Transmit Buffer Empty: *1. Báfer de Transmisión Vacío. 2. BTV.*
1. *Seña* (ver *Signal Def. 2*) que forma parte de determinados protocolos y que sirve para controlar el flujo de datos (ver *Flow control*).

● Though the device does supply software handshake lines (*transmit buffer empty (báfer de transmisión vacío)* and receive data available), ...

Transmit Data: *1. Transmitir datos.*
2. TD.
1. *Patilla 2* (ver *Pin*) en un conectador RS232.

• The Model 243 converts *Transmit Data*
(Transmitir Datos), Receive Data, ...

Transparent: *1. Invisible.*
2. Indiferente.
1. Que no se «ve», que no se percibe por un dispositivo de control o por un programa de proceso (por ejemplo, cierta información de los mensajes, mensajes cuyo contenido pasa sin problemas el control de *enlaces*, etc.).

• In EBCDIC, SO and SI are considered to be
transparent (invisibles) ...

2. Dícese de operaciones que no afectan a algún elemento participante en una relación (programa, usuario, etc.).

• This is *transparent (indiferente)* to the application program ...

Transparent mode: *1. Modo invisible.*
1. Modo de transmisión de datos binarios en el que el protocolo asegura que la mayoría de los caracteres de control presentes en el mensaje sean *invisibles* (ver *Transparent Def. 1*) a los mecanismos de control. Existen secuencias especiales de caracteres de control para establecer el inicio y el final de la transmisión en *modo invisible*.

• In *transparent mode (modo invisible)*, error
correction is not integrated in the system ...

Transparent operating system:
1. TOPS.
1. *Sistema operativo* (ver *Operating system*) para red local, desarrollado por Sun Microsystems, que permite que diferentes tipos de computadoras se comuniquen entre sí y de forma transparente (sin modificaciones ni

adaptaciones), en red local (ver *Local Area Network*). Pueden mezclarse en la misma red, *CPs* (ver *Personal Computer*), Macintosh y estaciones de trabajo de Sun.

• *Transparent operating system (TOPS)* is a
peer to peer network, that is, it does not require the definition of file servers ...

Transponder: *1. Transpondedor.*
1. Circuito, en un satélite de comunicaciones, capaz de recibir una *señal* (ver *Signal Def. 1*) desde la tierra y de volverla a enviar.

• A single satellite has many *transponders*
(transpondedores), each covering ...

Transport layer: *1. Estrato*
de Transporte.
1. *Estrato* (ver *Layer (noun)*) en el *modelo de referencia OSI* (ver *Open Systems Interconnection*) que actúa de puente entre los estratos cercanos a la aplicación (en concreto da servicio al *estrato* de *sesión*; ver *Session layer*) y los estratos cercanos a la transmisión física (recibe servicio del *estrato de red;* ver *Network layer*). El *estrato de transporte* gestiona las conexiones y el *control de flujo* (ver *Flow control*), controla errores, etc.

• For example, the *transport layer (estrato de*
transporte) provides a network-independent ...

Transport Protocol Data Unit:
1. TPDU.
1. PDU (ver *Protocol Data Unit*) propia del *estrato de transporte* (ver *Transport layer*) de un protocolo de comunicaciones determinado.

• CR (Connect Request) is one of the *TPDUs*
(TPDUs).

Transpose (verb): *1. Intercambiar.*
1. Cambiar entre sí las posiciones de dos elementos (variables, caracteres, cables, etc.).

• *Transpose (intercambiar)* the first and last elements in @array.

Trap: *1. Trampa. 2. Alarma.*
1. Dispositivo, normalmente software, que se desarrolla o instala para captar condiciones o situaciones determinadas y efectuar alguna acción al respecto.

• The following is a *trap (trampa)* to cause an assembly error if the length of the ...

2. En *SNMP* (ver *Simple Network Management Protocol*), mensaje que envía un nodo agente a uno de gestión como consecuencia de haber interceptado o detectado una condición excepcional.

• Specifies the network from which you want to receive *traps (alarmas)*.

Trap (verb): *1. Interceptar.*
1. Captar, retener y almacenar o procesar un *flujo de datos* (ver *Data flow*) o *mandatos* (ver *Command*) antes de que llegue a su destino habitual. También puede aplicarse a situaciones o condiciones.

• ... you can indicate what kinds of events you want *trapped (que se intercepten)* ...

Trap message: *1. Mensaje interceptable.*
1. Mensaje sobre una situación anormal o crítica, que se genera en un dispositivo de una instalación informática o de una red de computadoras y que es dirigido hacia una posición central con capacidad para captarlo, analizarlo y desencadenar las acciones correctoras o de aviso que se precisen.

• A Report, Response or *Trap message (mensaje interceptable)* sent by an authoritative SNMP engine to one ...

Trapdoor one-way function:
1. Función unidireccional con trinquete.
1. Función que se usa en los algoritmos propios de los *criptosistemas de clave* (ver *Key (noun) Def. 4) pública* y que se caracteriza porque el cálculo de una variable a partir de la otra es fácil en un sentido y difícil o muy difícil en el contrario (si no se dispone de una clave que accione el trinquete).

• Cryptoanalysis of an Intractable *Trapdoor One-Way Function (Función Unidireccional con Trinquete)* Based on ...

Trash (noun): *1. Papelera.*
1. Lugar a donde se envía el material (ficheros) que carece de utilidad, antes de su destrucción total. El término es propio de computadoras Mac, en las que existe un *trash icon* que representa este lugar.

• Throw away this document into the *trash (papelera)*.

Trash (verb): *1. Desechar.*
1. Poner en la papelera un fichero o documento que ya no necesitamos o deseamos.

• *Trash (desecha)* any other magiccookie that exists ...

Tray: *1. Bandeja.*
1. En Windows, pequeña caja rectangular que aparece en la parte derecha de la barra de tareas y en la que aparece, entre otros elementos, el reloj. Existen programas de ayuda para adaptar el contenido de la *bandeja.*

• The *Tray (Bandeja)* doesn't seem to follow any rules ...

Tree structure: *1. Estructura en árbol.*
1. Estructura jerárquica de elementos de cualquier tipo (programas o rutinas que se llaman unos otros, ficheros y directorios, etc.). En

una estructura jerárquica cada elemento tiene un solo antecesor o *progenitor* (ver *Parent*) excepto la *raíz* (ver *Root* y *Root node*), que carece de él. Estas estructuras se representan, usualmente, con la raíz en la parte superior.

• ... to filter something with an implicit *tree structure (estructura en árbol)* into ...

Tribit: *1. Tribit.*

1. En comunicaciones, *señal* (ver *Signal Def. 1*) única que se forma a partir de tres bits y es interpretada o traducida a los mismos tres bits.

• If equipments generating and detecting eight differents voltage values, may be used to send and receive *tribits (tribits)*, each consisting of 3 bits ...

Trie: *1. Trie.*

1. *Estructura en árbol* (ver *Tree structure*) en la que la *raíz* (ver *Root*) es una letra (inicial de palabra) y cada camino desde la raíz hacia las hojas es una palabra en una lengua determinada. *Trie* son las letras centrales de la palabra *retrieve*.

• Returns a *trie (trie)* for multiple matches, else returns null for no object matched, or returns the object matched.

Trigger (noun): *1. Desencadenante.*

1. En un sistema, subsistema o aplicación, mecanismo programado que evalúa una condición y cuando ésta se cumple en un sentido predeterminado, *desencadena* una acción. La condición evaluada es, en general, parametrizable. También se llama *trigger* a la entrada o datos evaluados (mensaje, medida, etc.).

• ... you could still use this message as a *trigger (desencadenante)* for your site automation processes.

Trigger (verb): *1. Desencadenar.*

1. Iniciarse (o *desencadenarse*) cierta acción como consecuencia de haberse producido el evento previsto o controlado por un *desencadenante* (ver *Trigger (noun)*).

• ... and use this event to *trigger (desencadenar)* the start of the ...

Trivial File Transfer Protocol: *1. TFTP.*

1. Sus propios autores (RFC 1350; ver *Request For Comment*) definen a este protocolo como *muy simple*. Ha sido creado para transmitir mensajes (y correo) hacia y desde un servidor remoto sin requerir ni suministrar autenticación de usuario. Se ejecuta encima de *UDP* (ver *User Datagram Protocol*). Se ha usado en máquinas sin disco duro (grabando el código en *ROM;* ver *Read-Only Memory*) para arrancar estas máquinas desde un servidor remoto.

• *TFTP (TFTP)* lacks most of the features of regular FTP.

Troff: *1. troff.*

Ver *troff.*

Trojan Horse: *1. Caballo de Troya.*

1. Programa de presentación benigna (juego, antivirus (!), etc.) pero con capacidad destructiva sobre el sistema en el que se carga. No es un virus, ya que no se multiplica. El nombre procede del célebre caballo de la Iliada.

• A *Trojan horse (caballo de Troya)* is similar to a *back door.*

Troll (noun): *1. Trola.*

1. Práctica relativamente frecuente en Internet (sobre todo, en *grupos de noticias* (ver *News groups*)) consistente en el suministro de una información falsa o que contiene alguna falta

o error intencionados, y en esperar a que alguien, generalmente, de buena fe, pique.

• Fascinating *troll (trola)* with forged newsgroups.

Troll (verb): *1. Embromar.*
1. Suministrar una información falsa o que contiene alguna falta o error intencionados, y esperar a que alguien, generalmente, de buena fe, pique.

Troubleshoot (verb): *1. Depurar.*
Sinónimo de *debug* (ver).

• ... some *Troubleshooting (depuración)* Hints have been provided.

True color: *1. True color.*
1. Especificación de colores basada en un código de 24 bits por *píxel* (ver *Pixel*) lo que permite diferenciar, en teoría, más de 16 millones de colores diferentes.

• Hardware Requirements: 800-by-600 display in High Color or *True Color (true color)* Display Mode (palettes may not be correct in 256 color mode), ...

TrueType: *1. TrueType.*
1. Tecnología para *fuentes dibujadas* (ver *Outline font*) creada por Apple y Microsoft.

• An outline font, such as *TrueType (TrueType)*, can be scaled to any size and otherwise ...

Trunk: *1. Tronco.*
1. Línea principal, de alta capacidad, de una compañía telefónica. Estas línea unen centros de conmutación o puntos de distribución.

• The digital long-distance *trunks (troncos)* that are employed by the common carriers of North ...

Trunk port: *1. Puerto troncal.*
1. Conexión en o hacia la parte troncal (de muy altas prestaciones) de una red.

• ... and network *trunk port (puerto troncal)* supports dedicated traffic buffers ...

Trusted computer system: *1. Sistema fiable de computadoras.*
1. Nombre dado en el *libro naranja* a un sistema que cumple una serie de requisitos muy exigentes en materia de seguridad.

• ... to «establish and maintain technical standards and criteria for the evaluation of *trusted computer systems (sistemas fiables de computadoras)*» ...

Trusted Computer System Evaluation Criteria: *1. TCSEC.*
1. O *libro naranja*. Conjunto de requisitos que debería reunir un sistema informático (hardware y software) para ser considerado seguro. Al menos a juicio del Departamento de Defensa de los EUA, que publicó este libro en 1983.

• ... the *TCSEC (TCSEC)* has been and continues to be influential in the development of commercial products ...

Trusted Third Party: *1. Tercera Parte Confiable. 2. TPC.*
Sinónimo de *Certification Authority.*

Truth table: *1. Tabla de verdad.*
1. Forma tabular de representar todas las posibles combinaciones de operandos (entradas) y resultados (salidas) correspondientes, para operadores y funciones *booleanas.*

• The *truth table (tabla de verdad)* for the two argument AND function is: ...

Truth value: *1. Valor según verdad.*
1. Forma de referirse al resultado de una eva-

luación que admite solamente dos valores: cierto y falso.

◑ The proposition, for which a *truth value (valor según verdad)* can be determined,...

TR: *1. TR.*

1. Piloto en un *módem* (ver *Modem*) externo que indica que el programa de comunicaciones de la *CP* (ver *Personal Computer*) está preparado (*Terminal Ready*).

TSO: *1. TSO.*

Ver *Time Sharing Option.*

TSO/E: *1. TSO/E.*

1. *Time Sharing Option* (ver) */Extensions.* Versión más reciente del subsistema para tiempo compartido TSO de IBM.

• *TSO/E (TSO/E)* provides users with online help for commands when they type ...

TSR: *1. TSR.*

Ver *Terminate and Stay Resident.*

TTFN: *1. DMHO (por «de momento hasta otra»)*

1. Acrónimo para *Ta-ta for now* (usado en grupos de *charla*).

• ... I unexpectedly have a need for the information. THANKS!! Tina *TTFN (DMHO)* ...

TTL: *1. TTL.*

Ver *Time-To-Live.*

TTL: *1. TTL.*

Ver *Transistor-Transistor Logic.*

TTL monitor: *1. Pantalla TTL.*

1. Pantalla que acepta entrada digital. En este sentido, la tecnología TTL es anticuada ya que los estándares actuales requieren *señales* analógicas.

• ... you can plug in a mono *TTL monitor (pantalla TTL)* and run Windows in Hercules mode for a much better screen.

TTP: *1. TPC. 2. Tercera Parte Confiable.*

Ver *Trusted Third Party* o, directamente, *Certification Authority.*

TTY: *1. TTY.*

1. *TeleTYpe, TeleTYpewriter.* Tipo de terminal y modo de transmisión adaptado a la producción no rítmica de caracteres individuales que pueden ser transmitidos a medida que se producen o introducen.

• ... are automatically connected in line mode as a start-stop *TTY (TTY)* terminal.

TTYL: *1. HMT (por «hablamos más tarde»).*

1. Acrónimo para *talk to you later* (usado en grupos de *charla*).

• ... so don't expect everything to be perfect if you can get it to compile. *TTYL (HMT).*

Tumble printing: *1. Impresión a dos caras.*

1. Impresión en la que se da la vuelta completa al papel tras imprimir una cara y se sigue imprimiendo en la otra.

• Tumble printing (La impresión a dos caras) allows you to bind the document on the ...

Tune: *1. Ajustar.*

1. Modificar las características parametrizables de un sistema, subsistema, producto, aplicación, etc., a fin de adaptarlas a un entorno (instalación) concreto y conseguir así un funcionamiento que tienda al óptimo. Puede requerir toma de datos y estudio previo.

• ... those choices after installation, as you *tune (ajusta)* and refine your system.

Tunnel-mode: *1. Modo de red.*
1. Método de cifrado/transmisión en la Internet del futuro que se caracteriza por *cifrar* (ver *Encrypt*) el mensaje completo y *encapsularlo* (ver *Encapsulate (verb) Def. 1*) en el campo de carga útil de datos (ver *Payload data*) de un nuevo mensaje.

• In *Tunnel-mode (modo de red)* ESP, the ESP header follows all of the end-to-end ...

Tunneling: *1. Tunelización.*
1. Uso de una red pública (por ejemplo, la Internet) como parte de una red privada sin perder las características de seguridad de esta última. La *tunelización* requiere la creación de protocolos «ad hoc». Actualmente, existen dos protocolos de este tipo (*Point-to-Point Tunneling Protocol* y *Layer 2 Tunneling Protocol* –ver–) que intentan convertirse en norma oficial.

• The extension of *tunneling (tunelización)* would mean that companies would no longer need ...

Tuple: *1. Tuplo.*
1. Datos que forman una fila de una *relación* (ver *Relation Def. 1*). Si la relación (tabla) ya ha sido adecuadamente *normalizada* (ver *Normalize Def. 1*), los datos de un *tuplo* se refieren a una *entidad* (ver *Entity*) concreta.

• Note that the *tuple (de tuplos)* calculus involves variables, conditions, and expressions that are combinations of those conditions ...

Turn off (verb): *1. Apagar. 2. Desactivar.*
1. Cortar la corriente eléctrica a un dispositivo (viene de cuando los interruptores se giraban).

• *Turn off (Apague)* unused computers, printers (especially laser), and copy machines.

2. Desactivar una opción, función, etc.

• ... that *will turn off (desactivará)* the display of any input that you type.

Turn on (verb): *1. Encender. 2. Activar.*
1. Dar corriente eléctrica a un dispositivo (ver *Turn off*).

• ... when I *turn on (enciendo)* the computer the only thing that happens is the CD, HD, FD just lights up.

2. Activar una opción, función, etc.

• ... that *will turn on (activará)* the display of any input that you type.

Turnaround document:
1. Documento de ida y vuelta.
1. Documento cuyos datos se imprimen desde una computadora y que posteriormente vuelven, modificados manualmente, a ser procesados por la misma (u otra computadora) previo, posiblemente, un proceso de grabación (o lectura óptica).

• Obtain the MOST CURRENT *turnaround document (documento de ida y vuelta)* for the job assignment that is being extended.

Turnaround time: *1. Tiempo de inversión. 2. Tiempo de ejecución.*
1. Tiempo necesario para invertir el sentido de una transmisión (de enviar a recibir y viceversa).

• The *turnaround time (tiempo de inversión)* of the line that is used ...

2. Tiempo de reloj necesario para ejecutar completamente un trabajo (desde que arranca hasta que se obtiene su última salida).

• Improve *turnaround time (tiempo de ejecución)* for batch jobs depending on tapes ...

Turnkey system: *1. Sistema llave en mano.*
1. Sistema informático (hardware, software o ambos) que se entrega listo para ser usado. Puede que haya sido creado para más de un cliente. La responsabilidad de la arquitectura, diseño, desarrollo y mantenimiento es del suministrador.

• It is a comprehensive *turnkey system (sistema llave en mano)* that can generate virtually any claim form, electronic submission, ...

Turnpike effect: *1. Efecto peaje.*
1. Cuello(s) de botella que se crea(n) en una red de comunicaciones como consecuencia de un uso excesivo de la misma en un momento dado. Los usuarios tendrán un tiempo de respuesta muy alto, hasta llegar a pensar que la red «ha caído».

• ... there will be a *turnpike effect (efecto peaje)* as users discover what it can ...

Turtle: *1. Tortuga.*
1. «Dispositivo» gráfico de comportamiento robótico controlado por un programa desarrollado en el lenguaje LOGO (o en otro adecuado) y que se ha creado con alguna finalidad didáctica.

• Soon the *Turtle (Tortuga)* migrated to the computer graphics screen where it is ...

Tweak (noun): *1. Retoque.*
1. Modificación de menor cuantía que se realiza sobre un programa que ya funciona aceptablemente.

• ... or by any minor *tweak (retoques)* to the software itself.

Tweak (verb): *1. Retocar.*
1. Introducir *retoques* (ver *Tweak (noun)*) en un programa.

• ... then if he's carefully adjusting it, he is probably *tweaking it (retocándolo)*.

Tweening: *1. Metamorfosis.*
1. Proceso de transformar automáticamente una imagen (origen) en otra (destino) creando imágenes intermedias que simulan los movimientos de los objetos presentes en la imagen origen. Es una técnica básica de la animación de imágenes.

• *Tweening (La metamorfosis)* interpolates the motion between key frames ...

Twisted pair: *1. Par torcido.*
1. Cable de 2 hilos que se tuercen en forma de hélice n veces por cada metro de longitud para mejorar su capacidad para transmitir datos.

• ... if multiple *twisted pairs (pares torcidos)* are enclosed within the same cable ...

Two's complement: *1. Complemento a dos.*
1. Número binario que se obtiene calculando su *complemento a uno* (ver *One's complement*) y sumándole 1.

• Negative numbers are represented in *two's complement (complemento a dos)* binary notation with a one ...

Two-phase commit: *1. Aceptación en dos Fases. 2. A2F.*
1. Proceso de *aceptación* (ver *Commit (noun)*) de los efectos de una transacción que se ejecuta en un entorno distribuido. Se llama «en dos fases» porque la aceptación de cada ubicación hay que consolidarla, en un nivel superior, con el resto de aceptaciones.

• ... uses a *two-phase commit (aceptación en dos fases)* process in communicating between subsystems.

Two-tier: *1. De dos gradas.*

1. Relativo a una actividad compleja que se descompone en *dos gradas* (ver *Tier*) especializadas que actúan o se realizan en un orden preestablecido con intercambio de información entre ellas.

• ... it was decided to adopt a *two-tier (de dos gradas)* architecture, using a light-weight in-memory persistent object manager ...

Two-tier client/server: *1. Cliente/ servidor de dos gradas.*

1. Aplicación del modelo *de dos gradas* (ver *Two-tier*) a la arquitectura cliente/servidor. En este caso, la grada externa (clientes) es responsable de la interacción con los usuarios. La grada interior está formada por servidores que interaccionan con las bases de datos. El componente de computación queda distribuido entre las dos gradas en proporciones que pueden ser diferentes según cada diseño concreto (cliente infradotado o servidor infradotado). El conjunto de computadoras forma una red o forma parte de una red.

• The *two-tier cliente/server (cliente/servidor de dos gradas)* design allocates the user system interface exclusively to the client ...

Two-wire: *1. Dos hilos.*

1. Relativo a un circuito formado por dos conductores metálicos aislados entre sí.

• The circuit provides galvanic isolation for the *two-wire (de dos hilos)* interface ...

TWAIN: *1. TWAIN.*

1. Programa de amplio uso (su base es casi un estándar de industria) que actúa como «puente» entre el *manejador* (ver *Driver*) de una *escaneadora* (ver *Scanner Def. 1*) y el programa que ha de procesar la imagen escaneada.

• It is my understanding that *TWAIN* compa-

tible devices use an independent program running within IPP and the image settings ...

TXE: *1. TXE.*

1. *Conmutadora* (ver *Switch*) telefónica no totalmente digital que se usa bastante en el Reino Unido.

• A *TXE* is controlled by its exchange based processor which is a computer ...

Type (noun): *1. Tipo.*

1. Palabra que se añade a otra para diferenciar un conjunto de cada uno de sus componentes. Así, *Cliente* es una Entidad *tipo* que incluye a todos los clientes y a sus *atributos* (ver *Attribute*) e *interrelaciones* (ver *Relationship*).

• An entity *type (tipo)* is represented diagrammatically by a box containing the name ...

2. Forma abreviada de decir *Data type* (ver) o *Abstract data type* (ver).

• Objects of the *type (tipo)* are created and inspected only by calls to the access ...

3. Carácter o símbolo que puede imprimirse.

• ... to use different *type (de tipo)* styles, special characters ...

Type (verb): *1. Tipar. 2. Teclear.*

1. Asignar tipos a los datos, tenerlos en cuenta (ver *Type Def. 2*).

• A collection of identically *typed (tipados)* data items distinguished by their ...

2. *Teclear* un *mandato* (ver *Command*), documento, etc.

• ... corresponds to the order in which text is *typed (teclear)* on the keyboard.

Type casting: *1. Muda de tipo.*
1. Procesar un *tipo de datos* como si fuera otro (ver *Cast (verb))*.

• ... is used to determine the size and *type casting (muda de tipo)* that is used to generate the values ...

Type face: *1. Facies.*
Ver *Typeface.*

Type over (verb): *1. Sobreescribir.*
1. Sustituir el contenido de la memoria *presentado* (ver *Display (verb))* en pantalla *tecleando* (ver *Type (verb))* encima un nuevo contenido.

• ... may be changed by positioning the cursor to the desired area and *typing over (sobreescribiendo)* its contents ...

Type posture: *1. Estilo de un tipo.*
Sinónimo de *Type stile* (ver).

Type style: *1. Estilo de un tipo.*
1. Aunque a veces se usa con otros significados más genéricos, el *estilo* de un tipo se refiere a la verticalidad o inclinación de la *facies* (ver *Typeface*) a la que pertenece.

• The two most common *type styles (estilos de tipos)* are roman and italic.

Type weight: *1. Grosor del tipo.*
1. Rasgo distintivo de una *facies* (ver *Typeface*) que depende del *grosor* de los trazos que forman los tipos. Hay grados en función del grosor: normal, negrita, ...

• ... change of *type weight (grosor del tipo)* (such as bold), ...

Type width: *1. Ancho del tipo.*
1. Tamaño horizontal de un tipo que forma parte de una *facies* (ver *Typeface*). Puede dar-

se en forma numérica o descriptiva (por ejemplo, «condensado»).

• *Type Width (Ancho del tipo):* Condensed text – (compressed) less character width than Roman text of this style ...

Typeface: *1. Facies.*
1. Conjunto homogéneo de tipos imprimibles que comparten el mismo *diseño* específico e *irrepetible* (por ejemplo *Courier*), *grosor* (*negritas*, ...; ver *Type weight*) y *estilo* (*itálica*, ...; ver *Type style*).

• ... of high quality *typeface (de facies)* designs that are applicable to a wide variety of graphic ...

Typeface family: *1. Familia de facies.*
1. Conjunto de tipos con un diseño (forma específica e *irrepetible*; por ejemplo, *Courier*) común y todos los *grosores* (ver *Type weight*) y *estilos* (ver *Type style*) posibles.

• Computer font includes *Typeface family (familia de facies)* + style [e.g. Helvetica italic is a font; Helvetica bold is another font; each of these fonts have all the sizes built into them.

Typematic: *1. Autotecleo.*
1. Capacidad de un *teclado* (ver *Keyboard*) de repetir el efecto de una tecla mientras se mantiene pulsada la misma.

• Specifies the address of a value representing the *typematic (de autotecleo)* delay.

Typematic rate: *1. Velocidad de autotecleo.*
1. Número de pulsaciones automáticas por segundo que se producen mientras se mantiene pulsada la misma *tecla* (ver *Typematic*). Puede configurarse (como «velocidad de repetición») en función de los reflejos de quien *teclea* (ver *Type (verb))*.

- The minimum *typematic rate (velocidad de autotecleo)* is 2 repeats per second, and the maximum rate is 30 repeats per second.

Typeover: *1. Sobreescribir.*
Ver *Type over (verb).*

T1 carrier: *1. Línea T-1.*
Ver *T-1 carrier.*

T3 carrier: *1. Línea T-3.*
Ver *T-3 carrier.*

U

uid: *1. uid.*

1. En algunos sistemas, *uid* es la forma de referirse a una identificación de usuario. Si se dice *UID* se está refiriendo a una variable que contiene una identificación de usuario.

• The value of *uid (uid)* is incorrect.

UART: *1. UART.*

Ver *Universal Asynchronous Receiver-Transmitter.*

UCS: *1. JUC. 2. Juego Universal de Caracteres.*

Ver *Universal Character Set.*

UDA: *1. UDA.*

Ver *Universal Data Access.*

UDP: *1. UDP.*

Ver *User Datagram Protocol.*

UHF: *1. UHF.*

Ver *Ultra High Frequency.*

UID: *1. UID.*

1. En algunos sistemas, *uid* es la forma de referirse a una identificación de usuario. Si se dice *UID* se está refiriendo a una variable que contiene una identificación de usuario.

Ultra ATA: *1. Ultra ATA.*

1. Versión de *ATA* (ver *Advanced Technology Attachment*) de finales de 1998 con velocidades de transferencia superiores a los 33 Mbps hacia y desde disco duro.

• Windows 98 has *Ultra ATA* support integrated into the operating system.

Ultra DMA: *1. Ultra DMA.*

1. Protocolo de transferencia de datos entre disco duro y memoria, capaz de proporcionar una velocidad superior a 33 Mbps. Es un complemento necesario al uso de Ultra ATA. Ver *Direct Memory Access.*

• Many new computers come with large *Ultra DMA* drives and interfaces, and it's possible to add a UDMA interface card to ...

Ultra High Frequency:
1. UHF.

1. Rango de frecuencias en el espectro electromagnético situado, aproximadamente, entre 300 Mhz y 3 Ghz.

• ... began replacing and upgrading its *ultra-high frequency (UHF)* satellite communications network ...

UMB: *1. UMB.*
Ver *Upper Memory Block.*

UML: *1. UML.*
Ver *Unified Modeling Language.*

Un-normalized: *1. Innormalizada.*
1. En Análisis Relacional de Datos una relación es innormalizada cuando aún no ha sido sometida al proceso de *normalización* (ver *Normalize Def. 1*) y, particularmente, si contiene grupos repetitivos.

• While *un-normalized (innormalizadas)* relations represent arbitrary groupings of data, ...

Unallocate (verb): *1. Desasignar.*
1. Romper el ligamen entre un trabajo y un recurso utilizado por el mismo, ligamen que se estableció durante un proceso de *asignación* (ver *Allocate*). El recurso (lo más frecuente es que sea un fichero; puede ser también un dispositivo) queda liberado para otros usos. Según *sistemas operativos* (ver *Operating system*), puede admitirse desasignación explícita, dinámica y por final de paso o de trabajo. *Unallocate* y *Deallocate* son sinónimas.

• ... to specify when the system is to *unallocate (desasignar)* the resources used for ...

Unary: *1. Unario.*
Ver *Unary operator.*

Unary operator: *1. Operador unario.*
1. Operador que se aplica a un solo elemento (variable, expresión entre paréntesis ...). Habitualmente es un signo que afecta al valor del elemento al que se aplica el operador.

• All *unary operators (operadores unarios)* have the same precedence and have right-to-left ...

Unavailable: *1. Indisponible.*
1. Dícese de un recurso, dato, opción, etc., que no está disponible, que no puede usarse o ser elegido.

• ... to indicate to a user that a choice is *unavailable (indisponible)*, the user is less ...

Unbuffered: *1. Desbaferizado.*
1. Dícese de un dispositivo (memoria, disco, etcétera) que no utiliza báferes (ver *(Buffer)*) y de los accesos que se hacen a dichos dispositivos.

• ... combination of buffered and *unbuffered (desbaferizado)* I/O to access the files.

Unbundled system: *1. Sistema disociable.*
1. Sistema (hardware, software o ambos) cuyos componentes pueden ser adquiridos de forma independiente. Aunque hoy parezca difícil de creer, hubo un tiempo en que las máquinas se vendían con la dotación de software correspondiente sin posibilidad de comprar una parte.

• XXX is an *unbundled system (sistema disociable)* software product that provides large-scale ...

Uncatalog: *1. Descatalogar.*
1. En sistemas que usan catálogos para facilitar el acceso a los ficheros, *descatalogar* un fichero es borrar su entrada en el catálogo. *Descatalogar* no borra físicamente el fichero sino solamente su entrada en el catálogo. Desde ese momento hay que dar más datos para acceder al fichero (y tener anotados esos datos en algún sitio).

• If the data set is cataloged, the system does not *uncatalog (descataloga)* it.

Uncommitted: *1. Inaceptado.*
1. Modificaciones provisionales, por incom-

pletas, introducidas en una *base de datos* (ver *Database*). Cuando se completen (en buena doctrina, cuando se complete la *unidad lógica de trabajo* (ver *Logical Unit of Work*) de que forman parte), se declararán *aceptadas* (ver *Commit (verb)*) y no se podrán deshacer salvo en proceso de *restauración/recuperación* (ver *Restoration* y *Recovery*).

● ... you must back out any *uncommitted (inaceptados)* changes to data that occurred before ...

Uncompress: *1. Descomprimir.*
1. Operación inversa de *comprimir* (datos). Los datos, previamente comprimidos, que pasan por la operación de *descomprimir*, vuelven a la situación anterior a la de su compresión.

● ... which allows the stream of data sent from the server to be *uncompressed (descomprimidos)* and output using ...

Undelete: *1. Desborrar.*
1. Poder disponer de nuevo de un elemento que había sido borrado previamente por medio de un *mandato Delete*. Pueden *desborrarse*, por ejemplo, mensajes de correo en un buzón. Es evidente que tiene que haber un límite a partir del cual un borrado se hace definitivo y el desborrado ya no tiene efecto.

● You cannot *undelete (desborrar)* messages deleted in previous ...

Undeliverable: *1. Inentregable.*
1. Dícese de un mensaje o parte de mensaje que no puede ser entregado a su destinatario (por error de dirección, o por cualquier otra causa).

● The mail server is responsible for reporting *undeliverable (inentregable)* mail, so you may not need to know too much ...

Under construction: *1. En desarrollo.*
1. Frase que se usa en la *Ueb* (ver *World Wide Web*) para empezar a hacer publicidad antes de desarrollar el «spot» y, de camino, frustrar al incauto que cae en la trampa. Puede ser, obviamente, contraproducente.

● Thank you for visiting our website. It is currently *under construction (en desarrollo)*.

Underflow: *1. Infrallenado.*
1. Producirse, en un cálculo aritmético, un resultado que, sin ser cero, es inferior en magnitud al mínimo representable en el método utilizado por el sistema (habitualmente, en estos casos, coma flotante) (ver también *Overflow*).

● *Underflow (Infrallenado)* condition may set a status byte, raise an exception or ...

Underline (verb): *1. Subrayar.*
1. Opción presente en los procesadores de textos, que permite destacar partes de un documento mediante la incorporación de una raya inmediatamente debajo de dichas partes.

● ... if you want *to underline (subrayar)* a word ...

Undernet: *1. Undernet.*
1. Una de las más importantes redes mundiales de grupos IRC (ver *Internet Relay Chat*).

● On the *Undernet*, you can also use the «/quote silence» command to counter people flooding you ...

Underscore (noun): *1. Subrayado.*
1. Carácter (_) que se utiliza para subrayar y que, con cierta frecuencia, se admite para formar parte de identificadores. Su valor en *ASCII* es x'5F' y en *EBCDIC*, x'6D'.

● ... or an *underscore (subrayado)* (_) at the position where you want hyphenation ...

Underscore (verb): *1. Subrayar.*
Sinónimo de *Underline* (ver).

Undetached: *1. Ininterrumpida.*
1. Estado de una *hebra* (ver *Thread*) en función del valor de un atributo asociado a la misma en el momento de su creación. Si el estado es *ininterrumpida*, la *hebra* conserva sus recursos tras su terminación.

• The value specified by *thread* does not refer to an *undetached (ininterrumpida)* thread ...

Undo: *1. Deshacer.*
1. En general, significa volver atrás el efecto de una acción previa. El uso más frecuente es el que se da en determinadas aplicaciones o programas (por ejemplo, procesadores de texto) que tienen una opción que permite *deshacer* los efectos de una o más acciones previas que se supone erróneas. También puede aplicarse a rutinas de *cifrado* (ver *Encrypt*), compactación o, en general, de *edición* (ver *Edit Def. 3*), que pueden usarse tanto para cifrar, compactar, etc., como para deshacer el efecto de estas acciones.

• The same routine is used to *undo (deshacer)* the transformation when rows are ...

Undock (verb): *1. Desacoplar.*
1. Desconectar una computadora portátil de su *base de acoplamiento* (ver *Docking station*).

• ... when you *undock (desacopla)* the laptop and attempt to resume ...

Unformatted: *1. Informateado.*
1. Que carece de formato. Sin distinción y separación claras de las partes componentes.

• ... you have the choice of browsing the file in an *unformatted (informateada)* or formatted display.

Unfreeze: *1. Descongelar.*
1. Liberar el flujo normal de un proceso que había sido *congelado* previamente. Por ejemplo, el flujo de mensajes en consola en un sistema con multiprogramación.

• To *unfreeze (descongelar)* the screen, operators can press the PF5 key ...

Unicast: *1. Monodifusión.*
1. Siempre que exista la posibilidad de comunicarse con más de un interlocutor, podrán darse, al menos potencialmente, las tres opciones siguientes: envío de mensaje a un solo interlocutor, envío a todos y envío a parte de ellos. Se llama *monodifusión* a la primera opción mencionada. Esto es válido tanto para una *lista de correo-e* (segmentada; ver *Mailing list*), como para una red local como para una interred. La toma en consideración de las tres opciones tiene importantes repercusiones en el diseño de direcciones y de protocolos (ver también *Multicast* y *Broadcast*).

• A *unicast (de monodifusión)* address is designed to transmit a packet to ...

Unicode: *1. Unicode.*
1. Estándar en construcción orientado a la creación de un *juego universal de caracteres* (ver *Universal character set*). Basado en dedicar 16 bits a cada carácter, permite la representación de unos 65.000 caracteres, lo que se juzga suficiente para la totalidad de las lenguas escritas vivas y para algunas muertas.

• ... are becoming more common while *Unicode (Unicode)* is less common.

Unidirectional channel: *1. Canal unidireccional.*
1. Canal de comunicaciones que sólo puede transmitir en un sentido (no puede invertirse).

• ... wherein said first channel is a unidirec-

tional channel *(canal unidireccional)* in an upstream ...

Unified Modeling Language:
1. UML.
1. Lenguaje gráfico y notacional usado en el
análisis y diseño de aplicaciones basadas en la
orientación a objetos (ver *Object orientation*). No es propiamente un método –ya que
resulta de la fusión de métodos preexistentes–
pero se acerca a ello. Ampliamente aceptado
y, además, tenido en cuenta por los desarrolladores de herramientas *CASE* (ver *Computer-Aided Software Engineering*).

● *Unified Modeling Language (UML)* aims to
be a standard modeling language which can
model ...

Uniform Naming Convention:
1. UNC.
Forma alternativa de llamar a la *Universal
Naming Convention* (ver).

Uniform Resource Identifier: *1. URI.*
1. Identificación, conforme a normas, de un
recurso de la *Ueb* (lo más común, de una página; ver *World Wide Web*). Está formada por
un componente que identifica a la computadora en la que está el recurso (e indirectamente, el protocolo o camino para llegar a
ella) y la dirección de la página (fichero) dentro de la computadora.

● A URI-reference is a *Uniform Resource
Identifier (URI)* with an optional fragment
identifier separated from the URI by a cross-
hatch («#») character.

Uniform Resource Locator: *1. URL.*
1. Dirección que se usa en *Ueb* (ver *World
Wide Web*) para localizar recursos Internet. La
dirección incluye una indicación del protocolo
usado (por ejemplo, *http*), más la propia dirección (por ejemplo, un servidor y una página).

● ... HTML documents and graphics are loaded
into the browser whenever a *URL (URL)* is accessed.

Uniform Resource Name: *1. URN.*
1. Otro concepto que está buscando su lugar
al sol en la maraña de iniciativas que intentan
mejorar el *direccionamiento* (ver *Addressing*)
y las búsquedas en la *Ueb* (ver *World Wide
Web*). El recurso, del que no se tiene una dirección completa, recibe un nombre persistente y se le asocia un agente preparado para esa
búsqueda y otras similares.

● *Uniform Resource Name (URN)* resolution
methods frequently wish to return lists of URLs
for a resource so that fault-tolerance ...

Uninstall: *1. Desinstalar.*
1. Proceso de eliminar de una computadora
un producto o aplicación y todas las referencias necesarias para el acceso y la utilización
del mismo. Es un proceso relativamente complejo que requiere un buen conocimiento del
funcionamiento interno del *sistema operativo*
... o el uso de un *desinstalador* (ver *Uninstaller*) apropiado.

● If the program still exists, you won't be able
to *uninstall (desinstalar)* it once you've deleted
the listing.

Uninstaller: *1. Desinstalador.*
1. Programa de utilidad cuya especialidad es la
desinstalación de otros programas o aplicaciones, lo que no siempre se consigue al cien por
cien (quedan ficheros *huérfanos* que pueden
dificultar otras instalaciones del mismo programa o aplicación). Las versiones más recientes
de los *sistemas operativos* (ver *Operating
system*) traen un *desinstalador* incorporado.

● The PGP *Uninstaller (Desinstalador)* can be
accessed via the Add/Remove Programs control panel.

Uninterrupted Power Supply:
1. Fuente de Energía Ininterrumpida.
2. FEI.
1. Dispositivo eléctrico y/o electrónico, de mayor o menor potencia, capaz de suministrar energía eléctrica a toda o parte de una instalación informática durante un tiempo limitado cuando falla la energización externa.

• Power brown outs and surges can be prevented by purchasing a *Uninterrupted Power Supply system (fuente de energía ininterrumpida).*

Union: *1. Unión.*
1. Referencia a una opción del lenguaje *SQL* (ver *Structured Query Language*) que permite crear una tabla de resultados *uniendo* las tablas de resultados (todas sus filas) de dos selecciones.

• The third result column from the *union (unión)* of the two tables also has ...

Unipolar signal: *1. Señal unipolar.*
1. Señal de dos estados de los que uno es un voltaje o corriente y el otro es ausencia de voltaje o corriente.

• ... to transform the bipolar input signal into a unipolar signal (señal unipolar) that can be processed by a ...

Unique: *1. Irrepetible.*
1. Que no tiene o no admite repeticiones.

• Each employee has a *unique (irrepetible)* employee number that can be used to ...

Unique index: *1. Índice unívoco.*
1. Índice que asegura la *irrepetibilidad* (ver *Uniqueness*) de una *clave* (ver *Key (noun) Def. 2*) en un fichero o tabla, es decir, asegura una correspondencia *unívoca* entre elementos del índice y registros o filas de la tabla.

• A table with a *unique index (índice unívoco)* cannot have two rows ...

Uniqueness: *1. Irrepetibilidad.*
1. Calidad de irrepetible.

• ... you create an index to enforce the *uniqueness (irrepetibilidad)* of the key.

Unit: *1. Unidad.*
1. Algunos dispositivos hardware reciben el nombre de *unidad* (la *UCP* (ver *Central Processing Unit*), las unidades de control, las unidades de discos y cintas, ...).

• ... they do not need to specify *unit (de unidad)* type or volume ...

Unit of work: *1. Unidad de trabajo.*
Sinónimo de *Unidad Lógica de Trabajo* (ver *Logical Unit of Work*) .

Universal Asynchronous Receiver-Transmitter: *1. UART.*
1. Circuito integrado, habitualmente programable, con capacidades para realizar las tareas más significativas del control de la transmisión asíncrona de datos (inserción y eliminación de bits de arranque y parada, sincronización de reloj –bit– y de carácter, generación y verificación del bit de paridad, etc.).

• The microprocessor within the MUX controls the transfer of characters between the *UARTs (UARTs)* and the ...

Universal Character Set: *1. Juego Universal de Caracteres. 2. JUC.*
1. Norma *ISO* e *IEC*, de 1993, en la dirección de crear un *juego de caracteres* (ver *Character set*) en el que tengan cabida todas las lenguas con contrapartida gráfica del mundo (o, al menos, la mayoría). Hay una variante de 16 bits y otra de 32 bits.

● The implementation of *Universal Character Set (Juego Universal de Caracteres)* is still in its infancy ...

Universal Data Access: *1. UDA.*

1. *API* (ver *Application Program Interface*) desarrollada por Microsoft para enlace entre su entorno *COM* (ver *Component Object Model*) y *bases de datos*, relacionales y no relacionales, gestionadas por *SGBDs* (ver *Database Management System*) que proporcionen su parte de la *interfaz* (ver *Interface (noun)*). Se trata de hacer simple el acceso desde programas en un entorno distribuido a bases de datos, también distribuidas, gestionadas por diferentes SGBDs.

● With a *Universal Data Access (UDA)* capability any kind of data looks relational and can be manipulated using corresponding tools.

Universal Naming Convention: *1. UNC.*

1. Forma relativamente extendida de referirse a recursos (mayormente, ficheros, pero también impresoras) que han de accederse, pero que están en otra computadora, como, por ejemplo, un servidor en una red. La forma más extendida de UNC es:

\\NombreServidor\NombreRecurso

● The old DOS command truename can be used to find out the *UNC (UNC)* of ...

Universal Serial Bus: *1. USB.*

1. Dispositivo que permite una conexión fácil de los periféricos más comunes (ratones, impresoras, *escaneadoras*, palancas para juegos (ver *Joystick*), etc.). Las versiones recientes admiten la conexión de más de 100 dispositivos. Alcanzan hasta unos 5 metros y la velocidad de transferencia es de 12 Mbps. Hay una norma de industria que ha servido de base para la creación de *USB*; en su creación y

mantenimiento participan Intel, Compaq, IBM, Microsoft, DEC, NEC y Northern Telecom.

● With virtually all new PCs shipping with *Universal Serial Bus (USB)* ports, ...

Universal Synchronous/ Asynchronous Receiver-Transmitter: *1. USART.*

1. Circuito integrado, habitualmente programable, con capacidades para realizar las tareas más significativas del control de la transmisión tanto sincrónica como asíncrona de datos (su programación permite optar por uno de ambos modos).

● To program the *USART (USART)* to operate in the synchronous mode (that is as a USRT) ...

Universal Synchronous Receiver-Transmitter: *1. USRT.*

1. Circuito integrado, habitualmente programable, con capacidades para realizar las tareas más significativas del control de la transmisión sincrónica de datos (sincronización especial –*DPLL*– de reloj (ver *Digital phase-lock-loop*) y de carácter, generación y verificación del bit de paridad, generación sincrónica de caracteres de reposo, etc.).

● As the high-speed link interface circuit operates in a character-oriented synchronous transmission mode, the MUX will comprise a USRT (USRT).

Unix-to-Unix Copy: *1. UUCP.*

1. Bajo este nombre se incluyen una serie de *mandatos* UNIX utilizados para la conexión básica (no *RAL*) de sistemas UNIX en una red del tipo punto a punto. Este tipo de red se negocia entre los administradores de sistemas y su uso principal fue el *correo-e* (ver *E-mail*) y el acceso a *grupos de noticias* (ver *News*

groups). El conjunto de mandatos (ver *Command*) constituye, en realidad, un protocolo de comunicación.

● If your system is connected to other systems through *Unix-to-Unix Copy (UUCP)* you can send electronic mail ...

Unlabeled: *1. Sin etiquetas.*
1. Adjetivo que se aplica a volúmenes y ficheros que se han creado sin etiquetas (es decir, sin unos registros especiales, exteriores a los datos, que pueden contener información referente al propio volumen o fichero; ver *Label Def. 2).* Volúmenes (en general, cintas) y ficheros sin etiquetas son útiles para portar (ver *Port (verb))* y transportar información entre sistemas (cada fabricante tiene su propio formato de etiquetas y estos formatos son incompatibles entre sí).

● When a file is to be stored on an *unlabeled (sin etiquetas)* tape volume ...

Unload: *1. Descargar.*
1. Operación que se efectúa sobre un fichero que tiene una cierta estructura (por ejemplo, un directorio y miembros contenidos, unos datos con uno o más índices, etc.) para producir un fichero desestructurado pero que puede servir para volver a reconstruir el fichero original. El fichero resultante de la operación se llama fichero *descargado.* La utilidad principal de la función *descargar* es la de proporcionar copias de salvaguardia (ver *Backup copy)* de ficheros y *bibliotecas* (ver *Library).*

● To *unload (descargar)* more than one file to the same tape volume ...

Unlock: *1. Desbloquear.*
1. Operación inversa de *bloquear* (ver *Lock (verb)):* el elemento bloqueado con una *lock* se *desbloquea* con una *unlock* (el *teclado*, una tabla o fila de una *base de datos*, etc.).

● This function controls whether the keyboard *will be unlocked (se desbloqueará)* automatically after ...

Unmap: *1. Disociar.*
1. Operación de deshacer una asociación establecida previamente utilizando una operación de *asociar* (ver *Map (verb) Def. 2).*

● It should be used only to *unmap (disociar)* previously mapped by the application ...

Unmount: *1. Desmontar.*
1. Eliminar la asociación lógica entre dos sistemas de ficheros (en UNIX), establecida por medio de una operación de *montado* (ver *Mount Def. 2).*

● ... at the time they are accessed, and also *unmount them (desmontarlos)* later.

Unmovable file: *1. Fichero inmoble.*
1. Fichero que no debe ser movido del sitio que ocupa físicamente. Por lo general, a causa de que es accedido teniendo en cuenta direcciones físicas, que cambiarían si el fichero se moviera a otra unidad o a otra posición en la misma unidad.

● Fixed a crash that could occur when working with bad clusters and *unmovable files (ficheros inmobles).*

Unpack: *1. Desempaquetar.*
2. Descomprimir.
1. En máquinas que admiten formato *empaquetado* (ver *Packed decimal)* para *campos* (ver *Field)* numéricos decimales, *unpack* es la operación de convertir números empaquetados a otro formato que ocupa más espacio pero que es directamente legible (formato con caracteres).

● Data is treated as decimal by the *unpacking (de desempaquetar)* instruction ...

2. Convertir un fichero de formato comprimido a formato descomprimido. En este sentido, *unpack* es sinónima de *uncompress*.

- ... unpack doesn't *unpack (descomprime)* a file if: ...

Unprivileged: *1. Ordinario/a.*
1. Adjetivo que se aplica a las *instrucciones de máquina* (ver *Machine instruction*) que forman los programas de aplicación. Estas instrucciones no requieren un *estado supervisor* («*privilegiado*») para ser ejecutadas.

- ... and by using *unprivileged (ordinarias)* instructions to change the contents of ...

Unprotected: *1. Desprotegido.*
1. Área de memoria, *campo* (ver *Field*) en una pantalla o ventana, etc., sobre los que se pueden mover o *introducir* (ver *Entry area*) datos. También puede aplicarse a sistemas o datos vulnerables o fácilmente accesibles.

- ... but the data content of *unprotected (desprotegidos)* fields may be different.

Unrecoverable: *1. Irrecuperable.*
1. Se aplica a una situación de error o, en general, indeseable (por ejemplo, pérdida de datos) desde la que no es posible volver, de forma automática, a una situación normal.

- ... an *unrecoverable (irrecuperable)* I/O error was encountered on an active log file ...

Unset (adj): *1. Desactivado.*
1. Uno de los dos estados de un indicador (ver *Flag, Switch*). Si el indicador se asocia con una condición, el estado *desactivado* debería asignarse si la condición es falsa (ver también *Set*).

- If this flag is *unset (desactivado)* an interrupt has not been sensed.

Unshielded Twisted Pair: *1. Par torcido no-blindado. 2. UTP.*
1. Cable telefónico, de uso habitual en los EUA, que tiene condiciones aceptables para la transmisión de datos (al menos para uso doméstico, *RALs* de tráfico limitado y similares).

- *Unshielded twisted pair (Par torcido no-blindado)* has been around for quite a while ...

Unsigned: *1. No signado.*
1. Dato numérico que carece de signo. Si se opera con él se comporta, en general, como positivo.

- ... is a pointer to an *unsigned (no signado)* long integer containing the specified ...

Unsorted: *1. Desclasificado/a.*
1. Dícese de un fichero o, en general, de una estructura de datos repetitivos, cuyos componentes (registros, filas, etc.) carecen de ordenación. El único proceso posible es, por tanto, el serial (ver *serial*).

- ... which takes *unsorted (desclasificada)* input and sorts it.

Unsuccessful execution: *1. Ejecución fallida.*
1. Ejecución de un programa, *mandato* (ver *Command*), instrucción, etc., que no alcanza su final normal. Cuando se produce una situación de este tipo es muy importante saber *qué* modificaciones ha podido efectuar la parte ejecutada y tomar medidas adecuadas para deshacer lo actuado o, si es posible, continuar desde el punto de la interrupción.

- ... which results in the *unsuccessful execution (ejecución fallida)* of one of the services.

Unzip: *1. Deszipear.*
1. Operación inversa de *zip* (ver *Zip (verb)*).

• Choose the folder and the file name you wish to *unzip (deszipear)* and press «Open».

UNC: *1. UNC.*
Ver *Universal Naming Convention.*

UNIX: *1. UNIX.*
1. *Sistema operativo* (ver *Operating system*) de amplio uso, desarrollado en los Laboratorios Bell (de ATT) y registrado como nombre comercial por la propia ATT. Existen muchas versiones de *UNIX*, incluyendo una de libre uso. Tiene capacidad de multiprogramación en entorno multiusuario. Existen versiones para casi todos los tamaños de máquina.

• When you use *UNIX (UNIX)* you and your programs use the file system to work with ...

Up: *1. Operante.*
1. Dícese de una computadora, periférico, línea de comunicaciones, etc., que están disponibles para uso inmediato.

• « ... you're up *(operante)* in the simulator».

Up arrow: *1. Flecha arriba.*
1. Una de las cuatro flechas que controlan el movimiento del cursor del *teclado* (ver *Keyboard*).

• When a user presses the *up arrow (flecha arriba)*, the value displayed ...

Up-converter: *1. Convertidor ascendente.*
1. Dispositivo que traduce señales a frecuencias superiores a las de entrada.

• This circuit is an audio *up-converter (convertidor ascendente)* for the reception of ...

Upcall: *1. Sobrellamada.*
1. *Llamada* (ver *Call (noun)*) que se hace a un elemento previo en una cadena de llamadas (o de protocolos en uso).

• Calls on the right are moving up the protocol stack (hence, *«upcalls» (sobrellamadas)*).

• This is limiting. I prefer to have an *upcall (de sobrellamada)* mechanism which allows me to tag any operation as oneway.

Update (verb): *1. Actualizar.*
2. Modificar.

1. Modificar cualquier tipo de información permanente (sobre todo datos, pero también programas) para poner su contenido al día. Puede incluir altas, bajas y modificaciones.

• ... you might want to keep a copy of back records before *updating (actualizar)* a file ...

2. Sustituir el contenido de uno o más *campos* (ver *Field*) elementales que forman parte de un registro por un contenido distinto. Es decir, preparar una actualización del tipo *modificación* (ver *Def. 1*).

• ... to copy the record you are going to *update (modificar)*, and write it ...

Update process: *1. Proceso de actualización.*
1. Proceso que se traduce en la modificación de datos referentes a una o más *entidades* (ver *Entity*).

• ... each *update process (proceso de actualización)* must be regarded as a success unit ...

Upgrade (verb): *1. Mejorar(se).*
1. Sustituir un sistema, un componente (hardware o software) o un conjunto de componentes por otros más modernos (nuevas *entregas* (ver *Release*) o versiones) o de mejores prestaciones. No se aplica a datos.

• Backbone LANs can be *upgraded (mejorarse)* to faster technology ...

Upgrading: *1. Mejora.*
1. Acción y efecto de *mejorar* o *mejorarse.*

• Guaranteed *upgrading paths (vías de mejora)* for increased power and capabilities, including ...

Uplink: *1. Enlace ascendente.*
1. Enlace de comunicaciones desde una estación en tierra hasta un satélite.

• You can get true *uplink (enlace ascendente)*/downlink Internet access right now, but the prices are astronomical and make sense ...

Upload (noun): *1. Subida.*
1. Acción y efecto de *subir* (ver *Upload (verb)*) material desde nuestra computadora hacia otra computadora con la que se está conectado en red.

• The processing of a file *upload (subida)* is exactly like that of ordinary data; ...

Upload (verb): *1. Subir.*
1. Operación inversa de *download* (ver). Consiste en transmitir datos desde una computadora en red a otra computadora que se admite ocupa una posición preeminente o menos periférica (un servidor, un *STA* (ver *Bulletin Board System*), una *computadora principal,* etcétera). Con más generalidad, transmitir datos desde *nuestra* computadora a otra.

• Then, *upload it (súbelo)* to xxx.yyy.zzz.edu into the directory /incoming/cgi and send ...

Uploaded: *1. Subido.*
1. Elemento –habitualmente, un fichero– que ha sido *subido* (ver *Upload*) a otra computadora.

• Why are my *uploaded (subidos)* filenames in all Caps?

Upper Memory Block: *1. UMB.*
1. Se llama *UMB* a una parte de la memoria expandida, gestionada por un programa EMM y que se dedica a contener programas residentes (*TSR*; ver *Terminate and Stay Resident*) o manejadores de dispositivo (ver *Device driver*).

• Driver to use *upper memory blocks (UMBs)* on XT/ATs ...

Uppercase: *1. Mayúsculas.*
1. Letras mayúsculas. El nombre procede de que estaban situadas en las cajas superiores de los depósitos de tipos usados por los cajistas.

• ... and the field does not contain an *uppercase (mayúscula)* A through Z.

Upstream: *1. Corrientearriba.*
1. Dícese de lo que está más arriba en el sentido principal de la circulación (de los datos, si sólo van en un sentido; de la computadora al usuario, etc.).

• The name of an *upstream (corrientearriba)* coordinator if the coordinator is ...

Uptime: *1. Tiempo operativo.*
1. Tiempo en que está en servicio una computadora, un *sistema operativo* (ver *Operating system*), una aplicación, etc. Existen *mandatos* y programas que proporcionan este tiempo.

• ... in creating and operating knowledge communities for improving *uptime (tiempo operativo)* management in Data Center Facilities ...

Upward compatible: *1. Compatible hacia arriba.*
1. Se aplica a productos de entorno que pueden utilizar elementos (por ejemplo, programas) que se crearon para versiones más antiguas de tales productos. También puede apli-

carse a un atributo que permite dicha utilización. Casi todos los sistemas admiten, hasta cierto límite, esta compatibilidad.

• Although systems operating as this one may differ in implementation and physical capabilities, logically they are *upward compatible (compatibles hacia arriba)* ...

UPS: *1. FEI. 2. Fuente de Energía Ininterrumpida.*
Ver *Uninterrupted Power Supply.*

URL: *1. URL.*
Ver *Uniform Resource Locator.*

URN: *1. URN.*
Ver *Uniform Resource Name.*

URI: *1. URI.*
Ver *Uniform Resource Identifier.*

Usability: *1. Usabilidad.*
1. Conjunto de características de un sistema, subsistema, aplicación o programa que permiten que sea usado de forma fácil y no problemática: comprensibilidad, ayudas, facilidad de navegación, etc.

• ... with additional functions, improved *usability (usabilidad)*, and better performance.

2. Que puede utilizarse o aplicarse, en general o en una situación específica.

• ... increases the *usability (utilizabilidad)* and reliability of backup operations done outside ...

Use-case diagram: *1. Diagrama de casos de uso.*
1. En el lenguaje *UML* (ver *Unified Modeling Language*) y en algunos de sus precedentes inmediatos, diagrama en el que se representa la interacción con el sistema a desarrollar, de

los diferentes interventores. Dichas intervenciones se concretan en casos de uso.

• If your *use-case diagram (diagrama de casos de uso)* gets more complex than this, it will need to be divided into several ...

Usenet: *1. Usenet.*
1. *STA* (ver *Bulletin Board System*) distribuido, de alcance mundial en el que cualquier participante puede enviar mensajes que, potencialmente, pueden ser leídos y contestados por cualquier otro participante del mundo. Para poner un poco de orden, los usuarios de *Usenet* envían sus mensajes no a toda *Usenet* sino a una especialización temática, con nombre propio, llamada *grupo de noticias* (ver *News groups*). Estos grupos pueden tener una vida estable o efímera (cualquiera puede crear uno) y puede que existan (finales de siglo XX) más de 20.000. El soporte informático lo dan servidores conectados en red que intercambian mensajes, se suplen unos a otros, etc. Casi todos son máquinas UNIX que pueden estar o no en Internet, aunque la mayoría lo están. Utilizan el protocolo *NNTP* (el protocolo original fue *UUCP*; ver *Network News Transfer Protocol*). Para acceder a *Usenet* hay que disponer de un programa cliente (puede *bajarse*, aunque los principales exploradores de la red lo traen incorporado). Los mensajes tienen una vida aún más efímera que los grupos de noticias, pero hay entidades que los almacenan, clasifican y ponen a disposición de usuarios interesados.

• Every day, *Usenet (Usenet)* users pump upwards of 40 million characters into the ...

User: *1. Usuario. 2. Usuario final.*
1. Responsable del funcionamiento de una aplicación o subsistema y «dueño» de sus datos. Es la persona que establece los requisitos técnicos y funcionales de dicha aplicación o subsistema. Dada su tendencia a modificar di-

chos requisitos cuando el desarrollo ya está avanzado, es también conocido por los informáticos como *maldito usuario*.

● ... administration of the total recovery operation is still the *user's (del usuario)* responsibility.

2. Persona que usa la computadora y los programas instalados en la misma como ayuda en su trabajo. También llamado *usuario final*.

● ... allow *users (usuarios o usuarios finales)* of workstations to move sensitive operations into the more secure environment ...

User account: *1. Cuenta.*
Sinónimo de *Account* (ver definición).

User authentication: *1. Autenticación de usuario.*
1. Proceso común a muchos sistemas, subsistemas y aplicaciones y que consiste en verificar que un usuario (a través de la identificación del mismo y de su *contraseña*; ver *Password*) está autorizado a efectuar determinado acceso (operativa y/o datos).

● ... the password to be used for *user authentication (autenticación de usuario)*.

User Datagram Protocol: *1. UDP.*
1. *UDP* es uno de los protocolos básicos de Internet, situado entre el *estrato de aplicación* (ver *Application layer*) y el *estrato de transporte* (protocolo *IP*; ver *Transport layer*). *UDP* opera sin establecimiento previo de conexión y sin control de errores. Tiene, por tanto, un nivel bajo de *fiabilidad* (ver *Reliability*), al revés de lo que ocurre con TCP. La cabecera de un datagrama UDP contiene el puerto origen (opcional), el puerto destino, la longitud total del datagrama y un *campo* sumatorio de control.

● The *User Datagram Protocol (UDP)* is used when error correction is not needed ...

User exit: *1. Salida de usuario.*
1. Punto en un programa suministrado por un proveedor externo (por ejemplo, un constructor de computadoras) en el que puede cederse el control a un programa de usuario (es decir, de Técnica de Sistemas) para realizar una acción propia de la instalación, no prevista (no parametrizada) por el fabricante del programa principal.

● ... is by using abnormal termination *user exits (salidas de usuario)* in which you issue ...

User friendly: *1. Afable para el usuario.*
1. Naturaleza del diseño de la interacción de un sistema, subsistema o aplicación con el usuario de los mismos (usuario informático o final) que posibilita que el uso de dichos productos sea fácil y, si es posible, agradable.

● ... to see if it provides a web-based discussion medium that will be *user friendly (afable para el usuario)* and will create a pleasant ...

User hook: *1. Salida de usuario.*
1. Sinónimo de *User exit* (ver), de uso más frecuente en Desarrollo que en Sistemas. Se aplica, fundamentalmente, a los puntos en programas generados por un generador en los que el usuario (programador) puede insertar código propio para resolver situaciones que el generador no puede resolver.

● ... a generator will provide *«user hooks» (salidas de usuario)* via which the programmer can insert ...

User interface: *1. Interfaz de usuario.*
Sinónimo de *Human-computer interface* (ver). Ver también *Graphical User Interface*.

User involvement: *1. Intervención (comprometida) del usuario.*
1. Participación activa y comprometida del usuario de una aplicación en desarrollo en algunas de las actividades de análisis y diseño de la misma.

• This contributes greatly to establishing the active *user involvement (intervención del usuario)* that is essential ...

User profile: *1. Perfil de usuario.*
1. Información almacenada con relación a un usuario y que determina qué información debe introducir dicho usuario (por ejemplo, *contraseña*; ver *Password*) para usar un sistema o parte del mismo, qué puede hacer el usuario en cuestión y, en ciertos casos, información para personalizar la forma de trabajar. Ver también *Profile (noun).*

• ... provides better security by keeping these values in the *user profile (perfil de usuario)* ...

User role: *1. Función de usuario.*
1. En análisis y diseño de sistemas una *función de usuario* es la totalidad o una parte de las tareas desarrolladas en un puesto de trabajo que pueden desarrollarse también en otros puestos. Es una aproximación a la detección y definición de *funciones* (ver *Function Def. 5*) que se basa en el hecho organizativo de la división del trabajo.

• ... groups of users that have a large overlap of common tasks identify the same *user role (función de usuario).*

User transaction: *1. Transacción de usuario.*
1. En sistemas interactivos, unidad lógica de diseño que incluye diálogo entre un usuario final y un sistema o aplicación y, posiblemente, actualización de datos permanentes (ver *Transaction, Def. 2*).

• Dialogues are on-line activities required by *user transactions (transacciones de usuario).*

Username: *1. Nomusu.*
1. Nombre que utiliza un usuario para acceder a un sistema informático. También se utiliza la expresión *userid.* Frecuentemente se precisa una *contraseña* (ver *Password*), además de un nombre o identificación para obtener el acceso.

• The user logs in using the special *username (nomusu)* «ftp» or «anonymous» and ...

USART: *1. USART.*
Ver *Universal Synchronous/Asynchronous Receiver-Transmitter.*

USB: *1. USB.*
Ver *Universal Serial Bus.*

USRT: *1. USRT.*
Ver *Universal Synchronous Receiver-Transmitter.*

Utility: *1. Utilitario.*
1. Programa suministrado por un fabricante de software para realizar una tarea auxiliar (pero no por ello menos importante) con relación a un sistema, subsistema o aplicación (por ejemplo, inicializar volúmenes, copiar ficheros o volúmenes, clasificación/*interordenación* (ver *Merge (verb) Def. 2*, etc.).

• ... Invoke shell commands or *utilities (utilitarios)* that request services from ...

UTC: *1. TUC. 2. Tiempo Universal Coordinado.*
1. Acrónimo de *Universal Time Coordinated.* Ver *Coordinated Universal Time.*

UTP: *1. UTP. 2. Par torcido no-blindado.*
Ver *Unshielded Twisted Pair.*

Uudecode: *1. Uudecode.*
Ver *Uuencode.*

Uuencode: *1. Uuencode.*
1. Método utilizado para convertir texto o ficheros de cualquier formato (por ejemplo, binarios) en ficheros *ASCII* de 7 bits. «UU» significó inicialmente Unix-to-Unix. Actualmente la función principal de *Uuencode* (y de su función inversa *Uudecode*) es la de preparar textos y ficheros no-*ASCII-7* para su envío vía *correo-e* (ver *E-mail*) o a *grupos de noticias* (ver *News groups*), cuando es previsible que el o los destinatarios no dispongan de un método más adecuado (por ejemplo *MIME*; ver *Multipurpose Internet Mail Extensions*) para resolver este tipo de situaciones. *Uuencode*

trabaja convirtiendo cada 45 *baits* (ver *Byte*) de entrada en 60 *baits* de salida.

• You would like to convert binary files to the *Uuencode (Uuencode)* format if you want to transmit ...

UUCP: *1. UUCP.*
Ver *Unix-to-Unix Copy.*

UWCS: *1. UWCS.*
1. Acrónimo de *Unicode Worldwide Character Set* (ver *Unicode*).

V

V.10: *1. V.10.*

1. Variante de la norma *ITU-T* V.11 (ver *V.11*) para regular el uso de circuitos no-equilibrados. Con este tipo de circuito, las velocidades máximas, para igual distancia, son netamente inferiores (hasta 100 Kbps) a las alcanzadas con circuitos equilibrados.

● Provides six *V.10*/11 DTE interfaces presented via 15 way D-type connectors.

V.11: *1. V.11.*

1. Norma *ITU-T* que regula características de *señal* y de equipo (cable y circuitos) para transmisión a distancias entre 10 y 1.000 m. con velocidades, según distancia, que pueden llegar hasta 10 Mbps (con terminadores). El cable es par torcido y el circuito del tipo emisor/receptor diferencial o equilibrado (dos señales simultáneas del mismo voltaje y diferente polaridad, por cada bit transmitido; elimina casi totalmente el efecto del ruido).

● Adapter Module 3 (AM3) implements V/10/*V.11* interfaces. There are six of these interfaces ...

V.22: *1. V.22.*

1. Norma *ITU-T* que regula el uso de *módems* (ver *Modem*) que permiten una velocidad de transmisión de 1.200 bps.

● The system currently supports 4 ITU-T modem standards: *V.22* (1200/1200 bps) ...

V.22 bis: *1. V.22 bis.*

1. Norma *ITU-T* que regula el uso de *módems* (ver *Modem*) cuya velocidad de transmisión llega hasta 2.400 bps. Como V.22, es casi historia.

● ... allow for gradual phasing in of new TDDs equipped with *V.22 bis* modems.

V.24: *1. V.24.*

1. Norma *ITU-T* que regula el uso de *módems* (ver *Modem*) y, por similitud, el de otros periféricos orientados a carácter (por ejemplo, impresoras). En el caso de los módems, se regula la conexión y *señas/señales* (ver *Signal Defs. 1 y 2*) entre el elemento *DTE* (en la computadora; ver *Data Terminal Equipment*) y el elemento *DCE* (*módem*; ver *Data Circuit-Terminating Equipment*). La conexión está totalmente estandarizada (*ISO* 2110) y se conoce como conectador DB25 (se alude a las 25 *patillas* (ver *Pin*) de que dispone; este número da idea de la complejidad del protocolo utilizado).

• *V.24* is essentially the same as the EIA/TIA-232 standard.

V.28: *1. V.28.*

1. Recomendación *ITU-T* referente a las características de las *señales* (ver *Signal Def. 1*) eléctricas a usar en dispositivos que se adapten a las normas V.24 y V.35 (ver ambas).

• X.21 bis was derived from ITU-T Recommendations V.24 and *V.28*, which identify the interchange circuits and electrical characteristics (respectively) of a DTE to DCE interface.

V.32: *1. V.32.*

1. Norma *ITU-T* que regula el uso de *módems* (ver *Modem*) cuya velocidad de transmisión es de 4.800 y 9.600 bps. Contempla la transmisión bidireccional.

• *V.32* has network management features.

V.34: *1. V.34.*

1. Norma *ITU-T* que regula el uso de *módems* (ver *Modem*) cuya velocidad de transmisión llegue hasta 28.800 bps.

• Two modems using *V.34* will negotiate to connect at the highest speed possible.

V.35: *1. V.35.*

1. Norma *ITU-T* que define la conexión de un *DTE* (computadora; ver *Data Terminal Equipment*) a un *módem* sincrónico de banda ancha operando entre 48 y 168 Kbps. Las líneas de *señas/señales* (ver *Signal Def. 1* y *2*) son parecidas a las de la norma V.24 aunque la versión completa de la norma V.35 estipula conectadores de 34 *patillas* (ver *Pin*). Las señales eléctricas son una mezcla de las prescritas en V.28 (no-equilibradas) y V.11 (equilibradas).

• ... standards such as EIA/TIA-232 and *V.35* are not capable of supporting T3, a digital WAN service that operates at 45 Mbps, ...

V.42: *1. V.42.*

1. Regulación por *ITU-T* de aspectos relativos a la corrección de errores. Se aplica a otras normas de la serie *V.nn*.

• ... using standard CRC methods with pre and post conditioning, as defined by ISO 3309 [ISO-3309] or ITU-T *V.42*.

V.90: *1. V.90.*

1. Norma de la *ITU-T* referente a *módems* (ver *Modem*) que permiten velocidades descendentes de hasta 56 Kbps (y ascendentes de 33,6 Kbps). Su base está en la tecnología *X2* (ver) de US Robotics.

• Unlike ISDN, the V.90 (*V.90*) technology does not require additional installation or ...

Validate: *1. Verificar.*

1. Proceso de comprobación de que algo es correcto y completo. Se puede aplicar a los datos que se introducen en un sistema informático (ver *Data validation*), a una parte ya desarrollada de una aplicación o sistema (todos los métodos de desarrollo incluyen pasos de *verificación*), etc.

• The Logical Data Model must *be validated* (*ser verificado*) against functional ...

Validation rules: *1. Reglas de verificación.*

1. Aunque puede tener un sentido más genérico, la expresión *reglas de verificación* se aplica muy frecuentemente a la enumeración de las verificaciones a efectuar con relación a *datos elementales*. En las etapas iniciales del desarrollo, estas reglas se registran en el Catálogo de Datos. Posteriormente, pasarán a especificaciones de programación, codificación de programas, definición de *base de datos* (ver *Database*), etc. (ver *Data validation*).

• The analyst captures information such as

validation rules (reglas de verificación), default values, ...

Value: *1. Valor.*

1. En programación, contenido, en un momento dado, de un elemento del lenguaje en un programa. Puede ser fijo o variable. Puede ser de aplicación solamente en tiempo de ejecución o también en tiempo de ensamblaje o *compilación*. Puede combinarse con otros valores para dar su valor a expresiones.

• When you assign to a bit field a *value (valor)* that is out of its range ...

Value added reseller: *1. Revendedor con Valor Añadido. 2. RVA.*

1. Empresa que compra productos informáticos, les añade componentes (hardware o software) o los prepara para un cierto sector de usuarios, y los vuelve a vender.

• I developed a law office automation system in conjunction with a *Value Added Reseller (revendedor con valor añadido)* of IBM Personal Computers.

Value Added Network: *1. VAN.*

1. Oficina de correos electrónica, gestionada privadamente (aunque, posiblemente mediante licencia gubernamental), que permite el intercambio electrónico de datos entre los suscriptores de la misma. Cada *VAN* puede tener su propia finalidad (teleconferencia, diagnóstico médico remoto, grupos de trabajo intra o extracorporativos, etc.), siempre con una anchura de banda disponible más que suficiente.

• Some *Value Added Networks (VANs)* are priced to be attractive to lower volume users ...

Vanilla: *1. Vainilla.*

1. Sistema básico (hardware, software o ambos), es decir, sin ningún aditamento. El nom-

bre procede de que los helados de vainilla se consideran los más elementales.

• This is the *vanilla (vainilla)* version of the TCS Virtual Address Book.

Vaporware: *1. Vaporware.*

1. Producto que se anuncia bastante antes de su aparición real en el mercado con la intención de frenar posibles compras de productos similares de la competencia.

• ... non-existent product like *vaporware (vaporware)*, but with the added implication that marketing ...

Variable: *1. Variable.*

1. En programación, una variable es la representación, en el texto de un programa, de una zona de memoria cuyo valor puede ser modificado una o más veces durante la ejecución del programa en cuestión. Además del *nombre* que representa a la variable, ésta puede tener, además, un *tipo* de datos y alguna otra característica (según lenguaje de programación).

• The following example shows how you can declare a *variable (variable)* as a decimal type: ...

Variable initialization:
1. Inicialización de variable.
1. Dar un valor a una variable antes de que se use por primera vez. Muchos lenguajes permiten simultanear la definición de variables y la asignación de sus valores iniciales. También asumen valores por omisión (ver *Default value*) cuando no se indican valores de inicialización.

• You do not need to enter leading zeros in your decimal type *variable initialization (inicialización de variables)*.

Variant: *1. Variante.*
1. Una de las implementaciones posibles de una pieza software. En general, las verdaderas *variantes* tienen comportamientos –externos– idénticos.

• These *variants (variantes)* are implemented using the following concrete ...

2. Elemento de un conjunto que se aparta de una norma que cumple la mayoría de los otros elementos.

• The programmer looks up each *variant (variante)* character in coded ...

Vary: *1. Variar.*
1. Cambiar el estado de un componente. Por ejemplo, cambiar de *«disponible»* (ver *Available*) a *«indisponible»* (ver *Unavailable*) un cierto dispositivo.

• You must *vary (variar)* the volume offline to change the ...

Varying length string: *1. Ristra de longitud variable.*
1. *Ristra* (ver *String*) de caracteres cuyo contenido puede variar en longitud, entre unos ciertos límites. La variación puede referirse a la misma ristra en diferentes momentos o a diferentes *ejemplares* (ver *Instance* o *Occurrence*) de la ristra.

• *Varying length strings (ristras de longitud variable)* are defined for user-defined names ...

VAN: *1. VAN.*
Ver *Value Added Network*.

VAR: *1. RVA. 2. Revendedor con Valor Añadido.*
Ver *Value added reseller*.

VAX: *1. VAX.*
Ver *Virtual Address Extension*.

VB: *1. VB. 2. Visual Basic.*
Ver *Visual Basic*.

VBScript: *1. VBScript.*
1. Lenguaje de *directivas* (ver *Script*) desarrollado por Microsoft para formar parte de su *navegador* (*Internet Explorer*). Es un subconjunto del Visual Basic, lo que lo hace atractivo a muchos programadores expertos en este lenguaje. Como otros lenguajes similares, es un lenguaje interpretado.

• *VBScript* talks to host applications using ActiveX Scripting. With ActiveX ...

VCPI: *1. VCPI.*
Ver *Virtual Control Program Interface*.

VDSL: *1. VDSL.*
1. Acrónimo para *Very high bit-rate Digital Subscriber Line*. Ver *Digital Suscriber Line* para una explicación sobre la tecnología xDSL.

• *VDSL* can transport 52 Mbps downstream and 6.4 Mbps upstream at a distance of 300 meters, ...

VDT: *1. VDT. 2. Pantalla.*
Ver *Video Display Terminal*.

VDT radiation: *1. Radiación VDT.*
1. Radiación de bajo nivel emitida por los dispositivos *VDT* (ver *Video Display Terminal*). Aunque no hay conclusiones definitivas al respecto (los sindicatos tienen una opinión y los fabricantes y organizaciones empresariales otra bien distinta), puede afirmarse:

– No todas las tecnologías producen la misma cantidad de radiación (es prácticamente nula para PCL; ver *Liquid Crystal Display*).

– Los dispositivos antiguos producen más radiación que los de reciente aparición.

– En caso de duda o exceso de aprensión, protegerse con un filtro *convenientemente* conectado a tierra.

VDU: *1. VDU.*

Acrónimo de *Video Display Unit.* Ver *Video Display Terminal.*

Vector: *1. Vector.*

1. *Formación* (o tabla; ver *Array*) de una sola dimensión.

● The parameter list consists of a *vector (vector)* of addresses, each of which ...

2. En informática gráfica, un segmento dirigido (con inicio y fin diferenciados).

● A pair of values defining a relative *vector (vector)* that denotes a shear parallel ...

3. Ubicación de memoria que contiene una dirección (*direccionamiento* indirecto; ver *Addressing*). Estos *vectores* se utilizan frecuentemente para contener direcciones de rutinas a las que se cede el control en determinadas situaciones.

● This is because the address of the *vector (vector)* remains the same, but ...

Vector font: *1. Fuente reajustable.*

Sinónimo de *Scalable font* (ver).

Vector graphics: *1. Gráficos vectoriales.*

1. Creación de imágenes digitales mediante *mandatos* (ver *Command*) y fórmulas matemáticas que simbolizan a *vectores* (ver *Vector def. 2*) a los que se asocian atributos gráficos (grosor y tipo de línea, color, etc.).

● ... dedicated to creating a *vector graphics (de gráficos vectoriales)* module for Mozilla.

Vectoring: *1. Vectorización.*

1. Utilización de *vectores* (ver *Vector def. 3*) para ceder el control a rutinas (*direccionamiento* indirecto; ver *Addressing*).

● *Vectoring (Vectorización)*, state preservation, enabling and disabling are important concepts in any interrupt system.

Verify (verb): *1. Verificar.*

1. Comprobar si se ha producido un cierto evento, si unos datos tienen unos tipos o valores esperados, etc., para proceder de acuerdo con el resultado de la comprobación. Sinónimo (o casi) de *Check, Validate* y otros términos.

● ... are helping *to verify (verificar)* the data that come from the satellite's instruments.

Veronica: *1. Veronica.*

1. Buscador, en el llamado *gopherespacio, de objetos de menú* (*Gopher*; ver) que contengan determinadas palabras. La búsqueda se hace en un servidor *Veronica* que, además de disponer del software adecuado, cuente con una *base de datos* construida a partir de servidores *gopher* conocidos. (Ver ejemplo en *Jughead* para hipótesis de futuro de este tipo de productos).

● *Veronica (Veronica)* allows you to locate gopher resources by searching for key ...

Version: *1. Versión.*

1. Aunque no hay unanimidad al respecto, parece lo más conveniente reservar la palabra *versión* para diferenciar un producto de un fabricante del mismo producto de otro fabricante o un producto de un fabricante con respecto al mismo producto del mismo fabricante cuando se han introducido cambios importantes en el producto en cuestión.

● This edition applies to *Version (versión)* 1 Release 4 of ...

Version control: *1. Control de versiones.*
1. Teoría, práctica y productos dirigidos a mantener bajo control todas las versiones vigentes de un producto software tanto en sí mismas (cronología, aportaciones, incompatibilidades, etc.) como en las relaciones de unas con otras como, por último, respecto a las ubicaciones en las que dichas versiones están instaladas y los posibles planes de actualización.

● A code management system which offers *version control (control de versiones)* functionality similar to systems like ...

Vertical bandwidth: *1. Frecuencia de refrescamiento vertical.*
1. Forma algo extraña de referirse a la *frecuencia de refrescamiento* (ver *Refresh rate*) completo de una pantalla. Son usuales los valores entre 60 y 100 Hz.

● In interlaced mode a hardware *vertical bandwidth (de la frecuencia de refrescamiento vertical)* reduction filter eliminates inter-line flicker.

Vertical Redundancy Check: *1. VRC.*
1. Método de detección de errores consistente en añadir *bits de paridad* a cada fila transmitida de bits formando, por tanto, una nueva columna de bits.

● LRC/*VRC (VRC)* will fail to detect errors that occur in an «even rectangular form», and ...

Vertical sync: *1. Frecuencia de refrescamiento vertical.*
Sinónimo de *Vertical bandwidth.*

Vertical tab: *1. Tab vertical. 2. VT.*
1. Carácter de control que se utiliza para controlar el posicionamiento (vertical) sobre el papel de lo que se imprime (ver *Tab charac-*

ter para una explicación de *horizontal tab*). El valor de *tab vertical* es x'0B' tanto en *ASCII* como en *EBCDIC.*

● The *vertical tab (tab vertical)* is the character designated by '\v' in the C or C++ ...

Very High Frequency: *1. VHF.*
1. Rango de frecuencias en el espectro electromagnético situado, aproximadamente, entre 30 y 300 Mhz.

● For Maritime purposes *Very High Frequency (VHF)* equipments are used for short range ...

Very Large Databases: *1. Bases de Datos Muy Grandes. 2. BDMG.*
1. *Bases de datos* contenidas en discos que suman un espacio total de almacenamiento de billones de *baits* (terabaits). Habitualmente residen en *computadoras principales* (ver *Mainframe computer*) y se dedican a la ayuda en la toma de decisiones y/o a sistemas de información de gestión de grandes compañías. El tamaño de estas bases de datos presenta problemas específicos que se estudian periódicamente en congresos y seminarios al efecto.

● ... a Single Pass Computing Engine for Interactive Analysis of *Very Large Databases (Bases de Datos Muy Grandes).*

Very Large Scale Integration: *1. Integración a Muy Alta Escala. 2. IMAE.*
1. Tecnología que permite «empaquetar» decenas o centenas de miles de componentes electrónicos en un solo chip de reducidas dimensiones. Las fronteras entre niveles de integración o empaquetamiento no es clara, pero los resultados son espectaculares.

● The microcomputer was made possible by the *Very Large Scale Integration (Integración a Muy Alta Escala)* of its components, ...

Very Small Aperture Terminal: *1. VSAT.*

1. Sistema de comunicaciones, vía satélite, orientado a la transmisión de voz, datos y vídeo para usuarios domésticos o empresas dispersas con un número no muy alto de terminales. Tiene topología en estrella con un punto por el que pasan todas las comunicaciones.

● The UN Assistance Mission for Rwanda (UNAMIR) has a *Very Small Aperture Terminal (VSAT)* link to New York which offers voice services to ...

VESA local bus: *1. Bus local VESA.*
Ver *Video Electronics Standard Association local bus.*

VF: *1. FV. 2. Frecuencia de voz.*
Ver *Voice frequency.*

VFAT: *1. VFAT.*
Ver *Virtual File Allocation Table.*

VGA: *1. VGA.*
Ver *Video Graphics Array.*

Vhost: *1. HuéspedaV. 2. Huéspeda virtual.*
Ver *Virtual host.*

VHF: *1. VHF.*
Ver *Very High Frequency.*

Video adapter: *1. Placa de vídeo.*
1. Placa adaptadora especializada en la *presentación* (ver *Display (verb)*) de imágenes (texto y/o gráficos) en la pantalla de una computadora (*CP*; ver *Personal Computer*). El resultado final depende tanto de las características de la placa como de las capacidades del dispositivo VDT (ver *Video Display Terminal*). Las modernas *placas de vídeo* tienen memoria RAM (ver *Random Access Memory*) y pueden contener, además, un procesador para acelerar presentaciones.

● *Video adapters (placas de vídeo)* enable the computer to support ...

Video capture board: *1. Placa captadora de vídeo.*
1. Una de las soluciones técnicas posibles para los *dispositivos captadores de vídeo* (ver *Video capture device*).

● Some *video capture boards (placas captadoras de vídeo)* may produce up to 30 fps (frames per second) with a color depth of ...

Video capture device: *1. Dispositivo captador de vídeo.*
1. Dispositivo para captar imágenes de vídeo desde una cámara de vídeo o desde un reproductor, digitalizarlas y almacenarlas en un dispositivo de almacenamiento masivo.

● The ideal resolution for *video capture devices (dispositivos captadores de vídeo)* is 640 × 480, but a resolution of about ...

Video compression: *1. Compresión de vídeo.*
1. Aplicación de las técnicas de *compresión* (ver *Compress (verb)*) a datos digitales que son imágenes de vídeo. Se trata, en general, de *compresión con pérdidas* (ver *Lossy compression*) que no altera de forma perceptible la calidad de las imágenes.

● The compression ratio of lossless methods is not high enough for *video compression (compresión de vídeo)*, especially when ...

Video controller: *1. Placa de vídeo.*
Sinónimo de *Video adapter* (ver).

Video digitizer: *1. Digitalizador de vídeo.*
1. Dispositivo *digitalizador* (ver *Digitizer*) cuya entrada son señales analógicas de vídeo

(la salida se genera, frecuentemente, en formatos JPEG y MPEG).

• ... allowed *video digitizer (de digitalizadores de vídeo)* manufacturers to concentrate on making value-added hardware and ...

Video driver: *1. Manejador de vídeo.*
1. *Manejador* (ver *Device driver*) que enlaza la *placa de vídeo* (ver *Video adapter*) y los programas que se ejecutan en la computadora *(CP)*, incluyendo el sistema operativo.

• If you are having problems, download and install the latest *video drivers (manejadores de vídeo).*

Video Display Terminal: *1. Pantalla. 2. VDT.*
1. Elemento principal usado para *presentar* (ver *Display (verb)*) la información (textual y/o gráfica) con la que se está trabajando, en un momento dado, en una computadora. La palabra terminal procede de cuando dicho elemento (habitualmente «tonto»; ver *Display terminal* y *Dumb terminal*) se usaba como parte de un terminal para interacción con una *computadora principal* (ver *Mainframe computer*). Hay diferentes tecnologías para formar imágenes en las pantallas que se corresponden con diferentes tecnologías de las propias pantallas.

• It's easy to redesign a workplace in which *Video Display Terminals (VDTs)* can be used safely.

Video Display Unit: *1. VDU.*
Sinónimo de *Video Display Terminal* (ver).

Video Electronics Standard Association local bus: *1. Bus local VESA.*
1. *Bus local* (ver *Local bus*) que se usó bastante en *CPs* (ver *Personal Computer*) con

procesador 486. Basado en una norma de industria de la asociación VESA.

• ... equipped with a *VESA Local Bus (Bus local VESA)* S3-864 chip set card with 2 megabytes of DRAM, will ...

Video Graphics Array: *1. VGA.*
1. Estándar *de hecho* con relación a capacidades de *placas de vídeo* (ver *Video adapter*). Presentado por IBM en 1987 como sustitución de la norma EGA (también de IBM; ver *Enhanced Graphics Adapter*). VGA puede trabajar con 16 colores y una *definición* (ver *Resolution*) de 640 × 480 *píxeles* (ver *Pixel*) o con 256 colores y *resolución* de 320 × 200 píxeles. VGA ya está superado (por ejemplo, por *XGA* y *SVGA*; ver) aunque todavía es ampliamente usado.

• VGA *(VGA)* does not include any hardware acceleration features ...

Video port: *1. Puerto para vídeo.*
1. Receptáculo, en una *CP*, en el que se conecta la pantalla. Habitualmente, es un conector VGA de 15 patillas.

• The *video port (puerto para vídeo)* is a dedicated connection between video devices, such as the ...

Video RAM: *1. RAM para vídeo.*
1. Memoria especial (para *CPs*; ver *Personal Computer*), situada habitualmente en la *placa de vídeo* y que actúa como tampón entre el procesador y su memoria, de una parte, y el mecanismo que transfiere las imágenes a la pantalla (un convertidor analógico digital), de la otra. La memoria *Video RAM* es más cara que la memoria ordinaria ya que debe ser más rápida para atender a las necesidades de *refrescamiento* (ver *Refresh (noun) Def. 1)* de la imagen. Además, ha de estar dotada de un mecanismo de *doble atraque* (ver *Dual port-*

ing) para permitir carga (desde el procesador) y descarga (hacia la pantalla) simultáneas de la misma.

• VRAM is the most common type of *Video RAM (RAM para vídeo)*. Others are ...

Video-on-Demand: *1. Vídeo sobre Demanda. 2. VsD.*

1. Montaje tecnológico-empresarial que facilita el intercambio de *señales* de vídeo (y otras) entre diferentes emisores (puede que pocos) y receptores (muchos), con finalidades que pueden ir desde el videoclub electrónico hasta la videoconferencia, pasando por la universidad en casa. Aún poco desarrollado a causa de las anchuras de banda requeridas por la transmisión de señales de vídeo.

• An interactive TV *Video-on-Demand (de Vídeo sobre demanda)* system must deliver ...

Videoconference: *1. Videoconferencia.*

1. *Teleconferencia* (ver *Teleconference*) en la que juega un papel muy importante el vídeo, o sea, la posibilidad de que los participantes se vean unos a otros y de que todos puedan ver los documentos que se presenten en cada una de las localidades.

• *Videoconferences (videoconferencias)* and other types of real-time communication require a certain ...

View: *1. Vista.*

1. Una *vista* es como una ventana abierta sobre una parte de un conjunto de tablas en *bases de datos* (ver *Database*) relacionales. La *vista* puede abarcar una o más tablas y, cada una de ellas, ser incluida total o parcialmente. Pueden usarse *vistas* por razones de integridad o, más frecuentemente, de seguridad.

• At any time, the view (vista) consists of the rows that would result if the ...

Viewer: *1. Visualizador.*

1. Elemento software que complementa a los *navegadores* (ver *Browser*) en lo referente a *presentación* (ver *Display (verb)*) de imágenes –fijas o móviles-, e incluso, a pesar del nombre, a reproducción de sonidos.

• If you are the author of one of the mentioned *viewers (visualizadores)*, please send mail to us ...

Virgule: *1. Barra diagonal.*

1. Aunque el equivalente (por ejemplo, *vírgula* en castellano, *virgule* en francés) romance indica otra cosa, en informática significa lo mismo que *Slash*.

• A *virgule (barra diagonal)* represents the word per in measurements.

Virtual: *1. Virtual.*

1. Palabra de amplio uso que se emplea para referirse a un elemento que sin tener existencia real, ésta puede simularse mediante el compartimiento de elementos reales. Se aplica a memoria, dispositivos de almacenamiento, circuitos, sistemas de ficheros, etc.

• A *virtual (virtual)* device is actually a shared portion of a real device.

Virtual address: *1. Dirección virtual.*

1. Dirección de una posición de memoria virtual. Dado que el rango de direcciones virtuales es mayor que el de direcciones reales que las simulan, es necesario un proceso de traducción de dirección virtual a real. Este proceso es una de las características más significativas de los *sistemas operativos* (ver *Operating system*) de memoria virtual.

• A 24-bit *virtual address (dirección virtual)* is expanded to 31 bits by appending seven ...

Virtual Address Extension: *1. VAX.*
1. Serie de máquinas de tamaño medio puestas en el mercado por DEC a lo largo de un par de décadas. Inicialmente traían incorporado el *sistema operativo* VMS (también de DEC), con un acercamiento, en los últimos años, a UNIX y al estándar *POSIX* (ver *Portable Operating System Interface*).

• On October 25, 1977, the first *Virtual Address Extension (VAX)* prototype came off the production line.

Virtual circuit: *1. Circuito virtual.*
Ver *Permanent Virtual Circuit* y *Switched Virtual Circuit.*

Virtual Control Program Interface: *1. VCPI.*
1. Especificaciones que permiten a un programa *DOS* que se ejecute en un entorno Windows, el acceso a memoria más allá del primer *megabait.* Compite con el mucho más utilizado DPMI (ver *DOS protected Mode Interface*).

• ...it is designed to work with software that complies with the *Virtual Control Program Interface (VCPI)* protected-mode memory standard.

Virtual device: *1. Dispositivo virtual.*
1. Dispositivo que, sin tener una realidad física, es simulado por medio de una combinación de hardware y de software. Pueden ser virtuales la memoria, los discos, etc.

• ... a *virtual device (dispositivo virtual)* represents either an area of memory, a video device, or ...

Virtual File Allocation Table: *1. VFAT.*
1. Parte de los *sistemas operativos* Windows 95 y posteriores, de Microsoft, que actúa en-

tre la *FAT* (ver *File Allocation Table*) tradicional y las aplicaciones para permitir el uso de nombres largos de ficheros. Se ejecuta en modo protegido y usa código de 32 bits. No elimina los viejos problemas de la FAT.

• Moving to *Virtual File Allocation Table (VFAT)* is very easy.

Virtual host: *1. Huéspeda virtual.*
2. HuéspedaV.
1. *Huésped* (ver *Host Def. 1*) de Internet que utiliza los servicios de otra computadora (generalmente, la de un *proveedor de servicios Internet*) para todas las funciones de comunicación con la red y para el almacenamiento de programas y datos necesarios para proporcionar acceso a páginas y otro material que el propietario de la *huésped virtual* está interesado en hacer públicos.

• ... and its hostname and port match the main server or one of the configured *virtual hosts (huéspedas virtuales)* and match the address and port to ...

Virtual hosting: *1. Hospedaje de huéspedas virtuales.*
1. Servicio consistente en acoger *huéspedas virtuales* (ver *Virtual host*). Puede incluir asesoramiento, espacio de almacenamiento, tiempo de procesador, ayuda al desarrollo, etcétera.

• ... all email activity for *virtual hosting (en hospedaje de huéspedas virtuales)* clients are conducted through email aliases.

Virtual Input/Output: *1. VIO.*
1. Mecanismo proporcionado por *sistemas operativos* (ver *Operating system*) avanzados de IBM, que permite la creación y uso de ficheros que se contendrán físicamente en los mismos dispositivos usados para la *paginación* (ver *Paging*) de la memoria virtual.

• *Virtual Input/Output (VIO)* simulates a real device and provides these advantages: ...

Virtual LAN: *1. RAL virtual.* *2. VRAL.*

1. Composición en software por la que computadoras situadas en distintas *RALs* (comunicadas, por supuesto; ver *Local Area Network*) se comportan como si estuvieran en la misma *RAL* (virtual). Los criterios para formar una *RAL* de este tipo pueden ser organizativos, de acceso a aplicaciones o recursos específicos, etcétera.

• ... to make it appear as if all nodes within the *Virtual LAN (RAL virtual)* are communicating within a common broadcast domain.

Virtual machine: *1. Máquina Virtual.* *2. MV.*

1. Computadora que se simula por medio de un sistema operativo apropiado (por ejemplo, VM/SP de IBM). Una *máquina virtual* puede controlarse por un sistema operativo (ver *Operating system*) general (es decir, que puede controlar a una computadora real) o por un *sistema operativo* creado para controlar máquinas virtuales. Cada máquina virtual puede ser gestionada por un usuario en un terminal.

• ... allows creation of *virtual machines (máquinas virtuales)* that may operate according to several architectures and ...

Virtual memory: *1. Memoria virtual.*

1. Memoria cuya existencia se simula (ver *Virtual*) por un *sistema operativo* (ver *Operating system*), utilizando para ello espacio en disco y puede que otros elementos hardware. Un sistema con *memoria virtual* permite el procesamiento simultáneo de programas y datos cuya ocupación total de memoria es superior a la extensión de la memoria real disponible. Los mecanismos fundamentales de la

memoria virtual (no necesariamente presentes en todos los sistemas) son la *traducción de direcciones*, la *paginación* (ver *Paging*) y el intercambio (ver *Swapping*).

• The *virtual memory (memoria virtual)* concept is the key factor which allows you to run Windows 95 ...

Virtual Memory System: *1. VMS.*

1. Nombre tradicional (rebautizado como OpenVMS) de un muy conocido *sistema operativo* (ver *Operating system*) desarrollado por DEC (Digital) para sus máquinas VAX. Como indica su nombre, es para memoria virtual. Usa direcciones de 32 bits.

• ... to the history mechanism on *VMS (VMS)* which allowed you to recall previous commands ...

Virtual Private Network: *1. Red Virtual Privada. 2. RVP.*

1. Red privada (por ejemplo, de empresa) que utiliza la infraestructura de una red pública y que mantiene la privacidad con adecuadas medidas de seguridad y con el uso de un protocolo de *tunelización* (ver *Tunneling*). El coste de una red de este tipo suele ser muy inferior al de una red totalmente privada.

• ... is to have a single main internal network, with remote nodes using *Virtual Private Network (Red Privada Virtual)* to gain full access to the central net.

Virtual reality: *1. Realidad virtual.*

1. Simulación tridimensional e interactiva de una realidad espacial. La interacción puede llevarse a cabo a través de un *casco audiovisor* (ver *Head-mounted display*) y de unos guantes especiales (ver *Data glove*) que aumentan la sensación de realismo.

• These «*Virtual Reality (en Realidad Virtual)*

Moon Phases» were created from ray-traced images of the Moon.

Virtual Reality Modeling Language: *1. VRML.*

1. Lenguaje especializado en la descripción de escenas secuenciadas en 3-D, con posibilidades de interacción. Para utilizar estas escenas secuenciadas es necesario disponer de un software visualizador (ver *Viewer*) autónomo o que forma parte de nuestro *navegador* (ver *Browser*).

● *Virtual Reality Modeling Language (VRML)* was invented by people who had the idea that it would be the first step toward cyberspace.

Virtual server: *1. Servidor virtual.*

1. Un *servidor virtual* es un servidor que comparte máquina con otros servidores virtuales. Es un servicio ofertado por algunos *suministradores de servicios Internet*. El titular de un servidor virtual tiene las mismas posibilidades que el de un servidor ordinario sin las preocupaciones del mantenimiento del hardware y software centrales.

● The location of your *virtual server (servidor virtual)* is wherever you want it to be. It can be your PC in your office ...

Virtual storage: *1. Almacenamiento virtual. 2. Memoria virtual.*

1. Denominación que se da a la memoria virtual (ver *Virtual memory*) en la literatura de IBM.

● The size of *virtual storage (almacenamiento o memoria virtual)* is limited by the addressing scheme of the computing system and by ...

Virtual Storage Access Method: *1. VSAM.*

1. VSAM es, con diferencia, el *método de acceso* (ver *Access method*) más importante de

los suministrados por IBM para sus *computadoras principales* (ver *Mainframe computer*). Permite crear, manejar y eliminar ficheros de cuatro tipos: secuenciales (con opción de *indización* (ver *Index (verb)*) por *clave* secundaria; ver *Key (noun) Def. 2*), indizados por clave (primaria y, opcionalmente, secundaria), indizados por clave relativa y ficheros sin estructura (imagen de memoria).

● Data organized by *VSAM (VSAM)* is cataloged for easy retrieval, and is stored in one of ...

Virtual Telecommunications Access Method: *1. VTAM.*

1. Conjunto de programas usados para controlar las comunicaciones y el *flujo de datos* (ver *Data flow*) en redes *SNA* de IBM (ver *Systems Network Architecture*). VTAM se ejecuta bajo un *sistema operativo* (de *máquina principal* de IBM) y actúa como una *API* (ver *Application Program Interface*) liberando al programador de todo lo relativo a las interioridades de los protocolos y dispositivos de comunicaciones. También facilita parte de la administración de la red.

● The new version of *VTAM (VTAM)* allows traditional SNA networks to be integrated with ...

Virus: *1. Virus.*

1. Elemento software que se importa, inadvertidamente, por un usuario en su equipo y que puede producir molestias (por duplicación de sí mismo) o daños irreparables si ha sido maliciosamente preparado para ello. Hay virus del tipo programa con capacidad para agregarse a otros programas de la computadora o al sector de arranque de discos y disquetes. Y virus del tipo *macro* (ver *Macroinstruction*) que se asocian a determinados productos que usan macros para facilitar su empleo (Word de MS tiene la palma como destinatario de este tipo de virus). Es absolu-

tamente aconsejable establecer una buena estrategia de protección contra los virus informáticos y de desinfección si se tiene la desgracia de resultar infectado.

• It has the potential to do more damage to a business than any *virus (virus)* we've ever seen.

Virus hoax: *1. Virus-lobo.*
1. Falsa alarma de la aparición de un nuevo virus. La velocidad de propagación de estas falsas alarmas es realmente asombrosa. De todas formas y recordando el cuento de los pastores y el lobo, conviene ser prudente tanto en la propagación de la alarma como en pensar, de entrada, que se trata de una falsa alarma.

• You can check a possible *virus hoax (virus-lobo)* by going to ...

Virus signature: *1. Firma de virus.*
1. En ciertos tipos de virus informáticos, serie de instrucciones que identifican a un virus concreto y que se usa por los programas antivirus para detectar al virus en cuestión.

• ... *virus signatures (las firmas de virus)* are updated automatically each week with no user intervention.

Visible cue: *1. Aviso visible.*
1. Componente habitual en las *interfaces* (ver *Interface (noun)*) de usuario que se usa para llamar la atención de éste, por medios visuales, con relación a un estado o evento o a la evolución de un proceso.

• The interface can provide *visible cues (avisos visibles)* to possible actions ...

Visual Basic: *1. Visual Basic. 2. VB.*
1. Lenguaje de programación, de *interfaz* (ver *Interface (noun)*) visual, creado por Microsoft, en el que la selección de opciones pre-

sentadas visualmente conduce a la incorporación de trozos de código al programa en creación. Muy adecuado para *prototipar* (ver *Prototype (verb)*), también es ampliamente usado en el desarrollo de aplicaciones ordinarias.

• There are interfaces for *Visual Basic (Visual Basic)*, SQL and the ODBC ...

Visual cue: *1. Aviso visible.*
Ver *Visible cue.*

Visual C++: *1. Visual C++.*
1. Entorno de desarrollo creado por Microsoft alrededor de los lenguajes C/C++.

• *Visual C++* will ask if you want to create a default project workspace.

Visual programming: *1. Programación visual.*
1. Programación realizada con lenguajes y entornos dotados de interfaces visuales apropiadas (los llamados «Visual ...»). El soporte visual ayuda en la selección de estructuras e instrucciones de programación, mediante la presentación de menús, iconos y otros elementos gráficos.

• The field of *visual programming (programación visual)* has evolved greatly over the last ten years.

Visualization: *1. Visualización.*
1. Representación en imágenes de datos de otro tipo (numéricos, por lo común). Es uno de los métodos posibles de pasar de *datos* a *información.*

• ... and practical experience with *visualization (visualización)* of data collections of all ...

VIO: *1. VIO.*
Ver *Virtual Input/Output.*

VLAN: *1. VRAL. 2. RAL virtual.*
Ver *Virtual LAN.*

VLDB: *1. BDMG. 2. Bases de Datos Muy Grandes.*
Ver *Very Large Databases.*

VLSI: *1. IMAE. 2. Integración a Muy Alta Escala.*
Ver *Very Large Scale Integration.*

VM: *1. MV. 2. Máquina Virtual.*
Ver *Virtual machine.*

VME bus: *1. Bus VME.*
1. VME es un acrónimo de *Versa Module Eurocard*. El *bus VME* es un estándar de industria muy utilizado en las comunidades de usuarios de *sistemas abiertos* (ver *Open system*) y, especialmente, para *sistemas de tiempo real* (ver *Real-time system*). En su desarrollo intervinieron Motorola, Mostek, Sigentics y Thomson CSF. Es un bus asíncrono muy adaptado para la intercomunicación de procesadores con velocidades diferentes.

● While the *VME bus (bus VME)* is asynchronous, a stable 16 MHz *utility clock* is provided to all modules ...

VMS: *1. VMS.*
Ver *Virtual Memory System.*

Vocoder: *1. Vocóder.*
1. Abreviatura de *voice coder*. Designa a uno o más dispositivos que convierten la voz en señales digitales de banda estrecha que, posteriormente, pueden reconvertirse a voz (artificial).

● ... is designed to process different *vocoder (de vocóder)* types in real time on a ...

VoD: *1. VsD. 2. Vídeo sobre Demanda.*
Ver *Video-on-Demand.*

Voice coder: *1. Vocóder.*
Ver *Vocoder.*

Voice frequency: *1. Frecuencia de voz. 2. FV.*
1. Cualquiera de las frecuencias que se usan para la transmisión de voz (entre 0,3 y 3,4 Khz). En la asignación de canales para voz se usa, habitualmente, una anchura de banda de 4 Khz (se incluyen *bandas de interposición*; ver *Guard band*).

● ... produces a selection of *voice frequency (de frecuencia de voz)* transmission ...

Voice grade channel: *1. Canal con calidad de voz.*
1. Canal (ver *Channel Def. 2*) utilizado para la transmisión de voz (300 a 3.300 hz).

● ... provides customers with a *voice grade channel (canal con calidad de voz)* and a data channel over a single copper pair.

Voice mail: *1. Correo de voz.*
1. En un sentido restringido, *correo-e* que permite el envío y recepción de *mensacorres* audio (ver *E-mail (noun) Def. 2*). En un sentido más amplio, posibilidad abierta por la telefonía celular (ver *Cellular*) para intercambiar mensajes sonoros por un precio relativamente módico.

● Phone, *Voice Mail (correo de voz)* , and On-Demand FAX 412 / 268-5 ...

Voice modem: *1. Módem de voz.*
1. *Módem* (ver *Modem*) diseñado para realizar, alternativamente, funciones de voz y de transmisión de datos. Para la parte de voz estos módems pueden ser autónomos o utilizar la placa de sonido de la computadora.

● Single-line *voice modems (módems de voz)* can serve as sophisticated answering machines, speakerphones, ...

Voice recognition: *1. Reconocimiento de voz.*
1. Sistema (hardware y/o software) con capacidad para interpretar palabras habladas. Una vez interpretadas, las palabras pueden ser registradas en su versión escrita o actuar como *mandatos* (ver *Command*) para desencadenar acciones concretas. No se trata, por supuesto, de *comprender* las palabras. Éste es un terreno de gran futuro económico en el que, lógicamente, la lengua castellana debería jugar un destacado papel a causa de su mayor regularidad fonética con respecto al inglés.

• For a *voice recognition (reconocimiento de voz)* system to identify words in connected speech ...

Volatile memory: *1. Memoria volátil.*
1. Memoria que pierde su contenido cuando se interrumpe el suministro de energía a la misma. Casi todas las memorias son de este tipo.

• *Volatile memory (La memoria volátil)* is used by a computer's central processing ...

Voltage Regulator Module:
1. Módulo Regulador de Voltaje. 2. MRV.
1. Dispositivo capaz de percibir las necesidades de voltaje de otro dispositivo (por ejemplo, un procesador) y adaptar el suministro a dichas necesidades.

• Most of today's *Voltage Regulator Modules (Módulos Reguladores de Voltaje)* use conventional buck or synchronous rectifier buck ...

Volume: *1. Volumen.*
1. Unidad física de almacenamiento de datos (disco, disquete, disco óptico, carrete de cinta, *cartucho*, etc.). Un volumen puede ser extraíble o no, puede ser procesado como una unidad, puede tener información propia (por ejemplo, *etiquetas*; ver *Label Def. 2*), etc.

• ... to determine, for example, on which *volume (volumen)* to place your file, and how many ...

Volume label: *1. Etiqueta de volumen.*
1. Etiqueta que identifica a un volumen (ver *Volume*) y que contiene datos con relación al mismo (ver *Label Def. 2*).

• The initialization program generates the *volume label (etiqueta de volumen)* and ...

Volume switching: *1. Conmutación de volumen.*
1. Mecanismo automático o semiautomático que controla el llenado de un volumen y las operaciones de *conmutación* a un nuevo volumen cuando se ha producido dicha circunstancia. Es propio de funciones permanentes (tipo *diario*, por ejemplo; ver *Journal*) en aplicaciones persistentes (*bases de datos, monitores de teleprocesamiento* (ver *Teleprocessing monitor*), software de comunicaciones, etc.) o, más generalmente, de la grabación de ficheros que ocupan más de un volumen.

• ... automatic *volume switching (conmutación de volumen)* is accomplished by the end-of-volume routine.

Von Neumann architecture:
1. Arquitectura Von Neumann.
1. Arquitectura tradicional de las computadoras: una sola *Unidad Central de Proceso*, memoria compartida por programas y datos y un ciclo, repetido por cada instrucción, formado por las actividades *tomar-descodificar-ejecutar*. Von Neumann, que dio nombre y sustancia a esta arquitectura, murió en 1957 sin ver el extraordinario desarrollo de lo que él ayudó a crear.

• A typical *Von Neumann architecture (con arquitectura Von Neumann)* system has three major components: the CPU, memory, and ...

Voxel: *1. Voxel.*
1. Equivalente al *píxel* (ver *Pixel*) para un espacio de 3 dimensiones.

• ... traversal from one *voxel (voxel)* to the next, and resetting back to the next ...

VPN: *1. RVP. 2. Red Virtual Privada.*
Ver *Virtual Private Network.*

VRAM: *1. VRAM.*
1. *Video RAM.* Uno de los tipos posibles de RAM para vídeo (ver *Video RAM*).

VRC: *1. VRC.*
Ver *Vertical Redundancy Check.*

VRM: *1. MRV. 2. Módulo Regulador*

de Voltaje.
Ver *Voltage Regulator Module.*

VRML: *1. VRML.*
Ver *Virtual Reality Modeling Language.*

VSAM: *1. VSAM.*
Ver *Virtual Storage Access Method.*

VSAT: *1. VSAT.*
Ver *Very Small Aperture Terminal.*

VT: *1. VT. 2. Tab vertical.*
Ver *Vertical tab.*

VTAM: *1. VTAM.*
Ver *Virtual Telecommunications Access Method.* IBM prefiere las siglas ACF/VTAM.

W

Wafer: *1. Oblea.*
1. Pieza de poca superficie –cada vez menos– y extremadamente fina sobre la que se fotolitografían los circuitos impresos que forman las microplaquetas (procesadores y/o memoria).

• ... working towards a new and improved basic *wafer (oblea)*, for silicon-based ...

Wait state: *1. Estado de espera.*
1. Situación de un elemento activo (procesador) o activable (programa, proceso, tarea) en la que dichos elementos no pueden proseguir su actividad debido a que necesitan que se produzcan determinados eventos tales como la finalización de un acceso a memoria, la recepción de un mensaje, etc.

• The *wait state (estado de espera)* determines the size and position of the ...

Wake up (verb): *1. Despertar.*
1. Hacer que un elemento en estado suspendido o de espera reanude su actividad o su capacidad de ser activado cuando determinadas condiciones externas lo permitan.

• ... should allow to pass before *waking up (despertar)* the read statistics task ...

Wallpaper: *1. Tapiz.*
1. En sistemas de ventanas, motivo gráfico, a veces animado, que actúa como *fondo* (ver *Background*) del escritorio.

• Click on the images to see them as full size wallpaper *(tapiz)* ...

Wand: *1. Cánula.*
1. Elemento que se maneja como un lápiz o, más literalmente, como una varita mágica, para interaccionar con un elemento exterior (desde leer códigos de barras hasta suministrar dosis reducidas de medicamentos).

• The *wand (cánula)* is waved over each line of characters or codes in a single pass ...

Warez: *1. Mango.*
1. Nombre en jerga de programas manipulados para eliminarles el código de protección contra copia ilegal. Hay sedes en Internet desde las que pueden *bajarse* (ver *Download*) productos de esta categoría.

• *Warez (mango)* software is illegal and should be reported to the ...

Warm boot: *1. Autoarranque en caliente.*
1. Acción de *Autoarrancar* (ver *Bootstrap*)

una computadora sin necesidad de cortar físicamente el suministro eléctrico a la misma. En las *CPs* (ver *Personal Computer*) se consigue pulsando simultáneamente las *teclas* Ctrl-Alt-Supr. No es equivalente al rearranque en caliente de componentes de computadoras principales (ver *Warm start*).

• Anyway the system is essentially fine except that *it will not warm boot (autoarrancará en caliente).*

Warm start: *1. Arranque en caliente.*
1. Arranque de un sistema, subsistema o aplicación de forma que se utilice la información almacenada durante el funcionamiento y la terminación previos del mismo sistema, subsistema o aplicación. Requiere contar con dicha información. Es la forma menos traumática de arrancar, ya que se aprovecha casi todo lo realizado en la etapa previa de funcionamiento.

• ... to prevent having to revise them later through a *warm start (arranque en caliente)* or cold start.

Waveform: *1. Forma de la onda.*
1. Representación de la variación de la amplitud de una señal en el tiempo.

• ... produce a reconstructed signal whose *waveform (forma de la onda)* is as close as possible to ...

Waveguide: *1. Guiaondas.*
1. En términos generales los *guiaondas* son entes materiales de naturaleza diversa (conductores y dieléctricos, capa de ozono, etc.) que contribuyen a dirigir diferentes tipos de ondas (microondas, ondas hercianas, luz, ...). Existen modelos digitales de guiaondas para simulación de distintos tipos de sonidos.

• ... in the propagation rate of the return

signals through the *waveguide (guiaondas)* medium ...

Wavelength Division Multiplexing: *1. Multiplexación por División de Longitud de Onda. 2. MDLO.*
1. Técnica de multiplexación usada en transmisiones por fibra óptica. Permite transmitir diferentes *señales* (ver *Signal Def. 1*) por la misma fibra portando cada una de ellas sobre una *señal* con longitud de onda (lumínica) propia.

• Using *wavelength division multiplexing (multiplexación por división de la longitud de onda)*, a higher data rate than the current 100 Mbps FDDI rates can be achieved.

Wavelet: *1. Wavelet.*
1. Transformada que se aplica al análisis de ondas (por ejemplo, de sonido) con mejores resultados que las tradicionales transformadas de Fourier.

• ... has found an algorithm for constructing other *wavelets (wavelets)* tailored to particular function spaces ...

Wavetable synthesis: *1. Síntesis Wavetable.*
1. Tecnología para generar sonidos a partir de muestras digitales, registradas previamente, de sonidos procedentes de instrumentos reales. Permite la adición de efectos sonoros y tiene medios para crear diferentes tipos de acompañamientos. Existen diferentes tipos de chips que implementan esta tecnología.

• The third generation of *wavetable synthesis (síntesis Wavetable)* uses bigger wavetables to hold the waveform ...

WAIS: *1. WAIS.*
Ver *Wide Area Information Service.*

WAN: *1. RAA. 2. Red de Área Amplia.*
Ver *Wide Area Nework.*

WAV: *1. WAV.*
1. Formato para ficheros de sonido desarrollado conjuntamente por Microsoft e IBM. Son de uso muy común, sobre todo en entornos Windows.

• ... to allow most other operating systems to play *WAV (WAV)* files.

WDM: *1. MDLO. 2. Multiplexación por División de Longitud de Onda.*
Ver *Wavelength Division Multiplexing.*

Web: *1. Ueb.*
1. Forma abreviada de referirse a la *World Wide Web* (ver).

• The exponential growth of the *Web (Ueb)* has created an unprecedented ...

Web development: *1. Desarrollo para la Ueb.*
1. Concepción creativa, diseño y programación de páginas para la *Ueb* (ver *World Wide Web*). Puede ser una tarea trivial o muy compleja, en función de las características y origen de los datos a presentar y de la interacción con los usuarios.

• Here's an outline of one way to work through the *web development (de desarrollo para la Ueb)* process ...

Web of trust: *1. Red de confianza.*
1. Forma de referirse a la red que acaba formándose a partir de corresponsales de *correo-e* (ver *E-mail*) que han intercambiado entre sí sus *claves* (ver *Key (noun) Def. 4*) de *cifrado/descifrado* (ver *Encrypt*) en el marco del sistema PGP (ver *Pretty Good Privacy*). Evidentemente, estas redes no pueden crecer más que modestamente.

• The *web of trust (red de confianza)* consists of these fine filaments that radiate from and criss-cross every key ...

Web page: *1. Página Ueb.*
Ver *Page Def. 4.*

Web server: *1. Servidor Ueb.*
Sinónimo de *HTTP server* (ver).

Web site: *1. Sede Ueb.*
1. Lugar en el que se mantiene todo el material *Ueb* de una persona, institución, departamento, empresa, etc. El lugar en cuestión es un servidor propio o compartido. Ver una explicación más amplia en *Site*.

• Depending on the size of the *Web site (sede Ueb)*, the responsibility of the ...

Webcam: *1. Uebcam.*
1. Cámara de vídeo conectada directamente a una computadora que, a su vez, está conectada a una red a la que ofrece contenidos. Entre estos contenidos figuran o pueden figurar imágenes procedentes de la cámara.

• *Webcam (Uebcam)* transmitted images point-to-point from a head-mounted analog camera to an SGI base station via ...

Webcasting: *1. Uebdifusión.*
1. Información, *renovada* (ver *Refresh (verb) Def. 2*) periódicamente, que se recibe en una computadora conectada a Internet, sobre la base de un «acuerdo» previo de intereses o de una imposición de contenidos desde un punto centralizado de una *Intrarred* (ver *Intranet*). La *uebdifusión* supone aceptar la instalación de un software que periódicamente solicita y obtiene información actualizada y la definición de temas de interés (*canales* o similares).

• For more information, or to express your

impression of this *webcasting (Uebdifusión)* site, please email our ...

Webize: *1. Uebizar.*

1. Preparar un fichero ordinario para ofrecerlo a consulta pública en la *Ueb* (ver *World Wide Web*).

• You can *webize (uebizar)* a directory on your hard drive or one of your ...

Webmaster: *1. Gestor de Ueb.*

1. Profesional que tiene a su cargo la gestión de una *sede Ueb* (ver *Web site*). Sus funciones pueden variar ampliamente según el tamaño de la *sede*. Pueden incluir: administración del servidor (*rendimiento*; (ver *Performance*), tiempo de respuesta, espacio para datos, etc.), diseño de la *sede* y de su contenido, programación en los lenguajes para *Ueb* (por ejemplo, *HTML* (ver *Hypertext Markup Language*) y *PERL*), etc.

• In general, almost any *Webmaster (gestor de Ueb)* would be expected to know ...

Website: *1. Sede Ueb.*

Ver *Web site*.

Weenie: *1. Entrometido.*

1. Palabra de jerga, despectiva, para referirse a quien irrumpe en un grupo ordenado de *charla* (ver *Chat*), con ideas más o menos peregrinas, carentes de contenido y, posiblemente, hirientes para otros participantes.

• I've been a web *weenie (entrometido)* since before there was a web to ...

Weight: *1. Grosor.*

1. Hablando de impresoras, *grosor* de los trazos que forman los caracteres impresos.

• *Weights (grosores):* regular, double strike, emphasized.

Weighted code: *1. Código ponderado.*

1. Código en el que se asigna un valor (peso o ponderación) a cada posición de bit, diferente del valor evidente propio del sistema binario de numeración.

• The *gray code* is a *variable weighted code (código ponderado)* and is ...

Well-known port: *1. Puerto reconocido.*

1. Puerto (dirección de 16 bits) usado por algunas aplicaciones en Internet (por ejemplo, *FTP* –puerto 21 para TCP– y *SMTP* –puerto 25 para TCP–) para comunicarse con *TCP* y *UDP* (ver *User Datagram Protocol*). Los *puertos reconocidos* acostumbran a ser los mismos en todas las implementaciones de *TCP/IP* (ver *Transmission Control Protocol/Internet Protocol*).

• To find the port of a remote program, the client sends an RPC to *well-known port (puerto reconocido)* 111 of the ...

What You See Is All You Get: *1. WYSIAYG.*

1. «Adjetivo» que los viejos rockeros de los métodos artesanales de edición/composición (TeX, troff, etc.) asocian a las aplicaciones WYSIWYG (ver *What You See Is What You Get*) para resaltar su falta de versatilidad y de capacidad para afinar detalles.

• ... one quicly runs into *WYSIAYG (WYSIAYG)* limitations ...

What You See Is What You Get: *1. WYSIWYG.*

1. «Adjetivo» que se asocia a aplicaciones de edición/composición en las que lo que se va preparando en pantalla será, exactamente, lo que se obtendrá cuando se imprima el documento en cuestión.

• Some *WYSIWYG (WYSIWYG)* applications are more ...

White pages: *1. Páginas blancas.*
1. Nombre de un *servicio de directorio* (ver *Directory service*) en Internet que ayuda a localizar a usuarios a partir del nombre de los mismos. También se usa el término para referirse a la *base de datos* de usuarios que posibilita dicho servicio.

• ... covering electronic directory services such as *white pages (páginas blancas)*, whois, ...

White paper: *1. Manifiesto de intenciones.*
1. Documento no excesivamente amplio con el que los responsables de un comité, del diseño de un producto, de la elaboración de una norma, etc., expresan las líneas generales de lo que pretenden hacer y, posiblemente, su base científica, técnica, ideológica, etc.

• «The Java Language Environment: A *White Paper (Manifiesto de Intenciones)*»

Whiteboard: *1. Encerado.*
1. Herramienta de *informática para grupo de trabajo* (ver *Workgroup computing*) que se manifiesta externamente como un tablero en blanco que puede ser leído y modificado, de forma interactiva, desde ubicaciones remotas entre sí.

• ... to exchange text messages on a *whiteboard (encerado)*, simulating a discussion without voices ...

Whitespace: *1. Blanco.*
1. Cualquiera de los caracteres que no son visibles en la pantalla o cuando se imprimen (de aquí toman su nombre: quedan en blanco sobre papel blanco). El más conocido es el *espacio* o *blanco* (ver *Blank* o *Space*), pero hay otros.

• All parts are separated by *whitespace (blancos)* and numbers are in ...

Whois: *1. Whois.*
1. Nombre genérico o específico de programas y *mandatos* (ver *Command*) que proporcionan información personal o institucional más detallada a partir de nombres de un cierto nivel del entorno de que se trate (Internet, *correo-e*, etc.). Hay diferentes versiones del servicio *whois*.

• ... *whois (whois)* can find information about things other than users ...

Whole number: *1. Número entero.*
1. Número entero. Se usa *integer* cuando se hace referencia a números de un tipo específico (*Integer*) y *whole number* para el resto.

• Trailing zeros are suppressed where *value* is not a *whole number (número entero)* ...

Wide Area Information Servers:
1. WAIS.
Ver *Wide Area Information Service*.

Wide Area Information Service:
1. WAIS.
1. Uno de los sistemas para localización de información en Internet. Permite la búsqueda de material multimedia. El usuario debe tener un software cliente para *WAIS* y una *pasarela* (ver *Gateway*) de acceso. La información en la que se busca está formada por *bases de datos distribuidas* (ver *Distributed database*) en diferentes *servidores WAIS*; esta información se recrea periódicamente. Aunque la extensión masiva de la *Ueb* (ver *World Wide Web*) ha reducido la importancia de WAIS, este sistema aún resulta mejor (da mejor servicio) en búsquedas de tipo profesional (medicina, derecho, etc.).

• The user of *WAIS (WAIS)* is provided with or obtains a list of distributed ...

Wide Area Network: *1. Red de Área Amplia. 2. RAA.*
1. Red de computadoras que se extiende por una superficie superior a la de una *RAL* (ver *Local Area Network*) (o a la de una *RAM* (ver *Metropolitan Area Network*), si se acepta este tipo intermedio). Puede ir, por tanto, desde decenas de kilómetros hasta decenas de miles de kilómetros. Estas redes pueden ser tanto públicas como privadas y las primeras deben poder ser usadas por diferentes tipos de usuarios y de equipos, lo que obliga a una estandarización rigurosa. Las tecnologías más usadas son las de *conmutación de paquetes* (ver *Packet switching*) y *conmutación de circuitos* (ver *Circuit switching*).

• ... the normal approach is to adopt the maximum packet size of the X.25 *Wide Area Network (RAA)* for all the ...

Wide bandwidth: *1. Banda ancha.*
Sinónimo de *Wideband* (ver *Wideband circuit*).

Wideband circuit: *1. Circuitos de banda ancha.*
1. El adjetivo *wideband* se aplica a los circuitos alquilados a las compañías telefónicas para transmitir datos a velocidades entre 48 y 168 Kbps. La regulación de estos circuitos se hace en la norma V.35 (ver).

• ... synchronous mode of transmission must be used on *wideband circuits* because of ...

Wideband modem: *1. Módem de banda ancha.*
1. Módem cuya señal de salida (modulada) puede tener un espectro de frecuencias más ancho del que puede transmitirse fiablemente por un canal de calidad voz (*voice grade*) con anchura de banda nominal de 4 Khz.

• The digital wideband modem (módem de banda ancha) provides flexibility for ...

Widget: *1. Chirimbolo. 2. Ideograma.*
1. Componente de un artefacto o artilugio, especialmente si es pequeño y con tendencia a perderse o a quedarse fuera cuando se acaba el montaje.

• ... a row of *widgets (chirimbolos)* on the instrument panel.

2. Nombre genérico común a todos los objetos gráficos que se usan para materializar la interacción con el usuario en una *IGU* (ver *Graphical User Interface*). Se incluyen iconos, botones, cuadros de diálogo, etc.

• It provides interfaces ... and various *widget (ideogramas)* sets.

Widow: *1. Huérfano/a.*
Sinónimo de *Orphan* (ver).

Wildcard character: *1. Comodín.*
Sinónimo de *Pattern matching character* (ver).

Window: *1. Ventana.*
1. Parte de la superficie de *presentación* (ver *Display (verb)*) de una computadora o terminal (pantalla) que se asocia con una aplicación o proceso. Un sistema basado en ventanas (ver *Windowing system*) permite ver simultáneamente las presentaciones de varias aplicaciones o procesos, lo que puede resultar muy útil. Actualmente, hasta los más vetustos *sistemas operativos* (ver *Operating system*) se están orientando hacia interfaces (ver *Graphical User Interface*) del tipo «ventana».

• A *window (ventana)* can be stretched on any side, maximized, ...

Windowing system: *1. Sistema de ventanas.*
1. *Sistema operativo* (ver *Operating system*) o parte de un sistema operativo que permiten la

ejecución concurrente (o casi) de diferentes trabajos, *presentando* (ver *Display (verb)*) el estado de cada uno de ellos (sus salidas y peticiones de *introducción*) en una ventana (ver *Window*) propia en la pantalla.

• The X-Window is a *windowing system (sistema de ventanas)* that uses a client-server model ...

Windowing System: *1. Sistema X Window.*

Ver *X Window System*.

Windows CE: *1. Windows CE.*

1. Versión reducida del *sistema operativo* Windows destinada a ser instalada en computadoras pequeñas, de prestaciones reducidas o computadoras especializadas. Se mantiene el estilo de la *interfaz gráfica* (ver *Graphical Interface*), pero con menos posibilidades.

• We will soon port the software to palm-size PCs running Microsoft *Windows CE*.

Windows Internet Naming Service: *1. WINS.*

1. Componente del *sistema operativo Windows NT* responsable de crear y mantener la correspondencia entre direcciones *IP* (ver *Internet Protocol*) dentro de una subred y nombres de las estaciones correspondientes.

• If there is a Windows NT server on your Subnet which is acting as a *Windows Internet Naming Service (WINS)* server, then ...

Windows Metafile Format: *1. WMF.*

1. Formato de ficheros con datos gráficos usado para intercambio de información entre aplicaciones del entorno Windows de Microsoft. Puede representar imágenes en formatos mapa de bits y vectorial.

• A common format of this type is the *Wind-*

ows Metafile Format (WMF) which allows the image to contain bitmaps, vectors, and text.

Windows NT: *1. Windows NT.*

1. *Sistemas operativos* (ver *Operating system*) de Microsoft que incorporan a lo tradicional del Windows 95 y previos, mejoras significativas de velocidad y capacidades para trabajar en red local (ver *Local Area Network*). Hay una versión para estaciones de trabajo y otra para servidores de red local.

• When Unix teams up with major-league database software, *Windows NT* and SQL Server face some formidable competition.

WinFrame: *1. WinFrame.*

1. Producto software, en versiones cliente y servidor, que permite la creación de minirredes con un servidor Windows NT y hasta 15 clientes del tipo *cliente infradotado* (ver *Thin client*). El servidor puede proporcionar a los clientes tanto datos como aplicaciones Windows.

• *WinFrame* client permits you to run programs on the Windows NT server at XXX and to see the output from the program at home ...

Winsock: *1. Winsock.*

1. *Receptáculo* (ver *Socket*) en entorno Windows que cumple una función similar a los correspondientes receptáculos en UNIX de Berkeley: facilitar la comunicación entre programas en diferentes puntos de una red utilizando el protocolo *TCP/IP* (ver *Transmission Control Protocol/Internet Protocol*). La utilización de *Winsock* es invisible para el usuario.

• XXX bills itself as «The Ultimate Collection of *Winsock* Software».

WinSock API: *1. API Winsock.*

1. *Interfaz* (ver *Interface (noun)*) de uso muy

frecuente entre sistemas Windows y protocolo *TCP/IP* (ver *Transmission Control Protocol/Internet Protocol*) de Internet.

● Today's most popular Internet applications for Microsoft Windows and IBM OS/2 are developed according to the *WinSock API (API Winsock)* standard.

Wintel: *1. Wintel.*
1. Contracción de *Windows* e *Intel*. Con este término se hace referencia, a veces de forma irónica, a la alianza *de facto* entre Microsoft e Intel y a los productos de dicha alianza y, muy específicamente, a las también llamadas *CPs compatibles* que, en su inmensa mayoría, utilizan procesadores Intel y *sistemas operativos* Windows.

● ProChemist is a *Wintel* program for studying organic compounds with a variety ...

WinZip: *1. WinZip.*
1. Aplicación Windows para comprimir y descomprimir ficheros. Tiene una agradable *interfaz gráfica* (ver *Graphical Interface*) tipo *Windows* y, además de los formatos *zip* que implementa y de los que procede, es capaz de reconocer otros formatos de compresión.

● WinZip (Winzip) can be obtained as shareware, on evaluation, or as a ...

Wired: *1. Cableado.*
1. Cableado o forma de hacer el cableado (ver también *Hardwired*; *Wired* y *Hardwired* se usan más para referirse al cableado «micro»).

● When *wired (cableado)* in a certain fashion (series, parallel, etc.), the AND, OR and NOT gates ...

Wired working: *1. Teletrabajo.*
1. El adjetivo *wired* aplicado a *trabajo*, identifica al *teletrabajo* o trabajo desde casa. El «ideal» de los tiempos que se avecinan.

● The Business Benefits of *Wired Working (teletrabajo)* ...

Wireless: *1. Inalámbrico/a.*
1. Adjetivo que se aplica a cualquier tipo de comunicación electrónica de *señales* (ver *Signal Def. 1*) que no utiliza conductores eléctricos u ópticos como medio de transmisión. En su lugar pueden usarse infrarrojos, microondas, etc.

● Radio is often used to provide a *wireless (inalámbrico)* link between a fixed-wire ...

Wiring closet: *1. Cuarto de conexiones.*
1. Habitación en la que se concentran los extremos de los cables que llevan a las computadoras (o a segmentos de ellas) pertenecientes a la parte de una *RAL* (ver *Local Area Network*) situada en una planta de un edificio. Cuando se usan *cuartos de conexiones*, la topología es en estrella (real o simulada) y el coste de cableado es mayor, pero el coste y los inconvenientes del mantenimiento son menores.

● Cables between *wiring closets (cuartos de conexiones)* are not classified as ...

Wizard: *1. Asistente.*
1. Ayuda interactiva para realizar una tarea más o menos compleja (instalar y/o configurar un producto, construir páginas *Ueb* (ver *World Wide Web*), etc.).

● The expertise of a good systems programmer is encapsulated in a software *wizard (asistente)* so ...

WIMP: *1. VIMP.*
1. Acrónimo de *Windows, Icons, Menus and Pointing device*. Es decir, lo que ahora entendemos por una *IGU* (ver *Graphical User Interface*). La idea básica es la de hacer poco uso del *teclado* (ver *Keyboard*) para moverse

por un sistema con una interfaz gráfica de este tipo.

• This is an accounting system using conventional double-entry bookkeeping, with a nice WIMP (VIMP) interface.

WINS: *1. WINS.*
Ver *Windows Internet Naming Service.*

WMF: *1. WMF.*
Ver *Window Metafile Format.*

Word: *1. Palabra. 2. Word.*
1. Desde el punto de vista del procesamiento de datos, una palabra es una *ristra* (ver *String*) de caracteres no blancos precedida y seguida por uno o más espacios (ver también, para otro sentido, *Computer word*).

• When the first word (palabra) of a shell command line is not a shell keyword ...

2. Nombre comercial del procesador de textos de Microsoft. Es el componente más usado del paquete Microsoft Office.

• To automate tasks in Word, use methods and properties of these objects.

Word Processor: *1. Procesador de texto.*
1. Aplicación cuyo objetivo es facilitar la tarea de crear documentos listos para ser impresos (en impresora, no en imprenta). Permite trabajar con diferentes *fuentes* (ver *Font*) de caracteres, buscar, sustituir, borrar, copiar y mover trozos seleccionados de texto, corregir ortografía, insertar textos y/o imágenes preparados en otro sitio, crear y manipular tablas de información, etc.

• A good word processor (procesador de textos) allows you to prepare simultaneously two or more documents ...

Word wrap: *1. Doblado de palabra.*
1. Cuando se escriben o presentan palabras en un texto para el que se han marcado finales de línea, se produce *doblado de palabra* cuando una palabra no cabe en el espacio disponible hasta el final marcado de la línea de destino. En este caso la palabra entera «dobla» a la línea siguiente.

• Word wrap (El doblado de palabra) is a feature that automatically decides where to end a line.

Wordwrap: *1. Doblado de palabra.*
Sinónimo de *Word wrap* (ver).

Work day: *1. Día laborable.*
1. Desde el punto de vista de la planificación (automática, semiautomática o manual) de trabajos en instalaciones informáticas, un *día laborable* es un día en el que pueden planificarse trabajos de manera normal, sea o no un día laborable en el calendario.

• A cyclic period where only work days (días laborables) are counted when ...

Work file: *1. Fichero de trabajo.*
1. Fichero cuyo contenido tiene carácter temporal: se ha creado en un paso de un trabajo para que sea entrada a un paso posterior del mismo trabajo o, inclusive, se ha creado en un *paso de trabajo* (ver *Job step*) para que sea entrada en un momento posterior de la ejecución del mismo paso.

• Ensure the compiler has write access to the work files (ficheros de trabajo) and that there is enough space...

Work load: *1. Carga de trabajo.*
Ver *Workload.*

Work space: *1. Espacio de trabajo.*
1. Espacio, habitualmente en disco, que nece-

sitan algunos programas de uso genérico (por ejemplo, programas de clasificación) para ser ejecutados de forma eficiente.

● The amount of *work space (espacio de trabajo)* actually used will often be less than ...

Workaround: *1. Rodeo.*
1. Evitación de un problema o error, propios o ajenos, rodeándolos. Puede referirse tanto a hardware como a software, aunque los *rodeos* se usan más frecuentemente con este segundo tipo de componentes.

● Is there a *workaround (rodeo)* for the bug in @IsNumber?

Workflow: *1. Flujo de trabajo.*
1. Enfoque analítico y de diseño que pone el acento en los procesos más que en los datos. Este enfoque ha producido no sólo avances metodológicos sino también la aparición de nuevas herramientas que controlan el desarrollo de los procesos y facilitan el trabajo cooperativo de personas y organizaciones. Determinadas partes de los sistemas de información de empresas y administraciones pueden abordarse más fácilmente con este enfoque que con el tradicional.

● Some vendors sell *workflow (flujo de trabajo)* automation products ...

Workgroup computing:
1. Informática para grupos de trabajo.
1. Ayuda informática que puede proporcionarse a diferentes personas que trabajan, en proximidad o de forma remota, en un mismo proyecto o con relación a un mismo flujo de actividades. La comunicación fluida, la planificación común de actividades y la posibilidad de acceder a las mismas *bases de datos* (ver *Database*) y de mensajes son fundamentales en este tipo de ayuda. La visión más estática de la cuestión puede insistir en el con-

cepto de *grupo de trabajo*. La más dinámica mencionará preferentemente *flujo de trabajo* (ver *Workflow*). Ambas visiones coexisten en la mayoría de situaciones reales.

● ... and a *workgroup computing (de informática para grupos de trabajo)* application can share and store different types of data ...

Working directory: *1. Directorio de trabajo.*
1. Directorio operativo en un momento dado. Si un programa de aplicación no especifica un camino en una operación de grabación, los datos se grabarán en el *directorio de trabajo*. Si un camino no incluye el *directorio raíz* (ver *Root directory*), se supone que ese camino se inicia en el *directorio de trabajo*.

● If it is not found, the shell looks in the *working directory (directorio de trabajo)*; therefore, make ...

Working set: *1. Conjunto de trabajo.*
1. Conjunto de páginas de usuario que, si se mantienen en memoria real, evitan una excesiva *paginación* (ver *Paging*). Ante la dificultad o imposibilidad de definir ese conjunto en una situación permanentemente cambiante como la que se produce en las instalaciones con multitarea y multiprogramación, el concepto de *conjunto de trabajo* tiende a referirse, actualmente, a la cantidad de memoria real que evita una paginación excesiva en períodos de tiempo específicos (por ejemplo, en «hora-punta») en los que la carga de trabajo tiene una composición más o menos estable de un día a otro.

● ... the *working set (conjunto de trabajo)* frequently consists of a relatively small fraction of a process's total virtual ...

Workload: *1. Carga de trabajo.*
1. Cantidad total de trabajo a desarrollar por

una instalación informática en una unidad de tiempo significativa (es decir, teniendo en cuenta periodificaciones y otros efectos estacionales). En instalaciones de cierta entidad es de la máxima importancia evaluar la *carga de trabajo*, distribuirla adecuadamente entre el tiempo y los recursos disponibles, equilibrar las cargas puntuales, etc. Evidentemente, hay productos software que ayudan en las tareas de gestión inmediata y diferida de la *carga de trabajo*.

● *Workload (carga de trabajo)* management requires a shift of focus from tuning at ...

Worksheet: *1. Hoja de cálculo.*
Sinónimo de *Spreadsheet* (ver).

Workspace: *1. Espacio de trabajo.*
Ver *Work space*.

Workstation: *1. Estación de trabajo.*
1. En el entorno de IBM una *estación de trabajo* es un terminal conectado en red o a una *computadora principal* (ver *Mainframe computer*). Puede tener o no capacidad autónoma de proceso.

● ... programmable *workstations (estaciones de trabajo)* have some degree of processing capability and ...

2. Más frecuentemente, se considera que una *estación de trabajo* es una computadora pequeña aunque, posiblemente, con más capacidad de cálculo y de representación gráfica que una *CP* (ver *Personal Computer*) ordinaria. La frontera entre *CP* y *estación de trabajo* es más bien difusa. El segmento de las *estaciones de trabajo* está orientado específicamente a profesionales del diseño y de la imagen (*CAD/CAM* (ver), diseñadores gráficos, creadores de juegos, etc.). Por supuesto que estas computadoras pueden conectarse en red.

● ... *workstations (estaciones de trabajo)* may also be used as stand-alone systems that ...

Worl Wide Web: *1. WWW. 2. Ueb.*
1. Red lógica que descansa físicamente sobre Internet y que permite acceder fácilmente a información situada en cualquier lugar del mundo. La unidad física es el servidor y la unidad lógica es la página en el servidor. Cada página puede contener *punteros* (direcciones de hipertexto, ver *Hypertext* e *Hypertext Transfer Protocol*) a otras páginas del mismo servidor o de cualquier otro servidor situado en cualquier parte del mundo. Existen diferentes buscadores que permiten obtener direcciones iniciales acerca de un tema determinado (a partir, por ejemplo, de palabras significativas) para, a partir de ahí, seguir *hebras* (ver *Thread*) de búsqueda hasta encontrar aquello que se necesita.

● ... is intended to introduce emerging software technologies relevant to the *World Wide Web (WWW)* and equivalent subsets.

World Wide Web Consortium: *1. W3C.*
1. Organismo de alcance internacional con responsabilidad sobre el crecimiento armónico de la *Ueb* (ver *World Wide Web*) y, muy especialmente, sobre el establecimiento de estándares y otras normas que lo faciliten.

● This is a Working Draft for review by *World Wide Web Consortium (W3C)* members and other interested parties ...

Worm: *1. Gusano.*
1. Programa con capacidad para autoduplicarse y para instalarse en otras computadoras (infectándolas) usando los mecanismos de comunicación de una red o interred. Los gusanos pueden ser especialmente dañinos.

● The *worm (gusano)* was a program which

took advantage of bugs in the sendmail program, ...

Worst-case response time: *1. Tiempo de respuesta de la peor situación.*

1. Hipótesis que se utiliza en análisis de *planificabilidad* (ver *Schedulability*) de *sistemas de tiempo real* (ver *Real-time system*). Se supone que cada tarea se ejecuta en las peores condiciones posibles (*bloqueo* de recursos, espera a tareas más prioritarias, etc.) y se calcula el tiempo de respuesta en dichas condiciones. Para todas las tareas, su *momento límite* (ver *Deadline*) debe ser posterior al *tiempo de respuesta de la peor situación.*

● ... and therefore the actual *worst-case response time (tiempo de respuesta de la peor situación)* of task i is 23 units ...

WORM: *1. WORM.*
Ver *Write-Once, Read-Many.*

WOSA: *1. WOSA.*
1. *Windows Open Services Architecture.* Marco de trabajo y *APIs* (ver *Application Program Interface*) que ha establecido Microsoft para el desarrollo de aplicaciones que interaccionan con el mundo exterior a la *CP* (ver *Personal Computer*) en la que se ejecutan. Sus elementos centrales son *ODBC* (ver *Open Database Connectivity*) y *WinSock API.*

● Deliver the understanding of *Windows Open Services Architecture (WOSA)* needed to develop ...

Wrap (noun): *1. Doblado.*
1. Acción y efecto de *doblar* el elemento en proceso actualmente y seguir con el próximo (ver *Wrap (verb)*).

● Such *wrap (doblado)* is repeated until the remaining output characters fit ...

Wrap (verb): *1. Doblar.*
1. Proseguir una operación en el siguiente elemento disponible cuando en el actual no ha sido posible un éxito completo (posiblemente, por falta de capacidad de éste). Por ejemplo: se ha alcanzado el final de una línea en pantalla o impresora y se prosigue moviendo el *campo* (ver *Field*) en proceso a la siguiente línea disponible, hasta llegar al final de la pantalla o de la página. Se traduce por *doblar* por similitud con *doblar una esquina.*

● They may *wrap (doblar)* from row to row, but must not extend beyond the end of the page.

Wrap around (verb): *1. Doblar a inicio.*
1. Efectuar una operación de *doblar* (ver *Wrap (verb)*) al elemento inicial desde el elemento final.

● ... the register numbers *wrap around (doblan a inicio)* from 15 to 0 (the set of registers is R.0, R.1, ... R15).

Wraparound (noun): *1. Doblado a inicio.*
1. Operación programada o de puro hardware por la cual se reemprende en el inicio de una estructura (fichero, tabla, conjunto de registros, conjunto de posiciones de memoria, etc.), una tarea en cuya realización se había alcanzado el final de dicha estructura. Ejemplos: cuando al grabar registros de control en un fichero se llena éste, se prosigue la grabación desde su inicio; búsqueda en una tabla; etc. *Wraparound* puede usarse también como adjetivo aplicado al elemento en cuestión.

● This handling of an address of excessive size is called *wraparound (doblado a inicio)* ...

Wrapper: *1. Envoltorio.*
1. *Interfaz* (ver *Interface (noun)*) que permite

presentar datos almacenados en *bases de datos* (ver *Database*) tradicionales (relacionales o no) como si fueran objetos, con la idea de facilitar tratamientos especializados de los mismos: ayuda en la toma de decisiones, tratamientos propios de los *almacenes de datos* (ver *Data warehouse*), etc.

● ... we were attempting to define and implement a *wrapper software (software envoltorio)* that can «wrap» a particular ...

Wrapping: *1. Doblado.*
Ver *Wrap (verb)*.

Wrist support: *1. Reposamuñeca.*
1. Artilugio en el que se apoya la muñeca o el antebrazo mientras se maneja el ratón y/o el teclado de una computadora. Ayuda a evitar problemas en las articulaciones (como, por ejemplo, el *Síndrome del túnel carpiano*).

● ... the patented, contoured, adjustable, gliding *wrist support (reposamuñeca)* for a mouse or trackball.

Write (verb): *1. Grabar. 2. Modificar.*
1. Operación de mover datos desde la memoria hasta un fichero externo, incluyendo impresora y pantalla. En ciertas situaciones el movimiento no se hace directamente al fichero sino a un área intermedia (ver *Cache*).

● ... after an I/O operation has used the buffer, as all read, *write (grabar)*, and ...

2. En algunos lenguajes se generaliza el uso de este verbo a operaciones de asignación sobre varios tipos de estructuras de datos (variables, *colas*, etc.).

● Certain program variables may *be* constant and never *written to (ser modificadas)*.

Write lock: *1. Bloqueo por grabación.*
1. *Bloqueo* (ver *Lock (noun)*) establecido por una operación de grabación (ver *Write*). El alcance del bloqueo (qué se bloquea y qué clase de operaciones se permiten sobre la parte bloqueada) puede variar según *sistema operativo* (ver *Operating system*) o subsistema o producto de que se trate. Por ejemplo, puede bloquearse todo el fichero y no permitirse otros bloqueos ni por lectura ni por grabación.

● A process cannot put a *write lock (bloqueo por grabación)* on part of a file if there is ...

Write protection: *1. Protección contra grabación.*
1. Mecanismo que, según posición o estado, permite o impide la grabación de un volumen físico (*cartucho*, carrete, disquete). Puede extenderse la definición a construcciones (datos + software) que realizan la misma función protectora (consulta de *contraseña*, por ejemplo).

● There is *write protection (protección contra grabación)* when the write-enable ring has been removed from the tape reel ...

Write to Operator: *1. Wto.*
1. Mecanismo que permite enviar un mensaje al operador de la computadora. La sintaxis concreta del *mandato* (ver *Command*) o instrucción depende del sistema, subsistema, lenguaje, etc. La función, sin embargo, es general.

● When the system issues a *write to operator (wto)* message ...

Write To Operator with Reply: *1. Wtor.*
1. Mecanismo que permite enviar un mensaje al operador de la computadora y esperar la respuesta de éste. La sintaxis concreta del *mandato* (ver *Command*) o instrucción depen-

de del sistema, subsistema, lenguaje, etc. La función, sin embargo, es general.

• ... a message requiring a reply from the operator is called a *write to operator with reply (wtor)*...

Write-Once, Read-Many: *1. WORM.*

1. Tecnología de discos ópticos que permite que un usuario grabe, por una sola vez, uno de estos discos (virgen) que, a partir de ese momento, podrá ser leído pero no regrabado. Esta tecnología está siendo superada por otra que permite la regrabación de discos ópticos.

• *WORM (WORM)* media have a significantly longer shelf life than magnetic media ...

WRAM: *1. WRAM.*

1. Acrónimo de *Window RAM*. Uno de los tipos posibles de RAM para vídeo (ver *Video RAM*). Nada que ver con MS Windows.

WRU: *1. WRU*

1. Acrónimo de Who-Are-You. Se refiere a un carácter de control –y a la señal correspondiente– que se usan para provocar una respuesta, puede que identificativa, en la estación que recibe la señal WRU.

• In addition the *WRU* and INFO messages may be used, too.

Wto: *1. Wto.*
Ver *Write To Operator.*

Wtor: *1. Wtor.*
Ver *Write To Operator with Reply.*

WWW: *1. WWW. 2. Ueb.*
Ver *World Wide Web.*

WYSIAYG: *1. WYSIAYG.*
Ver *What You See Is All You Get.*

WYSIWYG: *1. WYSIWYG.*
Ver *What You See Is What You Get.*

W3C: *1. W3C.*
Ver *World Wide Web Consortium.*

X

xDSL: *1. xDSL.*

1. Nombre genérico de las diferentes variantes creadas en el marco de la tecnología *DSL* (ver *Digital Suscriber Line* para una descripción general). Las tecnologías específicas son: *ADSL* (ver *Asymmetric Digital Subscriber Line*), *HDSL* (ver *High bit rate Digital Subscriber Line*) y otras.

x86: *1. x86.*

1. Denominación genérica de la familia de microprocesadores de Intel que se inició con el 80286.

● ... architecture like that of the Intel *x86 (x86)* in which addresses are ...

X server: *1. Servidor X.*

1. En un *sistema X Window* (ver *X Window System*), servidor centralizado de aplicaciones que actúa como cliente de los servicios de presentación distribuidos en los *terminales X* (ver *X terminal*).

● The *X server (servidor X)* scales these values to match the display hardware.

X terminal: *1. Terminal X.*

1. Equivalente temprano, implementado en *Sistemas X Window*, de lo que posteriormente se llamó *cliente infradotado* (ver *Thin client*).

Los *terminales X* se conectan en red a *servidores X* que les proporcionan los servicios de aplicación y datos.

● Only compressed screen images and input commands are transferred between the *X terminal (Terminal X)* and the PC.

X Window System: *1. Sistema X Window.*

1. *Sistema abierto* (ver *Open system*), con arquitectura cliente/servidor e *interfaz* (ver *Interface (noun)*) de tipo *ventana* con los usuarios. En un sistema distribuido basado en este modelo y software, las aplicaciones están distribuidas y sus programas actúan como clientes de los servicios centralizados de *presentación* (ver *Display (verb)*) que proporcionan la interfaz tipo *ventana*. Alternativamente, los sistemas X Window pueden centralizar las aplicaciones en servidores (ver *X server*) y dejar la presentación a estaciones de trabajo infradotadas (ver *X terminal*).

● However *X Window System (el Sistema X Window)* does provide for programs called font servers which can provide font ...

X.21: *1. X.21.*

1. Recomendación de la antigua CCITT (actualmente, estándar) en la que se define la *in-*

terfaz (ver *Interface (noun)*) entre un *DTE* (ver *Data Terminal Equipment*) y un *DCE* (ver *Data Circuit-Terminating Equipment*) de una red de transmisión de datos (por ejemplo, una red pública de *conmutación de paquetes* (ver *Packet switching*) acorde con norma X.25, una red pública de conmutación de circuitos, etc.). El conectador usado es de 15 *patillas* (ver *Pin*). Las líneas de *señación* (ver *Signaling Def. 2*) se adaptan a la norma V.11 (ver).

• At the lowest layer of packet switched data networks, the *X.21 (X.21)* interface standard is used to ...

X.25: *1. X.25.*

1. Conjunto de protocolos, de aceptación internacional (X.25 es norma *ITU-T*), que definen la *interfaz* (ver *Interface (noun)*) entre un *DTE* (ver *Data Terminal Equipment*) y una PSPDN (*Packet Switched Public Data Network*). Estos protocolos sólo tienen significación local. En el estrato inferior se usa X.21 (ver) mientras en el estrato *enlace de datos* X.25 (ver *Data link*) usa una versión especial de *HDLC* (ver *High-Level Data Link Control*). El *estrato de Red* (ver *Network layer*) es el que trata específicamente con paquetes y mensajes.

• *X.25 (X.25)* relies on the underlying robustness of HDLC LAPB to get data from node to node ...

X.400: *1. X.400.*

1. Conjunto de protocolos (todos X.4nn) para intercambio internacional de mensajes y, específicamente, de *correo-e* (ver *E-mail*). Son normas estándar de *ITU-T* adoptadas por la *ISO* (ver *International Organization for Standardization*) y su competidor principal es el protocolo *SMTP* (norma «de hecho»; ver *Simple Mail Transfer Protocol*). El conjunto X.400 es más complejo y más potente que SMTP, aunque tiene opciones que se usan muy raramente.

• ... it must initiate the submission of the message to the public *X.400 (X.400) system*.

X.500: *1. X.500.*

1. Conjunto de estándares de la *ITU-T* relacionados con la creación y mantenimiento de servicios de directorio, que se pretenden de alcance universal, asentados en los servicios de directorio establecidos en cada empresa u organismo, o grupo de ellos.

• The software that accesses the *X.500 (X.500)* Directory Service on behalf of the directory user.

X-modem: *1. Xmódem.*
Ver *Xmodem*.

X-on/X-off: *1. Xon/Xoff.*
Ver *Xon/Xoff*.

X-server: *1. Servidor X.*
Ver *X server*.

X-terminal: *1. Terminal X.*
Ver *X terminal*.

X-Window: *1. X Window.*
Ver *X Window System*.

X/Open: *1. X/Open.*
1. Organización europeo-americana, con ramificaciones económicas (empresas) que ha tenido y tiene un fuerte impacto en el desarrollo del UNIX y de los *sistemas abiertos* (ver *Open system*).

• For the *X/Open (X/Open)* socket function, the socket description applies to socket, address to address ...

X/Open Transport Interface: *1. XTI.*
1. *Interfaz* (ver *Interface (noun)*) para aplicaciones, propia del *estrato de Transporte* (ver *Transport layer*) del modelo *OSI* (ver *Open Systems In-*

terconnection), formada por funciones desarrolladas en C que se basan, en última instancia, en la definición de servicios de transporte elaborada por la *OSF* (ver *Open Software Foundation*).

- ... if you are porting an existing *XTI* application, the ...

XDR: *1. XDR.*
Ver *External Data Representation*.

Xenix: *1. Xenix.*
1. Versión UNIX para *CP* (ver *Personal Computer*). Desarrollada inicialmente por Microsoft. Santa Cruz Operation participó en las últimas versiones de este *sistema operativo* (ver *Operating system*).

- Today, a personal computer running *Xenix (Xenix)* has more computing power than many mainframes ...

XGA: *1. XGA.*
Ver *Extended Graphics Array*.

Xmodem: *1. Xmódem.*
1. Primer miembro, en el tiempo (data de finales de los 70's), de una familia de protocolos en el *estrato de Enlace de Datos* (ver *Data link layer*) que incorpora un mecanismo relativamente simple, pero eficiente, de controlar errores de transmisión.

- Standard *Xmodem (Xmódem)* specifies a one-second timeout during the ...

XML: *1. XML.*
Ver *Extensible Markup Language*.

XMS: *1. XMS.*
Ver *Extended Memory Specification*.

Xon/Xoff: *1. Xon/Xoff.*
1. Dispositivo de *control de flujo* (ver *Flow control*) en protocolos de transmisión asíncro-

na de datos. Si el elemento receptor no puede continuar el procesamiento de los datos recibidos al ritmo al que le llegan, envía una *seña* (*Xoff*) (ver *Signal Def. 2*) al remitente, que interrumpirá el envío hasta que reciba otra *seña* (*Xon*) que le comunica que puede reanudar las transmisiones.

- For instance, if you wish to enable *Xon/Xoff* input handshaking, but you wanted to specify that ...

XObject: *1. XObject.*
1. *Acople* (ver *Plug-in*) para algunas versiones de Director (máquinas Mac). Al igual que las DLLs (ver *Dynamic Link Library*), los *XObjects* amplían las capacidades del elemento al que se asocian.

- In order to use an *XObject (XObject)*, you must first open the ...

XOR: *1. XO. 2. O exclusivo.*
Ver *Exclusive OR*.

XT: *1. Diafonía.*
Abreviatura de *Crosstalk Def. 1* (ver).

XTI: *1. XTI.*
Ver *X/Open Transport Interface*.

XWindow: *1. Sistema X Window.*
Ver *X Window System*.

X2: *1. X2.*
1. Nombre dado por US Robotics (actualmente 3Com) a una tecnología de *módems* (ver *Modem*) que permite transmisiones descendentes de hasta 56 Kbps en línea telefónica ordinaria que no sea muy ruidosa. Hacia arriba continúa la limitación de 33,6 Kbps. Esta tecnología ha sido aprobada posteriormente por la *ITU-T* como norma V-90.

- *X2 (X2)* provided input to and has been replaced by the V.90 ITU-T standard.

Y

Year 2000: *1. Efecto 2000.*
1. Primer problema serio de la informática, con alcance mundial. Es debido a que durante años y por economía de espacio de almacenamiento y de memoria, se reservaron solamente dos posiciones para registrar el año (se suponía que el siglo XX –1.9xx– sería eterno o que los programas que contenían esa expresión económica xx quedarían obsoletos antes de finalizar el siglo). No ha sido así.

● «Getting to, Getting through, Getting past the *Year 2000 (Efecto 2000)* problem.»

Yellow Book: *1. Libro amarillo.*
1. Libro en que se contienen las especificaciones del CD-ROM y del CD-ROM/XA.

● The *Yellow Book (Libro Amarillo)* specification only defines the physical arrangement of the data on the disc.

Yellow Pages: *1. NIS.*
1. Nombre dado inicialmente a un protocolo cliente-servidor de Sun Microsystems destinado a la distribución de datos de configuración (nombres de *huéspeda* (ver *Host Def. 1*), nombres de usuario, etc.) entre las computadoras de una red. Dado que la expresión

Yellow pages ya estaba registrada, SUN cambió a *NIS* el nombre del producto.

Yield (verb): *1. Producir. 2. Ceder.*
1. Producir un resultado o valor (bueno o malo).

● Any other locales *will yield (producirá)* unpredictable results.

2. Entregar, ceder un programa o proceso el derecho de uso de un recurso.

● Allows a thread *to yield (ceder)* the control of a processor so that another thread ...

Yielding loop: *1. Ciclo renunciante.*
1. *Ciclo* (ver *Loop*) diseñado de tal forma que periódicamente devuelve el control a su llamante para que éste decida si le permite continuar o si debe atender a otra tarea pendiente.

● A *yielding loop (ciclo renunciante)* can also be confined to just one program, in which ...

Ymodem: *1. Ymódem.*
1. Protocolo en el *estrato de Enlace de Datos* (ver *Data link layer*) que mejora las prestaciones de su predecesor *Xmódem*: envía bloques de mayor longitud, no fuerza el *ACK*

(ver) si recepción correcta y permite la *multidifusión* (ver *Multicast*) utilizando un solo *mandato* (ver *Command*).

• File sizes are included in the Ymodem *(Ymódem)* header when sending ...

Yottabyte: *1. Yotabait.*

1. Unidad para expresar capacidades casi ilusorias de almacenamiento. Un *yotabait* equivale a 2**80 *baits* (ver *Byte*), es decir, «algo» más de un cuatrillón de *baits*.

Y2K: *1. Efecto 2000.*

Forma pretendidamente original de expresar *Year2000* (ver).

Z

Z: *1. Tiempo Universal Coordinado. 2. TUC.*
Abreviatura de *Zulu time* que, a su vez, es sinónimo de *Coordinated Universal Time* (ver).

Z-buffer (noun): *1. Z-báfer.*
1. En proceso de gráficos en 3-D, área de memoria en la que se guardan las coordenadas z de los *vóxeles* (ver *Voxel*) para facilitar el cálculo de los objetos o partes de objetos que resultan invisibles al ser tapados por otros situados delante de ellos.

● ... and hardware *z-buffer (de z-báfer)* depths of 16 or 24 bits.

Z-buffering algorithm: *1. Algoritmo de anteposición.*
1. Algoritmo que determina los objetos o partes de objetos que quedarán invisibles en un gráfico tridimensional como consecuencia de resultar tapados por otros cuyas coordenadas establecen que están situados delante.

● Implement the *z-buffering algorithm (algoritmo de anteposición)* for shaded rendering of triangles with vertex normals.

Zero Insertion Force socket: *1. Conectador ZIF.*
1. Tipo de conectador que permite insertar y extraer con facilidad («fuerza cero») los chips de una *CP* (ver *Personal Computer*).

● So the industry introduced *ZIF sockets (conectadores ZIF)*, which use leverage instead of brute force to seat and ...

Zero suppression: *1. Supresión de ceros.*
1. Eliminación de ceros no significativos presentes en un número. Existen, en ciertas computadoras, instrucciones de máquina capaces de realizar esta función. Los lenguajes de alto nivel cuentan con instrucciones capaces de lo mismo. En todos los casos se suprimen los «ceros a la izquierda» y, en ciertos casos, los ceros finales a la derecha de una coma decimal.

What is the optimum *zero suppression (de supresión de ceros)* alogorithm?

Zero-bit insertion: *1. Inserción de bit-0.*
1. En algunos protocolos de comunicaciones orientados al bit, inserción de un bit 0 en origen cada vez que se procesan cinco bits 1 consecutivos, en cualquier posición entre un *indicador* (ver *Flag*) de inicio de texto y otro de final. Esos ceros suplementarios se eliminarán en destino.

• ... except for the *zero-bit insertion (inserción de bit-0)* necessary to prevent ...

Zettabyte: *1. Zetabait.*
1. Unidad para expresar capacidades casi ilusorias de almacenamiento. Un *zetabait* equivale a 2**70 *baits* (ver *Byte*), es decir, «algo» más de mil trillones de baits.

Zip (verb): *1. Zipear.*
1. En terminología *CP* (ver *Personal Computer*), *zipear* uno o más ficheros es obtener una copia comprimida de los mismos que puede ser útil tanto como copia de salvaguardia (ver *Backup copy*) como para transportar el o los ficheros a otro sistema vía disquete o vía red. Hay diferentes productos para *zipear*.

• The result of *zipping (zipeado)* is a single file with ...

Zip drive: *1. Dispositivo de zipear.*
1. Dispositivo lector-grabador de discos extraíbles siendo la capacidad de éstos bastante más alta que la de un disquete (15 o más veces). La utilidad principal de estos dispositivos es la obtención de copias de seguridad sin tener que mover un alto número de disquetes y utilizando un medio más barato que la cinta. *Zip drive* es, en realidad, una marca registrada de Iomega Zip, aunque hay otras marcas competidoras.

• Multi-drive support (tested with 2 Iomega ZIP drives *(dispositivos de zipear))*.

Zip file: *1. Fichero zipeado.*
1. Fichero comprimido obtenido ejecutando un programa de *zipeado* (ver *Zip (verb)*). Lo más frecuente es que tengan la extensión *.zip*, aunque hay una opción de ficheros autoextraíbles que pueden ejecutarse para extraer y descomprimir uno o más ficheros.

• Also available as a *Zip File (fichero zipeado)* (66 KB).

Zip program: *1. Programa de zipear.*
1. Programa capaz de *zipear* (ver *Zip (verb)*) ficheros produciendo *ficheros zipeados* en su versión simple y/o autoextraíble.

• All of these problems can be solved using a file compression or *«zipping» program (programa de zipear)* ...

Zipped file: *1. Fichero zipeado.*
Ver *Zip file.*

Zipper: *1. Programa de zipear.*
Sinónimo de *Zip program* (ver).

Zipping program: *1. Programa de zipear.*
Ver *Zip program.*

ZIF socket: *1. Conectador ZIF.*
Ver *Zero Insertion Force socket.*

Zmodem: *1. Zmódem.*
1. Protocolo en el *estrato de Enlace de Datos* (ver *Data link layer*) parecido, en velocidad de transmisión a su predecesor *Ymódem*. La diferencia principal radica en que si se interrumpe o cancela el envío de un bloque, no hay que reenviar posteriormente el bloque completo, sino solamente la parte aún no recibida.

• If your communications program is configured for *Zmodem (Zmódem)* auto-downloads, it will automatically begin receiving the file(s) ...

Zombie: *1. Zombie.*
1. En UNIX se llama *zombie* a un proceso descendiente que ha terminado y está, por tanto, inactivo, pero que aún no ha sido *liquidado* (ver *Kill (verb)*) por el *proceso progenitor* (ver *Parent process*).

• How do I get rid of *zombie (zombie)* processes that persevere?

Zoned decimal number: *1. Número decimal con zonas.*

1. Una de las formas de representar internamente números decimales, en *computadoras principales* (ver *Mainframe computer*) de IBM. Cada dígito ocupa un *bait* (ver *Byte*), del que solamente se usa la mitad de la derecha, excepto en el caso del *bait* situado en el extremo derecho en el que dicha mitad contiene el signo. Las mitades de la izquierda han recibido el nombre de *zonas*.

• ... contain the following *zoned decimal number (número decimal con zonas)* that is to be converted to ...

Zoom (noun): *1. Zum.*

1. Dispositivo que, aplicado a una imagen, permite aumentar o disminuir la parte visible de la misma, lo que se traduce en un grado menor o mayor de detalle, respectivamente. En nuestro caso, el dispositivo es, evidentemente, software.

• ... after hitting the *zoom (de zum)* box in the top right corner ...

Zoom (verb): *1. Zumear.*

1. Aplicar a una imagen un dispositivo de *zum* (ver *Zoom (noun)*).

• Ability to pan and *zoom (zumear)* pictures ...

Zoom in (verb): *1. Zumear.*

1. Aplicar un dispositivo de *zum* (ver *Zum (noun)*) de forma que se aumente el grado de detalle con que se ve la imagen.

• If you have repeatedly *zoomed in on (zumeado)* a picture area ...

Zoom out (verb): *1. Deszumear.*

1. Aplicar un dispositivo de *zum* (ver *Zoom (noun)*) de forma que se disminuya el grado de detalle con que se ve la imagen.

• ... then repeatedly *zoom out on (deszumee)* it to undo the enlargements one by one.

Zulu time: *1. Tiempo Universal Coordinado. 2. TUC.*

1. Sinónimo de *Coordinated Universal Time* (ver).

• Previously *Zulu time* had been known as Greenwich Mean Time or GMT.

Zvport: *1. Zvport.*

1. Tecnología que pone el procesamiento de imágenes animadas de vídeo al alcance de computadoras de bolsillo. Las imágenes recibidas (en formato *MPEG*; ver *Moving Picture Experts Group*) no pasan por el bus ni son procesadas por la *UCP* (ver *Central Processing Unit*) de la máquina; el proceso se realiza a través de una placa especializada que forma parte de esta tecnología.

• PCI & *Zvport* expansion connector reserved.

0

1NF: *1. 1FN. 2. Primera Forma Normal.*
Ver *First Normal Form.*

10BaseF: *1. 10BaseF.*
1. Cable de fibra óptica, para *enlace* (ver *Link (noun) Def. 5*) punto a punto, con velocidad de transmisión de 10 Mbps en banda de base.

• *10BaseF* uses fiber optics, which, though expensive, can travel long distances (2 km) and through electrically noisy areas.

10BaseT: *1. 10BaseT.*
1. Par torcido no blindado que se usa para conexiones directas entre estaciones y *jab* (ver *hub*). Permite una velocidad de transmisión de 10 Mbps con una longitud de segmento de 100 m.

• Although *10BaseT* is usually wired with eight wire jacks (known as RJ45 connectors), only four wires are used ...

10Base2: *1. 10Base2.*
1. Cable coaxial fino de 0,25 pulgadas de diámetro que admite segmentos de hasta 200 metros con velocidad de transferencia de 10 Mbps en *banda de base.*

• The connectors used for *10Base2* networking are an industry standard type known generically as BNC.

10Base5: *1. 10Base5.*
1. Cable coaxial fino de 0,5 pulgadas de diámetro que admite segmentos de hasta 500 metros con velocidad de transferencia de 10 Mbps en *banda de base.*

• *10Base5* refers to the specifications for thick coaxial cable carrying Ethernet signals.

100BaseT: *1. 100BaseT.*
1. Primer estándar, en el tiempo, usado en Ethernet rápida (ver *Fast Ethernet*). El número 100 indica la velocidad de transmisión deseada (100 Mbps).

• ... since, unlike *100BaseT,* it can span a distance up to 100 Km.

100BaseX: *1. 100BaseX.*
1. Uno de los estándares usados en Ethernet rápida (ver *Fast Ethernet*). Puede aplicarse con diferentes medios físicos de transmisión, incluyendo la fibra óptica.

• *100BaseX* was designed for use with the higher quality category 5 cable ...

2NF: *1. 2FN. 2. Segunda Forma Normal.*
Ver *Second Normal Form.*

2PC: *1. A2F. 2. Aceptación en dos fases.*
Ver *Two-phase commit.*

3GL: *1. L3G. 2. Lenguaje de Tercera Generación.*
Ver *Third Generation Language.*

3NF: *1. 3FN. 2. Tercera Forma Normal.*
Ver *Third Normal Form.*

3270: *1. 3270.*
1. Código de la mítica familia de *terminales tontos* (ver *Dumb terminal*) de IBM que actualmente son emulados en millones de *CPs* (ver *Personal Computer*) en todo el mundo.

• ... that contains the height of the *3270* *(3270)* screen defined for the current task.

4GL: *1. L4G. 2. Lenguaje de Cuarta Generación.*
Ver *Fourth Generation Language.*

VOCABULARIO INVERSO

A

alt	*alt*	Abutal	*Abuttal*
arc	*arc*	ABD	*Database Administrator*
arc	*ARC*	ABD	*DBA*
arj	*arj*	ABM	*ABM*
arj	*ARJ*	ABM	*Asynchronous Balanced*
awk	*awk*		*Mode*
awk	*Awk*	Acarreo	*Carry (noun)*
A ráfagas	*Bursty*	Accedente	*Accessor*
A:	*A:*	Acceder	*Access (verb)*
A/D	*A/D*	Acceder	*Hit (verb)*
A/D	*ADC*	Acceder	*Sign-on (verb)*
AA	*AA*	Accesibilidad	*Accessibility*
AARP	*AARP*	Acceso	*Access (noun)*
AARP	*AppleTalk Address*	Acceso	*Sign-on (noun)*
	Resolution Protocol	Acceso aleatorio	*Random access*
Abajo	*Bottom*	Acceso directo	*Direct access*
Abandonar	*Leave (verb)*	Acceso directo	*Shortcut*
Abandonar	*Percolate (verb)*	Acceso Directo	*DA*
Abanico	*Range*	Acceso múltiple	*Carrier Sense*
Abendar	*Abend (verb)*	con escucha	*Multiple Access with*
Abendo	*Abend (noun)*	de portadora y	*Collision Detection*
Abierto	*Open (adj)*	detección de Colisión	
Abilene	*Abilene*	Acceso múltiple	*CSMA/CD*
Abortar	*Abort (verb)*	con escucha	
Aborto	*Abort (noun)*	de portadora y	
Abrazadera	*Bracket*	detección de Colisión	
Abrir	*Open (verb)*	Acceso No-Uniforme	*Non-uniform*
Abscisa	*Abscissa*	a Memoria	*memory access*
Abstracción en datos	*Data abstraction*	Acceso No-Uniforme a Memoria	*NUMA*
Abuso informático	*Computer abuse*	Acceso pleno a Internet	*Full Internet Access*

Acceso remoto	*Remote access*	Acuse afirmativo	*ACK*
Acceso remoto	*Remote login*	Acuse afirmativo	*Affirmative*
Acceso secuencial	*Sequential access*		*acknowledgment*
Acceso serial	*Serial access*	Acuse de recibo	*Receipt notification*
Acelerador de gráficos	*Graphics accelerator*	Acuse negativo	*NAK*
Aceptación	*Commit (noun)*	Acuse negativo	*Negative Acknowledgement*
Aceptación en dos Fases	*Two-phase commit*	AC	*CA*
Aceptación en dos Fases	*2PC*	AC	*Certificate Authority*
Aceptar	*Commit (verb)*	AC	*Certification Authority*
Aceptar	*Honor (verb)*	ACAP	*ACAP*
Acolamiento	*Enqueue (noun)*	ACAP	*Application Configuration*
Acolar	*Enqueue (verb)*		*Access Protocol*
Acolar	*Queue (verb)*	ACB	*CBA*
Acondicionamiento	*Line conditioning*	ACB	*Cost/Benefit Analysis*
de línea		ACCESS.bus	*ACCESS.bus*
Acondicionar	*Edit (verb)*	ACCESS MODE	*Access mode*
Acoplador acústico	*Acoustic coupler*	ACF/NCP	*ACF/NCP*
Acoplamiento	*Coupling*	ACF/NCP	*NCP*
Acoplar	*Dock (verb)*	ACF/NCP	*Network Control Program*
Acople	*Plug-ins*	ACF/VTAM	*ACF/VTAM*
Acotación	*Annotation*	ACIA	*ACIA*
Acotar	*Annotate*	ACIA	*Asynchronous Communications*
Acrobat	*Acrobat*		*Interface Adapter*
Acrónimo	*Acronym*	ACK	*ACK*
Activación	*Activation*	ACK	*Affirmative acknowledgment*
Activado	*Set (adj)*	ACL	*Access Control List*
Activado por eventos	*Event-driven*	ACL	*ACL*
Activar	*Activate (verb)*	ACM	*ACM*
Activar	*Turn on (verb)*	ACM	*Association for Computer*
Activar sesión	*Bind (verb)*		*Machinery*
Active Desktop	*Active Desktop*	ACPI	*ACPI*
ActiveX	*ActiveX*	ACPI	*Advanced Configuration*
Actividad esporádica	*Sporadic activity*		*and Power Interface*
Activo	*Active*	Ada	*Ada*
Actuador	*Actuator*	Adaptación	*Customization*
Actual	*Current*	Adaptadora	*Adapter*
Actualidad	*Currency*	Adaptadora de	*Communications*
Actualizar	*Update (verb)*	comunicaciones	*adapter*
Acuerdo de Nivel	*Service level*	Adaptadora de dispositivo	*Device adapter*
de Servicio	*agreement*	Adaptadora de Terminal	*TA*
Acuerdo de Nivel de Servicio	*SLA*	Adaptadora de terminal	*Terminal adapter*
Acuerdo inicial	*Handshake*	Adaptar	*Customize (verb)*
Acuerdo inicial	*Handshaking*	Adaptar	*Tailor (verb)*
Acumulador	*Bucket*	Adecuación	*Functionality*
Acuse	*Acknowledgment*	Adecuación	*Suitability*

Aditamento	*Add-on*
Administración	*Remote*
remota	*administration*
Administrador	*Postmaster*
Administrador de	*Database*
Bases de Datos	*Administrator*
Administrador de Bases de Datos	*DBA*
Administrador del sistema	*Sysadmin*
Administrador	*System*
del sistema	*administrator*
Admisis	*Sysadmin*
Admisis	*System administrator*
Adosar	*Append*
Adscribir	*Claim (verb)*
Adscripción	*Claim (noun)*
AD	*DA*
AD	*Direct access*
ADN	*Advanced Digital Network*
ADN	*ADN*
ADP	*PDA*
ADP	*Personal digital assistant*
ADSL	*ADSL*
ADSL	*Asymmetric Digital Subscriber Line*
ADSR	*ADSR*
ADSR	*Attack, decay, sustain, release*
AES	*AES*
AES	*Application Environment*
	Specification
Afable	*Friendly*
Afable para el usuario	*User friendly*
Afiliación	*Membership*
AFIPS	*American Federation of*
	Information Processing Societies
AFIPS	*AFIPS*
Agenda	*Calendar*
Agente	*Agent*
Agente de entrega	*Delivery agent*
Agente inteligente	*Intelligent agent*
Agregado	*Aggregate (noun)*
Agregado de datos	*Data Aggregate*
Agregar	*Aggregate (verb)*
Agriegar	*Greek (verb)*
Agrisar	*Gray (verb)*
Agrupación de restos	*Garbage collection*
Agrupamiento	*Peering*

Aguja (impresora)	*Pin*
AGP	*Accelerated Graphics Port*
AGP	*AGP*
Ahorrar	*Save (verb)*
Airear	*Fan (verb)*
AIFF	*AIFF*
AIFF	*Audio Interchange File Format*
AIX	*Advanced Interactive*
	Executive
AIX	*AIX*
Ajustado a la derecha	*Flush right*
Ajustado a la izquierda	*Flush left*
Ajustar	*Adjust*
Ajustar	*Justify (verb)*
Ajustar	*Tune*
Ajuste	*Alignment*
Ajuste al medio	*Half-adjust*
Ajuste de frontera	*Boundary alignment*
Al azar	*At random*
Al azar	*Randomly*
Alarma	*Alert*
Alarma	*Trap*
Alcance	*Coverage*
Alcance	*Scope*
Alcance léxico	*Lexical scope*
Aleatorio	*Random (adj)*
Alfanumérico	*Alphanumeric*
Alfombrilla	*Mouse pad*
Alfombrilla	*Mousepad*
Algebra relacional	*Relational algebra*
Algoritmo	*Algorithm*
Algoritmo aprovechador	*Slack*
de holguras	*stealing algorithm*
Algoritmo de	*Z-buffering*
anteposición	*algorithm*
Algoritmo de disposición	*Layout algorithm*
Algoritmo de intercambio	*PE algorithm*
de prioridades	
Algoritmo de	*Priority exchange*
intercambio de	*algorithm*
prioridades	
Algoritmo de IP	*PE algorithm*
Algoritmo de IP	*Priority exchange algorithm*
Algoritmo de prueba	*Backtracking*
y vuelta atrás	*algorithm*

Algoritmo de	*Replacement*
reemplazamiento	*algorithm*
Algoritmo MD	*Message digest algorithm*
Algoritmo siemprefiel	*Anytime algorithm*
Algoritmo voraz	*Greedy algorithm*
Alias	*Alias*
Alimentación por fricción	*Friction feed*
Alimentación por tracción	*Sprocket feed*
Alimentación por tracción	*Tractor feed*
Alimentar	*Feed (verb)*
Almacén de datos	*Data warehouse*
Almacén de respaldo	*Backing Store*
Almacenamiento	*Storage*
Almacenamiento auxiliar	*Auxiliary Storage*
Almacenamiento borrable	*Erasable storage*
Almacenamiento	*Backup Storage*
de salvaguardia	
Almacenamiento masivo	*Bulk Storage*
Almacenamiento masivo	*Mass storage*
Almacenamiento	*Non-volatile storage*
no-volátil	
Almacenamiento	*Permanent storage*
permanente	
Almacenamiento	*Secondary storage*
secundario	
Almacenamiento virtual	*Virtual storage*
Almacenar	*Store (verb)*
Almacenar y reexpedir	*Store and forward*
Almacenar y reexpedir	*Store-and-forward*
Almohadilla sensible	*Glidepad*
Aloha	*Aloha*
Alta	*Creation*
Alteración	*Corruption*
Alternante	*Toggle (noun)*
Alternar	*Toggle (verb)*
Alternativa	*Choice*
Alto grado de definición	*High resolution*
ALGOL	*ALGOL*
Ambito	*Frame (noun)*
Amo	*Master (noun)*
Ampersán	*Ampersand*
Ampliación	*Add-in*
Ampliación	*Add-on*
Ampliación	*Extension*
Ampliado	*Extended*

Amplificador de señal	*Booster*
Amplificador de señal	*Signal amplifier*
Amplitud	*Amplitude*
AMA	*High Memory Area*
AMA	*HMA*
AMS	*IDCAMS*
AMS	*Access Method Services*
AMS	*AMS*
Análisis	*Parsing*
Análisis Coste/Beneficio	*CBA*
Análisis	*Cost/Benefit Analysis*
Coste/Beneficio	
Análisis de sistemas	*Systems analysis*
Análisis estructurado	*Structured analysis*
Análisis léxico	*Lexical analysis*
Análisis monótono	*Rate monotonic*
por frecuencias	*analysis*
Análisis numérico	*Numerical analysis*
Análisis Relacional de Datos	*RDA*
Análisis Relacional	*Relational Data*
de Datos	*Analysis*
Análisis sintáctico	*Parsing*
Analista	*Analyst*
Analista	*System analyst*
Analista	*Systems analyst*
Analista de aplicaciones	*Systems analyst*
Analista de sistemas	*System analyst*
Analista de sistemas	*Systems analyst*
Analista de Sistemas	*Analyst*
Analizador	*Analyser*
Analizador	*Analyzer*
Analizador	*Parser*
Analizador	*Syntactical analyser*
Analizador	*Syntactical analyzer*
Analizador léxico	*Lexical analyser*
Analizador léxico	*Lexical analyzer*
Analizador léxico	*Scanner*
Analizador sintáctico	*Parser*
Analizador sintáctico	*Syntactical analyser*
Analizador sintáctico	*Syntactical analyzer*
Analizar	*Parse (verb)*
Analizar sintácticamente	*Parse (verb)*
Analógico	*Analog*
Analógico	*Analogue*
Ancho del tipo	*Type width*

Anchura de banda	*Bandwidth*
Anchura de banda	*Bandwith*
	(error ortográfico)
Anclaje	*Anchor (noun)*
Anclaje nominado	*Named anchor*
Anclar	*Anchor (verb)*
Anexar	*Attach (verb)*
Anexo	*Attachment*
Anfitriona	*Host*
Anfitriona	*Host computer*
Anidar	*Nest (verb)*
Anillo con ranuras	*Slotted ring*
Animación por	*Computer animation*
computadora	
Anomalía de la herencia	*Inheritance*
	anomaly
Anotación	*Mark-up*
Anotación	*Markup*
Anotar	*Journal (verb)*
Anteproyecto	*Blueprint*
Antideslumbramiento	*Anti-glare*
Antiapodamiento	*Anti-aliasing*
Antiapodamiento	*Antialiasing*
Anuncio	*Ad*
AND	*AND*
ANS	*Service level agreement*
ANS	*SLA*
ANSI	*American National Standards Institute*
ANSI	*ANSI*
ANUM	*Non-uniform memory access*
ANUM	*NUMA*
Apache	*Apache*
Apagar	*Switch off (verb)*
Apagar	*Turn off (verb)*
Apaisado	*Landscape*
Aparcar	*Park (verb)*
Apartado	*Topic*
Apilar	*Stack (verb)*
Aplicación	*App*
Aplicación	*Application*
Aplicación de calendario	*Calendar program*
Aplicación emancipada	*Freestanding*
	application
Aplicación heredada	*Legacy application*
Aplicar	*Apply*

Apodamiento	*Aliasing*
Apodamiento	*Jaggies*
Apodamiento	*Stairstepping*
Apoderado	*Proxy*
Apóstrofo	*Apostrophe*
Apóstrofo	*Single-quote*
Applescript	*Applescript*
AppleTalk	*AppleTalk*
Aprendizaje automático	*Machine learning*
Aprendizaje automático	*Computational*
	learning
Aprendizaje automático	*Grammatical*
	inference
Aptitud, aptitudes	*Capability*
Aptitud informática	*Computer literacy*
Apuntador del ratón	*Mouse pointer*
Apuntador en cruz	*Cross-hair pointer*
APAR	*APAR*
APAR	*Authorized program analysis report*
API	*Application Program Interface*
API	*API*
API Winsock	*WinSock API*
APL	*APL*
APPC	*Advanced Program-to-*
	Program Communications
APPC	*APPC*
APPN	*Advanced Peer-to-Peer Networking*
APPN	*APPN*
Aquietar	*Quiesce (verb)*
Araña	*Spider*
Arbitraje	*Arbitration*
Arbol binario	*Binary tree*
Arbol cúmulo	*Heap*
Arbol tipo cuenca	*Sink tree*
Archie	*Archie*
Archivado (función de)	*Archival*
Archivar	*Archive (verb)*
Archivo	*Archive (noun)*
Área de estado	*Status area*
Área de introducción	*Entry area*
Área de Memoria Alta	*High Memory Area*
Área de Memoria Alta	*HMA*
Área de salvaguardia	*Save area*
Argumento	*Argument*
Argumento de búsqueda	*Search argument*

Armario de datos	*Data cupboard*	Asistente	*Assistant*
Arquitectura de	*Tightly Coupled*	Asistente	*Wizard*
Acoplamiento fuerte	*Architecture*	Asistente Digital Personal	*PDA*
Arquitectura Von Neumann	*Von Neumann*	Asistente Digital Personal	*Personal digital*
	architecture		*assistant*
Arrancar	*Start (verb)*	Asociación	*Association*
Arranque	*Start-up*	Asociación	*Mapping*
Arranque	*Startup (noun)*	Asociación de terminal	*Terminal mapping*
Arranque en caliente	*Warm start*	Asociadora	*Mapper*
Arranque en frío	*Cold start*	Asociar	*Bind (verb)*
Arrastrar	*Drag (verb)*	Asociar	*Map (verb)*
Arrastrar	*Pull (verb)*	Asteriscar	*Comment (verb)*
Arrastrar y soltar	*Drag and drop (verbs)*	Asterisco	*Asterisk*
Arreglo provisional de APAR	*APAR fix*	ASA	*American Standards Association*
Arritmia de activación	*Jitter*	ASA	*ASA*
Arroba	*At*	ASCII	*American Standard Code*
Arte por computadora	*Computer art*		*for Information Interchange*
AR	*Address resolution*	ASCII	*ASCII*
AR	*AR*	ASCII ampliado	*Extended ASCII*
ARCnet	*ARCnet*	ASCII plano	*Flat ASCII*
ARD	*RDA*	ASCII plano	*Plain ASCII*
ARD	*Relational Data Analysis*	ASCII plano	*Plain text*
ARM	*ARM*	ASF	*Advanced Streaming Format*
ARM	*Asynchronous Response Mode*	ASF	*ASF*
ARP	*Address Resolution Protocol*	ASK	*Amplitude-Shift Keying*
ARP	*ARP*	ASK	*ASK*
ARP apoderado	*Proxy ARP*	ASN. 1	*Abstract Syntax Notation 1*
ARPA	*Advanced Research Projects Agency*	ASN.1	*ASN.1*
ARPA	*ARPA*	ASP	*Active Server Pages*
ARPANET	*ARPANET*	ASP	*ASP*
ARQ	*Automatic Repeat Request*	ASPI	*Advanced SCSI*
ARQ	*ARQ*		*Programming Interface*
Asa	*Handle*	ASPI	*ASPI*
Ascendente	*Ascender*	Atajo	*Fast path*
Asidero	*Handle*	Atajo	*Fastpath*
Asignación	*Allocation*	Atasco	*Jam*
Asignación automática	*Automatic*	Atasco del papel	*Paper jam*
de memoria	*storage allocation*	Atenuación	*Attenuation*
Asignación dinámica	*Dynamic allocation*	Atenuar	*Dim (verb)*
Asignar	*Allocate*	Aterrizaje de cabeza	*Head crash*
Asignar	*Assign (verb)*	Atributo	*Attribute*
Asíncronamente	*Asynchronously*	Atributo multivalor	*Recurring attribute*
Asíncrono	*Async*	Atributo-tipo	*Attribute type*
Asíncrono	*Asynchronous*	Atributos de datos	*Data attributes*
Asistencia técnica	*Customer Support*	Atributos de presentación	*Display attributes*

AT	*AT*	Autotabulación	*Autotab*
AT	*TA*	Autotecleo	*Auto-key*
AT	*Terminal adapter*	Autotecleo	*Auto-repeat*
ATA	*Advanced Technology Attachment*	Autotecleo	*Typematic*
ATA	*ATA*	Autoverificante	*Self checking*
ATAPI	*AT Attachment Packet Interface*	Auxiliar	*Ancillary*
ATAPI	*ATAPI*	AUI	*Attachment Unit Interface*
ATM	*Asynchronous Transfer Mode*	AUI	*AUI*
ATM	*ATM*	Avalancha de E/S	*HIO*
ATX	*ATX*	Avalancha de E/S	*Hot I/O*
Audio	*Audio*	Avance de línea	*LF*
Auditar	*Audit (verb)*	Avance de línea	*Line feed*
Autenticación	*Authentication*	Avance de página	*FF*
Autenticación de usuario	*User authentication*	Avance de página	*Form feed*
Autoarrancar	*Boot (verb)*	Avatar	*Avatar*
Autoarrancar en forma dual	*Dual boot (verb)*	Avenencia	*Match (noun)*
Autoarranque	*Bootstrap*	Avenencia	*Matching*
Autoarranque dual	*Dual boot (noun)*	Avenirse con	*Match (verb)*
Autoarranque en caliente	*Warm boot*	Aviso audible	*Audible cue*
Autoarranque en frío	*Cold boot*	Aviso visible	*Visible cue*
Autoarranque limpio	*Clean boot*	Aviso visible	*Visual cue*
Autocontestador	*Autoresponder*	AVI	*Audio Video Interleaved*
Autocontestador	*Mailbot*	AVI	*AVI*
Autodefinición	*Autosizing*	Ayuda	*Help*
Autolimpiado	*Autoclear*	Ayuda	*Support (noun)*
Autollamada	*Auto dial*	Ayuda contextualizada	*Context-sensitive help*
Automatización	*Automation*	Ayuda contextualizada	*Contextual help*
Autoprobante	*Self testing*	Ayuda interactiva	*Online help*
Autoridad	*Authority*	Ayudar	*Support (verb)*
Autoridad	*Authorization*	A2F	*Two-phase commit*
Autoridad de Certificación	*CA*	A2F	*2PC*
Autoridad de Certificación	*Certificate Authority*		
Autoridad de Certificación	*Certification Authority*		

B

Autorización	*Authorization*	bps	*bps*
Autorización	*Capability*	bps	*Bits per second*
Autorizado	*Privileged*	B-RDSI	*B-ISDN*
Autorresponder	*Auto-answer (verb)*	Báfer	*Buffer (noun)*
Autorrespuesta	*Auto-answer (noun)*	Báfer de impresión	*Print buffer*
Autosaltable	*Autoskip*	Báfer de teclado	*Keyboard buffer*
Autosalvaguardia	*Autosave*	Báfer de Transmisión Vacío	*TBE*
Autosuficiente	*Stand alone*	Báfer de Transmisión	*Transmit Buffer*
Autosuficiente	*Stand-alone*	Vacío	*Empty*
Autosuficiente	*Standalone*	Baferización	*Buffering*

Baferizar	*Buffer (verb)*	Barra diagonal	*Forward slash*
Baipasar	*Bypass (verb)*	Barra diagonal	*Slash*
Baipasar el procesamiento	*Bypass*	Barra diagonal	*Virgule*
de etiquetas	*label processing*	Barra espaciadora	*Spacebar*
Baipaso	*Bypass (noun)*	Barra invertida	*Backslash*
Bait	*Byte*	Barrer	*Scan (verb)*
Bait de compleción	*Pad byte*	Barrido	*Scan (noun)*
Bait de compleción	*Padding byte*	Basado en conmutadoras	*Switch-based*
Bait de relleno	*Fill byte*	Basarse en	*Support (verb)*
Baits de ajuste	*Loose bytes*	Base	*Base*
Baits de ajuste	*Slack bytes*	Base	*Bottom*
Baits por pulgada	*Bpi*	Base	*Radix*
Baits por pulgada	*Bytes per inch*	Base	*Socket*
Baja	*Deletion*	Base de acoplamiento	*Docking station*
Baja de entidad	*Death event*	Base de conocimientos	*Knowlege base*
Baja, Alta, Modificación	*CMD*	Base de datos	*Data base*
Baja, Alta,	*Creation, Modification,*	Base de datos	*Database*
Modificación	*Deletion*	Base de datos	*DataBase*
Bajada	*Download (noun)*	Base de datos distribuida	*DDB*
Bajar(se)	*Download (verb)*	Base de datos distribuida	*Distributed*
Bajo grado de definición	*Low resolution*		*database*
Banda	*Band*	Base de datos jerárquica	*Hierarchic*
Banda	*Stripe (noun)*		*database*
Banda ancha	*Wide bandwidth*	Base de datos jerárquica	*Hierarchical*
Banda de base	*Baseband*		*database*
Banda de interposición	*Guard band*	Base de datos	*Object oriented*
Banda de interposición	*Time guard*	orientada a objetos	*database*
temporal	*band*	Base de datos	*Object-oriented*
Banda magnética	*Magnetic stripe*	orientada a objetos	*database*
Banda temporal	*Time slot*	Base de datos orientada a objetos	*OODB*
Bandear	*Stripe (verb)*	Base de datos relacional	*Relational*
Bandeja	*Tray*		*database*
Bandeja del sistema	*System tray*	Base de Datos Multidimensional	*MDB*
Baranet	*Cheapernet*	Base de Datos	*Multidimensional*
Baranet	*Thinnet*	Multidimensional	*Data Base*
Barra de desplazamiento	*Scroll bar*	Base de Información	*Directory*
Barra de desplazamiento	*Scrollbar*	del Directorio	*Information Base*
Barra de estado	*Status bar*	Base de Información del Directorio	*DIB*
Barra de formato	*Format bar*	Base de reglas	*Rulebase*
Barra de herramientas	*Toolbar*	Base-2	*Base 2*
Barra de menús	*Action bar*	Base-8	*Base 8*
Barra de menús	*Menu bar*	Base-16	*Base 16*
Barra de navegación	*Navigation bar*	Baseplana	*Backplane*
Barra de tareas	*Taskbar*	Bases de datos	*Temporal databases*
Barra de título	*Title bar*	temporales	

Bases de Datos Muy Grandes	*Very Large Databases*	Bibliotecario	*Librarian*
Bases de Datos Muy Grandes	*VLDB*	Bidireccional	*Bidirectional*
Bastidor	*Rack*	Bifurcación	*Branch (noun)*
Bastión	*Bastion*	Bifurcarse	*Branch (verb)*
Basura	*Garbage*	Bifurcarse	*Jump (verb)*
Basura Entra, Basura Sale	*Garbage In Garbage Out*	Binario	*Binary*
		BinHex	*BinHex*
Basura Entra, Basura Sale	*GIGO*	Binivel	*Bi-level*
Batería	*Battery*	Bip	*Beep*
Batería de proceso	*Pipeline (noun)*	Bip	*BEL*
Batidora	*Scrambler*	Birresidente	*Dual-homed*
Baudio	*Baud*	Biscúter	*Buggy*
BAL	*BAL*	Bit	*Bit*
BAM	*CMD*	Bit de datos	*Data bit*
BAM	*Creation, Modification, Deletion*	Bit de parada	*Stop bit*
BASIC	*BASIC*	Bit de paridad	*Parity bit*
BCC	*BCC*	Bit de persistencia	*Sticky bit*
BCD	*BCD*	Bit de signo	*Sign bit*
BCD	*Binary-Coded Decimal*	Bit de verificación	*Check bit*
BDC	*Backup Domain Controller*	Bitbit	*Bitbit*
BDC	*BDC*	Bitbit	*Bitblt*
BDD	*DDB*	Bitblt	*Bitbit*
BDD	*Distributed database*	Bitblt	*Bitblt*
BDMD	*MDB*	Bits del color	*Color bits*
BDMD	*Multidimensional Data Base*	Bits por segundo	*Bits per second*
BDMG	*Very Large Databases*	BIND	*BIND*
BDMG	*VLDB*	BIOS	*Basic Input/Output System*
BDOO	*Object oriented database*	BIOS	*BIOS*
BDOO	*Object-oriented database*	BIOS mejorado	*EBIOS*
BDOO	*OODB*	BIOS mejorado	*Enhanced BIOS*
Benchmark	*Benchmark*	BITNET	*BITNET*
BeOS	*BeOS*	Blanco	*Blank*
BEBS	*Garbage In Garbage Out*	Blanco	*Space*
BEBS	*GIGO*	Blanco	*Whitespace*
BEDO DRAM	*BEDO DRAM*	Bloc de notas	*Notepad*
BEDO DRAM	*Burst Extended Data Output Dynamic RAM*	Blocado	*Blocking*
		Blocar	*Block (verb)*
BER	*Basic Encoding Rules*	Bloque	*Block (noun)*
BER	*BER*	Bloque de teclas	*Key pad*
BFT	*BFT*	Bloque de teclas	*Keypad*
BFT	*Binary File Transfer*	Bloque de teclas	*Pad (noun)*
BGP	*BGP*	Bloqueado	*Blocked*
BGP	· *Border Gateway Protocol*	Bloquear	*Block (verb)*
Biblioteca	*Library*	Bloquear	*Lock (verb)*
		Bloqueo	*Blocking*

Bloqueo	*Lock (noun)*	Botón rotativo	*Spin button*
Bloqueo	*Locking*	BOF	*BOF*
Bloqueo	*Lockout*	BOOTP	*BOOTP*
Bloqueo compartido	*Shared lock*	BOP	*Bit-oriented protocol circuits*
Bloqueo consuntivo	*Spin lock*	BOP	*BOP*
Bloqueo de aviso	*Advisory locking*	BOS	*BOS*
Bloqueo de servicio	*Denial of service*	Bpi	*Bpi*
Bloqueo ejecutivo	*Enforced lock*	Bpi	*Bytes per inch*
Bloqueo exclusivo	*Exclusive lock*	Brillo	*Brightness*
Bloqueo por grabación	*Write lock*	BRI	*Basic Rate Interface*
Bloqueo por lectura	*Read lock*	BRI	*BRI*
Bloqueo por lectura/grabación	*Read/write lock*	BS	*BS*
BLOB	*Binary Large Objects*	BSC	*Binary Synchronous Communication*
BLOB	*BLOB*	BSC	*Binary Synchronous Control*
BLP	*BLP*	BSC	*Bisynch*
BMP	*Basic Multilingual Plane*	BSC	*BSC*
BMP	*BMP*	BSD	*Berkeley Software Distribution*
BNF	*Backus Normal Form*	BSD	*BSD*
BNF	*Backus-Naur Form*	BSD/OS	*BSD/OS*
BNF	*BNF*	BSDI	*Berkeley Software Design, Inc*
Boceto	*Thumbnail image*	BSDI	*BSDI*
Bomba	*Bomb*	BTV	*TBE*
Bomba postal	*Letterbomb*	BTV	*Transmit Buffer Empty*
Bombardeo postal	*Mail bomb*	Bus	*Bus*
Bombardeo postal	*Mailbomb*	Bus AT	*AT bus*
Booleano	*Boolean*	Bus de datos	*Data Bus*
Borrador	*Scratch (noun)*	Bus de direcciones	*Address bus*
Borrador	*Scratchpad*	Bus IEEE	*IEEE bus*
Borrador masivo	*Bulk eraser*	Bus local	*Local bus*
Borrar	*Erase*	Bus local VESA	*VESA local bus*
Bot	*Bot*	Bus local VESA	*Video Electronics Standard Association local bus*
Bot matador	*Cancelbot*		
Botón	*Button*	Bus serial de alto rendimiento	*High Performance Serial Bus*
Botón	*Push button*	Bus VME	*VME bus*
Botón	*Screen button*	Buscapersonas	*Beeper*
Botón Adelante	*Forward button*	Buscapersonas	*Bleeper*
Botón Atrás	*Back button*	Buscapersonas	*Pager*
Botón Cerrar	*Close button*	Buscar	*Find (verb)*
Botón de desplazamiento	*Elevator*	Buscar	*Look up (verb)*
Botón de desplazamiento	*Scroll box*	Buscar	*Look-up (verb)*
Botón de desplazamiento	*Thumb*	Buscar	*Search (verb)*
Botón de mandato	*Command button*	Buscar (personas)	*Page (verb)*
Botón de radio	*Radio button*	Buscar y reemplazar	*Search and replace*
Botón del ratón	*Mouse button*		

Buscar y reemplazar	*Search-and-replace*	Cablear	*Cable (verb)*
Búsqueda	*Call (noun)*	Cabo	*Tail*
Búsqueda	*Look up (noun)*	Caché	*Cache (noun)*
Búsqueda	*Look-up (noun)*	Caché	*Cache memory*
Búsqueda	*Lookup (noun)*	Caché de UCP	*CPU cache*
Búsqueda	*Paging*	Caché secundario	*Level 2 cache*
Búsqueda	*Search (noun)*	Caché secundario	*L2 cache*
Búsqueda	*Searching*	Caché secundario	*Secondary cache*
Búsqueda automática	*Automatic*	Cachetizar	*Cache (verb)*
en bibliotecas	*library call*	CaC	*Face to Face*
Búsqueda autosuficiente	*Full-text search*	CaC	*F2F*
de texto		Cadena de llamadas	*Call chain*
Búsqueda de texto libre	*Free text search*	Caer	*Be down*
Búsqueda dicotómica	*Binary Search*	Caer	*Go down*
Búsqueda dicotómica	*Binary chop*	Caer en	*Hit (verb)*
Búsqueda dicotómica	*Dichotomizing search*	Caer(se)	*Crash (verb)*
Búsqueda en contexto	*Contextual search*	Caja	*Box*
Búsqueda en haz	*Beam search*	Caja	*Cabinet*
Búsqueda indizada	*Indexed search*	Caja negra	*Black Box*
Búsqueda serial	*Linear search*	Cajero Automático	*ATM*
Búsqueda serial	*Serial search*	Cajero automático	*Automatic teller machine*
Buzón	*Mailbox*	Cajetín	*Caddy*
		Cajetín	*Stack (noun)*
		Calcado	*Replication*

C

		Calcador de puertos	*Port replicator*
		Calcar	*Replicate*
cpp (por caracteres por pulgada)	*cpi*	Calco	*Replication*
cps (por caracteres por segundo)	*cps*	Calcular	*Compute*
C	*C*	Cálculo de eventos	*Calculus of events*
C++	*C++*	Calendario juliano	*Julian calendar*
Caballo de Troya	*Trojan Horse*	Calidad	*Accuracy*
Cabecera	*Header*	Calidad	*Grade*
Cabecera	*Running head*	Calidad borrador	*DQ*
Cabecera de Autenticación	*AH*	Calidad borrador	*Draft Quality*
Cabecera de Autenticación	*Authentication*	Calidad carta	*Letter Quality*
	Header	Calidad carta	*LQ*
Cabeza	*Head*	Calidad cuasi carta	*Near Letter Quality*
Cabeza de lectura/grabación	*Read/write head*	Calidad cuasi carta	*NLQ*
Cabina de dispositivo	*Drive bay*	Calidad de Servicio	*Quality of service*
Cable	*Cable (noun)*	Calificador	*Qualifier*
Cable coaxial	*Coaxial cable*	Cambio-a	*Shift-in*
Cable entrecruzado	*Crossover cable*	Cambio-a	*SI*
Cableado	*Cabling*	Caminario	*Path*
Cableado	*Hardwired*	Camino	*Path*
Cableado	*Wired*	Camino	*Route (noun)*

Camino de acceso	Access path	Carácter de control	Carriage
Camino de acceso a consulta	Enquiry access path	de carro	control character
		Carácter de corte	Radix character
Campo	Field	Carácter de escape	Escape character
Campo binario	Binary item	Carácter de nueva línea	New-line character
Campo de datos	Data field	Carácter de nueva línea	Newline character
Campo de datos	Datafield	Carácter de nueva línea	NL
Campo de introducción	Entry field	Carácter de relleno	Character fill
Campo llamativo	Eyecatcher field	Carácter de relleno	Fill character
Campo nulo	Null field	Carácter DEL	Delete character
Canal	Channel	Carácter especial	Special character
Canal con calidad de voz	Voice grade channel	Carácter gráfico	Graphic character
		Carácter imprimible	Printable character
Canal de señación común	CCS	Carácter indicador de opción	Option flag character
Canal de señación común	Common Channel Signaling	Carácter no-imprimible	Nonprinting character
Canal Fibra	Fibre Channel	Carácter nulo	Null character
Canal primario	Primary channel	Carácter para gráficos	Graphics character
Canal unidireccional	One-way-only channel	Carácter tab	Horizontal tab
Canal unidireccional	Unidirectional channel	Carácter tab	HT
		Carácter Tab	Tab character
Canal-B	B-Channel	Caracteres nacionales	National characters
Canal-D	D-Channel	Caracteres por pulgada	Characters per inch
Cancelar	Cancel	Caracteres por segundo	Characters per second
Cánula	Wand		
Capa de recubrimiento	Shielding layer	Característica	Feature (noun)
Capacidad de absorción	Fan in	Cardbus	Cardbus
Capacidad de absorción	Fan-in	Cardinalidad	Cardinality
Capacidad de inyección	Fan out	Carga	Load (noun)
Capacidad de inyección	Fan-out	Carga de trabajo	Work load
Capacidad funcional	Functionality	Carga de trabajo	Workload
Captación de datos	Data capture	Carga masiva	Bulk loading
Captador	Grabber	Carga útil de datos	Payload data
Captar	Capture (verb)	Cargador	Loader
Capturar	Pick (verb)	Cargador automático	Automatic loader
Cara	Face	Cargar	Load (verb)
Cara a cara	Face to Face	Cargo por conexión	Connect charge
Cara a Cara	F2F	Carpeta	Folder
Carácter	Character	Carpeta de entrada	In box folder
Carácter ampliado	Extended character	Carpeta de entrada	Inbox folder
Carácter asimilado	Flatten character	Carpeta de salida	Outbox folder
Carácter de acondicionamiento	Editing character	Carrete	Reel
Carácter de compleción	Pad character	Carro	Carriage
Carácter de control	Control character	Cartucho	Cartridge

Cartucho de fuentes	Font cartridge	CAN	Controller Area Network
Cartucho de memoria	Memory cartridge	CAP	Calendar Access Protocol
Cartucho de tinta	Ink cartridge	CAP	CAP
Casco AudioVisor	Head-mounted display	CAPI	CAPI
Casco AudioVisor	Headset	CAPI	Common Application Programming
Casco AudioVisor	HMD		Interface
Casi reentrable	Quasi-reentrant	CAR	High Performance Computing
Casilla de verificación	Check box	CAR	HPC
Casilla de verificación	Checkbox	CAS	CAS
Caso	Case	CAS	CAS
Caso	Switch	CAS	Channel Associated Signaling
Cat 3	Cat 3	CAS	Column Address Strobe
Cat 4	Cat 4	CASE	CASE
Cat 5	Cat 5	CASE	Computer-Aided Software
Catalogar	Catalog (verb)		Engineering
Catálogo	Catalog (noun)	CAT	CAT
Categoría	Token	CAT	Computer-Aided Test
Caudal	Throughput	CAV	Headset
CA	AC	CAV	HMD
CA	Alternating current	CAV	Head-mounted display
CA	AH	CB	DQ
CA	Authentication Header	CB	Draft Quality
CAD	A-D converter	CBT	CBT
CAD	ADC	CC	Carbon Copy
CAD	Analog to Digital Conversion	CC	CC
CAD	Analog to Digital Converter	CC	Conflict set
CAD	CAD	CC	Courtesy Copy
CAD	Computer-Aided Design	CC	CS
CAD/CAM	CAD/CAM	CC	DC
CAD/CAM	Computer-Aided Design/	CC	Direct current
	Computer-Aided Manifacturing	CCC	Key-encrypting key
CADD	CADD	CCC	KEK
CADD	Computer-Aided Design	CCD	CCD
	and Drafting	CCD	Charge-Coupled Device
CAE	CAE	CCITT	CCITT
CAE	Computer-Aided Engineering	CCITT	Consultative Committee on
CAI	CAI		International Telegraph and Telephone
CAI	Computer-Aided Instruction	CCS	CCS
CAL	CAL	CCS	Common Channel Signaling
CAL	ABC	CCW	CCW
CAL	Automatic Brightness Control	CCW	Channel Command Word
CAM	CAM	CdS	QoS
CAM	Computer-Aided Manufacturing	CdS	Quality of service
CAM	Content addressable memory	CD	CD
CAN	CAN	CD-ROM	CD-ROM

CDA	*Digital to Analog Conversion*	Cerrar	*Shutdown (verb)*
CDA	*D/A*	Certificado	*Certificate*
CDA	*DAC*	Certificado digital	*Certificate*
CDA	*Digital to Analog Converter*	Certificado digital	*Digital Certificate*
CDDI	*CDDI*	CED	*Data Link Control*
CDDI	*Copper Distributed Data Interface*	CED	*DLC*
CDF	*CDF*	CERT	*CERT*
CDF	*Channel Definition Format*	CERT	*Computer Emergency Response Team*
CDF	*Common Data Format*	CGA	*CGA*
CDMA	*CDMA*	CGA	*Color Graphics Adapter*
CDMA	*Code Division Multiple Access*	CGI	*CGI*
CDPD	*CDPD*	CGI	*Common Gateway Interface*
CDPD	*Cellular Digital Packet Data*	CGM	*CGM*
Cebador	*Smurf (nombre)*	CGM	*Computer Graphics Metafile*
Cebar	*Smurf (verb)*	Cháchara	*Crosstalk*
Ceder	*Yield (verb)*	Chapuza	*Kludge*
Celda	*Cell*	Charla	*Chat (noun)*
Célula	*Cell*	Charlar	*Chat (verb)*
Celular	*Cellular*	Chasis	*Chassis*
Censura	*Censorship*	Chip	*Chip*
Centrado en documentos	*Document-centric*	Chip de memoria	*Memory chip*
Central de llamadas	*Call center*	Chirimbolo	*Widget*
Central telefónica	*Central Office Exchange*	CHAP	*Challenge-Handshake Authentication Protocol*
Central telefónica	*Exchange (noun)*		
Central telefónica	*Switchboard*	CHAP	*CHAP*
Central teléfonica	*Public exchange*	Cian	*Cyan*
Centralita Telefónica Automática Privada	*PABX*	Cian-Magenta-Amarillo-Negro	*CMYK*
Centralita Telefónica Automática Privada	*Private Automatic Branch Exchange*	Cian-Magenta-Amarillo-Negro	*Cyan-Magenta-Yellow-Black*
Centralita Telefónica Privada	*PBX*	Ciberespacio	*Cyberspace*
Centralita Telefónica Privada	*Private Branch Exchange*	Cibernética	*Cybernetics*
Centrar	*Center (verb)*	Cícero	*Cicero*
Centrex	*Centrex*	Ciclar	*Loop (verb)*
Centro de información	*Information center*	Ciclo	*Cycle*
Centro de Operaciones de Red	*Network operations center*	Ciclo	*Loop (noun)*
		Ciclo anidado	*Nested loop*
Centro de Operaciones de Red	*NOC*	Ciclo consuntivo	*Spin loop*
Centro informático	*Computing center*	Ciclo controlado por condición	*Condition-controlled loop*
Centronics	*Centronics*		
Cerradura de unidad	*Drive lock*	Ciclo controlado por contador	*Count-controlled loop*
Cerradura de unidad	*Hardware key*		
Cerrar	*Close (verb)*	Ciclo de encaminamiento	*Routing loop*
Cerrar	*Shut down (verb)*	Ciclo de vida del software	*Software life cycle*
		Ciclo renunciante	*Yielding loop*

Ciclo sinfín	*Endless loop*	Cizallar	*Shear (verb)*
Ciclo sinfín	*Indefinite loop*	CICS	*CICS*
Ciclo sinfín	*Infinite loop*	CICS	*Customer Information Control System*
Ciclo sinfín	*Tight loop*	CICSplex	*CICSplex*
Ciclo tomar-ejecutar	*Fetch-execute cycle*	CID	*IDF*
Cierre	*Latch*	CID	*Intermediate Distribution Frame*
Cierre	*Shutdown (noun)*	CIDR	*CIDR*
Cierre automático	*Automatic shutdown*	CIDR	*Classless Inter-Domain Routing*
Cifrado	*Encryption*	CIEA	*Application Specific Integrated Circuit*
Cifrado en flujo	*Data-flow encryption*		
Cifrado en flujo	*Flow encryption*	CIEA	*ASIC*
Cifrado por bloques	*Block cipher*	CIL	*ILC*
Cifrado por bloques	*Block encryption*	CIL	*Interlanguage communication*
Cifrado simétrico	*Symmetric Encryption*	CIM	*CIM*
Cifrar	*Cipher*	CIM	*Computer Integrated Manufacturing*
Cifrar	*Cypher*	CIP	*Calendar Interoperability Protocol*
Cifrar	*Encipher (verb)*	CIP	*CIP*
Cifrar	*Encrypt (verb)*	CIP	*Interprocess communication*
Cilindro	*Cylinder*	CIP	*IPC*
Cinta	*Ribbon*	CIR	*CIR*
Cinta	*Tape*	CIR	*Committed Information Rate*
Circuitería	*Circuitry*	CISC	*CISC*
Circuito	*Circuit*	CISC	*Complex Instruction Set Computer*
Circuito	*Cycle*	CJA	*ATM*
Circuito	*Loop (noun)*	CJA	*Automatic teller machine*
Circuito de retroalimentación	*Feedback Circuit*	CKD	*CKD*
		CKD	*Count-Key-Data*
Circuito integrado	*Integrated circuit*	Clase	*Class*
Circuito integrado específico de aplicación	*Application Specific Integrated Circuit*	Clase abstracta	*Abstract class*
		Clase de equivalencia	*Equivalence class*
Circuito integrado específico de aplicación	*ASIC*	Clasificación	*Sort (noun)*
		Clasificación	*Sorting*
Circuito virtual	*Virtual circuit*	Clasificación por burbuja	*Bubble sort*
Circuito Virtual Conmutado	*SVC*	Clasificación por burbuja	*Exchange sort*
Circuito Virtual Conmutado	*Switched Virtual Circuit*	Clasificador	*Sort (noun)*
		Clasificador interno	*Internal sort*
Circuito Virtual Permanente	*Permanent Virtual Circuit*	Clasificador lexicográfico	*Lexicographic sort*
		Clasificar	*Sort (verb)*
Circuito Virtual Permanente	*PVC*	Cláster	*Cluster*
Circuitos de banda ancha	*Wideband circuit*	Cláster servidor	*Server cluster*
Circunflejo	*Caret*	Clasterizar	*Cluster (verb)*
Circunflejo	*Circumflex*	Cláusula	*Clause*
Cita previa	*Rendez-vous*	Clave	*Key (noun)*
Ciudadano de la red	*Netizen*	Clave	*Record key*
		Clave alternativa	*Alternate key*

Clave alternativa	*Alternate record key*	CMIP	*CMIP*
de registro		CMIP	*Common Management Information*
Clave ascendente	*Ascending key*		*Protocol*
Clave candidata	*Candidate key*	CMIS	*CMIS*
Clave criptográfica	*Cryptographic key*	CMIS	*Common Management Information*
Clave de índice	*Index key*		*Services*
Clave de registro	*Record key*	CMOS	*CMOS*
Clave descendente	*Descending key*	CMOS	*Complementary Metal Oxide*
Clave foránea	*Foreign key*		*Semiconductor*
Clave genérica	*Generic key*	CMS	*CMS*
Clave para cifrar claves	*Key-encrypting key*	Coaxial Ethernet grueso	*Thicknet*
Clave para cifrar claves	*KEK*	Cobertura	*Coverage*
Clave primaria	*Primary key*	Códec	*Codec*
Clave primaria	*Prime key*	Codec	*Codec*
Clave primaria	*Prime record key*	Codi-bait	*Byte-code*
Clave privada	*Private key*	Codificación	*Code (noun)*
Clave referente	*Key of reference*	Codificador	*Coder*
Clavija	*Jack*	Codificar	*Code (verb)*
Clic	*Click (noun)*	Codificar	*Encode*
Cliché	*Buzzword*	Código	*Code (noun)*
Clicútil	*Click-through*	Código de acceso	*Access code*
Clicútil	*Clickthrough*	Código de barras	*Bar code*
Cliente	*Client*	Código de condición	*Condition code*
Cliente FTP	*FTP client*	Código de gravedad	*Severity code*
Cliente infradotado	*Thin client*	Código de máquina	*Machine code*
Cliente robusto	*Fat client*	Código de Retorno	*RC*
Cliente/servidor	*Two-tier*	Código de Retorno	*Return Code*
de dos gradas	*client/server*	Código de significación	*Sense code*
Cliente/servidor	*Three-tier*	Código declarativo	*Declarative code*
de tres gradas	*client/server*	Código fuente	*Source code*
Cliquear	*Click (verb)*	Código objeto	*Object code*
Cliquear el derecho	*Right click (verb)*	Código ponderado	*Weighted code*
Clon	*Clone*	Código procedimental	*Procedural code*
CLIST	*CLIST*	Código 3/9	*Code 3 of 9*
CLIST	*Command LIST*	Código 3/9	*Code 39*
CLNP	*CLNP*	Coherencia de cachés	*Cache coherency*
CLNP	*Connectionless-mode network*	Coincidencia	*Match (noun)*
	protocol	Coincidencia	*Matching*
CLNS	*CLNS*	Coincidir (con)	*Match (verb)*
CLNS	*Connectionless-mode network*	Cola	*Push-up list*
	service	Cola	*Queue (noun)*
CLNS	*Connectionless-oriented Network*	Cola	*Trailer*
	Service	Cola circular	*Circular queue*
CMAN	*CMYK*	Cola de impresión	*Print queue*
CMAN	*Cyan-Magenta-Yellow-Black*	Cola de mensajes	*Message queue*

Cola de prioridades	*Priority queue*
Cola de trabajos	*Job queue*
Colapsar	*Collapse (verb)*
Colapso	*Collapse (noun)*
Colectivo	*Esoteric*
Colgar(se)	*Hang (verb)*
Colisión	*Collision*
Colisión de refundición	*Hash collision*
Color	*Colour*
Color de fondo	*Background color*
Color de primer plano	*Foreground color*
Columna	*Column*
Coma	*Comma*
Coma decimal supuesta	*Assumed decimal point*
Coma fija (número de)	*Fixed point (number)*
Coma fija (número de)	*Fixed-point (number)*
Comentar	*Comment (verb)*
Comentario	*Comment (noun)*
Comentarizar	*Comment (verb)*
Comercio electrónico	*Electronic commerce*
Comilla(s)	*Quote (noun)*
Comillas listas	*Smart quotes*
Comillas tontas	*Dumb quotes*
Communications Server	*Communications Server*
Comodín	*Global character*
Comodín	*Metacharacter*
Comodín	*Pattern matching character*
Comodín	*Pattern-matching character*
Comodín	*Wildcard character*
Compactación	*Compaction*
Compactar	*Compact (verb)*
Compaginación	*Pagination*
Compansión	*Companding*
Compansor	*Compandor*
Comparativo (adj)	*Comparative*
Compartimento	*Bay*
Compartimiento de datos	*Data sharing*
Compartimiento de ficheros	*File sharing*
Compartir	*Share (verb)*
Compatibilidad	*Compatibility*
Compatible descendente	*Backward compatible*

Compatible descendente	*Downward compatible*
Compatible desde conexión	*Plug compatible*
Compatible hacia arriba	*Upward compatible*
Compensación del eco	*Echo cancellation*
Competencia	*Contention*
Compilación	*Compilation*
Compilador	*Compiler*
Compilador	*Editor*
Compilador cruzado	*Cross-compiler*
Compilador JIT	*Just-in-time compiler*
Compilar	*Compile (verb)*
Compleción	*Completeness*
Complemento a dos	*Two's complement*
Complemento a uno	*One's complement*
Completar	*Pad (verb)*
Completo	*Full-feature*
Componente	*Component*
Componente	*Facility*
Componente	*Feature (noun)*
Componer	*Bind (verb)*
Componer	*Publish (verb)*
Composición	*Composite (noun)*
Composición con computadora de sobremesa	*Desktop publishing*
Compositor	*Binder*
Compositor	*Publisher*
Compresión	*Compression*
Compresión con pérdidas	*Lossy compression*
Compresión de clave	*Key compression*
Compresión de datos	*Data compression*
Compresión de datos	*Data packing*
Compresión de ficheros	*File compression*
Compresión de imágenes	*Image compression*
Compresión de vídeo	*Video compression*
Compresión frontal	*Front compression*
Compresión LZW	*LZW compression*
Compresión sin pérdidas	*Lossless compression*
Compresión trasera	*Rear compression*
Comprimir	*Compress (verb)*
Comprimir	*Pack (verb)*
Comprobación de redundancia cíclica	*Cyclic Redundancy Check*
Comprometer(se)	*Commit (verb)*

Compuesto	*Compound*
Computación analógica	*Analog computing*
Computación de	*High Performance*
Alto Rendimiento	*Computing*
Computación de Alto Rendimiento	*HPC*
Computadora	*Computer*
Computadora	*Computing system*
Computadora a bordo	*On-board computer*
Computadora con un	*Complex Instruction*
conjunto complejo	*Set Computer*
de instrucciones	
Computadora de bolsillo	*Notebook*
Computadora de bolsillo	*Notebook computer*
Computadora de bolsillo	*Palmtop*
Computadora de bolsillo	*Palmtop computer*
Computadora de mano	*Handheld computer*
Computadora de Red	*NC*
Computadora de Red	*Network Computer*
Computadora de sobremesa	*Desktop*
Computadora de sobremesa	*Desktop*
	computer
Computadora Macintosh	*Macintosh computer*
Computadora portátil	*Laptop*
Computadora portátil	*Portable computer*
Computadora principal	*Mainframe computer*
Computadora Personal	*PC*
Computadora Personal	*Personal Computer*
Computarizar	*Computerize (verb)*
Comtel	*Telco*
Comunicación interlenguajes	*ILC*
Comunicación interlenguajes	*Interlanguage*
	communication
Comunicación Interprocesos	*Interprocess*
	communication
Comunicación Interprocesos	*IPC*
Comunicaciones	*Communications*
Comunicaciones	*Advanced Program*
avanzadas programa	*-to-Program*
a programa	*Communications*
Comunicaciones	*APPC*
Avanzadas Programa	
a Programa	
Comunidad	*Community*
Con sistema parado	*Off line*
Con sistema parado	*Off-line*

Con sistema parado	*Offline*
Concatenar	*Concatenate (verb)*
Concentrador	*Concentrator*
Concentrar	*Collapse (verb)*
Conceptual	*Conceptual*
Concordancia	*Match (noun)*
Concordancia	*Matching*
Concordancia de modelo	*Pattern matching*
Concordancia de modelo	*Pattern-matching*
Concurrencia	*Concurrency*
Condensado/a	*Condensed*
Condensador	*Capacitor*
Condición	*Condition*
Condición combinada	*Combined condition*
Condición de búsqueda	*Search condition*
Conectado(a) a canal	*Channel attached*
Conectado(a) a canal	*Channel-attached*
Conectador	*Connector*
Conectador de fono	*Phono connector*
Conectador telefónico	*Phone connector*
Conectar	*Plug (verb)*
Conectar	*Power on (verb)*
Conectar y listo	*Plug and go*
Conectar(se)	*Check in (verb)*
Conectar-y-listo	*Plug-and-go*
Conectar-y-usar	*Plug-and-Play*
Conectar-y-usar	*PnP*
Conectar-y-usar	*Plug and play*
Conectividad	*Connectivity*
Conectograma	*Pinout*
Conectador	*Plug (noun)*
Conectador BNC	*BNC connector*
Conectador de borde	*Edge connector*
Conectador de energía	*Supply connector*
Conectador de fichero	*File connector*
Conectador ZIF	*Zero Insertion Force socket*
Conectador ZIF	*ZIF socket*
Conexión	*Connection*
Conexión	*Power on (noun)*
Conexión conmutada	*Switched connection*
Conexión por línea conmutada	*Dialup*
Conexión telefónica local	*Local loop*
Conexión Virtual Conmutada	*SVC*
Conexión Virtual	*Switched Virtual*
Conmutada	*Connection*

Conexión Virtual	*Permanent Virtual*
Permanente	*Connection*
Conexión Virtual Permanente	*PVC*
Configuración	*Configuration*
Configuración	*Set up (noun)*
Configuración	*Setting*
Configuración	*Settings*
Configuración	*Setup (noun)*
Configuración de CMOS	*CMOS setup*
Configuración de red	*Network configuration*
Configurar	*Configure (verb)*
Configurar	*Set up (verb)*
Configurar	*Setup (verb)*
Configurar página	*Page setup*
Conflicto por cierre	*Latch contention*
Conformador	*Tag*
Conformar	*Setup (verb)*
Congelar	*Freeze (verb)*
Congestión	*Congestion*
Conjunto	*Set (noun)*
Conjunto activo	*Active set*
Conjunto conflicto	*Conflict set*
Conjunto conflicto	*CS*
Conjunto de datos	*Data set*
Conjunto de datos	*Dataset*
Conjunto de instrucciones	*Instruction set*
Conjunto de localización	*Locality set*
Conjunto de trabajo	*Working set*
Conjunto más referenciado	*Reference set*
Conmutación	*Switching*
Conmutación de células	*Cell switching*
Conmutación de circuitos	*Circuit switching*
Conmutación de Ethernet	*Ethernet switching*
Conmutación de freims	*Frame switching*
Conmutación de mensajes	*Message switching*
Conmutación de paquetes	*Packet switching*
Conmutación de volumen	*Volume switching*
Conmutador	*Switch*
Conmutador DIP	*DIP switch*
Conmutadora	*Switch*
Conmutar volumen	*Switch volume (verb)*
Conocimiento	*Knowledge*
Consideración	*Support (noun)*
Consideración de	*International character*
caracteres internacionales	*support*

Consistencia	*Accuracy*
Consistencia	*Consistency*
Consistencia de los datos	*Data consistency*
Consola	*Console*
Consola de operador	*Operator console*
Consola del sistema	*System console*
Constante	*Constant*
Constante figurativa	*Figurative constant*
Constante lógica	*Logical constant*
Constricción	*Constraint*
Constricción de integridad	*Integrity constraint*
Constricción referencial	*Referential constraint*
Construcción	*Construction*
Constructor	*Constructor*
Constructor de copias	*Copy constructor*
Consulta	*Enquiry*
Consulta	*Query*
Consulta preestablecida	*Ad hoc enquiry*
Consulta Sobre Ejemplo	*QBE*
Consulta Sobre Ejemplo	*Query by Example*
Contador	*Counter*
Contador de posiciones	*Location counter*
Contener	*Hold (verb)*
Contexto	*Context*
Continuación	*Followup*
Contorno	*Footprint*
Contraposición de agrupamiento	*Boundary clash*
Contraposición de estructuras	*Structure clash*
Contraposición de intercalación	*Interleaving clash*
Contraposición de ordenación	*Ordering clash*
Contraseña	*Password*
Contraseña de un Solo Uso	*One Time Password*
Contraseña de un Solo Uso	*OTP*
Control	*Control (noun)*
Control ActiveX	*ActiveX Control*
Control Automático de Luminosidad	*ABC*
Control Automático de Luminosidad	*Automatic Brightness Control*

Control de Acceso al Medio	MAC
Control de Acceso	Medium Access
al Medio	Control
Control del enlace	Data Link
de Datos	Control
Control del enlace de Datos	DLC
Control de flujo	Flow control
Control de procesos	Process control
Control de red	Network control
Control de trabajos	Job control
Control de versiones	Version control
Control del Enlace Lógico	LLC
Control del Enlace Lógico	Logical Link
	Control
Control exclusivo	Exclusive control
Control numérico	Numeric control
Controlador	Controller
Controlador de caché	Cache controller
Controladora de cláster	Cluster controller
Controladora de cláster	Terminal controller
Controladora	Communications
de comunicaciones	controller
Controladora de impresora	Printer controller
Controladora de red	Network controller
Controlar	Control (verb)
Convención	Convention
Conversación	Conversation
Conversante	Conversational
Conversión	Conversion
Conversión	Translation
Conversión de analógica	Analog to
a digital	Digital Conversion
Conversión de analógica a digital	A/D
Conversión de analógica a digital	ADC
Conversión de digital a analógica	D/A
Conversión de digital a analógica	DAC
Conversión de digital	Digital to Analog
a analógica	Conversion
Conversión de ficheros	File conversion
Convertidor	Editor
Convertidor ascendente	Up-converter
Convertidor de	A-D converter
analógica a digital	
Convertidor de	Analog to Digital
analógica a digital	Converter

Convertidor de analógica a digital	ADC
Convertidor de digital a analógica	DAC
Convertidor de	Digital to Analog
digital a analógica	Converter
Convertidor descendente	Down-converter
Convertidor en flujo	Stream editor
Convertir	Edit (verb)
Convertir en	Render
Coordenada	Coordinate
Copartícipe	Partner
Copia	Carbon Copy
Copia	CC
Copia	Courtesy Copy
Copia a imagen	Image copy
Copia concurrente	Concurrrent copy
Copia de salvaguardia	Back-up copy
Copia de salvaguardia	Backup copy
Copia dual	Dual copy
Copia impresa	Hardcopy
Copia impresa	Hard copy
Copia informatizada	Softcopy
Copia oculta	Blind carbon copy
Copiable	Copybook
Copiado	Mapping
Copiar	Map (verb)
Copiar y pegar	Copy and paste
Coprocesador	Coprocessor
Copyleft	Copyleft
Corchetes	Brackets
Correo basura	Junk mail
Correo de voz	Voice mail
Correo tortuga	Snail mail
Correo-e	E-mail (noun)
Correo-e	Electronic mail
Correquerido	Corequisite
Correquisito	Corequisite
Corresidente	Coresident
Corriente	Stream (noun)
Corriente alterna	AC
Corriente alterna	Alternating current
Corriente continua	DC
Corriente continua	Direct current
Corriente de bits	Bit stream
Corriente de datos	Data Stream
Corrienteabajo	Downstream

Corrientearriba	*Upstream*	CPS	*CPS*
Corrutina	*Co-routine*	Crear, modificar y borrar	*Create, amend*
Corrutina	*Coroutine*		*and delete*
Cortafuego	*Firewall*	Crecer	*Scale (verb)*
Cortar la comunicación	*Hang up (verb)*	Crimpador	*Crimp tool*
Cortar y pegar	*Cut and paste*	Crimpar	*Crimp (verb)*
Cortared	*Netsplit*	Criptoanálisis	*Cryptanalysis*
Cortesía en red	*Netiquette*	Criptoanálisis	*Cryptoanalysis*
COBOL	*COBOL*	Criptografía	*Cryptography*
COCOMO	*Constructive Cost Model*	Criptografía de	*Public key*
COCOMO	*COCOMO*	clave pública	*cryptography*
CODASYL	*CODASYL*	Criptografía de	*Symmetric key*
COFF	*Common Object File Format*	clave simétrica	*cryptography*
COFF	*COFF*	Criptográfico	*Encryption*
COLD	*COLD*	Criptología	*Cryptology*
COM	*Component Object Model*	Criptosistema de	*Knapsack*
COM	*COM*	clave pública	*Cryptosystem*
COM+	*Component Object Model Plus*	Criptosistema de	*Public key*
COM+	*COM+*	clave pública	*cryptosystem*
CONS	*CNS*	Criptosistema simétrico	*Symmetric*
CONS	*Connection-mode Network Service*		*cryptosystem*
CONS	*Connection-oriented Network*	Cronometraje	*Timing*
	Service	Cronometría	*Clocking*
CONS	*CONS*	Cronometría externa	*External clocking*
COP	*COP*	CR	*Carriage return*
COR	*Network operations center*	CR	*CR*
COR	*NOC*	CR	*NC*
CORBA	*Common Object Request*	CR	*Network Computer*
	Broker Architecture	CR	*RC*
CORBA	*CORBA*	CR	*Return Code*
COSE	*Common Open Software*	CRC	*CRC*
	Environment	CRC	*Cyclic Redundancy Check*
COSE	*COSE*	CS	*CS*
COTS	*Commercial Off-The-Shelf*	CSCW	*Computer-Supported Cooperative*
COTS	*COTS*		*Work*
COTS	*Off-the shelf*	CSCW	*CSCW*
Cps	*Cps*	CSLIP	*Compressed Serial Line Internet*
CP de red	*Net PC*		*Protocol*
CP de red	*Network PC*	CSLIP	*CSLIP*
CP	*PC*	CSMA/CD	*Carrier Sense Multiple Access*
CP	*Personal Computer*		*with Collision Detection*
CP/M	*CP/M*	CSMA/CD	*CSMA/CD*
CPI	*Common Programming Interface*	CSU	*Channel Service Unit*
CPI	*CPI*	CSU	*CSU*
CPI-C	*CPI-C*	CSU	*One Time Password*

CSU	*OTP*
CSU/DSU	*Channel Service Unit /*
	Data Service Unit
CSU/DSU	*CSU/DSU*
Ctrl (tecla)	*Ctrl*
CTAP	*PABX*
CTAP	*Private Automatic Branch Exchange*
CTCP	*Client To Client Protocol*
CTCP	*CTCP*
CTP	*PBX*
CTP	*Private Branch Exchange*
Cuadrícula	*Grid*
Cuadro	*Chart*
Cuadro combinado	*Combo box*
Cuadro de diálogo	*Dialog box*
Cuadro Intermedio de Distribución	*IDF*
Cuadro Intermedio	*Intermediate*
de Distribución	*Distribution Frame*
Cuantización	*Quantization*
Cuantizar	*Quantize*
Cuarta	*Quad*
Cuarto de conexiones	*Wiring closet*
Cubicación	*Dicing*
Cubierta protectora	*Protective jacket*
Cubo (de bits, etc.)	*Bucket*
Cuco	*Cookie*
Cuello de botella	*Bottleneck*
Cuenta	*Account*
Cuenta	*User account*
Cuenta con marcado	*Dial-up account*
Cuenta de membrana	*Shell account*
Cuenta de revocaciones	*Revoke count*
Cuenta de saltos	*Hop count*
Cuenta Internet	*Internet account*
Cuenta-Clave-Datos	*CKD*
Cuenta-Clave-Datos	*Count-Key-Data*
Cuerpo	*Body*
Culmen	*Cool*
Cúmulo	*Heap*
Cuño	*Bullet*
Cuota temporal	*Time slice*
Curses	*Curses*
Cursiva	*Italics*
Cursor	*Cursor*
Cursor relleno	*Block cursor*

CUA	*Common user access*
CUA	*CUA*
Cyrix	*Cyrix*

D

dB	*dB*
dB	*Decibel*
dBase	*dBase*
D/A	*D/A*
D/A	*Digital to Analog Conversion*
Dar la tabarra	*Spam (verb)*
Datación	*Aging*
Datagrama	*Datagram*
Datagrama IP	*IP datagram*
Dato	*Datum*
Dato elemental	*Data element*
Dato elemental	*Data item*
Datos	*Data*
Datos analógicos	*Analog data*
Datos elaborados	*Cooked data*
Datos expeditos	*Expedited data*
Datos históricos	*Historical data*
Datos Legibles	*Machine-readable*
por Máquina	*information*
Datos Legibles por Máquina	*MRI*
Datos operativos	*Operative data*
Datos operativos	*Operational data*
Datos persistentes	*Persistent data*
Datos primigenios	*Raw data*
Datos proinformativos	*Informational data*
Datos semiestructurados	*Semistructured data*
DAAD	*DASD*
DAAD	*Direct Access Storage Device*
DAO	*Data Access Object*
DAO	*DAO*
DARPA	*DARPA*
DARPA	*Defense Advanced Research*
	Projects Agency
DARPANet	*DARPANet*
DAT	*DAT*
DAT	*Digital Audio Tape*
DBCS	*DBCS*
DBCS	*Double Byte Character Set*

DBD	*DBD*	Decimal empaquetado	*Packed decimal*
DBL	*LBA*	Declaración	*Declaration*
DBL	*Logical Block Addressing*	Decrecer	*Scale downward (verb)*
DBR	*DBR*	Déficit	*Shortage*
DBR	*DOS Boot Record*	Definición	*Resolution*
DB2	*DATABASE 2*	Degradación	*Degradation*
DB2	*DB2*	Dejar	*Leave (verb)*
DCBD	*KDD*	Delimitador	*Delimiter*
DCBD	*Knowledge Discovery in Databases*	Delimitador de campo	*Field delimiter*
DCD	*Data Carrier Detect*	Delimitador de Inicio de Freim	*SD*
DCD	*DCD*	Delimitador de Inicio de Freim	*SFD*
DCE	*Data circuit-terminating equipment*	Delimitador de Inicio	*Start Delimiter*
DCE	*DCE*	de Freim	
DCE	*ECC*	Delimitador de Inicio	*Start-of-frame*
DCE	*EDAC*	de Freim	*delimiter*
DCE	*Error Checking and Correction*	Delito informático	*Computer crime*
DCE	*Error Detection and Correction*	Delphi	*Delphi*
DCOM	*DCOM*	Demo	*Demo*
DCOM	*Distributed Component Object Model*	Demora	*Delay (noun)*
		Demora	*Latency*
DCT	*DCT*	Demora de rotación	*Rotational delay*
DCT	*Discrete Cosine Transform*	Demora de rotación	*Rotational latency*
DD	*Data dictionary*	Demorar	*Delay (verb)*
DD	*DD*	Denominar	*Name (verb)*
DDE	*DDE*	Densidad de bits	*Bit density*
DDE	*Dynamic Data Exchange*	Densidad de empacamiento	*Packing density*
De archivo	*Archival*	Densidad dual	*Dual density*
De criptografía	*Encryption*	Densidad superficial	*Areal density*
De dominio público	*Public domain*	Departamento de Informática	*Information Services*
De dos gradas	*Two-tier*		
De orden inferior	*Low-order*	Departamento de Informática	*Information Systems*
De propiedad	*Proprietary*		
De tercero	*Third-party*	Departamento de Informática	*IS*
De traspaso	*Transient*	Departamento de Informática	*IS*
De tres gradas	*Three-tier*	Dependencia de	*Device dependence*
De una tirada	*One shot*	dispositivo	
De una tirada	*One-shot*	Dependencia funcional	*Functional dependency*
Débilmente acoplado	*Loosely coupled*		
Decibelio	*dB*	Depósito de clave	*Escrow*
Decibelio	*Decibel*	Depósito de clave	*Key escrow*
Decimal	*Decimal*	Depósito de datos	*Data store*
Decimal	*Denary*	Depurador	*Debugger*
Decimal codificado en binario	*Binary-Coded Decimal*	Depurar	*Debug*
		Depurar	*Troubleshoot (verb)*
Decimal Codificado en Binario	*BCD*	Deriva	*Drift (noun)*

Deriva de reloj	*Clock drift*	Descifrar	*Decipher (verb)*
Deriva de señal	*Signal drift*	Descifrar	*Decode*
Deriva de tema	*Topic drift*	Descifrar	*Decrypt (verb)*
Deriva de tema	*Topic-drift*	Descifrar	*Decypher (verb)*
Derivador	*Tap*	Desclasificado/a	*Unsorted*
Derivar	*Drift (verb)*	Descompilador	*Decompiler*
Desacolar	*Dequeue*	Descodificar	*Decode*
Desacondicionar	*De-edit*	Descomprimir	*Decompress*
Desacoplar	*Undock (verb)*	Descomprimir	*Uncompress*
Desactivación	*Reset (noun)*	Descomprimir	*Unpack*
Desactivado	*Unset (adj)*	Desconectar	*Power off (verb)*
Desactivar	*Reset (verb)*	Desconexión	*Power off (noun)*
Desactivar	*Turn off (verb)*	Descongelar	*Unfreeze*
Desajuste	*Misalignment*	Desconveniencia	*Mismatch (noun)*
Desalineación	*Misalignment*	Desconvenir	*Mismatch (verb)*
Desalineado	*Ragged*	Descriptor	*Descriptor*
Desalojar	*Preempt (verb)*	Descriptor de base	*Database descriptor*
Desambiguación	*Disambiguation*	de datos	
Desarrollo cruzado	*Cross development*	Descubrimiento de Conocimientos	*KDD*
Desarrollo estructurado	*Jackson structured*	en Bases de Datos	
Jackson	*development*	Descubrimiento de	*Knowledge Discovery*
Desarrollo para la Ueb	*Web development*	Conocimientos en	*in Databases*
Desarrollo Rápido	*Rapid application*	Bases de Datos	
de Aplicaciones	*development*	Desde cero	*From scratch*
Desarrollo Rápido de Aplicaciones	*RAD*	Desde cero	*Scratch (from)*
Desasignación	*Deallocation*	Desechar	*Discard (verb)*
Desasignar	*Deallocate (verb)*	Desechar	*Reject (verb)*
Desasignar	*Unallocate (verb)*	Desechar	*Trash (verb)*
Desastre	*Disaster*	Desecho	*Reject (noun)*
Desbaferizado	*Unbuffered*	Deseleccionar	*Deselect*
Desblocar	*Deblock (verb)*	Desempaquetar	*Unpack*
Desbloquear	*Unlock*	Desemparejamiento	*Mismatch (noun)*
Desbordamiento	*Overflow (noun)*	Desemparejar	*Mismatch (verb)*
Desbordamiento de página	*Page overflow*	Desencadenante	*Trigger (noun)*
Desbordar(se)	*Overflow (verb)*	Desencadenante de consulta	*Enquiry trigger*
Desborrar	*Undelete*	Desencadenante de evento	*Event trigger*
Descarga	*Off-load (noun)*	Desencadenar	*Trigger (verb)*
Descargar	*Off-load (verb)*	Desensamblador	*Disassembler*
Descargar	*Offload (verb)*	Desescombro	*Cleanup*
Descargar	*Unload*	Desfigurar	*Mangle (verb)*
Descartar	*Discard (verb)*	Desfragmentar	*Defragment (verb)*
Descartar	*Flush (verb)*	Desglose	*Breakdown*
Descarte	*Discard (noun)*	Deshacer	*Rollback (verb)*
Descatalogar	*Uncatalog*	Deshacer	*Undo*
Descendente	*Descender*	Deshacimiento	*Backout*

Deshacimiento	*Rollback (noun)*
Deshacimiento	*Transaction backout*
de transacción	
Designador	*Descriptor*
Designador	*File descriptor*
Designador	*Tag*
Designador de fichero	*File descriptor*
Desinstalador	*Uninstaller*
Desinstalar	*Deinstall (verb)*
Desinstalar	*Uninstall*
Desintermediación	*Disintermediation*
Desligado/a	*Off line*
Desligado/a	*Off-line*
Desligado/a	*Offline*
Deslizador	*Slider*
Desmagnetizador	*Degausser*
Desmodulación	*Demodulation*
Desmontar	*Demount (verb)*
Desmontar	*Unmount*
Desnormalizar	*Denormalize*
Desnucar	*Nuke*
Despedida	*Logoff*
Despedida	*Logout*
Despedirse	*Log off*
Despedirse	*Log out (verb)*
Despertar	*Wake up (verb)*
Desplazable	*Scrollable*
Desplazador automático	*Automatic scroller*
Desplazamiento	*Displacement*
Desplazamiento	*Offset*
Desplazamiento	*Shift (noun)*
Desplazamiento aritmético	*Arithmetic shift*
Desplazamiento aritmético	*Fixed-point shift*
Desplazamiento aritmético	*Signed shift*
Desplazamiento en fichero	*File offset*
Desplazamiento lógico	*Logical shift*
Desplazar	*Scroll (verb)*
Desplazar	*Shift (verb)*
Desprotegido	*Unprotected*
Despulear	*Despool (verb)*
Desreferencia	*Dereference (noun)*
Desreferencia	*Indirection*
Desreferenciar	*Dereference (verb)*
Destalonar	*Decollate (verb)*
Destinado/a en salida a	*Output bound*

Destino	*Target*
Destructora	*Destructor*
Deszipear	*Unzip*
Deszumear	*Zoom out (verb)*
Detalle placa	*Board level*
Detección	*Detection*
Detección de colisión	*Collision detection*
Detección y Corrección de Errores	*ECC*
Detección y Corrección de Errores	*EDAC*
Detección y Corrección de Errores	*Error Checking and Correction*
Detección y Corrección de Errores	*Error Detection and Correction*
Determinista	*Deterministic*
Detonar	*Pop (verb)*
DEC	*DEC*
DEC	*Digital Equipment Corporation*
DECT	*DECT*
DECT	*Digital Enhanced Cordless Telecommunications*
DECT	*Digital European Cordless Telecommunications*
DEL	*DEL*
DEL	*LED*
DEL	*Light Emitting Diode*
DES	*Data Encryption Standard*
DES	*DES*
DES	*DEVS*
DEVS	*Discrete event system*
DFD	*Data Flow Diagram*
DFD	*DFD*
DHCP	*DHCP*
DHCP	*Dynamic Host Configuration Protocol*
DHTML	*DHTML*
DHTML (producto)	*Dynamic HTML*
Día laborable	*Work day*
Día no laborable	*Free day*
Diafonía	*Crosstalk*
Diafonía	*XT*
Diagrama	*Chart*
Diagrama circular en perspectiva	*Tilted pie chart*
Diagrama circular	*Pie Chart*
Diagrama de casos de uso	*Use-case diagram*

Diagrama de clases	*Class diagram*
Diagrama de componentes	*Component diagram*
Diagrama de correspondencia de efectos	*Effect Correspondence Diagram*
Diagrama de Contexto	*Context Diagram*
Diagrama de despliegue	*Deployment Diagram*
Diagrama de dispersión	*Scatter Graph*
Diagrama de Flujo de Datos	*Data Flow Diagram*
Diagrama de Flujo de Datos	*DFD*
Diagrama de secuencias	*Sequence diagram*
Diagrama de sintaxis	*Syntax diagram*
Diagrama polar	*Polar chart*
Diagramar	*Chart (verb)*
Dialecto	*Dialect*
Diálogo	*Dialog*
Diálogo	*Dialogue*
Diana	*Hit (noun)*
Diario	*Journal (noun)*
Dibit	*Dibit*
Dibujar	*Chart (verb)*
Diccionario de compresión	*Code dictionary*
Diccionario de compresión	*Compression dictionary*
Diccionario de datos	*Data dictionary*
Diccionario de datos	*DD*
Diferir	*Defer (verb)*
Difundir	*Broadcast (verb)*
Difundir	*Publicize*
Difusión	*Broadcast (noun)*
Difusión en torbellino	*Broadcast storm*
Difusor de calor	*Heat sink*
Digital	*Digital*
Digitalinización	*Digitalization*
Digitalinizar	*Digitalize*
Digitalización	*Digitization*
Digitalizador	*Digitizer*
Digitalizador de vídeo	*Video digitizer*
Digitalizar	*Digitize*
Dígito	*Digit*
Dígito de control	*Check Digit*
Dimensión	*Dimension*

Dinámico/a	*Dynamic*
Diodo Emisor de Luz	*LED*
Diodo Emisor de Luz	*Light Emitting Diode*
Dirección	*Address (noun)*
Dirección absoluta	*Absolute address*
Dirección base	*Base address*
Dirección básica	*Home address*
Dirección de correo-e	*E-mail address*
Dirección de difusión	*Broadcast address*
Dirección de puntos	*Dot address*
Dirección de receptáculo	*Socket address*
Dirección de reenvío	*Forwarding address*
Dirección de subred	*Subnet address*
Dirección decimal de puntos	*Dotted decimal address*
Dirección decimal de puntos	*Dotted-decimal address*
Dirección estroboscópica de columna	*CAS*
Dirección estroboscópica de columna	*Column Address Strobe*
Dirección estroboscópica de fila	*RAS*
Dirección estroboscópica de fila	*Row Address Strobe*
Dirección IP	*Internet Protocol address*
Dirección IP	*IP address*
Dirección relativa	*Relative address*
Dirección Relativa de Bait	*RBA*
Dirección Relativa de Bait	*Relative Byte Address*
Dirección simbólica	*Symbolic address*
Dirección virtual	*Virtual address*
Direccionamiento	*Addressing*
Direccionamiento de Bloque Lógico	*LBA*
Direccionamiento de Bloque Lógico	*Logical Block Addressing*
Direccionar	*Address (verb)*
Directiva	*Script*
Directiva awk	*Awk script*
Directiva CGI	*CGI script*
Directiva de configuración	*Setup script*
Directiva de membrana	*Shell script*
Directiva Korn	*Korn Script*
Directiva Perl	*Perl script*
Directiva Sed	*Sed Script*
Directorio	*Directory*

Directorio de trabajo	*Working directory*	Disposición	*Setting*
Directorio en red	*Network directory*	Disposición	*Disposition*
Directorio progenitor	*Parent directory*	Disposición	*Layout*
Directorio raíz	*Root directory*	Disposición	*Marshalling*
Directriz	*Directive*	Dispositivo	*Device*
DirectX	*DirectX*	Dispositivo apuntador	*Pointing device*
Disco	*Disc*	Dispositivo asíncrono	*Asynchronous device*
Disco	*Disk*	Dispositivo Acoplado por Carga	*CCD*
Disco bifronte	*Double-sided disk*	Dispositivo Acoplado	*Charge-Coupled*
Disco compacto	*Compact disc*	por Carga	*Device*
Disco CD grabable	*CD-R disk*	Dispositivo captador	*Video capture*
Disco CD grabable	*CD-Recordable disk*	de vídeo	*device*
Disco CD regrabable	*CD-Rewriteable disk*	Dispositivo de	*Storage device*
Disco CD regrabable	*CD-RW disk*	almacenamiento	
Disco de instalación	*Setup disk*	Dispositivo de almacenamiento	*DASD*
Disco duro	*Fixed disk*	de acceso directo	
Disco duro	*Hard disk*	Dispositivo de almacenamiento	*Direct*
Disco duro extraíble	*Removable hard disk*	de acceso directo	*Access Storage Device*
Disco magnético	*Magnetic disk*	Dispositivo de salida	*Output device*
Discordancia	*Mismatch (noun)*	Dispositivo de zipear	*Zip drive*
Discordar	*Mismatch (verb)*	Dispositivo descendiente	*Child device*
Diseñar	*Design (verb)*	Dispositivo en red	*Network drive*
Diseño	*Design (noun)*	Dispositivo limpia-cabezas	*Head-cleaning*
Diseño	*Layout*		*device*
Diseño asistido por computadora	*CAD*	Dispositivo MO	*Magneto-optical*
Diseño asistido	*Computer-Aided*		*disk drive*
por computadora	*Design*	Dispositivo MO	*MO drive*
Diseño de páginas	*Page layout*	Dispositivo para disco	*Magneto-optical*
Diseño de sistemas	*Systems design*	magneto-óptico	*disk drive*
Diseño del teclado	*Keyboard layout*	Dispositivo para disco	*MO drive*
Diseño descendente	*Top-down design*	magneto-óptico	
Diseño estructurado	*Structured design*	Dispositivo periférico	*Peripheral device*
Diseño físico de datos	*Physical data design*	Dispositivo primigenio	*Raw device*
Diseño modular	*Modular design*	Dispositivo raíz	*Root device*
Diseño orientado a objetos	*Object-oriented*	Dispositivo virtual	*Virtual device*
	design	Disquete	*Diskette*
Diseño orientado a objetos	*Object oriented*	Disquete	*Flexible disk*
	design	Disquete	*Floppy disk*
Disgregable	*Tear-off*	Disquete de autoarranque	*Bootable diskette*
Disociar	*Unmap*	Disquete de autoarranque	*Bootable floppy*
Dispersar	*Scatter*	Disquete magnetoóptico	*Floptical disk*
Disponer	*Arrange (verb)*	Distal	*Leaf*
Disponer	*Marshall (verb)*	Distorsión	*Distortion*
Disponibilidad	*Availability*	DIB	*Directory Information Base*
Disponible	*Available*	DIB	*DIB*

DICOM	Digital Imaging and	Doble comilla	Quote (noun)
	Communications in Medicine	Doble impacto	Double strike
DICOM	DICOM	Doble palabra	Double word
DIMM	DIMM	Documentación	Documentation
DIMM	Dual In-line Memory Module	Documentar	Document (verb)
DIP	DIP	Documento	Clerical document
DIP	Dual In line Package	Documento	Document (noun)
DIP	Dual In-line Package	Documento compuesto	Compound document
DITTO	Data Interfile Transfer, Testing,	Documento de ida y vuelta	Turnaround
	and Operations		document
DITTO	DITTO	Dólar	Dollar
DLM	Machine-readable information	Dominio	Domain
DLM	MRI	Dominio de Nivel Superior	TLD
DLT	Digital Linear Tape	Dominio de Nivel Superior	Top Level
DLT	DLT		Domain
DLL	DLL	Dominio primario	Primary domain
DLL	Dynalink	Dos hilos	Two-wire
DLL	Dynamic Link Library	Dos puntos	Colon
DMA	Direct Memory Access	DOM	Document Object Model
DMA	DMA	DOM	DOM
DMHO (por «de momento hasta otra»)	TTFN	DOS	Disk Operating System
DMI	Desktop Management Interface	DOS	DOS
DMI	DMI	DPI	Distributed Protocol Interface
DNA	Distributed Internet Applications	DPI	DPI
	Architecture	DPLL	DPLL
DNA	DNA	DPLL	Digital phase-lock-loop
DNS	TLD	DPMI	DOS protected Mode Interface
DNS	Top Level Domain	DPMI	DPMI
Doblado	Wrap (noun)	Drenar	Drain (verb)
Doblado	Wrapping	DRA	Rapid application development
Doblado a inicio	Wraparound (noun)	DRA	RAD
Doblado de línea	Line wrap (noun)	DRAM	DRAM
Doblado de palabra	Soft return	DRAM	Dynamic RAM
Doblado de palabra	Word Wrap	DRB	RBA
Doblado de palabra	Wordwrap	DRB	Relative Byte Address
Doblar	Shadow (verb)	DSL	Digital Suscriber Line
Doblar	Wrap (verb)	DSL	DSL
Doblar a inicio	Wrap around (verb)	DSSSL	Document Style Semantics
Doblar línea	Line wrap (verb)		and Specification Language
Doble	Jolt	DSSSL	DSSSL
Doble atraque	Dual porting	DSU	Data Service Unit
Doble cola	Deque	DSU	Digital Service Unit
Doble cola	Double-ended queue	DSVD	Digital Simultaneous Voice and Data
Doble comilla	Double quote	DSVD	DSVD
Doble comilla	Quotation mark	DTE	Data Terminal Equipment

DTE	*DTE*
Dual	*Dual*
Duende	*Daemon*
Duende	*Demon*
Duende HTTP	*Hypertext Transfer*
	Protocol daemon
Duende Telnet	*Telnet daemon*
Dúplex	*Duplex*
Dúplex completo(a)	*Full-duplex*
Duplicación	*Redundancy*
Duplicación de discos	*Disk duplexing*
Duplicado	*Redundant*
Duración	*Duration*
Duración	*Latency*
Duración tipo fecha	*Date duration*
Duro	*Hard*
Dvorak	*Dvorak*
DVD	*Digital Versatile Disk*
DVD	*Digital Video Disk*
DVD	*DVD*
DVD-RAM	*DVD-RAM*
DVD-ROM	*DVD-ROM*
DVI	*Device Independent*
DVI	*Digital Video Interactive*
DVI	*DVI*
DVI	*DVI*
DXF	*Data Exchange File*
DXF	*Drawing eXchange Format*
DXF	*DXF*

E

E/S primigenia	*Raw I/O*
E/S	*I/O*
E/S	*Input/Output*
EA	*AE*
EA	*Application entity*
EACK	*EACK*
EACK	*Extended acknowledgement*
EARN	*EARN*
EARN	*European Academic and*
	Research Network
Ebone	*Ebone*
EBCDIC	*EBCDIC*

EBCDIC	*Extended Binary Coded*
	Decimal Interchange Code
EBIOS	*EBIOS*
EBIOS	*Enhanced BIOS*
EBNF	*EBNF*
EBNF	*Extended Backus-Naur Form*
Eco	*Echo (noun)*
ECA	*ECA*
ECMA	*ECMA*
ECMA	*European Computer Manufacturer*
	Association
ECP	*ECP*
ECP	*Extended Capabilities Port*
ECS	*ECS*
ECS	*European Communication Satellite*
Edición sensible	*Language*
al lenguaje	*sensitive editing*
Editar	*Edit (verb)*
Editor	*Editor*
Editor	*Publisher*
Editor de fuentes	*Font editor*
Editor de líneas	*Line editor*
Editor de textos	*Text editor*
ED	*ED*
ED	*End Delimiter*
EDIFACT	*EDI for Administration,*
	Commerce and Transport
EDIFACT	*EDIFACT*
EDM	*Short-on-storage*
EDM	*SOS*
EDO DRAM	*EDO DRAM*
EDO DRAM	*Extended Data Output*
	Dynamic RAM
EDP	*Packet Assembler-Disassembler*
EDP	*PAD*
EDRAM	*EDRAM*
EDRAM	*Enhanced Dynamic RAM*
EEPROM	*EEPROM*
EEPROM	*Electrically Erasable*
	Programmable Read-Only Memory
Efectivo	*Actual*
Efecto	*Effect*
Efecto colateral	*Side effect*
Efecto peaje	*Turnpike effect*
Efecto 2000	*Year 2000*

Efecto 2000	*Y2K*
Efectuar	*Carry out (verb)*
Efectuar	*Honor (verb)*
EFF	*EFF*
EFF	*Electronic Frontier Foundation*
Egresar	*Swap out (verb)*
EGA	*EGA*
EGA	*Enhanced Graphics Adapter*
EGP	*EGP*
EGP	*Exterior Gateway Protocol*
Eiffel	*Eiffel*
EIA	*EIA*
EIA	*Electronic Industries Association*
EIA-232D	*EIA-232D*
EID	*DCE*
EID	*Distributed Computing Environment*
EIDE	*EIDE*
EISA	*EISA*
EISA	*Extended Industry Standard Architecture*
Eje central de red	*Backbone*
Eje central de red concentrado	*Collapsed backbone*
Eje central de red distribuido	*Distributed backbone*
Eje central de red en malla	*Mesh backbone*
Eje central de red europeo	*Ebone*
Eje central de red híbrido	*Hybrid backbone*
Eje central de red para multidifusión	*Mbone*
Eje central de red para multidifusión	*Multicast Backbone*
Ejecución	*Performance*
Ejecución a pelo	*Dry run*
Ejecución en fondo	*Background execution*
Ejecución fallida	*Unsuccessful execution*
Ejecución paralela	*Parallel running*
Ejecución paralela	*Parallel testing*
Ejecución paso a paso	*Single-step instruction execution*
Ejecución paso a paso	*Step mode*
Ejecución piloto	*Pilot running*
Ejecución piloto	*Pilot testing*
Ejecutable	*Executable*
Ejecutar	*Execute (verb)*

Ejecutar	*Run*
Ejecutarse	*Run*
Ejemplar	*Instance*
Ejemplar	*Occurrence*
Ejemplarizar	*Instantiate*
El «personal»	*Liveware*
Elemental	*Primary*
Elemento deslizante	*Slider arm*
Elemento gráfico	*Graphics primitive*
Elemento multicarácter de comparación	*Multicharacter collating element*
Elevado a ...	*Superscript*
Eliminación	*Removal*
Eliminación en cascada	*Cascading delete*
Eliminador de módem	*Modem eliminator*
Eliminar	*Delete*
Eliminar	*Detach (verb)*
Eliminar	*Remove (verb)*
Eliminar y desplazar	*Roll off*
ELD	*LDS*
ELD	*Logical Data Structure*
Emacs	*Emacs*
Embromar	*Troll (verb)*
Eme	*Em*
Emergente	*Pop up*
Emergente	*Popup*
Emisor	*Sender*
Emitir	*Issue (verb)*
Emoconformador	*Emotag*
Emoticón	*Emoticon*
Emoticón	*Smiley*
Empaparse	*Grok (verb)*
Emparejamiento	*Match (noun)*
Emparejamiento	*Matching*
Emparejamiento de ficheros secuenciales	*Sequential file matching*
Emparejar(se)	*Match (verb)*
Empresa	*Enterprise*
Empresa de servicios informáticos	*Computer bureau*
Emulación	*Emulation*
Emulación de terminal	*Terminal emulation*
Emulador	*Emulator*
EMHO	*IMHO*
En (leyendo direcciones de correo-e)	*At*

En caliente	*Hot*
En claro	*In the clear*
En cursiva	*Italicized*
En desarrollo	*Under construction*
En ejecución	*Running*
En escala de grises	*Gray-scale*
En línea	*On line*
En línea	*On-line*
En línea	*Online*
En primer plano	*Front end*
En primer plano	*Front-end*
En primer plano	*Frontend*
En segundo plano	*Back end*
En segundo plano	*Back-end*
En segundo plano	*Backend*
En sueño ligero	*Slow sleep*
En sueño profundo	*Fast sleep*
En suspenso	*Suspended*
En vuelo	*In flight*
En vuelo	*In-flight*
En vuelo	*Inflight*
En-línea	*Inline*
Encadenado/a	*Chained*
Encadenamiento activo	*Daisy chain (noun)*
Encadenar activamente	*Daisy chain (verb)*
Encaminadora	*Router*
Encaminadora fronteriza	*Border router*
Encaminamiento	*Routing*
Encaminamiento de transacciones	*Transaction routing*
Encaminar	*Route (verb)*
Encapsulación	*Encapsulation*
Encapsular	*Encapsulate (verb)*
Encauzar	*Pipe (verb)*
Encender	*Switch on (verb)*
Encender	*Turn on (verb)*
Encerado	*Whiteboard*
Encimar	*Push (verb)*
Encimar	*Push-down (verb)*
En-corriente	*In-stream*
Ene	*En*
Energía	*Power*
Energía inadecuada	*Dirty power*
Energizado por batería	*Battery-powered*
Energizado por CA	*AC-powered*

Energizado por corriente alterna	*AC-powered*
Enganchar	*Hook (verb)*
Enhebrado	*Threading*
Enlace	*Link (noun)*
Enlace ascendente	*Uplink*
Enlace de datos	*Data carrier*
Enlace de datos	*Data channel*
Enlace de datos	*Data link*
Enlace inalámbrico	*Cordless link*
Enlazar	*Link (verb)*
Enmascarable	*Maskable*
Enmascarar	*Mask off (verb)*
Enramar(se)	*Fork (verb)*
Ensamblador	*Assembler (noun)*
Ensamblador-Desensamblador de Paquetes	*Packet Assembler-Disassembler*
Ensamblador-Desensamblador de Paquetes	*PAD*
Ensamblaje	*Assembly*
Ensamblar	*Assemble (verb)*
Entidad	*Entity*
Entidad aplicación	*Application entity*
Entidad Aplicación	*AE*
Entidad de detalle	*Detail entity*
Entidad externa	*External entity*
Entidad maestra	*Master entity*
Entidad tipo	*Entity type*
Entorno	*Environment*
Entorno de implementación	*Implementation environment*
Entorno entero	*Integral boundary*
Entorno informático distribuido	*DCE*
Entorno informático distribuido	*Distributed Computing Environment*
Entorno Integrado de Desarrollo	*IDE*
Entorno Integrado de Desarrollo	*Integrated Development Environment*
Entorno Interactivo de Desarrollo	*IDE*
Entorno Interactivo de Desarrollo	*Interactive development environment*
Entrada	*Entry*
Entrada	*Input (noun)*
Entrada de Trabajos Remotos	*Remote Job Entry*
Entrada de Trabajos Remotos	*RJE*

Entrada distal	*Leaf entry*	EPS	*Encapsulated Postscript*
Entrada habitual	*Standard input*	EPS	*EPS*
Entrada/Salida	*I/O*	Equilibrado de particiones	*Partition*
Entrada/Salida	*Input/Output*		*balancing*
Entrada/Salida Programada	*PIO*	Equilibramiento	*Balancing*
Entrada/Salida Programada	*Programmed Input/Output*	Equilibrar	*Balance (verb)*
Programada		Equilibrio	*Balance (noun)*
Entramado	*Lattice*	Equipo de Desarrollo	*Java Development*
Entrante	*Inbound*	para Java	*Kit*
Entrecomillar	*Quote (verb)*	Equipo de Desarrollo para Java	*JDK*
Entrecruzador	*Cross-referencer*	Equipo de salvaguardia	*Backup Equipment*
Entrecruzar	*Cross-reference (verb)*	Equipo para copias	*Backup Equipment*
Entrega	*Release (noun)*	de salvaguardia	
Entrega beta	*Beta release*	Equipo rompedor	*Tiger team*
Entrega de vuelta atrás	*Fallback release*	Equipo Terminal de Datos	*Data Terminal*
Entrelazado	*Interlacing*		*Equipment*
Entremetida	*Interstitial*	Equipo Terminal de Datos	*DTE*
Entrometido	*Weenie*	Equiunión	*Equi-join*
Envejecer	*Age (verb)*	Ergonomía	*Ergonomics*
Enviar	*Send (verb)*	Error	*Check (noun)*
Enviar al fondo	*Send to back*	Error de hardware	*Hard error*
Enviar al fondo	*Send to background*	Error de máquina	*Machine check*
Envoltorio	*Wrapper*	Error de paridad	*Bad parity*
Envoltorio de TCP	*TCP wrapper*	Error de programa	*Program check*
Envolvente	*Envelope*	Error fatal	*Fatal error*
EOF	*End of File*	Error físico de datos	*Data check*
EOF	*End-of-file*	Error por desbordamiento	*Overflow error*
EOF	*EOF*	ERP	*Enterprise Resource Planning*
EOL	*End of line*	ERP	*ERP*
EOL	*End-of-line*	Errprog	*PROGX*
EOL	*EOL*	Esbozo	*Layout*
EOT	*End of transmission*	Esc	*ESC*
EOT	*End-of-transmission*	Escalada de bloqueo	*Escalation*
EOT	*EOT*	Escalada de bloqueo	*Lock escalation*
EOV	*End of volume*	Escalado de grises	*Gray scaling*
EOV	*End-of-volume*	Escalar	*Scalar*
EOV	*EOV*	Escaneadora	*Scanner*
Epoca	*Epoch*	Escaneadora de base plana	*Flat bed scanner*
EPIC	*EPIC*	Escaneadora de base plana	*Flat-bed scanner*
EPIC	*Explicitly Parallel Instruction*	Escaneadora de base plana	*Flatbed scanner*
	Computing	Escaneadora portátil	*Hand-held scanner*
EPP	*Enhanced Parallel Port*	Escanear	*Scan (verb)*
EPP	*EPP*	Escaneo	*Scan (noun)*
EPROM	*EPROM*	Escáner	*Scanner*
EPROM	*Erasable Programmable ROM*	Escasez de Memoria	*Short-on-storage*

Escasez de Memoria	*SOS*		Espul	*Spool (noun)*
Escenario	*Scenario*		Espuleado de impresión	*Print spooling*
Escritorio	*Desktop*		Espuleador	*Spooler*
Escucha de portadora	*Carrier sense (noun)*		Espuleador de impresión	*Print spooler*
Escuchar portadora	*Carrier sense (verb)*		Espulear	*Spool (verb)*
ESCD	*ESCD*		ESP	*PIO*
ESCD	*Extended System Configuration*		ESP	*Programmed Input/Output*
	Data		Esquema	*Schema*
ESCON	*Enterprise systems connection*		Establecer	*Set (verb)*
ESCON	*ESCON*		Estabo	*Hooking routine*
ESDI	*Enhanced Small Device*		Estabo	*Stub*
	Interface		Estabo de interfaz	*Interface stub*
ESDI	*Enhanced Small Disk Interface*		Estación de trabajo	*Workstation*
ESDI	*ESDI*		Estación de trabajo	*Diskless workstation*
ESDS	*ESDS*		sin disco	
Espacio	*Space*		Estación esclava	*Slave station*
Espacio contiguo	*Contiguous space*		Estación principal	*Primary station*
Espacio de direcciones	*Address space*		Estado	*State*
Espacio de direcciones	*Segmented*		Estado	*Status*
segmentado	*address space*		Estado de espera	*Wait state*
Espacio de no-separación	*Non-breaking*		Estado del arte	*State of the art (noun)*
	space		Estado drenado	*Drained state*
Espacio de no-separación	*Nonbreaking*		Estado sólido	*Solid state*
	space		Estado supervisor	*Privileged state*
Espacio de trabajo	*Work space*		Estado supervisor	*Supervisor state*
Espacio de trabajo	*Workspace*		Estado temporal	*Timeslice*
Espacio libre	*Free space*		Estampilla de tiempo	*Timestamp (noun)*
Espacio para parches	*Patch space*		Estampillado temporal	*Date stamping*
Espacio perdido	*Slack space*		Estándar	*Standard (adj)*
Espacio plano de direcciones	*Flat address*		Estándar	*Standard (noun)*
	space		Estándar de facto	*Standard (noun)*
Espacio primario	*Primary space*		Estándar de facto	*Standard (adj)*
Espacio secundario	*Secondary space*		Estantería	*Shelf*
Especificación	*Program specification*		Estela auditora	*Audit trail*
de programa			Estilo	*Pen*
Especificación	*Systems specification*		Estilo	*Stylus*
del sistema			Estilo de un tipo	*Type posture*
Especificación Java para	*JAR*		Estilo de un tipo	*Type style*
archivado de ficheros			Estimación de espacio	*Space estimation*
Especificación Java para	*Java archive file*		Estratificar	*Layer (verb)*
archivado de ficheros	*specification*		Estrato	*Layer (noun)*
Especificaciones	*Specs*		Estrato de Aplicación	*Application layer*
Espectro	*Ghost*		Estrato de Presentación	*Presentation layer*
Espectro ensanchado	*Spread spectrum*		Estrato de Protocolo	*Protocol layer*
Espera activa	*Active wait*		Estrato de Red	*Network layer*

Estrato de Sesión	*Session layer*	Evento aleatorio	*Random event*
Estrato de Transporte	*Transport layer*	Evento creador	*Birth event*
Estrato Enlace de Datos	*Data link layer*	Evento externo	*External event*
Estrato Físico	*Physical layer*	Evento interno	*Internal event*
Estrato Internet	*Internet layer*	Exabait	*Exabyte*
Estrés	*Stress*	Examen	*Browse (noun)*
Estría	*Crimp (noun)*	Examinar	*Browse (verb)*
Estrofa	*Stanza*	Excepción	*Exception*
Estructura	*Structure (noun)*	Excepción de direccionamiento	*Addressing*
Estructura de mandatos	*Command*		*exception*
	structure	Excluir	*Drop (verb)*
Estructura de procesamiento	*Processing*	Expirar	*Time out (verb)*
	structure	Expirar	*Timeout (verb)*
Estructura en árbol	*Tree structure*	Explicaciones	*Explanations*
Estructura Lógica de Datos	*LDS*	Explorar	*Drill across*
Estructura Lógica de Datos	*Logical Data*	Explorer	*Explorer*
	Structure	Exportar	*Export (verb)*
Estructurar	*Structure (verb)*	Expresión absoluta	*Absolute expression*
Estudio de factibilidad	*Feasibility study*	Expresión aritmética	*Arithmetic expression*
Ethernet	*Ethernet*	Expresión binaria	*Binary expression*
Ethernet conmutada	*Switched Ethernet*	Expresión escalar	*Scalar expression*
Ethernet fina	*Thin Ethernet*	Expresión IF	*IF expression*
Ethernet gigabit	*Gigabit Ethernet*	Expresión regular	*Regular expression*
Ethernet gruesa	*Thick Ethernet*	Expresión regular básica	*Basic regular*
Ethernet rápida	*Fast Ethernet*		*expression*
Etiqueta	*Label*	Expresión relacional	*Relational expression*
Etiqueta de cabecera	*Header label*	Expresión reubicable	*Relocatable*
Etiqueta de cola	*Trailer label*		*expression*
Etiqueta de volumen	*Volume label*	Expresión tipo Coma	*Comma expression*
Etiqueta estándar	*Standard label*	Extensión	*Extension*
(IBM u otro fabricante)		Extensión	*Extent*
Etiquetado	*Badging*	Extensión	*Filename extension*
ETB	*End of transmission block*	Extensión	*Scope*
ETB	*ETB*	Externalización	*Outsourcing*
ETSI	*ETSI*	Externo	*Outboard*
ETSI	*European Telecommunications*	Extracción	*Removal*
	Standards Institute	Extracción de características	*Feature*
ETX	*End of text*		*extraction*
ETX	*ETX*	Extraer	*Pop (verb)*
EUTELSAT	*European Telecommunication*	Extraer	*Pull (verb)*
	Satellite Organization	Extraer	*Remove (verb)*
EUTELSAT	*EUTELSAT*	Extraíble	*Pop-up*
Evacuar	*Destage (verb)*	Extraíble	*Removable*
Evaluación	*Assessment*	Extrapaginar	*Roll out (verb)*
Evento	*Event*	Extrarred	*Extranet*

F

Fabricación asistida	Computer-Aided
por computadora	Manufacturing
Fabricación Integrada	Computer Integrated
por Computadora	Manufacturing
Facies	Type face
Facies	Typeface
Facies	Face
Facilidad	Facility
Factor de blocado	Blocking factor
Factor de interfoliación	Interleave factor
Factor de multiplexado	Multiplex factor
Factor forma	Form factor
Fallar	Fault (verb)
Fallo	Failure
Fallo	Fault (noun)
Fallo de energía	Power failure
Fallo de página	Page fault
Fallo de Protección	General
General	protection failure
Fallo de Protección	General
General	protection fault
Fallo de Protección General	GPF
Fallos de seguridad	Security flaws
Falta	Fault (noun)
Falta de papel	Paper out
Familia de facies	Typeface family
Fase	Phase
Fase de toma	Fetch phase
Fax	Facsimile
Fax	Fax
Fax	Telecopy
FAT	FAT
FAT	File Allocation Table
FAT16	FAT16
FAT32	FAT32
FCB	FCB
FCB	Forms Control Buffer
FDD	FDD
FDD	Floppy disk drive
FDDI	FDDI
FDDI	Fiber Distributed Data Interface
Fecha	Date
Fecha de expiración	Expiration date

Fecha juliana	Julian date
Fecha liliana	Lilian date
Femtosegundo	Femtosecond
Fenordo	Fnord
FEB	ELF
FEB	Extremely Low Frequency
FEI	Uninterrupted Power Supply
FEI	UPS
FEP	FEP
FF	FF
FF	Form feed
Fiabilidad	Reliability
Fibra óptica	Fiber optic
Fibra óptica	Optic fiber
Fibra óptica	Optical fiber
Ficha	Card
Ficha perforada	Hollerith card
Fichero	Data set
Fichero	Dataset
Fichero	File (noun)
Fichero a incluir	Include file
Fichero abierto	Open file
Fichero al azar	Random file
Fichero apremiado	Spin file
Fichero archivado	Archived data set
Fichero archivado	Archived file
Fichero base de	Bootstrap data set
recuperación	
Fichero binario	Binary file
Fichero catalogado	Cataloged data set
Fichero catalogado	Cataloged file
Fichero con valores	Comma-delimited file
separados por comas	
Fichero con valores	Comma-separated
separados por comas	values file
Fichero con valores	CSV
separados por comas	
Fichero de acceso aleatorio	Random access
	file
Fichero de arranque	Startup file
Fichero de cabecera	Header file
Fichero de configuración	Configuration file
Fichero de inicialización	Initialization file
Fichero de intercambio	Swap file
Fichero de mandatos	Command file

Fichero de procesamiento	*Batch File*	Filtro de escaneo	*Scan filter*
por lotes		Filtro de fichero	*File filter*
Fichero de Registro	*Log file*	Filtro digital	*Digital filter*
Fichero de salvaguardia	*Back-up file*	Filtro para gráficos	*Graphics filter*
Fichero de salvaguardia	*Backup file*	Filtro pasa-altas	*High-pass filter*
Fichero de texto	*Text file*	Filtro pasa-bajas	*Low-pass filter*
Fichero de trabajo	*Work file*	Filtro pasa-banda	*Bandpass filter*
Fichero de transacciones	*Detail file*	Filtro pasivo	*Passive filter*
Fichero de transacciones	*Transaction file*	Filtro polarizador	*Polarizing filter*
Fichero defectuoso	*Faulty file*	Fin cambio-a	*Shift-out*
Fichero destino	*Target file*	Fin cambio-a	*SO*
Fichero ejecutable	*Run file*	Fin de bloque de	*End of transmission*
Fichero en archivo	*Archive file*	transmisión	*block*
Fichero estable	*Reference file*	Fin de bloque de transmisión	*ETB*
Fichero FTS	*FTS file*	Fin de fichero	*End of File*
Fichero FTS	*Full-text Search file*	Fin de fichero	*End-of-file*
Fichero inmoble	*Unmovable file*	Fin de fichero	*EOF*
Fichero maestro	*Master file*	Fin de freim	*ED*
Fichero nulo	*Null file*	Fin de freim	*End Delimiter*
Fichero oculto	*Hidden file*	Fin de línea	*End of line*
Fichero particionado	*Partitioned data set*	Fin de línea	*End-of-line*
Fichero plano	*Flat file*	Fin de línea	*EOL*
Fichero ráster	*Raster file*	Fin de texto	*End of text*
Fichero regular	*Regular file*	Fin de texto	*ETX*
Fichero relativo	*Relative file*	Fin de transmisión	*End of transmission*
Fichero semivacío	*Sparse file*	Fin de transmisión	*End-of-transmission*
Fichero sólo-lectura	*Read-only file*	Fin de transmisión	*EOT*
Fichero traducido	*Translated file*	Fin de volumen	*End of volume*
Fichero zipeado	*Zip file*	Fin de volumen	*End-of-volume*
Fichero zipeado	*Zipped file*	Fin de volumen	*EOV*
Ficticio	*Dummy*	Fin-de-tiempo	*Time out (noun)*
Fidonet	*Fido Net*	Fin-de-tiempo	*Time-out (noun)*
Fidonet	*Fidonet*	Fin-de-tiempo	*Timeout (noun)*
Fijar	*Fix (verb)*	Final(es)	*Trailing*
Fila	*Row*	Finalización	*Completion*
Fila dependiente	*Dependent row*	Finalizar	*Terminate*
Fila descendiente	*Descendent row*	Finger	*Finger (noun)*
Fila progenitora	*Parent row*	FireWire	*FireWire*
Filtrado	*Filtering*	Firma	*Signature*
Filtrado de paquetes	*Packet filtering*	Firma de virus	*Virus signature*
Filtrar	*Filter (verb)*	Firma digital	*Digital signature*
Filtrar	*Screen (verb)*	Firmware	*Firmware*
Filtrar	*Screen off (verb)*	FIAD	*IDL*
Filtro	*Filter (noun)*	FIAD	*Interactive Distance Learning*
Filtro activo	*Active filter*	FIC	*KIF*

FIC	*Knowledge Interchange Format*	Formulario		*Form*
FIFO	*First in, first out*	Forzar a cuadrícula		*Snap to grid*
FIFO	*First-in-First-out*	Fotografía		*Picture*
FIFO	*FIFO*	Fotolitografía		*Photolithography*
FIPS	*Federal Information Processing*	FORTRAN		*FORTRAN*
	Standard	FPG	*General protection failure*
FIPS	*FIPS*	FPG	*General protection fault*
Flecha abajo	*Down arrow*	FPG		*GPF*
Flecha arriba	*Up arrow*	FPM DRAM *Fast page mode Dynamic RAM*
Flecha derecha	*Right arrow*	FPM DRAM		*FPM DRAM*
Flecha izquierda	*Left arrow*	FQDN		*FQDN*
Flexibilidad	*Flexibility*	FQDN	*Fully qualified domain name*
Flops	*Floating point operations per second*	Fraccionador		*Chunker*
Flops	*Flops*	Fraccionar		*Split (verb)*
Fluir	*Flow (verb)*	Fractal		*Fractal*
Flujo	*Flow (noun)*	Fragmentación		*Fragmentation*
Flujo de control	*Control flow*	Frame relay		*Frame relay*
Flujo de datos	*Data flow*	Franja		*Swathe*
Flujo de eventos	*Event flow*	Frase		*Sentence*
Flujo de purga	*Downflow*	Frase de enlace		*Link phrase*
Flujo de trabajo	*Workflow*	Frase secreta		*Passphrase*
Flujos de entrada	*Inflow*	Frecuencia de llegada		*Arrival rate*
Fondo	*Background*	Frecuencia de portadora	*Carrier frequency*
Forma de la onda	*Waveform*	Frecuencia de refrescamiento	*Refresh rate*
Forma normal	*Normal form*	Frecuencia de refrescamiento	*Vertical*
Formación	*Array*	vertical		*bandwidth*
Formación de discos	*Disk array*	Frecuencia de refrescamiento	*Vertical*
Formación Interactiva a Distancia	*IDL*	vertical		*sync*
Formación Interactiva	*Interactive Distance*	Frecuencia de renovación	*Refresh rate*
a Distancia	*Learning*	Frecuencia de voz		*VF*
Formatear	*Format (verb)*	Frecuencia de voz	*Voice frequency*
Formateo	*Formatting*	Frecuencia extremadamente baja	*ELF*
Formateo externo	*Outboard formatting*	Frecuencia extremadamente	*Extremely*
Formato	*Format (noun)*	baja		*Low Frequency*
Formato	*Layout*	Free Software Foundation	*Free Software*
Formato Backus-Naur	*Backus Normal Form*			*Foundation*
Formato Backus-Naur	*Backus-Naur Form*	FreeBSD		*FreeBSD*
Formato Backus-Naur	*BNF*	Freim		*Frame (noun)*
Formato Backus-Naur	*Extended*	Frontal		*Front end*
Ampliado	*Backus-Naur Form*	Frontal		*Front-end*
Formato para Intercambio	*KIF*	Frontal		*Frontend*
del Conocimiento		Frontal de un compilador	*Front-end of a*
Formato para Intercambio	*Knowledge*			*compiler*
del Conocimiento	*Interchange Format*	Frontal para bases de datos	*Database*
Fórmula	*Formula*			*front-end*

Frontera	*Border*
Frontera	*Boundary*
FRAD	*Frame Relay Access Device*
FRAD	*FRAD*
FRAM	*Ferroelectric RAM*
FRAM	*FRAM*
Fs	*Femtosecond*
FSF	*Free Software Foundation*
FSF	*FSF*
FTAM	*File Transfer, Access, and*
	Management
FTAM	*FTAM*
FTP anónimo	*Anonymous FTP*
FTP	*File transfer protocol*
FTP	*FTP*
Fuente	*Font*
Fuente de datos	*Data source*
Fuente de energía	*Power Supply*
Fuente de Energía	*Uninterrupted*
Ininterrumpida	*Power Supply*
Fuente de Energía	*UPS*
Ininterrumpida	
Fuente de símbolos	*Symbol font*
Fuente del documento	*Document source*
Fuente del documento	*Document's source*
Fuente inmodificable	*Intrinsic font*
Fuente interna	*Internal font*
Fuente interna	*Resident font*
Fuente proporcional	*Proportional font*
Fuente reajustable	*Outline font*
Fuente reajustable	*Scalable font*
Fuente reajustable	*Vector font*
Fuente traspasable	*Downloadable font*
Fuente traspasable	*Soft font*
Fuertemente acoplado	*Tightly Coupled*
Función	*Facility*
Función	*Feature (noun)*
Función	*Function*
Función administrativa	*Administrative*
	facility
Función cronodependiente	*Time-based*
	function
Función de llamada	*Calling Feature*
Función de punto de	*Checkpoint/restart*
control/rearranque	*facility*

Función de punto de	*Checkpoint/restart*
control/rearranque	*feature*
Función de refundición	*Hash function*
Función de usuario	*User role*
Función escalar	*Scalar function*
Función miembro	*Member function*
Función unidireccional	*Trapdoor one-way*
con trinquete	*function*
Fundamentos	*Rationale*
Fusible	*Fuse*
Fusionar	*Merge (verb)*
FV	*Voice frequency*
FV	*VF*
FVSC	*Comma-delimited file*
FVSC	*Comma-separated values file*
FVSC	*CSV*

G

gid	*gid*
gid	*Global index*
gzip	*gzip*
G (por Giga)	*G*
G-code	*G-code*
Galería de imágenes	*Clip art*
Galería electrónica	*Electronic mall*
Ganador(a) de la competencia	*Contention*
	winner
Gancho	*Hook (noun)*
Gazapo	*Bug*
Gb	*Gb*
Gb	*Gigabit*
Gbps	*Gbps*
GB	*GB*
GB	*Gigabyte*
GC	*QM*
GC	*Queue Manager*
GDD	*GDD*
GDI	*GDI*
GDI	*Graphical Device Interface*
GDMO	*GDMO*
GDMO	*Guidelines for the Definition of*
	Managed Objects
Gela	*Jello*

Generación	*Generation*	Gigabait	*Gigabyte*
Generación	*Rendering*	Gigabit	*Gb*
Generación de números	*Random*	Gigabit	*Gigabit*
aleatorios	*number generation*	Gigaflops	*Gigaflops*
Generación de sonido	*Sound generation*	Gigahercio	*Gigahertz*
Generación del sistema	*System generation*	Girar	*Rotate*
Generador de analizadores	*Parser*	GIF	*GIF*
sintácticos	*generator*	GIF	*Graphics Interchange Format*
Generador de listados	*Report generator*	GIF animado	*Animated GIF*
Generador de programas	*Program generator*	GIP	*Personal Information Manager*
Generar	*Attach (verb)*	GIP	*PIM*
Generar	*Render*	Glifo	*Glyph*
Género artístico	*Artwork*	Global	*Global*
Gestión de cambios	*Change management*	GML	*Generalized Markup Language*
Gestión de instalación	*Facilities Management*	GML	*GML*
Gestión de la configuración	*Configuration*	GND	*GND*
	Management	GND	*Ground*
Gestión de los problemas	*Problem*	GNU	*GNU*
	management	Gobernado por menús	*Menu-driven*
Gestión de red	*Network management*	Gopher	*Gopher*
Gestión del conocimiento	*Knowledge*	GPL	*General Public License*
	management	GPL	*GPL*
Gestión del rendimiento	*Performance*	GPS	*Global Positioning System*
	management	GPS	*GPS*
Gestión Electrónica de Documentos	*EDM*	Grabadora de tarjetas	*Card encoder*
Gestión Electrónica	*Electronic*	Grabar	*File (verb)*
de Documentos	*Document Management*	Grabar	*Record (verb)*
Gestor	*Manager*	Grabar	*Write (verb)*
Gestor de bus	*Bus master*	Grada	*Tier (noun)*
Gestor de Colas	*QM*	Gradar	*Tier (verb)*
Gestor de Colas	*Queue Manager*	Gráfico	*Chart*
Gestor de dispositivo	*Device handler*	Gráfico vectorial	*Line Art*
Gestor de Información	*Personal*	Gráfico vectorial	*LineArt*
Personal	*Information Manager*	Gráficos por mapas de bits	*Bit-mapped*
Gestor de Información Personal	*PIM*		*graphics*
Gestor de red	*Network manager*	Gráficos ráster	*Raster graphics*
Gestor de Ueb	*Webmaster*	Gráficos vectoriales	*Vector graphics*
GED	*EDM*	Granulometría	*Granularity*
GED	*Electronic Document Management*	Grave	*Backquote*
GEM	*GEM*	Grave	*Grave*
GGP	*Gateway to Gateway Protocol*	Grep	*Grep*
GGP	*GGP*	Grosor	*Weight*
Ghz	*Ghz*	Grosor del tipo	*Type weight*
Ghz	*Gigaherz*	Grupo	*Group*
Gigabait	*GB*	Grupo de discusión	*Discussion group*

Grupo de noticias con moderador	*Moderated newsgroup*	HDS (Hasta Donde Se) HDSL	*AFAIK* *HDSL*
Grupo de procesos	*Process group*	HDSL *High bit rate Digital Subscriber Line*	
Grupos de noticias	*News*	Hebra	*Thread*
Grupos de noticias	*News groups*	Hebra dudosa	*Indoubt thread*
Grupos de noticias	*Newsgroups*	Hembra	*Female*
GSM	*Global System for Mobile*	Hercio	*Hertz*
GSM	*GSM*	Herencia	*Inheritance*
Guante sensor	*Data glove*	Herencia múltiple	*Multiple inheritance*
Guardar	*Save (verb)*	Herencia simple	*Simple inheritance*
Guardasitio	*Placeholder*	Herramienta	*Tool*
Guía	*Companion*	Herramientas de composición	*Authoring tools*
Guiaondas	*Waveguide*		
Guión	*Dash*	Heurística	*Heuristics*
Guión	*Hyphen*	Heurístico/a	*Heuristic (adj)*
Guión	*Minus*	Hewlett-Packard	*Hewlett-Packard*
Guión corto	*En dash*	Hex	*Hex*
Guión de no-separación	*Non-breaking hyphen*	Hexadecimal	*Hexadecimal (adj)*
Guión de no-separación	*Nonbreaking hyphen*	Hexadecimal HEC	*Hexadecimal (noun)* *Cascading Style Sheets*
Guión largo	*Em dash*	HEC	*CSS*
Gurú	*Guru*	HG	*Global Time*
Gusano	*Worm*	HG	*GT*
GW-Basic	*GW-Basic*	Hielo	*Ice*
		Hipercubo de datos	*Data cube*
		Hipermedia	*Hypermedia*
H		Hiperperíodo	*Hyperperiod*
		Hiperspace	*Hiperspace*
		Hipertexto	*Hypertext*
Habilitar	*Enable*	Hipervínculo	*Hyperlink*
Habitual, usual	*Standard (adj)*	Hipervínculo desfasado	*Stale link*
Habitual, usual, posible	*Standard (noun)*	Hipervínculo incluido	*Embedded hyperlink*
Hacer IPL	*IPL (verb)*	Hipótesis	*Scenario*
Hacer-hasta	*Do-until*	Historia de la Vida de una Entidad	*Entity Life History*
Hacer-mientras	*Do-while*		
Hacia atrás	*Fall back*	HIPPI	*HIPPI*
Hacia atrás	*Fallback*	HLL	*High-Level Language*
Hacia delante	*Forward (adverb)*	HLL	*HLL*
Hacia delante	*FW*	HLLAPI *High Level Language Application Program Interface*	
Hard	*Hard*		
Hardware	*Hardware*	HLLAPI	*HLLAPI*
HD	*HD*	HMT (por «hablamos más tarde»)	*TTYL*
HDD	*HDD*	Hoja	*Leaf*
HDLC	*HDLC*	Hoja de cálculo	*Spreadsheet*
HDLC	*High-level Data Link Control*	Hoja de cálculo	*Worksheet*

Hoja de diseño	*Layout sheet*
Hoja de estilo	*Style sheet*
Hojas de estilo en cascada	*Cascading Style Sheets*
Holgura	*Slack*
Holgura de tarea	*Laxity*
Holgura de tarea	*Task laxity*
Hora de acceso	*Access time*
Hora de expiración	*Expiration time*
Hora Global	*Global Time*
Hora Global	*GT*
Horario de acceso	*Access time*
Hospedaje de huéspedas virtuales	*Virtual hosting*
Hospedar	*Stage (verb)*
HotJava	*HotJava*
HP	*HP*
HPPI	*High-Performance Parallel Interface*
HS	*HS*
HTML	*HTML*
HTML	*Hypertext Markup Language*
HTML dinámico (tendencia)	*Dynamic HTML*
HTTP	*HTTP*
HTTP	*Hypertext transfer Protocol*
HTTPd	*HTTPd*
Huérfano	*Orphan*
Huérfano/a	*Widow*
Huéspeda	*Host*
Huéspeda	*Host computer*
Huéspeda de apantallamiento	*Screened host*
Huéspeda local	*Local host*
Huéspeda multidomiciliada	*Multihomed host*
Huéspeda remota	*Remote host*
Huéspeda virtual	*Vhost*
Huéspeda virtual	*Virtual host*
HuéspedaV	*Vhost*
HuéspedaV	*Virtual host*
Huevo de Pascua	*Easter egg*
Huffman	*Huffman*
Huffman dinámico	*Dynamic Huffman*
Hurto de datos	*Data leakage*
Husmeador	*Sniffer*
HVE	*ELH*
Hypercard	*Hypercard*
Hz	*Hertz*

I

I-CASE	*I-CASE*
IA	*AI*
IA	*Artificial Intelligence*
IAB	*IAB*
IAB	*Internet Architecture Board*
IAD	*DAI*
IAD	*Distributed Artificial Intelligence*
IAN	*ANI*
IAN	*Automatic Number Identification*
IANA	*IANA*
IANA	*Internet Assigned Number Authority*
IAT	*ATI*
IAT	*Automatic transaction initiation*
IATR	*Real-time Artificial Intelligence*
IATR	*RTAI*
IBM	*IBM*
IBM	*International Business Machines*
Icono	*Icon*
Icono listo	*Smart icon*
Icono listo	*Smart-icon*
Iconografía	*Imaging*
Iconográfico/a	*Imaging*
ICANN	*ICANN*
ICANN	*Internet Corporation for Assigned Names and Numbers*
ICAP	*ICAP*
ICAP	*Internet Calendar Access Protocol*
ICMP	*ICMP*
ICMP	*Internet Control Message Protocol*
ICP	*PKI*
ICP	*Public Key Infrastructure*
ICQ	*ICQ*
ICT	*Computer-Telephony-Integration*
ICT	*CTI*
Id	*Id*
Identificación Automática de Número	*ANI*
Identificación Automática de Número	*Automatic Number Identification*
Identificación de caracteres	*Character Recognition*
Identificación del hablante	*Speaker identification*
Identificación Optica de Caracteres	*OCR*

Identificación Optica	*Optical*
de Caracteres	*character recognition*
Identificador	*Identifier*
Identificador de grupo	*GID*
Identificador de grupo	*Group Identifier*
Ideograma	*Widget*
IDCAMS	*AMS*
IDCAMS	*Access Method Services*
IDCAMS	*IDCAMS*
IDE	*IDE*
IDE	*Integrated Development Environment*
IDE	*Integrated Drive Electronics*
IDEA	*IDEA*
IDEA	*International Data Encryption Algorithm*
IDG	*GID*
IDG	*Group Identifier*
IDL	*IDL*
IDL	*Interactive Data Language*
IE	*IE*
IE	*Microsoft Internet Explorer*
IEB	*BER*
IEB	*Bit Error Rate*
IEC	*IEC*
IEC	*International Electrotechnical Commission*
IED	*EDI*
IED	*Electronic Data Interchange*
IEEE	*IEEE*
IEEE	*Institute of Electrical and Electronics Engineers*
IEEE 1394	*IEEE 1394*
IEEE 802	*IEEE 802*
IETF	*IETF*
IETF	*Internet Engineering Task Force*
Ignorar	*Override*
Ignorar caja	*Fold case (verb)*
Igual	*Eq*
Igual	*Equal*
IGES	*IGES*
IGES	*Initial Graphics Exchange Specification*
IGP	*IGP*
IGP	*Interior Gateway Protocol*
IGP	*Interior routing protocol*

IGU	*Graphical User Interface*
IGU	*GUI*
IIOP	*IIOP*
IIOP	*Internet Inter-ORB Protocol*
IIS	*IIS*
IIS	*Internet Information Server*
Imagen	*Image*
Imagen	*Picture*
Imagen a la mediatinta	*Halftone image*
Imagen antes	*Before image*
Imagen con índice	*Image map*
Imagen con índice	*Imagemap*
Imagen después	*After image*
Imagen entrelazada	*Interlaced image*
Imagen rasterizada	*Rasterized image*
Implementación	*Implementation*
Implementación directa	*Direct changeover*
Implementar	*Implement (verb)*
Implicar	*Imply*
Implícito	*Implied*
Imponer	*Enforce (verb)*
Importar	*Import (verb)*
Imposición de la seguridad	*Security enforcing*
Impostura	*Hijacking*
Impresión	*Printout*
Impresión a dos caras	*Tumble printing*
Impresión general	*Look-and-feel*
Impresora	*Printer*
Impresora de agujas	*Dot matrix printer*
Impresora de agujas	*Dot printer*
Impresora de cadena	*Chain printer*
Impresora de caracteres	*Character printer*
Impresora de chorro de tinta	*Inkjet printer*
Impresora de impacto	*Impact printer*
Impresora de líneas	*Line printer*
Impresora de margarita	*Daisy-Wheel printer*
Impresora de no-impacto	*Non-impact printer*
Impresora de páginas	*Page printer*
Impresora dúplex	*Duplex printer*
Impresora láser	*Laser printer*
Impresora paralela	*Parallel printer*
Impresora serial	*Serial printer*
Imprimir	*Print (verb)*
Imprimir	*Print out (verb)*

Impulso	*Pulse*
Impulso de marcado	*Dial pulse*
IMac	*IMac*
IMAE	*Very Large Scale Integration*
IMAE	*VLSI*
IMAP	*IMAP*
IMAP	*Internet Message Access Protocol*
IML	*IML*
IML	*Initial microprogram load*
Inaceptado	*Uncommitted*
Inactivo/a	*Idle*
Inalámbrico/a	*Wireless*
Incitación	*Flame bait*
Incitación	*Flamebait*
Incluido	*Imbedded*
Incluido	*Minor*
Incluir	*Embed (verb)*
Inclusión en lado servidor	*Server-side include*
Incluyente	*Major*
Incorporar	*Feature (verb)*
Incorporar	*Include (verb)*
Incremento	*Bump*
Independencia de dispositivo	*Device independence*
Independiente	*Independent*
Indicador	*Flag (noun)*
Indicador	*Indicator*
Indicador de acarreo	*Carry flag*
Indicador de desbordamiento	*Overflow flag*
Indicador de estado	*State indicator*
Indicador de progreso	*Progress indicator*
Indicar	*Finger (verb)*
Índice	*Index (noun)*
Índice	*Inverted index*
Índice	*Rate*
Índice alternativo	*Alternate Index*
Índice alternativo	*Alternate Index*
Índice de clasterización	*Clustering index*
Índice de errores de bit	*Bit Error Rate*
Índice de Errores de Bit	*BER*
Índice primario	*Primary index*
Índice primario	*Prime index*
Índice unívoco	*Unique index*
Indiferente	*Transparent*

Indisponibilidad	*Outage*
Indisponible	*Unavailable*
Indización	*Indexing*
Indizar	*Index (verb)*
Inentregable	*Undeliverable*
Infijo/a	*Infix*
Infopista	*Data highway*
Infoquiosco	*Kiosk*
Información	*Information*
Información sensible	*Sensitive information*
Informar	*Report (verb)*
Informar sobre excepción	*Report exception (verb)*
Informateado	*Unformatted*
Informática	*Computer Science*
Informática	*Computing*
Informática gráfica	*Computer graphics*
Informática para grupos de trabajo	*Workgroup computing*
Informativo	*Informational*
Informatizar	*Computerize (verb)*
Informe	*Report (noun)*
Informix	*Informix*
Infraestructura de Clave Pública	*PKI*
Infraestructura de Clave Pública	*Public Key Infrastructure*
Infraestructura de proceso	*Process slot*
Infrallenado	*Underflow*
Ingeniería de Software Asistida por Computadora	*CASE*
Ingeniería de Software asistida por computadora	*Computer-Aided Software Engineering*
Ingeniería del Conocimiento	*Knowledge engineering*
Ingeniería inversa	*Reverse engineering*
Ingresar	*Swap in (verb)*
Inhabilitar	*Disable*
Iniciador	*Initiator*
Inicial	*Leading (adj)*
Inicialización	*Initialization*
Inicialización de subsistema	*Subsystem initialization*
Inicialización de variable	*Variable initialization*

Inicialización de(l) programa	*Program initialization*
Inicialización de(l) sistema	*System initialization*
Inicialización del hardware	*Hardware initialization*
Inicializar	*Initialize*
Iniciar desde cero	*Start from scratch*
Inicio	*Home*
Inicio automático de transacciones	*Automatic transaction initiation*
Inicio Automático de Transacciones	*ATI*
Ininterrumpida	*Undetached*
Inmodificable	*Hard-coded*
Innormalizada	*Un-normalized*
Inserción de bit cero	*Bit-stuffing*
Inserción de bit-0	*Zero-bit insertion*
Inserción repetitiva	*Mail merging*
Insertar	*Insert (verb)*
Insignia	*Banner*
Instalación	*Facility*
Instalación	*Installation*
Instalación	*Site*
Instalación limpia	*Clean installation*
Instalación no-discontinuante	*Nondisruptive installation*
Instalar	*Install (verb)*
Instantánea	*Snap*
Instrucción	*Instruction*
Instrucción	*Statement*
Instrucción bloque	*Block statement*
Instrucción Caso	*Case clause*
Instrucción Caso	*Case statement*
Instrucción Caso	*Case structure*
Instrucción Caso	*Switch statement*
Instrucción de máquina	*Machine instruction*
Instrucción *incluir*	*Include statement*
Instrucción interrumpible	*Interruptible instruction*
Instrucción objeto	*Target instruction*
Instrucciones privilegiadas	*Privileged instructions*
Int	*Int*
Integración	*Integration*
Integración a Muy Alta Escala	*VLSI*
Integración de Computadoras y Telefonía	*Computer-Telephony-Integration*
Integración de Computadoras y Telefonía	*CTI*
Integrado	*Built-in*
Integrante	*Built-in*
Integridad	*Integrity*
Integridad de datos	*Data integrity*
Integridad referencial	*Referential integrity*
Inteligencia artificial	*Artificial Intelligence*
Inteligencia Artificial	*AI*
Inteligencia Artificial Distribuida	*DAI*
Inteligencia Artificial Distribuida	*Distributed Artificial Intelligence*
Inteligencia Artificial para Tiempo Real	*Real-time Artificial Intelligence*
Inteligencia Artificial para Tiempo Real	*RTAI*
Intensidad de bits	*Bit depth*
Interactivo	*On line*
Interactivo	*On-line*
Interactivo	*Online*
Interactivo/a	*Interactive*
Interbloqueo	*Deadlock*
Interbloqueo	*Deadly embrace*
Interbloqueo	*Interlock*
Intercalado 2 de 5	*I 2 of 5*
Intercalado 2 de 5	*Interleaved 2 of 5*
Intercalar	*Interleave (verb)*
Intercambiar	*Swap (verb)*
Intercambiar	*Transpose (verb)*
Intercambio	*Swap (noun)*
Intercambio	*Swapping*
Intercambio electrónico de datos	*EDI*
Intercambio Electrónico de Datos	*Electronic Data Interchange*
Interceptación	*Interception*
Interceptación de excepciones	*Exception trapping*
Interceptar	*Trap (verb)*
Interfacear	*Interface (verb)*
Interfaz	*Interface (noun)*
Interfaz de bus	*Bus interface*
Interfaz de bus	*Expansion bus*

Interfaz de receptáculo	*Socket interface*
Interfaz de retroseñal	*Loopback interface*
Interfaz de usuario	*Front end*
Interfaz de usuario	*Front-end*
Interfaz de usuario	*Frontend*
Interfaz de usuario	*User interface*
Interfaz del programa	*Application*
de aplicación	*Program Interface*
Interfaz diálogo/	*Forms dialog(ue)*
formulario	*interface*
Interfaz gráfica	*Graphical Interface*
Interfaz Gráfica de Usuario	*Graphical User*
	Interface
Interfaz Gráfica de Usuario	*GUI*
Interfaz icónica	*Iconic Interface*
Interfaz paralela	*Parallel interface*
Interfaz por selección	*Menu selection*
en menús	*interface*
Interfaz Persona-Computadora	*HCI*
Interfaz Persona-	*Human-Computer*
Computadora	*Interaction*
Interfaz Persona-	*Human-computer*
Computadora	*interface*
Interfaz Persona-	*Human-machine*
Computadora	*interface*
Interfoliar	*Interleave (verb)*
Interior	*Inner*
Interlineado	*Leading (noun)*
Intermediación	*Brokering*
Intermedio	*Intervening*
Internacionalización	*Internationalization*
Internacionalización	*I18n*
Internet	*Net (The)*
Internet (con mayúscula	*Internet (The)*
inicial)	
Internet Explorer	*IE*
Internet Explorer	*Internet Explorer*
Internet Explorer	*Microsoft*
de Microsoft	*Internet Explorer*
Internet Explorer de Microsoft	*MSIE*
Internet2	*Internet2*
Interno	*Inner*
Interoperabilidad	*Interoperability*
Interordenar	*Merge (verb)*
Interpares	*Peer to peer*

Interpares	*Peer-to-peer*
Interpolar	*Interpolate (verb)*
Interpretado	*Interpretive*
Interpretador	*Player*
Interpretar	*Decode*
Interpretativo	*Interpretive*
Intérprete	*Interpreter*
Intérprete de mandatos	*Command interpreter*
Interred	*Internet*
Interred	*Internetwork*
Interrelación	*Relation*
Interrelación	*Relationship*
Interrelación-tipo	*Relationship type*
Interrogación	*Question*
Interrumpida	*Detached*
Interrumpir	*Detach (verb)*
Interrumpir	*Interrupt (verb)*
Interrupción	*Interrupt (noun)*
Interrupción	*Interruption*
Interrupción por llamada	*Attention*
de atención	*interruption*
Interrupción temporizada	*Timing interruption*
Interrupciones descartadas	*Disallowed*
	interruptions
Interruptor	*Switch*
Intersticio entre registros	*Interrecord gap*
Intersticio	*Gap*
Intervalo de recliqueo	*Click speed*
Intervalo de recliqueo	*Double-click speed*
Intervención (comprometida)	*User*
del usuario	*involvement*
Intrapaginar	*Roll in (verb)*
Intrarred	*Intranet*
Introducir	*Enter (verb)*
Intruso	*Cracker*
Invernadero	*Glass box*
Invernadero	*Glass house*
Inversión de prioridad	*Priority inversion*
Inversión de programa	*Program inversion*
Invertir en cero	*Invert on zero*
Invisible	*Transparent*
Invitación	*Prompt (noun)*
Invitación a mandato	*Command prompt*
Invitación de membrana	*Shell prompt*
Invitado	*Guest*

Invitar	*Prompt (verb)*
Invocación	*Invocation*
Invocar	*Invoke*
IOC	*OCR*
IOC	*Optical character recognition*
IP	*Internet Protocol*
IP	*IP*
IPC	*HCI*
IPC	*Human-Computer Interaction*
IPC	*Human-computer interface*
IPC	*Human-machine interface*
IPL	*Initial Program Load*
IPL	*IPL (noun)*
IPng	*IPng*
IPSE	*Integrated Project Support Environment*
IPSE	*IPSE*
IPv6	*IPv6*
IPX	*Internetwork Packet Exchange*
IPX	*IPX*
Irrecuperable	*Unrecoverable*
Irrepetibilidad	*Uniqueness*
Irrepetible	*Unique*
IRC	*Internet Relay Chat*
IRC	*IRC*
IRQ	*Interrupt Request*
IRQ	*IRQ*
Isócrono	*Isochronous*
ISA	*Industry Standard Architecture*
ISA	*ISA*
ISAM	*Indexed Sequential Access Method*
ISAM	*ISAM*
ISAPI	*Internet Server API*
ISAPI	*ISAPI*
ISO	*International Organization for Standardization*
ISO	*ISO*
ISO Latin 1	*ISO Latin 1*
ISO 8859	*ISO 8859*
ISO 9000	*ISO 9000*
ISO 9660	*ISO 9660*
ISOC	*Internet Society*
ISOC	*ISOC*
ISP	*Internet Services Provider*
ISP	*ISP*

Item	*Item*
Iteración	*Iteration*
ITU-T	*International Telecommunications Union Telecommunication Standardization Sector*
ITU-T	*ITU-T*
IXA	*AIX*
IXA	*Alternate index*
I2	*I2*
I2O	*Intelligent I/O*
I2O	*I2O*

J

Jab	*Hub*
Jab de conmutación	*Switching hub*
Jaqueador	*Hacker*
Jaquear	*Hack (verb)*
JAR	*JAR*
JAR	*Java archive file specification*
Java	*Java*
Java Beans	*Beans*
JavaBeans	*JavaBeans*
JavaScript	*JavaScript*
JDBC	*Java Database Connectivity*
JDBC	*JDBC*
JDK	*Java Development Kit*
JDK	*JDK*
JES	*JES*
JES	*Job Entry Subsystem*
JES2	*JES2*
JES3	*JES3*
Jini	*Jini*
JIT	*JIT*
Journal (si uso específico)	*Journal (noun)*
JPEG	*Joint Photographic Experts Group*
JPEG	*JPEG*
JPEG progresivo	*Progressive JPEG*
JPEG-vídeo	*Motion JPEG*
JPG	*JPG*
JScript	*JScript*
JSD	*JSD*
JSP	*JSP*
Juego	*Suite*

Juego de caracteres	*Character Set*	KSDS	*KSDS*
Juego de computadora	*Computar game*	K56flex	*K56flex*
Juego de herramientas	*Toolkit*	K6	*K6*
Juego de programas	*Program suite*		
Juego de protocolos	*Protocol suite*		
Juego de protocolos	*Suite of protocols*	**L**	
Juego de protocolos	*Internet*		
Internet	*protocol suite*	L&E	*L&E*
Juego de protocolos	*Internet*	L&E	*Linking & Embedding*
Internet	*suite of protocols*	Lado servidor	*Server-side*
Juego portable de	*Portable character set*	Lanzamiento	*Dispatching*
caracteres		Lanzar	*Dispatch (verb)*
Juego Universal de Caracteres	*UCS*	Lápiz selector	*Light pen*
Juego Universal de	*Universal*	Lápiz selector	*Pen*
Caracteres	*Character Set*	Lápiz selector	*Selector pen*
Jughead	*Jughead*	Largar	*Spin (verb)*
Justificación	*Rationale*	Largar	*Spin off (verb)*
JUC	*UCS*	Láser	*Laser*
JUC	*Universal Character Set*	LaTeX	*LaTeX*
JVM	*Java Virtual Machine*	LAPB	*LAPB*
JVM	*JVM*	LAPB	*Link Access Protocol Balanced*
		LCT condicional	*Conditional JCL*
K		LCT	*JCL*
		LCT	*Job Control Language*
		LdC	*Lines of code*
K (por Kilo)	*K*	LdC	*LOC*
Kb	*Kb*	LDAP	*LDAP*
Kb	*Kilobit*	LDAP	*Lightweight Directory Access*
Kbps	*Kbps*		*Protocol*
KB	*KB*	LDD	*Data Definition Language*
KB	*Kilobyte*	LDD	*DDL*
Kerberos	*Kerberos*	LDI	*IDL*
Kermit	*Kermit*	LDI	*Interface Definition Language*
Kilobait	*KB*	LDP	*Page Description Language*
Kilobait	*Kilobyte*	LDP	*PDL*
Kilobit	*Kb*	LDS	*LDS*
Kilobit	*Kilobit*	Lector de Marcas Opticas	*OMR*
Kit para Desarrollo de Software	*SDK*	Lector de Marcas Opticas	*Optical Mark*
Kit para Desarrollo	*Software*		*Reader*
de Software	*Development Kit*	Lectora de documentos	*Document reader*
KP	*Knowbot Program*	Lectora de fichas	*Card reader*
KP	*KP*	Lectora de tarjetas	*Card reader*
KQML	*Knowledge Query and Manipulation*	Lectora óptica	*Optical reader*
	Language	Lee El J… Manual	*RTFM*
KQML	*KQML*	Leenoticias	*News reader*

Leenoticias	*Newsreader*	Lenguaje interpretable	*Interpreted language*
Leer	*Read*	Lenguaje procedimental	*Procedural language*
Lengua natural	*Natural language*	Letra de dispositivo	*Drive letter*
Lenguaje	*Language*	Letra inicial	*Drop cap*
Lenguaje a compilar	*Compiled language*	Letras mayúsculas	*Capital Letters*
Lenguaje anfitrión	*Host language*	Letras reespaciadas	*Kerned letters*
Lenguaje con tipado estricto	*Strongly typed*	Letras versales	*Capital Letters*
	language	Lexicografía computacional	*Computational*
Lenguaje de alto nivel	*High-Level Language*		*lexicography*
Lenguaje de alto nivel	*HLL*	Ley de Moore	*Moore's Law*
Lenguaje de bajo nivel	*Low-level Language*	Leyenda	*Caption*
Lenguaje de composición	*Authoring*	Leyenda	*Legend*
	Language	LEC	*LEC*
Lenguaje de Control de Trabajos	*JCL*	LEC	*Local Exchange Carrier*
Lenguaje de Control	*Job Control*	LEJM	*RTFM*
de Trabajos	*Language*	LF	*LF*
Lenguaje de Cuarta	*Fourth*	LF	*Line feed*
Generación	*Generation Language*	LFSR	*LFSR*
Lenguaje de Cuarta Generación	*4GL*	LFSR	*Linear feedback shift register*
Lenguaje de directivas	*Script language*	Liberar	*Release (verb)*
Lenguaje de Definición	*Data*	Libro amarillo	*Yellow Book*
de Datos	*Definition Language*	Libro verde	*Green Book*
Lenguaje de Definición de Datos	*DDL*	Librotrónico	*eBook*
Lenguaje de Definición de Interfaces	*IDL*	Librotrónico	*Electronic book*
Lenguaje de Definición	*Interface*	Licencia	*Licence (noun)*
de Interfaces	*Definition Language*	Licencia	*License*
Lenguaje de ensamblaje	*Conditional*	Licencia	*Licensed agreement*
condicional	*Assembly Language*	Licencia a instalación	*Site license*
Lenguaje de mandatos	*Command language*	Licenciar	*Licence (verb)*
Lenguaje de máquina	*Machine language*	Líder de sesión	*Session leader*
Lenguaje de Manipulación	*Data*	Ligado	*On line*
de Datos	*Manipulation Language*	Ligado	*On-line*
Lenguaje de Manipulación de Datos	*DML*	Ligado	*Online*
Lenguaje de programación	*Programming*	Ligar	*Bind (verb)*
	Language	Limitado/a por salida	*Output bound*
Lenguaje de Tercera	*Third Generation*	Límite	*Margin*
Generación	*Language*	Limpiar	*Clear (verb)*
Lenguaje de Tercera	*Third-generation*	Limpieza general	*Cleanup*
Generación	*language*	Línea	*Line*
Lenguaje de Tercera Generación	*3GL*	Línea arrendada	*Leased line*
Lenguaje declarativo	*Declarative language*	Línea base	*Baseline*
Lenguaje Descriptor	*Page*	Línea conmutada	*Switched line*
de Páginas	*Description Language*	Línea de atención rápida	*Hotline*
Lenguaje Descriptor de Páginas	*PDL*	Línea de mandatos	*Command line*
Lenguaje intermedio	*Intermediate language*	Línea de recorte	*Clipping path*

Línea digital asimétrica de abonado	*ADSL*	Llamada de cobro revertido	*Collect call*
Línea digital asimétrica	*Asymmetric*	Llamada al supervisor	*Supervisor call*
de abonado	*Digital Subscriber Line*	Llamada automática	*Auto-call*
Línea exclusiva	*Dedicated line*	Llamada dinámica	*Dynamic call*
Línea fraccionada T1	*Fractional T1 line*	Llamada entrante	*Incoming call*
Línea oculta	*Hidden line*	Llamada interlenguajes	*ILC*
Línea serial	*Serial line*	Llamada interlenguajes	*Interlanguage call*
Línea T-1	*T-1 carrier*	Llamado	*Called*
Línea T-1	*T1 carrier*	Llamante	*Caller*
Línea T-3	*T-3 carrier*	Llamante	*Calling*
Línea T-3	*T3 carrier*	Llamar	*Call (verb)*
Líneas de código	*Lines of code*	Llamarada	*Flame*
Líneas de cuadrícula	*Grid lines*	Llaves	*Braces*
Líneas de Código	*LOC*	Llaves	*Curly braces*
Líneas de rejilla	*Grid lines*	Llaves	*Curly brackets*
Linux	*Linux*	Llegar a	*Hit (verb)*
Liquidar	*Kill (verb)*	LLA	*Library Lookaside*
Líquido	*Liquid*	LLA	*LLA*
Lista	*List*	LLA	*Lookaside*
Lista de argumentos	*Argument list*	LLC	*LLC*
Lista de Correo-e	*Mailing list*	LLC	*Logical Link Control*
Lista de distribución	*Distribution list*	LMD	*Data Manipulation Language*
Lista de distribución	*Mailing list*	LMD	*DML*
Lista de remisiones	*Hotlist*	LMO	*OMR*
Lista de remisiones	*Quicklist*	LMO	*Optical Mark Reader*
Lista de Revocación	*Certificate*	Local	*Local*
de Certificados	*Revocation List*	Localismo	*Locale*
Lista de Revocación de Certificados	*CRL*	Localización	*Locality*
Lista enlazada	*Linked list*	Localizador	*Locator*
Lista FIFO	*Push-up list*	LocalTalk	*LocalTalk*
Lista LIFO	*Push-down list*	Lógica	*Logic*
Listado	*Listing*	Lógica booleana	*Boolean logic*
Listado	*Report (noun)*	Lógica cableada	*Hardwired logic*
Listar	*Report (verb)*	Lógica difusa	*Fuzzy*
Listín de direcciones	*Address book*	Lógica difusa	*Fuzzy logic*
Listo	*Ready*	Logicalización	*Logicalisation*
Listo para cámara	*Camera ready*	Lógico/a	*Logic*
Literal	*Literal*	Logorrea	*Jabber (noun)*
LIFO	*Last in, first out*	Logorreico	*Jabber (adj)*
LIFO	*Last-In-First-Out*	Longitud fija	*Fixed length*
LIFO	*LIFO*	Longitud fija	*Fixed-length*
LIL	*ILC*	Lote	*Batch*
LIL	*Interlanguage call*	Lote	*Bundle*
LISP	*LISP*	Lote de programas	*Software bundle*
Llamada	*Call (noun)*	Lotus Notes	*Lotus Notes*

LPAR	Logical partition
LPAR	LPAR
LPTx	LPTx
LQ	Letter Quality
LQ	LQ
LRC	Certificate Revocation List
LRC	CRL
LRC	Longitudinal Redundancy Check
LRC	LRC
Lucero	Pane
Luminancia	Luminance
Lynx	Lynx
LZW	Lempel-Zif-Welsh
L2TP	Layer 2 Tunneling Protocol
L2TP	L2TP
L3G	Third Generation Language
L3G	Third-generation language
L3G	3GL
L4G	Fourth Generation Language
L4G	4GL

M

ms	ms
ms	Millisecond
M (por Mega)	M
Mac OS	Mac OS
Machacar	Clobber (verb)
Macho	Male
Macintosh	Macintosh
Macro	Macro
Macroinstrucción	Macroinstruction
Maestro	Master (adj)
Mailto	Mailto
Majordomo	Majordomo
Makefile	Makefile
Mandato	Command
Mandato de canal	Channel Command
Mandato Hayes	Hayes command
Manejador	Driver
Manejador de disco	Disk driver
Manejador de dispositivo	Device driver
Manejador de eventos	Event handler
Manejador de impresora	Printer driver

Manejador de vídeo	Video driver
Manejador para dispositivos gráficos	Graphics Device Driver
Manejo de excepciones	Exception handling
Mango	Warez
Manifiesto de intenciones	White paper
Mantenibilidad	Maintainability
Mantenimiento	Maintenance
Mantenimiento	Service
Mantenimiento adaptador	Adaptive maintenance
Mantenimiento correctivo	Corrective maintenance
Mantenimiento correctivo	Remedial maintenance
Mantenimiento perfeccionador	Perfective maintenance
Mapa	Map (noun)
Mapa de bits	Bit map
Mapa de bits	Bitmap
Mapa de imagen cliqueable	Clickable Image map
Mapa de píxeles	Pixel map
Mapa de píxeles	Pixmap
Máquina	Machine
Máquina con Número Finito de Estados	Finite State Machine
Máquina con Número Finito de Estados	FSM
Máquina de bases de datos	Database machine
Máquina de estados	State machine
Máquina Virtual	Virtual machine
Máquina Virtual	VM
Marca	Demarc
Marca de cinta	Tape mark
Marca de cinta	Tapemark
Marcado digital	Digital fingerprint
Marcado Directo a Extensión	Direct Inward Dialing
Marcado Directo a Extensión	DID
Marcado por impulsos	Pulse dialing
Marcado por tonos	Touch-tone dialing
Marcador	Dial (noun)
Marcaje anónimo	Anonymous fingerprinting

Marcaje asimétrico	*Asymmetric fingerprinping*	Mbone	*Multicast Backbone*
Marcaje digital	*Fingerprinting*	Mbps	*Mbps*
Marcamiento	*Signposting*	MB	*MB*
Marcar	*Dial (verb)*	MB	*Megabyte*
Marcar	*Dial up (verb)*	MCA	*MCA*
Marcar	*Flag (verb)*	MCA	*Micro Channel Architecture*
Marco	*Border*	MCI	*PCM*
Marco	*Frame (noun)*	MCI	*Pulse Code Modulation*
Marco de página	*Page frame*	MCSE	*MCSE*
Marcos	*Frames*	MCSE	*Microsoft Certified Systems Engineer*
Margen	*Margin*	MD5	*MD5*
Marro	*Glitch*	MDE	*Direct Inward Dialing*
Más	*Plus*	MDE	*DID*
Máscara	*Mask (noun)*	MDF	*FDM*
Máscara	*Pattern*	MDF	*Frequency Division Multiplexing*
Máscara de dirección	*Address mask*	MDI	*MDI*
Máscara de subred	*Subnet mask*	MDI	*Multiple Document Interface*
Material Legible por Máquina	*Machine-readable material*	MDLO	*DWDM*
		MDLO	*Wavelength Division Multiplexing*
Material Legible por Máquina	*MRM*	MDLO	*WDM*
Matricular	*Enroll*	MDRAM	*MDRAM*
Matriz	*Matrix*	MDT	*TDM*
Matriz activa	*Active matrix*	MDT	*Time Division Multiplexing*
Matriz activa	*TFT*	Mecanismo de proximidad	*Place near mechanism*
Matriz activa	*Thin Film Transistor*	Media	*Media*
Matriz de puntos	*Dot matrix*	Media palabra	*Halfword*
Maximizar	*Maximize*	Mediana	*Gutter*
Mayor que	*gt*	Medida	*Metric*
Mayor-al-principio	*Big-endian*	Medio compartido	*Shared medium*
Mayúsculas	*Caps*	Medios por extracción	*Pull media*
Mayúsculas	*Uppercase*	Medios por imposición	*Push media*
Mazo de cables	*Cable harness*	Megabait	*MB*
MA	*Amplitude Modulation*	Megabait	*Megabyte*
MA	*AM*	Megabit	*Mb*
MAC	*MAC*	Megabit	*Megabit*
MAC	*Medium Access Control*	Megaflops	*Megaflops*
MAI	*PAM*	Megahercio	*Megahertz*
MAI	*Pulse Amplitude Modulation*	Mejora	*Upgrading*
MAPI	*MAPI*	Mejora de la definición	*Resolution enhancement*
MAPI	*Messaging Application Programming Interface*	Mejorado	*Enhanced*
Mb	*Mb*	Mejorar(se)	*Upgrade (verb)*
Mb	*Megabit*	Membrana	*Shell*
Mbone	*Mbone*	Membrana Korn	*Korn Shell*

Membrana inicial	*Login shell*	Menú	*Menu*
Memoria	*Core*	Menú contextualizado	*Context-sensitive*
Memoria	*Memory*		*menu*
Memoria	*Storage*	Menú desplegable	*Drop-down Menu*
Memoria	*Store (noun)*	Menú desplegable	*Pull-down menu*
Memoria ampliada	*Extended memory*	Menú desplegable	*Pulldown menu*
Memoria asociativa	*Associative memory*	Menú jerárquico	*Hierarchical menu*
Memoria asociativa	*Associative Storage*	Mercado de datos	*Data mart*
Memoria automática	*Dynamic storage*	Mercado de datos	*Datamart*
Memoria automática	*Stack storage*	Merced	*Merced*
Memoria caché	*Cache memory*	Meta	*Meta*
Memoria caché externa	*External cache*	Metadatos	*Metadata*
	memory	Metafichero	*Metafile*
Memoria compartida	*Shared memory*	Metalenguaje	*Metalanguage*
Memoria convencional	*Conventional memory*	Metamorfoseado	*Morphing*
Memoria convencional	*Low memory*	Metamorfosis	*Tweening*
Memoria cúmulo	*Heap*	Método	*Member function*
Memoria de burbujas	*Bubble memory*	Método	*Method*
Memoria direccionable por contenido	*CAM*	Método	*Methodology*
Memoria direccionable	*Content*	Método de acceso	*Access method*
por contenido	*addressable memory*	Método de Acceso	*Indexed Sequential*
Memoria expandida	*Expanded memory*	Secuencial Indizado	*Access Method*
Memoria expandida	*Expanded storage*	Método de Acceso Secuencial	*ISAM*
Memoria EDO	*EDO memory*	Indizado	
Memoria flash	*Flash memory*	Método formal	*Formal method*
Memoria incluida	*Embedded memory*	Metodología	*Methodology*
Memoria interfoliada	*Interleaved memory*	Métrica v.2	*Métrica v.2*
Memoria no-volátil	*Non-volatile memory*	Mezclado	*Dithering*
Memoria principal	*Central storage*	MFC	*MFC*
Memoria principal	*Core memory*	MFC	*Microsoft Foundation Classes*
Memoria principal	*Main memory*	MFD	*Data Flow Model*
Memoria principal	*Main storage*	MFD	*DFM*
Memoria real	*Real memory*	Mflop	*Mflop*
Memoria real	*Real storage*	Mhz	*Megahertz*
Memoria virtual	*Virtual memory*	Mhz	*Mhz*
Memoria virtual	*Virtual storage*	Microchip	*Microchip*
Memoria volátil	*Volatile memory*	Microcódigo	*Microcode*
Menor-al-principio	*Little-endian*	Microcomputadora	*Microcomputer*
Menos	*Minus*	Microcontroladora	*Microcontroller*
Mensacorre	*E-mail (noun)*	Microcorte	*Glitch*
Mensacorre	*Electronic mail*	Microficha	*Microfiche*
Mensaje acolado	*Queued message*	Microfilmado de salida	*COM*
Mensaje digerido	*Message digest*	de computadora	
Mensaje interceptable	*Trap message*	Microinstrucción	*Microinstruction*
Mensajeo	*Messaging*	Microprocesador	*Microprocessor*

Microprograma	*Microprogram*
Microsegundo	*Microsecond*
Microsoft Corp	*Microsoft Corp*
Miembro	*Member*
Migración	*Migration*
Migrar	*Migrate (verb)*
Milisegundo	*ms*
Milisegundo	*Millisecond*
Minicomputadora	*Mini-computer*
Minicomputadora	*Minicomputer*
Minimizar	*Minimize*
Minitorre	*Minitower*
Minoración	*Downsizing*
Minúsculas	*Lowercase*
Minusculizar	*Fold (verb)*
Mirón	*Lurker*
Mironear	*Lurk (verb)*
Mitad inferior	*Bottom half*
Mitad superior	*Top half*
MIB	*Management Information Base*
MIB	*MIB*
MICR	*Magnetic Ink Character Recognition*
MICR	*MICR*
MIDI	*MIDI*
MIDI	*Musical Instrument Digital Interface*
MIF	*Management Information File*
MIF	*MIF*
MIME	*MIME*
MIME	*Multipurpose Internet Mail Extensions*
MIPS	*MIPS*
MLD	*LDM*
MLD	*Logical Data Model*
MLM	*Machine-readable material*
MLM	*MRM*
MMX	*MMX*
Mnemotécnico	*Mnemonic*
MNFE	*Finite State Machine*
MNFE	*FSM*
MNP	*Microcom Networking Protocol*
MNP	*MNP*
Moción de página	*Page turn*
Mochila	*Dongle*
Mochila	*Hardware key*
Mod	*Modulo*

Modelado de procesos	*Process modelling*
Modelado entidad-evento	*Entity-event modelling*
Modelización	*Modelling*
Modelo	*Model*
Modelo	*Pattern*
Modelo	*Template*
Modelo conexionista	*Connectionist Model*
Modelo Cliente-Servidor	*Client-Server Model*
Modelo de datos	*Data model*
Modelo de Flujo de Datos	*Data Flow Model*
Modelo de Flujo de Datos	*DFM*
Modelo de objetos	*Object model*
Modelo de redes de colas	*Queueing Network Model*
Modelo de referencia	*Reference model*
Modelo ejecutivo cíclico	*Cyclic executive model*
Modelo en red	*Network model*
Modelo Entidad-Interrelación	*Entity-Relationship Model*
Modelo ER	*ER Model*
Modelo Lógico de Datos	*LDM*
Modelo Lógico de Datos	*Logical Data Model*
Modelo relacional de datos	*Relational data model*
Módem	*Modem*
Módem de banda ancha	*Wideband modem*
Módem de voz	*Voice modem*
Módem interno	*Internal modem*
Módem nulo	*Null modem*
Módem para cable	*Cable modem*
Moderador	*Moderator*
Modificabilidad	*Modificability*
Modificar	*Update (verb)*
Modificar	*Write (verb)*
Modo	*Mode*
Modo asíncrono	*Asynchronous mode*
Modo banda-ancha	*Broadband mode*
Modo de acceso	*Access mode*
Modo de arrollamiento periódico	*Roll mode*
Modo de direccionamiento	*Addressing mode*
Modo de red	*Tunnel-mode*

Modo de residencia	*Residence mode*	Módulo objeto	*Object module*
Modo de respuesta asíncrono	*ARM*	Módulo objeto	*Object program*
Modo de respuesta	*Asynchronous*	Módulo Regulador	*Voltage*
asíncrono	*Response Mode*	de Voltaje	*Regulator Module*
Modo de transferencia	*Asynchronous*	Módulo Regulador de Voltaje	*VRM*
asíncrono	*Transfer Mode*	Momento límite	*Deadline*
Modo de Transferencia Asíncrono	*ATM*	Momento real	*Real time*
Modo flipflop	*Flip-flop mode*	Moneda	*Currency*
Modo invisible	*Transparent mode*	Monitor	*Monitor (noun)*
Modo Insertar	*Insert mode*	Monitor	*Teleprocessing*
Modo LPAR	*LPAR mode*	de teleprocesamiento	*monitor*
Modo núcleo	*Kernel mode*	Monitorización	*Monitoring*
Modo protegido	*Protected mode*	Monitorizar	*Monitor (verb)*
Modo reemplazar	*Overstrike mode*	Monitorizar	*Monitor (verb)*
Modo reemplazar	*Replace mode*	Monocromático/a	*Monochrome*
Modo seguro	*Safe mode*	Monodifusión	*Unicast*
Modo sincrónico	*Synchronous mode*	Monoespaciado	*Fixed-pitch spacing*
Modo sobreescribir	*Overwrite mode*	Monoespaciado	*Monospacing*
Modula-2	*Modula-2*	Monofronte	*Single-sided*
Modulación	*Modulation*	Monótono/a	*Monotonic*
Modulación de amplitud	*Amplitude*	Monstruo Muf	*Moof monster*
	Modulation	Montador	*Editor*
Modulación de Amplitud	*AM*	Montador	*Linker*
Modulación por Amplitud de Impulsos	*PAM*	Montador de enlaces	*Linkage editor*
Modulación por Amplitud	*Pulse*	Montaje lógico	*Logical mount*
de Impulsos	*Amplitude Modulation*	Montar	*Build*
Modulación por Codificación	*PCM*	Montar	*Edit (verb)*
de Impulsos		Montar	*Link (verb)*
Modulación por Codificación	*Pulse Code*	Montar	*Link edit (verb)*
de Impulsos	*Modulation*	Montar	*Link-edit (verb)*
Modulación por	*Amplitude-Shift*	Montar	*Mount*
Desplazamiento	*Keying*	Mosaic	*Mosaic*
de Amplitud		Mote	*Moniker*
Modulación por Desplazamiento	*ASK*	Motif	*Motif*
de Amplitud		Motor	*Engine*
Módulo	*Deck*	Motor de bases de datos	*Database engine*
Módulo	*Module*	Motor de búsqueda	*Search engine*
Módulo	*Modulus*	Motor de inferencia	*Inference engine*
Módulo cargable	*Load module*	Mozilla	*Mozilla*
Módulo Conectable de Autenticación	*PAM*	MOO	*MOO*
Módulo Conectable	*Pluggable*	MOO	*MUD Object Oriented*
de Autenticación	*Authentication Module*	MP	*MP*
Modulo fuente	*Source deck*	MP	*Multilink Point-to-Point Protocol*
Módulo fuente	*Source module*	MPEG	*Moving Picture Experts Group*
Módulo objeto	*Object deck*	MPEG	*MPEG*

MPS	*SMP*
MPS	*Symmetric Multiprocessing*
MP3	*MP3*
MRAC (por «Me río a carcajadas»)	*LOL*
MRV	*Voltage Regulator Module*
MRV	*VRM*
MS-DOS	*MS-DOS*
MSAU	*MAU*
MSAU	*MSAU*
MSAU	*Multistation access unit*
MSIE	*Microsoft Internet Explorer*
MSIE	*MSIE*
MTS	*Microsoft Transaction Server*
MTS	*MTS*
Muda	*Cast (noun)*
Muda de tipo	*Type casting*
Mudar	*Cast (verb)*
Muerto	*Dead*
Muestra	*Sample (noun)*
Muestreador	*Sampler*
Muestreador de sonido	*Sound sampler*
Muestrear	*Sample (verb)*
Muestreo	*Sampling*
Muestreo vibrátil	*Jittered sampling*
Multiarrancar	*Multiboot (verb)*
Multiarranque	*Multiboot (noun)*
Multibajante	*Multidrop*
Multicapa	*Multilayer*
Multichip	*Chipset*
Multienhebrado	*Multithreading*
Multidifusión	*Multicast*
Multidifusión	*Multicasting*
Multimedia	*Multimedia*
Multiplexación	*Multiplexing*
Multiplexación estadística	*Statistical Multiplexing*
Multiplexación estadística	*StatMUX*
Multiplexación estadística	*STDM*
Multiplexación por división de frecuencia	*FDM*
Multiplexación por división de frecuencia	*Frequency Division Multiplexing*
Multiplexación por División de Longitud de Onda	*Wavelength Division Multiplexing*

Multiplexación por División de Longitud de Onda	*WDM*
Multiplexación por División Temporal	*TDM*
Multiplexación por División Temporal	*Time Division Multiplexing*
Multiplexar	*Multiplex (verb)*
Multiplexor	*Multiplexer*
Multiplexor	*Multiplexor*
Multiprocesador	*Multiprocessor*
Multiprocesamiento	*Multiprocessing*
Multiprocesamiento Simétrico	*SMP*
Multiprocesamiento Simétrico	*Symmetric Multiprocessing*
Multiprogramación	*Multiprogramming*
Multipunto	*Multipoint*
Multitarea	*Multitasking*
Multitarea desalojante	*Preemptive multitasking*
Mutex	*Mutex*
MuTeX	*MuTeX*
MUD	*MUD*
MUMPS	*MUMPS*
MV	*Virtual machine*
MV	*VM*
MVS	*MVS*

N

net	*net*
nop	*nop*
nroff	*nroff*
ns	*ns*
ns	*Nanosecond*
nslookup	*nslookup*
nslookup	*Name server lookup*
Nanosegundo	*ns*
Nanosegundo	*Nanosecond*
Nanotecnología	*Nanotechnology*
Natación	*Swim*
Nativo	*Native*
Navegación	*Navigation*
Navegación a ciegas	*Blind surfing*

Navegador	*Browser*	NIS	*NIS*
Navegador	*Navigator*	NIS	*Yellow Pages*
Navegador basado en texto	*Text-based browser*	NIST	*National Institute of Standards and Technology*
Navegar	*Browse (verb)*	NIST	*NIST*
Navegar	*Navigate*	NJE	*Network job entry*
Navigator	*Navigator*	NJE	*NJE*
NAK	*NAK*	NL	*Newline character*
NAK	*Negative Acknowledgement*	NL	*NL*
NCP	*ACF/NCP*	NLQ	*Near Letter Quality*
NCP	*NCP*	NLQ	*NLQ*
NCP	*Network Control Program*	NLX	*NLX*
NCSA	*National Center for Supercomputing Applications*	NNTP	*Network News Transfer Protocol*
NCSA	*NCSA*	NNTP	*NNTP*
ND	*Distinguished name*	No entrelazada	*Non-interlaced*
ND	*DN*	No interactivo/a	*Off-line*
NDIS	*NDIS*	No productivo	*Ballot box*
NDIS	*Network driver interface specification*	No signado	*Unsigned*
NDS	*NDS*	No-conmutado	*Nonswitched*
NDS	*Novell Directory Services*	No-es-Número	*NaN*
Negar	*Negate (verb)*	No-es-Número	*Not-a-number*
Negativar	*Negate (verb)*	No-obligatoriedad	*Optionality*
Negocio-e	*E-business*	No-paginable	*Nonpageable*
Negrita	*Bold*	No-procedimental	*Non-procedural*
Negrita	*Boldface*	No-repudio	*Non-repudiation*
NeN	*NaN*	No-serif	*Sans serif*
NeN	*Not-a-number*	Nodo	*Node*
NetBEUI	*NetBEUI*	Nodo distal	*Leaf node*
NetBIOS	*NetBIOS*	Nodo distal	*Terminal node*
NetBSD	*NetBSD*	Nodo local	*Local node*
Netfind	*Netfind*	Nodo progenitor	*Parent node*
Netscape Navigator	*Netscape Navigator*	Nodo raíz	*Root node*
Netware	*Netware*	Nombre calificado	*Qualified name*
NFS	*Network File System*	Nombre de asignación	*Assignment-name*
NFS	*NFS*	Nombre de camino	*Path name (UNIX)*
Nitidez	*Sharpness*	Nombre de camino	*Pathname (no UNIX)*
Nivel de acceso	*Access level*	Nombre de camino absoluto	*Absolute path name*
Nivel de aislamiento	*Isolation level*	Nombre de camino absoluto	*Absolute pathname*
Nivel de señal	*Signal level*		
Nivel de servicio	*Service level*	Nombre de dominio totalmente calificado	*FQDN*
NIC	*Network Information Center*		
NIC	*NIC*	Nombre de dominio totalmente calificado	*Fully qualified domain name*
NIP	*Personal Identification Number*		
NIP	*PIN*		

Nombre de fichero	*Filename*
Nombre diferenciado	*Distinguished name*
Nombre diferenciado	*DN*
Nombre genérico	*Generic name*
Nomusu	*Username*
Normalización	*Normalization*
Normalizar	*Normalize (verb)*
Nota al pie	*Footnote*
Notación de puntos	*Dot notation*
Notación decimal de puntos	*Dotted decimal notation*
Notación Jackson	*Jackson notation*
Notación polaca inversa	*Reverse polish notation*
Novato	*Newbie*
NOP	*NOP*
NOR	*NOR*
NOT	*NOT operator*
NPA	*Network Point of Attachment*
NPA	*NPA*
NRR	*Relative record number*
NRR	*RRN*
NRZ	*Non-return-to-zero*
NRZ	*NRZ*
NRZI	*Non-return-to-zero inverted*
NRZI	*NRZI*
NSAP	*Network Service Access Point*
NSAP	*NSAP*
NSAPI	*Netscape Server API*
NSAPI	*NSAPI*
NSFnet	*NSFnet*
NTFS	*NT file system*
NTFS	*NTFS*
NTP	*Network Time Protocol*
NTP	*NTP*
NTSC	*National Television Standards Committee*
NTSC	*NTSC*
NuBus	*NuBus*
Núcleo	*Nucleus*
Núcleo (de un S.O.)	*Kernel*
Nueva línea	*Newline*
Num	*Pad (noun)*
Numérico	*Numeric*

Número de coma flotante	*Floating point number*
Número de Identificación Personal	*Personal Identification Number*
Número de Identificación Personal	*PIN*
Número de página	*Folio*
Número decimal con zonas	*Zoned decimal number*
Número entero	*Integer*
Número entero	*Whole number*
Número primo	*Prime number*
Número Relativo de Registro	*Relative record number*
Número Relativo de Registro	*RRN*
NUL	*NUL*
NVRAM	*Nonvolatile RAM*
NVRAM	*NVRAM*

O

O	*Inclusive OR*
O	*OR*
O exclusivo	*Exclusive OR*
O exclusivo	*XOR*
O inclusivo	*Inclusive OR*
Objetivo	*Intent*
Objeto	*Object*
Objeto	*Target*
Objeto incluido	*Embedded object*
Objeto vinculado	*Linked object*
Oblea	*Wafer*
Oblicua	*Oblique*
Obligatorio	*Mandatory*
Obsoleto	*Obsolete*
Obtención	*Derivation*
Obtener	*Get (verb)*
Octal	*Octal*
Octeto	*Octet*
Ocurrencia	*Occurrence*
OC-n	*OC-n*
OC-n	*Optical Carrier-n*
OCCURS DEPENDING ON	*ODO*
OCX	*OCX*
OCX	*OLE Custom Control*

ODBC	*ODBC*		Operador del sistema	*Sysop*
ODBC	*Open Database Connectivity*		Operador del sistema	*System operator*
ODI	*ODI*		Operador lógico	*Logical operator*
ODI	*Open Data-Link Interface*		Operador relacional	*Relational operator*
ODMA	*ODMA*		Operador unario	*Unary operator*
ODMA	*Open Document Management API*		Operador /a	*Attendant*
ODMG	*Object Data Management Group*		Operadores aritméticos	*Arithmetic operators*
ODMG	*ODMG*		Operando	*Operand*
ODO	*ODO*		Operando posicional	*Positional operand*
OEM	*OEM*		Operante	*Up*
OEM	*Original Equipment Manufacturer*		Operatividad	*Functionality*
Oficina Pequeña	*Small Office*		Opesis	*Sysop*
Oficina en Casa	*Home Office*		Opesis	*System operator*
Oficina Pequeña Oficina en Casa	*SOHO*		Optimación	*Optimality*
OH	*OH*		Optimación	*Optimization*
OLAP	*OLAP*		Optimar	*Optimize*
OLAP	*Online analytical processing*		OPOC	*Small Office Home Office*
OLE	*Object Linking and Embedding*		OPOC	*SOHO*
OLE	*OLE*		OPS	*Open Profiling Standard*
OMG	*Object Management Group*		OPS	*OPS*
OMG	*OMG*		OQL	*OQL*
Ontología	*Ontology*		Oracle (n)	*Oracle (n)*
Opción	*Option*		Oracle Corp	*Oracle Corp*
Opción por omisión	*Default*		Orden	*Order*
Opción por omisión	*Default option*		Orden ascendente	*Ascending order*
Opciones	*Setting*		Orden de aparición	*Occurrence*
Opciones de adaptación	*Custom options*		Orden superior	*High order*
OpenGL	*Open Graphics Library*		Orden superior	*High-order*
OpenGL	*OpenGL*		Ordenada	*Ordinate*
Operación	*Operation*		Ordenante	*Key (noun)*
Operación atómica	*Atomic operation*		Ordinario/a	*Unprivileged*
Operación automática	*Automated operations*		Ordinograma	*Flowchart*
Operación lógica	*Logical operation*		Oreja de burro	*Pig's ear*
Operador	*Operator*		Organigrama	*Chart*
Operador binario	*Binary operator*		Organización	*Enterprise*
Operador booleano	*Boolean operator*		Organización de ficheros	*File organization*
Operador de asignación	*Assignment operator*		Organización indizada	*Indexed organization*
Operador de comparación	*Comparison operator*		Organización Internacional de Estandarización	*International Organization for Standardization*
Operador de computadora	*Computer operator*		Organización Internacional de Estandarización	*ISO*
Operador de muda	*Cast operator*		Orientación a objetos	*Object orientation*
Operador de ristra	*String operator*		Orientación a objetos	*Object-orientation*
Operador de terminal	*Terminal operator*		Orientaciones	*Guidelines*

Orientado	*Bound*
Orientado/a objetos	*Object-oriented*
Orientado/a objetos	*Object oriented*
Ortodoxo	*Canonical*
OR	*OR*
ORB	*Object Request Broker*
ORB	*ORB*
Oscurecimiento	*Blackout*
OSF	*Open Software Foundation*
OSF	*OSF*
OSI	*Open Systems Interconnection*
OSI	*OSI*
OSPF	*Open Shortest Path First*
OSPF	*OSPF*
Otorgar	*Grant (verb)*

P

ppp	*Dots per inch*
ppp	*dpi*
P+F	*FAQ*
P+F	*Frequently Asked Questions*
P-encaminadora	*Brouter*
Página	*Bucket*
Página	*Page (noun)*
Página de códigos	*Code page*
Página de efecto	*Splash page*
Página distal	*Leaf page*
Página inicial	*Home page*
Página inicial	*Homepage*
Página no-distal	*Nonleaf page*
Página Ueb	*Web page*
Paginación	*Pagination*
Paginación	*Paging*
Paginación de terminal	*Terminal paging*
Paginación por demanda	*Demand paging*
Paginador	*Pager*
Paginar	*Page (verb)*
Páginas blancas	*White pages*
Palabra	*Computer word*
Palabra	*Fullword*
Palabra	*Word*
Palabra de dirección de canal	*Channel Address Word*

Palabra de Estado del Programa	*Program Status Word*
Palabra de Estado del Programa	*PSW*
Palabra de mandato de canal	*CCW*
Palabra de mandato de canal	*Channel Command Word*
Palabra-clave	*Key word*
Palabra-clave	*Keyword*
Palabra-clave y contexto	*Keyword-in-context*
Palabra-clave y contexto	*KWIC*
Palanca para juegos	*Joystick*
Paleta	*Palette*
Paleta de colores	*Color palette*
Panel	*Panel*
Panel de control	*Control panel*
Panel frontal	*Front panel*
Panel posterior	*Back panel*
Panel tipo lista	*List panel*
Pantalla	*Display (noun)*
Pantalla	*Monitor (noun)*
Pantalla	*Screen (noun)*
Pantalla	*VDT*
Pantalla	*Video Display Terminal*
Pantalla apaisada	*Landscape monitor*
Pantalla completa	*Full-screen*
Pantalla con multifrecuencia de barrido	*Multiscan monitor*
Pantalla de Cristal Líquido	*LCD*
Pantalla de Cristal Líquido	*Liquid Crystal Display*
Pantalla de doble barrido	*Dual-scan display*
Pantalla de efecto	*Splash screen*
Pantalla de matriz pasiva	*Passive matrix display*
Pantalla de página	*FPD*
Pantalla de página	*Full-page display*
Pantalla de plasma	*Gas-plasma display*
Pantalla desplazable	*Tilting Screen*
Pantalla fraccionada	*Split screen*
Pantalla RVA	*Red, green, blue monitor*
Pantalla RVA	*RGB monitor*
Pantalla táctil	*Touch screen*
Pantalla táctil	*Touch-sensitive screen*
Pantalla TTL	*TTL monitor*
Papel continuo	*Continuous stationery*

Papel continuo en zigzag	*Fanfold paper*	Partición de disco	*Disk partition*
Papelera	*Trash (noun)*	Partición lógica	*Logical partition*
Papelera de reciclaje	*Recycle bin*	Partición lógica	*LPAR*
Paquete	*Package*	Particionado	*Partitioned*
Paquete	*Packet*	Particionar	*Partition (verb)*
Paquete (de datos)	*Information packet*	Pasajero/a	*Transient*
Paquete de aplicación	*Application package*	Pasar	*Gate (verb)*
Paquete de aplicación	*Package*	Pasarela	*Gateway*
Paquete de datos	*Data packet*	Pasarela activa	*Active gateway*
Paquete de dibujo	*Drawing package*	Pasarela apoderada	*Proxy gateway*
Paquete rápido	*Fast packet*	Pasarela de Correo-e	*Mail gateway*
Par	*Peer*	Pasarela exterior	*Exterior gateway*
Par torcido	*Twisted pair*	Pasarela interior	*Interior gateway*
Par torcido no-blindado	*Unshielded Twisted Pair*	Pasarela nuclear	*Core gateway*
Par torcido no-blindado	*UTP*	Pascal	*Pascal*
Par torcido recubierto	*Shielded twisted pair*	Paso (de trabajo)	*Step*
Para tu información	*FYI*	Paso de mensajes	*Message passing*
Paralelismo	*Parallelism*	Paso de parámetros	*Parameter passing*
Paralelo/a	*Parallel*	Paso de parámetros por referencia	*Indirect parameter passing*
Parallel Sysplex	*Parallel Sysplex*	Paso de parámetros por referencia	*Parameter passing by reference*
Parámetro	*Parameter*	Paso de parámetros por valor	*Parameter passing by value*
Parámetro obligatorio	*Required parameter*	Paso de testigo	*Token passing*
Parámetro posicional	*Positional parameter*	Paso de testigo	*Token-passing*
Parámetros de inicialización	*Initialization parameters*	Paso de trabajo	*Job step*
Parche	*Fix (noun)*	Paso indirecto de parámetros	*Indirect parameter passing*
Parche	*Hack*	Patilla (circuito)	*Pin*
Parche	*Patch (noun)*	Patrocinador	*Sponsor*
Parchear	*Fix (verb)*	PA	*Application process*
Parchear	*Hack (verb)*	PA	*AP*
Parchear	*Patch (verb)*	PADR	*Network adapter*
Parear	*Pair (verb)*	PADR	*Network Interface Card*
Pareja	*Companion*	PAM	*PAM*
Paréntesis angulares	*Angle brackets*	PAM	*Pluggable Authentication Module*
Paridad	*Parity*	PAn	*PAn*
Paridad impar	*Odd parity*	PAn	*Program access key n*
Paridad par	*Even parity*	PAn	*Program attention key n*
Parpadear	*Blink (verb)*	PAP	*Password Authentication Protocol*
Párrafo	*Paragraph*	PAP	*PAP*
Parseado	*Parsing*	PAR	*NAP*
Parsear	*Parse (verb)*	PAR	*Network Access Point*
Parte	*Party*	PAS	*Product, support, services*
Partición	*Partition (noun)*		
Partición	*Region*		

PAS	*PSS*	Perl	*Practical Extraction and Report*
PC card	*PC card*		*Language*
PC-DOS	*PC-DOS*	Permiso	*Authority*
PCI	*PCI*	Permiso	*Authorization*
PCI	*Peripheral Component Interconnect*	Permiso	*Permission*
PCL	*LCD*	Permisos de acceso	*Access privileges*
PCL	*Liquid Crystal Display*	Permisos de acceso	*Privilege*
PCL	*PCL*	Permuta	*Swap (noun)*
PCL	*Printer Control Language*	Permuta	*Swapping*
PCMCIA	*PCMCIA*	Permutar	*Swap (verb)*
PCMCIA	*Personal Computer Memory*	Persistencia	*Persistence*
	Card International Association	Personal de desarrollo	*Development staff*
PCS	*PCS*	Personal de Explotación	*Computer support*
PCS	*Personal Communications Services*		*personnel*
PdP	*Point-of-presence*	Pertenencia	*Membership*
PdP	*PoP*	Petabait	*Petabyte*
PdV	*Point of Sale*	Petaflops	*Petaflops*
PdV	*POS*	PED	*EDP*
PDD	*DDP*	PED	*Electronic Data Processing*
PDF	*PDF*	PEM	*PEM*
PDF	*Portable document format*	PEM	*Privacy Enhanced Mail*
PDU	*PDU*	PF	*FP*
PDU	*Protocol data unit*	PF	*PF*
Pegar	*Paste*	PFn	*PFn*
Pendiente	*Outstanding*	PFn	*Programmed function key n*
Pendiente	*Pending*	PGP	*PGP*
Pepe	*Foo*	PGP	*Pretty Good Privacy*
Pequeño	*Minor*	Photo CD	*Photo CD*
Percepción de portadora	*Carrier sense*	Pica	*Pica*
	(noun)	Pico	*Spike*
Percibir portadora	*Carrier sense (verb)*	Picosegundo	*Picosecond*
Perdedor(a) de	*Contention loser*	Pie de página	*Footer*
la competencia		Pie de página	*Running foot*
Perendengues	*Bells and Whistles*	Pieza de montaje	*Building block*
Perfil	*Profile (noun)*	Pifiado	*Buggy*
Perfil de usuario	*User profile*	Pila	*Push-down list*
Perfilar	*Profile (verb)*	Pila	*Stack (noun)*
Perforadora de fichas	*Card punch*	Pila de datos	*Data stack*
Período	*Period*	Pila de invocaciones	*Invocation stack*
Período de ejecución	*Run time*	Pila de protocolos	*Protocol stack*
Período de ejecución	*Run-time*	Pimponear	*Ping (verb)*
Período de ejecución	*Runtime*	Pinchar	*Poke (verb)*
Período de retención	*Retention period*	Ping	*Packet Internet Groper*
Perl	*Perl*	Ping	*Ping (noun)*
Perl	*PERL*	Pista	*Track (noun)*

Pista alternativa	*Alternate track*	Plan detallado	*Blueprint*
Pista defectuosa	*Bad track*	Plancha multiuso	*Boilerplate*
Pistas por pulgada	*TPI*	Planificabilidad	*Schedulability*
Pistas por pulgada	*Tracks per Inch*	Planificación de capacidad	*Capacity planning*
Píxel	*Pel*	Planificación de tiempo real	*Real-time*
Píxel	*Picture element*		*scheduling*
Píxel	*Pixel*	Planificación desalojante	*Preemptive*
Pizarra	*Blackboard*		*scheduling*
PIC	*PIC*	Planificación	*Fixed-priority*
PICT	*PICT*	desalojante por	*preemptive*
PICTURE	*PICTURE*	prioridades fijas	*scheduling*
PIF	*PIF*	Planificación	*Deadline*
PIF	*Program Information File*	monótona de	*monotonic*
PIT	*OLTP*	momentos límites	*scheduling*
PIT	*Online transaction processing*	Planificación monótona	*Rate monotonic*
Placa	*Adapter*	por frecuencias	*scheduling*
Placa	*Board*	Planificación por	*Fixed priority*
Placa	*Card*	prioridades fijas	*scheduling*
Placa aceleradora	*Accelerator board*	Planificación por	*Priority scheduling*
Placa Adaptadora de red	*Network adapter*	prioridades	
Placa Adaptadora de Red	*Network Interface*	Planificador	*Scheduler*
	Card	Planificador de tareas	*Task scheduler*
Placa Adaptadora de Red	*NIC*	Planificador de trabajos	*Job scheduler*
Placa base	*Motherboard*	Planificador desalojante	*Preemptive*
Placa base	*Planar Board*		*scheduler*
Placa captadora de vídeo	*Video capture*	Planificar	*Schedule (verb)*
	board	Plano/a	*Planar*
Placa circuitada	*Circuit board*	Plantilla	*Pattern*
Placa corta	*Short card*	Plantilla	*Template*
Placa de caché	*Cache card*	Plantilla de código	*Template code*
Placa de expansión	*Expansion board*	Plaqueta táctil	*Touch pad*
Placa de expansión	*Expansion card*	Plaqueta táctil	*Touchpad*
Placa de interfaz	*Interface board*	Plaqueta táctil	*Trackpad*
Placa de interfaz	*Interface card*	Plataforma para el	*Platform*
Placa de memoria	*Memory card*	Proyecto sobre	*for Privacy*
Placa de sonido	*Sound card*	Preferencias de	*Preference*
Placa de vídeo	*Video adapter*	Privacidad	*Project*
Placa de vídeo	*Video controller*	Plataforma para el	*PP3P*
Placa repleta	*Fully populated board*	Proyecto sobre	
Placa sobrepuesta	*Piggyback Board*	Preferencias de	
Plan	*Application plan*	Privacidad	
Plan	*Layout*	Plataforma	*Platform*
Plan	*Plan*	Plática	*Talk*
Plan	*Schedule (noun)*	Plétora	*Overrun*
Plan de aplicación	*Application plan*	PL/I	*PL/I*

PL/S	*PL/S*	POP	*Post Office Protocol*
PMLMC	*Earliest deadline first*	POP	*POP*
PMLMC	*EDF*	POP-3	*Post Office Protocol-3*
PMP	*Massively parallel processing*	POP-3	*POP-3*
PMP	*MPP*	POP-3	*POP3*
PNG	*PNG*	POSIX	*Portable Operating System Interface*
PNG	*Portable Network Graphics*	POSIX	*POSIX*
Poblar	*Populate (verb)*	POST	*Power On Self Test*
Poda de datos	*Data cleaning*	POST	*POST*
Pointcasting	*Pointcasting*	PPP	*Point-to-Point Protocol*
Polimorfismo	*Polymorphism*	PPP	*PPP*
Política de Uso Aceptable	*Acceptable Use Policy*	PPT	*Clear To Send*
		PPT	*CTS*
Política de Uso Aceptable	*AUP*	PP3P	*Platform for Privacy Preference Project*
Poner a	*Set (verb)*		
Pontezuelo	*Jumper*	PP3P	*PP3P*
Por ciento	*Percent*	Práctico/a	*Hands-on*
Por incrementos	*Incremental*	Preacceder	*Look ahead (verb)*
Por lotes	*Batch*	Preacceder	*Lookahead (verb)*
Por si te interesa	*FWIW*	Preacceso	*Lookahead (noun)*
Porcentaje de clasterización	*Cluster ratio*	Precalcular	*Fold (verb)*
Portabilidad	*Portability*	Precedencia	*Precedence*
Portada	*Home page*	Precedencia de operadores	*Operator precedence*
Portada	*Homepage*		
Portadora	*Carrier*	Precisión	*Accuracy*
Portapapeles	*Clipboard*	Precisión	*Precision*
Portar	*Port (verb)*	Precompilador	*Precompiler*
Portatilidad	*Portability*	Predecibilidad	*Predictability*
Poseer	*Hold (verb)*	Predicado	*Predicate*
Posicionamiento	*Seek (noun)*	Predicción	*Forecasting*
Posicionar(se)	*Seek (verb)*	Preentrega	*Prerelease*
Postacorre	*Post (noun)*	Preestablecer	*Preset (verb)*
Postacorre anónimo	*Anonymous post*	Preestablecido	*Preset (adj)*
Postear	*Post (verb)*	Prefijo	*Prefix (noun)*
Postscript	*PostScript*	Preformatear	*Preformat (verb)*
Postscript encapsulado	*Encapsulated Postscript*	Pregeneración selectiva	*Renderer picking*
		Pregunta	*Inquiry*
Postscript encapsulado	*EPS*	Preliminar	*First-cut*
Potencia de procesamiento (informático)	*Computing power*	Prepaginación	*Prepaging*
		Preparado para transmitir	*Clear To Send*
PowerBuilder	*PowerBuilder*	Preparado para transmitir	*CTS*
PowerPC	*PowerPC*	Preprocesador	*Preprocessor*
POO	*Object oriented programming*	Presentación	*Display (noun)*
POO	*Object-oriented programming*	Presentación gráfica	*Graphic rendition*
POO	*OOP*	Presentar	*Display (verb)*

Pretender	*Claim (verb)*	Procesador de texto	*Word Processor*
Pretoma	*Prefetch (noun)*	Procesador escalar	*Scalar processor*
Pretomar	*Prefetch (verb)*	Procesador frontal	*Front-end processor*
Prever	*Preview (verb)*	Procesador paralelo	*Parallel processor*
Previsión de página	*Page preview*	Procesador SD	*Digital Signal Processor*
Primer plano	*Foreground*	Procesador SD	*DSP processor*
Primera Forma Normal	*First Normal Form*	Procesamiento (informático)	*Computing*
Primera Forma Normal	*1NF*	Procesamiento asíncrono	*Asynchronous*
Primero momento límite	*Earliest*		*processing*
más cercano	*deadline first*	Procesamiento de datos	*Data processing*
Primero momento límite más cercano	*EDF*	Procesamiento de señal digital	*Digital Signal*
Primitiva	*Primitive*		*Processing*
Primitiva (de servicio)	*Service primitive*	Procesamiento de señal digital	*DSP*
Principal	*Master (adj)*	Procesamiento de	*Transaction processing*
Principal	*Primary*	transacciones	
Principio	*Policy*	Procesamiento distribuido	*Distributed*
Principio de localización	*Locality principle*		*processing*
Principio de localización	*Locality of*	Procesamiento distribuido de datos	*DDP*
de referencias	*reference principle*	Procesamiento distribuido	*Distributed*
Prioridad	*Priority*	de datos	*Data Processing*
Prioridad por antigüedad	*Priority aging*	Procesamiento Electrónico de Datos	*EDP*
Prioridad tope	*Priority ceiling*	Procesamiento Electrónico	*Electronic*
Priorizar	*Prioritize*	de Datos	*Data Processing*
Privacidad	*Privacy*	Procesamiento Interactivo	*Online*
Privacidad de los datos	*Data privacy*	de Transacciones	*transaction processing*
Privilegiado	*Privileged*	Procesamiento Interactivo	*OLTP*
Proactivo	*Proactive*	de Transacciones	
Probar	*Test (verb)*	Procesamiento masivamente paralelo	*MPP*
Problema de disponibilidad	*Recognition*	Procesamiento	*Massively*
	problem	Masivamente	*parallel*
Procedimental	*Procedural*	Paralelo	*processing*
Procedimiento	*Procedure*	Procesamiento paralelo	*Parallel processing*
Procedimiento catalogado	*Cataloged*	Procesamiento secuencial	*Sequential*
	procedure		*processing*
Procedimiento de arranque	*Startup*	Procesamiento secuencial	*Backward*
	procedure	hacia atrás	*sequential processing*
Procedimiento de campo	*Field procedure*	Procesamiento serial	*Serial processing*
Procedimiento de inicialización	*Initialization*	Procesar en batería	*Pipeline (verb)*
	procedure	Procesar en tubería	*Pipeline (verb)*
Procedimiento de membrana	*Shell procedure*	Proceso	*Process*
Procesador	*Processor*	Proceso aplicacional	*Application process*
Procesador de formaciones	*Array processor*	Proceso Aplicacional	*AP*
Procesador de señal digital	*Digital Signal*	Proceso común	*Common process*
	Processor	Proceso contra base de datos	*Database*
Procesador de señal digital	*DSP*		*process*

Proceso de actualización	*Update process*
Proceso de base	*Bottom-level process*
Proceso de consulta	*Enquiry process*
Proceso de Entrada/Salida	*Input/Output*
	process
Proceso de primera generación	*Child process*
Proceso de segunda generación	*Grandchild*
	process
Proceso descontrolado	*Runaway process*
Proceso dormido	*Sleeping process*
Proceso estocástico	*Stochastic process*
Proceso progenitor	*Parent process*
Producir	*Yield (verb)*
Producto	*Deliverable*
Producto	*Product*
Producto, Asistencia,	*Product,*
Servicios	*support, services*
Producto, Asistencia, Servicios	*PSS*
Profesional	*Practitioner*
Profesionalidad	*Expertise*
Progenitor/a	*Parent*
Progenitor /descendiente	*Parent/child*
Programa	*Computer program*
Programa	*Program (noun)*
Programa anfitrión	*Host program*
Programa bajo licencia	*Licensed program*
Programa cargable	*Load program*
Programa compositor	*Page*
de páginas	*make-up program*
Programa CAI	*Courseware*
Programa Cognibot	*Knowbot Program*
Programa Cognibot	*KP*
Programa de canal	*Channel program*
Programa de control	*Control program*
Programa de membrana	*Shell program*
Programa de zipear	*Zip program*
Programa de zipear	*Zipper*
Programa de zipear	*Zipping program*
Programa del sistema	*Systems program*
Programa ejecutivo	*Executive program*
Programa fuente	*Source program*
Programa heurístico	*Heuristic program*
Programa instalador	*Setup program*
Programa objeto	*Object program*
Programa principal	*Main program*

Programa sensible	*Sensitive program*
Programación	*Programming*
Programación descendente	*Top-down*
	programming
Programación desde la base	*Bottom-up*
	programming
Programación estructurada	*Structured*
	programming
Programación	*Jackson*
estructurada	*structured*
Jackson	*programming*
Programación funcional	*Functional*
	programming
Programación genética	*Genetic programming*
Programación orientada a objetos	*OOP*
Programación Orientada	*Object*
a Objetos	*oriented programming*
Programación Orientada	*Object-oriented*
a Objetos	*programming*
Programación visual	*Visual programming*
Programador	*Programmer*
Programar	*Program (verb)*
Programet	*Applet*
Progresión	*Streaming*
Progresivo	*Streaming*
Progresor	*Streamer*
Progresor en cinta	*Tape streamer*
Prolog	*Prolog*
Prospección en datos	*Data mining*
Protección contra grabación	*Write protection*
Protector de pantalla	*Screen saver*
Protocolo	*Protocol*
Protocolo Cliente a Cliente	*Client To Client*
	Protocol
Protocolo de abrazadera	*Bracket protocol*
Protocolo de Acceso	*Calendar*
a Calendario	*Access Protocol*
Protocolo de Acceso a Calendario	*CAP*
Protocolo de Autenticación	*Password*
de Contraseña	*Authentication Protocol*
Protocolo de Autenticación	*PAP*
de Contraseña	
Protocolo de pasarela exterior	*EGP*
Protocolo de pasarela	*Exterior*
exterior	*Gateway Protocol*

Protocolo de pasarela	*Interior*
interior	*Gateway Protocol*
Protocolo de pasarela interior	*IGP*
Protocolo de pasarela	*Interior*
interior	*routing protocol*
Protocolo de Resolución	*Address*
de Direcciones	*Resolution Protocol*
Protocolo de Resolución	*ARP*
de Direcciones	
Protocolo de señación	*Signaling protocol*
Protocolo de transferencia	*File*
de ficheros	*transfer protocol*
Protocolo de tunelización	*Layer 2*
de estrato 2	*Tunneling Protocol*
Protocolo de tunelización de estrato 2	*L2TP*
Protocolo de	*Point-to-Point*
Tunelización Punto	*Tunneling*
a Punto	*Protocol*
Protocolo de Tunelización	*PPTP*
Punto a Punto	
Protocolo Grupo 3	*Group 3 protocol*
Protocolo Grupo 4	*Group 4 protocol*
Protocolo Pasarela	*Gateway to*
a Pasarela	*Gateway Protocol*
Protocolo Pasarela a Pasarela	*GGP*
Protocolo Punto a Punto	*Point-to-Point*
	Protocol
Protocolo Punto a Punto	*PPP*
Protocolo símplex	*Simplex protocol*
Protocolo SMB	*Server Message Block*
	protocol
Protocolo SMB	*SMB protocol*
Prototipado	*Prototyping*
Prototipado de	*Specification*
especificaciones	*prototyping*
Prototipado rápido	*Rapid prototyping*
Prototipar	*Prototype (verb)*
Prototipo	*Prototype (noun)*
Proveedor de Servicio	*Network*
de Red	*Service Provider*
Proveedor de Servicio de Red	*NSP*
Proyecto apalabrado	*Bespoke project*
Prueba	*Test (noun)*
Prueba alfa	*Alpha test*
Prueba beta	*Beta test*

Prueba Benchmark	*Benchtest*
Prueba con retroseñal	*Loopback test*
Prueba de sobrecarga	*Stress testing*
Prueba piloto	*Pilot testing*
Prueba retrospectiva	*Regression testing*
Prueba y vuelta atrás	*Backtracking*
Pruebas Asistidas por Computadora	*CAT*
Pruebas Asistidas	*Computer-Aided Test*
por Computadora	
PRAM	*Parameter RAM*
PRAM	*PRAM*
PRI	*Primary Rate Interface (ISDN)*
PRI	*PRI*
PROM	*Programmable Read-Only Memory*
PROM	*PROM*
PROM de autoarranque	*Boot PROM*
Pseudocódigo	*Pseudocode*
Pseudoconversante	*Pseudo-conversational*
PSD	*Digital Signal Processing*
PSD	*Digital Signal Processor*
PSD	*DSP*
PSR	*Network Service Provider*
PSR	*NSP*
PSTI	*FWIW*
PSW	*Program Status Word*
PSW	*PSW*
PTF	*Program temporary fix*
PTF	*PTF*
PTI	*FYI*
PTPP	*Point-to-Point Tunneling Protocol*
PTPP	*PPTP*
Publicar	*Publish (verb)*
Puco	*Puck*
Puente	*Bridge*
Puenteado	*Bridging*
Puerta	*Gate (noun)*
Puerta falsa	*Back door*
Puerta lógica	*Logic gate*
Puerta Y	*AND gate*
Puerto	*Port (noun)*
Puerto COM	*COM port*
Puerto de capacidades	*ECP*
ampliadas	
Puerto de capacidades	*Extended*
ampliadas	*Capabilities Port*

Puerto de comunicaciones	*Communications port*	Punto de Presencia	*PoP*
Puerto de protocolo	*Protocol port*	Punto de salida	*Exit point*
Puerto para juegos	*Game port*	Punto de salvaguardia	*Savepoint*
Puerto para vídeo	*Video port*	Punto de Venta	*Point of Sale*
Puerto paralelo	*Parallel port*	Punto de Venta	*POS*
Puerto paralelo mejorado	*Enhanced Parallel Port*	Punto decimal real	*Actual decimal point*
		Punto focal	*Focal point*
Puerto paralelo mejorado	*EPP*	Punto y coma	*Semicolon*
Puerto reconocido	*Well-known port*	Punto-punto	*Dot-dot*
Puerto serial	*Serial port*	Punto.com	*Dot com*
Puerto troncal	*Trunk port*	Punto.com	*Dot.com*
Puesto de ayuda	*Helpdesk*	Puntos por pulgada	*dpi*
Pulsación	*Key stroke*	Puntos por pulgada	*Dots per inch*
Pulsación	*Keystroke*	Puntos suspensivos	*Ellipsis*
Pulsar	*Press (verb)*	Puntuación	*Signposting*
Puntear	*Screen (verb)*	Purgar	*Purge*
Puntero	*Cursor*	PUA	*Acceptable Use Policy*
Puntero	*Pointer*	PUA	*AUP*
Puntero nulo	*Null pointer*	PVC	*Permanent Virtual Circuit*
Puntero/a (Tecnología)	*State-of-the-art (adj)*	PVC	*Permanent Virtual Connection*
Puntero/a (Tecnología)	*State of the art (adj)*	PVC	*PVC*
Punto	*Dot*	P3P	*P3P*
Punto	*Period*		
Punto	*Point*		

Q

Punto a punto	*Point-to-Point*		
Punto caliente	*Hotspot*	QBasic	*QBasic*
Punto de agrupamiento	*Peering point*	QBE	*QBE*
Punto de Acceso a la Red	*NAP*	QBE	*Query by Example*
Punto de Acceso a la Red	*Network Access Point*	QMF	*QMF*
		QMF	*Query Management Facility*
Punto de Acceso al Servicio	*SAP*	QuickDraw	*QuickDraw*
Punto de Acceso al Servicio	*Service Access Point*	QuickTime	*QuickTime*
		Qwerty	*Qwerty*
Punto de cancelabilidad	*Cancelability point*		
Punto de control	*Checkpoint*		

R

Punto de entrada	*Entry point*		
Punto de entrada	*Entrypoint*	rem	*rem*
Punto de entrada no-clave	*Non-key entry point*	rem	*REM*
		Racionalización	*Rationalisation*
Punto de exclamación	*Exclamation point*	Radiación infrarroja	*Infrared radiation*
Punto de función	*FP*	Radiación infrarroja	*IR*
Punto de Función	*Function Point*	Radiación VDT	*VDT radiation*
Punto de interrupción	*Breakpoint*	Radígeno	*Stemmer*
Punto de Presencia	*Point-of-presence*		

Radio	*Radio*
Radio frecuencia	*Radio frequency*
Radio frecuencia	*RF*
Radio reloj	*Radio clock*
Ráfaga	*Burst (noun)*
Raíz	*Root*
Raíz	*Stem*
Rama	*Branch (noun)*
Ramal	*Fork (noun)*
Rango	*Range*
Ranura	*Slot*
Ranura de expansión	*Expansion slot*
Ráster	*Raster*
Rastreador	*Crawler*
Rastrear	*Grep (verb)*
Rastreo de memoria	*Memory sniffing*
Rastro del ratón	*Mouse trails*
Ratio de pérdida de células	*Cell-loss ratio*
Ratón	*Mouse*
Ratón de bus	*Bus mouse*
Ratón serial	*Serial mouse*
Raya	*Rule*
Rayar	*Redline (verb)*
Razón	*Rate*
Razón de accesos	*Hit ratio*
Razón de aspecto	*Aspect ratio*
Razón de una interrelación	*Relationship degree*
Razonamiento basado en casos	*Case Based Reasoning*
Razonamiento basado en casos	*CBR*
Razonamiento temporal	*Temporal reasoning*
RAA	*WAN*
RAA	*Wide Area Network*
RACF	*RACF*
RACF	*Resource Access Control Facility*
RADIUS	*RADIUS*
RADIUS	*Remote Authentication Dial-In User Service*
RAID	*RAID*
RAID	*Redundant Array of Independent Disks*
RAID	*Redundant Array of Inexpensive Disks*
RAL virtual	*Virtual LAN*

RAL virtual	*VLAN*
RAL	*LAN*
RAL	*Local Area Network*
RAM	*MAN*
RAM	*Metropolitan Area Network*
RAM	*Random Access Memory*
RAM	*RAM*
RAM dinámica	*DRAM*
RAM dinámica	*Dynamic RAM*
RAM para vídeo	*Video RAM*
RAMDAC	*Random Access Memory Digital-to-Analog Converter*
RAMDAC	*RAMDAC*
RARP	*RARP*
RARP	*Reverse Address Resolution Protocol*
RAS	*RAS*
RAS	*Remote Access Services*
RAS	*Row Address Strobe*
RBC	*Case Based Reasoning*
RBC	*CBR*
RC2, RC4, RC5	*RC2, RC4, RC5*
RD	*RD*
RDRAM	*RDRAM*
RDSI de banda ancha	*B-ISDN*
RDSI	*Integrated Services Digital Network*
RDSI	*ISDN*
Reactividad	*Responsiveness*
Reajustabilidad	*Scalability*
Real	*Actual*
RealAudio	*RealAudio*
Realce de destino	*Target emphasis*
Realidad virtual	*Virtual reality*
Realizar	*Commit (verb)*
Reanudar	*Resume*
Rearrancar	*Reboot (verb)*
Rearranque	*Reboot (noun)*
Rearranque de emergencia	*Emergency restart*
Reasignar	*Remap*
Reasociar	*Remap*
Rebanado	*Slicing*
Rebotador	*Bounce (noun)*
Rebotar	*Bounce (verb)*
Rebotica	*Chat room*
Recálculo	*Recalculation*

Recargar	*Reload*
Receptáculo	*Socket*
Receptáculo IP	*IP socket*
Receptáculo primigenio	*Raw socket*
Receptor	*Receiver*
Rechazar	*Reject (verb)*
Rechazo	*Reject (noun)*
Reciente	*Current*
Recliquear	*Double click (verb)*
Recliquear	*Double-click (verb)*
Recliqueo	*Double-click (noun)*
Recomposición	*Recombining*
Reconocimiento de configuraciones	*Pattern recognition*
Reconocimiento de manuscrito	*Handwriting recognition*
Reconocimiento de voz	*Voice recognition*
Reconocimiento del habla	*Speech recognition*
Reconstituir	*Demangle (verb)*
Recorrer	*Scan (verb)*
Recorrido	*Scan (noun)*
Recortar	*Clip (verb)*
Recortar	*Crop*
Recubrimiento	*Overlay (nombre)*
Recuperabilidad	*Recoverability*
Recuperación	*Recovery*
Recuperación hacia atrás	*Backward recovery*
Recuperación hacia delante	*Forward recovery*
Recuperar	*Recover (verb)*
Recursión	*Recursion*
Recursivo	*Involuted*
Recursivo	*Recursive*
Recurso	*Resource*
Red	*Network*
Red (La)	*Net (The)*
Red autolimitada	*Stub network*
Red avanzada interpares	*Advanced Peer-to-Peer Networking*
Red Avanzada Interpares	*APPN*
Red conmutada	*Switched network*
Red corporativa	*Enterprise network*
Red de Area Amplia	*WAN*
Red de Area Amplia	*Wide Area Network*

Red de Area Local	*LAN*
Red de Area Local	*Local Area Network*
Red de Area Metropolitana	*MAN*
Red de Area Metropolitana	*Metropolitan Area Network*
Red de computadoras	*Computer network*
Red de confianza	*Web of trust*
Red de largo alcance	*Long-haul network*
Red de paso	*Transit network*
Red de Petri	*Petri net*
Red Digital Avanzada	*Advanced Digital Network*
Red Digital de Servicios Integrados	*Integrated Services Digital Network*
Red Digital de Servicios Integrados	*ISDN*
Red en anillo	*Ring Network*
Red en anillo con testigo	*Token Ring network*
Red en bus	*Bus network*
Red en bus con testigo	*Token bus network*
Red en estrella	*Star network*
Red en malla	*Mesh network*
Red heterogénea	*Heterogeneous network*
Red local	*Local network*
Red Libre	*Freenet*
Red neuronal	*Neural network*
Red Pública Conmutada	*PSN*
Red Pública Conmutada	*Public Switched Network*
Red Pública de Transmisión de Datos	*PDN*
Red Pública de Transmisión de Datos	*Public Data Network*
Red SNA	*SNA network*
Red telefónica conmutada	*Dial-up*
Red Telefónica Pública Conmutada	*PSTN*
Red Telefónica Pública Conmutada	*Public Switched Telephone Network*
Red Virtual Privada	*Virtual Private Network*
Red Virtual Privada	*VPN*
Redactar	*Compose (verb)*
Redefinición	*Overriding*
Redefinición de método	*Method overriding*
Redenominar	*Rename (verb)*
Redificación	*Networking*

Redimensionar	*Resize*	Registro	*Record (noun)*
Redirección	*Redirection*	Registro	*Register (noun)*
Redirección de entrada	*Input redirection*	Registro Archivado	*Archive log*
Redirección de salida	*Output redirection*	Registro base	*Base Register*
Redirigir	*Redirect*	Registro completado	*Padded record*
Redondear	*Round (verb)*	Registro de capacidad	*Capacity record*
Redondear en exceso	*Round up*	Registro de desplazamiento	*LFSR*
Redondeo	*Rounding*	con retroalimentación lineal	
Reducir	*Shrink (verb)*	Registro de desplazamiento	*Linear*
Redundancia	*Redundancy*	con retroalimentación	*feedback*
Redundante	*Redundant*	lineal	*shift register*
Reejecutar	*Rerun*	Registro de eventos	*Event log (noun)*
Reemplazar	*Overwrite (verb)*	Registro de información	*Checkpointing*
Reemplazar	*Replace*	de control	
Reemplazar	*Supersede*	Registro de macro	*Macro recording*
Reentrabilidad	*Reentrancy*	Registro de recuperación	*Recovery log*
Reentrabilidad natural	*Natural reentrancy*	Registro de seguridad	*Security log*
Reentrable	*Reenterable*	Registro físico	*Physical record*
Reentrable	*Reentrant*	Registro general	*General register*
Reenviar	*Forward (verb)*	Registro impreso de actividad	*Hardcopy log*
Reespaciado	*Kerning*	Registro lógico	*Logical record*
Reespaciar	*Kern (verb)*	Registro Maestro	*Master*
Reexpedidor	*Remailer*	de Autoarranque	*boot record*
Referencia cruzada	*Cross-reference (noun)*	Registro Maestro de Autoarranque	*MBR*
Reflejado de discos	*Disk mirroring*	Registro no-volátil	*Nonvolatile register*
Reflejar	*Echo (verb)*	Registro sobreextendido	*Spanned record*
Reflejarse	*Echo (verb)*	Registry	*Registry*
Reflejo (de pantalla)	*Glare*	Regla	*Rule*
Reflotamiento	*Recall (noun)*	Regla	*Ruler*
Reflotar	*Recall (verb)*	Regla	*Scale line*
Refrescamiento	*Refresh (noun)*	Regla de eliminación	*Delete rule*
Refrescar	*Refresh (verb)*	Reglas de verificación	*Validation rules*
Refundición	*Hash coding*	Reglas ECA	*ECA rules*
Refundición	*Hashing*	Regrabar	*Overwrite (verb)*
Refundir	*Hash (verb)*	Regrabar	*Rewrite*
Registrador	*Logger*	Regusto	*Flavor*
Registrar	*Log (verb)*	Rehacer	*Redo*
Registrar eventos	*Event log (verb)*	Reiniciar	*Restart (verb)*
Registrar(se)	*Register (verb)*	Reinicio	*Restart (noun)*
Registrarse	*Log in (verb)*	Reinstalar	*Reinstall (verb)*
Registrarse	*Log on*	Reintentar	*Retry (verb)*
Registrarse	*Login (verb)*	Reintento	*Retry (noun)*
Registro	*Log (noun)*	Rejilla	*Grid*
Registro	*Login (noun)*	Relación	*Relation*
Registro	*Logon*	Relación Señal/Ruido	*S/N*

Relación Señal/Ruido	*Signal-to-noise ratio*
Relación Señal/Ruido	*SNR*
Relacional	*Relational*
Relativo a bits	*Bitwise*
Relé	*Relay*
Relevo	*Failover*
Relevo	*Takeover*
Religación	*Rebind*
Relleno	*Shovelware*
Relocalización	*Localization*
Relocalización	*L10n*
Reloj	*Clock*
Reloj de Tiempo Real	*Real Time Clock*
Reloj de Tiempo Real	*RTC*
Reloj TOD	*TOD clock*
Relojito	*Hourglass pointer*
Remisión	*Bookmark (noun)*
Remitir por correo-e	*E-mail (verb)*
Remitir un postacorre	*Post (verb)*
Remoto	*Remote*
Rendimiento	*Performance*
Renovable	*Refreshable*
Renovación	*Refresh (noun)*
Renovar	*Refresh (verb)*
Reordenar	*Rearrange*
Reorganización	*Reorganization*
Reparabilidad	*Serviceability*
Reparación	*Fix (noun)*
Reparación	*Repair (name)*
Reparar	*Fix (verb)*
Reparar	*Repair (verb)*
Reparto del tiempo	*Time slicing*
Repetidora	*Repeater*
Reposamuñeca	*Wrist support*
Repositorio	*Repository*
Representación	*Mapping*
Representar	*Chart (verb)*
Reproducción	*Reflection*
Repudio	*Repudiation*
Requisito	*Requisite*
Requisito funcional	*Functional requirement*
Requisitos	*Requirements*
Requisitos legales	*Statutory requirements*
Requisitos temporales extremo a extremo	*End-to-end timing requirements*

Resaltar	*Highlight (verb)*
Reseñado	*Clipping*
Reserva	*Pool (noun)*
Reserva de báferes	*Buffer pool*
Reservado	*Reserved*
Reservar	*Pool (verb)*
Residente	*Resident*
Residente en memoria	*Memory resident*
Resincronizar	*Resynch*
Resolución de direcciones	*Address resolution*
Resolución de direcciones	*AR*
Respecto del módulo	*Modulo*
Respondedor	*Responder*
Responder	*Reply (verb)*
Respuesta	*Reply (noun)*
Respuesta	*Response*
Respuesta adaptable	*Adaptive answering*
Restablecer	*Reset (verb)*
Restablecimiento	*Reset (noun)*
Restauración	*Restoration*
Restaurar	*Restore*
Restitución	*Retrieval*
Restituir	*Retrieve*
Resto	*Remainder*
Restos	*Garbage*
Restricción	*Constraint*
Restricción de valor(es)	*Check constraint*
Restricción de valor(es)	*Table check constraint*
Restricción por precedencia	*Precedence constraint*
Restricción temporal	*Time constraint*
Restringir	*Restrict*
Resumen	*Abstract*
Resumen	*Summary*
Retardo	*Delay (noun)*
Retardo de extremo a extremo	*End-to-end delay*
Retardo de propagación	*Propagation delay*
Retener	*Hold (verb)*
Retocar	*Tweak (verb)*
Retoque	*Tweak (noun)*
Retorno de carro	*Carriage return*
Retorno de carro	*CR*

Retorno forzado	*Hard return*	RIFF	*RIFF*
Retroalimentación	*Feedback*	RIP	*Raster Image Processor*
Retroceder	*Backspace (verb)*	RIP	*RIP*
Retroceso	*Fallback*	RIP	*Routing Information Protocol*
Retrollamada	*Call-back*	RISC	*Reduced Instruction-Set Computer*
Retrollamada	*Callback*	RISC	*RISC*
Retrollamada	*Dialback*	RJ	*Registered Jack*
Retroseñal	*Loopback*	RJ-11	*RJ-11*
Retrotraza	*Traceback*	RJ-45	*RJ-45*
Reubicación	*Relocation*	RJE	*Remote Job Entry*
Reunir	*Gather*	RJE	*RJE*
Reunir	*Merge (verb)*	RMA	*Master boot record*
Reusabilidad	*Reusability*	RMA	*MBR*
Reusable en serie	*Serially reusable*	RMI	*Remote Method Invocation*
Reusable	*Reusable*	RMI	*RMI*
Reusar	*Reuse (verb)*	RMON	*Remote Network Monitoring*
Reúso	*Reuse (noun)*	RMON	*RMON*
Revendedor con Valor	*Value*	RNR	*Receiver Not Ready*
Añadido	*added reseller*	RNR	*RNR*
Revendedor con Valor Añadido	*VAR*	Robot	*Robot*
Reventar un código	*Crack a code (verb)*	Robótica	*Robotics*
Revertir	*Revert (to)*	Robustez	*Robustness*
Revientalíneas	*Phreak*	Rodeo	*Workaround*
Revisión general	*Housekeeping*	Rojo, Verde, Azul	*Red, green, blue*
Revista-e	*Ezine*	Rojo, Verde, Azul	*RGB*
Revista-e	*E-zine*	ROLAP	*Relational OLAP*
Revocación	*Revoke (noun)*	ROLAP	*ROLAP*
Revocar	*Revoke (verb)*	ROM en RAM	*Shadow RAM*
REM	*rem*	ROM	*Read-Only Memory*
REM	*REM*	ROM	*ROM*
REXX	*REXX*	ROSE	*Remote operations Service Element*
RF	*Radio frequency*	ROSE	*ROSE*
RF	*RF*	RPC	*PSN*
RFC	*Request For Comment*	RPC	*Public Switched Network*
RFC	*RFC*	RPC	*Remote Procedure Call*
Riguroso	*Hard*	RPC	*RPC*
Ristra	*String*	RPG	*Report Program Generator*
Ristra de longitud variable	*Varying length string*	RPG	*RPG*
		RPTD	*PDN*
Ristra nula	*Null string*	RPTD	*Public Data Network*
Ristra vacía	*Empty string*	RR	*Receiver Ready*
Ritmar	*Pace (verb)*	RR	*RR*
RI	*Infrared radiation*	RRDS	*RRDS*
RI	*IR*	RRU	*Response Unit*
RIFF	*Resource Interchange File Format*	RS/R	*S/N*

RS/R	*Signal-to-noise ratio*
RS/R	*SNR*
RS-232	*RS-232*
RS-232A-B-C	*RS-232A-B-C*
RS-422A	*RS-422A*
RS-423A	*RS-423A*
RS-485	*RS-485*
RSA	*RSA*
RSVP	*Resource Reservation Protocol*
RSVP	*RSVP*
RTF	*Rich-text format*
RTF	*RTF*
RTPC	*PSTN*
RTPC	*Public Switched Telephone Network*
RTR	*Real Time Clock*
RTR	*RTC*
Ruido	*Noise*
Ruido aleatorio	*Random noise*
Ruido de fondo	*Background noise*
Ruido en línea	*Line noise*
Ruptura de control	*Control break*
Ruta en prototipo	*Prototype pathway*
Rutina	*Routine*
Rutina acoplada	*Join routine*
Rutina de conversión	*Edit routine*
Rutina de depositar	*Put routine*
Rutina principal	*Mainline routine*
RU	*Request/Response Unit*
RU	*RU*
RVA	*Red, green, blue*
RVA	*RGB*
RVA	*Value added reseller*
RVA	*VAR*
RVP	*Virtual Private Network*
RVP	*VPN*

S

sed	*sed*
S/MIME	*S/MIME*
S/MIME	*Secure/MIME*
S-HTTP	*S-HTTP*
S-HTTP	*Secure Hypertext Transport Protocol*

Sabio (irónico)	*Geek*
Sabio (irónico)	*Internerd*
Sabio (irónico)	*Nerd*
Salida	*Exit (noun)*
Salida	*Output*
Salida	*Sign-off (noun)*
Salida de usuario	*User exit*
Salida de usuario	*User hook*
Salida habitual	*Standard output*
Salida habitual de errores	*Standard error*
Saliente	*Outbound*
Salir	*Exit (verb)*
Salir	*Quit (verb)*
Salir	*Sign-off (verb)*
Salir de	*Leave (verb)*
Salir y reanudar	*Quit and resume*
Salto	*Bump*
Salto	*Eject*
Salto	*Gap*
Salto	*Hop*
Salto lateral	*Sideways jumping*
Salvaguardar	*Back up (verb)*
Salvaguardar	*Backup (verb)*
Salvaguardar	*Save (verb)*
Salvaguardia	*Backup (noun)*
Salvedad	*Disclaimer*
Sangrado	*Indent (noun)*
Sangrado	*Indentation*
Sangrado francés	*Hanging indent*
Sangrado francés	*Outdent*
Sangrar	*Indent (verb)*
Satélites en órbita baja	*LEO*
Satélites en órbita baja	*Low Earth Orbit*
Saturación	*Saturation*
SAA	*SAA*
SAC	*ACS*
SAC	*Automatic Class Selection*
SAD	*Decision Support System*
SAD	*DSS*
SAI	*IAP*
SAI	*Internet Access Provider*
SAP	*SAP*
SAP	*Service Access Point*
SBDTR	*Real-time database system*
SBDTR	*RTDBS*

ScanDisk	*ScanDisk*
SCA	*SCA*
SCA	*Single Connector Attachment*
SCSI	*SCSI*
SCSI	*Small Computer System Interface*
SD	*Deferrable Server*
SD	*DS*
SD	*SD*
SDH	*SDH*
SDH	*Synchronous Digital Hierarchy*
SDK	*SDK*
SDK	*Software Development Kit*
SDLC	*SDLC*
SDLC	*Synchronous Data Link Control*
SDRAM	*SDRAM*
SDRAM	*Synchronous Dynamic RAM*
SDSL	*SDSL*
SDSL	*Single-line Digital Suscriber Line*
SDSL	*Symmetric Digital Subscriber Line*
Sector	*Sector*
Sector de autoarranque del DOS	*DBR*
Sector de autoarranque del DOS	*DOS Boot Record*
Sectores interfoliados	*Interleaved sectors*
Secuencia de clics	*Clickstream*
Secuencia de comparación	*Collating Sequence*
Secuencia de comparación	*Collation sequence*
Secuenciador	*Sequencer*
Secure/MIME	*Secure/MIME*
Sed	*Sed*
Sed	*SED*
Sede	*Site*
Sede con telarañas	*Cobweb site*
Sede de archivo	*Archive site*
Sede refleja	*Mirror site*
Sede Ueb	*Web site*
Sede Ueb	*Website*
Segmentación	*Segmentation*
Segmentar	*Segment (verb)*
Segmento	*Segment (noun)*
Seguibola	*Track ball*
Seguibola	*Trackball*
Seguibola	*Tracker ball*

Seguir	*Track (verb)*
Según agujas del reloj	*Clockwise*
Segunda Forma Normal	*Second Normal Form*
Segunda Forma Normal	*2NF*
Seguridad de Encapsulación del campo de carga útil	*Encapsulating Security Payload*
Seguridad de Encapsulación del campo de carga útil	*ESP*
Seguridad de los datos	*Data security*
Seguridad informática	*Computer security*
Seguridad informática	*Security*
Selección	*Selection*
Selección Automática de Clases	*ACS*
Selección Automática de Clases	*Automatic Class Selection*
Seleccionar	*Select (verb)*
Semáforo	*Semaphore*
Semántica	*Semantics*
Semántica posibilista	*Maybe semantics*
Semi-dúplex	*Half-duplex*
Semibait	*Nibble*
Semibait	*Nybble*
Semibait	*Quadbit*
Semiconductor	*Semiconductor*
Semiencaminadora	*Half router*
Semilla aleatoria	*Random seed*
Sendmail	*Sendmail*
Sensibilidad del ratón	*Mouse sensitivity*
Sensible a caja	*Case sensitive*
Sensible a caja	*Case-sensitive*
Sensible a presión	*Pressure-sensitive*
Sensible al rendimiento	*Performance-sensitive*
Sensor	*Sensor*
Sentencia	*Sentence*
Sentencia declarativa	*Declarative sentence*
Seña	*Signal (noun)*
Señación	*Signaling*
Señación asociada a canal	*CAS*
Señación asociada a canal	*Channel Associated Signaling*

Señación fuera de banda	*Out-of-band signaling*
Señal	*Signal (noun)*
Señal de eco	*Echo signal*
Señal de interrupción	*Interrupt (noun)*
Señal sonora	*Sound chime*
Señal ternaria	*Ternary signal*
Señal ternaria	*Unipolar signal*
Señalación	*Signaling*
Señas de sincronización	*Timing Signals*
Separación	*Gap*
Separación entre puntos	*Dot pitch*
Separación entre puntos	*Pitch*
Separación por guiones	*Hyphenation*
Separador de decimales	*Decimal point character*
Separador en nombre de camino	*Path name separator (UNIX)*
Separador en nombre de camino	*Pathname separator (no UNIX)*
Separadora	*Burster*
Separar	*Burst (verb)*
Ser buscado en	*Search (verb)*
Ser cero	*Be off*
Ser reflejo de	*Mirror (verb)*
Ser uno	*Be on*
Seriador	*Funnel (noun)*
Serial	*Serial*
Seriar	*Serialize*
Seriar uso	*Funnel (verb)*
Serie de referencias	*Reference string*
Serif	*Serif*
Servicio	*Service*
Servicio de directorio	*Directory service*
Servicio de Identificación del del Número Marcado	*Dialed Number Identification Service*
Servicio de Identificación del Número Marcado	*DNIS*
Servicio de red orientado a conexión	*CNS*
Servicio de red orientado a conexión	*Connection-oriented Network Service*
Servicio de red orientado a conexión	*CONS*
Servicio Telefónico Ordinario	*Plain old telephone service*
Servicio Telefónico Ordinario	*POTS*
Servicios de no-repudio	*Non-repudiation services*
Servicios llamables	*Callable services*
Servidor	*Server*
Servidor apoderado	*Proxy server*
Servidor concurrente	*Concurrent server*
Servidor de acceso remoto	*Remote access server*
Servidor de aplicación	*Application server*
Servidor de bases de datos	*Database server*
Servidor de comunicaciones	*Communications Server*
Servidor de CD-ROM	*CD-ROM server*
Servidor de discos	*Disk server*
Servidor de ficheros	*File server*
Servidor de impresora	*Printer server*
Servidor de listas	*List server*
Servidor de listas	*Mailing List Manager*
Servidor de nombres de dominio	*Domain name server*
Servidor de terminales	*Terminal server*
Servidor Diferible	*Deferrable Server*
Servidor Diferible	*DS*
Servidor esporádico	*Sporadic server*
Servidor FTP	*FTP server*
Servidor HTTP	*HTTP server*
Servidor infradotado	*Thin server*
Servidor iterativo	*Iterative server*
Servidor SQL	*SQL server*
Servidor Ueb	*Web server*
Servidor virtual	*Virtual server*
Servidor X	*X server*
Servidor X	*X-server*
Serviprogramet	*Servlet*
Sesgado del papel	*Paper skewing*
Sesión	*Session*
Sesión de salvaguardia	*Backup session*
Sesión de solicitante	*Bidder session*
Sesión interactiva	*Login session*
Seudónimo	*Nick*
Seudónimo	*Nickname*
SECCU	*Encapsulating Security Payload*
SECCU	*ESP*
SEPP	*Secure Electronic Payment Protocol*

SEPP	*SEPP*
SET	*Secure Electronic Transaction*
SET	*SET*
SFD	*SD*
SFD	*SFD*
SFD	*Start Delimiter*
SFD	*Start-of-frame delimiter*
SGBD	*Database Management System*
SGBD	*DBMS*
SGBD paralelo	*Parallel database*
SGBDR	*RDBMS*
SGBDR	*Relational Database Management System*
SGC	*CMS*
SGC	*Color Management System*
SGML	*SGML*
SGML	*Standard Generalized Markup Language*
SGRAM	*SGRAM*
Shockwave	*Shockwave*
Siempre visible	*Always on top*
Signado	*Signed*
Signo operacional	*Operational sign*
Símbolo de acondicionamiento	*Editing symbol*
Símbolo de decisión	*Decision box*
Símplex	*Simplex*
Simula	*Simula*
Simulación	*Simulation*
Simulación	*Spoofing*
Simular	*Spoof (verb)*
Sin conexión	*Connectionless*
Sin etiquetas	*Unlabeled*
Sin tensión	*Dead*
Sin-destino	*Dead-letter ...*
Sincrónico	*Synchronous*
Sincronización	*Synchronization*
Sincronización	*Timing*
Sinfonola	*CD-ROM jukebox*
Sinfonola	*Jukebox*
Sinónimo	*Synonim*
Sintaxis	*Syntax*
Sintaxis abstracta	*Abstract syntax*
Síndrome del túnel carpiano	*Carpal tunnel Syndrome*

Síntesis de sonido	*Sound synthesis*
Síntesis del habla	*Speech synthesis*
Síntesis Wavetable	*Wavetable synthesis*
Sistema	*System*
Sistema abierto	*Open system*
Sistema abierto repetidor	*Relay open system*
Sistema basado en el conocimiento	*Knowledge based system*
Sistema basado en reglas	*Rule-based system*
Sistema Básico de Entrada/Salida	*Basic Input/Output System*
Sistema Básico de Entrada/Salida	*BIOS*
Sistema cerrado	*Closed system*
Sistema controlado	*Controlled system*
Sistema de apoyo a la decisión	*Decision Support System*
Sistema de apoyo a la decisión	*DSS*
Sistema de Bases de Datos para Tiempo Real	*Real-time database system*
Sistema de Bases de Datos para Tiempo Real	*RTDBS*
Sistema de composición	*Authoring system*
Sistema de consulta interactivo	*Inquiry/response system*
Sistema de control	*Controlling system*
Sistema de eventos discretos	*Discrete event system*
Sistema de ficheros	*File system*
Sistema de ficheros montable	*Mountable file system*
Sistema de ficheros raíz	*Root file system*
Sistema de gestión de Bases de Datos	*Database Management System*
Sistema de gestión de Bases de Datos	*DBMS*
Sistema de gestión de colores	*Color Management System*
Sistema de gestión de ficheros	*File management system*
Sistema de Gestión de Bases de Datos Relacionales	*RDBMS*
Sistema de Gestión de Bases de Datos Relacionales	*Relational Database Management System*

Sistema de Información	*Information System*
Sistema de Información	*IS*
Sistema de Información de Gestión	*Management Information System*
Sistema de Información de Gestión	*MIS*
Sistema de Información Geográfica	*Geographic Information System*
Sistema de Información Geográfica	*GIS*
Sistema de nombres de dominio	*DNS*
Sistema de nombres de dominio	*Domain name system*
Sistema de producción	*Production system*
Sistema de Posicionamiento Global	*Global Positioning System*
Sistema de Posicionamiento Global	*GPS*
Sistema de reserva	*Fallback system*
Sistema de señación	*Signaling system*
Sistema de tiempo real	*Real-time system*
Sistema de tiempo real distribuido	*Distributed real-time system*
Sistema de tiempo real distribuido	*DRTS*
Sistema de transferencia electrónica de fondos	*Electronic Funds Transfer System*
Sistema de Tablón de Anuncios	*BBS*
Sistema de Tablón de Anuncios	*Bulletin Board System*
Sistema de ventanas	*Windowing system*
Sistema disociable	*Unbundled system*
Sistema Didot de puntos	*Didot point system*
Sistema estímulo-estímulo	*Throughput system*
Sistema experto	*Expert system*
Sistema experto difuso	*Fuzzy expert system*
Sistema extremo a extremo	*End-to-end system*
Sistema fiable de computadoras	*Trusted computer system*
Sistema heredado	*Legacy system*
Sistema incluido	*Embedded system*
Sistema Informatizado de Reservas	*Computer Reservation System*
Sistema Informatizado de Reservas	*CRS*
Sistema Jerárquico de Ficheros	*HFS*

Sistema Jerárquico de Ficheros	*Hierarchical File System*
Sistema llave en mano	*Turnkey system*
Sistema no disociable	*Bundled system*
Sistema operativo	*Executive program*
Sistema Operativo	*Operating System*
Sistema Operativo	*OS*
Sistema Operativo de Red	*Network operating system*
Sistema Operativo de Red	*NOS*
Sistema Operativo para Tiempo Real	*Real-time kernel*
Sistema Operativo para Tiempo Real	*Real-time operating system*
Sistema Operativo para Tiempo Real	*RTOS*
Sistema principal	*Primary system*
Sistema productivo	*Production system*
Sistema reactivo	*Reactive system*
Sistema reactivo	*Responsive system*
Sistema requerido	*Required system*
Sistema secundario	*Secondary system*
Sistema tolerante de tiempo real	*Soft real-time system*
Sistema X Window	*Windowing System*
Sistema X Window	*X Window System*
Sistema X Window	*XWindow*
Sistemas concurrentes	*Concurrent systems*
Sistemas intolerantes de tiempo real	*Hard real-time systems*
Sistemas intolerantes de tiempo real	*Time-critical systems*
Sistemas Micro-ElectroMecánicos	*MEMS*
Sistemas Micro-ElectroMecánicos	*Micro-electro-mechanical systems*
Sistemas para generación de material CAI	*CAI authoring systems*
Sistemas para generación de material CAL	*CAL authoring systems*
Situación de alarma	*Alert condition*
Situación estable	*Steady state*
SIG	*Management Information System*
SIG	*MIS*
SIG	*SIG*
SIG	*Special Interest Group*

SIGEO	*Geographic Information System*
SIGEO	*GIS*
SIMM	*Single In-line Memory Module*
SIMM	*SIMM*
SINM	*Dialed Number Identification Service*
SINM	*DNIS*
SIO	*SIO*
SIO	*Start Input/Output*
SIR	*Computer Reservation System*
SIR	*CRS*
SJF	*HFS*
SJF	*Hierarchical File System*
Skipjack	*Skipjack*
SLDRAM	*SLDRAM*
SLDRAM	*SyncLink Dynamic RAM*
SLIP	*Serial Line Internet Protocol*
SLIP	*SLIP*
Smalltalk	*Smalltalk*
Smartdrive	*Smartdrive*
SMART	*Self-Monitoring Analysis and Reporting Technology*
SMART	*SMART*
SMDS	*SMDS*
SMDS	*Switched Multimegabit Data Service*
SMEM	*MEMS*
SMEM	*Micro-electromechanical systems*
SMF	*SMF*
SMF	*System Management Facilities*
SMIL	*SMIL*
SMIL	*Synchronized Multimedia Integration Language*
SMTP	*Simple Mail Transfer Protocol*
SMTP	*SMTP*
SNA	*SNA*
SNA	*Systems Network Architecture*
SND	*DNS*
SND	*Domain name system*
SNMP	*Simple Network Management Protocol*
SNMP	*SNMP*
Sobrante	*Rolled-off*
Sobre	*Envelope*
Sobre digital cifrado	*Digital envelope*
Sobre la marcha	*On the fly*
Sobrecarga	*Overloading*

Sobrecarga	*Stress*
Sobreescribir	*Overtype*
Sobreescribir	*Overwrite (verb)*
Sobreescribir	*Type over (verb)*
Sobreescribir	*Typeover*
Sobreextenderse	*Span (verb)*
Sobregasto	*Overhead*
Sobrellamada	*Upcall*
Sobrepaginación	*Thrashing*
Sobrepuesto	*Piggybacked*
Sobretensión (momentánea)	*Line surge*
Sobretensión (momentánea)	*Surge*
Socket 7	*Socket 7*
Software	*Software*
Software a medida	*Custom software*
Software antivirus	*Anti-virus software*
Software antivirus	*Antivirus software*
Software compartido	*Shareware*
Software de dominio público	*Public domain software*
Software de intrarred	*Intraware*
Software enlatado	*Canned Software*
Software envuelto	*Shrinkwrapped software*
Software gratuito restringido	*Freeware*
Software inflado	*Bloatware*
Software intermediario	*Middleware*
Software libre	*Free software*
Software para grupo	*Groupware*
Software solidario	*Careware*
Solapamiento	*Overlapping*
Solaparse	*Overlap (verb)*
Solaris	*Solaris*
Solicitante	*Bidder*
Solicitante	*Requester*
Solicitar	*Request (verb)*
Solicitar	*Bid (verb)*
Solicitud	*Bid (noun)*
Solicitud	*Bidding*
Solicitud	*Request (noun)*
Solicitud de Repetición Automática	*ARQ*
Solicitud de repetición automática	*Automatic Repeat Request*
Someter	*Submit*
Sonda	*Probe (noun)*
Sondear	*Poll (verb)*

Sondear	*Probe (verb)*	SQL:1999	*SQL:1999*
Sondeo	*Poll (noun)*	SQL3	*SQL3*
Sondeo por lista y pregunta	*Roll-Call polling*	SRAM	*SRAM*
Soportar	*Support (verb)*	SRAM	*Static RAM*
Soporte	*Media*	SRU	*Request Unit*
Sostenido	*Num-sign*	SRU	*Send RU*
Sostenido	*Number-sign*	SSADM	*SSADM*
Sostenido	*Pound sign*	SSADM	*Structured Systems Analysis and*
SO DIMM	*Small Outline DIMM*		*Design Method*
SO DIMM	*SO DIMM*	SSL	*Secure Sockets Layer*
SO	*Operating System*	SSL	*SSL*
SO	*OS*	StarLAN	*StarLAN*
SOB	*LEO*	STA	*BBS*
SOB	*Low Earth Orbit*	STA	*Bulletin Board System*
SOCKS	*SOCKS*	STEF	*EFTS*
SOH	*SOH*	STEF	*Electronic Funds Transfer System*
SOH	*Start Of Header*	STO	*Plain old telephone service*
SOJ	*Small Outline J-lead*	STO	*POTS*
SOJ	*SOJ*	STP	*STP*
SOM	*SOM*	STRD	*Distributed real-time system*
SOM	*System Object Model*	STRD	*DRTS*
SONET	*SONET*	STT	*Secure Transaction Technology*
SONET	*Synchronous Optical Network*	STT	*STT*
SOR	*Network operating system*	STX	*Start of text*
SOR	*NOS*	STX	*STX*
SOTR	*Real-time operating kernel*	Subagente	*Subagent*
SOTR	*Real-time operating system*	Subclase	*Sub-class*
SOTR	*RTOS*	Subclase	*Subclass*
SPARC	*Scalable Processor Architecture*	Subconsulta	*Subquery*
SPARC	*SPARC*	Subdirectorio	*Child directory*
SPEC	*SPEC*	Subdirectorio	*Subdirectory*
SPEC	*Standard Performance Evaluation*	Subestrato	*Sublayer*
	Corporation	Subfuente	*Subfont*
SPG	*Global Positioning System*	Subida	*Upload (noun)*
SPG	*GPS*	Subido	*Uploaded*
SPICE	*Software Process Improvement*	Subíndice	*Index (noun)*
	Capability Determination	Subíndice	*Subscript*
SPICE	*SPICE*	Subir	*Upload (verb)*
SPID	*Service profile identifier*	Submembrana	*Subshell*
SPID	*SPID*	Subrayado	*Underscore (noun)*
SPX	*Sequenced Packet Exchange*	Subrayar	*Underline (verb)*
SPX	*SPX*	Subrayar	*Underscore (verb)*
SQL	*SQL*	Subred	*Subnet*
SQL	*Structured Query Language*	Subred	*Subnetwork*
SQL incluido	*Embedded SQL*	Subred de apantallamiento	*Screened subnet*

Subristra	*Substring*	Suprimir	*Drop (verb)*
Subrutina	*Subroutine*	Suprimir	*Remove (verb)*
Subsistema	*Subsystem*	Surfear	*Surf*
Subsistema de Entrada de Trabajos	*JES*	Surfear en la red	*Net surfing*
Subsistema de Entrada	*Job Entry*	Suspender	*Suspend (verb)*
de Trabajos	*Subsystem*	Sustitución dinámica	*Hot swapping*
Substancial	*Major*	Sustituir	*Override*
Subtarea	*Subtask*	Sustituto	*Surrogate*
Sucesión	*Range*	Sustituto/a	*Stand-by*
Suelo	*Floor*	Sustituto/a	*Standby*
Sufijo	*Postfix*	SVC	*SVC*
Sugerencia	*Hint*	SVC	*Switched Virtual Circuit*
Sugerencia	*Tip*	SVC	*Switched Virtual Connection*
Suma de control	*Check sum*	SVGA	*Super Video Graphics Array*
Suma de control	*Checksum*	SVGA	*SVGA*
Sumario	*Summary*	SWIFT	*Society for Worlwide Interbank*
Sumergirse	*Drill down*		*Financial Telecommunications*
Sumidero	*Sink*	SWIFT	*SWIFT*
Sumidero de datos	*Data sink*	Sybase	*Sybase*
Suministrador de Acceso a Internet	*IAP*	Sysplex	*Sysplex*
Suministrador de	*Internet*		
Acceso a Internet	*Access Provider*		
Suministrador de	*Internet Services*	**T**	
Servicios de Internet	*Provider*		
Suministrador de Servicios de Internet	*ISP*	tar	*tar*
Sumisión de trabajo	*Job submission*	troff	*troff*
Superclase	*Base class*	troff	*Troff*
Superclase	*Super-class*	Tab vertical	*Vertical tab*
Superclase	*Superclass*	Tab vertical	*VT*
Supercomputadora	*Supercomputer*	Tabarra	*Spam (noun)*
Superescalar	*Superscalar*	Tabla	*Chart*
Superfluidad	*Redundancy*	Tabla	*Table*
Superfluo	*Redundant*	Tabla autorreferenciante	*Self-referencing*
Superíndice	*Superscript*		*table*
Superusuario	*Superuser*	Tabla base	*Base table*
Supervisión	*Monitoring*	Tabla de asignación	*File*
Supervisor	*Supervisor*	de ficheros	*Allocation Table*
Supervisor	*Supervisory program*	Tabla de asignación de ficheros	*FAT*
Supervisor	*Supervisory routine*	(16 bits)	
Suplantación	*Spoofing*	Tabla de asignación de ficheros	*FAT16*
Suplantar	*Spoof (verb)*	(16 bits)	
Suplementario	*Overhead*	Tabla de asignación de ficheros	*FAT32*
Supresión	*Removal*	(32 bits)	
Supresión de ceros	*Zero supression*	Tabla de búsqueda	*Lookup table*
Supresión de mensajes	*Message suppression*	Tabla de colores	*Color map*

Tabla de decisiones	*Decision table*	Tcl	*Tcl*
Tabla de encaminamiento	*Routing table*	Tcl	*Tool Command Language*
Tabla de filtrado	*Screen table*	TCP/IP	*TCP/IP*
Tabla de resultados	*Result table*	TCP/IP	*Transmission Control Protocol/*
Tabla de verdad	*Truth table*		*Internet Protocol*
Tabla dependiente	*Dependent table*	TCSEC	*TCSEC*
Tabla descendiente	*Descendent table*	TCSEC	*Trusted Computer System*
Tabla progenitora	*Parent table*		*Evaluation Criteria*
Tablero de conexiones	*Plugboard*	TD	*TD*
Tablilla (digitalizadora)	*Tablet*	TD	*Transmit Data*
Tablilla digitalizadora	*Digitizing tablet*	TDMA	*TDMA*
Tablilla digitalizadora	*Graphics tablet*	TDMA	*Time Division Multiple Access*
Tabs	*Tabs*	TDMF	*DTMF*
Tabulación	*Tab (noun)*	TDMF	*Dual Tone Multi Frequency*
Tabuladora inversa	*Backtab*	TDR	*NAT*
Tabuladora	*Tab key*	TDR	*Network address translation*
Tabular	*Chart (verb)*	Techo	*Ceiling*
Tabular	*Tab (verb)*	Tecla	*Key (noun)*
Tabular	*Tabulate*	Tecla Alt	*Alt Key*
Tachado al borrar	*Erase-on-scratch*	Tecla AvPág	*Page Down Key*
Tachado/a	*Scratch (adj)*	Tecla AvPág	*PgDn Key*
Tachar	*Scratch (verb)*	Tecla Bloq Despl	*Scroll lock key*
Tanda circular	*Round-robin*	Tecla Bloq Mayús	*Caps Lock Key*
Tapiz	*Wallpaper*	Tecla Bloq Num	*Num Lock Key*
Tar	*Tape archive*	Tecla Ctrl	*Control key*
Tarea	*Task*	Tecla de acceso	*Program*
Tarea aperiódica	*Aperiodic task*	a programa n	*access key n*
Tarea descontrolada	*Runaway task*	Tecla de acceso	*Program*
Tarea esporádica	*Sporadic task*	a programa n	*attention key n*
Tarea intolerante	*Hard real-time task*	Tecla de atajo	*Hot key*
de tiempo real		Tecla de atajo	*Shortcut key*
Tarea periódica	*Periodic task*	Tecla de atención	*Attention key*
Tarea progenitora	*Parent task*	Tecla de Conmutación	*Shift key*
Tarea tolerante	*Soft real-time task*	Tecla de retorno	*Return key*
de tiempo real		Tecla de retroceso	*Backspace (noun)*
Tarifas	*Tariff*	Tecla escape	*ESC*
Tarjeta	*Card*	Tecla Inicio	*Home key*
Tarjeta inteligente	*Smart card*	Tecla Insertar	*Insert key*
Tasa	*Rate*	Tecla Intro	*Enter key*
TAB	*TAB*	Tecla Limpiar	*Clear Key*
TAPI	*TAPI*	Tecla modificadora	*Modifier key*
TAPI	*Telephony Application*	Tecla Mayúsculas	*Shift key*
	Programming Interface	Tecla para tildes	*Dead key*
TB	*TB*	Tecla pausa	*Pause key*
TB	*Terabyte*	Tecla programable de función	*PF*

Tecla programable	*Programmed*	Temporización	*Timing*
de función	*function key*	Temporizador	*Timer*
Tecla programable de función	*Soft key*	Tener en cuenta	*Honor (verb)*
Tecla programable de función n	*PFn*	Tener en cuenta	*Support (verb)*
Tecla programable	*Programmed*	Teoría de colas	*Queuing theory*
de función n	*function key n*	Terabait	*TB*
Tecla programable	*Program*	Terabait	*Terabyte*
de Función	*Function (Key)*	Teraflops	*Teraflops*
Tecla RePág	*Page Up Key*	Tercera Forma Normal	*Third Normal Form*
Tecla RePág	*PgUp Key*	Tercera Forma Normal	*3NF*
Teclado	*Keyboard*	Tercera Parte Confiable	*Trusted Third Party*
Teclado numérico	*Numeric Keyboard*	Tercera Parte Confiable	*TTP*
Teclas de cursor	*Arrow keys*	Tercero	*Third-party*
Teclas de edición	*Editing keys*	Tercero interpuesto	*Man in the middle*
Teclas rápidas	*Accelerator keys*	Tercero interpuesto	*Man-in-the-middle*
Teclear	*Key (verb)*	Térmico/a	*Thermal*
Teclear	*Type (verb)*	Terminado/a en nulo	*Null-terminated*
Técnica de tabulación	*Tabulation technique*	Terminador	*Terminator*
Técnico de sistemas	*System programmer*	Terminal	*Terminal*
Tecnología para	*Push*	Terminal de pantalla	*Display terminal*
la imposición	*technology*	Terminal inteligente	*Intelligent terminal*
Tecnologías de	*Information*	Terminal inteligente	*Smart terminal*
la Información	*Technology*	Terminal Server	*Terminal Server*
Tecnologías de la Información	*IT*	Terminal tonto	*Dumb terminal*
Telecomunicaciones	*Telecommunications*	Terminal X	*X terminal*
Teleconferencia	*Teleconference*	Terminal X	*X-terminal*
Teléfono con marcado	*Touch-tone*	Terminar	*Terminate*
por tonos	*telephon*	Término	*Term*
Teleinformática	*Network computing*	Término absoluto	*Absolute term*
Telemática	*Telematics*	Término reubicable	*Relocatable term*
Telemetría	*Telemetry*	Testigo	*Token*
Teleprocesamiento	*Teleprocessing*	Testigo para datos	*Data token*
Teleservicio	*Carrier*	Texto	*Text*
Teleservicio local	*LEC*	Texto cifrado	*Ciphertext*
Teleservicio local	*Local Exchange Carrier*	Texto llano	*Plain text*
Teletrabajo	*Wired working*	Textura	*Texture*
Teletrabajo	*Telecommuting*	TeX	*TeX*
Teletrabajo	*Teleworking*	TFT	*Active matrix*
Televisión de Alta Definición	*HDTV*	TFT	*TFT*
Televisión de Alta	*High*	TFT	*Thin Film Transistor*
Definición	*Definition Television*	TFTP	*TFTP*
Telnet	*Telnet (noun)*	TFTP	*Trivial File Transfer Protocol*
Telón de fondo	*Backcloth*	Thesaurus	*Thesaurus*
Telón de fondo	*Backdrop*	Tic	*Tick*
Tembleque	*Jitter*	Tiempo compartido	*Time sharing*

Tiempo compartido	*Time-sharing*	Tipo abstracto de datos	*Abstract data type*
Tiempo de acceso	*Access time*	Tipo de datos	*Data Type*
Tiempo de caída	*Downtime*	Tira de teclado	*Keystrip*
Tiempo de demora	*Delay time*	Titilación	*Flicker*
Tiempo de ejecución	*Run time*	TI	*Information Technology*
Tiempo de ejecución	*Run-time*	TI	*IT*
Tiempo de ejecución	*Runtime*	TIC	*TIC*
Tiempo de ejecución	*Turnaround time*	TIC	*Token Ring Interface Coupler*
Tiempo de inversión	*Turnaround time*	TIFF	*Tagged Image File Format*
Tiempo de posicionamiento	*Seek time*	TIFF	*TIFF*
Tiempo de procesador	*Computation time*	Tk	*Tk*
Tiempo de respuesta	*Response time*	TMEF	*Mean time between failures*
Tiempo de respuesta	*Worst-case*	TMEF	*MTBF*
de la peor situación	*response time*	TMHR	*Mean time to repair*
Tiempo de transmisión	*Transmission delay*	TMHR	*MTTR*
Tiempo de UCP	*CPU time*	Tolerancia a fallos	*Fault-tolerance*
Tiempo límite	*Time out (noun)*	Tolerancia de momento	*Deadline*
Tiempo límite	*Time-out (noun)*	límite	*strictness*
Tiempo límite	*Timeout (noun)*	Tolerancia de momento	*Strictness*
Tiempo límite de acuse	*Acknowledge*	límite	*of deadline*
	timeout	Tolerancia temporal	*Time tolerance*
Tiempo límite de inactividad	*Idle timeout*	Toma	*Fetch (noun)*
Tiempo Medio Entre Fallos	*Mean time*	Toma de huellas	*Fingerprinting*
	between failures	Tomar	*Fetch (verb)*
Tiempo Medio Entre Fallos	*MTBF*	Tomar estampillas	*Timestamp (verb)*
Tiempo Medio Hasta Reparación	*Mean time*	de tiempo	
	to repair	Tóner	*Toner*
Tiempo Medio Hasta Reparación	*MTTR*	Tono	*Hue*
Tiempo operativo	*Uptime*	Tono de invitación a marcar	*Dial tone*
Tiempo real	*Real time*	Tono Dual por Multifrecuencia	*DTMF*
Tiempo real	*Real-time*	Tono Dual por	*Dual Tone*
Tiempo transcurrido	*Elapsed time*	Multifrecuencia	*Multi Frequency*
Tiempo Universal Coordinado	*Coordinated*	Tope	*Ceiling*
	Universal Time	Topología	*Topology*
Tiempo Universal Coordinado	*CUT*	Topología de la red	*Network topology*
Tiempo Universal Coordinado	*UTC*	Topología en bus	*Bus topology*
Tiempo Universal Coordinado	*Z*	Tortuga	*Turtle*
Tiempo Universal Coordinado	*Zulu time*	TOD	*TOD*
Tienda electrónica	*Electronic storefront*	TOP	*Technical and Office Protocols*
Tienda electrónica	*Online storefront*	TOP	*TOP*
Tierra	*GND*	TOPS	*TOPS*
Tierra	*Ground*	TOPS	*Transparent operating system*
Tilde	*Tilde*	TPC	*Trusted Third Party*
Tipar	*Type (verb)*	TPC	*TTP*
Tipo	*Type (noun)*	TPCP (Tan pronto como se pueda)	*ASAP*

TPDU	*TPDU*	Translimitante	*Cross-boundary*
TPDU	*Transport Protocol Data Unit*	Transmemoria	*Cross-memory*
TPI	*TPI*	Transmisión asíncrona	*Asynchronous*
TPI	*Tracks per Inch*		*transmission*
Trabajo	*Job*	Transmisión asíncrona	*Start-stop*
Traceabilidad	*Traceability*	Transmisión binaria	*Binary*
Tracear	*Trace (verb)*	síncrónica	*synchronous transmission*
Traceroute	*Traceroute*	Transmisión en	*Broadband*
Tractor de arrastre	*Pull tractor*	banda ancha	*transmission*
Traducción	*Automatic*	Transmisión en banda	*Baseband mode*
computarizada	*language translation*	de base	
Traducción computarizada	*Machine*	Transmisión en banda	*Baseband*
	translation	de base	*transmission*
Traducción de Direcciones de Red	*NAT*	Transmisión paralela	*Parallel*
Traducción de Direcciones	*Network*	de datos	*data transmission*
de Red	*Address Translation*	Transmisión paralela	*Parallel*
Traer adelante	*Bring forward*	de datos	*transmission*
Tráfico	*Traffic*	Transmisión serial	*Bit-serial*
Tráfico de datos	*Data traffic*	de bits	*transmission*
Trampa	*Trap*	Transmisión serial de bits	*Serial data*
Transenviar	*Crosspost (verb)*		*transmission*
Transacción	*Transaction*	Transmisión sincrónica	*Synchronous*
Transacción de usuario	*User transaction*		*transmission*
Transaction Server	*Microsoft*	Transmitir	*Transmit*
de Microsoft	*Transaction Server*	Transmitir datos	*Transmit Data*
Transaction Server de Microsoft	*MTS*	Transmitir Datos	*TD*
Transceptor	*Transceiver*	Transmutar	*Massage (verb)*
Transcodificador	*Set-top box*	Transparencia	*Foil*
Transductor	*Transducer*	Transplataforma	*Cross-platform*
Transexuador	*Gender bender*	Transpondedor	*Transponder*
Transexuador	*Gender changer*	Transportar	*Carry (verb)*
Transexuador	*Sex changer*	Trasgo	*Sprite*
Transferencia	*Transfer (noun)*	Traspasar	*Fall through*
Transferencia de ficheros	*File transfer*	Traspaso	*Cutover*
Transferencia de funciones	*Function*	Tratamiento de errores	*Error handling*
	shipping	Traza	*Trace (noun)*
Transferencia de Ficheros Binarios	*BFT*	Trazado de rayos	*Ray tracing*
Transferencia de	*Binary File Transfer*	Trazadora	*Plotter*
Ficheros Binarios		Trazadora de base plana	*Flat bed plotter*
Transferir	*Transfer (verb)*	Trazadora de tambor	*Drum Plotter*
Transfronterizo	*Cross-border*	Trepar	*Drill up*
Transición	*Transition*	Tribit	*Tribit*
Transistor	*Transistor*	Trie	*Trie*
Transitorio	*Temporary*	Trituradora	*Shredder*
Transitorio	*Transient*	Triturar (datos)	*Crunch*

Triturar números	Number crunch (verb)	UAL	Arithmetic Logic Unit
Trola	Troll (noun)	UAM	MAU
Tronco	Trunk	UAM	Media Access Unit
Trotacalles	Roamer	UART	UART
True color	True color	UART	Universal Asynchronous
TrueType	TrueType		Receiver-Transmitter
Trufar	Greek (verb)	UCF	Floating Point Unit
TR	TR	UCF	FPU
TRC	Cathode Ray Tube	UCP	Central Processing Unit
TRC	CRT	UCP	CPU
TSO	Time Sharing Option	UCP	Processor
TSO	TSO	UDA	UDA
TSO/E	Time Sharing Option	UDA	Universal Data Access
TSO/E	TSO/E	UDP	UDP
TSR	Terminate and Stay Resident	UDP	User Datagram Protocol
TSR	TSR	Ueb	Web
TTL	Time-To-Live	Ueb	Worl Wide Web
TTL	Transistor-Transistor Logic	Ueb	WWW
TTL	TTL	Uebcam	Webcam
TTY	TTY	Uebdifusión	Webcasting
Tubería	Pipeline (noun)	Uebizar	Webize
Tubo	Pipe (noun)	UGM	Memory management unit
Tubo de rayos catódicos	Cathode Ray Tube	UGM	MMU
Tubo de rayos catódicos	CRT	UHF	UHF
Tubo difusor	Heat pipe	UHF	Ultra High Frequency
Tubo nominado	FIFO file	UID	UID
Tubo nominado	Named pipe	UIMD	Single Instruction/Multiple Data
Tunelización	Tunneling	UIMD	SIMD
Tuplo	Tuple	UL	Logical unit
Turno	Shift (noun)	UL	LU
TUC	Coordinated Universal Time	ULT	Logical Unit of Work
TUC	CUT	ULT	LUW
TUC	UTC	Ultra ATA	Ultra ATA
TUC	Z	Ultra DMA	Ultra DMA
TUC	Zulu time	Umbral	Threshold
TVAD	HDTV	Umbral de alarma	Alert threshold
TVAD	High Definition Television	Umbral de error	Error threshold
TWAIN	TWAIN	Umbralización adaptable	Adaptive
TXE	TXE		thresholding
		UMB	UMB
U		UMB	Upper Memory Block
		UML	UML
		UML	Unified Modeling Language
uid	uid	UMnF	Least frequently used
UAL	ALU	UMnF	LFU

UMnR	*Least recently used*
UMnR	*LRU*
Una a varias	*One-to-many*
Una Instrucción,	*Single Instruction/*
Múltiples Datos	*Multiple Data*
Una Instrucción, Múltiples Datos	*SIMD*
Unario	*Unary*
Undernet	*Undernet*
Unicode	*Unicode*
Unidad	*Drive*
Unidad	*Unit*
Unidad aritmética y lógica	*Arithmetic Logic Unit*
Unidad Aritmética y Lógica	*ALU*
Unidad central de procesamiento	*Central Processing Unit*
Unidad central de procesamiento	*CPU*
Unidad de Acceso al Medio	*MAU*
Unidad de Acceso al Medio	*Media Access Unit*
Unidad de cinta	*Tape drive*
Unidad de coma flotante	*Floating Point Unit*
Unidad de coma flotante	*FPU*
Unidad de disco	*Disk drive*
Unidad de disco duro	*Hard Disk Drive*
Unidad de disquete	*Floppy disk drive*
Unidad de ejecución	*Run unit*
Unidad de Gestión de la Memoria	*Memory management unit*
Unidad de Gestión de la Memoria	*MMU*
Unidad de trabajo	*Unit of work*
Unidad de Transmisión Máxima	*Maximum transmission unit*
Unidad de Transmisión Máxima	*MTU*
Unidad lanzable	*Dispatchable unit*
Unidad lógica de trabajo	*Success unit*
Unidad Lógica	*Logical unit*
Unidad Lógica	*LU*
Unidad Lógica de Trabajo	*Logical Unit of Work*
Unidad Lógica de Trabajo	*LUW*
Unión	*Join (noun)*
Unión	*Union*
Unión completa externa	*Full outer join*

Unión derecha externa	*Right outer join*
Unión externa	*Outer join*
Unión interna	*Inner join*
Unión izquierda externa	*Left outer join*
Unir	*Join (verb)*
UNC	*Uniform Naming Convention*
UNC	*Universal Naming Convention*
UNC	*UNC*
UNIX	*UNIX*
URI	*Uniform Resource Identifier*
URI	*URI*
URL	*Uniform Resource Locator*
URL	*URL*
URN	*Uniform Resource Name*
URN	*URN*
Usabilidad	*Usability*
Usada menos frecuentemente	*Least frequently used*
Usada menos frecuentemente	*LFU*
Usada Menos Recientemente	*Least recently used*
Usada Menos Recientemente	*LRU*
Usenet	*Usenet*
Uso de letras mayúsculas	*Capitalization*
Usos locales	*Local customs*
Usuario	*User*
Usuario docto	*Power user*
Usuario final	*End user*
Usuario final	*End-user*
Usuario final	*User*
USART	*Universal Synchronous / Asynchronous Receiver-Transmitter*
USART	*USART*
USB	*Universal Serial Bus*
USB	*USB*
USRT	*Universal Synchronous Receiver-Transmitter*
USRT	*USRT*
Utilitario	*Utility*
UTM	*Maximum transmission unit*
UTM	*MTU*
UTP	*Unshielded Twisted Pair*
UTP	*UTP*
Uudecode	*Uudecode*
Uuencode	*Uuencode*

UUCP	*Unix-to-Unix Copy*	Variable	*Variable*
UUCP	*UUCP*	Variable automática	*Automatic variable*
UWCS	*UWCS*	Variable de anfitrión	*Host variable*
		Variable de entorno	*Environment variable*
		Variable de membrana	*Shell variable*
V		Variable expuesta	*Exposed variable*
		Variable global	*Global variable*
V.10	*V.10*	Variable local	*Local variable*
V.11	*V.11*	Variable oculta	*Hidden variable*
V.22	*V.22*	Variable protegida	*Protected variable*
V.22 bis	*V.22 bis*	Variante	*Variant*
V.24	*V.24*	Variar	*Vary*
V.28	*V.28*	Varios a varios	*Many-to-many*
V.32	*V.32*	VAC	*CAV*
V.34	*V.34*	VAC	*Constant Angular Velocity*
V.35	*V.35*	VAN	*Value Added Network*
V.42	*V.42*	VAN	*VAN*
V.90	*V.90*	VAX	*VAX*
Vaciado	*Dump (noun)*	VAX	*Virtual Address Extension*
Vaciado de memoria	*Core dump*	VB	*VB*
Vaciado de memoria	*Memory dump*	VB	*Visual Basic*
Vaciado instantáneo	*Snap dump*	VBScript	*VBScript*
Vaciar	*Dump (verb)*	VCPI	*VCPI*
Vaciar	*Flush (verb)*	VCPI	*Virtual Control Program Interface*
Vaciar báfer(es)	*Buffer flush (verb)*	VDSL	*VDSL*
Vacunar	*Inoculate (verb)*	VDT	*VDT*
Vacío/a	*Scratch (adj)*	VDT	*Video Display Terminal*
Vainilla	*Plain vanilla*	VDU	*VDU*
Vainilla	*Vanilla*	VDU	*Video Display Unit*
Vallar	*Fence (verb)*	Vector	*Vector*
Valor	*Value*	Vectorización	*Vectoring*
Valor absoluto	*Absolute value*	Velocidad	*Rate*
Valor anómalo	*Rogue value*	Velocidad angular constante	*CAV*
Valor ausente	*Null value*	Velocidad angular	*Constant*
Valor de refundición	*Hash (noun)*	constante	*Angular Velocity*
Valor de refundición	*Hash value*	Velocidad de autotecleo	*Typematic rate*
Valor por omisión	*Default*	Velocidad de captación	*Capture rate*
Valor por omisión	*Default value*	Velocidad de fallos	*Page fault rate*
Valor reubicable	*Relocatable value*	de página	
Valor según verdad	*Truth value*	Velocidad de muestreo	*Sampling frequency*
Valor-d	*Rvalue*	Velocidad de muestreo	*Sampling rate*
Valor-i	*Lvalue*	Velocidad de parpadeo	*Cursor*
Vaporware	*Chalkware*	del cursor	*blink speed*
Vaporware	*Vaporware*	Velocidad de ráfaga	*Burst speed*
Vaquiperro	*Dogcow*	Velocidad de reloj	*Clock rate*

Velocidad de reloj	*Clock speed*	VHF	*Very High Frequency*
Velocidad de renovación	*Churn rate*	VHF	*VHF*
Velocidad de señalación	*Signaling rate*	Vía de acceso	*Path*
Velocidad de transferencia de caracteres	*Character rate*	Vida de una entidad	*Entity life*
		Vida de una sesión	*Session lifetime*
Velocidad en baudios	*Baud rate*	Vídeo inverso	*Inverse video*
Velocidad lineal constante	*CLV*	Vídeo inverso	*Reverse video*
Velocidad lineal constante	*Constant Linear Velocity*	Vídeo sobre Demanda	*Video-on-Demand*
		Vídeo sobre Demanda	*VoD*
Vendedor Independiente de Software	*Independent Software Vendor*	Videoconferencia	*Videoconference*
		Vinculación e inclusión	*L&E*
Vendedor Independiente de Software	*ISV*	Vinculación e inclusión	*Linking & Embedding*
Vendedor	*Dealer*		
Ventana	*Window*	Vincular	*Link (verb)*
Ventana fraccionada	*Split window*	Vínculo	*Link (noun)*
Ventanas en cascada	*Cascade Windows*	Violación de memoria	*Storage violation*
Ventanas en mosaico	*Tiled Windows*	Virtual	*Virtual*
Ventilador	*Fan*	Virus	*Virus*
Ventilador de UCP	*CPU fan*	Virus de macro	*Macro virus*
Verde	*Broken*	Virus-lobo	*Hoax*
Verificación	*Check (noun)*	Virus-lobo	*Virus hoax*
Verificación de datos	*Data validation*	Visar	*Peek (verb)*
Verificación de datos	*Data vetting*	Visión por computadora	*Computer vision*
Verificación de paridad	*Parity checking*	Vista	*View*
Verificación de rango	*Range check*	Visual Basic	*VB*
Verificador ortográfico	*Spell checker*	Visual Basic	*Visual Basic*
Verificador ortográfico	*Speller*	Visual C++	*Visual C++*
Verificador ortográfico	*Spelling checker*	Visualización	*Visualization*
Verificar	*Check (verb)*	Visualizador	*Viewer*
Verificar	*Validate*	VIMP	*WIMP*
Verificar	*Verify (verb)*	VIO	*Virtual Input/Output*
Veronica	*Veronica*	VIO	*VIO*
Versal	*Caps*	VIS	*Independent Software Vendor*
Versalita	*Small caps*	VIS	*ISV*
Versalita	*Small-caps*	VLC	*CLV*
Versalización	*Capitalization*	VLC	*Constant Linear Velocity*
Versión	*Version*	VMS	*Virtual Memory System*
Versión beta	*Beta version*	VMS	*VMS*
Versión mutilada	*Crippled versión*	VMT (Vuelvo más tarde)	*BBL*
Vertical (impresión en página)	*Portrait*	Vociferar	*Shout (verb)*
VEUM (Vuelvo en un momento)	*BBIAB*	Vocóder	*Vocoder*
VFAT	*VFAT*	Vocóder	*Voice coder*
VFAT	*Virtual File Allocation Table*	Volumen	*Volume*
VGA	*VGA*	Voxel	*Voxel*
VGA	*Video Graphics Array*	VRAL	*Virtual LAN*

VRAL	*VLAN*
VRAM	*VRAM*
VRC	*Vertical Redundancy Check*
VRC	*VRC*
VRML	*Virtual Reality Modeling Language*
VRML	*VRML*
VsD	*Video-on-Demand*
VsD	*VoD*
VSAM	*Virtual Storage Access Method*
VSAM	*VSAM*
VSAT	*Very Small Aperture Terminal*
VSAT	*VSAT*
VT	*Vertical tab*
VT	*VT*
VTAM	*Virtual Telecommunications Access Method*
VTAM	*VTAM*
Vuelta atrás	*Failback*
Vuelta atrás	*Fall back*
Vuelta atrás	*Fallback*

W

Wavelet	*Wavelet*
WAIS	*WAIS*
WAIS	*Wide Area Information Servers*
WAIS	*Wide Area Information Service*
WAV	*WAV*
Whois	*Whois*
Windows CE	*Windows CE*
Windows NT	*Windows NT*
WinFrame	*WinFrame*
Winsock	*Winsock*
Wintel	*Wintel*
WinZip	*WinZip*
WINS	*Windows Internet Naming Service*
WINS	*WINS*
WMF	*Windows Metafile Format*
WMF	*WMF*
Word	*Word*
WORM	*WORM*
WORM	*Write-Once, Read-Many*
WOSA	*WOSA*
WRAM	*WRAM*

WRU	*WRU*
Wto	*Write to Operator*
Wto	*Wto*
Wtor	*Write To Operator with Reply*
Wtor	*Wtor*
WWW	*Worl Wide Web*
WWW	*WWW*
WYSIAYG	*What You See Is All You Get*
WYSIAYG	*WYSIAYG*
WYSIWYG	*What You See Is What You Get*
WYSIWYG	*WYSIWYG*
W3C	*World Wide Web Consortium*
W3C	*W3C*

X

xDSL	*Digital Suscriber Line*
xDSL	*xDSL*
x86	*x86*
X Window	*X-Window*
X.21	*X.21*
X.25	*X.25*
X.400	*X.400*
X.500	*X.500*
X/Open	*X/Open*
XDR	*External Data Representation*
XDR	*XDR*
Xenix	*Xenix*
XGA	*Extended Graphics Array*
XGA	*XGA*
Xmódem	*X-modem*
Xmódem	*Xmodem*
XML	*Extensible Markup Language*
XML	*XML*
XMS	*Extended Memory Specification*
XMS	*XMS*
Xon/Xoff	*X-on/X-off*
Xon/Xoff	*Xon/Xoff*
XO	*Exclusive OR*
XO	*XOR*
XObject	*XObject*
XTI	*X/Open Transport Interface*
XTI	*XTI*
X2	*X2*

Y

Y	*AND*
Ymódem	*Ymodem*
Yotabait	*Yottabyte*

Z

Z-báfer	*Z-buffer (noun)*
ZDM	*Demilitarized zone*
ZDM	*DMZ*
Zetabait	*Zettabyte*
Zipear	*Zip (verb)*
Zmódem	*Zmodem*
Zombie	*Zombie*
Zona desmilitarizada	*De-Militarised Zone*
Zona desmilitarizada	*Demilitarized zone*
Zona desmilitarizada	*DMZ*
Zum	*Zoom (noun)*

Zumear	*Zoom (verb)*
Zumear	*Zoom in (verb)*
Zuncar	*Thunk (verb)*
Zvport	*Zvport*

1

1FN	*First Normal Form*
1FN	*1NF*
10BaseF	*10BaseF*
10BaseT	*10BaseT*
10Base2	*10Base2*
10Base5	*10Base5*
100BaseT	*100BaseT*
100BaseX	*100BaseX*
2FN	*Second Normal Form*
2FN	*2NF*
3270	*3270*
3FN	*Third Normal Form*
3FN	*3NF*

Impreso en el mes de marzo de 2001
en Romanyà/Valls, S. A.
Plaça Verdaguer, 1
08786 Capellades
(Barcelona)